Schneider, Hermann

Kultur und Denken der Babylonier und Juden

Schneider, Hermann

Kultur und Denken der Babylonier und Juden

Inktank publishing, 2018

www.inktank-publishing.com

ISBN/EAN: 9783747776995

KULTUR UND DENKEN

DER

BABYLONIER UND JUDEN

VON

HERMANN SCHNEIDER
DR. PHIL. DR. MED.
DOZENT DER PHILOSOPHIE AN
DER UNIVERSITÄT LEIPZIG

LEIPZIG
J. C. HINRICHS'SCHE BUCHHANDLUNG
1910

Meiner Frau

1. Mai 1910

Inhaltsverzeichnis.

Einleitung.

Ich habe mir in dem Werk, dessen zweiten Band ich hier vorlege, die Aufgabe gestellt, den geschichtlichen Stoff zunächst der Hauptkulturen unserer Antike in seiner ganzen Breite als Entwicklungsgeschichte der einzelnen Völker und Teil einer Entwicklungsgeschichte des menschlichen Geistes, einer »Phylogenie«, darzustellen. Die Aufgabe ist, in letzterer Hinsicht namentlich, philosophisch; ein großes geschichtliches Material, gesammelt und gesichtet von Fachmännern, Philologen und Historikern, soll in einer großen Synthese einheitlich geformt, übersehbar gemacht und in den Dienst theoretischer und praktischer Aufgaben der Gegenwart und Zukunft gestellt werden; dabei müssen Kulturprodukte einer Entwicklung eingereiht, d. h. nicht nur am chronologischen Faden aneinandergefügt, sondern objektiv verglichen, gewertet und nach dem Wert geordnet werden; ein brauchbarer Maßstab zur Messung zeitlos gegebener Kulturwerte unserer und kommender Tage soll das letzte philosophische Ergebnis der ganzen Arbeit sein.

Um dies zu erreichen, ist zunächst notwendig, ein Element ausfindig zu machen, das in allen Teilen des Stoffs, der Kultur, enthalten und zwar in derartig wechselnden Verhältnissen enthalten ist, daß eine feste Beziehung zu einer Entwicklung hergestellt werden kann; nur unter diesen Bedingungen kann aller Stoff herangezogen und gewertet werden und das Element als Anzeiger der jeweiligen Entwicklungshöhe, des Entwicklungsgesetzes verwertet werden, als Kern und Wesen des ganzen Vorgangs der Entwicklung des menschlichen Geistes erscheinen.

Ein solches überall vorhandenes und gesetzmäßig wechselndes, objektiv aufweisbares und kontrollierbares Element bietet die Logik im Begriff. Begriffe sind überall im Stoff vorhanden; sie wechseln in der Menge der aufgenommenen Merkmale und der Höhe der Abstraktionsleistung, also in zwei fast quantitativen und objektiv vergleichbaren Faktoren; sie wechseln gesetzmäßig, insofern die reichsten und die abstraktesten Begriffe die letzten in der Entwicklung der Menschheit sind. Unbrauchbar ist dagegen für unsere Zwecke jedes psychologische und pseudopsychologische Schema.

Die Entwicklungsgeschichte des menschlichen Geistes muß also eine Geschichte der Begriffsbildung werden; ein Schema der Begriffsentwicklung bei Völkern und Kindern ist der gesuchte Maßstab. —

Der fertige Teil meines Werkes behandelt die ägyptische[1], babylonische und jüdische Kultur und umfaßt damit die drei Hauptkulturen der Antike, die in der obersten schöpferischen Schicht in einer religiösen Weltanschauung verschiedener logischer Höhe stecken geblieben sind; vom theriomorphen Polytheismus der ältesten Ägypter zum anthropomorphen Monotheismus der Juden und seiner höchsten Ausbildung in Jesu Pietismus werden alle Stufen der Begriffsbildung dem allgemeinen Entwicklungsgang der Menschheit eingereiht. Da die christliche Religion nicht nur unmittelbar aus diesen Kulturen synkretistisch hervorgegangen ist, sondern auch in ihren Anhängern dieselben Stufen der Begriffsbildung vom katholischen Polytheismus zum protestantischen Monotheismus und Pietismus repräsentiert, so enthält der vorliegende Teil meines Werkes zugleich meine Auseinandersetzung mit dem Christentum in all seinen Formen; die möglichst exakte Darstellung des Werdegangs der Hauptreligion Europas ist ohne direkte Absicht zu einer Fortsetzung dessen geworden, was Feuerbach und Nietzsche mit unzulänglichem historischem und philosophischem Rüstzeug in Angriff genommen haben; daß die einzig mögliche Form einer derartigen Auseinandersetzung die philosophisch-historische Analyse ist, kann nach Hegel keine Frage sein.

Daß die Auseinandersetzung mit der christlichen Religion im Gebiet vorchristlicher Kulturen durchgeführt werden konnte, betrachte ich als einen besonders glücklichen Umstand; beim ersten Erscheinen der betreffenden Stufen der Begriffsbildung sind ihre Besonderheiten reiner und ursprünglicher im Stand des Entstehens sichtbar, als bei

[1] Entwicklungsgeschichte der Menschheit 1. Teil: Kultur und Denken der alten Ägypter. Leipzig, Hinrichs.

späteren Wiederholungen; die Verfälschungen durch äußerlich aufgenommene Elemente des höher stehenden Hellenentums fehlen, ebenso die Synkretismen und Scholastizismen des historischen Christentums; die Kirchen selbst bestätigen durch Heilighaltung des alttestamentlichen Kanons und durch die ausdrückliche Versicherung, daß Jesus die letzten und höchsten möglichen Offenbarungen gebracht hat, daß die Epoche der großen geistigen Leistungen abgeschlossen in jener Vergangenheit liegt, daß ein Fortschritt über Jesus hinaus in den christlichen Kirchen nicht gemacht wurde und nie gemacht werden kann, daß somit die grundsätzliche Auseinandersetzung mit dem Christentum an dieser Stelle erfolgen muß und erschöpfend erfolgen kann.

Die anthropomorphen religiösen Weltanschauungen monotheistischen Charakters sind Vorstufen eines vollkommenen Monismus, wie er sich in Indien als Religion, in Hellas als religiös gefärbte eleatische Philosophie entwickelt hat; in monistische Sekten löst sich in unseren Tagen der logisch fortgeschrittenste Protestantismus auf.

Die Folge dieser Tendenz zum Eleatismus als ihrer logischen Vollendung ist eine Unfähigkeit ihrer Vertreter zur Geschichte. Schon die werdenden monotheistisch orientierten Weltanschauungen der Ägypter und Babylonier haben die Neigung, alle höchsten Leistungen einer goldenen Götterzeit zuzuschreiben, eine religiöse Geschichtsphilosophie der eigentlichen Geschichte vorzuziehen; im fertigen monotheistischen Judentum ist daraus eine sehr ungeschichtliche welthistorische und nationale Konstruktion geworden, die sich als Geschichte aufspielt; Jesus räumt mit der Geschichte ganz auf: das Geschichtliche ist ihm Nebensache, wertlos geworden, wie dem Inder oder dem Eleaten.

Diese Unfähigkeit zur Geschichtschreibung, bei einer scheinbar ganz auf geschichtliche Vorgänge gestellten Religion wie die jüdische zumal, wäre uns ein interessantes kultur- und begriffsgeschichtliches Phänomen, aber nicht mehr, wenn sie nicht für die historische Erforschung der Entwicklung dieser Kulturen bis in unsere Tage verhängnisvolle Folgen gehabt hätte.

Wie stark suggestiv schon die Ansätze zu einer Geschichtsphilosophie bei den Babyloniern auf moderne Forscher wirken können, hat neuerdings die panbabylonistische Bewegung bewiesen, die allerdings ihre Entschuldigung in dem Zustand des Übergangs von rein philologischer zu kulturhistorischer Betrachtungsweise hat, in dem sich die Babyloniologie befindet.

Noch stärker muß die Wirkung der fertigen jüdischen Geschichtsphilosophie auf die Geschichtschreibung sein; hier haben wir ein geschlossenes Bild, bei dem Fehlen aller Originaldokumente zur älteren jüdischen Geschichte nur in sich selbst kontrollierbar; wir haben ein religiöses Interesse an der Richtigkeit dieses Bildes und eine Voreingenommenheit für dasselbe, die jedem aus Schule und Kirche von seiner Kinderzeit her anhaftet.

Nun gibt es eine »kritische« Wissenschaft des alten Testaments, die mit modernen geschichtswissenschaftlichen Methoden das alte Testament vorurteilslos rein als Sammlung von Urkunden aus verschiedener Zeit behandeln will und behauptet, einen wirklichen geschichtlichen Ablauf als Kern herausgeschält zu haben; aber diese Wissenschaft liegt fast ganz in den Händen von Theologen. Die gute Absicht, modern und vorurteilslos die Urkunden zu behandeln, ein großer Eifer, kritisch vorzugehen, eine gewisse Bereitschaft, sich unbestreitbar bewiesenen Tatsachen der modernen Naturwissenschaft und der orientalistischen Disziplinen anzupassen und ein ungeheurer Fleiß können den fortgeschritteneren Alttestamentlern unter den Theologen nicht abgesprochen werden; aber die Frage ist, ob man Theologe von Überzeugung und moderner, voraussetzungsloser Historiker zugleich sein kann. Ich halte das für unmöglich, nicht aus äußeren, sondern aus inneren Gründen; das Gehirn dessen, der zum Theologen geboren ist, ist vollkommen unfähig, moderne kritische und voraussetzungslose wissenschaftliche Arbeit im eigentlichen Sinne zu leisten.

Theologe aus Überzeugung kann nur ein Mensch werden und bleiben, dessen logische Fähigkeiten ein einheitliches, zeitlos ewiges Weltbild mit anthropomorphen religiösen obersten Begriffen verlangen. Sein Gehirn ist ebenso organisiert wie das der Schöpfer der großen religiösen Weltanschauungen, darum befriedigen ihn diese; wenn sie nicht vorhanden wären, müßte er sie erfinden, um zufrieden zu sein. Nun gibt es innerhalb der religiösen Weltanschauungen logische Unterschiede; wie es eine ägyptische, eine babylonische, eine jüdische, eine indische Stufe der Religion gibt, so gibt es Theologen entsprechender logischer Leistungsfähigkeit; von unten nach oben wächst in der Reihe die Kraft der Abstraktion und der rationalen Kritik am Tieferstehenden — aber die letzte Stufe bleibt wie die erste religiös; ein protestantischer Theologe wird wissenschaftlicher denken, als ein katholischer gleicher Durchschnittshöhe, ein liberaler protestantischer Alttestamentler wird der modernen Geschichtswissenschaft näher stehen als ein orthodoxer; aber auch der fortgeschrittenste Theologe bleibt wissenschaftlich eben — Theologe.

Zu jeder Stufe der Abstraktionsfähigkeit gehört untrennbar eine entsprechende Wissenschaft; wer anthropomorphe religiöse Oberbegriffe hat, kann wissenschaftlich nur Scholastiker sein; ein Mensch mit den logischen Fähigkeiten zur modernen voraussetzungslosen, wissenschaftlichen Arbeit (die freilich auch nicht jeder hat, der außerhalb der Theologie wissenschaftlich tätig ist) muß entsprechend abstrakte Oberbegriffe besitzen, d. h. er kann nicht Theologe sein und bleiben, oder er muß heucheln.

Theologisches oder scholastisches Denken ist kein unlogisches oder unwissenschaftliches Denken, aber gemessen an der höchsten logischen Leistung und der höchsten wissenschaftlichen Fähigkeit beschränkt logisch, beschränkt wissenschaftlich, obgleich Logik eine große Rolle für den Scholastiker spielt. Der Scholastiker höherer Ordnung besitzt die Fähigkeit, alles empirische Material in Beziehung zu seinen anthropomorphen Oberbegriffen zu setzen, zu seinen Zwecken einheitlich zu ordnen; er ist Meister in der Sammlung aller Instanzen, die seine Weltanschauung stützen, die anderer erschüttern und lächerlich machen können; er ist Rationalist — so lange er es sein kann, ohne seine Grundlagen zu gefährden. Denn seine Grundanschauung selbst ist ihm unantastbar; er sieht keine Instanz, die sie erschüttert, oder er sucht eifrig, sie beiseite zu schaffen; er kann ihr gegenüber im einzelnen vielleicht kritisch sein, nie im ganzen; sein Rationalismus kann bis zur vollen Skepsis gegen alles Rationale gehen — wenn er nur einen Weg sieht, irrational seine Grundanschauung zu halten; er »sucht« die Wahrheit, hat aber vorausgesetzt, was Wahrheit sein muß; so dient seine Logik nur sophistischen und eristischen Zwecken. Dabei ist er imstande, alle Schlagwörter höherer Wissenschaft (Objektivität, Voraussetzungslosigkeit, Freiheit, Exaktheit, Kritik) und alle Formen höherer Logik sich äußerlich so weit anzueignen, daß sie seinen Zwecken dienen, getrieben von einer leidenschaftlichen persönlichen Beteiligung, einem Bewußtsein Gott zu dienen, die ihn stark im Kampfe machen.

Der Zustand der »kritischen« alttestamentlichen Wissenschaft entspricht genau dem, was danach erwartet werden kann; ihre Vertreter sind durchweg Männer, die ihrer logischen Stufe nach eine religiöse Geschichtsphilosophie jüdischer oder etwas höherer Art schaffen müßten, wenn sie nicht existierte; je nach der Höhe ihrer Fähigkeiten befriedigt sie das Ganze oder doch ein großer Teil des Vorhandenen vollkommen; sie sehen keinen Grund, die Überlieferung als Ganzes anzuzweifeln, höchstens einen, stellenweise zu ändern, wo die logische oder faktische Unmöglichkeit ganz evident ist und damit gefährlich wird. So gibt es nur eine mehr oder weniger bewußte scholastische Apologetik des alten Testaments und eine Monopolisierung der Forschung und Kritik im Dienst dieser Apologetik der jüdischen Geschichtsphilosophie, aber keine moderne Geschichtswissenschaft in den Händen theologischer Alttestamentler. Die Frage der theologischen Forschung auf diesem Gebiet ist nur scheinbar die nach dem wirklichen Ablauf der Entwicklung, in der Tat die apologetische, wie weit man den »auflösenden Tendenzen« nachgeben muß, um das Ganze zu halten.

Es ist nur logisch, daß der größte wissenschaftliche Denker unter diesen Scholastikern, Wellhausen, dem der Nachweis der kritisch folgenreichsten Fälschung im Alten Testament gelang, statt eine Befreiung der alttestamentlichen Geschichtsforschung herbeizuführen, aus der theologischen Fakultät weichen mußte, und ebenso logisch, daß seine Schüler, mehr Scholastiker als er und darum minder gefährlich, in der Fakultät bleiben und beitragen durften, die Arbeit ihres Meisters in einigen nicht allgemein anerkannten Umstellungen, zahllosen Einzeluntersuchungen und unschädlichen Einzelkorrekturen für die Theologie zu entgiften; die Wissenschaft der Kirche war am Platz; niemand kann ihr nachsagen, daß sie nicht unbequeme Entdeckungen berücksichtigte; schade, daß sie nie der »sorgfältigen Prüfung geschulter Augen« standhalten und in Dunst aufgehen! Alttestamentliche Arbeit von Theologen ist Penelopearbeit, bei der nachts aufgezogen wird, was bei Tage gewebt wurde.

Die unangenehme Folge dieser Sachlage für den Geschichtsphilosophen, der die religiösen Weltanschauungen der Entwicklung der Menschheit eingliedern will, ist, daß er weniger von der Arbeit der Reduktion jüdischer Geschichtsphilosophie auf Geschichte von Fachleuten getan findet, als er wünschen müßte, und selbst genötigt wird, fachmännische Arbeit zu tun. Glücklicherweise sind in neuerer Zeit eine Reihe von Nichttheologen, namentlich Ed. Meyer und einige Babyloniologen, den Urkunden mit ungebundenem Urteil nahe getreten; ihre und Wellhausens Arbeiten haben mir den Weg zu eigenen Aufstellungen gewiesen. —

Wie die Darstellung von Kultur und Denken der alten Ägypter, ist auch dieser Band aus Vorlesungen hervorgegangen, die ich an der Universität Leipzig seit 1905 gehalten habe; die Hauptsachen des babylonischen Teils, besonders die Stellung zur panbabylonischen Hypothese, standen schon 1905 fest.

Die Form der Darstellung befriedigt mich nicht, obgleich sie das Ergebnis einer viermaligen Durcharbeit des Stoffes ist; die Schwierigkeiten einer ersten Zusammenfassung des ganzen babylonischen und jüdischen Stoffs, bei der vieles überhaupt zum erstenmal zusammenhängend und so kurz gegeben werden mußte, mögen die formalen Schwächen entschuldigen.

In der Einteilung schließt der babylonisch-jüdische Band an den ägyptischen an; die Kapitel entsprechen sich; nur hat die überragende Bedeutung der Religion in Babylonien und Juda eine Vorausstellung des Religionskapitels, die Behandlung von zwei Völkern in einem Band eine Teilung desselben zur Folge gehabt; die kürzere Fassung des Kunstkapitels beruht zum Teil auf Mangel an Denkmälern; bei der Behandlung von Wissenschaft und Literatur war es unmöglich, Textproben zu geben und jedes Denkmal ausführlich zu behandeln, wie bei der ägyptischen Kultur; ein wichtiges Stück babylonischer Literatur, das Gilgamešepos, mußte, da es ausführliche Behandlung verlangte, gesondert in einem Aufsatz [1] bearbeitet werden; jede Ausführlichkeit hätte den Band gesprengt; die leichte Zugänglichkeit der Texte in der »Keilinschriftlichen« und »Vorderasiatischen Bibliothek« [2] und in Kautzschs »Heiliger Schrift des alten Testaments«, die ausführlichen Behandlungen der Literatur der Babylonier und Assyrer bei O. Weber, der Juden bei einer ganzen Reihe von Alttestamentlern ermöglichen auch dem Laien die Ergänzung.

Besondere Schwierigkeiten bot wie immer die Frage der Transkription der Eigennamen. Da das Buch auch auf Laien als Leser

[1] Siehe »Zwei Aufsätze zur Religionsgeschichte Vorderasiens«. Leipzig, Hinrichs. 1909.

[2] Neuerdings auch in Greßmanns altorientalischen Texten und Bildern (Ungnad).

rechnet, mußte mit möglichst wenig fremden Typen gearbeitet werden; ich habe nur das š verwendet, weil die Umschreibung als sch zu seltsame Wortbilder gab. Anderseits schien erwünscht, ganz falsche Namenformen, wie die der assyrischen Könige im Alten Testament, nicht weiterzugeben. Das Ganze ist natürlich eine Halbheit geworden, zumal äußere Rücksichten noch manches verdarben; immerhin mag es zur Besserung der herrschenden Halbheit vielleicht etwas beitragen.

Die benutzte Literatur im einzelnen in Anmerkungen zu geben, hätte, ohne viel zu nützen, den Umfang des Buches sehr erhöht. Ich begnüge mich daher, einige Namen von Forschern zu nennen, deren Werke, namentlich zusammenfassende Darstellungen und Übersetzungen, ich benutzt habe; es sind Bezold, Delitzsch, Frank, Gunkel, Hehn, Hilprecht, Hommel, Jastrow, Jensen, Jeremias, Kautzsch, King, Kugler, Lenormant, Ed. Meyer, Reisner, Schrader, Thiele, Thureau-Dangin, O. Weber, Weißbach, Wellhausen, H. Winckler, Zimmern.

Eine ganz besondere Freude ist es mir, an dieser Stelle Herrn Professor H. Zimmern danken zu können; er hat mir nicht nur sein Institut zur Arbeit freundlichst geöffnet, mich vielfach und aufopfernd mit seinem Rat unterstützt, sondern sich schließlich sogar der großen Mühe unterzogen, das Manuskript meines Buches, besonders den babylonischen Teil, auf sachliche Irrtümer durchzusehen; mit persönlichem Wohlwollen und seltenem Verständnis für die Differenz fachmännischer und philosophischer Arbeit hat er das Entstehen meines Werkes verfolgt.

Leipzig-Gohlis, 24. Mai 1910.

Erster Teil.

Geographie, Politische Geschichte, Verfassung und Ständebildung.

Erstes Kapitel.

Geographischer und politischer Überblick.

Vorderasien zerfällt seiner Bodengestaltung nach in zwei Hauptteile. Hochgebirge und Hochflächen machen den nördlichen Teil, Kleinasien, Armenien, Persien aus, eine flache Wüstentafel, nur an den Meeresküsten gefaltet, bildet den südlichen Teil, die arabische Halbinsel. Zwischen den Faltengebirgen des Nordens und den Wüstenflächen Arabiens, an der Übergangsstelle der beiden großen Formationen ineinander, müssen die Wasserläufe, die von den Gebirgen nach Süden strömen, einen Weg durch Steppe und Wüste zum Meer suchen. So entsteht das Flußsystem des Euphrat und Tigris, das aus Steppen- und Meeresflächen in seiner Entwicklung ein ackerbaufähiges Land machte, das Land inmitten der Ströme, Mesopotamien, das Zweistromland.

Der Euphrat entspringt in zwei Quellflüssen vom Hauptstock der armenischen Gebirge nördlich vom Wansee und durchbricht dann in südlicher Richtung den armenischen Taurus, das Schneegebirge (Niphates) der Alten. Seinem weiteren Lauf zum Mittelmeer stellen sich die südlichen Ausläufer des taurischen Gebirgssystems in Nordsyrien in den Weg; zögernd wendet sich der Strom nach Südosten, entschieden erst unter dem 36. Breitengrad. Aus den taurischen und nordsyrischen Bergen erhält er im Oberlauf drei Nebenflüsse, von rechts den Sadschur, von links den Belich und den Chabur. Alle weiteren Zuflüsse, die von Norden und Nordosten kommen könnten, fängt der Tigris ab. Aus Steppe und Wüste gibt es keinen regelmäßigen Zuwachs; eine Reihe von Flußbetten, namentlich die beiden großen zentralarabischen Wadis, die ins Euphrattal führen, liegen trocken, wenn nicht seltene Regenfluten sie im Winter füllen.

Der Tigris entspringt am Südabhang des armenischen Taurus unweit der Durchbruchstelle des Euphrat und fließt zunächst nach Südosten in den Bergen nördlich vom Masiusgebirge (Karadschadagh) hin. Nachdem er die Berge verlassen, bleibt er ihnen doch näher als der Euphrat, und empfängt von ihnen auf seinem Lauf zum Persischen Golf eine ganze Reihe von Nebenflüssen, den Choser, den oberen und unteren Zab, den Adhem und den Dijala.

In vorgeschichtlicher Zeit scheint der Persische Golf bis zum 34. Breitengrad hinaufgereicht zu haben; hier mündeten Euphrat und Tigris, wahrscheinlich auch der Dijala, getrennt, aber nicht allzu weit voneinander entfernt ins Meer. In dieser Zeit gab es nur ein oberes Mesopotamien, ein Steppenland, an dessen gebirgigen Rändern und in dessen Flußtälern Städte entstehen konnten, dessen Hauptflächen aber der regelmäßigen Bewässerung und damit dem Ackerbau nicht gewonnen werden konnten.

Im Lauf der Jahrhunderte schoben die Flüsse ein Sumpf- und Schwemmland in den Persischen Golf vor. Nun ward der Dijala, dessen Lauf senkrecht auf die Hauptrichtung des Tigris eingestellt war, zum Nebenfluß des Tigris; Euphrat und Tigris dagegen blieben auch in ihrer Verlängerung auf dem Weg durch das neugeschaffene Unterland getrennt, obgleich sie in der Höhe der Dijalamündung einander so nahe gekommen waren, daß ihre Wasser zur Zeit der Überschwemmung sich mischen und eine Fläche bilden. Getrennt scheinen sie durch das ganze Altertum unter dem 31. Breitengrad gemündet zu sein.

Seit dem Altertum ist die Zuschwemmung des Persischen Golfs wieder erheblich fortgeschritten. Nun haben sich die beiden Ströme zum Schatt-el-Arab vereinigt; Kercha und Karun, zwei Flüsse von den iranischen Randgebirgen, die im Altertum noch selbständig gerade Wege zum Meer fanden, sind Nebenflüsse des Schatt-el-Arab geworden. Alle Wahrscheinlichkeit spricht dafür, daß im Lauf der Zeit die Ströme den Persischen Golf vollkommen zuschwemmen werden.

Das Schwemmland des Euphrat und Tigris bildet das untere, eigentliche Mesopotamien. Hier fließen die beiden Ströme langsam und breit dahin, hier dehnen sich ihre Überschwemmungswasser weithin aus; grundsätzlich ist hier alles Land kulturfähig. Gelang es der menschlichen Einsicht und Arbeit, den Überreichtum an Wasser sich dienstbar zu machen, dem Element seine Freiheit durch Damm- und Grabenanlagen zu nehmen, so mußte zwischen Gebirg und Wüsten eine Kornkammer entstehen, die dem Niltal an Reichtum nicht nachstand.

Der Vergleich mit Ägypten und dem Nil ergibt eine erstaunliche Übereinstimmung der natürlich gegebenen Voraussetzungen der Kultur. In Ägypten wie in Mesopotamien entwickelt sich die Kultur in einem großen subtropischen Flußgebiet; das Kulturland ist ein Geschenk der Flüsse. Daß in Mesopotamien zwei Flüsse vorhanden sind macht keinen großen Unterschied, zumal der Euphrat durch Länge, Schiffbarkeit und Überschwemmungsausdehnung den Tigris weit übertrifft und für das Bewußtsein des Babyloniers so weit die Rolle des Nils spielt, daß in einer spätbabylonischen Karte des Landes der Tigris vollkommen weggelassen ist. Wie der Nil, kommt der Euphrat aus fernen Gebirgen, durchläuft im Kampf mit Sonne und Wüste ohne erhebliche Zuflüsse ein weit gedehntes Steppengebiet, Obermesopotamien, Nubien vergleichbar; wie der Nil breitet er sich im Schwemmland, das er selbst herangeführt und übers Meer gehoben, aus und endet in einem sumpfigen Mündungsgebiet, das er langsam in ein Meer vorschiebt, das früh befahren doch keine große Rolle in der Geschichte des Landes spielt. Wie der Nil befruchtet der Euphrat in einer mehrmonatlichen Überschwemmung von März bis Juni das Land; die Schneeschmelze in den armenischen und taurischen Gebirgen tut ähnliche Dienste wie die tropischen Regen in den Gebirgen Innerafrikas. Der Gegensatz von schwarzem Land und rotem Land, von Schwemmland und Wüste, von Kultur und Barbaren- und Räuberunwesen ist den Bewohnern beider Flußgebiete gleich geläufig.

Der gemeinsamen Grundlage der natürlichen Bedingungen muß eine weitgehende Gemeinsamkeit der historischen Entwicklung entsprechen. In Ägypten wie in Babylonien schafft eine systematische Kolonisation und Kanalisation des ausgedehnten Sumpfgebietes das fruchtbare Ackerland, den Reichtum, die Voraussetzung höherer Kulturleistungen. Dann entlädt sich die letzte Kraft der Schöpfer des Reichs in künstlerischen und wissenschaftlichen Großtaten, zuletzt in der Begründung einer einheitlichen Weltanschauung.

1*

Die erstaunliche Kulturhöhe in ältester Zeit wird im Lauf der Geschichte bei beiden Völkern nicht so viel weiter entwickelt, als man erwarten könnte; kann auch von einem Stillstand oder gar einem Rückschritt nicht die Rede sein, so ist doch zweifellos der Fortschritt in den Oberschichten gering; wir sehen vor allem eine Ausdehnung der Kultur in die Breite. Das ägyptische Volk wird von der priesterlichen Weltanschauung seiner leitenden Schichten vollkommen durchdrungen, das frommste aller Völker; wir werden annehmen dürfen, daß in Babylonien die Durchdringung breiter Schichten mit den entsprechenden religiösen Ideen babylonischer Weltanschauung relativ ebensoweit ging; wenn sie für unser Auge nicht so stark auffällt als in Ägypten, so liegt das daran, daß eine andere Ausdehnung der babylonischen Kultur in die Breite weltgeschichtlich wichtiger geworden ist, die Erziehung unzähliger Stämme und Völker aus der Barbarei ihrer Wanderzeit in Gebirg und Wüste zur Seßhaftigkeit und Kultur in Babylonien selbst und seiner Nachbarschaft. Babylonische Kultur ist ein Lehrer vieler Völker geworden, ägyptische Kultur blieb im Vergleich mit ihr bis in die römische Zeit auf ihre engste Heimat, das Niltal, beschränkt.

Dieser Unterschied beruht in der Hauptsache wiederum auf den natürlichen Bedingungen der beiden Länder, nämlich auf ihrer Lage zur Nachbarschaft und dem Charakter ihrer Grenzen und Nachbarländer. Ägypten ist ein abgeschlossenes oder doch ein relativ leicht zu schließendes Land, Babylonien ist ein offenes Land. Ägypten kann man als einen Brückenkopf ansehen, der von dem völkerreichen Asien nach dem volksarmen Norden Afrikas hinübergeschoben ist; Babylonien ist zwischen Gebirgen und Wüsten recht als Beute für die Nomaden und die zähen Hungervölker in beiden hingelegt, eine gefüllte Vorratskammer unter Hungrigen.

Der Herr des Niltals und des Deltas besitzt ein saturiertes Reich, wenn er nach Süden Nubien, nach Osten die Kontrolle über die schmale arabische Wüste und die Wüstenflächen vor der »Fürstenmauer«, nach Norden die Nilmündungen und nach Westen die Oasen der Libyschen Wüste in der Hand hat. Die Libysche Wüste ist in der Tat eine Völkerscheide, unfruchtbar und unüberschreitbar; die arabische Wüste ist schmal genug, daß man sie säubern kann, begrenzt von einem Meeresarm, der nicht seefahrenden Stämmen immerhin Schwierigkeiten des Übergangs bereitet. Wanderungen über Meer sind durch die Unmöglichkeit, unbegrenzt große Flotten herzustellen auf kleinere Volksverbände beschränkt und deshalb großen Reichen nicht so gefährlich; erst das geschwächte Ägypten der Ramessidenzeit wird von hier aus ernstlich bedroht. So war eigentlich nur eine schmale Einfallspforte dauernd gefahrdrohend, die Brücke zur Sinaihalbinsel; obgleich sie durch Mauer und Graben zu schließen war, ist von hier aus Ägypten einmal überrannt und dem Gegenstoß der 18. Dynastie zum Trotz schließlich langsam semitisiert worden.

In Babylonien gibt es weder eine Möglichkeit, die Grenzen zu schließen, noch eine, durch Ausdehnung des Reiches ein geschlossenes Ganzes, eine Saturation zu schaffen. Das Land grenzt mit seiner einen Breitseite an das iranische Randgebirge, mit der andern an die Wüste. Beide Grenzen sind viel zu ausgedehnt, um durch Mauerbauten geschlossen zu werden. Die Wüste ist zu breit, um von irgendeiner Heeresmacht kontrolliert werden zu können, zu wasserarm, um dauernde Brunnen- und Straßenanlagen zu gestatten; andrerseits nicht breit genug, um räuberischen Stämmen den Übergang zu wehren, nicht unfruchtbar genug, um ihnen zeitweises Zelten und die Flucht vor verfolgenden Truppen ins Spurlose unmöglich zu machen. Noch schlimmer stehts mit der Nordgrenze; hier können die Wandervölker von den iranischen Steppen in Siedelungen warten, bis die Zeit zur Eroberung der Ebene gekommen ist; von hier können sie zu Räuberei und Brandschatzung schnell vorbrechen, und ebensoschnell können sie hier in unwegsamen Schluchten verschwinden; eine Unterwerfung der Gebirgsländer ist nur für Jahrzehnte und niemals vollkommen von Babylonien aus zu erreichen. Die schmale Grenze flußaufwärts bietet ähnliche Verhältnisse; hier warten in den spärlichen Städten und den weiten Steppengebieten halbseßhaft allerlei Wüstenstämme; von hier drohen Einbrüche von kleinasiatischen Barbaren, die aus den kilikischen Pässen hervorbrechen. Selbst die Meeresgrenze ist nicht sicher, obgleich Seevölker keine Rolle spielen; ihre Sümpfe bieten in späterer Zeit chaldäischen Nomaden Zuflucht.

Wenn Ägypten in seiner günstigen Abwehrstellung schließlich den andrängenden Semiten erliegen muß, so kann es für Babylonien nur einen ewigen Wechsel der Besitzer geben. Nachdem einmal die Kanalisation durchgeführt, der Mehrwert dieses Landes geschaffen ist, gibt es kein ruhiges Genießen des Reichtums für seinen Besitzer, nur ein immer wiederholtes Herandrängen und Niedertreten des Vorgängers, ein Besitzergreifen, Verteidigen und schließlich ein Verlieren an den nächsten Anwärter. Von allen Seiten drängen die Liebhaber heran, aus Arabien, aus Asien und Europa. Sie sammeln sich in den Grenzgebieten; in der Steppe von Obermesopotamien entstehen ihre Stammstaaten, an den Hängen der armenischen und iranischen Randgebirge entwickeln sich ihre Bergnester; da warten sie bis die Türen aufgehen oder sich aufdrücken lassen. Ein kräftiges kriegerisches Volk kann sich äußerlich einige Jahrhunderte im Besitz behaupten; es kann in Jugendkraft nach allen Seiten vorstoßen, ins Gebirg, in Steppe und Wüste; was ihm widersteht wird vernichtet, unterworfen, verscheucht; es kann dann in männlicher Besonnenheit sich alle Mittel der Kultur aneignen, Grenzfestungen gründen, Militärkolonien anlegen, ganze Völker versetzen oder die wilden Nachbarn der Kultur gewinnen und zu Pufferstaaten machen; es kann endlich alternd den Reichtum verwenden, um barbarische Söldner zu werben und politische Ehebündnisse zu schließen — all diese Mittel sichern ihm keine dauernde Herrschaft. Kein König kann durch die Gebirge bis zu den Quellen vordringen, aus denen die europäischen und asiatischen Völker heranströmen, keiner kann Arabien besetzen; nicht einmal die Anlage einer kürzeren Handelsstraße nach Ägypten an Stelle des ungeheuren Umwegs durch ganz Mesopotamien und Syrien ließ die Wüste zu. Die Militärkolonien und Pufferstaaten werden in wenigen Generationen zu geschulten Militärmächten, die selbst nach der Ebene drängen, oder häufiger zu entnervten Schwächlingen, die Nachdrängenden erliegen. Söldner und Verschwägerungen mit barbarischen Fürsten sind der Anfang vom Ende. Vor allem aber stockt auch unter dem mächtigsten König niemals das unmerkliche Einsickern barbarischer Elemente in friedlichen Formen.

So wechselt das Volkstum in Babylonien fortwährend in gewaltsamen Zusammenbrüchen und in langsamen Übergängen, durch kriegerischen Einbruch und durch allmähliche Einwanderung fremder Stämme seinen Rassencharakter. Oben lösen sich die Herrenvölker ab; jedes behauptet sich seine Zeit und verschwindet dann in der Masse; unten dringen in dieselbe Masse ohne Aufhören als Söldner, Arbeiter, Räuber, Landstreicher oder Bettler weniger auffallend, aber nicht weniger fremd andere Barbaren aus Gebirg und Steppe ein. Kann man für Ägypten infolge seiner geographischen Abgeschlossenheit mit einigem Vorbehalt von einem Volkstum und einer

Kultur bis gegen 1000 v. Chr. reden, so gilt für Babylonien die Formel: Eine Kultur über immer neuen Völkern im Land und weithin in seiner Nachbarschaft.

Wenn der Besitz Babyloniens den reichsten Siegespreis im Wettbewerb der Wanderstämme aus Gebirg und Wüste darstellt, so entwickeln sich doch im Lauf der Zeit neben ihm in seinen Nachbargebieten weitere Kulturgebiete minderen, aber keineswegs verächtlichen Reichtums. Sie verdanken ihre Kultur der Nähe und manchmal der direkten Kolonisation Babyloniens, das die lauernden Barbarenmassen an den Landesgrenzen auf ihren Warteplätzen festzuhalten und zu Ackerbauern zu machen weiß, wenn es eben kräftig genug ist, sich gegen ihr Andrängen zu behaupten.

Der älteste Staat dieser Art ist Elam in den fruchtbaren Randgebirgen des Iran mit dem Mittelpunkt Susa am Kercha; da hier und im benachbarten Zagros die Sammelstelle für die Wandervölker liegt, die vom Hochland des Iran nach der babylonischen Ebene drängen, so mag ein Staat an dieser Stelle älter sein, als die Kolonisation Babyloniens.

Am oberen Tigrislauf, im Gebiet des Choser, des oberen und unteren Zab, entwickelt sich viel später Assyrien.

In Obermesopotamien, Syrien und Palästina entstehen zahllose Kleinstaaten, von denen für die Kultur am wichtigsten die phönikischen Städte und Juda geworden sind.

Syrien und Palästina liegen ähnlich wie Babylonien allen Angriffen benachbarter Barbaren aus den angrenzenden Bergen und Wüsten ausgesetzt. Durch die kilikischen Tauruspässe ergießen sich kleinasiatische Wanderstämme, aus der Wüste dringen semitische Horden ein. Ist die Nordgrenze schmal, so mündet doch auf sie ein Völkertor, so ist weiter die Wüstengrenze um so ausgedehnter, und endlich kommt als dritte offene Grenze für Barbareneinbrüche die Mittelmeerküste dazu.

Im Beginn der Geschichte ist Syrien und Palästina arm. Syrien mit seinen Gebirgen, dem Amanus, dem Nusairiergebirge, dem Libanon und Antilibanon, mit seinen unbedeutenden Flüßchen, dem Sadschur, Orontes und Leontes, mit seinen schmalen Küsten, bot wenig Aussichten für Ackerbau. Dafür besaß es allerdings in seinem Waldbestand ein Baumaterial, das babylonischen und ägyptischen Herrschern gleich wertvoll erschien, in dem Übergang vom Sadschur- zum Orontestal die Hauptstraße für den ägyptisch-babylonischen

Handel und an seinen Küsten günstige Häfen. Besser war Palästina von der Natur bedacht. Es besaß drei Ebenen, Jesreel, Saron und die Sephela, die durch kleine Wasserläufe und die Nähe des Meeres, das Regen gab, ackerbaufähig waren; seine Gebirge, das galiläische Bergland, das Gebirge Ephraim und Juda, waren nicht so hoch und rauh als die Nordsyriens; der Jordan freilich, der Hauptfluß des Landes, ist für das Gebiet südlich vom See Genezaret nur als Grenzfluß wichtig; sein tief unter dem Meeresspiegel liegendes, steil nach beiden Seiten ansteigendes Bett ist sumpfig, heiß und unbewohnbar, sein Mündungsbecken, das Tote Meer, ist unbefahren und unbelebt. Die Rolle des mesopotamischen Tieflandes spielen natürlich die Ebenen, vor allem die Ebene Jesreel, die auch Israels Ziel war. In den Gebirgen bleiben die Anwärter, wie in der Umgebung Babyloniens, ohne ihren Willen hängen; doch entsteht dabei allmählich ein dicht besiedeltes Ackerbauland, ein gelobtes Land allerdings nur im Vergleich mit der Wüste oder den Übergangsgebieten zu ihr, Gilead, Moab, Edom, nicht im Vergleich mit Babylonien.

Die geographische Lage Syriens und Palästinas und die Bodenverhältnisse bedingen ein späteres Einsetzen der Geschichte in diesen Ländern, als im Nil- und Euphratschwemmland. So lange der Weg dahin den Wanderstämmen offen stand, so lange hier und in der nächsten Nachbarschaft Babyloniens Plätze offen waren, ging es mit der Entwicklung von Syrien und Palästina langsam; selbst Völker aus Kleinasien erscheinen noch spät vor Babylon, statt nach Palästina vorzudringen. Erst als im zweiten vorchristlichen Jahrtausend die Früchte stiller Kulturarbeit in den phönikischen und kanaanäischen Städten sichtbar werden und gleichzeitig aus Wüste und Gebirg immer dichtere Volksmassen sich ergießen, beginnt in Syrien und Palästina ein Ringen um das Land, das dem um Babylonien nicht nachsteht.

In den reichen Schwemmländern Ägyptens und Babyloniens entstehen getrennt in ältester Zeit die beiden großen Kulturen des vorderasiatischen Kulturkreises; im reichsten Land die höchste Kultur. Erst nach zwei Jahrtausenden werden sie übergipfelt von jüngeren Völkern, die ihre Schule genossen haben, in Vorderasien selbst von Juden und Persern. Diese Kulturen sind von der babylonischen abhängig, entstehen aber nicht in Babylonien, sondern an den Grenzen babylonischen Einflusses, nicht im reichsten Land, nicht einmal in den fruchtbaren Ebenen Palästinas oder in den reichen Hängen

Elams; in dem judäischen Gebirge und den Steppen am Toten Meer leben Amos, Ješaja und Jeremia, im östlichen Iran sucht man Zarathustras Heimat. Obgleich ohne Zweifel den wichtigsten Faktor bei diesem Kulturfortschritt das Eintreten neuer Volksschichten, junger frischer Nachschübe der älteren Rassen und ganz neuer Rassen, und ihre Mischung darstellt, obgleich weiter die Bekanntschaft mit der älteren Kultur unbedingte Voraussetzung des Fortschritts in beiden Fällen ist (sie wirkt arbeitsparend), so darf doch auch hierbei ein geographischer Faktor nicht vergessen werden. Die Bewohner der reichen Ebenen, Babyloniens wie Palästinas, ziehen den materiellen Gewinn aus der Kultur dieser Ebenen, aber sie erschlaffen im Reichtum und verfallen einem ideallosen Wohlleben; die neueindringenden Eroberer kommen zwischen allzuhoher Kultur und nachdrängenden Feinden zu keiner Eigenart. Im gebirgigen und wüsten Hinterland sind Arier und Juden der Kultur nahe genug, um sie kennen zu lernen, Zuschauer der Schicksale großer Reiche, die weite Ausblicke in das Los der Könige und Völker eröffnen, fern genug, um nicht zu früh entnervt oder zermalmt zu werden. So entwickeln sie eine eigenartige idealistische Philosophie und vollenden, was Ägypter und Babylonier begonnen. Ein glücklicher Zufall hat dann den Lehren beider Völker im Mutterland ihrer Kultur einen praktischen Abschluß gegeben; im Mittelpunkt der vorderasiatischen Welt vollenden sich die Weltreligionen Vorderasiens im Altertum. —

Die Kolonisten und Eroberer der kulturfähigen Gebiete Mesopotamiens und Syriens stammen fast durchweg aus dem Berggürtel im Norden und Osten und aus den Wüsten Arabiens; der Persische Golf kommt, soviel wir wissen, für Einwanderung gar nicht in Betracht, das Mittelländische Meer hat einmal eine Welle von »Seevölkern« an den Strand von Palästina gebracht, deren Elemente, seßhaft geworden, neue Staaten und ein eigenes Volk bildeten, die Pulsta der ägyptischen Inschriften, die Philister der jüdischen Überlieferung, denen Palästina seinen Namen verdankt.

Die beiden Hauptgebiete, aus denen die Wandervölker nach Mesopotamien und Syrien-Palästina strömen, der Berggürtel und Arabien, sind nicht ganz gleichgestellt. Der Berggürtel hat ein unbegrenztes Hinterland, ganz Europa und Asien; Arabien dagegen ist ein Sack. Der Berggürtel hat zwei große Eingangstore, die taurischen Pässe, die die Völker aus Kleinasien einlassen, und die iranischen Pässe, die den Völkern vom Iran

Zugang gewähren; die Wüste grenzt überall offen an das Kulturland.

Diese Unterschiede machen sich bei der Besiedelung des Landes deutlich geltend. Aus dem großen Hinterland der Berge kommen zu verschiedenen Zeiten Völker ganz verschiedener Herkunft an die beiden Pforten; aus Arabien strömen immer Angehörige ein und derselben Rasse heran. Völker, die aus Europa und Asien in die Nähe der beiden großen Gebirgstore getrieben werden, können, wenn ihr Ansturm mißlingt und die Warteplätze besetzt sind, abgetrieben sich wieder im weiten Hinterland verlieren und anderswo, Siedelungsgelegenheiten suchen; der arabische Sack hat nur die Öffnung nach Norden und Nordwesten und wenig fruchtbares Land im Innern, das immer übervölkert ist; so müssen die Wüstenstämme, die zur Öffnung des Sacks hingetrieben werden, immer wiederkehren, bis sie irgendwie unterkommen oder aufgerieben sind. Trotzdem die Einbrüche der Gebirgsvölker ins syrische und mesopotamische Kulturland in geschlossenen Massen ebenso häufig und verheerender sind, als die großer arabischer Stammverbände, ist auf die Dauer der arabische Bestandteil der Bevölkerung des ganzen kulturfähigen Randbezirks im Norden Arabiens stärker; die politische Herrschaft wechselt zwischen Berg- und Wüstenvölkern ziemlich regelmäßig ab, im Volkstum aber schlägt das semitische Element vor, denn seine Nachströmung hat immer gleichen Charakter und stockt niemals.

Semiten nennen wir die Rasse, die in Arabien ihre Heimat hat; aus welchen älteren Bestandteilen sie hervorgegangen ist, wo deren Heimat war, wissen wir nicht; jedenfalls ist aber die Reinzüchtung der semitischen Rasse in der Abgeschlossenheit Arabiens und in vorgeschichtlicher Zeit erfolgt. Schon die ersten semitischen Stämme, die uns im ältesten Babylonien begegnen, haben ausgeprägt semitische Züge und Sprache. Aus Arabien sind, solange es Geschichte gibt, die semitischen Wanderstämme in die Nachbargebiete Vorderasiens und Afrikas eingesickert und eingebrochen. Die Fluten ihrer Wanderbewegungen zeigen dabei ein gesetzmäßiges Element, indem etwa alle 1000 Jahre ein starkes Anschwellen eintritt, das sich bis jetzt nur unzureichend durch regelmäßig wiederkehrende Übervölkerung der Halbinsel erklären läßt; gleichzeitig werden bei diesen Schwellungen für uns Dialektverschiebungen in der Rasse greifbar, derart, daß durch das ganze Altertum jede neue Hochflut durch ihren Dialekt charakterisiert ist. So folgen einander von etwa 3500 v. Ch. bis ca. 500 n. Chr. die »altbabylonischen«, die »kanaanäischen«, die »aramäischen« und die »arabischen« Semiten.

Die Stämme, die aus dem Gebirge kommen, gehören mindestens drei oder vier Rassen und Sprachgruppen an. Aus den iranischen Bergen stammen die Sumerer, die um 3500 v. Chr. als Zeitgenossen der ersten semitischen Schicht eingewandert sein müssen, die Kassiten, die nach 2000 v. Chr. erscheinen, und die Indogermanen, die um die Wende des ersten Jahrtausends in geschlossenen Massen erobernd auftreten, nachdem sie in einzelnen Stämmen schon länger eine Rolle gespielt. Alle drei Volksgruppen sind einander fremd, die ersten beiden lassen sich mit unsern Mitteln keinem der heute noch lebenden Sprächstämme sicher anreihen. In Kleinasien hat die chetitische Rasse ihre Sitze, die seit etwa 2000 v. Chr. in mehreren Schüben aus den kilikischen Pässen vordringt und Syrien besetzt; auch sie ist nach Gesicht, Tracht und Sprache mit keiner der älteren Rassen verwandt. Übers Meer dringen, wie schon erwähnt, die Philister in Palästina um 1200/1100 v. Chr. ein; sie gehören zu den Seevölkern, unter denen sich auch Indogermanen befinden, scheinen aber selbst keine Indogermanen gewesen zu sein.

Alle diese Völker »reiner« Rasse treten als Barbaren in die Geschichte ein und werden für die Kultur bedeutsam erst dadurch, daß sie sich miteinander mischen, ihre Reinheit und kriegerische Kraft verlieren und friedliche Bauern und Bürger werden. So sind die Schöpfer und Träger der Kultur nicht Sumerer, Chetiter oder Perser, nicht altbabylonische, kanaanäische oder aramäisch-chaldäische Semiten, sondern durchweg Mischvölker; die erste Kolonisation und Kulturblüte in Babylonien ist das Werk einer Mischung von Sumerern und Semiten der ältesten Schicht, die weiteren Kulturfortschritte des Landes folgen auf den Eintritt kanaanäischer und chaldäischer Semiten in die vorhandene Mischung; im Westen scheint eine Mischung von kanaanäischen und aramäischen Semiten mit chetitischen Stämmen vor allem die Sonderart der assyrischen, phönikischen und wohl auch der israelitisch-judäischen Kultur bedingt zu haben; freilich kommen in Phönikien und Palästina auch ägyptische, kretisch-ägäische, philistäische und indogermanische Mischungselemente mit in Frage. —

Eine schematische Übersicht der ganzen Geschichte Mesopotamiens, Syriens und Palästinas läßt sich gewinnen, wenn man eine ältere Epoche der erstmaligen Kolonisation des gesamten kulturfähigen Gebiets von einer jüngeren scheidet, in der das Streben der Herrenvölker, das gesamte Kulturland zu einer politischen und kulturellen Einheit zu machen, die äußere Geschichte beherrscht.

Die Epoche der Kolonisation beginnt im vierten Jahrtausend v. Chr. mit der Besiedelung von Babylonien (Untermesopotamien), dem Teil des ganzen Gebiets, der die reichsten Aussichten für den Ackerbau bot. In den folgenden zwei Jahrtausenden wird der Gebirgsgürtel, Obermesopotamien, Syrien und Palästina kolonisiert, von ackerbauenden Völkern besiedelt. Dabei geht die Besiedelung so vorwärts, daß im ganzen kulturfähige Gebiete näher bei Babylonien, Warteplätze, früher besetzt werden als weiter abliegende, und daß reichere oder aussichtsreichere Gebiete früher Herren finden, als arme. Man kann mit einigem Vorbehalt sagen, daß alles Land außer Babylonien im Grunde nur besiedelt wird, weil Babylonien lockt, aber selbst nicht mehr zu haben ist; alle Nachbarn, die iranischen wie die kleinasiatischen und arabischen, wollen die babylonischen Schätze und streben dahin; erst als Obermesopotamien in festen Händen ist, hören die direkten Stöße von Kleinasien nach Babylon auf. Endlich ist die Kolonisation eine Funktion der Bevölkerungszunahme in der Kulturzone und ihrer Nachbarschaft. Sowohl Arabien wie die Gebirgszone muß im Beginn der Geschichte volksarm gewesen sein; zum Teil lag das gewiß daran, daß kein reiches Kulturland, wie das später der Fall war, die Nomaden von überall her anlockte, zum Teil aber möchte ich eine allgemeine Menschenarmut der ganzen Gegenden annehmen; namentlich gilt das für Arabien, das später so unerschöpflich überströmt; bei den Bergvölkern kann man allenfalls annehmen, daß sie in Ermangelung eines lockenden Ziels in der Ebene anderswohin getrieben waren als später; die Semiten mußten aber immer aus ihrer Halbinsel in deren fruchtbare Randgebiete strömen; wenn also die Kolonisation und die dichte Besiedelung dieser Randgebiete erst im vierten Jahrtausend beginnt und sich im Licht der Geschichte vollzieht, so kann man daraus nur den Schluß ziehen, daß die Einwanderung der Ureltern der semitischen Rasse in Arabien zu Beginn der ägyptischen und babylonischen Geschichte noch nicht sehr weit zurücklag, so daß wir die erste große Ausbreitung der neuen Rasse in der ägyptischen und sumerisch-babylonischen Mischung eben noch erkennen können.

Um das Jahr 1000 v. Chr. ist das ganze kulturfähige Land

erstmals besetzt und angebaut, zuletzt die Steppenflächen Obermesopotamiens, die Randgebiete Syriens und Palästinas und die Sumpfgebiete der Euphrat- und Tigrismündung; überall sind kleine Fürstentümer und Königreiche entstanden. Damit war so ziemlich das äußerst Mögliche an Kolonisationsarbeit getan; weitere Einwanderer konnten das kultivierte Land dichter besiedeln, besser ausnutzen, aber seine Grenzen gegen die Wüste kaum weiter vorschieben. So bleibt nun den späteren Volksmassen, die Arabien und die Gebirgstore ausspeien nur das Überrennen des Kulturlands oder das langsame Einsickern, aber nicht mehr die Möglichkeit, durch eigene Kolonisationsarbeit die Grundlage nationaler Staaten neu zu schaffen.

Mit dem Abschluß der Kolonisation entsteht die Möglichkeit, das gesamte Kulturland in einem Weltreich zusammenzufassen. Das erste Volk, das diese Aufgabe seiner zentralen Lage gemäß in Angriff nahm, waren die Assyrer; die Einheit des Reiches in höherem Sinn lag in der Kultureinheit; das assyrische Reich ist das Weltreich babylonischer Kultur. Damit beginnt um 1000 v. Chr. die zweite Epoche der vorderasiatischen Geschichte, die Epoche der Weltreichsbildungen mit vorderasiatischem Kern. Sie währt bis heute; auf die Assyrer folgen als Herren die Chaldäer, Perser, Parther u. a. im Altertum; das beginnende Mittelalter bringt die letzte explosive Ausbreitung einer Semitenschicht, der arabischen, als Kolonisations- und Kulturausbreitung großen Stils weit über die alten Grenzen hinaus; die letzten Träger des alten Reichsgedankens sind vorläufig die Türken.

Wir betrachten zwei Teile dieses ungeheuren Stoffes näher, die Geschichte Babyloniens und Judas. Die übrigen Gebiete müssen wir vernachlässigen, einige gelegentliche Erwähnungen ausgenommen. Natürlich ist das eine willkürliche Beschränkung, die sich aber rechtfertigen läßt durch den mangelhaften Stoff, den wir bis jetzt für alle in Frage kommenden Gebiete außer Babylonien und Juda besitzen und durch die Tatsache, daß mit der Darstellung der Kulturentwicklung im Mutterland Babylonien und in derjenigen seiner Provinzen, die ohne Zweifel im Altertum die überkommene Kultur am höchsten weitergebildet hat, aller Wahrscheinlichkeit nach alle für die kulturelle Entwicklung des ganzen Gebiets wesentlichen Züge gegeben sein werden. Um mehr als ein Erfassen des gröbsten Ablaufs der gesamten Kulturentwicklung kann es sich aber beim heutigen Stande der Wissenschaft überhaupt nicht handeln.

Eine schematische und chronologische Übersicht der babylonischen Geschichte läßt sich am leichtesten geben an der Hand der Reihe wechselnder Herrenvölker, wobei die Schichten der Semiten je ein Volk darstellen müssen, kombiniert mit einer Reihe babylonischer Dynastien, die uns aus babylonischen Königslisten sicher genug bekannt sind. Bei dem höchst fragmentarischen Charakter der babylonischen Überlieferung und dem geringen Bestand an eigentlich geschichtlichen Denkmälern in dem bisher durchforschten babylonischen Gebiet, kann eine derartige Übersicht nur den Wert eines mnemotechnischen Hilfsmittels haben, indem konstruktiv, an der Hand der Königsnamen und dialektischer oder sonstiger sprachlicher Kriterien, sowie bestimmter Angaben der Denkmäler die wichtigsten Herrscher als Vertreter bestimmter Herrenvölker angesprochen werden.

Das älteste Herrenvolk in Babylonien waren ohne Zweifel die Sumerer. Von den Königen dieser ersten Dynastie oder dieser ersten Dynastien sind leider selbst die Namen, einen ausgenommen, verloren. Ort ihres Königtums war Nippur, seine Zeit um und nach 3000 v. Chr., d. h. annähernd die Epoche der ersten und zweiten ägyptischen Dynastie des alten Reiches.

Am Ausgang einer langen Zeit der Kämpfe um die Oberherrschaft zwischen Sumerern und Semiten erscheint um 2500 v. Chr. als erster unbestritten semitischer Herr des ganzen Landes, ein Ideal aller späteren semitischen Herren, Šargani aus der Dynastie von Akkad; er vertritt die älteste semitische Schicht in Babylonien, die altbabylonischen Semiten, offenbar aber in ihren letzten Schüben.

Die Dynastie von Ur, ca. 2300—2190, schließt ähnlich der 6. Dynastie in Ägypten die Epoche des ersten Anstiegs zu voller Kulturblüte, das alte babylonische Reich, wenn man will, ab.

Aus langen Wirren geht endlich als Vertreterin einer neuen, kanaanäischen, semitischen Schicht die erste Dynastie siegreich hervor, die in der bleibenden Hauptstadt Babylon ihren Sitz nimmt; sie herrscht von 2060—1760. Wieder liegt der Vergleich mit Ägypten nahe, das annähernd um dieselbe Zeit eine Herstellung seiner alten Macht unter der Herrschaft der 11. und 12. Dynastie und eine neue Kulturblüte erlebt; wie Babylon tritt hier Theben als bleibende Hauptstadt zum erstenmal hervor; eine Zeit innerer Wirren endet in beiden Ländern mit einem vernichtenden Barbareneinbruch; das mittlere ägyptische Reich wird eine Beute der Hyksos eben als

Babylonien in die Gewalt eines neuen Herrenvolkes aus den Bergen, der Kassiten, gerät.

Ägypten hat sich relativ schnell von der Hyksosherrschaft befreit und nun erst unter der 18. Dynastie seine volle kulturelle Entfaltung und eine Weltmachtstellung erlangt. Babylonien hat sich politisch vom Kassitensturm nicht wieder erholt; zwischen Assyrern und Elamiten, Aramäern und Chaldäern kam es wohl vorübergehend einmal, so unter der Dynastie von Paše[1] um 1000 v. Chr. zum Atemholen, die Weltherrschaft nach Ägypten aber ward Assyrien zuteil.

Das assyrische Weltreich babylonischer Kultur entwickelt sich mit großen Anläufen und ebenso großen Rückschlägen allmählich in den letzten Jahrhunderten des zweiten und den ersten des ersten Jahrtausends v. Chr. Seine höchste Blüte erreicht es, als es die letzte nationale Enge abstreift und unter den Šarukiniden 722—626 ein Imperium, eine Militärherrschaft im Dienst großer Kulturaufgaben wird, das sich dem römischen wohl vergleichen läßt.

Eine unmittelbare und unveränderte Weiterführung dieses Imperiums bedeutet das neubabylonische Reich 626—539; mit seinen Königen Nabupalusur und Nabukudurriusur II. kommt die gleichzeitig mit den aramäischen Semiten in das Kulturland vorgedrungene semitische Schicht der Chaldäer spät und vorübergehend durch die Unterstützung der Meder zur anerkannten Vorherrschaft und Babylon wieder zu maßgebender politischer Stellung.

Mit der Perserherrschaft endet der Zeitraum babylonischer Geschichte, der hier behandelt werden soll; die babylonische Kultur empfängt von da an ihre neuen Elemente aus fremden Händen, von ihren Tochterkulturen, der jüdischen und persischen.

Ein Schema der Kulturentwicklung in Babylonien muß bei dem ewigen Wechsel der Bevölkerung durch das fortwährende Eindringen neuer Wanderstämme den Vorgang der immer wiederholten Kultivierung der Barbaren durch die jeweiligen »Babylonier« von dem Hauptablauf der babylonischen Kulturentwicklung scheiden. In einem Fall haben wir einen mehrmals im Lauf der Geschichte des Landes gleichartig sich abspielenden Prozeß, im andern eine einmalige Entwicklung von vor 3000 v. Chr. bis in die Perserzeit. Beide Prozesse verhalten sich so zueinander, daß der einmalige sich aus bestimmten Stücken des wiederholten zu-

[1] Ideogramm für Isin.

sammensetzt. Das erste babylonische Volk, die Kolonistenmischung, erlebt, als entstanden aus Wanderstämmen, Barbaren, die seßhaft und im Land kultiviert werden, natürlich in allen sichtbaren Phasen denselben Kultivierungsprozeß, den die späteren Völker durchmachen, nur zum erstenmal, »produktiv«; so wird seine Entwicklung der Stamm des einmaligen Ablaufs. Dieser wird dann höher geführt, indem von allen späteren Kultivierungsergebnissen die Stücke zum Hauptablauf gefügt werden, die zunächst den höchsten Punkt der ersten Produktion, in der Folge je den höchsten des letzten kulturell produktiven Mischungsvorgangs übergipfeln. Eine neu eintretende Rasse wird also in der entstehenden Mischung mit den vorhandenen Bestandteilen des Volks »produktiv«, wenn es ihr gelingt, nicht nur die vorhandene Kulturhöhe wenigstens in ihrer Oberschicht zu erreichen, sondern sie zu steigern. Naturgemäß ist das erste Volk, das noch gar keine Kultur vorfindet, also mit seiner ganzen Leistung in den einmaligen Ablauf eingestellt werden muß, für unser Auge das produktivste; je höher seine Leistung war, um so schwerer wird sie zu überholen sein, um so unproduktiver werden die folgenden Mischungen erscheinen, ohne daß daraus gefolgert werden dürfte, daß die Rassen, die neu eintreten, minderwertig wären oder wenn ein Zufall sie als erste hergeführt hätte, nicht vielleicht dasselbe geleistet hätten. Die babylonischen Semiten sind nicht begabter gewesen als die aramäischen, obgleich die ersten sehr wesentlich an der Schaffung der babylonischen Kultur beteiligt waren, die letzten für unser Auge gar nichts Neues in Babylonien geleistet haben; dasselbe gilt für Sumerer und etwa Kassiten. Wenn ein Faktor außer der vorgefundenen Kulturhöhe für die »Produktivität« einer Mischung verantwortlich gemacht werden soll, so kann es vielleicht die »Spannung«[1] der gemischten Rassen sein, das heißt ihre Verschiedenheit, die durch möglichst wenig gemeinsame Ahnen und möglichste Isolierung voneinander vor der entscheidenden Mischung bedingt ist. Die Größe dieser Spannung ist proportional der Menge neuer Möglichkeiten bei der Mischung. So wird das immer neue Eintreten von Verwandten der ersten Rassen eine Überhöhung des ersten Ergebnisses nur langsam und in kleinem Umfang ergeben, während ganz neue Rasse-Faktoren beträchtliche Überhöhungen erzeugen können.

[1] Vergl. meinen Aufsatz Rassereinheit und Kultur , Mannus 1909, 3.

Die einmalige Kulturentwicklung in Babylonien zeigt als Ergebnis der ersten Mischung von mindestens zwei Rassen großer Spannung (die eine kommt übers Gebirg, die andere aus der Wüste reingezüchtet) zunächst einen schnellen und steilen Anstieg. Er erfolgt in zwei Etappen; die bei der Mischung entstehenden Kräfte dienen zunächst der Kanalisation und Kolonisation des Landes und der Reichsbildung; erst nachdem so die Grundlagen zu höherer Kultur geschaffen sind, erfolgt der rasche Anstieg zu künstlerischer, wissenschaftlicher und philosophischer Eigenart. Als Zeit dieses Anstiegs wird etwa 3200—2200 v. Chr. anzusetzen sein; die Epoche der Kolonisation und des politischen Anstiegs würde von 3200 bis etwa 2800/2600, die des geistigen Anstiegs von da bis 2200 währen.

Die folgenden Jahrhunderte bringen als Ergebnis des Eintritts der babylonischen Elemente der kanaanäischen Schicht, vielleicht auch elamitischer Bestandteile in die vorhandene Masse eine kleine Neubelebung des Anstiegs und damit eine vorläufige Vollendung der Kultur. Der ganzen Bewegung fehlt aber der alte Schwung; die Träger des Fortschritts fühlen sich abhängig; wie den Gelehrten unseres Mittelalters liegt ihnen die Glanzzeit der Kultur in der Vergangenheit; ihr Latein ist das Sumerische. Diese Verlangsamung des Anstiegs wird immer ausgesprochener, ohne daß ein vollkommener Stillstand einträte. Die neueintretenden Volkselemente, Kassiten, Aramäer und Chaldäer, vermögen nicht die Bewegung zu beschleunigen; die babylonische Kultur geht in die Breite, immer weitere Schichten im Land, immer größere Nachbargebiete werden durch sie kultiviert; ihre Höherentwicklung aber ist so unmerklich, daß man sie ernstlich bezweifeln und behaupten konnte, es gebe in Babylonien nur Erhaltung oder gar Verfall einer ältesten Weisheit. Diese Behauptung ist falsch; es läßt sich nachweisen, daß im archaistischen Gewand der babylonischen Scholastik allerlei Fortbildungen des alten Besitzes sich verbergen; wohin sie weisen, zeigen uns aber nur die jüngeren Kulturen der Juden und Perser, die als neuartige, spannungsreichere Mischungen die vorhandenen Ansätze aufnehmen und zu Systemen vollenden.

Ein Vergleich des Kulturablaufs in Babylonien und Ägypten ergibt eine merkwürdige Ähnlichkeit. Sie geht so weit, daß nicht nur dieselben Epochen aufeinanderfolgen, eine Zeit politischen und eine schnellen kulturellen Anstiegs, dann eine Verlangsamung mit zwei Neubelebungen, die aber nicht zur Lösung vom ältesten führen, sondern nur seine Verehrung begünstigen, zugleich eine Ausbreitung der Kultur und die Entwicklung einer archaistischen Scholastik, sondern daß die absolute Chronologie der Epochen in beiden Ländern fast dieselbe ist. Wenn Ägypten bis in den Ausgang des neuen Reiches kulturell nur das Werk der ersten Rassenmischung wäre, so stünden wir vor der eigentümlichen Tatsache, daß die einfache allmähliche Ausgleichung der ursprünglichen Spannung in ein und derselben Rasse dasselbe Entwicklungsbild gäbe, wie es in Babylonien durch die Unterbrechung der Ausgleichsbewegung und den Eintritt neuer Völkerschübe erzeugt wird. Freilich muß man aber dabei zweierlei bedenken; die neueintretenden Rassen sind in Babylonien von 2000 bis in die Perserseit »nicht produktiv«, zum Teil gewiß, weil sie den Bestandteilen der ersten Mischung zu nahe standen, also ihr Eintritt keine erheblichen neuen Möglichkeiten schuf; weiter aber ist keineswegs sicher, daß in Ägypten nicht die Neubelebung im mittleren und neuen Reich dem Einbruch semitischer Stämme zu verdanken ist, so daß wir hier genau dieselben Verhältnisse hätten wie in Babylonien. Daß Juden und Perser, als Tochtervölker der babylonischen Kultur dann erhebliche Fortschritte bringen, nicht aber das Tochtervolk der ägyptischen Kultur, die Äthiopen, ist ebenfalls leicht verständlich, wenn man bedenkt, daß bei Juden und Persern ganz neue Rassenmischungen vorlagen, während die Äthiopen mit einem der Urbestandteile der ägyptischen Rasse eng verwandt und mit Ägyptern wohl schon ein Jahrtausend vor ihrem Rettungszug gemischt waren; hier konnte es keine neuen kulturellen Möglichkeiten geben, nur eine Massenübertragung halbbarbarischer Zöglinge aus der Südprovinz ins Mutterland.

Die Periodisierung der jüdischen Entwicklung läßt sich am leichtesten gewinnen, wenn man davon ausgeht, daß der Stamm Juda aus der Wüste in babylonisches Kulturgebiet einbricht und hier zunächst eine Kultivierung durchmacht, wie all die Wanderstämme, die in Babylonien und seiner Nachbarschaft erscheinen; er folgt dabei dem allgemeinen Schema dieser Kultivierungsvorgänge und kann uns geradezu als Beispiel für diesen immer wiederholten Ablauf gelten. An die Zeiten reiner Rezeption schließen sich dann die eigenartiger Leistungen, wobei einer Epoche raschen Anstiegs, wie im Schema des einmaligen Kulturablaufs in Babylonien und Ägypten, eine Epoche der Verlangsamung des Fortschritts in den Oberschichten, der Ausbreitung in die Massen und der archaistischen Scholastik folgt.

Der primitive Mensch, der Nomade, ist träg; er will genießen ohne zu arbeiten und zieht lüstern dem reichen Kulturland zu; ist die kriegerische Wehr des angegriffenen Gebietes stärker als er, so sucht er sich einen Lauerposten und wird im Warten zum seßhaften Räuber oder Söldner, dann allmählich zum Bauern. Manchmal gelingt es solchen Stämmen in geschlossenem Einbruch oder einzeln von ihren Burgen aus Herren einer Stadt oder eines ganzen Landes zu werden. Ihr Ziel ist erreicht.

Mit der dauernden Seßhaftigkeit beginnt die Auflösung der alten Verbände; der Wanderstamm wird zur Dorfgemeinde und schichtet sich sozial, die neuen Stadtherren verschmelzen mit den alten, die freien Geschlechtsgenossen im Landbezirk werden Grundadel und verbinden sich mit dem vorhandenen Grundbesitz. Die Eindringlinge mögen sich in den ersten Generationen noch so energisch absondern — mit jeder Generation nimmt die Mischung zu. Die als gierige Räuber kamen, werden der Kultur, die sie bedrohten, dienstbar; die Verächter der Städter und Bauern lernen von den Besiegten, werden Städter und Bauern und verachten nun ihre alten Stammesgenossen.

Ein bis zwei Geschlechter lang blühen nun die neu durchbluteten Gemeinschaften; kriegerische Kraft und Verständnis für die Kultur vereinigen sich in dem neuen Volkstum und können politische Glanzzeiten heraufführen. Diesen folgt unmittelbar die höchste geistige Leistung der neuen Mischung, Ausbreitung der vorgefundenen Kultur auf die Nachkommen der Eroberer; die Gesamtmischung kann durch die Durchblutung ein höheres kulturelles Durchschnittsniveau erreichen, wenn die Zahl und Kraft der Eindringlinge groß genug war.

Damit ist in der Regel die Wirkung der Invasion erschöpft. Nach einigen weiteren Generationen sind alle Spannungen der neuen Mischung ausgeglichen. Die Einwanderer sind so vollkommen kultiviert, daß selbst die Erinnerung an ihre Herkunft verloren sein kann.

Ist aber das Glück gut, entsteht eine spannungsreiche Mischung, so kann auf die einfache Rezeption der vorgefundenen Kultur eine produktive Phase folgen. In raschem Anstieg übergipfeln die Besten aus der neuen Mischung die vorhandene Kultur und zeigen damit der Gesamtentwicklung neue Ziele.

Das Neuerrungene kann ohne Folge bleiben, wenn es allzuweit über das allgemeine geistige Niveau hinausgegangen ist; es wird

2*

vergessen oder verketzert. In der Regel aber wird es in verlangsamter Entwicklung breiten Schichten wenigstens teilweise und entstellt zugänglich gemacht, schließlich scholastisch mumifiziert.

Der Stamm Juda muß gegen 1100 v. Chr. in Südpalästina eingewandert sein. Unter David kommt er in den Besitz einer Stadt und zu politischem Glanz. Die erste Epoche der Mischung und des politischen Anstiegs liegt also vor 1000 v. Chr. bis ca. 950.

Mit Šelomos Kulturkönigtum beginnt die Zeit der vollkommenen Aneignung des babylonischen Kulturguts; vollendet ist diese rezeptive Epoche, von einigen unbedeutenden Nachschüben abgesehen, ca. 750 v. Chr.

Mit Amos beginnt die Zeit der schnellen und ausgiebigen Überholung der babylonischen Kultur durch die jüdische; Träger des Fortschritts sind die großen Propheten, von Amos bis Jecheskel, die Zeit des Anstiegs wäre also 750—550 in runder Zahl.

Jecheskel bereitet mit seiner Prophetie den Übergang des Neuen in breite Schichten vor; die Entwicklung in der obersten Schicht stockt. Während die jüdische Weltkirche entsteht, sich ausbreitet, abgrenzt und in scholastische Formen eingeht, erscheinen in immer größeren Zwischenräumen, ein Zeichen der zunehmenden Verlangsamung der Entwicklung, die Überwinder des Judentums im Judentum selbst, die hellenisierenden Philosophen und die großen Ketzer, Jesus und Spinoza.

Wie Vorderasien in vorgeschichtlicher Zeit aussah, wissen wir nicht; die Urgeschichte dieser Länder, namentlich die älteste Völkerbewegung und ihr Zusammenhang mit der Europas und Asiens, kann vielleicht in ferner Zukunft einmal wissenschaftlich in Angriff genommen werden; vorläufig sind wir auf reine Vermutungen angewiesen. Wir können uns ausmalen, wie allmählich zwischen den Randgebirgen des nördlichen Teils und den Wüstenflächen Arabiens, Euphrat und Tigris ihr Schwemmland schaffen und ausdehnen. Wir können mit einiger Wahrscheinlichkeit behaupten, daß eines Tages aus den Bergen die Urahnen der semitischen Rasse herniederstiegen, die nun die Steppen und Sümpfe in Besitz nahm und hier in der Abgeschlossenheit zur Reinzüchtung kam. Im unbegrenzten Raum gab es für eine dünne Bevölkerung Lebensmittel genug; als Viehzüchter wandernd, an besonders günstig gelegenen Orten wohl auch schon seßhaft, breiteten sich die Semitenstämme über ein immer wachsendes Gebiet aus, ohne einstweilen gezwungen zu sein, durch intensive Bodenbearbeitung für Volksüberschüsse Unterhalt zu schaffen. Mit zunehmender Dichtigkeit der Bevölkerung mußte zunächst, wenn die weitere Ausdehnung über angrenzende Gebiete durch natürliche oder menschliche Widerstände unmöglich war, die Ausdehnungswelle sich stauen, der Kampf ums Dasein in ihrem Innern zunehmen; Kämpfe um die Weideplätze, Hungersnot und andere Katastrophen mußten stärker wirken und den Zuwachs mit den vorhandenen Lebensmitteln in Einklang bringen. Dann wurden die Flußtäler immer wichtiger; hier gab es Wasser und einen wenn auch noch so primitiven Ackerbau. In den beiden großen Flußgebieten des Nil und des Euphrat und Tigris müssen schon in sehr früher Zeit semitische Siedelungen in größerer Zahl entstanden sein, schwerlich bedeutende Gemeinwesen mit großen Wasserbauten, aber immerhin Verbände, die das Erobern lohnten. In beiden Flußgebieten entstehen in der engen Berührung mit den Nachbarrassen semitische Mischungen; die Einwanderung eines Volkes von Norden her scheint in beiden Fällen den Anstoß zur weiteren Entwicklung gegeben zu haben.

Das Volk, das in Babylonien durch seine Verbindung mit den Semiten die erste Kulturbevölkerung entstehen läßt, nennen wir »Sumerer«. Der Name ist von einer späteren Bezeichnung für Südbabylonien im Gegensatz zu Akkad, Nordbabylonien, hergenommen und auf die nichtsemitische Urbevölkerung übertragen worden, weil in dieser späteren Zeit Südbabylonien eine nichtsemitische Sprache spricht, die, offenbar uralt, im Norden schon durch semitische Dialekte verdrängt ist. Wie sich das nichtsemitische Urvolk, der ursprüngliche Träger dieser Sprache, selbst genannt hat, wissen wir nicht; wahrscheinlich haben die Reichsgründer, wie die Ägypter, sich einfach als Menschen im Gegensatz zu den Barbaren angesehen und ihr Land als »das Land« schlechthin im Gegensatz zur Wüste bezeichnet; wenigstens nennt sich ein späterer, der Absicht nach ausgesprochen »sumerischer« König einfach »König des Landes«.

Der greifbarste Beweis für das Dasein einer »sumerischen« Rasse ist die sumerische Sprache und Schrift. Die Sprache, das Latein der babylonischen Kultur, ist ganz eigenartig und hat sich bis jetzt überzeugend keiner Sprachengruppe anreihen lassen; sicher ist sie ganz unsemitisch, so sehr, daß der Lautbestand semitischer Dialekte nur sehr unvollkommen und gewaltsam in den Zeichenbestand der sumerischen Schrift zu übertragen war. Als agglutinierende Sprache reiht sich das Sumerische dem Chinesischen und den Turksprachen an, ohne aber zu ihnen in sicherer innerer Beziehung zu stehen. Vielleicht ist uns hier ein Vertreter einer weitreichenden Gruppe von Sprachen vorindogermanischer Wandervölker in den europäischen und asiatischen Steppen erhalten, der für die Deutung mancher ungelesener Denkmäler einmal herangezogen werden könnte. Die sumerische Schrift hat deutlich ursprüngliche Bilder als Zeichen, die aber den Bildcharakter sehr früh vollkommen eingebüßt haben und als Lautzeichen dem Lautbestand der sumerischen Sprache gemäß verwendet wurden.

Auf Denkmälern der bildenden Kunst aus der Mitte und dem Ende des 3. Jahrtausends sind uns Menschengestalten erhalten, deren Züge und Tracht neuerdings als sumerisch angesprochen worden sind. Ich habe gegen diese Annahme einige Bedenken. Sie setzt voraus, daß mindestens ein halbes Jahrtausend nach der Reichsgründung im Süden Babyloniens noch reine Sumerer vorhanden waren; sie berücksichtigt nicht genügend die Grenzen und Eigenheiten einer stilisierenden, immerhin noch primitiven Kunst; und selbst zugegeben, daß ihre Voraussetzungen richtig sein mögen, bleibt das Ergebnis der Denkmäler für die Trennung von Sumerern und Semiten unsicher — die Menschen der ältesten Denkmäler haben vortretende Augen und scharf gebogene Nasen, wie eben die Semiten; sie haben freilich keine langen Haare und Bärte mehr; doch das ist, wie der priesterliche Rock, Kulturerrungenschaft; der Ägypter rasiert sich ebenso und der Sumerer trägt im Kriege eine Perrücke, offenbar weil das lange Haar zu seinem Ideal von Krieger gehört. Einige Statuen aus späterer Zeit zeigen freilich eine andere Nasenbildung; ein Menschentypus mit dieser Gesichtsbildung hat also im dritten Jahrtausend in Babylonien gelebt. Jedenfalls scheint mir das gesamte, recht dürftige Material nicht mehr zu ergeben, als eine Möglichkeit, daß ein Rassetyp mit geraden Nasen und vielleicht auch vorspringenden Bulben »sumerisch« gewesen sein könnte, und daß die Bevölkerung des ältesten geschichtlichen Babyloniens, in der relativ viele sumerische Elemente waren, sich durch Rasieren von Kopf und Gesicht von den Barbaren unterschied, obgleich sie selbst in der Zeit kriegerischer Kraft unzweifelhaft langhaarig gewesen war.

Die Sumerer sind in Babylonien nicht uransässig, doch sind sie aller Wahrscheinlichkeit nach an der ersten Kolonisation des Landes wesentlich beteiligt. Aus der Wüste können sie ihrer Sprache nach kaum gekommen sein; auch eine Einwanderung über See ist ziemlich ausgeschlossen; so müssen sie wohl aus dem Gebirgsgürtel stammen und durch das Kilikische oder iranische Tor eingedrungen sein.

Ihre Herkunft aus den Bergen läßt sich auch einigermaßen belegen. In Schrift und Sprache bilden »Land« und »Berg« ein Zeichen und ein Wort. Der erste Reichsgott, Ellil, bekommt in der Hauptstadt, als Erinnerung seiner Herkunft, einen Berg im flachen Land errichtet; »E-kur«, »Berghaus« heißt sein Tempel.

Am wichtigsten aber scheint mir für die Frage der Herkunft der Sumerer die Lage ihrer Reichshauptstadt, Nippur, zu sein. Nippur liegt in Mittelbabylonien, genau vor der Öffnung der iranischen Pässe ins Schwemmland. Jede Völkerwelle, die aus den iranischen Bergen niederflutet, stößt bis in die späteste Zeit zuerst auf Nippur, das deshalb viel zerstört und beklagt wird. Die Kassiten, die von den iranischen Bergen hereinbrechen, versuchen Nippur wieder zur Hauptstadt von Babylonien zu machen. Es ist durch seine geographische Lage der gegebene Angriffspunkt, aber ebenso der gegebene Stützpunkt für jede Macht, die in den iranischen Bergen ihren Rückhalt hat, genau wie Agade-Sippar oder Babylon Angriffs- und Stützpunkte der Völker in der Ebene werden, die von Obermesopotamien flußabwärts vordringen und in den obermesopotamischen Steppen und Städten ihre Heimat und ihre Reserven haben.

So scheint mir alle Wahrscheinlichkeit dafür zu sprechen, daß ursprünglich ein sumerisches Reich in den iranischen Bergen, vielleicht an der Stelle des späteren Elam anzunehmen ist. Von hier aus wären dann die Sumerer in die Ebene vorgedrungen, durch die Pässe, die allen späteren Angriffen aus den Bergen als Pforte dienten, und die sie selbst später durch die Festung Durilu, die Schutzmauer Nippurs auf dem Glacis der Vorberge, schlossen. Sie fanden wahrscheinlich schon an vielen Stellen semitische Niederlassungen, so daß sie als Herrenvolk eintraten, erobernd und gewaltsam; andrerseits aber werden sie wohl auch kolonisiert haben und von den Bergen her vordringend die vorhandenen zersplitterten Ansätze aufgenommen und vollendet haben. So entstand in der Hand eines ersten Zwingherrn an Stelle von Stammniederlassungen und Sümpfen der einheitliche Staat von Nippur, »das Land«. Die systematische Kolonisation muß von der Hauptstadt der neuen Herren nach beiden Seiten und dem Wüstenrand zu vorgeführt worden sein; sie fand wahrscheinlich eine dichtere semitische Bevölkerung in Nordbabylonien und möglicherweise auch jenseits des Euphrat in Südbabylonien, etwa in der Gegend von Ur. Schließlich wird das Einheitsreich von der Steppe zum Meer und von den Bergen zur Wüste gereicht haben. Da war seine Bevölkerung eine Mischung aus Semiten und Sumerern unter sumerischer Oberherrschaft.

Die ältesten Schichten der babylonischen Städte, die bis jezt aufgedeckt sind, auch die von Nippur, das unter diesen Umständen als sumerische Gründung erscheinen kann, sind außerordentlich arm an Denkmälern; die Denkmäler scheinen sehr primitiv zu sein, so weit sie dahin zu setzen sind; bis jetzt fehlt auch in diesen Schichten die Schrift.

Nun ist allerdings eine babylonische Stadt etwas sehr Vergängliches; durchschnittlich alle 50—100 Jahre muß der ganze Bestand an Ziegelbauten, Tempel, Paläste, Häuser, Kais und Kanaleinfassungen sich erneuern, so vergänglich ist das Baumaterial, so zerstörend wirken die Elemente, Regen und Überschwemmung, Sturm und Wind, von Feuer und Krieg nicht zu reden. Im feuchten, heißen Klima hält sich nichts, außer Stein und Ton, vielleicht auch Metall; Steine müssen weit hergeschafft werden und sind schwer zu bearbeiten: Metall hat in den Anfängen kaum eine große Rolle gespielt; Tontafeln können wir nur erwarten, wo die Schrift auf Ton ausgebildet ist. Was sich in Ägypten aus ältester Zeit erhalten hat, stammt aus Oberägypten, wo das Klima günstiger ist; das meiste verdanken wir dem ägyptischen Totenkult; alles ist Zufallsgut, relativ spät im abgebauten Land gefunden. Hätten wir älteste Reste aus unterägyptischen Städten, also aus einem Klima, daß dem babylonischen entspricht, aus der Kolonisationszeit, aus Häusern und nicht aus Gräbern, sie würden schwerlich einen reicheren und großartigeren Eindruck machen, als die entsprechenden babylonischen Funde. Der Rückschluß auf eine ganz primitive Kultur ist also vorläufig verfrüht; erst wenn Babylonien so weit durchforscht ist als Ägypten, wenn Königsgräber und Tempel gefunden sind und die Schriftlosigkeit und Ärmlichkeit der Denkmäler sich immer wieder bestätigen, darf er gezogen werden.

Einstweilen scheint mir aber erlaubt, anzunehmen, daß nicht allzuviel Kultur vorhanden war. Wahrscheinlich waren doch die ersten Barbaren aus Gebirg und Wüste nicht höher entwickelt, als ihre späteren Genossen, eben Barbaren. Im Land angelangt, fanden sie keine kulturelle Förderung, sondern Kämpfe, Kanalisations- und Kolonisationsarbeit, Organisationsaufgaben; neugegründete Städte im wilden Land sind auch heute noch keine Brennpunkte der Kultur, dabei kolonisieren wir vom Kulturland aus, dort war aber eben die Kultur neu zu schaffen. Wo so viele und große praktische Aufgaben dringendster Art vorlagen, andrerseits so wenig Vorbilder ewiger Denkmäler gegeben waren, wo vielleicht selbst der Drang, ewige Gräber zu besitzen, fehlte, da kann man nicht viel monumentale und unzerstörbare Denkmäler erwarten. Der Ziegelberg des Ellil von Nippur wird das monumentalste Werk der Urzeit, sein kleiner Tempelbezirk die größte Anlage im Land gewesen sein. Selbst die Schrift könnte erst im Land entwickelt sein, aus Bildern älteren Gebrauchs etwa; vielleicht war aber auch das Schreibmaterial ein anderes als später. Die eigentliche Entwicklung der geistigen Eigenart folgt offenbar in Babylonien, wie in Ägypten erst den Jahrhunderten der Kolonisation nach, nicht nur weil ein Kräfteüberschuß nach Schöpfung einer materiellen Kultur dazu Voraussetzung ist, sondern vor allem, weil zur Schaffung geistiger Werte höherer Art die Rassenmischung weit genug vorgeschritten sein mußte, um die vorhandenen Spannungen zur Entladung kommen zu lassen. Als Eroberer, als Kolonisten, schließlich auch als Staatsorganisatoren können rassereine Barbaren, wie die Sumerer oder die Semiten in Frage kommen; die Vorherrschaft der Sumerer bestimmt die Landessprache, und der Besitz einer Schrift mag mitgewirkt haben, die werdende Kultur zu einer sumerischen zu machen; die großen und eigenartigen Leistungen der ältesten babylonischen Gelehrten aber sind nicht sumerisch und nicht semitisch, weder das Werk einer reinen Rasse, noch die mathematische Summe zweier Rassebegabungen, sondern das Ergebnis einer innigen Mischung zweier reiner Rassen, deren Auflösung ineinander neue geistige Menschheitswerte schafft.

Von der äußeren Geschichte des Reiches von Nippur wissen wir so gut wie nichts. Es liegt vor aller beglaubigten Überlieferung, sicher vor 2800 v. Chr. Ein einziger Königsname hat sich erhalten; ein sagenhafter König Tabi-utul-Ellil von Nippur findet sich in einer Liste sagenhafter Herrscher und als Verfasser einer Bußhymne späteren Ursprungs angeführt. Ob es eine oder mehrere Herrscherdynastien von Nippur gab, ist nicht zu sagen; daß aber Nippur durch eine lange Zeit Hauptstadt eines straff zentralisierten Königreichs gewesen sein muß, folgt unwiderleglich aus der Tatsache, daß es noch durch mehrere Jahrhunderte, politisch längst bedeutungslos, in den Kämpfen der wechselnden Herrscher verschiedener Städte und der alten Bevölkerung des Landes gegen die eindringenden jüngeren Semiten so weit Hauptstadt des zerrissenen Landes blieb, daß sein Gott allein als Herr der Welt den jeweiligen König rechtmäßig anerkennen konnte.

Die Auflösung des Reiches von Nippur scheint, ähnlich wie in Ägypten die des alten Reiches, dadurch erfolgt zu sein, daß das Königtum sich allmählich an seine Lehnsträger verschenkte, so daß das Land in Stadtfürstentümer zerfiel, die in Kämpfe um die Vorherrschaft und die Königswürde gerieten. Wie wahrscheinlich auch in Ägypten kam dazu ein äußerer Feind; von der obermesopotamischen Steppe her schieben sich langsam neue semitische Massen gegen Nordbabylonien vor. Sie kommen als kriegerische Fürsten nordbabylonischer Städte, zunächst sumerisch verkleidet, in unseren Gesichtskreis; allmählich verliert der Norden Babyloniens seinen sumerischen Charakter; dann dringen sie nach Süden vor, bewußte Träger einer semitischen Nationalitätsidee, deren Durchsetzung der Überlieferung ihrer Feinde, der Sumerer, vielleicht ebensoviel geschadet hat, wie die lange Zeit bis zur Entscheidung der Kämpfe und der geringe geschichtliche Sinn einer Wissenschaft, die wie die sumerisch-babylonische, auf ein Idealbild der ewigen göttlichen Weltordnung gerichtet war.

Wenn in das Volkstum des neu entstehenden sumerischen Staates, wie es nach den geographischen Verhältnissen Untermesopotamiens nicht anders möglich war, schon ein wesentliches semitisches Element einging, so müssen diese vollkommen sumerisierten Semiten Vorläufer der sog. altbabylonischen Semiten gewesen sein, die geschichtlich und sprachlich für uns die erste greifbare Schicht des Semitentums darstellen. Die altbabylonischen Semiten sind die Zerstörer des sumerischen Reiches; sie schreiben auf ihren Denkmälern zuerst semitisch, einen Dialekt, der in seiner Weiterentwicklung zur babylonischen Schriftsprache wird, durch die innige Berührung mit dem Sumerischen und durch die Übertragung in sumerische Schriftzeichen, wie durch langen Gebrauch von allen semitischen Dialekten der verschliffenste.

Es liegt nahe anzunehmen, daß die erste Völkerwelle, die aus Arabien hervorschlug, im Typ den späteren entsprach, d. h. daß sie im Lauf einiger Jahrhunderte immer zunehmend zu einer gewaltigen Flut anschwoll. Dann wären die ersten Schwärme der altbabylonischen Schicht in die ägyptische und sumerisch-babylonische Urmischung eingegangen; weitere Schwärme hätten die Könige der ersten ägyptischen Dynastien im Delta und an seinen Grenzen bekämpft und die Könige von Nippur an den Grenzen ihres Reiches niedergehalten. Ägypten erreicht unter der 4. und 5. Dynastie seine höchste innere Kraft im 3. Jahrtausend; es ist neuen Semitenschwärmen eben in der Zeit verschlossen, in der die altbabylonisch-semitische Welle ihre höchste Kraft erreicht zu haben scheint, um 2800—2500 v. Chr. Um so stärker trifft ihr Stoß das niedergehende, wahrscheinlich schon in sich zerfallende und geographisch offene sumerische Reich. Das neuentstandene reiche Kulturland lockte gewiß schon durch Jahrhunderte semitische Nomaden an, die die Könige von Nippur teilweise in ihr Land aufnehmen und in Kolonisten umwandeln konnten, zum größten Teil aber als unruhige Nachbarn in den Steppengebieten Obermesopotamiens, dem gegebenen Warteplatz für alle Wanderstämme aus der arabischen Wüste, die auf Babylonien spekulierten, sich ansammeln lassen mußten. Gewiß haben die Sumerer in kräftigen Zeiten diese obermesopotamischen Gebiete unterworfen und versucht, sie zu kolonisieren; die Assimilationskraft des Kulturvolks mußte aber diesen Massen gegenüber im Kolonialgebiet versagen. Als dann der Niedergang des Reiches von Nippur begann, da mußte zuerst Obermesopotamien aufgegeben werden; die Reichsgewalt beschränkte sich auf die Grenzwehr und fand hier immer mehr alle Hände voll zu tun.

Vielleicht hängt es mit diesen Verhältnissen zusammen, daß wir als erste Königsstadt im geschichtlichen Babylonien Kisch erwähnt finden. Kisch und Upi (Opis) liegen in Nordbabylonien, am Tigris in der Höhe der Dijalamündung, weiter vorgeschoben gegen Obermesopotamien, als die späteren semitischen Hauptstädte des nördlichen Babyloniens, Agade-Sippar und Babylon. Das legt den Gedanken sehr nahe, daß nach dem Verfall der Zentralgewalt in Nippur die Krone auf die Fürsten überging, die an der Stelle der größten Gefahr die vornehmste Aufgabe des Königs, den Schutz des Landes nach außen übernommen hatten. Von seinem Mittelpunkt aus ist das Land nicht mehr zu verteidigen; daher verschiebt sich der Schwerpunkt nach der meistbedrohten Grenze hin; natürlich bedeutet das zugleich eine Lockerung des inneren Reichsgefüges; die Könige von Kisch werden kaum jemals die unbedingte Gewalt über alle Lehnsträger besessen haben, die denen von Nippur zukam; dafür waren sie Emporkömmlinge aus dem Lehnsadel, voll beschäftigt mit der Grenzwacht und exzentrisch im Norden seßhaft. Dementsprechend finden wir den ältesten König von Kisch, Mesilim (ca. 2850), als Schiedsrichter zwischen zwei streitenden Stadtfürsten im Süden, nicht als unbedingten Herrn über zankenden Dienern.

Die beiden Städte in Südbabylonien, die wir hier in Fehde finden, sind Lagasch am alten Tigris und das nordöstlich davon gelegene Gischchu. Zufällig wissen wir von einigen Herrschern dieser beiden Städte etwas mehr, als sonst aus dieser Periode. Ein Statthalter (Patesi; Gaufürst?) von Lagasch, Eannatum, erobert um 2700 Gischchu, besiegt den König von Kisch und scheint vorübergehend als König von Lagasch ganz Babylonien und Elam beherrscht zu haben. Etwas mehr als ein Jahrhundert später zerstört Lugalzaggisi von Gischchu, König von Uruk in Südbabylonien, Lagasch, erobert in Ellils Namen, der ihm den alten Königstitel von Nippur, »König des Landes«, verleiht, alles Land vom unteren bis zum oberen Meer und stellt somit das alte sumerische Reich anscheinend in seiner weitesten Ausdehnung vorübergehend her. Die beiden Stadtreiche mögen vielleicht nicht so bedeutend gewesen sein, als sie bei unserem lückenhaften Material scheinen; jedenfalls stellen sie Typen dar. Wie diese Könige mögen andere Stadtfürsten für ein bis zwei Generationen das ganze sumerische Reich und vielleicht mehr besessen haben; für die Hauptentwicklung sind diese Stadtreiche belanglos; sie verzögern wohl die Semitisierung des Landes um einige Jahrzehnte, halten sie aber auf die Dauer nicht zurück.

Eannatum von Lagasch kämpft gegen einen König von Kisch, der Sumerer sein wollte, wenn er es nicht war. Unter den späteren Königen von Kisch finden sich zweifellos semitische Namen abwechselnd mit sumerischen, dann semitische Inschriften. Die Grenzstädte sind also auf die eindringenden Semiten übergegangen. Kurze Zeit nach Lugalzaggisi, um 2500, fühlt sich ein semitischer Fürst von Agade stark genug, nicht nur sich in Nordbabylonien gegen die Sumerer zu behaupten, sondern seinerseits das ganze sumerische Reich zu erobern und semitisches Volkstum in den Süden zu verpflanzen. Es ist Šargani-šarri (Sargon der alte), der Liebling der babylonischen Sage, die in ihm mit Recht den ersten Vorkämpfer eines semitischen Babyloniens feiert.

Die Stadt Agade, nach der das Königtum Šarganis Akkad genannt wird, liegt in Nordbabylonien am Euphrat, südlich von Kisch, gegenüber von Sippar, an der Stelle, wo der Euphrat das Schwemmland betritt. Durch ihre Lage ist sie semitischen Vorstößen von Obermesopotamien und von der Wüste her sehr ausgesetzt und deshalb zum Brückenkopf einer geschlossenen semitischen Invasion vorausbestimmt; wie der letzte, stärkste und nachhaltige Vorstoß der altbabylonischen Semiten geht der entscheidende und dauernd wirksame Vorstoß der kanaanäischen Semiten in Babylonien von hier aus.

Šarganis Herrschaft ist keine vollkommene Barbarenherrschaft; sie ist der Ausdruck einer langsam entstandenen Vorherrschaft semitischen Bluts in Nordbabylonien; die letzten starken Schübe aus Steppe und Wüste verleihen dem bis dahin langsam fortschreitenden Vorgang eine neue explosive Kraft, der semitisierte Norden wird nicht nur zur Einheit zusammengefaßt, als Akkad dem »Herrschaftsgebiet des Ellil«, dem späteren Sumer, Südbabylonien, gegenübergestellt, sondern er greift gewaltsam nach Süden hinüber. Šargani nennt sich »König von Akkad und dem Herrschaftsgebiet des Ellil«, er anerkennt also Ellil als Herrn in einem beschränkten Gebiet und dient ihm in Nippur wie sumerische Stadtkönige; im Norden aber ist er nur der Diener seiner Stadtgöttin, der semitischen Ištar von Agade oder selbst der Gott von Agade; hier schreibt er semitisch.

Šargani selbst hat jedenfalls schon die Herrschaft über ein seßhaftes Volk, vielleicht die von Agade, geerbt von seinem Vater Dati-Ellil. Er spielt eine Rolle wie David, der, kein Barbar mehr und noch kein Kanaanit, die kriegerische Kraft seiner Stämme und die Mittel der Kultur zu einer großen Eroberungstätigkeit benutzt und ein Reich zusammenballt, das auf Mit- und Nachwelt den tiefsten Eindruck macht, ein Ideal nach schnellem Zerfall.

Aus spätbabylonischen Annalen und Vorzeichenlisten lassen sich Aufzeichnungen herstellen, die quellenmäßigen Wert für die Taten Šarganis von Akkad besitzen; seine Denkmäler und Datierungsnotizen bestätigen und ergänzen sie. Šargani hat das ganze Gebiet vom Mittelmeer zum Persischen Golf beherrscht, Elam erobert und eine

Expedition übers Meer (nach der Insel Dilmun?) gemacht. Er hat glänzende Bauten errichtet, vor allem in seiner Hauptstadt, aber auch in allen andern wichtigen Städten, unter anderen in Babylon, das in einer Datierungsnotiz dieses Königs zuerst erscheint. In Südbabylonien hat er Militärkolonien angelegt und Landverteilungen vorgenommen; in den Städten sitzen seine Statthalter, so in Lagasch ein »Schreiber« Lugalušumgal, kein Priesterfürst.

Am Ende seiner Regierung brach ein Aufstand aus; Šargani wurde in seiner Hauptstadt belagert und starb in der Arbeit der Herstellung seines Reiches. Sein Sohn Naram-Sin vollendete diese zweite Eroberung und erweiterte sie noch; zu den alten Titeln nahm er den neuen »König der vier Weltgegenden« an. Nicht mehr Stadtkönig, nicht mehr Herr von Akkad und von Ellils Reich, König der Welt will er sein.

Bald nach dem Tode Naram-Sins ist das Weltreich zusammengebrochen; es war auf kriegerische Kraft gestellt und mußte mit der kriegerischen Tüchtigkeit der Stämme, die es trugen, schwinden. Für die folgende Zeit blieb es bedeutsam zunächst dadurch, daß die Zersprengung des alten Einheitsreiches von Nippur sich äußerlich sichtbar erhielt; Akkad, Nordbabylonien, bleibt getrennt von Ellils Reich, für das nun Sumer, Südbabylonien, offizielle Bezeichnung wird. Der Gegensatz des Volkstums, der Semiten im Norden, der Sumerer im Süden, zweier Sprachen, ist in den beiden Reichen offen betont; wenn bis dahin die Semiten als Barbaren in ein sumerisches Reich kamen, gewaltsam, aber bereit ihr Volkstum im sumerischen aufgehen zu lassen, so sind sie nun Schüler mit dem Anspruch auf Erhaltung ihrer sprachlichen und sonstigen Eigenart, Konkurrenten geworden.

Der Vorstoß nach Süden leitet die Zersetzung des Sumerertums in seiner letzten Zuflucht ein. Er ist nicht schnell zu vollkommenen Siegen gekommen; noch viele Jahrhunderte wurden die Semiten im Süden sumerisiert. Das lag zum Teil vielleicht daran, daß im Süden die sumerische Kultur jünger und deshalb kräftiger war, als im mittleren und nördlichen Babylonien, vor allem aber daran, daß der Weg von der Basis der Semitisierung, Obermesopotamien, weit war, und daran, daß Südbabylonien abseits liegt. Die Völker aus den iranischen Bergen und die aus Obermesopotamien treffen sich in Mittelbabylonien; so lange sie kämpfen, bleibt der Süden ungestört, erst der Sieger wendet sich dahin; Sieger aber gibt es in diesem

Land selten für längere Zeit. So sitzen im Süden immer die überwundenen Volksteile noch lange Zeit, unterstützt von einem der Kämpfer.

Trotz dieser langsamen Semitisierung des Südens nach Šarganis und Naram-Sins Vorstoß ist dies erste semitische Großreich das Ideal aller späteren semitischen Großkönige bis in die Tage der assyrischen und neubabylonischen Imperatoren geworden. Der Weltherrscher, der Eroberer, der Bauherr ist immer wieder Šarganis nachstrebender Schüler; der gelehrte Priester malt sich sein Bild von diesem Herrscher — der halbbarbarische Gott von Agade wird zum wunderbar geborenen und ausgesetzten Helden, den die Gunst seiner Gottheit aus Dunkelheit zum Thron erhöht, als ihre Zeit erfüllt ist, dem sie ein Idealreich, Sieg, Herrlichkeit und Ordnung verleiht, so lange er fromm ist, und den sie verwirft, als er im Übermut frevelt.

Merkwürdigerweise scheint gerade die Zeit der Auflösung des alten Reiches von Nippur, die Epoche der Eannatum, Lugalzaggisi und Šargani, einen raschen kulturellen Anstieg in Babylonien gebracht zu haben. An ihrem Anfang stehen primitive Denkmäler, selbst der Gebrauch der Schrift scheint nicht die spätere Ausdehnung gehabt zu haben; an ihrem Ende stehen die höchsten Leistungen der babylonischen Kunst, denen nach allen Zeichen Höchstleistungen auf allen andern Gebieten entsprochen haben; die Ausdehnung des Staates zum Weltreich ist ebenfalls auf dieser Stufe zuerst ernsthaft versucht worden.

Wenn, wie ich annehme, die babylonische Kultur kein sumerisches oder semitisches Werk, sondern das Ergebnis der innigen Mischung beider Rassen war, so ist wohl verständlich, daß sie zuerst große Ergebnisse zeitigt, als diese Mischung im zerfallenden Reich allenthalben immer intensiver wurde. Dazu kam die fertige materielle Grundlage, das Resultat der kolonisierenden und staatsbildenden Tätigkeit der früheren Geschlechter. Das Gefühl der Staats- und Kultureinheit ging in den Wirren nicht verloren; selbst die reinen Semiten scheinen, vor dem Einbruch in den nordbabylonischen Grenzgebieten zur Ehrfurcht vor der sumerischen Kultur erzogen, bei ihren Eroberungszügen die Grundforderungen sumerischer Weltanschauung respektiert zu haben; sie kommen als Vertreter eines andern Volkstums mit anderer Sprache, aber nicht als Gegner, sondern als dankbare Schüler und Förderer der höheren Kultur.

Ein Vertreter der höchsten Kultur am Ende dieser Zeit des ersten raschen Anstiegs ist der Priesterfürst Gudea von Lagasch. Er ist uns besonders gut bekannt, weil ein Zufall gerade seine Denkmäler und Inschriften gerettet hat; indessen scheint er auch den späteren Babyloniern ein Urbild besonderer Frömmigkeit und Bildung gewesen zu sein. Er fühlte sich ganz als Sumerer und war nach seinen Bildsäulen jedenfalls im Äußeren kein reiner Semit. Als Fürst fühlt er sich ganz von seiner Gottheit abhängig; in ihrem Dienst geht er, ihr oberster Priester, ganz auf; ihren Willen zu erforschen und zu tun ist Weisheit, Verdienst und Vorteil; die Gottheit handelt, der Mensch ist Werkzeug und demütiger Verehrer ihrer Macht. Im Anschluß an eine Dürre unternimmt Gudea zur Versöhnung der Götter einen großen Tempelbau, das Werk, das ihn unsterblich gemacht hat; in ausgedehnten Expeditionen schafft er das Material zu seinem Bau aus Syrien, Elam, Arabien herbei. Das setzt eine Zeit des Friedens voraus; in der Tat erwähnt er auch nur einen Krieg gegen ein elamitisches Territorium. Ob Gudea selbständig war, wissen wir nicht; er nennt sich immer nur Patesi, Statthalter, seines Gottes oder eines unbekannten Herrn. Wahrscheinlich verdankte er seinem guten Verhältnis zu den Göttern eine Sonderstellung zu seinem Lehnsherrn, dem ersten König von Ur; jedenfalls ist sein Sohn von den Königen von Ur abhängig. Gelebt hat er um 2300 v. Chr.

Obgleich er Sumerer sein wollte, hat Gudea anscheinend nicht unter dem Nationalhaß gelitten, der das Andenken der sumerischen Könige von Nippur verlöschte und noch Dungi von Ur zum Tyrannen machte. Er vertrat eben kein Ideal sumerischer äußerer Macht, sondern ein Bildungsideal, das auch die Semiten anerkannten. Er ist eine Gestalt, die in vielen Teilen ihres Denkens an Amenhotep IV. erinnert, nur mit dem Unterschied, daß Amenhotep IV. schöpferisch zu seinen Ergebnissen gekommen zu sein scheint und sie jedenfalls allein und zuerst auf dem Thron vertritt, während Gudea gewiß zahlreiche Vorläufer hat und wahrscheinlich nur infolge der Spärlichkeit unseres Materials zum ersten Typus eines frommen Königs im Sinn der babylonischen Gelehrten geworden ist. Wie er, werden wohl noch viele andere Stadtfürsten aus der Not eine Tugend gemacht haben und unter Verzicht auf politische und kriegerische Lorbeeren im Dienst ihrer Götter bis zum Bankrott ihrer Staatskassen den Ruf der Weisheit und Frömmigkeit angestrebt haben, der im

Leben Ansehen und Einfluß, im Tod wenigstens bei Gudea Nachruhm und selbst Vergottung einbrachte. Amenhotep IV. ist ein Genie und einer der großen Ketzer der Menschheitsgeschichte, Gudea ist ein guter Geschäftsmann und ein Ideal der Kirche.

Am Ende der ganzen ersten Epoche babylonischer Geschichte steht die Dynastie von Ur in Südbabylonien. Noch einmal rückt der Schwerpunkt des Gesamtreichs in den rein sumerischen Rest des alten Reiches von Nippur, zum letztenmal.

Die Könige von Ur vertreten eine Politik der Versöhnung; sie wollen Erben der alten Könige von Nippur und der neuen Herrscher von Akkad sein. Urengur, der Gründer der Dynastie, nennt sich zuerst »König von Sumer und Akkad«. Der Titel enthält sein Programm; er will über Sumerer und Akkader herrschen, beide sollen gleichgestellt sein, wie die beiden Reichshälften; über Sumerern und Semiten soll die neue Einheit ein Reich semitischer Kraft und sumerischer Kultur sein. Zu dieser Politik scheinen die Könige vorbestimmt gewesen zu sein durch ihre Abstammung und Geschichte. Das Königshaus scheint semitischer Abkunft gewesen zu sein; die Herrscher führen nach der festen Begründung ihrer Macht offen semitische Namen; sie schreiben nicht nur im semitischen Norden semitisch oder zweisprachig, sondern mischen auch Semitismen in die sumerischen Inschriften. Ob sie von Obermesopotamien her, etwa mit Šargani, nach Ur gekommen sind, ob sie, was bei der Lage von Ur wohl denkbar wäre, die Herrschaft über ihre Stadt einem Einbruch aus der benachbarten Wüste verdanken, ist nicht zu entscheiden. Jedenfalls sind sie im sumerischen Gebiet von der sumerischen Kultur zu Vorkämpfern bekehrt worden. Die Expansion der neueingedrungenen Semiten im sumerischen Süden kommt der sumerischen Staatsidee in ihrem Kampf gegen die semitische zu Hilfe. Noch einmal leihen Semiten ihre jugendlich kriegerische Kraft dem Sumerertum zur Abwehr ihrer Stammesgenossen; ein Babylonien sumerischen Nationalgepräges wäre vielleicht möglich gewesen, wenn der Nachstrom aus der Wüste gestockt hätte.

Die Hauptstadt des Reiches war Ur; Nippur kam ebensowenig in Frage, als eine der nordbabylonischen Städte. Das kam den Städten des Südens zugute; namentlich Eridu scheint ein Liebling der Könige gewesen zu sein. Für den Zusammenhalt des Reiches lag die Hauptstadt schlecht; nur ganz mächtige Herrscher konnten vom abgelegenen Süden aus den widerspenstigen Norden bändigen und die Bergvölker in Schach halten.

Der mächtigste König der Dynastie ist Urengurs Sohn, Dungi, der 58 Jahre, von ca. 2290—2230 regiert hat. Er war ebenso groß als Krieger, wie als Bauherr und Verwalter; von Syrien bis Elam hat er geherrscht und in allen bedeutenden Städten gebaut; die Reste stadtfürstlicher Selbständigkeit verschwanden unter ihm. Seiner Weltmachtstellung entsprechend nahm Dungi Naram-Sins Titel »König der vier Weltgegenden« und etwas barbarisch das Gottesdeterminativ zu seinem Namen an.

Die semitische Redaktion der Überlieferung hat den Königen von Ur nicht verziehen, daß sie am semitischen Nationalgedanken Verrat geübt, indem sie ein sumerisches Reich schaffen wollten. Dungi ist in der babylonischen Legende ein Tyrann, der den Tempelschatz Marduks wegführt und durch seine Bevorzugung des Südens frevelt.

Einen vollen Erfolg konnte die Versöhnungspolitik der ersten Könige von Ur nicht haben; statt daß der Norden sich sumerisieren ließ, wurde der Süden immer mehr von Semiten durchsetzt; die Nachfolger Dungis haben gar keine sumerischen oder sumerisierten Namen mehr. Die Dynastie erlag Angriffen aus den Bergen, nachdem sie wohl Nordbabylonien längst verloren hatte.

Die Wirren der folgenden Zeit sind vorläufig für uns unübersehbar. Babylonien wird von zwei Seiten, von Obermesopotamien und von Elam her von Heeren überschwemmt. Von den beiden Dynastien, die die babylonischen Königslisten für diese Epoche des Übergangs anführen, scheint die ältere, nach einer der Lage nach unbekannten Stadt Isin genannt, kanaanäisch gewesen zu sein, die jüngere, von Larsa in Südbabylonien, endet als Sekundogenitur eines elamitischen Riesenreiches, das in den Gebirgen seinen Mittelpunkt hatte und zeitweise, offenbar von einem neuen Volkstum getragen, bis nach Syrien reichte.

Zwischen Semiten und Elamiten, oder besser zwischen neue Wüstenstämme und neue Bergvölker als Beute gestellt, selbst ohne frischen Nachschub, mußten die Reste des Sumerertums am Sieg ihrer nationalen Aspirationen verzweifeln. Die bestmögliche Lösung war die Semitisierung des ganzen Landes, die ohnehin im Gang war, die Herrschaft von Halbbarbaren mit kultureller Tradition, statt derer völliger Barbaren. Der Sieg der kanaanäischen Semiten entschied den semitischen Charakter der babylonischen Kultur der Folgezeit.

Die kanaanäischen Semiten oder Westsemiten (Amoriter) sind Stämme, die nicht etwa von Westen nach Babylonien kommen, sondern wie alle andern Semiten aus Arabien; sie haben aber den Westen des Kulturgebiets geschlossen besiedelt und ihm sein sprachliches Gepräge gegeben. Die kanaanäischen Stämme dringen seit etwa 2500 v. Chr. gegen das Kulturland in immer dichteren Schwärmen an. Wahrscheinlich haben sie beim Untergang des alten ägyptischen Reiches mitgewirkt; unter den Herrschern der 6. Dynastie werden große Expeditionen nach Palästina nötig; die »Fürstenmauer« scheint dann beim Erstarken Ägyptens weiteren Einbrüchen ein Ende gemacht zu haben. Das zweite Ziel der neuen Völkerwanderung war natürlich Babylonien. Von Obermesopotamien aus kommen die neuen Stämme in den Besitz nordbabylonischer Städte, dann erscheinen sie mit dem Niedergang der Könige von Ur auch im Süden; kanaanäisch sind die Könige von Isin und später die von Sippar. Der Hauptstrom der kanaanäischen Wanderung aber ergoß sich um die Wende des zweiten Jahrtausends, durch mächtige Könige von Ägypten wie von Babylonien ferngehalten, in die Gebiete zwischen beiden Ländern. Hier mischen sie sich mit den ersten Wellen einer Völkerwanderung, die gleichzeitig aus Kleinasien sich ergießt, der chetitischen. Kanaanäisch-chetitisch sind die späteren Bevölkerungen von Assyrien, Phönikien und den nördlichen Ebenen von Palästina. In diesen Gebieten haben die semitischen Stämme ihre sprachliche Eigenart größtenteils bewahrt, während sie in Babylonien und Assyrien verloren ging; in Syrien und Palästina herrschen kanaanäische, später aramäische Dialekte, in Babylonien und Assyrien bleibt der altbabylonische Dialekt Schrift- und Landessprache. Die letzte große kanaanäische Welle scheint den Hauptbestandteil der Hyksos gebildet zu haben, die um 1700 v. Chr. Ägypten überrennen.

Die kanaanäischen Stämme vollenden die Semitisierung Babyloniens; die Dynastie kanaanäischen Ursprungs, die die Frucht jahrhundertelanger Kämpfe und stiller Nationalisierungsarbeit davonträgt, ist die sogenannte erste babylonische Dynastie, weil sie die Hauptstadt des neuen semitischen Einheitsreiches nach Babylon verlegt.

Die erste babylonische Dynastie ist in Sippar zu Hause; in der Schwesterstadt des alten Agade wird sie zur natürlichen Vertreterin

3*

der alten Herrschaftsansprüche der Šargani und Naram-Sin; wie diese Herrscher sich auf breite Schichten von Stammesgenossen in Nordbabylonien und Obermesopotamien stützen konnten, so muß die neue Dynastie einen Rückhalt an länger eingewanderten kanaanäischen Stämmen in Nordbabylonien und weitere Reserven verwandter Genossen im Steppenland besessen haben. Wie Šargani sind die ersten Könige von Sippar durch den Besitz ihrer Stadt Kulturträger, durch die Nähe und Verwandtschaft halbseßhafter Steppenbewohner zu unbegrenzten Aushebungen und siegreichen Kriegen befähigt.

Als ersten »König« nennen die Königslisten Suabu, der um 2060 angesetzt wird und wahrscheinlich die Residenz nach Babylon verlegt hat. Die Wahl der neuen Hauptstadt war schon ein Programm und ein Meisterstück. Babylon (Babilu, Gottestor) liegt der Mitte des Landes näher als Agade-Sippar, aber weiter von ihr entfernt als Nippur. Die neuen Herren haben ihren Rückhalt in Nordbabylonien und Obermesopotamien, wie alle Semiten, die Babylonien erobern, bis auf die Chaldäer. Ihre Feinde sitzen in Elam und in Südbabylonien; Nippur als Hauptstadt wäre im Rachen der Feinde aus den Bergen gelegen, ein Vorwerk, allen Stößen von Elam und Südbabylonien ausgesetzt; es war auch unmöglich, weil es zu eng mit dem alten sumerischen Nationalgedanken verbunden war. Babylon hatte weiter den Vorzug, keine Geschichte zu haben; weder die Erinnerung an semitische Vorstöße, noch die an sumerische Abwehr gab es hier, wie etwa in Agade oder Kisch. Etwas ganz Neues sollte das babylonische Einheitsreich sein, ganz neu war seine Hauptstadt.

Zunächst scheinen die Könige von Babylon, im Besitz einer bedeutenden Macht in Nordbabylonien und vielleicht auch in Obermesopotamien, die Vorherrschaft von Isin und zeitweise wohl auch von Elam anerkannt zu haben. Der fünfte König der Dynastie, Sin-muballit, nimmt Isin ein und macht der dortigen Dynastie ein Ende, muß aber die Stadt an Rim-Sin, den Elamiten und König von Larsa wieder abgeben. Sein Sohn Chammurabi erobert in seinem 7. Jahr Isin, im 31. Larsa, entthront Rim-Sin und wird so zum Vollender der Herrschaft seines Hauses in Babylonien.

Chammurabi (1958—1916) ist einer der großen Vollender in der Weltgeschichte, die mit genialer Begabung an der richtigen Stelle im glücklichen Augenblick erscheinen, so daß man ebensogut von ihnen sagen kann, daß ihr Glück sie groß gemacht, wie daß sie selbst ihr Glück geschmiedet. Er tritt in eine große Entwicklung ein, die weit über seine Zeit und über seine Volksschicht hinaufreicht, und deren Richtung schon seine Vorgänger begriffen hatten, in die Semitisierung der babylonischen Welt. Sie hatte begonnen mit dem geschlossenen Andringen semitischer Stämme gegen Nordbabylonien; die semitische Durchblutung Nordbabyloniens war ihr erster Erfolg; Šargani machte mit seiner Gegenüberstellung von Akkad und Ellils Reich die neue Lage äußerlich sichtbar, zugleich aber stellte er die Aufgabe, das ganze Land zu semitisieren und nahm sie in Angriff, indem er den Süden überrannte und gewaltsam zu kolonisieren begann. Dann stockte das Werk; die Semiten im Süden begannen, das ganze Reich wieder zu sumerisieren. Da trat die neue kanaanäische Semitenschicht ein. Auszufechten war noch der Kampf der nationalen Semiten gegen die sumerisierten Semiten im Süden und der gegen Elamiten und andere Barbaren aus den Bergländern; die Gefahr bestand, daß eine jahrhundertelang fortgesetzte Transfusion semitischen Blutes in den Körper des babylonischen Volkes Dünger für eine fremde nationale Kultur und eine Herrschaft neuer Barbarenhorden aus den Bergen werden könnte.

Im Anschluß an das Werk seiner Vorgänger hatte Chammurabi zunächst die Eroberung und äußere Sicherung des Reiches zu beenden. Er nahm nach langen Kämpfen Isin und Larsa und beschränkte die Elamiten auf das Gebirge; in Obermesopotamien und seinen Nachbargebieten richtete er eine babylonische Herrschaft auf, wahrscheinlich im Kampf gegen die ersten Schichten der Chetiter; Aššur und Ninive wurden hergestellt und mit Garnisonen belegt, was vielleicht den semitischen Sprach- und Kulturcharakter der hier entstehenden Mischrasse wesentlich mitbestimmte.

Der Herstellung des Reiches folgte seine innere Organisation. Chammurabi hat begriffen, daß nicht die Ausdehnung, sondern die innere Geschlossenheit die Größe und Dauer eines Reiches bedingt. Diese Geschlossenheit strebt er an durch eine straffe Zentralisation, eine durchgreifende Semitisierung in allen Gebieten und eine Aufnahme aller wertvollen Elemente der sumerischen Bildung und Überlieferung in die neue semitisch-babylonische Kultur. Dabei scheint er vollkommen bewußt vorgegangen zu sein.

Babylon ist der Mittelpunkt des Staates, der von ihm den Namen führt, ohne doch ein Stadtstaat alten sumerischen Stils zu sein. Es muß auch geographisch ziemlich in der Mitte des Reichsgebiets gelegen gewesen sein. Alle andern Städte des Reiches mußten neben ihm Provinznester werden, bedeutungslose Fossilien, Nippur, Ur, Eridu so gut wie Kisch und selbst die Heimatstadt der Könige, Sippar. Alle empfingen von Chammurabi Schutz und allerlei Ehren, blieben aber zweiten Ranges.

Wie seine Stadt über alle Städte, so trat Marduk, der Gott von Babylon, über alle Götter des Landes, nicht der erste unter Gleichen, sondern der Herr über Dienern. Durch Kraft und Recht, mit der Waffe und mit juristischen Mitteln der feierlichen Übertragung und der legitimen Erbschaft wird er in den Besitz aller Gewalt im Himmel und auf Erden eingesetzt.

Wie Marduk über Göttern und Königen, so steht schließlich Chammurabi über seinen Großen, Priestern und Beamten und über dem Volk. Wie Marduk von der Schicksalskammer seines Tempels aus der Welt ihr Geschick bestimmt, so lenkt Chammurabi von der Hauptstadt aus alle Dinge.

Wir sehen aus seinem Briefwechsel, wie er überall die letzten Entscheidungen innerhalb des mechanischen, fest geordneten Dienstes in Kirche, Staat, Rechtspflege und Wirtschaft des königlichen Hauses sich selbst vorbehalten hat und oft geringe Dinge selbst ordnete oder vor seinem Stuhl in Babylon zur Verhandlung brachte. Die Staatsform ist ein patriarchalischer Absolutismus.

Eine große Gesetzgebung bildete die feste Grundlage einheitlicher Rechtsprechung im ganzen Reich; sie galt als Geschenk der Gottheit an den König, den sie bindet wie seine Richter und Untertanen; der neue Staat ist ein Rechtsstaat.

Bei all seinen Reformen und Einrichtungen ist Chammurabi bei den sumerischen Königen und Priestern in die Schule gegangen; er hat von ihnen alles gelernt und übernommen, was sein Werk fördern konnte. Das war ohne Eifersucht und Gefahr möglich, weil er so durchaus klar und seiner Nationalität sicher war. Der König nimmt sumerische Stücke in seinen Ornat auf; er schreibt gelegentlich sumerisch. Sein Gott Marduk ist ganz aus den Beständen der größten sumerischen Götter ausgestattet — freilich um sie zu ersetzen. Seine Gesetze scheinen großenteils gesammelt und übertragen zu sein; die alten sumerischen Gesetzgeber sind vergessen. Sumerische Bildung, sumerische Frömmigkeit werden eifrig gepflegt; der König ist fromm, von einem starken Gefühl der Abhängigkeit von der Gottheit, der Verantwortlichkeit ihr gegenüber beseelt. Als Kirchen-, Götter- und Gelehrtensprache findet das Sumerische eifrige Pflege; aber es soll tote Sprache sein. Die sumerische Geschichte, die Könige der Sumerer, die Erinnerung an ein sumerisches Volkstum sollen vergessen werden; der semitische Staat beginnt mit Šargani.

Das Werk Chammurabis hat Bestand gehabt: Babylon blieb die Hauptstadt des Landes, sein Gott Herr der vorderasiatischen Kulturwelt; das Gesetz Chammurabis blieb in Geltung; seine Briefe, die Zeugen seiner Verwaltungsgrundsätze, wurden als klassisches Buch kopiert; sein Reich ward das Ideal aller späteren. Und das, obgleich alle Feinde, die der König besiegt, sehr schnell wieder ihr Haupt erhoben, obgleich der Süden sich losriß, Chetiter und Kassiten der Dynastie ein Ende machten, obgleich Babylonien ein Spiel äußerer Feinde und innerer Fehden wurde. Der König hatte in genialer Benutzung seiner Mittel und der Lage Kraft gefunden, die äußeren Feinde so lange zu bannen, bis er eine kulturelle Zauberformel geschaffen hatte, mit der er Sumerer und Semiten, die Aufklärer im Namen des Alten und die im Namen der priesterlich-bürgerlichen Moderne gewinnen konnte. Sumerer und Semiten entzweiten sich wieder, Könige und Krieger, Priester und Kaufleute gerieten in Kämpfe um die Macht; auf die Dauer aber versagten ihre Waffen gegen den Mann, der kühn genug war, das Programm aller Parteien zu überbieten, indem er überall die egoistische Tendenz ausschaltete, die Erziehung zur vernunftgemäßen Staatsform seiner Zeit, zur Kultur und Ordnung auf seine Fahne schrieb und mit genialem Blick für das Mögliche und rastloser Tatkraft sein Ideal in die Wirklichkeit übertrug. Wenn Karl der Große in unserer Geschichte an Šarganis Stelle steht, so ist Friedrich Barbarossa oder sein genialer Nachkomme Friedrich II. Chammurabis Gegenstück in der Erinnerung des Volks; wie Karl oder Friedrich in den Zeiten der staatlichen Anarchie herbeigesehnt wurden, so scheint in den Wirren der Kassiten- und Chaldäerzeit Chammurabi, den Lieder als Sieger über Elam und Befreier feierten, als Retter herbeigesehnt worden zu sein.

Chammurabi ist die größte Persönlichkeit der babylonischen Geschichte; der Staat, den er vollkommen zielbewußt und rational geschaffen, trägt sein Gepräge; er war seine Seele. Erst die neuassyrische Epoche bringt ähnliche Herrschergestalten, große Krieger und Organisatoren, aufgeklärte Despoten mit großen Zielen, im Vollbesitz der Kultur ihrer Zeit; übertroffen hat ihn aber keiner von ihnen.

Das Reich Chammurabis begann schon unter seinem Sohn Šamšu-iluna (1915—1878) zu zerfallen. Im Süden sammelten sich die letzten sumerischen Elemente um Iluma-ilu, der sich im »Meerland« behauptete; aus dem Gebirg drangen die Kaššu gegen die Ebene vor und mußten zurückgeschlagen werden. Unter den folgenden Herrschern ist der Süden ein selbständiges Reich unter Königen, die außer dem Ahnherrn, Iluma-ilu, sumerische Namen führen; auch Assyrien fiel ab. Die Könige von Babylon hatten genug zu tun, sich in Nord- und Mittelbabylonien zu behaupten. Unter dem letzten König der ersten babylonischen Dynastie erscheinen die Chatti (Chetiter) vor der Hauptstadt Babylon und scheinen Marduk weggeführt, d. h. die Stadt erobert zu haben; dann hören die Nachrichten auf; um 1760 gerät Nordbabylonien in die Hände der Kassiten, die zunächst Marduk aus der Gefangenschaft befreien, also die Chetiter aus Obermesopotamien vertreiben, dann erst ca. 1720 dem Südreich ein Ende machen.

Die Kassitenherrschaft in Babylonien dauert von 1760—1130. Die neuen Herren versuchen zunächst eine eigene Politik. Der Herkunft des Volkes aus den Bergen entspricht die Ausspielung Nippurs gegen Babylon; Mesopotamien ist zeitweise nur Vorland eines größeren Reiches im Gebirge. Kassitische Götter, kassitische Titel gehen den babylonischen vor. Aber das ist von kurzer Dauer; die kriegerische Kraft der Eroberer erlischt, der Zusammenhang mit dem Gebirge hört auf; um 1500 sind die Kassitenkönige völlig kultiviert und Babylonier geworden. Sie behaupten sich in Babylonien, weil zufällig kein stärkerer Feind in der Nähe ist; schwächlich genug mutet uns das Stück kassitischer Politik an, das sich in den Tell-el-Amarnabriefen erhalten hat; wir sehen kassitische Könige, wenn nicht als Vasallen, doch als Bittsteller, Händler und Intriganten vor den ägyptischen Königen; die Großmacht in Vorderasien ist weder Babylonien, noch Assyrien, sondern Ägypten.

Kulturell ist die Kassitenzeit bedeutsam dadurch, daß nun, wohl im gemeinsamen Gegensatz gegen die Barbaren, der letzte Unterschied von Nord- und Südbabylonien, Akkad und Sumer verschwindet; Sumerer und Semiten fühlen sich als Babylonier, nachdem der ethnologische Unterschied längst verwischt war. Es gibt nur eine babylonische Kultur semitischer Sprache und sumerischer Unterlage; die herrschende priesterlich-bürgerliche Schicht vertritt immer deutlicher ein Ideal der politischen und geistigen Herrschaft in theokratisch-republikanischen Gemeinwesen; sie haßt die Könige, verachtet sie als Vertreter angemaßter und unvernünftiger Gewalt und läßt sie höchstens als notwendiges Übel gelten. Man richtet sich auf ein internationales Staatswesen ein; mit der Eifersucht von Sumerern und Semiten erlischt auch der nationale Ehrgeiz in den semitischen Siegern. Der gebildete Babylonier ist in seiner Art Weltbürger; er haßt im Barbaren, ob er aus der Wüste oder aus den Bergen kommt, ob er Assyrer oder Kassit ist, nicht den stammfremden Vertreter einer rivalisierenden Sprache oder Nationalität, sondern den rohen Gewaltmenschen, den Dummkopf und Flegel, der durch sein Zwischentappen nicht nur materielle Schäden erzeugt, sondern auch die schönen Kartenhäuser der göttlichen Vernunftherrschaft in der Welt und vorwiegend in Babylonien, dem Kulturland schlechthin, umwirft. So ist der Fremdherrscher an sich nicht unangenehm; aus der politischen Schwäche und dem unnationalen Bildungsideal der herrschenden Kreise Babyloniens und der kriegerischen Kraft neu eindringender semitischer Völker und Stämme ward das intersemitische, assyrische und chaldäische Weltreich geboren.

Das wichtigste Ereignis der Geschichte Vorderasiens in der Zeit von ca. 1400—1000 v. Chr. ist das Eindringen einer neuen semitischen Schicht aus der Wüste in Obermesopotamien, Syrien, Palästina und Babylonien. Es sind die Aramäer und Chaldäer. Aramäerstaaten entstehen namentlich in der obermesopotamischen Steppe, wo durch Abwanderung älterer Stämme nach Babylonien und Assyrien Raum entstanden sein mochte, in Syrien, wo über der zusammenbrechenden Macht Ägyptens und der älteren Chetiterstaaten Aramäer und Chetiter durcheinanderfluteten, und in den Grenzgebieten Syriens und Palästinas nach der Wüste hin. Von bleibender Bedeutung sind hier namentlich Damaskus und Juda geworden.

In Babylonien treten die Aramäer, die von Obermesopotamien eindringen, zurück neben den Chaldäern. Die Aramäer sind charakterisiert durch einen eigenen, neuen semitischen Dialekt; die Chaldäer haben leider, wie übrigens auch die babylonischen Aramäer, ihren Dialekt in Babylonien vollkommen verloren, so daß von der

Sprache aus ihre Zugehörigkeit zur aramäischen Schicht nicht zu prüfen ist. Indessen kann kein Zweifel sein, daß sie Semiten waren und da sie mit der aramäischen Hochflut annähernd gleichzeitig gekommen sein müssen, so werden sie wohl auch sprachlich ihr am nächsten gestanden sein. Das einzig besondere ist ihre Einwanderungsrichtung; sie kommen nicht von Obermesopotamien, sondern müssen von der Wüste am Persischen Golf entlang in das im Laufe der Geschichte neu entstandene Sumpfgebiet der Euphrat- und Tigrismündung eingedrungen sein, das offenbar nicht kultiviert worden war, weil in der allgemeinen Erschlaffung und den vielen Wirren im späteren Babylonien dazu die Energie fehlte. So entstehen ihre Räubernester und Stammstaaten in den Sümpfen des Meerlands und damit ein neuer Herd für Barbareneinfälle in Babylonien.

Die Geschichte dieser Einwanderung ist das alte Einerlei von Festsetzungen in der Nähe der gewünschten Stadt, von Räubereien und Fehden ohne Ende, von Aufreibung oder Verbauerung oder endlichen Siegen zahlloser Stämme, trostlos für den politischen Historiker. Kulturhistorisch wichtig ist die vollkommene Auskolonisierung auch des minderwertigsten ackerbaufähigen Landes in Vorderasien. Der erste Abschnitt der vorderasiatischen Geschichte schließt damit um 1000 v. Chr. Bedeutungsvoll ist ferner die Tatsache, daß die aramäische Schicht, obgleich sie politisch vollkommen zertrümmert wurde, ethnologisch das ganze Gebiet eroberte. Die Assyrer erdrücken die aramäischen Stämme und Kleinstaaten, aber syrisch wird aramäisch; die seßhaften Kanaanäer prägen den neueinwandernden Judäern ihr kulturelles Wesen und ihre Sprache auf, aber ein Jahrtausend später spricht ganz Palästina einen aramäischen Dialekt; die babylonische Kultur saugt die chaldäischen Stämme auf, Babylonien aber wird für das Ausland Chaldäa.

Die politische Geschichte dieser Zeit hat ihren Schwerpunkt in Assyrien. Der erste große Eroberer Šulmanašaridu I., ca. 1270, erscheint und dehnt seine Macht über Obermesopotamien, Nordsyrien, die Gebirge im Rücken seines Stammlands aus. Sein Sohn Tukulti-Ninib nahm Babylonien den Elamiten ab und regierte dort sieben Jahre als Vormund zweier Kassitenkönige. Er scheint zuerst dem Zauber babylonischer Kultur erlegen zu sein und erfuhr zuerst den Dank der babylonischen Städte und die Eifersucht der Assyrer:

eine Verschwörung in Babylon und Aššur kostete ihm Thron und Leben.

Zwischen Assyrern und Elamiten, die um Babylonien kämpfen, verschwinden die letzten kassitischen Schattenkönige. Die Wegführung der Statue des Marduk nach Elam weckte einen Rest von nationalem Ehrgeiz und alter Tatkraft; aus Paše (= Isin) ging eine neue Dynastie hervor, die von 1130—1000 herrschte. Nabukudurriusur I. (Nebukadnezar) besiegte Elam und brachte Marduk zurück; auch Obermesopotamien kam vorübergehend wieder in babylonischen Besitz. Durch diese Leistung und offenbar auch durch seine enge Beziehung zu den Idealen der gebildeten und priesterlichen Kreise der Hauptstadt scheint er ein Liebling der babylonischen Historiker geworden zu sein. Schon am Ende seiner Regierung erhob sich aber Assyrien wieder unter Tukultapilešarra I. (Tiglatpileser) ca. 1100, der Obermesopotamien, Syrien, Phönikien eroberte, aber dann dem babylonischen König Marduknadinachi erlag und auf sein Stammland beschränkt, endete. Beiderseitige Erschöpfung führte zum Friedensschlusse; bald darauf fiel die Dynastie von Paše einem Aufruhr zum Opfer; die Wirren im Land nahmen überhand; Reste der Kassiten im Meerland, der alten Zuflucht unterlegener Stämme, chaldäische Eindringlinge, abenteuerlustige Fürsten kleiner Territorien und die Elamiten schlagen sich um die reichen Städte, die, ähnlich unseren Städten im 13., 14. und 15. Jahrhundert, zwischen Fürsten, Herren und Banden, unter sich uneins, nicht unbehaglich durchlavieren und eine starke Reichsgewalt ebensosehr wünschen als fürchten.

Um das Jahr 1000 v. Chr. kann man die zweite Hauptepoche der vorderasiatischen Geschichte, die Zeit der großen Militärreiche beginnen lassen. Die Herrenvölker wechseln; bald sind es Kulturvölker, wie die Assyrer, Chaldäer oder Hellenen, die sich auf große Söldnerheere stützen, bald Barbaren, die ihre ungebrochene kriegerische Volkskraft zur Expansion benutzen, Gebirgs- und Steppenvölker, wie die Perser, Parther, Seldschuken, Mongolen und Osmanen, oder Wüstenvölker, wie die Araber. Die kulturelle Grundlage wird im ganzen von diesem Wechsel nicht berührt; sie bleibt in Mesopotamien, Syrien und Palästina babylonisch. Die Einbrüche der Völker aus dem Gebirgsgürtel bleiben ethnologisch und kulturell fast wirkungslos; die großen Wellen semitischen Nachschubs aus der Wüste dagegen, werden voll aufgesogen — das Volkstum des Randgürtels von

Arabien wird immer stärker semitisiert, die ursprünglich babylonische Kultur wird intersemitische Kultur; vorwiegend semitische Völker entwickeln sie weiter und breiten sie aus.

Der Chaldäer Nabukinapli ist der letzte babylonische König, der im Zeitraum des assyrischen Anstiegs Mesopotamien um 960 vielleicht noch ganz beherrscht hat. Unmittelbar nach ihm kommt es wieder in assyrischen Besitz. Assyrien ist um diese Zeit noch ein Nationalstaat unter einem uralten angestammten Herrscherhaus; die erste Aufwallung kriegerischer Kraft in der neuentstandenen Nation ist zwar um diese Zeit längst vorbei; die Heere assyrischer Könige sind schon größtenteils Söldnerheere; doch gibt es noch einen kriegerischen Adel und gelegentlich ein Aufgebot »des Landes«, also ein nationales Bauernheer oder ein nationales Bauernkontingent im Gesamtheer.

Aššurnasirpal (885—860) unterwirft Obermesopotamien, Syrien bis vor Damaskus und die Gebirgsvölker im Rücken. Sein Sohn Šulmanašaridu II. (Salmanassar) 860—825, der sich nach seinem Ahnherrn nennt, fügt Babylonien hinzu, wo er als Statthalter Marduks opfert, dringt im Norden bis an den Urmiasee vor, wo er auf die Meder stößt, und bis zum Wansee, wo ein armenisches Reich von Urartu, vielleicht chetitischer Verwandtschaft, sich gebildet hat. Seine Weltherrschaftspläne scheitern an dem Widerstand von Damaskus, den er nicht zu brechen weiß, obgleich er schließlich zum letzten Mittel, der Aufbietung des »Landes« greift und obgleich es ihm gelingt, die Stadt einzuschließen. Gegen den alternden Herrscher brach ein Aufstand in Assyrien selbst aus, während dessen er starb. Sein Nachfolger, Adadnirari IV., stellte äußerlich das Ansehen des Reiches her; die Königinmutter Sammuramat baute dem babylonischen Lieblingsgott der Gebildeten in dieser Zeit, Nabu, einen Tempel in Kalchi; das beweist babylonische Sympathien, die vielleicht ihre Anerkennung in der babylonischen Legende dadurch gefunden haben, daß die Königin den Namen für die Sagengestalt der Semiramis gab. Dann kam rasch der völlige Untergang der nationalen Dynastie; ein Aufstand einer assyrischen Partikularistenpartei erzwang die Rückkehr des Königs in die alte Landeshauptstadt Aššur und damit seine Trennung vom Heer; die Söldner erhoben einen Gegenkönig, Tukultapilešarra III., und machten dem alten Königshaus und allen national-assyrischen Wünschen für immer ein Ende.

Die Entwicklung vom Nationalstaat zum Heerkönigtum, die

sich so in Assyrien vollendet, hat eine innere Notwendigkeit. Zunächst ist sie ein Stück der immer wiederholten, gesetzmäßigen Folge von Vorgängen bei der Eroberung und Reichsgründung durch kriegerische Stämme. Jeder neuentstehende Staat, den ein einwandernder Stamm, ein Stammverband oder eine Mischung von Wanderstämmen im Seßhaftwerden begründen, ist zunächst ein Staat nationaler kriegerischer Expansion und wird dann eine Monarchie, die sich und das Ganze durch ein stehendes Söldnerheer schützt; der verbürgerte, wie der verbauerte Einwanderer ist dem Kriegsdienst abgeneigt, schon als Land- oder Hauseigentümer, nicht weniger als Rationalist. In Assyrien bringt es noch die besondere Lage des Landes mit sich, daß das Königtum gezwungen ist, sein stehendes Heer von Bauern und Söldnern zu Eroberungskriegen zu verwenden; es kann nicht still im Land sitzen, ohne in fortwährender Gefahr zu sein, von irgendeiner Seite überrannt zu werden; ein Assyrerkönig, der im Lande bleibt, steht unmittelbar vor dem Ende seiner Macht. Die assyrische Politik ist gewiß nicht von Anfang an auf Weltherrschaft ausgegangen; die Könige kämpfen für ihre Sicherheit. Um sicher zu sein, müssen sie in diesem Wetterwinkel, wo jede neue Wanderung aus der Wüste und aus den taurisch-kilikischen Pässen zuerst und am stärksten fühlbar wird, mindestens Obermesopotamien und die Gebirge im Rücken ihres Landes kontrollieren. Damit kommen sie aber in unmittelbare Nähe der reichen Städte in Babylonien und Syrien; die Versuchung weiterzugreifen wächst mit der Aussicht, durch jeden weiteren Schritt nicht nur gefährliche Nachbarn zu beseitigen und Ruhm zu erwerben, sondern vor allem unerschöpfliche Geldquellen zu erschließen, die den Krieg bezahlen und für das eigene Land unfühlbar, ja zur Einnahmequelle machen; auch die höhere Kultur lockt — es ist die Lage unserer Kaiser Italien gegenüber. Mit der ersten Verteidigung durch eine Expansionspolitik wird ein Weg betreten, der kein Ende haben kann, als den völligen Untergang des assyrischen Reiches; unterbleibt aber diese erste Verteidigung, so ist der Untergang ebenso unvermeidlich und viel näher. So handeln die Könige immer wieder in derselben Zwangslage; immer wieder schafft ein kräftiger Fürst in Obermesopotamien und im Gebirge, in Front und Rücken Ordnung und schiebt die Residenz von Aššur nach dem günstiger gelegenen Kalchi; immer wieder greift sein Nachfolger, halb gezwungen, halb freiwillig, weiter aus, gezwungen in die armen Berg- und Steppengebiete, die von

Wanderstämmen wimmeln, freiwillig nach Babylonien und Syrien; und immer wieder folgt der übermäßigen Ausdehnung des Reiches der vollkommene Zusammenbruch. Daß bei diesen Zusammenbrüchen ein assyrischer Partikularismus regelmäßig eine Rolle spielt, liegt an der Rückwirkung der äußeren Politik auf die inneren Verhältnisse des Reiches, an der Verlockung, die für allerlei Thronprätendenten eine lange Abwesenheit des Herrschers enthält, an allerlei religiösen und nationalen Eifersuchtsregungen, vor allem aber an dem Verhältnis des assyrischen Volkes zum assyrischen Heere. Man kann eine kriegerische Politik der Verteidigung und Ausdehnung mit nationalen Bauernheeren führen, wenn sie deutlich im allgemeinen Interesse liegt, nicht allzu lange dauert und namentlich, wenn das Volk noch jung genug ist, um kriegerisch und kinderreich zu sein; das alles war zunächst in Assyrien der Fall, konnte aber nicht vorhalten. In den unendlichen Eroberungskriegen der assyrischen Könige hätte sich das Volkstum sehr schnell erschöpft, wenn nicht sehr früh schon Söldnerheere die Hauptarbeit übernommen hätten. Söldner wollen aber bezahlt sein; dazu mußten reiche Länder, Babylonien und Phönikien, in assyrischem Besitz sein; sie wollen beschäftigt sein und Beute machen; darum dürfen die Kriege nie ausgehen. Geht alles gut, so ist das Land vielleicht ein bißchen eifersüchtig auf das reiche Heer, aber zufrieden; geht aber etwas schlecht, muß das Bauernaufgebot dran und gar das Heer aus assyrischen Steuern besoldet werden, so ist die Unzufriedenheit da; der König steht vor dem Aufruhr und fällt zwischen dem grollenden Volk und dem grollenden Heer.

Der Sturz der nationalen assyrischen Dynastie schafft hier klare Verhältnisse. Hinfort spielt das assyrische Volk gar keine Rolle mehr. Die Imperatoren sind vom Heer berufen und müssen bei ihrer Politik zunächst das Heer im Auge haben. Sie sitzen nur zufällig in Assyrien, das eben durch seine Lage diese Heerespolitik der Welteroberung eingegeben hat. Sie sind Kondottieri ganz großen Stils, internationale bezahlte und sich selbst bezahlt machende Schutz- und Polizeitruppe über einem reichen unkriegerischen Kulturland, so wenig Vertreter eines Staates, daß sie vielmehr alle Staatenbildung hemmen und zerstören. Genau wie aus der Gewaltpolitik der großen Kondottieri und Soldatenfürsten in Westeuropa, die die zahllosen kleinen Staatsindividuen des ausgehenden Mittelalters zunächst nur aus ganz egoistischen Motiven zerstört haben, große Reiche einheitlicher Kultur und eine aufgeklärte Monarchie mit einem stehenden Heer und militärisch geschulten Beamtentum hervorgegangen sind, so entwickelt sich in Assyrien aus dem Söldnerheer, das Zweck und Inhalt des Staates sein wollte, in der Hand genialer Herrscher ein Werkzeug der Ausbreitung der babylonischen Kultur über die ganze vorderasiatische Welt und ihres Schutzes im neugebildeten Weltreich. Daß dies Imperium keinen Bestand hatte, lag daran, daß die Beherrschten nicht reif genug waren, es zu unterstützen, daß die Kultur selbst, die das Reich zur Einheit machte, im innersten Kern staatsfeindlich, individualisiert genug zur Zerstörung des bestehenden, nicht zu seiner Erhaltung und Weiterbildung war.

Der erste Heerkönig Assyriens, Tukultapilešarra III., vom Heer in Kalchi gegen das nationale Königtum in Aššur erhoben, war ein großer Eroberer und konnte, wie die Dinge lagen, nichts anders sein. Das assyrische Reich war wieder einmal vollkommen in sich zusammengebrochen und mußte von Grund aus neu gebaut werden. Der König nennt sich nach dem großen Eroberer um 1100; sein Nachfolger heißt nach zwei großen assyrischen Erobererkönigen Šulmanašaridu IV. Die Namenwahl ist bedeutsam, programmatisch; es handelt sich nicht um Angehörige eines alten Herrscherhauses, die bestimmte Namen ganz gewohnheitsmäßig, wie in Ägypten, oder zur Ehre ihrer großen Ahnen fortführen, wie im nationalen assyrischen Königshaus, sondern um Usurpatoren, die individuell ihre Helden aus der Vergangenheit wählen.

Tukultapilešarra (Tiglatpileser) III. regierte von 745—728; es gelang ihm in dieser Zeit, die aramäischen Kleinstaaten, die in Obermesopotamien und Syrien wie Pilze aus dem Boden geschossen waren, zu vernichten, das Gebirge, in dem vor allem das Reich Urartu gefährlich groß geworden war, weithin zu unterwerfen, Phönikien und Damaskus einzuverleiben und in Babylonien zunächst eine Schutzherrschaft im Namen des Königs Nabunasir (Nabonassar; Eponym einer Ära, die 747 beginnt), dann als »Pulu« im eigenen Namen zu begründen. Šulmanašaridu IV. (Salmanassar) regierte von 727—722. In dieser kurzen Zeit trat er die Herrschaft in vollem Umfang, in Babylonien als »Ululai«, an und begann, sie in Syrien und Palästina weiter vorzuschieben. Er starb bei der Belagerung von Samaria.

Sein Nachfolger ist der Zerstörer von Samaria, der Sargon des alten Testaments. Er selbst nennt sich mit allerlei redenden Namen, die an Šargani entfernt anklingen, »Šarru-kenu« (der rechtmäßige König), »Šarru-uken« (der König befestigt) u. a.

Der Anklang an den Namen des alten babylonischen Sagenhelden, den die biblische Form am deutlichsten bewahrt hat, ist ebenso beabsichtigt, wie die Varianten. Zusammengenommen ergeben die Namen das Programm des Königs. Er verachtet seine Vorgänger, die nur Eroberer waren; vollkommen pietätlos gegen ihr Andenken schlägt er neue Bahnen ein. Sie waren Usurpatoren, Vertreter der rohen Gewalt; er will der rechtmäßige Herrscher sein, obgleich er schwerlich viel mehr legitime Ansprüche auf den Thron besaß, als sie, »rechtmäßig«, wie es der Šargani der Sage war, der, dunkler Herkunft und doch gottgewollter König, sich durch seine Siege und seine Frömmigkeit zu legitimieren wußte; wie auf dem Siegel des alten Šargani, erscheinen an dem Palast des neuen die Riesengestalten des Ungeheuerbesiegers und Lebensuchers Gilgameš, freilich bedeutend verzierlicht. Kulturkönig will Šarukin sein, d. h. Babylonier. Er pflegt babylonische Überlieferungen, schreibt gelegentlich in babylonischen Schriftzeichen und verhätschelt die Stadt Babylon so viel er kann. Wenn seine Vorgänger babylonische Königstitel führten, sei es auch unter neuangenommenen Namen, um den Schein der Fremdherrschaft zu vermeiden, so will Šarukin fromm und demütig nur Marduks Statthalter heißen. Auch wenn er sich den König nennt, der befestigt, hat das seinen guten Sinn; mit vollkommenster politischer Einsicht hat er erkannt, daß das Reich nur dann Bestand haben kann, wenn es vereinheitlicht wird, geschlossen in seiner inneren Organisation, seinem Volkstum und seiner Kultur dasteht. Das Heer ist nur Mittel zu höherem Zweck; es tritt in den Dienst der Idee eines gemeinsemitischen Weltreiches babylonischer Kultur. Diesem Gedanken dienen alle Maßregeln des Königs; die Weltreligion im Weltreich semitischer Nation, Judentum und Kalifat, werden vorbereitet.

In den 17 Jahren seiner Regierung, von 722—705, nahm der König seinen großen Plan energisch in Angriff. Er hatte zunächst mit den Waffen in der Hand seine innere Politik vorzubereiten. In Palästina fiel Samaria; seine südlichen Nachbarn bis an die Grenze Ägyptens unterwarfen sich; Ägypten zog sich ins Niltal zurück. Im Gebirge verschwand Urartu; hier wurde die größte Ausdehnung des Reiches unter Šarukin erreicht. In Babylonien wurden die Chaldäer völlig niedergeworfen und Elam ausgeschaltet.

Dazu kamen zentralistische Maßregeln; alte Lehnsstaaten in Syrien und im Gebirge wurden zu Provinzen gemacht; auch die Vertauschung ganzer Bevölkerungen, ein Mittel, unruhige Stämme aus ihren gewohnten Verhältnissen und Aufruhrnestern wegzuschaffen, das schon andere, z. B. Tukultapilešarra III. angewandt hatten, bekam im Rahmen der neuen Idee eines gemeinsemitischen Einheitsreiches neuen Sinn.

Das Weltreich, in dem Aramäer und Chaldäer ganz geknebelt waren, hätte als Reich babylonischer Kultur seine Hauptstadt in Babylon haben sollen. Aber das war ausgeschlossen. Assyrien war historisch und geographisch der Mittelpunkt der neuen vorderasiatischen Welt; hier war das Heer entstanden, hier lebten seine ruhmreichen Traditionen. Hier drohte auch im Augenblick von den Barbaren im Gebirg die größte Gefahr. Šarukin konnte babylonische Versöhnungspolitik treiben, aber niemals Babylonier werden; auch das mag mitgewirkt haben, daß er nicht den Babylonier Chammurabi, sondern den Akkader Šargani zu seinem Patron machte.

Andrerseits waren die hervorragenden assyrischen Städte durch ihre Erinnerungen als Hauptstädte des neuen Reiches unbrauchbar. An Aššur und Kalchi hafteten die Überlieferungen der nationalen assyrischen Eroberer; sie waren Fahnen einer brutalen Bedrückungspolitik.

So ließ Šarukin einen neuen Mittelpunkt des Weltreiches entstehen, seine Stadt, Dur-Šarukin.

Sein Sohn Sinacheriba (Sanherib), 705—681, scheint noch ein weiteres Ideal vertreten zu haben als er. Nicht an die babylonische Sage, an die überbabylonische Spekulation des Zeitalters knüpft er an; als neuer Adapa will er messianisch eine Ära der Vernunftherrschaft und des Glückes für die Menschheit heraufführen. Aufklärer sind diese Imperatoren alle, Vertreter einer vernünftigen, humanen, weltbeglückenden Staatsidee, Sinacheriba vielleicht am unbedingtesten, am idealsten und deshalb voll Ingrimm und Jähzorn, wenn seiner guten und vernünftigen Absicht in der Welt harter Wirklichkeiten und egoistischer Interessen, für die ihm der Sinn fehlt, Widerstand geleistet wird. Er regiert viel länger als sein Vater und erreicht eigentlich nichts; er ist immer in Bewegung, überall siegreich und nirgends dauernd und sicher Herr; er stößt mit blinder Wucht gegen Elam und die Chaldäer vor, und hinter ihm wird sein Sohn gefangen; er wirft Palästina nieder und geht in einem rätselhaften Zug gegen arabische Stämme seines ganzen Heeres verlustig; ein merkwürdiges Beispiel der ungeheuersten Macht, die sich eigensinnig und leichtsinnig selbst aufhebt, ist er der geborene Beleg für die wunderbare Fähigkeit der Gottheit, die Großen klein zu machen und die Kleinen zu erretten.

Ein allgemeiner Aufstand von einem Ende des Reiches zum andern leitete die Regierung dieses Messiaskönigs ein; alle von Šarukin gebändigten Elemente brachen los, die Chaldäer und Elamiten im Bund mit der Stadt Babylon, die Phöniker von Sidon und Tyrus, die Judäer im Bund mit Arabern und Ägyptern. Sinacheriba kämpfte mit wütendem Ingrimm und mit unerhörten Mitteln; sogar eine Flottenunternehmung gegen die Chaldäer und Elamiten, einzig in der babylonischen Geschichte, setzte er ins Werk; schließlich zerstörte er voll Grimm das undankbare Babylon (689), Borsippa dagegen, seine Schwesterstadt, die Stadt des Nabu, versah er mit neuen Mauern. Auch in Syrien und Palästina siegte der König; es ist der denkwürdige Sieg, der ihm Jerusalem in die Hand gab, wie Ješaja vorausgesagt hatte, und der von der Vernichtung seines Heeres durch Pest oder ein Naturereignis in der Wüste gefolgt war, wieder nach Ješajas Wort. Heimgekehrt von dieser Katastrophe, fiel Sinacheriba in Ninive, seiner Hauptstadt, dem Aufstand eines seiner Söhne zum Opfer.

Sein Rächer und Nachfolger war sein Sohn Aššurachiddin (Aššarhaddon), 681—668. Er besaß in höchstem Maße den Blick seines Großvaters für das Mögliche. Wie Šarukin erkannte er, daß die Kultur des Weltreiches an das historisch gewordene Babylonien anschließen mußte; besser als er sah er die Schwächen des allzu großen und innerlich allzu ungleichen Reiches und suchte ihr zu begegnen.

Zuerst galt es, die Ruhe herzustellen. Aššurachiddin griff überall mit Heeresmacht siegreich durch, suchte aber dann aus den Besiegten zuverlässige Freunde zu machen, indem er sie am Bestehenden interessierte. In Babylonien verjagte er die Chaldäer aus der Mark des zerstörten Babylon, das er wieder aufbaute; den Kern der Chaldäermacht aber gewann er durch Anerkennung einer chaldäischen Vasallendynastie im Meerland. In Syrien stellte er die assyrische Oberhoheit her und dehnte das Reich über Ägypten aus; hier errichtete er im Delta eine Vielherrschaft der Dynasten unter dem Vortritt der Saïten. Die Araber beschränkte er auf die Wüste.

In den Gebirgsländern gewann er zuverlässige Bundesgenossen durch Verschwägerung mit den indogermanischen Aschkuzastämmen, die ihm die Meder vom Leibe hielten. Nachdem er so an den Grenzen Bollwerke errichtet, Staaten, deren Interesse es war, die Gegner Assyriens fernzuhalten, nachdem er zugleich alle gefährlichen Gegner entzweit, Chaldäer und Elamiten, Ägypter und Äthiopen, Aschkuza und Meder, ging er an die innere Sicherung seines Werkes.

Der Fehler des Reiches war seine ungeheure Ausdehnung. Die Verkehrsmittel, die Heere genügten nicht; wenn der König an einem Ende den Aufruhr dämpfte, flammte er am andern empor. Dazu kam die innere Ungleichheit der Teile; höchstkultivierte Stadtstaaten neben vollkommen barbarischen Stämmen. Die Lage war durchaus die des späteren römischen Imperiums; ein ungeheuer ausgedehntes Reich, von Barbaren umdroht; einsichtige Herrscher an der Spitze des Staates, die ungern, aber notgedrungen durch das Heer regieren und begriffen haben, daß auf die Dauer nur ein Interessieren aller Elemente im Reich für dessen Bestand helfen kann, das über ihre Kräfte geht. Darum eine Abwehr mit gleichen Mitteln, Entzweiung der Feinde an den Grenzen, Ausspielen von Barbaren gegen Barbaren, Teilung des Reiches. Aššurachiddin ist der Diokletian des assyrischen Imperiums.

668 ward Marduk von Assyrien nach Babylon zurückgebracht. Kurz darauf »dankte der König ab«. Er übergab Assyrien und die Krone des Gesamtreichs seinem Sohn Aššurbanipal; im Mittelpunkt des Reiches, in dem Teil, den die indogermanischen Barbaren am meisten gefährdeten, sollte die höchste militärische Macht bleiben. Statthalter von Babylonien ward sein zweiter Sohn, Šamaššumukin, der Sohn einer Babylonierin, dem seine Abstammung, seine Selbständigkeit und seine Abhängigkeit ein gutes Verhältnis zu der bürgerlichen Bevölkerung möglich machte. Babylonisch gebildet waren beide Söhne. Aššurachiddin selbst behielt sich ein Heer vor und zog damit nach Ägypten, das unsicher war; er war noch Mitregent, das zeigt eine Beschwerde der Stadt Babylon, die sich an Vater und Sohn richtet.

Drei Herrscher in drei übersehbaren Ländern, als Bürgen der Ruhe dreier Feinde, eng verbunden durch Verwandtschaft, durch gleiche Bildung, gleiche Ziele und Familien- und Reichsinteressen; das Reich eine Einheit durch Aššurbanipals Titel und zentrale Stellung; dabei seine Teile in sich so homogen als möglich,

4*

historische Einheiten, selbständig, ohne die Wahrscheinlichkeit eifersüchtiger Regungen — der Vater gab den Brüdern ein Beispiel der Selbstverleugnung. Das ist Aššurachiddins geniale Lösung der Schwierigkeiten. Sie verliert nicht viel, wenn man als maßgebend für die Reichsteilung in diesem Augenblick die Absicht des Königs, nach dem fernen Ägypten zu ziehen, mitwirken läßt, oder annimmt, daß eine Erkrankung ihm die Nähe und die Gefahren seines Todes vor Augen gestellt: Er starb auf dem Zug nach Ägypten.

Aššurbanipal (668—626) übernahm den dritten Reichsteil und führte den ägyptischen Feldzug zu glücklichem Ende. Dann kehrte er in seine Hauptstadt Ninive zurück und genoß hier im Vollbesitz der Macht die Frucht der Politik seines Vaters, zehn Jahre des Friedens und des Glanzes. Eine Zeit unerhörten Glückes, ein goldenes Zeitalter der Kultur schien anzubrechen. Aššurbanipal und Šamaššumukin waren gebildete Herrscher, fromm und friedlich gesinnt; sie standen am Ende einer Reihe von Königen, die immer mehr dem bürgerlich-priesterlichen Ideal eines Rechts- und Friedensstaates zugestrebt waren, dem Krieg fremd, der Gewalt abgeneigt. Sie kommen vor dem Zusammenbruch.

Aššurbanipal wollte Frieden. In seinem Palast in Ninive lebte er unter Kunstwerken und Büchern, Feste feiernd und jagend, ein glückliches Dasein. Er ist der erste König, der sich an der Seite seiner Gemahlin darstellen läßt, der Gründer der Bibliothek, der wir die Kenntnis babylonischer Literatur fast ganz verdanken. Selbst seine Kriegsberichte sind literarischer gefärbt, als die seiner Vorgänger.

Aus dem friedlichen Leben aufgescheucht und belehrt, daß auch er um sein Dasein kämpfen muß, daß der schöne Traum von göttlicher Vernunftherrschaft eitel Dunst und er selbst nur, ein zehrender Erbe, von der Arbeit seines Vaters lebt, greift er zu den Waffen mit dem Ingrimm und der Grausamkeit des enttäuschten Idealisten, wie sein Großvater Sinacheriba.

Die Enttäuschung bereitete ihm sein babylonischer Bruder; der Sohn der Babylonierin erlag der Versuchung babylonischer Herrschaftsträume; mit Chaldäern und Elamiten im Bund, in Verabredung mit den Reichsfeinden in Ägypten und Palästina empörte er sich. In langjährigem Krieg warf Aššurbanipal die babylonischen Gegner nieder; Šamaššumukin scheint sich verbrannt zu haben, im Ende das Urbild des sagenhaften Sardanapal, der von seinem siegenden

Bruder den Namen bekam. Die Chaldäerstaaten wurden noch einmal zu Boden gedrückt, Elam völlig vernichtet.

Aššurachiddins Politik trägt bei aller Genialität den Stempel der Abwehr; mit starkem Wirklichkeitssinn schafft ein hervorragender Herrscher eine Kombination, die Dauer verspricht. Aššurbanipal war nicht der Mann, sie schöpferisch fortzuführen und mußte selbst zur Vernichtung des Reiches beitragen. Er wurde König von Babylon als »Kandalanu«; aber die Chaldäer, die sein Vater gewonnen, wurden seine mühsam unterdrückten Feinde. Er vernichtete Elam und lieferte es seinen Gegnern, den Medern aus, die alsbald mit den Chaldäern in Bund traten. Aššurbanipal starb auf dem Thron, ohne Juda und Ägypten wieder zu unterwerfen. Wenige Jahre nach seinem Tod war es mit Assyrien für immer vorbei. Die Kimmerer brachen über Syrien herein; die Meder vernichteten die Aschkuza, Assyriens Verbündete im Gebirg; die Chaldäer nahmen widerstandslos Babylonien in Besitz.

Die neue chaldäische Dynastie Nabupalusurs (Nabopolassar) sitzt wieder in der Stadt Babylon, das nun auch politisch zum Mittelpunkt des gemeinsemitischen Weltreiches wird. Sie stützt sich auf ein Söldnerheer mit chaldäischen Aufgeboten und jedenfalls indogermanischen Hilfstruppen; ein Bündnis mit den Medern, durch eine Verschwägerung verstärkt, gibt ihr freie Hand in Mesopotamien und Syrien; der ganze Gebirgsgürtel ist verloren. So ist das neue Reich zwar der Erbe der assyrischen Reichsidee, aber von vornherein schwächer als das Assyrien der Šarukiniden, zur Kurzlebigkeit bestimmt.

Der große König dieser Epoche ist Nabukudurriussur II. (Nebukadnezar), 605—562. Er stellte die Reichseinheit in den mesopotamischen, syrischen und palästinischen Gebieten her; Ägypten mußte sich mit dem Niltal begnügen, vielleicht Lehnsträger werden; Juda verschwand, die Bevölkerung Jerusalems und seiner Nachbarschaft half Babylon zu füllen, das der König erweiterte und durch Wasser- und Mauerwerke uneinnehmbar zu machen bestrebt war. Im Glanz des neuen Königtums scheinen die Wissenschaften geblüht zu haben; der König, der im Namen an den frommen Stifter der Dynastie von Paše anschloß, nicht an Šargani oder Chammurabi, war selbst fromm und gebildet.

Nach seinem Tod war die Herrlichkeit seines Reiches dahin. Aus allerlei Wirren ging Nabunaid (Nabonid), 555—539, als letzter einheimischer König hervor. In ihm hatten die bürgerlich-priesterlichen Schichten Babylons den König nach ihrem Herzen gefunden. In Gebeten, frommen Anfragen bei den Göttern und Tempelrestaurationen genau auf den ältesten Grundsteinen sah er seinen Lebenszweck. Krieg führen ist seiner unwürdig; das überläßt er seinem Sohn Belšarusur (Belsazer). Die Lehre von der alleinigen göttlichen Kausalität im wörtlichsten Sinn hatte den Thron bestiegen. Die Gottheit rettete den Usurpator vor der Rache der Meder — Kyros vernichtete die medische Königsfamilie. Er brauchte Jahre, um seine Herrschaft im Gebirg und Kleinasien aufzurichten; erst 539 fiel Babylon. Die Priester der babylonischen Götter, wie die jüdische Gemeinde in Babylon hießen den barbarischen Befreier willkommen. Nabunaid soll als Statthalter einer persischen Provinz gestorben sein.

Die babylonische Geschichte der folgenden Zeit interessiert uns im Rahmen dieser Darstellung nicht. Mit der Begründung der jüdischen Gemeinde in Babylon und dem Einfluß der babylonischen Kultur in ihrem Brennpunkt auf die Entstehung des Judentums ist die letzte wichtige Leistung Babyloniens für die Geschichte des menschlichen Denkens geschehen. Sie ist nicht aktiv, nicht produktiv; die babylonische Kultur steht schon lange fast ohne Fortschritt, ein abgeschlossenes Werk, da. Nun kommen ihre Vollender, schon lange ihre Schüler, Juden und Perser, in Babylon selbst zu Wort und Macht. —

Die älteste Geschichte Palästinas empfängt einiges Licht aus ägyptischen Denkmälern. Schon zur Zeit des alten Reiches hören wir von Kriegszügen gegen semitische Feinde im Delta und an seiner Ostgrenze; die Unternehmungen, Schutz- und Strafexpeditionen, müssen zur Zeit der 6. Dynastie ziemlich bedeutende Kräfte beansprucht haben; Une, der Führer einer solchen Expedition, erzählt von blutigen Schlachten und vielen Gefangenen, von zerstörten Burgen und verbrannten Dörfern, von abgeschnittenen Feigenbäumen und Weinstöcken; wir haben also eine Bevölkerung anzunehmen, die bis zu einem gewissen Grade seßhaft ist, aber nicht so weit, daß sie die Raubzüge ins benachbarte Kulturland und die Angriffe auf die ägyptischen Bergwerksgebiete aufgegeben hätte. Der Ansturm dieser nomadischen und halbnomadischen Stämme auf Ägypten muß in der Zeit des Ausgangs der 6. Dynastie noch stärker geworden sein und zur äußersten Schwächung Ägyptens beigetragen haben; wenigstens finden wir beim Wiedereinsetzen der ägyptischen Quellen vor 2000 die Westgrenze durch ein großes Mauer- und Grabenwerk gesperrt, das nur verzweifelte Abwehr geschaffen haben kann.

Aus der Geschichte des Sinuhet, eines ägyptischen Großen vom Hof des Königs Amenemhet I. aus der 12. Dynastie, geht hervor, daß das obere Rezenu, bis ins neue Reich der Name Palästinas, um 2000 noch genau dieselbe halbseßhafte Bevölkerung hatte, die Une bekämpfen mußte. Amienši, der Fürst des oberen Rezenu, vermählt den flüchtigen Ägypter mit seiner Tochter und belehnt ihn mit dem Lande Jaa, das voll von Obstbäumen, Getreide und Viehherden ist; Sinuhet wird sein Ratgeber in den zahlreichen Fehden und ficht selbst einen Zweikampf mit einem Recken unter diesen kriegerischen Stämmen siegreich aus.

Senwosret III. scheint um 1900 bis Nordpalästina vorgedrungen zu sein. Vielleicht geschah auch dieser Zug schon wieder in der Abwehr; wenigstens nehmen in den folgenden Jahrhunderten die semitischen Nomaden an den ägyptischen Grenzen immer mehr zu, bis ganz Ägypten in die Hand der Hyksos fällt (ca. 1700).

Die Hyksos, von den Ägyptern als Amu, d. h. Beduinen östlicher Abstammung bezeichnet, sind jedenfalls zum größten Teil semitische Stämme aus Arabien und Palästina gewesen, vielleicht mit einem fremden Einschlag kleinasiatischer Herkunft. Wie wahrscheinlich alle Semiten der ägyptischen Denkmäler von der Zeit der 6. Dynastie an bis zu der des Ausgangs der 18. gehören sie der kanaanäischen Schicht an, die um 2000 in den Besitz von Babylonien kommt. Die enge Beziehung der neuen Herren von Babylonien zu Obermesopotamien und dem Westland, Nordsyrien, ist wohl zum Teil daran schuld, daß ganz Syrien und Palästina um diese Zeit babylonische Kultur annimmt.

Unter den Hyksoskönigen findet sich der Name Jakob-her, »Jakob ist zufrieden«. Zweifellos ist Jakob ein Gott, der König aus einem semitischen Stamm hervorgegangen, der diesen Gott verehrte. Ein Stamm dieser Art muß derjenige sein, der in Palästina den Ort »Jakob-el« gegründet hat, den Thoutmose III. in seiner Liste besiegter Städte nennt; er könnte unter den Hyksosstämmen ganz oder teilweise nach Ägypten gekommen sein und, mit den Hyksos ausgetrieben, in Palästina untergekommen eine Erinnerung an die Herrschaft der semitischen Horden über

Ägypten und die Flucht aus Ägypten in seinen Sagen bewahrt haben.

Ahmose, der letzte König der ägyptischen 17. Dynastie, vertreibt ca. 1550 die Hyksos aus ihrer letzten Burg, der Hauptstadt Auaris im östlichen Delta, und besetzt als Brückenkopf der ägyptischen Macht in Palästina eine Stadt im Süden dieses Landes. Thoutmose I. und Thoutmose III. haben dann ganz Palästina und Syrien bis zum Euphrat erobert. Von ca. 1550—1150 ist Ägypten Vormacht und Lehnsherr in Palästina; immer wieder erscheinen die Pharaonen im Land als Eroberer, Ruhestifter und Bedrücker.

Thoutmose III. (1515—1461) hat ausführliche Annalen und eine Städteliste hinterlassen, die wichtigsten Quellen für die Geschichte Palästinas in seiner Zeit. Wir sehen daraus, daß der fruchtbarste Teil des Landes, die Ebene Jesreel, dicht mit Städten besetzt war; Thoutmose III. sah sich einer Bundesgenossenschaft von Städten und Stämmen gegenüber, die von Südpalästina bis an den Euphrat reichte und deren Führer die Fürsten von Megiddo und Kadesch waren. In der Städteliste sind besonders wichtig die Orte Jakob-el und Joschep-el, weil sie uns zwei Patriarchen der israelitischen Überlieferung als Götter, Eponymen von Burgen und wohl auch von Stämmen, die diese Burgen gegründet, in ihrer geschichtlichen Urgestalt erkennen lassen.

Die ägyptische Herrschaft in Syrien und Palästina war keine Herrschaft ägyptischer Kultur, sondern nur eine ägyptischer Garnisonen. Das beweist am klarsten die Tatsache, daß der Briefwechsel der Pharaonen mit ihren Vasallen in Keilschrift geführt wird. Er ist uns zum Teil erhalten und erlaubt wieder einen Einblick in die Geschichte Palästinas im ersten Viertel des 14. vorchristlichen Jahrhunderts. Um diese Zeit dringen von allen Seiten Feinde gegen das Land heran; von Norden kommen Chetiter und Amoriter, von der Wüste immer neue Schübe von semitischen Wanderstämmen. Die wichtigsten für die Geschichte Israels und Judas sind die Chabiri, dem Namen nach vielleicht identisch mit den »Hebräern«, die Abdchiba, der Fürst von Jerusalem, erwähnt. »Chabiri«, »die hindurchziehenden«, vielleicht auch »die von jenseits«, scheint eine ganz allgemeine Bezeichnung für eine ganze Reihe von Wanderstämmen zu sein, die eben ihre Eigenschaft als Nomaden oder ihre Herkunft aus der Wüste jenseits des Jordan betont; sicher ist es kein Stammname. Es ist eine vollkommen willkürliche Annahme, daß unter diesem Ausdruck die Stämme des Volkes Israel zuerst in der Geschichte und vor Jerusalem auftreten.

Nach dem Sturz der 18. Dynastie muß ganz Palästina sich selbst überlassen der Einwanderung semitischer Stämme und mindestens der Norden chetitischen Einbrüchen preisgegeben gewesen sein. Seti I. (ca. 1325) aus der 19. Dynastie bekämpft in Südpalästina (Kanaan) allerlei Beduinenstämme. Ramses II. (1324—1258) stellt durch die Schlacht bei Kadesch und einen feierlichen Vertrag mit den Chetitern die ägyptische Herrschaft in Palästina wieder her. Sein Sohn Merenptah kämpft um 1250 in Palästina gegen einen Stamm »Isirel«; er verwüstet seine Weinberge und Felder; eine Stadt wird nicht genannt.

Ramses III. (1180—1150) erwähnt einen Sieg über Beduinenstämme im Gebirge Seir, der späteren Heimat der Edomiter. Es ist nicht ganz ausgeschlossen. daß unter diesen Stämmen Juda sich befand.

Merenptah und Ramses III. haben auch gegen die Völkerwanderung zu kämpfen, die zwischen 1300 und 1100 allerlei Völker aus der nördlichen Balkanhalbinsel und von den ägäischen Inseln über Land und Meer bis nach Ägypten führt. Die Reste dieser Seevölker bilden den namengebenden Teil des Volkes der Philister (1180).

So erscheinen im 13. und 12. vorchristlichen Jahrhundert, gleichzeitig mit den ersten hellenischen Stämmen, die Hauptvölker der jüdischen Überlieferung als Barbarenstämme in der Weltgeschichte. Eine Erinnerung daran, daß »Israel« mit den Philistern gleichzeitig im Land erschienen ist, hat sich in der jüdischen Überlieferung erhalten. Aus den ansässigen Kanaanäern, Philistern, Chetitern und neu eindringenden semitischen Wanderstämmen, unter denen sich Israel und Juda befanden, ist das Volkstum Palästinas hervorgegangen; seinen römisch-hellenistischen Namen empfing das Land von dem philistäischen Bestandteil.

Wir haben nun diese Elemente genauer zu bestimmen.

Die Philister haben ihren Namen von dem Volk der »Pulsta«, das unter den Seevölkern, die Ägypten 1180 angreifen, genannt wird und in den Darstellungen dieser Kämpfe durch Tracht und Rassentyp von den andern Angreifern gesondert ist. Die Pulsta kommen nach ägyptischer Überlieferung von den Inseln, nach jüdischer von Kaphtor, d. h. von Kreta. Ich kann die Vermutung nicht los werden, daß sie identisch sind mit den Pelasgern der hellenischen Überlieferung, die wir von Thessalien nach Kreta verfolgen können. In Palästina sind die Philister in geschichtlich heller Zeit Besitzer von Gaza, Askalon, Asdod und anderen Städten in der Sephela und haben von der Küste aus ihre Herrschaft zeitweise weit nach Norden bis über die Ebene Jesreel und ins Gebirge Ephraim, nach Osten bis in Gebirge und Wüste ausgedehnt. Ihre höchste Stoßkraft scheint in die Zeit der Eroberung Silos, der Kämpfe gegen Šaul und der Lehnsherrschaft über David zu fallen; die Vorherrschaft im damaligen Philisterreich scheint Asdod gehabt zu haben, wenigstens wird dahin die Kriegsbeute von Silo geführt. In der Folgezeit erlischt die kriegerische Kraft des Reiches, die Verschmelzung mit den einheimischen Städtern und Bauern wird immer inniger, das Reislaufen, dem David seine Kreter und »Pelischtim« verdankte, hört auf. Es ist das gewöhnliche Bild einer barbarischen Einwanderung, Eroberung eines Landstrichs, kriegerische Expansion und allmähliche Aufsaugung durch die Urbevölkerung. Die Nachströmung von Seevölkern stockte, nachdem sie wahrscheinlich die erste Welle, die an Ägypten zurückgeprallt war, noch einigemal verstärkt hatte; die Mischung aus allerlei Stämmen, die nach einem vorschlagenden Bestandteil Philister hieß, ging in die vorwiegend semitische Stadt- und Landbevölkerung der Sephela ein; mitgebrachte kretische Kulte, wie der des Zeus Kretagenes in Gaza-Minoa, werden mit den Stadtkulten (Dagan) verschmolzen. Zuletzt haben wir kleine Stadtstaaten in Fehden und Bündnissen, wie überall in diesen Gebieten und eine Mischbevölkerung, die sich in Aussehen, Kultur und Sitten kaum von der anderer kanaanäischer Städte unterschieden haben wird.

Der Hauptbestandteil der semitischen Bevölkerung Palästinas ist, wie schon erwähnt, aus der kanaanäischen Wanderung hervorgegangen, die von 2500—1500 stattfand. Der Name Kanaanäer ist nicht allzuglücklich gewählt; gerade im eigentlichen Kanaan, d. h. im äußersten Süden Palästinas, werden in historischer Zeit kaum mehr Kanaanäer gesessen sein. Er hat sich aber eingebürgert und bezeichnet die Dialektschicht, die in den hebräischen Schriften des alten Testaments ihre größten Schriftdenkmäler hinterlassen hat. Daß die Verfasser dieser Denkmäler aller Wahrscheinlichkeit nach keine Kanaanäer, sondern Aramäer waren, ist ein merkwürdiger Beleg für die Unabhängigkeit der Kultur und Sprache vom Volkstum.

Kanaanäische Stämme waren die Gründer der phönikischen

und palästinischen Stadtfürstentümer; alle bedeutenden Städte, Sichem und Silo, Bethel, Jerusalem und Hebron, sind älter als die israelitische und die judäische Einwanderung, älter wohl auch, als die Zeit der ägyptischen Herrschaft in Palästina.

Die beiden judäischen Patriarchen Abraham und Jišak sind Stadtgötter von Hebron und Berseba aus vorgeschichtlicher Zeit. Abram scheint einer Vierheit von Göttern zu entspringen; sein Name gibt nichts für die Geschichte seiner Stadt. Jišak läßt an einen Gott und Stamm Jišak-el denken, der in Berseba zur Herrschaft und Aufsaugung durch die Kultur gekommen.

Die beiden israelitischen Patriarchen, Jakob und Jošep, sind für uns historisch greifbarer. Jakob-el und Jošep-el sind Ortsnamen aus der Liste Thoutmoses III.; Jakobs Göttlichkeit verbürgt der Hyksosname Jakob-her. Zwei Stämme mit gleichnamigen Göttern, im Besitz von selbstgegründeten und nach Stamm und Gott benannten Burgen in Palästina lassen sich aus Thoutmoses Notiz einigermaßen sicher bestimmen; daß sie nicht allzulange im Land sind, wird wahrscheinlich dadurch, daß sie noch Stammindividuen in selbstgegründeten Nestern, nicht im Besitz einer Stadt älteren Ursprungs, sind; auch der Name des Hyksoskönigs legt den Gedanken nahe, daß wenigstens Jakob erst mit der Hyksosvertreibung in Palästina erschienen sein könnte; der Ort ihrer Niederlassung läßt sich vermuten, wo Jakob und Joseph später verehrt werden: Jakob ist in Bethel zu Hause, Josephs Grab liegt bei Sichem.

Die Zugehörigkeit zu den Hyksos macht für Jakobel den kanaanäischen Charakter ziemlich zweifellos; aramäische Stämme sind zur Zeit der Hyksoswanderung nicht zu erwarten. Auch Josephel darf wohl unbedenklich als kanaanäischer Stamm angesprochen werden, da er zur Zeit Thoutmoses III. schon eine Burg besitzt.

Weniger zweifellos ist der kanaanäische Charakter der Stämme, die um die Zeit des Ausgangs der 18. Dynastie in Palästina eindringen. Es scheint, als sei in dieser Epoche die Völkerwanderung aus der Wüste besonders rege geworden. Das ließe sich aus der Schwäche Ägyptens und der Verwirrung, die dadurch in seinem Lehnsgebiet entstand, erklären; immerhin muß aber auch an eine innerarabische Ursache gedacht werden: eine Völkerflut, wie die aramäische, kommt nicht von heut auf morgen.

Die Abgrenzung der sprachlich geschiedenen Schichten der Semiten darf man sich auch nicht allzuscharf vorstellen; von einer

Schicht zur andern müssen allerlei Übergänge angenommen werden; selbst, wenn der Unterschied der Sprache zum Bewußtsein kam, haben gewiß überall die ersten Stämme einer neuen Schicht im eroberten Kulturland die herrschende Sprache schon mit der Schrift angenommen.

So ist es möglich, daß schon unter den Chabiri aramäische Stämme waren, obgleich Israel hundert und Juda noch zweihundert Jahre später kanaanäisch schreiben lernen.

Eduard Meyer hält es nicht für ausgeschlossen, daß Israel, Merenptahs Gegner, zur aramäischen Schicht gehört hat. Ich halte für sicher, daß der Stamm Juda aramäischen Ursprungs ist.

Israel und Juda haben ursprünglich gar nichts miteinander zu tun. Israel überschreitet den Jordan nördlich vom Toten Meer und dringt von Osten nach Westen in Nordpalästina ein; Juda überschreitet den Jordan überhaupt nicht und zieht von Süden nach Norden am Westrand des Toten Meeres hin ins südliche Palästina, das eigentliche Kanaan. Beide Wanderungen sind zeitlich getrennt: Israel scheint etwa 100 Jahre früher im Land gewesen zu sein, als Juda. Seßhaft geworden, bleiben beide Stämme noch lange Zeit durchaus voneinander entfernt; Israel sitzt im Norden bei Silo, Juda im Süden bei Bethlehem.

In der Geschichte Israels müssen drei Begriffe von Anfang an streng auseinandergehalten werden: Stamm, Reich, Volk Israel.

Der Stamm Israel ist uns nur aus der Notiz Merenptahs bekannt, zweifellos historisch, aber nach 1200 nirgends mehr greifbar.

Das Reich Israel ist der historische Erbe des Reiches Davids, das Juda geheißen hat, begründet im Kampf gegen Davids Erben durch Jarobam, bald und bis zu seinem Untergang fast immer Lehnsherr von Juda.

Das Volk Israel ist eine Erfindung der spekulativen Phantasie judäischer, vielleicht auch schon israelitischer, bürgerlich-priesterlicher Philosophen, das Urelement ihrer Geschichtsphilosophie, die sie für Geschichte gaben; es hat niemals gelebt, weder als Komplex aus zehn, noch als solcher aus zwölf Stämmen.

Der Stamm Israel führt, wie viele Stämme, die vor und nach ihm aus Arabien kamen, wie Jakob-El und Jošep-El, Jišma-El und Jerachme-El, einen Namen, der mit El zusammengesetzt ist und Stamm und Gott zugleich bezeichnet. Er bedeutet »El streitet« oder »der streitet ist El«. »El« ist dabei durchaus kein höherer Gottesbegriff, sondern einfach das Wort für den Stammfetisch; erst die priesterliche Spekulation im Kulturland hat ihm höheren Sinn gegeben. Wir haben gar keinen Grund anzunehmen, daß der Fetisch des Stammes Israel anders geheißen hat, als eben »Jisrael«. Merenptah kämpft gegen diesen Stamm irgendwo in Palästina; er verwüstet seine Weinberge und beraubt ihn seiner Früchte, was trotz des formelhaften Charakters ägyptischer Siegesberichte erlaubt, sich den Stamm seßhaft und ackerbauend zu denken. Der Name des Stammes ist mit einem Determinativ versehen, das zeigt, daß Merenptah keine Stadt in seinem Besitz zu erobern hatte; es wird sich also wohl um ein befestigtes Dorf gehandelt haben, wie es neu einwandernde Stämme vorläufig für sich und ihren Gott anzulegen pflegten; wahrscheinlich hat dieser Mittelpunkt des Stammgebietes ebenfalls Israel geheißen.

Vielleicht war der Stamm ein verhältnismäßig großes Gebilde; der Zusammenhang, in dem er in der Merenptahinschrift genannt wird, ließe den Gedanken zu, daß er ein größeres Gebiet besetzt hielt und tyrannisierte; dafür spricht auch, daß er nicht allzuviel später in den Besitz einer größeren Stadt, doch wohl in der Nähe seines ersten Ansiedelungsgebietes, gekommen sein muß und daß nach seinem Verschwinden in dieser Stadt sein Name weiterlebte.

Die Stadt ist Silo. So werden wir wohl annehmen müssen, daß die Kämpfe Merenptahs bei Silo stattgefunden haben, das vielleicht den ägyptischen König, als seinen Lehnsherrn, um Hilfe gegen den Räuberstamm in seinem Landgebiet herbeigerufen hat. Der Sieg Merenptahs war offenbar nicht vernichtend, wie das bei einem Kampf eines stehenden Heeres gegen ein so leicht zerfließendes und wieder zusammenströmendes Gebild, wie ein arabischer Wanderstamm, eigentlich selbstverständlich ist. Nach Merenptahs Abzug war Israel wieder da und erreichte schließlich sein Ziel, den Besitz von Silo. Wir werden annehmen müssen, daß ein großer Teil des Stammes mit dem Fetisch in die Stadt einging und kanaanisiert wurde; ein Rest blieb wahrscheinlich in dem ersten Landgebiet, verlor aber seine Stammeseigenschaft.

Aus diesem Rest müßten nach der landläufigen Annahme die zehn Stämme hervorgegangen sein. Ich halte für möglich, daß Ephraim vielleicht direkt von ihm abstammt, wenigstens in einem Hauptbestandteil; seine Beziehung zu Israel scheint immer besonders eng gewesen zu sein; mit ihm zieht der alte Fetisch Israel aus seinem neuen Sitz Silo in die Philisterschlacht; aus ihm stammt Jarobam, der sein Reich »Israel« nennt. Auch Ephraim ist aber kein rein israelitischer Stamm; mindestens eine vorhandene Bauernbevölkerung muß mit ihm verschmolzen sein, so daß eine kanaanäische Mischung entstand; wahrscheinlich sind auch Teile aus anderen Wanderstämmen hier, wie überall, eingegangen.

Die übrigen neun Stämme haben mit Israel schwerlich irgendeinen genealogischen Zusammenhang; den haben erst Jarobams Hofgenealogen in seinem Reich erfunden. Es handelt sich um Stämme, die mit Israel oder nach ihm eingewandert, zum Teil wie Israel in seinem Verhältnis zu Ephraim in neue Verbände verwandelt sind, vor allem aber um Nebenbuhler der israelitischen Ansprüche.

Das zeigt ganz klar die weitere Entwicklung. Als die Philister Anstalten machen, das Gebirge Ephraim zu unterwerfen, tritt ihnen anscheinend eine von der gemeinsamen Not geschaffene Bundesgenossenschaft von Städten und Stämmen des Gebirges entgegen, entsprechend derjenigen, die Thoutmose III. in Jesreel gegenüberstand; wie dort Megiddo, steht hier Silo, als nächstbedrohte und stärkste Stadt der Landschaft an der Spitze. Die Philister siegen und führen den Gott von Silo als Siegeszeichen nach Asdod.

Gegen ihre Herrschaft erhebt sich Šaul aus dem Stamme Benjamin. Nach der israelitischen Legende ist er als Abkömmling eines israelitischen Stammes der Rächer der Niederlage Israels. In der Tat ist er der Träger einer ganz egoistischen benjaminitischen Stammespolitik, der Diener seiner Stammesgottheit von Gilgal in Benjamin, der ihre Oberherrschaft über Silo und Ephraim, wie über andere Stämme im Norden aufrichtet und als Sieger nach dem Recht des Stärkeren herrscht. Šauls Königtum ist ein Stammeskönigtum von Benjamin; da er sich ganz auf die kriegerische Kraft seiner Stammesgenossen stützte, Städte und Stämme seines Reiches als Besiegte behandelte, entschied das Kriegsglück, das ihn emporgebracht, auch über sein Reich; er fiel bei dem Versuch, seine Herrschaft in die Ebene auszudehnen, im Kampf gegen die Philister; sofort begann die Auflösung seines schnell zusammengeballten Reiches; sobald David erschien und seine Macht einige Sicherheit vor der Rache Benjamins gewährte, sah sich Šauls Sohn verlassen.

Durch Ephraims Niederlage wird Benjamins Reich möglich. Auf Silo und Ephraim, auf die mißhandelten kanaanäischen Städte und die neben Benjamin zurückgedrängten Landstämme muß sich

David gestützt haben, als er im Bund mit den Philistern Benjamins Vorherrschaft und dem Hause Šauls ein Ende machte. Selbst in der tendenziösen Erfindung der späteren Zeit, die Šaul zu einem König von Israel und Silo zum ersten Heiligtum seines Reiches macht, klingt der alte Haß von Silo gegen Šaul durch. —

Beim Stamm Juda sind wir durch einen glücklichen Zufall in die Lage versetzt, nicht nur die Vorgänge bei seiner Einwanderung und Aufsaugung im Kulturland bis weit in allerlei Einzelheiten feststellen zu können, sondern auch einige Tatsachen aus seiner Wanderzeit zu erschließen. Die assyrischen Großkönige bekämpfen im 8. Jahrhundert in Nord-Syrien einen aramäischen Stamm »Ja'udi«; in einem Königsnamen dieses Stammes und in einem der benachbarten Stadt Hamat findet sich als Teil der Gottesname »Jau«; dagegen fehlt er in der Liste der Götter des Stammes.

Die assyrischen Schreibungen von Juda als »Jaudu« und von der jüdischen Gottheit als »Jau«, sowie andere Umstände beweisen, daß Juda einmal »Jahud« und sein Gott »Jahu« gesprochen wurde.

Die Aufsehen erregende Tatsache, daß der jüdische Gottesname bei einem aramäischen Stamm in Königsnamen vorkommt, erklärt sich nicht, wie man unter dem Bann der biblischen Legende angenommen hat, aus einer weiten Verbreitung der Jahuverehrung, sondern aus einer ursprünglichen Einheit des späteren aramäischen Stammes Jaudi mit dem späteren Juda. Ein aramäischer Mutterstamm Juda-Jaudi mit einem eponymen Gott »Jahu« hätte sich dann in der Wüste gespalten, wie dies vielfach vorkam; bei dieser Spaltung hätte Juda den Fetisch Jahu behalten, wäre also Hauptstamm geblieben; Jaudi dagegen mußte sich, wie alle abgespaltenen Unterstämme, einen neuen Stammgott suchen und fand seine himmlischen Schützer im eroberten Land; nur in den Namen der Königsfamilie, deren Hausgott Jahu in besonderem Sinne war, lebte der alte Stammgott weiter.

Der Stamm Juda, nach dem Gesagten zweifellos ein aramäischer Stamm, wanderte unter der Führung des Gottes Jahu in Südpalästina ein. In der Nähe der Stadt, auf die er es abgesehen, bei Jerusalem, gründete er seine erste Niederlassung und nannte sie nach Stamm und Gott »Baal-Jahud«; hier ward das Bild der Stammesgottheit aufgestellt; von diesem befestigten Punkt aus wurde Landwirtschaft und Räuberei getrieben.

Wann diese Einwanderung erfolgt ist, läßt sich nicht absolut genau bestimmen; wahrscheinlich gehört sie ins 12. Jahrhundert; die Erscheinung Davids setzt eine längere Seßhaftigkeit voraus.

David ist nach der judäischen Überlieferung der jüngste Sohn eines Grundherrn und Herdenbesitzers Jischaj aus Bethlehem. Wenn diese Notiz richtig ist, hätten wir anzunehmen, daß ein Zweig, sagen wir eine Hundert- oder Tausendschaft des Stammes Juda, in Bethlehem seßhaft geworden wäre. David spielte dann eine ähnliche Rolle wie Abimelech, der Sohn des Jerubbaal aus Menašše; er wäre ein junger Adliger, der die sozialen Verhältnisse bei der Seßhaftwerdung seines Stammes, die überschüssige kriegerische Kraft und die Abneigung vieler Genossen gegen ein Bauerndasein benutzt hätte, um sich als Bandenführer, gewerbsmäßiger Schützer von Städten und Herdenzüchtern gegen Wüstenstämme und seinesgleichen ein selbständiges Dasein fern von der Heimat zu gründen. Im äußersten Süden, in Ziklag, hält er, anscheinend im Dienst der Philister, die also um diese Zeit auch das Gebirge Juda und die benachbarten Steppengebiete beherrscht hätten, die Grenzwacht gegen Amalekiter, Išmaeliten und dergleichen.

Allmählich wird er mächtiger; seine Beziehungen zu den halbseßhaften Stämmen, namentlich zu Kaleb, mit dem er sich verschwägert, sein politisches Geschick, daß ihn immer zum Freund der kanaanäischen Städte machte, wohl auch die Gunst der Philister machen ihn zum Schutzherrn des ganzen Südens; seine Residenz ist nun Hebron.

Den nächsten entscheidenden Schritt zur Gründung eines Reiches tut David als Führer des Stammes Juda. Wie er das geworden ist, läßt sich aus der biblischen Überlieferung nicht ganz klar erkennen. Jedenfalls muß angenommen werden, daß David von Geburt dem alten Führerstamm in Juda angehörte, so daß er Anspruch auf die Herrschaft im Stamm erheben konnte; der alte Stammgott Jahu vom Schlangenstein in Baal-Jahud muß sein Hausgott gewesen sein. Dieser Annahme entspricht seine genealogische Ableitung von Nachšon, dem Schlangenmann, und sein besonders enges Verhältnis zu den Söhnen der Seruja, der Tochter des Nachaš. Der judäische Hauptstamm muß in ihm den rechtmäßigen König anerkannt haben, dem er zur Lehnsfolge verpflichtet war.

David erfüllte langjährige Wünsche und Hoffnungen des Stammes, als es ihm gelang, anscheinend durch eine geschickte Mischung von

Drohung und Versöhnung die Stadt der Jebusiter, Jerusalem, in seinen Besitz zu bringen; der Gott des Stammes Juda nahm, feierlich von Baal-Jahud herübergeführt, mit dem Adel des Stammes in der neuen Hauptstadt Wohnung.

Auch als König von Juda scheint David noch Vasall der Philister geblieben zu sein; sie werden ihm schwerlich sehr lästig geworden sein; die Gründung von Šauls Reich in unmittelbarer Nachbarschaft der Ebene Jesreel, des reichsten Teiles ihrer Herrschaft, bedrohte sie so sehr, daß sie ausreichend beschäftigt waren. David scheint die Freundschaft mit ihnen benutzt zu haben, um sich aus Kretern und Philistern eine zuverlässige Garde neben seinen Stammesaufgeboten zu schaffen, wenn nicht am Ende die »Kreti und Pleti« philistäische Garnisonen in judäischen Städten waren. Als Lehnsmann der Philister scheint David in der Schlacht an ihrer Seite gefochten zu haben, in der Šaul fiel.

Das wichtige Ergebnis dieses Sieges für die Philister war die Beseitigung der Gefahr für ihre Herrschaft in den Ebenen. Zu einer Ausdehnung in die Gebirge scheinen sie nicht mehr kräftig genug gewesen zu sein. So mag David, der erprobte Vasall, mit ihrer Einwilligung die Vernichtung Benjamins und die Aufrichtung einer Herrschaft Judas über den Norden Palästinas in Angriff genommen haben, zu der ihn die zentrale Lage seiner neuen Hauptstadt Jerusalem herausforderte. Ebensogut ist freilich möglich, daß David im Gegensatz zu den Philistern weiterging; sein Reich im Gebirge, das die Ebenen beherrschte, war ihnen kaum weniger gefährlich, als etwa das medische Großreich seinen neubabylonischen Verbündeten; wie dies scheint es aber nicht in die Ebenen vorgedrungen zu sein.

Zum Teil lag dies gewiß nur an der Schwäche des schnell zusammengeballten Davidsreiches, das viele Gegner nach außen und innen zu bekämpfen hatte. Nach der Vernichtung des Reiches Benjamin blieben doch die Benjaminiten gefährliche Untertanen. Auch die Stämme und Städte im Norden blieben unsicher; Davids kluge Politik der Aussöhnung fand Widerstand nicht nur bei allerlei Nebenbuhlern, die ihn gern abgelöst hätten, bei dem kulturstolzen kanaanäischen Bevölkerungsteil, der die Barbarenherrschaft Judas ungern sah, sondern auch bei dem Stamm Juda selbst, der sehr barbarisch den Sieger in Feindesland herauszukehren geneigt war. Von äußeren Gegnern scheinen neben Moab und Edom, die wahrscheinlich schon vor der Eroberung des Nordens besiegt und angegliedert waren, namentlich Ammon, wo David wohl einen Verwandten, Nachaš, zum König machte, und aramäische Stadtfürsten und Bandenführer, wie Hadadeser von Soba, Widerstand geleistet zu haben. Der »Freundschaftsbund« mit Hiram von Tyrus könnte seine Spitze gegen die Philisterherrschaft in der Ebene gerichtet haben.

Das Königreich Davids ist ein Stammeskönigtum des Stammes Juda geworden, obgleich David selbst deutlich ein absolutes Königtum, gestützt auf ein stehendes Heer und einen militärisch geschulten Beamtenkörper über einer homogenen Masse von Untertanen, Stämmen und Städten, einer kanaanäischen Mischbevölkerung, anstrebte. Der Stamm Juda wollte nicht als gleichberechtigter Faktor neben den andern Elementen des Reiches stehen, und David hatte fortwährend seine partikularistische Eifersucht und seinen Siegerübermut zu dämpfen. In der Revolution Abšaloms kam das neue Reich durch diesen Zwiespalt an den Rand des Abgrunds; nur die Tatsache, daß bei Joab, Davids Feldhauptmann, das Gefühl angestammter Lehnstreue über die partikularistisch jüdäischen Sympathien schließlich den Sieg davontrug, rettete David die Krone. Es war eine einfache Forderung der Erhaltung seines Werks, der der König gehorchte, als er den Prinzen Jedidja, den Šelomo (Salomo) der jüdischen Überlieferung, im Bruch mit der herkömmlichen Ordnung, zum Thronfolger bestimmte. Das zeigte sich sofort nach Davids Tod: alle partikularistischen Elemente, auch Joab, scharten sich um den Gegner Šelomos, den eigentlich erbberechtigten Prinzen Adonija, von dem sie die Erfüllung ihrer Wünsche erhofften. Šelomo ist durch seine Garden und eine geschickte Politik scheinbarer Milde Herr geblieben und konnte dadurch, mit einigen Konzessionen an den Stamm Juda, das Werk seines Vaters fortführen.

Šelomo (ca. 970—933) ist für die kleinen jüdäischen Verhältnisse (Juda verhält sich auch auf dem Gipfel seiner Macht zu dem babylonisch-assyrischen Großkönigreich wie ein kleines Herzogtum zum römischen Reich deutscher Nation) dasselbe gewesen, wie Ramses II. für Ägypten oder Nabukudurriusur II. für Babylonien. Er genoß die Früchte der kriegerischen Kraft und der politischen Begabung seines Vaters, der ihm ein Reich zu vollenden hinterließ; ein großer Krieger war er nicht, aber ein großer Herrscher im Frieden, Organisator und Verwalter, Bauherr und Handelsherr, ein frommer, kluger und gebildeter Vertreter der höchsten Ideale seiner

Zeit. Seinen Namen »der Glückliche« verdient er wohl; ein glückliches Geschick hat ihn mit seinen Gaben und Interessen in eine Zeit und an einen Platz gestellt, die ihm eine volle Entfaltung gestatteten; alle Kräfte, die in Juda und in dem werdenden kanaanäisch-judäischen Südstaat verfügbar geworden sind, halten sich unter Šelomos Regierung in friedlicher Arbeit die Wage; noch wichtiger ist vielleicht die Schwäche der Nachbarn für den Glanz des salomonischen Reiches geworden.

In Ägypten bekämpften sich im Delta Taniten und Bubastiden; Šelomo scheint auf Seite der Taniten gestanden zu sein; eine Heirat mit einer ägyptischen Prinzessin wird berichtet, die ihm eine Stadt, Geser, als Morgengabe brachte. Dafür fanden seine Gegner Zuflucht bei den Bubastiden; der König von Edom behauptet sich mit ihrer Hilfe in seinem Land, ohne aber zu Šelomos Lebzeiten eigentlich Herr dort zu sein; Jarobam ben Nebat, ein Ephraimit, den Šelomo, wahrscheinlich um Silo gegen Benjamin auszuspielen, zum Statthalter eingesetzt hatte, und der bei erster Gelegenheit abfiel, aber Šelomos Heer nicht gewachsen war, fand in Ägypten eine Zuflucht.

Über das Philisterreich sind wir nicht genügend unterrichtet; wahrscheinlich befand es sich in voller Auflösung und verfiel endlich den Ägyptern.

Unklar sind auch die Beziehungen zu Hiram von Tyrus. Das Reich von Tyrus muß um diese Zeit eine große Einflußsphäre in Nordsyrien besessen haben; dadurch mußte es zu einer Auseinandersetzung mit Šelomo kommen. Manches spricht dafür, daß sie für Juda nicht besonders ruhmvoll war; eine merkwürdige Verpfändung oder Abtretung eines Landstrichs im Norden und die Ausrüstung tyrischer Schiffe in einem judäischen Hafen zu Handelsexpeditionen nach Ophir, weiter die Verehrung des Aštoret »der Sidonier« durch Šelomo könnten als Zeichen einer gewissen Abhängigkeit von Tyrus gedeutet werden; die ersten beiden Tatsachen sind aber auch verständlich, wenn man mit der jüdischen Überlieferung eine Verschuldung Šelomos bei Tyrus als seinem Bankier annimmt; die letzte ist sehr unsicher; die Bearbeiter der Überlieferung wählen als Typen des Götzendienstes irgend ein Baal- oder Aštartebild großen Rufes ohne immer sichere Unterlagen für diese Wahl zu haben. Von einem Lehnsverhältnis zu Tyrus wird kaum die Rede sein können, wohl aber von einem Freundschaftsverhältnis, das durch die politische und finanzielle Übermacht des einen Teils für den andern nicht immer behaglich gewesen sein wird. Verstärkt könnte die Freundschaft sich haben, wenn schon in dieser Zeit Damaskus seinen Aufstieg begonnen hätte.

Im Innern hat Šelomo eine Einteilung des Reiches in Vogteien durchgeführt, also straff zentralisiert. Dabei scheint aber Juda sich der allgemeinen Einteilung entzogen zu haben, es blieb bevorrechtet. Auch Ammon, Moab und Edom, die Grenzländer, waren von der Verwaltung durch Vögte ausgenommen; sie waren Eroberungen des Königs, sein besonderer Besitz, Hausmacht, wie Juda, wenn auch in abhängigerer Stellung.

Wie andere große Könige Vorderasiens könnte auch Šelomo seine Verwaltungsorganisation durch eine große Gesetzgebung ergänzt haben; die Reste eines Gesetzbuchs nach dem Muster des Kodex Chammurabi, vielleicht eine einfache Übernahme in das Reich Juda, könnten sein Werk sein. Große Bauten in Jerusalem und im Land, Tempel, Festungen und Speicher gehören selbstverständlich zu seinen Schöpfungen.

Wenn erwähnt wird, daß die Söhne Davids Priester waren, so hat dies besonders für Šelomo gegolten; er erkennt und anerkennt die große Bedeutung der priesterlichen Weltanschauung und bewegt sich durchaus in ihren Formen. Die Entwicklung der Gestalt und Theologie des neuen Reichsgottes Jahu im Reichsheiligtum zu Jerusalem muß in dieser Zeit stark gefördert worden sein.

Das Ergebnis der Regierung Davids und Šelomos ist eine bleibende Erinnerung an die Zeit der Größe und Einheit des Reiches Juda; in den Grenzen, die ihm David gegeben, suchen es alle Nachfolger herzustellen, nicht nur die direkten Erben seiner Tradition in Jerusalem, sondern auch die Könige nordpalästinischer Stadtreiche. Das Reich Juda als Großreich hat Šelomo kaum überdauert; zwei Generationen des Glanzes sind bei diesen schnell zusammengeballten Reichen, die einer Expansion neuangesiedelter Stämme ihr Dasein und der fortschreitenden Kultivierung ihrer höchsten Schichten einen Schein von innerer Festigung verdanken, die Regel; das gilt für David und Šelomo, wie für Šargani und Naram-Sin, Nabupalusur und Nabukudurriusur II.

Nach Šelomos Tod war sein Sohn Rechabam Erbe des Reiches. Die Hauptstadt, die Garden, Juda und die Südstämme anerkannten seine Herrschaft, der Norden aber fiel ab; nach der biblischen Darstellung könnte man an einen Versuch denken, eine Wahlkapitulation vorzuschreiben; wahrscheinlich handelt es sich einfach um einen Abfall von Ephraim, wo Jarobam ben Nebat als Kronprätendent auftrat, unterstützt von Šešonk von Ägypten, mit dem das Bubastidenhaus zum Sieg im Niltal und zu neuerwachenden Ansprüchen auf die alte ägyptische Herrschaft in Palästina gekommen war. Šešonk besiegte Rechabam und machte ihn, wie Jarobam, zu seinem Vasallen. Fortan gibt es zwei Reiche in Palästina, Israel und Juda.

Es ist sehr bezeichnend, daß mit dieser Trennung Juda aufhört eine erste Rolle zu spielen; Geschichte etwas größeren Stils gibt es eigentlich nur in dem kultivierteren Nordreich; Juda wird sehr bald ganz von ihm abhängig. Nachdem die kriegerische Kraft Judas verbraucht ist, macht sich seine kulturelle Rückständigkeit geltend; seine Könige zehren in Abhängigkeit von der Priesterschaft des Jahutempels oder vom »Land«, das sich aus dem alten Stamm Juda entwickelt hat, vom alten Ruhm, machtlos, Steine in anderer Spiel.

Mit Jarobam I. tritt ein Reich Israel in die Geschichte ein; bis dahin gab es vielleicht einmal ein Reich Benjamin, sicher ein Reich Juda. Hauptstadt des neuen Reiches Israel war Sichem; hier, nicht in Silo oder im Landgebiet seines Stammes Ephraim, residierte der König. Die Hauptgottheit des Reiches Israel war dementsprechend nicht der alte Gott Jisrael von Silo, sondern der Stadtgott von Sichem, den wir nur unter einem Beinamen als »Baal-berit«, »Gott des Bundes«, kennen; der Name bezeichnet ihn als Schützer eines kanaanäischen Bundesreiches von der Art der Stadt- und Stammbünde zur Abwehr von allerlei Feinden; wir haben keinen Grund anzunehmen, daß dieser Bund ein anderer war, als eben Jarobams I. Reich. Der Bund umfaßte außer Sichem, Silo und Ephraim, das Landgebiet von Sichem, das der Stamm Menašše beherrschte, und die Stadt Bethel. Das war der Kern des Reiches; was weiter dazu gehörte, ist nicht festzustellen; wahrscheinlich hat das Gebiet von Benjamin im Süden, im Norden allerlei Stadt- und Landgebiet bis Dan dazu gehört. In Bethel und Dan errichtete Jarobam angeblich Stierbilder, d. h. er hat hier als Reichsherr für die Tempel gesorgt.

Jarobams I. Gelehrte, wahrscheinlich am Reichsheiligtum von Sichem, haben dem neugegründeten Reich Israel seine Genealogie und Urgeschichte gegeben, indem sie die Überlieferungen der wichtigsten Städte und der zehn Stämme harmonistisch zu einer Einheit verschmolzen. So entsteht der Stammbaum Israels; so kommt es zu den Formeln: Jakob gleich Israel, Joseph gleich

Ephraim und Menašše; so erscheinen in der Urgeschichte des »Volkes Israel« friedlich nebeneinander die ägyptischen Erinnerungen des alten Stammes Jakob, der in Bethel verschwunden war, die Sagen des Gottes Joseph, dessen Stamm bei oder in Sichem geendet hatte, die ruhmreichen Überlieferungen von Issašars, Naphtalis und Sebulons Vorstoß in die Ebene, von Dans Zügen und Eroberungen, von Menašṡes Amalekitersieg unter Jerubbaal und von Abimelechs Herrschaft über Sichem.

Jarobams Reich Israel ist ein merkwürdiges Kind des Augenblicks. Dem Namen nach ein Stammkönigtum, der Sache nach ein Bundesreich von Städten und so gut wie verbauerten Stämmen, benutzt es die letzten Reste des Zusammenhalts und der kriegerischen Kraft in den Einzelstämmen und die Geldmittel und die Wissenschaft der Städte, um sich allen notwendig zu machen. Alle sollen verwandt sein, von Israel abstammen, das längst nicht mehr existiert und deshalb keine Eifersucht erregen kann; alle sollen gleichberechtigt sein; es soll keine Herrschaft eines Teils über den andern geben; alle haben an den Vorteilen des größeren Verbandes und an seinen Lasten teil. Wir haben im städtereichen Kulturland wieder einen Versuch eines Königs, die wichtigsten Faktoren seines Reiches am Bestand seiner Herrschaft zu interessieren, ihnen nahezulegen, daß ihre Geschichte, ihre Abstammung (wir würden sagen ihre Nationalität) und ihr richtig verstandenes Interesse sie verpflichten, ihn zu unterstützen; er ist besonders interessant, weil er die Wissenschaft im Dienst dieser Tendenz zur Erzeugung einer nationalen Ehre zeigt, aber gescheitert ist er wie die guten Absichten babylonischer und assyrischer Großkönige im größeren Kreis. Die Entwicklung drängte auch hier unaufhaltsam zu der einzigen Form des Königtums, die über einer priesterlich-bürgerlichen Oberschicht babylonischer Stufe von Dauer sein kann, zum absoluten Königtum, das sich ausschließlich auf sein Söldnerheer stützt. Jarobams Sohn fällt einer Militärrevolte zum Opfer. Nach einem Zwischenspiel Bašas, der noch seine Herkunft aus einem der zehn Stämme, Issašar, betont zu haben scheint, aber vor allem Söldnerkönig war, kam mit Omri ein Herrscher zum Thron, der, gestützt auf sein Heer, ein Kondottier, eine kühne Hauspolitik versucht, im kleinen ein Vorläufer der neuassyrischen Großkönige.

Omri baut sich eine neue Residenz, Samaria (Šomeron), auf einem Hügel in den Vorbergen des Gebirges Ephraim, noch weiter als Sichem entfernt von Silo und Jerusalem, in der Richtung nach den reichen Ebenen hin. Die Verlegung der Hauptstadt, der Verzicht auf eine Verwandtschaft mit einem der Elemente des Reiches Jarobams I. scheinen auf die Absicht hinzudeuten, ein ganz neues Blatt in der Geschichte des Landes zu beginnen. Trotzdem scheint das Omridenreich den alten Titel »Reich Israel« weitergeführt zu haben, wenigstens neben andern Titeln; die Assyrer nennen den Staat »Bit-Omri« oder Samaria; daneben kommt aber die Bezeichnung »Sirilai«, »Israelit« für Achab einmal vor. Auch an die Überlieferung des Reiches Juda und seinen Traum einer Reichseinheit von Dan bis Berseba knüpft die Politik des Omridenreiches später an.

Die Politik der Omriden (ca. 890—843) ist bestimmt durch ihr Verhältnis zu Damaskus und durch ihre Absichten auf Jerusalem. Damaskus erreicht in dieser Zeit seine höchste Macht; obgleich Omri durch die Vermählung seines Sohnes mit einer Prinzessin von Tyrus sich einen Bundesgenossen im Rücken des Feindes zu sichern gesucht hatte, geriet sein Reich in Abhängigkeit von Damaskus. Eine Hoffnung, eines Tages auch von Damaskus loszukommen, zeigte sich, als Assyrien, dessen Heere seit Aššurnasirpal in Syrien erschienen waren, mit Damaskus in engere Berührung kam. Šalmanašaridu II. unternahm es, den widerspenstigen König von Damaskus zu vernichten; 854 siegte er in der Schlacht bei Karkar über eine Bundesgenossenschaft syrischer Fürsten; im Lehnsgefolge von Damaskus befand sich Achab, Omris Sohn. Wahrscheinlich unter dem Eindruck, daß Damaskus verloren sei, wagte Achab den Abfall. Aber seine Berechnung war fasch; Damaskus hielt sich und fand nach dem Abzug der Assyrer schnell Kraft und Gelegenheit, Samaria zu bestrafen.

Wir haben oben die Entwicklung des assyrischen Reiches von seinem Mittelpunkt, dem Standpunkt der assyrischen Könige, gesehen; die Geschichte Israels und Judas zeigt uns dieselben Tatsachen vom Standpunkt der kleinen Staaten, die den assyrischen Koloß herannahen sehen und sein Eingreifen für ihre kleinen politischen Geschäfte auszunutzen suchen, bis Assyrien sie nacheinander überschluckt. Wir haben ein Stück Kleingeschichte nach der Weltgeschichte der vorderasiatischen Großstaaten.

Israel ist von dieser Zeit an groß, wenn Assyrien stark ist, klein, wenn Assyrien seine Pläne gegen Damaskus aufschieben und sich zurückziehen muß. Dann beginnt Juda dasselbe Spiel gegen seinen Lehnsherrn Israel; es ruft Assyrien an und triumphiert endlich mit ihm über Samaria, um dann, zwischen Ägypten und den chaldäischen Erben Assyriens hin- und hergeworfen, selbst zu fallen.

Omri hatte Achab die Lehnsoberhoheit über Juda hinterlassen. Achab suchte die Lehnshoheit in ein engeres Verhältnis überzuführen; er vermählte seine Tochter Athalja mit dem judäischen Kronprinzen und bereitete damit die Herrschaft einer omridischen Sekundogenitur in Jerusalem und den Anfall von Juda an Samaria durch Erbfolge vor.

Achabs Sohn Jehoram ist der letzte König aus der Omridendynastie. Eng mit seinem judäischen Schwager, der ebenfalls Jehoram hieß, verbündet, fiel er auf einer Kriegsfahrt nach Damaskus durch eine Revolution, die in dem israelitisch-judäischen Heer und gleichzeitig in Jerusalem ausbrach.

Das Haupt des Aufstands im Heer war Jehu, ein Feldherr Jehorams, dem dieser den Oberbefehl der israelitisch-judäischen Truppen anvertraut hatte, als er verwundet das Heer verlassen mußte. Ich möchte annehmen, daß er ein Prinz aus dem königlichen Hause war; sein Name Jehu, gleichlautend mit dem des Gottes von Jerusalem oder doch mit ihm gebildet, entspricht den Namen der omridisch-judäischen Dynastie in dieser Zeit. Der Name ist zugleich sein Programm; Jehu kommt im Auftrag der Gottheit von Jerusalem, unterstützt von ihren Priestern und fanatischen Wüstenstämmen ihres Einflußgebietes, den Rechabiten, um das Jahureich Davids herzustellen und der Gefahr zu begegnen, daß Jerusalem, durch seine eigenen Herrscher verraten, eine Provinzstadt im samaritanischen Reich würde.

Der große Plan gelang nur halb. Eine Dynastie Jehus herrschte hinfort, aber nicht von Jerusalem aus, sondern von Samaria; in Jerusalem behauptete sich Athalja noch einige Jahre; in dieser Zeit geriet Jehu in das Getriebe der assyrisch-damascenischen Politik und hatte alle Hände voll zu tun, als schließlich Athalja einer zweiten Revolte der Priester Jahus erlag; die Priester fanden vorteilhaft, ein wahrscheinlich untergeschobenes Kind aus Davids Haus auf den Thron von Juda zu setzen; Jehu war für sie ein Abtrünniger.

Die Dynastie Jehus regierte hundert Jahre, von 843—743. Jehu selbst huldigte sofort nach seinem Regierungsantritt Šulmanašaridu II.; dafür traf ihn nach dessen Abzug die Rache von Damaskus. Dies Hin- und Her setzt sich fort durch die ganzen hundert Jahre; bald aufs äußerste bedroht und geschwächt, bald frei ausgreifend nach

Norden und Süden, folgt Israel den Schwankungen in den Machtverhältnissen von Assyrien und Damaskus. Eine letzte Zeit des Glanzes erlebte es unter Jarobam II. (783—743), der einen assyrischen Vorstoß benutzte, um das Ostjordanland und Moab zurückzuerobern; die Lehnsherrschaft über Juda ward hergestellt; das Einheitsreich mit israelitischer Tradition, an die der König mit seinem Namen anknüpfte, war neu geschaffen. Aber in die hoffnungsreichen Friedensjahre klangen mißtönend die Prophezeiungen des Amos von Thekoa, der in Bethel böse Tage für das abtrünnige Israel ankündigte.

Nach Jarobams II. Tod begann der letzte Akt der Geschichte Israels. Die Dynastie Jehus hatte noch ein politisches Programm, das an die großen Zeiten des Davidsreiches und des Reiches Jarobams I. anschloß; in aller Bedrängnis kam es von Zeit zu Zeit wieder zutage. Mit ihrem Sturz wird Samaria ein Spielball der Assyrer und Damascener; wer eben obenauf ist, setzt seinen Parteigänger zum König ein, bis Damaskus fällt. Wenige Jahre später wird Samaria von Šarukin erobert und entvölkert (722); die samaritanische Bevölkerung wird verpflanzt. Die jüdische Überlieferung sucht den Eindruck zu erwecken, als seien bei dieser Gelegenheit »die zehn Stämme» weggeführt worden; das ist durchaus falsch; in Samaria und seiner Umgebung können von den zehn Stämmen höchstens ganz kleine Bruchteile zufällig gewesen sein; die Stadt hatte eine kanaanäische Mischbevölkerung, wie das ganze Land; von zehn Stämmen kann man in Jarobams I. Reich reden; schon im Omridenreich ist die Bezeichnung für das Nordreich sinnlos.

In Juda herrschte während der letzten Jahre des Reiches Israel Achas (ass. Jauḫazi); er beginnt, von Damaskus und Israel bedroht, dasselbe Spiel gegen Israel, das früher Israel gegen Damaskus versucht, indem er Assyrien zu Hilfe ruft und ihm huldigt. Sein Sohn Chiskija (ass. Chasakijau; Hiskia) ca. 720—690, genoß infolge dieser Politik lange Jahre ungestörten Friedens als treuer Vasall Assyriens. Bei Šarukins Tod (705) schloß er sich, vielleicht nicht ganz freiwillig, denn Ägypten und die Araber waren ihm näher als Assyrien, der großen Bundesgenossenschaft zum Sturz der assyrischen Herrschaft an. Gegen das Bündnis protestierte Ješaja (Jesaja), der große Prophet dieser Zeit, ohne Erfolg; er hatte sich mit einem Protest gegen Achas' Anrufung der Assyrer 30 Jahre früher nicht allzugut eingeführt, das angesagte Unheil war ausgeblieben. Diesmal aber behielt er recht; vor Sinacheriba zerstob die Koalition, Chiskija mußte schweres Lösegeld bezahlen und verdankte den Besitz Jerusalems wahrscheinlich nur der Eile Sinacheribas, der nach Ägypten drängte. Sinacheriba war schon vorbeigezogen, als ihm plötzlich Bedenken gekommen zu sein scheinen, in seinem Rücken eine feste Stadt ohne assyrische Besatzung zu lassen; er forderte nachträglich die Öffnung der Tore; Ješaja, entrüstet über den Vertragsbruch und voll Vertrauen zu seinem gerechten Weltgott, benutzte sein neues Ansehen, um dem König das Wagnis des Widerstandes gegen die Forderung anzuraten; er versprach feierlich, daß Jahu Sinacheriba mit dem Strick in der Nase nach Hause führen würde und in der Tat verlor Sinacheriba sein Heer in einer rätelhaften Katastrophe und mußte eilig im schmälichem Zug nach Assyrien zurückkehren. Unter dem starken Eindruck dieses Ereignisses fügte sich Chiskija einigen Forderungen des Propheten zur Reinigung des Jahudienstes.

Die neue Freiheit Judas währte nicht lange. Jahu, der Sinacheriba weggeführt, ließ 681 Aššurachiddin nach Palästina und Ägypten ziehen und Juda wieder hörig werden. Menašše (Manasse), Chiskijas Sohn, und Amon, sein Enkel, blieben im hergestellten assyrischen Reich treue Vasallen und ernteten die Frucht ihrer weisen Politik in langen Friedensjahren. Daß sie den stärkeren Göttern ihrer Lehnsherrn dienten, wie Chiskija seinem Gott, als er sich stärker erwiesen, nahm ihnen die Partei der Propheten übel. Amon erlag einer Verschwörung, die wohl von dieser Partei ausging.

Jošija (Josia), 640—608, der neue König, war bei seiner Thronbesteigung ein 8jähriges Kind; er ließ sich für die Ideen der Propheten um so leichter gewinnen, als nun alte und neue Prophezeiungen in Erfüllung gingen: Jahu vernichtete Assyrien und schützte Jerusalem vor der Völkerflut, die er aus dem äußersten Norden über Syrien hintoben ließ. Bei einer Ausbesserungsarbeit »fand sich« 623/22 (hiermit beginnt eine neue Ära, nach der Jecheskel 1 datiert) im Tempel das Gesetz, das Jahu durch Moše seinem Volk in der Wüste gegeben hatte, das Werk der Reformer. Jošija berief Priester, Adel und Volk in den Tempel, ließ das Gesetz verlesen und verpflichtete sich und alle feierlich darauf, indem er sich von Jahu nach dem neuen Vertrag neu belehnen ließ. Alle Bilder im Tempel außer dem Kultbild Jahus, viele Bilder in Stadt- und Landbezirk wurden beseitigt; Jahu sollte einzig sein. Im Vertrauen auf seinen Gott trat Jošija dem Pharao Necho mit einem Heer entgegen und fiel 608.

Juda ward Vasall Ägyptens, das als König Jehojakim einsetzte. 605 erlag Necho bei Karkemisch Nabukudurriusur II.; Jehojakim wußte zu lavieren und fand die Bestätigung seiner Herrschaft durch den neuen Lehnsherrn; Juda ward Vasall Babylons.

Die Prophetie, die nach einigen wenig glücklichen Anfängen Jirmejas (Jeremia) während der glücklichen Zeiten Jošijas zufrieden geschwiegen hatte, erhob in den Zeiten des Unglücks und Abfalls wieder ihre Stimme, mit einem unerwünschten Erfolg. Unter Berufung auf Jahus Macht und seine Zusage forderte das Volk den Abfall von den Chaldäern, angestachelt von »falschen« Propheten, die fest an die Unüberwindlichkeit Jahus und seiner Stadt glaubten.

Als Nabukudurriusur seine syrischen Eroberungen aufgeben mußte, um in Babylonien das Erbe seines Vaters anzutreten, gewann die Partei des Abfalls die Oberhand; Jerusalem empörte sich und büßte 597, indem es zum ersten Mal von den Chaldäern erobert wurde. Jechonja, Jehojakims Sohn, ward mit dem ganzen Adel der Stadt in die Verbannung geführt.

Aber der Jahufanatismus des Volkes dauerte an. Die Fortgeführten, wie die Zurückgebliebenen glaubten das äußerste Schicksal erfüllt, das Ende des göttlichen Zornes nahe. Den großen Propheten war die Macht über die Bewegung, die ihre Vorgänger entfesselt, völlig entglitten; mit Lebensgefahr hielt Jirmeja in Jerusalem den Untergang noch einige Jahre auf; im Exil hatte Jecheskel (Hesekiel) immer wieder voreilige Hoffnungen der Weggeführten zu dämpfen. Mit den begeisterten Worten und dem überzeugten rücksichtslosen Eifer göttlicher Sendboten zeigten die falschen Propheten dem Volk Babylon schon gefallen, Jerusalem im Mittelpunkt der Welt. Da erschien 588 der Pharao Apries (Hophra) mit einem Heer in Palästina und nun gab es kein Halten mehr. Juda fiel ab. Ein Jahr später stand Nabukudurriusur II. vor der Stadt. Jirmeja riet zur Unterwerfung, der König war seiner Ansicht; aber das Volk wollte die Probe auf seine Hoffnungen sehen: 586 ward Jerusalem erstürmt und in Trümmer gelegt. Wieder ward ein großer Zug in die Verbannung nach Babylon geführt; ein Rest von Anhängern der chaldäischen Partei ward in Mispha unter dem Statthalter Gedalja angesiedelt. Aber es gab keine Ruhe; je größer die Enttäuschung wurde, um so heißer und fanatischer erhoffte der zurückgebliebene

Teil die schließliche Rechtfertigung seines Gottes. Gedalja ward 581 ermordet; die Mörder zogen flüchtig nach Ägypten und verschwanden dort; Jirmeja, der bis zum bitteren Ende im Land geblieben war, soll gezwungen mit ihnen gegangen und in Ägypten gestorben sein. —

Mit der Zerstörung Jerusalems endet die politische Geschichte des Reiches Juda; der Stamm Juda war schon Jahrhunderte vorher in die kanaanäische Bürger- und Bauernbevölkerung eingegangen. Wie das Reich Israel war das Reich Juda ein Staat mit gemischter Bevölkerung, in dem neben älteren Städten jüngere Stämme standen, die zu assimilieren waren; daß diese jüngeren Stämme unter der Etikette Judas verschwanden, lag daran, daß David aus Juda stammte, wie Jarobam aus Israel-Ephraim, ferner daran, daß Judas Gott das Kulturzentrum dieser Gegend besaß; wenn Eingriffe des »Landes« in die Geschichte von Juda erwähnt werden, so ist mindestens ebensosehr an die Südstämme, deren Eifer für Jahu Gestalten wie Jonadab ben Rechab und Amos zeigen, als an das eigentliche, längst verbauerte Juda zu denken. Nun verschwand der Mittelpunkt dieses Reiches, Jerusalem, und mit ihm alles, was an fanatischen Anhängern Jahus in der ganzen Gegend gewesen war und geholfen hatte, seine Stadt zu verteidigen. Der Bann, den Jerusalem auf die Südstämme ausgeübt hatte, hörte auf; Jahu war weggeführt, bankerott. So bleibt vom Staat Juda nichts übrig; in den Trümmern von Jerusalem und in seinem früheren Machtbereich nisten sich allerlei Stämme ein, die nichts von Jahu wissen wollen; die Nachbarn, Kanaanäer und Araber, besetzen mit ihren Kulten das herrenlose Gebiet. Als die Juden nach 60 Jahren zurückkehrten, um das Reich Juda herzustellen, fanden sie alle Reste ihres alten Staats beseitigt; sie mußten ganz von unten aufbauen und bauten nicht das Alte, sondern selbst verwandelt ein ganz Neues, das sie für das Alte hielten. Das neue Juda war kein palästinischer Kleinstaat, sondern eine Weltkirche; das neue Jerusalem war nicht die Hauptstadt einer kanaanäischen und aramäischen Mischbevölkerung, sondern das Rom einer jüdischen Welt. Daß ein verrotteter Kirchenstaat mit primitiven nationalen Idealen und Ausbrüchen eines stumpfsinnigen Jahufanatismus aus dem geistigen Mittelpunkt der jüdischen Kirchew urde, beweist nur, daß die neue Schöpfung, wie das alte Jerusalem, in die Hände falscher Propheten und fanatisierter Pöbelmassen geraten mußte, weil die höchsten Ideale der Gründer der Weltkirche für die Menge selbst in der Beschränkung der jüdischen Kirchenlehre viel zu hoch waren.

Die Trümmer von Juda, die nach Ägypten geflüchtet sind, haben den Glauben an Jahu aufgegeben; wenn die biblische Überlieferung das nicht selbst berichtete, so müßten wir es aus der Auffassung der Jahureligion folgern, die die Mörder Gedaljas gehabt haben müssen. Auch unter den Weggeführten in Babylonien sind nach Jecheskel viele Abfälle zum Heidentum vorgekommen. Im Grund war eben das »Judentum« in Jerusalem Ideal einer ganz kleinen Partei in den fortgeschrittensten Schichten gewesen; selbst Könige und Priester verstanden seine Lehren rein politisch, wie viel mehr die Volksmassen. Politisch verstanden war aber die Lehre nichts Neues; jeder Stadtgott ist für seine Diener der wichtigste Gott, jeder kann für sie der Höchste und Einzige sein; die Bewohner Jerusalems waren in ihrem Gottvertrauen in den Augen ihrer Nachbarn vielleicht törichter, aber nicht grundsätzlich anders, als alle. Im Exil in Babylon erfolgte nun die Ausbreitung der prophetischen Gedanken in breitere Volksschichten, das Judentum entstand als neue Religion.

Es entstand in den Kreisen der Verbannten von 597. Unter ihnen befand sich fast alles, was Jerusalem an geistiger Elite besaß, also wohl der größte Teil der prophetischen Reformpartei. Ein Zusammenhalt war gegeben nicht nur durch das gemeinsame Unglück, sondern auch durch die Geschlechter- und Berufsverbände der adligen und priesterlichen Gefangenen; das gemeinsame Los schuf eine gewisse Gleichheit, die alten sozialen Gliederungen wirkten soweit nach, sie nicht zur Anarchie ausarten zu lassen. Sehr wichtig war für die Entwicklung der neuen Gemeinde die Tatsache, daß Jerusalem noch zehn Jahre fortbestand; so lange es stand, gab es eine lebendige Hoffnung der Rückkehr; in dieser Hoffnung organisierte man vorläufig die Jahugemeinde in Babylon. Als dann Jerusalem fiel, hielt die 10jährige Gewohnheit und die gemeinsame Enttäuschung sie zusammen und half die neue Lage ertragen. Die Geschlossenheit der Weggeführten muß ihnen die Anpassung an die neuen Verhältnisse in Babylonien sehr erleichtert haben; man half sich gegenseitig, zunächst dem Verwandten und Schicksalsgenossen gegen den Fremden, dann dem Juden gegen den Heiden. Ein großer Teil der Verbannten kam in die Stadt Babylon selbst. Das war für ihr materielles Wohl sehr vorteilhaft. Babylon war der Mittelpunkt einer Welt; hier gab es unbegrenzte Möglichkeiten, reich zu werden und in großen Verhältnissen keine so gefährliche Konkurrenz, wie es etwa die Handelsaristokratie einer kleineren Stadt gewesen wäre. Die adlige und priesterliche Bevölkerung Jerusalems verstand sich auf Handel und Fabrikation und wußte die Gunst der durch die Versetzung nach Babylon geschaffenen Lage zu nutzen; Nabukudurriusur hatte in gewissem Sinn für die jüdischen Firmen dasselbe getan, was heute große Provinzfirmen tun, wenn sie nach einem Knotenpunkt des Verkehrs übersiedeln. So entwickelte sich im Exil schnell ein gewisser Wohlstand; neben der kirchlichen Gemeinschaft entstand eine Interressengemeinschaft.

Die jüdische Gemeinde in Babylon muß den alten Babyloniern nicht unsympathisch gewesen sein. Ihre religiösen Ansichten streiften im Zentrum der Welt mehr und mehr den nationalen Rost ab; sie berührten sich in vielen Grundanschauungen mit babylonischen Spekulationen, die freilich nirgends so weit und folgerichtig entwickelt waren. Dem Polytheismus ist eine neue Religion kein Gegenstand des Hasses, sondern ein Objekt ernsthafter Beachtung: jeder Tempel muß ja seinen Gott möglichst konkurrenzfähig erhalten. Unangenehm war das schnelle Aufsteigen der Juden zu kaufmännischem Einfluß; indessen sind gerade Kaufleute überall in der Theorie Anhänger der freien Konkurrenz, in der Praxis gern bereit, den allzu starken Konkurrenten in ihren Ring aufzunehmen. Wie in ihrer Religion, mögen die Juden als Kaufleute logischer und weitsichtiger gewesen sein, als die babylonische Konkurrenz.

So werden wir annehmen müssen, daß die jüdische Gemeinde in Babylon mit ihren Genossen im Land Babylonien im Exil schnell zu Ansehen und Einfluß kam und sich, dem metaphysischen Jammer erregter Propheten zum Trotz, im Besitz von Reichtümern und großen Zukunftshoffnungen ganz behaglich fühlte. Wahrscheinlich hat die babylonische Gemeinde schon im Exil Proselyten gemacht, wenn auch diese Tatsache durch den Wunsch der Legende, das Volk Israel, also einen Blutsverband, als Helden der heiligen Geschichte erscheinen zu lassen, verschleiert wird.

Dem Einfluß der Gemeinde und ihrer Freunde hatte es Jechonja zu verdanken, daß Amelmarduk ihn freiließ und als Fürsten behandelte. Auch Nabunaid müssen bei seiner frommen Sinnesart, die überall Gottes Hand in der Geschichte suchte, die Juden nicht unangenehm gewesen sein; wahrscheinlich war es ihm ein besonderes Vergnügen, neben all den andern großen Göttern des

Landes, die er zum Schutz um sich versammelt hatte, auch den alten Jahu und seine neue Gemeinde an Babylons Schicksal interessiert zu wissen.

Die langen Jahre der Bedrohung der Stadt durch Kyros müssen für die jüdische Gemeinde nicht nur in ihren religiös erregten Teilen sondern auch in ihren weltlicher gesinnten Kreisen eine schwere Prüfung gewesen sein. Die jüdischen, wie die babylonischen Frommen und Kaufleute jauchzten dem Sieger zu.

Kyros erlaubte der jüdischen Gemeinde, wie den babylonischen Gemeinden, aus Marduks Tempel ihre Kultgegenstände wegzunehmen und an ihre alte Stätte zurückzuführen; er hätte wohl nichts gegen die Zurückführung des Jahubilds gehabt, aber die jüdische Legende wußte nur noch von Tempelgeräten. Mit diesen zogen 538/37 die ersten Juden nach Jerusalem zurück. Die babylonische Gemeinde war reich genug, um sich den Luxus einer Herstellung des Tempels an seiner alten Stelle zu leisten, einflußreich genug, um die nötigen Vollmachten von der persischen Regierung zu erlangen. Aber sie hatte gar keine Lust, ganz nach Palästina überzusiedeln, das weder den Kaufleuten, noch den Grundbesitzern im Vergleich mit Babylonien als gelobtes Land erscheinen konnte, mindestens nicht, bevor sich gezeigt hatte, was nun Jahu für seine neue Stadt und ihre Bevölkerung tun würde. Die zurückkehrenden Juden bestanden demnach aus Angehörigen priesterlicher Geschlechter, die nur am Tempel ihre Existenzberechtigung finden konnten, aus Adligen, die im neuen Staat eine herrschende Rolle spielen wollten, aus einigen Glaubensfanatikern, die auf das messianische Reich hofften, und aus vielem Proletariat und leibeigenem Gefolge, Dienern, Arbeitern und Bauern der adligen Herrn. An der Spitze stand Serubabel, ein Nachkomme der judäischen Könige, der als Messias aus Davids Haus galt, und Jehošua, der Hohepriester aus dem Hause Sadoks. Die Vollmachten scheinen sich auf den Wiederaufbau der Stadt und des Tempels, nicht der Stadtmauern, beschränkt zu haben, ausreichend für einen Gottesstaat; über den Gemeindehäuptern stand ein persischer Statthalter, Šamaš- oder Sinpalusur.

Bald zeigte sich, daß es vorsichtig gewesen war, nicht mit der ganzen babylonischen Gemeinde im Vertrauen auf Jahu überzusiedeln. Jerusalem wollte nicht gedeihen. Das lag an vielen Ursachen. Die Nachbarn waren nicht gewillt, sich verdrängen zu lassen; sie störten gewaltsam und durch Intrigen bei den persischen Statthaltern das

Werk; Waffengewalt und Mauerbauten erweckten den Argwohn der persischen Behörden. Die Ansiedler selbst waren ungeschickt und zum Teil böswillig; Theoretiker sind schlechte Staatsgründer und Arbeiter; die Praktiker, Priester und Adel wollten wohl herrschen, stritten sich aber um den Vorrang und dachten sich unter dem neuen Staat eine Domäne ihrer Cliquenwirtschaft. Dazu kamen schlechte Ernten und hohe Steuern.

Eine kleine Revolution aus Anlaß des Wechsels der persischen Dynastie brachte endlich 519 wenigstens die Grundsteinlegung des neuen Tempels durch den Messias Serubabel; es war ein Putsch in religiöser Form und wurde als solcher von den Persern aufgefaßt; Serubabel verschwindet und die Stadt hat hinfort nur ein Haupt, den Hohepriester. So endet Davids Haus.

Die folgende Entwicklung ist ein Kampf zwischen den herrschenden Kreisen von Jerusalem und den Führern der babylonischen Gemeinde. Die Priester- und Adelskreise Jerusalems streben im Bund mit allerlei Nachbarn, zu denen sie in enge Beziehung getreten sind, eine Verweltlichung der babylonischen Gründung in Palästina an; die babylonische Gemeinde will dagegen den Gottesstaat durchsetzen, Jerusalem den Heiden verschließen und zur heiligen Stadt des kommenden Messiasreiches vorbereiten. Die babylonische Gemeinde siegte mit der Unterstützung der persischen Könige, die sich von der Größe des Himmelsgottes und der Ungefährlichkeit seines Gesetzes überzeugen ließen. Der Schriftgelehrte Esra erschien 458 mit der Vollmacht »die Weisheit des Himmelsgottes« als Gesetz einzuführen; ihm folgte 445 Nechemja, der Mundschenk Artaxerxes' I., mit dem Statthaltertitel und der Erlaubnis, den Mauerbau und die Reinigung und Absonderung der Gemeinde durchzusetzen.

Der neugeschaffene Gottes- und Priesterstaat hat Bestand gehabt, ohne daß weitere Eingriffe von Babylon her nötig wurden. Die letzten hundert Jahre der Perserherrschaft sind Zeiten ruhigen Einlebens in die neuen Verhältnisse; der Priesterstaat erprobt sich und vollendet sich in der Erfahrung.

Daß die alten Mächte der Zerstörung noch immer am Werk waren, zeigen einzelne Notizen: gegen 400 ermordet ein Hohepriester seinen Bruder im Tempel und wird vom persischen Statthalter bestraft; gegen 350 werden viele Juden nach Hyrkanien verbannt, es scheint also wieder einmal ein Aufstand zur Herbeiführung des messianischen Reiches ausgebrochen zu sein. Dieselben Juden, die durch ihre religiöse Vaterlandslosigkeit gute Bürger des persischen Weltreiches und gelegentlich tüchtige Soldaten an seinen fernsten Grenzen abgeben, sind als fanatische Nationalisten in ihrem Rom bei jeder Erschütterung im Aufstand.

Der merkwürdige Widerspruch hat seine innere Begründung in der Tatsache, daß der Gottesstaat Jerusalem als Mittelpunkt der jüdischen Weltgemeinde und Keim des Gottesreiches auf Erden ein schöner, aber sehr theoretischer Gedanke war. In der Wirklichkeit wurde eben immer wieder ein Kleinstaat mit nationalistischen, überschwenglichen Ansprüchen daraus, in dem jederzeit ehrgeizige Adlige und Priester die Tempelsteuern der Weltgemeinde und die messianischen Hoffnungen in den Dienst einer sehr weltlichen Hauspolitik stellen konnten. Der ganze Tempel mit seinem priesterlichen Apparat war ein gewucherter Rest aus vorexilischer Zeit, ein Rest der alten sakramentalen Staatsreligion mit ihrer nationalen Enge, die Eierschale, die die prophetische Individualreligion gesprengt hatte, die aber der Weltkirche noch anhing. So lange dieser Rest fortbestand, mußte auch der Jahufanatismus der »falschen« Propheten, der den judäischen Staat vernichtet hatte, immer wieder aufleben. Die jüdische Weltkirche war nicht jung genug, sich selbst von diesem Auswuchs zu befreien; er mußte sich selbst vernichten in nationalistisch-religiösen Krämpfen immer heftigerer Art.

Zunächst freilich schien um die Zeit des Untergangs des Perserreiches das jüdische Gottesreich ganz selbstverständlich kommen zu wollen. In den Tagen Alexanders und der Diadochen gedieh das Judentum; ringsum brachen die Großmächte und ihre Götter zusammen, aber Jahu, sein Tempel und seine Gemeinde blieben unerschüttert; die Herrschaftswechsel und Kriege brachten allerlei Scherereien und Unkosten, aber die Gemeinde nahm zu. Die Ptolemäerherrschaft über Palästina scheint die Ausbreitung des Judentums in Ägypten sehr gefördert zu haben; die Gemeinde in Alexandria konnte sich bald mit der in Babylon messen. Wie Babylon eroberte das Judentum Ägypten — die beiden großen Feinde seiner Vergangenheit waren nicht nur politisch gedemütigt, sie begannen, Jahu zu dienen. Die Möglichkeit wäre gegeben gewesen, daß ganz Vorderasien im Lauf der Zeit zum Judentum bekehrt worden wäre, und daß alle Völker der vorderasiatisch-ägyptischen Welt, wie es die Propheten angekündigt hatten, friedlich anbetend zu Jahu nach

Jerusalem gekommen wären, wie später die Gläubigen aus diesen Teilen nach Mekka und Medina wallfahren lernten. Dann hätte der Tempel als Mittelpunkt der Welt lange bestehen können.

Aber die Welt Alexanders des Großen war nicht mehr die Welt der Propheten; sie war viel weiter geworden und verschob ihren Mittelpunkt unaufhaltsam nach Westen. In diesem Verschiebungsprozeß genoß Jerusalem und das Judentum die Gunst seiner Nähe beim Mittelmeer; während Babylonien langsam versank, während Theben eine tote Stadt wurde, belebte sich der Strom des Verkehrs und der Kultur in Syrien, Palästina und Unterägypten immer mehr.

Mit dieser Erweiterung der Welt und der Verschiebung ihres Schwerpunktes nach Westen hin war aber ihre Hellenisierung verbunden. Der neue Mittelpunkt der Weltherrschaft und der Kultur war Hellas. Das Judentum, das jung und kräftig den babylonischen und ägyptischen Kulturen gegenübertrat, geboren, ihr Erbe zu sein, sah sich plötzlich einem jüngeren oder ebenso jungen Volk gegenüber, das eine höhere und ebenso ausdehnungslustige Kultur besaß. Das Judentum ist in diesen Kampf mutig eingetreten; er war nicht hoffnungslos, so lange er um Vorderasien und Ägypten geführt wurde; hier war das Judentum durch Volkstum und Kultur wohl vorbereitet. Langsam aber wurden seine Hoffnungen enttäuscht. Gewiß, es machte immer wieder Eroberungen, und es wollte nicht allzuviel besagen, wenn diese Eroberungen mit einer hellenischen Übersetzung der heiligen Schriften, statt mit dem hebräischen Original gemacht wurden. Aber was es nach unten hin gewann, verlor es nach oben. War die babylonische Kultur die beste Grundlage für eine Weiterentwicklung der Oberschichten zum Judentum, so bildete das Judentum ein Sprungbrett zur hellenischen Philosophie. So mußte das Judentum überall bei seinen höchstentwickelten Anhängern mit einer Neigung zu hellenisierenden Spekulationen rechnen, die sein Wesen auflösen mußten. Die Folge war Stillstand, Abkapselung, wütender Haß gegen den allzu starken Konkurrenten.

Dieser Prozeß mußte sich am stärksten da fühlbar machen, wo ohnehin die schwache Stelle war, im jüdischen Kirchenstaat. Im inneren Streit der Antriebe, das Überlebte auszuscheiden, um besser konkurrenzfähig zu sein, und andererseits das Überkommene festzuhalten, um nicht im Fortschreiten alles zu verlieren und ins hellenistische Fahrwasser zu geraten, kommt es zu krampfhaften

Zuckungen im Körper des Judentums, aber zu keiner befreienden Tat. Hilflos sehen die fortgeschritteneren Elemente zu, wie die niederen Schichten, und die sie zu benutzen wissen, im Gottesstaat auf Erden ihre Ideale und Zwecke zu verwirklichen suchen; in erregten Augenblicken geraten auch sie in den allgemeinen Taumel und sehen den Messias niedersteigen; bis in einem letzten wilden Krampf der Staat sich selbst vernichtet und die Weltgemeinde erschöpft, aber von einem schweren Druck befreit, zu ruhigerem Dasein gelangen läßt.

Die Geschichte der Ausbreitung des Judentums über die alte und neue Welt, seiner inneren Wandlungen bis zum Auftreten eines Spinoza und anderer zu schreiben ist eine Aufgabe, die weit über den Rahmen dieses Buches hinausgeht. Wir haben nur kurz die letzten Schicksale des jüdischen Kirchenstaates zu überblicken.

Zu Beginn des zweiten vorchristlichen Jahrhunderts gehörte Jerusalem zum Seleukidenreich; von seiner Hauptstadt Antiochia drang der Hellenismus als Mode in die adligen und priesterlichen Oberschichten Jerusalems ein. Im hohepriesterlichen Hause bestand, wie immer, ein Zwiespalt; eine Seitenlinie, die Tobiaden, strebte nach Würde und Einnahmen des Hohepriesters, der als seleukidischer Steuerpächter und Verwalter der Gemeindesteuern aus aller Welt zu großen Reichtümern kam. Sie schloß sich zu diesem Zweck eng an die seleukidischen Könige an, die möglichst viel Geld von ihren Steuerpächtern und ein möglichst homogenes hellenistisches Reich haben wollten; der jüdische Gottesstaat, in dem jede Einmischung von außen als Eingriff in die Religion dargestellt wurde, mußte den aufgeklärten Königen besonders unsympathisch sein, zumal seine Altgläubigen wohl auch der Vorliebe für Ägypten verdächtig waren.

So begann ein Kampf zwischen der hellenistischen Tobiadenpartei und den Frommen in Jerusalem, zwischen Seleukiden und altgläubigen Juden in Palästina. Antiochus IV. Epiphanes ging dabei so weit, 168 den Tempel zu zerstören, auf dem Hochaltar einen Zeusaltar zu errichten, alle Kultbräuche der Juden zu verbieten und die Vernichtung der Thora anzubefehlen; im Land wurden Bilder errichtet und der Opferzwang eingeführt.

Die Folge dieser extremen Maßnahmen war der erste Glaubenskrieg in der Geschichte. Die logische Entwicklung beider Parteien war fortgeschritten genug, daß sie mit Gründen ihre Sache als

6*

zwingend richtig, die der andern als absurd und nur aus Bosheit und Dummheit festgehalten hinstellen konnten; der logisch gestärkte Glaube erzeugte Märtyrer der Idee und Rächer ihres heiligen Leidens im Namen göttlicher Gerechtigkeit.

Die Söhne des Priesters Mattathias von Modein, namentlich Judas Makkabäus, organisierten den Widerstand und befreiten das Land; schon 162 war die Religionsfreiheit hergestellt. Aber die Makkabäer waren damit nicht zufrieden; sie wollten selbst Hohepriester und Fürsten sein und erlangten alles durch geschickten Parteiwechsel zwischen den Seleukiden und ihren Gegnern. Nach Judas' Tod ward sein Bruder Jonathan als Hohepriester anerkannt; der dritte Bruder, Simon, beseitigte ihn und seine Kinder und wurde der erste hasmonäische Fürst. Das Davidsreich wurde hergestellt als Besitz hellenisierter Fürsten. Denn die Makkabäer waren nicht weniger hellenistisch gesinnt als die Tobiaden und nicht weniger illegitim im Besitz der hohepriesterlichen Würde. Religiöse Rücksichten kannten sie nur, insofern ihre Macht auf dem Besitz des Tempels beruhte. Den Frommen waren sie Tyrannen, Könige, wo nur Jahu König sein sollte, Hohepriester, wo Sadoks Haus allein berechtigt war, Gewaltmenschen, die sich auf ihr Heer verließen statt auf ihre Frömmigkeit, Verräter aller religiösen und nationalen Ideale des Judentums.

Trotzdem ward der Übergang ihrer Macht auf den Edomiten Herodes den Großen nicht gleichgültig hingenommen; Edom war der Erbfeind; das Davidsreich war wieder Fremden untertan. So widersinnig der nationale Ehrgeiz bei einer Bevölkerung war, die mit dem alten Juda gar nicht mehr ernstlich verwandt heißen konnte, so rückständig er in der jüdischen Weltkirche dastand, so heiß entflammte er sich immer wieder an grob sinnlichen messianischen Hoffnungen im Heimatland der Legenden vom Volk Gottes. Rom hätte sich überall mit der jüdischen Gemeinde vertragen — in Jerusalem war es ihm nicht möglich. Die römischen Kaiser aus dem Haus der Claudier erbten von Cäsar eine judenfreundliche Tendenz; sie behandelten Juda mit aller denkbaren Rücksicht und schickten Statthalter, die bis zur Schwäche den jüdischen Vorurteilen gerecht zu werden suchten. Energie und Nachgiebigkeit hatten den gleichen Erfolg, die Empfindlichkeit und Aufstandsneigung des verlorenen Volkes zu steigern. Wie in den Zeiten vor Jerusalems erstem Fall die falschen Propheten, erschienen nun die falschen

Messiasse. Die menschlichsten und aufgeklärtesten Imperatoren, Titus und Hadrian, haben sich vor die Notwendigkeit gestellt gesehen, den immer schwelenden Feuerbrand Jerusalem mit Blut zu löschen.

Die eigentliche Entwicklung des Judentums in dieser Zeit, von 300 v. Chr. bis 100 n. Chr., besteht in der Demokratisierung der Weltgemeinde und in ihrer Abkapselung gegen das Hellenentum; die letzten Triebe frischen geistigen Lebens im Judentum kommen ihm selbst wenig zugute; sie befruchten das Christentum, die neue Weltreligion, die aus einer jüdischen Sekte hervorgeht, und verbinden in philosophisch-religiösen Spekulationen jüdische und platonische Gedanken. —

Zweites Kapitel.

Verfassung und Ständebildung.

In der Entwicklung der Staats- und Gesellschaftsformen in den Gebieten, die den nördlichen Rand der arabischen Wüste begrenzen, wird die immer wiederholte Störung der einmal geschaffenen Verhältnisse durch die Einbrüche unkultivierter und halbkultivierter Wanderstämme und ihr Einwachsen in die bestehende Kultur besonders deutlich sichtbar. In den geraden stetigen Ablauf schalten sich Rückschläge, Wirbel und Wiederholungen ein; natürlich haben sich diese gleichmäßig in allen Gebieten der Kultur abgespielt; greifbar sind sie für uns namentlich in den Resten der Staatsverfassungen zu verschiedenen Zeiten. Hätten wir von der ersten Einwanderung in Babylonien, Syrien und Palästina bis zur Römerzeit ausreichende Aufzeichnungen, so wäre es eine interessante Aufgabe, zu verfolgen, wie erst der sumerische Staat in geradem Aufstieg eine bestimmte Höhe in seiner Verfassung und sozialen Gliederung erreicht, wie dann ein Volk nach dem andern aus Gebirg und Wüste eintritt und langsam angepaßt und geschult wird, bis es die erste Höhe erreicht oder überschreitet, und wie genau entsprechende Vorgänge sich in allen Staaten Obermesopotamiens, Syriens und Palästinas abspielen. Da hierzu unser Material nicht entfernt ausreicht, sind wir genötigt, konstruktiv zu verfahren. Wir scheiden die einmalige Entwicklung in Babylonien und Juda von der wiederholten, störenden, die jedem neuen Einbruch folgt, und stellen sie zunächst nach den Denkmälern her. Dabei ergibt sich, daß die Entwicklung Judas, für die wir das meiste Material besitzen, als vollständige Entwicklung eines Wanderstammes von seinem Einbruch ins Kulturland bis zu den höchsten Formen babylonischen Verfassungs- und Ständelebens und darüber, in ihrem ersten Teil zugleich als Typus des wiederholten Ablaufs, der Vorgänge beim Einbruch und der Kultivierung eines Stammes oder Volkes gelten kann.

Von der Verfassung und der sozialen Gliederung des sumerischen Reiches von Nippur wissen wir nichts. Indessen läßt sich diese Lücke vielleicht konstruktiv verkleinern; wir kennen einigermaßen die Verfassung und Gliederung des ägyptischen Staates, der wie der sumerische aus einer Eroberung, Kolonisation und Organisation des neugeschaffenen Landes mit Hilfe eines schriftmächtigen Standes hervorgegangen ist, und wir besitzen genügend Denkmäler für die folgende Zeit, die unmittelbar aus der des sumerischen Reiches von Nippur hervorgegangen sein muß und also das Ende der ersten Entwicklung und vielleicht Reste früherer Stufen bewahrt haben kann.

In Ägypten haben wir im Beginn des alten Reiches Könige, die an der Spitze eines Aufgebots der Stadtgaue ihres oberägyptischen Reiches, selbst früher Gaufürsten und noch immer Diener ihres Gaugottes, der Reichsgott geworden ist, als Eroberer im Delta erscheinen. Aus den Eroberern werden im Lauf der Kolonisation Vertreter eines altertümlichen Königtums, das, gestützt auf einen ungeheuren Grundbesitz und einträgliche Regalien, den Staat als privates Eigentum betrachtet und ihn auch privatrechtlich verwaltet; dies Königtum ist beschränkt durch alte Rechte gaufürstlicher Familien und durch neuentstehende Rechte seiner großen Beamten, die Lehnsträger und allmählich Herren werden.

Das Ideal starker Könige ist die Umwandlung des Staates in einen absolut regierten Beamtenstaat; dazu schaffen sie einen Beamtenkörper, eine Aristokratie der Schule im Gegensatz zur alten Aristokratie der Geburt.

Der König der ersten Zeit ist im Dienst seines Hausgottes selbstverständlich dessen geborener Priester, als sein Vertreter selbst ein Gott. Die Entwicklung der Weltanschauung erhöht die Götter; der tote König ist ein Gott, der lebende nicht mehr; er ist nur der Sohn der Gottheit, ihr erster Diener und Priester. Der König wird durch die Gottheit beschränkt, ihr verantwortlich; er wird aber zugleich als ihr Sohn und erster Diener mit ihr erhöht und gewinnt ein neues Mandat unbeschränkter Herrschaft im Reiche. Die zufällige Geburt, die rohe Macht des Stärkeren wird verständig begründet aus der Philosophie der Zeit durch die Einführung der Idee des Gottesgnadentums.

Im mittleren Reich gewinnt dann das Königtum ein letztes Machtmittel in einem stehenden Heer.

Aus all diesen Anfängen geht das Königtum des neuen Reiches hervor. Die Könige sind wie in ältester Zeit Herrscher und Besitzer des Staates durch Geburt; sie sind, wie ihre Vorgänger seit der 5. Dynastie, Söhne der obersten Reichs- und Weltgottheit, von Gottes Gnaden, sie wissen allein den Willen der Gottheit; sie stützen sich sehr praktisch außer auf Geburt und Weltanschauung auf ein stehendes Heer. Auf Grund all dieser Titel regieren sie absolut; der Gottheit sind sie verantwortlich, doch gibt es niemand, der sie ernstlich in ihrem Namen zur Rede stellen kann; die Lehnswirtschaft hat aufgehört; der Beamtenkörper des alten Reiches ist fast geldwirtschaftlich besoldet und so ganz abhängig gemacht, durch Einschiebung militärischer Elemente zum gehorsamen Werkzeug des königlichen Willens weitergebildet.

Die höchste Idee königlichen Gottesgnadentums entwickelt Amenhotep IV., der seine einzige Aufgabe im Erforschen des Wesens und Willens der Gottheit und in der Umgestaltung der Welt nach dieser ganz persönlichen Offenbarung sieht. Im Konflikt mit der Priesterschaft seines Reiches bleibt er bei Lebzeiten Sieger, gestützt auf ausländische Garden.

Die alten Könige dienen der Gottheit im vollen königlichen Ornat; erst im neuen Reich erscheint gelegentlich der Kronprinz im Priestergewand. Amenhotep IV. scheint vom Altar des Sonnenheiligtums seine Hände zur Sonnenscheibe annähernd oder ganz nackt erhoben zu haben. —

Der herrschende Stand im Beginn des alten Reiches ist der Geburtsadel der Gaufürsten, aus dem auch die Könige hervorgegangen sind. Zwischen ihn und das beherrschte Volk schiebt sich im Lauf des alten Reiches ein neuer Stand; die Leute, die schreiben können, die Gebildeten, Beamte und Gelehrte. Die Schreiber organisieren den ägyptischen Staat, entwickeln seine Wissenschaft und Kunst, zuletzt seine Weltanschauung. Sie zwingen den alten Adel, seine Geburtsrechte durch Bildung zu rechtfertigen, und eröffnen allen Volksgenossen den Weg zu Ansehen und Macht, nicht nur den einzelnen, sondern ganzen Berufsklassen, Handwerken, wie namentlich den Priestern. Dem Priesterstand, der bis dahin ein Stand von Handwerkern war, der eine bestimmte Technik besaß und vererbte, verlieh die Verbindung mit der höheren Bildung, die der Schreiberstand geschaffen, den Vorrang vor allen andern Ständen, selbst vor dem Schreiberstand. Er ward zum Vertreter der letzten und höchsten Gedanken dieser Bildung, der Weltanschauung in ihrer obersten Einheit, die auf dieser Stufe nur religiös und anthropomorph sein konnte. Der Priesterstand hat den Schreiberstand in die Masse der Laien zurückgedrängt und sein Erbe angetreten; im neuen Reich sind Schreiber immer noch Gebildete und Beamte, aber der Stand ist als Ganzes im Sinken begriffen; freilich muß jeder Schreiber sein, d. h. schreiben können, um etwas zu werden, aber wenn er schreiben kann, ist er noch nicht viel. Damit beginnt erst das Studium, die Beamtenlaufbahn, die Gelehrtenkarriere und der mühsame Weg zur höchsten Wissenschaft von allen göttlichen und irdischen Dingen, zur priesterlichen Philosophie. So ist der Schreiberstand auf dem Wege, in unserem Sinne ein Stand von Schreibern, d. h. von untergeordneten Existenzen zu werden. Der Priesterstand dagegen bewegt sich aufwärts und kann zur Zeit Amenhoteps IV. schon wagen, dem König zu widerstehen, die Gottheit gegen ihren Sohn und obersten Vertreter anzurufen. Ein dritter Stand wird in Ägypten vom mittleren Reich an bemerkbar, der Bürgerstand. Er nimmt die bemittelteren Elemente der Städte und die höheren Schichten der Schreiberklasse, Handwerker und Gelehrte in sich auf. Im Lauf der Zeit gehen Handels- und Industrieprivilegien in seinen Besitz über. Zur Zeit der 18. Dynastie ist er schon angesehen und wohl einflußreicher, als unser Material vermuten läßt.

Nach dem Tode Amenhoteps IV. beginnt der entscheidende Kampf zwischen Königen und Priestern um die Herrschaft im Staat; dieser Kampf endet mit einer vorübergehenden Herrschaft des Amonshohepriesters, also mit einem Gottesstaat in Priesterhänden.

In der Folge ruht die Staatsgewalt in den Händen des Stärksten, der sie, gestützt auf sein Heer und seine kriegerische Tüchtigkeit, zu gewinnen und zu halten weiß. Diese Heerkönige schützen das Land, verteidigen es nach außen und üben im Innern die Polizei; für diese Garantie der Ruhe und Ordnung empfangen sie Steuern.

Die eigentliche Herrschaft über das Volk in den Städten üben die Priester und Kaufleute, eine geschlossene städtische Aristokratie, aus. Sie unterstützen sich gegenseitig nach oben und nach unten und bilden schnell eine Interesseneinheit, in der die Priester ihre religiöse Gewalt benutzen, um Reichtümer zu sammeln und das Volk in Abhängigkeit zu halten, während die Kaufleute und Industriellen die priesterliche Weltanschauung anerkennen, um mit den Priestern zu herrschen und zu handeln; beide Stände monopolisieren alle höchsten Ämter und alle Reichtümer der Städte in ihrer Verwandtschaft. —

Die Stadtfürsten des zerfallenen sumerischen Reiches von Nippur, große, wie Mesilim von Kisch, Eannatum von Lagaš oder Lugalzaggisi von Uruk, die das ganze Land beherrschen, wie kleine, z. B. Urnina und Gudea von Lagaš, um einen aus ältester und einen aus jüngerer Zeit zu nennen, stehen ihren Stadt- und Reichsgöttern mit dem entwickelten Abhängigkeitsgefühl und der Demut Amenhoteps IV. gegenüber. Sie sind Werkzeuge in der Hand der Götter, die eigentlich allein handeln; Mesilim regelt den Grenzstreit von Lagaš und Gišchu — das Denkmal dieses Staatsaktes weiß aber nur von einer Einigung der beiden Stadtgötter nach dem zuverlässigen Wort Ellils, des Königs des Landes und Vaters der Götter; Gudea beschließt, seinem Stadtgott Ningirsu einen Tempel zu bauen — die Inschrift berichtet von Ellils Huld gegen Ningirsu, die diesem zu einem neuen Tempel verhelfen will. Den Göttern gegenüber sind die Könige Diener, Priester und Beamte; der mächtige Lugalzaggisi ist Großstatthalter Ellils, Beamten- und Priestertitel vom Oberpriester bis zum Propheten drücken sein Verhältnis zu den andern Göttern aus; Statthalter, Patesi, nennt sich in seinen Siegesdenkmälern Eannatum in der Regel, als Patesi oder Grosspatesi ihres Stadtgottes Ningirsu erscheinen seine Nachfolger. Die Götter berufen die Könige, sie setzen sie ab, wenn sie zürnen; Urukagina, ein Usurpatur in Lagasch, führt den Sturz seiner Vorgänger auf ihre Sünden zurück. Die einzige Aufgabe der Könige muß also der Dienst der Götter sein, die sorgfältige Erforschung und Ausführung ihres Willens; Orakel und Träume leiten Urnina und Gudea bei allen Einzelheiten ihrer Tempelbauten. Bei diesen Gelegenheiten sehen wir auch, daß die Priestertitel der Könige sehr wörtlich zu nehmen sind; im Priesterrock, mit nacktem Oberkörper und nackten Füßen, mit rasiertem und unbedecktem Kopf läßt sich

Urnina abbilden bei der Zeremonie der Grundsteinlegung des neuen Tempels; ebenso schildert Gudea seine Grundsteinlegung. Der fromme König geht auf in Gottesdienst, direkt in Orakelanfragen und Schenkungen, indirekt in Wohlfahrtsarbeiten für sein Volk; Friedenswerke, Rechtsprechung und Erhaltung der Ordnung, Kanal- und Straßenbauten sollen sein Ruhm sein, neben frommen Taten, nicht aber Kriege und Eroberungen.

So faßte Amenhotep IV. sein Königtum auf; nur war er noch weniger bescheiden als seine babylonischen Genossen. Er schwelgt in dem stolzen Gefühl der Gottessohnschaft; die sumerischen Könige sind nicht Kinder, sondern Diener der Götter, ohne rechtlichen Anspruch auf ihre Stellen an die Götter; wenn Lugalzaggisi sich Kind der Nidaba, der Göttin seiner Vaterstadt Gišchu, nennt, so ist das ebensowenig wörtlich zu nehmen, als wenn andere sich als Gatten der Innina bezeichnen; das sind Formen der Empfehlung bei besonders nahen und immer weiblichen Wesen, die im letzten, häufigsten Fall, wahrscheinlich mit Jenseitshoffnungen zusammenhängen. Amenhotep IV. ist einer neuen und großen Erkenntnis voll; die sumerischen Könige haben die Grunderkenntnis schon als anerkannte Weisheit übernommen; der Ägypter schwärmt, die Sumerer erfüllen eine selbstverständliche Pflicht, an die sie auch von andern gemahnt werden können. Die Mahner können Priester sein; Priester als Statthalter und Stadtherren finden wir mehrmals, in Gišchu und in Lagaš; doch scheinen nach unseren Denkmälern die Stadtfürsten eben als Oberpriester der Stadt- und Reichsgötter, wie Amenhotep IV., Herren über ihre Priesterkollegien geblieben zu sein; der Usurpator Urukagina tadelt nicht nur die gestürzten Fürsten, sondern auch ihre Priester.

Sehr wichtig für die Auffassung der Stellung sumerischer Könige zu ihren Göttern ist die Tatsache, daß die erobernden semitischen Könige von Akkad als echte Halbbarbaren trotz eines Firnisses sumerischer Kultur die ganze Höhe sumerischer Frömmigkeit nicht erfassen können und infolgedessen zu einzelnen Zügen in ihrem Verhältnis zu den Göttern kommen, die den primitiveren ägyptischen Königen vor Amenhotep IV. eigen sind. Šarganišarri muß in einer Urform der babylonischen Sage einfach der Sohn der Ištar von Agade gewesen sein, wie die Könige der 5. ägyptischen Dynastie in der entsprechenden ägyptischen Sage Söhne Res im wörtlichsten Sinne sind. Naram-Sin nennt sich einfach »Gott von

Akkad« und trägt auf seinem Hauptdenkmal den Hörnerhelm und die Tracht des Sonnengottes; er scheint auch zuerst als »König der vier Weltgegenden« das Götterdeterminativ seinem Namen beigefügt zu haben, das kein älterer sumerischer König, namentlich nicht Lugalzaggisi, der die gleichen Gebiete beherrschte, im Leben geführt zu haben scheint, das aber, ein Teil des neuen Titels, in der Folge auch von völlig kultivierten Königen beibehalten wurde. Diesen Äußerlichkeiten entspricht der innere Charakter des akkadischen Reichs; es ist kein Kulturkönigtum, sondern ein semitisches Barbarenreich, ein Stammeskönigtum, das sich bei seinen kriegerischen Vorstößen auf seine Waffen mehr, als auf die Götter verläßt. »Der Gott von Akkad« Naram-Sin herrscht in Babylonien als Sieger, wie »der Gott Horus« in Gestalt der Könige der 1. und 2. Dynastie in Ägypten.

Sehr bezeichnend erscheint der einzige »Schreiber« im altägyptischen Sinn, als hoher Beamter, unter Šarganišarri; es ist Lugal-ušumgal, der Statthalter Šarganišarris in Lagaš. In den gleichen Verhältnissen eines halbbarbarischen Stammeskönigtums finden wir an Davids Hof Schreiber unter den höchsten Beamten.

Da die Sumerer eine eigene Schrift erfunden und entwickelt haben, kann kaum ein Zweifel sein, daß es auch im Reich von Nippur eine Zeit gegeben haben wird, in der ein Schreiberstand eine ähnliche Rolle gespielt haben muß, wie in Ägypten. Wie in Ägypten muß er aber vom Priesterstand in den Hintergrund gedrängt worden sein; nur geschah dies in Babylonien der höheren Entwicklung in allen Gebieten entsprechend schon in vorgeschichtlicher oder ganz frühgeschichtlicher Zeit und mit einem viel radikaleren Ergebnis: Schreiber sind, soweit wir sehen können, in Babylonien nur untergeordnete Beamte, vielfach als Zeugen und Verfasser in Verträgen genannt; nur barbarische Einbrüche bringen sie, der tieferen Stufe ihrer neuen Herren entsprechend, gelegentlich wieder zu höherem Ansehen im Hof- und Staatsdienst.

Die Entwicklung des Priesterstandes aus dem Schreiberstand ist eine notwendige. Die rationale Weltbetrachtung der Schreiber drängt zu einer letzten einheitlichen Zusammenfassung alles Wissens in einer Weltanschauung, die nicht anders als religiös sein kann; ferner erweist sich der reine Rationalismus im Lauf der Zeit als ethisch unfruchtbar und zersetzend; ein Umschlag zum praktischen Primat wird notwendig; beide Forderungen erfüllt die priesterliche Weltanschauung.

Die rationale Weltanschauung in ihrer verstandesmäßigen Voraussetzungslosigkeit befreit von den Banden des Herkommens, zunächst nur eine ganz kleine Oberschicht, namentlich die Könige; das Königtum hat alle Vorteile des neuen Denkens; im Namen der Vernunft beseitigt es alle Feinde und alle Fesseln seiner Stellung; im Namen der Vernunft macht es sich die letzte Ausgestaltung der rationalen Wissenschaft, die religiöse Weltanschauung zu eigen; die Könige werden zu Papst-Königen, zu Priester-Fürsten; sie beschränken sich, werden Diener der Gottheit, um Herrscher von Gottesgnaden, unbeschränkt durch Menschen zu sein.

Die vernunftgemäße, idealistische und einheitliche Weltanschauung kann aber ihrem Wesen nach nicht auf wenige beschränkt bleiben; Rationalismus ist überall auf Ausbreitung bedacht; alle Logik tritt mit dem Anspruch auf allgemeine und absolute Anerkennung auf; die Schicht, die sie vertritt, gelangt durch sie zur Herrschaft, entthront sich aber dann unfehlbar selbst. Die Könige bekämpfen das Herkommen, wo es sie bindet; sie möchten aber gern die herkömmliche Autorität und die neue Rechtfertigung derselben durch die Vernunft nebeneinander halten, sich auf beide stützen und der weiteren Entwicklung, die ihre höchste Machtstellung nur vermindern kann, Einhalt gebieten. Die Individuation des Volkes schreitet in breitere Schichten fort; das Königtum weiß lange Zeit, die fortgeschrittensten Schichten zu halten; sie bilden den aufgeklärten Hof, die angesehene Beamtenschicht im Land; sie müssen als Priester dem obersten Priester, dem berufenen Vertreter und Liebling der Gottheit dienen, so lange er sich als Götterliebling erweist. Aber hier wendet sich schon die Vernunft im Gewand der göttlichen Autorität gelegentlich gegen die Könige; es gibt unglückliche und schlechte Herrscher, die ihre Götter sichtlich preisgegeben haben — wer soll sie mahnen, wenn nicht die andern Diener der Gottheit, die Priester? Wer soll ihre Gegner, die im Namen der Gottheit kommen, anerkennen, wenn nicht die Priester? Und muß nicht einfache, vernünftige Logik schließlich selbstverständlich folgern, daß es unsinnig ist, der Gottheit eine Grenze in der Wahl ihrer Lieblinge vorzuschreiben? Wenn der König nur als Liebling der Gottheit herrscht, kann doch jeder Liebling der Gottheit König werden; das Vorrecht der Geburt, die dumme Macht der Gewohnheit, vielleicht gar der Besitz roher Söldnermassen — solche Faktoren können doch unmöglich für die Wahl der Götterlieblinge durch die Götter maßgebend sein. Die einfachste Überlegung ergibt, daß die Gottheit auf die Frömmigkeit und priesterliche Schulung zunächst sehen muß. Schlechte Könige sind keine Götterlieblinge; man kann überhaupt nicht durch Geburt Anspruch auf eine solche Vorzugsstellung machen; die Könige sind nicht die einzigen und sehr selten die bevorzugten Lieblinge der Götter; bald sind sie in der entwickelten priesterlichen Theorie nur Menschen, wie andere, Laien, Vertreter der Unvernunft und der Gewalt gegen die Vernunft und die Gottheit.

Die Priester nehmen den Kampf gegen das Königtum auf, keineswegs aus Herrschsucht allein, sondern wohlgedeckt durch dieselbe Vernunft, die die Könige groß gemacht hat. Sie vertreten gegen das veraltete Vorrecht der hohen Geburt und gegen das Vernunfts- und Humanitätsideal eines Einzelnen das Vorrecht des Gebildeten und Frommen und ein Vernunfts- und Humanitätsideal vieler. Die Idee einer vernünftigen und gerechten göttlichen Weltregierung gewinnt an Macht und wird zeitweise von den Priestern mit einer wundervollen Naivität gegen die realen Mächte des Herkommens und der Gewalt geltend gemacht. Nicht an ihrer egoistischen Machtpolitik, an ihrem unbegrenzten Vertrauen zur Macht der Götter, der Idee in der Welt, scheitern die Herrschaftsansprüche der Priester. Wo eine Priesterschaft weltklug genug ist, die reine Idee zu verraten und Gewalt gegen Gewalt auszuspielen, ist sie zu langer Herrschaft fähig; das geschieht aber immer erst in dem Augenblick, in dem sie ihre Berechtigung vor der Vernunft zu verlieren beginnt und, in die Abwehr gedrängt, höheren Vernunftidealen gegenüber zur Wahrung ihrer Machtstellung einen Stillstand der Entwicklung durchzusetzen versucht. Den Vertreter höchster Gedanken seiner Zeit trägt sein Idealismus; der Verteidiger nicht mehr zu rechtfertigender egoistischer Macht greift zu Gewaltmitteln.

Der Priesterstand ist im alten Babylonien der ausgehenden sumerischen Zeit unbedingt der wichtigste Stand, wenn er auch in unseren Denkmälern in vollkommener Abhängigkeit von den priesterlichen Königen erscheint. Wir werden annehmen dürfen, daß die Geschichte des Verfalls ungezählter Stadtkönigreiche eine verblüffende Ähnlichkeit mit derjenigen der 20. ägyptischen Dynastie hatte, in der die Könige in Abhängkeit von den Hohepriestern des Amon geraten und schließlich beseitigt werden. Wenn in der Geschichte von Lagasch ein Priester des Ningirsu die alte Dynastie ablöst, so kann das wohl so zugegangen sein, daß die letzten Fürsten im Vertrauen auf die alleinige göttliche Kausalität immer mehr heilige Puppen wurden, bis sie verschwinden konnten. Auch in Lagasch scheint der priesterliche Usurpator keine Herrschaft seines Hauses begründet zu haben, sondern schnell von andern abgelöst worden zu sein, die sich nicht auf Ideale, sondern auf Waffengewalt stützten.

Wie in Ägypten die starken Könige der 19. und 20. Dynastie sich auf ihr Heer stützen, um ihre Selbständigkeit gegen priesterliche Ansprüche zu wahren, wie die Dynasten der Deltastädte einfach, den Säbel in der Faust, sich der Kirche als Schützer aufdrängen, so lehnt sich im alten Babylonien das Königtum im Kampf gegen die Ansprüche des Priestertums mehr und mehr auf sein Schwert. Der eindringende Barbar herrscht durch Gewalt, weil er keine andern Herrschaftstitel als die des Stärkeren kennt; der hochkultivierte sumerisch-babylonische Herrscher sieht sich zum gleichen Vorgehen gezwungen, als seine andern Herrschaftstitel in Frage gestellt und durch die fortschreitende Vernunft beseitigt werden. Er selbst hat geholfen, sein herkömmliches Recht und sein Geburtsrecht zu entwerten, indem er eine vernünftige Begründung seiner Macht aus der Weltanschauung seiner Zeit voranstellte; diese ist im Lauf der weiteren Entwicklung von derselben Vernunft, die sie gegeben, aufgelöst worden; es bleibt nur die Möglichkeit, abzutreten und vernünftig zu scheinen, oder auf die vernünftige Begründung zu verzichten und die Macht mit dem durchschlagenden Argument der einfachen Gewalt zu verteidigen. Dabei mußte nicht ganz auf jede Vernunftbegründung der Gewaltherrschaft verzichtet werden; mochte man selbst zugeben, daß das Gottesgnadentum vernünftig angreifbar sei, so blieb doch die Behauptung, daß der priesterliche Idealismus in der Welt harter Zusammenstöße vieler egoistischer Interessen seine Friedensideale niemals würde durchsetzen können. War das Königtum nicht schlechthin das Ideal, so konnte es doch eine Notwendigkeit zur erreichbaren Idealität sein, ein Übel vielleicht, aber das kleinste Übel.

In der Tat läßt sich der priesterliche Herrschaftsanspruch aus den höchsten Vernunftidealen der Zeit wohl begründen, aber niemals auf diesem Boden durchsetzen. Er kann die vernünftigen Ansprüche der Könige auf eine absolute Herrschaft zersetzen und das Königtum als Einrichtung als unvernünftige Gewaltherrschaft brandmarken; er kann erreichen, daß starke Könige in bewußtem Gegensatz zur Kirche neue Wege suchen und daß schwache sich beugen und selbst vernichten; aber er kann den Gottesstaat nicht errichten, ohne selbst zu den geschmähten Gewaltmitteln zu greifen und von dem Grundsatz der alleinigen göttlichen Kausalität abzuweichen.

So bliebe das Spiel unentschieden, wenn nicht inzwischen die rationale Denkweise wieder weitere Ausbreitung gefunden hätte. Ein neuer Stand, das Bürgertum, tritt auf den Plan. Es wird, wie in Ägypten, später ein maßgebender Faktor als das Priestertum und verbindet sich dann, wie dort, mit dem Priestertum gegen die königliche Gewalt.

Entstanden muß das Bürgertum schon im sumerischen Reich von Nippur sein. In den Stadtkönigreichen der ersten geschichtlichen Epoche spielt es, wie im neuen ägyptischen Reich, neben Königtum und Priestern eine Rolle, ohne aber in den Denkmälern viel hervorzutreten. Die königlichen und priesterlichen Handels- und Industrieprivilegien kommen wohl im Lauf dieser Zeit in Mitbesitz einer bürgerlichen Aristokratie.

Das Bürgertum vertritt, wie Könige und Priester vor ihm, ein Ideal der Vernunftherrschaft. Wo dies Ideal zu vollkommener Ausbildung gekommen ist, unterscheidet es sich von dem der Priester genau durch dieselbe Erweiterung, durch die sich das priesterliche Ideal von dem der Könige unterscheidet. Die priesterlichen Forderungen der Vernunft und Humanität gehen ihm nicht weit genug; wie die Priester fordern die Bürger den Kampf gegen die Vorrechte der Geburt und der Gewalt, den Friedens-, Rechts- und Bildungsstaat; aber sie bekämpfen die Beschränkung der Herrschaftsrechte in diesem Staat auf die Vertreter einer priesterlichen Frömmigkeit und ihrer Schule; die Vernunft soll ganz frei sein, der Staat kein Kirchenstaat, sondern ein bürgerlicher Freistaat. In Hellas ist dieser Kampf zwischen Priestern und Bürgern ausgefochten worden; das Bürgertum hat gesiegt, bis breite Volksschichten, die für seine Ideale nicht reif waren, die primitiveren priesterlichen Ideale und damit die alte Königsgewalt der Söldnerführer wieder zur Herrschaft brachten. In Babylonien ist es zum Kampf zwischen Priestern und Bürgern nicht gekommen; die obersten bürgerlichen Schichten entwickeln ihr Programm nur soweit, als es ihnen Geltung neben den Priestern verschafft; als neue einheitliche Interessengemeinschaft treten Priester und Bürger den Königen entgegen; sie verlangen Freiheit für sich nach oben, Beseitigung oder Beschränkung der Königsgewalt im Namen der göttlichen Vernunft; nach unten beuten sie durch dieselbe rücksichtslos vernunftgemäße Doktrin das Volk, das sie beherrschen, für ihre egoistischen Zwecke aus.

Das aufstrebende Bürgertum, das zunächst die Vernunft nur als Mittel zur Macht ansah, sehr realistisch nach Reichtum und Einfluß strebte, und das voll entwickelte Priestertum, das schon auf seine höchsten Ideale, den Gottesstaat in der Praxis, ermüdet zu verzichten begann, auf nächste praktische Ziele, Behauptung seiner Herrschaft über die Massen in den einzelnen Städten und Ausnutzung derselben zu ihrer Verewigung, gerichtet war, fanden sich leicht zusammen. Sie hatten einen gemeinsamen Feind, den König, eine gemeinsame rationale Grundlage im Kampf gegen ihn; das Bürgertum stärkte seine Stellung durch Annahme einer fertigen Weltanschauung; das Priestertum fand einen jungen und energischen Bundesgenossen, der durch idealistische Rücksichten nicht gefesselt war und rücksichtslos auf Ziele losgehen konnte, die den Priestern wünschenswert, aber nur heimlich erstrebenswert scheinen durften. Eine enge Verbindung der priesterlichen und bürgerlichen Aristokratie in den Städten sichert beiden die Macht und erlaubt ihnen, nach Bedarf einen oder den andern Teil vorzuschieben. Eine bürgerlich-priesterliche Aristokratie entsteht, demokratisch nach oben, tyrannisch nach unten; im Namen der Gottheit und der Vernunft, mit allen Mitteln der Schlauheit und Gewalt verfolgt sie ihre egoistische Politik; die priesterliche Weltanschauung ist für sie nur Mittel zu weltlichen Zwecken, gleichgültig beiseite gelegt, wo sie stört. Sehr unsozial treten die Bundesgenossen auf; die sozialen Anläufe in der Doktrin der Priester sind erstickt, in der der Bürger unentwickelt; Verstand und Geld gehen auf Realitäten, bei den Priestern, die eine Stellung zu verteidigen haben, bei den Bürgern, die die materielle Grundlage eigener Ideale zu schaffen haben, bei den Satten wie bei den Hungrigen; alles Schwache wird vergewaltigt, bis, nicht in Babylonien, wo dies der Endzustand ist, aber in jüngeren Völkern der Prozeß der Sozialisierung des Bürgertums im Namen der Vernunft einsetzt, die unheilvolle Verbindung von Bürger- und Priestertum sprengt und neue Ideale schafft.

Die babylonische Kultur ist eine städtische Kultur, eine priesterlich-bürgerliche Kultur. Die Städte sind die Sitze der Kultur, die städtischen Aristokratien sind ihre Hauptträger. Das gilt auch für das jüngste Ägypten, für die Dynasten- und Ptolemäerzeit. Was aber in Ägypten in der Zeit vollkommener Erschöpfung und Auflösung, lange nach Abschluß der großen Tage des Pharaonenreiches Tatsache wird, ist in Babylonien schon in der Zeit höchsten Glanzes vorhanden. Der Kampf der Dynasten und Fremdherrscher in Ägypten gegen die Städte ist ein Nachspiel der eigentlichen Geschichte, der Kampf babylonischer und assyrischer Könige gegen die städtischen Gemeinwesen, ist ein Hauptstück der babylonischen Geschichte. Die ägyptische Entwicklung der großen Zeiten ist von Schreibern und Priestern getragen; die babylonische Entwicklung ist das Werk von Priestern und Bürgern. Es ist nur ein äußerliches Zeichen dieses Unterschiedes, wenn der Boden Ägyptens für die eigentliche Glanzzeit wissenschaftliche und künstlerische Denkmäler der Schreiber- und Priesterkultur, der babylonische aber neben wissenschaftlichen Denkmälern in überwiegender Masse und unendlicher Einförmigkeit bürgerlich rechtliche Dokumente, Verträge und Rechnungsbücher hergibt.

Kaufleute brauchen Sicherheit im Land, Landfrieden und einen Rechtsstaat, kodifizierte Gesetze zum Schutz ihres Eigentums gegen Könige, gegen einander und gegen Räuber, Diebe und Betrüger, Freiheit, das Volk zu Produktion und Konsumption heranzuziehen, Freiheit des Handels, Sicherheit im Ausland und recht wenig Abgaben und Zölle. Der König, der Staat soll sie recht gut in ihren Interessen schützen, möglichst wenig und nur pekuniäre Entschädigung dafür verlangen und im übrigen sich jeder Einmischung enthalten.

Die Priester brauchen im Grunde dasselbe und fordern es als ihr Recht im Namen der Vernunft und Kultur. Frieden brauchen sie; Krieg schadet ihrem Einfluß, indem er immer wieder unzweifelhaft erkennen läßt, daß die Götter ihre treuesten Diener den Rohheiten kräftiger Feinde und dem Zufall preisgeben, also die Grundthese des priesterlichen Systems angreift; indem er weiter die Einnahmen der Tempel schädigt, das Volk verwildern läßt, Soldaten und Skeptiker obenauf kommen läßt. Sicherheit des Lebens und Eigentums soll sein, Recht soll herrschen, nicht Gewalt; so will es die Gottheit. Frei wollen sie sein von Abgaben und von Vorschriften, als Vertreter der Gottheit und als Handelsherrn.

Zwischen dem priesterlichen und kaufmännischen Adel der Städte haben die Könige einen schweren Stand; das Ideal der Städter sind aristokratische Stadtrepubliken, ein Nebeneinander vieler kleiner Staatsindividuen, die Gottesstaaten und Handelsstaaten zugleich sind, im Einklang mit der priesterlichen Weltanschauung und der Humanität ohne Absichten kriegerischer Ausbreitung, aber in freier kaufmännischer und religiöser Konkurrenz, die nicht als Krieg, sondern als Ausdruck kluger Vernunftbetätigung gilt. Der König soll in diesen Kleinstaaten nichts zu sagen haben; sie gehören ihren Göttern und denen, die die Götter als ihre Verwalter eingesetzt haben. Außerhalb der Städte mag er seine Daseinsberechtigung haben; äußere Feinde, Störenfriede, Räuber, Aufrührer und Ketzer kann er fernhalten oder beseitigen helfen; auch im Kampf mit Konkurrenten kann er brauchbar sein, als Schiedsrichter, als rechtmäßige Quelle von allerlei Rechtstiteln und Privilegien und als deren Garant. Im übrigen soll er bescheiden und anspruchslos sein; je weniger man ihn merkt, umso besser ist er. Seine Dienste bezahlt man mit Geld oder Gotteslohn; sonst haßt man ihn oder verachtet ihn; Dankbarkeit, Pietät kann es in diesem Verhältnis nicht geben. Er ist der Feind, dem alles abgenommen werden muß, damit die neuen Herren alle Macht haben; er ist der Gewaltmensch, der lebendige Beweis der Unzulänglichkeit der Theorie, der ganz unnütze; als solchen brandmarkt ihn die moralische Fabel, so recht die Dichtungsgattung dieser bürgerlich-priesterlichen Stufe, in Babylonien und in Palästina. Der Adler, der Gewaltmensch, raubt der friedlichen Nachtschlange ihr Junges; die Gottheit selbst rät der Schlange, wie sie seiner Herr werden kann. Die nützlichen Bäume und Sträucher wollen nicht Könige sein, nur der ganz nutzlose und heimtückische Dornstrauch verlangt nach dieser Stellung. Im geordneten Rechtsstaat, im Staat der freien, nützlichen Betätigung aller in friedlichem Wettbewerb hat der überhebliche und gewalttätige Fürst kein Daseinsrecht.

Dabei sind aber diese Stadtaristokratien mit ihren Idealen, dem Gottesstaat der Vernunft und dem Staat freien Wettbewerbs aller Vernünftigen, in der wirklichen Welt durchaus auf einen Schützer mit starker Faust angewiesen, der die Macht hat, ihren Idealen Geltung und Dauer zu geben, der tut, was sie nicht tun mögen, sondern der Gottheit oder der Vernunft zuschieben. Der Staat zerfällt in diesen Händen. So wertvoll schließlich für die Entwicklung der Menscheit die kühne Aufstellung eines Ideals der Vernunftherrschaft und Humanität im Namen der Gottheit oder der autonomen Vernunft werden mußte, so unfähig müssen seine ersten

Vertreter sein, sich und ihr Ideal durchzusetzen und zu schützen. Wenn die Könige den Rechtsstaat im Namen der Gottheit geschaffen haben, kann man ihn wohl als uranfängliche göttliche Ordnung hinstellen und jede Abweichung als Degeneration brandmarken; man kann dem Ideal zuliebe die tatsächlichen Verhältnisse so weit umkehren, daß alle Maßregeln, die der König braucht, um Recht und Ordnung zu erhalten, Garnisonen, Aushebungen, Landverteilungen an seine Truppen, jeder Eingriff in die Verwaltung der Städte, ja der Anspruch auf die Ausübung einer Kontrolle über Verwaltung und Gerichtsbarkeit selbst, als schändliche Vergewaltigungen der ewigen göttlichen Weltordnung und als Eingreifen in die göttlichen Absichten, als Sünde gegen die Vernunft und gegen das wohlberechtigte, mühsam erworbene Eigentum harmloser Idealisten erscheint. Und das mit allerbestem Gewissen, im vollkommenen Einklang mit den höchsten wissenschaftlichen Leistungen der Zeit.

Wir sehen eine Kinderkrankheit des entstehenden Individualismus. Die ideale Formel einer Herrschaft der Vernunft ist gegeben; sie hat allmählich Anerkennung und Ausbreitung in breitere Schichten gefunden; ein Ideal der Gleichberechtigung und des freien Wettbewerbes aller Vernünftigen taucht auf. Dem König gegenüber werden von den städtischen Aristokratien alle Argumente geltend gemacht, die das moderne liberale Bürgertum zeitweise gebraucht hat, freilich in etwas weniger abstrakter Formulierung. Aber diese ersten Individualisten sind zu ideal, zu wirklichkeitsfremd; sie glauben an eine Selbstverwirklichung der Vernunft, wie neuere Idealisten, freilich entschuldigt durch ihre anthropomorphe Vorstellung der Vernunft als Gottheit; sie fordern von den Königen im Namen der Vernunft, daß sie sich selbst aufheben; von sich selbst aber fordern sie nichts; sie sind sich schön genug, ganz mit der Gottheit und dem Ideal in Übereinstimmung. Sie machen nach oben alle Ansprüche pathetisch geltend und weisen alle Forderungen, die untere Schichten im Namen desselben Ideals an sie machen können, entrüstet ab. So kann nur eine Freiheit einer Oberschicht auf Kosten des Königs und aller andern bei diesen ersten Regungen des Individualismus herauskommen, eine Oligarchie der priesterlichbürgerlichen Interessenvertretung; und diese kann nicht von Bestand sein, nicht nur weil sie eben nur eine Interessenpolitik Weniger treibt, sondern weil sie diese Politik uneinsichtig, idealistisch treibt,

7*

auf Grund einer Theorie die tatsächliche Entwicklung falsch darstellt, die wirklichen ursächlichen Zusammenhänge mißversteht und die Mittel verachtet, die allein ihre Stellung sichern könnten. Kurzsichtiger Idealismus und kurzsichtiger Egoismus gehen Hand in Hand. Das Königtum kann im individualistischen Vernunftstaat unnötig werden, eine vollkommene Freiheit aller ist erreichbar, wenn alle reif sind einzusehen, daß sie sich selbst beschränken müssen; ein Bürgertum, das unter Freiheit nur Freiheit, andere zu unterdrücken, und Freiheit von allen unangenehmen und unbequemen Pflichten gegen den Staat und gegen die andern versteht, kann nur vorübergehend zu einer Zufallsherrschaft zwischen den Aufruhrgelüsten der Unterdrückten und den Tyrannengelüsten derer kommen, die ihm gegen Bezahlung die Unbequemlichkeiten des Staats- und Kriegsdienstes abnehmen. Nicht durch Verachtung des unvernünftigen Kriegshandwerks, durch allgemeine Wehrpflicht, durch eifrige Pflege der kriegerischen Tüchtigkeit aller wird der Vernunftstaat möglich; nicht durch Befreiung von Pflichten gegen die Allgemeinheit, durch freiwilligen Verzicht aller Einzelnen auf individuelle Rechte zugunsten des Staates, durch Entwicklung eines unbedingten Imperativs sozialer Pflicht wird die vernünftige Republik erreichbar und haltbar. —

Wie stark der bürgerliche Faktor in Babylonien im Lauf der Geschichte zunahm, lassen unsere Denkmäler ahnen. Während in älteren Denkmälern, bei Urukagina und Gudea, das Bürgertum nicht mehr hervortritt als etwa im ägyptischen neuen Reich, so daß man an einen Agrarstaat denken könnte, wenn nicht die hohe Entwicklung rechtlicher Formen und Einzelheiten von Urukaginas Reform den Übergang zur Geldwirtschaft und zum bürgerlichen Rechtsstaat vermuten ließen, ist zur Chammurabizeit der Bürgerstand schon obenauf. Ihm und seinen Interessen dient vor allem Chammurabis große Kodifikation; der Tamkar, der Kaufmann, scheint das königliche Handelsregal als Lehnsmann oder Pächter auszuüben; er ist andern Lehnsträgern gleichgestellt und reist auf Staatskosten; neben ihm steht ein Unterpächter, der auf eigene Gefahr handelt und reist, mit Permeß und Geld des Großen. Schuldrecht und Handelsrecht sind weit ins einzelne geregelt.

Zur Zeit des babylonischen Exils ist Babylonien den Propheten das Land der Kaufleute, die hier zahlreicher sind als die Sterne. Große Firmen sind uns aus ihren Geschäftsbüchern und anderen

Papieren genau bekannt. Die Handelsprivilegien scheinen keine Lehen mehr zu sein; sie werden wohl im Lauf der Entwicklung den Königen von den städtischen Aristokratien oder von einzelnen abgekauft worden sein und in Abgaben vom Handel übergegangen sein. Der individualistische große Kaufmann, ein babylonischer Fugger oder Welser, existiert in assyrischer und neubabylonischer Zeit ohne Zweifel. —

Ein unglücklicher Zufall hat uns gerade für die Zeit, die wahrscheinlich die erste Einrichtung eines Großstaates über den verwandelten Städten versuchte und wohl auch erreichte, für die Zeit der Könige von Ur, fast keine Denkmäler gelassen. So ist der Staat Chammurabis der erste, der das Königtum bei der Arbeit zeigt, seine Interessen mit denen der städtischen Aristokratien auf der Grundlage der priesterlichen Weltanschauung in Einklang zu bringen. Es kann aber kein Zweifel sein, daß Chammurabi bei seiner genialen Lösung des Problems, wie bei seiner Kodifikation, Vorgänger gehabt hat, die wohl in der Dynastie von Ur und in seinem eigenen Hause zu suchen sind.

Die Könige der altbabylonischen Stadtkönigreiche, von dem von Kisch bis herab auf das von Ur, waren Priester-Könige, soweit sie kultiviert waren, Stammkönige mit städtischen Sitzen, soweit sie Halbbarbaren blieben. Die ersten leiteten ihre Macht aus ihrem Gottesgnadentum, die andern aus ihrem Recht des Stärkeren ab. Chammurabi ist beides zugleich, König eines kriegerischen semitischen Stammverbandes, aber als sechster Herrscher seines Hauses in Sippar mit den sumerischen Kulturforderungen völlig vertraut. Während andere Könige den Ansprüchen der Priester und Bürger gewaltsam entgegengetreten wären, indem sie als oberste Priester oder als sichere Herren eines bezahlten Heeres eine gewaltsame Unterdrückung versucht hätten, soweit sie nicht idealistisch und schwächlich die königlichen Rechte den aufrührerischen Ständen preisgegeben hätten, sucht Chammurabi eine eigene Lösung. Sie kann als ein patriarchalischer Absolutismus bezeichnet werden.

Der König ist unbedingt weniger Priester als die alten sumerischen Fürsten, behauptet aber durchaus sein besonders nahes Verhältnis zur Gottheit, vor allem zu seiner Gottheit, Marduk von Babylon. Er ist nicht Marduks Sohn, wohl auch nicht sein oberster Priester, aber sein legitimer Vertreter in allen weltlichen und geistlichen Dingen. So fühlen sich die besten Fürsten unseres 16. und

17. Jahrhunderts als Gottes unmittelbare Werkzeuge; seine Diener sind des Gehörs und einer gewissen Rücksicht sicher, aber zuletzt immer dem Fürsten untertan und Gehorsam schuldig.

Die Rücksicht auf die Gottheit beschränkt den König wie unsere patriarchalischen Monarchen; die Gottheit verlangt Gerechtigkeit, Frieden, Ordnung und eine unaufhörliche Fürsorge des Herrschers für das Land. Die Gesetzgebung, die die Gerechtigkeit sichern soll, bindet den König wie seine Untertanen. Die andern Forderungen stellen sein Gewissen immer wieder vor die Frage, ob er aus egoistischen oder leidenschaftlichen Gründen handelt, oder rein sachlich das Ideal göttlicher Weltordnung und die Wohlfahrt seiner Untertanen im Auge hat.

Wie die patriarchalischen Fürsten unserer Entwicklung, hat Chammurabi eine unbeugsame Energie im Durchsetzen dessen, was er als seine göttliche Mission ansieht. Gestützt auf sein Heer beschneidet er die Vorrechte und Ansprüche der Stände, soweit es ihm nötig scheint, nicht mehr; durch das Heer, durch Kommissare und Garnisonen hält er die Widerspenstigen im Bann seiner Herrschaft. Ein militärisch diszipliniertes Beamtentum wäre wohl sein Ideal gewesen, doch fehlte dazu das Material; wahrscheinlich hat Chammurabi die innere Organisation der städtischen und ländlichen Körperschaften unberührt gelassen.

Die Lösung Chammurabis war in ihrer Art ein Meisterstück, aber sie war allzu persönlich. Unter den Umständen seiner Regierungszeit, unter dem nachwirkenden Einfluß des alten Cäsaropapismus und unter dem Banne der Furcht vor der Wiederkehr der eben vergangenen Wirren, unter dem Druck von Chammurabis überragender Herrscherpersönlichkeit, mit ihrer unantastbaren Idealität und ihrer unbegrenzten Arbeitskraft gelang die Herstellung eines Zustandes, der alle befriedigen konnte. Auf die Dauer hätte das Werk nur Bestand haben können, wenn eine Interessengemeinschaft der Städte und der Könige entstanden wäre, die zu ehrlicher Zusammenarbeit, zur Beschränkung beider aus Einsicht geführt hätte, und wenn ein Beamtenkörper aus dem königlichen Heer und den städtischen und ländlichen Verwaltungskörpern hervorgegangen wäre. Wie die Dinge lagen, war daran nicht zu denken. Chammurabi hat durch seine Konzessionen an die Städte, die er im Bewußtsein seiner Kraft ruhig machen konnte, das Königtum schließlich geschwächt; er hat die Großkönige aus den Städten herausgestellt, sie darauf angewiesen, durch Waffengewalt oder Verhandlungen friedlicher Art die Anerkennung und den Gehorsam der Reichsteile zu erzwingen. Er hat durch sein Gesetz die Städte von der Rechtsprechung der Könige und ihrer Richter unabhängig gemacht. Die Könige wären vielleicht geneigt gewesen, bei Chammurabis Kompromiß zu bleiben; die aufstrebenden Aristokratien der Reichsstädte nahmen gern das an, was ihren Ansprüchen vorteilhaft war, dann aber verlangten sie das Hemd zum Rock. So ist Chammurabis Staat ein Zwischenspiel, die höchste Staatsform, die in Babylonien erreicht worden ist. In einem höher entwickelten Volk hätte aus dem patriarchalischen Absolutismus ein aufgeklärter Absolutismus und eine Verfassungsmonarchie hervorgehen können; in Babylonien ist er ein höchster Punkt, ein hochgestecktes Ziel für die Bemühungen späterer Großkönige, das auch die besten nur eben berühren.

In der Kassitenzeit werden, nach einer Epoche der reinen Barbarenherrschaft, vielleicht schon während dieser, die priesterlich-bürgerlichen Ideale der religiösen und rechtlichen Beschränkung der Könige auf ein Polizei- und Büttelamt im Dienst der Kirche und der Kaufmannschaft vollends ausgebildet. Die Fremdherrschaft war dafür ebenso günstig, als die folgende Zeit schwächlicher Schattenfürsten. Der Barbar stört die Städte nicht; er will Geld für seine Vergnügungen, Land für seine Stammesgenossen; dafür schützt er das Land und läßt seine städtischen Aristokratien ungestört ihren Weg gehen; er ist schlimmenfalls ein Naturereignis, vor dem man sich duckt, bestenfalls ein gelehriger Schüler, der sich vom Klügeren leiten läßt. Ebensogut befindet sich die bürgerlich-priesterliche Aristokratie unter Schattenkönigen, die sich als Diener der Gottheit fühlen und zu ihrer Ehre und zum Ruhm des priesterlichen Systems gebrauchen lassen, die königliche Rechte verschenken oder vergessen und so wertvolle Dokumente und Gewohnheitsrechte für weitere Kämpfe den Städten in die Hand geben. Wenn wir in assyrischer und neubabylonischer Zeit die Städte, namentlich Babylon, im Besitz ganzer Verfassungsurkunden finden, deren Einhaltung sie von den Königen fordern können, so werden ihre bedeutendsten Rechte wohl in Zeiten der Schwäche und Barbarenherrschaft zugestanden worden sein.

Unangenehm werden schwache Könige nur in Zeiten der Unruhe, wenn sie zu schwach sind, Handel und Industrie zu schützen.

Dann muß die priesterlich-bürgerliche Aristokratie der Städte selbst den Schützer suchen, einen König groß machen.

Nabukudurriusur I. aus Paše (= Isin) ist auf diese Art zum Thron gekommen. Elam hatte das Mardukbild weggeführt und damit Babylon die denkbar größte Schmach angetan. Nabukudurriusur hat nicht nur Marduk zurückgeholt und zeitweise Obermesopotamien besetzt, er hat das viel größere Wunder fertiggebracht, sich den Ruf eines idealen Königs bei den Babyloniern zu sichern. Zum Teil verdankt er diesen zweifellos dem Liebesdienst, den er Marduk und seiner Priesterschaft, die die babylonische Geschichtsüberlieferung beherrschte, erwiesen hat; zum andern Teil aber war er ein König nach dem Herzen der priesterlich-bürgerlichen Schicht. Wie dies Königsideal aussah, zeigen die Denkmäler. Nabukudurriusurs Königtum ist im alten sumerischen Sinn ein Primat Babylons unter Gleichen; wie vollkommen er als König Bürger blieb, das zeigt ein Vertrag, den er in den allgemeinen Formen, wie jeder Bürger, abschloß, mit dem Oberpriester als ersten Zeugen; wie locker das Reichsgefüge war, zeigt die Lehnsurkunde für den Fürsten von Bit-Karzija, einen der chaldäischen Territorialherren, die neben den Stadtaristokratien stehen, wie die kleinen Fürsten und Herren unseres 15. und 16. Jahrhunderts neben den freien Städten; der König entbindet ihn von allen Tributen und Verpflichtungen zum Lohn seiner Dienste gegen Elam: der Staat belohnt Dienste, indem er in seine eigene Auflösung einwilligt; schließlich zeigen Klage- und Dankhymnen des Königs beim Verlust der Mardukstatue und nach ihrer Heimkehr seine Frömmigkeit. Es ist begreiflich, daß ein solcher Herrscher den Städten und Territorien lieb war; er unterstützte ja ihr Streben, das Königtum auf die Grenzwacht und Landespolizei zu beschränken; Kapitulationen, Lehnsurkunden, Anleihen stellen die rechtlichen Formen dar, durch die seine Rechte in Städten und Territorien auf diese übergehen; ein Ideal von frommen und gerechten Herrschern, religiöse und gesetzliche Vorschriften binden ihn in allen Lagen seines Lebens als König. Unser Kaisertum im 15. und 16. Jahrhundert war in derselben Lage seinen selbständigen Vasallen gegenüber; nur durch Entwicklung einer Hausmacht in den zurückgebliebenen Kolonialgebieten des Reiches und durch fortwährende Drohung mit einer zuverlässigen Heeresmacht können die Kaiser ihren Einfluß im Reich behaupten.

Im babylonischen Kolonialgebiet wurden die Fürsten groß,

die, gestützt auf ihre Hausmacht, die Rolle unserer Luxemburger und Habsburger in Babylonien spielen; es sind die Könige von Assyrien.

Das assyrische Königtum ist zunächst ein Stammeskönigtum, das seinen Überschuß an kriegerischer Volkskraft zu Eroberungen und Kolonisation benutzt. Babylonien und Phönikien entsprechen dabei etwa Italien in unserer Stauferzeit; auch seinen Friedrich II. hat das assyrische Königshaus — Tukulti-Ninib bleibt in Babylon sitzen, bis er Assyrien verloren hat, ein Gefangener der höheren Kultur.

Inzwischen verbauert die assyrische Bevölkerung, die Menschenüberschüsse hören auf. Aššurnasirpal ist der letzte, der Kolonien aussenden kann, Šulmanašaridu II., der letzte, der in höchster Aufbietung aller Kräfte »das Land« anruft. Die freie kriegerische Bauernschaft im unablässig bedrohten Durchgangsland hat sich lange erhalten; schließlich ist sie erschöpft.

Die Unmöglichkeit, mit reinen Bauernaufgeboten die notwendigen und die ehrgeizigen Dauerkriege der Könige zu führen, dazu die Geldmittel aus dem eroberten babylonischen und phönikischen Kulturgebiet, haben in Assyrien den Königen früh ein Söldnerheer in die Hand gegeben. Je mehr das Land versagt, umso wichtiger wird dies stehende Heer. In einem kleineren Gebiet und in einem höher kultivierten Land hätte das Heer ein Werkzeug zur Schaffung eines Beamtenstaates werden können; Assyrien kam unter seiner nationalen Dynastie nicht dahin.

Die ersten Herrscher nach dem Sturz derselben sind reine Söldnerkönige; sie fragen weder nach babylonischen Kulturidealen, noch nach höheren Staatsidealen; Zweck des Staates ist die Wohlfahrt seines Söldnerheeres; es muß beschäftigt und bereichert werden; dazu ist Ruhe im Innern nötig — sonst leiden die regelmäßigen Einnahmen, die zur Besoldung gebraucht werden; an den Grenzen darf es keine Ruhe geben, sonst ist das Heer unbeschäftigt und ohne Beute. Diese Politik aus der Hand in den Mund war nicht nur gerechtfertigt so lange es galt, das zerfallene alte assyrische Reich äußerlich herzustellen, sie schuf auch das Söldnerheer zu einem ganz sicheren und unbedingt willigen Werkzeug in der Hand seiner Könige um. Das Heer fühlte sich als Mittelpunkt des Staates; es war sicher, seine Interessen von den Königen gewahrt zu sehen; Stolz auf seine Siege über alle Welt, Ehrgeiz einer bevorrechteten Klasse, unbedingte Ergebenheit gegen die Führer müssen in dieser

Elitetruppe von Generation zu Generation vererbt worden sein. Nur so konnte das Heer höheren Aufgaben dienen.

Diese höheren Aufgaben nahmen nun die Könige aus Šarukins Haus vor. Es zeigte sich, daß die reine Gewalt- und Eroberungspolitik ihrer Vorgänger kein Abweg oder Umweg, sondern der gerade Weg zu den Zielen war, vor denen die letzten Könige der nationalen Dynastie zurückgeschreckt und zusammengebrochen waren. Das neuassyrische Reich war nach außen stärker als je zuvor; es besaß in seinem Heer ein diszipliniertes Korps zur Verwaltung, zur Unterdrückung von Selbständigkeitsgelüsten seiner Teile und zur Verteidigung nach außen.

Wie das Ziel unserer Kaiser vom 14. bis zum 17. Jahrhundert die Herstellung einer absoluten Gewalt, die Vernichtung der Kleinstaaten war, so war der zentralisierte absolut regierte Einheitsstaat mit militärischer Verwaltung das Ziel der Šarukiniden. Er kam hier und dort aus gleichen Gründen nicht zustande. Die Reichsgebiete waren zu groß, um mit den Mitteln der Zeit übersehen und verwaltet werden zu können; sie waren zu vielen Feinden offen; sie waren innerlich zu ungleich entwickelt; vor allem aber waren eben die kultiviertesten Reichsteile, auf die ein Kulturkönigtum sich hätte verlassen müssen, um die zurückgebliebenen Teile zu entwickeln, vollkommen unreif für eine große Politik, individualisiert genug, kleinliche Sonderinteressen stiernackig zu verteidigen, aber unfähig, große zu begreifen. An der Kleinstaaterei ist das vorderasiatische Großkönigtum der Assyrer und Chaldäer, wie das römische Kaisertum deutscher Nation zugrunde gegangen. Mit den Hilfsmitteln eines zuverlässigen babylonischen und phönikischen Bürgertums hätte sich der assyrische Großstaat wohl auch gegen Meder und Perser behaupten können; aber das Bürgertum war nicht zu gewinnen.

Den Šarukiniden gelang es, das Heer ganz in den Dienst ihrer Staatsidee zu stellen; auch als Mittel zu andern Zwecken, nicht nur als Hauptzweck des Staates, blieb die Armee zuverlässig. Die Zentralisierung des Reiches machte Fortschritte, soweit sie mit gewaltsamen Eingriffen, mit Kassierung syrischer Kleinstaaten und ihrer Verwandlung in militärisch verwaltete Provinzen zu erreichen war; die Verwaltung war ganz militärisch und scheint gut gearbeitet zu haben. Aber die Versöhnung der Gebildeten, die Gewinnung der kultivierten Reichsteile für die Idee des Großstaates, der ihre Kultur vertreten und verbreiten wollte, mißlang vollständig. Die gebildeten Oberschichten forderten die einfache Annahme ihres Standpunktes durch die Großkönige; sie wollten Einheit, Frieden und Recht, aber sie verweigerten alle Mittel dazu; ein starkes Heer, eine kräftige Verwaltung war ihnen in den Händen der Könige ein Greuel; sie wollten nicht einsehen, daß jede Unterwerfung der Könige unter ihre Forderungen sie selbst des Schutzes beraubte.

Šarukin war entgegenkommend, Sinacheriba gewalttätig; Aššurachiddin hat einen Kompromiß versucht, das Reich geteilt, den Babyloniern einen eigenen Friedenskönig, den Sohn einer Babylonierin, gegeben; Aššurbanipal war alles andere, nur kein Tyrann — immer wieder flammten in Babylonien beim Thronwechsel Aufstände empor, immer wieder waren die Städte im Bund mit allen Reichsfeinden; ein Bruderkrieg, nicht eine friedliche Herrschaft einiger Brüder, war das Ergebnis der Reichsteilung.

Dann versuchten die chaldäischen Könige die Quadratur des Zirkels. Sie kamen dem Ehrgeiz der Stadt Babylon durch die Wahl ihrer Residenz entgegen; sie waren gebildet genug, nur den Göttern zu dienen, ihre großen Siege gering zu achten, ganz die Sprache der priesterlich-bürgerlichen Oberschicht zu reden, die sie vom assyrischen Joch befreiten. Sie hatten nicht mit chaldäischen und elamitischen Feinden zu rechnen — sie gingen rein am Gegensatz zum Bürgertum zugrunde.

Das Ideal eines priesterlich-bürgerlichen Königs war Nabunaid, ganz Statthalter der Gottheit, Friedensfürst bis zu vollkommener Vermeidung jeder Berührung mit dem Heer, ein Mann des Gottesdienstes und des Gebets — und doch begrüßte Babylonien, wie die jüdische Gemeinde, Kyros als Befreier.

Als Kyros Babylon einnahm, war die Lage geklärt: eine Versöhnung und Verbindung von Königen und Gebildeten war unmöglich. Die herrschenden Schichten waren für den patriarchalischen Absolutismus Chammurabis nicht reif, geschweige denn für einen aufgeklärten oder verfassungsmäßig gebundenen König oder eine Republik. Der König konnte nur ein Tyrann sein, der durch brutale Gewalt oben blieb und fallen mußte, wenn er schwach wurde, wenn sein Heer ihn verließ oder seine wohlmeinende Versöhnungspolitik ihn in die Hände seiner Gegner gab; oder er mußte eine Puppe in Priesterhänden werden. Beide Arten des Königtums sind primitiver als das Königtum Chammurabis, direkte Übergänge aus dem

Cäsaropapismus, Vorstufen zu patriarchalischem Absolutismus oder zum priesterlichen Gottesstaat und weiter zur Republik. Der König als Tyrann war verhaßt, um so mehr, je kultivierter er wurde, und je mehr er dadurch befähigt wurde, im Namen der Ideale der Kultur die Kirchturmspolitik der aristokratischen Interessenten in den Städten zu bekämpfen; der König als Priesterpuppe war schließlich den Priestern und Bürgern selbst wertlos und verächtlich.

Wenn schon eine Oberherrschaft über den individualistischen Stadtstaaten unentbehrlich ist, so ist die Fremdherrschaft barbarischer Stämme den bürgerlich-priesterlichen Geschlechtern in den Städten am liebsten. Der Barbar läßt ihnen ihre Kultur, ihre Kirche, ihre Privilegien und Geldsäcke, ihre Ideale und ihre egoistischen Begierden, ihre Zänkereien und Händel untereinander und die Herrschaft über ihr rechtloses Proletariat. So ist Babylonien zur Fremdherrschaft reif durch die Individuation seiner Oberschichten.

Die städtische Aristokratie der Priester und Gelehrten, der Handelsherren, Fabrikanten und Bankiers entwickelt die Grundbegriffe einer individuelleren Weltanschauung, einer individuelleren Frömmigkeit, eines individuelleren Eigentums, einer Weltkirche und eines Rechts- und Handelsstaats. Aber die Entwicklung schreitet in Babylonien nicht weit genug fort, um neue Formen zu vollenden; der Individualismus zersetzt das Alte; die erste bürgerliche Kultur der Welt geht an ihrem Ursprung aus reinem Rationalismus staatlich zugrunde; sie verwirft das nationale Königtum, unnational, wie alle rein rationalen Utilitarier; sie verwirft das Weltreich heimischer Könige, demokratisch wie alle Individualisten; sie fordert die Herrschaft der Idee, der Gottheit, der Vernunft und Kultur, und erreicht eine Herrschaft aristokratischer Cliquen in zahllosen Kleinstaaten und darüber eine Säbelherrschaft wechselnder Heerführer und Barbaren.

Was in Ägypten erst spät in Zeiten des Verfalls kam, die Entwicklung der Stadtstaaten und der einheitlichen religiösen Weltanschauung, was in Hellas seine Vollendung erlebte in allen Formen der Republik und der Philosophie, das sehen wir in Babylonien als Hauptinhalt der Geschichte werden und unvollendet zum Stillstand kommen.

Auch die hellenisch-römischen Republiken enden in Imperien, auch die individualistische hellenische Philosophie wird von einer halbindividualistischen religiösen Weltanschauung abgelöst; breite Schichten kommen zur Herrschaft, die nicht die volle Stufe der

Individuation erreichen, die die hellenische Oberschicht erstiegen hatte; so kehrten auch die älteren Gesellschafts- und Staatsformen wieder.

Heute sind große Republiken möglich durch bessere Verkehrsmittel, durch das Volksheer und durch die Geldwirtschaft, durch gesteigerte logische Fähigkeiten und intensive historische Erziehung einer Oberschicht. Aber die herrschende Schicht wird abgelöst werden, und die neuaufsteigenden Schichten werden, um ihr Erbe antreten zu können, ihre individualistischen Lehrjahre durchmachen müssen; so notwendig ihr Aufkommen für die Erhaltung und Weiterbildung der Kultur ist, so gefährlich kann es dem individualistischen Staat werden, wenn es allzu früh eintritt: wer den Gottesstaat der reinen Vernunft erwartet, aber die Mittel zu seiner Verwirklichung und Erhaltung, Heer und Beamtentum, verachtet, der hilft das, was von seinem Ideal verwirklicht ist, zu zerstören und den modernen individualistischen Staat der Säbelherrschaft und der Pöbelherrschaft auszuliefern, wie es in Babylonien, in Hellas und Rom geschah. —

Der gegebene Verband für primitive Menschen ist die Horde, in erster Linie als Geschlechtsverband mit gegebenen Autoritätsverhältnissen; je weiter das Denken fortschreitet, um so mehr wird er logisch durchgebildet. Im Geschlechtsverband kultivierterer Horden bleiben zwar immer noch starke Männer bedeutsam, zumal sie zur Sezession schreiten können; die Verbände sind auch nicht streng geschlossen und keineswegs auf wirkliche Blutsverwandte beschränkt, sondern sehr variabel und immer auf Ergänzung ihrer Lücken durch Außenstehende bedacht; im ganzen aber herrscht in ihnen die Fiktion echter Blutsverwandtschaft und dem entsprechend durch erbliche Autorität und durch Erfahrung, die bald wichtiger wird als rohe Kraft, der Älteste, der Stammvater.

Die Lage des Verbands bestimmt seine Rechte; er ist der Schützer, der Führer bei Kampf und Wanderung, der selbstverständliche Herr über Leben und Tod; was sich gegen ihn auflehnt, gefährdet den Bestand der Gemeinschaft und muß weichen oder fallen. Ebenso selbstverständlich stehen neben ihm, unentbehrlich und dem Recht nach fungibel und gleich, seine Brüder und Söhne und die übrigen Stammesgenossen, als Stammesrat, als Kriegs-, Verwaltungs-, Gerichts- und Kultversammlung. Der Älteste ist der Herr aller, aber nicht unbeschränkt; seine nächsten Familienmitglieder werden durch die nahe Beziehung zu ihm und das Erbfolgerecht gewohnheitsmäßig angesehener als die übrigen sein; aber diese Abstufungen haben ihre Grenze in der Notwendigkeit, daß alle kämpfen und alle essen müssen und in der Unmöglichkeit, zu großem Privateigentum zu gelangen. Die erste Familie wird in der Regel mit Recht an der Spitze des Verbandes stehen; der Gründer muß wohl meist tapfer und klug gewesen sein, geschickt zum Kampf ums Dasein; er und seine Nachfolger haben Aussicht auf gute Fortpflanzung, Höherzeugung, ob durch Geschwisterehen die Möglichkeit einer Summierung der Vorzüge des Ahnherrn, durch Verschwägerung mit andern Führerhäusern die Übertragung von deren Tüchtigkeit, oder durch ein Vorzugsrecht an der Beute die freie Zuchtwahl möglich wird; besseres Blut ist auf primitiven Stufen identisch mit besserem Aussehen, besserer Intelligenz und besseren Leistungen; Haltung und Verantwortlichkeit erzieht. Wo die führende Familie unfähig wird, erfolgt ihr oder des ganzen Verbandes Untergang, Auflösung oder Aufreibung.

Das Grundgesetz ist das Gesetz des Blutes. Alle Freien sind blutsverwandt; alle Blutsverwandten rächt der Stamm, schützt sie durch die Gewißheit seiner Rache in jedem Fall vor Unbill; Blut für Blut fordert er in einfachster Logik. Blutsverwandt ist man durch Abstammung, oder man wird es durch Blutsübertragung. Außerhalb des Blutsverbandes gibt es nur Feinde, die Bundesgenossen werden können, wenn ein gemeinsames Interesse vorliegt, oder Schutzbefohlene, wenn sie sich unterwerfen.

Beim Einbruch in das Kulturland oder bei der Ansiedelung in einem Neuland wird die Geschlechter- und Stammesverfassung einfach auf die neuen Verhältnisse übertragen. Der labile Geschlechtsverband geht über in die Dorf- oder Stadtgemeinde. Der Grundbesitz, anfangs allgemeines Eigentum und durch das Los periodisch verteilt, wird fest und vererblich und führt zu sozialer Schichtung; die sozial ausgleichende Wirkung gemeinsamer Wander- und Kriegszüge verschwindet; die führende Familie stellt sich besser als die Masse der Freien; sie und die Freien, die ihre Hufen zu halten und zu vermehren wissen, bilden den Grundadel; der Rest wird proletarisiert, Reisläufer, kleine Bauern und Hörige.

Die alte Versammlung der Stammesmitglieder wird zur Gemeindeversammlung. In dieser wird die Bedeutung des einzelnen bald durch seinen Grundbesitz bestimmt; die Adligen, die Grundherren nehmen alle Rechte der Freien an sich; die Menge wird Chor und schnell ganz rechtlos. Verstand und Eigentum, die beiden Voraussetzungs- und Pietätlosen, vernichten die alten Rechtstitel der Wüstengenossen; körperliche Kraft, Herkommen, weiterer Blutsverband gelten nichts mehr, oder Herkommen und Blutsverband gelten, aber nur in den neuen grundadligen Familien.

Im Kulturland tritt überall eine innige Verbindung mit den bestehenden sozialen Verbänden ein, mit dem Stadt- und Landadel einerseits, andererseits mit den proletarisierten Schichten.

Dehnt sich die Macht eines eben eingewanderten Stammes durch dessen kriegerische Kraft als Schutzverhältnis oder Eroberung eines Gebietes weiter aus, so entsteht ein Stammeskönigtum, mit dem ursprünglichen Dorf oder einer eroberten Stadt als Mittelpunkt. Der König dieses Staates ist in seinem Stamm der erste durch Geburt und Besitz, wie seine Ahnen in der Wüste, oberster Führer im Krieg, oberster Priester des Stammes- und Reichsgottes, Vorsitzender in der Stammesversammlung. Der Stamm beansprucht ein Vorrecht im Reich; er ist eine Klasse von Siegern. Alles übrige Volk ist schutzbefohlen und eigentlich rechtlos, Untertanenmasse. --

Mit einer Stamm- und Geschlechterverfassung der oben geschilderten Art sind die sämtlichen Stämme der vier semitischen Schichten in die ackerbaufähigen Randgebiete der Wüste eingedrungen. Sie erzwingen den Eintritt ins Kulturland zunächst zwischen den Städten, indem sie die Heere der Stadtfürsten mit ihren eisernen Wagen überrennen, wie Issašar und Sebulon, oder sie wandern zurückgeschlagen weiter wie Dan; sie sitzen dann in ihren befestigten Dörfern, die nach Stamm und Gott genannt sind, treiben Räuberei und Ackerbau, wie die Stämme Israel und Juda; sie üben von ihren Stammsitzen aus eine Herrschaft über die benachbarten Städte und Stämme aus, wie Jerubbaal aus Menašše oder Šaul aus Benjamin; sie setzen sich in den Besitz der Städte durch Überfall auf der Wanderschaft, wie Dan Lais nimmt, seßhaft durch eine Mischung von Gewalt und Vertrag, wie Abimelech durch Verwandtschaft und durch sein Heer Schutzherr von Sichem wird und David durch die Hilfe von Juda, durch sein Verhältnis zu den Philistern vielleicht und durch seine versöhnliche Haltung den kanaanäischen Stämmen gegenüber Herr von Jerusalem wird.

Was wir hier bei den Stämmen, deren ältere Überlieferungen uns erhalten sind, etwas genauer sehen, ist typisch für unzählige andere Einwanderungen. Wie Issašar und Sebulon erscheinen die Chabiri vor Jerusalem; wie Israel und Juda sitzen aramäische und chaldäische Stämme in der Nachbarschaft syrischer und babylonischer Städte, in Obermesopotamien und in den Sümpfen des Meerlandes. Wie Abimelech und David kommen ihre Führer zum Besitz von Städten und Reichen.

Šaul ist König als Abkömmling des führenden Geschlechts in Benjamin durch die kriegerische Tüchtigkeit seines Stammes. Er vertreibt die Philister, d. h. er setzt an die Stelle ihrer Schutzherrschaft die seines Stammes. Er bezieht dafür von den »beschützten« Städten und Stämmen einen Zins. Sein Stamm war natürlich frei von Steuern; in Benjamin hat Šaul sein Hausgut und in seinen Stammesgenossen den Kern seines Heeres. Beamte braucht er nicht; zur Einziehung der Zinse, zu kleinen Unternehmungen genügen die Hausgenossen des Königs.

Vier Gruppen lassen sich in Šauls Reich unterscheiden:

1. das königliche Haus, bestehend aus seinem persönlichen Anhang, seinem Geschlecht und seinem Gefolge, den er aus seinem Großgrundbesitz, seinen Zinsen und Beutezügen erhält und immer zur Verfügung hat;

2. sein Stamm, in dem er Häuptling ist, den er zu Kriegen aufbieten kann;

3. die kanaanäischen Schutzgebiete, die Zins und vielleicht auch Truppen stellen müssen;

4. die besiegten Königreiche im Grenzland nach der Wüste hin, Ammon vor allem, die wenig zahlungsfähig, aber durch ihr Interesse der Abwehr der Nomaden an eine stärkere Macht im Kulturland zu fesseln sind; Šaul braucht diese Gebiete als Schutzwall seines kanaanäischen Gebiets gegen die Wüste. Wahrscheinlich stehen sie in einem Lehnsverhältnis zu ihm.

Dieselbe Zusammensetzung hat das Reich Davids; nur verschieben sich in ihm allmählich die Verhältnisse nach der absoluten Militärmonarchie hin.

David stützt sich von Anfang an auf seinen Stamm, doch weniger in der Form Šauls, als in der des Abimelech; mit einem freiwilligen Gefolge kriegerischer Genossen treibt er das Schützen im südlichen Grenzgebiet als Geschäft; dann gewinnt er durch Verschwägerung den Stamm Kaleb. Erst im Fortgang seiner Unternehmungen scheint der ganze Stamm Juda ihm als seinem Haupt

Gefolgschaft geleistet zu haben; aber auch in dieser Zeit steht neben dem Stamm eine bezahlte königliche Garde. Nach der Gewinnung von Jerusalem führt er den Stammgott von Juda dahin und herrscht nun in seinem Namen, aber nicht von seinem Stammgebiet und Grundbesitz aus, sondern von Jerusalem aus, als Stammeskönig und Eroberer, zugleich aber als halbkanaanäischer Stadtkönig und absoluter Monarch.

Davids Haushalt ist nicht mehr die Umgebung eines Geschlechterhäuptlings und Großgrundherrn, sondern ein richtig organisierter Hofhalt. In seiner Zusammensetzung zeigt sich der Übergang vom Stammeskönigtum zum absoluten Heerkönigtum von Gottes Gnaden. An der Spitze der Großen steht Joab, der Feldhauptmann, ein Vertreter des Stammes, David als dem rechtmäßigen König von Juda ergeben. Dann kommen aber die Würdenträger eines Hofes in der Art des ägyptischen, ein Vezier, der Priester des Reichsheiligtums, ein Schreiber und der Hauptmann der Garden. Als Konzession an das Stammesheiligtum steht neben dem Priester des Jahutempels in Jerusalem der des Jahuheiligtums der Zeit vor der Einnahme Jerusalems, des Schlangensteins, neben Sadok Abjathar. Neben den Stammesämtern gibt es also Reichsämter, neben dem Stammesheiligtum das Reichsheiligtum, neben dem Stammesheer das Söldnerheer.

Der Stamm Juda nimmt in Davids Reich eine Ausnahmestellung ein, wie der Stamm Benjamin im Reiche Šauls; er fühlt sich als Sieger. David war mit dieser Auffassung keineswegs zufrieden. Der Stamm sollte im Reich aufgehen, mit den Kanaannäern eine gleichförmige Masse von Untertanen bilden. Der Gegensatz zwischen den Absichten des Königs und den Wünschen des Stammes kommt in der Revolution Abšaloms zu gefährlichem Ausbruch. Auch der Zorn über Davids Volkszählung muß im Stamm Juda aufgeflammt sein; die kanaanäischen Reichsteile waren Volkszählungen gewöhnt; für Juda aber bedeutete die Einbeziehung in die Volkszählung eine Einreihung in die Untertanen.

Die kanaanäischen Gebiete waren in Davids Reich nur dadurch anders gestellt als im Reiche Šauls, daß David sie nicht als Anhänge und Schutzgebiete eines Stammreiches, sondern als Kern seiner Herrschaft ansah. Er behandelte sie also mit aller Rücksicht, die guten Untertanen zukam.

Die Grenzgebiete nach der Wüste scheinen durch ihre Bedeutung als Schutzwälle des Kulturgebietes und die Besonderheit ihrer Bevölkerung auch im Davidsreich eine Sonderstellung eingenommen zu haben, dem König besonders unterstellt und gesichert.

Die Vollendung des absoluten Königtums von Gottes Gnaden erreichte Šelomo. Bei seinem Regierungsantritt erhob sich gegen ihn, als den bekannten Vertreter der absolutistischen und kanaanäischen Neigungen seines Vaters, der Stamm Juda. Joab und Abjathar traten auf die Seite des Stammes, dessen Ansprüche sie im Hofhalt repräsentierten. Die Folge war eine Reform des Hofes. Der letzte Rest des alten Geschlechter- und Großgrundherrenwesens wird beseitigt; zugleich der letzte Rest kriegerischer Barbarei. An der Spitze der obersten Würdenträger steht nicht mehr der Feldhauptmann, sondern der Oberpriester des Reichsheiligtums; der zweite Oberpriester ist verschwunden. Dann folgen zwei hohe Schreiberbeamte. Das nächste Stück der Liste, 1. Kön. 4, 1—5, ist aus Davids Geschichte hierher verirrt; Šelomo gehören erst wieder der »Vorsteher der Vögte«, der »Freund« des Königs, der »Palastvorsteher« und der »Vorsteher der Frohnden«. Das Ganze ist ein Hofhalt nach ägyptischen Vorbildern des neuen Reiches mit babylonischer Krönung; babylonisch ist die starke Betonung priesterlicher Ämter; die Voranstellung des Oberpriesters vom Reichsheiligtum und der priesterliche Charakter von Šelomos Freund gehören hierher. Der oberste der Vögte entspräche etwa dem ägyptischen »Vorsteher der Scheunen«, dem wichtigsten Beamten im neuen Reich, der Oberste des Palastes dem ägyptischen »Vorsteher des Kleiderhauses« oder einem seiner Kollegen. Auch der königliche Freund hat dort viele Parallelen.

Das Reich ist in zwölf Provinzen eingeteilt, deren jede den königlichen Hof einen Monat zu versorgen hat. Daß eine runde Zahl des Duodezimalsystems bei der Neuordnung des Reiches zugrunde gelegt wurde, ist verständlich; doch muß in Juda dann der ägyptische Kalender gebraucht worden sein; bei der babylonischen Mondrechnung wäre der Hof im Schaltmonat ohne Nahrung gewesen.

Von der Provinzialeinteilung blieb der Stamm Juda verschont: er wahrte also wenigstens in dieser Beziehung seine Sonderstellung. Auch die Südstämme und Ammon, Moab, Edom blieben außerhalb; sie waren keine Ackerbauländer und für das geldwirtschaftliche Verwaltungs- und Steuersystem ungeeignet.

Leider wissen wir nicht, ob den Schreibern am Hof ein Stand von Schreiberbeamten im Land entsprach, wie er in Ägypten existierte. Wahrscheinlich ist das aber nicht. Die Vögte werden wohl königliche Kommissare in den Kreisen gewesen sein, gestützt mehr auf die königlichen Garnisonen als auf einen Beamtenstab, vielleicht wieder nach dem Muster der ägyptischen Verwaltung in Palästina und Syrien.

Ein gleichartiges einheitliches Ganzes ist das Reich Juda auch unter Šelomo nicht geworden. Die Reichsteile waren viel zu verschieden in ihrer wirtschaftlichen und kulturellen Entwicklung und in ihrem historischen Verhältnis zum königlichen Haus. Die kanaanäischen Landesteile waren Untertanen im Sinn eines absolut regierten Staates und lieferten regelmäßige, fast geldwirtschaftliche Steuern an die Finanzverwaltung ab; die Stämme des Südens und Juda standen dem König als ihrem persönlichen Herrn gegenüber: in Juda war er Stammeshaupt, in Kaleb mindestens den Führern verwandt, in den übrigen aus Davids Zeiten Schützer des Friedens; die Randkönigreiche zinsen, so lange ihre Herrscher Furcht vor dem Lehnsherrn oder den Beduinen haben; die Einkünfte aus all diesen Stammgebieten können nicht groß gewesen sein — Juda und die Südstämme kommen als Aushebungsgebiete in Betracht, vielleicht auch als Aufgebote. Feste Einnahmen gibt endlich das Handelsregal des Königs, wohl auch sein Grundbesitz.

Nach Šelomos Tod geht der ganze Norden verloren und damit die Grundlage fester Einnahmen. Das absolute Königtum büßte damit seine beste Stütze ein. Die Könige von Juda bleiben in Jerusalem sitzen, halten Hof wie Šelomo und haben ihre Garden wie er; aber sie haben sehr wenig Geld und dementsprechend einen ganz kleinen Hof und ein ganz kleines Söldnerheer. Im Reich Juda der nachsalomonischen Zeit sind die maßgebenden Teile der Stamm Juda und seine südlichen Nachbarn, die sich gewöhnen, Jerusalem und seinen Gott als ihren angestammten Mittelpunkt anzusehen; so wird auch das Königtum dem Einfluß dieser Teile wieder mehr untertan, als zu Šelomos Zeit. Rechabam scheint im Gegensatz zu seinem Vater absichtlich den Stammkönig herausgekehrt zu haben: seine Nachfolger müssen das »Land«, Juda und die Südstämme berücksichtigen, weil sie nicht mehr als dies und die eine Stadt Jerusalem besitzen.

Dem erobernden Stammeskönigtum Davids und dem folgenden Kulturkönigtum Šelomos entsprechen in Babylonien die Reiche der

Vertreter neueingedrungener semitischer Schichten, das Šarganišarris und seiner Nachfolger, das Suabus und der ersten Könige von Babylon, das Nabupalusurs und Nabukudurriusurs II.; auch das nationale Königtum von Aššur gehört mit mehreren Gestalten hierher; endlich müssen auch die ersten Kassitenkönige eine ähnliche Entwicklung durchgemacht haben.

Davids und Šelomos Ideal, das absolute Königtum über einer gleichförmigen Masse von Untertanen, gestützt auf die Gottheit des Reiches und ein bezahltes Heer, unabhängig von einem Stamm, haben die Omriden in Israel erreicht. Das Omridenkönigtum ist aus Kämpfen von Heerführern hervorgegangen; die Söldner machen Könige wie im assyrischen Reich; über den zersplitterten kleinen und kleinsten Herren und Städten wirft sich der Kondottier zum Tyrannen auf, allen verhaßt, aber zuletzt allen unentbehrlich. Wie die neuassyrischen Heerkönige lösen die Omriden die nationalen Dynastien ab; sie treten die Herrschaft mit der Absicht an, eine ganz neue Ära zu beginnen, die Ära ihrer Stadt, Samarias, das sie als Mittelpunkt des Zukunftsreiches neu gründen. Die Absichten der Omriden müssen, wie die der neuassyrischen Könige darauf gerichtet gewesen sein, mit dem Schwert die Ordnung herzustellen und zu befestigen und dann einen friedlichen Kulturstaat aus der Kleinstaaterei und Zersplitterung hervorgehen zu lassen. Gescheitert sind sie an der Notwendigkeit, immer wieder ihre Selbständigkeit gegen Damaskus zu verteidigen und zuletzt an der Revolution des Heeres, das mit Unzufriedenen in Israel und Juda im Bunde war.

In Juda ist ein Königtum der Waffen nicht zu voller Entwicklung gekommen; die kulturelle Unterlage fehlte, es gab keine reichen Städte und kein Geld. Am nächsten war das judäische Königshaus nach Šelomo einer reinen Säbelherrschaft, als es eng verschwägert mit den Omriden, von den reichen Verwandten mit Geld und Truppen versehen, sich auf seine Garden verließ. In diesem Augenblick erlag es einer Verschwörung der Priester und des Landes; die Garden blieben Athalja treu, konnten aber die männlichen Glieder des Hauses nicht retten; nach einer mehrjährigen Säbelherrschaft der Garden gelang es den Aufrührern, Athalja zu stürzen.

Die Vorgänge bei diesen beiden Aufständen gegen das Königshaus zeigen sehr klar, mit welchen Faktoren das judäische Königtum zu rechnen hatte; es sind die Priester des Reichstempels und das

Land, vor allem die Südstämme. Priesterliche Politik verlangt die Herstellung des Gottesstaates, die Abhängigkeit des Königs von der Gottheit, seine Umwandlung in eine heilige Puppe in Priesterhänden. Das Land ist nicht mehr einfach der Teil der Bevölkerung, der in seinen Dörfern oder in der Steppe seine Stammverfassungen und -traditionen bewahrt hat und deshalb unbedingt zu dem angestammten König steht; nicht der Stamm Juda, der Stamm Rechab, einer der Südstämme, spielt die Hauptrolle bei der Revolution, und er tut das nicht eigentlich als Stamm, sondern als religiöse Sekte von Jahufanatikern. Die Stammsekte der Rechabiten ist ein eigentümliches Mischwesen; man kann sie als den geschichtlichen Prototyp des sagenhaften Volkes Israel betrachten; ein Stamm wie andere Wüstenstämme, zugleich aber eine religiöse Gemeinschaft höherer Ordnung, mit einem Religionsstifter als Führer; ein Stamm, der ein soziales Ideal der Gleichheit, Bedürfnislosigkeit und Frömmigkeit in die Wüstenvergangenheit hineinverlegt, friedliche Hirten, die nur zu Ehren ihrer Gottheit zum Schwert greifen. Es ist schwerlich ein Zufall, daß diese Jahudiener im israelitischen Gebiet gegen die Abtrünnigen von Jahus Reich und nicht in Jerusalem selbst verwendet wurden, wo man sie gegen die Garden gut hätte brauchen können, ein Aufruhr in Jahus Stadt, gegen Davids Haus im brutalsten Sinn; war keine Aufgabe für sie.

Athalja fiel und ein Kind »aus Davids Haus« bestieg den Thron die Gefahr der Säbelherrschaft, der »Fremdherrschaft«, werden die judäischen Nationalisten gesagt haben, war beseitigt. Zwei Könige nacheinander fallen durch Verschwörungen, nachdem sie durch eine kriegerische Politik die Stadt und den Tempel geschädigt; dann tritt Ruhe ein; die folgenden Herrscher begnügen sich mit dem alten Ruhm der David und Šelomo und mit einer priesterlich-königlichen Gewalt über den Priestern des Reichsheiligtums und den Jahudienern unter den Stämmen. Im judäischen Kleinstaat, seitab von der großen Politik, hält sich der Cäsaropapismus eines Amenhotep IV. und sumerischer Priesterfürsten, weil weder die individualistische Entwicklung von Reichsstädten, noch äußere Feinde ihn vernichten; Priester- und Jahusekten halten sich das Gleichgewicht im Innern; nach außen schützen die Lehnsherrn, Israel, dann Assyrien.

Bis zu diesem Punkt seiner Entwicklung wiederholt Juda frühere Stufen; nun beginnt seine besondere Entwicklung, die es über alles bisherige hinausführt. Erwarten sollte man nach Analogie von

Assyrien und Israel eine Tyrannis des Heeres; aber diese ist nur in einem Teil Fortschritt, in der Hauptsache Rückschritt, den Vertretern der Säbelherrschaft durch die Not diktiert, Endzustand, nicht Übergang zu höherem. Das berechtigte Element der Tyrannis ist der Versuch, individualisierte einflußreiche Körperschaften zur Aufgabe ihrer bevorrechteten Stellung im Interesse der Gesamtheit mit Gewalt zu zwingen, wenn ihre individualistischen Neigungen den Staat auflösen und die Massen vergewaltigen und ausbeuten. Gelingt es nicht, dem Zwang die friedliche Organisation des höheren Staates, in dem das Heer nur dem Staatsganzen dient, dem Heerkönigtum das Beamtenkönigtum folgen zu lassen, so ist das Imperium kein Fortschritt, sondern nur das kleinste von mehreren drohenden Übeln.

Nun ist es denkbar, daß in ganz kleinen Staatswesen die Beschränkung individualistischer Egoismen der herrschenden Schicht fast ohne Kampf gelingt, daß ein einziger Tyrann die aristokratischen Gemeinschaften mit Hilfe von Söldnern und weiteren Volkskreisen endgültig zwingt, sich der Allgemeinheit einzuordnen. Dann ist eine längere Säbelherrschaft nicht nötig; der episodischen Tyrannis folgt die Republik, wie in den hellenischen Städten.

Eine ganz einzigartige Entwicklung zwischen der babylonisch-assyrischen und hellenischen macht Juda, nur Juda, nicht Israel, durch. Auch sie ist nur im kleinen Staat, seitab von großen politischen Ereignissen möglich, seitab auch von dem großen Getriebe von Handel und Industrie. Eine Reihe von Zufällen sind ihr zugute gekommen, vor allem die rechtzeitige Zerstörung von Jerusalem und die Wegführung nach Babylonien.

Hier geht aus der Stufe des Priesterkönigtums unmittelbar die republikanische Weltkirche hervor. Die absolute Macht des Priesterkönigs tritt in den Dienst einer Idealistenpartei, die, individualisierter als die alten babylonischen Priester und Bürger, deren egoistische Politik verwirft und einen bürgerlichen Gottesstaat ohne irdische Reste anstrebt. Die Könige glauben, diese Partei nur für ihre Macht benutzen zu können; sie selbst aber fallen als ihr Opfer, durch eine Verkettung von Umständen freilich, nicht durch klare Absicht ihrer Gegner.

Die Träger des neuen Ideals sind die Propheten. Sie gehen aus allen Kreisen der Bevölkerung des Staates hervor; ihr erster Wortführer, Amos, ist ein Herdenbesitzer aus Thekoa, steht also den rechabitischen Kreisen nahe, die auch gelegentlich von prophetischer Seite gerühmt werden; Ješaja gehört wahrscheinlich bürgerlichen Kreisen von Jerusalem an; Jirmeja ist ein Priestersohn aus dem judäischen Landbezirk; Jecheskel ist Priester am Tempel zu Jerusalem. Man kann wohl von einer neu entstehenden Aristokratie der Gebildeten reden, die eine öffentliche Meinung schaffen, wie unsere gebildeten Kreise des humanistischen und aufgeklärten Zeitalters; sie sind keine Vertreter bestimmter Stände und ihrer Interessen, sondern Menschen, in diesem Fall als Menschen geborene Priester der Gesinnung, Gotteskinder. Sie demokratisieren das alte Ideal des Gotteslieblings, das erst der König, dann die Priester für sich reservieren wollten, weiter und fordern das allgemeine Priestertum aller Diener des Weltgottes.

Zunächst war die neue Bewegung weder den Königen, noch den Priestern feind; die Könige aus Davids Haus sind die geborenen Herrscher des göttlichen Weltreiches auf Erden, aus ihren Reihen soll der Messias hervorgehen, den die Propheten mehrmals in einem Davididen sahen; die Priester am Tempel sind die geborenen Diener Jahus in seinem einzigen Tempel in der Mitte seines Weltreiches; beide können also wohl zufrieden sein mit einer Bewegung, die ihnen Weltherrschaft verspricht. Freilich sollten die Könige und Priester nach Gottes Herzen sein; aber das war eine alte Forderung der Kirche. In der Anwendung sah manches im Programm der Prophetie utopisch aus; die scharfe Wendung gegen alle aktive Politik der Könige, gegen alle geschäftliche Ausbeutung der Religion, gegen alle Krämer und Händler mußte heftigen Widerstand hervorrufen. Aber bei der Kleinheit von Juda war eine Politik der reinen Passivität in der Tat das beste; die Priester und Kaufleute fanden auch unter dem reformierten Kult ihre Rechnung; die kaufmännischen Interessen beider Gruppen können in der abgelegenen Ecke auch nicht allzu groß gewesen sein.

Glückliche Prophezeihungen verschafften der prophetischen Partei die ersten Erfolge, Kultreformen, dann in Jošija ein Werkzeug ihrer Pläne auf dem Thron. Die Einführung des Gesetzes bedeutet den ersten Schritt über die Staatsform Chammurabis hinaus. Chammurabi war beschränkt durch seine Verantwortlichkeit gegen die Gottheit und durch ein geschriebenes Straf- und Handelsgesetz; Jošija ist beschränkt durch eine geschriebene Urkunde, die den Begriff seiner Verantwortlichkeit gegen Gott sehr genau festlegt; es ist eine Verfassungsurkunde des Gottesstaates. Das patriarchalische Königtum wird zu einer Art verfassungsmäßig beschränkter Monarchie; der König übernimmt Pflichten gegen die einzigen Faktoren, die es in diesem Idealstaat gibt, Gott und die Menschen; jedermann kann ihn daran mahnen, denn die Urkunde ist in aller Händen. Mit der Einführung der neuen Staatsform beginnt logisch eine neue Ära, nach der gerechnet wurde.

Der König konnte auf diese Beschränkung seiner Macht wohl eingehen; sie versprach ihm viel mehr Vorteile als Nachteile, wie er sie verstand. Er setzte sich durch die Ablehnung der göttlichen Forderungen der Strafe der Gottheit aus; durch ihre Annahme ward er der Messias, der König des Weltreiches, das er gegen Necho zu begründen auszog. Das Mißverständnis der prophetischen Forderungen, das in der Erwartung eines politischen Weltreiches von Davids Haus und Jahus Stadt und Tempel lag, war nicht so groß, wie es zunächst scheinen kann, wenn man die weitere Entwicklung und die Deutungen späterer Propheten und Rabbiner kennt; Ješaja hat das politische Davidsreich zu erleben gehofft; Jirmeja hat sich sehr schwer zu der Einsicht entschlossen, daß es nicht kam. Trotzdem hätte eben diese Erwartung der Könige und Propheten der prophetischen Reform das Leben kosten müssen, wenn Jerusalem nicht zerstört worden wäre; wir sehen das an den Rückschlägen, die jedesmal den enttäuschten Hoffnungen folgten, zu Menašŝes Zeit, wie zu der Jehojakims; wir sehen es an den späteren Schicksalen des hergestellten jüdischen Staates. Ein judäischer Kleinstaat konnte nur, wie seine andern vorderasiatischen Genossen, in der Hand eines Heerkönigs oder einer priesterlich-bürgerlichen Sippe enden. Auch das höhere bürgerliche Ideal der Propheten hatte in seiner weltfremden Konstruktion keine Kraft, haltbare neue Staatsformen zu schaffen. Im bestehenden Jerusalem hätte der große Gedanke der ersten Propheten absterben müssen; als merkwürdiges Beispiel einer Utopie wäre er kaum auf die Nachwelt gekommen.

Da kam die Zerstörung von Jerusalem und die Versetzung der Judäer nach Babylonien; mit einem Schlag waren die alten staatlichen und kirchlichen Formen gesprengt und die neuen Ideen aus einer abgelegenen Ecke der Welt in deren Mittelpunkt versetzt, wo ihre Verwirklichung im größten Stil möglich war. Das Ende des nationalen Jahustaates und -heiligtums ist der Anfang des republikanischen Welt- und Gottesstaates Jahus, der jüdischen Weltkirche.

Darüber darf man sich nicht durch die Tatsache wegtäuschen lassen, daß die Juden selbst nicht einsehen wollten, daß die beiden Staaten sich ausschlossen, daß sie krampfhaft an ihrer Identität festhielten und immer wieder versuchten, sie zur idealen Einheit zu bringen. Die jüdische Gemeinde begreift nur langsam und ungern, was ihr der Zufall beschert hat; sie muß in das weite Gewand der Weltkirche hineinwachsen in einer Zeit, wo das Volkstum, aus dem sie hervorgeht und das, aus dem sie ihre Proselyten nimmt, gealtert nur sehr langsam wachsen; die jugendfrischen Elemente des Mittelmeerkreises kamen ihr nicht zugute — sie waren zu jung, oder sie verfielen dem Bann der höheren hellenischen Kultur.

Die Geschichte der Verfassung und Ständebildung im Staat Juda ist mit der Zerstörung Jerusalems durch Nabukudurriusur II. zu Ende. Juda hat in dieser Zeit die höchste babylonische Staatsform, den Staat Chammurabis, vorübergehend überholt, die priesterlich-bürgerlichen Gemeinschaften der babylonischen Städte weitergebildet zu einer Schicht religiöser Weltbürger. Von da an gibt es eine Geschichte der jüdischen Kirchenverfassung; eine Ständebildung gibt es nicht mehr — die Kirche kennt nur Menschen, Fromme und Sünder.

Die Geschichte der Verfassung und Ständebildung in dem jüdischen Kirchenstaat zu Jerusalem kann aber trotzdem nicht vernachlässigt werden; die Entwicklung der Weltkirche läßt sich hier verfolgen, indem sich zeigen läßt, wie rückständige Elemente mit den fortschrittlichen Tendenzen im Kampf liegen, bis sie gewaltsam ausgestoßen werden oder sich selbst vernichten. Gerade hier bestätigt sich die Richtigkeit der Folge der Verfassungsstufen, die wir zugrundegelegt haben, und die Grundtendenz der ganzen Bewegung zur bürgerlichen Republik.

Die Gründer des neuen Jerusalem ziehen aus mit einem König aus Davids Haus, dem Messias, an der Spitze, und mit dem Hohepriester und den Priestern des Tempels; die beiden Stände, die schon im alten Juda den Vorteil vom prophetischen Weltreich Jahus erhofft hatten, kamen, ihn nun im neuen Juda davonzutragen. Sie sahen nicht, daß Jerusalem eine Gründung der babylonischen Judengemeinde war, daß es nur historisch der Ausgangspunkt der neuen Religion war, nicht mehr ihr Mittelpunkt. Sie faßten die Dinge nicht so auf, daß die babylonische Gemeinde Muttergemeinde der Judengemeinde in Jerusalem war, sondern so, daß die Muttergemeinde Jerusalem endlich hergestellt werden konnte. Das Alte sollte fortgesetzt werden, nur die Hoffnung auf eine Weltherrschaft des Messias und der Priester war nun ganz nahe gerückt.

Für die jüdische Weltgemeinde war die Ausschaltung der davidischen, wie der priesterlichen Elemente, ihre Beschränkung auf Jerusalem, ein Glück. Die Gemeinden anderswo, namentlich in Babylon und später in Alexandria, konnten sich ungestört entwickeln, ohne daß königliche oder priesterliche Ansprüche in ihnen störend hervortreten konnten; sie waren ja Königen und Priestern Nebensache, die Diaspora, nicht der Kern des Gottesstaats. In Jerusalem zehrten sich die überlebten Ansprüche auf; nur hier gab es Kämpfe als die Gemeindeverfassung auf das Zentrum übergriff.

Zunächst verschwand der König aus dem Spiel. Er fiel durch seine alten politischen Ansprüche, nicht ohne die Mitwirkung der Priesterschaft und des Adels von Jerusalem, ein König mehr, der einer Aristokratie von Priestern und Bürgern erliegt, weil er kein Heer hat und als Puppe unnötig ist. Eine unvorsichtige Beteiligung an den Unruhen bei der Thronbesteigung des Darius scheint der Anlaß zur Beseitigung des »Messias« durch die Perser gewesen zu sein.

An der Spitze des Gottesstaates stand nun unbestritten als Gottes Stellvertreter auf Erden der Hohepriester; er war der Papst der werdenden Weltkirche, der mit seinen untergebenen Priestern in der Hauptstadt der Welt den eigentlichen Gottesdienst ausübte; sein Anspruch auf weltliche Herrschaft im Namen der Gottheit kam in der Entwicklung eines Kirchenstaates in und um Jerusalem zum Ausdruck. Der Unterschied dieses jüdischen Papsttums von seinem katholischen Abbild besteht vor allem darin, daß die jüdische Weltkirche den Gedanken der Einheit der Gottheit und ihrer Verehrung wesentlich schärfer betont und durchführt. Der eine Gott darf nur *eine* Stadt, nur *einen* Tempel, nur *einen* echten Priester und nur *einen* echten Dienst haben; das war ursprünglich eine halb politische Forderung der Prophetie im Kleinstaat und Stadtstaat Juda-Jerusalem — nun war es ein logisches Dogma der jüdischen Weltkirche geworden; das göttliche Königreich über alle Welt ist wie die weltlichen Großreiche des Altertums eine erweiterte Stadt; der Monotheismus der jüdischen Kirche bewahrt die Spuren seiner Entwicklung aus der babylonischen Vorstellung der Weltherrschaft eines Stadtgottes durch die Eroberung der Welt, die seine Stadtfürsten ins Werk setzen.

Die Folge dieses logischen Vorgehens ist die Beschränkung der Priester- und Sakramentalkirche auf Jerusalem; in der übrigen Welt entsteht eine unpriesterliche Buchkirche, als Notbehelf zunächst, dann als einzige und höhere Form der Kirche. Die demokratisierte Weltgemeinde stößt die Reste der bevorrechteten Klasse von Götterlieblingen, die sich zwischen sie und die Gottheit schieben, wie die sakramentalen Überbleibsel primitiven logischen Denkens aus; die Könige sind gefallen — nun entzweien sich die babylonischen Bundesgenossen, Priester und Bürger, und das Priestertum erliegt dem Bürgertum.

Der Kampf ward in religiösen Formen geführt, als ein Kampf der Frommen gegen die Verweltlichung des Klerus; »Verweltlichung« ist eben alles Streben nach anderen Dingen, als dem Wohlgefallen Gottes, das durch einen streng geregelten fehllosen Tempeldienst und ein vorbildliches heiliges Leben erworben werden soll; der religiöse Ausdruck bezeichnet die Forderung, die Geistlichkeit müsse vollkommen auf alle Macht verzichten, die nicht geistig sei.

Die babylonische Gemeinde eröffnet den Krieg gegen die weltlichen Neigungen der Priester und des Adels in Jerusalem schon gleich nach der Rückkehr der ersten Verbannten nach Jerusalem; Esra, der erste Schriftgelehrte, ist auch der erste unbequeme Mahner an die geistlichen Pflichten der Führer der heiligen Stadtgemeinde; Schriftgelehrte sind zuletzt als Stand die bürgerlichen Nachfolger der Priester in der Weltkirche; Nechemja ist der erste »Fromme«, der energisch, ja gewaltsam, im Namen der Schrift in der heiligen Stadt Ordnung stiftet; die »Frommen«, Asidäer, Pharisäer, bilden die Partei, die schließlich in Jerusalem selbst die Söhne Sadoks und ihre Partei, die Sadduzäer, zwingen, ihnen die Teilnahme am Regiment zuzugestehen.

Die priesterlichen und adligen Familien, die als Führer des ersten Zugs verbannter Juden das reiche Babylonien verließen, um in ein armes Land und eine zerstörte Stadt überzusiedeln, taten dies natürlich in der festen Hoffnung, ihre Stellung schließlich zu verbessern; da die utopischen Hoffnungen, die sie vielleicht zeitweise gehegt hatten, sich nicht erfüllten, so mußten sie um so mehr bedacht sein, durch irdische Mittel möglichst viel für sich herauszuschlagen. Sie waren die Erben der alten bevorrechteten Stände von Jerusalem, nach Beseitigung des Königs rechtmäßige Herren der Stadt; wahrscheinlich haben sie daraus von vornherein besondere Rechte abgeleitet; wenn die Landverteilung wirklich nach Geschlechtern stattfand, so haben die oberen Klassen verstanden, sie sehr schnell illusorisch zu machen; die künstlichen Geschlechterverbände konnten ja kaum sehr fest sein; es ist aber sehr wohl denkbar, daß die Geschlechter und ihre Hufen, wie so vieles in der neuen Gemeinde, nur auf dem Papier bestanden. Jedenfalls unterscheidet sich das Verhältnis der herrschenden Klassen zu der übrigen städtischen Bevölkerung schon zu Esras und zu Nechemjas Zeit durchaus nicht von dem in andern babylonischen und syrischen Städten; Priester und Adel bilden eine Interessengemeinschaft; Tempel, Land und Volk sind ihr Privatbesitz und Ausbeutungsobjekt; sie sind im Begriff, mit den Adelscliquen der Nachbarschaft ein enges Verhältnis einzugehen.

Nechemja verschaffte dem Gesetz und den Idealen der babylonischen Gemeinde Geltung; es gelang ihm, die Absonderung der Stadt und ihrer Gemeinde von der Nachbarschaft durchzusetzen und eine friedliche Entwicklung des Kirchenstaats als Mittelpunkt der Weltgemeinde in die Wege zu leiten. Die Priesterschaft und der Adel konnten auf die alten Methoden der Herrschaft und Bereicherung verzichten, wenn der Verzicht darauf Vorbedingung für eine Erweiterung ihrer Herrschaft und eine Steigerung ihrer Einnahmen war, die nicht ausbleiben konnten, wenn die Weltgemeinde nun wirklich nach dem idealen Mittelpunkt zu wallfahren und zu steuern begann.

Die Hohepriester der Seleukidenzeit betrachten den Tempel und die heilige Stadt nicht weniger als ihre rechtmäßige Domäne, als privatrechtliche Einnahmequelle, wie dies ihre Vorgänger zu Nechemjas Zeit getan hatten. Im hohepriesterlichen Haus spielen sich die erbitterten Kämpfe um den Besitz dieser Geld- und Machtquelle ab, bei denen beide Parteien, die hellenistischen Tobiaden und die frommen Oniaden, den Glauben verraten, nachdem sie sich als Steuerpächter unterboten hatten. Die Hellenisten waren bereit, ein Zeusheiligtum zu verwalten, die Altfrommen gründeten im strikten Gegensatz zum Wort der Schrift ein Konkurrenzheiligtum in Ägypten, genau wie früher ein Sproß desselben Hauses den Tempel auf dem Garizim gegründet hatte. Ein kleiner Unterschied im Vergleich mit den babylonischen Stadtaristokratien kann vielleicht darin gefunden werden, daß in unsern Quellen das hohepriesterliche Haus so vollständig die übrigen Priester und die Adligen in den Hintergrund drängt, daß vom Synedrium gar keine Rede ist; der Hohepriester ist erblicher Chef dieses Handelshauses, nicht nur Vorsitzender eines Kollegiums von Aktionären; freilich werden die Fürsten und Hohepriester babylonischer und syrischer Städte vielleicht eine ähnliche Stellung über der städtischen Aristokratie gehabt haben.

Die Opposition gegen die Vergewaltigung des Tempels durch äußere Feinde im Bund mit dem eigenen Hohepriester verwandelte die »Frommen« in Jerusalem in eine politische Partei, die sich ihrer Ziele bewußt wurde, je mehr die Entwicklung fortschritt. Die »Asidäer« sind zunächst nur Theoretiker, die allgemein Frömmigkeit fordern und in fanatischen Augenblicken zum Martyrium entflammt werden. Der bewaffnete Widerstand der Massen unter den makkabäischen Führern ist ihrem Idealismus gar nicht sehr willkommen; er steht im Widerspruch zu Gottes alleiniger Kausalität. Der Ausgang gab ihnen recht; die Makkabäer beseitigten das angestammte hohepriesterliche Haus, um sich selbst wider Gottes Ordnung an seine Stelle zu setzen; die alten Hohepriester waren verweltlicht, die neuen waren ganz illegitim, Tyrannen auf dem heiligen Stuhl, die sich auf ihr Heer, einen schnell gewonnenen Adel und den Pöbel stützten und sich weltlicher gebärdeten, als jemals die Söhne Sadoks. Für die Frommen hatte aber die neue Lage den großen Vorteil, daß die Opposition gegen das neue Regiment sich auf klare Bestimmungen der Schrift berufen konnte. So beginnt nun der Kampf der Pharisäer und Schriftgelehrten gegen die Makkabäer und ihren Anhang, der den Rat füllte.

Den ersten großen Sieg errang die Partei unter der Vormundschaftsregierung der Makkabäerin Alexandra-Šalome; sie erhielt gegen 70 v. Chr. eine Vertretung im Synedrium zugestanden. Es ist ein Versuch, die Partei am Bestand des makkabäischen Fürstentums zu interessieren.

Hinfort gibt es drei Faktoren in Jerusalem, die miteinander herrschen, Fürsten, die Heerführer und Hohepriester sind, Sadduzäer und Pharisäer. Die Sadduzäer bilden die alte und die makkabäische Aristokratie, Priester- und Bürgeradel, dazu Heeradel und Hofadel der Hasmonäer; sie sind königstreu und national, eine weltlich gesinnte, religiös gleichgültige Plutokratie. Ihre Gegner sind die Pharisäer, die Vertreter der gebildeten Demokratie der Weltkirche, eines frommen Bürgerstandes, der neben der alten bürgerlichen Aristokratie emporstrebte; sie sind Feinde aller Vorrechte der Geburt, der Faust und des Geldes; es gibt für sie nur einen Unterschied von Frommen und Sündern; die Frommen sind die geborenen Herrscher in Gottes Namen, die Sünder sind rechtlos.

Die Volksmassen in Stadt und Land waren national im alten Sinn, begeistert für ein baldiges messianisches Königtum, das sie sich sehr roh und materiell vorstellten, herbeigeführt durch einen Kampf und Sieg des Gottesvolks und der himmlischen Heerscharen über alle Gegner, gefolgt von einer goldenen Zeit des Siegerübermuts und des Überflusses unter Jahus Fahne. Sie waren den Makkabäern, als echten Erben Davids durch ihre Siege, treu; von den Pharisäern und Schriftgelehrten waren sie abhängig, sofern diese die Auslegung der Schrift, von deren richtigem Verständnis der Anteil am Gottesstaat und das alltägliche Wohlergehen abhing, in der Hand hatten.

Der Ausgang des Makkabäerhauses und die Gewaltherrschaft des Edomiters Herodes, zuletzt die Römerherrschaft, verstärkten die Macht des Synedriums und der pharisäischen Partei in ihm. Herodes beseitigte die letzten Makkabäer; die Hohepriesterwürde war nicht mehr lebenslänglich und erblich, sondern wechselte in festem Turnus in den berechtigten Familien. Herodes selbst starb und hinterließ keinen gleichbefähigten Nachfolger; die herrschenden Parteien baten in Rom, daß man Judäa zur Provinz machen solle und erreichten ihr Ziel — nun wurde Jerusalem mit der Rücksicht behandelt, die Rom überall den Städten angedeihen ließ; das Synedrium war eine anerkannte Regierung; es zog die Steuern ein und hatte im inneren Ausbau des Staates freie Hand.

Das Ergebnis der Entwicklung war eine Verwandlung des jüdischen Kirchenstaats nach den Wünschen der Frommen. Dem letzten Davididen waren die erblichen Hohepriester aus Sadoks Haus nachgefallen; dann verschwand die Erblichkeit der hohepriesterlichen Würde überhaupt; die Macht ging an ein aristokratisches Kollegium über. Dies Kollegium war zusammengesetzt aus Sadduzäern und Pharisäern, die nun ein gemeinsames Interesse an der Erhaltung ihrer Herrschaft hatten; sie waren immer noch verschiedener Ansicht in ihren Programmen und haßten sich mit der Wut religiöser Parteien; die Sadduzäer scheinen nun eine konservative Schriftgläubigkeit vertreten zu haben, während die Pharisäer den logischen Modernisierungen der Schriftgelehrten und allerlei frommer Sekten Gehör gaben; in der Hauptsache aber, in der Behauptung ihrer Herrschaft in dem Gesetzesstaat, waren sie einig.

Unzufrieden aber war das Volk; es haßte die Fremdherrschaft, in nationalen Hoffnungen befangen, wirklich, während die Sadduzäer und Pharisäer sich ganz wohl dabei befanden; es schöpfte Nahrung für messianische Träume aus den Schwärmereien ekstatischer Mystiker und geschickten Aufstachelungen von Betrügern, aus der sagenhaft vergrößerten Geschichte des Wüstenzugs, des Exils und der Makkabäerzeit und aus apokalyptischen Schriften. Wie die Demokratie der breiteren bürgerlichen Schichten, so nimmt auch die Ochlokratie in Juda religiöse Formen an; das Landvolk und die niederen städtischen Schichten, alle Unruhigen und Verschuldeten, alle Schwärmer und Utopisten bildeten die neue Partei der Zeloten, die das Gottesreich durch eine Propaganda der Tat verwirklichen wollte.

Die Feinde waren die Fremdherrscher, die Römer, und bald ihre Helfer, die Unterdrücker des Volkes im Lande. Die bürgerlichen Ordnungsparteien hatten zwischen den Römern und der religiös-nationalen Parole der Aufständischen einen schweren Stand. Ihre Vermittelungsversuche endeten mit dem Mord des Hohepriesters Jonathan durch einen »Sikarier«, einen nationalen Fanatiker, in den Straßen von Jerusalem.

Damit begann der offene Kampf der Ordnungsparteien gegen die Zeloten. Es ist bezeichnend, daß dabei die Schriftgelehrten ganz verschwanden. Die Sadduzäer nehmen den Kampf auf, unbeängstigt durch ein Ideal des Friedens- und Gesetzesstaats nach dem Wort der Schrift, ungestört durch die nationalen und religiösen Schlagworte. Sie hätten Sieger bleiben können, wenn nicht jetzt gerade Rom versagt hätte: es trieb selbst einem Bürgerkrieg zu.

Der Ochlokratie der Zeloten und Banden, die höchst logisch und demokratisch zu einer Wahl des Hohepriesters und des Synedriums durch das Los geführt hatte, machte Titus ein Ende. Damit verschwand der jüdische Kirchenstaat, nachdem er völlig demokratisiert worden war.

Dagegen besteht die Weltgemeinde, eine bürgerliche, friedliche Demokratie in den Formen eines göttlichen Rechtsstaats mit Jahu als König fort, ein Staat im römischen Imperium. Ihre Mitglieder sind durchweg Angehörige des breiten Bürgertums der Städte des römischen Reiches; Fürsten und Adel, Krieger und Bauern, selbst Priester gibt es nicht mehr; die Rabbinen, die Schriftgelehrten, sind Bürger wie alle andern; keine Weihe, kein Sakrament zeichnet sie aus, nur ihr Scharfsinn in der Auslegung der Schrift, ihre Lehre bei hervorragenden Meistern und die göttliche Gabe richtiger Deutung bestimmen ihr Ansehen. Sie versuchen zunächst noch in einem Kollegium in Jamnia, dann in Tiberias, unter dem Vorsitz von Patriarchen aus dem Hause Hillel eine Art zentraler Organisation als Fortsetzung des Synedriums zu erhalten; bald aber zersplittert der Rabbinismus in örtliche Schulen, denen jeder gemeinsame Mittelpunkt außer der auszulegenden Schrift fehlt.

Ein Königtum Jahus, eine gebildete bürgerliche Demokratie als seine Gemeinde im fremden Staat — das ist das Ende der jüdischen Verfassungsgeschichte. Es ist ein Staat aufgeklärter Bürger unter Gottes Leitung, rational in allen Einrichtungen, denn die Gelehrten legen Gottes Wort nach der Vernunft aus, Rechtsstaat, denn in allen Dingen gilt Gottes Gesetz, von Gottes Juristen gedeutet, ein Staat des Friedens, ohne Heer und ohne Gewalt, ein Staat der Gleichheit und Brüderlichkeit vor Gott, ein Staat der Vernunft, unmittelbar verwirklichte einheitliche und geschlossene Weltanschauung.

Zweiter Teil.

Die Religion.

Drittes Kapitel.

Die Religion in Babylonien.

Jede Darstellung der Kultur der Babylonier und Juden muß vor allen Dingen Religionsgeschichte geben. Von den frühesten Denkmälern der babylonischen Geschichte bis herab zu den Chaldäern, Persern und Juden beherrscht die Religion die ganze Breite der Kultur; nur der Eintritt neuer, barbarischer Völker schafft immer wieder Zwischenspiele, in denen eine nicht religiöse Kunst und Anläufe zu Wissenschaften, die außerhalb des religiösen Systems stehen, zur Geltung kommen; das Ende ist immer wieder die vollkommene Unterwerfung aller geistigen Regungen unter die Religion.

Schon im sumerischen Reich von Nippur scheint mindestens in der letzten Zeit eine religiöse Weltanschauung geherrscht zu haben; vom Beginn unserer Denkmäler an gibt die Religion im Leben der Staaten wie der Einzelnen Grundsätze und Entscheidungen für jede Lage an. Bei den Juden ist daraus ein durchgebildetes logisches System geworden; Verfassung und Recht, bildende Kunst, Musik und Dichtung, Mathematik und Astronomie, Medizin und Naturwissenschaft, Geschichte und Morallehre sind Provinzen der Theologie; ihr Verhältnis zu der theologischen Gesamtwissenschaft bestimmt ihren Wert für den Menschen. Die babylonische Kultur drängt zum Gottesstaat, die jüdische Gemeinde verwirklicht ihn.

Die babylonischen Kirchen sind die unvollkommenen Vorstufen der einen jüdischen Weltkirche. Die großen Individuen der judäischen Entwicklung vollenden, was die namenlosen Denker der sumerischen, babylonischen, phönikischen, assyrischen, chaldäischen und israelitischen Kulturen angestrebt haben, das System der theologischen Weltanschauung. Sie nehmen alle Ansätze der älteren Kulturen auf und schaffen auch in unserem Sinn etwas Vollendetes, den logisch konsequenten, monotheistischen Gottesstaat, die erste geschlossene anthropomorphe Philosophie, die von einem Mittelpunkt aus alles einheitlich und bis ins kleinste überblickt und wertet.

Die eigentümliche Erscheinung, daß gerade in Vorderasien eine ganze Reihe von religiösen Weltanschauungen sich entwickelt haben, daß namentlich die drei großen monotheistischen Weltreligionen, die jüdische, christliche und islamitische, von hier ausgegangen sind, hat dazu geführt, die Rasse, die das bleibende Element im Wechsel der Völker in diesen Gegenden darstellt, die Semiten, als religiös besonders begabt anzusehen. Der Semit ist das religiöse Wunderkind unter den Rassen, dafür sind bei ihm andere Anlagen verkümmert, namentlich der Sinn für bildende Kunst; auch eine Erklärung für diese Tatsache blieb nicht aus — seine Herkunft aus der Wüste ist schuld daran. Die genauere Erforschung namentlich der babylonischen Geschichte erschütterte diese These; die Schöpfer der ersten religiösen Kultur Vorderasiens waren nach dem Zeugnis der Denkmäler keine Semiten, sondern Sumerer; die glänzendsten Kunstdenkmäler der Sargonidenzeit stammen offenbar von Semiten; auch die Mischung aller vorderasiatischen Kulturvölker kam immer deutlicher zum Bewußtsein. Eine logische Nachprüfung der Berechtigung, auf Grund unserer heutigen Kenntnisse von Rassebegabungen zu sprechen, entzieht schließlich allen Phantasien dieser Art völlig den Boden. Der Semit als Vertreter einer reinen Rasse ist Kulturdünger, nicht Kulturträger und -schöpfer; er ist weder religiös mehrwertig, noch künstlerisch unterwertig. Eine bestimmte Stufe der allgemeinen, immer wiederholten Entwicklung menschlichen Denkens, die Stufe der einheitlichen Weltanschauung großen Stils in anthropomorphen und religiösen Formen, die viele Völker annähernd oder ganz erreicht und alle höchsten Kulturvölker durchlaufen haben, ist von den Oberschichten von Völkern, die einen semitischen Bestandteil enthalten, zuerst und immer wieder erstiegen und niemals überwunden worden. Andere Völker haben in ihren obersten Schichten diese Stufe eben erreicht, während die Massen weit zurückblieben, so die Ägypter; wieder andere haben in ihren Oberschichten die Stufe überwunden, sind zu monistischen Religionen, wie die Inder, oder zu noch höheren philosophischen Weltanschauungen fortgeschritten, wie die Hellenen, Römer und die westeuropäischen Völker, wärend ihre Massen in der religiösen Stufe stehen blieben.

Die babylonische und jüdische Religion bildet eine Entwicklungseinheit, die sich nicht trennen läßt; die Judäer werden kulturell Babylonier, ehe sie Juden werden können; das System, das im Judentum erreicht wird, ist in allen Teilen im Babyloniertum vorbereitet. Das ist für die Prüfung der Quellen sehr wichtig. Die werdende Logik strebt zu einem einheitlichen, systematischen, zeitlosen Weltbild; auch wo sie sich in geschichtsphilosophische Formen kleidet, muß sie nachweisen, daß das Wesen der Welt, das schlechthin gegebene und vollkommene, von Urzeiten her gleich war. Der babylonische Priester glaubt an die goldene Zeit der Götterherrschaft, wie der jüdische an Paradies- und Wüstenzeit. Der Eleatismus meldet sich in anthropomorphen, historischen Verkleidungen, weil die Zeit für seine reine, begrifflich naturwissenschaftliche Form noch nicht erfüllt ist. Die selige Götterzeit, das Paradies der Urväter, ist der zeitlose logische und ethische Wert der Eleaten in die Zeit gelegt; am Ende der Zeiten kehrt er wieder; in der Spanne zwischen Anfang und Ende ist er das Ziel aller Sehnsucht, das Verhältnis zu ihm das einzig Wertvolle.

Die Tendenz zum zeitlosen System erschwert uns die Arbeit; wir müssen bei den Babyloniern, wie bei den Juden gegen sie ankämpfen, bei den Schreibern unserer Quellen und in uns selbst vor ihr auf der Hut sein. Die babylonischen wie die jüdischen Gelehrten sind überzeugt, daß alles Vollkommene von Urzeiten her bestand; im guten Glauben fälschen sie die Geschichte in diesem Sinn. Wir müssen ihnen scharf auf die Finger sehen. Das ist ebenso schwer, wo unser Material so lückenhaft, wenn auch zum Teil ganz sicher datierbar ist wie in Babylonien, wie da, wo es so vollständig, aber bewußt gesondert und überarbeitet, aus zweiter Hand und später Zeit vorliegt, wie in den Schriften des Judentums. Wir müssen vor uns auf der Hut sein: wo ein lückenhaftes Material mit deutlichen Ansätzen zu systematischem Zusammenschluß vorliegt, wie in Babylonien, fühlt sich unser Verstand gereizt, zu ergänzen, mit unseren höheren systematischen Fähigkeiten mitzuarbeiten; wo in der Tat eine erstaunliche Kulturhöhe am Anfang der Geschichte festzustellen ist, ein Göttergeschenk für die babylonischen Gelehrten, wie mykenische Waffen und Kunstwerke für die Hellenen der homerischen Periode, werden wir in Gefahr sein, zu glauben und die Versicherung babylonischer Priester von der Vortrefflichkeit ihrer Religion seit der Urzeit als Beweise für die geschichtliche Richtigkeit des systematischen Erzeugnisses unseres Verstandes und der babylonischen Denkmäler anzusehen. Dieselbe Gefahr des Glaubens besteht auch den jüdischen Quellen gegenüber immer noch; wir alle stehen noch immer unter der Suggestion der Heiligkeit der jüdischen Überlieferung; ihre Teile sind uns so früh und stark eingeprägt, daß vieles selbstverständlich erscheint, was uns anderswo gar nicht so einleuchtete; auch hier haben wir gegen uns selbst zu kämpfen, um zur Kritik zu kommen. Dazu kommt dann die Schwierigkeit, ohne authentische Quellen aus dem suggestiv völlig gesiebten und überarbeiteten Stoff echte Stücke und zuverlässige Angaben aus älteren Denkmälern zu gewinnen.

Um zu einer Entwicklungsgeschichte des babylonischen und jüdischen Denkens zu kommen, müssen wir von vornherein allen Suggestionsversuchen babylonischer und jüdischer Gelehrter mit Mißtrauen begegnen. Wir dürfen ferner bei den Babyloniern nichts als systematisch bestehend ansehen, was nicht klar systematisiert vorliegt und vorläufig kein Denkmal höher hinauf datieren, als es nach Sprache und Stil der erhaltenen Niederschrift gehört. Der jüdischen Überlieferung gegenüber gilt es immer noch, sich von Kinderglauben frei zu machen; auch die fortgeschrittene Quellenkritik unterschätzt noch die Intensität der Verarbeitung des Quellenmaterials durch die nachexilischen Redaktoren; ganze vorexilische Geschichtswerke sind nirgends aufgenommen; auch in den altertümlichsten Teilen ist der echte Rest gering im Vergleich zu den Zutaten der Überarbeitung.

Am Anfang der babylonischen Religionsgeschichte muß natürlich die Frage aufgeworfen werden, was die Sumerer aus ihren Bergen, die Semiten aus ihren Wüsten an religiösen Vorstellungen mitgebracht und in die neue Kultur eingeschossen haben können.

Die spezifische Begabung für Religion wird nicht nur den Kultursemiten, sondern gerade den arabischen Wanderstämmen in der Wüste zugeschrieben, sie soll ihr Dasein, wie ihre besondere Färbung dem Wüstenaufenthalt, den Gefahren und Schönheiten der Wüste, der großartigen Einsamkeit ihrer Sandflächen und Felsgebirge, den Vulkanen und Erdfeuern, Oasen- und Quellwundern, den Sonnengluten und der unendlichen Weite und Klarheit ihres

Sternenhimmels, den Wirbelstürmen und Regenbrüchen, die den Menschen überall die Erhabenheit und Furchtbarkeit der Natur und seine eigene Größe als mitfühlender Bewunderer, seine Kleinheit und Abhängigkeit zugleich fühlen lassen, verdanken. Das alles ist unhaltbare Konstruktion. Die Religion steht im Mittelpunkt des Denkens nur bei Kulturvölkern; wo wir im Altertum oder seither bei arabischen Nomaden höhere religiöse Vorstellungen finden, namentlich monotheistische Regungen und Gestirndienst, stammen sie aus Babylonien und seinen Kulturprovinzen. Der arabische Nomade von heute ist nicht mehr der des Altertums; das zeigt ohne weiteres ein Vergleich heutiger Beduinen mit den Arabern auf Aššurbanipals Denkmälern. Falsch sind auch die psychologischen Voraussetzungen der Entstehung der Religion in der Wüste; der primitive Nomade hat für die Schönheit und die Tragik der Natur seiner Wüstenheimat so wenig Sinn, als der Germane für seinen Wald; wer im Kampf ums Dasein gegen die Naturgewalten steht, muß schon sehr hoch entwickelt sein, um sie schön und großartig zu finden.

Der Semit der ersten vier Wanderschichten im Altertum ist Barbar; noch die arabischen Feinde Aššurbanipals fahren nackt, laut brüllend, schlecht bewaffnet heran, Wilde, Räuber, Kulturfeinde; ihre Urahnen zur Zeit des sumerischen Reiches werden wohl noch barbarischer gewesen sein, wenn das möglich war. Menschen dieser Art können wohl eine Stammesorganisation, gewisse Begriffe von Blutspflichten besitzen; sie können Kenntnisse haben, vor allem von praktischen Dingen; Kriegslisten und Viehzucht, Wegfinden und Herstellung mancher Erzeugnisse der Wüste, die im Kulturland geschätzt werden, sind ihnen bekannt; sie erfinden und übernehmen im Lauf der Zeit allerlei Techniken. Im ganzen aber stehen sie tiefer als alles, was wir landläufig als Kultur bezeichnen, wenn auch höher als manches verschollene Volk der ersten Menschheitsentwicklung und selbst manche wilden Stämme unserer Tage.

Die Religion dieser Semitenstämme können wir uns gar nicht dürftig genug vorstellen. Es gibt Fetische bei jedem Stamm, feste, an bestimmten Treffpunkten, wandernde, im Besitz der Horde, Schützer der festen Stätten, der Quellen etwa, und der wandernden Gemeinschaften. Der Gestalt nach sind diese Fetische grundsätzlich unendlich mannigfaltig; alles kann Fetisch werden, das die Aufmerksamkeit auf sich zieht und die Phantasie beschäftigt, tote Dinge,

Steine, lebendige Tiere, menschlich gemeinte Bilder und künstlerische Götterbilder, die aus dem Kulturland gestohlen sind.

Zum Stammesfetisch steht die herrschende Familie im Stamm in enger Beziehung; der Stammhäuptling vertritt den Gott dem Stamm gegenüber, indem er für den Gott den Anteil an Opfergaben und Beute empfängt; er vertritt den Stamm dem Gott gegenüber beim Orakel und Opfer; er befiehlt im Namen der Gottheit, und er in erster Linie schützt den Gott im Kampf. Ein merkwürdiges Verhältnis der Identität und Differenz verbindet beide, früh als Verwandtschaft gefaßt.

Die übrigen Mitglieder des Stammes werden in einem Schutz- und Dienstvertrag geboren.

Eine Verbindung der Fetische mit höheren, als diesen sehr wandelbaren Verbänden oder mit einem Weltbild gibt es nicht. Die Welt ist voll von Fetischen; einen möglichst starken muß man sich sichern. Ausgemalt wird diese praktische Notwendigkeit nicht. Wohl sind unter Umständen auch Sterne Fetische; wenn sie erschrecken, wie ein Komet, wenn sie Wege weisen, wenn sonst irgendwie der Gedanke entsteht, sie könnten etwas verursacht haben — aber sie sind dann nicht göttlicher als jeder Stein, der einen Mann erschlägt, oder jeder Baum, der als Wegmarke dient. Schon in diesem primitiven Bild nomadischer Religion ist manches, was wahrscheinlich nicht für die älteste Zeit gilt, sondern erst langsam als Kultur vom Kulturland in die Wüste gesickert ist. Die Wüste ist doch schließlich nicht nur die unkultivierte Völkerwiege, sondern ebensogut Außenprovinz der Kulturgebiete.

Diesem Bild von der Kultur und Religion der Wanderstämme in der Wüste entspricht alles, was wir aus ägyptischen, babylonischen und jüdischen Quellen hören und sehen. Ob die Stämme im Urzustand nackt und wild gegen die assyrischen Heere heranstürmen, ob sie in den Grenzgebieten Ägyptens bekleidet und friedlich zelten und handeln, ob sie halbseßhaft in Palästina Räuberei und ein bischen Ackerbau treiben — immer sind sie Barbaren, mit denen man nicht gern viel zu tun hat. In der Überlieferung der jüdischen Urzeit sehen wir das wechselnde Gefühl der Stämme, die bald als Verwandte die Nomaden verstehen und sie schließlich sogar in kulturmüder Taciteischer Sentimentalität idealisieren, bald selbst kultiviert die Räuber hassen und verachten. Bei einigen Stämmen in Palästina schimmern die Urgestalten ihrer Fetische durch; ein

Stein scheint Israels, ein Schlangenbild Judas Fetisch gewesen zu sein; sehr skrupellos stiehlt sich Dan seinen Schutzgott samt Priester.

Wenn die Wanderstämme ins Kulturland eindringen und hier seßhaft werden, bekommen ihre Fetische ein Dorfheiligtum in der neugegründeten Niederlassung des Stammes, vielleicht sogar gleich oder im Lauf der Zeit einen Stadttempel. Es kommt vor, daß sie von ihrer Stadt aus bei dringender Gefahr noch einmal in den Kampf ziehen; der Fetisch Israel geht mit in die Philisterschlacht, der Fetisch der Stadt Urua begegnet Eannatum von Lagaš im Feld. Auch ihre alten Namen erhalten sich vielfach als Namen städtischer Gottheiten: Israel verdrängt offenbar einen älteren Stadtgott von Silo, Jahu tritt an die Stelle des Jebusitergottes von Jerusalem.

Im ganzen aber verändern sich die Fetische im Kulturland, Dorf oder Stadt, sehr schnell bis zur Unkenntlichkeit; sie nehmen von den Göttern des Kulturlandes Tracht, Abzeichen, Eigenschaften, Feste, Mythen an und verschmelzen mit ihnen; das alte Bild aus der Wüstenzeit bleibt im Tempel stehen, wird auch verehrt, Hauptbild aber ist es nicht mehr: es wird ersetzt durch ein neues Bild, das allen Forderungen kultivierter Priester entspricht und nur durch Namen, durch Träger in Gestalt des alten Fetischs am Thron, durch Beziehung zum Königshaus, das aus dem Stamm hervorgegangen ist, und durch die besondere Bezeichnung seiner Priesterschaft mit dem alten Bild verwandt ist. Daß die Fetische so unendlich viel anzunehmen haben, liegt daran, daß sie fast nichts mitbringen; sie haben Namen, primitive Gestalten und Beziehungen zu einem Stamm und seinem Häuptling; im übrigen sind sie leere Blätter. Im weniger intensiv kultivierten Land, in den Gebirgen von Palästina z. B. kommt es vor, daß sie als Stadtgötter greifbar bleiben; in Städten höchster Kultur, in Babylonien, erhalten sich gelegentlich auch ihre Namen; sie selbst aber verschwinden ganz in den älteren Gestalten großer Götter. Kanaanäische und chaldäische Götternamen sind mit Kanaanäern und Chaldäern ins Land gekommen — sie sind aber nur Namen. Im hochkultivierten Land stehen die einwandernden ärmlichen Fetische im Kampf ums Dasein zu schlecht neben den alteingesessenen Göttern; sie verschwinden mit ihren Stämmen in der besiegten Kultur, wie die Germanengötter im römischen Reichsgebiet, nur noch vollkommener; denn die Germanen übernehmen eine Religion, für die sie lange nicht reif sind und retten deshalb bei deren Anpassung an ihr Denken viel mehr altes Gut in ihre Dämonologie, als die Semiten, die bei geringerer Kulturdifferenz eher ganz in die Kultur hineinwachsen und ihr Mitgebrachtes vergessen.

So möchte ich behaupten, daß die Götter und die religiösen Vorstellungen, die die semitischen Wanderstämme aus der Wüste mitbringen, gar keine Bedeutung für die Religion des Kulturlandes gehabt haben, weder in Babylonien noch in Juda. Ihre Namen, ihre alten Bilder haben sich erhalten; ihr Hauptbild und ihr Wesen aber hat sich vollkommen verwandelt in der Hand kultivierter Priesterkollegien, die sie als Rohstoff ansahen; alles was wir an höheren religiösen Vorstellungen finden, ist das Werk dieser Gelehrten, an den großen Heiligtümern geschaffen.

Die Bedeutung der semitischen Stämme für die babylonische und judäische Religion beruht nicht auf dem, was sie an religiösem Besitz mitbrachten, sondern auf ihrer frischen Volkskraft; sie gaben ihren Besitz meist vollständig auf und nahmen die vorhandene Kultur völlig in sich auf, um sie dann als eigenen Besitz mit neuer Kraft fortzubilden. Ursemitisch sind Namen, primitive Reste, Fetische als Götter zweiten Ranges in großen Tempeln und als Hausgötter adliger Familien in Stadt und Land. Wertvoll für die Entwicklung der Kulturreligionen aber ist erst der kultivierte Semit oder der Semit in der Kulturmischung, der Babylonier und der Kanaanit judäischer Abkunft. —

Noch größere Schwierigkeiten hat die Bestimmung des ursumerischen Faktors in der babylonischen Religion. Während wir für das eingebrachte Gut der Semiten wenigstens einige verbürgte Tatsachen beibringen können, liegt die Zeit der sumerischen Einwanderung, ja die ganze folgende Epoche des sumerischen Reiches von Nippur vollkommen im Dunkel; alle Völker, die in historischer Zeit die wahrscheinlich sumerische Straße nach Babylonien gezogen sind, scheinen mit den Sumerern nicht verwandt gewesen zu sein, so daß auch von hier keine Rückschlüsse möglich sind. So bleibt nur der Verzicht auf die Frage oder der Versuch, ihr konstruktiv beizukommen, mit Hilfe der Analogie vor allen Dingen.

Heranziehen läßt sich dabei das Material anderer Kolonisationen, vor allem das der ägyptischen Eroberung und Kolonisation des Delta, ferner unser Wissen von den kulturellen Zuständen der Völker, die unter gleichen Bedingungen wie die Sumerer in den iranischen Bergen erscheinen und seßhaft werden, um schließlich in die Ebene vorzudringen; endlich läßt sich das Ergebnis an dem ältesten geschichtlichen Material zur babylonischen Religion nachprüfen.

Die oberägyptischen Eroberer des Delta ziehen in den Kampf unter der Führung ihres angestammten Gaugottes Horus, eines Fetischs in Falkengestalt, der nicht viel mehr persönliche Züge besessen haben kann, als ein semitischer Stammgott. Horus ist der Hausgott der Gaufürsten, die durch ihre kriegerische Tüchtigkeit Könige geworden sind; er ist wie sie ein großer Krieger und König, Gott des neuen Reiches und Herr der königlichen Residenz. Neben ihm stehen untergeordnet die verbündeten Gaugötter.

In den iranischen Randgebirgen, im Zagros und in Elam, sitzen in historischer Zeit Völker verschiedener Abkunft in geschlossenen Reichen und in aufgelösten Stammverbänden; alle aber haben Hauptgottheiten desselben Charakters: es sind mächtige Krieger, ausgestattet mit allen Schrecken des Gebirges, mit der Doppelaxt oder dem Donnerkeil, deren Blitzschlägen die Gewitterflut folgt; der Typus reicht weit über diesen Bezirk hinaus; in den armenischen und assyrischen Bergen, in Kleinasien, bei Chetitern und Kretern findet er sich ebenso.

Wenn die Analogie mit Recht auf die Sumerer übertragen werden kann, so müssen wir danach erwarten, daß die ersten sumerischen Eroberer wie die ägyptischen Horuskönige oder wie späterhin die Kassitenfürsten unter der Führung eines Stamm- und Hausgottes in Babylonien erschienen, der dann Reichsgott und Gott der Hauptstadt wurde. Dieser Gott müßte ein großer Krieger gewesen sein, ein Gebirgsgott und Gewittergott, im übrigen aber wenig persönlich ausgestaltet.

Im erhaltenen babylonischen Material zur Religionsgeschichte müssen wir die Reste dieser sumerischen Gottheit der Einbruchszeit natürlich in der Reihe der Götter der ersten sumerischen Reichshauptstadt, also in Nippur, suchen.

Der Gott von Nippur ist Ellil; Nippur ist geschrieben ›Ellils Stadt‹. Ellil ist durch die ganze erste Epoche der babylonischen Geschichte bis auf die Tage Chammurabis der Herr der Welt und der König des Landes; er allein belehnt rechtmäßig die siegreichen Stadtfürsten mit der Herrschaft über das alte sumerische Reichsgebiet; seine Verwandten und Diener sind die Stadtgötter, noch nachdem sie ihn politisch beerbt haben.

Seinem Wesen nach ist Ellil zunächst zweifelsohne ein Gebirgsgott; sein Tempel in Nippur heißt »E-kur«, »Berghaus« und ist der Tempelberg, der Ahnherr unzähliger babylonischer Stufentürme (Zikkurats) und des »Turms zu Babel«. Der Gebirgsgott ist ein furchtbarer Krieger; mit seiner Gotteswaffe spaltet er den Feinden Schädel und Leib — sie könnte wohl einmal ein Beil gewesen sein; die Sturmflut tobt auf seinen Befehl vernichtend daher; der Wirbelwind — »En-lil« bedeutet vielleicht »Herr des Wirbelwinds« — ist sein Diener, Stürme kauern zu seinen Füßen und fahren seinen Gegnern in den aufgerissenen Rachen.

Wie dieser Gott ursprünglich gestaltet war, wissen wir leider nicht; in geschichtlicher Zeit ist er, wie alle großen babylonischen Götter, menschlich gestaltet; in ältester Zeit könnte man an eine Stiergestalt denken. Dafür ließe sich anführen, daß Stierhörner zum Ornat der Götter und besonders zu ihrer Kriegsausrüstung gehören, daß der Stier zu den drei heiligen Tieren der Prozessionsstraße in Babylon gehört (Marduk ist Ellils Erbe), daß auf ältesten Siegeln neben dem menschlich gestalteten Krieger und Besitzer des Lebenswassers (das aus der Flut hervorgegangen ist) in der Mythe ein Halbstier als Freund und Stiere als Gegner erscheinen, daß endlich der Mondgott als »Ellils starkes Kalb«, nicht wie später als Stier bezeichnet wird. Dazu kommt, daß primitiven Eroberern der Stier ein geeignetes Symbol für ihre Furchtbarkeit und Macht zu sein scheint; ägyptische und babylonische Könige einer Zeit, die schon allerlei Kulturstolz besitzt, lassen sich als Stiere abbilden; für den ungestümen Gewittergott Ellil wäre der Bergstier kein schlechtes Symbol gewesen.

Ich nehme an, daß die Urgestalt Ellils den sumerischen Königsgott der Zeit der sumerischen Eroberung und Kolonisation darstellt. Ist die Annahme richtig, so war die sumerische Religion bei der Einwanderung der Sumerer nicht höher entwickelt, als die der ägyptischen Horusdiener oder die der späteren barbarischen Gebirgsstämme in den Randgebirgen; dabei kann dahingestellt bleiben, ob diese Stämme den Typ des Sturm- und Kriegsgottes von sumerischen Resten im Gebirge übernahmen, weil er der Natur des Landes entsprach, oder ob sie ihn immer wieder selbständig ausbildeten. Jedenfalls ist der Gott des führenden sumerischen Stammes und Hauses beim Einbruch der Sumerer nicht viel höher entwickelt gewesen, als ein durchschnittlicher semitischer Fetisch und gar nicht höher, als ein kriegerischer Hauptgott einer ganzen semitischen Schicht, etwa Dagan. Es wäre denkbar, daß die Erhöhung des Fetischs Ellil über die primitivste Stufe, namentlich seine Verbindung mit der Natur, in einem sumerischen Urreich im Gebirge erfolgt wäre; so scheint schon im oberägyptischen Urreich eine gelegentliche Verbindung des Horus mit der Sonne vorgenommen worden zu sein, ohne daß eine Naturreligion entstand; die schlagende Naturanalogie, das Gleichnis ist das wesentliche.

Neben Ellil müssen wir uns zahllose sumerische Stammgötter denken, die im Kolonisationsgebiet zu Stadtgöttern werden. —

In Ägypten folgt auf die Zeit der Eroberung und Kolonisation eine Zeit des inneren Krieges; Unterägypten will sich die Vorherrschaft und Bevormundung des oberägyptischen Mutterlandes nicht gefallen lassen und erreicht schließlich, daß das Übergewicht im Gesamtreich ihm unter Königen aus seinem Schoß zufällt. Die ganze Zeit der Eroberung und der Bürgerkriege umfaßt etwa 500 Jahre. Dann beginnt im neugeordneten Einheitsreich der schnelle kulturelle Anstieg; die letzte Kraft des großen Expansionswerks der ägyptischen Rasse, wohl auch neue Kräfte neuer und intensiverer älterer Rassemischungen entladen sich in unerhörten Kulturleistungen. In Unterägypten entwickeln sich in zwei Zentren, nicht in der Hauptstadt, die beiden neuen Religionen, die Naturreligion in On (Heliopolis), der Stadt des Sonnengottes, die Totenreligion in Ded (Busiris), der Stadt des Osiris.

Auch die sumerischen Eroberer müssen zunächst ganz in Eroberungs- und Kolonisationsarbeit aufgegangen sein, dann eine Zeit der Abschließung gegen ihre Verwandten oder gegen nachdrängende Fremde im Gebirge, ihrem Mutterland, durchgemacht haben. Erst als das Reich nach außen gesichert, nach innen straff zentralisiert und organisiert war, begann die höhere Kulturentwicklung. Sie ist, wie in Ägypten, die Frucht jahrhundertelanger Kämpfe, in wenigen Generationen gereift und eingebracht. Träger der nun entstehenden Kultur sind nicht die Sumerer, obgleich Reich, Schrift und Sprache sumerisch sind, sondern die Babylonier, die Mischung aus Sumerern und Semiten, die das Ergebnis der Kolonisation ist. Wie in Ägypten knüpfen die religiösen Fortschritte an bestimmte Städte an, wie dort ist die Hauptstadt verhältnismäßig wenig beteiligt. Die Zeit des Anstiegs muß mit dem Verfall des Reiches von Nippur und den Abwehrkämpfen der Stadtfürsten von Nordbabylonien gegen die semitische Invasion zusammenfallen; vielleicht hat die Kultivierung geholfen, die letzten Könige von Nippur, wie so viele babylonische und ägyptische Herrscher, gleichgültig gegen materielle Dinge und damit unfähig zur Erhaltung des Einheitsreiches gegen die Angriffe der Vasallen und Barbaren zu machen.

Der Beginn der spekulativen Fortbildung der mitgebrachten Fetische oder der neugeschaffenen Stadtgötter muß früh im sumerischen Reich von Nippur gesucht werden; die Göttergestalten mußten durch ihre Priesterschaften der neuen Lage und den neuen Bedürfnissen angepaßt werden. An der Gestalt Ellils läßt sich diese Umwandlung zeigen; die Eroberer werden zu friedlichen Herrschern eines wohlgeordneten Kulturstaats; ihr Reichs- und Hausgott wandelt sich nach ihrem Bild vom furchtbaren Krieger zum mächtigen, aber segenspendenden König.

Ellil blieb ein Gott der unbeschränkten Kraft; alle Schrecken des Krieges und der entfesselten Naturkräfte sind mit seinem Bilde verbunden. Aber er besitzt die Welt und sie ist ruhig unter seiner Herrschaft; jedermann weiß, daß es gegen den Herrn der Welt keine Möglichkeit des Aufruhrs gibt; jedermann fürchtet seinen Jähzorn, der keine Grenzen seiner Rache kennt.

Der »König der Länder« braucht nicht mehr selbst auszuziehen, zu stürmen und zu rasen; er thront in seiner Hauptstadt und schickt seine Diener aus, wenn ein kecker Feind oder ein abtrünniger Statthalter Züchtigung verlangen; Lugal-kur-dub, der König, der die Länder verwüstet, heißt ein solcher Diener bei Gudea, offenbar ein selbständig gewordener Name des Gottes selbst.

Früher war das anders. In der Urzeit hat sich Ellil seine Macht mit der Kraft seines Armes und seiner Waffen erstritten. Wie in der Mythe von dem siegreichen Kampf des Horus gegen Set ein Rest alter Erinnerungen an die ägyptische Kolonisationszeit mit ihren Kämpfen steckt, so enthalten die Mythen von Ellils Kämpfen in der Urzeit die letzten Erinnerungen an die längst vergessene Tatsache, daß Babylonien mit bewaffneter Hand durch die Sumerer erobert und kolonisiert ward. Naturmythen sind um den alten Krieger gewoben; seine Natur haben sie nicht entstellt.

Ellil verdankt seine Königsgewalt, seine Herrschaft über Götter und Menschen urzeitlichen Siegen; er hat die Götter vor den feindlichen Mächten des Abgrunds gerettet, nachdem sie ihm Gehorsam gelobt, indem er die Tiamat und ihre Genossen getötet und gefesselt; er hat die Welt von Ungeheuern gereinigt, die ebenfalls die Herrschaft der Himmlischen bedrohten; er hat die Menschen im Zorn beinah ausgerottet, indem er die Sturmflut über sie sandte, aus der nur ein einziges Geschlecht gegen seinen Willen gerettet ward. Gewaltherrschaft ist Ellils Königtum und war es gewiß in den ältesten Formen der Mythen noch mehr; die Flutsage zeigt, wie ihn alle Götter fürchten.

Die Gewalt ist aber zuletzt nur Mittel zu Frieden und Ordnung geworden. Der Kampf gegen die Tiamat und die andern Ungeheuer gibt Ellil den Anspruch auf die Herrschaft über Götter und Menschen nicht nur, weil er der starke Schlagtot ist, sondern weil er der Schöpfer der Weltordnung und der Welt wird, indem er die Mächte des Chaos besiegt, weil er die neugeschaffene Welt bewohnbar macht und immer wieder sichert. Auch die Vernichtung des Menschengeschlechts durch die Flut ist ein Akt der Weltordnung; die bedingungslose Unterordnung des Menschen unter die Gottheit in Furcht und Demut ist ein Pfeiler der Welt.

Friedlich thront Ellil in nachmythischer Zeit über der beruhigten Welt. Sein Berg ist ihm als Sitz geblieben; aus der Erinnerung an die Gebirgsheimat ist aber der Weltberg geworden, ein Olymp, der zugleich Tempelberg in Nippur und Erde als Wölbung über den Wassern ist. Von diesem Sitz überblickt er sein Reich und wahrt seine Ordnung. Die Götter, seine Kinder, bringen hierher ihre Wünsche, so Ningirsu bei Gudea. Hier bestimmt er ihnen und den Menschen die Geschicke und zeichnet sie auf seine Schicksalstafeln auf. Von hier sendet er, wie einst vom Gebirge, Winde und Fluten; aber die Sturmwinde bleiben gefesselt zu seinen Füßen — Lebenshauch geht an ihrer Statt in die Lande; der »Herr des Wirbelwinds« ist ein »Herr der Luft«, allen Raumes unter dem Himmel und auf der Erdoberfläche, geworden; und aus der Sturmflut ist das Lebenswasser geworden, die heilsame Überschwemmung, die nicht zerstört, sondern Fruchtbarkeit verleiht.

In den Mythen von Ellils Kämpfen in der Urzeit sehen wir den Gott schwer gerüstet ausziehen; seine Waffen sind moderner geworden; die »große Waffe«, den Sturm und die Flut, Blitz und Netz führt er wie in alter Einwanderungszeit; aber dazu sind nun die Waffen der höheren Kultur gekommen, gleißende Panzerteile, der Streitwagen, Speer und Bogen, wie sie die Könige der Denkmäler von Lagasch besitzen. Im Frieden der nachmythischen Zeit führt Ellil die Königsabzeichen, Krone, Szepter und Palu, dazu die Schicksalstafeln, den Talisman seiner Weltherrschaft.

So wird der wilde Sturm- und Wettergott, der Eroberer und Zerstörer, zum »König der Länder«, zum »Vater der Götter und Menschen«, zum »König von Himmel und Erde«; genau ebenso geht aus dem Eroberer Horus der Weltkönig Re Harachte hervor. Die werdende Kultur stattet den Gott der herrschenden Stadt mit allen ihren Mitteln aus; sie gibt seinem Königtum friedliche und kulturelle Bedeutung und erweitert sein Wesen, indem sie es vertieft. Aber diese Vertiefung und Umbildung hat ihre Grenze; der alte Königsgott der Kolonisationszeit war sicherlich der differenzierteste Gott seiner Epoche, die Umgestaltung seines Wesens mit der Entwicklung des Staats hat ihn weiter differenziert, d. h. ihm immer neue Bestimmungen gegeben; Bestimmungen sind aber Beschränkungen, sie legen fest. Ellil wurzelt ganz in den primitiven Anschauungen der Einwanderungszeit; diese erlaubten eine Erweiterung, die den Reichsgott zum idealen König machte; damit war aber die Grenze seiner Entwicklungsfähigkeit erreicht. Die nächste spekulative Weiterbildung der Gottheit kam Ellil kaum mehr zu gut; er war eng mit dem Königshaus verbunden und mit ihm aufgestiegen; nun ging es mit den Königen von Nippur rückwärts; er war nach allen Seiten festgelegt, ein Krieger, ein König, ein irdischer Gott; die neue Entwicklung brauchte unbestimmtere Gestalten, um frei walten zu können, sie war königsfeindlich und richtete ihr Augenmerk auf den Himmel. So bleibt Ellil an erster Stelle noch einige Zeit stehen, aber seine innere Entwicklung stockt; er wird nicht moderner, als er im Moment des Sturzes von Nippur war; seine Priester mögen versucht haben, ihn auf der Höhe zu erhalten — ohne Erfolg. Sie verarbeiten den mythischen Stoff in modernerem Sinn; Ellil wird zum lichten Gott, der die Finsternis bezwingt, er findet einen Platz am Himmel; aber das belebt ihn nicht mehr. Viel mehr, als er annimmt, gibt er ab; seine Königswürde und die Mythe von der Weltschöpfung, die den Herrschaftsanspruch begründet, geht an Marduk über; seine Besonderheiten werden durch die Konkurrenz der Kulte Allgemeingut: die Hörnerkrone, die Herrschaftsabzeichen werden göttlicher Ornat; der Tempelberg ist in allen Tempeln zu finden. Archaischer, als alle alten Götter, verschwindet er schließlich in seiner eigenen Stadt hinter einer jüngeren Göttergestalt, seinem Sohn Nin-IB.

Ellil ist im alten Reich von Nippur vor allem andern Reichs-

und Königsgott; dieser Seite seines Wesens gehören alle Züge an, die wir bisher herausgehoben haben. Er besitzt aber noch eine andere Seite, die im Pantheon nicht hervortritt, aber für die Entwicklung der Religion in Babylonien wahrscheinlich ebenso wichtig geworden ist; er ist nämlich der lokale Gott der Stadt Nippur und damit wohl der Urtyp der lokalen Gottheiten babylonischer Städte. Wenn die Eigentümlichkeiten Ellils im Lauf der Entwicklung Gemeingut aller Götter werden, so können wir vielleicht zurückschließen, daß Vieles, was wir nur als Gemeingut aller Götter kennen, ursprünglich einmal Ellil gehörte, von seiner Priesterschaft im Mittelpunkt des Reiches entwickelt wurde und dann durch Konkurrenz der Kulte auf andere Städte überging, gleichgültige Züge früher, solche, die für die Vormachtstellung der Stadt Nippur bedeutend waren, erst in der Zeit der Reichsauflösung.

Das alte Reich von Nippur muß sehr straff zentralisiert gewesen sein und durch lange Zeit seinen geschlossenen Charakter bewahrt haben; nur so ist es verständlich, daß die suggestive Gewalt der Vorherrschaft von Nippur den Untergang des Reiches von Nippur so lange überdauert hat; nur wenn die zentrale Stellung der Reichshauptstadt und ihres Gottes vielen Geschlechtern eingeprägt war, konnte sie Dogma für die sumerischen und semitischen Könige noch jahrhundertelang sein, nachdem Nippur eine unbedeutende Provinzstadt geworden war und die Religion neue Bahnen eingeschlagen hatte.

Bei einer straff zentralisierten Staatsverfassung steht die Hauptstadt so maßgebend im Mittelpunkt des Landes, daß es verständlich ist, wenn die Provinzstädte ihre Einrichtungen eifrig annehmen. Nicht daß die gemeinsamen Züge lokaler Religion eben nur am Elliltempel erfunden sein könnten; sie ergeben sich großenteils von selbst überall wieder von neuem aus den gleichen Bedürfnissen gleicher Gemeinschaften. Jeder lokale Gott muß Schützer und Herr seiner Stadt, Besitzer des Bodens, Erzeuger und Spender der Ernte an Vieh und Frucht, Hüter der Häuser und Gräber in seinem Stadtbezirk sein. Wenn sein Dasein weiter ausgebaut wird, so daß aus seinen Beziehungen zum Jahreslauf und zum Menschen ein jährlicher Kreislauf von Festen entsteht, in denen das Götterleben als Abbild des Menschenlebens in seinen Hauptmomenten erscheint, so setzt das tieferes Nachdenken, also gelehrte Arbeit voraus; diese Arbeit muß wohl irgendwo im Lande zuerst ausgeführt worden sein, indessen könnte man auch an andere Stellen, als gerade die Hauptstadt denken, obgleich sie nahe genug läge. Wenn aber die sterbenden Götter überall Züge besitzen, die Ellil zukommen oder wahrscheinlich zuerst zukamen, wenn sie unter den verschiedensten Namen Stiere oder nackte Riesen sind, Ungeheuerbezwinger und große Krieger, so werden wir doch annehmen müssen, daß in Nippur neben dem ersten Tempelturm auch das erste Gottesgrab sich befand, das Urbild des Belsgrabes zur Perserzeit, und daß Nin-IB, eine der Tammusgestalten, nicht zufällig nach Nippur verschlagen wurde, sondern hier in Ellil selbst einen Vorgänger hatte. Merkwürdigerweise liegt auch hierfür eine ägyptische Parallele vor; Horus, der alte Kriegs- und Königsgott, ist nicht nur in den Kreis der Naturgötter eingegangen, sondern mit seinem wichtigsten geschichtlich mythischen Kern in den Osiriskreis, in die Religion vom sterbenden und neugeborenen Gott.

Freilich kann nicht die Rede davon sein, daß die babylonische Totenreligion an Ellil anknüpft; sie geht wohl zweifellos aus der Ištarmythologie hervor und hat erst sekundär andere Elemente aufgenommen. Nur insofern die Elliltheologie auch Geburt, Ehe und Tod ihres Gottes kannte und damit in alle lokalen Kulte einführte, bereitete sie den Übergang von Zügen Ellils auf andere Götter und Heroen vor. Aus dem ersten Herrn der Flut und des Lebenswassers gehen die Hüter und Spender desselben, große und kleine Götter hervor, zuletzt bleibt das Thema des großen babylonischen Epos von Gilgameš Fahrt nach dem Leben. —

Die große religiös-philosophische Entwicklung in Babylonien, deren Ergebnis eine Naturreligion und eine Totenreligion großen Stils ist, muß wohl in den Städten der Götter stattgefunden haben, die den Vorteil davon hatten, über alle andern erhoben zu werden.

Wie in Ägypten die Priester von On und Ded, müssen in Babylonien die Priester der Städte Eridu, Larsa, Ur und Uruk die großen Denker gestellt haben. Leider läßt sich das Ganze nicht so einfach übersehen und verteilen, wie in Ägypten; während dort die beiden Systeme nur äußerlich aneinandergestellt wurden, ist in Babylonien die Entwicklung weiter fortgeschritten zum einheitlichen System, das keinem lokalen Zentrum mit Sicherheit zugeschrieben werden kann.

Die vier Städte, in denen lokale Götter ohne besondere Kennzeichen zu bestimmten großen Göttern spekulativ umgestaltet wurden, liegen im südlichen Babylonien, im späteren Sumer. In Nordbabylonien, in Akkad, gibt es zwar später ebenfalls Kulte der betreffenden Götter; der Sonnenkult von Larsa hat in Sippar, der Totenkult von Uruk in Kutha, der Mondkult von Ur gar in dem obermesopotamischen Haran sein Gegenstück; ich möchte vermuten, daß diese Kulte sekundär sind: so übernimmt Abidu in Oberägypten den fertigen Osiriskult von Ded in Unterägypten und entwickelt ihn, unterstützt durch die Nebenbuhlerschaft des Südens, zu ebenso großer Bedeutung.

Die Lage der vier Städte im Süden paßt zu der Tatsache, daß die Entwicklung ihrer Kulte in eine jüngere Zeit fallen muß, als die volle Blüte von Nippur. Ein Gegensatz der Weltanschauung trennt das Gottesideal, das der Gott von Eridu verkörpert, von dem des Königsgottes Ellil; auch in den Mythen sind beide Gegner. Während Ea von Eridu und die Ištar von Uruk noch Mythen besitzen, sind die astralen Götter, Anu, Sin, Šamaš und die himmlische Ištar, fast mythenlos abstrakt. Die Fortbildung des wissenschaftlichen Denkens, die diese Unterschiede von Ellil voraussetzen, ist nur möglich, wo eine lange Vorbereitung stattgefunden hat und keine erheblichen Störungen hemmen; beides ist in Südbabylonien zur Zeit des Zerfalles des alten sumerischen Reiches der Fall. Die semitischen und elamitischen Vorstöße treffen Nord- und Mittelbabylonien; im Norden muß die semitische Einwanderung immer stärker geworden sein. Im Süden dagegen lebte man ungestört; das Volkstum war noch unbedroht von neuen Einwanderern; die kultivierten Stadtfürsten, ihre Priester- und Adelskreise empfanden das Aufhören der Zentralgewalt angenehm, als Wegfall eines Hemmnisses für ihr individuelles Aufleben.

Abgeschlossen ist die Entwicklung spätestens zu Lugalsaggisis Zeit. Der spekulativste Gott der neuen Reihe, Anu, erscheint in der Inschrift dieses Herrschers zum erstenmal unter den großen Göttern; in Eannatums Denkmälern steht er noch nicht an der Spitze des Pantheons. Es ist wahrscheinlich, daß das neue Pantheon lange fertig war, bevor es die Könige ganz annahmen und sehr möglich, daß neue Funde die untere Grenze weit über Lugalsaggisi hinaufrücken; mehr als ganz vorläufig und annähernd können solche Angaben heute nicht und vielleicht überhaupt nie sein. —

Eridu, ursprünglich Nun-ki (»große Stadt«?), seit der Entwicklung ihrer Gottheit Uru-dug »gute Stadt« oder »Stadt des Guten« (bei Dungi zuerst datierbar gebraucht), liegt am Rand eines

Hügelzuges, also wohl auch ursprünglich über die Niederung erhoben, an der Stelle, wo in sumerischer Zeit etwa die Mündung der Ströme gewesen sein muß. Als Seestadt hat es wahrscheinlich eine gewisse Bedeutung besessen; politisch scheint es dagegen als Mittelpunkt eines großen Reiches nicht hervorgetreten zu sein; im Gegenteil kann man das Pantheon von Eridu als die Frucht der friedlichen Reaktion gegen die Herrschaft des kriegsgewaltigen Königsgottes im Reich ansehen. Der gute Gott ist der Gegner des starken Gottes, der Menschenfreund der stille Widersacher des grimmen Unterdrückers.

Der Gott von Eridu ist En-ki (Herr der Erde, des Landes oder der Unterwelt) oder Ea (hellenisch Aos, also vielleicht auch Ae zu lesen); sein Tempel heißt E-absu (geschrieben E-su-ab), Haus der Tiefe, auch als »Haus der Weisheit« bezeichnet.

Seinem Wesen nach war En-ki zunächst gewiß nichts anderes, als eben der Herr seiner Stadt und ihres Landbezirks, wie sein Ideogramm dies ausdrückt. Die Lage der Stadt am Meer, ihre Bedeutung als Seestadt mag dann vielleicht eine Beziehung zum Wasser hergestellt haben; E-a heißt »Wasserhaus«, auch der Tempelname kann sich so erklären, wie der Fischschwanz Enkis. Doch scheint mir beinahe wahrscheinlicher, daß das Wasser, zu dem Ea in Beziehung steht, nicht das Meer war, sondern von Anfang an das Wasser der Flußmündung und das Grundwasser der Tiefe, auf das man hier im tiefsten Teil des Schwemmlandes bei jeder Lockerung des Bodens stoßen mußte; Ea hat nichts vom Wesen eines Seebeherrschers wie Poseidon; er ist Wassergott als Herr der reinigenden Kräfte, die das Wasser enthält, aber kaum das Seewasser in stärkerem Maße, als das Flußwasser; er ist der Reine, der im reinen Element wohnt, aber doch wohl das weite Meer erst als Palast bekommt, als Himmel und Erde je einem Gott zufallen. Er ist der Weise, weil er die Reinigungsriten kennt; ein geistreich gelehrtes Spiel mit seinem Wesen findet in dem tiefen Gott den Gott der Tiefe.

Die älteste datierbare Erwähnung Eas spricht von Enkis heiligem Rohr, das Orakel erteilt. Nach späteren Angaben besitzt der Tempel in Eridu einen heiligen Orakelbaum; vielleicht ist das heilige Rohr die erste Anpassung an das neuentwickelte Wesen des Gottes als Wassergott. Ein weit im Umkreis angesehenes Orakel wäre dann der Anfang der Entwicklung des Heiligtums von Eridu gewesen; der Titel des Weisen müßte als Eas ältester Ruhm gelten. Er ist auch sein höchster Titel geblieben bis in die späteste Zeit. Eas Weisheit ist der Typus einer Klugheit, die sich ihrer Überlegenheit über die rohe Kraft bewußt wird; in der Flutmythe besonders zeigt sie sich so; der schlaue Ea widerstrebt nicht, als Ellil die Menschen ausrotten will, er verspricht Schweigen über die Absichten der Götter und hält auch sein Wort in kindlicher Schlauheit bei der Warnung und Rettung seines Noah; auch seinem Diener Adapa gibt er guten Rat, als ihn Anus Zorn bedroht. In nachmythischer Zeit wird daraus die Belehrung der Menschheit über alle Dinge in der Welt, die ihr zu wissen wichtig sind; Ea ist der Fischmensch Oannes, der nach neubabylonischer Sage alle Wissenschaft und Kunst den Urvätern aus der Tiefe des Meeres heraufgebracht hat.

Innerhalb der Weisheit tritt aber sehr früh eine besondere Art, die ärztliche Weisheit, hervor. Alle Reinigungsriten gehören nach Eridu; das Wasser der heiligen Ströme wäscht Krankheit und Sünde ab; Eridu ist in besonderem Sinn die reine Stadt, Ea der reine Gott; der Begriff der Reinheit in seinen verschiedenen körperlichen und übertragenen Bedeutungen wird von den Priestern Eas entwickelt. Die Beschwörungspriester der babylonischen Medizin treten in Eas Gewand mit Eas Waschungsriten und Beschwörungsformeln am Krankenbett den Dämonen entgegen. So wird Ea nicht nur der weise Gott im Sinne einer gelehrten Klasse, sondern der gute, der hilfreiche Gott für alle körperliche und geistige Not; denn alles Unglück und alles Elend der Menschen ist eine Folge ihrer Unreinheit und Sünde, und alles weiß Ea zu beseitigen. Nicht nur den Ahnen des Menschengeschlechts hat er geholfen und geraten, nicht nur alle Wissenschaft der Priester stammt seit Urzeiten von ihm: heute noch hilft er jedem, der zu ihm und seinem Stellvertreter kommt, der erste Mittler zwischen Menschen und grimmen Göttern in der Urzeit, der Heiland aller Elenden und Mühseligen, aller Befleckten und Sünder in nachmythischer Zeit.

So wird Eridu zum ältesten Sitz der Religion friedlicher Menschlichkeit und Weisheit. Weisheit soll vor Kraft gehen, Priestertum als Inbegriff freundlichen, aufgeklärten Vernunftgebrauchs vor kriegerischem Königtum; das Zeitalter der Helden und des Faustrechts geht über in das der Priester und des göttlichen Rechts.

Die Gegnerschaft zu Ellil ist ausgesprochen; was Ellils Stärke und Ruhm ausmacht, soll wertlos sein; was bei ihm anerkannt werden kann, das besitzt Ea ebensogut als er. Auch er ist ein Herr

10*

des Lebenswassers, im Sinn des Grundwassers, auf dem die Erde ruht und aus dem die Vegetation hervorgeht, und in dem eigenen des heilenden Wassers. Die strafende Flut besitzt er nicht; er rettet den gottverfallenen Menschen von Strafe, gütig und hilfreich. Ist es wunderbar, daß ihm auch die Schöpfung des Menschen im Wettbewerb mit Ellil zugeschrieben wird, wo er es ist, der ihn vor seinem ersten Schöpfer rettet?

Wie bedeutend Ea schon in der Zeit unserer ältesten Denkmäler neben Ellil wenigstens im Süden stand, das zeigen die Inschriften von Lagaš. In den Listen großer Götter folgt sein Name unmittelbar auf den Ellils; er ist ihm beigeordnet, niemals sein Sohn. Ningirsu, der Gott von Lagaš, ist Ellils wie Eas Verwandter.

Im Lauf der Entwicklung wird der Vorsprung Eas immer größer; Chammurabi überträgt auf seinen Reichsgott Marduk alle Macht Ellils und Eas; beide Götter zedieren ihm als ihrem Nachfolger all ihre Rechte; während aber Marduk in Ellils Schöpfungsmythe einfach eintritt, andere Mythen, wie die Flutsage, aber als kompromittierend nicht annimmt, wird er Eas lieber Sohn, der barmherzige Gott und Mittler zwischen den Menschen und seinem Vater; Ellil war eben veraltet, Ea aber lebte jung und frisch im Herzen der modernsten Denker, wie der Armen und Elenden. —

Durch ein allgemein-menschliches Interesse wird vor Ea oder gleichzeitig mit ihm eine andere Stadtgottheit aus der Reihe unpersönlicher Lokalgötter zur großen Gottheit erhöht und neben Ellil gestellt; wie Ellil und Ea wird sie von Mythen umsponnen, die durch ihre altertümlichen Züge auf eine urzeitliche Entstehung im Reich von Nippur hinweisen. Es ist die Göttin Innina oder Nanai von Uruk.

Uruk liegt in Südbabylonien; sein Name ist ursprünglich Unu-ki, Unugga, »Wohnung«, wahrscheinlich von Anfang an ein freundlich vorsichtiger Ausdruck für die feste, große oder ewige Wohnung des Menschen, das Grab. Ein großer Totenkult hat hier seine Stätte, und die lokale Gottheit, die »Herrin« schlechthin, ist die Herrin der großen Wohnung, die Göttin der Unterwelt.

Ursprünglich kann sie nichts anderes gewesen sein als die zahllosen andern Lokalgötter des sumerischen Reiches, die eben Herren (En-) oder Herrinnen (Nin-) ihres Stadtbezirks waren. Ob sie als Stiere oder Kühe, als phallische Männer oder als nackte Weiber und Mütter erscheinen — immer handelt es sich um Gottheiten, die im friedlich geordneten und behüteten Land vor allem die Pflicht haben, für gute Ernten, für Fruchtbarkeit der Menschen, Tiere und Felder zu sorgen. Das übrige, die Erhaltung des Friedens nach außen und innen, die Sendung des Überschwemmungswassers und des Lebenshauchs hat im zentralisierten Reich Ellil auf sich genommen.

Eine Göttin der Fruchtbarkeit ist auch Innina von Uruk gewesen; als geschlechtsreifes Weib, nackt, mit starker Betonung des Geschlechtscharakters, wird sie, bez. ihre semitische Erbin Ištar, in der Kunst dargestellt; als Buhlerin schildern sie die Mythen; sie reizt alle männlichen Wesen zur Buhlschaft, als Tempeldirne oder als Göttin; sie sorgt aber auch für alle Befruchtung auf Erden — alle Fortpflanzung stockt nach ihrem Weggang, alle Scheunen weiß sie zu füllen, damit der Himmelsstier keine Hungersnot verursachen kann. Diese Ausbildung zur Göttin der Fruchtbarkeit ist schon ein gelehrter Spekulation entsprossenes Werk der Zusammenfassung vieler Einzelgestalten in einer Gottheit; daß sie weiblich ward, daß die vielen Stiere und phallischen Männer nicht den Typ der Geschlechts- und Zeugungsgottheit gaben, war ursprünglich vielleicht durch die Erkenntnis bedingt, daß das Weib mehr als der Mann in dem geschlechtlichen Leben seine Aufgaben finden muß, weil Schwangerschaft, Säuglingspflege und Aufzucht der Kinder ihr zufallen; später kam dazu ein priesterliches Gefühl der Verachtung für diese physiologische Gebundenheit und des Hasses gegen die Männerverführerin.

Aber es war nicht die Entwicklung der lokalen Gottheit von Uruk zur typischen Zeugungsgöttin, was sie groß machte; gerade in diesem Gebiet war die Zusammenfassung der lokalen Götter zu einer Gestalt kein dringendes Bedürfnis; hier genügten die lokalen Herren vollständig. Innina-Ištar ist erst Zeugungsgottheit im Pantheon geworden, weil sie sich anderswo eine erste Stellung zu sichern gewußt, weil sie die große Totengöttin geworden war.

Ursprünglich gehört die Hut der Toten einer Stadt selbstverständlich zu den Pflichten ihres Stadtgottes. Allmählich erringen auf mancherlei Art bestimmte Stadtgötter den Ruf, daß in ihrem Bezirk die Toten besonders gut behütet sind; in Ägypten sehen wir die Ursachen für diesen Ruf bestimmter Stadtgötter deutlich: der Gott von Abidu behütet die ältesten Königsgräber, der von Siut ist ein Schakal, dessen Lebensgewohnheiten ihn nachts über die Felder schweifen lassen, der Gott von Ded endlich ist durch die Spekulation seiner Priester zu solchem Ruf gekommen. In Babylonien sehen wir nicht so klar; Uruk muß einen Ruf als Begräbnisstadt früh gehabt haben; vielleicht war er älter als die priesterliche Spekulation; jedenfalls hat aber erst diese ihn dauernd gemacht und Uruk zum babylonischen Ded-Busiris werden lassen.

Die Spekulation der Priester knüpft an die Beziehung der Stadtgottheit zum Jahreslauf an. Die Stadtgottheit hat ihren Geburtstag, ihren Hochzeitstag, ihren Todestag wie jeder Mensch; diese Feste treten in Beziehung zu den Abschnitten des landwirtschaftlichen Jahresgeschäfts; eine naheliegende Gleichung entwickelt sich — wie die Natur aufblüht, Früchte trägt und abstirbt, so wächst die Gottheit heran, vermählt sich und stirbt. Dieses Gleichnis bekommt aber seine ungeheure Bedeutung für die Menschheit erst dadurch, daß es nun wieder auf den Menschen zurückbezogen wird; in der Tatsache der Wiederbelebung der Natur und in deren anthropomorpher Ausgestaltung im Jahresmyth der lokalen Gottheit liegt die logische Versuchung für ein primitives Denken, eine entsprechende Wiederbelebung des Menschen nach dem Tode anzunehmen; der Analogieschluß hat auf dieser Stufe zwingende Kraft.

Wie in Ded muß es in Uruk dieser Gedanke gewesen sein, der die lokale Gottheit über alle andern lokalen Totengottheiten hinaushob. Die primitive Erwartung eines einfachen Fortlebens war in beiden Völkern, bei Ägyptern und Babyloniern, den Oberschichten nicht mehr glaubhaft; eine ausdrückliche Wiederbelebung, eine besondere Kraft ist notwendig, um die allen innig wünschenswerte Hoffnung wieder aufleben zu lassen; der Analogieschluß gibt dazu bei beiden die wissenschaftliche Grundlage, gröber bei den Ägyptern, wo eine zauberische Handlung mit dem Toten aufgeführt wird und ein Zauberknoten hereinspielt, feiner bei den Babyloniern, die einen Naturmythus in Hochzeitsjubel, Totenklage und Auferstehungsfreude feiern und alle groben Beziehungen auf den einzelnen Toten beiseite lassen als Volksaberglauben und vielleicht als geheime Weisheit.

Die Mythe von der sterbenden und wieder erstehenden Natur ist uns erhalten in einer sehr alten Gestalt, auf Ištar und Kutha umgedichtet; wir haben keinen Grund zu zweifeln, daß sie ursprünglich einmal sumerisch vorlag und Innina von Uruk zur Heldin hatte. Ištar setzt ihren Sinn darauf, in die Unterwelt hinabzusteigen und erscheint an deren Pforten, gewalttätig drohend, sie werde die Tore einreißen, wenn ihr nicht geöffnet würde. Der Wächter meldet ihr Verlangen der Herrin der Unterwelt und läßt sie mit deren Zustimmung ein; an jedem Tor muß sie ein Stück ihres Schmuckes und Gewandes abgeben, nackt wie die Toten steht sie schließlich vor der Herrscherin des Totenreichs, die sie in eine Kammer sperrt und allen Plagen und Krankheiten preisgibt. Auf der Erde stockt unterdessen jede Fortpflanzung; Menschen und Götter geraten in Not und Verlegenheit. Endlich gelingt es einem Sänger (?), den die Götter in die Unterwelt schicken, die harte Herrscherin der Toten zu überlisten und Ištar zu befreien, die nun unter dem Jubel der Menschheit, vielleicht mit ihrem Gemahl, auf die Oberfläche der Erde zurückkehrt.

Eine andere Fassung derselben Mythe, in späterer Zeit jedenfalls die allgemein angenommene Form, stellt den Buhlen oder Gatten der Ištar in den Mittelpunkt. Wir besitzen sie nicht als einfaches Gedicht, können ihren Inhalt aber aus dem Gilgamešepos und aus Tammushymnen herstellen. Der Buhle der Ištar (erst ein moralisch empfindlicheres Denken macht den Gatten daraus) ist ursprünglich ein Stier, dann ein Halbstier und ein behaartes überkräftiges Menschentier, zuletzt erst ein Vollmensch, verfällt den Verlockungen der Götterdirne und muß, seiner Kraft beraubt, elend sterben. Schattenhaft und schwach fährt er nach Westen ins Reich der Toten, wo die »Verhüllte« thront und die Sonne verschwindet. Ištar bricht über dem toten Stier oder dem toten Gemahl in eine herzzerreißende Klage aus und macht sich auf, den Verlorenen zu suchen. Auch sie fährt nach Westen und kommt an das Ende der Welt und zu den Toten. Hier gelingt es ihr, den Geliebten zu finden, mit Lebenswasser zu erwecken und zu neuem Leben auf die Oberwelt zu führen.

Wie die beiden Fassungen sich zueinander verhalten ist nicht auszumachen; beide haben sehr altertümliche Züge; die erste läßt sich mit der zweiten vereinigen, wenn man annimmt, daß die »Unterweltsfahrt« der Aufsuchung des Buhlen gilt — freilich fehlt im eigentlichen Gedicht jeder Hinweis darauf, erst im Schluß, der aber nicht zum ursprünglichen Mythus gehört, ist von Tammus die Rede. Für eine selbständige Sage von Ištars Unterweltsfahrt, in der von einem Buhlen nicht die Rede war und ein Mann, der Sänger, die Rolle des Befreiers spielte, spricht vor allem die Tatsache, daß, so viel ich sehe, alle sterbenden Buhlen der Ištar ursprünglich weiblich waren; ihre Namen sind mit »Nin«, »Herrin«, gebildet, wie Ningiššida, Ninšach, Nin-IB, Ninin, oder ein gelegentlicher Zusatz bezeichnet sie so, wie Tammus, »die Herrin von Kinunir«. Wahrscheinlich sind das also alles einmal lokale Ištargestalten gewesen. Es ist auch wohl denkbar, daß eine kriegerische Urzeit ohne scharfe logische Unterscheidungsfähigkeit das schwache weibliche Prinzip der Zeugung selbst hinsterben ließ und den Mann zur Errettung sandte, bevor man die feine Unterscheidung der sterbenden Vegetation und des lebenden Fruchtbarkeitstriebes machte und den Mann als Opfer hinsinken ließ.

Andererseits ist allerdings die Ableitung der Mythe von der heiligen Hochzeit und dem Tod des Stiers leichter aus einem lokalen Ackerbaukult ableitbar.

Vielleicht haben wir zwei spekulative Fortbildungen des gleichen Motivs, wie in Hellas neben Mythen von ἱερος γαμος die Orpheusmythe steht.

Für die Weiterentwicklung des Totenkultes der Innina von Uruk ist die überlokale Fassung des Totenreiches wichtig, die eine unmittelbare Folge der spekulativen Ausdehnung der Bedeutung der lokalen Gottheit von Uruk war. Für eine Welt von Toten hat eine Stadtflur keinen Platz; das Totenreich als dritter Ort, als gleichberechtigter Teil der gesamten Welt, rückt in die Ferne; Uruk ist die »Stadt der sieben Räume«, der Stufenturm des dortigen Ištartempels ist »das Haus der sieben bedeckten Räume«; auch Kutha erscheint als Bezeichnung für Unterwelt; im Grund aber sind beide Totenstädte mehr Eingänge zum Totenreich, als dies selbst.

Wie in Ägypten, ist die Totenwelt ein Stück des Kosmos; wir haben Spuren, daß sie in Babylonien wie in Ägypten mit der Himmelsrichtung des Sonnenuntergangs und der Stätte des Nachtaufenthalts der Sonne in Beziehung gebracht wurde: nach Westen fahren Tammus und Gilgameš, auf der Sonnenstraße geht es durch den Nachtberg; hier gibt es auch Reste der seligen Felder, die die Toten des Osiris bearbeiten, und der Schreckensgestalten, die den Nachttunnel des Re bevölkern, im Garten der Siduri und in den Skorpionmenschen. Im ganzen aber herrscht für den Babylonier kein Zweifel, daß das Totenreich unter der Erde, in der Erde ist, ein Reich des Lehmstaubs und der kraftlosen Schatten, in dem kaum Heroen und Könige etwas besseres Los, Ruhebetten, Speise und Trank, und gefallene Krieger wenigstens reines Wasser zu trinken bekommen, sonst aber Elend und Verzweiflung herrschen. Ein Totengericht wird gelegentlich erwähnt.

Die ägyptische Osirismythe ist zweifellos dichterisch liebenswürdiger, als die babylonischen Mythen gleicher Art. In Ägypten bleibt alles freundlich, menschlich; Osiris ist ein guter König, der einer Palastrevolution zum Opfer fällt; Isis ist die treue Gattin und Mutter, die mit Lebensgefahr auszieht, ihren Gemahl pietätvoll zu bestatten (fast Antigone, zumal sie ja Osiris' Schwester ist) und ihren Sohn zu retten, der den Vater rächen soll; das Osirisreich ist ein Reich des Zaubers, der vor allen Fährlichkeiten schützt, ein Reich gerechter Vergeltung, ein weites Ackerbauland und ein Land der Freuden für den wohlbestatteten und gut eingeführten; die Unterwelt wird erst spät und immer noch bunt genug ausgemalt. In Babylonien ist alles tragisch, naturalistisch vertieft; die Natur stirbt in dem Stier oder Gott, die Göttin der Fruchtbarkeit klagt um den brüderlichen Gatten, der später kein Bruder mehr sein darf; alles ist ins philosophisch-symbolische gehoben; aus dem Menschenleid der Mutter und Gattin ist ein Mysterium voll schweren Tiefsinns und übermenschlicher Bedeutung geworden; der Mensch hofft kaum mehr auf ein annehmbares, geschweige auf ein besseres Jenseits: das Lebenswasser ist kein Zauberknoten, sondern ein Gleichnis aus der Natur; die Welt der Toten ist kein Garten, in dem ein gerechter und freundlicher Toter thront, kein Sonnenweg, in dem ein lichter Gott die Seinen schützt, sondern ein Ort der Schrecken und der Hoffnungslosigkeit, in dem auch das Gericht nur strafend verschlechtern, aber wenig lindern kann; das Begräbnis schützt vor dem schlimmsten Los des ruhelosen Irrens, Hungerns und vor der furchtbaren Verwandlung in menschenfeindliche Dämonen, aber nicht vor dem allgemeinen Zoll an die Natur im Reich des Staubes.

Die Götter selbst sind finster und schrecklich im Totenreich, grausam und hart, weil ihr Schicksal sie zu Henkern macht, unfruchtbar und freudlos. Die Unterwelt hat zunächst nur eine Herrin, die Innina-Ištar in ihrer Unterweltsgestalt, die Göttin der verdorrten Natur, die hinabgestiegen ursprünglich Herrin der Toten war, wie es Osiris nach seiner Fahrt nach Westen selbstverständlich ist und bleibt. In Babylonien hat sie sich gespalten; ihre Unterweltsform bleibt in der Unterwelt und paßt sich der Umgebung an. Die »Verhüllte« wird zur dauernden »Herrin des großen Ortes«, zur grimmigen Ereškigal.

Neben ihr steht zunächst ein Diener, aber kein Gemahl, und das mit Recht: die Unterwelt ist kein Ort der Ehe — Heirat und Fortpflanzung gehören der oberen Herrin. Trotzdem stellt sich im Lauf der Zeit ein Gatte und König der Unterwelt ein; neben der Ninsun steht in Uruk Lugalbanda, »der starke König«; in der Mythe erzwingt sich Nergal, der Gott von Kutha, vielleicht »Neunugal«, Herr der großen Wohnung«, dessen Auslieferung die beleidigte Ereškigal fordert, von ihr in der Unterwelt selbst die Annahme als Gemahl und die Mitregentschaft. Die Mythe verdankt wahrscheinlich der Konkurrenz von Kutha ihr Dasein.

Die andern männlichen Götter in der Unterwelt sind, wie die obere Ištar, Gefangene, die in Erwartung ihrer Wiederbelebung ein elendes Dasein führen.

Auch sie scheinen mir durchweg Abspaltungen von der einen ursprünglichen Ištargestalt zu sein, die sich zu selbständigen Wesen entwickeln mußten, weil das Denken der mythischen Stufe anschauliche Typen aus zeitlichen Reihen macht und gesondert nebeneinander stellt. Die obere Ištar ist eine Göttin der Fortpflanzung; in dieser Eigenschaft hat sie verschiedene Namen, je nach dem Gegenstand, der eben beachtet wird: sie ist Ningišsida, die »Herrin des aufrechten Holzes« (»Gišgibil« in »Gišgibilgameš«, »Gilgameš«, grünes Holz« gehört vielleicht auch daher, wenn auch eine Ningišgibil bis jetzt nicht nachgewiesen ist), Ningeštinna (Geštinanna), die Herrin des Weinstocks«, Ninšach, die »Herrin des Ebers« (vielleicht als Göttin einer tierischen Fortpflanzung?), Dumusiabsu, das »echte Kind der Tiefe«, Ninguedinna (Belitseri), die Herrin der Steppe«; auch Sirturra und Ninasu gehören irgendwie in diese Reihe. Nimmt man dazu die »Verhüllte« und die »Herrin der großen Wohnung«, so hat man fast sämtliche Stationen des reinen Ištarmyths als gesonderte Gestalten vor sich; die »Herrin«, Innina, Ninni schlechthin, ist als Herrin der Pflanzen- und Tierwelt, als Mutter- und Geschlechtsgottheit, als Steppenwandererin oder als Herrin des Tier- und Pflanzenlebens außerhalb der Kultur, als Herrin des Totenreiches und als neubelebtes Kind des Lebenswassers unendlich vervielfacht.

Wie die Göttin der Fruchtbarkeit ein anderes Wesen hat, als die der Unterwelt, so differenzieren sich all diese Sondergestalten, indem der Tammusmythos entsteht. Weiber werden zu Männern, Verwandtschaften bilden sich — alles aber geht aus derselben

Gestalt hervor; es ist viel wunderbarer, daß dabei ein relativ klares Bild entstanden ist, als daß in der Mythe nicht alles ganz gesondert wurde.

Die Gruppe der Buhlen der Ištar besteht aus vielen Gestalten, wir wissen noch gar nicht aus wie vielen. Jedenfalls gehören hierher Ningiššida, als Mann Giššida oder Gišbilgameš, Dumusiabsu, zu Tammus gekürzt, Nin-IB, Ninšach, EABANI, Gira, Nin-In und andere.

Der älteste unter ihnen scheint Giššida oder Gilgameš zu sein; von Giššida wissen wir manches aus den Inschriften Gudeas, der sich den Gott zu seinem besonderen Schützer auserkoren hatte, offenbar im Hinblick auf seine Beziehung zum Lebenswasser, zur Natur und zur Auferstehung; er ist männlich gedacht; Drachenköpfe an seinen Schultern und der Besitz des Lebenswassers zeigen, daß diese vermännlichte Ištargestalt sich aus Ellils Besitz ausgestattet hat. Gilgameš ist vielleicht mit Giššida ursprünglich identisch; Giššida könnte eine Variante von ihm darstellen, die ihn seiner lokalen Beziehung zu Uruk entkleidet. Gilgameš ist in Uruk zu Hause und also wahrscheinlich der erste legitime Stier und Gatte der Innina von Uruk; auch er hat Beziehung zu Ellil, als Ungeheuerbesieger und als urprünglicher Besitzer des Lebenswassers.

Dumusiabsu ist in Kinunir zu Hause, einem Ort in der Nähe von Lagaš, wenigstens nach den Inschriften von Lagaš; es könnte sich aber dabei schon um eine Übertragung der Gottheit von anderswoher handeln, wie vielleicht Giš von Uruk nach Lagaš gewandert ist. Seiner Verwandtschaft nach gehört Dumusi nach Eridu; das echte Kind der Wassertiefe ist naturgemäß Eas Kind, der in seinem Namen En-ki, Herr der Erde, auch als Unterweltsgott gefaßt werden konnte. Tammus mag die Gestalt sein, durch die die Priester von Eridu ihr lokales Pantheon mit einem modernen Totenkult nach dem Muster von Uruk erweiterten; das würde auch sein siegreiches Vordringen gegen die andern Totengötter erklären, das ihn neben Giš führte und endlich allein übrig bleiben ließ, der babylonische Osiris. Mit dieser Auffassung stimmt auch, daß Kinunir, der Kultort bei Lagaš, in alten Hymnen fehlt. Tammus scheint kein großer Krieger in Ellils Stil gewesen zu sein; auch das paßt zu seiner Herkunft aus Eridu und zu seiner relativen Jugend; unter seinen Beinamen findet sich wohl auch der »Herr und Anführer«, der »Held«, aber andere überwiegen weit; er ist der »Herr des Wachstums« und »der Kraft des Landes«, der »Hirt« und »Herr des Viehhofes«, der »Werkmeister und Herr des Netzes« (doch wohl des Ellilnetzes); als alte Ištargestalt heißt er geradezu »Mutter, Alleinherrscherin des Himmels«, während seine neue Beziehung zu Ištar in den Namen »Kind der Sirdu«, »Gatte (Buhle) der Himmelsherrin«, »Bruder der Mutter Geštinna« ausgedrückt wird; auch sein Verhältnis zu Giš und dessen Vater (ursprünglich wohl Mutter) Ninasu ist bestimmt gefaßt: Tammus ist Ningiššidas Kind und der »Held des Ninasu«; als »Priester«, als »Salber« (Arzt?) und Hort der Gerechtigkeit charakterisieren ihn andere Titel; eine letzte Reihe nimmt auf sein Verschwinden Bezug: als »Herr des Verschwindens«, »Herr des Arallu« (Unterwelt), als »Mann der Klage« und »Mann des Geschickes« wird er gefeiert und beweint.

Die Verwandtschaftsverhältnisse des Tammus sind also ziemlich geordnet. Von der männlich gewordenen Ištargestalt hat sich die Mutter, die Buhle und die Schwester, letztere durch Entwicklung eines Verbots der Verwandtenehe, getrennt. Die Isis des ägyptischen Myths ist noch Schwester, Gattin und Mutter des Horus in einer Gestalt; die Auflösung häuft auf Tammus alle Frauenklagen; reiner als die Tränen der Buhle fließen die der Mutter und Schwester. In der Trennung schimmert aber überall die alte Einheit durch; die Schwester klagt und sucht Tammus, wie die Buhle, und folgt ihm auf dem Totenweg ohne rechten Grund; als Belit-seri, finden wir sie in der Unterwelt dauernd, wie Ereškigal, deren Schreiberin sie geworden ist; in der Siduri, der Verhüllten vom Berge Sabu [1], möchte ich die Sirturra, die Tammuzmutter, vermuten. Bei der Genese der Personen kann nicht alles widerspruchslos stimmen; das zeigen Ningiššida und Ninasu. Ningiššida muß Tammus' Vater sein, weil er älter ist als er; es ist eine Methode, den unbequemen Konkurrenten zu beseitigen, ohne ihn zu kränken — so beerbt später Marduk den Ellil und Ea. Ninasu, ursprünglich sicher ebenfalls eine Unterweltsištar und Ningiššidas Mutter, müßte nun Großvater werden — aber der Stammbaum wird nie vollendet.

Tammus hat eine Geschichte gehabt, die weit ins einzelne ausgemalt war, wie die des Osiris. Auch sie begann mit Kindheitserlebnissen, von denen wir nur wissen, daß er »als Kind in einem Schiffe lag«. Erwachsen ist er Vegetationsgott, »im Getreide untergetaucht« und »Hirte«. Dann folgt sein Tod; er fährt den Weg

[1] Oder sollte auch bei der Sabitu die 7 im Spiele sein?

nach Westen, den Weg des Totenwagens (?) durch die Steppe, über den Chuburfluß in die Unterwelt, wo ihn Dämonen fesseln und »der Hirt in Vernichtung dasitzt«. Auf der Erde erhebt sich die Klage seiner Schwester und Gattin, die ihm folgen und ihn endlich befreien.

Von den andern Tammusgestalten ist wohl die wichtigste Nin-IB, der Sohn Ellils und der Erbe des alten Ruhmes von Nippur. Als Erbe Ellils muß er besonders ausgeprägt die Züge des alten Kriegers bewahren, die ja auch andere Tammusgestalten zeigen; er ist in seinen Hymnen ganz der grimmige Krieger und Vernichter aller Feinde. Daneben muß er aber ein Jagd- und Vegetationsgott gewesen sein: der Monat Tammus gehört ihm zu. Daß er ursprünglich eine »Herrin« war, zeigt der Name. Leider ist sein zweiter Teil nicht sicher gelesen; eine aramäische konsonantierte Transkription ist »Enwašt« vokalisiert worden und in Beziehung zu dem Jäger »Nimrod« gebracht; ich halte für sehr möglich, daß das richtig ist, nur möchte ich »Nimrod« als falsche Vokalisation von »Ninmartu«, »Herrin des Westens«, aber nicht im Sinn von Syrien, sondern im Sinn von Unterwelt ansehen. Ein Ninmartu ist abgebildet, wie Nin-IB als Jäger und Krieger. Wir hätten also auch hier eine Ištargestalt mit einem Unterweltsnamen. Die kanaanäischen Könige, die in der Dynastie von Isin zuerst Nin-IB in ihren Namen zu Ehren bringen, verehren nicht nur den Gott ihrer westlichen Heimat, sondern sichern sich zugleich einen Krieger und einen Schützer in der Unterwelt, einen Herrn des Lebenswassers und gewiß den legitimsten nach dem alten Ellil.

Weiter ist Ninšach, die »Herrin des Ebers«, deshalb von Interesse, weil in der Adonissage, dem syrisch-kleinasiatischen Haupttypus der Tammusmythe, ein Eber den Gott tötet. Ninšach ist der persönliche Schutzgott des Königs Urukagina von Lagaš; er wird von Rim-Sin als »Berater Anus« bezeichnet. Auch Tammus und Giššida stehen in der Mythe von Adapa als Berater an Anus, des Himmelsgottes Thron. Der König könnte also wohl eine Mann gewordene Ištargestalt zum Schützer gewählt haben, ihrer Beziehung zum obersten Gott und zur Unterwelt wegen.

Vielleicht kann man geradezu die Regel aufstellen, daß alle Gottheiten, zu denen altbabylonische Könige ein besonders vertrauliches Verhältnis betonen, Ištargestalten oder deren männliche Umwandlungen sind; auf Šarganis Siegel ist Gilgameš dargestellt, ebenso auf älteren Siegeln von Stadtfürsten von Lagaš; Gudea läßt sich auf seinem Siegel an der Hand seines Schutzgottes Ningiššida abbilden. Die persönliche Göttin Lugalzaggisis ist Nidaba oder Nisaba, eine Vegetationsgöttin, die sich mit den Zeichen für zwei Ähren oder zwei Bäume schreibt. Auch die Bezeichnung der Könige als »geliebte Gatten«, »Geliebte des Herzens« der Nina oder Innina oder anderer Herrinnen gehört hierher. Vertraulichkeiten, die man sonst großen Göttern gegenüber nicht wagt, werden hier zulässig, nicht nur, weil es sich um schwache Götter, Frauen und Sterbende, oder um lokale Bodengötter der Heimat handelt, sondern weil die menschlich nächsten und die innigst erwünschten Interessen, Nahrung und Leben hier und dort, von mitfühlenden und mitleidenden Gottheiten vertreten werden sollen. Wohl möglich, daß auch Mysterien hereinspielen; wenn die ägyptischen Könige der 20. Dynastie in den Osirisspielen wichtige Rollen übernahmen, so mag mancher babylonische Fürst in der Tat einmal »Gatte der Ištar« gewesen sein; von Urnina von Lagaš wissen wir, daß er den »Gatten der Nina« durch das Los bestimmte.

Soweit ich sehe, ist Innina oder Nana in den Denkmälern der älteren Zeit von Lagaš nirgends eine astrale Gottheit; sie erscheint im Kreise großer Götter, fehlt aber z. B. in Eannatums Liste der Rachegötter, die mit Ellils Netz den wortbrüchigen Feind zerschmettern sollen. Vielleicht kann man daraus schließen, daß die Göttin von Uruk erst relativ spät astral gefaßt und als astrale Gottheit anerkannt wurde, während sie als Göttin der Fruchtbarkeit und der Unterwelt viel früher zu allgemeiner Anerkennung gelangt war. Bei Lugalsaggisi steht Innina zuerst in nächster Nachbarschaft zu den beiden andern großen astralen Göttern, Sin und Šamaš, also wohl zweifellos astral gefaßt.

Lugalsaggisi hat in Uruk residiert; wenn also in seinem Denkmal zuerst die beiden astralen Gottheiten, die in Uruk im »Himmelshaus« verehrt wurden, Anu, der Gott des Himmels, und Innina-Ištar, die Himmlische Ištar, die Göttin des Venusgestirns, in einer Liste der Reichsgötter erscheinen, um von nun an aus dem Reichspantheon nicht wieder zu verschwinden, so werden wir annehmen können, daß die politische Bedeutung von Uruk dazu beigetragen hat, Anu und die himmlische Innina, vielleicht das ganze System astraler Spekulation, zur allgemeinen Annahme zu bringen. Wie lange es vorher bestand, als Priesterweisheit einzelner Heiligtümer, können wir natürlich nicht wissen; es wäre möglich, daß in Uruk die Entwicklung zu einem spekulativen Abschluß gekommen war und die Erkenntnis der ungeheuern Bedeutung der astralen Religion mitgewirkt hat, daß Lugalsaggisi gerade diese Stadt zur Residenz wählte; andererseits könnte auch die Wahl der Residenz aus politischen Gründen die Folge gehabt haben, daß der alte Toten- und Fruchtbarkeitskult der »Urkitu« nach dem Muster astraler Kulte in Larsa und Ur weiterentwickelt und durch die Aufnahme des Himmelsgottes ergänzt wurde.

Die Astralisierung der Göttin des Geschlechtslebens, der Zeugung und Mutterschaft knüpft an die Haupttatsache ihres Myths, an ihr Verschwinden und Wiedererscheinen an. Nach den ganz großen Gestirnen, Sonne und Mond, die lokal vergeben waren, ist der auffallendste Stern für jeden naiven Beobachter des Himmels die Venus; durch die Stärke ihres Lichts, durch ihr Erscheinen als Morgen- und Abendstern ist sie gewiß aufgefallen, lange ehe man auf ihre Besonderheit als Scheibe und eigenbewegten Himmelskörper, geschweige denn auf ihre Phasen aufmerksam wurde. Dem hellen, weißen Stern, dem Sammler und Führer der himmlischen Heerscharen am Abend und Morgen, dem Vertreter des Mondes, hat man wohl schon früh eine erste Stelle unter den Gestirnen angewiesen. Als nun die astrale Spekulation sich des Pantheons bemächtigte und die Priester von Uruk einen Stern suchten, der ihre Göttin am Himmel würdig darstellen konnte, war der Stern, der durch sein zeitweises Erscheinen und Wiederverschwinden der Herrin von Uruk, der Oberirdischen und Unterirdischen glich, das gegebene Gestirn der Innina-Ištar. Die Gleichung macht den Planeten zum Weib, vielleicht auch zum Hirten, die himmlische Ištar zur kriegerischen Führerin der Heere, zur grimmen Jungfrau.

Die nackte Buhlerin und die Muttergöttin, die ganz irdische Herrin der Ernte und die unterirdische Herrin der Toten verschmilzt zur Einheit mit der keuschen Kriegerin am Himmel; Jungfrau und Weib sind ja zwei und eins. Im Lauf der Entwicklung bleiben beide ohne systematischen Ausgleich nebeneinander stehen. Die irdische Ištar ist von viel zu großer Wichtigkeit für die Menschheit, um jemals zu veralten; die Spenderin von Fleisch und Brot, von Liebe und Erben, von Leben und Auferstehung bleibt in allen Kreisen der Bevölkerung hochverehrt. Den Priestern und Gelehrten wird freilich die himmlische Ištar immer wichtiger; sie ist die hohe und große Gottheit, die immer neue Wunder ihres Wesens und Laufs enthüllt, das Weib ohne die Schwächen des Weibes, überirdisch hehr, keine niedrige Verführerin, kein elendes Geschlechtswesen, kein Gebild niedriger Triebe, des Hungers und der Sexualität, kein Hort abergläubischer Hoffnungen, ganz Ideal der höchsten Religion dieser Stufe, der wissenschaftlichen Hingabe an die Erforschung der Natur in ihrer himmlischen Harmonie; die Venus Urania steht der Venus vulgivaga schon in Babylon gegenüber, die himmlische Ištar (für alle westlichen Sprachen, wie für die babylonischen Gelehrten, das Urbild des Sterns) der irdischen. —

Während die bisher behandelten Götter ursprünglich Stamm- oder Stadtherren waren und erst nachträglich durch gelehrte Spekulation zu Naturgöttern erhoben wurden, scheint mir Anu, der Himmelsgott, von Anfang an eine einfache astrale Personifikation gewesen zu sein, der anthropomorph gefaßte Himmel als Ort der Gestirne. Als solchen bezeichnet ihn sein Name, als solchen sein Wesen, das teils gelehrte Konstruktion, teils Raub an Ellil ist; als einfache Personifikation fehlt ihm die notwendige Beziehung zu einer Stadt, wie zu einem eigenen Tempel.

Als Stadt Anus gilt später Der, Durilu, das mit einiger Bestimmtheit die Festung gewesen sein muß, die die iranischen Pässe sperrte. In unseren Texten aus ältester Zeit kommt nur eine Göttin Kadi (Gusilene) aus Der vor. Das würde nicht ausschließen, daß Anu hier seinen Haupttempel gehabt hätte, der etwa »E-anna«, Himmelshaus, geheißen haben müßte. Bedenklich ist aber, daß in der langen Götter-, Städte- und Tempelliste Chammurabis Anus Stadt und Tempel (nicht sein Name) fehlen, und daß Eanna[1] der Haupttempel von Uruk ist, in dem unbedingt Innina-Ištar die Hauptgöttin ist, während Anu als ihr Vater sichtlich nachträglich mit untergekommen ist, wahrscheinlich als Innina-Ištar Himmelsgöttin wurde. Ich kann mich des Eindrucks nicht erwehren, daß Anu als gelehrtes Postulat erst zur Zeit der beginnenden Astralisation entstand; wenn man die Welt verteilte, konnte der Himmel nicht vergessen werden, wenn man Gestirne anbetete, so mußte auch ihr Ort, ihr Vater, zu Ehren kommen. Da nun jeder Gott eine Stadt besaß, mußte auch Anu eine haben; es lag nahe, ihm die Stadt zuzu-

[1] Ursprünglich »Haus der Ähre« oder »hohes Haus«, nach der Astralisation Inninas »Himmelshaus« verstanden?

schreiben, die in den Bergen lag, die den Himmel trugen; dann lag die Stadt des Himmelsgottes am höchsten Punkt des Reiches, die des Erdgottes in seiner Mitte, die des Gottes der Tiefe an seiner tiefsten Stelle. Offenbar hat aber dieser spekulative Gedanke nicht ganz seine Verwirklichung in ältester Zeit gefunden, sei es deshalb, weil er erst später aufkam, sei es, weil Der immer gefährdet und deshalb seine Priester spekulativen Interessen unzugänglich waren; mir ist beinahe das erste wahrscheinlicher. Jedenfalls war der legitime Name für einen Himmelstempel noch unvergeben und Anu heimatlos, als der astrale Kult von Uruk entstand.

Die Entwicklung reiner Götterkonstruktionen scheint überall ein Nebenprodukt einer religiösen Naturphilosophie, selbstverständlich, da bei der Verteilung der Welt unter die Götter niemals alle Teile des Alls schon lokalen Gottheiten gehören; bevor das kosmologische Interesse erwacht, werden lokale Götter besonders auffallende oder dem Menschen wichtige Teile in Anspruch nehmen, der Reichsgott die Welt, ein Totengott die Tiefe, andere Götter Sonne und Mond, aber immer wird die Spekulation zu ergänzen haben. Für diese spekulativen Erzeugnisse muß dann ein Unterkommen gesucht werden. In Ägypten stehen die drei großen Weltteilgötter, der Himmelsgott, der Erdgott und der Luftgott, außerhalb der Reihe lokaler Kulte; sie sind von Gelehrten sehr verehrt und in alle Reihen großer Götter eingeführt worden, niemals aber körperlich genug geworden, um eine lokale Verehrung in einem Haupttempel einer Stadt und damit eine feste Heimat und Gemeinde zu gewinnen. In Babylonien ist die wissenschaftliche Durchbildung des Pantheons weit genug gegangen, die Erzeugnisse der gelehrten Spekulation mit den lokalen Kulten vollkommen auszugleichen; die Tatsache, daß Anu, der oberste Gott des gelehrten Weltbildes, keine eigene Stadt gewann, sondern sozusagen bei der Stadtgöttin von Uruk, seiner Tochter, in Miete wohnen muß, zeigt auch hier noch den Gegensatz von gelehrten und Volksinteressen bei der Entwicklung der Götter; Anu war für die Praktiker, Priester und Laien, nie recht lebendig; mochte er immer der höchste Gott, der Gott der Götter sein — für die Menschen waren die Menschengötter wichtiger.

Der oberste Gott des sumerischen Reiches war Ellil. Wenn die gelehrte Spekulation an seine Stelle einen andern Gott setzen wollte, so war das nur in priesterlichen Geheimlehren möglich, so lange Ellil stark war; jede Umsetzung der Theorie in die Praxis mußte den heftigsten Widerstand der Könige und der Priester von Nippur hervorrufen; ein Anu als lokale Gottheit hätte die Stellung Nippurs gefährdet. Das alles spricht sehr dafür, daß Anu im sumerischen Reich ein gelehrtes Schattenbild war, das als blut- und lebenlose Konstruktion in einigen Philosophenköpfen entstanden, ohne Leben und Einfluß blieb. Vielleicht war der Gott überhaupt zu dieser Zeit noch nicht erfunden. Im verfallenen Reich von Nippur dagegen war für ihn die Nebenbuhlerschaft zu Ellil kein Hindernis mehr, sondern ein Vorteil; er konnte sich rücksichtslos mit Ellils altem Besitz bereichern; als die alte Tradition der politischen Vorherrschaft von Nippur ihre Nachwirkung einbüßte, ließ er sich selbst politisch verwenden: wenn Lugalsaggisi Anu an die Spitze seines Reichspantheons selbst in einer Ellil in Nippur geweihten Inschrift stellt, so ist das nicht nur gelehrter Eifer, sondern in der gelehrten Hülle ein Hinaufrücken eines Gottes seiner wirklichen Reichshauptstadt Uruk über die Welthauptstadt der sumerischen Reichstradition.

Anu tritt als oberster Gott an Ellils Stelle. Er ist der König und Vater der Götter und Menschen, mit Ellil der Bestimmer der Geschicke, der Herr des Lebenswassers. Seine Vaterschaft scheint sich niemals ausdrücklich über Ellil und Ea erstreckt zu haben; hier blieb es praktisch bei der Beiordnung, vielleicht ein Grund für spätere Gelehrte, für die drei obersten Götter neue Eltern zu konstruieren. Dagegen ist Anu der gegebene Vater der Gestirne; der Mondgott wird aus »Ellils Kalb« ausdrücklich zu »Anus jungem Stier«; die Sterngöttin Innina-Ištar ist Anus Lieblingskind in der epischen Dichtung, wie Pallas in homerischen Gedichten Zeus' Liebling ist; im Gilgamešepos fährt sie gen Himmel, um zu klagen und gerächt zu werden, und findet bei Anu Mitgefühl und Gewährung ihrer großen Bitte. Die übrigen Sterne sind natürlich auch Anus Kinder oder sein Heer. Auch mit den jüngeren männlichen Gestalten der Ištar, wie Ningišsida, Ninšach und Tammus, ist Anu eng verbunden; er ist als Himmelsgott mit der Erdgöttin ein Elternpaar; an seinem Thron stehen die auferstandenen Vegetationsgötter, als besonders einflußreiche Berater erscheinen sie bei Rim-Sin (Ninšach) und im Adapamyth. Als Herr des Lebenswassers ist Anu nicht nur Ellils Erbe, sondern auch gleich Ea »der Reine«.

In den Mythen ist Anus Rolle klein. In die alten Ellilmythen ist er gar nicht oder ganz nebensächlich und spät eingefügt; er fürchtet sich, wie auch Ea, vor den Ungeheuern, die Ellil besiegt. In jüngeren Mythen ist er der majestätische Herrscher, der Weltregent, zu dem die Götter mit ihren Klagen kommen, oder die Menschen von beleidigten Göttern zu Gericht geladen werden; Ištar bekommt ein Werkzeug der Rache an Gilgameš, Adapa muß sich verantworten, weil er dem Südwind den Flügel zerschlagen hat. In beiden Fällen ist Anu unbeteiligt, menschenfreundlich, wenn er Ištar den Schutz der andern Menschen zur Pflicht macht, leicht versöhnt, wenn er Adapa unsterblich machen will; es liegt ihm nichts an seiner Rache — Gilgameš darf den Stier töten und Ištar neu beleidigen, Adapa würde belohnt statt bestraft, wenn er nicht selbst sein Los verschlechterte. Dies unbeteiligt hohe Wesen ist zum Teil Größe, zum Teil aber auch Unlebendigkeit; Anu ist nicht in den Glanzzeiten der mythischen Dichtung entstanden, sondern nachgeboren, ein Kind gelehrter Phantasie, das eben noch Anschluß an jüngere Mythen fand. So kommt es, daß auch eine Änderung des Schauplatzes der göttlichen Geschicke, die der Übergang der Herrschaft von Ellil auf Anu eigentlich nötig machte, nicht recht durchgeführt wird: Anu wohnt natürlich im Himmel, dessen Personifikation er ist; der alte Weltberg Ellils, der babylonische Olymp, sollte also nun zum Himmelssaal werden; gelegentlich scheint das auch geschehen zu sein, durchgegangen ist es nicht. Im Himmel, auf dem Weltberg, versammeln sich die Götter; wichtiger aber als beide kosmologischen Orte ist die Versammlung in den Haupttempeln des Reiches, namentlich später in der Schicksalskammer des Marduk; die kosmologische Spekulation beherrscht alte Ellilmythen noch nicht, jüngere Anumythen und wissenschaftliche Literatur vollständig; die praktische Religion der Könige und der Bevölkerung aber hielt sich an das Greifbare; nicht große und hohe Wesen im Himmel oder in fernen Gebirgen sind die Lenker der Reichs- und Alltagsgeschicke, sondern die alten Götterbilder in ihren Tempeln, wie von alters her; das Höhere ist Luxus für Theoretiker.

Anu kommt in den Inschriften vor Lugalsaggisi, soweit ich sehen kann, nicht vor; namentlich fehlt er in der Liste großer Götter bei Eannatum; als wissenschaftlicher Gott muß er aber wohl schon lange geschaffen gewesen sein. Lugalsaggisi setzt ihn in seiner Inschrift an die Spitze seines Pantheons; von da an behauptet er diesen Platz. Lugalsaggisis Gegner Urukagina sichert sich einen Fürsprecher bei Anu. Nicht viel später ist Anu bei den Barbaren

11*

bekannt; Anubanini, der Lulubäerfürst, nennt sich nach diesem neuen Weltgott, derselbe, der auch die Ištar der Gestirne für sich in Anspruch nimmt. —

Lokalgötter, die spekulativ durch ihre Priesterschaften zu Naturgöttern erhoben wurden, sind Nannar-Sin und Utu-Šamaš, die sumerischen Götter von Mond und Sonne; die Verbindung beider mit den großen Gestirnen wird wahrscheinlich älter sein, als die Entstehung Anus und die Astralisierung der Innina-Ištar.

Der Mondgott »Ur«, gesprochen »Nanna(r)« (semitisch »Sin«), »der Erleuchter«, umschrieben »En-su«, »Herr der Weisheit«, ist in der Stadt »Urin-unu-ki«, »Wohnung des Erleuchters«, kurz »Ur« in Südbabylonien zu Hause; sein Tempel heißt »E-kiš-šir-gal«, »Haus des großen Lichtes«, oder »E-nanna(r)«, »Haus des Erleuchters« (»der Leuchte«).

Daß seine Bedeutung in eine Zeit hinaufreicht, in der Nippur noch seine Macht besaß, zeigt seine bescheidene Bezeichnung als »Ellils starkes Kalb«; später tritt er im aufgelösten Reich und im astralisierten Pantheon in eine sinngemäßere Verbindung mit Anu, als dessen Kalb. Eine große politische Rolle scheint Ur bis in die Tage Urengurs nicht gespielt zu haben; neuerdings hat sich allerdings ein König Lugalkigubnidudur, »König von Ur, Herr von Uruk und König des Landes« gefunden, der wohl älter ist, als die Dynastie von Ur, von dem aber nichts weiter bekannt ist. Jedenfalls beruht das Ansehen der Gottheit und ihre Aufnahme in die Reihe der großen Götter ganz auf ihrem wissenschaftlichen Ruhm, nicht auf einer politischen Vorherrschaft; nur bei der eigentümlichen Vorausstellung der Mondgottheit vor der Sonnengottheit könnte man an politische Faktoren denken, doch scheint ihre Mitwirkung mir auch in diesem Fall recht unwahrscheinlich.

Die Theologie Nannars knüpft an seine Gestalten und an seine Eigenschaft als Zeitmesser an. Der erste Teil ist sehr primitiv; jeder Punkt, der irgendeine analogistische Verbindung gestattet, wächst zum selbständigen, anschaulichen Bild aus. Die Hornform des Neumondes macht den Mondgott zum Stier, wobei eine lokale Stiergestalt hereinspielen mag; die Kugelgestalt des Vollmondes gibt das Bild von der Frucht ein, die sich selbst erzeugt und verzehrt. Wie hier die Phasen hereinspielen, so in anderen Bildern; der Greis verhüllt sich mit einer Binde; der Gott verschwindet in die Unterwelt und kehrt von dort neu belebt zurück, eine lokale Form des

Totenkults, die vielleicht mit dem Namen des Nin-a-su, Ningišsidas Vater, zusammenhängt — der Held Ninasu könnte wohl der auferstehende Mondgott mit der Sichelwaffe sein. Die Größe des Mondes macht ihn zum Vater und Hirten der Sterne, besonders zum Vater der Ištar; sein Erscheinen am Abend, wenn der Tag endet, der neue Abschnitt beginnt, macht ihn zum Vater der jungen Sonne. Seine blasse Farbe bringt ihn in Beziehung zum Aussatz, als Arzt. Seine Finsternisse geben Anlaß zu Sagen von seiner Bedrohung durch feindliche Götter, von seiner Gefangenschaft und Befreiung.

Die größte Bedeutung hat er aber für die Wissenschaft durch seine Beziehung zur Zeitrechnung. Sie ist wahrscheinlich, wie in Ägypten, jünger als die der Sonne. In jedem Ackerbaustaat ist die Sonnenrechnung das selbstverständliche erste; das Mondjahr ist das gelehrte Jahr neben dem bäuerlichen; es hat in Babylonien im Gegensatz zu Ägypten den Sieg davongetragen, weil die babylonische Wissenschaft weiter entwickelt ist, als die ägyptische und eine so unexakte Rechnung, wie die ägyptische, nicht mehr zuläßt; eine höhere Entwicklung konnte auf die ägyptische Jahreseinteilung aus praktischen Gründen zurückgreifen; für den babylonischen Gelehrten ist sie einfach falsch, eine Fälschung in dem Gebiet, in dem er auf seine Leistungen am stolzesten ist. Gerade die babylonische Mondrechnung hat man als semitischen Urbesitz aus der Wüstenzeit angesprochen, meiner Ansicht nach durchaus mit Unrecht; es gibt vielleicht eine primitive Rechnung wandernder Stämme von Mond zu Mond, aber ganz gewiß kein primitives Mondjahr; ein Mondjahr ist erst möglich, wo es ein Sonnenjahr gibt, und dies von Gelehrten mit dem Monat, als dem gegebenen kleineren Abschnitt, ausgeglichen werden soll; so erscheint eine Mondrechnung in Ägypten nach dem praktisch-ungenauen ersten Ausgleich im Gebrauch der Priester.

Für die Astralisierung der Religion ist diese Aufgabe der genauen Mondrechnung sehr wichtig. Wenn die richtiggehende Gestirnuhr nachts am Himmel steht, wird die Nacht wichtiger für den Gelehrten als der Tag. Das ist ein Stück der allgemeinen Umwertung der Erscheinungen, die auf dieser Stufe eintritt; der Gelehrte lernt an der Bilderschrift, daß nicht das Bild, sondern der Laut, der geheime Sinn, das Wesentliche für das Verständnis ist; er entwickelt in den bildfremden Schriftzeichen ein System geheimen

Sinnes; er sucht nach dessen Vorbild überall den geheimen, eigentlichen Sinn; das Verborgene, die Idee, die Gottheit und ihre geheimen Zeichen sind ihm das Wertvolle; er verachtet das anschaulich Klare, das alltäglich Einleuchtende; er sucht das Symbol: in dieses Denken paßt die Verachtung des Tages, die Bevorzugung der Nacht ganz ausgezeichnet; der Tag gehört der Gemeinheit, den Starken mit ihrer dummen Gewalt, den Massen mit ihren niedern Bedürfnissen, der Sonne und den lokalen Fruchtbarkeitsidolen; die Nacht aber gehört den Auserwählten, den Weisen, die erkennen wollen, um Göttern ähnlich zu werden, den Friedlichen und Frommen, dem Mond, dem Hirten und Weisen, den Gestirnen. Der Mond ist der Typ des geheimen Wissens, dessen Wert der Pöbel nicht begreift, obgleich es die Axe ist, um die auch sein elendes Dasein schwingt, eines Wissens, das erworben werden muß durch Wachen, wenn alles schläft. Er ist ein wundervolles Objekt für eine werdende Astronomie, weil er immer wieder die Blicke auf sich zieht, die Phantasie beschäftigt, große Ansprüche an exakte Beobachtung und Berechnung stellt, und doch nicht so große, wie etwa die Planeten.

Die Mythologie des Mondes zeigt diese wissenschaftlichere Richtung der Beobachter deutlich. Hier gibt es keine eigentlichen Mythen mehr; die fruchtbare Phantasie des Kindes, die bunte Handlungen gestaltet, ist sehr beschränkt. Noch herrscht das Bild und der Anthropomorphismus. Aber wenn auch ganz primitiv aus jeder Ähnlichkeit ein ganzer Gegenstand wird, das Horn zum Stier, die Sichel zum Helden, die Scheibe zur Frucht auswächst, so sind doch diese Bilder mehr wissenschaftliche Symbole, als Märchengestalten. Sie werden exakter beschränkt auf die Tatsache der Gemeinsamkeit, nüchterner gewählt als früher. Wo eine ganze Handlung ausgemalt wird, wie in der Mythe von der Mondfinsternis, ist alles so kahl und wissenschaftlich exakt gehalten, daß fast eine allegorische Dichtung herauskommt; das zeigt jeder Vergleich mit den Mythen von der Flut oder von Giš.

Das Ergebnis der wissenschaftlichen Bearbeitung der Mondphänomene ist eine neue Gottheit astralen Charakters; neben Ea ist Nannar-Sin ein Gott höherer Weisheit, als Gott der Wissenschaft, besonders der Zeitrechnung, aber auch als Arzt; neben Anu und Ellil ist er ein König, der erste Hirt, der über Frieden und Ordnung wacht, ohne je anders, als durch seine Gegenwart zu wirken, Herr eines Heeres, das er nie zum Kampf führt; ein Totenkult wird wohl an sein Verschwinden und Wiedererscheinen angeknüpft worden sein, ein Bodenkult an seine Stiergestalt. Trotz dieser weitsichtigen Arbeit seiner Priester ist Nannar-Sin niemals für die Massen so wichtig, nie so populär geworden als Ea. Er blieb ein Gott der Gelehrten, menschennäher als Anu, aber mehr weise als menschlich.

Der sumerische Sonnengott ist »Utu«, »Tag«, gesprochen wahrscheinlich »Babbar«, semitisch »Šamaš«. Seine Stadt Larsa in Südbabylonien wird »Ud-unu-ki« geschrieben, »Sonnenwohnung«, sein Tempel ist »E-babbar«, »weißes Haus«, »Haus der Helligkeit«.

Wie in Ägypten entsteht die Sonnenreligion aus einer lokalen Religion durch naturphilosophische Spekulationen einer Priesterschaft. Der Gedanke, das größte und das herrschende Gestirn des Tages und Jahres, das leuchtende und belebende, segenspendende und versengende Naturwesen göttlich zu verehren, muß besonders nahe gerückt werden, wenn die Denkfähigkeit einer Oberschicht weit genug entwickelt ist, um lebende Götter und weitere Übersichten zu fordern; die Sonne wird der oberste Gott jeder Spekulation, die die Abhängigkeit des Menschen von der Natur begriffen hat und nun in der Natur ein anschauliches Wesen sucht, das in seiner Person alle Elemente zu vereinigen gestattet; tiefere Einsicht löst den ersten Einheitsknoten später wieder auf — der große lebendige Gott wird als Einheit der Kosmologie zerlegt, als Einheit alles menschlich wesentlichen durch menschlichere Götter in den Hintergrund gedrängt; als erster einheitlicher Welt- und Königsgott bleibt er bedeutend für die Entwicklung; alle späteren Weltgötter haben Züge aus seinem Bild, und selbst philosophischer Monismus greift in populären Wendungen auf die alte Sonnenreligion zurück.

In Ägypten entwickelt sich die Sonnenreligion als Reichs- und Königsreligion von der Geheimlehre der Sonnenpriester zur Zeit der 4. Dynastie zur Sonnenphilosophie Amenhoteps IV. besonders klar. Die Sonne ist für diese Spekulation alles in allem, Weltschöpfer der Urzeit und Schöpfer aller lebenden Wesen in der Gegenwart, Spender des Wassers in allen Gestalten und der Gesteine und Metalle, Ordner und Lenker der Welt von Urzeiten bis zur Stunde, Leiter aller Geschicke und Geber aller Erkenntnis, Freudespender und Erwecker für Lebende und Tote. Sie ist Vater der Könige, selbst König der Welt, friedlich und majestätisch, gerecht und allen Verbrechern und Aufrührern furchtbar.

In Babylonien muß ihr Wesen für ihre ersten enthusiastischen Anbeter nicht viel anders gewesen sein; bald muß aber hier die weiter entwickelte Logik und die Konkurrenz nicht weniger hochstehender anderer Kulte eine Beschränkung herbeigeführt haben. Die Sonnengottheit ist nicht Reichsgottheit geworden, wie Re in Ägypten, bescheiden steht sie an fünfter Stelle im fertigen Pantheon; Babbar-Šamaš ist nicht alles in allem, er ist ein Gestirn und nicht einmal das erste in der Kosmologie.

Die primitive ägyptische Einheitsformel ist in Babylonien aufgelöst. Die Sonne ist die Jahresuhr des Bauern; für den gebildeten Gelehrten spielen die Jahreszeiten keine Rolle, sein Zeitmesser ist der Mond. Die Sonne spendet nicht die Fruchtbarkeit, sie vernichtet nur, was Erde, Lebenswasser und Lebenshauch aufsprießen ließen; in Ägypten bedeckt die Überschwemmung in der heißesten Zeit schützend die Felder, der kausale Zusammenhang der Überschwemmung mit dem höchsten Sonnenstand war noch den Hellenen wahrscheinlich; in Babylonien hat sich das Überschwemmungswasser verlaufen wenn die Hitze kommt, die vernichtende Wirkung der Sonnenstrahlen, der Kampf des Lebens gegen sie werden augensichtlich; Wasser und Wind sind Helfer der Lebenden, die Sonne ist ihr Feind. Auch die Weltschöpfung und Weltordnung, die Lenkung der Geschicke und die Gabe der Erkenntnis kann der Sonne nicht mehr zugeschrieben werden; Weltschöpfer und -ordner, Bestimmer der Geschicke ist Ellil; wenn er es nicht sein soll, dann käme zuerst Anu, der höchste Weltgott in Betracht; aber nicht einmal Anu ist hoch genug — viel abstraktere Gestalten rückt die Wissenschaft über ihn hinauf; ein Gestirn kann nicht den Himmel schaffen, aus dem es hervorgeht, nicht die Erde, die größer ist als seine Scheibe; die Erkenntnis endlich, die Weisheit stammt von Ea, dem Menschenfreund, dem Gütigen. So stellt sich ein besser berechtigter Nebenbuhler nach dem andern für die Ansprüche der Sonne ein, höhere politische, höhere kosmologische und höhere menschliche Gottheiten.

Was kann unter diesen Umständen der Sonne bleiben?

Der Sonnengott ist für den Babylonier der große Herr des Lichtes, der alles weiß, alles Dunkle erhellt, alles Verborgene durchschaut, zugleich der furchtbare Krieger und Richter, der täglich am Himmel hinschreitet, die Lichtfeinde vertreibt, die Bösen in ihre Höhlen jagt, verfolgt und vernichtet. Ein Gott der Orakelweisheit und der strafenden Gerechtigkeit ist Babbar-Šamaš; sein himmlisches Wesen wird weder astral noch materiell in seiner Bedeutung für Jahreszeiten und Vegetation, sondern übertragen, moralisch gefaßt. Der logische Fortschritt gegen Ägypten ist deutlich; wo der Ägypter eine sehr äußerlich zusammengebrachte Einheit ballt, scheidet der Sumerer und Babylonier sorgfältig die Elemente und bildet eine ganze Reihe gleichberechtigter Gestalten; vom nächsten Materiellen sieht er ab, die tiefere, übertragene Bedeutung ist ihm die wichtige.

Die erste Aufgabe eines höheren Königtums ist die Gerechtigkeit, gerade die formale, strafende Gerechtigkeit Babbar-Šamašs; so ist es ganz natürlich, daß der Sonnengott auch in Babylonien ein Königsgott ward. Er konnte das nicht werden, so lange der alte Ellil unbeschränkt herrschte; hätte die Entwicklung, die in Ägypten zur Re-Religion geführt hat, im alten Reich von Nippur schon größere Bedeutung gehabt, so hätte wohl Ellil Sonnenzüge angenommen; auch hier kommen wir also auf eine spätere Zeit für den Beginn der religiösen Spekulation.

Zu Eannatums Zeit ist Babbar ein großer Gott; unter den Göttern, die die Vertragsbrüchigen mit Ellils Netz niederschlagen sollen, ist er an hervorragender Stelle genannt; Eannatum selbst ist »der König, von Glanz umstrahlt«, »die Geißel des Sonnengottes«.

In Lugalsaggisis Götterliste kommt Babbar zweimal vor, einmal an seiner später immer üblichen Stelle, nach dem Mondgott, das andere Mal gegen die Regel vor ihm. Ich möchte annehmen, daß wir hier ein Zeichen des Kampfes haben, den die Könige für das Ansehen des Sonnengottes gegen die Priester führen mußten.

Der Sonnengott mußte als furchtbarer Krieger, als Hort der strafenden Gerechtigkeit und als Gott des gemeinen Bauernjahrs, des Alltags, recht ein Gott nach dem Herzen der Könige sein. Was ihn in Ägypten den Königen wert machte, galt auch in Babylonien; herrschen durch Macht und Recht, das war der Wille kräftiger Könige; Ellil ist barbarisch, aber Anu, Ea, Sin sind zu kultiviert; Šamaš stellt die rechte Mitte dar: babylonische Könige wären wahrscheinlich gern bereit gewesen, ihm alle Eigenschaften des Re zuzusprechen, zu eigenem Ruhm auf Kosten logischer Sauberkeit.

Aber die Priester wollten nicht mitgehen; ihre Königsideale, der erhabene Anu, der menschenfreundliche Ea, der gelehrte Hirt Sin waren ihnen wertvoll, gerade weil sie friedlich, Feinde aller Gewalt waren und die Könige zu Dienern der Götter und der

Humanität und Vernunft machten. Sie konnten zugeben, daß das Schwert in der Hand der Gerechtigkeit notwendig war, daß also Šamaš als Königsgott unter die Großen gehörte, aber nicht, daß er der einzige Königsgott sein durfte und als Krieger mächtig. Šamaš war ihnen eine traurige Notwendigkeit, wie die Könige überhaupt, ein Gott des Alltags und seiner praktischen Bedürfnisse. So bestanden sie darauf, daß er in der Reihe blieb, hinter den drei Weltgöttern, hinter dem Mondgott, ihrem besonderen Liebling.

Sie haben ihren Willen durchgesetzt. Die Vorliebe der Könige für den Sonnengott hat ihm nicht den Vorrang vor den andern verschaffen können. Alle lokalen Götter nahmen Sonnenzüge in ihr Bild auf; barbarische Herrscher, wie Šargani und Naramsin, bevorzugen den »kriegerischen Šamaš« wie andere Kriegsgötter, Naramsin erscheint auf seinem großen Denkmal geradezu in der Tracht des Sonnengottes, der in den Kampf geht; als Königsgott von Ur muß selbst der friedliche Mondgott Kriegstracht und Geste des Nebenbuhlers annehmen — aber Babbar-Šamaš wird niemals Re.

Neben seiner Bedeutung als Gott der Orakel und der strafenden Gerechtigkeit ist der Sonnengott in Babylonien historisch doch wohl wichtig als der erste Gestirngott, der Verehrung fand; die Astralisierung des Pantheons beginnt mit ihm, wenn auch der Mondgott im Lauf der Entwicklung ihn überholt hat. Auch der Begriff einer Naturgottheit und vor allem einer unsterblichen Gottheit wird wohl hier, wie in Ägypten, an der Sonne entwickelt worden sein, deren Tageslauf nur ganz früh als Lebenslauf gefaßt werden kann, weil die tägliche Wiederkehr das Gesetz schon niederem Denken klar macht und lehrt, daß die sterbende blutige Sonne in ihrem Blute lebt.

In den Mythen ist der Sonnengott ebensowenig lebendig, als der Mond oder der Himmelsgott. Sein abstraktes Wesen als Gott der Gerechtigkeit bestimmt seine Rolle in der Fabel vom Adler und der Nachtschlange; er rät der Schlange, die seine Gerechtigkeit anruft, eine List zur Vernichtung des gewalttätigen Mörders an. Im Gilgamešepos, wohl auch im ursprünglichen Etanaepos, ist er der Geleiter und Ratgeber königlicher Helden, die auf weite Fahrten ausziehen, bei denen er allein, der alles weiß und sieht, führen und Orakelträume geben kann; bei Gilgameš Fahrt nach dem Cederberg scheint er außerdem als gerechter Gott den Auftrag zur Vernichtung des bösen Entführers der Innina gegeben zu haben. —

Die Entwicklung der sechs großen Götter, die bisher behandelt sind, ist durchaus spekulativ aus ihrem Wesen erschlossen; sie hat sich in vorgeschichtlicher und frühgeschichtlicher Zeit abgespielt und keine Denkmäler ihres Ablaufs, nur fertige Göttergestalten hinterlassen; der Hauptfaktor war, von Ellil abgesehen, die philosophische Leistungsfähigkeit lokaler Priesterschaften, die ihre Ortsgötter aus dem Bereich rein lokaler Bedeutung heraushoben und ihnen Naturbeziehungen und moralische Kräfte gaben, so daß sie Welt- und Menschheitsgötter wurden. Vom systematischen Ausgleich dieses Weltbildes wird noch zu reden sein.

Zunächst aber müssen Gott und Pantheon der Stadt hier kurz besprochen werden, von der wir allein durch das Glück der Grabungen genauere Kunde für die älteste Zeit besitzen. Lagaš ist nach einer kurzen politischen Blütezeit zu einer unbedeutenden Provinzstadt geworden; diesem Umstand verdanken wir wahrscheinlich die gute Erhaltung ältester Denkmäler. Sein Hauptgott, Ningirsu, ist also nicht der Typus eines großen Reichsgottes, sondern der eines Lokalgottes mit glänzender Vergangenheit; so kann er uns zeigen, wie zahllose Ortsgötter neben den ganz großen ihr Dasein fristeten, wie politische Verkettungen, fromme Stadtfürsten und eifrige Priester das Urbild der lokalen Gottheit veränderten. Statt produktiver Gelehrtenarbeit an den großen Heiligtümern sehen wir äußere Umstände und die Konkurrenz der Kulte bei der Erhöhung eines Gottes wirksam.

Nin-Girsu ist ursprünglich nur das, was sein Name besagt, »die Herrin von Girsu«, einem Stadtteil von Lagaš. Ob dieser Teil der älteste oder bedeutendste war, wissen wir nicht; ein anderer Stadtteil heißt »Uru-asagga«, »die glänzende Stadt«, so daß man denken könnte, sie sei der Hauptteil gewesen, wenn sie nicht etwa eine spätere glänzende Neugründung eines Fürsten war. Lagaš scheint von beiden Teilen, von Girsu und Uruasagga unterschieden zu werden.

In Uruasagga werden zwei große Göttinnen verehrt, Gatumdug, die »Mutter von Lagaš«, und Bau, die »Herrin von Uruasagga«; beides sind Fruchtbarkeitsgöttinnen; Gatumdug hat ihrem Namen nach mit »guter Milch« zu tun und ist wohl eine Muttergöttin, Bau ist »Herrin des Überflusses« und hat als Symbol eine Barke mit einem Stier. Bau ist von der späteren Theologie entschieden bevorzugt und als Gattin Ningirsus mit allerlei fremdem Gut ausgestattet worden.

Auch Nin-Girsu muß seinem Namen nach eine weibliche Gottheit gewesen sein, wird sich also im Wesen kaum von den andern unterschieden haben. Zum Mann wurde er offenbar durch die größere Bedeutung seines Stadtteils, vielleicht als das sumerische Reich sich auflöste und die kriegerische Tüchtigkeit, die bis dahin Ellils Sache war, für viele lokalen Götter zum Schutz ihrer Städte wieder notwendig wurde.

In unseren ältesten Denkmälern, bei Mesilim von Kiš, ist er schon ein Mann und ein mächtiger Krieger, im Kampf mit der Göttin der Nachbarstadt Gišchu um ein Grenzgebiet, das unendliche Fehden hervorrief.

Das Wappen von Lagaš in den ältesten Denkmälern ist ein Adler auf zwei Löwen; beide Insignien, vor allem aber den Löwen, nimmt später Ningirsu in Anspruch; der Adler könnte wohl sonst woher stammen, aus einem andern Teil von Lagaš oder von einem Oberherrn.

Die große Zeit Ningirsus beginnt mit der Regierung Eannatums, der anscheinend das ganze Reichsgebiet erobert hat. Auf seinem Siegesdenkmal, der sog. Geierstele, fährt er daher wie Ellil mit der furchtbaren Waffe und dem Netz, ein König und Krieger.

Vielleicht erst in dieser Zeit höchster Macht ist Ningirsu zu Ellil in Beziehung gesetzt worden; hinfort gilt er als Ellils Sohn; sein Tempel, das »Haus der 50«, »E-ninnu«, ist wohl nach Ellils Zahl benannt und könnte etwa »der 50 Namen« ergänzt werden, mit denen alle Macht vom Vater auf den Sohn übergegangen ist; Ellil ist in Lagaš nur noch Ningirsus Vater — »E-adda«, »Haus des Vaters«, heißt sein örtliches Heiligtum. Die politische Verschiebung findet in dieser Verwandtschaft ihren Ausdruck.

Viel älter muß die Beziehung Ningirsus zu Eridu sein, das näher gelegen, der alte Kulturmittelpunkt für Lagaš gewesen sein wird. Schon Urnina führt eine Tochter Eas, Nina, die Herrin der Quellen und Orakel, im Namen und ehrt sie; jetzt bekommt sie einen eigenen Teil in Eannatums Residenz, Nina-ki, und wird Ningirsus Schwester, wenn sie es nicht schon war.

Die beiden andern großen Götter, denen Eannatum außer den Frauen Ellils und Eas die Rache an den wortbrüchigen Gegnern ans Herz legt, Nannar und Babbar, haben gewiß ebenfalls Tempel in Lagaš gehabt oder bekommen. Ein Babbartempel wird zu Lugalsaggisis Zeit als vom Feind verbrannt erwähnt. Ningirsu scheint aber nicht in Verwandtschaft zum Sonnengott gesetzt worden zu sein; eher hat er Sonnenzüge in sein Bild aufgenommen. Eannatum bezeichnet sich selbst als »Geißel des Babbar«.

Von den Frauen ist Ninharsag als Ellils Gattin die Mutter Ningirsus; das hat vielleicht auch einen politischen Hintergrund; die Gattin Ellils ist sonst Ninlil, eine einfache weibliche Fassung seines Namens; Nin-charsag, die Herrin des Berges, könnte auch eine weibliche Wendung des Bergherrn sein, doch läge da »Nin-kur« näher; nun wissen wir, daß Nincharsag in Keš verehrt wurde, das in sehr naher Beziehung zu Kiš und seiner Schwesterstadt Charsagkalama, »Berg des Landes« stand; bei der vielfachen Zusammensetzung der sumerischen Städte aus selbständigen Quartieren muß mindestens daran gedacht werden, daß Kiš, Keš-Upi, Charsagkalama eine Einheit gebildet haben könnten, mit der »Bergherrin« als Hauptgöttin; dann würde die Verehrung der Nincharsag in Lagaš mit der alten Vorherrschaft von Kiš und Keš zusammenhängen, die Eannatum beide erobert hat. Selbst die spätere Identifikation Ningirsus mit Samama, dem Hauptgott von Kiš, könnte hier eine politische Wurzel haben.

Im übrigen zeigt das Erscheinen der Frauen Ellils und Enkis in der Liste wieder das besonders enge Verhältnis Lagašs zu Nippur und Eridu. Nannar und Babbar treten daneben zurück; Anu und die himmlische Ištar fehlen vollständig.

Dagegen ist die irdische Innina wohl geehrt; Eannatum nennt sich ihren »geliebten Gatten«. Ein Stadtteil Uru-ki, die »Stadt« schlechthin, mit dem betonenden Gunuzeichen geschrieben, könnte wohl die Totenstadt, das Uruk von Lagaš gewesen sein; dort wird ein »König der Stadt«, »Lugal-uru«, und eine »große glänzende Herrin«, »Nin-asag-nun-na«, angebetet, Umschreibungen, die wohl Totengötter verhüllen könnten.

Der persönliche Gott des Herrscherhauses dieser Glanzzeit von Lagaš ist leider nicht zu lesen; auf ein »Dun-« folgt eine unbekannte Silbe.

Die endlose Fehde zwischen Lagaš und Gišchu ward von Lugalsaggisi, der aus Gišchu hervorging, zugunsten seiner Heimat entschieden. In Lagaš war inzwischen die alte Dynastie gestürzt, ein Emporkömmling, Urukagina, besaß den Thron. Die Inschrift, in der er die Zerstörung von Lagaš beklagt und alle Schuld daran Lugalsaggisi und seiner Göttin Nisaba zuschiebt, ist uns erhalten;

auch in die Maßnahmen, die er zur Herstellung des Ansehens der Stadtgottheit trifft, bekommen wir einen Einblick. Er verändert das Verhältnis Ningirsus zu den großen Göttern wenig, aber deutlich nach der neuen Lage.

Lugalsaggisi residiert in Uruk; die beiden Himmelsgötter von Uruk, Anu und die himmlische Innina, erscheinen in seiner großen Inschrift unter den großen Göttern, Anu an der Spitze der Liste. Urukagina sucht namentlich Anu zu gewinnen; nun wird wohl Bau, Ningirsus Gemahlin, zur Tochter Anus geworden sein, der himmlischen Innina gleichgesetzt — ein Name belehrt uns über den Zweck: »Ningirsu spricht im Tempel zu Uruk gute Worte mit Bau über Urukagina«. Auch seinen persönlichen Mittler wählt der König unter dem gleichen Gesichtspunkt: Es ist Ninšach, bei Rim-Sin der Berater Anus. So sucht er durch eine himmlische Politik die neuen großen Götter zu gewinnen, ohne Lugalsaggisi zu entlasten — er und seine Göttin sollen für die Frevel der Verbrennung der Tempe von Lagaš büßen. Das ganze Vorgehen zeigt eine merkwürdige Unterscheidung zwischen großen Weltgöttern und persönlichen Fürsprechern; Anu und Innina sind die Götter von Lugalsaggisis Hauptstadt, trotzdem wagt Urukagina, sie als gerechte Weltgötter gegen ihn und seine nächste Helferin auszuspielen.

Ningirsu ist im übrigen für Urukagina ganz ebensowichtig als Gott einer Provinzstadt, wie er es früher für Eannatum als Reichsgott war, vielleicht noch wichtiger; die Not der Zeit macht fromm, und die Vernichtung aller Heiligtümer weist auf die Notwendigkeit hin, mit dem einen Gott, den alle seine Interessen an Lagaš binden, gut zu stehen. Als »Fürst in Nippur« wird er gegen das Königtum von Uruk ausgespielt in einem Kanalnamen; Nina ist seine Schwester.

Provinzstadt scheint Lagaš nun geblieben zu sein. Der Patesi Urbau stellt eine ganze Reihe alter Tempel her; Ningirsu, Enki und Nincharsag erhalten in Girsu, Bau in Uruasag, Innina in Uru ihre Tempel. Als Schutzgöttin wählt der Statthalter Nin-a-gal, die »große Herrin«, wohl die Gattin des Nannar von Ur, das in dieser Zeit mächtig wird.

Gudea, wahrscheinlich von Urengur von Ur abhängig, vollendet dann wissenschaftlich das Pantheon von Lagaš. Sein Tempelbau und sein Göttersystem sind ihm das wertvollste Gut; er schafft ein Meisterstück der Theologie, einen Ausgleich zwischen den Ansprüchen zahlloser Götter, voll archaischer Pietät und doch zeitgemäß.

Ningirsu ist wie früher der Sohn und Krieger Ellils; die ausführlichen Inschriften lassen erkennen, wie sehr er seinen Vater ausgeplündert hat. Er führt die Waffe und das Netz Ellils; ein Sturm liegt ihm zu Füßen; Ellils Berg und Ellils Drache sind in seinem Tempel, ebenso eine Schicksalskammer. Auf Ellils Bestimmung der Schicksale, auf Lebenshauch und Lebenswasser hat er als Sohn Einfluß.

Natürlich ist auch die alte Beziehung zu Enki von Eridu hergestellt und vertieft. Eine ganze Reihe von Göttern aus Eridu scheinen verehrt worden zu sein, vor allem Nina, Ningirsus Schwester. Auch ein Apsu, eine »Tiefe« Eas befand sich im Tempel. Ningirsu selbst scheint einen jährlichen Besuch in Eridu gemacht zu haben. Merkwürdig sind Anzeichen eines Totenkults in Formen, die nur nach Eridu gehören können; ein »Feld Eas« scheint ein Begräbnisplatz; Tammus wird als »Herrin von Kinunir« verehrt.

Babbar hat mindestens eine Kapelle mit seinem Sonnenscheibensymbol und einen Orakelraum im Ningirsutempel besessen. Als »Babbar von Lagaš« wird er erwähnt. Auf einem Relief aus dem Tempel hat sich eine Prozession von Tieren mit Sonnenscheiben erhalten. Ningirsu selbst heißt der Gott, »der Dunkelheit in Licht verwandelt«. Ob ein selbständiges Heiligtum des Sonnesgottes vorhanden war, läßt sich nicht sagen, da die Tempelliste verstümmelt ist.

Nannar spielt gar keine Rolle; vielleicht war hier die Vorherrschaft von Ur hinderlich.

Anu hat einen Tempel gehabt. Gudeas persönlicher Schutzgott Ningišsida, der selbstverständlich ein eigenes Heiligtum besaß, ist Anus Sohn oder Berater. Bau, Ningirsus Gemahlin, ist Anus Tochter.

Die Innina von Uruk ist wohl als Bau gewonnen, soweit sie Muttergöttin ist; neben ihr steht Ninmach, eine Zeugungsgöttin, deren Tempel genannt wird, und als Totengöttin Ninsun, »die vernichtende Herrin«, die sich durch ihren Tempelnamen »E-anna« als die von Uruk erkennen läßt. Gudea nennt sie seine Mutter.

Endlich hat Gudea nicht versäumt, eine alte Feindin zu versöhnen: Nisaba, die Göttin von Gišchu, ist Ningirsus Schwester geworden und verleiht dem Patesi Verstand, Zahlen- und Sternkunde; die alte Getreidegöttin scheint also in Uruk der himmlischen Ištar gleichgesetzt worden zu sein.

Ein Mann, der so genau im Gebiet der Religion Bescheid wußte wie Gudea, hat sich natürlich nicht vergessen. Er steht mit allen Göttern gut, besonders gut aber mit seinem sorgfältig ausgewählten Schutzgott Ningiššida und mit Ninsun[1]; Ningiššida ist sein Vater, Ninsun seine Mutter.

Ningiššida ist der Sohn des Ninasu, ein Vegetationsgott, wie sein Name sagt: »Herrin des aufrechten Holzes«. Das ist eine wertvolle Eigenschaft für einen Fürsten, dem gute Ernten für seine Untertanen sehr erwünscht sind. Viel wertvoller noch ist aber die Beziehung des sterbenden Gottes zum Lebenswasser und der Auferstehung. Als Gott des Lebens führt Ningiššida Gudea auf einem Relief und auf seinem Siegel bei Anu ein, der das Lebenswasser zu vergeben hat. Da aus der Göttin Ninasu aus unbekannten Gründen ein Mann und Ningiššidas Vater geworden ist, muß die Unterweltsgöttin, die ebenfalls Lebenswasser besitzt, besonders gewonnen werden; das bedeutet die Wahl der Ninsun als Mutter Gudeas.

Ningiššida ist auf seinen Bildern ein Abkömmling Ellils, dessen Drachen er an den Schultern trägt. In Gudeas Inschriften ist er ein Gott der Morgensonne. Als Ellils Abbild hat er ebenfalls eine Beziehung zum Lebenswasser. Sein Sonnencharakter ist eine moderne Erhöhung in die Sphäre astraler Gottheiten.

Ningirsus Wesen war zu Gudeas Zeit durch ältere Spekulation schon zu sehr festgelegt, um große Weiterbildungen zu gestatten. Er ist vor allem der furchtbare Krieger und Sohn Ellils, daneben der »Herr der Kornhaufen«, der sich beim Erntefest mit Bau, der »Herrin des Überflusses« und Mutter der sieben Töchter verbindet. Von der Sonne nimmt er einige Züge an. Das ist aber zunächst auch alles. Als Abbild und Sohn Ellils ist er später natürlich mit Ninib gleichgesetzt worden, wie Samama von Kiš, der wohl Ellils erster politischer Sproß war; als Ninib dann ganz spät zum Planeten ward, wird wohl Ningirsu diese Astralisierung mitgemacht haben. Im ganzen bleibt er auf der Stufe stehen, die die Reichsreligion zur Zeit seiner politischen Größe erreicht hatte; Ellil, Ea und die irdische Innina waren damals fertig, die astralen Götter erst im Werden.

Wie weit Mythen auf Ningirsu übertragen waren, wissen wir nicht. Das Vorhandensein eines Drachens im Tempel spricht dafür,

[1] »Herrin der Bewässerung« (?), eine Ištargestalt, Fruchtbarkeitsgöttin und, als Herrin des Lebenswassers, Unterweltsgottheit? weibliches Gegenstück zu Ningiššida in seiner Doppelrolle?

daß ein Schöpfungsmyth von Ellil übernommen war. Ein Zicklein Lulimu wird Ningirsus Mutter genannt; vielleicht stammt es aus einer Kindheitsgeschichte Ellils, ähnlich der des Zeus. Gab es eine Geburt und eine Hochzeit des Gottes, so wird auch sein Grab nicht gefehlt haben. Das Vorhandensein eines Abgrunds, eines Orakelraums, einer Unterwelt im Tempel spricht für weitere Übernahmen aus Eas, Babbars und Meslamtaeas Besitz.

Neben dem Gott steht eine vollständige Familie und ein Hof. Bau ist seine Gattin, Nina und Nisaba sind seine Schwestern; zwei Söhne und sieben Töchter werden genannt. An der Spitze des Hofes stehen zwei Stellvertreter des Gottes, mächtige Krieger, Schwert- und Keulenträger; ein Berater vermittelt die Bitten, ein Haremsminister läßt die Worte vor ihn gelangen; der »Mann des Frauenhauses« verwaltet das »Haus der Erholung«; ein Marschall hat die Esel und Wagen unter sich, ein Schenk Öl, Rauschtrank und Milch; Flur- und Fischmeister, Ackerbau- und Stadtmeister verwalten das göttliche Vermögen; Musiker, Sängerinnen und Tänzerinnen sorgen für Unterhaltung. Es ist noch nicht viel vom Bürger- und Rechtsstaat der späteren Zeit im Hofhalt des Gottes zu merken; der lebende Staat wird wohl zu Gudeas Zeit etwas weiter entwickelt gewesen sein, als der archaische des Gottes.

Der große Tempelbau und die Organisation des Pantheons von Lagaš durch Gudea sind der Ruhm Lagašs geblieben. Gudea selbst hat diesen Leistungen eine bedeutendere Stellung zu Lebzeiten verdankt, als ihm sonst wohl als Statthalter einer Provinzstadt zugekommen wäre; auch über seinen Tod hinaus hat sein Werk und sein Ruhm gedauert. Sein Sohn verlor die Statthalterschaft; nur einige Priestertitel ließen ihm die Könige von Ur; wahrscheinlich war er durch das Ansehen seines Vaters gefährlich.

Unter den Statthaltern der südbabylonischen Dynastien hat Lagaš seine letzte Bedeutung verloren. Ningirsu wird wohl noch manchen äußeren Zug von den großen Weltgöttern und den Herren der jeweiligen Hauptstadt angenommen haben, bis er vollkommen mumifiziert mit seiner Stadt verschwand; die Hauptentwicklung der Religion hat davon keine Notiz genommen; für sie ist er ein Name Ninibs geworden, was ja auch durchaus seinem Wesen als Abkömmling und Abbild des alten Ellil aus jüngeren Tagen entsprach; Ninib ist der Teil von Ellils Wesen, der nach dem Sturz des

Reiches von Nippur und der raschen Höherentwicklung der Religion lebensfähig geblieben war. —

Das Aussehen der babylonischen Götter ist uns namentlich aus Siegeln und Reliefs bekannt; literarische Schilderungen fehlen fast ganz. Leider ist auch das große Siegelmaterial kaum von der Forschung in Angriff genommen. Die Denkmäler reichen auch hier nicht bis in das Reich von Nippur hinauf, sondern beginnen, soweit sie datierbar sind, erst gegen die Mitte des dritten Jahrtausends, zur Zeit der spekulativen Erhöhung der Götter.

In Ägypten sind die großen Götter der religiösen Spekulation des alten Reiches offenbar menschlich gedacht gewesen; soweit sie an ältere lokale Gottheiten angeschlossen waren, sind diese vermenschlicht worden; das gilt namentlich für die beiden Pfeiler Benben und Ded, aus denen Re und Osiris hervorgingen; soweit sie ohne lokale Ahnen rein konstruktiv entstanden, waren sie ganz menschliche Typen, so sehr, daß sie kaum voneinander geschieden werden konnten, wenn ihre Symbole weggelassen wurden; im Rekreis, wie im Osiriskreis sind solche Gestalten zu finden. Den obersten Schichten dieser religiösen Reform war also die Menschengestalt der Götter notwendiges Erfordernis. Das war eine Neuerung: die älteren Götter sind durchweg Pfähle, Tiere und ähnliche untermenschliche Fetische; die beiden Ausnahmen, Min und Hathor, bestätigen diese Regel, indem bei Min die Herkunft aus einem Pfahl, bei Hathor die aus einer Kuh sichtbar blieb. Der Kampf der Reformer für die Vermenschlichung der Göttergestalten war diesem Herkommen gegenüber nicht völlig siegreich; die neuen Götter konnten nicht einmal durchweg ihre menschliche Bildung behaupten, Re mußte den Falkenkopf des Horus, Isis die Hörner der Hathor annehmen; die lokalen Fetische behielten ihre alten Gestalten wenigstens halb, die Tierköpfe blieben auf menschlichen Körpern stehen. So ist die weitaus größte Zahl der ägyptischen Götter halb Tier, halb Mensch geworden; die wenigen ganz menschlichen Gottheiten wirken als Ausnahmen.

In Babylonien gibt es unter den großen Göttern in historischer Zeit kein einziges Mischwesen; sie sind durchweg ganz menschlich gestaltet; zwischen Mensch und Tier klafft eine unüberbrückbare Spalte, wie viel mehr zwischen Gott und Tier. Ganz geringe Reste weisen in den Denkmälern ältester Zeit darauf hin, daß das nicht immer so war, daß auch in Babylonien der Übergang von theriomorphen zu anthropomorphen Göttergestalten gesucht werden mußte; sie sind aber ebenso gering wie in anderen Gebieten der Kultur die Verbindungsglieder zu den primitiveren ägyptischen Stufen.

Hierher gehört z. B. ein bärtiger Gott mit menschlichem Oberkörper und Vogelbeinen, der in einer Einführungsszene eine dienende Rolle spielt (Imgig?); dann sind die Eabanigestalten zu erwähnen, Menschen mit Stierhörnern, -ohren und -beinen, nach dem Gilgameš-epos Bilder von Gilgameš's Freund Eabani.

Auch die Stiere mit Menschenköpfen, mit denen Gilgameš und seinesgleichen auf Siegeln ringen, kann man hier anführen; doch scheint mir hier schon aus älterem Stoff etwas ganz neues geworden zu sein; diese Stiere sollen wahrscheinlich durch den Menschenkopf als göttliche Wesen bezeichnet werden; es handelt sich also um eine Anwendung der selbstverständlichen Menschengestalt der Götter zur Charakterisierung eines tierischen Wesens als Gott. Dasselbe gilt für die Mischwesen aus Mensch und Tier oder aus verschiedenen Tieren, die als Genien und Dämonen namentlich in der späteren Kunst sehr häufig sind; unter ihnen mögen einzelne sein, die aus alten Tiergöttern durch Vermenschlichung hervorgegangen sind; die weitaus größte Zahl aber ist konstruktiv entstanden, indem Tier- und Menschenteile bedeutungsvoll verbunden wurden, um allerlei Wesenszüge anschaulich auszudrücken. Bei den Dämonengestalten ist dabei die Tiergestalt oft etwas entwürdigendes; die schädlichen Wesen sind überstark, höherer Art, aber sie sind Götterhunde, keine Götter; die mischgestaltigen Genien guter Art kennen wir fast nur aus Assyrien, das kulturell immer etwas rückständig war; da sich in ältesten babylonischen Denkmälern aber dienende Wesen in Mischgestalt finden, so ist es möglich, daß auch gütige Götterdiener in Babylonien halb tierisch geblieben wären, wobei dann eben die wünschenswerten Eigenschaften der Tiere, Kraft, Schnelligkeit, in die Konstruktion eingegangen sein müßten.

Die genauere Analyse der Gestalten großer Götter ergibt auch bei ihnen da und dort Anzeichen ursprünglicher Tiergestalt. Bei einer Gottheit von Ellils ältestem Charakter müssen wir das ja erwarten. Bei anderen weisen alte Symbole auf einen Tiergott hin.

Ellil scheint mir ein Stier gewesen zu sein, der Urtypus aller lokalen Stiergottheiten in Vorderasien. Der Stier unter den drei Tieren der Prozessionsstraße des Marduk in Babylon scheint mir,

12*

wie der Drache, vom alten Ellil übernommen; auch die Stierhörner im Götterornat werden auf Ellil zurückgehen.

Als der wilde Gott der Eroberungszeit im sumerischen Reich ein friedlicher König wurde, verwandelte sich seine Gestalt. Aus dem Stier ward ein Halbstier, dann ein nackter, riesenstarker Mensch. Der Typus Eabani ist ein erstes Erzeugnis dieser Entwicklung — ein nackter Riese mit Stierhörnern, Stierohren, Stierbeinen, über und über behaart und phallisch. Die nächste Stufe ist Gilgameš; nackt, riesig, aber ganz menschlich gestaltet; der Stier, mit dem er ringt, ist seine eigene, neben ihn getretene Urgestalt, wie es der Freund Eabani ist, der ihn begleitet. So wird aus dem Stiergott der Heros, aus dem Kriegsgott und dem Gott der Befruchtung des Landes der Held und Buhle der Ištar; die Beziehung zum Lebenswasser bestätigt den Zusammenhang.

Der Ellil der fertigen Mythe ist ein Krieger der Urzeit, der Besieger der Tiamat. So erhält er Beziehungen zu einem neuen Tier, zu seiner besiegten Feindin; Ellils Tier ist der Drache, nachdem er für den alten Stier, wie für den nackten phallischen Riesen zu menschlich und gebildet geworden ist.

So haben wir eine urzeitliche Entwicklung, die der ägyptischen in ihren Stufen entspricht; aus dem Tierwesen geht ein Mischwesen, dann ein nacktes menschliches Wesen hervor; die ganz menschliche und kultivierte Göttergestalt bleibt in Beziehung zu einem Tier, das aber sekundär mit ihr verbunden ist, wie der Falke mit Re oder der Stier mit Ptah.

Zum Stier gehört die Kuh. Wenn neben dem Ellil der Urzeit eine weibliche Gottheit stand, so kann sie nicht viel anders ausgesehen haben, als die ägyptische Hathor, ganz Kuh oder menschlich gestaltet mit Kuhhörnern und -ohren, das Gegenstück zu Eabani. Diese Stufe ist verloren [1], wenn sie einmal existierte; Eabanis Tempeldirne im Epos könnte aus ihr hervorgegangen sein. Dafür ist das Gegenstück des nackten Riesen Gilgameš erhalten in der nackten Ištar, die ganz Geschlechts- und Muttergöttin ist; Ištar ist Gilgamešs Buhle im Epos. Auch diese Stufe ist überwunden worden; wie Ellil zum wohlbekleideten König, ist Ištar zur hohen, keuschen Göttin geworden; wie Ellil sekundär zu einem neuen Tier in Beziehung

[1] Reste vielleicht im Gespräch Aššurbanipals mit Nabu und auf einem Siegelzylinder bei Scheil, Rec. de Trav. XX.

trat, so die himmlische Ištar zum Löwen. Wie diese Beziehung im einzelnen begründet wurde, ist nicht so sicher zu sagen, wie bei Ellil und dem Drachen; vielleicht soll die grimme Kriegerin bezeichnet werden, vielleicht die Herrin der Naturwildnis (Gilgameš ruft im Epos die Ištar nachts gegen die Löwen der Gebirgswildnis an); möglich auch, daß in der Zeit der Ausstattung dieser Gottheit der Löwe eben der neueste Typus majestätischer Kraft geworden war und den alten Stier abgelöst hatte; auch Marduk hat später neben dem Stier und Drachen den Löwen als Tier; ebenso besitzt ihn in der Zeit, in der wahrscheinlich Ištar astral entwickelt wurde, der aufstrebende Ningirsu von Lagaš.

In das Bild der Ištar ist jedenfalls eine Göttin eingegangen, die in alten Denkmälern auf einem Vogel sitzt und Knospen vor sich stehen hat; vielleicht ist das die Ištar-Innina der Vegetation. Die Beziehung zu dem Vogel scheint sich verloren zu haben; ein letzter Nachklang steckt vielleicht im Etanamyth; wie aus dem Stiergott der Held hervorgeht, der den Stier besiegt, so mag aus der Vogelgöttin und der Spenderin des jungen Nachwuchses in Pflanzen- und Tierwelt der Held geworden sein, der auf einem Adler zu Ištars Himmel auffliegt, um das Kraut des Gebärens zu holen, und dem Hirten und Herden verlangend und hoffnungsreich nachblicken. Die Beziehung zur Vegetation hat sich in vielen Siegelbildern erhalten.

Eine ähnliche Entwicklung wie Ellil und Innina-Ištar hat Ea durchgemacht, wie im Wesen, so im Bild. Auch Ea muß ursprünglich als Stadtgott ein einfacher Gott der Zeugung gewesen sein; aus dieser Zeit hat sich sein Symbol, der Widderkopf auf der Säule erhalten. Dann ist er spekulativ zum Gott der Tiefe und der Weisheit als Kunst reinigender Riten geworden; wie aus seinem Orakelbaum das heilige Rohr in Anpassung an sein neues Element wurde, so entstand aus dem Widder die Antilope mit dem Fischschwanz, dann der Mann mit dem Fischschwanz. Das alte Gotttier, stark und zeugungskräftig, wird veredelt zur Antilope, vermenschlicht und in Einklang gebracht mit den Ergebnissen der wissenschaftlichen Arbeit, die menschliche und naturgewaltige Götter fordert. Wie bei Ellil und Ištar sind die Tiere bei Ea zuletzt nur Symbole; die Gottheit ist ganz menschlich gestaltet und thront im großen Ornat über den Tieren an ihrem Stuhl oder sie steht auf ihnen.

Die Darstellung der Götter mit ihrem Tier am Thron oder stehend auf ihrem Tier ist eine der Formen, die aus der Trennung ursprünglicher Tiere von ihren vermenschlichten Umbildungen hervorgehen; aus dem Ganztier wird das Halbtier, aus diesem der Ganzmensch mit dem Tiersymbol neben oder unter sich. Die sumerisch-babylonische Kultur hat sich hier noch eine weitere Verbindung der menschlich gestalteten Götter mit ihren Symbolen geschaffen; das Symbol ist vom Gott nicht so weit getrennt, daß es ganz gelöst wäre, es wächst ihm aus den Schultern hervor. Wenn Ningišsida bei Gudea mit Drachenköpfen an den Schultern erscheint, so werden wir in dieser Ellil-Ištargestalt wohl ein Abbild von älteren Ellilgestalten mit Drachen an den Schultern sehen müssen. Auch Ningirsu trägt die Löwenköpfe an seinen Schultern; daneben erscheinen sie am Szepter und am Wagen. Am häufigsten aber finden sich die Schulterabzeichen bei den drei astralen Göttern des alten Pantheons, bei Anu, Nannar-Sin und Babbar-Šamaš.

Wenn das Wesen Ellils, Eas und der irdischen Ištar sie zu einer engeren Gruppe älterer Götter zusammenschloß und den jüngeren astralen und mythenlosen Göttern des Himmels, der Sonne, des Mondes und des Abend- und Morgensterns gegenüberstellte, so bestätigen die Bilder dieser Götter die Richtigkeit dieser Unterscheidung. Bei Ellil und Ea erkennen wir noch eine tierische Urgestalt und den Übergang zu menschlichen Wesen; bei Ištar ist die Urbeziehung zur Kuh wahrscheinlich, die Beziehung zur Pflanze sicher, zu einem Vogel wenigstens für eine lokale Gestalt verbürgt. Die tierischen Symbole, die das Bild beherrschen sind freilich bei allen dreien nicht ihre alten lokalen Gestalten, sondern sekundäre Verbindungen.

Bei der jüngeren Gruppe fehlt jede Andeutung lokaler Tiergestalten; wenn der Mondgott als Stier bezeichnet wird, so wird man immer an das Horn des Mondes als Ausgang denken, mag auch ein lokaler Stiergott in Ur verehrt worden sein; wenn der Sonnengott das Pferd als heiliges Tier zugeteilt bekommt, so können wir vollkommen sicher sein, daß er nicht etwa ein lokaler Pferdefetisch war: das Pferd ist vor 2000 in Babylonien unbekannt; daß die Verbindung der himmlischen Ištar mit dem Löwen sekundär ist, ward oben erwähnt; der Himmelsgott aber hat überhaupt kein Tier.

Die eigentlichen Symbole dieser Götter, die ihnen aus den Schultern hervorwachsen oder ihnen zur Seite stehen, sind Erzeugnisse der astralen Spekulation. Wohl thront der König der Götter, Anu, und gibt sich so als König zu erkennen — aber wie er thronen alle großen Götter; ihn kennzeichnet das Lebenswasser, das von seinen Schultern strömt. Wohl hat der Sonnengott eine besondere Kriegstracht und die Geste des Ausschreitens über die Berge — aber bezeichnender als sie sind die Strahlen an seinen Schultern oder die Scheibe vor seinem Thron. So besitzt der Mondgott die Sichel oder die Scheibe des Mondes, die himmlische Ištar den Stern.

Man kann fragen, wie es möglich ist, daß Götter einer spekulativen Zeit ihre jungen Symbole am Körper tragen müssen, wie ältere Götter die Reste ihrer Tierheit, daß sie gar sekundär zu Tieren kommen, obgleich die Wissenschaft Tiergestalten für ihre großen Götter verwirft. In der Tat ist es merkwürdig, daß unter den großen babylonischen Göttern die Verbindung von Menschengestalt und Symbol, die bei ganz menschlich gestalteten Gottheiten am meisten an die alten Halbtiere erinnert, das Herauswachsen der Symbole aus den Schultern, sich nur bei sekundären Tieren und Natursymbolen erhalten hat. Das läßt sich nur so verstehen, daß die Beziehung zu einem Tier und die Schulterverbindung so eingebürgert waren, daß auch die fortgeschrittensten Priesterschaften nicht wagen durften, sie ganz aufzugeben, ohne ihren Gott in der allgemeinen Konkurrenz und bei der Masse seiner Gläubigen zu schädigen; so treten die neuen Elemente immer wieder in die alten Formen ein und bewahren diese Formen noch, nachdem die Masse lokaler Gestalten vergessen ist.

Von diesen zahllosen lokalen Göttern wissen wir so gut wie nichts besonderes. Wenn Ellil einmal ein Stier, Ea ein Widder war, so ist sehr wahrscheinlich, daß auch andere Tierfetische verehrt wurden und in uralten Bildern, in Symbolen, in Sessel- und Wagenträgern weiterlebten. Wenn das der Fall war, so hat die Nivellierung der Göttergestalten durch das Streben der Priesterschaften aller Tempel, ihre Götter mit allem auszustatten, was irgendein großer Gott besaß, das bei den Göttern, die wir genauer kennen, vollkommen verwischt. Es gibt keine Möglichkeit, etwa bei Ningirsu, von dem wir doch Bilder haben und allerlei wissen, festzustellen, ob er eine spezifische Lokalgestalt hatte; so gut hat ihn seine Priesterschaft modernisiert. Zwei Tiere stehen zu ihm in Beziehung, die das Wappen von Lagaš bilden, der Löwe und der Adler; der Löwe scheint ihm besonders nahe zu stehen, er wächst ihm aus den Schultern, er befindet sich am Wagen und an der Keule —

trotzdem möchte ich nicht behaupten, das Ningirsu einmal ein Löwe gewesen sei. Auch in dem Stier in der Barke der Bau könnte man Ningirsus älteste Gestalt vermuten; ein Ernte- und Zeugungsgott muß er gewesen sein bevor Lagaš mehr war als ein Provinznest.

Sollen wir annehmen, daß es in Babylonien auch in der Zeit der Kolonisation niemals die bunte Fülle lokaler Fetische in allen Gestalten gab, die sich in Ägypten erhalten hat? Ich möchte das nicht glauben. Wahrscheinlich waren die kolonisierenden Sumerer und Semiten ebenso reich an lokalen Göttern, wie die späteren semitischen Wanderstämme, die alle ihre Fetische mitbrachten. Während aber in Ägypten die Entwicklung der spekulativen Religion nach kuzem Anlauf stockte und so die bunte Welt der lokalen Götter sich unaufgesogen erhielt, und nur sehr langsam die Züge der spekulativen Religionen Gemeingut aller lokalen Kulte wurden, ist in Babylonien die Energie der Entwicklung groß genug gewesen, die Priesterschaften der alten lokalen Kulte selbst zum Verzicht auf ihre primitiven Sonderwesen zu bringen. Die Besonderheit ägyptischer und überhaupt primitiver Fetische ist ja nur eine äußerliche Differenz der Gestalt, der keine innere Differenzierung entspricht; wer vom ersten kindlichen Haften an der Außenseite der Dinge frei wird, Wert auf das Innere legt, wird die Buntheit gern preisgeben. So haben wahrscheinlich schon im sumerischen Reich die lokalen Priesterschaften ihre Fetischgestalten mit den jeweils fortgeschrittensten Göttern in Einklang gebracht; dem Stier Ellil werden bald Stiergötter überall entsprochen haben, weil eben ein Stiergott am besten leistete, was diese Zeit von ihren Göttern forderte; menschliche Umbildungen werden überall gefolgt sein; jeder neue Fortschritt der Religion wirkte nach allen Seiten. Dadurch sind die ursprünglichen Gestalten völlig verloren gegangen; bei Ellil und Ea, die vorangingen, sind sie noch sichtbar geblieben, schon bei den astralen Göttern ist nichts von den lokalen Gestalten geblieben, die nur Außenseite oder schon Abbilder von Ellil gewesen waren. Das Ergebnis der ganzen Entwicklung ist eine ungeheure Einförmigkeit der Götterwelt; alle großen Götter sehen sich zum Verwechseln ähnlich, obgleich jeder hier seinen Teil dem Gesamttyp des großen Gottes zugebracht hat; die lokalen Götter sind einander fast gleich, nur Abklatsche aller Großen. Das ist aber kein Rückschritt, sondern ein Fortschritt im Vergleich mit der ägyptischen Götterwelt; was die Ägypter in einer dreitausendjährigen Arbeit nicht erreichen, die Lösung vom Zwang der Anschauung, die Vereinheitlichung der Götterwelt, das ist in Babylonien im Beginn der Geschichte bereits erreicht. In tausend lokalen Gestalten ist die Gottheit in ihrer äußeren Erscheinung und in vielen Zügen ihres Inneren eins geworden, ohne daß daraus allerdings ein Monotheismus hervorginge.

Die Götter der Welt und, wie sie, die Götter der einzelnen Städte sind durchweg menschlich gedachte Herrschergestalten. Eine archaische Königstracht ist ihr Ornat. Sie besteht aus Krone und Mantel, Szepter, Ring und Waffe. Die Krone ist eine Mütze mit Hörnerpaaren geschmückt; von den ältesten Kronen gibt ein sehr archaisches Relief aus Nippur einen Begriff, das einen phantastischen Kopfputz aus Federn und Hörnern zeigt, ähnlich dem des ägyptischen Gottes Min, den Kopfputz des Wilden, der vergrößern und Schrecken erregen soll. Der Mantel scheint in ältester Zeit ein großes Manteltuch zu sein, später ein Plaid, vielleicht semitischen Ursprungs; kämpfende Götter, wie der Sonnengott, tragen im Feld den kurzen Schurz; auch hier sehen wir in Bildern und epischen Schilderungen in eine ältere Zeit hinauf, in der Gilgameš nackt, Ištar nur mit Schmuck und Schamtuch bekleidet, das verhüllende Gewand nicht nur als Zeugungsgötter entbehrten. Langes Haar und Vollbart gehören so sehr zur göttlichen Tracht, daß sie in ältester Zeit auch bei Frauen vorkommen; das kann seine Erklärung darin finden, daß sie bei den glattrasierten, kultivierten Sumerern wohl nur Perrückenteile zu öffentlichem Auftreten geworden waren, wie in Ägypten, wo auch die Königin Hatšepsut bärtig erscheint; es kann aber auch mit der Tatsache der Vermännlichung der vielen »Herrinnen« zusammenhängen.

Dienende Götter tragen manchmal die Priestertracht, den glockenförmigen Hüftrock, bei nacktem Oberkörper; sonst Hörner und Plaid; die Königsabzeichen fehlen.

Die gewöhnlichen Stellungen großer Götter sind die beiden, in denen Herren ihre Diener empfangen, wenn sie feierlich repräsentieren; thronend oder stehend, meist das erste, erscheinen sie auf den Siegeln. Babbar, gelegentlich auch Nannar, schreiten über die Berge des Horizonts. Ningirsu steht auf dem Streitwagen. Ganz unzeremoniell scheint zunächst eine Darstellung Ningirsus in Liebe, seine Gattin Bau auf dem Schoß; doch ist zu bedenken, daß die jährliche Heirat des Gottes eine feierliche Staatsaktion war.

Die Uniformität der großen Götter bewirkt, daß man sie kaum unterscheiden und benennen kann, wenn ihre Symbole fehlen. Ellils Drache, seine Götterwaffe, sein Netz und seine Schicksalstafeln, Eas Widder, sein Antilopenfisch, Ištar-Inninas Blume, Löwe oder Stern, Anus Wasser, Sin-Nannars Mond, Šamaš-Babbars Sonnenstrahlen oder Scheibe, Adads Blitz, die Löwenkeulen Nin-IBs, Ningirsus oder Nergals, die Adlerkeule Samamas und ähnliche Zeichen werden als unterscheidende Merkmale wichtiger als die Göttergestalten. Man kann die ganze Götterwelt einfach um das gemeinsame, die Gestalten, kürzen und die Symbole allein setzen, ohne mißverstanden zu werden.

Aber auch diese letzten Unterscheidungen werden von der Konkurrenz der Kulte zersetzt. Wie Ellils Hörner ein Zeichen der Göttlichkeit, ein Stück der allgemeinen Krone geworden sind, so werden auch andere Abzeichen Allgemeinbesitz, Gemeinplätze, die jedem Gott zukommen. Freilich muß man hier unterscheiden zwischen dem Sport der lokalen Priesterschaften und der Wissenschaft; jede Priesterschaft kann jeden großen Gott zur Ausstattung ihres lokalen Herrn nach Belieben plündern, für die Wissenschaft bleibt aber mindestens nach dem ersten Abschluß der spekulativen Epoche jedes Symbol persönliches Eigentum einer großen Gottheit. Mochte immerhin jede Priesterschaft ihren Gott als Sonnengott ausstatten — die Sonnenstrahlen, die Schlinge, später auch das Pferd, bezeichneten allgemein doch nur Babbar.

Am meisten und gründlichsten geplündert ist Ellil. Er war der älteste, mächtigste Gott, der erst differenzierte unter sehr unbestimmten Gestalten vor allem Ausbau eines allgemeinen Pantheons, zugleich derjenige, von dem jede politische Macht sich in der Zeit des Verfalls des Reiches von Nippur ableiten mußte ; und ohne Widerstand von seiner Seite ableiten konnte.

Nicht nur die Hörner an der Krone, die ganze königliche Ausstattung der Götter kann von dem ersten König, Ellil, stammen. Es gibt keinen großen und keinen lokalen Gott in Babylonien, der nicht, wie Ellil ursprünglich, Schicksale bestimmt, Lebenswasser und Lebenshauch spendet, den Drachen besiegt, die Welt erschafft, seine Schicksalskammer und seinen Tempelberg besitzt. Ellils Waffe ist das Urbild aller Götterwaffen; sein Netz haben schon bei Eannatum Enki-Ea, Nannar, Babbar, Nincharsag und Ninki und als siebenter Ningirsu. Im Reichspantheon hat ihn namentlich Anu ausgiebig beerbt; das Lebenswasser und die Königs- und Vaterwürde ist völlig auf ihn übergegangen; Adad, der Gewittergott, hat den Blitz und den Stier fest übernommen; Marduk hat zuletzt noch einmal alles an sich gerissen, was an Abzeichen und Mythen noch zu nehmen lohnte. So blieb Ellil zuletzt nur die Königsmütze in den späteren Symbolzusammenstellungen, und selbst diese mußte er mit Anu und Ea, den gleichfalls von Marduk beerbten, teilen.

So gründlich wie Ellil, ist kein weiterer Gott beraubt worden. Je weiter die Reichsreligion sich entwickelte, je mehr bestimmt umrissene Göttergestalten entstanden, je mehr man übersehen und unterscheiden lernte, um so schwieriger wurde der einfache Diebstahl. Die großen Götter der späteren Reichshauptstädte stahlen beim Emporkommen wohl alles zusammen, wie irgendein Lokalgott, nur mit mehr Aussicht, ihre lokalen Versionen auf die Nachwelt zu bringen; die strenge Wissenschaft aber ist dabei anscheinend kritisch geblieben; Aššur z. B. ist niemals im wissenschaftlichen Pantheon ernsthaft als Weltschöpfer angesehen worden.

Der Uniformität der Götter im Bild entspricht in der Schrift ein allgemeines Determinativ, das allen Götternamen voransteht und als ein Zeichen für den Allgemeinbegriff »Gottheit« gelten kann. Man darf dies Determinativ ja nicht monotheistisch verstehen, obgleich an ihm, wie an dem gemeinsamen Bild, der Zug zur Vereinheitlichung des Pantheons einen Halt fand; es ist ein Sammelname, eine anschauliche Zusammenfassung eines gemeinsamen Elements, wie in andern Determinativen, die ja auch anschauliche Oberbegriffe darstellen. Das Götterdeterminativ, sumerisch »Dingir«, semitisch »Ilu« gelesen, ist das Bild eines Sterns, bezeichnet also die Gottheit als das astrale Wesen. Wir haben also in ihm ein Mittel, festzustellen, wann in Schreiberkreisen vorpolitisch die astrale Spekulation, die Gestalt Anus, der ebenfalls den Stern als Ideogramm führt, durchdrang; das scheint zu Beginn unserer Denkmäler schon der Fall gewesen zu sein.

Entspricht das Determinativ dem uniformen Bild der Götter, so entsprechen die bunten Ideogramme in ihrer unendlichen Mannigfaltigkeit den unterscheidenden Symbolen; das lokale Element, die Selbständigkeit jeder Gestalt im Gemeinsamen, findet hier ihren Ausdruck, die Tendenz der Vielheit, die zuletzt die Herrschaft in der babylonischen Religion behält.

Das Wesen der Götter, ihre Innenseite, lernen wir für

die älteste Zeit aus den Mythen kennen, in denen Ellil, Ea und die irdische Innina-Ištar vor allen breit geschildert sind. Ellil ist hier immer der maßlose Krieger, Schlagtot und Kraftbold, Ištar das launische, unüberlegte und geile Weib; Ea ist überlegt, besonnen, gütig und hilfreich. Diese allgemeine Charakteristik weist für die Entstehung auch der ältesten Mythen in ihrer heutigen Grundform auf eine Zeit, die frühestens mit dem Ausgang des Reiches von Nippur zusammenfallen kann; die Ellil feindliche Tendenz konnte auch im Namen eines Ideals höherer Vernunft, des Friedens und der Ordnung nicht öffentlich zu Wort kommen, so lange Ellil kraftvoll gebot. Andererseits muß die Epoche der Mythenbildung früher liegen, als die astrale Spekulation in der Religion, die in den Ellil-, Ea- und Ištarmythen, so viel ich sehen kann, keine Rolle spielt, obgleich man immer wieder versucht hat, sie hineinzudeuten. Übrigens sind auch die ältesten Mythen später überarbeitet und dabei mehr oder weniger geschickt modernisiert worden.

Das Wesen dieser Götter, Ellils, Ištars und der Gesamtheit wenigstens, Ea bildet immer die Ausnahme, ist durchaus das primitiver Menschen, die ungeheure Kraft, aber keine entsprechende Überlegung und Selbstbeherrschung besitzen. Allzukindlich sind diese Götter, wenn sie im Schöpfungsmyth angesichts der drohenden Gefahr ein Beratungsessen veranstalten, wenn sie trinken, um ihre trägen Verstandeskräfte anzuregen und zu viel trinken und einschlafen, wenn sie lüstern »Zunge machen« und sich vollfressen, wenn sie verzagt sofort bereit sind, alle Macht an den Faustkräftigsten abzutreten, wenn sie staunend um den schön gerüsteten blitzblanken Retter herumlaufen und ihn bewundern, oder wenn sie sehr befriedigt sind, daß ihre übertragene Macht in dem neuen Herrn stark genug ist, ein kleines Wunder zu tun. Allzumenschlich leiden sie unter der Flut und flüchten in den Himmel, sitzen dort naß, frierend und hungrig herum und bereuen ihre Unbesonnenheit; wie die Fliegen sammeln sie sich über dem Rauch des ersten Brandopfers.

Leidenschaftlich und launenhaft sind sie — eine jähzornige Laune Ellils vernichtet um ein Haar die Menschheit und damit die Opfer; niemand wagt, dem Starken in den Weg zu treten; aus Angst oder Gedankenlosigkeit schweigt alles in der Versammlung; sie zittern noch, als schon alle den Unsinn dieser Flut eingesehen haben; ein Gott verklatscht den andern bei Ellil, selbst Ea sucht sich herauszureden, statt Vernunftgründe für sein Handeln geltend zu machen. Eine Laune treibt Ištar in die Unterwelt, ohne Rücksicht auf die Erde, die alle Fruchtbarkeit verliert, auf die Götter, die wieder hungern müssen; es kostet viel Mühe und List, sie zu befreien. Erst späterhin wird die Flut eine Sündflut, die Höllenfahrt ein Akt der Treue. Leidenschaft bewegt Ištar, mit Gilgameš Buhlschaft zu suchen; zurückgewiesen, sucht sie ihre Rache. Launenhaft sind die Stimmungsumschläge; eben noch haben alle Götter in die Vernichtung der Menschen gewilligt — kaum hat sie begonnen, so jammern sie; Ištar schreit wie eine Gebärende, schwört mit einem Schwur, den jede neue Laune nichtig machen kann, ewig dieser Tage zu gedenken; Ellil selbst, der Grimme, fügt sich in die Rettung Utnapištims ebenso schnell, wie er die Flut beschlossen hat, und macht nun den Geretteten unsterblich.

Es gibt keine Gefühle unter diesen Göttern, die sie nicht sofort und sehr ausgiebig zeigen; sie schreien laut auf, schlagen sich die Hüften und beißen die Zunge vor Verwunderung, Schmerz oder Zorn. Der Weg vom Gefühl zur Tat ist sehr kurz; jeden Augenblick fürchtet der Leser und fürchten nicht weniger die Götter, daß Ellil unter die versammelte Göttergesellschaft bei Utnapištims Opfer hineinschlägt; Nergal kriegt seine Schwester Ereškigal kurzweg am Haar. Andererseits wird vor dem Kampf lang geprahlt; Ellil läßt Schmähreden los, wie Tiamat; wo der Sieg nicht absolut zweifellos ist, wo es nicht gilt, Schwächere zu brutalisieren, da ist ein Zögern und sich selbst durch Geschrei Ermutigen keineswegs schmachvoll. Wer bei jeder Gelegenheit schreit, wird gewiß nicht schweigen, wenn seine Gefühle etwas unbehaglich sind, weil er sich wehtun oder gar sterben kann.

Denn sterben können diese Götter alle. Ellil-Marduk läßt sich in der Schöpfungsmythe nicht umsonst den Blutbann über die Götter einräumen. Tiamat wird von Ellil aufgeblasen und in zwei Hälften gespalten. Ereškigal fordert allen Ernstes den Tod Nergals und fürchtet ebenso ernsthaft, daß er ihr den Kopf abreißt. Den Tod durch Gewalt fürchten alle Götter von Tiamat, den durch Hunger vom Aufhören der Opfer.

Ein geordneter Staat ist unter solchen Wesen nicht denkbar, nur eine Herrschaft des Stärksten und einige Rücksicht auf Verwandtschaft, Sitte und Brauch. Es gibt ein patriarchalisches Verhältnis der Eltern zu den Kindern, Anstandspflichten, wie die Einladung eines bestimmten Zirkels zu großen Beratungen, wie die

Ehrung göttlicher Abgesandter durch Erheben von den Sitzen oder das äußerliche Halten eines Ehrenworts. Aber hinter allen steht die einfache rohe Kraft. Wer den Anstand oder sein Versprechen nicht hält, riskiert eine Strafe, Prügel, Wunden, Tod. Wer Kraft genug hat, kann es darauf ankommen lassen, wie Nergal.

Starke Menschen sind die Götter, nirgends grundsätzlich von den Menschen geschieden. Starke Menschen können die Götter straflos beleidigen, wie Gilgameš die Ištar; wenn sie nur dem Himmelsstier gewachsen sind, kann ihnen niemand etwas anhaben; Eabani wirft Ištar den Phallus ihres Stiers höhnend hinauf. Kluge Menschen können wenigstens kleine Götter schlagen, wie Adapa den Südwind. Es gibt Kämpfe und Buhlschaften zwischen Göttern und Menschen. Götter sterben, Menschen werden unsterblich, wie Utnapištim durch Ellil, wie beinahe Adapa durch Anu. Auch das Mittelding zwischen Kraft und Klugheit, das Zaubermittel, ist Göttern und Menschen gemein; Ellil braucht Zauberkraut und -wort im Tiamatkampf wie seine Gegnerin; Gilgameš findet das Lebenskraut; Etana das Geburtskraut; Adapa zerschlägt dem Südwind die Flügel durch Zauberei. Der List erliegen große Götter, nicht gerade durch Menschen, aber durch sehr untergeordnete Wesen; Ereškigal läßt sich durch den Sänger bezaubern, dem alten Ellil raubt ein Vogel Su seine Schicksalstafeln, das Amulett der Weltherrschaft, und List muß sie anscheinend wieder gewinnen.

Die große Ausnahme ist Ea; er ist klug und maßvoll. Aber er ist es zunächst nicht aus idealen Beweggründen, sondern aus Schwäche; er muß klug sein, weil er Ellil an Stärke nicht gewachsen ist. Er wagt nicht, der Tiamat im Kampf zu begegnen, aber er belauscht sie und verrät ihre Absichten. Er verrät das Geheimnis der Flut, aber nicht aus Gerechtigkeitssinn oder Mitleid, sondern aus Egoismus; er schützt Adapa gegen eine gerechte Strafe, weil er einen guten Diener behalten will. Dabei ist er kindlich in der Umgehung seines gegebenen Wortes, kurzsichtig in der Berechnung von Anus Verfahren gegen Adapa. Er ist nicht ganz der kluge Loki, dem alles Gemeinschaftsgefühl fehlt, aber seine kluge Sorge für sich selbst und im eigenen Interesse für seine Diener auf Kosten der Götter hat denselben Charakter zersetzender Rationalität. Damit vertritt er aber einen neuen Typus; mag er gleich nur maßvoll und gütig sein, weil er dadurch am besten fährt, so ist er doch ein Vertreter des Fortschritts in der Götterwelt. Im Kampf aller um Macht und Einfluß zeigen sich Mäßigung und Klugheit den alten Kräften gewachsen; wie sie neuen Schichten der Bevölkerung auf Erden zum Aufstieg verhelfen, so bringen sie ein neues Geschlecht Götter zu Ehren. Ea ist der Übergangstyp; die jüngsten Epen, wie die Adapasage, zeigen ihn in zentraler Stellung. Seine höchste Bedeutung als weiser und gütiger Gott kommt in den Epen kaum zur Andeutung; die mythische Epoche hört auf, als das Prinzip, das er verkörpert, zu vollem Sieg kommt; es gibt eine wissenschaftliche Theologie, aber keine mythischen Neuschöpfungen mehr, oder nur dürftige Versuche, die neuen Anschauungen in mythische Formen zu kleiden. Schon unter den oben verwerteten epischen Zügen mögen manche jüngere Nachkömmlinge der eigentlich mythischen Zeit angehören, aus älteren verlorenen Mythen übernommen oder nachgeahmt sein; als Symptome der Entstehungszeit lassen sich natürlich vereinzelte Züge in einem längeren Gedicht nur sehr vorsichtig verwerten.

Der Götterstaat, der zur Zeit der Entstehung der ersten Schöpfungs- und der Flutmythe nur als Gewaltherrschaft des Stärksten bestanden haben kann, ist in der Folge durchgebildet worden, wie der babylonische Staat sich entwickelte. Wir kennen ihn als eine Monarchie mit Ellil an der Spitze aus Gudeas Inschriften; in den Epen gibt die Götterversammlung eine Idee von seinem kollegialen Charakter, der überall in Widerspruch zu Ellils gewaltsamem Verfahren steht und deshalb wohl später hereingetragen sein wird. Der rechtmäßige König im geordneten göttlichen Friedensstaat ist in den Mythen nicht Ellil, sondern sein astraler Erbe Anu, ein gütiger und freundlicher Vater und Regent, der Rücksicht auf die Menschen fordert und übt und nie zur Gewalt greift. Aber eben in dieser Eigenschaft als gütiger und vernünftiger Gott ist er unlebendig rational und kein Held der mythischen Dichtung, nur ein modernes Einschiebsel in die alten Werke.

Wichtiger als er ist für die Entwicklung des modernen Gottesideals Šamaš geworden. Er wird durch die Übertragung seines astralen Charakters ins Moralische, ferner durch seine Sichtbarkeit und Menschennähe bedeutsam; Šamaš allein spricht im Gilgamešepos direkt vom Himmel zu den Menschen. Wenn in den alten Göttermythen Ellil und Ištar die ersten Rollen spielten, so greift in den Heroenmythen, d. h. in deren jüngeren Teilen, Šamaš am meisten ein; Ea nimmt auch hier eine Mittelstellung ein. In beiden großen

Heroenmythen der Babylonier, im Etanamyth und im Gilgamešmyth, ist Šamaš der Gott des Helden. Im Gilgamešepos ist er der besondere Gönner Gilgamešs, der bei Nacht durch Träume, bei Tag durch direktes Zurufen zu ihm und den Seinen spricht; er redet Eabani zu, gerecht zu sein, sich nicht in wilden Flüchen und Verwünschungen zu erschöpfen, sondern seine verlorene Freiheit gegen den Gewinn an kulturellem Behagen und an Freundschaft in Rechnung zu stellen; er sendet Gilgameš aus, das Böse auszurotten und läßt sich von seiner Mutter für seine glückliche Rückkehr verantwortlich machen; in dem älteren Fragment rät er Giš bei seiner Fahrt nach dem Leben und scheint ihm auch die Sonnenstraße gewiesen zu haben. Im Etanamyth gibt er dem Helden den Rat, auf dem Adler die Himmelfahrt nach dem Gebärkraut der Ištar zu versuchen, die ursprünglich sicher gelang und der Welt zu ihrem ersten König verhalf; andererseits ist er es, der den Adler rücksichtslos der strafenden Gerechtigkeit der Nachtschlange ausliefert.

Der neue Götterstaat im Himmel ist ein Rechtsstaat. Aufgeklärte Könige sind die Götter, gerecht und überall auf Gerechtigkeit bedacht, wohlwollend und gütig, gern zu Rat und Fürbitte bei ihren Genossen bereit, voll Verantwortlichkeitsgefühl, wo sie Menschen gefährden. Anu herrscht ungefährdet in vollem Frieden, des Gehorsams seiner Kinder gewiß, gesetzmäßig, ohne Gewalt; er ist so vollkommen anerkannt, daß er beinahe unnötig wird. Die andern Götter unter ihm oder unter der Trias Anu-Ellil-Ea achten seine und ihre Rechte unbedingt; die Kompetenzen sind streng getrennt; kein Gott kann einen Liebling dem Gesetz entziehen; keiner greift in das Gebiet des andern ein; nur Ratschläge an den Menschen, Bitten für ihn bei den Göttern sind zulässig.

Götter und Menschen sind streng getrennt. Die Götter sind unsterblich und selig, die Menschen sind sterblich und unselig; die Götter sind stark und gut, die Menschen schwach und sündig. Nun gibt es für die wissenschaftlich Denkenden keine toten Götter mehr: Giššida und Tammus stehen im Himmel vor Anu. Die ganze Unterwelt wird durch Nergal, der sie als oberer Gott erobert, den Einflüssen der Oberen zugänglicher; wo früher nur List galt, wird jetzt Fürbitte mächtig: Ea erreicht von Nergal die Entlassung von Eabanis Schatten an die Oberwelt. Freilich bleiben die beiden Reiche des Lichts und der Finsternis streng getrennt; die oberen Götter sind rein, licht, freundlich, die unteren unrein, finster, grimmig;

aber die Brücke ist geschlagen, auf der die Vereinheitlichung der ganzen Götterwelt möglich ist, in einer vollkommenen theoretischen Astralisierung aller großen Götter, einer Apollonisierung der ganzen Religion, bei der die Schattenwelt als Aberglaube verschwindet und nur lichte und naturgewaltige Gestalten bleiben, oder doch in einer mythischen Eroberung der Unterwelt durch einen sterbenden Lichtgott, bei der die Todesfahrt zur Erlösungsfahrt, die Nacht dionysisch für das Licht gewonnen und gerettet würde. Beide Wege haben die Babylonier gesucht, die Hellenen gefunden.

Die Erhöhung der Götter zu den Sternen, ihre grundsätzliche Trennung von den Menschen, macht sie unegoistisch; sie können vom Menschen nichts bekommen; sie brauchen keine Nahrung, keinen irdischen Besitz; ihr Lauf am Himmel ist unbeeinflußbar. Sie vertreten ein Naturgesetz, das sie gegeben, das sie nicht brechen können; sie können niemand mehr unsterblich machen, oder sie tun es wenigstens nicht; ein »Gesetz der Erde« bindet die Toten, wie ein Gesetz des Himmels die Götter in ihren Bahnen hält und irdische gottgegebene Gesetze den Menschen im Leben leiten. Aus dem jährlich neubestimmten Schicksal wird eine langfristige Vorausbestimmung der Lose; die Götter greifen in diese Abläufe nicht mehr ein; sie sehen zu, sagen das Kommende an und setzen es durch niedere Mächte oder eine psychologische Kausalität in Wirklichkeit um, wenn seine Zeit da ist. Das Gesetz als irdisches Strafgesetz ist hier, wie überall, der Ahn des Naturgesetzes; mit der wachsenden Übersicht der Menschen wächst die Einsicht in die Notwendigkeit einer Beschränkung aller zum höheren Ziel des allgemeinen Wohls; der Gesetzgeber beschränkt sich selbst, indem er sich an sein Gesetz bindet; das Gesetz wird immer bedeutsamer, das ewige, bleibende, die Idee, das Moralgesetz über Göttern und Menschen. Der Götterstaat mit seinem Gesetz, halb Naturgesetz, halb Moralgesetz, gegeben, nicht einfach vorhanden, und doch von Ewigkeit gegeben und (wenn auch nur durch den Charakter der Götter) vor jedem Bruch gesichert, ist Urbild und Abbild des irdischen Staats mit seinem Straf- und Moralgesetz, das Könige und Untertanen bindet. Die Auflösung dieser Einheit, die Trennung von Natur- und Moralgesetz, von Moral- und Strafgesetz, ist erst von den Hellenen versucht worden.

Das Moralgesetz ist im Weltgetriebe das höchste; das wird langsam erkannt. Moralisch ist der Wille der Götter, wenn auch die Moral äußerlich, formal bleibt, und ihre Begründung rein utilitarisch ist. Moralisch ist Anu und Šamaš; moralisch werden selbst Ellil und Ištar. Ellil vernichtet in der jüngeren Flutsage die Menschen ungern, nur weil sie immer wieder sündigen, wenn er eben gemahnt und verziehen hat; Ištar muß auf Anus Mahnung hin erst für sieben Hungerjahre vorsorgen, ehe sie an ihre Rache denken darf. Die Sünde wird maßgebend für das Verhältnis der Menschen zu den Göttern; sie ist noch roh und grob; viel Primitives haftet ihr an; im ganzen aber entwickelt sich auch hier aus alten Beziehungen, die rohe Kraft und Angst oder ein Begriff der Herren- und Dienertreue allein bestimmten, eine höhere Moral.

Wie aus Abzeichen einzelner Götter das allgemeine Bild der großen Gottheit, ihr Ornat sich entwickelt, so entsteht aus den inneren Zügen, die einzelne Priesterschaften ihren großen Göttern beilegen, ein allgemeiner Typus des Wesens der großen Gottheit. Während aber die besonderen Züge des Ornats und der äußeren Ausstattung der großen Gottheit meist von dem alten Ellil stammen, hat jede große Gottheit zu dem inneren Bild das Ihrige beigetragen. Das erklärt sich dadurch, daß für das babylonische Denken die anschauliche Außenseite der Dinge zurücktritt neben ihrem Geheimnis, dem inneren Wesen; der Charakter der Gottheit ist für ihre Anbeter die Hauptsache; hier darf es keine Defekte geben; hier wirkt die Konkurrenz der Kulte auch bei den Größten völlig nivellierend.

Die Allmacht der großen Gottheit stammt von Ellil. Er ist ursprünglich allmächtig nur durch körperliche Kraft; dann wird er es durch die Bestimmung der Lose. Sein Erbe wird jeder erobernde Stadtgott, der mit der Waffe alle andern Städte und ihre Götter besiegt, von dem von Kiš bis auf den von Aššur. Wissenschaftlich erbt Anu die Allmacht und die Schicksalsbestimmung, zunächst mit Ellil. Im fertigen Pantheon werden die Schicksale gemeinsam bestimmt; dabei hat der politische Erbe Ellils, Marduk, eine tatsächliche Obergewalt. In seiner Stadt bestimmt ebenso jeder Stadtgott die Lose. Die ganze Frage ist bei der Organisation der Götterwelt in Babylonien nicht so wichtig, wie etwa in der jüdischen Religion; jeder Gott ist in die Weltordnung eingefügt, auf sein Gebiet beschränkt, Kollege, nicht Nebenbuhler der andern, soweit das wissenschaftliche Pantheon in Betracht kommt. Im Verhältnis zum Menschen aber ist jeder überstark und allmächtig, fähig, den Beleidiger, verpflichtet, den Sünder zu peinigen bis zur Buße und Versöhnung oder bis zur Vernichtung.

Von Ea stammt die Reinheit und die Güte, die Weisheit als milde Heilkunde und als Wissenschaft. Anu hat die Reinheit als Herr des reinen Himmelswassers, die gütige Weisheit als väterlicher Regent angenommen. Weiterhin werden alle Götter rein, gütig, weise.

Von Šamaš stammt die Unsterblichkeit und die Gerechtigkeit. Er vertreibt die Finsternis und schafft Licht und Wärme; die Sünde, bei Ea Unreinheit, die man abwaschen muß, ist bei ihm Finsternis, Ungerechtigkeit, die aufgehellt und vernichtet werden muß. Šamašs Gerechtigkeit ist hart, formal, strafend; sie bringt aber den ersten objektiven Maßstab ins Handeln der Götter; nicht aus Eigennutz, aus moralischem Eifer handelt der Gott und beginnt damit die Moralisierung der Religion. Als ewig wiederkehrender Gott des Tagesgestirns ist er wahrscheinlich der erste Unsterbliche; auch die Scheidung von Ober- und Unterirdischen mag von ihm ausgehen. Weise ist er als Richter, aber auch als Orakelgott, der alles sieht und weiß.

Sin ist der weise Gott in einer andern Art, als Zeit- und Zahlenkenner. Die friedliche Herrscherkunst des Hirten, später ebenfalls allen Göttern eigen, gehört ihm.

Allmächtig und allwissend (zukunftsbestimmend und überstark, voraussichtig und wissenschaftskundig), allweise (als Herrscher, Richter, Ärzte, Astronomen und Orakelspender) und allgerecht, allgütig und rein, unsterblich und selig, überirdische Hüter des moralischen Weltgesetzes, so stehen die großen Götter schließlich da. Alle diese Eigenschaften sind nicht ganz durchdacht und ausgeglichen; die Gerechtigkeit und Reinheit ist formal und grob gemeint; zwischen persönlichem Eingriff und Schicksalsbeschluß, zwischen Willkür und ewiger Vorsicht ist keine Klarheit geschaffen; auch die Allwissenheit und Weisheit hat merkwürdige Schranken; aber die Hauptbestandteile eines hohen moralischen Gottesbegriffs sind geschaffen.

Was bleibt dem Menschen zwischen diesen mächtigen Gewalten? Die Antwort ist: Weisheit, die eins ist mit Frömmigkeit; Demut, unermüdlicher Dienst, bedingungsloser Gehorsam, sorgsames Erforschen des göttlichen Willens, peinliche Vermeidung aller Sünde, Buße und Sühne, wo Sünde unvermeidlich war und ihre Strafe fand. Diese Weisheit belohnt sich durch Leben, Wohlstand und Gesundheit,

13*

Kinderreichtum und Besitz, vielleicht auch im Jenseits vor dem Gericht der Anunnaki durch allerlei Vorteile. Der Fromme ist weise, der Weise fromm — beides ist eins; denn der Einsichtige weiß, daß Sünde und Gewalttat Schaden bringen. Das Ideal der Frommen ist jener Atrachasis aus der Urzeit, »der Übergescheite«, der durch sein gutes Verhältnis zu Ea erst Fürbitter der sündigen Menschheit, dann der einzige Gerettete aus der Flut wurde; Atrachasis, »überschlau«, ist auch der kleine Adler in der Etanafabel, der seinen Vater warnt, die Nachtschlange zu kränken, weil das böse Folgen haben kann, und der dann abermals warnt, vor ihrer listigen Rache auf der Hut zu sein. —

Die Schöpfer der Re- und Osirisreligion in Ägypten machen zugleich den Versuch, ein Göttersystem zustande zu bringen; es wird sehr einfach als Refamilie (5 Götter in 3 Generationen) und als Osirisfamilie (5 Götter in 2 Generationen) angelegt und dann äußerlich zur großen Neunheit, der kombinierten Re-Osirisfamilie (9, eigentlich 10 Götter in 4 bez. 5 Generationen) verbunden. Bei dieser primitiven genealogischen Kombination bleibt es. Neben die große Neunheit treten verschiedene andere Götterreihen, namentlich die »kleine Neunheit«; das äußerliche Zahlprinzip wirkt also weiter. Im Innern der großen Neunheit geht aber die Durchbildung nicht fort; weder wird die Natur unter die Neun aufgeteilt, noch die geistige Welt; weder die lokalen Zentren des Landes, noch die sozialen Glieder des Volkes finden systematischen Anschluß. Alles bleibt, wie es sich zufällig gefügt, neben Naturgöttern stehen die Zauberwesen der Totenreligion, neben blassen, konstruierten Schemen lokale Fetische, die Einheit ist ganz äußerlich, eine runde Zahl, eine Familie.

In Babylonien ist auch in der Pantheonbildung die Entwicklung viel weiter gegangen. Wie in Ägypten schließen die Versuche, einen Olymp zu schaffen, unmittelbar an die Zeit der religiösen Spekulation an; das Neugefundene mußte ausgeglichen und übersehbar gemacht werden. Wie aber neben der ärmlichen Osiris- und Remythologie die reiche Ellil-, Ea- und Ištarmythologie der Babylonier mit ihren heroischen Abkömmlingen steht, wie die einseitige Natur- und Moralspekulation der Rereligion verschwindet neben der kosmologischen und moralischen Vielseitigkeit der babylonischen Götterwelt, so stehen den ägyptischen Ansätzen zu Zahlenspekulation und innerer Vereinheitlichung der göttlichen Mächte in

Babylonien komplizierte Beziehungen der Zahlen zu den großen Göttern und ein System der obersten Götter gegenüber.

Die Frömmigkeit der sumerisch-babylonischen Fürsten, die uns fast ausschließlich inschriftliche Erinnerungen an ihre frommen Taten bewahrt und allen andern ein religiöses Gepräge gegeben hat, äußert sich besonders in der Gewohnheit, alle wichtigen Dinge dem Schutz möglichst aller wichtigen Götter zu empfehlen; dabei ist Vollständigkeit der Aufzählung aller Gottheiten, auf die der Fürst rechnet, und genaue Einhaltung ihrer Rangordnung in diesen Listen die Vorbedingung der Erreichung des gewünschten Ziels; ein beleidigter Gott kann das ganze vorsichtige Verfahren wirkungslos machen. So haben wir in den Götterlisten der Inschriften ein ausgezeichnetes Mittel, um zu erkennen, welche Götter jedem Herrscher wichtig waren. Leider ergibt sich aber keineswegs aus jeder Inschrift »das Pantheon« des betreffenden Herrschers oder seiner Zeit; die Auswahl der Götter in jedem Fall hängt offenbar von vielen besonderen Umständen ab; der Urheber der Inschrift wird bei einer Tempelinschrift immer den Gott besonders ehren, in dessen Tempel er sich befindet; er wird bei einer Inschrift, die den Fluch der Gottheit über jemand herabruft, die furchtbaren Götter, bei einer, die einen Kanalbau abschließt, etwa die Herren der Flur, die der Kanal durchzieht, bevorzugen; persönliche Beweggründe, lokale Verhältnisse und augenblickliche Umstände, wahrscheinlich auch bestimmte Vorschriften und Gebräuche der Religion, die uns alle nicht bekannt sind, wirken also bei Auswahl und Reihenfolge der Götter in diesen Listen zusammen. Weiter erschwert uns die Deutung des Materials seine Spärlichkeit und sein lokaler Charakter. Das allermeiste stammt aus Lagaš. Es ist ohne weiteres klar, daß ein Großkönig anders zu den Weltgöttern steht, als ein Statthalter einer Provinzstadt; die Weltgötter sind zunächst Reichsgötter und stehen den Welt- und Reichsbeherrschern persönlich nahe; die lokalen Fürsten haben vor allem die Zufriedenheit ihrer Lokalgötter anzustreben; bemühen sie sich zu viel um die großen, so machen sie nicht nur ihre lokalen Götter, sondern vielleicht auch ihre Lehnsherren, die Großkönige, mißtrauisch und eifersüchtig.

Unser Interesse gilt nicht dem Pantheon von Lagaš, sondern dem des Gesamtreiches; dadurch fallen die meisten Listen der Könige von Lagaš für diese Untersuchung weg, selbst die ausführlichen von Urbau und Gudea sind nur gelegentlich verwertbar. Um so wichtiger werden die Inschriften der Beherrscher des ganzen Reiches, namentdie Eannatums von Lagaš und die Lugalsaggisis von Uruk.

Eannatum verflucht die Eidbrüchigen, die wagen sollten, an seiner Grenzbestimmung zugunsten Lagašs eine Änderung vorzunehmen; die großen Götter sollen sie mit Ellils Netz niederschlagen. Dabei nennt er sechs Götter und stattet sie mit Ellils Netz aus: Ellil, Nincharsag, Ea, Nannar, Babbar und Ninki. Die spätere Liste der großen Reichsgötter, die hier zum Vergleich herangezogen werden muß, ist: Anu, Ellil, Ea, Nannar, Babbar, Innina-Ištar (oder Adad, Ištar). Bei Eannatum fehlen Anu und Innina, die nicht fehlen würden, wenn Anu schon anerkannter Führer der großen Götter wäre. Die Reihenfolge der angeführten Götter ist aber schon die spätere, namentlich geht der Mondgott schon dem Sonnengott vor. Die beiden Frauen, Nincharsag und Ninki, zählen dabei nicht; ausführliche Listen geben jedem Gott seine Frau, knappe lassen sie weg. Die Frauen sind nur blasse Schemen neben ihren Männern, die eine Ištar ausgenommen. Nincharsag kann bei Eannatum noch mehr persönliche Bedeutung haben als Ninlil, die sie später als Ellils Gattin ersetzt; Ninki, die Gattin Enki-Eas, ist ganz Schemen, steht auch nicht neben ihrem Gemahl; vielleicht ist sie beigefügt, um die Liste auf sechs Glieder zu bringen und damit eine runde Gesamtzahl herzustellen.

Lugalsaggisis Inschrift gibt zwölf Götternamen: Anu, Nisaba, Ellil, Ea, Babbar, Nannar, Babbar, Innina, Nisaba, Nincharsag, Mes, Ninabucha und »die Götter insgesamt«. Streicht man Nisaba (die als Lugalsaggisis persönliche Gottheit jedesmal eingefügt ist, wenn eine der beiden großen Gottheiten der neuen Hauptstadt erwähnt wird, wahrscheinlich um durch diese Ehrung ihrer Eifersucht zu begegnen), weiter einmal Babbar (der zweimal vorkommt, vor Nannar gegen den Brauch und nach ihm, um doch der Tradition zu genügen), so bildet die später übliche Liste der großen Götter den ersten Teil von Lugalsaggisis Aufzählung. Sie scheint also zu seiner Zeit fertig gewesen oder fertig geworden zu sein. Daß eine Vollständigkeit der großen Götter angestrebt ist, zeigt die Anfügung von Göttern aus dem Kreise der Ernte- und Totenkulte und der »Gesamtheit«.

Leider besitzen wir von keinem weiteren der Großkönige vor der ersten babylonischen Dynastie eine so vollständige Liste. Wenn Šarganišarri Ellil, Šamaš und Anunit oder nur die beiden ersten anruft, so kann das mit einer besonderen Vorliebe des barbarischen Königs für kriegerische Götter, mit der Eigenschaft der drei als Lokalgötter der Hauptstädte (Nippur, Agade, Sippar) oder mit einer Vorliebe für Sonnen- und Sternkult zusammenhängen, aber auch Zufall sein. Wenn Urengur von Ur Nannar, Innina, Babbar, Anu, Ellil, Ninlil und Nincharsag anruft, so kann die Vorausstellung der Gestirntrias und in ihr wieder die der Innina (Tochter Nannars) vor Babbar sich aus der Sonderstellung Nannars als Gott der Hauptstadt erklären; das Fehlen Eas legt aber auch hier den Gedanken an eine besondere Aufgabe dieser Zusammenstellung nahe.

Eine Inschrift Rim-Sins von Larsa ist wichtig, weil sie uns zum erstenmal die erste Dreiheit, Anu, Ellil, Ea, ganz formelhaft verwendet zeigt; die drei obersten Götter »und die großen Götter« repräsentieren das ganze Reichspantheon.

Nach dem vorliegenden Material scheint mir zulässig, anzunehmen, daß ein Pantheon großer Reichs- und Weltgötter zur Zeit Eannatums in Bildung begriffen, aber noch nicht abgeschlossen oder noch nicht politisch anerkannt war. Wie zur Zeit von Nippur steht Ellil an der Spitze; ihm folgt Ea; auch Nannar und Babbar gehören schon in der späteren Reihenfolge zu den Großen. Mit Lugalsaggisi sehen wir die spätere Reihenfolge der sechs Großen fertig werden oder anerkannt dastehen. Ellil ist hinter Anu geschoben, zu Mond und Sonne gesellt sich das dritte Gestirn.

Ein Gefühl für die Zahlenverhältnisse dieses Pantheons ist deutlich; die Sechs- und Zwölfzahl ist schwerlich Zufall; auch die zwei Dreiheiten könnten bewußt geschaffen sein; die erste Trias finden wir bei Rim-sin formelhaft gebraucht, die zweite bildet Naram-sin auf seinem Siegesdenkmal ab.

Der Unterschied von großen und kleinen Göttern wird durch die Formeln: »meine Könige« und »meine Herren und Herrinnen angedeutet; leider genügt das Material nicht, um bestimmt zu sagen, ob diese Unterscheidung erst seit der Entwicklung des Reichspantheons gemacht wird, und ob sie für Großkönige mit dem Unterschied von Weltgöttern und anderen Gottheiten zusammenfiel; für Statthalter wie Urbau und Gudea ist natürlich ihr Stadtgott ein »König«.

Eine Sechszahl von großen Reichs- und Weltgöttern bildet das erste Pantheon in Babylonien. Es ist das Ergebnis der kosmologischen und psychologischen Fortbildung lokaler Götter durch ihre Priesterschaften und einer Zusammenfassung und Ausgleichung ihrer Ansprüche untereinander.

Die sechs großen Götter teilen die Welt auf. Anu bekommt den Himmel, Ellil die Erde, Ea die Tiefe; Sin empfängt den Mond, Šamaš die Sonne, Ištar den Stern, dessen Verschwinden und Wiedererscheinen ihn zuerst als Gegenstück von Sonne und Mond erkennen ließ. So haben wir zwei Dreiheiten, eine allgemein kosmologische und eine astrale. Die erste Trias wird in enger Beziehung zur Lage der beiden Städte Ellils und Eas lokal vertieft; der Gott der Erde hat seine Stadt in der Mitte des Landes, wie die Erde mitten zwischen Himmel und Tiefe sich befindet; der Gott der Tiefe hat seine Stadt unten, an der Mündung der Ströme; also muß der des Himmels eine Stadt oben im Land bekommen, an den Bergen — so wird ihm Der zugeschrieben. Wissenschaftlich wichtiger, als die erste Trias muß von Anfang an die zweite, die Gestirndreiheit gewesen sein. Die erste entsteht gewissermaßen zufällig, weil sie so ungemein naheliegt; der Himmel als Ort der Gestirne ist den Gelehrten wichtig geworden, man fügt ihn dem älteren Weltbild an, das einen Herrn der Erde, Ellil, und einen Herrn der reinigenden Wasser kannte, und bekommt durch eine etwas kosmologischere Fassung der alten politischen und medizinischen Herrschaftsgebiete die drei Teile der Welt. Die zweite Trias dagegen ist eine große Entdeckung; hier sind drei Gestirne, die erscheinen und verschwinden, bewegte Götter, von deren Lebendigkeit und Ewigkeit sich jedermann überzeugen kann; der Blick richtet sich von der Ausbildung zeitloser Typen des Seins auf die Beobachtung der Bewegung; wichtiger als das ewig gleiche Offenbare wird das Wechselnde, das Geheimnisvolle, schwer Faßbare, Bewegung, Leben, Kausalität, Gesetz.

Man kann die ganze Entwicklung dieser Kosmologie so fassen, daß man als ihren Anfang, wie in Ägypten, die Erkenntnis ansieht, welch' ungeheure Bedeutung die Sonne für den Menschen hat. Wie der ägyptische Priester von der Sonne ausgeht und nun Himmel, Luft und Erde als Orte ihrer Wirksamkeit vergottet, anderseits den Mond als ihren Vezier schätzen lernt, so der babylonische. Nur ist er fortgeschrittener im Denken; er begnügt sich nicht mit einer vagen Konzeption, sondern arbeitetet weiter. Wo in Ägypten wissenschaftliche Schattengestalten bleiben, gewinnt er durch Verbindung seiner Konstruktion mit Ellil und Ea fest umrissene, lokal gebundene

Träger seiner Ideen. Wo in Ägypten Re Mittelpunkt bleibt, wird er durch logische Verfolgung des Grundgedankens in Babylonien in den Hintergrund gedrängt. Die Welt, der Himmel, muß vor der Sonne sein; nicht Re ist der Vater von Keb und Nut, sondern Anu der der Gestirne; denn die Sonne ist nur ein Gestirn von mehreren; der Mond, die Venus sind dem Gelehrten bald wichtiger als sie.

Die Welt der großen Götter ist, wie die Welt des Re, eine Welt des Diesseits. Wäre die Dreiteilung in Himmel, Erde und Tiefe nicht als Nebenergebnis vom gestirnten Himmel her erfolgt, so hätte unbedingt der dritte, unterirdische Teil das Totenreich werden müssen. Mit dem Blick zum Himmel, mit der Richtung auf ewige und himmlische Göttergestalten, sah der babylonische Philosoph nichts von den Toten, nichts von den Wünschen nach einer Fortexistenz. Der Gott der Tiefe ist nicht ein Totengott, sondern ein Naturgott, der Herr der Wasser der Tiefe, ein Poseidon, kein Hades.

Dabei konnte es nicht bleiben, wenn nicht die Entwicklung sehr schnell zu noch höheren Dingen fortschritt; da sie sich verlangsamte, kam es zu Kompromissen; die Totenwelt verlangte Berücksichtigung und erreichte sie, nicht ausdrücklich durch Aufnahme eines Totengottes unter die sechs, aber durch Erhebung toter Götter zu Anu, durch Astralisierung Unterirdischer und vor allem durch ein merkwürdiges Spiel mit dem Doppelwesen der Ištar.

Wäre die systematische Aufteilung der Welt nicht von einer Himmelsbeobachtung ausgegangen, sondern hätte der vorhandene Bestand einfach verarbeitet werden müssen, so wäre die Familienbildung und die Verteilung der Stände und Haupteigenschaften des Menschen unter die großen Sechs gewiß weiter gediehen. Den Gelehrten mit ihren astralen Interessen lag aber gar nichts an diesen alten Ansätzen; erst spätere Kleinarbeit hat hier große genealogische Listen geschaffen.

Die Familienbildung ist in den lokalen Theologien sehr weit gediehen, wie Ningirsu hat jeder lokale Gott Eltern, Frauen, Kinder, Hofstaat und Beamte. Aber die große Familie der Sechs, die alles zusammenhalten müßte, ist merkwürdig unentwickelt geblieben. Ursprünglich war Ellil der Vater der Götter; von ihm bleiben Nin-IB und Nannar Kinder. Dann sah es aus, als sollte Anu der Vater aller werden, wie Zeus es in Hellas ist; das schien aber aussichtsreicher, als es schließlich war. Der allgemeinen Bezeichnung nach ist Anu Vater aller; im einzelnen gelingt es nicht einmal, ihn unbestritten zum Vater aller Gestirne zu machen. Die einzige Innina ist seine liebe Tochter, namentlich in Uruk; aber gerade sie ist auch die Tochter Sins. Ellil hätte wohl einmal Anus Sohn werden sollen; tatsächlich ist er, wie Ea, immer gleichberechtigt neben ihm stehen geblieben.

Man half sich, indem man ältere Göttergenerationen vor Anu, Ellil, Ea hinaufrückte und die erste Dreiheit als Brüder und Ahnen der folgenden hinstellte; so kam äußerlich ein Stammbaum heraus. Innerlich durchzuarbeiten war er nicht; die Zeit der Mythen und Genealogien war vorbei; die Wissenschaft glaubte nicht mehr ernstlich an Vaterschaften; ihr genügte die mathematische Ordnung; wo ernstliche Versuche gemacht worden wären, hätte lokale Eifersucht hemmen müssen — der Vater ist Herr der Kinder.

Vaterschaft und Kindschaft, Eheherrlichkeit und Ehedienstbarkeit sind dem Gelehrten nur Bilder, durch die er ein Verhältnis zeitlicher Folge, begrifflicher Abhängigkeit (Kinder sind oft abgespaltene Seiten eines Bildes oder Wesens, so Mondphasen Kinder des Mondes, Recht und Billigkeit Kinder der Sonne) oder ein Stärkeverhältnis, politisch oder übertragen, zum Ausdruck bringt.

Zur Verteilung der Eigenschaften und Stände unter die Großen waren ebenfalls Ansätze vorhanden. Anu, Ellil sind Könige; Krieger ist Ellil, Richter Šamaš, Beschwörungspriester und Arzt ist Ea, Orakelpriester wieder Šamaš; alle Wissenschaft und alle Kunstfertigkeit hat in Ea ihren Patron; die Bauern haben ihre lokalen Erntegötter, die Frauen ihre jungfräuliche und mütterliche Schützerin. Aber auch hier ward nichts durchgeführt. Die Gelehrten interessierten sich gar nicht für diese Standesinteressen; soweit sie kindlich genug sich versorgen wollten, war das durch Herstellung der Beziehung zu Ea geschehen; die höheren Denker fühlten sich den Gestirngöttern verwandter als irdischen Standesgöttern. Die Könige und Krieger, die Bauern und Frauen waren ihnen gleich verächtlich; der Bürgerstand besaß noch keinen eigenen Gott. Soweit aber Standesinteressen außer Spiel blieben, ließ sich eine Verteilung der Haupteigenschaften unter die großen Götter nicht aufrecht erhalten; wohl war Ellil der Starke, Ea der Reine, Šamaš der Gerechte, Anu, Ea, Sin, Šamaš, Ištar jedes in seiner Art (als Regent, als Arzt, als Zeit- und Zahlenkenner, als Orakel- und Rechtskündiger, als Geburtshelferin) der Weise; aber all diese Eigenschaften wurden schnell Gemeingut der großen Gottheit überhaupt; sie waren zu wichtiger Besitz, um getrennt zu bleiben.

Dagegen ward eine systematische Beziehung der großen Götter wieder sehr sorgfältig ausgebaut, weil sie in engstem Zusammenhang mit der theoretischen und astralen Tendenz dieser ganzen religiösen Spekulation stand, die Beziehung der großen Sechs zur Welt der Zahlen.

In einer ältesten Zeit müssen die Grundzahlen des Dezimalsystems, namentlich die 5, als Fingerzahl, eine wichtige Rolle gespielt haben; nach 5er-Perioden wird gelegentlich der Mondlauf eingeteilt; 50 ist die Zahl des ersten Reichsgottes Ellil; 7 und 9 werden als 5 plus 2, bzw. 5 plus 4 gefaßt. Gesamtzahl wäre dann einmal 50 gewesen; der Tempel E-ninnu in Lagaš wäre als »Haus der 50« das »Haus der Gesamtheit«, aller Namen, aller Macht, aller Götter.

Das Dezimalsystem wird wissenschaftlich abgelöst von einem Duodezimalsystem, das hier, wie überall, mit dem Jahreslauf der Sonne zusammenhängt. Das Jahr hat in Babylonien einmal 360 Tage gehabt, eingeteilt in 12 Monate zu 30 Tagen, wie in Ägypten; aber diese bequeme und ungenaue Einteilung hat sich nicht behaupten können, wie sie das in Ägypten tat; sie ist weiter ins einzelne ausgeführt worden und hat schließlich ihre eigenen ersten Ansätze als unzulänglich überwunden. An die alte Zeit erinnert später noch die Mondzahl 30. Der Monat scheint in 6 Perioden zu 5 Tagen zerfallen zu sein. Jeder Tag hat 12 Doppelstunden, 6 bei Tag und 6 bei Nacht, oder 6 Hauptzeiten, 3 Tag»wachen«, wenn man so sagen darf, und 3 Nachtwachen. Die Grundzahl dieses Systems ist 6 bzw. 60, wie 5 bzw. 50 das dezimale System charakterisierten.

Sechs große Götter beherrschen die Welt. Jeder von ihnen hat einen Weltteil oder eines der drei großen Gestirne. Jeder hat eine Zahl; der erste, Anu, der Himmel, als Ort aller astralen Götter und aller sexagesimalen Rechnung, hat die höchste, die neue Gesamtzahl, die Hauptzahl der Weltordnung, des babylonischen Kosmos, die 60 und rückt damit über den alten Ellil hinauf. Ellil fügt sich mit seiner alten Zahl 50 an. Ea bekommt als herkömmlich Nächster nach Ellil 40. Das ergibt für Sin ganz natürlich die alte Mondzahl 30. Die Sonne muß sich mit 20 begnügen; eigentlich hätte sie gerechterweise 360 oder die Gesamtzahl haben sollen; sie war aber längst von der Wissenschaft, der sie die ersten Anregungen gegeben, zurückgedrängt worden; die Sonnenrechnung war durch die exaktere Mondrechnung verdrängt, Laienrechnung geworden, die Jahreskreisrechnung einfache Kreisrechnung, Himmelsmathematik. Die letzte große Gottheit, Innina-Ištar, hat nicht die 10, wie man erwarten sollte, sondern die 15 erhalten; wie das zusammenhängt, ist nicht sicher auszumachen; vielleicht spielt das reine Verhältnis 60:30:15, Anu als Vater, Sin als erster Stern, Ištar als zweiter Stern und kleines Abbild des Mondes (nicht der Mondphasen) eine Rolle bei diesem Ansatz für die drei wichtigsten Götter der gelehrten Spekulation; vielleicht glaubte man irgendeine Beziehung des Erscheinens und Verschwindens der Ištar zum halben Monat zu erkennen; dazu kamen dann Rücksichten auf die Zahlenspekulationen, die sich mit der andern, irdischen Ištar beschäftigten.

Im ganzen ergab sich bei der Übertragung der Sechszahl auf die Weltgötter nicht nur die Möglichkeit, alle Großen unterzubringen, und eine glatte und schöne Unterteilung in zwei Triaden, sondern auch eine Rechtfertigung der Reihenfolge der Großen durch die Verbindung mit den Zehnern von 60 –20 bzw. 15, die zahlenmäßig Alter, genealogische Stellung, Macht und andere Verhältnisse der großen Götter ausdrückte.

Die Sechs sind das All, wie die Sechszahl die Kreiszahl, das schlechthin Vollständige und Vollkommene darstellt. Die gelehrten Philosophen wären mit diesem Kosmos völlig zufrieden gewesen; ihre Welt war restlos eingearbeitet in das System, geordnet und schön, überirdisch und ewig.

Aber diese Welt der ewigen Schönheit war nur ganz wenigen verständlich; sie hatte schon Ellil und Ea aus älteren Zeiten übernehmen müssen; sie mußte noch einen Kompromiß schließen, der alte Lehren wieder wissenschaftlich zur Geltung brachte. Wie in Ägypten zwischen der Naturreligion des Re und der Totenreligion des Osiris ein Kompromiß zustande kam, nachdem beide sich zunächst ablehnend gegen einander verhalten hatten, so mußte die astral-kosmologische Spekulation in Babylonien eine Verbindung mit der spekulativen Totenreligion eingehen; in Ägypten ist die Versöhnung auf dem Fuß der Gleichberechtigung erfolgt; in Babylonien ordnen sich die Elemente der Totenreligion der Naturreligion ein; in Ägypten tritt die Osirisfamilie in die Familie des Re ein; in Babylonien verbinden sich Zahlenspekulationen aus beiden Kreisen. Die Vereinigung erfolgte offenbar in Uruk, das ja einen alten Totenkult und einen neuen Astralkult ersten Ranges besaß; in Ištar, der irdischen und unterirdischen einerseits und der himmlischen andererseits, berührten sich beide Kreise.

Die Zahl des Totenkults von Uruk ist die 7. Uruk wird einmal geradezu dieser Zahl gleichgesetzt; es ist ausführlicher die Stadt der 7 Räume mit 7 Seiten und 7 Decken; »E-gipar-VII«, »Haus der 7 bedeckten Räume« heißt sein Stufenturm im Haupttempel. Die Beziehung zur Unterwelt ist vollkommen klar; die Totenwelt ist in Mythen und Beschwörungen überall das Reich der 7-Zahl. 7 Tore hat die Unterwelt — an jedem gibt Ištar ein Gewandstück ab, an jedem stellt Nergal zwei seiner 14 Helfer auf; 7 oder zweimal 7 Riegel hat die Erde. 7 Namen hat die Ištar, 7 Gewandteile und 7 Buhlen. 7 ist die Bann-, Sünden- und Sühnezahl; in allen Beschwörungen und Verfluchungen findet sich die 7; »sich besiebenen« ist im alten Testament »schwören«, d. h. sich im Fall des Eidbruchs den Unterirdischen weihen. Der 7. Tag ist den Unheimlichen geweiht; am 7., 14., 19. (30 plus 19 ist 49, 7 mal 7), 21. und 28. Tage ist in assyrischer Zeit alle Vorsicht geboten.

Wie die 7 dazu kommt, gerade Totenzahl zu werden, läßt sich aus ihrem mathematischen Charakter einigermaßen verstehen. Sie ist die unbequeme Zahl für jedes höhere Rechnen; dabei hat sie merkwürdige Beziehungen zu den niederen Zahlen; in Mutiplikations- und Divisionstafeln ägyptischen Stils ist 7 die Summe der drei ersten Glieder (1, 2, 4); sie ist sumerisch »imina«, »ia« und »min«, 5 und 2. Vor allem aber ist sie die Ausnahmezahl im Sexagesimalsystem; wenn 6 und 12 bequem zu teilen und zu zerlegen sind, voll freundschaftlicher Beziehungen zu allen andern Zahlen, bei 30 und 60 sogar zur 5 und 10, so ist 7 der Störenfried, die isolierte und unverträgliche Zahl, die Ausnahme von jeder Regel und Ordnung; wenn 60 die Welt umfaßt — die 7 umfaßt es nicht mit; wenn 6 das All, das Vollkommene ist — 7 ist eins mehr, der Hochmut, das Unvollkommene, das aller Vollkommenheit zum Trotz besteht und sich gar nicht beugt. Wenn die 7 noch nicht Toten- und Unglückszahl war, als das Sexagesimalsystem eingeführt wurde, so mußte sie jetzt bedeutend werden. Die Analogie liegt ja so nahe; in der ewigen Welt der Welt- und Himmelsgötter, in der reinen Atmosphäre höchster Spekulation sind die alten finsteren Totengötter, die Erzeugnisse eines dumpfen Angstglaubens der Väter, die Störenfriede, das Gemeine, Unwissenschaftliche; aber dies Gemeine hat Macht, es ist nicht wegzuleugnen; nicht nur die Massen hängen ihm an, auch der Gelehrte muß heraus aus seiner hohen Sphäre; der Tod ist das Ende seines Schauens, der Tod ist die Ausnahme in dieser Welt der Schönheit und Ordnung, das ganz Dumme und Regelwidrige; und nicht nur der Tod gehört hierher, auch die Krankheit, das Elend, die den Weisen zum Toren machen. Das sind die Siebenen in der gesetzlichen Welt der Sechszahl; wie das Epos der jüngeren Zeit im Gilgameš, im Adapa, vielleicht auch im Etana, am Leben herumrätselt, so tut es die Wissenschaft; die Sünde erklärt viel Leiden — aber der Tod und das unverdiente Leiden sind in den Epen, wie im wissenschaftlichen Kosmos immer die 7 im Sexagesimalsystem, unleugbare Tatsachen ohne Erklärung, mit denen man sich abfinden muß.

Dies Abfinden erklärt nun die weitere Rolle der Siebenzahl in Wissenschaft und Leben. Aus Dingen, die nicht zu ändern sind, muß man das beste machen; das ist eine praktische Regel, die überall gilt und sehr früh begriffen wird; ist die 7 gefährlich, so heißt es vorsichtig sein, sie ungefährlich machen, ihr Wohlwollen zu gewinnen.

6 ist das Gute, die überschießende 1 macht es zur bösen 7. Allem Bösen begegnet man mit derselben 7, die es hervorgebracht; man muß es, um Gleiches mit gleichem zu schlagen, und man gewöhnt sich schließlich so daran, daß man den Grund des Verfahrens vergißt; die Unglückszahl wird Heil- und Sühnezahl; vergiftet der Dämon oder die Hexe ihr Opfer in diesem Zeichen, so heilt nun der Priester in demselben.

Die überschießende 7 ist mehr als die vollkommene 6, stärker als sie, indem sie ihre Vollkommenheit bricht, vollständiger als sie, denn sie ist immer eins mehr. Wer alle Feinde zwingen will, muß ein Übriges tun, er muß alle bedenken und dann bedenken, daß er einen vergessen haben könnte und auch ihn berücksichtigen; Vorsichtige machen es ebenso, wo es gilt, Freunde zu gewinnen. So bleibt die vollkommene Zahl 6, 60 oder ihre Vielfachen, wissenschaftlich die schöne, große und runde Zahl; aber die böse 7 wird die übliche Gesamtzahl. Ihre Anwendung wird formelhaft als »Gesamtheit«; gedankenlos steht sie für »Fülle«, »All«. Statt 3 oder 4 Richtungen, Stützen usw. hat die Welt nun 7 Räume (Stufen an den Weltbergtürmen), 7 Länder und Meere, 7 Stützen und Windrichtungen; 7 Fußfälle sind eine Briefformel, 7 Anrufungen, Wiederholungen, Bitten machen ein Ganzes in Gebeten und Hymnen; 7 Zweige oder 7 Palmetten zu 7 Zweigen machen den Lebensbaum (alttest. 70 als Lebenszahl); die 7 wird ein einfaches Listenprinzip, das nicht nur an den Stufentürmen, sondern auch in assyrischen Sternlisten eine Bedeutung hat.

Wenn nun neben Uruk auch Kiš und Babel gleich 7 gesetzt werden, so ist das wohl verständlich; Kiš ist seinem Namen nach »Fülle«; Babel ist die Weltstadt, Mittelpunkt der Welt, selbst das All.

Die Rückwirkung dieser Entwicklung auf das Pantheon der sechs großen Götter konnte nicht ausbleiben. Wir können sie in mehreren Tatsachen beobachten. Aus den sechs großen Göttern werden sieben, indem ganz unwissenschaftlich, aber selbst in wissenschaftlichen Listen, Adad, ein Gewittergott eingeschoben wird, ein Krieger in Ellils Art, der weder in die astralen und kosmologischen, noch in die sozialen Anschauungen der Gelehrten paßte. Meist tritt er ans Ende der zweiten Trias, an die Stelle der Ištar, seltener folgt er ihr als siebenter. An Ištars Stelle zerreißt er natürlich die Einheit der Gestirntrias. Man hat angenommen, daß er als Mann der schwachen Frau vorhergehen sollte; viel wahrscheinlicher scheint mir, daß Ištar die siebente ward, weil sie eben die Beziehung zur 7 von Uruk her hatte. Die Totengöttin geht der himmlischen ins Gehege; als himmlische Macht ist sie die sechste, als Unterirdische die Ausnahme, die böse Sieben.

Der Konflikt, der hier hereinspielt, ist auch sonst sichtbar; wenn die himmlische Ištar die Zahl 15, nicht 7 oder 10 bekommt, so ist das 1 mehr als 7 und 7, die gesteigerte 7 des Totengottes Nergal. Wenn sie mit ihren 7 guten Namen die 7 bösen Namen der Dämonin Labarthu aufhebt oder wenn 7 gute Geister gegen die 7 bösen (die Sibitti) aufgerufen werden, so haben wir eine Scheidung der alten Ištar in zwei moralisch polare Teile; die himmlische kann nur gut sein, aber sie ist noch immer die 7-Göttin.

Die 7 als Totenzahl soll den Unterirdischen bleiben; als Heils- und Sühnezahl nimmt sie die himmlische Ištar gern mit neben ihrer 15.

Die Entwicklung der Siebenzahl zur Gesamtzahl muß früh erfolgt sein, gleichzeitig mit der Durchsetzung des astralen Pantheons oder wenig später. Dem entspricht, daß wir bei den älteren Königen von Lagaš allerlei Anspielungen auf ein Duodezimalsystem finden (Eannatums Feinde sind 3600, Urukagina wohnt unter 36 000), aber erst bei Gudea die 7 ein Rolle als Gesamtzahl zu spielen scheint; der Stufenturm, den er errichtet, heißt »Haus der 7 Welträume«, war also wohl auch siebenteilig; die Waffe Ningirsus »Šargas«, die alles niederschlägt, hat 7 Augen.

Neben der 6 und 7 und ihren Vielfachen treten andere Zahlenspekulationen sehr zurück; vielleicht läßt sich im Lauf der Entwicklung eine Tendenz zur 12 zu kommen (der dann die 13 als überschießende Zahl entsprechen müßte) da und dort, besonders in den Epen beobachten; das Schöpfungsepos hat noch 7 Tafeln, 6 und 1 mit Namen Marduks; das Gilgamešepos in seiner vollendeten Gestalt hat 12; ein Vergleich mit dem älteren Fragment zeigt, daß alte 7er-Fristen durch 12er-Fristen ersetzt worden sind. Zu einer Verdrängung des alten Systems ist es aber nicht gekommen; namentlich konnte die 13 die 7 nicht ersetzen, da deren Bedeutung nicht nur in ihren mathematischen Eigenschaften, sondern vor allem in ihrer Beziehung zur Ištar wurzelte. —

Ich halte demnach folgende Entwicklung der Religion in Urzeit und erster geschichtlicher Zeit Babyloniens für wahrscheinlich.

Am Anfang steht eine rohe Religion der Eroberer und Kolonisten, deren einfachsten, praktischen Bedürfnissen entwachsen; starke Schützer und Krieger, fruchtbare Spender guter Ernten müssen die Götter sein; der Reichs- und Königsgott in Nippur wird sich kaum viel anders, als quantitativ von den lokalen Fetischen unterschieden haben.

Die Entwicklung eines geschlossenen, friedlichen Staatswesens muß Ellil zum menschlich gedachten, starken aber wohlwollenden König gemacht haben. Aus der Reihe der ununterschiedenen Lokalgötter erhoben sich einzelne durch die wissenschaftliche Spekulation ihrer Priesterschaften; neben dem politischen Einfluß und dem nächsten praktischen Bedürfnis der Gemeinden werden Natur- und Kulturbeziehungen allgemeiner Art im Wesen der Götter wichtig. An die Seite des ersten Weltgottes, der die Welt erobert hat, treten weitere Weltgötter durch kosmologische und humane Überlegungen.

Die Bedeutung für die Menschheit macht den Weisen und Arzt Ea von Eridu und die Vegetations- und Totengöttin Innina-Ištar von Uruk zu großen Göttern.

Die Naturbeziehung erhebt den Sonnengott Babbar-Šamaš von Larsa und den Mondgott Nannar-Sin von Ur neben sie.

Wie den ersten beiden die Naturbeziehung nicht fehlt, so fehlt den beiden letzten nicht die humane Tendenz.

Der Sonnengott muß zur Zeit seiner Entstehung besonders wichtig gewesen sein, weil er die Astralisierung des Pantheons einleitete; unsterbliche, lebendig wirkende Naturgötter, Himmelsgötter, Götter mit Zahl- und Zeitbeziehungen, gibt es erst von da an. Die Spekulation auf Teilung der Welt setzt ein. Nicht weniger bedeutsam muß seine unegoistische Gerechtigkeit nachgewirkt haben.

Die vielerlei Anregungen, die der Sonnenkult gab, kamen aber zuletzt dem Sonnengott selbst nicht zugute. Die Astralisierung brachte ein rein spekulatives Wesen, den Himmelsgott Anu, an die Spitze des Pantheons; die Beziehung zur Zeitrechnung führte einerseits weiter zur sexagesimalen Rechnung, die von der Sonne gelöst, einfache Himmelsmathematik wurde, anderseits zur genaueren wissenschaftlichen Mondrechnung, die den Mondgott wichtiger als den Sonnengott erscheinen ließ. Zugleich wurde die Gestirnbeobachtung bei Nacht als wissenschaftliche Aufgabe eifrig erfaßt.

So blieb dem Sonnengott fast nur seine humane Bedeutung, als Orakelgott und Richter.

Die Vegetations- und Totengottheit ward unter der allgemeinen Neigung zur Astralisation wenigstens mit einer Seite astralisiert und mit der Venus identifiziert.

Der Abschluß der ganzen Bewegung ist die Zusammenfassung des Ergebnisses in einem Pantheon der großen Götter. Dabei findet natürlich ein Kompromiß zwischen dem alten religiösen Bestand und den neuen Spekulationen statt; Ellil und Ea werden Weltgötter in kosmologischem Sinn; die irdische Ištar der Toten bringt ihre Unglückszahl in das himmlische Pantheon mit. Im ganzen aber überwiegt das wissenschaftliche Interesse an einer himmlischen Götterwelt und führt auch weiterhin zu astraler Fortbildung. Die primitiven Beziehungen der großen Götter, Genealogie und Ständevertretung, sind deutlich vernachlässigt; die höheren, kosmische und Zahlbeziehungen sind durchgebildet.

Neben den großen Göttern stehen alle übrigen als Masse, in den beiden Gruppen der Anunnakki und Igigi. Die Anunnakki könnten ursprünglicher sein; sie sind in das Sexagesimalsystem eingegangen, 600 irdische und 300 himmlische Wesen[1]; als Ernte- und Totengötter (sie haben mit Totengericht und Lebenswasser zu tun) könnten sie wohl die Gesamtheit aller lokalen Fruchtbarkeitsspender im wissenschaftlichen Pantheon gewesen sein, später durch himmlische Wesen (Sterne?) verstärkt; eine Beziehung zu Anu wird erst sekundär hergestellt. Die Igigi kennzeichnen sich durch ihre Beziehung zu Anu und zur 7 als Gesamtzahl als jüngere astrale Wesen; man kann an eine Verkörperung der zwei ganz großen und der fünf planetischen Gestirne bei 2 plus 5 denken oder eben an die Sterne insgesamt. Wenn auf Grenzsteinen und andern Denkmälern zu den andern Symbolen 7 Kugeln gefügt werden, so möchte ich sie nicht als die »böse Sieben«, sondern als die Gesamtheit der übrigen Götter deuten.

Der erste Abschluß dieses Pantheons muß in frühgeschichtliche Zeit fallen; Lugalsaggisi-Gudea bezeichnen etwa den Zeitraum.

Wie viel bedeutsamer die Gestirngötter waren als die Weltgötter der ersten Trias, das zeigt nicht nur ihre Bevorzugung durch Naramsin, der nur Gestirne auf seinem Denkmal anbringen läßt, nicht nur das formelhafte Absterben der ersten Trias, das zu Rimsins Zeit Tatsache ist, sondern vor allem die Einführung semitischer Namen für Babbar, Nannar und Innina; Anu, Ellil und Ea bleiben unverändert Sumerer.

Leider gestattet die Überlieferung unseres Materials zum historischen Weltbild der Religion in der entsprechenden Zeit keine sicheren Schlüsse auf seine Ausbildung. Wir werden annehmen müssen, daß es, wie das Pantheon ziemlich weit entwickelt vorlag; ob es freilich bei seinem mythischen und anthropomorphen Charakter bei den Gelehrten, die das astrale, zeitlos ewige Weltbild gestalteten, besonderes Interesse fand, muß sehr fraglich sein. Ein erster Abschluß wird wohl auch hier vorgenommen worden sein, bevor Babylon Hauptstadt ward; die systematischen Ansätze der Spätzeit werden aber kaum alle vorhanden gewesen sein. —

Von besonderem Interesse ist die auffallende Verwandtschaft des ältesten Bestandes sumerischer Gottheiten mit den Hauptgöttern des kretischen Kulturkreises; wenn Ellil wirklich einmal ein Stier war, muß er dem kretischen Stiergott, den außer dem Hörnersymbol auch die Götterwaffe, hier eine Doppelaxt, charakterisiert, sehr ähn-

[1] Anderwärts 200 Igigi und 600 Anunnakki.

lich gewesen sein; die heilige Hochzeit des Stiers mit einer Vegetationsgottheit (Ellil in Tammusgestalt und eine Ištar) haben uns hellenisch-kretische Mythen bewahrt; eine Vegetationsgottheit, die zugleich Geschlechtsgottheit und vielleicht Totengöttin ist, haben wir in kretischen und ägäischen Denkmälern und in hellenischen Mythen erhalten; der Berggöttin des Westens könnte »Nin-charsag« entsprechen. Da Sturmgötter in Ellils Art und allerlei Ištargestalten von Babylonien bis zu den Inseln überall gefunden werden, da wir weiter wissen, daß babylonische Wissenschaft in historischer Zeit zu allen Nachbarvölkern gewandert ist, so muß man eine urzeitliche Übertragung altsumerischen Kulturgutes nach Kleinasien und Kreta erwägen. Anderseits käme die Möglichkeit in Betracht, daß der »Libysche« Faktor der ersten ägyptischen Mischung, die Kreter und die Sumerer urverwandt gewesen wären und einer Welle angehört hätten, die aus dem Norden gekommen wäre und, wie später die indogermanische, gleichzeitig in Ägypten und Babylonien angebrandet wäre. Entscheiden läßt sich da nichts; die gemeinsamen Elemente der sumerischen und kretischen Religion sind schließlich so allgemein, daß sie auch ohne Verwandtschaft und Kulturübertragung an beiden Orten selbständig entstanden sein könnten. —

Der erste Abschluß des wissenschaftlichen Pantheons in seiner späteren Gestalt muß in der Epoche der Dynastie von Ur oder wenig nachher erfolgt sein. Die erste babylonische Dynastie findet fertige Verhältnisse vor und baut ihre Neuerungen in das geltende Alte ein.

Die wichtigste davon ist die Einführung des Stadtgottes der neuen Hauptstadt Babylon in die Reihe der großen Götter. An sich ist das nichts anderes, als eine von den vielen früheren Erhöhungen eines lokalen Gottes unter die Weltgötter; Ellil, Samama von Kiš, Ningirsu von Lagaš sind so große Götter geworden; die Stadtgötter von Uruk, Ur, Larsa sind vielleicht als anerkannte Weltgötter zu Göttern einer Reichshauptstadt geworden, aber dann infolge der politischen Bedeutung der jeweiligen Hauptstadt unter den Großen außerordentlich geehrt worden, so lange das Primat ihrer Stadt dauerte. Marduk hatte von vornherein nicht mehr Aussichten auf ewige Dauer seines Primats als die andern; wie dem Gott von Kiš oder Lagaš drohte ihm ein Zurücksinken in die zweite Reihe nach kurzem Glanz; die großen Sechs nahmen niemand mehr in ihre Reihe auf. In der Tat ist er nicht an die Spitze des

14*

wissenschaftlichen Pantheons getreten, etwa an Anus, Ellils oder Eas Platz; nur als Sohn Eas, als erstes Glied seiner Familie rangiert er in den Listen. Trotzdem hat Marduk und in der Folge auch sein Sohn Nabu die großen Sechs dauernd überstrahlt; zunächst, weil Babylon die Stellung der Reichshauptstadt behauptete, obgleich es politisch zeitweise jede Bedeutung verlor; das semitische Babylonien hatte hier seinen Mittelpunkt gefunden; dann weil Marduk in einer sorgfältigen Theologie zum rechtmäßigen Erben der alten sumerischen Trias gemacht war; endlich weil er das Beste von der wissenschaftlichen Weiterbildung der Religion und der sozialen Weiterentwicklung des Landes als jüngster großer Gott und als Gott der Hauptstadt in sich aufnehmen konnte. Seine ganze Stellung verdankt er der ersten babylonischen Dynastie und, soviel wir sehen können, namentlich ihrem größten Herrscher Chammurabi. So rechtfertigt sich die Abgrenzung einer Epoche Chammurabis auch in der Religionsgeschichte nicht nur durch unser zufälliges Material, sondern auch dadurch, daß in der Tat etwas Neues beginnt; an das alte sumerische Pantheon gliedert sich ein neuer Trieb an, politisch äußerlich zuerst, dann wissenschaftlich organisch; das spätere Babylonien ist religiös das Land Marduks und Nabus, das Land semitischer Götter mit sumerischer Kirchensprache, das Land der entwickelten Astralreligion und der priesterlich-bürgerlichen Demokratie. Zu allem Neuen waren die Keime sumerisch; die Entwicklung der ersten religiösen Epoche ist unvergleichlich schneller vorwärts gegangen und reicher an Gedanken gewesen, als die der Chammurabizeit und der späteren Epochen; ein Umbau und ein systematischer Ausbau kann die Arbeit der Oberschichten in dieser Spätzeit scheinen, statt eines kühnen Neubaues; die Ausbreitung älterer Ergebnisse in breitere Schichten ist wichtiger als der eigentliche Fortschritt; schließlich ist aber alles anders geworden, als es in der ersten Epoche war.

Die Erhöhung Babylons und seines Hauptgottes hat in Ägypten ihr Gegenstück in der Erhöhung Thebens und seines Gottes Amon, die mit der ersten thebanischen (11.) Dynastie beginnt, fast gleichzeitig mit der Babels, aber erst im neuen Reich vollendet wird. Auch Amon ist nichts als ein lokaler, bedeutungsloser Schattengott, bis ihm, als dem emporgekommenen Herrscher, seine Könige und Priester die Herrschertracht des Weltgottes aus dem Ornat der großen Götter zurechtschneidern. Die Art dieser Ausstattung aus dem Besitz anderer charakterisiert aber wieder den Unterschied in der Entwicklung Babyloniens und Ägyptens. Amon nimmt gewaltsam, was ihm paßt; er wird einfach Amon-Re; Marduk legitimiert seine Annexionen durch rechtliche Formen; an Stelle der Identifikationen tritt die Einarbeitung in das Pantheon der Großen; wir sind im Rechtsstaat und in einer verteilten Welt. Amon entwickelt sich nach der ersten Ausstattung aus eigener Kraft wenig weiter; Marduk wird zur ziemlich umrissenen Persönlichkeit neben den alten Göttern, die er geplündert.

Babylon war bis auf die Zeit der ersten babylonischen Dynastie eine Provinzstadt; ein Datum aus der Zeit Šarganišarris beweist ihre Existenz; großes Eigenleben scheint sie nicht gehabt zu haben, sonst hätten die Grabungen erheblichere Reste aus der Zeit vor der ersten babylonischen Dynastie liefern müssen. Wichtiger war vielleicht die Schwesterstadt Borsippa in sumerischer Zeit.

Die erste babylonische Dynastie stammt aus Sippar. Wie Lugalsaggisi seine Residenz von Gišchu nach Uruk verlegte, so schob sie den Sitz ihrer Herrschaft nach Babylon; wenn aber für Lugalsaggisi religiöse Gründe, die Bedeutung Uruks als Stadt der Ištar, maßgebend oder mitbestimmend gewesen sein werden, so scheinen für die erste babylonische Dynastie nur politische Gründe den Ausschlag gegeben zu haben; spielte ein religiöser Grund mit, so kann es nicht die Bedeutung, sondern nur die Bedeutungslosigkeit des Lokalkults von Babel gewesen sein; die Stadt und ihr Gott waren ganz unkompromittiert, Sumerern und Semiten gleichgültig.

Anfangs werden wohl die Götter von Agade-Sippar neben Marduk noch eine besondere Stelle gehabt haben, wie Nisaba neben Anu und Ištar; zur Zeit Chammurabis ist davon keine Rede mehr; Šamaš von Sippar erhält kein bißchen mehr Ehre, als ihm von alters als Weltgott und Gott der Gerechtigkeit zukommt, und die Anunit von Agade steht in der großen Einleitung zu Chammurabis Gesetz ganz am Ende der Götterliste, bei westsemitischen Kriegsgöttern und bei den Stadtgöttern von Aššur und Ninive.

Marduk führt einen semitischen Namen, der späteren Erklärern aus dem Sumerischen viel Mühe gemacht zu haben scheint; man einigte sich auf »Amar-utu«, »Junges (Kalb) der Sonne«, vielleicht nicht ohne Rücksicht auf die Herkunft der ersten babylonischen Dynastie aus Sippar. Auch Marduks Gattin, Sarpanitu, »die Glänzende«, ist semitisch benannt. Beider Sohn ist später Nabu, der Vezier, der

Gott von Borsippa; ob er schon zur Zeit der ersten babylonischen Dynastie Marduks Sohn war, ist zweifelhaft.

Der Marduktempel heißt »Esagil«, »hohes Haus«, sein Stufenturm »Etemenanki«, »Haus des Fundamentes von Himmel und Erde«; beide Namen werden wohl erst der Zeit des Anstiegs angehören, als Babel »Gottestor« Mittelpunkt der Welt werden, sein Tempel das höchste Haus, sein Berg der Weltberg, die Verbindung von Himmel und Erde sein sollte.

Der ursprüngliche Lokalgott Marduk war wohl, wie alle bedeutenderen Götter babylonischer Städte, menschlich gestaltet, seinem Wesen nach ein Ernte- und Bodengott, vielleicht auch schon solar gefaßt. Wie alle lokalen Götter war er im Besitz einer Familie und eines Gefolges und hat alljährlich Geburtstag, Hochzeit, Todes- und Auferstehungstag gefeiert. Sein Neujahrsfest, »das Fest seines Aufstehens« im Nisan, ist das wichtigste Reichsfest geworden.

»Anu, der Erhabene, der König der Anunnakki, und Ellil, der Herr von Himmel und Erde, welcher das Schicksal des Landes festsetzt, haben Marduk, dem Herrschersohne Eas, die Herrschaft über die Menschen zugeteilt, ihn unter den Igigi groß gemacht, Babel mit seinem hehren Namen genannt, es auf Erden groß gemacht, in ihm ein ewiges Königtum, dessen Grundlagen wie Himmel und Erde festgelegt sind, begründet.« Diese Einleitungsworte von Chammurabis Gesetzbuch geben die offizielle Fassung der Tatsache des Übergangs aller Macht aller Götter und Städte auf Marduk und Babylon. Die ältere Göttergeneration, die abgestorbene sumerische Trias, hat dem jüngeren Gott und seiner Stadt freiwillig all ihre Macht übergeben.

Ein Dokument desselben Inhalts haben die Priester des Marduktempels aus der alten Schöpfungsmythe gemacht; auch hier kommt es zur feierlichen Übertragung aller göttlichen Macht auf Marduk, der an Ellils Stelle als Tiamatbesieger getreten ist; die Götterversammlung, alle Götter von den Ahnen der Trias bis zu den kleinsten herunter, dazu nochmals ausdrücklich Ea, nehmen hier im Mythus und seinem hymnischen Anhang dieselbe Zession an Marduk vor, die das Gesetzbuch den drei Weltregenten Anu, Ellil, Ea zuschreibt.

Durch das Recht des Schwertes, wie der älteste Ellil, durch feierliche Übertragung der Macht durch eine Götterversammlung, wie vielleicht Ellil im aufgelösten sumerischen Staat, durch Rechtsakt der drei Weltregenten, durch Erbrecht des Sohnes, durch Mythus und Rechtsgeschäfte, ist Marduk als Herr der Welt eingesetzt.

Aus dem Wesen der drei Götter der ersten Trias hat sich Marduk alles genommen, was zu seiner Zeit noch das Nehmen lohnte; die Trias, schon bei Rimsin, dem Zeitgenossen Chammurabis, formelhaft, mußte durch diese gründliche Beerbung nach der ersten babylonischen Dynastie schnell ganz verblassen; sie war ausgesogen und ersetzt.

Von Anu war nicht viel zu holen, der hatte ja selbst sein Wesen zusammengeborgt; der König der Annunakki und Igigi, der Vater der Götter und Menschen, verleiht Marduk den einzigen Rechtstitel, den er verleihen kann und der auf Erden Wert hat, indem er ihn, mit Ellil zusammen, beruft.

Ellil konnte mehr geben und ward so gründlich ausgeplündert, wie nie zuvor. Als ältester Herr von Himmel und Erde, als Schicksalsbestimmer und Urkönig der Welt ist er der einzige, der ganz legitim einen neuen Weltherrscher einsetzen kann; so sichert Chammurabi seinem Gott diesen Rechtstitel. Daß es sich um einen Gewaltakt handelte, zeigt Marduks Bild in Darstellungen der Bild- und Dichtkunst. Marduk ist überall einfach in Ellils Stelle eingetreten, wo ihm das der Mühe wert schien. Andere Lokalgötter haben sich wahrscheinlich ebenso mit Ellil abgefunden; Marduks Plünderung war aber eben definitiv; der Schöpfungsmyth in seiner babylonisch-lokalen Umdichtung ist in die klassische Literatur der Babylonier eingegangen; der Stier und der Drache Ellils sind Marduks Symbole geworden; der Herr schlechthin, »Bel« (Ellils Zeichen als Appellativum), wird (später wenigstens) »Marduk« verstanden.

Marduk hat Ellils politische Stellung geerbt, die Alleinherrschaft im straff zentralisierten Staat, die Ellil vielleicht im Reich von Nippur beansprucht hatte; er ist der Schicksalsbestimmer; der Stier, der Drache, der Löwe, die große Waffe (nun allerdings ein Speer), die Schicksalstafeln sind sein Eigentum:

In den Mythen tritt er ein, wo es sich darum handelt, das Weltall von Ungeheuern zu befreien; vor allem übernimmt er den Kampf gegen Tiamat, weiter aber auch den gegen den Lab-bu u. a.

Fast noch bezeichnender ist, was er *nicht* von Ellil übernimmt. Er überläßt ihm gern die Flutsage, wo er als grimmer und unbesonnener Tyrann erscheint; das ist ihm zu barbarisch; der Held unter den Göttern, der Retter der Weltordnung will er sein, aber nicht der rohe Schlagtot. Natürlich gönnt er ihm auch Mythen, die ihn lächerlich machen, wie die vom Raub der Schicksalstafeln, wenn nicht auch hier Marduk als Retter lokal-babylonisch eingeführt war.

Die Milderung der Waffe der Sturm- und Blitzgottheit gehört auch hier her; der Speer Marduks mit seiner Quaste ist eine gebildete Waffe; Blitz und Sturm mag Adad annehmen; die Flut kann nur Segensflut sein.

Es hat den Anschein, als hätte Marduk auch die Zahl Ellils, die 50, übernehmen sollen; wenigstens führt er im Schöpfungsmyth 50 große Namen als Inbegriff aller Macht. Wenn er hier nicht einfach statt Ellil eingesetzt ist, sondern eine tiefere Absicht zugrunde lag, so ist diese Übertragung nicht gelungen. Die Wissenschaft sah ihr System gefährdet und leistete erfolgreich Widerstand, weil es sich um eine theoretische Frage handelte. Marduk hat sich, wie mit einem bescheidenen Platz in den Götterlisten, mit einer bescheidenen Zahl begnügen müssen, die beweist, daß er als Spätling kam, als die Welt vergeben war; nach allen großen Göttern, selbst nach Nergal, rangiert er in der Zahlenreihe; die 11, eben 1 mehr als die 10, kommt auf ihn; nur zwei stehen hinter ihm, Nusku, der Feuergott, mit der 10 und Adad, der Sturmgott, den Gelehrten als westsemitischer Eindringling und als Krieger gleich verhaßt, mit der 6.

Daß die Einsetzung Marduks an Ellils Stelle auf starken Widerstand stieß, ist natürlich; lang nach der ersten babylonischen Dynastie regen sich noch Bestrebungen, Nippur wieder gegen Babel auszuspielen. Chammurabis Einleitung zum Codex läßt ebenfalls die feindliche Gesinnung gegen Ellils Stadt erkennen; der König verschafft Nippur »alles mögliche völlig« und ist »der erhabene Pfleger von Ekur« — eine konkrete Tat für Stadt und Heiligtum kann er nicht anführen.

Marduk wollte Ellils Sohn nicht sein, wie es Ningirsu war. Ellil war der alte Vertreter der sumerischen Reichsidee, die tot sein sollte; er war der Krieger, der im Rechtsstaat nur eine untergeordnete Stelle einnehmen durfte; seine Nationalität, wie sein Wesen waren verhaßt. Dagegen befand sich in der alten Trias ein Gott, der schon im sumerischen Reich Ellils Gegner gewesen war, menschlich, nicht sumerisch-national, gebildet und weise, ebenso angesehen und altehrwürdig als er, Ea. Sein Sohn konnte Marduk werden, ohne Gefahr zu laufen, daß das Sohnesverhältnis politisch als Verhältnis der Abhängigkeit und Schwäche mißbraucht wurde, denn Ea hatte niemals auf Herrschaft Anspruch gemacht; damit war er in enge Beziehung zu den alten großen Göttern gesetzt, ein echter Leibeserbe; zugleich war bei Ea etwas sehr Wertvolles zu erben; Ea ist ja der Gott alles dessen, was Chammurabis Dynastie im semitischen Staat an sumerischem Gut wert schien, erhalten zu zu werden, der Weisheit und Kultur, er ist der eminent menschenfreundliche, »der mit dem großen Ohr«, der alle Anrufungen hört, alle Leiden durch Rat und Hilfe zu heilen weiß, der Gelehrte und der Erlöser.

So wird Marduk der Sohn des Ea und der Damkina, vielleicht durch Adoption. Die Schöpfungsmythe enthält in einem Anhang zugleich die Urkunde, in der Ea all sein Wissen und Wesen auf Marduk überträgt: »Er, dessen Namen seine Väter (die Götter) ruhmvoll gemacht, wie mein Name, Ea, sei sein Name. Den Bereich meiner Befugnisse, ganz soll er ihn verwalten; all meine Obliegenheiten soll er besorgen.« »Mein Sohn, was wüßtest du nicht? Was könnte ich dir mehr sagen? Was ich weiß, weißt auch du.« So sagt Ea in vielen Sprüchen zu Marduk, der mit der Bitte der Leidenden um Rat zu ihm kommt; es ist in direkter Rede die Folgerung aus der allgemeinen Übertragung.

Auch diese ehrenvolle Beerbung war natürlich tatsächlich eine Plünderung. Marduk schob sich als lieber Sohn an Eas Stelle, wie an die Anus und Ellils durch deren »Berufung« oder durch Gewalt. Der alte Mittler zwischen Göttern und Menschen ist hinaufgerückt, sein Sohn hat sich als neuer Mittler zwischen ihn und die Menschen geschoben; er wird den Menschen fremd, kaltgestellt. Marduk will Herr der Weisheit sein, der Erlöser, der Totkranke lebendig macht, der Barmherzige, der alle Leiden beendet; die Beschwörung von Eridu, die Beschwörung der Wassertiefe, die Beschwörung des Lebens, das moderne Lebenswasser sind in seiner Hand. Er ist der Sühnepriester unter den Göttern und moderne Wissenschaft ist eifrig am Werk, diese humane Seite seines Wesens fortzubilden; der demütige Priester, der gute Sohn unter den Göttern, der barmherzige und freundliche, war vielleicht auch als Gott der Könige nicht zu weit sozial entrückt, um dem Volk vertraut zu bleiben; jedenfalls ließ er sich weicher, liebenswürdiger ausgestalten, als der steife Ea, der in Mythen und Beschwörungen allerlei Archaismen und Egoismen als Alterszeichen trug. In die Mythen ist Marduk nicht an Eas Stelle eingetreten, vielleicht aus kindlicher Ehrfurcht, wahrscheinlich weil da nicht viel für ihn zu gewinnen war; der alte Menschenfreund aus Schlauheit und Liebhaberei war nicht mehr ganz zeitgemäß; Marduks gesetzliche und berufsmäßige, zugleich humane Auffassung des Mittleramts war moderner.

Das Verhältnis Marduks zur zweiten, astralen Dreiheit ist nicht durch einfache Übernahme bestimmt. Marduk hat solare Züge; wir wissen, daß lokale Götter und vor allem Königsgötter gern Sonnencharakter annahmen; das fürstliche Ideal unbedingter siegreicher Herrschaft, strafender Gerechtigkeit und Allwissenheit, segnender Wärme, war allen verständlich im Sonnengott sichtbar. Marduk ist der Gott der Königsonne, der lichte und gerechte, der Gott der Frühjahrsonne vielleicht auch, der junge glorreiche Sieger über die Ungeheuer der Finsternis; aber diese Seite seines Wesens ist ganz nebensächlich und sehr zu Unrecht von astralen Enthusiasten der jüngsten Zeit in den Vordergrund geschoben. Marduk beerbt die Trias Anu, Ellil, Ea, nicht aber Šamaš; aus seiner lokalen Vergangenheit mag er solare Züge bewahrt haben; die Beziehung der ersten babylonischen Dynastie zu Sippar hat vielleicht hier manches verstärkt; spätere Deutung macht ihn zum Sonnenkind, »Amarutu« — aber der Sonnengott bleibt Šamaš, wie er der eigentliche Gott der vergeltenden Gerechtigkeit bleibt; Marduk legt keinen großen Wert auf eigenes Sonnenwesen; sein Ehrgeiz geht viel höher; er ist der Weltgott über der Natur und den Gestirnen, der mildgerechte, nicht der strafende Vergelter. Gelegentliche Analogien lassen ihn, wie andere große Götter der Zeit, Ninib, Nergal, Nabu, als Sonnenwesen erscheinen; die systematische Aufteilung von vier Jahresphasen der Sonne unter diese Götter kann schon deshalb nicht babylonisch sein, weil der Tierkreis in Babylonien nur drei Herren und also das Jahr wohl, wie in Ägypten, drei, nicht vier Zeiten hat.

Auch mit dem Mond ist Marduk nicht in nähere Beziehung getreten; wie alle andern beherrscht er ihn; in einer Mythe wird berichtet, wie die erste Trias die zweite, Sin, Šamaš, Ištar, zu Hütern des Himmelsdamms gegen die sieben Winterstürme einsetzt, wie diese aber sich nicht bewährt; die Sonne wird zum Genossen der Feinde, verschwindet, und es wird Nacht; die Venus zieht sich in Anus Himmel zurück; der Mond gerät in die Gewalt der Stürme und verlischt — da schickt Ea der traurigen und öden Welt seinen Sohn Marduk zu Hilfe, der also hier in astralerer Form ein Rettungswerk an dem Mondgott vollzieht, das dem Schöpfungskampf entspricht.

Ištar ist im Lauf der Zeit mit Marduks Gattin identifiziert worden; die »Samen schaffende«, »Ser-banitu«, legt eine assyrische Etymologie deren Namen aus; wie alle Macht männlicher Götter auf Marduk überging, so mußte alle Gewalt der weiblichen sich auf ihrem Scheitel häufen. Trotzdem ist sie niemals Venus geworden, so wenig als Marduk Sonne wurde — beide sind Könige, nicht Teile des Alls.

Eine Astralisation Marduks ist aber erfolgt; er ist mit dem Planeten Jupiter gleichgesetzt worden zu einer Zeit, die auch die übrigen Planeten unter große Götter aufteilte und Nabu den Merkur, Nergal den Mars und Ninib den Saturn gab. Auch die Gegner und Waffen Marduks im Tiamatkampf wurden am Himmel gefunden.

Die Verbindung Marduks mit einem bedeutenden Planeten entspringt dem Bedürfnis, ihn ebenfalls mit einem Himmelskörper auszustatten; wie er eine Zahl bekam, sollte er ein Gestirn haben, wie bei der Zahl kam er zu spät, nach Verteilung des Besten, bekam aber vom Verfügbaren immer noch das schönste Stück ab. Eine große Rolle kann diese astrale Verbindung erst in spätester Zeit gespielt haben, als die Astrologie der Planeten immer mehr zum Kern der wissenschaftlichen Religion wurde; in der Chammurabizeit kann sie nur eine Feder am Hut für den Weltgott gewesen sein, wenn sie überhaupt bestand.

Zu der Auswahl aus dem Wesen der großen Sechs, kam schließlich als konstituierender Bestandteil für Marduks Bild ein irdisches Element; Marduk ist das himmlische Abbild des babylonischen Königs, wie ihn Chammurabi dachte und darstellte.

Der König thront in Babylon, im Mittelpunkt des Reiches, einzig, das Herz der Welt; alles empfängt von ihm Leben, alles kommt zu ihm; er kommt zu niemand. So ist Marduk in Babylon der feste Pol, um den sich die Welt dreht; sein Tempel, Esagil, ist (von einem Tempel in der Schwesterstadt Borsippa abgesehen) sein einziges Heiligtum im Land geblieben. Andere große Götter hatten überall Tempel und Kapellen; in Babylon gibt es Tempel aller großer Gottheiten; alle fühlen sich durch die Tempelbauten geehrt — Marduk ist der erste eifersüchtige Gott, eifersüchtig auf seine Einzigkeit, wie sein König. Dieser Akt der Zentralisation ist sehr wichtig geworden; er machte Babylon zum Rom Vorderasiens; zu Marduk nach Babylon müssen Götter und Könige wallfahren, er verläßt seine Stadt nicht und ist sonst nirgends zu finden. Die Völker gewöhnen sich daran, daß ein Gott, wie ein Großkönig, von einer Stelle aus weithin herrschen kann, daß er nicht persönlich im Bild gegenwärtig sein muß, um allmächtig und allgegenwärtig zu gebieten.

Wie der König der Chammurabizeit ist Marduk absoluter Herr. Wie Anu und Ellil heißt er »König der Götter«, »König von Himmel und Erde«; über ihnen steht er als »Herr der Herren, König der Könige, Gott der Götter«, als »Herr« schlechthin. Von seiner zentralen Stelle aus übersieht er alles und ordnet alles an; wie Chammurabi Berichte und Besuche empfängt, Beamte, Parteien in Rechtsstreitigkeiten, Bittsteller in die Hauptstadt befiehlt, so umgibt sich Marduk mit Göttern und empfängt ihre Besuche. Bei der Investitur im Schöpfungsmythus, der mir in diesen Teilen modernisiert scheint, wird ihm feierlich zugesichert, daß sein Gebot »Anu« sein soll, sein Wort unwiderruflich gelten, seine Erhöhungen und Erniedrigungen endgültig bleiben sollen; selbst des bösen G o t t e s Leben darf er ausgießen; schaffen und vernichten soll er: »befiehl, so soll es werden«.

Diese unbedingte Gewalt beschränkt sich aber wie bei Chammurabi freiwillig durch die Rücksicht auf die Gottheit und die Gerechtigkeit. Marduk ist in der Schicksalskammer von allen großen Göttern umgeben und allen kleinen zugänglich, nicht nur seinem Glanz und Ruhm zuliebe, sondern um alle jederzeit hören und berücksichtigen zu können. Seine rechtlichen Vollmachten sind durchaus in Ordnung, allen bekannt und zugänglich; er kann seine Papiere jederzeit im Rechtsstaat vorweisen. Seine humanen Rücksichten gehen weiter, als je zuvor bei einem Gott; er ist ja der ganz barmherzige, der liebreiche und der demütige Mittler von Beruf.

Aus allen diesen Teilen wird ein ganz neues Gottesideal. Wie der alte Ellil, ist Marduk unbedingter Herr, aber er ist es nicht durch rohe Gewalt, sondern durch Notwendigkeiten vernünftiger Weltordnung, er führt kein Schreckensregiment und keine Gewaltherrschaft, sondern ein Regiment liebenswürdiger Rücksicht und vernünftiger Zucht und Ordnung. Wie die sechs Großen ist er Weltgott; während aber diese die Welt unter sich aufgeteilt hatten, steht Marduk zuerst über der Natur; er entreißt die Weltherrschaft nicht nur den finstern Mächten, er schafft die Welt erst aus dem Chaos, stellt die Grenzen von Himmel und Erde fest, weist den Gestirnen ihre Stellen, Bahnen und Gesetze an (dem Mond nun ein siebentägig gegliedertes Schema), schafft Menschen, Tiere und Pflanzen. Dazu werden die menschlichen Züge immer wichtiger; Rechtssinn und Mitleid sind Marduks Haupteigenschaften; der Barmherzige liebt es, von den Toten (hier gleich »von schwerer Krankheit«) zu erwecken; den Sünder, der Buße tut, nimmt er gütig an, den Unbußfertigen straft er nicht tätlich — die grobe Vergeltung bleibt Šamaš — er wendet sein gütiges Antlitz ab; die Liebe und Fürsorge hört auf, das Elend ist da.

Man kann im Vergleich mit dem Pantheon der großen Sechs in dieser Entwicklung von Marduks Persönlichkeit einen Rückschritt finden, eine Rückkehr zu gröberen Anthropomorphismen, einen Verzicht auf eine systematische und ganz naturphilosophische und astrale Religion. Die gerade Linie zur hellenischen Naturreligion, zu Naturwissenschaft und Monismus scheint in der Tat verlassen zu sein; die babylonische Wissenschaft hat denn auch am alten Naturpantheon festgehalten und seine Astralisierung fortgeführt.

Die Entwicklung von Marduks Gestalt bedeutet aber daneben doch einen Fortschritt; was der Gott an Naturbeziehung verlor, gewann er an abstrakter Höhe und an menschlicher Tiefe. Marduk ist der Ahn des jüdischen außerweltlichen e i n e n Weltschöpfers und Weltlenkers, der erste übernatürliche, eifersüchtige, allmächtige, allweise, allgerechte, allgütige und allbarmherzige Gott der Menschheitsgeschichte. Der schwärmerische Aufblick zu dem gütigen Vater, der nur wohltun kann und nur durch Wegsehen straft, ist ein ebenso großer Fortschritt, als der Zug zur Einheit, zugleich der Ausgleich der Abstraktionsleistung im Gemüt. Amenhoteps IV. Atenreligion zeigt dieselbe Tendenz zu Einheit und schwärmerischer Begeisterung; in ihrer naturphilosophischen Beschränktheit steht sie als recht einseitige Naturerkenntnis und als reine rationale Einsicht tiefer als die Mardukreligion; über Marduk geht es zu Jahu, über Zeus zum Monismus; zwischen Franz von Assisi und Giordano Bruno liegt das scholastische System, die Mystik und die Wissenschaft von Zahlen und Himmelsbewegungen in ihrer Beziehung auf den Menschen.

Neben Marduk scheint von Anfang an der Gott von Borsippa, Nabu, eine besondere Stellung angestrebt zu haben, vielleicht weil er älter war. Man hat vermutet, daß er sumerischen Ursprungs war und Tutu hieß; das erste ist möglich, das zweite scheint mir nicht wahrscheinlich; »Ubar-Tutu«, »Mann des Tutu«, ist der Vater Utnapištims, des Fluthelden; das spricht eher dafür, daß Tutu nach Šurippak gehört, wo der Flutheros zu Hause ist.

Zur Zeit der Chammurabidynastie ist Borsippa, wie Babylon, Marduks Stadt, sein Tempel »Esida« ein Marduktempel, das »Haus der Nacht« neben dem »Haus des Tages«, Esagil. Offenbar bestand die Absicht, die beiden Städte völlig zur Einheit zu bringen; der zweite Tempel Marduks ist also keine Ausnahme von der Regel, daß er nur in Babylon verehrt werden durfte, sondern deren Bestätigung; er war in seiner Stadt, wenn er sein zweites Haus in Borsippa besuchte. Ein Bestreben, den Gott von Borsippa, die Konkurrenz am Ort, auszuschalten, war bei dieser Zuteilung von Esida an Marduk gewiß mit wirksam, ebenso in der Erniedrigung Nabus zum Sohn und Vezier, oder nur zum Vezier; Söhne und Beamte sind zweiten Ranges.

Aber Nabu wußte bald, sich eine Stellung zu schaffen. Er blieb Marduks und Sarpanitus Kind, der Vezier und Schreiber des Weltkönigs; von diesem Amt nahm er sein Symbol, die Schreibtafel, das Schreibrohr, zwei Stäbe oder einen Keil; aber das bescheidene Amt des »Trägers der Schicksalstafel«, des »Schreibers von Esagil«, des Boten, Sprechers und Verkünders der göttlichen Versammlung ward immer einflußreicher; der Schreiber aller Beschlüsse ist bei allen zugegen und kann fürbitten, als Sohn namentlich, eventuell auch ein bißchen verbessern; er weiß alle Beschlüsse und kann sie offenbaren; er wacht über die Ausführung der göttlichen Befehle und kann hier wieder eingreifen, ohne direkt zu fälschen; so wird er zum »Schreiber des Alls«, zum »Hüter der Welt«, zum »Aufseher von Himmel und Erde«, zum eigentlichen Herrn der Schicksale, der auf seiner Tafel das Leben verlängert und verkürzt. Daß dieser wichtige Gott gelegentlich den Drachen, seines Vaters Symbol, wenig verändert (mit gestreckter Zunge) annimmt, ist nur ein Zeichen seines Ansehens.

Damit bereitet sich die Rache für Marduks Ausplünderung der Großen vor; er hat sich zwischen Anu, Ellil und Ea einerseits und die Menschheit anderseits eingeschoben und alle Großen überwunden; der gebildete, gütige, demütige Mittler und Erlöser war zum Herrn der Herren geworden; nun kommt sein Diener und ist noch gebildeter, noch demütiger, noch zugänglicher; er ist in der

Tat, was Marduk nur heißt, demütiger Sohn und berufsmäßiger Mittler. Marduk ist König, weit abgerückt — Nabu ist den Priestern und Bürgern näher, abhängig wie sie, verständnisvoll wie sie für kluge, kleine Mittelchen, der Vezier mit der offenen Hand, der Schreiber mit der geschickten Feder. So wird er der Gott der bürgerlichen Stände, wie sie im Gegensatz zu seinem königlichen Vater, abhängig von ihm und doch stärker als er. Der Schreiber unter den Göttern, der gewerbsmäßige Vermittler ist der rechte Standesgott für diese klugen Priester und Kaufleute, die ihrer Schreibkunst, ihrer Gelehrsamkeit und Rechenkunst ihr Ansehen verdankten und durch kluges Vermitteln zwischen Göttern und Menschen, zwischen Menschen und Menschen immer reicher und angesehener wurden. —

Es ist schwerlich ein Zufall, daß die ältesten Originalstücke des Gilgameš- und Etanamyths und das Stück der modernisierten Flutsage, in dem der Held Atrachasis genannt wird, gerade aus der Zeit der ersten babylonischen Dynastie stammen. Die eigentlich fruchtbare Zeit mythischer Dichtung liegt weit zurück; die Götter sind aus den Händen philosophischer Dichter in die wissenschaftlicher Theologen übergegangen; wo neue Lieder nach alten Mustern entstehen, haben wir wissenschaftliche und politische Tendenzen zu suchen, wie in der Legende vom Mond und den Winterstürmen oder in Umarbeitungen, wie die Urkunde von Marduks Herrschaftsanspruch im Schöpfungsmyth. Die Götter sind nicht mehr mythische Gestalten mit menschlichem Schicksal, sondern der menschlichen Sphäre entrückte Könige; ihre alten Mythen sind heilig durch die Tradition, vermehren sich aber kaum; nur mundgerechter werden sie für ein modernes Empfinden gemacht, durch kleine Milderungen oder durch Deutungen des einfachen Tatsachengehaltes in tieferem Sinn. Die philosophischen Dichter haben es nur noch mit Menschen zu tun, mit Göttern, die Heroen geworden sind, oder mit Königen, die Menschheitstypen sind. Die Probleme sind allgemein menschlich; Menschenschicksal steht im Mittelpunkt der Betrachtungen, Tod und Sünde. Wie in Hellas auf die ersten großen Philosophen die großen Tragiker folgen, so schließen sich in Babylonien an die Schöpfer des Weltbildes die Dichter der philosophischen Epen und Hymnen an; die kosmologische Betrachtung fordert eine anthropozentrische Ergänzung; Dichter sind die ersten Kosmologen, ihnen folgen die abstrakteren Wissenschaftler der Kosmologie; Dichter sind die ersten

Sophisten und Ethiker, die wissenschaftlichen Entdecker der Ethik folgen ihren Spuren.

Mit allem Vorbehalt, der bei unserem Material fast bei allen zeitlichen Ansätzen gemacht werden muß, möchte ich die philosophische Vertiefung alter Mythen und Hymnen im Kern des Gilgameš-, Etanaepos und des Adapagedichts und in den persönlicheren Bußhymnen der Chammurabizeit oder der vorhergehenden Zeit der Durchbildung des Pantheons zuschreiben.

Die Dichter alter Göttermythen interessieren sich für das Gegenständliche an ihren Stoffen, für den wunderbaren, bewegten Vorgang, vielleicht auch schon für einen geheimen Sinn, eine versteckte Naturerkenntnis; die jüngeren Dichter sind praktischer; sie fragen nach der Bedeutung der Vorgänge für den Menschen; das eigene Ich allein interessiert sie; der Umschlag von der jugendlichen Freude am Erkennen an sich zum pessimistischen Verzicht auf Unerreichbares und zur praktischen Beschränkung auf das nächste Nützliche, in allen Kulturen ein Zeichen des beginnenden Stillstands, bereitet sich vor.

Die Fahrt Giš̌s (später Gilgamešs) nach dem Leben schildert die lähmende, alle Kultur sprengende Todesangst des Menschen, der zuerst zu der Erkenntnis kommt, daß mit dem Tod alles zu Ende ist, was ihm wertvoll ist. Giš jagt über die Erde hin, zum äußersten Westen gelangt er auf der Sonnenstraße, die Wasser des Todes überschreitet er, zur Unterwelt scheint er einmal hinabgestiegen zu sein — das Leben, das er sucht, kann er nicht finden. Freundlich helfen ihm die Götter mit Rat und Tat; aber das nützt ihm nur zu unerhörten Reisen, nicht zum Leben; aus dem Mund eines Toten wird ihm durch ihre Gnade authentisch das »Gesetz der Erde« kund; der Mensch soll sein Leben genießen, so lang es währt und sich in unvermeidliche Bestimmungen fügen — das ist der Götter Rat.

Eine Fahrt nach dem Leben macht auch Etana; sie geht nach dem einzigen Teil der Welt, den Giš nicht besucht hat, nach dem Himmel. sie gilt nicht dem Kraut, das unsterblich macht, aber demjenigen, das gebären läßt; beide Kräuter sind Abkömmlinge des Lebenswassers. Leider ist das Etanaepos zu sehr verstümmelt, als daß eine Rekonstruktion möglich wäre; in dem Stück in Ichform, das, nach Analogie des Flutmythus in Ichform, älter sein könnte als das übrige, stürzt Etana bei seiner Fahrt ab; sie ginge also aus, wie die des Giš. Die Hauptstücke in dritter Person ließen eher erwarten, daß er das Kraut mit Hilfe der Götter gewinnt und damit ihren Ratschluß erfüllt und sein Weib vom ersten König entbindet. Möglich, daß hier eine jüngere Zeit im Ergebnis mit der ältesten Fassung der Mythe, in der Etana das Kraut gewann, wieder zusammentraf, während eine mittlere Zeit, wahrscheinlich die Chammurabizeit, ihn wie Giš hoffnungslos enden ließ.

Die Ursache des Todeszwangs für alle Menschen ist im Gilgamešepos eine Bestimmung der Götter, die sie selbst nicht ändern können oder trotz aller Güte nicht ändern wollen. Im Adapamyth wird erzählt, wie ein Mensch seine Unsterblichkeit verscherzt. Adapa (vielleicht der erste Mensch) ist Eas begnadeter Liebling, aller Weisheit und Unsterblichkeit kundig; »ewiges Leben gab er ihm nicht«. Im Übermut benutzt der Kluge seine Zauberkünste, um einen Gott, den Südwind, zu lähmen, und wird deshalb vor Anus Gericht geladen. Ea, der ein Todesurteil fürchtet, gibt ihm vorsorgliche Ratschläge, namentlich soll er nichts essen und trinken, das ihm geboten wird, weil das Todesspeise und -trank sein könnte. Vor Anu gelingt Adapa sein Versuch der Versöhnung des Richters so gut, daß Anu verwandelt beschließt, ihn unsterblich zu machen; er bietet ihm Lebensspeise und -trank, aber Adapa weist sie vorsichtig und Ea gehorsam zurück. Der Dichter wirft die Frage nach der Ursache des Todes ausdrücklich auf; die einfache Bestimmung genügt ihm nicht mehr; die Götter sind so wohlwollend und gnädig, daß man Unsterblichkeit erwarten muß; wo bleibt sie? Anu ist gnädig, Ea ist hilfreich, Adapa ist fromm und unbedingt gehorsam; und das Ergebnis von Anus Gnade, Eas gutem Rat und des Menschen Weisheit und Gehorsam ist die Verscherzung der Unsterblichkeit. Es ist die gräßlichste Komödie, eine wahre Parodie auf alle Ideale der babylonischen Weltanschauung; nur den Babyloniern selbst scheint sie nicht tragisch vorgekommen zu sein. Das Stück ist eine Etappe auf dem Wege zu zwei befriedigenderen Antworten auf die Frage, die es aufwirft und durch eine einfache Hinaufschiebung der Fragestellung in einer Anekdote beantwortet; noch herrscht ein theoretisches Interesse vor — nach erfolgtem Umschlag zum praktischen Primat gibt es zwei Lösungen: entweder der Mensch stirbt als Sünder oder er stirbt, ohne daß mit dem Tod alles zu Ende wäre.

Die Sünde als Ursache des Untergangs der Menschheit erscheint im Atrachasismyth, dem modern umgebildeten Flutmythus. Der

Flutmythus ist ursprünglich ein großes Geheimnis der Urzeit, eine wunderbare Mär von dem Zorn des grimmigen Ellil, der eine Welt ersäufte, weil er eben dazu aufgelegt war, und von der Klugheit Eas, der seinen treuen Diener Utnapištim durch seinen Rat aus dem allgemeinen Untergang zu retten wußte. Grauen vor den furchtbaren Launen der göttlichen Tyrannen, vorsichtige Gewinnung eines sicheren Schützers als wichtigste Lebensaufgabe, das war das Ergebnis des Gedichts für den Menschen.

Die Entwicklung milderte zunächst Ellils Furchtbarkeit; große Götter sind nicht launisch; wenn sie vernichten — außer der Zeit, nicht nach dem Gesetz der Erde — so müssen sie dafür einen Grund haben; die Menschen haben die Strafe durch ihre Sünden verdient; Ellil begnadigt sie immer wieder, er versucht alle kleinen Züchtigungen, bevor er zur Ausrottung schreitet.

Dadurch wird aber auch Eas Rolle verändert; er ist nicht mehr der einzige gütige und besonnene Gott; zufällig ist gerade sein Diener der einzig fromme und er also der Mittler seiner Fürbitten an den Götterrat. Der fromme Diener aber wird nun aus einem Spielzeug der Götter zum Helden; auf ihn fällt alles Interesse. Er ist der Erzkluge, der versteht, durch seine Frömmigkeit alle Götter sich dienstbar zu machen; sie verschonen ihn nicht nur, sie begnadigen auch auf seine Fürbitte wirkliche Sünder und sie lassen ihn schließlich vielleicht wie in alter Zeit unsterblich werden.

Der Umschlag des Interesses ist nirgends so deutlich sichtbar, wie in der Umwandlung der bunten Mythe von der Urflut zum Lehrgedicht vom Erzklugen. Die Gespräche des Klugen mit seinem göttlichen Herrn, seine Fürbitten und deren Erfolg, werden ganz natürlich wichtiger als die Göttergeschichte. Der Erzkluge, d. h. der Fromme hat alle Gewalt im Himmel und auf Erden; die Götter müssen seine Wünsche erfüllen, denn er kennt die Gesetze, denen sie untertan sind. Wir haben einen Ahnen der indischen Heiligen vor uns, die durch ihr fromm-weises Leben alle Gewalt über Götter und Welt erringen. Nur ist beim Babylonier ein gutes Geschäft, was beim Inder ein gewaltiges Aufbäumen des Menschengeistes gegen den Zwang der Außenwelt, ein Herrenbewußtsein des Vernünftigen dem nur Natürlichen gegenüber ward.

Die Sünde als Ursache menschlicher Leiden ist schon im alten Babylonien ein wichtiger Faktor. Schon in unseren ältesten Denkmälern erscheint demütige Frömmigkeit als Hauptaufgabe der Könige;

Frömmigkeit ist schon hier nicht nur ein gutes persönliches Verhältnis zur Gottheit, durch reiche Gaben und ängstliche Vermeidung aller Beleidigungen, sondern außerdem ein bestimmtes rituelles Verhalten und die Einhaltung bestimmt vorgeschriebener moralischer Verpflichtungen. Das älteste datierbare Sündenregister, das uns Urukagina hinterlassen hat, die Rechtfertigung seiner Usurpation durch die Aufzählung der Sünden seiner Vorgänger, enthält neben Verletzungen des göttlichen Eigentums durch Fürsten und Priester namentlich Verletzungen der ewigen göttlichen Ordnung im Staat, wie die Umwandlung herkömmlicher naturalwirtschaftlicher Einrichtungen mit ihrer »milte« in egoistische, strengrechnende und hartherzig-kaufmännische Verwaltungsformen geldwirtschaftlicher Art mit ihren Vögten, und allerlei Verbrechen gegen die Moral, Vergewaltigung der Schwachen, Ungerechtigkeit und Verteuerung von Rechtsprechung und Seelsorge.

Die weitere Entwicklung des Begriffs der Sünde geht nun dahin, daß er sich einerseits auf alle Gebiete des menschlichen Lebens, anderseits auf alle Schichten des Volkes ausdehnt. Sünde wird ein immer weiterer Begriff; vom groben unsinnigen Verletzen der stärkeren Gottheit entwickelt sie sich zu immer feineren Verstößen gegen ein Ritual, gegen ein Moralgesetz, das immer mehr altruistische Elemente aufnimmt; aus Taten werden Gesinnungssünden. Mit dieser Ausdehnung Hand in Hand geht die Einführung der Sünde als Ursache alles menschlichen Leidens — wo Leiden ist, muß Sünde sein. Zugleich dringt die Sünde als Allerweltsursache in die Mythen, dann in die Geschichte ein; wie im Recht, finden wir sie in der Medizin. Wie über den Göttern ein einheitlicher Begriff der Gottheit in Bild und Wesen sich entwickelt und den Monotheismus vorbereitet, so bereitet sich in dem Begriff der Sünde ein einheitliches Erklärungsprinzip für alles Geschehen in der Welt vor. Die Babylonier haben die Sünde in alle Gebiete des Denkens und Handelns eingeführt; zur letzten Vereinheitlichung des Systems sind sie nicht gekommen; ein Gott, ein Volk und eine Erklärung für das Verhältnis beider in jedem Augenblick aus dem Begriff der Sünde heraus, das ist erst jüdische Lehre. — Sünde ist für den Babylonier ein körperlicher Zustand, Unreinheit, — sie muß abgewaschen werden; ein anderes Gleichnis nimmt sein Urbild vom Recht; Sünde ist Verletzung eines Gesetzes — sie muß bestraft, gesühnt werden; beide Auffassungen vereinigen sich in der dritten;

die Unreinheit verletzt den Reinen, die Widergesetzlichkeit den Gesetzgeber; das ist die Gottheit; so ist Sünde eine Ursache göttlicher Erregung und das Ziel des Sünders, der der Strafe entgehen will (Sünde und Strafe sind eins), die Beruhigung der Gottheit.

Die Gottheit wird beruhigt durch Reinigung und Sühne, durch Geschenke und Bitten; mit der Verfeinerung der Lehre werden die Bitten immer wichtiger; wie die Sünde Gesinnungssache werden will, so wird auch die Buße verinnerlicht, die bußfertige Gesinnung, die Reue Vorbedingung der Verzeihung. Die Babylonier haben hier die ersten Schritte getan; das zeigen uns die Bußpsalmen zur Herzensberuhigung der großen Götter.

Sie zerfallen in zwei Gruppen, die »Flötenklagen« (Eršemma) und die »Klagelieder zur Herzensberuhigung« (Eršakumal); die erste Gruppe ist deutlich älter, zum Teil liegen ihre Lieder in altbabylonischen Texten rein sumerisch vor; der sumerische Dialekt ist aber durchweg der Emesaldialekt, neusumerisch, das noch zur Zeit der ersten babylonischen Dynastie im Süden Babyloniens gelebt zu haben scheint. Ich möchte vorläufig annehmen, daß die Bußpsalmen als Gattung nicht älter sind als die Vollendung des babylonischen Pantheons, also höchstens in die Zeit der Dynastie von Ur hinaufreichen; die individuelleren Eršakumallieder werden gewiß nicht älter als die Chammurabizeit, wahrscheinlich zum Teil wesentlich jünger sein.

In den Eršemmaliedern klagt ein König über ein Elend, das sein Land betroffen hat, Kriegsnot, Belagerung oder Zerstörung einer Stadt, Pest oder Hunger; als Vertreter des Volkes stellt er der Gottheit den Jammer vor und bittet um Gnade. Von Sünde ist nicht viel die Rede; es gilt mehr durch Jammern und Schreien Mitleid zu erregen, äußerlich demütig und jämmerlich zu scheinen, als Reue zu zeigen; »wie lange noch«, »beruhige dein Herz«, »verkünde Versöhnung« — das sind die immer wiederholten Zurufe, die die Gottheit mürbe machen sollen.

Von Bedeutung sind die Lieder durch die stereotypen Schilderungen des Elends, die wahrscheinlich einer anderen Literaturgattung, prophetischen Dichtungen entnommen sind, die nach festem Schema nach einer Zeit unendlichen Elends eine neue glückliche Ära unter einem gottgesandten Herrscher verkündigten; diese Urbilder messianischer Weissagung gehen natürlich immer auf einen irdischen König; Urukagina fühlte sich offenbar als solcher Messias;

Chammurabi scheint, wenn ich die zweisprachige Inschrift an seinem Bildnis in London richtig verstehe, durch den Aufruf: »Worauf wartest du?« in Zeiten der Wirren zurückersehnt worden zu sein; da die Götter den Herrscher einsetzen, ist jeder Herrscher gottgesandt, bis ihn seine Taten widerlegen.

Die Eršakumallieder sind persönlicher als die Flötenklagen. Freilich scheint das persönlichste unter ihnen immer noch ein Königslied gewesen zu sein, wenn auch die Zuweisung an Tabiutulellil, einen sagenhaften König der Dynastie von Nippur, gelehrte Phantasie zur Erhöhung des Ansehens der Dichtung ist. Der König bleibt der Typus des Menschen bis die Individualisierung breitere Schichten so weit belebt, daß sie wagen, ihresgleichen an seine Stelle zu setzen; das war in Babylonien erst nach der Chammurabizeit der Fall; die Priester und Bürger, die den Königen erfolgreich die Ausnahmestellung der Gottheit gegenüber und dann die Herrschaft streitig machen, sehen nicht mehr den König als Vertreter des Menschen, sondern den Menschen mit seinen Schwächen, den Laien im König. So kommen wir auch für das persönlichste Bußlied der babylonischen Literatur in die Chammurabizeit, ein Ansatz, der sich dadurch bestätigt, daß die Abschrift aus Aššurbanipals Bibliothek eine Kommentierung altertümlicher Worte gibt, also mit einem hohen Alter des Originals rechnet.

Das Klagelied Tabiutulellils ist ein Psalm in körperlicher Not und Krankheit; das sind alle Eršakumallieder; die persönliche Not des einzelnen Menschen, mag er immer ein König sein, ist ihr Gegenstand, nicht mehr die Not eines ganzen Landes. Jeder Kranke kann dies bürgerlich fromme Königsgebet nachbeten.

Der kranke König ist in Frömmigkeit und Glück über das natürliche Ziel hinaus gealtert; da kommt das Unglück, eine schwere fieberhafte Erkrankung, erregt durch einen bösen Totengeist, der aus seinem Loche herausgekommen ist; anthropomorph wie der Erreger ist die Disposition zur Krankheit gedacht: die Gottheit hat die Peinigung zugelassen. Dafür muß sie einen Grund haben, denn sie ist gerecht; der Mensch muß suchen, wie er sie beleidigt haben kann. Aber der kranke König fühlt sich schuldlos; er war untadelig fromm und muß nun als Sünder dastehen. Das führt er seinem Gott sehr ausdrücklich vor Augen, indem er alle Sünden in Abrede stellt. Trotzdem unterwirft er sich; was dem Menschen gut scheint, ist vor der Gottheit schlecht, was dem Menschen verächtlich scheint, ist vor ihr gut; Rat und Plan der Götter sind dem Menschen unverständlich; denn die Gottheit ist groß, klug und mächtig, der Mensch ist klein, blöde, schwach; die Gottheit ist ewig und unveränderlich, der Mensch ist vergänglich und veränderlich.

Unter den vielen Bußhymnen in Krankheit habe ich gerade diese aus der Serie »Ich will preisen den Herrn der Weisheit« zum Beispiel gewählt, weil sie von den alten Beschwörungen am weitesten absteht und in der Tat mit dem jüdischen Hiob verglichen werden kann. Das Problem ist das gleiche: wenn Leiden Sündenstrafe ist, wie erklärt sich dann das Leiden des Sündenlosen? Auch die Antwort scheint die gleiche, ein Verzicht auf Einsicht in Gottes Gedanken, Demut und Unterwerfung. Wie Hiob hergestellt wird, so scheint ein Dankgebet auf die Herstellung des babylonischen Königs zu deuten.

Der grundsätzliche Unterschied ist der, daß das babylonische Gedicht eine Patentmedizin darstellt, das jüdische eine philosophische Auseinandersetzung mit einem theoretischen Problem. Der babylonische König sucht Heilung von seiner unangenehmen und schmerzhaften Krankheit; in älterer Zeit hätte er versucht, die Gottheit zu bezaubern — das geht nicht mehr, weil sie zu groß geworden ist; dem Dämon beizukommen kann man immer noch versuchen — aber das ist schwierig, man muß unter unzähligen Möglichkeiten gerade die eine treffen, die ihn bannt; vielleicht kann man da indirekt vorgehen, den Diener durch den Meister bannen; da der Meister nicht bezwungen werden kann, muß er gewonnen werden; er ist gerecht — man muß ihm zeigen, daß er gerechterweise nachgeben muß; er ist milde — man muß sein Mitleid erregen; er ist groß — man muß recht demütig sein; so findet der König rein logisch seinen neuen Weg; er stellt seine Unschuld ins rechte Licht und verteidigt doch zugleich die Gottheit, die er angreift, indem er seine Einsicht als unzulänglich bezeichnet. Auf der Suche nach logischen Heilmitteln findet der Verstand auch diese Form demütig verzichtender Selbstgerechtigkeit aus; sie ist höher als andere Formen, so allgemein, daß sie das logische Suchen nach einem beleidigten Gott, einem bestimmten Dämon, einer bestimmten geheimen Schuld spart, außerordentlich wirksam, weil sie so fromm ist, verständig vorstellt und doch nicht beleidigt, sondern schmeichelt. Daß damit ein großes Problem berührt ist, wird gar nicht empfunden; das neue Heilkraut dient nur dem nächsten praktischen Heilzweck als Universalmedizin; ein Keim zu großen Dingen ist da, zur Entfaltung kommt er so wenig wie die andern Keime zum Monotheismus und zu einem geschlossenen System.

Auch das Sündenregister des Gedichts zeigt keine große Verfeinerung des Sündenbegriffs. Die Gottheit verlangt, daß man ihre Feste hält, sie durch demütige Haltung, unaufhörliches Gebet, Spenden und Fußfall ehrt, daß man die Seinen Furcht und Verehrung lehrt, Befehle hört und Gelübde hält; die ganz persönliche Dienerpflicht ist die Hauptsache; sie bleibt äußerlich, formal; die Gesinnung spielt keine Rolle; die Buße sitzt im Verstand, nicht im Herzen; man büßt und verzichtet auf seinen Verstand, um gesund zu werden, nicht innerlich zerknirscht und voll Überzeugung von der Unzulänglichkeit menschlicher Einsicht.

In der Praxis spielt die Sünde zuerst eine Rolle, als Erklärung einzelner Unfälle, die eine Abhilfe ermöglicht; im Recht und in der Medizin finden wir sie bei den Königen, die ihren Thron und ihre Gesundheit durch Frömmigkeit zu erhalten suchen; hier werden rein verstandesgemäß zu nächsten Zwecken der Praxis allerlei Keime zu Höherem gelegt, die eine Verfeinerung des Begriffs der Sünde und neue Probleme anbahnen; sie kommen aber nicht zur Entwicklung; mit der Erreichung des praktischen Zwecks haben sie ihre Schuldigkeit getan. Ganz langsam dringt der Begriff der Sünde als Erklärungsprinzip in junge Bearbeitungen alter Gedichte und in die Geschichtsbetrachtung großen Stils (im einzelnen Fall wird schon bei Urukagina das Schicksal der Könige aus diesem Prinzip abgeleitet), also in die Theorie ein; besonders mußte die Flutsage dazu herausfordern, die eine apologetische Deutung durch ihre Roheit verlangte. Allgemein ist die Umdeutung der Mythen nicht geworden; die theoretische Epoche der Babylonier lag zurück, als die Gedanken der Einheit der Gottheit, der Erklärung alles Geschehens, greifbar werden wollten; die praktische Epoche begnügte sich, den praktischen Fall im Auge zu behalten, alte Anschauungen in breite Schichten zu tragen; die babylonische Kirche hat es wohl mit dem Menschen, nicht nur mit dem König und seinem Verhältnis zur Gottheit zu tun; aber eine große Theorie dieses Verhältnisses von Gott und Mensch schafft sie nicht; sie bleibt im Einzelfall, in der praktischen Regelung des priesterlichen Handwerks, des sakramentalen Zauberwesens jeder Forderung gegenüber stecken. —

Die Entwicklung der babylonischen Kirche, einer Priester- und Sakramentskirche, ist das wichtigste Ereignis der Zeit nach der ersten babylonischen Dynastie. Sie geht Hand in Hand mit dem Übergang der Macht und der Bildung in die Hände der städtischen Aristokratien priesterlich-bürgerlichen Charakters. Wir haben also einen Übergang des alten Kulturguts in tiefere Schichten; Anschauungen, die bis dahin nur für Könige und einen kleinen Kreis von Priestern und Gelehrten maßgebend waren, werden Besitz weiterer Kreise und ändern damit ihren ausschließenden Charakter. Der Prozeß muß sich sehr lange vorbereitet haben im sozialen Anstieg des städtischen Bürgertums; in den Wirren der jahrhundertelangen Kassitenherrschaft muß die Verbindung von Priestern und Bürgern in den Städten fest geworden sein. Die religiöse Weltanschauung, die die herrschenden städtischen Kreise sich zurechtmachen, ist in allen wesentlichen Stücken altbabylonisch, nur demokratisch bürgerlich gewandt. Die Tendenz zur Einheit, die in den philosophischen Spekulationen älterer Zeit da und dort fühlbar geworden war, traf nun zusammen mit den Neigungen einer Zeit, die, weniger schöpferisch, als popularisierend und praktisch gewandt, zu einheitlicher Zusammenfassung neigte, und mit dem Einheitsbewußtsein einer herrschenden Priesterklasse. Zur einheitlichen Theorie kam es nicht — da fehlte die theoretische Kraft; aber die einheitliche Praxis ergab sich für alle Kultorte. Zur Landeskirche oder Weltkirche als monarchischer Organisation kam es nicht — dazu war die Eifersucht der Kulte und der Städte zu stark und die Bewegung zu demokratisch; aber über den lokalen Kirchen entstand ein Gefühl der Zusammengehörigkeit, der Kultur- und Interesseneinheit, das eine geistige Kirche darstellen konnte. In seiner Stadt war jeder Gott der einzige und höchste für seine Priester und sein Volk; aber jeder ließ die andern gelten und achtete sie, wie sie ihn. Es war ein kollegiales Verhältnis aus dem Bewußtsein der Zusammengehörigkeit heraus, wie es politisch in den sumerischen Städten der Auflösungszeit des Reiches von Nippur bestand; Einheitsgefühl gegen alle Außenstehenden, innere Einheit im geistigen, allen Händeln zum Trotz; nur daß die Träger der Einheit und der Fehden nicht mehr Könige, sondern städtische Kollegien waren. An der Spitze der Städte stand Babylon, an der Spitze der Götter Marduk; wenn aus der Angleichung der Stadtgötter und ihrer Kulte ein Monotheismus hervorgegangen wäre, so hätte Marduk sein Jahu werden müssen, Babylon sein Rom; die Strebungen dahin waren in Babylon offenbar am stärksten; Babylon war ja Mittelpunkt der Welt, der Kultur und der Wissenschaft, der Theologie, die alles zusammenhielt.

Die babylonische Kirche ist eine Sakramentalkirche; sie verfügt über eine Fülle von Gnadenmitteln, die den Menschen in gutem Verhältnis zu der maßgebenden Gottheit, der Herrin seines Schicksals halten; ohne den Segen der Kirche, ohne ihre Orakel, ohne ihre Reinigungsmittel gibt es kein Heil, kein Glück, kein legitimes Dasein für den Menschen; alte Riten und Zaubermittel, mythische Elemente, jüngere philosophisch vertiefte Sünden- und Bußgefühle gehen in diesen heiligen Schatz der Kirche ein, den sie ihren Gläubigen bietet.

Der Spender all dieser Güter an die Menschen, der Vertreter der Gottheit und ihrer Heilsanstalt, der Kirche, ist der Priester. Er ist nicht mehr der Handwerker des Rituals, nicht der Gelehrte, der durch ein Lernen allein aus der Masse emporsteigt, nicht der Götterliebling, sondern ein Gemisch aus alledem, vor allem freilich der erwählte, reine Diener der Gottheit, der höher steht als alle Laien. Im Namen der Gottheit macht er Anspruch auf alle Herrschaft; wie er den einzelnen aus dem Volk leitet, so will er auch den König leiten.

Die Könige stehen im Krieg gegen diese Ansprüche der Priester, wie gegen die priesterlich-bürgerliche Demokratie überhaupt; soweit sie nicht einfach Barbaren sind, wie die ersten Kassiten, suchen sie die alte Suprematie politisch und religiös zu behaupten; den Starken unter ihnen gelingt das unter fortwährender Anspannung aller Kräfte; die Schwachen erliegen sehr schnell den städtischen Feinden und fügen sich deren Forderungen. Auch die Starken sind unfähig, kulturell und religiös ein eigenes Programm zu entwickeln; sie halten das Alte oder sie suchen Ideale zu verwirklichen, die ihre priesterlich-bürgerlichen Gegner radikal vertreten, indem sie ihnen die königsfeindliche Spitze nehmen. Die Königsgötter nach Marduk kommen zu keinem Ansehen in der babylonischen Kirche. Die Götter der Kassiten sind für die babylonische Religion ohne Belang geblieben; der oberste, Šukamunu, mußte zufrieden sein, daß er als Kriegsgott und Hausgott der Königsfamilie der Ehre einer Gleichsetzung mit Nergal gewürdigt wurde. Auch Aššur, der alte Lokalgott der Hauptstadt und dadurch

Reichsgott des assyrischen Nationalstaates, wird zwar später politisch Herr der Welt und enthront zeitweise Marduk bis zur Wegführung aus Babylon, aber die babylonische Religion hat keine Notiz von seiner Bedeutung genommen; er mochte sich mit allen Abzeichen und Mythen babylonischer Götter schmücken, alle Großen des babylonischen Pantheons zu seinem Gefolge nehmen — für die babylonischen Priester blieb er ein Barbar, wie seine Könige, außerhalb ihrer Listen, selbst wo diese für den assyrischen König abgeschrieben wurden, außerhalb ihres Weltbildes, außerhalb der Kultur.

Der babylonische Königsgott bleibt Marduk; ihm huldigen nach wenigen Generationen die Kassitenkönige an erster Stelle vor ihrem Volksgott; ihm dienen assyrische Eroberer, wenn sie sich friedlich in Babylonien aufhalten; seiner Empfindlichkeit zuliebe nehmen Tukultapilešarra III., Šulmanašaridu IV. und Aššurbanipal besondere Thronnamen als babylonische Könige an, verzichtet Šarukin auf den babylonischen Königstitel und nennt sich nur Statthalter. Die einheimischen Könige sind natürlich durchweg seine eifrigen Diener.

Bei dieser Sachlage muß es auffallen, daß gerade unter den einheimischen babylonischen Königen alle bedeutenden Herrscher nicht Namen mit Marduk, sondern mit Nabu führen. Nabukudurriusur I., der Marduk aus Elam zurückholt und noch einmal vor dem neuassyrischen Reich Babylonien groß macht, eröffnet den Reigen; »Nabu schütze die Grenze« bedeutet sein Name, und so könnte man versucht sein, ihn daher zu leiten, daß das Land seines ersten Schützers durch die Elamiten beraubt war und also Nabu an Marduks Stelle trat; in der Tat führen seine Nachfolger sämtlich Namen mit Marduk bis auf den letzten König der Dynastie, Nabušumlibur. Die sogenannte 8. babylonische Dynastie beginnt mit Nabumukinbal, die 9.[1] hat nur Namen mit Nabu: Nabušumiškum, Nabunasir, Nabunadinser, Nabušumukin; nach dem assyrischen Zwischenspiel setzt die chaldäische Dynastie mit Nabupalusur und Nabukudurriusur II. ein; Nabukudurriusurs Sohn ist Avilmarduk; der Usurpator Nergalšarusur hat einen Sohn Labašimarduk; der fromme Nabunaid mit seinem Sohn Belšarusur schließt die Reihe. Es geht ebensowenig an, einen Zufall bei diesen Benennungen anzunehmen, als etwa zu denken, daß Marduk jedesmal, wie zur Zeit Nabukudurriusurs I.

[1] Nach E. Meyer.

zeitlich geschwächt gewesen wäre. Mir scheint das ganze Namenspiel erklärlich durch den Kampf zwischen Königen und Städten, zwischen Marduk, dem Königsgott, und Nabu, dem Gott der priesterlich-bürgerlichen Schicht. Der demütige und fromme Thronprätendent und König empfiehlt sich durch einen Namen mit Nabu den Gebildeten, deren Programm Nabu verkörpert; schwache Dynastien, wie die 9. babylonische, bleiben, von deren Wohlwollen abhängig, bei dieser Namengebung; kräftige Herrscher dagegen spielen sehr bald Marduk gegen Nabu aus; Nabukudurriusurs I. Nachfolger haben Marduknamen bis die Dynastie zum Ende geht; Nabupalusur nennt seinen Sohn, der noch nicht im Purpur geboren ist, nach Nabu, sein Enkel heißt nach Marduk; noch der letzte Usurpator und Priesterkönig Nabunaid heißt nach Nabu, stürzt einen Vorgänger, der nach Marduk benannt ist, und nennt seinen Sohn nicht geradezu Mardukšarusur, aber Belšarusur, was in dieser Zeit sicher auf Marduk, nicht auf den alten Ellil zu beziehen sein wird. So geben die Königsnamen der letzten Periode einen Einblick in den Kampf der Könige gegen ihre Verbürgerlichung und Beugung unter das Joch der priesterlich-bürgerlichen Schicht.

In diesem Kampf muß das Ideal des guten und frommen Königs, das Schreckbild des sündigen Tyrannen, das eine frühere Zeit entworfen hatte, zur Fessel der Könige geworden sein. So lange die ganze priesterliche Weltanschauung noch in den Händen der Könige lag, haben wahrscheinlich diese selbst geholfen, solche Typen zu schaffen, indem sie sich ihrer Gottheit gegenüber freiwillig demütigten und zu einem bestimmten Wandel verpflichteten; aus der freiwilligen Anerkennung solcher Pflichten durch kräftige Herrscher, die nichts dabei zu fürchten hatten, und durch fromme Fürsten, die ihrem Gewissen oder äußeren Anregungen folgten, ward ein Gewohnheitsrecht, dessen Einhaltung die selbständig gewordene Priesterschaft forderte. Ein Netz ritueller Vorschriften und Gesetze macht den »frommen« König von der Priesterschaft abhängig, verstrickt den »sündigen« und liefert ihn seinen Gewissensbissen und Gegnern aus.

Den altertümlichsten Eindruck von den Stücken, die hierher gehören, macht das Gedicht vom »König von Kutha«. Im Ichton wird darin der Einfall eines merkwürdigen Heeres von 360000 Kriegern mit Vogelleibern und Rabengesichtern in Babylonien geschildert; Anus Gericht und Urteil schickt das Heer, das aus der Erde stammt und trübes Wasser trinkt, offenbar Totengeister; seine Führer sind 7 Könige, Söhne Anubaninis (so heißt ein alter König der Lulubäer zu Šarganišarris Zeit), die aus den Bergen stammen; wir können sie nur als Dämonen ansehen und zwar als die 7, die Anu für den Pestgott Urra schafft: »Anu ist unser Erzeuger« heißt der Vater, »die die Gebote vor Übertretung bewahrt« ist der Name der Mutter, »Erklärer der göttlichen Befehle« bedeutet der Name des ältesten Königs. Der König von Akkad vertraut auf seine Heere; er will »den von Eisen« packen; aber alle Truppen (180 000, 120 000, 60 000 oder nach anderer Fassung 120000, 90 000, 60 000) erliegen dem Feind; da demütigt sich der König vor den Göttern; er stimmt einen Bußpsalm an:

»Ich, Katili, was hab' ich über meine Regierung gebracht? Ich bin ein König, der sein Land nicht unversehrt erhält und ein Hirt, der sein Volk nicht unversehrt erhält. Was wird meine Regierung hervorbringen? Schreckensglanz, Nacht, Tod, Seuche, Erdbeben, Hungersnot, Drangsal soviel es gibt, ist auf mein Volk gekommen — mag denn die Flut kommen, gewaltiger als die der Urzeit.« Verzweifelt, überzeugt, daß Akkad der Vernichtung preisgegeben ist durch sein Verschulden, befragt er die Götter und findet nun bei ihnen, die bis dahin geschwiegen, ein williges Gehör; die Plage verschwindet; eine Tafelhinterlegung im Nergaltempel in Kutha zeugt davon.

Das Gedicht ist in erster Linie ein Hymnus zum Preis der Macht des großen Herrn der Dämonen aller Krankheiten, des Nergal; daß es sich um eine Pest handelt, kann gar keine Frage sein; die geschichtliche Frisur als Kriegszug eines Gebirgsvolks ist ein durchsichtiges Verkleidungsspiel, bei dem die Verwendung des alten lulubäischen Königsnamens wohl Absicht sein könnte. Die redenden Namen, die sexagesimalen Zahlen, die riesigen Heere (die Dämonen scheinen stellenweise 360 000 »Heere« zu sein) zeigen die Fiktion. Von allgemeiner Bedeutung ist die Lehre für Könige; Katili ist der Typus des törichten, d. i. sündigen Königs, der auf seine Mittel vertraut; er wird dadurch »Katili«, d. i. »Hand Gottes«, ein Ausdruck für eine fieberhafte Seuche, eine Pest für sein Land; erst als diese »Gottesgeißel« zur Verzweiflung und Buße kommt, wird alles wieder gut.

Der Kern des Gedichts reicht wohl sicher in altbabylonische Zeit hinauf; die Einschaltung des Bußlieds ist kaum früher als in der Zeit der ersten babylonischen Dynastie möglich.

Vielleicht ist das Gedicht von Katilis Schicksal aus einem Hymnus auf den Pestgott hervorgegangen, so daß Katili ursprünglich der Name des Herrn, nicht des Gegners der sieben Dämonen gewesen wäre; ein Hymnus an Irra, den Pestgott, schildert genau wie das Katiligedicht den Einbruch der sieben Anukinder in Babylonien als Krieg, bei dem Uruk und Babel erobert werden. Auch hier wird eine Tafel empfohlen, die einen Gesang zu Irras Ehre enthält und ihn besänftigt, wahrscheinlich unser Gedicht.

Das Werk ist interessant, weil es die ausgedehnteste Schilderung der Schreckenszeit und Segenszeit enthält, die in der babylonischen Literatur erhalten ist. Als Anus Werk, gerechte Strafe der Sünden, erscheint Irras Auszug; die Menschen sind schwach und hilflos, Vögel, die ihr Fänger würgt; die Stadtgötter, selbst durch das Geschick ihrer Städte erschüttert, sind doch machtlos; der Sohn und der Vater, der Gerechte und der Ungerechte, der Sünder und der Fromme sollen fallen; wilde Empörung aller gegen alle ist das Ende: »Das Meerland soll das Meerland, Mesopotamien Mesopotamien, Assyrien Assyrien, der Elamiter den Elamiter, der Kassit den Kassiten, der Sutäer den Sutäer, der Kutäer den Kutäer, der Lulubäer den Lulubäer, ein Land das andere, ein Haus das andere, ein Mensch den anderen, ein Bruder den andern nicht verschonen und sollen einander erschlagen.« »Aber hernach soll der Akkader sich erheben, sie alle niederstrecken und insgesamt niederwerfen.«

Die Segenszeit beginnt damit, daß die Macht des Großen von Akkad gebrochen wird, seine Nachkommen ausgerottet werden, seine Städte wüste, seine Berge eben werden und seine Beute nach Babel kommt. Die Götter des Landes werden versöhnt, Feld und Frucht gedeihen, Berg und Meer geben Reichtum, die Fluren erblühen wieder, die Wege werden gangbar, die Häuser erstehen aus den Trümmern.

Was hier als Werk von Irras Strafgericht und Versöhnung in einem Gedicht zu seinem Preis erscheint ist das messianische Schema vom bösen König der Schreckenszeit und vom guten König der folgenden Zeit des Segens; offenbar ist eine konkrete ältere Prophetie »vom Akkader« in die zeitlose Apokalypse aufgenommen. Was Katili in seinem Bußlied kurz als Folgen seiner Sünde anführt, ist hier ausgemalt.

Verglichen mit der israelitischen Prophetie ist das Gedicht merkwürdig durch das Vorhandensein aller Elemente und durch das Fehlen aller weiteren Gesichtspunkte. Der Zorn der Gottheit als Ursache des Gerichts, ihr Schmerz bei all dem Elend, das sie doch als gerecht nicht abwenden kann, die Art des Gerichts und die Versöhnung sind gleich; aber abgesehen davon, daß die polytheistische Fassung viel von der Wirkung nimmt (Anu richtet, Irra straft, Marduk klagt), fehlt ganz die Hinaufspiegelung ins metaphysisch allgemeine; eine Prophezeihung in augenblicklicher Not, ein Hymnus zur Beseitigung einer Pest, ein praktisches Mittel zum nächsten Bedarf ist das messianische Schema in Babylonien, kein Ausdruck einer tiefen Einsicht in den Mechanismus des Weltgeschehens.

Ein Mittel zur Erziehung der Könige nach den Wünschen der Priester ist es auch. Die Drohung mit der Fluchzeit klingt deutlich durch in den Regeln für den Herrscher, die uns aus assyrischer Zeit erhalten sind. Der König muß auf die Weisungen seiner Priester achten, sonst sind seine Tage kurz und sein Land rebelliert; er muß das Recht unangetastet lassen, nichts Fremdes dazu bringen, sonst wird sein Land zerfallen, sein Geschick widrig werden, fremdes Recht ins Land kommen. Die Götter schützen ihr Werk; verfährt der König gegen ihre Wünsche, so strafen sie ihn. Die Interessen der Priester und Kaufleute sind die der Götter; wer da ändern will, ist ein Barbar und ein Verbrecher; dabei hat diese Interessenpolitik ein ganz gutes Gewissen; die goldenen Zeiten liegen vor der Flut, ewig und unveränderlich wirkt die göttliche Urzeit als Ideal; die zeitlose Richtung der Spekulation macht konservative Politik zur Pflicht.

Dieses Suchen des Ideals in der Vergangenheit stellt an die Seite der frommen Herrscher der jeweiligen Gegenwart Vorbilder aus der Urzeit; der Messiaskönig kann immer noch jeder fromme König werden, er erscheint aber als Abbild eines älteren Herrscherideals, wie die ganze Jetztzeit immer nur ein Abklatsch der Urzeit mit bedeutenden Degenerationen sein kann. Die Hoffnung auf eine wunderbare Wiederkehr der Königsideale und der Zustände der Urzeit liegt hier verschlossen; die Babylonier haben vielleicht vereinzelt derartige Gedanken gehabt; erst die jüdische Spätzeit hat auch hier logisch alle Folgerungen gezogen.

Der Urkönig der Babylonier, der als Herrscherideal ausgestaltet wurde, ist Šarganišarri von Akkad. Aus dem Barbaren und »Gott von Agade« ist ein Wunder von frommer Gottesfurcht geworden, der niedrig geborene Liebling der Gottheit, die an seiner Erhöhung zum Thron und an seiner Demütigung durch einen allgemeinen Aufruhr ihre Macht zeigt. Die Omina, die ihn bei seinen Fahrten geleitet, gehören der klassischen Literatur an. Als sein Abbild führt sich Šarukin ein.

Noch weiter hinauf in die Urzeit vor der Flut greift Sinacheriba, wenn er sich als neuen Adapa, als Urkönig und frommen Liebling Eas feiern läßt.

Wie weit die Könige sich dem priesterlichen Geist gebeugt, das zeigen unsere Denkmäler. Seit der Kassitenzeit erfolgt die offizielle Datierung der Regierungszeiten nach einem religiösen Akt, der Ergreifung der Hände Marduks; gewiß war der Akt selbst, die Belehnung durch den Gott, älter und immer bedeutsam gewesen; nun scheint er wichtiger, als jeder andere Anspruch geworden zu sein. Nabukudurriusur I. führt wieder den alten Statthaltertitel neben dem Königstitel und ist der erste König, dem ein Bußlied in politischer Not offiziell zugeschrieben wird. Besonders fromm müssen die Könige der 9. babylonischen Dynastie gewesen sein; von Nabunasir datiert eine Ära, die kaum ganz zufällig an ihn angeschlossen ist, sondern wahrscheinlich mit einer wissenschaftlichen Leistung, einer Reform der Tierkreisrechnung und der Aufzeichnung astronomischer Vorgänge zusammenhängt.

Bei den assyrischen Herrschern der Šarukinidenzeit sehen wir, wie weit selbst diese Ausländer und Soldaten im Bann der priesterlich-bürgerlichen Weltanschauung standen; von Aššurachiddin und Aššurbanipal sind uns Vorzeichen und Weissagungen erhalten, die ihre Entscheidungen bestimmten, die Gesetze, die an bestimmten Tagen jede Ausfahrt und jede Regierungshandlung untersagten, ja sogar bestimmte Speisen und Gewänder verboten.

Daß die chaldäischen Großkönige nicht weniger sorgfältig in ihrer Frömmigkeit gewesen sein können, liegt auf der Hand; sie sind ja im Mittelpunkt dieser Kultur aufgewachsen; ihre Inschriften bestätigen es.

Alle aber übertrifft Nabunaid, der mit wissenschaftlicher Gründlichkeit bei seinen endlosen Grabungen nach Tempelgrundsteinen und bei seinen Tempelausstattungen vorgeht. Wenn er dem Šamaš eine neue Scheibe weiht, so ruht er mit Anfragen nach den genauen Wünschen des Gottes nicht eher, als bis jede Einzelheit geklärt ist; er vergleicht verschiedene Vorzeichenreihen und setzt sie als Belege in die Weihinschriften; er schwelgt in alten Daten wiedergefundener Grundsteine und zitiert die alten Inschriften. Er betet endlos und bei jeder Gelegenheit und hütet sich, mit Waffen umzugehen und in die göttliche Kausalität einzugreifen. Aber gerade dieser Herrscher, der nur fromm und gelehrt ist und deshalb in der großen Politik seiner Zeit eine klägliche Rolle spielt, zeigt die Höhe dieser priesterlich-bürgerlichen Wissenschaft, ihre Idealität, die großen Möglichkeiten, die sie enthielt, und die ihre hartnäckige Feindschaft gegen starke Könige trotz ihrer Verquickung mit Standesinteressen rechtfertigen kann. Es ist ein begeisterter Glaube an die Ewigkeit und Unveränderlichkeit der Weltordnung in Nabunaids Inschriften, wenn er peinlich alle Dinge, wie sie vor alters waren, herstellen will und vor der Absurdität nicht zurückscheut, die Ewigkeit seines Regiments unter Kyros' Waffen zu betonen; er ist fromm — der Fromme blüht ewig. Ein unerschütterliches Vertrauen in die Richtigkeit seiner Weltanschauung beseelt ihn, triumphiert über dem abziehenden Feind, als Kyros sich nach Kleinasien wendet, trotzt ihm, wenn Nabunaid mehr Götter als Truppen in Babel zusammenzieht. Die Furcht vor der Sünde, der tiefe Glaube an diese einzige Erklärung alles Unglücks ist lebendig in seiner wissenschaftlichen Exaktheit, in seiner Erklärung von Assyriens Untergang aus dem Frevel Sinacheribas an Marduk, in seinen warmen Gebeten, in denen er die Gottheit bittet, ihn und seinen Sohn Belšarusur nicht sündigen zu lassen. Ein fast monotheistischer Gottesbegriff wird sichtbar, wenn er die großen Götter einzeln bittet, allen großen Heiligtümern ihre Fürsorge zuzuwenden, wenn er Marduk und Sin die Entzweiung des Kyros und Astyages veranlassen läßt, die Babel rettet, und wenn er alle Götter in Babel vereinigt; es ist der babylonische Monotheismus, der eine einheitliche Gottheit in mehreren Göttern ahnt, der nicht dazu kommt, eine Gestalt auf Kosten der andern allein zu lassen (namentlich die großen astralen Götter, Sin, Šamaš, Ištar, sind dem gelehrten Nabunaid neben Marduk wichtig und können nicht im anthropomorpheren Vater- und Schöpfergott verschwinden), er kommt aber dem jüdischen nahe genug, um verständlich zu machen, daß die jüdische Lehre in den obersten Schichten der babylonischen Bevölkerung wohl Proselyten machen konnte. Freilich waren zu Nabunaids Zeiten Juden in Babel, man könnte also an eine Beeinflussung des Königs denken; doch scheint mir einerseits der

Glaube Nabunaids so deutlich von jüdischer Lehre geschieden, so vollkommen aus der babylonischen Entwicklung ableitbar, daß er keiner Ableitung von außen bedarf; anderseits würde uns die jüdische Überlieferung eine Begünstigung jüdischer Lehre gewiß nicht verschwiegen haben; Avilmarduks Gunstbezeugungen für Jechonja wurden überliefert — Nabunaid ist ein Feind von Avilmarduk und seinen Freunden, ein Vertreter babylonisch-kirchlichen Geistes, der Jahus Einzigkeit bestritt, also ein Gegner der Juden; wenn er in Kyros ein Werkzeug Marduks sah, als Kyros Astyages vernichtete, erblickte Deuterojesaja in ihm ein Werkzeug Jahus, als er Nabunaid vernichtete.

Seitdem die wissenschaftliche Spekulation den Himmelsgott Anu an die Spitze der Weltgötter gestellt hatte, war die Tendenz zu einer einheitlichen Durchbildung der Götterwelt und damit die Möglichkeit einer monotheistischen Gipfelung des Systems gegeben; einer der großen Sechs, etwa Anu, konnte übermächtig, Alleinherrscher werden; eine Identifikation aller Großen konnte logisch das Werk krönen. Der andere Weg zum Monotheismus, die Erhebung eines Stammgottes zum einzigen Weltgott, war im babylonischen Weltreich mit seiner alten Wissenschaft unmöglich, nur barbarischen Stämmen, wie Assyrern und Juden, die zunächst naiv nichts anderes als ihre kleinen Landesinteressen kennen, gangbar.

Die Entwicklung zu einer monotheistischen Krönung des Pantheons ist in der Tat eingetreten; nur ward keiner von den großen Sechs, sondern Marduk ihr Träger.

In Konkurrenz stand er dabei im Lauf der Zeit mit vielerlei Elementen, wissenschaftlichen und politischen. Unter den politischen stand Aššur obenan; trotz seiner Macht und eifriger Arbeit seiner Priesterschaften blieb er für die babylonische Wissenschaft ein Ausländer und Barbar.

Von den wissenschaftlichen großen Göttern schieden die abstrakten Schemen ältester Generationen vor der Trias aus, weil sie weder lokale Kulte, noch rechte Gestalten und Geschichten bekamen; einige gelehrte Köpfe mochten sie für geeignet halten, die Weltherrschaft anzutreten; einem unter ihnen, Anšar, half zeitweise der Anklang an Aššur zu weiterem Ansehen; ernste Anwartschaft auf Marduks Stelle hatten sie nicht. Von den sechs Großen waren die ersten drei durch Marduk ersetzt; sie hatten ihm ihr Wesen und ihre Macht tatsächlich und in rechtlichen Formen abgetreten, und diese Abtretung war Gewohnheitsrecht geworden. Die letzten drei waren gefährlicher; sie waren älter als Marduk, legitimer, der modernen astralen Strömung in der Religion sympathischer; die Einreihung Marduks unter die Planeten ist hier ein bedenkliches Symptom der Abwehr. Als Weltschöpfer, der den Gestirnen Platz und Bahn anweist, ist Marduk auch ihr Herr; die Frage war nur, ob er in einer astral noch weiter entwickelten Religion dies anthropomorphe Herrschaftsverhältsnis hätte behaupten können; immerhin wäre er auch dann noch der erste der Dolmetscher, der Planeten größter, geblieben. Jedenfalls legt mancher Zug der neuassyrischen und chaldäischen Zeit, z. B. die Benennung von Šarukins Sohn nach Sin, von Aššurachiddins babylonischem Sohn nach Šamaš, namentlich auch die Verehrung Nabunaids für die astrale Trias, den Gedanken nahe, daß der Zusammenbruch vielleicht eine gelehrte Revision von Marduks Stellung verhindert haben könnte.

In der Zeit von der ersten babylonischen Dynastie bis auf die Chaldäer besaß aber Marduk von allen großen Göttern zweifellos die nächste Anwartschaft auf eine monotheistische Vorzugsstellung, tatsächlich und in Babel wohl auch wissenschaftlich. Er ist »Bel«, der Herr ohne Zusatz, der Gott der Götter, der Herr der Herren; er hat die Welt geschaffen — die Schöpfungstat muß neben der Kampfmythe immer wichtiger geworden sein, die außerweltliche Stellung des Schöpfers bereitet sich vor. Als Rest seiner absoluten Herrscherstellung im zentralisierten Staat Chammurabis ist ihm die Königswürde geblieben, wie Babel, trotz assyrischer Obergewalt, Mittelpunkt der Welt geblieben war, die Stadt, nicht eine Stadt, wie Ur oder Larsa, ein Rom, dem keine Zerstörung schadete. Von der alten Bindung Marduks an Babel war alles aufgegeben, was den Weltgott fesseln konnte; Marduk beliebt in Babel zu wohnen, die Huldigungen der Könige zu empfangen, wie der große Gott der mittelalterlichen Christenheit in Rom seinen vorzüglichen Sitz auf Erden hat; ebenso kann es ihm belieben zu wandern: Marduk straft seine Stadt, indem er nach Elam (wohl auch nach Assyrien) in die Verbannung geht, bis die Zeit erfüllt ist und er zurückkehrend den Übermut der Elamiten und Assyrer straft, die sich die Kraft zuschrieben, den Gott zu vergewaltigen; es behagt ihm, das Land dem Meder zu geben und es ihm dann durch den Perser wieder abzunehmen, die Tempel und Abgaben aller großen Götter leer und nichtig zu machen und sie selbst in seine Stadt aufzunehmen; er ist eben Herr aller Götter und aller Völker. Er steht so hoch, daß er über lokale Bedingungen, über alle menschliche Einsicht erhaben ist; er verwirft und erwählt Götter und Menschen; er wirkt durch seine Diener, vor allem durch seinen Mittler und Sohn Nabu.

Nabus ungeheure Bedeutung in der Spätzeit beruht sozial auf seinem Verhältnis zu der herrschenden Klasse, wissenschaftlich begründet wird es aus der Überhöhung Marduks, die einen menschennäheren Mittler nötig macht. Der liebe Sohn, der Stellvertreter, der allen zugänglich ist und überall die Hand im Spiele haben kann, wenn er will, ist doch nichts weniger als Mitregent; seine Vorzugsstellung verdankt er eben der Tatsache, daß er kleiner, abhängig und demütig geblieben ist, während sein Vater immer höher stieg; durch den Mittler, den »Verkünder« und »Propheten« geht aller Verkehr mit der obersten Stelle. Das Verhältnis beider ist sehr schön ausgedrückt in einer Hymne, die Marduks Ruhm preist, aber als Akrostichon Nabus Namen gibt.

Neben Nabu ist Marduks Gattin Sarpanitu durch die Erhöhung des Gatten mitgestiegen; ursprünglich eine der blassen Göttergemahlinnen ohne besondere Züge, wird sie als Gemahlin des Göttergottes und Herrenherrn wichtiger als ihre Genossinnen. Sie erscheint in den Königsinschriften unter den Größten, als Göttermutter, als Belit-Ninlil, Nincharsag, Ninmach, als erste unter den Ištargestalten; man könnte an einen Bitheismus denken, wenn sie nicht eben nur Gemahlin wäre; die große Gemahlin des Königs hat teil an seinen Ehren und Würden, auch allerlei heimlichen Einfluß, aber der König allein herrscht.

Die Trias Marduk, Sarpanitu, Nabu entspricht etwa Gottvater, Maria und dem Sohn und Mittler, nicht nur als Dreiheit, sondern auch in den Machtverhältnissen; der Vater ist der unbedingte Herr, der Sohn wichtig als sein Vertrauter und Vermittler; wie in mittelalterlichen Legenden und Gebeten der Sohn wichtiger scheinen kann als der Vater, so ist das bei Nabu gelegentlich der Fall; ob die Göttermutter ähnliche Bedeutung für die Vermittlung zum Sohn gewann wie Maria, wissen wir nicht, doch liegt diese Annahme bei der Analogie der Ištargestalt zu Mariengestalten recht nahe.

Unter den drei größten Göttern stehen in Babylonien wie in der katholischen Kirche des Mittelalters die lokalen Schutzgötter, große und kleine; das Verhältnis ist nicht so scharf durchdacht;

16*

die oberste Dreiheit ist nicht so absolut herausgestellt; die Weltbeherrschung und die naturalistische Weltverteilung stehen im Pantheon in Konkurrenz; in allem Wesentlichen aber herrscht Übereinstimmung; auch der Monotheismus der katholischen Kirche des Mittelalters ist nur ein Scheinmonotheismus, ein Polytheismus mit monotheistischen Strebungen, dem nur der Zufall der geschichtlichen Anknüpfung abstraktere Formeln an die Hand gegeben hat.

Ein glücklicher Zufall hat uns aus neubabylonischer Zeit zwei Texte erhalten, die zweifellos machen, daß mindestens lokal eine monotheistische Ausgleichung des Polytheismus in der Gestalt Marduks versucht wurde; wie die oberste Dreiheit der christlichen Kirche spekulativ identifiziert wurde, wie die lokalen Götter als Diener monotheistisch zulässig gemacht wurden, so sind die Weltgötter und die Zweiheit Marduk-Nabu gleichgesetzt worden; die Identifikation mit allen andern folgt der Überhöhung Marduks über alle.

Die neubabylonische Liste, in der Marduk allen großen Göttern gleichgesetzt wird, lautet folgendermaßen:

»Nin-IB ist der Marduk des Kulturackers, Nergal ist der Marduk des Kampfes, Samama ist der Marduk der Schlacht, Ellil der Marduk der Herrschaft und Entscheidung, Nabu ist der Marduk der Geschäfte, Sin ist der Marduk der Nachterleuchtung, Šamaš ist der Marduk der Rechtsentscheide, Adad ist der Marduk des Regens, Tišchu ist der Marduk des Heeres, Šukamuna ist der Marduk des Tongefäßes.«

Im liturgischen Hymnus zur Neujahrsfeier am Marduktempel heißt es ähnlich:

»Nennt man dich nicht Nabu, wohnst du nicht in Borsippa?
nennt man dich nicht Samama, wohnst du nicht in Kisch?
nennt man dich nicht Nergal, wohnst du nicht in Kutha?« usw.

Der Inhalt dieser Texte ist vollkommen klar; Marduk wird einer Reihe großer Götter im Wesen gleichgesetzt; sie sind nur andere Namen für seine Person, besondere Verkörperungen einer Seite seiner Mannigfaltigkeit; diese Gleichsetzung geht im zweiten Text so weit, daß Marduk geradezu zum Lokalgott der betreffenden Städte gemacht wird. Ich bin mir vollkommen klar darüber, daß wir es hier mit lokalen Spekulationen zu tun haben, die vielleicht an allen lokalen Zentren in gleicher Weise vorgenommen wurden; bei Marduk allein sind sie uns aber erhalten, und bei ihm gewinnen sie besonderes Gewicht, weil er schon so hoch über allen andern steht, daß eine allgemein anerkannte Identifikation ihn zum einzigen machen würde. Aber auch wenn die Ehrung durch Identifikation in allen lokalen Kulten eingeführt und üblich war, beweisen die Texte die Tendenz zu monotheistischer Zusammenfassung in der babylonischen Religion.

Die monotheistischen Regungen sind in Babylonien nicht über eine potentielle Existenz hinausgekommen; noch zu Nabunaids Zeit ist es ebenso möglich, daß Marduk alle anderen assimiliert, wie, daß ein allgemeiner astraler Gottheitsbegriff auch Marduk aufnimmt; ein außerweltlicher Schöpfer und Herr der Welt oder ein astraler Kosmos kann herauskommen. Möglich, daß es babylonische Propheten und Sekten gab, die derartige Ideen weiter entwickelt hatten, als unser spärliches und offizielles Material zeigt; übermäßig wahrscheinlich ist es freilich nicht. Die Perser, die Juden, die Hellenen haben die Entwicklung an diesem Punkt aufgenommen und vollendet, indem sie aus der Menge möglicher Wege einen entschieden weiter verfolgten. Die Babylonier bleiben im Unbestimmten.

Ein Zufall will, daß die klarsten babylonischen Äußerungen monotheistischer Art, die höchsten Vorstellungen von Marduks Herrschaft über Eingeborene und Barbaren, über Sünde und Vergeltung, aus neubabylonischer Zeit stammen, also mit dem Aufenthalt der Juden in Babel zusammenhängen könnten; ebenso setzt später in der Perser- und Seleukidenzeit die exakte babylonische Astronomie erst ein, als die Hellenen eine große Astronomie entwickelt haben. Trotzdem kann nur ein recht oberflächliches Urteil den Besitz der Babylonier einerseits, der Juden und Hellenen anderseits verwechseln; so gewiß Juden und Hellenen von den Babyloniern Stoff und wissenschaftliche Formen übernommen haben, so klar sind ihre logischen Fortschritte; die Babylonier haben sich diese zu nutze gemacht, praktisch, wie sie als altes Kulturvolk geworden waren; ihr geistiger Besitz ist das Neue nicht geworden, nur technisch haben sie gelernt, ihre Religion und Wissenschaft den Fremden imponierend hinzustellen, wissenschaftlich konkurrenzfähig zu bleiben.

Vorjüdisch ist die Stellung Marduks als allmächtiger, gerechter und barmherziger Gott, als überweltlicher Schöpfer und Herr der Welt, als Herr einer Stadt, eines Staats und aller Völker; vorjüdisch ist seine Liebe zu seiner Stadt und seinem Volk, die ihn doch nicht hindert, deren Sünden zu züchtigen; vorjüdisch ist seine Kirche in

Babylon mit ihren Priestern, Opfern und Festen. Es fehlt die logische Unbedingtheit all dieser Elemente; die allgemeine Anerkennung des einen Gottes, die systematische Verfolgung der Idee von Sünden und Strafen der Auserwählten; selbst in den lokalen Resten und in Riten ist die jüdische Kirche logischer.

Babylonische Religion bleibt Polytheismus. Dafür besitzt sie in ihren astralen Weltgöttern den Kern zu einem Weltsystem, zu einem naturwissenschaftlichen, zeitlosen Weltbild, einem Kosmos; hier hat den Juden ihre Logik geschadet, indem sie polytheistische Regungen, astrologische Ansätze und naturwissenschaftliche Interessen verwarf; die Durchbildung dieser babylonischen Anfänge fiel den Hellenen zu.

Von allen Teilen der babylonischen Religion hat ihr zeitloses »System der Entsprechungen« die zahlreichsten Kontroversen hervorgerufen; es hat in Winckler und Jeremias begeisterte Propheten gefunden, die es für ihre Pflicht hielten, weiteste Kreise damit bekannt zu machen; nicht weniger energisch ist seine Bedeutung und überhaupt seine Existenz von anderer Seite geleugnet worden.

In der Tat hat sich in Babylonien früh, in der Epoche der Pantheonbildung, eine systematische Neigung geltend gemacht, die wohl zum Kern eines Systems im Sinn der Panbabylonisten hätte werden können; ihr Erzeugnis ist die sexagesimale Himmelsrechnung der Babylonier. Sie geht von einer recht unexakten Jahresrechnung aus, die das Jahr zu 360 Tagen ansetzt und in 12 Abschnitte zu 30 Tagen zerlegt; von Jahreszeiten ist nichts sicheres bekannt — der Tierkreis hat bald zwei, bald drei Herren, dem entsprechend wären zwei oder drei Abschnitte denkbar. Der Monat zu 30 Tagen wird nach dem Mondlauf in 2 Hälften zu 15 Tagen und in 6 Abschnitte zu 5 Tagen zerlegt. Der Tag hat wieder 6 Teile, die 2 Hauptabschnitte bilden, 3 Nachtwachen und 3 Tageszeiten zu je 2 Doppelstunden; oder er besteht aus 12 (gleich 2 mal 6) Doppelstundeneinheiten. Die Doppelstunde hat 6 Abschnitte zu 5 babylonischen Minuten, also 30 Minuten [1]. So haben wir eine durchgehende Einteilung in 6 bez. 12 Einheiten; außerdem bestehen genaue Entsprechungen von Jahr und Tag, Monat und Stunde.

Die Babylonier haben von diesem wundervollen theoretischen System für ihre Jahresrechnung einen Teil aufgegeben; ihre Gelehrten

[1] Die babylonische Minute = 4 von unsern.

waren zu exakt, mit runden Jahren von 360 Tagen und runden Monaten zu 30 Tagen zufrieden zu sein; sie entwickelten eine genauere Mondrechnung und rechneten nach wirklichen Monden. Der Verzicht auf einen Teil des Systems aus Exaktheit (er bedeutete zugleich den Verzicht auf Popularität der Kalenderrechnung) ist ein glänzender Beweis für ihre wissenschaftliche Reife.

Zugleich verstanden sie, aus der alten Jahresrechnung wissenschaftlich Vorteil zu ziehen, indem sie den alten Kalender an den Himmel projizierten. Es ergab sich ein natürliches System der Einteilung des Himmels. Vom Himmel nahm der naive Mensch seine Zeitrechnung; der primitive Gelehrte gab ihr ein mathematisches Gewand, in Babylonien zu einem sexagesimalen System der Zeitrechnung entwickelt; genaues Zusehen ergab Unexaktheiten, die an den himmlischen Uhren verbessert werden sollten; so ward nun das mathematische Gewand dem Himmel angelegt und ergab eine Möglichkeit, Himmelsorte zu bestimmen, Gestirnbewegungen genauer zu verfolgen.

Am Himmel sind Zeitstrecken Wegstrecken; eine neue Entsprechung des Zeit- und Streckensystems entstand.

Noch weiter wäre eine Fortbildung des Systems möglich gewesen, wenn nun alle Dinge in sexagesimale Reihen geordnet worden wären. Ansätze dazu sind vorhanden; wir haben ursprünglich 6 große Götter in zwei Abteilungen zu dreien, 6 Teile der Welt, 3 Bezirke (Himmel, Erde, Tiefe) und 3 Hauptgestirne; jedem Gott entspricht eine der 6 Zehnerzahlen. Man hätte erwarten können, daß jedem ein Tier, eine Pflanze, ein Stein, eine Farbe, ein Stand usw. zugeteilt worden wäre.

Auch in der Richtung wäre eine Entwicklung möglich gewesen, daß etwa längere Reihen zu 60 entstanden wären, 60 Götter, 60 Sterne, 60 Städte, 60 Tiere usw. die Summe alles Wissens gebildet hätten.

Oder das Prinzip der Entsprechung hätte, wie bei Jahr und Tag, Mond und Stunde, zur Parallelisierung von Großem und Kleinem, von Makro- und Mikrokosmos führen können; ein Ansatz war in einer Zählung von 6 Hauptteilen des menschlichen Körpers zu schaffen.

Nichts von alledem ist in Babylonien durchgeführt, aber Anläufe sind zu allem vorhanden. Die Durchführung stockte, weil am

Himmel selbst das letzte wissenschaftliche Ergebnis der Anwendung des Zahlprinzips eine Auflösung seiner Verwendbarkeit in der Kalenderrechnung namentlich für den Monat gewesen war, ferner weil die neue Himmelsrechnung zahllose Aufgaben der Ausarbeitung und Beobachtung stellte, die wichtiger waren; sie stockte, weil die 7-Spekulation störend dazwischen fuhr; sie stockte vor allem, weil die Zeit frischen Anstiegs, kühner mathematischer und theoretischer Spekulationen für die Babylonier über der ersten Leistung und ihrer Korrektur entschwunden war. Die spekulative Einführung der Sechszahl fällt in den Beginn der großen wissenschaftlichen Entwicklung, in ganz frühgeschichtliche Zeit, vielleicht vor all unsere Denkmäler; die Erkenntnis, daß im sexagesimalen System ein Mittel zu genauer Himmelsrechnung gewonnen ist, muß am Ende der schöpferischen Zeit, etwa in der Epoche der Dynastie von Ur oder erst in der Chammurabizeit aufgegangen sein; da war es zu spät zur Theorie, es gab auch zu viel praktisch zu tun. Die sexagesimale Spekulation enthielt in der Tat die Keime zu einem Kosmos; weil die Erfahrung zu klein war, als sie entstand, löste sie sich in der Erfahrung teilweise selbst auf; sie wurde Himmelsrechnung, Praxis, Methode zur Beobachtung und Materialsammlung; zur theoretischen Rückanwendung des neu gelernten, zur allgemeinen Fassung des Ergebnisses kam es nicht; der babylonische Gelehrte ahnt ein Gesetz der himmlischen Ordnung bei der Anwendung seiner Himmelsrechnung, aber er ist weder theoretisch noch systematisch genug, es auszusprechen oder gar den himmlischen Kosmos auf Erden zu suchen.

Die einmal besessenen und angewandten Prinzipien wirken aber nach in ihm, analogistisch wendet er sie weiter an und gelangt so zu allerlei merkwürdigen Ergebnissen, die den Besitz abstrakter Theorien vortäuschen können, aber eben, wie die Himmelsbeobachtungen, rein praktische Materialsammlungen darstellen. Die Keime zum Kosmos sind unverkennbar, aber ihre Entfaltung bleibt aus.

Es gibt für den Babylonier etwas, wie ein Grundgesetz der Welt, das besagt, daß alle Dinge in der Welt nach dem Willen der Gottheit geschehen müssen und daß es dem Menschen möglich und nötig ist, diesen Willen zu erforschen. Die Gottheit verkündet ihren Willen nun nicht nur auf Anfragen, durch den Priester und auf einem Weg, sondern immerfort, in allem Geschehen, im Menschenleben und in der Natur. Es gibt nichts Unwichtiges in der Welt, in allem kann eine Absicht verborgen sein; es gibt keinen Zufall. Das ist entschieden ein Keim zum Begriff des Kosmos, der durchgehenden Naturgesetzlichkeit, aber eben nur ein Keim. Es gibt nichts Unwichtiges, aber auch kein Kriterium der Wichtigkeit, es gibt keinen Zufall, aber auch kein Gesetz. Es besteht nur ein starker Antrieb für jeden Menschen, ein vitales Interesse, die Dinge, die sich auf sein Schicksal beziehen, rechtzeitig zu erfahren, verbürgt zu erfahren. Dieser »Beziehungswahn« führt zur Anlegung von Vorzeichensammlungen; man schreibt auf, was an Vorzeichen eingetroffen ist und eintreffen könnte, für nicht allzu exakte Gelehrte so ziemlich ein und dasselbe; man sucht eine verständige Beziehung zwischen dem Vorzeichen und seiner Bedeutung. Diese Beziehung kann nur in einer Gemeinsamkeit, einer äußerlichen oder tieferen Ähnlichkeit im Dinge oder im Vorgange bestehen. Das babylonische Denken stellt sich auf das Gemeinsame ein; auf der babylonischen Stufe führt diese Einstellung zur Entwicklung abstrakter Oberbegriffe über langen Reihen von Dingen — Gottheit und göttliche Kausalität als quasi-Einheiten sind die obersten — und zu endlosen Listen von Vorbedeutungen. Diese Listen sind mit ungeheurem Fleiß gesammelt und konstruiert; ihre Grundlage, die Ankündigungsabsicht der Gottheit, ist eine falsche Hypothese; ihr wissenschaftliches Prinzip, der Nachweis einer Ähnlichkeit, ist unzulänglich; Gemeinsamkeiten führen zum Wesen, aber 99 von 100 sind unwesentlich; dabei gilt dem Babylonier jede Gemeinsamkeit gleichviel, er achtet bald auf diese, bald auf jene, gleichgültig gegen Widersprüche, immer bereit, den Einzelfall zu verallgemeinern. In Empirie und Konstruktion, in der Richtung auf ein Gemeinsames, auf allgemeine Fassung einer Erfahrung gährt die wissenschaftliche Methode der Induktion; aber sie kommt zu keinem Ziel, weil alle logischen Beschränkungen fehlen. Wenn man ein babylonisches Gesetz der Entsprechung formulieren wollte, so müßte es ganz allgemein lauten: Überall gibt es Gemeinsamkeiten, überall entspricht sich etwas, und jede Entsprechung bedeutet etwas. Allerlei entspricht sich (der Babylonier gebraucht den Ausdruck vom Verhältnis eines Gottes zu seinem Gestirn); aber diese Entsprechungen sind nur insofern gesetzmäßig, als sie immer eine göttliche Mitteilung enthalten. Sie sind wechselnd und widersprechend, schwer nachzuprüfen und vieldeutig; ein Wunsch, wiederholte Fälle zu bekommen, durch logische oder anschauliche schlagende Analogien oder durch berühmte geschichtliche Fälle (Omina Šarganišarris) zu einem Elitematerial zu kommen, ist unverkennbar; herauskommen konnte bei der Falschheit der Voraussetzungen und der Unzulänglichkeit der Methode natürlich nicht viel.

Man kann das Resultat als eine praktisch entstandene und festgewordene Übereinkunft über einige Hauptanalogien in den wichtigsten Gebieten der Zukunftserforschung bezeichnen; bestimmte logische und anschauliche Gleichungen werden Gemeinplätze, überall angewandt und als gesichert bevorzugt; in den wichtigsten Vorzeichenwissenschaften, der Astrologie und der Leberschau, entwickeln sich bestimmte herkömmliche feste Entsprechungen.

In der Astrologie entsteht dabei eine geographische Karte des Himmels, die der Geographie Babyloniens einigermaßen entspricht. Das erklärt sich aus verschiedenen Faktoren. Zunächst ist der Astrolog ein bevorzugter Künder der Schicksale von Königen und Reichen; es liegt nahe, zu Zwecken dieser regelmäßigen Anfragen die alten Bilder am Himmel moderner zu ergänzen, zu Göttern, Ungeheuern und Symbolen geographische Analogien hinzuzufügen, die eine sachliche Ausgestaltung der Voraussage erlaubten; auch die alten systematischen Ansätze wirkten mit: Zeit- und Raumstrecken im Himmel und auf Erden entsprachen sich; die großen Götter saßen in ihren Städten auf Erden und in ihren Gestirnen am Himmel; soweit sie nicht, wie die zweite Trias, Gestirngötter waren, wies man ihnen Himmelsorte an. Das Ergebnis ist eine Art Erdkarte am Himmel; die Ströme und Städte Babyloniens und vielleicht auch seiner nächsten Nachbarschaft werden untergebracht; sehr genau werden wir uns das Abbild nicht denken dürfen, doch genügte es für die Zwecke der Astrologen.

Wie weit das Bild im einzelnen ausgemalt war, ist nicht zu sagen; wahrscheinlich wurde, wie gewöhnlich, mit wechselnden Ähnlichkeiten operiert, das Passende festgehalten, das Widersprechende einfach vernachlässigt. Daß die Ekliptik als Ort der »Dolmetscher« besonders wichtig war, ist wohl fraglos. Aber alles blieb schwebende Phantasie zu Zwecken der Praxis; eine grobe Identifikation zu astrologischen Zwecken, durch die Praxis entwickelt, durch die Schule weitergegeben und so vielleicht in einzelnen Teilen fester eingebürgert: das ist die »Entsprechung von Himmel und Erde«, soweit sie nicht in der alten sexagesimalen Lehre enthalten war.

Aus einer Vermengung der Sexagesimaltheorie und der astrologischen Praxis in modernen Köpfen ist ein ungeschichtliches Zerrbild babylonischer Ur- und Priesterweisheit geworden.

Am Himmel muß allerlei der Erde entsprechen, weil man Irdisches vom Himmel ablesen will; die Gestirne sind die Schrift am Himmel, die Himmelsfläche ist die große Schreibtafel der Götter; mit seinen Dolmetschern ist er das wissenschaftlich höchste Mittel zur Weissagung; ein Gefühl für die besondere Bedeutung der Astrologie müssen die Babylonier gehabt haben. Sicher aber war es nicht mehr als ein Gefühl. Wie aus den Sternen, weissagen sie aus Wolken und sonstigen atmosphärischen Erscheinungen, wie aus dem ganzen Himmel, aus den Vierteln der Mondscheibe, indem sie Elam und Assyrien auf sie projizieren. Die Leberschau und die Becherschau und zahllose andere Schauen sind genau so entwickelt wie die Himmelsschau.

Wie die vielfachen Entsprechungen des babylonischen Tempels und des Weltbildes nicht einer theoretischen Absicht, sondern der Konkurrenz der Kulte entspringen, die dazu führt, daß in jedem Tempel ein Weltberg und ein Abgrund, eine Sonnenscheibe und ein Stern, natürlich neben unzähligen ganz unkosmischen Symbolen sich befinden, so entspringt die Ähnlichkeit von Erd- und Himmelsbild der Babylonier nicht einer ästhetisch-philosophischen Konzeption des Kosmos, sondern, von einem kleinen Kern abgesehen, den praktischen Bedürfnissen und Zufällen einer Vorzeichenwissenschaft. Der Babylonier hat nie gelernt, die Kinderschuhe dieser Wissenschaft des kurzsichtigsten Alltagsinteresses auszutreten, der Natur objektiv nachzugehen; wie jeder Vertreter einer religiösen Weltanschauung bleibt er ganz materiell und egoistisch nur auf sein eigenes Wohlbefinden bedacht; trotzdem werden vielleicht babylonische Denker auf die materialistischen Griechen gescholten haben.

Hellenische Wissenschaft hat das Erbe der babylonischen im Gebiet der Naturwissenschaft angetreten, und zwar zweimal. Zuerst hat die hellenische Oberschicht die babylonische Himmelsrechnung und die Nebenprodukte der Astrologie angenommen und eine wissenschaftliche Astronomie und den Gedanken des Kosmos geschaffen; dann hat die zweite hellenische Schicht, unfähig, die ganze abstrakte Höhe der Entwicklung der ersten Schicht zu erreichen, aber systematischer als die Babylonier, ein wirkliches System der Entsprechungen, eine Religion geschaffen, die in der Tat gewesen zu sein scheint, was die Panbabylonisten aus der babylonischen Religion machen wollen.

Wie unbestimmt und endlos babylonische Entsprechungen sind, das mögen zum Schluß einige Beispiele zeigen. Alles, was zwei ist kann als »Zwillinge« gefaßt werden, Sonne und Mond, die Zwillinge des Tierkreises, die beiden Kriegs- und Todesgötter Nin-IB und Nergal oder zwei Phasen des Mondes; der zunehmende Mond kann dann z. B. wieder mit einem aufblühenden oder Gedeihen spendenden Gott, der abnehmende mit einem sterbenden oder vernichtenden gleichgesetzt werden: dann sind Lugalgira und Meslamtaea (Nergal) Zwillinge; jede andere Zweiheit im Himmel und auf Erden kann so anschließen und eine Gleichung, als Zweiheit, oder eine Fortführung mit einer andern Seite ihres Wesens geben. Oder »Nibiru«, der höchste Punkt des Himmels, kann Anu, jedes kulminierende Gestirn, jedes höchste Wesen sein, und alle können wieder unter sich gleichgesetzt werden und mit ihren Differenzen irgend einem Ziele zuführen. Die verwirrende Fülle solcher Entsprechungen ist viel bezeichnender für das Wesen der babylonischen Wissenschaft, als die wenigen, die ein einheitliches System vorspiegeln; die relative Beschränkung im Vergleich mit noch niedereren Kulturen soll dabei nicht in Abrede gestellt werden — das beliebige Spiel mit Bild und Klang ist vielfach als wertlos erkannt, abstraktere Gemeinsamkeiten, Zahl- und Maßverhältnisse, werden bevorzugt; im ganzen aber ist es mehr der Auslese durch die Praxis, die die Maße des Lernbaren begrenzt und bestimmte schlagende Analogien und höhere, also vielfach anwendbare Begriffe überleben läßt, als klarer Überlegung der Gelehrten zu danken, wenn die babylonische Vorzeichenwissenschaft nicht ganz unübersehbar geworden ist. —

Die Astralisation des babylonischen Pantheons besteht zunächst in einer Verbindung aller großen und vieler kleinen Götter, Heroen und Ungeheuer mit Gestirnen und Sternbildern. Schon zu Chammurabis Zeit scheint die erste Trias himmlische Orte besessen zu haben; Mythen, wie der Tiamatkampf, waren in den Personen der Gegner und in den Waffen am Himmel verewigt. Große Götter hatten wohl mehrere Gestirne ersten Ranges, so Ištar neben dem Planeten Venus den Sirius (Bogenstern) und vielleicht das Tierkreisbild der Jungfrau (Ähre), wohl als Vegetationsgöttin; da in hellenistischer Zeit bestimmt überliefert ist, daß die Tierkreisbilder den zwölf großen Göttern gehörten und in babylonischer Zeit die Monate in der Tat unter die Großen verteilt sind und einzelne zum Tierkreis in Beziehung stehen, so ist wahrscheinlich, daß eine Zuweisung der Tierkreiszeichen an die Großen erfolgt ist, wie die Planeten unter sie verteilt wurden — der Wassermann fände z. B. durch die Verbindung eines Tierkreisbildes mit dem großen Gott Ea seine bildliche Erklärung. Das Resultat dieser Zuweisungen an große Götter könnte man sich als Zwölferlisten denken, in denen jeder große Gott einen Hauptpunkt oder Hauptstern, ein Tierkreisbild und den entsprechenden Monat besäße, eine hübsche Leistung listenbildender Wissenschaft; verbürgt ist das aber bis jetzt noch nicht.

Für eine Neigung, die alten Sechser- und Siebenerspekulationen zu Zwölferspekulationen zu erweitern, sprechen manche Anzeichen; die Götterlisten der Könige haben namentlich seit der Kassitenzeit auffallend häufig zwölf Glieder; im Gilgamešepos werden alte Siebenzahlen in der letzten Bearbeitung in Zwölfzahlen verwandelt und das ganze auf zwölf Tafeln gebracht, möglicherweise mit einer Beziehung auf den Tierkreis.

Wie weit diese Ansätze in eigentlich babylonischer Zeit vollendet wurden, wissen wir nicht; möglich ist, daß mehr vorhanden war, als unser Material zeigt; wenn die Hellenen die Planeten nur unter dem Namen großer Götter kennen, so müssen die Verbindungen babylonischer großer Götter mit den Planeten wohl zur Zeit der Übernahme fest gewesen sein, obgleich die astronomischen Tafeln der Perser- und Seleukidenzeit an den alten Bezeichnungen halten. Andererseits sind die systematischen Fähigkeiten der Babylonier zu gering, ihre konservativen Neigungen zu groß, als daß man eine allgemeine Durchführung eines astralen und Zwölferprinzips erwarten kann. Die große Götterliste aus der Bibliothek Aššurbanipals, ein Muster ordentlicher und vollständiger Aufzählung aller Götter, die wissenschaftlich in Betracht kamen, nach Rang und Familie, zeigt nur Spuren von astralen Einflüssen. Neben der 6 und 12 steht als Ordnungszahl für kosmische und astrale Reihen noch in spätester Zeit beherrschend die 7. Die normalen Planeten- und Tierkreisnamen sind offenbar nicht die großen Götternamen gewesen, schon um Verwechslungen zu vermeiden. Die Verbindung der zwölf Gesänge des Gilgameš mit dem Himmel ist sehr äußerlich.

Zweifellos sind die drei Gestirngötter unter den großen Sechs immer wichtiger gewesen, als die erste Dreiheit, und im Lauf der Entwicklung noch mehr hervorgetreten; zweifellos sind die andern vier Planetengötter, mit Marduk, Nabu, Nergal und Nin-IB identifiziert, neben ihnen an Bedeutung über die erste Trias emporgewachsen; aber eine jüngere Siebenheit bewegter Gestirne ist nicht daraus geworden; das äußerste ist eine Zuordnung der Venus zu den vier andern, eine Fünfheit der »Dolmetscher«.

Auch Diodor, der sichtlich die Tendenz hat, eine hellenische Weltanschauung mit babylonischen Autoritäten zu stützen und deshalb das theoretische und systematische unterstreicht, muß zugeben, daß die Planeten nur die anschaulichsten und stärksten, nicht die einzigen Dolmetscher göttlicher Vorausbestimmung sind, und daß ihre weissagende Kraft der babylonischen Wissenschaft die Hauptsache war; wenn es richtig ist, daß zu seiner Zeit zwölf große Herren mit je einem Tierkreisbild und Monat als Regenten galten, wenn wirklich die Überwachung der Ober- und Unterwelt durch die 36 Dekane und die zehntägige Sendung von Boten zwischen ihnen allgemeine Lehre bei den babylonischen Astronomen war, so werden wir annehmen müssen, daß sie ältere Keime unter hellenischem Einfluß vollends zum einfachen System gebracht hatten; anthropomorph und kindlich ist auch diese Theorie des Himmels und neben ihr werden wir uns unter allen Umständen die alten Listen und Lehren unaufgehoben und unausgeglichen in Geltung denken müssen. —

Wie das zeitlose astrale Weltbild der Babylonier zu keinem Abschluß kommt, sondern mit allen Ansätzen zu einem Kosmos unfertig bleibt, so ist das historische Weltbild angelegt, aber nicht ausgeführt worden. Die Tendenz zur Einheit, zur Weltgeschichte, ist ebenso vorhanden, wie die zu e i n e m Gott, und die Erklärung alles Geschehens aus Sünde und Frömmigkeit, aus göttlicher Weisheit und Vorsicht, ist dem Historiker, wie dem Reinigungspriester geläufig; aber die theoretische und systematische Fähigkeit fehlt.

Zu einem einheitlichen historischen Weltbild, einer Weltgeschichte vom Beginn der Welt bis zum letzten Tag des Weltuntergangs, waren gegeben

1. die Mythen von der Schöpfung, der Belehrung des Menschen durch die Götter und von der Flut; namentlich konnte die Flutsage sehr wichtig werden, weil sie als Einschnitt zu weiteren Einschnitten, als Katastrophe zur Endkatastrophe anregen konnte;

2. die Königslisten und -sagen, wie die von Šarganišarri;

3. die allgemeine Annahme, daß das Los der Könige und Völker sich durch die Frömmigkeit der Herrscher erklärte und

4. die Neigung zu Zahlenspielen, mit kleinen und großen Rundzahlen.

Es war wohl möglich, aus diesem Stoff eine große Geschichtsphilosophie zu machen, und es ist unverkennbar, daß die einzelnen Mythen im Laufe der Jahrhunderte Umbildungen erfahren haben, die sie zum Eintritt in ein solches historisches System geeignet machten; aber das System selbst ward nicht fertig; an einzelnen Stellen unter dem Eindruck eines augenblicklichen Bedenkens oder eines praktischen Bedürfnisses zu ändern und neuzugestalten — das war Sache des babylonischen Gelehrten, aber grundsätzlich vorzugehen, einen Gedanken bewußt zu verallgemeinern und überall hineinzutragen, dazu fehlte ihm die systematische Fähigkeit und das logische Bedürfnis. So haben wir wieder alle Keime, soweit, daß unter dem Einfluß hellenischer Wissenschaft ein babylonischer Priester in hellenistischer Zeit ohne Mühe die Zusammenfassung versuchen konnte, wie Diodor — wohl auch nach hellenisierenden babylonischen Gelehrten — sie im astralen Weltbild gibt; aber das Verdienst, die erste Geschichtsphilosophie großen Stils geschaffen zu haben, gehört nicht den Babyloniern, sondern den Juden, die gerade hier vielfach nur babylonisches Gut umgebildet haben.

Die Schöpfungsgeschichte der Babylonier, die in eine Weltgeschichte gepaßt hätte, hätte kaum anders zu sein brauchen, als das alte Epos sie gab. Eine Entstehung der Götter vor der Welt zu geben, ist unmöglich; nur hinaufschieben kann man den Anfang. Die Babylonier haben das getan; im Schöpfungsepos haben die ersten drei Lachmu und Lachamu, Anšar und Kišar zu Ahnen; spätere Listen vermehren diese Ahnen ins endlose. Dabei sind in diesen genealogischen Gebilden zwei Tendenzen deutlich, eine naturalistische und eine logische; die naturalistische leitet die Götter aus dem »Stoff«, dem Chaos, ab — Tiamat ist die Mutter, Lachamus sind unter ihren Ungeheuern —, das ist eine genealogische Umbildung des kindlichen Welteis; die logische leitet die konkreten Götter aus abstrakten Begriffen ab, Himmel, Erde und Tiefe von Anšar und Kišar, den Königen des Oberen und des Unteren; die Genealogie verhüllt also tiefere Einsichten, die freilich recht unklar sind. Da sie nicht endgültig helfen, so ist das klügste, um der endlosen Reihe ein Ende zu machen, daß man verzichtet; »Jahu ist da«, sagt der Jude, »die Welt ist ewig«, sagt der Hellene; auch ein Babylonier findet diesen Verzicht: ehe etwas geschaffen war, »werden die Götter insgesamt gebildet«.

Der Kampf Ellil-Marduks mit der Tiamat ließ sich als Kampf der Licht- und Ordnungsmächte gegen Finsternis und Aufruhr auch einer bürgerlichen Gesellschaft und naturwissenschaftlicheren Köpfen mundgerecht machen; trotzdem ward er unmodern; Berossos, der offenbar die Tradition von Babel, das hier am konservativsten sein mußte, zugrunde legte, streicht den Aufruhr der Tiamat und läßt sie ohne Kampf spalten. In andern lokalen Mythen fiel der Kampf weg. Überall mußte er hinter der Schöpfungstat zurücktreten.

Die ausführliche Schöpfung des Ellil-Marduk im Epos ist Urtyp geblieben bis auf Genesis I. In Babylonien standen aber daneben noch mehrere andere Versionen. Dem kollegialen Verhältnis der großen Götter entspricht eine Schöpfung besser, die keinem einzelnen alles zuschreibt; dann sind »die Götter insgesamt« (»Elohim«) die Schöpfer; oder philosophische Gedanken und lokale Eifersucht spielen herein; dann sind Anu und Ea Schöpfer und Urelemente, oder Marduk und Aruru, der Weltgott und die Zeugerin des Lebens.

Die Schöpfung durch alle Großen geht so vor sich, daß jeder seinen Teil macht oder alle alles. Anu macht den Himmel, Ea die Tiefe und dann den Rest, Erde und Leben; Marduk schüttet Erde auf einem Rohrgeflecht im Meer auf und macht dann mit Aruru das Leben; oder Anu schafft den Himmel, der Himmel die Erde, die Erde die Flüsse, die Flüsse die Gräben, die Gräben schaffen den Schlamm und der Schlamm gebiert den Wurm. Daß in diesen Nebenfassungen naturalistischere Regungen lebendig werden, ist unverkennbar. Die Gottheit als gütiges Gesamtwesen, ein gütiger Gott (bei Berossos gütig bis zur Selbstenthauptung) haben die Welt geschaffen; daneben tritt die selbstsüchtige Tat Ellil-Marduks, der nur herrschen will, zurück, wenn auch alle Mythen einig sind, daß die Erde und die Menschen nur zu Wohnung und Dienst der Götter geschaffen sein können.

Der Schöpfung folgt die Zeit der Könige vor der Flut, die Zeit, in der Götter auf Erden wandeln und den Menschen alle Weisheit offenbaren; ihren Lieblingen geben sie Schrift und Technik, Gesetze, gottesdienstliche Lehren, Wissenschaft und Kunst. Daß diese Grundauffassung der Zeit vor der Flut altbabylonisch war, ist fraglos. Von den Urkönigen selbst haben wir wenig alte Kunde; Adapa, Eas Liebling, scheint ein Urpriester von Eridu gewesen zu sein; Emmeduranki wird gelegentlich als ein Urpriester des Šamaš, von dem er die Geheimnisse des Orakels gelernt, oder als König von Sippar genannt, gehört also nach Larsa oder Sippar; im Etanamyth war von einem Urkönig im wörtlichen Sinn die Rede, den die erste Trias den Menschen setzt, von einem Sohn des Etana, der als Königsvater wohl auch als König gerechnet werden konnte; endlich gehören Ubartutu und sein Sohn Utnapištim, der babylonische Noah, als letzte hierher, aus Schurippak gebürtig.

Bei Berossos ist eine Liste von zehn Urkönigen überliefert. Die Namen sind leider sehr entstellt durch die Hellenisierung, lassen sich aber zum Teil identifizieren. Der Abstammung nach sollen zwei aus Babel, fünf aus Pautibiblia, zwei aus Lancharis stammen; Pautibiblia ist Sippar, Lancharis könnte Schurippak sein, da die Flutkönige daher sein sollen.

Von den zehn Namen wird Alaparos mit Adapa gleichgesetzt, er gehört also nicht nach Babylon, sondern nach Eridu; in Daon möchte ich Etana sehen, sein Nachfolger Evedoranchos-Emmeduranki wäre dann Etanas Sohn und beider Herkunft aus einer Stadt des Šamaš würde Šamašs Helferrolle im Etanamyth erklären; Otiartes-Ubartutu und Xisuthros-Atrachasis sind die Flutkönige aus Schurippak bez. Eridu. Drei weitere Namen, Amelon, Ammenon und Amelsin sind ebenfalls verständlich: Amelon ist Amelu, Mensch, Ammenon ist Ummanu, Werkmeister, und Amelsin ist der Mann des Sin, also ein Urpriester von Ur. So blieben noch zu deuten Aloros und Megaloros.

Das vorliegende genügt aber, um uns einen Einblick in die Entstehung der Liste tun zu lassen. Wie allerlei lokale und spekulative Schöpfungsgeschichten, stehen allerlei lokale und spekulative Urmenschenmythen nebeneinander. Der älteste wird wohl Adapa von Eridu sein; der Gott der Güte und Menschenfreundlichkeit, der Herr aller Weisheit, ist der rechte Mann, den Menschen, ursprünglich vielleicht seinem heroisierten Sohn, alle Weisheit beizubringen. Neben Adapa steht Emmeduranki, Etanas Sohn, vielleicht Šamašs Enkel; dem Wesen Šamašs entsprechend ist er weise, als Orakelpriester, zugleich aber der erste König. Andere Kulte bleiben nicht zurück, das beweist die Gestalt Amel-Sins.

Die Spekulation bleibt aber dabei nicht stehen; von lokalen Gestalten schreitet sie zu allgemeineren fort; der erste Mensch, den die Gottheit schafft, muß eben Mensch, Amelu, heißen, sein Sohn, schon belehrt, muß der erste Künstler, Ummanu, der Werkmeister gewesen sein; kein Standesvertreter, kein alter Gott ist allgemein genug, an dem Anfang der Welt zu stehen, Adam zu sein. Wo diese Fortbildung stattfand, ist nicht zu sagen, der Werkmeister weist vielleicht nach Eridu.

Daß diese Gestalten durch die Konkurrenz der Kulte gewandert sind, ist selbstverständlich; wenn Adapa in Babel heimisch ward, so kann das nur geschehen sein, als Chammurabi den Kult von Eridu »reinigte«.

Zuletzt ward die Überlieferung vom Urmenschen ausgeglichen, babylonisch in einer Liste, die einfach alles nebeneinander stellte. Sie muß in der Form des Berossos jung sein, wahrscheinlich ist sie erst spät entstanden gewesen. Babylon, Sippar und Lancharis sind die einzigen überlebenden Kultorte. Es entsteht eine Königsliste, indem wieder roh genug alle Urmenschen Könige werden und so aufeinander folgen, daß die aus der Hauptstadt Babel (nicht die abstraktesten) vorangehen, die Fluthelden (als notwendig vor der Flut lebend) das Ende der Reihe bilden.

Ein grobes Zahlenschema gibt den wunderlich zusammengebrachten 10 (nicht 12) Gesellen eine Summe von 120 Saren Jahren.

Da mehrere Überlieferungen verbunden sind, muß es nun auch mehrere Offenbarungen geben; die erste von dem Fischmenschen Oannes-Ea an Aloros ist die von Eridu, die zweite an Amelu ist die der abstrakten Adamsgeschichte; die dritte an Daon geht von vier Wesen aus, wobei man an Etanas Himmelfahrt zu Anu, Ellil, Ea und Ištar denken könnte; die vierte an Evedorenkos ist die von Larsa-Sippar, eine Entrückung zu Šamaš. Daß die vier zeitlich bei der Entstehung der Liste nicht an vier Ecken fallen, ist nicht eben verwunderlich.

Die Zusammenfassung in einer Liste scheint mir, wie gesagt, erst relativ spät erfolgt zu sein. Wo alles unabgeschlossen nebeneinander stand, ist es nicht wunderbar, daß auch die Einarbeit der allgemeinen Erklärung allen Geschehens für eine Weltgeschichte in die Urzeit ausblieb; die Urmenschen sind Priester, Könige, fromm und weise, deshalb des Umgangs mit den Göttern gewürdigt und ihrer Wohltaten teilhaftig; zwei sind natürlicher gefaßt, aber sie bleiben Ideale oder Abstraktionen; daß der erste Mensch auch der erste Sünder sein könnte, liegt dem Babylonier ganz fern; er fragt nicht, wie die Sünde in die Welt kam, wo sie war, als es noch

Götter gab, die auf Erden wandelten; es genügt ihm, daß er erklärt hat, wie die Schriften zu den Menschen kamen, daß seine Götter vielleicht etwas moderner durch Mittler oder Entrückung auch mit Auserwählten verkehren. Die Sünde erscheint erst, als er sie zur Entschuldigung der göttlichen Gerichte braucht, bei der Flut, zur Erklärung eines Fleckens im Bild der Gottheit, apologetisch, nicht philosophisch als böses Prinzip, als Ursache des Falles und des Todes von Uranfang her.

Die Entwicklung der babylonischen Flutsage nach der Einführung der Sünde als Ursache des Strafgerichts scheint vorwiegend in einer Vereinfachung der Handlung bestanden zu haben. Bei Berossos ist[1], offenbar zum Zweck der Angleichung an hellenisches Denken, die lange Einleitung von Sünde der Menschen, Zorn der Götter, Fürbitte des Atrachasis und Plagen vor der Flut fast ganz gestrichen; der Held ist wieder Ea (Kronos, als Vater des Zeus-Marduk), der durch Träume rät und nicht so sehr seinen Diener, als die heilige Weisheit vor dem Untergang bewahren will. Das ist gewiß nicht die normale Betrachtung der Flutsage in Babylonien gewesen, aber immerhin ein Beweis, daß für babylonische Priester auch in dieser Sündensage schlechthin die hellenisierend-rationale Betrachtung neben der judaisierenden möglich war; auch in der Empfehlung der Arche als Quelle für heilsames Pech steckt diese Seite des babylonischen Denkens, wenn sie auch bei Berossos als realer Beweis für die Richtigkeit der Erzählung steht.

Unter den Königssagen wären für eine einheitliche Geschichtsphilosophie namentlich die von Katili und Šarganišarri in Betracht gekommen; bei beiden ist die Frömmigkeit oder Sündigkeit der Könige maßgebend für ihr und ihres Volkes Geschick; die Šarganisage ist außerdem durch die Betonung der niederen Geburt des Helden besonders gut zur Einfügung in ein solches System vorbereitet.

Wie bei Šarganišarri die göttliche Kausalität in ganz exakt geschichtliches Material eingearbeitet wurde, so geschah es offenbar auch bei andern Herrschern; von Dungi sind einige Notizen derart erhalten.

Zur einheitlichen Durcharbeit des ganzen historischen Materials ist es aber nicht gekommen; einige fromme Beispiele, gelegentliche

[1] Soweit der kurze und tendenziöse Auszug bei Eusebius Schlüsse zuläßt.

17*

boshafte Ausfälle gegen mißliebige Könige der Vergangenheit und die Betrachtung der Geschichte der jeweiligen Gegenwart unter dem Gesichtspunkt der Sünde der Könige, das ist alles, was die babylonische Wissenschaft hier erzeugt. Praktisch gerichtet ist der babylonische Denker; für seine Praxis braucht er nicht mehr.

Darum ist auch die zahlenmäßige Bearbeitung des geschichtlichen Materials im Sinn eines Schemas nicht weitergeführt; Berossos gibt eine Liste babylonischer Dynastien, die vielleicht irgendwie einer runden Zahl zustrebte; aber daraus auf ein »Weltjahr« der Babylonier zu schließen, ist vorläufig ebenso unzulässig, wie alle Annahmen von einer Endzeit. Die Äonenlehre ist hellenischer, die Lehre von der Endzeit jüdischer Besitz. —

Leider besitzen wir kein genügendes Material aus jüngster babylonischer Zeit für die Bestimmung dessen, was dem Babylonier Sünde war. Aus Aššurbanipals Bibliothek stammen Texte, die große Sündenregister enthalten, namentlich die Šurpu-Serie, Beschwörungen in Krankheit; aber diese Texte sind zweifellos viel älter, als ihre Abschrift für die Bibliothek, und sie dienen einem bestimmten medizinischen Zweck, der wohl die Sündenregister beeinflußt haben kann. Trotzdem müssen sie bei der Betrachtung des babylonischen Sündenbegriffs zugrunde gelegt werden, nicht nur in Ermangelung anderen Materials, sondern auch weil sie aller Wahrscheinlichkeit nach ein vollständiges Bild auch für die höchste Stufe babylonischer Frömmigkeit liefern. Die Texte sind relativ alt, zum Teil mit Erklärungen alter Ausdrücke versehen; mögen sie aber auch in der Chammurabizeit und selbst noch früher entstanden sein, so sind sie doch offenbar noch unveraltet gewesen; die Zeit nach Chammurabi ist ja vorwiegend eine Epoche der Ausbreitung älteren Guts in weitere Schichten, ohne erheblichen Fortschritt über die einmal erreichte Gesamthöhe des Denkens hinaus; außerdem beweist die Kommentierung archaischer Worte in medizinischen Texten dieser Art nicht notwendig ein großes Alter; es kann sich ja z. B. bei den erklärten Ausdrücken um besonders starke, bewährte Worte und Sprüche handeln, die in jüngere Texte übergegangen sind. Auch der medizinische Charakter der Texte kann sie für unseren Zweck nicht entwerten; bei dem praktischen untheoretischen Wesen der babylonischen Wissenschaft können wir kaum theoretische Werke über die Sünde erwarten; der Heilzweck der Texte aber fordert, daß keine Sünde vergessen wird, alle vollständig aufgezählt werden, damit sie gebüßt sind; und die Aufnahme in die Bibliothek und Apotheke Aššurbanipals zeigt, daß die Vollständigkeit zu seiner Zeit noch anerkannt war. So mögen die Sündenregister der Šurputafeln uns als Typus der babylonischen Vorstellungen von Sünde dienen mit dem Vorbehalt, daß vielleicht manche Priester und Sekten der Spätzeit feinere Begriffe besessen haben könnten.

Bei der Abfassung der Sündenlisten handelt es sich darum, den sündigen Anlaß des Leidens, der unbekannt ist, in einer allgemeinen Aufzählung namentlich zu treffen, damit er gebüßt und beschworen ist. Alles Sündhafte, was irgend einen Gott erzürnen oder einem Dämon Gewalt geben kann, Verbrechen, Vergehen, Versehen, muß genannt werden. Dadurch kann ein falsches Bild von der Sünde entstehen; der vorsichtige Priester wird aufnehmen, was irgend erreichbar ist, primitivste und feinste Ursachen göttlichen Unmuts; wenn Mord und Ausspucken an reiner Stelle oder üble Nachrede gleichberechtigt nebeneinander stehen, so kann es scheinen, als fehlte dem Babylonier jedes Unterscheidungsvermögen für schwere und leichte Sünden, als sei sein Sündenbegriff unentwickelter, als er wirklich war. Nun war gewiß auch für den Babylonier ein Unterschied zwischen diesen Graden der Sünde vorhanden, aber kein sehr großer. Er wertete ja die Sünde nach der Strafe; sein Sündenbegriff ist nicht theoretisch entwickelt, sondern praktisch im Werden; wo Leiden ist, ist Sünde, wo viel Leiden ist, muß große Sünde sein; das Leiden selbst ist die Sünde; man betet: »Nimm Unreinheit und Sünde von mir« und meint Leiden und Krankheit.

Zunächst kommt es nur darauf an, herauszubringen, was die Gottheit ärgert, damit man sich in acht nehmen und heilen kann; einem jähzornigen Gott, einem bösartigen Dämon gegenüber, kann ein Nichts schwere »Sünde« sein; erst allmählich, mit der Entwicklung eines Ideals gerechter und gütiger Götter wird eine Differenzierung der Sünde möglich; unbewußte und bewußte Erregung eines gerechten göttlichen Zorns scheidet sich von äußerlicher oder fahrlässiger Reizung eines Jähzornigen, Sünde und Strafe trennen sich, sie sind nicht eins, sondern werden Gegenstand einer Spekulation, die fordert, daß sie in einem gerechten Verhältnis stehen; die Götter müssen sorgen, daß das Gesetz eingehalten wird, nach dem der Fromme glücklich, der Sündige unglücklich sein soll; sie dürfen nicht nur nicht willkürlich und grundlos leiden lassen, sie müssen auch schützen vor anderen, boshaften Mächten; Logik und Gerechtigkeitssinn fordern die Einhaltung dessen, was sie gefunden zu haben glauben. Damit fallen dann immer mehr formale und ganz grobe Verstöße weg; die ersten sind der Gottheit zu äußerlich, die letzten wagt nur ein Wahnsinniger; die Sünde verfeinert sich und wird immer mehr verinnerlicht, bis die böse Absicht wichtiger wird als die böse Tat. Das Ende ist eine doppelte Überstürzung der Logik; die Erfahrung lehrt, daß der Gerechte leidet und erschüttert so die logische Grundlage dieser Weltanschauung; der ganz verinnerlichte Sündenbegriff beseitigt sich selbst, weil eben ganz klar ist, daß böse Absicht, die nie zur Ausführung kommt, praktisch in ihren Folgen und somit auch in ihrer allgemeinen Wertung nicht schlimmer oder ebenso schlimm sein kann, als böse Tat. So hebt sich die Logik, indem sie die Wirklichkeit bearbeitet, selbst auf, wenn sie in ihren Forderungen so weit geht, daß sie ihre Abhängigkeit von der Wirklichkeit vergißt; durch die Hiobsklage, durch die Absurditäten der Erbsünde und Gedankensünde geht der Weg zur Revision der Grundthese der religiösen Weltanschauung.

In Babylonien ist die Gerechtigkeit der Gottheit proklamiert, aber nicht weit genug durchdacht, um Jähzorn der Götter und Bosheit der Dämonen ganz auszuschließen; die Absicht, große Götter ganz hoch zu heben, ihnen jede Berührung mit dem Sünder zu sparen, selbst ihre Strafen nur als Zulassung quälender Wesen tieferer Ordnung aufzufassen, ist deutlich, aber wie alles mehr Konzeption, als ausgeführte Anschauung. Sünde ist im Grund immer noch Leiden, vom Folgezustand, nicht von der Ursache der persönlichen Schuld aus gesehen. Buße ist ebensosehr Zauberspruch als Reue. Vom primitivsten bis zum höchsten Gottesbegriff, vom äußerlichsten bis zum persönlichen Schuldbegriff, von Zauber gröbster Art zur Buße und Sühne stehen alle Stufen nebeneinander, einige absterbend, andere keimartig angelegt, aber alle gleichberechtigt in der Praxis. Der Verstand sucht logisch alle möglichen Verfehlungen auf, um sie zu nennen, zu treffen, zu büßen, wie er alle Wege zur Heilung sucht, den groben Ding- und Wortzauber, die logische Argumentation und den demütigen Verzicht auf Einsicht in die göttlichen Wege. Vom äußerlichen Verstoß bis zum Mord, vom feinsten Gewissensskrupel bis zur groben Schandtat fehlt keine Sünde; alle sind ja im Ergebnis gleich, Krankheitsstoff; stünden die Verfehlungen einigermaßen in Gruppen geordnet da,

Verbrechen, Vergehen, Versehen getrennt oder in einer Reihe nach der Schwere geordnet, so würde man sehen, daß Unterschiede gemacht wurden; das vollkommene Durcheinander zeigt, daß das Gefühl für Sündengrade gering war; der Babylonier gibt alle Sünden, wie er alle Kombinationen zu ihrer Sühne findet; die Auswahl eines wertvolleren, die Durchsetzung eines Gedankens unterbleibt; alles neue dient, wie das alte, nur den nächsten praktischen Aufgaben; Sündenregister braucht der Arzt; Gegenstand einer Philosophie sind sie nicht.

Wir müssen die Sünden einteilen, um sie zu übersehen; man kann dabei drei Gruppen bilden, Verfehlungen gegen die Götter, Verfehlungen gegen ein von ihnen gehütetes Moralgesetz und Verfehlungen gegen eine gewisse Vorsicht des Alltags, Verstöße gegen die Hygiene möchte man fast sagen.

Als unvorsichtige Sünden gegen die Hygiene kann man alles ansehen, was durch Berührung und Ansteckung einem Dämon Macht gibt; nichts anderes ist es, wenn man einem »Gebannten« begegnet, sein Bett, seinen Stuhl, seinen Becher benutzt oder mit ihm spricht. Die Erfahrung von der Übertragbarkeit der Krankheiten erscheint hier als Glaube an die Macht des Dämons über alle Dinge eines Gebannten oder an die Ausdehnung göttlicher Ungnade auf alle, die mit dem Sünder in Berührung kommen. Altruistisch gewandt folgt daraus die Sündhaftigkeit dessen, der andere der Ansteckung aussetzt, indem er als Gebannter zu jemand spricht.

Unmittelbar daran schließen sich allerlei Verunreinigungen; aus ungereinigtem Becher trinken ist ebenso gefährlich, als Unflat betreten oder Unreines essen.

Der Unreine wird in Gefahr kommen, die Gottheit durch Verunreinigung zu beleidigen; mit unreinen Händen schwören ist ebenso sündhaft, als in den Fluß speien; der Gebannte darf so wenig beten, als der Reine für ihn. Dabei wird nicht unterschieden, ob der Bann von der gerechten Gottheit oder der boshaften Hexe ausgeht; der Gebannte hat sich an den Fachmann, an den Reinigungspriester zu wenden — der betet für ihn.

Die direkten Verletzungen der Gottheit sind nicht zahlreich; die meisten Wendungen sind hier ganz allgemein, vielleicht mit der Absicht, Sünden zu fassen, die eben nur der Gott in seiner Laune oder seiner höheren Einsicht als solche ansieht. Genannt werden Schmälerungen des göttlichen Gutes, namentlich herkömmlicher Opfer durch Abschaffung, Vernichtung und Unterlassung, Bruch von Gelübden, Eindringen ins Heiligtum, rituelle Verstöße und die Beleidigung kleiner Götter, die man allzuleicht vergißt.

Verfehlungen gegen ein Moralgesetz sind am zahlreichsten. Mord, Ehebruch, Diebstahl, Raub kommen in den Listen vor. Bestechung der Richter und falsches Zeugnis, Ableugnung von Schulden und unberechtigte Forderungen, falsche Wage und falsches Geld, falsche Vorspiegelungen und gebrochene Versprechungen, böse Nachrede und Zwischenträgerei, alle Versuche, seine Gegner zu vertreiben oder der Freiheit zu berauben, Felddiebstahl, Jagddiebstahl, boshafte Schädigung der Kanäle, Entziehung des Wassers, das man selbst nicht braucht, Verletzung vorhandener Grenzen und falsche Führung neuer — das sind die üblichen Sünden im Staat der Kaufleute und Grundherren.

Zauber und Hexerei sind so sehr Sünden, daß selbst unbewußtes Tun von Dingen böser Vorbedeutung und Wirkung als Sünde gilt.

Sünden, die im Gegensatz zu den meisten ebengenannten strafrechtlich nicht faßbar sind, sind Verachtung der Eltern, Gewalttat gegen den Geschlechtsältesten, Haß gegen den älteren Bruder, Beleidigung gegen die ältere Schwester — die Gebundenheit des alten Geschlechterverbandes spukt in Sitte und Religion nach.

Erhebung gegen die Obrigkeit, Auflehnung gegen einen Vorgesetzten, Hervorholen einer Waffe in einer Versammlung, üble Nachrede gegen seine Stadt sind Sünden gegen den Staat.

Der Wunsch, recht fein zu sein, läßt Verstöße gegen die Menschlichkeit einreihen; Hartherzigkeit und Groll gegen den Gegner, der Verzeihung sucht, gehören hierher. Heuchelei ist Sünde, die mit dem Mund »ja« und mit dem Herzen »nein« sagt, Scheinheiligkeit, die im kleinen gibt, um im großen verweigern zu können, kleine Münze schenkt, um große nehmen zu können. So kommt die Liste schließlich zu Gesinnungssünden; sie berücksichtigt den, der die Sünde ausführt, und den, der sie anregt, den, der Böses tut und den, der Gutes unterläßt, der Böses zuläßt und Gutes verhindert, den, der die Absicht hat, den Gerechten zu verfolgen und den, der andere durch böse Ratschläge schädigt.

Die Not lehrt hier feinere Unterscheidungen; wenn man gesund werden will, muß man alle möglichen Sünden büßen, Tat- und Unterlassungssünden, direkte und vorsichtig indirekte, böse Taten und böse Absichten. Der Verstand sammelt alle denkbaren Fälle, konstruiert neue Möglichkeiten, um gewiß sein praktisches Ziel zu erreichen, schafft für sein Bestreben, die Krankheit logisch klein zu kriegen, unzählige Hilfen und kann dadurch jedem, der die Einzelheit und nicht das Ganze sieht, eine innere Reife vortäuschen, die nicht vorhanden ist. Erst wenn die neuen Möglichkeiten und Formeln aus der Masse heraustreten, wenn sie Hauptsache werden, Richtung und Kern für eine neue Weltanschauung abgeben, wenn sie nicht nur gelegentlich, sondern immer wieder gedacht und gelebt werden, dann sind sie lebendig. Auch hier haben die Babylonier alle Keime höherer religiöser Entwicklung besessen, nur die Männer blieben aus, die fähig waren, Gold und wertloses Metall zu sondern, die trägen Massen einheitlich zu beleben und zu formen, die Logik nicht nur zu praktischen Alltagszwecken, sondern zu höheren Zwecken einer gereinigten Weltanschauung zu benutzen.

Viertes Kapitel.

Die jüdische Religion.

Man bezeichnet gewöhnlich die jüdische Religion als Religion des Volkes Israel; wenn man sie ihrer nationalen Herkunft nach benennen oder von der jüdischen Kirche trennen will, spricht man geradezu von einer israelitischen Religion. Nun war ja das Reich Juda in der Tat fast während seiner ganzen Geschichte politisch ein Teil des Reiches Israel; dieser politischen Einheit entsprach aber weder eine Volkseinheit in der Urzeit, noch eine Glaubenseinheit irgendwann. Es hat niemals eine israelitische Religion gegeben, sondern immer nur lokale Kulte der Städte und Stämme, die zum Reich Israel gehörten; unter diesen lokalen Kulten zeichneten sich einige durch politische Bedeutung ihrer Städte und spekulative Tätigkeit ihrer Priesterschaften aus, genau wie das in Babylonien der Fall war, alte Mittelpunkte von Stammreichen, wie Silo und Jerusalem, jüngere Reichshauptstädte, wie Sichem und Samaria. Wir werden annehmen müssen, daß die Könige von Israel, wie ihre babylonischen Genossen, außer ihrem Reichsgott, der selbstverständlich immer der Gott ihrer Hauptstadt war, auch diesen »großen Göttern« in andern Reichsstädten durch Weihgeschenke und Stiftungen ihre Verehrung bewiesen, wenn nicht gerade ein feindliches Verhältnis zu ihrer

Stadt bestand; vollkommen ausgeschlossen ist aber, daß der Gott von Jerusalem, Jahu, jemals von einem israelitischen König als angestammter Reichsgott angesehen worden wäre.

Die jüdische Religion ist ganz und gar in Juda entstanden; ihr Hauptgott, Jahu, ist der Fetisch des Stammes Juda, durch Eroberung späterhin der lokale Gott von Jerusalem und als solcher vorübergehend Reichsgott eines Staats, der auch Israel umfaßte; in Dunkelheit zurückgesunken, ein abhängiger Provinzgott, ward er durch die spekulativen Leistungen der Propheten, ausschließlich Angehöriger des engeren Reiches Juda, zum Gott der Welt erhoben; als dieser große Anstieg des Stadtgottes von Jerusalem begann, hatte es einen Augenblick den Anschein, als sollte Israel wenigstens politisch davon berührt werden, doch auch dieser Schein trog; als die Prophetie in Juda ihre ersten Siege errang, gab es kein Israel mehr. So könnte man die Entwicklungsgeschichte von Jahus Religion schreiben, ohne mit einem Wort die Religionen des israelitischen Nordens zu berühren, wenn nicht die judäische Prophetie unter dem Eindruck der Erinnerungen an das judäische Davidsreich und unter dem der politischen Verhältnisse zu Lebzeiten der ersten großen Propheten ein sehr ungeschichtliches Bild von Urzeit und Geschichte eines »Volkes Israel« mit einem Gott Jahu konstruiert hätte, in das allerlei Züge aus den Religionen israelitischer Städte aufgenommen sind. Die Richtigstellung dieser geschichtsphilosophischen Konstruktionen zwingt uns, auf die israelitischen Religionen näher einzugehen; nur wenn wir uns vergegenwärtigen, was die judäischen Propheten übernehmen konnten und unter welchem Winkel sie die israelitischen Dinge sahen und brauchbar fanden, werden wir eine wirkliche Geschichte der jüdischen Religion statt der bisherigen mehr oder weniger kritischen Modifikation der prophetischen Geschichtsphilosophie bekommen. Immer aber muß dabei im Auge behalten werden, daß die jüdische Religion die Religion von Juda, nicht die von Israel oder von Israel und Juda war, daß die Bezeichnung »Juden« für ihre Bekenner ganz genau die wirklichen Verhältnisse, den Anschluß der Weltreligion an die lokale Religion des Stammes und Reiches Juda, bezeichnet.

Die jüdische Religionsgeschichte läßt sich in drei Epochen gliedern. Die erste Epoche ist eine Zeit reiner Rezeption; der Wanderstamm Juda mit seinem Fetisch Jahu dringt ins Kulturland ein, wird seßhaft und gelangt in den Besitz einer Stadt; sein Gott wird Stadtgott, von kultivierten kanaanäischen Priestern entwickelt, bis er alle Eigenschaften besitzt, die ein großer Kulturgott haben soll. Diese Entwicklung erfolgt ohne Zweifel vorwiegend in Form einer Angleichung an babylonische Ideale; Jerusalem ist wie ganz Palästina babylonische Kulturprovinz; der Vorgang entspricht genau dem der Ausstattung eines kleinen Lokalgottes einer babylonischen Stadt aus dem Besitz großer Götter durch Konkurrenz der Kulte, nur nehmen die kanaanäischen und judäischen Priester die neuen Errungenschaften nicht direkt, sondern nach einer langen Wanderung durch andere Kulte an, also verspätet und vielfach entstellt. Als unterscheidendes Element kommt vor allem die Aufnahme ägyptischen Kulturguts in Betracht; Ägypten war Juda sehr viel näher als Babylonien, dazu seit der Mitte des 2. Jahrtausends Herr von Palästina; es wäre wunderbar, wenn die Religion nicht daher beeinflußt worden wäre; man kann sich in Jahus Ornat und Dienst ägyptische Züge zwischen den babylonischen denken, wie die ägyptische Sitte der Beschneidung unter babylonisch beeinflußten Bräuchen steht; indessen scheint, von Äußerlichkeiten abgesehen, das ägyptische Gut in der judäischen Religion geringer gewesen zu sein, als man erwarten sollte; das erklärt sich aus der alten Abschließungstendenz Ägyptens gegen die Barbaren, die durch die paar hundert Jahre politischer Herrschaft nicht auszugleichen war, weil inzwischen der Anschluß an die babylonische Kultur erfolgt war; es erklärt sich aus der größeren Höhe der babylonischen Kultur, die der ägyptischen überlegen war; vor allem aber wird daran zu denken sein, daß ägyptische Elemente, die im Kult von Jerusalem aufgenommen waren, durch die prophetische Reform, die unser Bild bestimmt hat, als niederer als die babylonischen, noch gründlicher befehdet und ausgerottet worden sein müssen; die Beschneidung hat sich nur dadurch gerettet, daß sie unbabylonisch im Exil ein Mittel zur Sonderung der Gemeinde von den Babyloniern wurde. Von philistäischen oder chetitischen Rezeptionen in Jerusalem können wir nichts wissen; bei der Weitherzigkeit polytheistischer Religionen und bei der Konkurrenz der Kulte ist eine Aufnahme solcher Elemente sehr möglich; sehr wahrscheinlich ist sie nicht, weil diese Völker spät kamen und schwerlich viel eigenes besaßen.

Eine babylonische Provinzreligion ist also die Religion von Jerusalem in der ersten Epoche vorwiegend, wahrscheinlich mit allerlei Veränderungen phönikischer und syrischer Herkunft, bedingt durch die Überlieferung des babylonischen Besitzes durch nördliche Städte. In Babylonien werden wir uns (zumal genauere Nachrichten über Phönikien und Syrien fehlen) Aufschlüsse zur Deutung der Reste aus dieser Zeit der reinen Rezeption in unserer Überlieferung holen müssen. Anderseits kann das relativ ausführliche Material zur judäischen Religionsgeschichte der Urzeit und Rezeptionszeit allerlei Auskunft über babylonische Vorgänge geben; die Umwandlungen von Fetischen unzähliger Wanderstämme im Kulturland, die Prozesse der kulturellen Aufsaugung und Einfügung der Barbaren erhalten von hier Licht.

Die erste Epoche der reinen Rezeption kann man etwa von 1200/1100 bis 750, von der Einwanderung bis zum Auftreten des ersten großen Propheten, Amos, rechnen; die Ansätze zum Überschreiten der babylonischen Stufe sind natürlich etwas älter als Amos; anderseits hört mit Beginn der eigenen Erzeugung kultureller Werte höherer Ordnung in Juda keineswegs die Aufnahme babylonischen Gutes auf.

An die Epoche der Rezeption schließt sich die des Aufstiegs zu neuen, eigenen großen Leistungen, die Epoche der großen Propheten von Amos bis Jecheskel; sie ist die große Zeit jüdischer Religionsgeschichte, die theoretische Zeit, die der Epoche der Pantheonbildung in Babylonien entspricht. Was die jüdische Religion für die Geschichte der Menschheit Eigenes zu geben hat, wird nun geschaffen von wenigen philosophisch überragenden Köpfen, wie die babylonische Spekulation, von Persönlichkeiten individuellen Gepräges, nicht mehr von Namenlosen, zum Unterschied von Babylonien. Die Ansätze zur schöpferischen Überschreitung der babylonischen Stufe müssen an verschiedenen Stellen in Syrien und Palästina vorhanden gewesen sein; namentlich mag in phönikischen Städten manche Regung derart aufgetreten sein; nirgends aber ist eine solche Reihe großer Männer und eine so große Zahl günstiger Umstände zusammengetroffen, nirgends das Neue bis zum Bruch mit dem Alten geführt worden. So ist Jerusalem die einzige Stadt, die neben die großen babylonischen Zentren der Spekulation gestellt werden darf, neben Nippur, Eridu, Larsa, Ur, Uruk und Babel, und über sie, weil hier das Werk im gewissen Sinn vollendet wurde.

Diese zweite Epoche der jüdischen Religionsgeschichte wäre von 750—550 zu rechnen, ein kurzer Zeitraum für so große

Leistungen; doch scheint 200—300 Jahre für die entscheidenden Anstiege aller großen Kulturen die normale Zahl zu sein.

Die dritte Epoche der jüdischen Religionsgeschichte ist die der Kirchenbildung; die Ergebnisse der großen Zeit werden systematisiert und weiteren Kreisen zugänglich und mundgerecht gemacht; die Popularisation der prophetischen Lehre, ihr Ausgleich mit den Bedürfnissen einer größeren Zahl und den Forderungen der Praxis ergibt die jüdische Weltkirche. Die Weiterentwicklung in der Hauptlinie stockt nicht ganz, das läßt sich hier im breiteren Material und bei der Möglichkeit relativer Datierungen besser zeigen als in Ägypten oder Babylonien; doch tritt eine starke und immer zunehmende Verlangsamung der eigentlichen Produktion ein, und die Tendenz derselben wird immer mehr vom Theoretischen ins Praktische gerückt; die nachprophetischen Denker ziehen einzelne logische Konsequenzen aus den überlieferten Lehren, ergänzend, zweifelnd; die logische Entwicklung und die praktische Nachprüfung wirken auflösend; die Folge ist einerseits autoritative Abschließung des geltenden im Kanon der Kirche, anderseits der Bruch mit der Kirche in den letzten großen schöpferischen Geistern des Judentums, in Jesus und Spinoza.

Diese dritte Epoche ist nach unten nicht abgrenzbar, sie reicht bis in unsere Tage; immer noch sperrt die jüdische Orthodoxie ihre heilige Lehre gegen auflösende Tendenzen ab, immer noch werden fortgeschrittene Juden durch ihre Entwicklung zum Überschreiten der spezifisch jüdischen Stufe zu christlichen und überchristlichen Weltanschauungen geführt. —

Der Stamm Juda, Jehuda, ursprünglich wahrscheinlich Jahuda, scheint ein aramäischer Wanderstamm gewesen zu sein, der einen gleichnamigen Fetisch, Jahud, später zu Jahuh (Inschrift Mešas von Moab), Jahu, Jah gekürzt, aus der Wüste mitbrachte.

Der Stammgott eines Wanderstammes ist sehr einfach; er ist seinem Wesen nach der Schützer des Stammes gegen andere göttliche Wesen, sein Vorkämpfer und Führer; für diese Leistung hat er Anspruch auf Herrschaft und Ehre, ganz konkret auf Beuteanteil und Opfer; seinem Aussehen nach ist er irgend etwas, ein merkwürdiges unlebendiges Ding, ein Tier, vielleicht auch einmal ein menschlich gestaltetes Wesen, immer aber ein konkreter Besitz des Stammes, kein höheres geistiges oder natürliches Gebilde, wenigstens in der Zeit, die für uns in Betracht kommt. Die Forderung menschlicher Gestalt, die Differenzierung des Wesens der Gottheit, ihre Verbindung mit Moral- und Naturbegriffen gehören ins Kulturland, sind Erzeugnisse priesterlicher Spekulation. Der Fetisch hat einen Priester, den Stammesältesten, seinen geborenen Vertreter; der Häuptling ist Mandatar des Gottes beim Stamm, Mittler des Stammes beim Gott; als Vertreter des Gottes führt er den Stamm, kämpft ihm vor, verteilt die Beute und verfügt über Leben und Gut der Mitglieder, selbst beinahe ein Gott; als Vertreter des Stammes huldigt er dem Gott, erforscht seinen Willen, preist er den Gnädigen und versöhnt den Ungnädigen; das ergibt ein besonders nahes Verhältnis des Häuptlings und seines Hauses zum Stammgott; der Stammfetisch ist sein Hausgott.

Der Gott des Stammes Juda, Jahuh, war bei seiner Einwanderung nicht differenzierter als andere Stammfetische. Er führte seinen Stamm ins gelobte Land, ins reiche Kulturgebiet; er bereitete ihm nicht friedlich den Weg, sondern kämpfte ihm vor bei seinen Räuber- und Fehdezügen und nahm seine Wohnung in einer Niederlassung, einer Burg oder einem befestigten Dorf, in der Nähe der Stadt, auf die es abgesehen war, Jerusalem; die Burg ward nach ihm »Baal-Jahud« genannt.

Seinem Aussehen nach war er ein Tier, eine Schlange; wahrscheinlich ist die eherne Schlange, der Nechuštan, der alte Stammfetisch aus der Wüstenzeit in Person gewesen. Aus der Schlangengestalt erklären sich viele Tatsachen und Namen aus der ältesten Geschichte Judas. Die Schlange im Paradies und die Seraphim in der Wüste und vor Jahus Thron, die Benennung des alten Stammesheiligtums als »Schlangenstein« und die der Priester am Tempel zu Jerusalem als »Leviten« (Lev- gleich Schlange, so in Leviathan), der Jähzorn und die Reizbarkeit, die Wüstenheimat und die Neigung zu tückischen nächtlichen Angriffen auf die Seinen gehören hierher.

Wenn eine Schlange Stammgott und damit Hausgott des Fürstengeschlechts in Juda war, so kann man vielleicht bei der engen Beziehung zum Herrscherhaus in diesem Schlangennamen erwarten; in der Tat heißt der Ahnherr Davids »Nachšon«, »Schlangenmann«; »Nachaš« heißt der Vater der Abigail und Seruja, der beiden Frauen, von denen alle Heerführer Davids, Abšaloms und Adonijas stammen, die doch wohl nach der Idee des Geschlechterstaats Verwandte des Königs gewesen sein müssen.

Die übliche enge Beziehung des Stammgottes zum Häuptlingshaus erlaubt uns im Falle Juda sogar einen Blick in die Zeit vor der Einwanderung in Südpalästina. Bei einem aramäischen Stamm Jahudi in Nordsyrien findet sich in Königsnamen der Gottesname Jahu, obgleich der Stamm andere Götter verehrt; bei der Einzigkeit des Vorkommens von Stamm- und Gottesnamen außerhalb Judas können wir fast sicher eine alte Einheit von Juda und Jahudi annehmen; die Anhänglichkeit des Herrscherhauses an den alten Gott über dessen Abzug hinaus gibt Anhaltspunkte zur Behauptung des aramäischen Charakters von Juda und zur Herstellung der alten Vokalisation des jüdischen Gottesnamens.

So ist der Gott des Stammes Juda ein Stammfetisch ohne besondere Unterscheidungsmerkmale, der kriegerische Führer einer Beduinenbande, Hausgott ihres Häuptlings, nach Gestalt und Wesen eine Schlange.

Mit der Seßhaftigkeit wird der Stammgott Lokalgott, aus dem Schützer und Führer eines beweglichen Verbandes wird er der Herr eines Ortes, einer Bodenfläche, einer Stadt und einer erweiterten Stadt, eines Reiches.

Damit erweitern und verändern sich die Aufgaben des alten Stammgottes; er ist nicht nur Führer und Krieger, sondern wird zum Grundherrn, zum Flurgott, der für Saat und Ernte zu sorgen hat, zum Totengott. Sein Verhältnis zum Boden ist fest; der Boden ist ewig wie der Gott, die Menschen wechseln; diesen Boden, seinen Besitz, verteidigt der Gott, ihn macht er fruchtbar und wertvoll. Der wandernde Gott eines Nomadenstammes hat immer die Interessen seines Stammes; der Stadtgott hat nicht notwendig die Interessen der Städter; er braucht weder mit der Gemeinde verwandt zu sein, noch ihr Los zu teilen; er kann geradezu darauf hinarbeiten, andere Leute auf seinen Grund und Boden zu bekommen; er kann die Bevölkerung hungern lassen und die Stadt in Feindeshand fallen lassen, um besser versorgt zu werden; anderseits kann er gute Diener durch gute Ernten und Siege über andere belohnen. Freilich muß er im letzteren Fall stärker sein als andere Götter, und das bindet ihn wieder; er selbst kann dienstbar werden, wenn er die Seinen unvorsichtig schwächt.

Jedenfalls ist in den neuen Verhältnissen der Gott stärker, die Gemeinde abhängiger. In der Wanderzeit spielt die Tapferkeit und Erfahrung des Häuptlings eine größere Rolle; auch bei Mißwachs kann ein kluger Führer ausweichen und Weiden irgendwo ausfindig machen, ein tapferer die besten Stücke anderen abnehmen und behaupten. In der Stadt gibt es mehr unbeeinflußbare Faktoren; auch wo alles Menschliche geschehen ist, hängt der Ausfall der Ernte von Flut und Regen, Blitzschlag und Hagel, von der Keimkraft des Saatgetreides ab; beim Sieg über die Feinde spielt neben der Tapferkeit und Zahl die Lage der Stadt, ihre Festigkeit eine Rolle, der Schutz im Tod führt ganz ins Ungewisse. Man ist dem Gott ohne Ausweichen ausgeliefert. Dazu hat man Muße zur Spekulation.

Der Übergang Jahus vom Gott eines Wanderstammes zum Gott einer seßhaften Dorfgemeinde erfolgt bei der Ansiedlung des Stammes Juda in dem neugegründeten oder neubenannten Ort Baal-Juda. Hier entstand das erste Heiligtum Jahus, der Schlangenstein. Die innere Umwandlung kann nicht sehr weit gegangen sein; ehe sie über den Zwischenzustand hinausgeschritten war, veränderte der Gott abermals seine Heimat; David kam in den Besitz von Jerusalem und führte den Stammfetisch, offenbar die eherne Schlange, den Nechuštan, feierlich in die neue Besitzung ein; Jahu ward der Herr einer Stadt und eines Reiches.

Der neue Stadtgott von Jerusalem muß einen älteren beerbt haben; wir wissen nicht, wie dieser Vorgänger hieß, doch kann an seinem Dasein nicht gezweifelt werden. Jahu übernahm von ihm den Haupttempel der Stadt, wahrscheinlich auch Gestalt, Mythen, Feste und Kult, die von der kanaanäischen Priesterschaft einfach übertragen wurden; bei der Ähnlichkeit der lokalen Götter und der Unbestimmtheit Jahus bot das keine Schwierigkeiten. Hinfort hieß der Baal von Jerusalem Jahu, seine Priester nannten sich nach dem Bild des neuen Gottes »Kinder der Schlange«, Leviten, sein Kultbild, die eherne Schlange, nahm den Ehrenplatz im Tempel ein, in den Mythen trat die Schlange oder der Name »Jahuh« an die Stelle des früheren Herrn; Jahu ward geboren, vermählte sich, starb und stand auf an den großen Festtagen. Die Entwicklung zum Stadt- und Reichsgott erfolgte in der Form einer Erbschaft.

Wie weit diese Entwicklung zu Davids Zeit gegangen ist, wissen wir nicht. Wahrscheinlich hat David selbst sie begünstigt und beschleunigt so viel er konnte; er war viel zu klar über sein Ziel, um dies nicht zu tun; in sein kanaanäisch-judäisches Reichsideal gehörte notwendig ein Reichsgott, der allerdings Stammgott von Juda seiner Abstammung nach, seinem Wesen nach aber Kanaanäer, den höchsten wissenschaftlichen und kulturellen Ansprüchen angepaßt war. Aber der Gründer des Reiches hatte mit dem Widerstand derer zu rechnen, die Kraft und Namen zu seiner Gründung gegeben hatten; die partikularistischen Regungen im Stamme Juda hemmten die Entwicklung der Religion wie des Staats.

Das vollkommene Verschwinden des alten Stadtgottes neben dem neuen Eindringling legt den Gedanken nahe, daß die Einnahme von Jerusalem doch etwas gewaltsamer erfolgt ist, als es nach unserem Bericht scheinen kann. Der Stamm Juda fühlte sich als Sieger; daß sein Gott Herr in der Stadt sein sollte, war ihm gewiß selbstverständlich; daß er in einer prächtigen städtischen Behausung wohnen sollte, umgeben von allen Ehren, die die kanaanäischen Götter gewohnt waren, bedient von eigenen Priestern mit allem üblichen Zeremoniell, war ebenso natürlich wie die Tatsache, daß David Macht und Wohnung der alten Fürsten, sein Gefolge die Stellung und die Besitzungen des alten Adels usurpierten. Aber daß diese Entwicklung nun dahin führen sollte, daß neben den städtischen Stammesgenossen die ländlichen, neben dem städtischen Heiligtum das alte Dorfheiligtum in Baal-Juda vernachlässigt und abhängig werden sollten, das war nicht selbstverständlich. David trug dem Widerstand Rechnung, indem er das Heiligtum im Landgebiet, den Schlangenstein, fortbestehen ließ, nicht nur als ein bevorzugtes Heiligtum, sondern geradezu als gleichberechtigtes Hauptheiligtum des Reiches; neben Sadok, dem Sohn Ahitobs, dem Priester Jahus von Jerusalem, steht in der Beamtenliste Abjathar als Priester des Jahu von Baal-Juda. Unter dieser Konkurrenz mußte die Fortbildung Jahus leiden; er konnte wahrscheinlich nicht Menschengestalt annehmen, ohne daß der Stamm gegen die Zurücksetzung der ehernen Schlange im Tempel und ihres Abbilds am Schlangenstein protestiert hätte; seine Ausstattung mit Mythen und Festen mußte als Kanaanisierung und als Bevorzugung des städtischen Jahu auf Widerstand stoßen.

Was David wollte, zeigen uns zwei Tatsachen, die Erziehung seiner Söhne als Priester und das endgültige Verschwinden von Schlangennamen im Davidshaus. Daß er seine Söhne Priester werden ließ, heißt, daß er sie in der kanaanäischen oder altbabylonischen Fürstentradition heimisch machen wollte; sie sollten Kulturkönige von der Gottheit Gnaden sein, nicht abhängig von einem halbbarbarischen Stamm; das Verschwinden der Schlangennamen beweist, daß Jahu virtuell Mensch war, wenn er auch noch kein menschliches Bild erhalten hatte.

Die Lage ist in der Religion dieselbe wie in der Verfassung; David hat neben seinem Stamm eine Truppe von Söldnern; er macht den Versuch, durch eine Volkszählung eine Ordnung der Finanzen im moderneren Sinn einzuführen; aber durch seine Söldner, wie durch seine Volkszählung reizt er nur seine Stammesgenossen; Aufstände und üble Nachrede sind die Folgen. Wir können wohl sicher annehmen, daß das Heiligtum am Schlangenstein ein Mittelpunkt der partikularistischen Umtriebe war.

Anderseits hat Davids Politik vorsichtigen Lavierens ihm schließlich die Kraft gegeben, das schnell zusammengeballte Reich zu konsolidieren und einem Nachfolger zu übergeben, der freier war als er und energischer weitergehen konnte; wenn partikularistische Regungen ihm schwere Stunden bereiteten, so hat doch die angestammte Treue der Joab und Genossen, demselben Boden entsprossen, ihn immer wieder gestützt; wenn er zwei Heiligtümer Jahus dulden mußte, so hat dafür die Tradition seine unbedingte Jahuverehrung gepriesen.

Zwei Angaben aus der Inschrift Mešas von Moab gehören wohl ebenfalls in diesen Zusammenhang. Meša berichtet, daß er dem »Dwdh« von Atarot seinen Altar, dem Jahuh von Nebo sein Gerät (?) entführt und als Trophäen seinem Gott Kamoš in seiner Hauptstadt Dibon geweiht habe.

Es gab also Jahuh heilige Geräte (?) außerhalb von den Heiligtümern in Jerusalem und am Schlangenstein. Nebo ist eine Stadt jenseits des Jordan, in den Gebieten, die David mit Moab seinem Reiche einverleibt hat, und die auch später judäische Interessensphäre blieben. Wenn Jahuh hier verehrt wurde, so kann das nur ein Zeichen der Abhängigkeit des Gebietes von seiner Stadt sein; eine Kapelle war dem Reichsgott heilig.

Der Gott »Dwdh« von Atarot ist nicht sicher zu vokalisieren; eine Möglichkeit besteht, ihn mit Dawid selbst zu identifizieren. So läßt sich Amenhotep III. nicht in Ägypten, aber in dem nubischen Gebiet, das zu Ägypten in ähnlichem Verhältnis stand, wie Moab zu Juda in Davids Zeit, bei Lebzeiten göttlich in einem Tempel verehren; auch an eine Vergottung des Königs David nach seinem Tode wäre zu denken.

Beide Notizen lassen sich mit dem Brauch zusammenbringen,

im besiegten Land Säulen als Hoheitszeichen zu errichten; so tun die Philister in Benjamin. Diese »Säulen« sind auch dem Ausdruck nach wahrscheinlich Bilder des Königs oder eines Hauptgottes und Gegenstand eines Dienstes gewesen; Freunden zum Schutz, Feinden zum Trutz mögen sie auch im Davidsreich überall, wie in der Nachbarschaft Moabs gewesen sein. Daß es Meša eine besondere Freude gewesen sein muß, den alten Zwingherrn Jahuh und seinen ersten Diener vor seinem Gott zu demütigen, ist verständlich.

Šelomo beginnt seine Regierung mit einer gewaltsamen Niederschlagung der partikularistischen Regungen; der Putschversuch Adonijas, den Joab, der Priester Abjathar vom alten Jahuheiligtum, und offenbar der ländliche Teil des Stammes bezeichnenderweise am Schlangenstein in Szene setzen, endet mit der Beseitigung der Führer und dem Verschwinden des Schlangensteinheiligtums aus der Geschichte. Seit Šelomos Regierung hat das Reich nur noch ein Heiligtum Jahus in Jerusalem und einen, nicht mehr zwei Oberpriester. Der Hofstaat wird nach ägyptischem und babylonischem Muster umgestaltet; der König selbst ist Priester, aus priesterlichem Geschlecht stammt der oberste Beamte; Priester und Propheten (Nathan, der aber nicht im späteren engeren Sinn Prophet genannt werden kann) haben wie bei der Thronbesteigung während Šelomos ganzer Regierung die Hand im Spiel gehabt. Wie die Verwandlung des Reiches in eine absolute Militärmonarchie und einen straff zentralisierten Verwaltungskörper bedeutende Fortschritte machte, so ward nun Jahu von Jerusalem zum vollkommen kanaanisierten Gott; babylonische und ägyptische Götter, Vorgänger und Nachbarn im Land statten ihn aus.

Wenn die jüdische Überlieferung Šelomo zum eigentlichen Schöpfer der Herrlichkeiten Jahus und seines Tempels macht, so entspricht das durchaus den Tatsachen, mag nun Šelomos Hauptbau, der Hekal, ein Palast oder ein Tempel gewesen sein; die alten Hemmungen der Entwicklung Jahus waren weggefallen, die Kanaanisierungstendenzen durch die Verschmelzung des städtischen Stammteils mit der Bevölkerung von Jerusalem bedeutend verstärkt; der Wille des Königs ging auf eine möglichst herrliche und vollständige Ausstattung seines Haus-, Stadt- und Reichsgottes und die Mittel ließen sich beschaffen durch Steuern, Handel und Anleihen; dem Gott dienen ist der beste Dienst, den ein König von Šelomos Anschauungen sich und seinem Land erweisen zu können glaubt;

er wird nur mehr geehrt und gerühmt, wenn er hier verschwendet. So hat Šelomo gewiß den Tempel und Kult seines Gottes zu einem Wunder für dies abgelegene Land Juda gemacht, wie Gudea Ningirsus Namen groß machte; neben dem großen Heiligtum von Babylonien und Ägypten, selbst neben den Tempeln und Göttern reicher Städte Syriens, Phönikiens und der kultivierteren ebenen und nördlicheren Gebiete Palästinas wird diese Herrlichkeit freilich verblichen sein; seinen Priestern und den Südstämmen erschien Jahus Pracht und Macht unerhört.

Wenn Šelomos Epoche und Bemühung der Glanz des Jahutempels und -kults entspringt, so entstammt ihnen aber auch die polytheistische Ausgestaltung der Jahureligion; Šelomo ist nicht nur Jahus Liebling und der verschwenderische Erbauer des Tempels, sondern auch der erste Abtrünnige, der andere Götter neben Jahu verehrt; und auch hier hat die Überlieferung recht. Als Stammgott war Jahu einzig; von David nach Jerusalem überführt, blieb er einzig, so lange er als Sieger geehrt, aber nicht eingearbeitet in die höhere Weltanschauung der Besiegten, eine Ausnahmestellung einnahm; der Barbar mußte aber schließlich selbst verlangen, aus dieser Ausnahmestellung herauszukommen, kultiviert zu werden, d. h. wissenschaftlich zu werden, was er nur politisch geworden war, oberster Gott; so wird Jahu oberster Gott eines Pantheons und verliert seine primitive Einzigkeit. Seine Stellung zu den großen Göttern der babylonischen Weltanschauung wird bestimmt; er bekommt ihre Macht, ihre Eigenschaften und Abzeichen; eine Familie entsteht neben ihm, Frau, Kinder, Diener; all die »Gebilde von greulichem Gewürm und Vieh«, die noch Jecheskel an den Tempelwänden eingegraben sieht, all die Zeichen des Šamaš-, Ištar- und Tammusdienstes, die bei den Tempelreinigungen erwähnt werden, Erdberg und Abgrund, Leuchter und Schaubrote werden jetzt nicht in Jerusalem eingeführt, denn der Vorgänger Jahus hat sie wohl schon angenommen, aber zu Jahu in Beziehung gebracht. Vor allem aber werden Trophäen aus besiegten Landesteilen als Diener Jahus Hof gebildet haben; vielleicht gab es eine Schicksalskammer, in der die großen Götter des Davidsreiches mit Jahu die Lose bestimmten; sicher hat Šelomo, als echter König des babylonischen Kulturkreises auch in den andern Städten seines Reiches durch Bauten, Schenkungen und Inschriften um die Gunst der Götter insgesamt geworben. Die Überlieferung erzählt von Šelomos Verehrung der

Ašteret der Sidonier, des Kamoš von Moab und des Milkom von Ammon; wie weit das richtig ist, läßt sich nicht nachprüfen; mir scheint sehr möglich, daß eine Ištar als Gattin neben Jahu Platz fand, daß Kamoš und Milkom zu seinem Hof gehörten; wir müßten dann annehmen, daß die israelitischen Kollegen in Jahus Schicksalskammer entführt worden waren, als Jerusalem von Israel abhängig ward; möglich ist aber auch, daß diese drei »Scheusale« nur Typen des Götzendienstes für den späteren Geschichtsschreiber der nachexilischen Zeit waren, die er einsetzte, weil eben nur am Polytheismus Šelomos trotz aller Jahuverehrung nach den Quellen nicht zu zweifeln war.

Die Veränderungen, die mit Jahu vorgenommen wurden, die Verwandlung des alten Stammfetischs in einen großen Gott babylonischen Charakters, waren das Werk der Leviten. Wir können allerlei über Aussehen, Wesen und Mythologie des vorprophetischen Jahu aus den allerdings sehr überarbeiteten und entstellten Resten vorprophetischer Zeit herausklauben und zusammensetzen, die sich spärlich genug in den heiligen Schriften des Judentums erhalten haben.

Zunächst mußte eine ganz äußerliche Veränderung mit Jahu vorgenommen werden; große Götter in Tiergestalt waren in Babylonien längst nicht mehr möglich; mochte immerhin die Nachbarschaft Ägyptens einwirken, mochte in der Provinz babylonische Theologie etwas verdünnt und barbarisiert sein — eine Schlange als Hauptkultbild eines Reichstempels scheint nicht mehr möglich gewesen zu sein; so blieb zwar der Nechuštan ein Gegenstand hoher Verehrung bis in die Zeit Chiskijas, wie das die Rücksicht auf den immer noch einflußreichen Stamm Juda, auf die Geschichte und auf den Gott Jahu verlangte; auch das Königshaus hatte ja ein Interesse an dem alten Hausgott, dem einzigen wirklich uralten Wesen im Tempel; aber neben ihn trat als Hauptbild des Tempel sein menschlich gestalteter Jahu, den erst Nabukudurriusur II. wegführte.

Dies Kultbild Jahus[1], dessen Dasein die späteren Redaktoren der jüdischen Überlieferung sorgfältig zu verstecken trachteten, verbirgt sich in den Geschichtsbüchern des Kanon unter dem Namen der »Säule«, aus der dann zwei Säulen am Tempel gemacht wurden; wir können ruhig alles, was von »der Säule« oder von der »Säule Jachin«, die auch durch Benennung und Namen ihre Abstammung

[1] Siehe auch Memnon, August 1909.

vom Jahubild zeigt, berichtet wird, auf das Kultbild Jahus beziehen und bekommen so ein recht gutes Bild von ihm.

Das Kultbild war von Erz gegossen durch Hiram von Tyrus auf Šelomos Befehl; es war innen hohl, die Gußmasse vier Finger dick; seine Gesamthöhe betrug 23 Ellen, wovon 18 Ellen auf den Körper, 5 auf den Kopf kamen; die Maße zeigen, daß ein stattliches Werk der Metallgießerei geschaffen ward; 23 Ellen Höhe, 12 Ellen Körperumfang — der Tempel, der dies Bild einschloß, muß ein bedeutender Bau gewesen sein, auch wenn bei der Verwandlung des Bilds in eine Säule Spannen zu Ellen geworden sein sollten.

Das Bild war ein Sitzbild; idealisiert schildert es Ješaja in seiner Berufungsvision; wo er versagt, ergänzt wieder die Schilderung der Säulen. Jahu thront im Tempel; die Darstellung der Götter auf dem Thron ist im babylonischen Kulturkreis allgemein üblich. Bekleidet ist er mit dem Göttermantel, ebenfalls einem Stück des allgemeinen Ornats. Die Götterkrone erwähnt Ješaja nicht; das ist natürlich kein Beweis, daß sie gefehlt hat. Dagegen berichtet die Schilderung der Säulen von einem Kopfschmuck, der bestimmt angebracht war; um den Knauf der Säulen geht ein Gitter, an dem »ringsum« 96 (bzw. 100) »Granatäpfel« »Luftwärts« befestigt sind; das kann vernünftigerweise nur eine Gloriole von Strahlen oder Sternen sein. Vor Jahu stehen »die Seraphim«; bei Ješaja sind sie geflügelte Engelwesen, an anderer Stelle einfache Schlangen, und zwar die Schlangen, gegen die die eherne Schlange errichtet wird, also deren Eben- oder Urbilder. Das zeigt uns, daß an dem Thron Jahus, als Träger, einfach oder geflügelt, das Tierwesen angebracht war, das ihm heilig war, die Schlange, aus der er hervorgegangen und vermenschlicht worden war. Auch für diese Anbringung des Tiers am Thron haben wir babylonische Parallelen, wenn auch dort die heiligen Tiere vielfach nicht theriomorphe Urgestalten der betreffenden Götter sind.

So ist das Jahubild ein wesentlich babylonisches Götterbild gewesen; babylonisch und archaisch werden wir es uns vorstellen müssen; babylonisch werden wir Ornat und Thron ergänzen müssen; zu Mantel und Flügelschlangen kommen Hörnerkrone, Stab, Ring und Waffe; die Gloriole ist mir aus babylonischen Bildern nicht bekannt, doch weisen die Kugeln auf ein Gestirnsymbol, das doch wohl dort heimisch gewesen sein wird. Im übrigen mögen ägyptische und andere Besonderheiten an dem Bild gewesen sein;

wir müssen zufrieden sein, daß die zufälligen Notizen der Schrift soweit eine Herstellung des ganz geleugneten Bildes im Tempel gestatten.

Noch weniger Reste als vom Kultbild Jahus haben die Bearbeiter der jüdischen Überlieferung von dem Wesen, den Mythen und Festen Jahus in vorprophetischer Zeit stehen lassen; in der Thora und den Geschichtsbüchern ist das Heidnisch-Babylonische rücksichtslos beseitigt, soweit es die herrschenden Bräuche, die aus ihm hervorgewachsen waren, irgend zuließen und die logischen Fähigkeiten der Bearbeiter genügten; in den prophetischen und den übrigen Schriften war die vollkommene Ausschaltung alter Reste durch Weglassung und Überarbeitung dadurch erschwert, daß es sich nicht um Darstellung des alten Stoffs, sondern um gelegentliche Hinweise handelte, die leicht übersehen werden konnten. Während wir so in Gesetz- und Geschichtsbüchern das Alte mühsam und unsicher herausklauben und rekonstruieren müssen, finden wir in den andern Schriften, namentlich bei den vorexilischen Propheten, klipp und klare Anspielungen auf eine babylonische Theologie und Mythologie nicht nur des vorprophetischen, sondern des vorexilischen Jahu.

Jahu ist, wie zu erwarten war, von seinen Priestern mit allen wesentlichen Stücken der babylonischen Religion ausgestattet worden. Diese Ausstattung ist erfolgt durch einfache Übertragung der Eigenschaften und Mythen auf ihn. Was Anu, Ellil, Ea, Sin, Šamaš, Marduk zugehörte, ward Jahu zugeschrieben. In Babylonien haben derartige Übertragungen eine gewisse schamhafte, gesetzliche Umkleidung; Ningirsu tritt zu Ellil in ein Sohnesverhältnis, als er ihn beerbt; Marduk wird von Anu und Ellil belehnt, von Ea adoptiert; im halbwilden Westen fallen diese Formen weg; Jahu eignet sich alles an ohne zu fragen; er wird weder verwandt mit den großen Göttern, noch in Rechtsformen ihr Erbe; das würde sich mit seinem barbarischen Stolz nicht vertragen; im babylonischen Rechtsstaat tut die Angliederung des Neuen an ein Altes dem Ansehen des Neuen wenig Schaden, im kleinen Juda mit seinen Begriffen von Herrschaft des Ältesten darf kein älterer neben dem jüngeren stehen. Als Barbar und Gott eines Reiches am Rand der Kulturwelt ist Jahu von Jerusalem ein eifersüchtiger Gott; die kurzsichtige Naivität und der kindliche Stolz seiner Anhänger machen den Gott eines Zwergstaats zum einzigen in der Welt, zu einem Inbegriff aller Großen, zu einem Miniaturmarduk; dieselben Verhältnisse lassen Aššur eifersüchtig und einzig werden, nur daß bei ihm die Größe des Reiches seine unwissenschaftliche Sonderstellung einigermaßen rechtfertigen konnte, während bei Jahu selbst in Šelomos Zeit und später erst recht die Ansprüche auf Einzigkeit in keinem Verhältnis zu seiner wirklichen Macht standen; übrigens sind gewiß alle Stadtgötter der syrischen und palästinischen Zwergreiche von ihren Priestern ebenso ausschließlich und überschwänglich erhoben worden.

Die Übernahme babylonischen Gutes durch Jahu kann indirekt, durch Beerbung älterer Stadtgötter in der Nachbarschaft, oder direkt durch eine Neugestaltung nach babylonischen Vorbildern (es gab Handelsverkehr und eine Verbreitung literarischer Stücke von Babylonien bis Ägypten) erfolgt sein; wahrscheinlich ist das meiste indirekt, über Syrien, Phönikien und die nördlichen Teile Palästinas vor und nach Jahus Einsetzung in Jerusalem dahin gekommen.

Jahu ist wie Anu Herr des Himmels und der Erde, Vater der Götter und Menschen, Gott der Götter; als Herrn der Gestirne bezeichnet ihn der Name: »Jahu der Heerscharen«, wohl auch die Glorie mit den 96 Kugeln.

Wie Ellil-Marduk ist er der Herr der Erde. Sein Herrschaftsanspruch gründet sich auf den Tiamatkampf und die Schöpfung; die babylonische Mythe klingt so unverkennbar durch, daß man fast versucht sein könnte, anzunehmen, daß die Schöpfungsgeschichte des vorprophetischen und vielleicht des vorexilischen Jahu eine Übersetzung des babylonischen Epos' Enuma eliš war, in dem Jahu an Marduks Stelle gesetzt war. So wenig als Marduk, ist Jahu vor der Weltschöpfung allein; neben ihm stehen viele Götter, die Elohim; ein Drache, gelegentlich »Tehom« (Tiamat), auch Leviathan, Rahab, Behemoth u. a. genannt, umgeben von abgefallenen Göttern, bedroht die Oberen. Jahu wappnet sich gegen die Empörer, beginnt den Kampf mit einer Scheltrede, tötet den Drachen und spaltet ihn in zwei Teile, begnadigt aber seine Helfer, indem er sie nur fesselt und einschließt — alles wie Marduk. Es folgt die Weltschöpfung; die oberen und unteren Wasser werden getrennt, abgeschlossen, ein Damm, eine Feste entsteht als Scheidewand; dann folgt die Begrenzung des Meeres, die Errichtung des Erdbergs, des »Großbaus« Ešarra; die Lichter werden geschaffen, große und kleine, an den Himmel gesetzt und in ihre Bahnen gewiesen; die Schöpfung der

Pflanzen, Tiere und Menschen schließt sich an; den Schluß bildet ein Fest, bei dem die Götter den Schöpfer und Herrn preisen. Die erste Schöpfungsgeschichte der Thora läßt trotz völliger Umarbeitung und Beseitigung aller astronomischen Einzelheiten der babylonischen Dichtung die ursprüngliche Verwandtschaft deutlich erkennen.

Wie die Schöpfung muß die Flutsage auf Jahu übertragen worden sein; sie war den Theologen von Babylon, die Marduk auszustatten hatten, zur Übernahme zu barbarisch gewesen; die Priester Jahus fanden sie eben recht, um die Macht Jahus zu beweisen. Wahrscheinlich war auch die Flutsage von Jahu ein genaues Abbild der babylonischen Mythe; das beweisen einzelne schlagende Gemeinsamkeiten noch in der späten Bearbeitung der Genesis; die ausgesandten Vögel (Genesis: Rabe und Taube, babylonisch: Taube, Schwalbe, Rabe), der Zug, daß die Götter wohlgefällig den Rauch des ersten Opfers genießen (Genesis: Jahu riecht den lieblichen Duft; babylonisch: die Götter sammeln sich wie Fliegen über dem Opferer), geloben, niemals die Flut zu wiederholen, und ein Zeichen der Versöhnung an den Himmel setzen (Jahu den Regenbogen, Ištar ihre Halskette) sind gleich und beweisen durch ihre Belanglosigkeit für das Ganze eine alte Identität.

Von Ea kann Jahu die Weisheit und die Rolle des Weisheitsspenders in der Urzeit angenommen haben; alle Wahrscheinlichkeit spricht dafür, daß die Schlange am Baum der Erkenntnis ursprünglich Jahu als Weisheitsspender war. An die Adapasage erinnert mancher Zug in der Geschichte vom Sündenfall, doch ist hier alles zu verwischt, als daß man Vermutungen über die Urform der Geschichte wagen könnte. Im ganzen scheint mir der vorprophetische Jahu barbarischer als Ea und Marduk, weniger Menschenfreund als Tyrann gewesen zu sein.

Der geringen wissenschaftlichen Fähigkeit der Priester Jahus mag es auch zugeschrieben werden, wenn Jahu von Sin, dem wissenschaftlichsten unter den großen Sechs, keine Züge annahm; die astrale Weiterbildung des Pantheons interessiert Jahu nicht als wissenschaftliches Problem, sondern höchstens als Beweisstück für die Weisheit seiner Schöpfung.

Dagegen ist Šamaš offenbar wieder in Jahus Bild eingegangen; das zeigen nicht nur allerlei Sonnenzüge in der Schilderung seiner Majestät und in der Betonung seiner strafenden, formalen Gerechtigkeit[1] bei den Propheten, sondern die direkten Angaben von Sonnenrossen und -wagen, die die Könige von Juda im Tempel aufgestellt hatten (2. Kön. 23, 11).

Daß eine Ištargestalt im Tempel verehrt wurde, kann kaum bezweifelt werden. Wir hören von der »Ašera« im Tempel, von den Behausungen der Geweihten, die für die Ašera webten. Die Ašera als Pfahl, wie als Ištar, ist eine Göttin der Fruchtbarkeit und des Geschlechtslebens, sterbend und auferstehend, unentbehrlich für einen lokalen Kult. In engster Beziehung zu diesem Dienst muß der »Tammuskult« gestanden haben, der noch von Jecheskel am Tempel erwähnt wird. Wie das Verhältnis Jahus zu Ištar und Tammus im einzelnen zu denken ist, läßt sich nicht sagen; wahrscheinlich war die Ištar seine Gattin und er selbst der »Tammus«, der alljährlich starb, beweint wurde, auferstand, Vermählung feierte und wiederum starb.

Merkwürdig wenig Züge im Bild Jahus lassen sich auf Marduk zurückführen; natürlich liegt das daran, daß Marduk selbst so wenig Eigenes besaß; vieles was Jahu von Anu, Ellil und Ea hat, wird er durch Marduk haben, so namentlich die Schöpfung; anderes brauchte Jahu nicht erst anzunehmen; die Ausnahmestellung Marduks als König und Herr unter den Göttern war bei Jahu durch seine barbarische Siegerstellung im Reich und durch seine ebenso barbarische Einzigkeit von vorn herein vorhanden; die Barmherzigkeit und Güte Marduks aber war für Jahu in vorprophetischer Zeit ein viel zu hoher Zug; Šamašs Gerechtigkeit ist das äußerste an Humanität bis in Ješajas Zeit.

Daß Jahu Gemahlin, Kinder und Hof besaß, daß er von Göttern umgeben thronte, daß Kamoš, Milkom u. a. ihre Kapellen oder einen Platz in seiner Kammer hatten (die Sonnenrosse könnten auch einem Šamaš von Jerusalem, entsprechend dem Babbar von Lagaš, in einer eigenen Kapelle verehrt, gehört haben) ist fast sicher.

Wenn ein ehernes Meer, doch wohl ein apsu, vorhanden war, so wird weder der Berg, zikkurat, noch das Drachenbild der Tiamat, im Tempel gefehlt haben.

Neben den babylonischen Elementen wären etwa ägyptische im Tempel zu suchen; die Grabungen in Palästina haben ja überall

---

[1] Wie »Recht« und »Geradheit« Kinder Šamašs, sind »Gerechtigkeit«, »Gnade« und »Treue« Personifikationen Jahus (Ps. 89, 15; 85, 14).

eine Mischkultur gezeigt. Wahrscheinlich war der ägyptische Einfluß in der Kunst, im Bau und der Ausschmückung des Tempels, namentlich in den Reliefs, am stärksten fühlbar. In der inneren Ausstattung lassen sich ägyptische Züge am ersten da erwarten, wo die ägyptische Religion am vorgeschrittensten und fast konkurrenzfähig mit der babylonischen war, zumal im abgelegenen Juda, in der Sonnenreligion und in der Totenreligion; wenn ein Altar auf dem Tempeldach und weitere Altäre im Tempelhof erwähnt werden unmittelbar im Anschluß an Sonnenrosse und -wagen, so liegt es nahe, an die ägyptische Verehrung der Sonne unter freiem Himmel zu denken; wenn die Ašera ein Pfahl war, so muß erinnert werden, daß auch Osiris ein Pfahl gewesen ist.

Spezifische Züge im Bilde Jahus vor der prophetischen Reform können wir nach dem Gesagten nicht erwarten; er war eben nichts als ein schlangengestaltiger Fetisch, bis ihn die Leviten zum großen Gott nach babylonischem Muster umbildeten; die Schlangengestalt des handelnden Gottes erlaubt, Jahu einige sehr primitive Mythen zuzuschreiben, die sich in Trümmern erhalten haben; sie sind, wie der Nechuštan, sein eingebrachtes Eigentum, vielleicht schon in Baal-Juda, wahrscheinlich ganz früh in Jerusalem entstanden. Die Leviten hatten ein Interesse, ihre rituelle Wissenschaft auf eine Offenbarung ihres Gottes zurückzuführen; sehr roh geschieht dies in der Sage vom tückischen nächtlichen Überfall des Ahnherrn der Leviten (später tritt Moše an seine Stelle) durch Jahu in der Wüste; der Kampf muß damit geendet haben, daß Jahu, besiegt, gezwungen ward, seinen Zaubernamen zu nennen; eine höhere Fortbildung ist die friedliche Offenbarung der Weisheit durch die Schlange, natürlich wieder an den Ahn der Leviten, einen, babylonischen Mustern nachgebildeten frommen Adapa, dem wie seinem Urbild aber die Unsterblichkeit versagt wird. Wenn das Beglaubigungsbedürfnis ihrer Weisheit die Leviten diese alten Stücke bewahren hieß, so war doch die Vermenschlichung Jahus unwiderruflich; die Schlange trat zurück; befeindet von den Propheten, die sie besonders unwürdig fanden, mußte sie dem Sieg Ješajas zum Opfer fallen; aus der Kampfsage verschwand ihr Bild, der nächtliche Gegner Mošes ist Mensch, nicht Schlange; der Beleg für den Sieg und die Gewalt des Priesterahnen über den Schlangengott ward zur harmlosen Schlangenzauberei in Ägypten; schließlich ward Jahu, der Mensch, der Gegner Jahus, des Schlangengotts; die Schlange ist in der jungen Geschichte des Sündenfalls Jahus Widerpart, Leviathan heißt der Drache der Schöpfungssage.

Mit Šelomos Tod endet die politische Herrlichkeit Jahus; aus den Kämpfen Rechabams und Jarobams geht ein neues Reich Israel hervor, dessen Vasall Juda wird und bleibt; der politische Zustand entsteht, der den Propheten so selbstverständlich erschien, daß sie glaubten, ein Volk Israel annehmen zu müssen, aus dem Juda und David hervorgegangen wären, und dessen angestammter Gott Jahu von Jerusalem war; das ist geschichtsphilosophische Konstruktion aufgeklärter jüdischer Nationalisten, die ohne Verständnis für den geschichtlichen Vorgang einheimische Überlieferungen, die politischen Verhältnisse ihrer Gegenwart und ihre religiösen Spekulationen in Einklang brachten. Jahu hat auf Verehrung in Israel niemals mehr Anspruch gehabt, als irgendein anderer Gott eines siegreichen Volkes im Gebiet der Unterdrückten, etwa Dagan von Asdod in Benjamin, oder Aššur in Israel und Juda; er hat in Israel niemals ein anderes Heiligtum gehabt, als etwa eine Kapelle in dem Haupttempel einer besiegten Stadt, die sein Wohlwollen brauchte, wenn derartige Ehrungen zulässig waren, oder als Siegessäulen, wie die der Philister. Wenn solche Kapellen und Säulen da waren, sind sie gewiß sofort zerstört und vernachlässigt worden, als Judas Zwingherrschaft aufhörte; nun drehte sich das Verhältnis um; fremde Götter erzwangen sich vielleicht Kapellen im Jahutempel, fremde Könige errichteten in judäischem Gebiet ihre Herrschaftssäulen; die israelitischen Trophäen verschwanden aus Jahus Tempel, seine Huldigungen gingen in die neue Hauptstadt. Für die Fürsten und Priester von Jerusalem war das ein »Abfall« des Nordens von Jahu; in der Tat war es eine reine Verschiebung des politischen Schwerpunkts; Jahu war vorübergehend, wie Ningirsu zu Eannatums Zeit, großer Reichsgott gewesen, nun sank er wieder zum Provinzgott herab; seine Fürsten und Priester suchten durch religiösen Eifer sich und ihm dies Los zu erleichtern; die Propheten haben ihre lokalpatriotischen Sagen gutgläubig ihren höheren Gedanken eingefügt.

Die Nachfolger Rechabams sind eifrige Jahudiener; sie wehren sich für ihren Gott gegen die Israeliten; sie fügen sich endlich in die Abhängigkeit und arbeiten im Winkel, ihrem Gott unter den Südstämmen einen sicheren und kriegstüchtigen Anhang zu schaffen; dann kommt die glänzende Aussicht auf eine Vereinigung des alten Davidsreiches durch die Verschwägerung mit den Omriden; das blendet die Könige; sie vergessen Jahus Interesse über ihren Familienaussichten und fallen dem Jahufanatismus der Prieser von Jerusalem und der Südstämme zum Opfer.

Die ganze Zeit aber ist Jahu nichts als ein Lokalgott im Reich Israel, ein demütiger Vasall der wechselnden Götter israelitischer Residenzen, nach Faust- und Staatsrecht. Man kann mit genau demselben Recht behaupten, daß Juda von dem Baal-berit von Sichem oder von dem Gott von Samaria abfällt, wenn etwa Abia gegen Jarobam oder Jehu gegen Joram von Israel zu Felde zieht, als man mit den Propheten von Jarobams oder Omris Abfall von Jahu reden kann. Politische Wandlungen drücken sich im babylonischen Kulturkreis in religiösen Verschiebungen aus; sie religiös zu fassen im Sinn höherer religiöser Anschauungen, heißt sie mißverstehen und fälschen; die Propheten entschuldigt ihre Nationalität, ihre unhistorische und logisch relativ unzulängliche Begabung, ihr religiöser Enthusiasmus; wir haben keine Entschuldigung, wenn wir ihre unhistorische Auffassung annehmen. —

Israel führt, wie viele Stämme, die vor und nach ihm aus Arabien nach Palästina kamen, wie Jakob-el und Joseph-el, Jiphtach-el und Jišak-el, Jišma-el und Jerachme-el, einen Namen, der mit El, Gott, zusammengesetzt ist und Stamm und Gott, vielfach auch den Ort der ersten Niederlassung bezeichnet.

Es wäre daran zu denken, daß diese eigenartigen Namenbildungen charakteristisch für eine bestimmte sprachliche Schicht der einwandernden Semiten sein könnten; da die ältesten greifbaren Stämme dieser Art in die Hyksoszeit, die jüngeren in die Zeit um 1000 gehören, so käme nur die kanaanäische Schicht, vielleicht in einem Teil, in Betracht, so daß wir in den Namen möglicherweise ein Kennzeichen zur Scheidung der letzten kanaanäischen von den ersten aramäischen Stämmen besäßen; Israel, Ismael und Jerachmeel wären dann Kanaanäer, Juda und die andern Südstämme Aramäer; daß beiderlei Stämme im Süden durcheinandersitzen, kann ebenso wenig verwundern, als daß die sprachlichen Verschiedenheiten sich nicht sichtbar geltend machen; an der Grenze zweier Schichten ist das selbstverständlich.

El ist natürlich kein hoher Gottesbegriff, sondern die Bezeichnung für den Stammfetisch, von dem der Stammname eine Aussage macht; einige dieser Namen lassen sich übersetzen: Jakob-el heißt »El überlistet«, Jiphtach-el »El öffnet«, Jisra-el »El streitet«, Jišak-el »El lacht«,

Jišma-el »El erhört«, Jerachme-el »El erbarmt sich«; der Stammname sagt also aus, daß der Fetisch den Seinen vorkämpft, indem er für sie die Wege öffnet, die Feinde schlägt oder überlistet, oder daß er den Seinen gnädig lächelt, sie erhört und sich ihrer erbarmt; die Absicht solcher Namengebungen ist immer die Beeinflussung des Gottes im Sinn des ausgesprochenen Wunsches; der Name sichert die Erfüllung und mag sich manchmal bei diesen Stämmen, vielleicht immer, aus einer konkreten Notlage erklären.

Der Stamm Israel ist zur Zeit Merenptahs in Nordpalästina halbseßhaft, wahrscheinlich in einem neugegründeten Dorf Israel, das Baal-Juda in der Einwanderungsgeschichte Judas entspräche. In den beiden Jahrhunderten nach Merenptahs Angriff muß es ihm gelungen sein, Silo zu nehmen; wie David den Gott Jahu von Baal-Juda nach Jerusalem führt, so muß der israelitische Stammeshäuptling, dem die Einnahme von Silo gelang, den Fetisch des Stammes Israel, der natürlich »Israel« hieß, nach Silo geführt und in dem Haupttempel dort aufgestellt haben. Der Fetisch Israel war seiner Gestalt nach das Urbild der Bundeslade; was er aber wirklich war, wissen wir nicht; vielleicht ist an einen seltsam geformten Stein zu denken; an einen Schrein für ein Bild oder einen Fetisch kann ich nicht glauben; die Priester des Gottes würden von einer Hülle nicht den Standesnamen abgeleitet haben. Es entwickelt sich nämlich am Israeltempel in Silo, wie am Jahutempel in Jerusalem, ein Stand von Berufspriestern, der sich als Geschlecht organisiert und seine Abstammung vom Fetisch selbst behauptet; wie die Priester Jahus nach der Gestalt ihres Gottes Leviten, »Söhne der Schlange« hießen, so nannten sich die Priester Israels nach der Gestalt des Gottes Israel, der »Lade«, »Söhne der Lade«, d. i. »Söhne Aharons«. Im Landbezirk von Silo blieb ein Rest des Stammes Israel, aus dem anscheinend der spätere Stamm Ephraim hervorging; wenigstens ist das Verhältnis von Silo zu Ephraim genau dasselbe, wie das von Jerusalem zu dem ländlichen Rest von Juda; mit dem Aufgebot von Ephraim zieht in höchster Not der alte Fetisch Israel aus seinem Tempel in Silo gegen die Philister zu Feld; seine Priester und seine Verteidiger fallen in der Schlacht, er gerät in die Hand der Feinde und wird als Trophäe in den Dagonstempel nach Asdod gebracht, wo er verschwunden sein muß. Die Überführung der Lade von Baal-Juda nach Jerusalem durch David ist ebenso unmöglich wie die wunderbare Reise von Asdod nach Baal-Juda oder Kirjath Jearim;

die tendenziöse Phantasie der nachexilischen Bearbeiter hat sich hier über alle geschichtlichen, wie über alle natürlichen Möglichkeiten hinweggesetzt; es gab in vorexilischer Zeit keine Lade im Tempel, und David, der König von Juda, der Eroberer des Nordens, hätte sie, selbst wenn sie noch zu seiner Zeit in Silo gewesen wäre, höchstens als Trophäe, wie die Philister, in seinen Tempel bringen können.

Noch weniger als David hatte Šaul Grund, die Lade, den Fetisch Israel von Silo, zu verehren; er wirft allerdings das Joch der Philister ab, aber nicht um die Vorherrschaft Silos und Ephraims herzustellen, sondern lediglich, um eine Herrschaft seines Stammes und Hauses zu begründen; ein Stammreich Benjamin ist sein Werk, und sein Reichsgott ist der Stammgott seines Hauses und Stammes, der im Gilgal, dem Steinkreis in Benjamins Gebiet, sein Heiligtum hatte. Im Gilgal sammelt sich der Stamm zum Philisterkrieg; von hier zieht er aus, der ernsten Lage entsprechend mit dem Gott an der Spitze; dem Gott der Benjaminiten gelobt Šaul am Tag der Entscheidung das große Fasten, das Jonathan bricht; ihm verfällt Jonathan durch das Orakel, von seiner Rache muß er gelöst werden. Im Gilgal wird der letzte Aufstand zur Herstellung der alten Freiheit von Benjamin durch Seba versucht; dabei wird wohl der Steinkreis zerstört und der Gott nach Jerusalem geführt worden sein, wenn er nicht schon früher, bei Davids Kämpfen gegen Išbaal, dahin gewandert war. Išbaal und Meribaal müssen nach dem Baal-Benjamin geheißen haben.

Die Eroberung des Nordens durch David kann wohl dazu beigetragen haben, das alte Ansehen von Silo, das durch den Verlust der Lade Israel und die folgende Zeit der Herrschaft Benjamins gelitten hatte, wieder zu heben. Silo und Ephraim waren die natürlichen Bundesgenossen jedes Gegners der Benjaminiten, wie das unterdrückte Gibeon. David wußte das zu nützen; wie er Gibeon zu einer Rache verhalf, die seinen Interessen diente, so erhob er Silo gegen Benjamin. Von einem Jahukult in Silo kann aber auch zu Davids Zeit keine Rede sein. Jahu war in Silo der fremde Zwingherr, nicht beliebter als Dagon von Asdod oder der Baal vom Gilgal in Benjamin. Bei der ersten Gelegenheit erhob sich der ephraimitische Statthalter Jarobam im Namen Israels gegen Jahu; von Šelomo vertrieben, kehrte er bei Rechabams Regierungsantritt wieder und gründete nun das Reich Israel.

Jarobams Reich hieß Israel; der alte Stamm- und Gottesname kam wieder zu Ehren, nachdem der Stamm Israel in Silo und Ephraim aufgelöst, der Gott an die Philister verloren war; zur Hauptstadt war aber Silo nicht bedeutend genug, vielleicht auch, weil sein Gott verloren gegangen war.

Hauptstadt des Reiches war Sichem. Der Gott von Sichem war demgemäß Gott des Reiches, vielleicht als Bundesgott, Baal-berit, denn Jarobams Reich scheint ein Bundesreich nach Art der Städte- und Stammbünde gewesen zu sein, die in der ägyptischen und israelitischen Eroberungsgeschichte des Landes vorkommen.

Aus den Überlieferungen der wichtigsten Bundesgenossen entstand in Sichem durch harmonistische Arbeit die Genealogie und Urgeschichte von Israel. Nun stammen die zehn Stämme von Israel ab, Jakob wird Israel, Joseph Ephraim und Manasse gleichgesetzt. Zur Urgeschichte steuern Israel, Sichem, Bethel und Silo, sowie die zehn Stämme bei.

Jakob-el [1] und Joseph-el sind alte kanaanäische Stämme, die seit der Zeit Thutmoses III. in Palästina sitzen und nach dem Abzug dieses Eroberers in den Besitz von Bethel und Sichem gekommen sein müssen. Jakob-el war unter den Hyksos als Sieger in Ägypten gewesen und von Ahmose vertrieben; die Erinnerung an eine Herrschaft über Ägypten und an eine Unterdrückung und Austreibung lebte in Bethel am Tempel des alten Stammgottes fort. Joseph-el, dessen Heiligtum in der Nachbarschaft von Sichem lag, hat vielleicht ebenfalls ägyptische Erinnerungen besessen.

Die erste, israelitische Sage von einem »Volk Israel«, die in Sichem entstand, kann man sich etwa so vorstellen: das »Volk Israel« (gleich Jakob), geführt von Jakob, hat Ägypten erobert; ausgetrieben durch den Pharao Ahmose, wandert es unter Aharons Führung durch die Wüste nach Nordpalästina, wo es die Städte und das Land besetzt; hier fügen sich die Stammgeschichten aus der Wanderzeit an; Gott der Sage ist der Baal-berit, der Bundesgott, übertragen vielleicht schon als Gott, der mit Israel einen Bund geschlossen hat (die Zeremonie der Bundesschließung scheint in Sichem heimisch gewesen zu sein); sein Diener ist Aharon, die Lade die Bundeslade. Joseph kommt als Sohn Jakobs unter.

[1] Zum folgenden siehe auch H. Schneider, Zwei Aufsätze zur Rel.-Gesch. Vorderasiens (Leipziger semitistische Studien V, 1).

Es sind die Elemente, die späterhin die Prophetie fertig übernimmt und in ihr System einarbeitet; eine Genealogie und Urgeschichte, die einer ganz bestimmten politischen Lage zur Rechtfertigung diente und die diese Konstellation, die sie geschaffen, überlebte, weil alle Beteiligten an ihr interessiert waren, ward zum Kern einer Geschichtsphilosophie, die, anderswo entstanden, in ihr den schönsten Stoff zur Ausgestaltung ihrer Hauptidee fand und nutzte.

Das Reich Jarobams hatte politisch kurzen Bestand; der Gott von Sichem ward als Reichsgott abgelöst durch den von Thirza, dann durch den von Samaria.

Samaria ist von Omri gegründet als Mittelpunkt eines Militärreiches, das ganz Palästina umfassen sollte. Welchen Gott der König in seine Hauptstadt einführte, wissen wir nicht; vollkommen sicher ist nur das eine, daß es keiner der alten Stadtgötter sein konnte, weder der von Sichem, Bethel, Silo, noch gar der von Jerusalem. Nach der Überlieferung ist der Berg von Samaria von »Šemer« (die Stadt heißt Šemeron) gekauft; da nach babylonischer Anschauung der Stadtgott Herr des Bodens ist, so könnte man an einen Eponymen der Stadt als deren Herrn denken. Amos spricht von »Sikkut« und »Kewan« als israelitischen Götzen; »Sikkut« heißt bei Amos »Euer König«; »Kewan«, bei Amos »der Stern Eures Gottes« (5, 26), wird mit Saturn identifiziert, dem Stern des Nin-IB; möglich, daß »Sikkut« der Name des Reichsgottes von Samaria war, und die Identifikation mit dem Gestirn des kriegerischen Gottes erfolgt ist; wir müssen ja annehmen, daß Omri den Herrn seiner neugegründeten Hauptstadt besonders glänzend auszustatten bedacht war; mit dieser Annahme stimmt auch die Angabe, daß die Samaritaner zum »Sukkot« beteten.

Hošea 8, 5 spricht von dem »Stier Samarias«; ein Stierbild wird also hier, wie in Bethel und Dan existiert haben; möglich ist freilich auch, daß wir es nur mit übler Nachrede der Propheten und Geschichtsschreiber zu tun haben; daß der Gott einer neugegründeten Stadt im ersten vorchristlichen Jahrtausend und in einer relativ kultivierten Gegend des babylonischen Kulturkreises, ein Reichs- und Königsgott, kein menschlich gestaltetes Bild, aber ein Planetensymbol besessen haben sollte, ist sehr unwahrscheinlich.

Der selbstverständliche Polytheismus Šelomos wird von der prophetischen Legende, die eine Erklärung seines »Abfalls« braucht, auf seine ausländischen Weiber zurückgeführt; genau ebenso muß am schlimmsten »Abfall« Achabs sein Weib, die »sidonische« Prinzessin Isebel schuld sein. Und wieder ist die Gottheit, zu der abgefallen wird, aus Phönikien gebracht, Šelomo betet zur Aštarte der Sidonier, Achab errichtet dem Baal und der Ašera der Sidonier Bilder und Tempel. Das Verfahren der Bearbeiter der Überlieferung ist immer gleich plump und kindlich; sie wollen den Eindruck erwecken, als sei der prophetische Jahumonotheismus von Uranfang an die Religion Israels gewesen; darum müssen alle die zahllosen Götter in Juda und Israel wegeskamotiert oder als Götzen hingestellt werden; eine energische und skrupellose Bearbeitung hätte einfach gestrichen und gefälscht; unsere Bearbeiter aber wollen nicht fälschen, sie retouchieren nur und retten dadurch die Ruhe ihres Gewissens. Daß die polytheistischen Kulte in Juda und Israel, soweit sie einheimisch sind, durchaus legitim waren, scheint zur Zeit der Bearbeitung noch nicht vergessen gewesen zu sein; deshalb werden diese Götter einfach totgeschwiegen und nur im ganzen als »nichtige Götzen« und »Stiere und Kälber« verächtlich gemacht; dagegen wird die Bearbeitung sofort gesprächig, wenn sie einen zweifellos ausländischen Kult, aus Moab, Ammon, Sidon, festnageln kann; da liegt für die Bearbeiter der »Abfall« auf der Hand. Achab hat gewiß den Göttern seiner Gemahlin alle Ehre erwiesen; in unserer Überlieferung aber erscheint diese einfache Höflichkeit als Hauptverbrechen; geflissentlich wird der Eindruck erweckt, als sei jetzt erst einem Baal Tempel und Kult errichtet worden, während doch der Hauptgott von Samaria ein Baal war; die Vernichtung des sidonischen Hausdienstes durch Jehu wird dann als Reinigung Samarias vom Baalsdienst hingestellt, während Jehu natürlich nicht daran dachte, den Hauptkult von Samaria anzutasten und einen ganz unmöglichen Jahudienst einzuführen. Verschweigen und falsche Eindrücke wachrufen, ist durch den frommen Zweck und die schwache Logik der Bearbeiter gerechtfertigt und keine Lüge.

Wenn von einem Jahudienst in Samaria wie im ganzen Israel gar keine Rede sein kann bis in die Zeit Achabs, so tritt darin vielleicht eine Änderung ein, als die omridische Politik eine Vereinigung von Israel und Juda auf dem Weg der Verschwägerung der Herrscherhäuser ins Auge faßt. Achabs Söhne heißen Ahasja und Jehoram, seine Tochter führt den Namen Athalja; zum ersten Male erscheinen im Nordreich Namenbildungen mit Jahu. Auch m Herrscherhaus Jehus bleiben die Namen mit Jahu im Gebrauch.

Die Ursache für die Einführung der Jahunamen im Hause Omris ist Politik, nicht Religion; eine Anerkennung der angestammten Oberhoheit Jahus über Samaria oder gar eine Zustimmung zu der prophetischen Legende, die damals noch gar nicht existierte, bedeutet sie nicht, nur eine höfliche Verbeugung vor Jahus vergangener Herrlichkeit als Gott des Davidsreiches; man sucht seine und der Seinen Sympathien für eine Herstellung des Davidsreiches mit der Hauptstadt Samaria und einem Herrscherhaus, das auch aus Davids Blut hervorging, zu gewinnen; so suchen babylonische Könige Ellils Gunst, nachdem er längst aufgehört hat, mehr als ein Schatten zu sein. Vielleicht dachte man sich Jahus Stellung ähnlich, wie die Eas oder Nabus zu Marduk, ehrenvoll als zweiter Gott im Reich — auch Marduks Könige nennen sich zu polititischen Zwecken nach Nabu; Šarukin, Sinacheriba wählen ihre Namen mit Rücksicht auf die babylonische Eifersucht. Daß darüber bei den beteiligten Dienern Jahus kein Zweifel herrschte, zeigt ihr Aufstand, der versuchte, das echte Davidsreich gegen das scheinbare herzustellen.

Daß Jahu aus politischen Gründen in Samaria einen Tempel erhielt, ist möglich, aber nicht sehr wahrscheinlich; da waren samaritanische und jerusalemitische Empfindlichkeiten zu schonen; wäre der Plan gelungen, so wäre ein Tempelbau für Jahu in Samaria gewiß nicht ausgeblieben; wenn das davidische Omridenhaus Jerusalem als Residenz neben Samaria aufgegeben hätte, wäre Davids Hausgott mit nach Samaria gezogen.

Das Haus Jehu befand sich zu Jahu wahrscheinlich in einem angestammten Verwandtschaftsverhältnis; es kam zur Herrschaft als echtes Königshaus Jahus und wird also von David abstammen. Bei ihm erklären sich die Jahunamen wie bei Azrijau und Jaubidi aus einer Verehrung für den Gott ihres Hauses; ein Tempelbau für Jahu in Samaria ist aber auch in seiner Zeit unwahrscheinlich; der Stamm Jahudi und die Stadt Hamat scheinen trotz der Jahunamen ihrer Fürsten keinen Gott Jahu verehrt zu haben; auch blieb das Verhältnis von Samaria zu Jerusalem zweifelhaft, bald feindlich, bald unsicher.

Wenn sich so die Jahunamen im Nordreich ohne Jahukult erklären lassen (in der Zeit der omridischen Verschwägerung kann man eher an einen Tempel des omridischen Hausgotts als Gott Athaljas in ihrer neuen Heimat denken, entsprechend dem sidonischen

19*

Kult der Isebel in Samaria) so muß doch auch daran gedacht werden, daß diese Namen vielleicht zum Teil nur der judäischen Überlieferung angehören; es kann sich um Doppelnamen der Könige handeln (ägyptische Könige führen mehrere Namen nach verschiedenen Göttern; auch an die Doppelnamen assyrischer Könige in Babylon ist zu erinnern), auch um übersetzbare Namen, d. h. Namen in die verschiedene Götter eingesetzt werden konnten (Jojakim, Eljakim); in beiden Fällen würde die judäische Überlieferung aus nationalem Stolz und aus dem Wunsch, die Legende der Jahuverehrung im Nordreich zu stützen, die Jahunamen bewahrt haben. —

Aus der allgemein babylonischen Weltanschauung, die eine durchgängige göttliche Kausalität bei jedem Geschehen behauptet, ergibt sich die Möglichkeit und Notwendigkeit, den göttlichen Willen zu erforschen; dies geschah überall in gleicher Weise durch die Priester und nach vielerlei wissenschaftlich ausgebildeten Methoden. Es kann wohl kein Zweifel sein, daß die Vorzeichenwissenschaften in Israel und Juda von der ältesten Zeit bis zur Wegführung in Blüte standen; sie werden sich entwickelt und verfeinert haben, wie von Babylonien neue Methoden herüberkamen oder eigene Fortschritte erfolgten; ich bin fest überzeugt, daß noch in Chiskijas Tagen und sicher in der Zeit Menaššes nach altem Brauch Könige und Volk mit jedem Anliegen zu den Priestern kamen und den Gott befragen ließen; unsere Überlieferung hat die Spuren dieser Übungen der Legende zuliebe beseitigt.

Neben den babylonischen Methoden der Erforschung göttlichen Willens hat sich aber in Palästina eine neue und eigene Methode früh entwickelt, die in unserer Überlieferung eine große Rolle spielt; neben Priestern und Sehern erscheinen die Nabiim, Verkünder (das Wort ist dasselbe, das den Gott Nabu, den Götterboten, bezeichnet), Rufer, Verzückte. An sich bedeutet die Beziehung erregter Zustände und Ausrufe von Geisteskranken, Hysterischen und hysterisch gewordenen auf eine Gottheit nichts grundsätzlich Neues; die babylonische Vorzeichenwissenschaft, die nirgends einen Zufall anerkennt, legt besonderen Wert auf unwillkürliche Äußerungen des Menschen; es ist vollkommen ausgeschlossen, daß ihr die eindrucksvollsten und klarsten Erscheinungen dieser Art, Verzückungszustände, entgangen sein sollten oder daß sie sie gering geschätzt hätte; wenn bis jetzt Zeugnisse für die Verwertung dieser Zustände in Babylonien fehlen[1], so kann das nur daran liegen, daß unser Material so klein ist; aber wenn Zustände Verzückter in Babylonien bekannt waren und für die Zukunftserforschung verwertet wurden, so geschah das nur beiläufig; die Berücksichtigung dieser Vorzeichen war nicht größer, als die anderer, man kann sogar sicher sagen, daß sie geringer war; Leberschau und Himmelsschau waren viel wichtiger.

Für eine Bevorzugung der Zukunftserforschung durch Verzückte war Babylonien kein Boden, weil es zu viel Kultur hatte und weil es zu wenig Individuen besaß, zu unpersönliche Oberschichten hatte.

Die Nabiim begegnen uns zuerst in den Šaulgeschichten; Šaul trifft bei Gibea, wo die Säule der Philister steht, einen Schwarm verzückter Propheten, die durch Musik erregt im Gehen weissagen; er wird von ihrer Erregung angesteckt, der Geist kommt über ihn, er mischt sich unter sie und zerschlägt in der Verzückung das Hoheitszeichen der Philisterherrschaft. Wir hören also, daß in einer Zeit lebhafter nationaler Aufregung, in einem Stamm, der noch nicht so lange seßhaft ist, daß er vollkommen verbauert wäre, Banden sich bilden, die in Verzückung im Land herumziehen und andere anstecken; wir werden annehmen müssen, daß der Kern dieser Banden nicht aus den seßhaft gewordenen Elementen des Stammes bestand, sondern aus denen, die sich an die neuen Verhältnisse der Seßhaftigkeit nicht gewöhnen konnten, aus sozial entwurzelten Stammgenossen, die sich aus dem Frieden und Elend in die Wüstenzeit zurücksehnten; die Unterdrückung des Stammes durch die Philister gab ihnen eine Berechtigung, die solchen Landstreichern sonst nicht zugestanden wurde; kriegerische Kraft stieg im Wert; die Leidenschaft der Enterbten, die wieder zu hoffen anfangen, die kriegerische Begeisterung der Besiegten, die wissen, daß sie Rache nehmen können, nimmt religiöse Formen an; zu unpersönlich, ihre Gefühle als ihr Eigentum anzusehen, zu unklar, ihre Beweggründe und Wünsche zu formen und zu verfolgen, geraten sie in religiösen Taumel, den sie durch äußere Reizmittel verstärken; sie fühlen sich als Werkzeuge der Gottheit, die, wie sie, die Zustände unerträglich findet und Befreiung, Herstellung der alten glücklichen Zeit fordert; aus den kleinen Anfängen wird eine Massensuggestion, der Šaul, als

[1] Einige babylonische Priesternamen, bes. machchu, bedeuten »der Verzückte«, der »Rasende«.

Krieger den ersten Erregern der Bewegung gesinnungsverwandt, wie andere verfällt. Das Ende ist die Erfüllung des göttlichen Willens; der Stamm wird frei, der Gott wird reich an Beute und die kriegerischen Elemente in Benjamin finden in Šauls Gefolge bessere soziale Bedingungen.

Solche Vorgänge sind im dichtbevölkerten und hochkultivierten Babylonien nicht unmöglich, denn auch hier gibt es immer neuangesiedelte Stämme, die ähnliche Dinge durchmachen können, aber sie bleiben ohne Wirkung auf die Geschichte des Landes und niemand hält es der Mühe wert, sie aufzuzeichnen; sie müssen auch kaum jemals vorgekommen sein; zwischen Städten und unter einer dichten Bauernbevölkerung werden einzelne Stämme sehr schnell angepaßt, aufgerieben, proletarisiert; und ganze Völker kommen eben nur als Sieger und bieten ihren Volksgenossen auch nach der Seßhaftigkeit im Heer Gelegenheit genug, sich anders, als bäuerlich zu betätigen.

Der eingesessene Babylonier und namentlich der babylonische Gelehrte hat für solche unsoziale und kriegerische Regungen von Barbaren nur Verachtung; wo die Verzückung eine friedlichere Form annimmt, zur Wahrsagung dient, sei es gelegentlich (wie etwa heute bei stigmatisierten und plötzlich weissagenden Mädchen aus dem katholischen Volk), oder berufsmäßig geübt, wird die Kirche, d. h. die Wissenschaft sich zurückgehalten haben; es widerspricht dem Geist der babylonischen Kirche, daß Laien weissagen; sie können Vorzeichen erleben, aber nicht deuten; der Wissensstolz der Priester verbietet ihnen, unwissenschaftliche Konkurrenten gelten zu lassen; die Möglichkeit der göttlichen Eingebung bei Laien wird nicht bestritten worden sein, aber die Wahrscheinlichkeit einer bösen Beeinflussung, einer Besessenheit, einer Schwarzkunst oder eines Betrugs wird überwogen haben. Der Verzückte wird dem wissenschaftlich gebildeten babylonischen Priester öfter Gegenstand der ärztlichen und gerichtlichen Praxis als Konkurrent gewesen sein; seine Zufälle konnten den wissenschaftlichen Charakter der Omenlehren nicht in Frage stellen.

Wären die Babylonier individualisierter gewesen, so hätten sie vielleicht für die persönliche Note in dieser Art der Weissagung Sinn gehabt; angesichts der Unsicherheit wissenschaftlicher Deutung der Vorzeichen, angesichts ihrer Allgemeinheit und des großen Apparats, der den redenden Gott vom hörenden Menschen trennt, hätte die direkte Methode des Verzückten, seine häufig ganz klare und dem individuellen Fall angepaßte Antwort, die anschauliche Besitznahme des Verzückten durch die Gottheit als Fortschritt und Vereinfachung empfunden werden müssen; aber der babylonische Gelehrte war eben wissenschaftlich genug, um das Neue als unwissenschaftlich zu empfinden; er hätte schließlich auch die Aussagen Verzückter katalogisieren und zu Vorzeichenwerken verarbeiten können, aber niemals sich entschließen, zu erkennen, daß sein wissenschaftlicher Apparat Ballast sei und die direkte Prophetie besser, als die indirekte in Priesterhand.

Hier war die Provinz besser gestellt, als das Mutterland; gelehrte Tradition war in Israel und Juda nicht allmächtig, wie in Babylonien; die Entwicklung der Individuation ging weiter, als in Babylonien, und die Bahnen, die sie einschlug, führten direkt aus der primitiven Verzückung der Nabiim hinauf zu der großen Prophetie; Amos wollte kein Verzückter sein; die Bearbeiter der Überlieferung aber erkannten die ununterbrochene Linie von der Massenerregung in einem Stamm aus sozialen und politischen Motiven und den gewerbsmäßigen Verzückten, die die alten Seher ablösten, zu den Mystikern und Geschichtsphilosophen großen Stils; sie verwarfen und leugneten die Vorzeichenwissenschaften, aber sie verschwiegen keinen von Jahus »Verkündern«.

Auch in andern Kulturen geht der Mystik und dem Monotheismus eine Bewegung im Volk voran, die sozialen und religiösen Charakter hat und in heftigen Massenentladungen fast krankhafter Art die allgemeine Spannung und die Reife zu Neubildungen anzeigt; die dionysischen Orgien bereiten in Hellas, die Geißlerzüge in Westeuropa das Neue vor; die Reinigungspriester und Wundermänner folgen; dann erst erscheinen die großen mystischen und monotheistischen Religionsstifter, die Pythagoras und Xenophanes, die Nikolaus von Kues und Giordano Bruno, die Huß und Luther.

Auf die Prophetenschwärme der Šaulgeschichte folgen die ersten Verzückten aus Beruf, Propheten, die aus ihrer Gabe, zu schauen und zu reden, ein Gewerbe machen, die die Methode entwickeln und Schüler heranziehen, Männer von großer persönlicher Kraft und Kühnheit, Wundertäter und Reiniger. Daß sie im Stolz ihrer göttlichen Kraft Königen und Priestern gebietend und fordernd entgegengetreten sind, ist sehr glaublich; die Beziehung zur Gottheit emanzipiert den Laien vom Priester, wie sie seinerzeit den Priester vom König gelöst hatte. Die Könige hatten doppelten Grund, sich diese Bewegung dienstbar zu machen; hier war ein neues und einleuchtendes Mittel, sich die Gunst der Gottheit zu sichern, und eine Waffe gegen priesterlichen Übermut; so werden Propheten der neuen Art bald an Höfen gehalten worden sein; andere werden ebenso oft gerufen, freilich auch verspottet worden sein.

Die alttestamentliche Überlieferung beschäftigt sich ausführlich nur mit den Propheten, die zu Jahudienern im Nordreich gestempelt worden sind; es geht aber aus vielen Stellen deutlich hervor, daß alle Götter und Könige derartige Propheten besaßen, so gut als Jahu und die Könige von Juda; daß diese andern nicht in Jahus Namen weissagten, liegt auf der Hand.

Die nicht priesterlichen Seher dieser Art, die Nabiim, sind in erster Linie, genau wie die Priester, Leute, die auf Anfragen den Willen der Gottheit erforschen und verkünden, indem sie sich durch Reizmittel oder unmittelbar in einen verzückten Zustand versetzen; sie wissen ebensogut Bescheid, wo eine verlaufene Eselin hingekommen ist, ob eine Kinderlose gebären wird, ob jemand gesund wird oder stirbt, als sie sagen können, wie ein Feldzug verlaufen wird. Aus diesem Wissen entwickelt sich dann ein wunderbares Können; sie sind unterrichtet, wie man heilen oder eine Dürre beseitigen kann, weil sie die Sünde kennen, die diese Folgen hatte; sie können heilen und regnen lassen, indem sie entsündigen und reinigen; durch ihr Wissen um den göttlichen Willen, durch die persönliche Besessenheit, die ja eine enge Berührung mit der Gottheit darstellt, sind sie aber auch die Eiferer für die Größe dieser Gottheit; wie der Stadtgott seinen Priestern, ist der begeisternde Gott seinem Propheten der einzige; Götter kämpfen in ihren Propheten wie früher in ihren Städten, schmähen sich, blamieren einander und besiegen einander.

Die jüdische Überlieferung läßt natürlich die großen Taten, die Eingriffe ins Staatswesen und die Kämpfe für den e i n e n Gott stark hervortreten; die Prophetenlegenden von Elija und Eliša schildern Wundertäter, die ihren Gott gegen eine Welt von Feinden, Göttern, sündigen Königen und Übermütigen, bis herab zu den kleinen Kindern, zur Geltung bringen. Irgendwelchen geschichtlichen Wert haben diese Jahupropheten im Norden nicht; Šemuel und Abhija von Silo, Elija und Eliša sind bestenfalls geschichtliche

Namen, an die eine freie und in ihren Zielen sehr durchsichtige Phantasie tendenziöse Erfindungen geknüpft hat; unmöglich wie die Wunder sind die politischen Taten, die ihnen zugeschrieben werden, indem man sie nachträglich in die Geschichte einschiebt und ihnen die Hauptrolle bei allen Ereignissen zuschreibt. Nur zur Herausarbeitung des Typus des Propheten und Wundertäters dieser Zeit sind sie verwendbar, wenn man alles beseitigt, was spätere Idealisierung hinzugetan hat, d. h. beinahe alles überhaupt.

Die Namen echt israelitischer Propheten, die im Auftrag israelitischer Götter den Königen von Israel weissagen, kommen gelegentlich in unserer Überlieferung vor; da sie aber immer nur genannt werden, wenn es sich darum handelt, sie einzeln oder in Massen (z. B. 1. Kön. 22, 10—12) zum Ruhm eines Propheten Jahus bloßzustellen, haben sie nicht einmal den Wert authentischer Namen; »Sidkija« z. B. kann ein Prophet eines andern Gottes als Jahu kaum geheißen haben.

Mit der Überführung der Verzückungsprophetie in eine Berufsprophetie Verzückter, mit ihrer methodischen und rationalen Ausarbeitung zu etwas anerkannt Wertvollem in der Lehre von der Zukunftserforschung, das in Schulen weitergegeben werden konnte, scheint in Israel die Entwicklung abgeschlossen zu haben; sie ging also eine Kleinigkeit weiter, als die babylonische, nicht so viel, daß ein erheblicher Unterschied im Kulturniveau der obersten Schichten entstand; wüßten wir nicht, daß in Juda aus diesen Wurzeln das Höhere unmittelbar hervorging, so würden wir in den israelitischen Ansätzen nichts sehen, als eine lokale Variante der babylonischen Omenwissenschaften, freilich in nicht priesterlichen Händen.

Die höhere Stufe des Prophetentums, die Umwandlung des Verzückten, der jedem zu seinen praktischen Zwecken weissagt, in den begeisterten Verkünder einer einheitlichen Weltanschauung monotheistischen Charakters, könnte wohl von einzelnen Israeliten erreicht worden sein; der Gott, in dessen Namen der Monotheismus dort gepredigt worden wäre, müßte aber ein israelitischer Gott, nicht Jahu gewesen sein, und das hätte seine Überlieferung durch die Schrift ausgeschlossen; das schnelle Ende des Reiches hätte hier, wo es keine Fortsetzung gab, die Keime des neuen verschlungen; sehr wahrscheinlich ist mir aber die Existenz eines israelitischen Amos nicht.

Wenn etwas derart vorhanden und der jüdischen Überlieferung bekannt war, so könnte es, tendenziös auf Jahu umgedichtet, in den Propheten Hošea eingegangen sein. Hošea gilt der Bibelwissenschaft als Israelit; sie begründet das aus 7, 5, wo er vom König Israels als »unserem König« spricht, aus seinem Namen, der mit dem des letzten israelitischen Königs übereinstimmt, und aus dem Gesamtinhalt seiner Weissagung, die sich mit den israelitischen Ereignissen von ca. 745—736 beschäftigen. Nun wäre ja an sich nicht unmöglich, daß ein Schwärmer in Israel, vielleicht unmittelbar angeregt von Amos' Erscheinen in Bethel, die judäische Lehre geglaubt und angenommen hätte; dann hätte aber dieser außerordentliche Erfolg in Jerusalem bei den Schülern von Amos und Ješaja solchen Eindruck machen müssen, daß dieser Mann nicht vergessen, sondern über alle Maßen gefeiert worden wäre; Hošea ist aber ein unbekannter Mann; seine Vaterstadt ist nicht genannt, seine Lebenszeit ist unsicher, von seinen Lebensumständen, von den unvermeidlichen Konflikten, in die ihn seine Stellungnahme für einen fremden und feindlichen Gott in jeder israelitischen Stadt und dem König gegenüber bringen mußte (ein wunderbarer Stoff für die Prophetenschüler!), hören wir gar nichts. Wenn es dagegen keinen Jahupropheten in Israel gab, so lag es durchaus im Interesse der prophetischen Bearbeiter der Überlieferung, einen zu schaffen; sie behaupteten, daß Jahu immer der Gott Israels gewesen war, daß er im abgefallenen Volk immer wieder seine Diener erweckt hatte; das konnte nicht einfach zu Ende sein, als die große judäische Prophetie begann; ein Zeugnis für die fertige Lehre mußte aus Israel beigebracht werden; so entstand das Buch Hošea. Wie die Šemuel und Elija als Jahudiener in die ältere israelitische Geschichte eingeschoben wurden, so kam Hošea in die jüngere als schreibender Prophet.

Die Bearbeiter des Stoffes der israelitischen und judäischen Geschichte verfahren nach ganz bestimmten Grundsätzen, wenn sie zu ihren frommen Zwecken Anpassungen vornehmen; sie arbeiten mit Weglassungen und suggestiven Zusätzen, aus denen dann Spätere glossierend oder lesend das Gewünschte machen; lügen tun sie nicht, denn das verbietet das Gesetz. Wenn sie einen israelitischen schreibenden Propheten zurechtschneidern wollten, so waren Richtlinien und Stoff vorhanden. Der Prophet durfte nicht älter sein als Amos, sonst wäre Judas Ruhm geschmälert worden, nicht jünger als die Wegführung der Samaritaner; damit kam er in die Ausgangszeit Jarobams II. Er mußte sich israelitisch gebärden; das war zu erreichen, wenn man judäische und israelitische Stücke mit Auswahl auf ihn übertrug; namenlose Stücke judäischer Prophetie gab es genügend; mit Israel, als dem Typ des bestraften Abtrünnigen, beschäftigen sich seit Amos bis zum Ausgang von Israel die judäischen Propheten fast ausschließlich; die Einmischung glossierter israelitischer Stücke (z. B. Teile von Kap. 12) gaben ein Lokalkolorit. Nirgends wird direkt gesagt, daß der Prophet Israelit war; der Eindruck, daß er es war, wird hervorgerufen durch den Namen Hošea und durch die Weglassung der Vaterstadt, durch den Ausdruck »unser König« für den König von Israel, den ein Judäer von dem Lehnsherrn Judas ebenso gut brauchen konnte, und durch die lokalen Anspielungen. Der Kern der Prophetie ist die Ausführung des Wortspiels vom Abfall und Ehebruch, sehr kunstvoll und wieder suggestiv, indem sie der Schattengestalt den Anschein eines Erlebnisses gibt. An neuen Gedanken enthält die Prophetie nichts, was nicht bei Ješaja stünde, der gewiß nicht unterlassen hätte, den Vorgänger, Zeit- und Gesinnungsgenossen zu zitieren, wenn er ihn so kopiert hätte. Die Absicht der Bearbeiter ist gelungen; die suggestiven Züge haben Hošeas Bild bis heute bestimmt und ihn zu einem Kronzeugen der Jahuprophetie in Israel gemacht. —

In der jüdischen Geschichte sind Gad, der »Seher«, und Nathan, der »Prophet« Davids, die ersten historischen Kinder der Zukunft. Gad wird wohl ein einfacher Wahrsagepriester gewesen sein, der verstand, Jahu durch das Los zu befragen; Nathan könnte etwa ein babylonisch gebildeter Gelehrter derselben Art am Tempel gewesen sein; die Rolle, die ihm in unserer Überlieferung im Falle Bathseba zugeschrieben wird, ist fromme Erfindung.

Ein Prophet in der Art der israelitischen Nabiim könnte Mikha ben Jimla gewesen sein, der Josaphat von Juda zu Achab begleitet und mit den israelitischen Propheten in Wettbewerb tritt.

Eine soziale und religiöse Bewegung ähnlicher, aber höherer Art als die der Verzückten in Benjamin zu Šauls Zeit, führt im Süden zur Bildung der Sekte der Rechabiten. Wie in Benjamin handelt es sich im Stamm Rechab zunächst um soziale Wandlungen; durch den Übergang zur Seßhaftigkeit und Kultur verschwindet die hergebrachte Gleichheit unter den Stammgenossen; Grund- und Herdenbesitzer treten einem Proletariat gegenüber. Der Protest gegen diese Veränderung nimmt in einer Zeit nationaler Erregung religiösen Charakter an; der Feind, der den Gott bedroht, ist Israel; im Bund mit ihm steht das judäische Königshaus; die Sekte der Rechabiten entsteht, als die Verschmelzung des Omridenhauses mit dem Davidshaus Tatsache geworden ist, und die Verlegung der Residenz des hergestellten Davidsreiches nach Samaria droht. Ein kriegerischer Ausbruch ist das Ende; mit Jehu, dem Krieger Jahus im regulären Heer der Omriden und Davididen, steht Jonadab ben Rechab beim Einzug in Samaria auf dem Wagen.

Der Unterschied von der Bewegung in Benjamin, die zur Vertreibung der Philister führte, besteht zunächst darin, daß der Gott, für den der Stamm Rechab eintritt, nicht sein Fetisch oder Stammgott im eigentlichen Sinne ist, sondern Jahu, der Gott von Jerusalem und Juda; die primitiven Verhältnisse sind nicht mehr nachweisbar, in denen es unmöglich war, daß ein Stamm den Gott eines andern anbetete; der starke Gott von Jerusalem wird wohl nicht nur vom Stamm Rechab, sondern auch von andern Südstämmen als erster Schützer verehrt; lokale Fetische werden freilich daneben angebetet worden sein.

Der zweite, noch größere Unterschied von Benjamin ist der, daß die Bewegung nicht in halbbewußten Zuckungen eines Massenkörpers ihrem Ziel zustrebt, sondern in einem Führer zum Bewußtsein kommt; Jonadab ben Rechab, doch wohl ein Stammführer, wird zum Propheten einer Jahusekte, die von ihm ein ganz bestimmtes Programm empfängt.

Es entsteht ein merkwürdiges Gebilde des Übergangs von unpersönlichen zu persönlicheren Formen der Religion; ein Stamm, der eine Sekte darstellt, ein Stammführer, der Stifter einer religiösen Gemeinschaft ist; auch der primitive Stamm ist eine Religionseinheit, sein Führer ein Priester des Stammgottes; aber dieser Stamm betet nicht zu einem Stammgott, sondern zu einem Gott höherer Art; er ist in ein Abhängigkeitsverhältnis zu ihm hineingeboren, aber er nimmt ihn nicht an, wie er ist, sondern macht sich ein Idealbild von ihm; der große Stadtgott imponiert nicht etwa Wilden, er muß alles Städtische ablegen, ein Feind städtischen Wesens werden, um hier anerkannt zu werden; die Anerkennung selbst hat aber wieder die primitiven Formen der Stammfrömmigkeit; mit Feuer und Schwert tritt der Rechabit für seinen Gott ein.

Wir wissen leider nicht viel von dieser merkwürdigen Sekte,

die das Urbild des Volkes Israel und der Patriarchenstämme in der Sage geworden ist. Eine friedliche Gemeinschaft, zusammengehalten durch Verwandtschaft und Religion, muß es gewesen sein; Herdenzüchter mit patriarchalischen Traditionen waren die Rechabiten, wilde Fanatiker nur, wenn Jahu angegriffen war; aber Jahu von Jerusalem war für sie nur ein Gott, dem es nun einmal gefallen hatte, in Jerusalem Wohnung zu nehmen und ein Reich zu gründen; eigentlich war er Wüstengott geblieben, wie er aus der Wüste stammte; er verwarf die kanaanäische Kultur, er haßte die Häuser und Weinberge; er verbot seinen wahren Dienern, in Häusern zu wohnen, Wein zu trinken, Handel zu treiben; denn in dieser widernatürlichen Entartung des Menschen liegt die Ursache allen Elendes, der sozialen Ungleichheit, des religiösen Abfalls und der Verweichlichung.

Monotheistische Regungen und sentimentale Sehnsucht nach natürlichen Urzuständen, individuellere religiöse Bedürfnisse und ein allgemeines Humanitätsideal sind in dieser Sekte in Stammform lebendig; im Dienst des Stadtgottes von Jerusalem und seiner Priester lösen sie den Gott von der notwendigen Verbindung mit der Stadt, lösen sie sich von der Bevormundung seiner Priester. Der Verzückte verkehrt direkt mit der Gottheit, er braucht den vermittelnden Priester nicht mehr; der Rechabit beginnt, den gelehrten Priester theoretisch auszuschalten, indem er, bei aller schuldigen Ehrfurcht vor der Kirche, den Gott von der Kirche trennt, seinen Tempel als etwas spät Gewordenes ansieht, seine Priester nicht als unfehlbar gelten läßt, dem Einzelnen einen Weg zu Gott ohne Mittler in einer frommen und naturgemäß-einfachen Lebensweise zeigt.

Wie weit das alles von Jonadab ben Rechab vertreten ward, wissen wir nicht; wahrscheinlich sind die Keime des Neuen allmählich zur Entfaltung gekommen; weniger als hundert Jahre nach dem Sturz der Omriden geht aus den Südstämmen der erste große Prophet, Amos, hervor, der ohne Frage unter rechabitischem Einfluß steht; seine Lehre kann natürlich wieder auf die Sekte zurückgewirkt haben, der er nicht angehörte; die spätere Prophetie anerkennt die Bestrebungen der Sekte, die wohl immer mehr Sekte geworden war, ohne sich mit ihr zu identifizieren; die große Philosophie war über die alten Formen hinausgewachsen.

Die großen Propheten in Juda bringen nichts grundsätzlich Neues in der Entwicklung der Religion; jedes einzelne Element in ihrem Wirken ist in der babylonischen und in der älteren jüdischen Religion vorhanden; namentlich in der priesterlichen Lehre von Jerusalem und in der rechabitischen Anschauung war alles spätere vorbereitet; neu ist nur die logische Kraft der Zusammenfassung der zerstreuten Teile zu einem großen Ganzen, die Entdeckung des einen großen Gesetzes in den zahllosen Erscheinungen, das alle erklärt, seine scharfe theoretische Fassung und Durchsetzung; diese Zusammenfassung macht das Alte zum Neuen, ermöglicht den Bruch mit dem Veralteten und die Rettung des Lebensfähigen, die Auseinandersetzung und Abrechnung; nicht die Feststellung neuer Tatsachen oder die Entdeckung einzelner Elemente zur Übersicht sind die größten Taten in der Geschichte menschlichen Denkens; der Mann, der zufällig eine Methode, Feuer zu machen entdeckt hat, gehört trotz der Bedeutung seiner Entdeckung für die Menschheit so wenig zu den größten Geistern, als der, dem zuerst der Gedanke kam, daß alles Unglück Strafe der Gottheit sei; groß sind die Männer, die den ungeheuren Stoff, Tatsachen und Erklärungen, zu beleben wissen, daß er als Einheit übersehbar wird und doch in allen Teilen mit der Erfahrung in Einklang und dadurch nutzbar bleibt.

Die Prophetie fand eine religiöse Praxis vor, die voraussetzte, daß alles irdische Geschehen das Werk der Götter sei, die durch dies Mittel den Menschen ihren Willen und Ratschluß anzeigten, den Frommen Belohnung, den Sündern Strafe zuerteilten und ihre Schicksalsbestimmung ausführten. Sie fand eine Vielheit von Göttern, die durch Angleichung der einzelnen Gottheiten und durch Entwicklung einer Interessengemeinschaft in der Hauptsache, dem Verhältnis zum Menschen, zur Einheit vorbereitet war, eine allgemeine Übung, den Lokalgott zu ehren, als ob er einzig sei und in der Rechabitenlehre schon eine Neigung, den Gott von Jerusalem, aus den lokalen Banden befreit, als einzig anzusehen. Sie fand die praktische Überzeugung, daß es für den Menschen nur e i n wichtiges Geschäft gebe, fromm und weise zu sein, immer den Willen der Gottheit zu erforschen und zu befolgen, damit es ihm gut gehe; die Methoden der Erforschung, der Einholung der göttlichen Weisung von Fall zu Fall, der Thora, waren in Priesterhänden entwickelt; eine direkte Verbindung der Laien mit den Göttern stellten die Nabiim dar; bei den Rechabiten waren schon bestimmte Forderungen für eine Lebensweise aufgestellt, die den Laien zu einem Frommen erster Klasse, einer Art von Priester machten. Auch Ansätze zu einer theoretischen Fassung der üblichen Praxis gab es, in Sprüchwörtern, in legendären und geschichtlichen Beispielen, in dem Schema von dem sündigen König und der Schreckenszeit und von der Sendung des frommen Königs, der als Erlöser eine Zeit des Segens heraufführen soll.

Das alles nehmen die Propheten einfach an. Sie nennen sich Nabiim, oder sie müssen doch diesen Namen dulden; aber aus den Verzückten, die im Taumel Einzelauskünfte für alle Lebenslagen geben, unbewußte Munde der Götter, werden feierliche Verkünder eines Weltgesetzes; sie fühlen sich als Werkzeug der Gottheit, vom Geist erfaßt und willenlos getrieben, sie warnen und raten von Fall zu Fall, auch auf Befragen — aber der Einzelfall ist nur ein Teil ihrer großen Einsicht in das Ganze des göttlichen Willens, Gott treibt sie auf offener Bahn, er hat sie zu Vertrauten seines Denkens gemacht; die Enthüllung eines Einzelgeheimnisses, der Bestimmung für irgendeinen Menschen in einem konkreten Fall, und sei es für einen König, ist ganz Nebensache geworden; das Allgemeine ist erkannt und bestimmt den Spezialfall; die Propheten wüßten, ohne immer wieder zu fragen, was der Wille der Gottheit ist; sie brauchen den neuen Antrieb durch den Geist nur, weil die Menschen störrisch sind, weil sie immer wieder vermahnt werden müssen, weil sie wunderbare Beweise für die allgemeine These kleingläubig und neugierig fordern, und weil die Verkünder des göttlichen Willens selbst manchmal am allgemeinen Widerstand erlahmen und schwach werden; der langmütige und beharrliche Gott gibt in unendlicher Geduld mit der Schwäche des Menschen zum allgemeinen Gesetz seines Willens auch noch schlagende Beweise für seine Macht in Form von Weissagungen alten Stils.

Weisung, Thora, ist es, was die Propheten geben; aber es ist nicht die alte, die Weissagung von Fall zu Fall, ein Neues, unberechenbares Geheimnis bei jeder Frage; die Laune der Gottheit ist ausgeschaltet, die Schicksalsbestimmung findet nicht an jedem Neujahr und nicht alle Menschenalter statt, sondern sie ist am Anfang der Geschichte festgelegt, ein Gesetz, von dem Gott nicht abweicht, an das man ihn mahnen kann, wie er mahnt. Die Herausarbeitung des Gemeinsamen in allen Einzelfällen der Praxis, des Naturgesetzes und zwar des einzigen Naturgesetzes in einer anthropomorphen Weltanschauung, das ist die große wissenschaftliche

Leistung der Propheten; alles Geschehen ist eines Gottes Werk (mehrere Götter, mehrere Willen) und erklärt sich aus einem Prinzip, aus Bundestreue und Bundesbruch; Gott hat das Volk erwählt, um es glücklich zu machen, wenn es treu blieb, unglücklich, wenn es abfiel; das beweist die Geschichte.

So erhebt sich die Forderung, in der Geschichte, der gegenwärtigen wie der vergangenen, die Geltung des Gesetzes nachzuweisen. Das kann geschehen, indem man die Vergangenheit von Fall zu Fall durchgeht; aber diese systematische Arbeit ist nicht geeignet für Menschen, die eben in den Besitz einer großen Einsicht in den Weltlauf, in den innersten Kern des heiligen göttlichen Geheimnisses gekommen sind; sie haben höhere Aufgaben und bessere Beweise für die Richtigkeit ihrer These; so begnügen sich die großen Propheten hier mit Andeutungen und überlassen Späteren die Ausführung.

Die große Aufgabe, die unmittelbar aus der berauschenden Einsicht in den gesetzlichen Zusammenhang der Weltgeschichte folgt, ist die Versöhnung des Volkes mit Gott, die Herstellung des Bundes, die Rettung der Stämme vom Untergang durch Gottes Zorn und die Sicherung des Erbteils, das den bundestreuen Israeliten verheißen war.

Aus den Einzelbeobachtungen und Einzelvoraussagen der alten religiösen Praxis hat sich ein Naturgesetz der göttlichen Kausalität ergeben; das Wesen der Welt hat sich offenbart. Jedes Naturgesetz hat seinen praktischen Wert in der Ermöglichung von zuverlässigen Voraussagen und Vorausberechnungen. So werden die enthusiastischen Verkünder einer großen theoretischen Welteinsicht zu Propheten im wörtlichen Sinn, zu Leuten, die dem Volk und dem Einzelnen sein Schicksal für die fernste Zeit ansagen können, natürlich auch für die nächste; alle Schicksale sind ja Einzelfälle des Gesetzes, der Idee; selbstverständlich werden dabei die Ansagen weitreichender als früher; über verlaufene Esel weiß Amos nichts, nur über Geschicke der Völker und derer, die sie direkt beeinflussen. Wie bei jedem Naturgesetz muß die Erfüllung der Voraussagen ihren und des Gesetzes Wert bestätigen.

Bei diesen Voraussagen ist der Zusammenhang mit dem Alten am deutlichsten, natürlich; hier sind ja die Philosophen Nabiim, Seher von Beruf. Sie legen das alte Schema von den Fluch- und Segenszeiten zugrunde und verkünden den Messias; sie benutzen die alte Sprache der Vorzeichenwissenschaften, die aus Analogien den Sinn der Zeichen erschlossen, deuten nach ihren Prinzipien ihre Gesichte und reden, als Gottesboten, in symbolischen Handlungen. Freilich wird das alte Schema mit Blut und Leben gefüllt, und die Visionen und Symbole sind von einer Klarheit und Eindeutigkeit, die von der Vieldeutigkeit der Omina sehr abweicht und zeigt, wie auch hier die logische Forderung schärfer geworden war; die direkte Methode der Prophetie, die direkte Formulierung eines Befehls der Gottheit aus dem Mund des Propheten, ergänzt die Bildersprache.

Die zweite Notwendigkeit, die die große Einsicht den Propheten auferlegte, bestand in der genauen Formulierung der Bundesurkunde, die zwischen Gott und Volk galt. Sie mußte vorliegen, damit Gott sich auf sie beziehen könnte, und das Volk Gott gegenüber einen Anspruch besaß; auch Gottes Herrschaft beschränkt sich selbst durch ein Gesetz.

Das Naturgesetz der göttlichen Offenbarung ist die Grundlage dieses Gesetzes im engeren Sinn, der Thora, aber nicht die Thora selbst.

Auch Naturgesetze sind ursprünglich als staatliche Gesetze gedacht, von den göttlichen Gesetzgebern gegeben; wie die Staatsgesetze binden sie dann Gesetzgeber und Untertanen, aber beide haben die Möglichkeit der Übertretung; ganz allmählich verschwinden aus der Natur die göttlichen Übertretungen, die Wunder, und die menschlichen, die Zaubereien; das Naturgesetz der Propheten ist das erste, das aus der Selbstbeschränkung der Gottheit eine unbedingte Bindung ableiten möchte; der gerechte Gott muß sein Gesetz einhalten, strafen und lohnen; freilich korrigiert die Notwendigkeit, wirkliches Geschehen mit der Lehre in Einklang zu bringen, diese Absicht zurück; der gnädige Gott handelt nicht streng gesetzlich, erschüttert aber damit die Grundlage der quasi-naturwissenschaftlichen Anschauung ebensosehr wie durch die Zulassung der Leiden Gerechter; an diesen Stellen setzen die Fortbildungen der prophetischen Lehren ein.

Das Gesetz im engeren Sinn, die Thora, die Weisung Gottes an sein Volk, ist die vermittelnde Ergänzung der Theorie zur Praxis; es ist Gesetz im Sinn eines Staatsgesetzes, ohne naturwissenschaftlichen Nebensinn, Willensäußerung der Gottheit, wie die alten

Weisungen, aber allgemein und zeitlos; die vagen Begriffe von Sünde als Beleidigung der Gottheit mit oder ohne Wissen werden scharf vorgenommen und bestimmt, wie überall prophetische Theorie die Erzeugnisse der Praxis bestimmt und vereinheitlicht; Sünde ist eins, Abfall von Gottes Bund; sie ist immer bewußt und einem bösen Trieb entsprungen, also ein innerlicher Vorgang, Schuld; sie ist immer moralisch, denn auch der Abfall von der monotheistischen Theorie ist als Gottesverleugnung ein moralischer Akt, nicht eine berechtigte Meinungsverschiedenheit in theoretischen Dingen; so entsteht der erste Sündenkanon theoretischen Charakters als Gesetz, Norm des Handelns in Gottes Volk.

So stellt sich die Leistung der großen Propheten dar als eine erste einheitliche und rationale Einsicht in das Wesen der Welt und der Gottheit, gewonnen in enthusiastischem Schauen, als Offenbarung, als Gefühl der Einheit mit Gott, aber durchaus rational ausgebaut und begründet, Theorie, Wissenschaft. Weil sie Vernunft predigen wollen sie nicht mit den Verzückten verwechselt sein; weil sie etwas Ewiges, zeitlos Wertvolles erkannt zu haben glauben schreiben sie ihre Erkenntnis auf. Die Entdecker des großen Naturgesetzes der moralischen göttlichen Kausalität, der Einheit Gottes und seiner Handlungen, sind richtige Ahnen der großen Philosophen, die gleich religiös gestimmt, gleich enthusiastisch den Monismus und die allgemeine Naturgesetzlichkeit und Harmonie entdecken und verkünden. Im Monismus endet die Entwicklung des Judentums in den letzten Trieben seiner obersten Schicht.

Freilich darf man die Begrenzung der Erkenntnis der großen Propheten über der großen Leistung nicht aus dem Auge verlieren; die Schöpfer des jüdischen Monotheismus sind bei aller Tendenz zur Einheit der Welt und der Weltanschauung, bei aller Einstellung auf ein zeitlos ewiges Gesetz im Geschehen, keine hellenischen Philosophen. Sie sind Monotheisten, nicht Monisten; sie sind weniger anthropomorph als die Babylonier, aber in groben Anthropomorphismen dennoch befangen; der Gott bleibt menschlich, der Mensch bleibt Mittelpunkt der Welt; sie haben für die Harmonie der Natur wenig Interesse; die Harmonie der Geschichte erfassen sie nur national. Sie sind begeistert gerade von den Teilen ihrer Erkenntnis, die recht unabstrakt und unwissenschaftlich im hellenischen Sinne sind; nicht die Gottheit und die Menschheit, Jahu und ihr Volk sind die Faktoren ihrer Philosophie; nationale Schranken,

Schranken einer relativ unindividuellen Betrachtungsweise, die den Einzelnen nur im Volksganzen berücksichtigt, aber doch nicht zur monistischen Vernachlässigung des Einzelnen überhaupt gelangt, charakterisieren ihr System; die alten Methoden, die herkömmlichen Schemata, die Beziehungen zu den älteren Nabiim sind nicht äußerliche Reste, sie haben in der Halbheit des ganzen Denkens ihre Berechtigung. So bleibt die Philosophie anthropomorphe Religion, die wissenschaftliche Einsicht Offenbarung einer Gottheit an ihre Lieblinge, so bleiben die Propheten Munde der Gottheit bei allem individuellen Leben, Persönlichkeiten, die aber nicht durch ihr Leben und ihre Taten wichtig sind, sondern durch die Erwählung als Gottes Werkzeuge, Denker, die nicht ihre großen Welteinsichten an sich, sondern die erfüllten Gottesworte in ihrem Mund aufschreiben und zu bewahren suchen.

Stehen sie aber an Energie des Denkens und Selbständigkeit der Persönlichkeit, an logischen Fähigkeiten und Abstraktionskraft hinter den Eleaten zurück, so hat ihr System die Allseitigkeit vor den eleatischen Systemen voraus. Einheitlich als Theorie und als Praxis ist die Religion der Propheten die logische Vollendung der babylonischen Anfänge, die Vollendung der religiösen und anthropomorphen Weltanschauung überhaupt geworden; sie wurde fortgebildet zur Weltreligion, zur individuellen Religion, zum vollen Pietismus.

Die jüdischen Propheten sind nach der Entwicklungshöhe ihrer begrifflichen Fähigkeiten keine Pythagoras und Xenophanes, keine Giordano Bruno; sie stehen etwa auf der Höhe der großen Reformatoren unseres sechzehnten Jahrhunderts; man kann versucht sein, die drei großen Vollender von Amos' Entwurf, Ješaja, Jirmeja, Jecheskel den drei Reformatoren, dem gewaltigen Luther, dem fein persönlichen Zwingli und dem systematischen Calvin bis in Einzelheiten hinein zu vergleichen und alles, was sie unterscheidet, aus Äußerlichkeiten, vor allem aus dem Unterschied an ererbtem Stoff, zu erklären. —

Bei allen prophetischen Büchern und namentlich bei denen der vorexilischen Propheten muß die Frage aufgeworfen werden, wie weit die Wahrsagungen, die ihnen einverleibt sind, wirklich auf die Männer zurückgehen, denen sie in den Mund gelegt sind. Daß die Propheten vor Jecheskel nicht eigentliche Schriftsteller waren, die ihre Lehren in wohldurchdachten Büchern niederlegten,

20*

ist zweifellos und wird uns ausdrücklich bezeugt; unter dem Druck bestimmter Ereignisse und in lebhafter Erregung sprechen sie aus, was ihnen der Geist eingibt, Gelegenheitsphilosophen, nicht Systematiker; wie weit ihre Hörer dabei Aufzeichnungen machten, wissen wir nicht; jedenfalls werden in einigen Fällen die Wahrsagungen erst viele Jahre später, nach Eintreffen ihres Inhalts, in ihrem Auftrag zusammenhängend niedergeschrieben, schwerlich ganz ohne kleine Erinnerungsfälschungen. Aber auch diese authentischen Niederschriften bilden höchstens Kerne der vorliegenden Bücher; allerlei andere Wahrsagungen haben sich darangehängt, zum Teil vielleicht zu Recht, ebenso oft zu Unrecht; die Redaktoren haben in gutem Glauben und zur Ehre Gottes und seiner Propheten jüngere Stücke eingeschoben, alte im Sinn des fertigen Schemas bearbeitet, zusammengestrichen und kommentiert; ein großes Durcheinander ist das Ergebnis, in dem es vollkommen hoffnungslos ist, endgültig Ordnung zu schaffen. Das ist umso schlimmer, als wir nicht nur die Möglichkeit der Herstellung des Originaltextes dadurch verloren haben, sondern auch die, an der Hand authentischer Urkunden die Entwicklung des prophetischen Systems zu verfolgen; auf die genaue Urgestalt der Texte könnten wir verzichten — das besondere der einzelnen Prophetengestalten wird auch aus den überarbeiteten Büchern ziemlich klar; die Entwicklung der prophetischen Gedankenwelt aber müssen wir übersehen, dem Zustand der Urkunden zum Trotz. Glücklicherweise sind die Bearbeiter hier wie in den historischen Büchern durch ihre Frömmigkeit und ihre mangelhafte Logik verhindert worden, ganze Arbeit zu machen; an der Hand von Kriterien, die ihnen unbekannt waren, lassen sich große Stücke einfach ausschalten und auch kleine Zusätze manchmal erkennen; was sie der Legende zuliebe gestrichen haben, läßt sich freilich nicht ergänzen; andererseits gewinnt das argumentum ex silentio an Bedeutung — wo zweifellos die Absicht bestand, den Eindruck zu erwecken, daß die jüdische Religion auf Moše zurückging, wo Zusätze dieser Tendenz überall auftreten, wo etwa eine andere Deutung möglich wäre, da werden wir annehmen dürfen, daß die Teile der Legende, die bei den einzelnen Propheten fehlen, ganz gewiß nicht vorhanden waren, wie, daß Teile, die der Legende widersprechen, gewiß echt sind. —

Der erste Prophet, dem die jüdische Überlieferung ein Buch zuschreibt, ist A m o s, nach seiner eigenen Aussage ein Rinderhirt und Maulbeerfeigenzüchter aus Tekoa (heute Takua, zwei Stunden südlich von Bethlehem).

Von der Persönlichkeit und den Schicksalen des Propheten erfahren wir aus dem Buch einiges Wenige im 7. Kapitel; der Anlaß dafür ist eine Verfluchung des Oberpriesters von Bethel, die gerechtfertigt werden soll; ohne diesen persönlichen Anlaß würde der Prophet kaum von sich selbst gesprochen haben; er ist Jahus Werzkzeug, willenlos, unpersönlich trotz der Höhe seiner philosophischen Einsicht.

Amos will kein Prophet von der Art der Verzückten sein, kein nabi und kein Schüler eines solchen; der Ton, in dem der Oberpriester von Bethel ihn auffordert, anderswo lästig zu sein und sein Brot zu verdienen, wie die energische Zurückweisung der Voraussetzung, er sei ein Berufsprophet, durch Amos, deuten darauf hin, daß die Nabiim um diese Zeit nicht eben angesehen waren; aus den Keimen zu einer Mystik waren schulmäßig weitergegebene Methoden eines neuen Gewerbes hervorgegangen, dessen Vertreter an Höfen und Tempeln geachtet sein mochten, wie andere Berufswahrsager, während das Proletariat des neuen Standes nicht viel mehr als Vaganten und Bettelvolk darstellte. Man kann die Verwahrung des Amos gegen eine Verwechslung mit diesen Leuten: »Ich bin kein Prophet, noch ein Prophetenschüler, sondern ein Rinderhirt bin ich und züchte Maulbeerfeigen« fast deuten als: »Ich bin ein anständiger Mensch in guter sozialer Stellung.«

Welcher Art diese Stellung war, ist nicht ganz klar; ein adliger Grundherr, Herden- und Plantagenbesitzer in Juda würde wahrscheinlich andere Wege gefunden haben, um seine Offenbarungen an die maßgebende Stelle in Israel zu bringen, als eine Fahrt nach einem Fest in Bethel und ein öffentliches Auftreten dort; er würde auch kaum mit einem Nabi verwechselt worden sein und gewiß nicht so geantwortet haben. Wir werden einen Bauern in Amos sehen müssen, wahrscheinlich einen freien Bauern ohne allzugroßen Bodenbesitz; damit stimmt die Angabe, daß Jahu ihn hinter der Herde weggeholt; damit stimmt auch seine Bildungsstufe und sein sozialer Standpunkt; er gehört offenbar zu den religiös interessierten Kreisen des Südens, die von rechabitischen Ideen ergriffen waren; in die eigentlichen Verhältnisse seiner Zeit, in das geschichtliche Werden derselben hat er nur soviel Einsicht, als seine Idee ihm gibt.

Diese Idee, entstanden aus Anschauungen verschiedener Herkunft, namentlich aber aus Traditionen geschichtlicher und religiöser Art, wie sie in Jerusalem am Jahutempel weitergegeben wurden und von den Rechabiten verarbeitet worden waren, ist Amos so sehr in Fleisch und Blut übergegangen, daß er in gehobener Stimmung die Gottheit selbst schaut und hört. Jahu hat ihn hinter der Herde weggeholt und ihn gegen sein Volk Israel auftreten heißen; er läßt ihn Gesichte schauen und deutet sie, er spricht seinem Diener jedes Wort vor:

»Hat der Löwe gebrüllt — wer sollte sich da nicht fürchten?
Hat der Herr Jahu geredet — wer müßte da nicht weissagen?«

Unmittelbar gesandt von Jahu erscheint er in Bethel und verkündet ein Gesicht; Jahu steht auf einer nach dem Bleilot gebauten Mauer und hält ein Bleilot in der Hand; das bedeutet, daß er inmitten seines Volkes Israel das Bleilot anlegen will; es soll ihm nicht mehr vergeben werden, sondern seine Heiligtümer sollen zerstört werden und das Haus Jarobams soll mit dem Schwert umkommen.

Der Priester von Bethel meldet den Versuch zum Aufruhr dem König Jarobam II. — Amos' Erscheinen in Bethel wird um 760 angesetzt — und ersucht um Weisungen; wenn sein Vorgehen gegen Amos den königlichen Befehlen entsprach, so sind diese sehr milde und gemäßigt ausgefallen; Amos soll Bethel räumen und nach Juda zurückkehren; in Bethel hat er nichts verloren, »denn dies ist ein königliches Heiligtum und ein Reichstempel«. Der Standpunkt des Priesters ist durchaus korrekt; Jahu gehört nach Juda, in Israel und in Bethel im besonderen hat er gar nichts zu sagen; wenn ein Diener Jahus in Israel auftritt, ist er entweder ein Meuterer, der die alte politische Hoheit Jahus über Israel herstellen will — das muß als Hochverrat nach Samaria gemeldet werden; oder er ist ein Verzückter, den man nicht ernst nimmt und als lästig ausweist, an eine Stelle schickt, wo Jahus Wort gilt und also mit Prophezeihungen in seinem Namen Geld zu verdienen ist. Die letztere Auffassung war offenbar auch die des Königs; er stand mit Juda gut; gelegentlich wird er, wohl auf einer Weihinschrift im Jahutempel, als »Jahus erstgeborener Stier« bezeichnet; den Jahufanatismus der Südstämme zu reizen, war er nicht geneigt; so war die Behandlung des Amos als harmloser Narr das einzig richtige.

Amos konnte von seinem Standpunkt aus diese Politik nur als Verstocktheit auffassen; er war sich bewußt, daß er weder einen politischen Zweck verfolgte, noch einen religiösen Umsturz beabsichtigte; tief innerlich überzeugt von der Richtigkeit seiner Theorie des geschichtlichen Werdens, sah er nur den Menschen, der Gott zu trotzen wagte, und antwortete in Jahus Namen mit einem Fluch über den Priester und sein Haus und der erneuten Ankündigung von Israels Verbannung.

Die Episode gibt einen vollkommen klaren Einblick in die Stellung der neuen Propheten zu den alten Mächten. Amos ist Reformer ohne jede Einsicht dafür, daß er etwas Neues und Unerhörtes durchsetzen will; seine Theorie ist ihm durch Gottes Befehle so sicher verbürgt, daß er überhaupt nicht merkt, daß er geschichtlich gewordene und berechtigte Verhältnisse angreift; mit der fanatischen Sicherheit des überzeugten Ideologen setzt er die Idee als das einzig reale und richtige in Gegensatz zur Wirklichkeit; wenn er nicht mit der Kühnheit und abstrakten Konsequenz des Eleaten einfach Sein und Schein kontrastiert, so ist ihm doch das Bestehende das verwerfliche, das nicht sein soll, sein Ideal das gute, das einmal war und wieder werden soll. Die Idee fordert, daß die Wirklichkeit sich ihr fügt, indem sie mit dem Anspruch auftritt, Wirklichkeit gewesen zu sein und ihre Macht zur Herstellung des Vergangenen behauptet und beweisen will; das logisch notwendige, richtige und gute behauptet in anthropomorpher Verhüllung seine Identität mit dem Wirklichen.

Die Geschichtsphilosophie des Amos läßt sich aus den Weissagungen herausarbeiten als eine vollkommen abgerundete Theorie, obgleich Amos selbst kein Theoretiker ist; er spricht nur unter dem Zwang seines Innern, dem augenblicklichen Fall angepaßt, Weissagungen aus; dabei klingen seine Voraussetzungen und Begründungen mit, ohne irgendwo selbständig zu werden; wir müssen sie lösen und zusammenstellen, um sie zu übersehen.

Die Formen von Amos' Prophetie sind die alten der Nabiim; der Gott spricht aus ihm in poetischen Maßen und gehobener bilderreicher Sprache, er läßt ihn Gesichte sehen und gibt ihre Deutung oder er beauftragt ihn, symbolische Handlungen vorzunehmen, etwa das Klagelied über die gefallene Jungfrau Israel anzustimmen; ein Unterschied mag in der vollkommenen Klarheit der göttlichen Verkündigungen liegen.

Der Inhalt der Prophetie fügt sich zunächst ganz dem Schema der Fluch- und Segenszeiten ein. Amos hat das Gefühl in der Fluchzeit zu leben, die dem schrecklichen Ende, aber auch dem herrlichen Umschwung vorangeht. Gleich die ersten beiden Kapitel des Buches schildern die kriegerischen Verwirrungen in aller Welt — die Welt ist hier allerdings kleiner, als für spätere Propheten; die Aramäer von Damaskus, die Philister von Gaza, die Phöniker von Tyrus, die Ammoniter, Moabiter und Edomiter sind aufgestanden und haben kriegerische Schandtaten gegeneinander und gegen Israel begangen — die Rache Jahus wird sie verzehren; außen schlägt ein Volk das andere, in Israel ist alles Recht verkehrt, alle göttliche Ordnung aufgehoben — auch das gehört zur Fluchzeit. Die Gottheit ist gnädig und gut; sie verwarnt durch Plagen; Hunger, Dürre, Rost, Pest und Umsturz hat sie gesandt, aber niemand will sich bekehren (Kap. 4); sie begnadigt trotzdem immer wieder auf die Fürbitte ihres Propheten (Kap. 7, 1—6). Endlich aber kommt der »Tag Jahus«, das große Gericht (Kap. 5, 18). Damit wird der Fluch ein Ende finden; wenn alle Sünder vernichtet sind, wird die Zeit der Gnade und des Segens kommen, die Berge werden von Most triefen und alle Hügel zerfließen, das hergestellte Volk wird seine verödeten Städte aufbauen und darin wohnen, seine Weinberge anpflanzen und ihren Wein trinken, seine Gärten anlegen und ihre Früchte genießen (Kap. 9, 11—15).

Das ist nichts anderes, als das babylonische Schema, das vollkommen ausgebildet (vielleicht als Urtyp) in der jüngeren Bearbeitung der Flutsage und im Irramythos vorliegt, übertragen auf jüdische Verhältnisse einer ganz bestimmten Zeit; denn daß die Kriege und die Plagen, auf die Amos anspielt, ebenso wirkliche Ereignisse seiner Zeit waren, als die Sünden der Israeliten, unterliegt keinem Zweifel. Es ist die Art, wie das allgemeine Schema überall angewandt worden sein muß, wo es hingewandert kam; die Schrecken der Menschheit, Hunger, Pest und Krieg, den Völkern damals sehr vertraut, notwendige Begleiter jeder unruhigen Zeit, traten bei jedem Volk als seine letzten Hungersnöte, seine Epidemien und seine Feinde in das Schema ein. Daß die Ordnung des Amosbuches einigermaßen dem Ablauf des Schemas entspricht, ist vielleicht nicht ganz zufällig, wenn auch gerade die Hauptsache, der Tag Jahus, nicht an der richtigen Stelle steht; wir haben ja kein theoretisches Werk vor uns, sondern eine Sammlung von Wahrsagungen, und das Schema, so deutlich es zugrunde liegt, ist nicht das Neue und Bedeutende an Amos' Erkenntnis, sondern nur ein Gewand für sie.

Neu ist die Einführung einer einheitlichen israelitisch-judäischen Geschichtsphilosophie, die dem Schema einen höheren Sinn verlieh.

Israel ist für Amos ein keineswegs vollkommen klarer Begriff; er hat weder von den augenblicklichen staatsrechtlichen Verhältnissen, noch von deren geschichtlicher Entwicklung genaue Kenntnis. Israel ist der Name des Gesamtreiches, so lange man sich erinnern kann; Juda ist ein Teil davon; das ermöglicht die Annahme von Stücken aus der Entstehungsgeschichte von Jarobams I. Bundesstaat: Amos setzt ein Volk Israel in der Urzeit voraus; von allen Völkern der Erde hat Gott dies Volk erwählt, es zu seinem Volk gemacht; er hat es aus Ägypten hergeführt, vierzig Jahre in der Wüste geleitet und endlich die Amoriter vor ihm vertilgt, die groß wie Zedern und stark wie Eichen waren; der Begriff des Bundes scheint zu fehlen, wie das spezifisch israelitische, die Lade, die Gestalt Aarons und der Ursitz des Gottes in Silo; auch von Moše ist keine Rede.

Das Reich Israel, das durch die Einnahme des Amoriterlandes entstand, ist für Amos offenbar das Davidsreich; die zerfallenen Hütten Davids sollen am Ende der Fluchzeit wieder aufgerichtet werden, wie in den Tagen der Vorzeit; daß das Davidsreich ein Reich Juda war, ist Amos unbekannt; daß seine politische Herstellung unter den vorliegenden Umständen eine Unmöglichkeit ist, weil die Stadt Jerusalem zu ungünstig liegt, begreift er (trotz Jehus und der Rechabiten gescheitertem Versuch in dieser Richtung) nicht; er ist eben Ideolog, nicht Politiker; die hohe politische Einsicht der Propheten ist eine Fabel.

Jerusalem ist für Amos die legitime Hauptstadt von Israel; denn hier hat Jahu seinen Sitz gewählt, hier brüllt er vom Zion. Jahu ist der Gott Israels — das steht gegen alle Geschichte und allen Augenschein für Amos fest; er ist der Gott Davids und David hat Israel beherrscht. Wenn heute Israel und auch Juda zu andern Göttern beten, so ist das Abfall, vor allem Abfall von seiten Israels; hier folgt Amos einfach der Legende der Leviten, die mit allen babylonischen Priesterschaften politischer Hauptstädte jeden politischen Abfall als Abfall von der Gottheit ansehen, also auch den Jarobams I.

Diesem Abfall suchte Jahu zu begegnen, indem er Propheten und Nasiräer als Bußprediger sandte; aber Israel hat die Nasiräer zum Bruch ihrer Gelübde gezwungen und den Propheten (wie Amos selbst) das Weissagen verboten. Dann hat Jahu versucht, das Volk durch Plagen zu beugen; ohne Erfolg. Noch immer sprechen die Propheten in seinem Namen; Jahu tut nichts, ohne daß er seinen Entschluß seinen Knechten, den Propheten, offenbart; noch hat er sich durch die Fürbitte seines Knechts Amos versöhnen lassen. Aber die Zeit der Gnade geht zu Ende. Der Tag Jahus kommt; weil er Israel erwählt, wird er alle Verschuldung an ihm heimsuchen.

Die Heiligtümer Israels werden zerstört werden, Jarobams Haus (hält Amos Jarobam I. für den Ahnherrn der israelitischen Dynastie?) wird fallen, Israel soll in die Verbannung wandern, über Damaskus hinaus.

Bei dieser Drohung wird nicht ganz klar, ob Israel hier als Name des ganzen Reiches, Juda inbegriffen, gemeint ist, oder nur das Nordreich bezeichnet; ganz vereinzelt (2, 4ff.; 6, 1) scheint auch Juda gemeint zu sein; meist ist aber deutlich von Samaria die Rede; die Unklarheit ist eine natürliche Folge der Sorglosigkeit, mit der Amos verschiedenartige Elemente in seiner Geschichtsphilosophie verschmolzen hat.

Die größte Leistung in dieser Konstruktion ist die Umbildung des Gottesbegriffs. Hier ist der Zusammenhang mit rechabitischen Gedanken ganz unverkennbar.

Jahu ist Gott eines Volkes und einer Stadt, wie andere Stamm- und Stadtgötter des babylonischen Kulturkreises; aber er ist es nicht notwendig, durch Geburt, sondern zufällig, aus freiem Entschluß und aus Gnade. Eigentlich hat er mit keinem Volk etwas zu tun; er ist Weltgott, Naturgott. Amos denkt ihn vorwiegend mit Zügen astralen Charakters; er ist der Herr der Heerscharen; wo er ausgemalt wird, liegt ein Bild zugrunde, das am meisten an Šamaš erinnert; wie der babylonische Sonnengott schreitet er über die Berge und läßt durch seinen Glanz das Morgenrot dunkel erscheinen; wie der große Richter ist er vor allem auf Gerechtigkeit bedacht; dazu kommen schöpferische Eigenschaften: Jahu hat die Berge gebildet und den Wind geschaffen. Dieser Weltgott ist selbstverständlich der Herr aller Völker; er hat Israel aus Ägypten hergeführt und die Philister von Kaphtor und die Aramäer von Kir; er kann Völker und Götter vernichten; die Amoriter hat er vertilgt, die Städte Kalne, Groß-Hamat und Gath hat er zerstört; Damaskus, Gaza, Tyrus, Bosra, Rabba, Kerijoth werden dasselbe Schicksal haben; es geschieht kein Unglück, das nicht Jahu verursacht hätte, und kein Glück, das er nicht verleiht.

Wenn dieser große Gott ein Volk erwählt (»erkennt« ist der Ausdruck), so ist das eine freie Liebestat, eine unverdiente Auszeichnung, die das Volk zum vornehmsten in der Welt macht; man kann erwarten, daß der Gott seine Laune nicht ohne Grund ändert, daß er menschliche Schwäche langmütig nachsieht und verzeiht; aber man kann nicht unbegrenzt auf seine Güte hin sündigen. Die normale babylonische Anschauung, daß der Gott mit seiner Stadt so eng verwachsen ist, daß er ihr kein Leid zufügen kann, ohne selbst mitzuleiden, kann Amos nur als frevelhafte Verblendung erscheinen; was spätere babylonische Spekulation als zulässige Erklärung einzelner eindrucksvoller Niederlagen (Nabukudurriusur I., Nabunaid) gelten läßt, die absichtliche Entzweiung eines Gottes mit seiner Stadt, das ist bei Amos allgemeiner Lehrsatz geworden. Er begreift nicht mehr, daß ein sündiges Volk den »Tag Jahus« herbeisehnen kann; das Volk erwartet die Rache seines Gottes an allen Feinden, seine politische Herrschaft; Amos aber sieht Finsternis, nicht Licht; Jahu wird das Volk vernichten. Er hat es erwählt — eben darum kann er es aufgeben; eben darum m u ß er es aufgeben, wenn es nicht seine Gnade durch sein Verhalten rechtfertigt. Israel ist nicht besser oder größer, als andere Völker, die Jahu geschlagen hat, nicht verdienstvoller vor Gott, als die Kušiten; es hat gar keinen Anspruch auf eine Bevorzugung; dagegen hat es durch die schändliche Verletzung aller göttlichen Gebote, die ihm als dem auserwählten Volk besonders angerechnet werden muß, alle Aussicht auf härteste Strafen. Der es ins Land geführt, kann es wegführen, der es groß gemacht, kann es von der Oberfläche der Erde wegtilgen; wie der Hirt aus dem Rachen des Löwen ein Paar Unterschenkel oder ein Ohrläppchen rettet, so soll den Israeliten Rettung werden. Jahu hat Jerusalem zum Sitz gewählt — trotzdem soll Feuer die Burgen von Jerusalem zerstören; er nennt Israel sein Volk, trotzdem soll es gequetscht werden, wie das Getreide auf der Tenne; und wenn sie in die Unterwelt oder in den Himmel fliehen, er, der die Erde anrührt, daß sie zerschmilzt und alle, die darauf wohnen, in Trauer geraten, daß sie überall sich hebt und wieder sinkt, wie der Nil, wird sie erreichen.

Welches sind nun die Sünden, die Jahu so schrecklich an seinem Volke heimsuchen will?

Dem gewaltigen Gott, den Amos so hoch über alle herrschenden Vorstellungen hinausgehoben, können auch nicht die alten Sünden verhaßt sein. Wie die alten Gottesvorstellungen in dem neuen Begriff weiterklingen und doch so weit verwandelt sind, daß die legitimen Anschauungen von Stellung und Aufgabe der Stadt- und Stammgötter sündig und frevelhaft erscheinen, so gehen die neuen Sündenbegriffe des Amos aus den alten hervor und lassen sie doch so weit hinter sich zurück, daß der herkömmliche Dienst der Gottheit, bis dahin unentbehrlich und verdienstlich, nun als vollkommen gleichgültig, ja als Sünde und frevelhafte Herausforderung der Gottheit erscheint.

Sünde war bisher Verletzung der Gottheit durch Unterlassung der üblichen Ehren, Opfer und Feste oder durch Verletzung einiger moralischer Hauptgebote, der Gerechtigkeit vor allem, aber auch der Menschlichkeit und Mildtätigkeit; im ganzen waren dabei die direkten Verbrechen gegen die Ansprüche der Gottheit auf Ehre und Eigentum wohl ängstlicher gemieden, obgleich daneben Ungerechtigkeit als Hauptsünde anerkannt war.

Amos fordert für seinen höheren Gott eine höhere Verehrung; was vom Herkommen dieser Forderung nicht entspricht ist Schandtat.

Sein Jahu ist Weltgott, der einzige Gott — also ist die Anbetung aller andern Göttern die größte Sünde. In Samaria, in Bethel, im Gilgal anbeten ist für Israel, das Jahu erwählt und über seine Einzigkeit belehrt hat, Schandtat; Schandtat ist die Verehrung anderer Götter neben Jahu in Juda, im Tempel von Jerusalem, in andern Heiligtümern und Häusern dieser Stadt und in andern Orten. Mag immerhin der Dienst dieser Götter alteingebürgert und überkommen sein, mag er vielen Generationen Herzenssache gewesen sein — Amos hat erkannt, daß er dem Wesen Jahus widerspricht und brandmarkt ihn, indem er seine spätere Entstehung oder seine Übernahme von den Amoritern einfach als geschichtlich voraussetzt, als Abfall, nun im moralischen, nicht im politischen Sinn. Welche größere Sünde aber kann es geben, als die Gnade des Weltgottes, der sein Volk erwählt und dadurch ausgezeichnet hat, dadurch zu lohnen, daß man ihn verläßt und Götzen nachläuft?

Aber nicht nur die Verehrung anderer Götter überhaupt ist Sünde, auch die Formen dieser Verehrung sind sündig. Selbst am

Jahutempel in Jerusalem sind sie verwerflich, wenn das auch in unserem Text nur noch zwischen den Zeilen zu lesen ist. Jahu verachtet die Feste und kann die Festversammlungen nicht riechen, er nimmt die Brandopfer und Gaben nicht gnädig auf und sieht nicht hin, wenn ihm Heilsopfer aus Mastkälbern hergerichtet werden; er haßt das Liedergeplärr und mag das Rauschen der Harfen nicht hören. Auch am Jahutempel in Jerusalem gab es die Schlachtopfer und Zehnten, die Amos in Bethel und Gilgal als Schandtaten brandmarkt, die Ištardirnen, bei denen Vater und Sohn Jahus heiligen Namen entweihten, die gepfändeten Gewänder und den Strafwein, die 2, 8 erwähnt.

Auch im Jahutempel gab es ein Bild des Gottes, das angebetet wurde; ein glücklicher Zufall hat uns 9, 1 die Stelle erhalten, in der Jahu, am Altar stehend, Amos befiehlt, sein Bild zu zerschlagen und auf dem Haupt der Bilderanbeter im Tempel zu zerschmettern; aus dem Jahubild ist die Säule, aus dem Kopf, den der Schlag treffen soll, ein Säulenknauf gemacht; die durchsichtige Entstellung läßt den alten Sinn erkennen und auf andere, ausgemerzte Stellen gleichen Sinnes schließen.

Die alte Abneigung der Rechabiten gegen den Tempeldienst ist bei Amos zur Forderung eines bildlosen und opferlosen Gottesdienstes geworden; er erwähnt ausdrücklich, daß Jahu in der Steppe während der 40 Jahre der Wanderung von den Israeliten nicht mit Schlachtopfern und Gaben verehrt werden wollte; daß der Dienst auch als bildlos galt in dieser Zeit, können wir voraussetzen; Jahu leitet das Volk ja persönlich.

Der Dienst Jahus soll ein Gottesdienst der guten Gesinnung und der guten Werke sein. Nicht opfern und singen soll Israel — Recht soll sprudeln wie Wasser und Gerechtigkeit wie ein nimmer versiegender Bach. »Hasset das Böse und liebt das Gute; erhaltet das Recht im Tor aufrecht.«

Aber die Israeliten verkaufen den Rechtschaffenen für Geld und den Dürftigen für ein Paar Schuhe, sie gönnen dem Armen nicht die Erdkrümchen, die er in Trauer auf sein Haupt streut, und beugen das Recht zu ungunsten des Notleidenden. Die Feiertage sind ihnen lästig, weil man nicht handeln kann; sie fälschen Maß, Gewicht und Wage und verkaufen den Hungrigen Abfall statt Korn. Sie leben sorglos und hochmütig, ohne der Verpflichtung gegen die Gottheit, die sie erwählt hat, zu gedenken, sie schlemmen auf Betten von Elfenbein und recken sich auf ihren Lagern, sie verzehren fette Lämmer und junge Rinder, girren zur Harfe, trinken Wein aus Sprengschalen und salben sich mit dem feinsten Öl. Die gewalttätigen Nachbarn, die unmenschliche Grausamkeiten gegen Gilead und Israel begangen haben, wird Jahu strafen; aber noch heftiger werden die gestraft werden, die in Israel, in Juda und in seinem Brudervolk Edom gesündigt haben.

Wie die Rechabiten haßt Amos die Reichen und Weichlichen, die Wucherer und Händler, die das arme Volk ausbeuten, um Boden und Korn betrügen, Recht in Gift verwandeln, wenn sie in eigener Sache Richter sind, die Leute, die Häuser aus Quadern und Weinberge besitzen und durch ihr Interesse untrennbar mit dem Herkommen verbunden sind. Sein Gottesideal und sein soziales Ideal (ein reines Bauernideal zum Humanitäts- und Moralideal gesteigert) fordern ihre Niederlage; so hofft er von Jahus Tag ihre Vernichtung.

Als Ganzes betrachtet, stellt sich die Lehre des Amos dar als eine kühne und rücksichtslose Umwertung aller geltenden Werte; er fordert eine Revolution der Weltanschauung und der sozialen Verhältnisse; daß er diese Forderung in das Gewand einer Herstellung alter Zustände und Gebote der Gottheit kleidet, ist darin begründet, daß jede konsequente religiöse Weltanschauung höherer Ordnung ihr Gottes- und Weltordnungsideal als zeitlos ewig ansehen muß; sie ist ja eine Vorstufe der zeitlosen und geschichtslosen Weltanschauung schlechthin, des Eleatismus. Daß im vorliegenden Fall die Forschung so lange Zeit der Fiktion des Amos von einer reinen Religion der Urzeit geglaubt hat, läßt sich mit der sorgfältigen Ausführung, die diese Fiktion in den alttestamentlichen Büchern erfahren hat, entschuldigen, hat aber nicht mehr Berechtigung, als etwa ein Glaube an die reale Existenz eines goldenen Götterzeitalters in Babylonien oder sonstwo.

Amos hinterließ ein Ideal, das aus den einzelnen Weissagungen, die ihm in gehobenen Augenblicken über die Lippen geflossen waren, entbunden und ausgebaut werden mußte; er hinterließ die praktische Aufgabe, dies kühn geforderte Zukunftsbild in die Wirklichkeit zu übersetzen. Seine Nachfolger hatten die Richtigkeit der neuen Weltanschauung zu beweisen, den Kampf gegen das Geltende aufzunehmen, Schritt für Schritt Boden zu gewinnen. Sie haben mit den Methoden des Amos in enthusiastischer Prophetie, mit Zuhilfenahme logischer Mittel und mit geschickter Benutzung glücklicher Zufälle und allerlei Politik das Werk weitergeführt.

Der praktische Erfolg von Amos' Wirken kann nur ganz gering gewesen sein; wahrscheinlich ist er auch in Jerusalem mit seinen kühnen Behauptungen, eine alte und einzig richtige Lehre Jahus zu verkünden, von Priestern, Adel und Volk ausgelacht, als Narr behandelt und weggeschickt worden, wie in Bethel; von dem Hirten aus Thekoa wollte man so wenig Belehrung annehmen, als von dem Zimmermannssohn aus Nazareth in späterer Zeit, man nahm gar keine Notiz von ihm, wenn man nicht mußte; solche Elemente beschäftigen, zumal im duldsamen polytheistischen Staat, nur die Tempelpolizei und ein paar Gläubige. Unter diesen Gläubigen befand sich der Mann, der, wie Paulus die Lehre Jesu, aber selbständiger und größer, die Lehre des Amos zum ersten Sieg in der Wirklichkeit führen sollte, Ješaja.

Amos hat einen Namen, der keine Beziehung zu der Gottheit aufweist, in deren Dienst er steht, vielleicht geradezu einen heidnischen Namen im Sinne späterer jüdischer Auffassung; wenigstens erinnert er ganz auffallend an den Namen Ahmose (»geboren vom Mondgott Ah«), den der große Vertreiber der Hyksos und Eroberer von Palästina aus der 17. ägyptischen Dynastie führte; daß ein solcher Name sich im eroberten Land einbürgert und vielleicht ohne Bewußtsein seiner ursprünglichen wörtlichen und geschichtlichen Bedeutung weitererbt, ist durchaus begreiflich.

Ješaja hat dagegen einen redenden Namen von frommer Bedeutung, »Ješa Jahu« heißt »Jahu hilft«; derartige Namen sind im Königshaus, in Priestergeschlechtern und wahrscheinlich auch sonst in Jerusalem längst üblich gewesen; immerhin muß man daran denken, daß in diesem Fall der Name, der Ješajas ganzes politisches Programm enthält, dem Kind von seinem Vater »'Amoz« unter dem Einfluß der Ideen des Propheten »'Amos« gegeben, oder von dem erwachsenen Propheten und Anhänger des Amos bewußt gewählt sein könnte; wer so gern mit bedeutungsvollen Namen spielt wie Ješaja, wird bedacht sein, auch sich einen solchen zu verschaffen.

Ješaja stammt aus Jerusalem oder hält sich wenigstens sein Leben lang dort auf. Die Idee, die er so klar und bewußt vertrat, mußte ihn in diesen Mittelpunkt seiner Gedankenwelt treiben, wenn er hier nicht zu Hause war. Hier thronte Jahu, hier sollte sich der Schluß der weltgeschichtlichen Tragödie abspielen, die Ješaja, wie später die ersten Christen, für nahe bevorstehend ansah; er wollte und mußte dabei sein, seinem Charakter nach, als tatendurstiger Verkünder einer drängenden Wahrheit, seinem Beruf nach, als mahnender Diener Jahus, gesandt zu dessen verblendeten Dienern, dem König, den Priestern und dem Volk von Jerusalem, seinem Wunsch nach, zu sehen, wie Gottes Herrlichkeit in Schrecken und Gnaden sich offenbarte.

Die gewöhnliche Annahme macht Ješaja unter dem suggestiven Einfluß der jüdischen Überlieferung zum Adligen und einflußreichen, wenn auch beschwerlichen Ratgeber der Könige Achas und Chiskija. Da ein Vatersname überliefert ist, der z. B. bei dem niedrig geborenen Amos fehlt, so kann man annehmen, daß Ješaja einer besseren Familie angehörte, obgleich der Vatersname des berühmten Verkünders von Sinacheribas Untergang vielleicht auch bei niederer Geburt nicht so leicht vergessen worden wäre; adlig braucht er deshalb nicht zu sein; eher werden wir seine Angehörigen im bürgerlichen Mittelstand suchen. Eine solche Herkunft würde seine gute Bildung erklären; im Gegensatz zu Amos scheint Ješaja auf der Höhe der Zeit schon durch Erziehung gestanden zu sein. Daß er eine maßgebende Rolle am Hof gespielt haben soll, halte ich für ausgeschlossen, soweit die Zeit vor 701 in Frage kommt.

Die jüdische Überlieferung, natürlich bestrebt, die Rolle dieses, wie jedes Jahudieners der prophetischen Richtung möglichst glänzend erscheinen zu lassen, stellt das Verhältnis des Propheten zum König etwa so dar, wie sie später das der fabelhaften Šemuel oder Elija zu den Herrschern ausmalt; der König weiß wohl, daß der Prophet ein Gottesmann ist und er eigentlich verpflichtet wäre, ihm wörtlich zu gehorchen; er hat in seiner Verstocktheit oder seiner menschlichen Schwäche ein deutliches schlechtes Gewissen; wenn er etwas Unrechtes vor hat, sucht er seine Absichten zu verbergen und wird dann regelrecht ausgescholten und bestraft; wenn er in Not ist, kommt er zu Ješaja und wird angenommen und gerettet.

Diese Darstellung ist durchaus falsch. Achas wie Chiskija hatten bei all ihrem Tun ein durchaus gutes Gewissen; sie waren fromme Herrscher im babylonischen Sinn und hätten keinen Augenblick gezögert, den Willen Jahus wörtlich zu erfüllen, wenn sie überzeugt gewesen wären, daß Ješaja ihn wirklich kannte; sie wären ja im Sinn der babylonischen Weltanschauung vollkommene Narren gewesen, wenn sie der Gottheit widerstrebt hätten. Aber sie konnten unmöglich glauben, daß ein beliebiger Weissager, wie es unzählige gab, der Schüler eines Bauern aus Thekoa, dessen Lehre aller geltenden Religion widersprach, den Willen ihres Gottes Jahu besser kannte als sie, die Könige, die Jahu seit Urzeiten in seinem Stamm und seiner Stadt eingesetzt hatte und erhielt, als Jahus Priester und Propheten am Tempel, die in täglichem Umgang mit ihm standen; die Zumutung war größer, als wenn ein anarchistischer Idealist von einem absoluten Monarchen verlangte, daß er seine Umgebung entlassen und ihm allein Gehör schenken sollte.

Achas und Chiskija sind fromme Könige im babylonischen Sinn. Von Achas wissen wir, daß er auf der Huldigungsfahrt zu Tukultapilešarra III. nach Damaskus nicht nur politische Dinge im Auge hatte, sondern auch einen großen Altar im dortigen Haupttempel abmodellieren ließ, um ihn seinem Gott Jahu zu errichten; das heidnische Kultgerät erregt also weder ihm noch seinen Priestern, wie es bei späteren Juden notwendig hätte tun müssen, Abscheu; er ehrt Jahu durch die Übertragung. Von Chiskija besitzen wir eine Dankhymne für Errettung aus schwerer Krankheit, die vollkommen babylonischen Charakter hat.

Ješaja war für diese Herrscher, ihren Hof und ihre Priester ein merkwürdiger Schwärmer, der sich über natürliche und zweifellos gute Dinge unerwartet aufregte (so über das Felsengrab ägyptischen Stils, das Sebna, ein hoher Beamter, sich errichtete), und in politischen Dingen gehört sein wollte, von denen er nichts verstand. Sein guter Glaube und Eifer für Jahus Ruhm und seine vollkommene Bedeutungslosigkeit für politische Entscheidungen ließen ihn unbelästigt bleiben. Es ist durchaus im babylonischen Sinn, daß man in großer Not, wenn die andern Mittel zur Befragung der Gottheit versagen, auch einmal einen solchen Mann rufen läßt und um seinen Rat fragt; der Kluge läßt keinen Berater ungehört, zumal wenn er hilflos ist. So ist es nicht ganz ausgeschlossen, daß Ješaja in der Tat, wie andere Beschwörer und Wahrsager einmal zu dem kranken Chiskija berufen wurde, um ihn durch seine enge Beziehung zur Gottheit zu retten; freilich kann das schwerlich vor 701 gewesen sein, sonst wäre wahrscheinlich schon früher sein politischer Einfluß zu spüren. Als letztes Mittel in einem unlösbaren Konflikt wird Ješaja in der Assyrernot vom König angerufen und hat das Glück, mit seiner unwahrscheinlichen Behauptung, Jahu werde Sinacheriba wegführen, recht zu behalten; damit wendet sich das Blatt —

der verspottete Prophet hat Bürgschaften seiner Berufung gebracht und sofort beugt sich, ganz im babylonischen Sinn, der König der göttlichen Stimme, soweit ihm das seine Anschauungen irgend erlauben.

Von 701 an bis zu seinem oder Chiskijas Tode wird Ješaja in der Tat am Hof geachtet und in allen entscheidenden Fragen angehört worden sein; auch da noch wahrte sich der König die letzte Entscheidung in allen Dingen, namentlich in der Begrenzung des Reformeifers der prophetischen Partei. Er hatte ein volles Recht dazu, denn wenn Ješaja bei Sinacheribas Abzug recht behalten hatte, so hatte er doch vorher vielfach gegen Achas und Chiskija unrecht gehabt.

Wenn immer wieder von der großen politischen Einsicht der Propheten auch bei Forschern die Rede ist, die die göttliche Eingebung der Weissagungen leugnen, so wird dabei ganz besonders an Ješaja gedacht. Nun hat Ješaja wohl zweifellos mehr politische Einsicht besessen als Amos; er lebte in Jerusalem, nicht irgendwo auf dem Land, er besaß die Bildung, die zur Übersicht der damaligen Welt gehörte, und er stand politischen Verhältnissen gegenüber, die sich durch das Eintreten von Mächten, deren überragende Stellung ganz zweifellos war, Assyrien und Ägypten, sehr vereinfacht hatten. Es gehörte keine besondere politische Einsicht, nur ein bißchen gesunder Menschenverstand dazu, um zu sehen, daß Juda zwischen den zwei großen Mühlsteinen, Assyrien und Ägypten, zerrieben werden konnte. Das ist der Grundsatz der Realpolitik Ješajas.

Der wirkliche Politiker von Genie braucht nun allerdings auch diesen gesunden Menschenverstand, der ihm die selbstverständlichen Hauptverhältnisse klar macht; viel wichtiger aber ist ein untrügliches Gefühl für das Besondere im allgemeinen; innerhalb der Hauptverhältnisse das augenblicklich Bedeutsame zu sehen, alle Möglichkeiten berechnen und von Fall zu Fall das Vorteilhafteste zu tun, das ist Sache des Staatsmanns.

Philosophen sind selten gute Politiker; sie sehen das Allgemeine richtig; das Besondere entgeht ihnen leicht, und für die Praxis fehlt ihnen meist das Organ. Ješaja macht von dieser Regel keine Ausnahme.

Achas und Chiskija sind weitaus bedeutendere Staatsmänner als der Prophet. Sie handeln von Fall zu Fall und treffen meist das Richtige.

Juda war zu Achas' Zeit (736—727) von Damaskus und Israel gefährdet; die beiden Gegner waren weitaus stärker, Jerusalem stand vor der Einschließung. Das Nächstliegende war unbedingt, eine Ablenkung im Rücken des Feindes zu versuchen, die Starken durch den Stärkeren zu treffen; der Stärkere war Tukultapilešarra III. von Assyrien, der ohnehin eine Ausdehnung nach Syrien beabsichtigte. Juda gewann durch die Huldigung vor ihm sofort Freiheit von seinen Bedrängern und einen Schutzherrn für die Zukunft, der stärker als alle andern Mächte war; huldigte es nicht, so war die Belagerung der Stadt mit unsicherem Ausgang zu erwarten; erlag es Damaskus und Israel, so kam es als Lehnsmann in Gegensatz zu Aššur und wurde mit beiden besiegt; behauptete es sich, so mußte es unter ungünstigeren Bedingungen dem Assyrer huldigen, wenn er doch kam, was nach seinem früheren Eingreifen in Damaskus und Israel unvermeidlich war.

Ješaja wollte nicht, daß Achas die Assyrer anrief. Er weissagte in Jahus Namen, daß »die beiden rauchenden Stummel von Feuerbränden« Jerusalem nicht erschrecken sollten. Als Achas nicht glauben wollte, geriet er in Zorn; ein Knabe »Gott mit uns« sollte geboren werden; bevor er das Böse verwerfen und das Gute erwählen könnte, seien Damaskus und Israel verödet; dann aber werde die Bremse vom Nil und die Biene von Aššur, durch Jahu ins Land Juda gelockt, sich hier niederlassen.

Ein Staatsmann hätte sehen müssen, daß das Herankommen der Assyrer unvermeidlich war und daß Ägypten neben Assyrien gar nicht in Betracht kam. Ješaja sieht nur das Allgemeine, Judas Lage zwischen zwei Großmächten; und dies ist noch nicht einmal maßgebend für seine Stellung; sein Hauptgrund ist ganz unreal, sein philosophisches System. Jahu wird Jerusalem nicht den Sündern aus Aram und Ephraim lassen; das wäre ungerecht. Achas soll Aššur nicht rufen; er greift damit in Jahus Pläne ein; er soll quietistisch der Idee, der Gottheit vertrauen.

Achas hatte ganz recht, diese Phantasien unbeachtet zu lassen. Seine Politik verschaffte ihm und seinem Land eine lange Friedenszeit, die bis weit über seinen Tod hinaus währte. Damaskus und Israel verschwanden, wie Amos und Ješaja angekündigt hatten; dem König konnte das keinen Eindruck machen, mußte er doch das Gefühl haben, daß er das auch vorausgesehen und selbst ins Werk gesetzt hatte.

21*

Unter Chiskija (727—699) war durch Achas' Stellungnahme die äußere Politik bestimmt; Šarukins milde Regierung erleichterte den Vasallen das Festhalten an Aššur, das die Vernunft gebot. Erst der allgemeine Abfall bei Šarukins Tod und Sinacheribas Regierungsantritt stellte Chiskija vor ernstere Entscheidungen. Ägypten war inzwischen stark genug geworden, in einer Koalition mit andern Staaten eine Politik gegen Assyrien zu versuchen; Ješaja hat sich diese Entwicklung einfach als Erfüllung seines Orakels zu Achas' Zeiten angerechnet — seine Prophetie ist eben ganz unstaatsmännisch zeitlos; übrigens hat er nicht gesagt, ob diese Entwicklung anders geworden wäre, wenn Achas nicht die Assyrer gerufen hätte.

Chiskija konnte sich nur dem ägyptischen Bündnis anschließen; Sinacheriba war fern und für Jahre beschäftigt, Ägypten nah und ihm viel zu stark; seine Nachbarn warteten nur auf eine Gelegenheit, Juda aufzuteilen. Es gab gar keine Wahl. Ješaja protestierte; Ägypten war kein vertrauenerweckender Bundesgenosse; er forderte wieder Stillesitzen, Vertrauen zu Jahu, Nichtstun. Daß diese Politik den sicheren Krieg mit den Bundesgenossen bedeutete, wahrscheinlich Selbstmord war, sah er nicht; er starrte hypnotisiert auf seine Leitidee.

Als Sinacheriba erschien, zahlte Chiskija Lösegeld und ward von dem König, der seine Zwangslage besser begriff als der Prophet, wieder zu Gnaden angenommen; er hatte in geschicktem Lavieren sein Land in bösen Tagen um den billigsten Preis gerettet.

Sinacheriba zog weiter; da kam ihm der Gedanke, in die feste Stadt Jerusalem in seinem Rücken die Aufnahme einer assyrischen Garnison zu verlangen. Chiskija kam in äußerste Not; mit der Öffnung der Stadt war er ganz dem guten Willen der Assyrer preisgegeben, Widerstand aber zog eine schwere Belagerung, wenn nicht gleich, doch sicher später nach sich. Das ist die Lage, in der er alles an alles setzte, Ješajas Rat einholte und ihm gehorchte. Ješaja war wieder ganz unberührt von staatsmännischen Rücksichten; als Staatsmann hätte er unbedingt zur Öffnung der Stadt oder zu einem Abkauf der Forderung raten müssen; aus seiner Idee heraus riet er; der Übermut und die Ungerechtigkeit der Forderung erregten ihn; Jahu konnte, als gerechter Gott, hier nicht weichen. Chiskija konnte in diesem Fall dem Propheten glauben; er hatte alle vernünftigen Mittel erschöpft; zwischen Untergang und Untergang blieb nur die Hoffnung auf ein Wunder, das er von seinem Stadtgott erhoffen konnte, ohne im übrigen Ješajas Standpunkt zu teilen; Meša von Moab opfert in ähnlich verzweifelter Lage seinen Sohn — auch Jahu wird in diesen Tagen nicht gehungert haben.

Das stolze Wort Ješajas:

›ich will dir meinen Ring in die Nase legen
und meinen Zaum an deine Lippen
und will dich desselbigen Weges führen, den du kamst,‹

fand wider alle Vernunft Erfüllung; Sinacheribas Heer verfiel einer Katastrophe; der König mußte fliehen und kam nicht mehr nach Jerusalem.

Es ist gewiß kein Beweis für Ješajas große politische Einsicht, daß sein erster wirklicher Erfolg eine Voraussage war, die aller wahrscheinlichen Berechnung spottete. Wo er sich mit seinen Ansagen bei diesem Zug im möglichen hielt, blieb er wie gewöhnlich im Unrecht; er hatte, durch Augenschein bekehrt, die Schwäche Ägyptens gegen Assyrien erkannt und angesagt, daß es weggeführt werden würde; davon war keine Rede mehr.

Aber gerade das Wunderbare der Prophezeiung gab Ješaja beim König den Kredit, den er als Staatsmann nicht bekommen konnte; kein Mensch dachte daran, daß nach dieser Katastrophe auch eine in Jerusalem aufgenommene assyrische Garnison hätte abziehen müssen, und die Stadt also auch gegen Ješajas Rat gerettet worden wäre; hier war ein Wunder, eindrucksvoller als alle Vernunft; Chiskija zog sofort die Konsequenzen.

Ješaja kam zu Ehren und Ansehen; er scheint in dieser Zeit seine alten Wahrsagungen, von seiner Berufung 740 an, gesammelt zu haben; die Reform des Kults am Tempel begann.

Die jüdische Überlieferung gibt der Schilderung von Chiskijas Tempel- und Religionsreinigung den Anschein, als sei sie nur der frommen Initiative des Königs entsprungen und sehr radikal gewesen. Ich habe durchaus den Eindruck, als sei sie nicht vor dem großen Wunder Ješajas erfolgt und habe sich auf die Zerstörung des Nechuštan beschränkt. Die Vernichtung des alten tiergestaltigen Jahu, des königlichen Haus- und Stammgottes, ist eine große Konzession an die Forderungen der höheren Religion, also auch an die des Amos und Ješaja; sie ist aber nichts als eine kleine Abzahlung im Vergleich zu den prophetischen Idealen. Auch fortgeschrittenen babylonischen Priestern waren tiergestaltige große Götter undenkbar;

Jahu hatte ja längst ein Menschenbild neben dem Tierbild erhalten; daß er nun, nachdem er sich als unerwartet groß, Aššur selbst überlegen, gezeigt hatte, die Tierform als seiner unwürdig ganz aufgab, hätte schließlich auch einem seiner Priester notwendig erscheinen können.

Das ist die Linie, auf der sich Könige und Priester Jahus und seine Propheten treffen und ein Stück weit miteinander gehen können; beide wollen Jahus Größe und Herrlichkeit, seine Erhöhung über alle Götter, seine Ausstattung mit allen glänzenden Eigenschaften; hier ist ein Kompromiß möglich; Könige und Priester nehmen alles von dem neuen Gottesideal an, was ihre alten Vorstellungen ergänzt und ihre Interessen nicht schädigt, und anerkennen die Berechtigung der neuen Prophetie neben den alten Ideen; die Prophetie gewinnt einige kleine Fortschritte im Sinn ihrer Lehre, einiges Ansehen und freie Bahn zur Ausbreitung ihrer Gedanken. Von beiden Seiten wird nachgegeben und gewonnen; freilich scheint zunächst die Prophetie das größere Opfer zu bringen; sie, die ihrem Ideal nach alles oder nichts fordern müßte, muß ruhig ansehen, daß das Hauptbild im Tempel bleibt und in alter Weise verehrt wird, daß ihre große Lehre vom Nichtstun und der vollkommenen Einordnung in Jahus Willen veräußerlicht und roh mißverstanden wird, daß ihre moralischen und sozialen Forderungen übersehen und verachtet werden; die Anerkennung ihrer Berechtigung scheint mit diesem Verrat am Ideal teuer erkauft. Die folgende Zeit aber lehrte, daß der Kompromiß schließlich doch zu ihren Gunsten gewesen war; er bereitete den Boden für Jošijas Herrschaft und damit für die Verwirklichung des Möglichen im alten Staat Juda.

Den entscheidenden Schritt auf diesem Wege hat sie Ješaja zu danken, freilich nicht dem weitblickenden Staatsmann (der er nicht war), sondern dem kühnen Ideologen, der das Wunder, das ihm den äußeren Erfolg brachte, verdiente, weil er es in nimmermüder Energie und unerschütterlichem Glauben notwendig und selbstverständlich erscheinen ließ.

Die praktische Leistung Ješajas, die Rechtfertigung der Ansprüche seiner Lehre als unmittelbare göttliche Eingebung durch den Nachweis, daß er die politischen Ereignisse dieser bewegten Zeit lange vorauswußte (die Schwäche, daß die Weissagungen nicht gleich eintrafen, erschien so als Stärke), und daß er auch ganz Unwahrscheinliches sicher ansagte, ist sein wichtigstes Verdienst um die Prophetie.

Sein Buch ist mit seinen vielen datierbaren Sprüchen die Urkunde dieser fortgesetzten Probe auf die Richtigkeit seiner Grundidee. Wahrscheinlich werden wir in der Vernichtung des Nechuštan seinen Einfluß erkennen müssen; auch die Organisation einer prophetischen Partei in Jerusalem wäre ihm zuzutrauen.

Die Weiterbildung der Lehre, so bedeutsam sie in der Folgezeit, in der Ješaja Amos weit überstrahlte, geworden ist, tritt neben der praktischen Wirksamkeit des Propheten etwas zurück. Hier ist er durchaus und bis ins einzelne Schüler des Amos und hat nichts grundsätzlich Neues geschaffen. Gedanken und Formen sind ihm gegeben, ein fester Vorrat, aus dem er und alle folgenden Propheten wirtschaften. Die Aufgabe ist mehr Ausführung und logische Durchbildung der knappen Aussagen und Andeutungen, als Entdeckung neuer Gedankenwelten.

Diese Aufgabe ist sehr dankbar für einen begeisterten und sprach- und phantasiegewaltigen Kopf; Keime und Bruchstücke einer Welt sind ihm gegeben; nun läßt er die Bäume aufschießen, die Stücke zum Bau zusammenwachsen, ein Schöpfer, der nicht das Chaos gemacht hat, aber die Welt aus dem Chaos ins Leben ruft. Die enthusiastischen Gesichte, die inhaltsschweren Sätze des Amos muten der mitschaffenden und ergänzenden Phantasie des Hörers zu viel zu; hinter den Schleiern des politischen und des allgemeinsten theologisch-moralischen Gehalts verbergen sich die Ansätze zu einem reich gegliederten Weltbild. Bei Ješaja ist alles breit und farbig ausgemalt, allen sichtbar und nicht weniger wuchtig aufgebaut. Amos kommt im Drang des Schauens eben dazu, zu sagen, was er sieht; Ješaja hat Zeit zu schildern und zu predigen. Amos ist der willenlose Verkünder einer neuen, großen Offenbarung; Ješaja ist ihr erster berufsmäßiger Vertreter.

Das zeigt sich gleich in den Formen der Weissagung. Die poetische Strophe, die gehobene Sprache ist bei beiden die gleiche; die Sprüche mit ihren Kehrversen finden sich hier und dort. Aber bei Amos herrscht die kurze Form, bei Ješaja die breit ausgeführte. Amos stimmt die Totenklage über Israel an — sie umfaßt zwei Verse; Ješaja braucht das vierfache für seine Schilderung von der Krankheit des Gottesvolks. In vier Versen geißelt Amos die Üppigkeit des ganzen Volkes Israel; Ješaja hat eine ganze Predigt über die Hoffahrt und Demütigung der Frauen Jerusalems. Amos erledigt in einem geschlossenen Gedicht alle Nachbarn Israels; Ješaja hat ganze lange Gedichte nur für Ägypten und Assyrien und daneben selbständige Sprüche für jedes Volk. Amos behandelt den Anbruch der Segenszeit in einigen Versen; Ješaja kann sich in der Ausmalung nicht genug tun. Bild an Bild drängt sich bei Amos; Ješaja gestaltet seine Bilder liebreich aus; eine ganze Parabel vom Weinberg kann er dichten oder kunstreich seinem Werk einfügen. Die kunstreichen Spiele mit Namen und Bildern gehören auch hierher, die Kinder »Gott mit uns«, »Eilend kommt Beute, schnell kommt Raub«, die Bremse vom Nil und die Biene von Assyrien, die Honig und Dickmilch anlocken und ähnliche künstlerisch und logisch ins Einzelne ausgestaltete Gleichnisse.

Ješaja gibt Musterpredigten; er hat alle Mittel der natürlichen Redebegabung und der Redekunst zur Verfügung und gebraucht sie begeistert, aber im vollen Bewußtsein der künstlerischen Bewältigung des Stoffes und der Wirkung. Er will sein Publikum packen und erschüttern und tut es bis heute. Amos hat keine Zeit, an das Publikum zu denken.

Andererseits kann Ješaja auch ganz und gar auf rednerische Wirkung verzichten, wo er ohne Bilderschmuck stärkeren Eindruck zu machen hofft. Die Gesichte fehlen bei ihm fast ganz; er hat ausgestaltete Bilder, Gleichnisse, aber nichts, was Amos' Vision vom Bleilot oder dem Korb mit Herbstfrüchten entspräche; offenbar ist ihm diese Art Bildlichkeit zu kindlich und zu vieldeutig. Er predigt breit und kunstvoll, wo er seinen allgemeinen Auftrag erledigt, als Ankläger und Bußprediger, von den Sünden des Volks, von Gottes Zorn und Gericht oder von der endlichen Herrlichkeit; er wahrsagt auf einzelne Anfragen hin in kurzen, klaren, bildarmen Sätzen, wie bei der Bedrohung Jerusalems durch Damaskus und später durch Aššur, oder auf eine Anfrage von Seir. Freilich kann auch einmal aus der Wahrsagung ein Predigttext werden.

Besonders bezeichnend ist der Unterschied von Ješaja und Amos in der Schilderung ihrer Berufung ausgeprägt. Amos erwähnt seine Berufung beiläufig zu seiner Rechtfertigung vor dem Priester in Bethel; er sagt nur, daß Jahu ihn hinter der Herde weggeholt; an anderer Stelle erwähnt er den unerträglichen Drang, zu prophezeien, wenn Jahu redet. Bei Ješaja ist die Berufung ein selbständiges Kapitel geworden, vielleicht einmal die Einleitung einer Sammlung von Wahrsagungen; sie erscheint als eine Staatsaktion mit mehreren handelnden Personen, bei der der Gesandte Jahus seine feierliche

Einsetzung und Beglaubigung erhält. Das Berufungskapitel ist ein Meisterstück der Weltliteratur, voll poetischer Kraft, gewaltig in seiner einfachen Größe; verglichen mit der Selbstverständlichkeit des Amos aber ist es eben ein großes Kunstwerk; wir werden nicht annehmen dürfen, daß ein wirklich geschautes Gesicht zugrunde liegt — Amos hat Visionen, Ješaja nicht; wir werden nicht glauben, daß Ješaja als junger Mann ohne jeden Anlaß eine so allgemeine, sein ganzes Wirken zusammenfassende abstrakte Offenbarung gehört hat; ein großer Künstler und Redner hat hier, wahrscheinlich noch in der Zeit seiner vergeblichen Versuche, vom König gehört zu werden, seine bittere Erfahrung in einem Wort zusammengefaßt und dies Schicksalswort seinem Gott in den Mund gelegt, dessen Bild er dabei gestaltete; das Ganze hat er dann hinaufdatiert in das Todesjahr des Usia, vor seine ersten wirklichen Prophezeiungen, vielleicht in die Zeit, in der er aufhörte, ein Schüler des Amos zu sein.

Ješaja sieht in seiner Berufungsvision den Herrn auf einem hohen Throne sitzen; die Säume seines Mantels füllen den Tempel; vor ihm stehen Seraphe, die einander ihr »Heilig« zurufen, daß die Tempelschwellen beben; der Tempel aber füllt sich mit Rauch.

Ješaja fühlt sich verloren, weil er, der Unreine, den Herrn gesehen, bis ein Seraph ihm mit einer glühenden Kohle vom Altar die Lippen berührt und ihn von Sünde reinigt.

Nun hört er den Herrn reden: »Wen soll ich senden und wer soll gehen?« Er antwortet: »Hier bin ich, sende mich« und erhält nun den Auftrag, seinem Volk anzukündigen, daß es immer hören und nie verstehen, immer sehen und nie erkennen soll, bis Stadt und Land verheert sind und Jahu die Menschen in die Ferne geschickt hat.

Das Gottesbild in dieser Handlung ist gewiß groß und eindrucksvoll; vergleicht man es aber mit dem des Amos, so kann es nur verkleinert erscheinen. Auch bei Amos brüllt Jahu vom Zion; wo er ihn aber schildert, da sitzt er nicht im Tempel oder auf einem Berg, da schafft er die Welt oder zerbläst sie, da leuchtet er wie die Sonne und greift hinab in alle Tiefen und hinauf in alle Höhen. Dies gewaltige Bild der Gottheit, das freilich alle bestimmten Züge in seiner Überweltlichkeit verliert, hat Ješaja aufgegeben; sein Gott thront im Tempel, wenn dieser auch mit seinen Mantelsäumen gefüllt ist; er ist wohl sicher eine ideale Vergrößerung des Tempelbildes — das beweisen die Seraphim, Schlangenwesen, zu Engeln umgedeutet, vor seinem Thron. Im Tempel beruft er seinen Diener, nicht irgendwo beim Viehhüten; das Gefühl, das er ihm einflößt, ist, echt babylonisch, Furcht seiner Unreinheit wegen, die durch einen Reinigungsakt wieder babylonisch beseitigt werden muß. Ješaja gewinnt mit dieser Anknüpfung an Tempelbild und Tempelsitte seinem Gott eine scharf umrissene, sehr konkrete Gestalt; der Fortschritt gegen das Herrschende ist unverkennbar, zugleich die Verwandtschaft mit ihm groß genug, daß eine Wirkung auf das Volk denkbar ist. Aber Amos war weiter.

Auch wo Jahu sonst geschildert wird, ist er anschaulich und körperlich, aber immer irdisch. Wenn er sich erhebt, um die Erde zu schrecken, sieht man ihn daherfahren über alle Zedern und Eichen, alle Berge und Hügel, alle Türme und Mauern; höchst lebendig kommt er heran — die Menschen kriechen in die Erdlöcher und werfen ihre Götzen weg. Bei Amos zerschmilzt und wellt die Erde, wenn Jahu sie anrührt, und die Menschen brechen fliehend in Unterwelt und Himmel ein.

Dagegen ist auch das Bild von der Zerstreuung des Völkermeers durch Jahus Drohen, die Flucht der Berauber ins Weite wie Spreu vor dem Sturm oder Staub vor dem Wind, oder die Huldigung der Völker vor Jahu ein kleines und menschliches Bild.

Jahu bleibt der Gott von Jerusalem, so hoch er über alle Völker und alles Irdische erhoben ist; darum glaubt Ješaja, sehr abweichend von Amos, im entscheidenden Augenblick nie an den bevorstehenden Fall von Jerusalem; er droht ihn an, weil das zu seiner Schule gehört; aber er sieht in Gefahr nur den Schützer und in Ruhe lieber den endlichen Erhöher Zions, als den Zerstörer in ihm.

Der Verkleinerung und Annäherung der Gottheit entspricht es, daß sie dem Propheten und dem Volk näher steht und vertrauter ist, als bei Amos. Amos hat ein starkes Bewußtsein seiner Stellung, wenn er seine Fürbitte als Ursache der Verschonung des Volkes ansieht oder Jahu nichts tun läßt ohne Ankündigung durch die Propheten; aber sein Verhältnis zur Gottheit ist durchaus das eines Werkzeugs zum Meister, das der Menschen zu Jahu entspricht dem des Sünders vor dem Richter oder des krabbelnden Gewürms vor dem Riesen. Aus der Masse greift sich der Herr ein Volk, einen Mann heraus, ohne viel zu fragen, ob sie gut und rein sind, aus Laune oder zu seinen Zwecken; was er tut ist gut.

Bei Ješaja hat Gott Diener und menschliche Formen bekommen; wie ein König empfängt er mit einer kleinen Schaustellung seinen Auserwählten im Allerheiligsten, macht ihn durch eine Zeremonie rein, hoffähig, und fragt, wen er senden soll, statt einfach zu gebieten. Ješaja selbst tut viel erschreckter über seine Unreinheit, als er ist; das ist Hofton und gehört dazu; im Grund ist eine große Dosis Selbstbewußtsein in der Schilderung seines Umgangs mit Gott und Engeln; er ist rein und ganz an seinem Platz, wie irgend ein babylonischer Priester, ohne Zögern meldet er sich auf Gottes Frage. Der erste, der ein Wesen höherer Ordnung zitternd und beglückt erkennt, Amos, bleibt lebenslang unter diesem Gefühl; der zweite, Ješaja, wird durch die Übernahme und Gewohnheit schon vertrauter; ein Gefühl, wie es Pfarrerskinder in der Kirche und vor dem Allerheiligsten haben, Auszeichnung und Vertraulichkeit, beseelt ihn; er wird dadurch sofort dazu geführt, zu vermenschlichen.

Vertrauter ist Jahu mit seinem Volk geworden. Bei Amos war er nur durch seine freie Wahl an Israel und Jerusalem gebunden; bei Ješaja liebt er Volk und Stadt. Kinder hat er großgezogen und emporgebracht; sie aber haben sich gegen ihn empört; ein Stier kennt seinen Besitzer und ein Esel die Krippe seines Herrn; Israel erkennt ihn nicht und sein Volk merkt nicht auf. Auch das Bild vom ehebrecherischen Weibe gehört hierher.

Das macht einen großen Unterschied. Amos konnte fragen, wieso Israel mehr vor Jahu sei als andere Völker; Ješaja weiß, daß es mehr für ihn bedeutet; ohne sein Verdienst, wie ein Kind kein Verdienst um seine Eltern hat und ihnen doch mehr ist, als andere. Er weiß, daß Jahu es deshalb zuletzt doch nicht vernichten wird; er droht und glaubt nicht ganz an seine Drohung; Jahu ist ja der liebende Vater, der nur mit Schmerzen straft; er ist der Erretter Jerusalems: nicht sein Zerstörer.

Wieder leben babylonische Elemente auf; wie der Gott, der seine Diener in seinem Tempel empfängt, der König mit seinem Gefolge, der Reine, der nur Gereinigte vor sich haben will, babylonischer ist, als Amos' Gott, so ist es der Gott, der seine Stadt liebt. Aber die Wandlung macht zugleich das Verhältnis des Menschen zur Gottheit wärmer und bereitet damit eine individuellere Frömmigkeit vor, abgesehen von der Erweiterung des praktischen Wirkungskreises, die die Prophetie durch Annäherung an das Geltende gewinnt.

Das babylonische Schema der Fluch- und Segenszeit ist bei Ješaja ebenso unverkennbar, als bei Amos. Vielleicht noch stärker als Amos hat Ješaja das Gefühl, dicht vor der Katastrophe und dem großen Umschwung zu leben; inzwischen ist ja die Wegführung von Samaria nach den Worten des Amos Tatsache geworden, die Ausrottung Israels bis auf einen Stumpf erfolgt; Jerusalem sündigt fort — aber Ješaja erhofft zu jeder Stunde seine Umkehr und dann die Verzeihung und alle verheißenen Gnaden Jahus. Er ist so fest überzeugt, daß das messianische Reich unmittelbar bevorsteht, daß er den Friedensfürsten aus Davids Haus schon geboren werden sieht; das Bedürfnis nach ganz konkreten und greifbaren Vorstellungen, das ihn überall an das Vorhandene und Irdische in seinen Weissagungen bindet, rückt auch die vage Zukunftshoffnung so nahe, daß man in Versuchung ist, nach dem Namen des Prinzen zu fragen, den Ješaja bezeichnen wollte.

Durch die Gestaltungskraft des großen Dichters wird das allgemeine Schema aller rein schematischen Züge entkleidet; sie fallen weg, wie die Fürbitten des Gottesmanns nach Atrachasis' Muster und die Plagenreihe, oder sie werden vollkommen mit eigenem Leben gefüllt, daß sie ganz neu anmuten. Die Fürbitten sind unnötig; kein Mensch kann an der gnädigen Gesinnung dieses Gottes zweifeln, der über den Abfall seines Kindes klagt, der liebende Gott verzeiht selbstverständlich so lange er kann ohne menschliche Mahnung; der zornig Entschlossene kann seinen Entschluß nicht durch Bitten eines Dieners, nur durch die Bekehrung des Volkes beeinflussen lassen. Die Plagen brauchen nicht mehr aufgezählt zu werden; sie dauern fort, aber sie wirken nicht; »wohin könntet ihr noch geschlagen werden, da ihr doch nur den Abfall fortsetzt«? So bleibt nur die abschreckende Schilderung der Schrecken von Jahus Tag und die verlockende der Herrlichkeiten, die das bekehrte Volk erwarten.

Jahu hat über das hochmütige Israel (das Wort bezeichnet hier das Nordreich) erst die Aramäer und Philister kommen lassen, dann, als es sich ihm immer noch nicht zuwandte, hat er es an einem Tag seines Kopfes und Schwanzes beraubt und der Zwietracht und Verheerung preisgegeben; endlich hat er Samaria ganz ausgerottet. Nun ist Juda geblieben und will sich nicht bekehren; es fordert den Zorn seines Gottes frevelhaft heraus, unbelehrt und ungebessert. Darum wird der Herr ihm jede Stütze, alle Führer, Krieger und

Richter nehmen; Knaben sollen herrschen, die Leute sollen sich mißhandeln; der Freund soll gegen den Freund sein, der Knabe soll sich gegen den Greis, der Geringe gegen den Vornehmen auflehnen; alle Bande der Liebe, Sitte und sozialen Ordnung sollen aufhören in Anarchie und Hungersnot. Den Frauen wird er Schmuck, Gewand und Schönheit abreißen und sie der Schande preisgeben. Von den Enden der Erde wird er die Völker herbeirufen; wie große Wasser brausen sie heran. Er selbst wird sich von seinem Sitz (hier schwebt wieder das Tempelbild vor) in majestätischer Pracht erheben und über alle Höhen, über alle Stolzen und Hochmütigen und alle nichtigen Götzen heranfahren. Jerusalem wird in Trümmer fallen und Juda aufhören zu sein.

Aber das Volk von Jerusalem soll nicht ewig weinen und Israel nicht ganz ausgerottet sein. Aus den Schilderungen des Grauens und Elends erhebt sich der Prophet zu den herrlichen Zukunftsbildern, die die Phantasie zweier Jahrtausende beschäftigt und befruchtet haben. Sie sind nicht einheitlich ausgeglichen, manchmal enger, machmal weiter; auch ihre Voraussetzung ist nicht ganz klar — manchmal scheint die Zerstörung Jerusalems notwendig vorhergehen zu müssen, manchmal nur eine Bekehrung; aber immer ist das Gottesreich Jerusalems und Israels Erbteil.

Die wenigen, die in Jerusalem überleben, oder gedrückt und verhungert in drangvollem Dunkel unter Flüchen auf ihren König und ihre falschen Götter durch das Land ziehen, werden ein großes Licht sehen; über dem Berg Zion und den Versammlungen dort wird tagsüber Gewölk gegen die Hitze und bei Nacht flammender Feuerglanz gegen die Finsternis schweben und ein Obdach wird dort sein gegen Unwetter und Regen; ein Kind wird geboren und zur Herrschaft kommen, Gottes Held, ein Wunder an Rat, ein ewiger Friedensfürst auf Davids Thron. Es wird sich zeigen, daß Gottes Ratschluß und Weisheit im Völkergewoge wirksam war; Aššur in seinem hochfahrenden Trotz soll dem Volk in Zion nicht furchtbar werden; es ist ja nur ein Werkzeug, das dem Werker nicht trotzen kann, und wird vernichtet werden, wie der Pharao des Auszugs, wenn es seinen Zweck erfüllt hat; die brausenden Völker wird Jahu bedrohen, daß sie wie Spreu hinfliegen und vor Morgen dahin sind.

Zuletzt aber wird ein Friedensreich Jahus entstehen. Aus dem Stumpf Isais wird ein Reis ausschlagen und der Geist Jahus wird sich auf ihm niederlassen; Gerechtigkeit und Treue werden der Gurt seiner Hüften sein; der Wolf wird beim Lamm, der Löwe beim Rind wohnen und ein kleiner Knabe wird sie leiten; der Säugling wird an der Höhle der Otter spielen; sie werden sich keinen Schaden zufügen, denn das Land wird von Erkenntnis Jahus voll sein, wie von Wassern, die das Meer bedecken. An jenem Tage wird der Libanon ein Fruchtgarten werden, Taube werden hören und Blinde sehen, die Dulder werden sich Jahus freuen und die Ärmsten jubeln; Gewalttat und Ungerechtigkeit werden aufhören. An jenem Tage wird eine Wallfahrt aller Völker zum Zion beginnen; in Ägypten und Assyrien wird Jahu verehrt werden.

Die Legende von Israels Erwählung, dem Aufenthalt in Ägypten und der Wüste und vom Einzug ins heilige Land hat einige neue Züge bekommen. Wir hören von Schlachten, in denen Jahu vorkämpfte, namentlich von einem Midianitersieg am Felsen Oreb; die Heviter und Amoriter sind vor Israel ausgezogen. Dagegen fehlt immer noch die Nennung Mošes und jede Erwähnung der Bundeslade; die Wegführung Israels lag noch zu nahe, als daß eine Vermischung israelitischer Götter mit Jahu möglich gewesen wäre; die Beseitigung der Schlange im Tempel, von der die Leviten den Namen genommen hatten, war vielleicht ein erster Schritt zur späteren Herabwürdigung dieses Namens und zur Ersetzung des Schlangenahns der Priester durch eine andere Gestalt; noch war aber auch hier das Herkommen zu stark und fest.

Für die Entwicklung der Geschichte der Wüstenzeit ist Ješaja vielleicht dadurch wichtig geworden, daß einige seiner Bilder die Phantasie der Geschichtsschreiber angeregt haben; die Wolke bei Tag und der Feuerglanz bei Nacht, die Ješaja über dem Zion der Endzeit erblickt, begleiten das Volk in der Wüste; das Land voll Dickmilch und Honig, das die Bremse und Biene anlockt, ist später das Israel nach der Wüstenzeit verliehene Erbe.

Die Ursache von Jahus Zorn gegen Israel ist wie bei Amos die Sünde des Volks, der Abfall von Jahu, der es erwählt; in dem Gleichnis vom Ehebruch klingt zuerst die Auffassung des Abfalls als Bundesbruch an; weit stärker aber ist das Gefühl, daß Israel eine Wohltat mit schnödem und dummem Undank gelohnt. Der Abfall ist wie bei Amos wörtlich zu verstehen, ein Abfall zu Götzen- und Bilderdienst, und übertragen, Verletzung des moralischen göttlichen Willens.

Der grobe Abfall zum Götzen- und Bilderdienst spielt eine verhältnismäßig geringe Rolle. Zum Teil kann das an der Redaktion des Buches liegen, die die Existenz eines Kultbilds im Tempel leugnete und deshalb Ausfälle dagegen gestrichen haben kann; wichtiger ist jedenfalls die veränderte Lage und die Stellung Ješajas zum Tempel.

Der Abfall von Jahu als Hauptgott konnte nur dem Nordreich vorgeworfen werden; Juda anerkannte Jahus überragende Bedeutung. Israel-Samaria gegenüber ist denn auch dieser Abfall Ješajas Hauptvorwurf. Aber das Nordreich war Ješaja, im Gegensatz zu Amos, immer im Herzen gleichgültig, der Feind Jerusalems, und es verschwand sehr bald ganz.

Nun blieb nur Juda. Auch hier gab es groben Abfall, die Verehrung anderer Götter neben Jahu im Tempel, in Stadt und Land und den Bilder- und Tierdienst. Gegen beide polemisiert Ješaja und fordert ihre Abschaffung. Ausdrücklich gegen die Götzen in Jerusalem wendet sich 1, 31, wo den »Mächtigen und ihrem Werk«, vielleicht dem Tempelbild selbst, das sie hüten, der Feuertod angekündigt wird. Eine zweite Stelle, 10, 11, ist leider nicht ganz klar; von Jerusalem und seinen Bildern ist die Rede; jemand fragt, ob er sie nicht, wie Samaria und seine Götzen sollte vertilgen können; nach dem Zusammenhang ist das aber der König von Aššur, so daß Jahu geradezu als ihr Schützer erscheinen kann[1].

Die übrigen Angriffe Ješajas auf die Götzen sind allgemein; sie sind von Menschen aus Silber und Gold gemacht, leblose Sachen im Gegensatz zu dem lebendigen Gott, oder gar Bäume und Tiere; wie kann man sich vor etwas Selbstgemachtem niederwerfen und es anbeten? Ins Feuer mit dem Gerümpel oder hinweg damit zu Ratten und Fledermäusen. Als dumm werden die gebrandmarkt, die von solchen Göttern Hilfe in der Not und gar gegen Jahu erhoffen. Auch die Totenbefrager mit ihrem Geflüster und Gemurmel sind ihm ebenso lächerlich als sündig; was wissen die Toten von den Lebendigen? Der rational überlegene Zug dieser Polemik, der die Dummheit betont, mildert ihre Schärfe; der Grundsatz jedes Rationalismus' ist die selbstverständliche Voraussetzung, daß bessere Einsicht richtigeres Handeln bedingt; Ješaja ist in diesem Punkt

[1] Sollte Kap. 10, V. 11 ursprünglich als Wort Jahus an anderer Stelle gestanden sein?

der Kraft seiner Argumente sicher. Dazu kommt seine Vorliebe für den Tempel, vielleicht sogar eine Schwäche für sein großes Kunstwerk, das Jahubild, die dessen Verwendung zum Gottesideal verrät, späterhin manche politische Rücksicht auf seine Stellung zum König. Das Schlangenbild fällt, das Tempelbild in menschlicher Gestalt bleibt erhalten. Das ist — immer vorausgesetzt, daß uns nicht Stellen unterschlagen sind — eine Konzession der Prophetie, die für die Folge wichtig blieb; grundsätzlich ward natürlich die alte Behauptung des Amos' festgehalten, daß aller Bilderdienst eine Verunreinigung der Jahureligion sei; die Duldung eines Bildes sollte die Durchsetzung der wichtigeren Forderung von Jahus Einzigkeit dienen, allen andern Bildern den Hals brechen.

Die Ausschaltung des Nordreichs und die Milderung des Kampfes gegen den groben Abfall, den Götzendienst, in Juda durch die Tatsache, daß hier das Hauptbild ein Jahubild war und alle andern Götter Jahu anerkannten und neben ihm zweiten Ranges waren, ließ noch mehr als bei Amos die moralische Sünde, den Abfall im übertragenen Sinn, in Ješajas Bußpredigten hervortreten. Die innere Wandlung, die Bekehrung zu Gerechtigkeit und Frömmigkeit, ist wichtiger als die äußere; die Neumonde und Feste sind an sich gar nicht so schlimm; schlimm ist nur, daß sie äußerlich sind, Lippendienst, nicht Herzensdienst; Jahu will keine Opfer, Neumonde und Festversammlungen, weil er »Unrecht und Festfeiern« nicht aushält und die Gaben und Gebete von Leuten, die mit Blutschuld und Gewalttat beladen sind, als Hohn und Spott empfindet. Ungerechtigkeit und Gewalttat ist der schlimmste Abfall; die treue Stadt Jerusalem ist zur Hure geworden, nicht nur, weil sie andere Götter neben Jahu anbetet, sondern weil die Herberge der Gerechtigkeit sich mit Mördern gefüllt hat, weil ihre Beamten Abtrünnige und Diebsgenossen sind, die Geschenke nehmen und Bezahlungen nachlaufen, den Waisen kein Recht verschaffen und die Sache der Witwen nicht annehmen. »Zion soll durch Recht erlöst werden und die sich zu ihm bekehren durch Gerechtigkeit; die Empörer und Sünder, die Jahu verlassen, sollen zerschmettert werden und zugrunde gehen.«

Die Liste der Sünden, über die der Prophet in Jahus Namen sein »Wehe« ruft, stimmt ziemlich genau mit der bei Amos überein; Ungerechtigkeit und Gewalttat, Stolz und Hochmut, Habgier und Genußsucht der Mächtigen und Reichen werden gebrandmarkt;

die städtischen Kapitalisten, die Häuser, Gärten und Felder häufen, die Wucherer und Bauernleger trifft ein ausführlicher Fluch, wie die hoffärtigen, frechen und putzsüchtigen Frauen. Auch hier ist vieles weiter ausgemalt und eindrucksvoller gestaltet; die Formeln des Ješaja scheinen für die erste gesetzliche Fassung der moralischen Forderungen maßgebend gewesen zu sein.

Fortbildung im Inhalt haben namentlich zwei Punkte erfahren, die Polemik gegen die Verstockten, die Spötter und die Lippenfrommen, und die Forderungen, die aus der Theorie für das praktische Verhalten der echten Diener Jahus gefolgert werden; in beiden Fällen ist der Fortschritt logisch; logische Gegensatzpaare, logisches Zu-Ende-denken bezeichnen sein Wesen.

Ješaja unterscheidet zwei Arten von Menschen, gute und fromme, böse und sündige; dem Rationalisten fallen fromm und klug, sündig und dumm soweit zusammen, daß er überzeugt ist, Frömmigkeit und Moral sei Sache richtiger Einsicht; bis zu der griechischen Konsequenz, daß dann jeder Einsichtige gar nicht anders als fromm sein kann, lassen ihn aber seine bösen Erfahrungen nicht kommen; der Einsichtige sollte fromm sein — ist er es nicht, obgleich er belehrt wird, so ist er nicht beklagenswert, weil er so dumm ist, sondern verdammenswert, weil er seiner besseren Einsicht zum Trotz böse bleibt; er ist dumm, weil er das höhere Gut verschmäht, er ist aber straffällig, weil er es aus Eigennutz, aus Bosheit und Bequemlichkeit sich und andern versagt. Manchmal klingt die höhere Gewalt an, wenn Jahu das Volk verdammt, Augen zu haben und nicht zu sehen, Ohren zu haben und nicht zu hören; aber sie entschuldigt nie; wenn Jahu alles tut, so muß er logisch auch verstocken; anderseits ist der Mensch frei zum Guten und Bösen; ein Ausgleich wird nicht erreicht. Der Gegensatz von Frommen und Sündern, von göttlicher Allmacht und menschlicher Freiheit ist in der weiteren Entwicklung sehr wichtig geworden.

Sünder sind vor allen die Spötter und Heuchler. Der Mörder und Dieb verletzt Jahus Moralgesetz; der Spötter und Heuchler verletzt Jahu selbst, verhöhnt ihn und seine Gesandten ins Angesicht. Was früher die direkte Verletzung der göttlichen Person und des göttlichen Eigentums war, das wird in der vergeistigten Religion Spott und Heuchelei. Hierher gehören all die Vertreter der herrschenden Religion, Vornehme und Geringe, die sich nicht bekehren lassen wollen, alle, die den wahren Sehern und Weissagern den

Mund verbieten und auf falsche Vorzeichen und Weissagungen hören, alle, die sich in ihren eigenen Augen weise dünken und schreien: »Wer will uns Erkenntnis lehren? Wir sind keine Kinder«, alle, die spotten: »Er beeile doch sein Werk, daß wir es erleben«, all die Schändlichen, die Böses gut und Gutes böse nennen, Finsternis zu Licht und Licht zu Finsternis, bitter zu süß und süß zu bitter machen, alle, die Jahu mit den Lippen ehren und ihm mit dem Herzen fern bleiben. Logische Elemente geben der neuen Lehre ihre überzeugende Kraft; im Monotheismus, im Rationalismus, in der Vergeistigung aller Formen der Religion und in den Unterscheidungen von zweierlei Weisheit und zweierlei Gottesdienst meldet sich die Logik; sie gibt dem Streben nach Einheit durch Abstraktion, nach einem Urgrund, e i n e m Gesetz, e i n e r Sünde, den Paaren ausschließender Gegensätze, den Folgerungen, ihre Energie. Aber die Logik bleibt unentbunden in Kosmologie und anderen Wissenschaften stecken; zu einer klaren Lehre des Denkens und Beweisens wird sie nicht weitergebildet; als unklare Offenbarung wird ihr Zwang empfunden; als gewaltsame Unduldsamkeit wirkt sie sich aus in Mißverstehen und Verdächtigung der Gegner, in autoritativer und grob materieller Vergewaltigung zurückgebliebener und fortgeschrittenerer Individuen.

Zu den Sünden im Geist gehört für Ješaja auch das Vertrauen auf die alten Hilfsmittel des Menschen in praktischen Dingen des Lebens; es ist Sünde, Rat und Tat von Bildern zu erwarten, Vorzeichen und Weissagungen von ihnen einzuholen; es ist nicht weniger Sünde, seiner Weisheit und Kraft, Bündnissen und Waffen zu vertrauen; im Grund ist beides ganz dasselbe, Vertrauen auf Menschen und Menschenwerk. Ein einziger Fels ragt aus der Brandung hervor, Jahu, der eine und wahre Gott, der alles nach seiner Weisheit lenkt und unbeeinflußbar durchführt. Er hat Israel seinen Willen verkündigt: »In Umkehr und Ruhe besteht euer Heil, in Stille und Vertrauen eure Heldenkraft.« Danach hat sich das Volk zu richten. Gehorcht es, so ist alle Furcht unnötig — Jahu allein ist zu fürchten; gehorcht es nicht, so helfen alle Waffen und alle Bündnisse nichts, sondern beschleunigen das Unheil, das sie aufhalten sollen, weil sie Jahu Mißtrauen und Abfall zeigen. Nirgends tritt die Gewalt der Idee stärker hervor, als in diesem Programm des vollkommenen Verzichts auf Eingriffe in das eigene Schicksal; der Prophet ist logisch konsequent bis zum äußersten; sein Gedankengang ist fehlerlos — er ist überzeugt, daß die Wirklichkeit mit seinem Denken übereinstimmt und fordert mit der Energie des richtig Schließenden, daß alle sich seinem Schluß beugen.

Die Bedeutung Ješajas für die Entwicklung der prophetischen Gedankenwelt und ihre Übertragung in die Wirklichkeit besteht somit in einer Ausgestaltung des Überkommenen in lebensvoller und lebensfähiger Anschaulichkeit und in logischer Folgerichtigkeit. Er hat aus den Andeutungen des Amos eine Welt voll Farben und Formen geschaffen; die Worte und Gesichte eines Enthusiasten sind zu einem gewaltigen Gemälde voll Schrecken und Hoffnungen geworden, das Jahrtausende überdauert hat, weiten Kreisen, hoch und tief, verständlich und lieb. Diese Lebensfülle und Wirksamkeit war nur erreichbar, weil er selbst in bewegter Zeit mitten im Leben stand und mit leidenschaftlicher Anteilnahme jede Regung, die seinem Ideal verwandt war, in sich aufnahm und zu stärkstem Wiederklang brachte. Seine persönliche Beteiligung hat der Lehre eine große innere Wärme verliehen, den Zauber, anderen Herzenssache zu werden, den nur das Herz einem Werke geben kann. Im Bund mit seiner großen logischen Begabung hat sie ihm die Kraft verliehen, kühn die letzten Konsequenzen aus seinem Glauben zu ziehen, den Begriff der Sünde und des Abfalls weiter zu vergeistigen und einheitlicher zu gestalten, die unbedingte Fügung der Menschen in den Willen der Gottheit zu verlangen und die Verwirklichung seines Gedankens in der Welt als notwendig anzusehen. So fand er den Mut, allen Mißachtungen und Fehlschlägen zum Trotz aus seiner Idee heraus immer wieder zu weissagen, kein Visionär, sondern ein Logiker, bis es ihm gelang, im glücklichen Augenblick das Wunder zu erhalten, das andere überzeugte, und so den Anfang der Verwirklichung seines Programms in Kirche und Staat zu erreichen.

Im ganzen ist Ješaja nur der große Schüler eines großen Meisters; im einzelnen hat er an manchen Stellen die großartigen Konzeptionen des Amos aufgeben müssen, um seine Welt zu schaffen. Welch großen Fortschritt aber seine Arbeit gebracht hat, das zeigt der Vergleich seiner Prophetie mit der des M i c h a j a, der wie Ješaja ein Schüler des Amos gewesen zu sein scheint und in den Tagen Chiskijas weissagte.

Michaja (Micha-Jahu), »Wer (ist) wie Ja(hu)«, stammt aus Moreseth in Juda, also vom Lande, wie Amos; ein Vatersname wird nicht genannt, so daß man wie bei Amos an eine niedere Geburt denken kann. Von der Prophetie des Michaja ist wohl zweifellos der Anfang (Kap. 1—3) echt; die folgenden vier Kapitel sind bis auf einige zur Unkenntlichkeit überarbeitete Stellen oder ganz gefälscht, d. h. fremden und späteren Ursprungs. Die Sprache des Propheten ist kräftig und eindringlich, die Gedanken sind klar und wohl geordnet. Der Inhalt deckt sich durchaus mit der Lehre des Amos, nur ist bei dem Schüler, wie bei Ješaja, an Stelle des bilderreichen Drangs der Gesichte eine übersichtlichere klare Ordnung der Vorstellungen getreten; das ist der Vorteil des Schülers, der schon Gestaltetes empfängt und weiter vereinfacht. Als Stück aus Amos' Werkstatt übernimmt er manches, was bei Ješaja zurückgetreten ist, so die gewaltige Vorstellung von der Gottheit, unter deren Fuss die Berge schmelzen wie Wachs im Feuer und die Ebenen sich spalten; aber gerade diese Übernahme zeigt, wie selbständig und selbstbewußt bedacht Ješaja bei seiner Umgestaltung dem Überlieferten gegenüber verfuhr; gewiß fühlte auch er die Größe des Bildes und hatte die Möglichkeit, es seinem Werk einzufügen, wie der kleinere Micha; er widerstand aber der Versuchung, seinen Gott zu erhöhen, indem er den Schauplatz seiner Gerichte zerfließen ließ und so das Gericht logisch unmöglich machte. Das einzelne Beispiel charakterisiert das ganze Verhältnis der beiden Schüler zum Meister; Michaja ist nur Schüler, Ješaja Meister, der auch einmal Schüler war.

Für die Entwicklung der prophetischen Geschichtslegende ist bedeutsam, daß der echte Michaja nichts von Moše sagt; erst der fremde und jüngere Anhang (6, 4) kennt den Namen und charakterisiert sich auch dadurch als jung.

Die großen Tage der Hoffnung und Erfüllung, die mit Sinacheribas unerwarteter Niederlage auf dem Zug nach Ägypten anzubrechen schienen, erwiesen sich als Luftspiegelungen. Trotz Chiskijas Reform kam das große Reich Jahus nicht. Alles ging in den alten Bahnen weiter; Juda blieb ein kleiner bedeutungsloser Staat, der mit allerlei Nachbarn ängstlich rechnen mußte, wenn er nicht als Lehnsmann eines großen Staates in dessen Schatten stand. Assyriens Niederlage war nicht von Dauer; auf Sinacheriba folgte sein Sohn Aššurachiddin, der nicht nur Syrien und Palästina wieder gewann, sondern auch Ägypten seinem Reich angliederte und seinen Söhnen ein wohl geordnetes und so gut als möglich gefestigtes Reich hinterließ.

In Juda folgte Menašše (698—643) auf Chiskija. Der späteren Überlieferung ist er das Urbild eines Abtrünnigen. Er soll die Reformen Chiskijas rückgängig gemacht haben, Altäre für den Baal und das Heer des Himmels im Tempel errichtet haben; »er ließ seinen Sohn durchs Feuer gehen, trieb Zauberei und Wahrsagerei und bestellte Totenbeschwörer und Zeichendeuter«; natürlich verfolgte er auch die Propheten und soll nach einer späten Sage Ješaja zum Märtyrertod durch Zersägung verurteilt haben.

Das alles ist unhaltbar. Die falschen Voraussetzungen der Bearbeiter führten hier notwendig zu falschen Konstruktionen; wenn Chiskija den Tempel gereinigt hatte, wie die Bearbeiter auf Grund der Notiz von der Zerstörung des Nechuštan annahmen, so mußten die Dinge, die Jošija später herauswarf, zwischen Chiskija und Jošija in den Tempel gekommen sein, also unter Menašše; wenn die Propheten unter Chiskija gesiegt hatten und im Beginn von Jošijas Regierung wieder über Götzendienst schalten, so mußte jemand die Götzen wieder eingeführt haben; endlich war auch vom prophetischen System aus nur durch einen neuen Abfall erklärlich, daß nach der Vernichtung Sinacheribas und der Bekehrung das versprochene Reich Jahus ausgeblieben war und die assyrische Oberherrschaft wiederkehrte.

In der Tat war von einer Tempelreinigung unter Chiskija gar keine Rede gewesen; nur der theriomorphe Jahu war gefallen. Die Propheten hatten keineswegs gesiegt, sondern nur ihre Anerkennung neben den herrschenden Mächten durchgesetzt. Menašše brauchte keinen Baal im Tempel zu errichten, keine fremden Kulte und Altäre einzuführen: der Baal Jahu war ruhig an seinem Platz geblieben, neben ihm die Ašera und all die Symbole und Altäre des Sonnen-, Ištar- und Tammuskults, die sich seit Šelomo im Tempel befunden hatten; auch die Zauberei und Wahrsagerei war nie angetastet worden. Der ganz formelhafte Wortlaut des Berichts beweist, daß hierzu gar kein Annalen- oder Chronikenstoff den Bearbeitern vorlag.

Die Prophetie hat unter Menašše geschwiegen, wie immer in friedlichen Zeiten. Es lag gar kein Anlaß vor, Jahus Gerichte zu verkünden; nach außen und innen war alles in Ordnung. Keine von den Stellen, die gewöhnlich Menaššes Zeit zugeschrieben werden, redet klar. Daß die Prophetie nicht verfolgt wurde, sondern sich ruhig weiter entwickelte, beweist ihr großer Sieg unter Jošija. Ein derartiger Fortschritt bedurfte einer langen Vorbereitung; unter

Chiskija waren erst die ersten Schritte zur Gleichberechtigung getan; unter Jošija bestieg prophetischer Einfluß den Thron.

So ist Menašśes Regierung eine Zeit der Ruhe. Auf die erregten Jahrzehnte der assyrischen Gefahr folgte Frieden und Trägheit; das Interesse an der Prophetie muß notwendig zeitweise erlahmt sein, um dann langsam wieder zuzunehmen und beim ersten äußeren Anlaß verstärkt aufzuflammen; dieser Anlaß kam aber erst unter Jošijas Herrschaft.

Menašše selbst verhielt sich zur Religion wahrscheinlich genau so wie sein Vater Chiskija und sein Großvater Achas. Er war fromm im babylonischen Sinn, auf die Ehrung und Herrlichkeit seines Stadtgottes bedacht; was Chiskija geändert hatte, anerkannte er ohne weiteres; die zerschlagene Schlange ist nicht wieder aufgerichtet worden; die Geschichte von Jahus wunderbarer Vernichtung der Assyrer wird gewiß im Tempel weitergegeben worden sein, wie sie im heidnischen Ägypten von Amon umlief.

Die Prophetenpartei besonders auszuzeichnen lag kein Grund vor; Menašše konnte von Ješajas Diensten überzeugt sein und seine Schule neben andern Jahudienern fördern und wird das vielleicht auch getan haben; in seiner Regierungszeit leisteten die Gaben der Propheten keine Dienste, man bedurfte ihrer nicht; die Politik war durch Assyriens Übermacht vorgeschrieben; Frieden herrschte überall; ob die sozialen Anschauungen des Königs von prophetischer Seite beeinflußt waren, wissen wir nicht; von einer Annahme all der sozialen, religiösen und moralischen Utopien konnte ohne äußeren Druck bei der Masse der Widerstände keine Rede sein.

Assyrien befand sich zur Zeit Menaššes auf seiner Höhe; seine Könige waren hochgebildet, klug und menschlich, geneigt Kultur zu verbreiten, natürlich babylonische. Wenn Menašše seinem Gott Jahu neue glänzende Gaben verleihen wollte mußte er auf den Gedanken kommen, sie, wie Achas in Damaskus, im Ausland, in Babylonien zu suchen, zu dem in dieser Friedensepoche besonders leicht zu gelangen war. So mag ein höherer Gestirndienst, die Verehrung des ganzen Heeres des Himmels, in der Tat direkt oder über Assyrien in Jahus Tempel unter Menašše gekommen sein, aber nicht als Abfall von Jahu, sondern als Fortschritt; die babylonische Astrologie war eine Wissenschaft, die ihresgleichen in dieser Zeit und in dem abgelegenen Juda nicht hatte; den höchsten Idealen der Prophetie bis zu dieser Zeit war sie vielleicht nicht mehr ganz ebenbürtig; gegen die Teile davon, die in weiteren Kreisen in Jerusalem und am Tempel angenommen waren, bedeutete sie aber gewiß keinen Rückschritt.

Der Aufstand Šamaššumukins gegen seinen Bruder Aššurbanipal erschütterte das assyrische Weltreich in seinen Grundfesten; zwar gelang es Aššurbanipal in langwierigen und schweren Kämpfen noch einmal in Babylonien Herr zu werden und Elam zu vernichten; aber die Überkraft seines Reiches erwies sich in diesem Kampf ums Dasein als gebrochen. Wie weit die assyrische Oberhoheit in den letzten Jahren Aššurbanipals in Syrien und Palästina fortbestand wissen wir nicht; in Ägypten erstarkten die Saïten zu voller Selbständigkeit.

Juda stand wieder zwischen zwei Großmächten, dem niedergehenden Assyrien und dem aufsteigenden Ägypten; unverkennbar trieb es einer gefährlichen Zeit entgegen. Und sofort erschien wieder die Prophetie auf dem Plan mit ihren Bußpredigten und mit ihren verlockenden Versprechungen eines judäischen Weltreiches unter Jahus Herrschaft.

Die beiden Propheten dieser erregten Zeit sind Sephanja und Jirmeja; von Jirmeja wissen wir, daß er im 13. Jahr Jošijas die ersten Offenbarungen erhielt, das wäre 628; in dieselbe Zeit wird wohl Sephanjas Bußpredigt fallen; beide reden von den gleichen Mißständen und demselben Feind.

Sephanja, der Sohn Chusis, ist nach der Angabe der Überschrift ein Ururenkel Chiskijas; wenn mit Chiskija, wie wahrscheinlich, der König dieses Namens gemeint ist, so wäre die Prophetie in den hundert Jahren, die seit Amos' Erscheinen in Bethel verflossen waren, soweit hoffähig geworden, daß selbst königliches Geblüt sich dieser Gabe nicht zu schämen brauchte. Das ist wichtig für das Verständnis der unmittelbar folgenden Reform der Staatsreligion im prophetischen Sinn.

Sephanjas Weissagung richtet sich gegen die Baalsdiener und die Verehrer des himmlischen Heeres in Jerusalem, gegen die Frevler, die neben Jahu andere Götter gelten lassen und anbeten. Der Prinz kann wagen, die königlichen Prinzen ganz persönlich mit Jahus Rache zu bedrohen; besonders verhaßt sind ihm auch alle, »die sich in ausländische Gewänder kleiden«. Der Tag Jahus wird durch einen Eroberer kommen, der alles Land vernichten und entvölkern wird; die Philister, Moab, Ammon, Ägypten — alle werden untergehen, vor allem auch Jerusalem, wenn es sich nicht bekehrt.

Ich habe durchaus den Eindruck, daß hier von maßgebender Seite das Programm der gemäßigten Prophetie vertreten wird, das kurz danach im Gesetz Jošijas Billigung fand. Jahu will allein verehrt sein; er ist nationalistisch, wenn er alle Ausländerei haßt; die Androhung der Vernichtung aller Völker enthält ein verstecktes Versprechen der jüdischen Weltherrschaft; nur bekehren muß sich das Volk, zu Monotheismus, in Kult, Sitten und Politik, Jahu allein anbeten, sein Gesetz und sein Walten anerkennen. Der moralische und soziale Gehalt der älteren Prophetie wird nur gestreift.

Der Feind, der Philister und Ägypter, Judäer, Ammoniter und Moabiter bedrohte, wird von Jirmeja näher bezeichnet; »vom Norden her wird das Unheil zum Sieden kommen über alle Bewohner des Landes; denn ich will alle Völkerschaften der nordischen Königreiche berufen, daß sie kommen und ein jeder seinen Thron an den Eingang der Thore Jerusalems setze«. Gemeint sind offenbar die Kimmerer, die um diese Zeit Syrien und die Ebenen von Palästina durchfluteten, das Philisterreich vernichtet zu haben scheinen und Ägypten bedrohten. Jerusalem erreichte der Kimmerersturm nicht; hierin behielten die Propheten Unrecht; aber das schadete in diesem Fall nichts; die Hauptsache war, daß der Völkersturm aus Norden, wie angesagt, gekommen war; wenn Jahu seine Stadt unberührt erhalten konnte so war seine Macht um so herrlicher erwiesen.

König in Juda war in diesen Tagen Jošija (640—609), der als achtjähriges Kind auf den Thron gekommen war. Etwa zwanzigjährig, im eindrucksfähigen und ehrgeizigen Jünglingsalter, hörte er die Weissagungen seines Verwandten Sephanja und erlebte die Aufregungen der Kimmererzeit. So war er vorbereitet, eine Messiasrolle zu spielen; Jahu verlangte eine Kultreform und versprach dafür Juda die Weltherrschaft; was lag näher, als seinen Willen zu tun und die Herrlichkeit des neuen Davidsreiches zu gewinnen?

Im 18. Jahr des Jošija »fand sich« bei einer Ausbesserung baufälliger Stellen im Tempel das Gesetz, das Jahu seinem Volke in der Wüste (oder in Ägypten?) gegeben hatte (623). Der König ließ sich das Buch vorlesen und befahl dann, Jahu zu befragen, ob das Buch den Willen der Gottheit richtig wiedergebe. Die Antwort muß bejahend ausgefallen sein. Darauf versammelte der König die Vornehmen und das Volk im Tempel, ließ das Gesetz feierlich verlesen und verpflichtete sich und das Volk, es zu halten; die Belehnung des Königs mit dem Land wurde auf Grund der neuen Verpflichtung erneuert, indem der König in babylonischer Weise »die Hände des Gottes ergriff«; eine neue Ära, nach der Jecheskel rechnet, begann mit diesem Akt, eine Jahrzählung nach der Auffindung oder Einführung des Gesetzes.

Es ist heute allgemein angenommen, daß das Gesetz Jošijas den Kern des fünften Buches der Thora, das »Urdeuteronomium«, darstellt. 5. Mos. 12—26 gilt vielen geradezu als das Buch selbst. Eine unbefangene Durchsicht dieses Abschnitts, der durch Einleitung und Schlußermahnung zu einem selbständigen Ganzen gemacht ist, zeigt nun allerdings unverkennbar die Übereinstimmung der Grundgedanken mit den Forderungen der Prophetie; andererseits aber entprechen manche Vorschriften (namentlich das Königs- und Priestergesetz) gar nicht dem vorexilisch Möglichen, andere sind in ihrer Ausarbeitung ins Einzelne so sehr vom Geist der exilischen Gesetzgeber getragen, daß kaum ein Zweifel an einer späteren und sehr gründlichen Überarbeitung aufkommen kann; in 5. Mos. 12—26 steckt wahrscheinlich Jošijas Gesetz, aber in einer Form, die es den späteren Anschauungen der exilischen Gelehrten verdankt. Mit dem uns vorliegenden Gesetz konnte die Prophetie zufrieden sein; Jirmeja scheint aber nach seiner Äußerung 8,8 mit Jošijas Gesetz nicht durchaus einverstanden gewesen zu sein; er findet, daß der Lügengriffel der Schreiber es in Lüge verwandelt hat.

Jirmeja bezeichnet das Gesetz als »Gesetz Jahus«; als »Jahus Satzungen und Rechte« werden die Vorschriften 5. Mos. 12ff. in Einleitung und Schlußermahnung eingeführt. Moše wird als Vermittler der Gesetzgebung nicht genannt, obgleich ihn Jirmeja zu kennen scheint.

Das erste und wichtigste Gebot des Gesetzes ist die ausschließliche Verehrung Jahus im ganzen Land; alle andern Götter im Tempel, in Jerusalem, in andern Städten und auf dem Land, all ihre Bilder, Symbole und Altäre, alle heiligen Bäume sollen vernichtet werden. Mit den Göttern sollen auch alle Heiligtümer verschwinden; nur e i n Heiligtum darf bleiben, der Tempel Jahus in Jerusalem; hierhin sollen alle Opfer gebracht werden; vor Jahu soll das herkömmliche Opfermahl allein stattfinden dürfen; vor ihm soll alles männliche dreimal im Jahr bei den großen Festen erscheinen.

Ein Gott und ein Heiligtum im ganzen Land; alle Verehrung für den einen Gott, alle Opfer und Gelübde für ihn und seine Priester — so tritt die monotheistische Grundtendenz der Propheten ins Leben. Dabei bleibt aber der Kult dieses einen Gottes unverändert; Jošija beseitigt alle Bilder und Symbole, alle Altäre und Geräte, alle Priester und Dirnen anderer Götter im Tempel, in der Stadt und ihrer Nachbarschaft; das Jahubild, mit dem er eben den Bund geschlossen, die Symbole und Geräte Jahus bleiben natürlich unangetastet; das absolute Verbot jeder Verehrung von Bildern, also auch der Jahuverehrung unter einem Bild, steht nicht in diesem Gesetz; auch die Formen der Verehrung Jahus sind die alten; er behält seine Priester, die ihm opfern und singen; selbst die alten Opfermahle der Laien finden weiter vor seinem Angesicht im Tempel statt, vermehrt durch die Ausdehnung des Kults über das ganze Landgebiet.

Die Priester Jahus sind die Leviten, wie sie es immer waren; indem ihr alter Gott und sein Heiligtum zur Einzigkeit im Land emporgehoben werden werden sie zu den einzigen Priestern im Land; bis dahin gab es neben den Leviten zahllose andere Arten von Priestern verschiedener Benennung an den verschiedenen lokalen Heiligtümern; jetzt wird »Levit« die allgemeine Bezeichnung für Priester, die besondere Bedeutung des Wortes kann sich verlieren; freilich ist gewiß vor dem Exil keine Rede davon gewesen.

Die Leviten hatten Vorteil und Ehre von der neuen Gesetzgebung; sie ließen allerlei Nebengötter im Tempel zu Ehren des Hauptgottes beiseiteschaffen und gewannen dadurch die Beseitigung aller Konkurrenztempel in Jerusalem und (in der Theorie wenigstens) im Land; ihr Ansehen und ihr Einkommen mußte ungeheuer zunehmen, wenn die Reform gelang. Das Priestergesetz des »Urdeuteronomiums« (5. Mos. 18, 1—8) sieht zwar ein Recht der »Leviten aus irgendeiner Ortschaft in Israel«, also der Priester der aufgelassenen Heiligtümer, auf Altardienst und Anteil am Einkommen des Tempels vor; 2. Kön. 23, 9 gesteht aber ganz offen, daß »die Höhenpriester nicht zum Altar hinansteigen« durften; noch weniger als zum Dienst, konnten sie zum Einkommen aus dem Dienst zugelassen werden; es war, selbst wenn die Absicht bestanden hätte, schlechthin unmöglich, das Heer der Nicht-Leviten aus den Einkünften des Tempels zu pensionieren. Die Vorschrift 5. Mos. 18, 6—8 erweist sich als eine exilische Korrektur, eingeschoben zur menschlichen Milderung der Härten des Gesetzes von Leuten, die die Bezeichnung der außenstehenden Priester als »Leviten« und der vollkommene Mangel jeder Einsicht in die Unmöglichkeit einer solchen Maßregel als späte Redaktoren kennzeichnet. In der Tat lag die Schaffung eines Monopols für Jahus Priester am Tempel vor, der Versuch einer einfachen Proletarisierung aller andern Priester im Land zu Ehren Jahus.

Neben den Leviten stehen als Diener Jahus die Propheten; das Gesetz legitimiert die Stellung, die sie sich im Lauf der Zeit zu verschaffen gewußt hatten. Da Jošija nach dem Bericht in dem Königsbuch auch alle Zeichendeuter und Totenbeschwörer vertilgte könnte man daran denken, daß die Propheten allein hinfort Jahu befragen sollten; 2. Kön. 22, 13 sucht auch gleich bei Auffindung des Gesetzes den Anschein zu erwecken, als sei die ausschließliche Befragung Jahus durch Propheten (hier Hulda) bereits üblich gewesen. Wahrscheinlich ist mir das nicht; die Priester werden kaum ihre Vorzeichenwissenschaften und ihre Medizin aufgegeben haben, die nicht nur einträglich, sondern auch wissenschaftlich keineswegs überwunden waren, um dafür jedem Laien das Wort zu lassen; das Gesetz enthält auch im Grunde nur ein Verbot der Künste illegitimen Hexen- und Zauberwesens, das auch den Babyloniern ein Greuel war, und berührt die legitimen Priesterwissenschaften in Jahus Namen gar nicht.

Ganz im Sinne der exilischen Demokratie ist das Königsgesetz (5. Mos. 17, 14—20); es ist vollkommen ausgeschlossen, daß ein vorexilischer König ein Gesetz angenommen hat, in dem seine Stellung so ganz beschränkt ist. Der König ist eigentlich unnötig; will das Volk durchaus einen haben, so mag es sich einen Volksgenossen »setzen«, den Jahu erwählt; er soll im Gesetz lesen, kein großes Heer und keinen Harem halten und nicht abtrünnig oder hochmütig sein. Wenn Jošijas Buch ein Königsgesetz enthielt, so muß es den König als Messias gefeiert haben.

Im Sinne der Prophetie wäre eine Reform der Rechtspflege gewesen; das energische Verbot, das Recht zu beugen und Geschenke anzunehmen, paßte wohl in Jahus Gesetz; die Verweisung aller schwierigen Fragen an Leviten und Richter in Jerusalem ließe sich auch schließlich als echt ansehen, obgleich man den König als selbstverständliche oberste Instanz erwarten sollte.

Auch der menschliche Geist der einzelnen gesetzlichen Bestimmungen ist prophetisch; ein Gebot, hebräische Sklaven zu entlassen, bezeugt Jirmeja 34, das Gesetz kennt nur ein Erlaßjahr; aus einem Gebot, Schuldner nicht zu drängen oder keinen Zins zu nehmen, könnten die Bestimmungen 5. Mos. 15 usw. geworden sein; der Zorn der Propheten gegen Wucherer und Habgierige wird ja wohl zu Wort gekommen sein; ebenso ihre Forderung, Wehrlose, Witwen und Waisen zu schützen.

Nach dem Bericht 2. Kön. 22 ist das Gesetz im Tempel »gefunden« worden; das ist eine nicht ganz ungewöhnliche Art, Urkunden, die mit dem Anspruch auf großes Alter und göttlichen Ursprung eingeführt werden sollen, ans Licht treten zu lassen. Die Verfasser des Buches werden wir in den Kreisen zu suchen haben, die an den Ideen und Geboten dieses Gesetzes interessiert waren, das sind Hof- und Priesterkreise unter prophetischem Einfluß; das Gesetz ist eine Kodifikation dessen, was König und Priestern aus den Gedanken der großen Propheten brauchbar und annehmbar erschien, ein Kompromiß zwischen Prophetie und legitimen Jahudienern; sollen Namen genannt werden, so wäre etwa an den hochgeborenen Propheten Sephanja neben dem Oberpriester Chilkija, der das Buch findet, zu denken.

Die Wirkungen des neuen Gesetzes auf die verschiedenen Kreise von Jerusalem und dem Landbezirk bestätigen die hier vertretene Anschauung von seiner Entstehung und seinem Inhalt.

Jošija, die Reformpartei am Hof und die Priester waren sehr zufrieden mit ihrem Werk. Sie hatten ihren Gott über alle andern erhöht und damit eine Sicherheit für die Zukunft erworben, die sie für unerschütterlich ansahen. Dabei hatten sie ihre eigene Stellung verbessert; der König fühlte sich als Messias; die Priester genossen die Ehren und Einkünfte ihrer neuen monopolistischen Stellung in Stadt und Land.

Jošija wollte offenbar der ideale König sein, den die Propheten ersehnt und verkündet hatten; er begnügte sich nicht, das Gesetz einzuführen, er hielt auch seine Gebote; Jirmeja rühmt ihm nach, daß er Recht und Gerechtigkeit übte und den Armen und Bedrückten verschaffte; aber zu seinem Ideal des Messias gehörte auch die erwartete Herstellung des Davidsreiches; er war fromm genug, nach dem Gebot der Propheten Jahu seine Zeit wählen zu lassen, so lange Juda in den Wirren der Übergangszeit Freiheit und Frieden genoß; als aber Necho heranrückte und damit ein neues Lehnsverhältnis Juda bedrohte, noch dazu von Ägypten, dessen Joch Israel ein für allemal durch Jahu abgenommen war, gab er die Politik frommen Abwartens auf, zog zu Feld, wohl in der bestimmten Hoffnung auf Jahus Hilfe, und fiel in der Schlacht bei Megiddo. Sein Sohn Joahas-Šallum (wir sehen, daß in Juda Thronnamen mit Jahu und gewöhnliche Namen nebeneinander in Gebrauch waren; sehr bezeichnend für die Redaktoren ist ihr Verschweigen der Jahunamen bei den »Ketzern« Menašše und Amon) scheint den Widerstand fortgesetzt zu haben und ward gefangen nach Ägypten geführt.

Wie der König und die Priester war die Masse des Volks und der Teil der Landbevölkerung, der prophetischen Ideen anhing, von der Reform begeistert; wie die Oberen faßten sie die Kultänderung als eine Garantie für Jahus unveränderliches Wohlwollen auf und erwarteten in nationalistischem Fanatismus täglich den Anbruch des tausendjährigen Reiches mit seinem Wohlleben und Genuß für alle, namentlich aber für alle Judäer. Dieser Jahufanatismus der Oberen und Unteren ist kaum besser und höher, als der Fanatismus irgendeiner babylonischen Stadtbevölkerung für ihren gut gehaltenen Stadtgott; die Reform gab ihm nur äußerlich einige unterscheidende Züge, namentlich die logische Gehässigkeit der monotheistischen Doktrinen. Die »falschen Propheten«, mit denen Jirmeja zu kämpfen hat, sind Vertreter dieser von Königen und Priestern approbierten und vom Volk geschätzten Kompromißlehre, die »Gesetz« geworden war; die unduldsame Eifersucht des einen Gottes bekamen die fortgeschrittensten Geister, die den Einen predigten, in gefährlichen, gelegentlich blutigen Verfolgungen zuerst zu fühlen.

Große und neue Gedanken entstehen immer in einem Kopf; bis sie von mehreren begriffen und zurechtgemacht sind, so daß sie weitere Kreise erfassen, vergeht eine beträchtliche Zeit; endlich beginnt ihre praktische Verwirklichung. Selbst wenn sie nicht gemeinem Fassungsvermögen angepaßt werden müßten, um ins Leben zu treten, wäre die Verwirklichung immer eine Enttäuschung; sie ist Kompromiß zwischen Idee und Wirklichkeit; gewöhnlich aber sind zudem die Urgedanken in der Zeit ihrer Assimilation durch weitere Kreise von genialen Schülern weitergebildet; so ist es das Schicksal derartiger Verwirklichungen, daß sie gerade die echtesten Vertreter der Idee in ihrer Zeit nicht mehr befriedigen können.

Der echte Erbe von Amos' und Ješajas Lebenswerk war Jirmeja. Er war der Sohn eines Priesters aus Anathot ('Anata, eine Stunde nordöstlich von Jerusalem); ein Oheim Šallum und dessen Sohn Chanamel in Anathot werden bei Gelegenheit eines späteren Ackerkaufs von Jirmeja erwähnt. Der Prophet stammte somit vom Land, wie Amos und Michaja, aber aus besserer Familie, als diese beiden; wahrscheinlich war sein Vater unter den Priestern lokaler Heiligtümer, die das Gesetz so hart traf. Jirmeja muß als Prophet Jahus notwendig für die Reform eingetreten sein; wahrscheinlich war das die Ursache seines Zerwürfnisses mit seiner Familie, das ihm bittere Stunden bereitet hat.

Früh scheint er nach Jerusalem gekommen zu sein; seine ersten Gesichte im dreizehnten Jahr Jošijas scheint er schon in der Hauptstadt verkündet zu haben; er sagte die Zerstörung der Stadt als Strafe ihres Götzendienstes durch ein Völkerheer aus dem Norden an. Die Weissagung scheint keinen großen Eindruck gemacht zu haben; erst im vierten Jahre Jehojakims, 604, nach dem Sieg der Chaldäer ließ er sie als bestätigt (die Chaldäer waren nun das »Volk aus Norden«) niederschreiben.

Bei der Reform Jošijas hat er schwerlich eine handelnde Rolle gespielt; daß er die Einführung des Gesetzes billigte, ist selbstverständlich; sein Lob Jošijas, seine Klage um den weggeführten Šallum beweisen eine Vorliebe für diese beiden Herrscher. Anderseits konnte er mit dem Kompromiß, den das Gesetz darstellte, nicht zufrieden sein; der Monotheismus war ein Fortschritt; aber im Tempel blieb offiziell ein Bild, und der alte äußerliche Dienst der Opfer und Gesänge bestand fort; in Stadt und Land gelang die Unterdrückung der alten Lokalkulte keineswegs. Vor allem aber war die ganze Reform nur eine Änderung des Gewandes, nicht der Gesinnung; das Vertrauen auf den erhöhten Gott und sein Gesetz verblendete Könige, Priester und Volk, lenkte sie vom Wichtigsten ab, weckte falsche Propheten und Fanatiker, die in Jahus Namen lehrten, was sie hätten verbieten sollen. Kein Mensch dachte an Bekehrung, alle Sünder fühlten sich jetzt erst recht in Jahus Tempel sicher. Während der letzten Belagerung Jerusalems entschlossen sich die Bewohner der Stadt auf Anregung des Königs alle judäischen Sklaven freizulassen, weil das Gesetz verbot, judäische Volksgenossen als Sklaven zu halten; kurz danach wurden alle wieder eingefangen. Hatte die Durchführung des Gesetzes einerseits

Widerstand bei den Anhängern der altgewohnten Kulte gefunden, so war anderseits noch nach 25 Jahren und in höchster Not der Widerstand derer, die in ihrem Besitz geschmälert wurden, zu groß, um eine wichtige Bestimmung durchzusetzen. Wir verstehen, daß Jirmeja weder mit dem Gesetz selbst, noch mit seiner Befolgung zufrieden sein konnte; der Kompromiß verlangte nicht alles, was Jahu verlangen mußte, und selbst das wenige blieb unerfüllt.

Immerhin scheint Jirmeja während der Herrschaft Jošijas nach der ersten Ansage des Kimmerersturms nicht viel hervorgetreten zu sein; vielleicht wollte er der Reform Zeit zur Entwicklung lassen, vielleicht anerkannte er den guten Willen des Königs; auch der äußere Anlaß fehlte. Merkwürdig scheint mir das Fehlen eines Orakels gegen Jošijas Feldzug Necho entgegen; Ješaja hätte in diesem Fall nicht geschwiegen; Jirmeja mußte Bedenken haben, aber er war im Grund keine Kampfnatur; er mußte gestoßen werden, wenn er aufschreien sollte; so lange er konnte, ließ er die Dinge gehen, ruhebedürftig, schmerzlich ergeben in trüben Stimmungen. Mit Jošijas Tod und Šallums Wegführung begannen die Jahre, in denen er nicht mehr schweigen durfte, sondern in Qual und Leiden verkünden mußte, was er bei der Wahl seines Namens erkannt hatte: »Jirme Jahu« heißt »Jahu verwirft«.

Jehojakim war nach dem Tod Jošijas und Šallums Gefangennahme ohne Heer der Gnade der Ägypter preisgegeben; es blieb ihm nichts anderes übrig, als Necho Tribut zu zahlen und ägyptischer Vasall zu werden. Juda war der ägyptischen Knechtschaft wieder ausgeliefert, ein Umstand, der wesentlich zur Abneigung Jirmejas gegen den König beigetragen haben mag. Was der Prophet sonst gegen Jehojakim vorzubringen hat, genügt kaum, den schlechten Ruf des Königs in der Überlieferung zu erklären. Jehojakim war kein schlechterer Diener Jahus als seine Ahnen; er hat das Gesetz weiter bestehen lassen und es an Opfern nicht fehlen lassen; daß er die lokalen Kulte im Land nicht ausrottete war nicht seine Schuld; die Aufgabe war auch Jošija zu groß gewesen; daß er aus der Stadt im Handumdrehen eine Herberge der Gerechtigkeit machen sollte war ein unbilliges Verlangen. Die Propheten von der Hofpartei wie von der theoretischen Richtung werden nicht sehr bei ihm in Ansehen gestanden sein; das versprochene Reich Jahus war ausgeblieben, die ägyptische Knechtschaft wiedergekehrt; von einer Verfolgung der Propheten kann man aber unbefangen wohl kaum reden; ein sehr zweifelhafter Einschub 26, 20 will von einem ermordeten Propheten Urija wissen; gegen Jirmeja, der den König immer wieder herausforderte, war man sehr milde; wir hören, daß ihn einmal die Priester, Propheten und Jahufanatiker aus dem Volk ergriffen und töten wollten — die Oberen aber befreiten ihn; eine symbolische Zertrümmerung eines Kruges im Tempelvorhof brachte dem Propheten eine Nacht Block ein, über die er prompt mit einer Verfluchung des Oberaufsehers quittierte; sonst blieb er unbehelligt; nur die erste Niederschrift seiner Weissagungen ließ sich der König holen, vorlesen und verbrennen.

Der »entartete Sohn« Jošijas war wie alle Könige seines Kulturkreises geneigt, die Herrlichkeit seiner Regierung durch prächtige Bauten auf die Nachwelt zu bringen. Jirmeja geriet über diese Neigung außer sich; bauen und verschwenden ist kein Jahudienst; Bedrückung und Erpressung ist es, dafür Geld zu schaffen; der herkömmliche Frondienst ist ein Unrecht: man darf seinen Nächsten nicht ohne Entgelt arbeiten lassen und ihm seinen Lohn vorenthalten.

Der König hat nichts zu tun, als Jahus Befehle zu hören und für Recht im Land zu sorgen; die Ausübung seiner alten Herrscherrechte wird ihm verübelt; die demokratische Tendenz der Prophetie wird deutlich.

605 erschien Nabukudurriusur II. in Syrien und besiegte die Ägypter bei Karkemiš. Jirmeja sah — wenig logisch — in ihm den angesagten Feind aus Norden, der eigentlich 628 hätte kommen sollen, und blieb von Stund an dabei, daß der Tag Jahus durch die Chaldäer sein blutiges Gesicht erhalten werde. So ward er durch einen Zufall zum Parteigänger der Chaldäer in Jerusalem; Jahu hatte sie ihm als seine Werkzeuge gezeigt — das allein bestimmte sein Handeln; war seine Offenbarung richtig, so galt es, möglichst lange mit denen gut Freund zu bleiben, die Jahus Erlaubnis zur Züchtigung des Volkes hatten; daß dies Verhalten auch realpolitisch durch die Kraftverteilung gerechtfertigt war kam erst in zweiter Linie, nach den idealen Gründen, in Betracht.

Jehojakim gelang es, rechtzeitig seinen Frontwechsel zu vollziehen, aus einem Vasallen Ägyptens sich in einen Vasallen der Chaldäer zu verwandeln. Aber Nabukudurriusur mußte Syrien bald verlassen; Juda sah sich wieder von Ägypten bedroht und fiel ab. Die Rache der Chaldäer blieb mehrere Jahre aus; erst 597 ward

Jerusalem belagert; Jehojakim starb und sein Sohn Jechonja ergab sich. Jirmeja hatte recht behalten; die ihm nicht hatten glauben wollen, wanderten in die Verbannung.

Zu Chiskijas Zeiten hätte der Erfolg des Propheten vielleicht zur unbedingten Annahme seines Programms führen können; nach der Einführung von Jošijas Gesetz standen Propheten gegen Propheten; beide waren einig, daß ein Gericht dem tausendjährigen Reich vorangehen mußte; ein Akt wie die erste Wegführung war ein Gericht; nur darüber waren die Parteien uneins, wer gerichtet worden war: Jirmeja behauptete, daß die Weggeführten gebüßt hätten und also rein seien, während die Zurückbleibenden noch unbußfertig ihre Strafe erwarteten; die »falschen Propheten« sahen die Wegführung als eine Reinigung der Stadt an und erwarteten nun bestimmt für sich das versprochene Reich. Einigkeit herrschte wieder über die endliche Sammlung aller Guten im neuen Jerusalem.

Zwischen den Logikern aus beiden Lagern, die mit Offenbarungen als Argumenten fochten, hatte der neue König Sidkija einen schweren Stand; die Entfernung der chaldäischen Hauptstadt gab ihn allen ängstlichen und verlockenden Einflüsterungen preis. Unter dem Druck der letzten Niederlage blieb er drei Jahre treu; Jirmeja, der nicht nur in Jerusalem, sondern auch bei den Verbannten in Babylonien durch Briefe seine Ansicht gegen die falschen Propheten (Chananja und Šemaja werden genannt) vertrat, fand seinen Schutz und sein Gehör. 594 kam ein kritischer Augenblick; die Gesandten von mehreren syrischen und palästinischen Kleinstaaten versuchten Sidkija zum Anschluß an eine chaldäerfeindliche Koalition zu bewegen; Chananja weissagte die Heimkehr der Verbannten und den Beginn des Reiches Jahus für das dritte Jahr und wußte Jirmeja selbst zu bewegen, daß er das Joch von Holz zerbrechen ließ, das er sich als Zeichen des Ausgangs der Unternehmung aufgelegt, und sein Amen zu der Weissagung sprach; aber unmittelbar darnach kam Jahus Geist über Jirmeja und befahl ihm, ein Joch von Eisen statt des hölzernen anzudrohen; Sidkija, dem die Bundesgenossen keine Gewähr für den Sieg ihrer Sache bieten mochten, ließ die Gesandten abziehen; die Rückkehr Jechonjas, die Chananja versprach, war ihm schwerlich erwünscht.

Wieder war es der Einfluß Ägyptens, das stark genug und nah genug war, seine Wünsche auch wider Willen der judäischen Könige zur Richtschnur für die judäische Politik zu machen, der schließlich den Abfall Judas von den Chaldäern erzwang. Die Hoffnung auf eine Messiasrolle mag dabei auch auf den König eingewirkt haben; gewiß aber waren sehr reale Rücksichten, die Angst vor einem nahen Feind, zeitweise stärker als die vor einem fernen, das Maßgebende. Die Rechnung Sidkijas erwies sich als falsch, das ferne Chaldäa war furchtbarer, als das nahe Ägypten, und Jerusalem ward zerstört.

Die Schicksale Jirmejas in der belagerten Stadt sind uns ziemlich ausführlich überliefert; es sind die natürlichen Leiden eines Anhängers der Vaterlandsfeinde vor den Toren unter einer Bevölkerung, die durch patriotische Weissagungen und durch die Aufregungen und Entbehrungen einer hoffnungslosen Abwehr zum Äußersten gebracht ist. Bemerkenswert sind nicht die Mißhandlungen, denen der Prophet ausgesetzt war, sondern wiederum die Milde und Rücksicht, die man namentlich in den herrschenden Kreisen ihm angedeihen ließ. Sidkija vor allen scheint ihn geschützt zu haben, so viel er konnte; er milderte die Kerkerhaft, die gerechterweise den vermeintlichen Überläufer traf; die Todesstrafe, die Führer und Volk für den Mann verlangten, der alle entmutigte und zum Überlaufen zu bringen suchte, ward in eine verschärfte Haft in einer Zisterne ermäßigt, die so bald als möglich aufhörte; der Kämmerer des Königs, ein Äthiope (judäische Beamte waren wohl zu sehr nationalistisch erregt, um den Vaterlandsverräter zu befreien) schritt mit dem Einverständnis des Königs ein. Wie wenig der König Herr seiner Entschlüsse war, das zeigt die Heimlichkeit, mit der er Jirmeja immer wieder zu sich rufen und vor sich weissagen ließ; er brachte sein eigenes Leben in Gefahr, indem er den Feind des bedrohten Vaterlandes schirmte.

Die besondere Gunst der Chaldäer nach dem Fall der Stadt muß den Verdacht des Vaterlandsverrats bestätigt haben; Jirmeja blieb frei und erhielt ein Gnadengeschenk. Das erklärt die Unfähigkeit des Propheten, auf seine Genossen in Mizpha und auf der Flucht von dort einzuwirken; er war gebrandmarkt. Das Volk sah Jerusalem zerstört, den Gott Jahu gefangen fortgeführt; damit war nach seiner Auffassung alles vorbei; Jahu war schwächer gewesen, als Marduk, und schuld daran waren die Propheten, die durch die Kultreinigung ihn mit allen andern Landesgöttern verfeindet hatten; nun hieß es, neue Schützer suchen, nachdem man der Aufsicht der Chaldäer entronnen war. Vergebens machte Jirmeja geltend, daß jetzt der Spruch erfüllt sei und nach einem kleinen Ausharren in Treue die Zeit der Erfüllung kommen mußte; er muß die Wiederaufrichtung für nahe gehalten haben, wenn er nicht im Lande blieb, um nicht in der Fremde zu sterben. Gedalja fiel; Jirmeja ward von den Fliehenden, fast als Geißel, mitgenommen; ein Rest von Gläubigen ließ den Propheten noch einmal Jahu befragen, was geschehen solle; Jahu riet, allerdings fast unglaublich, im Lande zu bleiben; das war Selbstmord; die Chaldäer mußten den Mord des Statthalters rächen; es ist ganz selbstverständlich, daß Jirmeja nun als Feind auch des letzten Überbleibsels von Juda dastand, daß er, der wieder aus seiner Idee, ohne Rücksicht auf Irdisches geweissagt hatte, als Betrüger hingestellt wurde. Die Flucht nach Ägypten, der einzige aussichtsreiche Schritt für die Mörder, ward fortgesetzt. In Daphne bei Pelusium ließen sich die Flüchtigen nieder; sie nahmen natürlich die lokalen Götter ihrer neuen Heimat zu Schützern und waren eifrig bestrebt, ihre und ihrer ägyptischen Stadtgenossen Gunst zu gewinnen. Jirmeja aber sah sich vom Geist getrieben, die Verheerung Ägyptens durch Nabukudurriusur II. anzukündigen und die neuen Götter zu schmähen; die Weissagung erwies sich als falsch, aber sie bedrohte, wie die Angriffe auf die lokale Religion, die Existenz der Flüchtigen in Ägypten, indem sie ihre Wirte zum Zorn reizte; so ist es wohl möglich, daß die Flüchtigen den hartnäckigen Bedroher schließlich gesteinigt haben.

Von keinem Propheten ist uns so ausführlich und bis ins einzelne über sein persönliches Geschick berichtet, wie von Jirmeja. Von Amos haben wir nur die Notiz über sein Auftreten in Bethel; von Ješaja besitzen wir eine Schilderung der Umstände, unter denen sein entscheidendes Eingreifen in der Assyrergefahr erfolgte und eine nicht ganz zweifellose Nachricht von einer Heilung Chiskijas; von Jirmejas Schicksalen in den Jahren Jehojakims und namentlich Sidkijas, von seinen Leiden nach der Zerstörung der Stadt bis zur Ankunft in Ägypten sind wir genau unterrichtet. Die persönlichen Notizen bei Amos und Ješaja können auf Anregung der Propheten niedergeschrieben sein; bei Jirmeja kann kaum ein Zweifel sein, daß er die Aufzeichnung seines Geschicks für ebenso wichtig hielt, als die seiner Weissagungen, und sie deshalb durch seinen Schreiber Baruch, der ihn bis nach Ägypten begleitete, zu seinen Lebzeiten vornehmen ließ. Das ist nicht Eitelkeit, sondern die natürliche Folge der Entwicklung der Prophetie. Persönliche Notizen müssen ge-

23*

geben werden, wo sie für das Verständnis des Sinns oder der besonderen Bedeutsamkeit eines Ausspruchs nötig sind; so wird von Amos' Auftreten in Bethel und seinem Fluch über den dortigen Oberpriester, so von Ješajas eindrucksvollstem Wort und von seinem Fluch gegen Sebna berichtet; bei Jirmeja ist nur quantitativ mehr Derartiges vorhanden; seine eindrucksvollsten Weissagungen werden erst durch Angabe der Umstände bedeutsam.

Amos entwirft eine neue Weltanschauung, das Allgemeine, die großen Linien sind zu schaffen, die neue Einsicht gehört ihm. Ješaja schwelgt ausgestaltend und predigend noch immer in den Herrlichkeiten der großen Erkenntnis; der Gott, sein Gericht, sein Friedensreich ist sein Lied; der allgemeine Grundsatz, daß Israels Abfall den Untergang, sein Gehorsam den herrlichen Sieg bringt, ist noch Stoff genug; daneben wird der Beweis für die Richtigkeit der Lehre im Leben angetreten; die konkrete Prophezeiung, ihre verbürgte Erfüllung werden wichtig und damit die Umstände, unter denen sie erfolgt sind. Jirmeja hat zur Hauptlehre fast nichts mehr hinzuzufügen; die Gottheit, der Kausalnexus von Sünde und Gericht, Gehorsam und Lohn, die Idealbilder von Gericht und Gottesreich — das alles ist fertig, angenommen bis zur Verwirklichung im Gesetz; darüber kann man fast nur altes sagen; die Wonne der großen Erkenntnis weicht der Trauer, daß die Sicherheit dieser Erkenntnis die Gewißheit des Untergangs von Israel verbürgt. So bleibt nur eine Aufgabe dem Propheten, durch das immer neue Wunder eingetroffener Voraussagen in letzter Stunde eine Bekehrung anzustreben oder wenigstens allen kommenden Geschlechtern in der lückenlosen Folge wörtlich eingetroffener Weissagungen ein unantastbares Material für die Richtigkeit der prophetischen Weltanschauung zu hinterlassen. Dadurch wächst die Zahl der Fälle, in denen nähere Umstände berichtet werden müssen, stark an und damit die Bedeutung der persönlichen Erlebnisse des Propheten. Die allgemeinen Ansagen eines Gerichts wirken nicht mehr, sie sind Gemeinplätze geworden, abgebraucht, erledigt oder doch in Frage gestellt durch die Kultreform und die »falschen Propheten«; von Fall zu Fall muß genaue, den Einwänden der Konkurrenz gewachsene Auskunft über die Zukunft gegeben werden, klar, unzweideutig, wissenschaftlicher Prüfung stehend.

Amos und Ješaja sind Philosophen, Theoretiker; Jirmeja ist fast ganz Praktiker. Die Weltanschauung, die er vertritt, ist ihm fertig gegeben; er vertieft sie da und dort, vor allem aber erprobt er sie im Leben. Amos geht ganz im Schauen auf; Ješaja gestaltet und lebt das Neue immer noch im ganzen und großen, mit der Wonne des Erkennens und Schaffens. Jirmeja erlebt den Alltag der Prophetie; er muß tausendmal Gesagtes immer wieder sagen, immer neu und eindrucksvoll vorbringen; er muß Tag und Nacht Rede stehen können, immer Jahus Stelle vertreten. Dabei fehlt ihm das große Pathos des Sehers und Predigers, das die Neuheit seiner Botschaft namentlich Ješaja gibt; die durchschlagende Kraft des Glaubens an die selbstverständliche Identität seiner ersten Eingebung und des göttlichen Willens geht ihm ab — er ist kritisch, skeptisch gegen sich selbst; er ist keine Natur, die frisch drauflosgeht, angriffsfroh und siegessicher, eher scheu, zurückhaltend, ängstlich; die Zeiten des ersten prophetischen Enthusiasmus sind vorbei. Eine neue große Einsicht ist nicht zu verkünden; die täglichen Ansagen könnte nur ein Leichtfertiger oder ein Schwindler nach eigenem Ermessen abgeben. Jirmeja hilft sich, indem er sich eine eigene Lösung seiner Stellung und naturgemäß mühevoll sucht. Er braucht alle erdenklichen Garantien, Stützen und Sicherheiten für seine Praxis der Weissagung, um sie vor sich und andern rechtfertigen zu können.

Zunächst macht er so viel als möglich mit dem Verstand. Die Theorie der Propheten, Jahus Wesen und sein Wirken in der Geschichte, wird vollendet; die Technik der Weissagung, ihre Arten, ihre Bürgschaften, werden zusammenfassend durchgebildet.

Vor allem aber wird zum erstenmal die Beziehung des Propheten zu Jahu Problem. Die älteren Propheten waren hier naiv; Jahu erschien und sprach oder zeigte Gesichte, oder er erschien auch nicht und man wußte doch, daß er sprach und schauen ließ. Jirmeja, der nichts Äußerliches mehr zu erkennen hat, wirft sich mit aller Inbrunst auf dies innere Verhältnis des Propheten zur Gottheit. In der engsten und vertrautesten Beziehung zu Jahu findet er die Sicherheit, die er braucht, um seiner scheuen und sensibeln Natur zum Trotz herauszutreten und sein Leben zu wagen, um seiner zweifelsüchtigen und ruhebedürftigen Seele die immer wieder geforderten Sprüche über unsichere Zukunftsdinge abzuringen. Von Jahu beseelt ist er stark, klar, unerbittlich; wenn sein Geist in ihm ist, weiß er, daß jedes Wort gerechtfertigt wird, das er in Zorn und Jammer spricht, daß jede Tat bedeutungsvoll ist. Aber Jahu ist nicht immer in ihm; dann ist er kleinmütig, unfähig, ein klares Orakel zu geben, scheu, lenksam, zweifelsüchtig. Die Spaltung seiner Natur erklärt ihm die wechselnde Kraft und Sicherheit seines Weissagens und Handelns; sie rechtfertigt ihm logisch seine Weissagung und seine Verzagtheit; sie treibt ihn zu einer starken Schätzung seiner Worte und seiner persönlichen Erlebnisse in diesen begeisterten Stunden und zum verzweifelten Hader mit der Gottheit, die ihn vor ungeheure Aufgaben gestellt und verlassen hat, eben in dem Augenblick, wo ihr Geist und ihr Eingreifen ihm am unentbehrlichsten erscheint.

Zur Kosmologie, die Amos und Ješaja geschaffen, bringt Jirmeja die Psychologie der prophetischen Weltanschauung, freilich eine Psychologie, die nur für den Liebling der Gottheit, den Propheten gilt, eine Theorie, die ihm auf den Leib geschnitten ist.

Jirmeja ist die rundeste, lebensvollste, persönlichste Gestalt in der Geschichte der jüdischen Prophetie; alle andern, seine Vorgänger wie seine Nachfolger, selbst Ješaja und Jecheskel, wirken neben ihm reliefartig; der große Dichter und der große Gelehrte sind arm an innerem Leben neben dem Mann von Anathot. Die Gewalt und die Zwiespältigkeit seines Innern, dazu die Virtuosität seiner Handhabung des prophetischen Werkzeugs und die Folie, die der Untergang Jerusalems seinem Wirken gibt, haben ihn zum Typus des großen Propheten, des menschlichen Werkzeugs in der Hand eines Größeren gemacht; Ješaja weiß uns zu begeistern, Jirmeja ergreift uns; nach seinem Bild sind die Prophetengestalten der Dichter geschaffen.

Die Weissagungen Jirmejas erscheinen als Gesichte, symbolische Handlungen und Reden; die ersten beiden werden immer durch Reden Jahus unzweideutig erklärt; die Reden sind bald Bußpredigten, bald einfache Ansagen bestimmter Ereignisse mit Begründung.

Die Unterscheidung eines Zustandes der Inspiration und eines der gottverlassenen Verzagtheit durch den Propheten und seine Bezeichnung als »Verrückter und vom Prophetentaumel ergriffener« durch Šemaja (Jer. 29) lassen vermuten, daß die Wiederaufnahme der Gesichte, die Ješaja fast aufgegeben hatte, ihre Begründung in echten visionären Zuständen Jirmejas gehabt hat; die Gesichte haben auch meist den Charakter der entsprechenden Erscheinungen bei Amos, der ja auch als Verzückter gilt. Ebenso möglich ist freilich, daß wir es bei diesen einfachen Gesichten nur insofern mit Eingebungen zu tun haben, daß bei einem bestimmten Gegenstand dem Propheten die schlagende Beziehung zu seiner Gedankenwelt aufgeht. Das Berufungsgesicht Jirmejas möchte ich, wie das des Ješaja, nicht als Vision auffassen.

Bei Gesichten und symbolischen Handlungen kommt gewiß auch die Rücksicht auf die Wirkung auf die Massen in Frage; Jirmeja stand in Nebenbuhlerschaft zu den falschen Propheten und mußte sehen, sich dem anschaulichen Denken des Volks verständlich zu machen. Der siedende Topf, der im Norden überbrodelt, der Korb mit schlechten und der mit guten Feigen vor Jahus Tempel — das waren Bilder, die jedem eingingen; künstlicher ist das Wortspiel mit dem Mandelzweig (»der Wachende«), doch im Sinn babylonischer Wissenschaft. Agitatorisch wirksam mußte Jirmejas Erscheinen mit Joch und Stricken vor den Gesandten der Nachbarstaaten (594), sein Zerschmettern eines Krugs im Tempelvorhof, das ihm Haft einbrachte, sein Ackerkauf in Anathot während der Belagerung sein.

Die Predigten Jirmejas über das Hauptthema der Prophetie, die Sünden des Volks und ihre Strafe, sind im Vergleich mit denen Ješajas langstielig und trocken; die Sprache ist immer noch reich an Bildern, klar und eindringlich, aber die Gewalt der Anschauung hat abgenommen, die Klarheit hat etwas bürgerlich Plattes bekommen; Alltag und gesunder Menschenverstand herrschen; manche Vorstellungen haben schon ganz formelhaften Charakter, so der Ehebruch des Volkes »auf allen Höhen und unter jedem grünen Baum« oder das Spiel mit der Beschneidung (die »Vorhaut des Herzens« oder die »über den Ohren«), zugleich etwas abstrakt Gekünsteltes; neu sind die Aufschreie des Propheten in seiner Predigt, die dem Schmerz Ausdruck geben, den seine Seele empfindet, indem sie die Erfüllung der Unglücksbotschaft sich vergegenwärtigt. Daß die Predigt in ihrer neuen Gestalt wirksam war, kann kaum bezweifelt werden; das Publikum Jirmejas muß die allgemein verständlichen eingänglichen Schilderungen und die gelehrten Künstlichkeiten seiner Bildersprache geschätzt haben und von seinem Schmerz mitgerissen worden sein; nach der Predigt Ješajas, die alles niederdonnerte oder hoch aufwogen ließ, waren die Reden Jirmejas mit ihrer Wendung an den Verstand, mit den suggestiven Gefühlsausbrüchen des Redners ein neuer, persönlicherer Typus.

Neben den Predigten spielen die kurzen unzweideutigen Willensverkündigungen Jahus eine wichtige Rolle; hier kam alles auf

Klarheit und Exaktheit des Ausspruches an; Vieldeutigkeit war unzulässig, verdächtig. Ob es sich um Personen handelt oder um den Staat — nur das besondere, konkrete des angesagten Loses gibt der Weissagung ihren Wert, weil es die Probe durch die genaue Erfüllung erlaubt. Der König Jehojakim wird unbegraben liegen bleiben, der König Sidkija wird den Händen der Chaldäer nicht entrinnen, der Kämmerer Ebedmelek wird bei der Eroberung der Stadt am Leben bleiben, der Oberaufseher Pašur soll in Babel sterben, Šemaja soll keine Nachkommen behalten und Chananja soll in diesem Jahr noch sterben.

Mit dem Bedürfnis des Propheten nach einer Rechtfertigung seiner Worte in vollem Umfang durch die Ereignisse, hängt auch die genaue Aufzeichnung zusammen, die er zuerst selbst vornehmen und wiederholen läßt; er selbst bezeichnet das Eintreffen der Weissagungen als Bürgschaft ihrer göttlichen Eingebung; jedermann soll sich aus seinem Werk überzeugen können, daß seine Ansagen genau Wirklichkeit geworden sind; selbst das Schicksal des Buches scheint ihm der Aufzeichnung wert; auch hierin zeigt sich die Bosheit der Feinde und Jahus Sieg.

Zu den Formen der Berufsprophetie gehört auch die Berufung; Jirmeja, der alle Arten der Weissagung ausübt und alles Handwerkszeug seines Berufs kennt und weiterbildet, nimmt auch die Investiturszene, die Ješaja erfunden hatte, für seine wissenschaftliche Prophetie auf und bildet sie fort. Die Berufung steht bei ihm an der Stelle, die ihr gebührt, am Anfang der Schrift; dahin gehört sie als himmlische Vollmacht, dahin nach der chronologischen Ordnung. Die unterscheidenden Züge dieser Vision Jirmejas von der des Ješaja sind höchst bezeichnend für das Verhältnis der beiden Propheten; Jirmeja hat dabei offenbar jeden Strich seines Bildes genau überlegt; er ist der Thronfolger, der seinen Vorgänger kritisiert, indem er die Nachfolge antritt; eine eigentliche Vision ist ausgeschlossen, höchstens könnte man an die schriftstellerische Verwertung visionärer Erlebnisse bei ein- und dem andern Zug denken.

Ješaja ist ganz anschaulich; seine Berufung findet im Tempel statt; er sieht Jahu thronen, hört seine Seraphim rufen; eine ganze Handlung wird mit ihm aufgeführt. Jirmejas Berufung spielt an keinem Ort, auch keine Zeit wird genannt; »es erging das Wort Jahus an mich also«. Jahu wird nicht geschildert; der Prophet sieht ihn nicht, er hört ihn zunächst nur: »Ehe ich dich im Mutterleibe bildete, habe ich dich ausersehen, und ehe du aus dem Mutterschoße hervorgingst, habe ich dich geweiht; zu einem Propheten der Völker habe ich dich bestimmt.«

Ješajas Gott sucht einen Boten, Jirmejas Gott schafft sich das Werkzeug zu seinen vorbedachten Zwecken und läßt es dann geboren werden; er übersieht die Dinge von weither; suchen, fragen mögen Menschen. Es gibt keine eigentliche Berufung; dem Werkzeug wird mitgeteilt, wozu es geschaffen ward. Natürlich fällt damit auch die Notwendigkeit einer Reinigung weg; Jirmeja hat nur den Einwand der Jugend, den Jahu sofort widerlegt, indem er betont, daß der Prophet ja nur Werkzeug sein soll; er soll gehen, wohin er gesandt wird, sagen, was ihm aufgetragen ist.

Dann streckt Jahu seine Hand aus und berührt des Propheten Mund; der Unsichtbare hat also Glieder, die sich sehen und fühlen lassen, wie er eine Stimme hat. Die Berührung entspricht einigermaßen der Reinigung Ješajas; sie stellt einen körperlichen Weiheakt dar; aber die kultische Bedeutung, die Reinigung, fehlt, und die Engel sind ausgemerzt; Jahu hat keine Diener — er allein tut alles; er braucht keine kultischen Formen; die Berührung hat eine immer noch körperliche Bedeutung, allgemein wissenschaftlich stellt sie das Hineinlegen der Worte in Jirmejas Mund dar, die Herstellung eines besonderen Verhältnisses des Gottes zu diesem Menschen, der göttliche Kraft enthält.

Ješaja wird zu Israel gesandt, Jirmeja zu »Völkern und Königreichen«. Ješaja erhält ein Wort, das alle seine Worte zusammenfaßt; Jirmeja erhält eine Gabe, die sofort von Jahu selbst erprobt wird, indem er ihm Gesichte zeigt und feststellt, ob er sie richtig sieht.

Zuletzt kommt wiederholt die Aufforderung, sich nicht zu fürchten; »erschrick nicht vor ihnen (den Menschen), daß ich dich nicht in Schrecken vor ihnen setze. Mache doch ich dich heute zu einer festen Burg und einer eisernen Säule und einer ehernen Ringmauer gegenüber dem ganzen Lande«.

Die ganze Vision — wenn man von einer Vision reden kann, wo eigentlich nichts gesehen wird — ist wissenschaftlicher, abstrakter im ganzen und einzelnen als die Ješajas. Jahu ist geistiger gefaßt, anthropomorpher Züge entkleidet; er ist nicht im Tempel, überhaupt nicht örtlich gebunden; er wird nicht gesehen, geschweige denn unter dem Bildnis, das der Tempel noch immer enthält, vorgestellt; er ist einzig, ohne Diener; er hat alles von lang her bedacht und vorbereitet; wie seine zeitliche Übersicht ist seine räumliche gewachsen: er schickt seine Propheten zu allen Völkern. Freilich hat das alles auch seine merkbaren Grenzen; der unvorstellbare Gott hat eine Hand und eine Stimme, er kann berühren; ist er über Bilder und kultische Formen erhaben, so ist er es doch nicht über wissenschaftliche Formen; er legt dem Diener sein Wort in den Mund und erprobt, sehr exakt und experimentell, ob er nun auch wirklich sieht, etwa wie Marduk im babylonischen Schöpfungsepos die übertragene Allmacht an einem Gewand prüft. Der Gott, der alles voraussieht und vorbereitet, weiß nicht ganz sicher, ob sein Volk nicht durch eine Bekehrung alles ändern, sein Diener durch einen Akt der Furchtsamkeit die Botschaft verderben wird; er möchte die Bekehrung des Volkes und kann sie nicht befehlen; er muß Jirmeja durch Drohungen lehren, ihn mehr zu fürchten als die Menschen. Auch die Sendung zu allen Völkern mildert nur die ausschließliche Fürsorge Jahus für sein Volk Israel um ein weniges; Nabukudurriusur II. ist Jahus Knecht, nicht nur seine Geißel; er bereitet die Anbetung Jahus in aller Welt vor, aber Israel ist nach wie vor das Lieblingskind; Jirmejas Sendung geht dem Wortlaut nach an alle Völker, aber Jahu verwendet ihn fast nur zu Botschaften an Israel.

Dieser abstraktere Gott ist schließlich menschennäher als der anschauliche Ješajas; der ganz abstrakte der Eleaten ist ja zugleich derjenige, in dem seine Anbeter ganz aufgehen, mit dem sie völlig eins sein wollen.

Zunächst kommt die größere Vertrautheit des unanschaulicheren Gottes mit den Menschen dadurch zustande, daß ihm Jirmeja für jeden anschaulichen Zug seiner Gestalt, den er wegnimmt, einen nicht weniger menschlichen Zug seines Charakters gibt; Jahus Bild wird entmenschlicht, sein Wesen gewinnt an Menschlichkeit.

Ješaja empfindet die Berufung als eine große Ehre; sein Gott läßt sich zu seinem Knecht herab und denkt nicht im entferntesten daran, daß er, durch diese Botschaft gefährdet, der Ansicht sein könnte, die Ehre sei zu teuer bezahlt. Jirmeja empfindet menschlich, ganz unhoffähig, mehr die Gefahr als die Ehre; sein Gott hat dafür volles Verständnis; er versichert ihn seines unbedingten Schutzes; freilich bedroht er den Ungehorsam, aber eben nur aus Verständnis für die menschliche Schwäche; daß die Rolle des Gottes, der drohen muß, um seinen Willen zu erreichen, nicht eine allzuglänzende ist, bemerkt Jirmeja nicht; sein Gott ist nach seinem Bild gemacht; er warnt väterlich vor einer Gefahr, der sich der schwache Bote aussetzen könnte. Daß er die Kraft hat, auch das furchtsame Werkzeug zu seinen Botschaften willenlos zu treiben, zeigen die Stellen, wo Jirmeja von dem unerträglichen Brennen und Druck der Gottesworte in seinem Innern spricht und sein Leben wagt, sie auszusprechen.

Menschlich ist Jahu, wenn er mit sich rechten läßt, die Vorwürfe seines Dieners gelassen hinnimmt und ihm hilft, seine Zuversicht wiederzufinden. Er ist so vollkommen im Recht, daß er die Auflehnung übersehen kann, kein König, ein Mensch, der menschliche Stimmungen versteht, objektiv, wie ein Gelehrter.

Menschlich liebt er sein Volk. Der Zug war schon bei Ješaja angedeutet; Jirmeja gibt ihm die Wärme seiner Empfindungen für sein Volk. Jahu leidet wie sein Prophet, wenn er verdammen und vernichten muß, die er wie ein Vater liebt; er verzeiht immer wieder, er hofft immer wieder auf Besserung; sie sind abgefallen; trotzdem will er sie wieder annehmen; kann ein Gatte mehr tun, als der Ehebrecherin verzeihend die Rückkehr anbieten? Aber er kann nicht immer wieder mit sich Spott treiben lassen; dann flammt er auf in unbändigem Zorn, oder er fühlt die Pflicht, dem verletzten Gesetz Genugtuung zu verschaffen. Boshaft und verbrecherisch sind sie alle, Vornehme und Geringe, Könige, Priester und Propheten; keiner übt Recht und müht sich um Treue; alle sind hochmütig und verblendet, stehlen, morden, brechen die Ehe und schwören falsch (der Dekalog bereitet sich in dieser Aufzählung vor), üben Ungerechtigkeit, drücken Fremdlinge, Witwen und Waisen, erfinden falsche Prophezeiungen und verfolgen die echten Propheten.

Aber so schwer verletzt, gezwungen zu strafen, bleibt Jahu gerecht. Er will nicht das ganze Volk treffen, nur die Schuldigen, diese aber alle. Zum erstenmal taucht der Gedanke auf, daß auch d i e eine Strafe haben sollen, die mit ihren Sünden das Gericht vorbereitet haben, aber vor seiner Erfüllung gestorben sind; Jirmeja sieht ihre Gräber vom Feind geschändet. Die alte Annahme, daß nach der Dezimierung durch das Gottesgericht die Guten übrig bleiben und glücklich werden sollen, findet konkrete Anwendung; der Wohltäter des Propheten, Ebedmelek, soll gerettet werden, obgleich er auf Sidkijas Befehl gehandelt, und obgleich er kein Judäer ist. Der persönliche Prophet läßt seinen Gott persönlichere Gerechtigkeit üben; die selbstverständliche Annahme, daß im Volk alle Persönlichkeit verschwindet, macht einer Auffassung Platz, nach der das Verhalten des Einzelnen sein Los bestimmen muß.

So baut Jirmeja das Wesen, die Psychologie der Gottheit, weiter aus, wie er die Psychologie des Genies (als Werkzeug) geschaffen hat; die Seele Gottes ist die kosmologische Projektion der Seele des Philosophen, der diese Umbildung älterer Vorstellungen im Sinn der höheren prophetischen Weltanschauung und nach den Bedürfnissen seiner differenzierteren Persönlichkeit vollzieht.

In seinen geschichtsphilosophischen Voraussetzungen geht Jirmeja insofern über seine Vorgänger hinaus, als er weitere Elemente aus der Legende des Nordreichs aufnimmt. Seit der Wegführung Samarias waren hundert Jahre vergangen; die Erinnerung an die alten geschichtlichen Verhältnisse waren verblichen; in Juda selbst war mit der Reform Jošijas die ungeschichtliche These von der ursprünglichen Einzigkeit Jahus und vom Abfall zu fremden Göttern zur offiziellen Geltung gekommen.

Jirmeja ist fest überzeugt, daß Jahu der einzige Gott in der Welt ist; er hat die Welt geschaffen und geordnet; der Drachenkampf, den Ješaja noch kennt, ist monotheistisch gestrichen. Jahu hat das Volk Israel erwählt, einen Bund mit ihm geschlossen und es aus Ägypten geführt; in dieser Vorstellung vom Bundesschluss spukt vielleicht auch der alte Baal-berit, der Bundesgott von Sichem; vor allem aber ist die Urkunde des Bundes, der als Rechtsverhältnis gedacht wird, das Gesetz. Dies Gesetz ist dem Volk in der Wüste von Jahu gegeben und von Jošija wieder aufgefunden worden. Es fixiert die gottesdienstlichen Verhältnisse der Wüstenzeit, den bildlosen Monotheismus — der alte Gott Israel mag als »Bundeslade« schon zu dieser Zeit ein neues Unterkommen gefunden haben, sicher aber nur in der Theorie, denn der Tempel, der ihn nicht enthielt, stand ja noch; Jirmeja erwähnt denn auch die Lade nicht — den einfachen opferlosen Kult. Moše ist Jirmeja bekannt als frommer Mann; ob er mit dem Gesetz zu tun hat, ist nicht zu sagen; ebensowenig wissen wir, wo der Name herkam; gehörte er zur israelitischen Überlieferung als Name des Pharaos der Austreibung, der ja Ahmose hieß, so war der alte Sinn schon verwischt und der heidnische Mondgott Ah aus dem Namen entfernt.

Aus der Wüste führte Jahu sein Volk nach Palästina. Sein

erster Sitz war Silo in Israel, das er aber wegen der Sünden des Volkes verließ; hundert Jahre nach Israels Aufhören taucht damit die erste Nachricht von einem Jahudienst in Silo auf. Auch Šemuel wird nun als frommer Mann erwähnt. Als zweiten Sitz wählte Jahu Jerusalem und fand hier in David einen frommen Diener, in Šelomo den Erbauer seines Tempels.

Aber das ganze Volk Israel fiel ab; zahlreich wie die Städte wurden die Götter und keine Mahnung der Propheten brachte Buße. So ward erst Samaria weggeführt; Juda, das unter Jošija das Gesetz wieder eingeführt hat, ist trotzdem ebenso sündig geblieben; so wird es ebenfalls in die Verbannung wandern; Jerusalem wird zerstört werden. Jahus Knecht Nabukudurriusur II. wird des Herrn Werk vollführen, wie Juda alle Völker, auch Ägypten, vernichten.

Dann ist das Wort erfüllt, die Zeit der Buße gekommen. Jirmeja, ganz in den Schrecken der letzten Endzeit befangen, spricht wenig von der Zeit der Herstellung; geglaubt hat er offenbar fest an sie und sie für nahe gehalten; das zeigt der Ackerkauf in Anathot und sein Bleiben im Land. Er erhoffte ein Eingreifen Jahus, Rückkehr der Guten aus Israel und Juda und eine Weltherrschaft Jerusalems. Ein neuer Bund sollte geschlossen werden; Jahus Gesetz, im Herzen aller eingeschrieben, sollte Glück, Frieden und Wohlergehen aller für ewige Zeiten sichern.

Das persönliche Verhältnis Jirmejas zu Jahu ist bestimmt durch sein Gottesideal; sein Gott ist so sehr über alles Irdische erhaben, daß der Mensch neben ihm nichts bedeutet, als ein Steinchen in seinem Spiel, das er hin- und herschiebt und preisgibt, wann er will; derselbe Gott ist aber so weit zu einem Ideal reiner und sittlicher Menschlichkeit entwickelt, daß er alles Menschliche versteht und verzeiht, daß er liebt und zürnt wie ein Vater. Dem Ungeheuern gegenüber fühlt sich Jirmeja als kraftloses Werkzeug; dem Vater fühlt er sich vertraut genug, zu fragen und zu bitten.

Der gewaltige Herr alles Irdischen hat ihn als seinen Boten in die Welt gesandt und versprochen, ihn bei all seinen Wegen zu begleiten, ihm jedes Wort selbst einzugeben, ihn zu schützen und zu rechtfertigen. Jirmeja zieht daraus die Folgerung, daß seine Gegner bei seinem Auftrag Jahus Gegner, seine Freunde Jahus Freunde sein müssen, daß die Weissagungen, die er vom Geist getrieben ausspricht, sich unbedingt erfüllen müssen, daß sein Amt ihn vor allen Gefahren durch Feinde, vor allem Spott und Hohn sichern soll. Für den großen Gott ist es eine Kleinigkeit, Jirmejas Segen über seine Wohltäter, seinen Fluch über Feinde und Spötter sofort und vor aller Augen in Erfüllung gehen zu lassen, seine Weissagungen in Wirklichkeit zu wandeln, die falschen Propheten und Spötter, die Verfolger seines Dieners zu beschämen und zu strafen. Aber er tut das nicht immer; die Verfolger und Spötter behalten die Oberhand, sie haben Gewalt, den Diener Jahus in Ausübung seines Amtes einzukerkern und zu martern; Jahu spricht nicht immer, wenn er sprechen müßte, er gibt unklare Antworten und verläßt manchmal seinen Propheten ganz und gar. Wenn Jahu die Vernichtung Jerusalems durch den Feind aus Norden ankündigt und die Skythen kommen nicht, so ist der Prophet im Innersten getroffen; erst 23 Jahre später wird ihm die Richtigkeit des Orakels klar. Jirmeja mißt die Gottheit an seinem Ideal; er kontrolliert ihr Verhalten logisch und menschlich; er ist tief durchdrungen von der Richtigkeit seiner Voraussetzungen; aber er kann seine Augen nicht gegen die Einsicht verschließen, daß vieles nicht mit seiner Lehre stimmen will; das muß erklärt werden. Die Allmacht Gottes ist ihm unantastbar; die Unerforschlichkeit seines Ratschlusses hilft über logische Bedenken weg; aber die Frage bleibt, ob es Gottes gütigem und sittlichem Charakter entspricht, sein Werkzeug zu quälen; wenn er nicht dazwischenschlagen will, warum regt er dann den Propheten an, seine Gegner herauszufordern? Wenn er ihn ohne Eingebung im entscheidenden Augenblick lassen will, warum sendet er ihn aus und schadet seiner Glaubwürdigkeit? Es wird kein theoretisches Problem, kein Zweifel an der Richtigkeit des Systems entbunden; dazu reicht die Logik des Propheten nicht hin; aber ein persönliches Ringen und Kämpfen entsteht, ein Aufbäumen in verzagten Stunden, ein leidenschaftliches Sehnen nach Gott, das erste persönliche Gebet.

Jirmeja ist eine Persönlichkeit im modernen Sinn, wenn er auch noch vielfach gebunden bleibt; er ist in seinem Amt der Mund Gottes, als Werkzeug vertritt er seine Ideen, nicht als schöpferischer Geist — aber er scheidet seine persönliche Natur von der inspirierten; als Werkzeug straft er sein Volk, als Mensch liebt er es; als Werkzeug gehorcht er blind, als Mensch lehnt er sich gegen die Unmenschlichkeit seines Gottes auf; so gewinnt die Aufnahme so vielen Details aus seinem Leben, die Sorge für das Schicksal seiner Schrift noch ein etwas anderes Gesicht: nicht nur die Sache Gottes ist Jirmeja wichtig, auch die Erinnerung an sein Los und Wirken soll bewahrt werden; der Stolz auf seine Leistung klingt mit, das Bewußtsein, ein Außerordentlicher, ein Erwählter zu sein.

Dies Bewußtsein läßt ihn auch die Kämpfe in sein Werk aufnehmen, die er in sich und mit der Gottheit ausgefochten hat; sie haben nichts mit seinem göttlichen Auftrag an das Volk zu tun; es ist im Gegenteil gar nicht wünschenswert, daß der Gottesmann sich als so unsicher und schwach erweist; die mutlose Niedergeschlagenheit und Hilflosigkeit, die in entscheidender Stunde sein Werk gefährdete, als er sich das Joch Jahus von Chananja abnehmen ließ und sein Amen zu einer falschen Weissagung sprach, wird durch die Aufzeichnung der anderen Anfechtungen als wiederholte Erscheinung gekennzeichnet; die rücksichtslose Wahrheitsliebe des individualisierten Bekenners kann es als Pflicht empfinden, nichts zu verheimlichen.

Die Ausbrüche leidenschaftlichen Unmuts gegen Gott und die heißen Gebete, in denen der Prophet sein inneres Gleichgewicht wiederfindet, gehören zum Größten, was Menschen geschaffen haben; hier ist alles neu, gewaltig, unmittelbar. Der Prophet ist ganz mutlos; überall wird er verspottet und verfolgt; selbst seine Verwandten haben nur Schmähungen und Hinterlist für ihn; er verzweifelt an seinem Sieg; da verflucht er den Tag seiner Geburt, der einen Mann des Streites und Haders für alle Welt ans Licht gebracht; er versinkt in finsteres Mißtrauen gegen alle Menschen, Verwandte und Freunde, die nur auf einen Fehltritt lauern, um ihn, dem sie mit heuchlerischer Freundlichkeit begegnen, den Garaus zu machen. Er kann nicht weiter reden: Jahus Worte bringen ihm Spott und Feindschaft und Gefahr; er kann nicht schweigen: Jahus Worte lodern wie Feuer in seinem Gebein. Da schreit er auf zu dem Gott, der ihn betört und zum Gelächter gemacht hat; er hadert mit ihm, der ihn leiden läßt und ihn in seiner unbegreiflichen Langmut für alle Frevler und in seiner Grausamkeit gegen seinen Diener aus der Schmach in den Tod treiben wird. Er fordert Gerechtigkeit von dem Gerechten; er soll nicht zulassen, daß Gutes das Böse vergilt; er fordert Rache; zur Schlachtbank sollen seine Feinde gerissen werden; sie sollen keine Zeit mehr zur Sühne haben. Ironisch formt er das Paradoxon, daß kein echter Prophet sein kann, wer Gutes weissagt. Dann betet er wieder und fleht, »daß ich heil werde«; aus mühsamer Zuversicht schwingt er sich auf zu Jahus Preis; er, der den Frommen erprobt, wird die Sache nicht verlassen, die auf ihn gewälzt ist; er wird die Unklugen zuschanden machen, den arglistigen Herzen vergelten, den Armen den Übeltätern entreißen; denn er ist Kraft und Burg und Zuflucht in der Zeit der Drangsal, und der sich auf ihn verläßt ist wie ein Baum, der am Wasser gepflanzt ist und seine Wurzeln an einem Bache hinstreckt. So hat vor Jirmeja niemand zu beten gewußt; Haß und Liebe, Fluch und Fürbitte für das Volk, die geliebten Verfolger, Verzweiflung und Hader mit Gott, Demut und Lobgesang sind in eine Einheit verschmolzen. Hier haben die Dichter der Psalmen für ihre heißesten Klagen und ihre höchsten Lieder zu Jahus Preis Vorbilder und Keime gefunden.

Auch der große Dialog bei der Dürre ist eine Auseinandersetzung mit Jahu (14/15). Hier sehen wir den Propheten als Fürbitter seines Volkes; in einem besonderen Fall lebt der Zug des Sintflutschemas, Atrachasis als Versöhner der zürnenden Gottheit, wieder auf. Das Volk ist schuldig — aber falsche Propheten haben es verwirrt; es ist reuig und genug gestraft — so möge Jahu sich erbarmen, der allein helfen kann. Aber Gott will strafen; zur Seuche, was der Seuche bestimmt ist, zum Schwert, was dem Schwert gehört, zum Hunger, was der Hunger fressen soll, zur Gefangenschaft, wem dies Geschick bestimmt ist.

Es ist kein Zufall, daß bei dem persönlichsten Propheten die Formen des Dramas, Monolog und Dialog, zugleich mit dramatischen Problemen erscheinen; das Drama ist die dichterische Hauptform der Epoche, in der das Individuum sich aus seiner Gebundenheit befreit. Die Juden haben kein volles Drama entwickelt; aber sie sind dicht an die Schwelle dieser Dichtungs- und Empfindungswelt gelangt; und die beiden größten Gestalten des Judentums in der Antike sind tragische Gestalten, Jirmeja und Jesus. Jirmeja ist der Typus eines tragischen Helden; ein ungeheures Schicksal entzweit ihn mit allem, was er liebt, mit seinen Verwandten, mit seinem Volk, mit sich selbst und mit seinem Gott; der gefühlswarme Mensch muß in seinen Verwandten Heuchler, Feinde, Verächter seiner Botschaft sehen; der Vaterlandsbegeisterte muß sehen, wie sein Vaterland vernichtet wird, muß sein Volk hassen, weil es sich und das Land verdirbt, muß als Verräter gebrandmarkt sein Leben fristen und als Verräter in der Fremde von der Hand seiner Volksgenossen sterben; der stille Gelehrte muß auf den Markt treten und den Kampf mit Volkstribunen von Beruf ausfechten; er muß Spott und Gefahr auf sich nehmen, sich demütigen und peinigen lassen; mit kaltem Kopf muß er nachprüfen, ob das Bild seiner Gottheit, das er begeistert entworfen hat, Stich hält; mit heißem Herzen bäumt er sich auf gegen all die Qual, die ihn umgibt; die Hiobsfrage wirft er zuerst auf; jetzt treibt ihn das Wort unwiderstehlich, seiner Botschaft sicher fordert er eine Welt heraus; gleich darnach ist er gottverlassen, wehrlos dem Hohn der Gegner preisgegeben, sich selbst verächtlich. Die ungeheure Aufgabe will ihren Träger zerbrechen und ist doch sein einziger Inhalt, sein Stolz zugleich; das Hamletproblem klingt an. Das gebundene Individ drängt zur Freiheit; die Waffen zu seiner Befreiung, die Idee, die Logik, der Trieb, sich auf sich selbst zu stellen, wachsen in seiner Hand; aber indem es sie braucht, schafft es nur neue Bindungen, ein stärkeres Gefühl der Abhängigkeit, Zweifel und endlose Unsicherheit, aus denen es eine Flucht in enthusiastische Erhebung für glückliche Stunden, aber keine logische Befreiung für Jirmeja gibt.

Wie jede neue große Einsicht zuerst von einem in ihren Hauptzügen erfaßt, dann von mehreren ausgestaltet, nach außen und innen klassisch weitergebildet und schließlich rational systematisiert und zersetzt wird, so geschieht es auch dem prophetischen Ideenkreis. Amos hat Mühe, die neuen Gedanken in Worte zu fassen; Ješaja entwickelt aus seinen Keimen die Außenwelt der neuen Philosophie; Jirmeja ergänzt und vertieft sie nach innen; nun kommt der große Systematiker, der die vorhandenen Ideen zusammenfaßt und den Bedürfnissen einer ausgebreiteten Gemeinde anpaßt. Von Amos zu Jirmeja nimmt der rationale Gehalt der Lehre zu; J e c h e s k e l ist ganz rational, nur Denker, auch wenn er dichtet. Amos denkt kaum an seine Hörer; seine Weissagungen dienen seinem Bedürfnis, die neue Einsicht in Worte zu fassen; Ješaja wendet sich predigend und weissagend an einen größeren Kreis und erringt praktische Erfolge; Jirmeja wird im Kampf gegen die falschen Propheten selbst zum Agitator, der das ganze Volk in seinen Bann ziehen will; Jecheskel macht die prophetische Weltanschauung einer großen Gemeinde mundgerecht; er ist der Schöpfer des Judentums als Religion breiter Massen, der Vater der Schrift und aller Schriftgelehrten.

Jecheskel, der Sohn Busis, stammt aus vornehmem priesterlichem Geschlecht in Jerusalem; er ist offenbar Levit. Die Priester des Jahutempels waren in der Zeit Menašŝes zu der Einsicht gekommen, daß die prophetischen Ideen ihrem Einfluß im Staat zugute kommen konnten; als Gesetzgeber in Jahus Namen hatten sie das brauchbare davon kodifiziert. Mit Jecheskel schenken sie der Prophetie den ersten Denker aus ihren Reihen; er ist wie seine Standesgenossen fromm und gebildet, Logiker in babylonischem Sinn, kenntnisreich und gut geschult, Praktiker zugleich mit dem Willen zur Macht und dem Instinkt für ihre Erhaltung unter erschwerenden Umständen.

Jecheskel bedeutet »El stärkt«; der Name kann von dem Propheten symbolisch gewählt sein, er entspricht der Lage; die Wahl der allgemeinen Gottesbezeichnung »El« statt Jahu könnte auf eine Tendenz, zu einer allgemeinen, lokal nicht mehr gebundenen Gottheit für die neue Religion zu kommen, gedeutet werden, wenn wir nicht wüßten, daß ein Austausch von »Jahu« und »El« in Namen öfters ohne sichtbare Absicht vorkam, und wenn nicht Jecheskel seinen Gott mit dem alten Lokalnamen bezeichnete.

Der vornehme Levit ward 597 mit Jechonja und vielen Adligen und Priestern nach Babylonien in die Verbannung geführt und in Tel Abib am Flusse Kebar angesiedelt; hier lebte er verheiratet im eigenen Haus anscheinend sein ganzes Leben lang.

Bei der Wegführung kann er schon erwachsen gewesen sein; wenigstens besaß er eine deutliche Erinnerung an den Tempel, seine Einrichtung und seine Bilder, die freilich auch aus der Kindheit des Leviten stammen könnte; daß er Priesterweihen empfangen oder im Tempel Dienst getan hätte wird nicht gesagt. Prophezeit hat er in Jerusalem nicht; wenn er alt genug war, um Politik zu treiben, so wird seine rationale Natur, seine Jugend und seine Abstammung ihn auf einer mittleren Linie zwischen Jošijas Gesetz, den Hoffnungen der Nationalpartei und den Mahnungen Jirmejas untätig festgehalten haben; jedenfalls galt er den Parteigängern der Chaldäer in Jerusalem nicht als Gesinnungsgenosse; sonst wäre er nicht weggeführt worden.

Jirmeja kann dem kühlen und adligen Jüngling kaum sympathisch gewesen sein; gekannt muß Jecheskel ihn aber haben und interessant muß ihm gewesen sein, wer schließlich recht behalten würde.

Die Wegführung war eine Erfüllung von Jirmejas Ansagen; das Gottesurteil muß dem beteiligten Jecheskel starken Eindruck gemacht haben. In Babylonien sah er die ungeheure Macht Nabukudurriusurs II. und die Hoffnungslosigkeit der nationalpolitischen Utopien. Jirmejas Sendschreiben gegen falsche Hoffnungen der Verbannten auf Rückkehr mag auf den Propheten ebenfalls eingewirkt haben; jedenfalls gehörte er zu denen, die sich auf längeres Bleiben einrichteten. Auch Jirmejas Ansicht, daß die Weggeführten durch ihre Buße den gereinigten, hoffnungsreichen Rest des Volkes darstellten, mußte dem vornehmen Verbannten und dem zukünftigen Gottesmann passen.

Im fünften Jahr der Wegführung Jechonjas, im 30. nach der Einführung von Jošijas Gesetz, also 593, tat sich der Himmel auf und Jecheskel sah seine ersten Gesichte. Jahu bestellte ihn zum Wächter über seine Volksgenossen, denen er nun im Sinne von Jirmejas Schreiben die Dauer des Exils und weiterhin offenbar unter dem Eindruck der Nachrichten von Sidkijas Abfall und angesichts des Auszugs von Nabukudurriusurs Heer den Untergang von Jerusalem kundtat.

Daß diese prophetische Wirksamkeit im alten Stil nicht viel Erfolg hatte, berichtet Jecheskel selbst; er saß auch gar nicht im Mittelpunkt der jüdischen Gemeinde und war möglichst ungeeignet zu agitatorischem Auftreten. Im Lauf der Zeit wird mit dem Eintreffen der Weissagungen sein Ansehen wohl gestiegen sein; auch der hoffnungsfrohe Ton seiner späteren Ansagen muß in der Niedergeschlagenheit nach Jerusalems Fall Anhänger geworben haben. Die letzte datierte Prophezeiung stammt aus dem 27. Jahr nach der Wegführung, also aus 571. Ob er dann schwieg, weil er alles gesagt zu haben glaubte, und nun die letzte Hand an sein Buch legte (29, 17 ff. ist ein Nachtrag), oder ob er starb, wissen wir nicht.

Sein L e b e n s l a u f in der Zeit seiner Weissagungen ist, im Gegensatz zu Jirmeja, für den Inhalt seiner Prophetie belanglos. Im großen politischen Getriebe stand er nicht; persönliche Erlebnisse, wie der Tod seiner Frau im neunten Jahr der Wegführung, machten seine Reden nicht wärmer.

Die Weissagungen Jecheskels sind die einzigen des Kanons, die in vollkommener Ordnung, fast ohne sichtbare Überarbeitung und ohne Einschübe von fremder Hand, offenbar in der Form, die ihnen Jecheskel gegeben, auf uns gekommen sind. Das mag zum Teil daran liegen, daß die Texte im Exil entstanden und von Anfang an hochgeschätzt wurden, während die früheren großen Propheten ursprünglich wenig geachtet wurden und ihre Texte die Fährlich-

24*

keiten der stürmischen letzten Jahre auszuhalten hatten; wichtig ist auch, daß Jecheskel der jüngste und den jüdischen Oberschichten der entstehenden Gemeinde, den Bearbeitern der Gesetze und Überlieferungen, verwandteste Prophet war; es gab nur zu lernen, wenig zu ändern bei ihm. Das ausschlaggebende ist aber zweifellos der Gesamtcharakter von Jecheskels Prophetie; sie möchte als Gelegenheitsreden und Gesichte angesehen werden, ist aber in der Hauptsache Schriftstellerei, Ausführung von Einfällen in symbolischen Handlungen und langen Erklärungen, angelehnt an die klassischen Muster, ohne Unmittelbarkeit und vielfach ungeeignet für ein größeres Publikum, das auch in dem kleinen Ort am Kebar gar nicht vorhanden war. Das Buch Jecheskels ist eine sorgfältige Zusammenstellung dieser wohlgemachten Handlungen und Worte nach einer vorbedachten Disposition.

Die einzelnen Gesichte und Reden sind datiert, oft nach Tag, Monat und Jahr; gerechnet wird nach Jahren der Verbannung; doch vergißt Jecheskel nicht, diese Rechnung am Anfang zu der offiziellen oder prophetischen Ära von der Einführung des Gesetzes in Beziehung zn setzen.

Die Reihenfolge der Weissagungen ist chronologisch; auf die Berufung aus dem 5. Jahr folgen Orakel aus dem 6., 7., 9., 10. bis 12. Jahr nach der Wegführung, dann die Zukunftsreden aus dem 12.—25. Jahr. Nur der Nachtrag aus dem 27. Jahr bricht die Anordnung.

Die chronologische Ordnung ist aber nicht die einzige. Das Buch zerfällt in zwei Teile, die Orakel vor Jerusalems Fall und die Visionen von dem Wiederaufbau der Stadt; die Fluch- und die Segenszeit sind getrennt durch das Kapitel vom Fall der Stadt, der den Umschwung einleitet, und eine Ermahnung zum Glauben. Auch eine Zahlenspekulation könnte hereinspielen, wenn Jerusalem im zwölften Jahr fallen muß (die Botschaft kann keine 18 Monate gelaufen sein) und im 25. (24 und 1) die Ankündigungen des Gottesreiches beginnen; 24 Kapitel handeln von Israel, 48 hat das ganze Buch.

Das Buch beginnt mit der B e r u f u n g des Propheten. Amos erwähnt seine Berufung beiläufig mit drei Worten, bei Ješaja und Jirmeja bildet sie ein kurzes Kapitel; Jecheskels Prophetenweihe füllt drei lange Kapitel (60 Verse) fast völlig aus. Wenn man bei Ješaja und Jirmeja schließlich annehmen könnte, daß sie ihre Visionen wirklich gesehen haben, obgleich mir das ganz unwahrscheinlich ist, so kann bei Jecheskel nicht der geringste Zweifel aufkommen, daß wir ein Prunkstück, nach den älteren Mustern und eigenen Idealen angelegt und mit Fleiß und Gelehrsamkeit ins einzelne ausgeführt vor uns haben. Jecheskel hat die unverkennbare Absicht, seine ungebildeten Vorgänger in jeder Beziehung zu übertreffen, in der Gewalt seiner Vision, in der Schönheit der Schilderung und in der Fülle künstlicher Einzelheiten.

Als gelehrtes Stück Arbeit charakterisiert sich die Vision schon durch die genaue Datierung, nach Tag, Monat, Jahr und nach beiden Zeitrechnungen, der der Gesetzfindung und der der Wegführung.

Der Prophet befindet sich im Lande der Chaldäer am Flusse Kebar, offenbar im Freien, nicht im Ort Tel Abib. Da sieht er in Sturm- und Feuerwolken einen Götterwagen von Norden her kommen; vier babylonische Mischwesen mit je vier Gesichtern (Mensch, Löwe, Stier, Adler), mit je vier Flügeln, deren zwei den Körper bedecken, während die beiden andern verbunden sind und sich berühren, mit Menschenhänden und Kalbsfüßen, gehen gerade vor sich hin; an der Erde neben jedem Tier läuft ein Rad voll Augen, in dem »der Geist des Tieres« als treibende Kraft ist und das sich mit den Tieren bewegt und erhebt; die Flügel der Tiere rauschen wie Wassermassen, Donner und Kriegsgetöse, wenn der Wagen sich bewegt, und hängen schlaff herab, wenn er stillsteht. Über den Tierwesen, die wie Erz funkeln und zwischen denen Kohlenglut, Blitze und Fackeln leuchten, ist eine Feste aus Kristall ausgebreitet; darauf folgt ein Saphir, dann ein Thron und zu oberst ein Gebilde »wie ein Mensch«, von den Hüften aufwärts Glanz, abwärts Feuer und vom Regenbogen umgeben. Das ist »die Herrlichkeit Jahus«.

Der »Menschensohn« fällt nieder und wird vom »Geist« aufgerichtet, um eine lange Rede anzuhören; schließlich muß er eine Buchrolle voll »Klageliedern, Seufzen und Wehklagen« essen, die aber süß wie Honig schmeckt. Nach einer zweiten Rede fährt Jahu ab; die Flügel, die Räder und ein Erdbeben tosen hinter ihm drein. Jecheskel aber wird vom Geist nach Tel Abib (in sein Haus?) geführt und sitzt sieben Tage »starrend« unter den Verbannten. Dann kommt eine dritte Rede Jahus, durch die der »Wächter Israels« für die Ausführung der göttlichen Aufträge verantwortlich gemacht und erinnert wird, daß das Blut der Sünder, die unverwarnt sterben, über den säumigen Diener kommen soll.

Aus dieser Einleitung geht zunächst hervor, daß Jecheskel sie nur zum ersten Teil seines Buches, zu den »Klageliedern, Seufzen und Wehklagen« vor Jerusalems Fall geschrieben hat; dieser muß also einmal selbständig gewesen sein; der Abschluß war auch durch die Zahlenspekulation nahegelegt; sieben Jahre umfaßt die Prophetie, im zwölften fällt Jerusalem. Zum zweiten Teil gehören eigene Erscheinungen Gottes nach demselben Bild.

Dann wird ganz deutlich, daß Jecheskel die Berufungsvisionen Ješajas und Jirmejas gekannt hat und daß er die Absicht hatte, sie zu »verbessern«. Auch er will, wie Jirmeja, den Gott erhöhen und mit dem Dogma in Einklang bringen; allen Glanz und alle Pracht häuft er auf Jahu, Ehrfurcht, Staunen und Schrecken soll der Aufzug erregen; das sucht er durch seine Mittel, Gelehrsamkeit und logische Ausgleiche, zu erreichen.

Amos wird hinter dem Pflug geholt; Ješaja schaut den Herrn im Tempel, der sich zur Welt erweitert; Jirmeja hört nur das Wort und fühlt die Berührung seines Mundes. Jecheskel befindet sich im Freien wie Amos; der Tempel ist nicht die Wohnung seines Gottes, wenigstens nicht die einzige; von Norden fährt er heran; unsichtbar ist sein Gott, wie der Jirmejas; er ist kein Mensch, sondern »ein Gebilde wie ein Mensch«, er hat keinen Körper, nur etwas, das »wie seine Hüften aussieht«; eine Hand streckt sich aus, wie bei Jirmeja, eine Stimme wird gehört; nur ein Wagen von unerhörter Pracht, ein Thron, der zugleich die Feste des Himmels sein kann, Erzglanz, Feuer und Regenbogen sind sichtbar. So genügt der Logiker den Forderungen des Dogmas und denen der Sinne; Jahu ist Naturgott und der überall gegenwärtige Lenker der Welt, der in Chaldäa, auf Marduks Boden, erscheint, wie in Jerusalem; er wird nicht menschlich geschildert; sorgfältig, echt wissenschaftlich, wird das Gleichnisartige der Andeutungen gewahrt; der vage Umriß ist kein Verstoß gegen das Gebot; dabei ist die Unanschaulichkeit Jirmejas vermieden; von der Umgebung Gottes zu reden ist zulässig; hier muß man die Sinne packen.

Bei Amos und Jirmeja hat Jahu keine Diener, bei Ješaja stehen die Seraphim an seinem Thron. Jecheskel findet in seinem Berufungsgesicht auch hierin einen logischen Mittelweg; die Seraphim scheint er, wohl im Bewußtsein ihrer engen Beziehung zum Jahubild, absichtlich vermieden zu haben; die Kerube sind Träger des Throns, Ersatz der Schlangenträger; wo Jahu handeln muß und seine Hand nicht bemüht wird, tritt »der Geist« für ihn ein, über dessen Beziehung zu Jahu der Prophet sich keine Gedanken macht. Im zweiten Teil erscheinen auch echte Engelwesen.

Ješaja erschreckt bei Gottes Anblick im Bewußtsein seiner Unreinheit; Jecheskel findet es angemessen, vor dem Herrn niederzufallen; von Unreinheit ist aber keine Rede; höfisch freundlich wird er aufgerichtet.

Aus der Berührung von Jirmejas Mund, die das Hineinlegen von Jahus Wort bedeutet, wird bei Jecheskel das körperliche Verschlingen eines Buches, wobei momentan die Absicht, als Gelegenheitsprophet zu erscheinen, vergessen ist; Ješajas Lippen werden gebrannt; Jecheskels menschlicher Gott versüßt ihm die bittern Klagereden wie ein Arzt seine Tränke.

Mit Gottes Wort im Leib sitzt der Prophet acht Tage starr da; Jirmeja brennt das Wort wie Feuer; aber Jecheskel muß doch seine Erschütterung malen.

Bei Jirmeja wird der Prophet verwarnt, nicht aus Menschenfurcht zu zögern; Jecheskel setzt sich nicht annähernd derselben Gefahr durch seine Reden aus; aber er möchte den Eindruck der Gefährdung nicht vermissen; so nimmt er die Verwarnung auf und begründet sie und erreicht damit wirklich die Wirkung, daß man seinen menschlich ermahnenden Gott als etwas schwächlichen Rechtsgelehrten empfindet.

Das Hauptstück der Vision ist der Götterwagen. Er besteht aus den Keruben und Rädern, aus dem Feuerkern und dem Thronaufbau, der auf der Feste errichtet ist.

Vielleicht hatten die Kerube ursprünglich nur je einen Kopf und einen Tierleib, wie die uns bekannten assyrischen Mischwesen, und die vier Köpfe, Menschenleiber und Menschenhände sind spätere Korrektur zur Verminderung der Ähnlichkeit mit babylonischen Göttern; dann forderte die Menschengestalt schamhafte Verdeckung durch zwei Flügel; während ursprünglich die Tiere mit je zwei Flügeln flogen und mit den andern beiden den Aufbau trugen, blieben nach dieser »Verbesserung« zum Fliegen keine übrig, so daß das Geräusch der Flügel unverständlich ist. Wir können ruhig annehmen, daß Jecheskel hier ursprünglich klar geschildert hat und Spätere ihn verdorben haben. Ich möchte glauben, daß er auch den Götterwagen gewonnen hat, wie alle Teile seiner Vision durch Übernahme älterer Züge und ihre logische Umbildung; sein Vorbild war aber in diesem Fall nicht judäisch-prophetisch, sondern babylonisch.

Das ist nicht so unerhört, wie es vom Standpunkt des späteren Judentums scheinen kann. Wir haben gesehen, daß die judäische Religion ursprünglich vorwiegend babylonischen Charakter hatte und ihn auch nach der Reform Jošijas nicht verleugnete; dem Leviten war die babylonisierende Tempelreligion vertraut; auch wo er das Unterscheidende annahm, war für ihn nur das babylonische verboten, was ausdrücklich Jahus Befehlen widersprach; so kann Jecheskel kein babylonisches Götterbild brauchen, wohl aber einen Wagen, der ihm seines Gottes würdig scheint, wenn er ihn umarbeitet; so kann er seinen Gott im Norden wohnen lassen wie die babylonischen Götter, wenn er nur sonst Jahu bleibt; so kann er ihm babylonische Götter als Diener geben, wenn sie nur anders heißen und Engel sind; er tut damit nichts anderes, als die Bearbeiter des Gesetzes, die babylonische Vorschriften ins Tempelritual aufnahmen; die Wissenschaft des Mutterlandes regt die Tochterkultur noch einmal an.

Jecheskel vergrößert zu Zwecken seines Gottesbildes einen konkreten babylonischen Götterwagen mit babylonischen Tieren ins Unermeßliche, wie Ješaja das Bild im Tempel vergrößert; der Wagen wächst, bis er die Feste trägt und wird so des Weltgottes würdig; sein Rollen wird Naturgeräusch, Donner, Erdbeben, Wasserfallen, sein Glanz Himmelsfeuer und Regenbogen; aber das Urbild bleibt sichtbar wie bei Ješaja. Den umgewandelten Seraphim entsprechen als Rest die umgewandelten Räder; sie hätten füglich wegbleiben können; aber es reizt Jecheskels wissenschaftliches Bewußtsein, eine Probe seiner gestaltenden und steigernden Geisteskraft zu geben; er schafft zu seines Gottes Ehren das Wunder einer Maschine von unerhörter Künstlichkeit; die Räder haben keine Achsen, sie bewegen sich mit den Keruben vorwärts, aufwärts und abwärts, ohne Verbindung mit ihnen; »denn der Geist der Tiere war in den Rädern«; so erfindet Jecheskel zu Ehren seines Gottes das metaphysische Automobil; babylonische Götter fahren auf kleinen Karren, von Menschen und Tieren gezogen, Puppen ohne Leben; der jüdische Gott fährt auf einem Wagen, der die Feste trägt, ungeführt, mit Geisteskraft bewegt, über alles Irdische erhaben, lebendig und allmächtig, mit Donner und Blitz, Feuerglanz und Regenbogen als Gewand.

Die Berufungsvisionen Ješajas und Jirmejas sind die einzigen Gelegenheiten, bei denen diese Propheten Jahu körperlich vor sich sehen; bei Jecheskel wiederholt sich die Erscheinung der Gottheit; der Mann aus Feuer und Glanzerz führt den Propheten nach Jerusalem und zeigt ihm den dortigen Götzendienst; die Herrlichkeit Jahus verläßt den Tempel und besteigt den Kerubwagen, um einen Berg östlich von Jerusalem zu erreichen, nachdem sechs Männer das Zerstörungswerk begonnen und die Stadt in Flammen gesetzt haben.

Während bei den früheren Propheten Gesichte fast durchweg Wahrnehmungen bestimmter einfacher Gegenstände waren, die sich irgendwie auf das Schicksal des Volkes beziehen ließen, wird bei Jecheskel die Vision großen Stils, der wunderbare Verkehr mit Gott und seinen Engeln, zum Typus des Gesichts. Die einfachen Visionen des Amos und Jirmeja lassen sich direkt von den babylonischen Omenwissenschaften ableiten; nur spricht Jahu klar und unmißverständlich, während die babylonischen Götter ihre Priester an der Vieldeutigkeit des Zeichens sich abmühen lassen. Vielleicht war es die Beziehung zur verbotenen Wahrsagung, die Jecheskel diese Bilder meiden ließ; wahrscheinlicher ist mir, daß sie ihm zu primitiv und unklar vorkamen, Jahus, des Logikers, nicht würdig.

Er macht das Außergewöhnliche zur Regel; Erscheinungen Gottes und der Engel, wunderbare Entrückungen — das sind Visionen, die ihm der Mühe wert scheinen. Den älteren Propheten sind die Schilderungen von Jahus Erscheinen zum Gericht keine Gesichte, obgleich sie sie mit allen Farben ihrer Phantasie ausmalen; Jecheskel zuerst macht ein Gesicht daraus. Der Tag Jahus hat bei den vorexilischen Propheten doppelten Charakter; er besteht in der Zerstörung der Stadt durch einen ganz konkreten Feind und im Heranfahren Jahus zur Vernichtung der Sünder, wie es klassisch u. a. Ješaja gestaltet. In Jecheskels Gesicht sind die konkreten Feinde ganz zurückgetreten, obgleich er das babylonische Heer genauer kannte als irgendeiner vor ihm; das ganz Unkonkrete, Wunderbare ist die Hauptsache geworden; Jahu handelt, indem er die sechs Männer ruft, den Schreiber, der die Frommen zeichnet, und die Vernichter, die hinter ihm alles niederschlagen; von seinem Wagen wird das Feuer genommen, das die Stadt einäschert; feierlich zieht er nach dem Gericht von dannen. Die Entfernung von Jerusalem mag mit an der Verminderung der konkreten Züge schuld sein; Hauptsache ist aber die logische Anlage des Propheten; das Natürliche ist ihm nicht groß und würdig genug; das Übernatürliche muß sich im Unnatürlichen äußern; das Wunder gibt dem Göttlichen seinen Wert und äußert sich in Entrückungen und Erscheinungen; die abstrakte Vereinfachung des Gottesgerichts läßt die Idee, die sich in der konkreten Geschichte verhüllt, mit nackter Klarheit hervortreten. Jecheskel zuerst beschränkt durch seine Abstraktionsarbeit die Anschauungen vom Gericht und vom Aufbau Jerusalems auf ein Wesentliches; gewiß kam er sich dabei sehr sachlich und anschaulich vor; in der Tat beseitigte er alles Anschauliche und Lebendige und setzte Begriffe, Zahlen und Maße an seine Stelle; so gab er der Endzeit und dem neuen Jerusalem, deren Zeitgenosse er sein wollte, die apokalyptisch, zeitlich und anschaulich unbestimmten Züge, die ihrem Hinausrücken in die Ferne Vorschub leisteten. Es ist merkwürdig, wie dieser Mann, der im eigentlich Anschaulichen vollkommen versagt, sofort anschaulich gestalten kann, wenn es gilt Begriffe zu versinnlichen und zu konstruieren; das Natürliche ist ihm verächtlich; im Idealen wird er schöpferisch, manchmal bis zur Erzielung künstlerischer Wirkungen, wie bei der Vision von der Auferstehung aller Gebeine, die nichts ist als eine sinnbildliche Redensart, manchmal freilich nur bis zur Suggestion mathematischer Exaktheit und Ausführbarkeit seiner Entwürfe, wie bei der Konstruktion des neuen Jerusalem, das seine Göttlichkeit durch seine mathematisch-idealen Grundlinien, nicht mehr durch allzu naheliegende Friedens- und Gerechtigkeitsutopien beweist.

Zum Handwerkszeug der Prophetie gehören neben den Gesichten die symbolischen Handlungen. Sie sind bei Jirmeja ein Mittel starker Einwirkungen auf das Volk durch ihre einfache Anschaulichkeit; bei Jecheskel fehlt das Volk und die Anschaulichkeit; der Prophet benutzt sie als Mittel, um Geist zu zeigen und wird im Bestreben, anschaulich zu sein, abgeschmackt und platt. Ob er auf Jahus Befehl mit einem Ziegelstein und einer eisernen Pfanne Belagerung von Jerusalem spielt oder mit einem Schwert seinen Kopf rasiert und die Haare verbrennt, mit der Waffe in die Luft schlägt und zerstreut, wobei Gott hinter den Haaren sein Schwert zückt, ob er Brot auf Kot backt und abgewogen ißt, während er 390 Tage für Israel und 40 für Juda gebunden auf der Seite liegt und büßt, ob er ein Loch in die Wand bricht und im Dunkel auszieht — immer ist er armselig und voll Klügelei; er hat sich gewiß sehr viel dabei gedacht: bei den Bußzeiten scheint eine Zahlenspekulation hereinzuspielen, bei den ganz alltäglichen Dingen, die Gott zu seinen Offenbarungen wählt, mag er gedacht haben, daß der Gottheit nichts zu klein ist; auch exakt ist er immer — die Haare werden gewogen wie die knappe Speise. Ausgeführt hat er die Handlungen sicher nicht; zwischen dem Befehl, 430 Tage auf der Seite zu liegen, der an sich fast unausführbar ist, und dem nächsten datierten Orakel, das er empfängt, als er vor den Vornehmen Judas in seinem Hause sitzt, bleibt gar nicht Zeit genug dazu, wenn wir eine streng chronologische Ordnung der Orakel annehmen. Wir würden auch von Hohnreden der Verbannten hören, wenn er wirklich versucht hätte, diesen Unsinn in Taten umzusetzen.

Besonders bezeichnend für die Künstlichkeit und Kälte dieser Konstruktionen ist Jecheskels Verhalten beim Tod seiner Frau; »seiner Augen Lust« stirbt an einer Krankheit; er scheint ernstlich berührt gewesen zu sein; sofort aber kommt ihm der Gedanke, daß er nun wirklich etwas erlebt hat, das sich eindrucksvoll in einem Gleichnis verwerten läßt; er trauert offiziell nicht um sie zum Zeichen, daß um Jerusalems Fall keiner wird trauern können.

Die Reden Jecheskels sind ebenso künstlich und unlebendig, wie die symbolischen Handlungen; sie sollen als Gelegenheitspredigten in Nebenbuhlerschaft zu denen Ješajas und Jirmejas treten und der Prophet behauptet, daß er sie vor der unbußfertigen Gemeinde und den Vornehmen auf Anfragen und vom Geist getrieben gehalten habe; selbst wenn er aber im Mittelpunkt der Verbannten gesessen hätte, wäre die Lage und das Publikum ganz anders gewesen, als in Jerusalem; von einigen kleinen Gelegenheiten abgesehen, war nicht viel Anlaß zu Predigten. Jecheskel berichtet denn auch ganz naiv, daß die Spötter gesagt haben: »Trägt er nicht immer Gedichte vor?« und daß man sich zu ihm drängte, wie zu den Sängern von Liebesliedern. Kunstdichtung sind seine Bußpredigten, durch die er in die »Urkunde des Hauses Israel« Aufnahme zu finden hoffte; er war sehr stolz auf seine Fähigkeit zu dichten und berichtet nicht ohne Beiklang von Eitelkeit, daß die Liebeslieder nicht mehr Anklang finden, als seine Klagelieder.

Wie überall, knüpft er an die großen Vorgänger an und sucht sie in Schatten zu stellen. Er gestaltet ihre Bilder kunstvoll aus;

das Gleichnis vom hurerischen Weibe z. B. wird in zwei langen Kapiteln auf Samaria und Jerusalem als Schwestern und auf Jerusalem allein weiter ausgeführt; namentlich Kapitel 23 ist ein Musterstück geworden; mit gelehrter Akribie werden alle Einzelheiten der Buhlschaft genannt, mit frommer Schamlosigkeit zu Zwecken der Abschreckung ausgemalt; dabei bleibt das Ganze trotz der vielen Einzelheiten kraftlos und unanschaulich.

Die Sprache der Predigten benutzt judäische und selbst babylonische Vorbilder; »Ihr Berge hört das Wort des Herrn« klingt es wie bei Ješaja; wenn Jirmeja wünscht, in Tränen zu vergehen, so werden Jecheskels Knie zu Wasser; bei der Schilderung der Unterwelt, in die die Helden hinabfahren, ertönen babylonische Klänge. Er beherrscht nachahmend alle Formen.

Sein Eigentum ist die abstrakte bildarme Sprache des Gelehrten mit ihren Wiederholungen und Aufzählungen, in der die furchtbarsten Schrecken farblose Worte und schwülstige Ausdrücke werden und lange Listen ein unbegrenztes Wissen enthüllen. Die Orakel auf Ägypten und Tyrus sind als Bildungsbeweise besonders instruktiv.

Der Inhalt von Jecheskels Weissagungen ist dürftig, so weit er wirkliche Verhältnisse betrifft. Ein leidenschaftlich beteiligter Prophet hätte in dieser Zeit höchster Spannung andere Töne gefunden; er hätte an Jecheskels Stelle den Gefühlen der Verbannten Worte geliehen; als Bußprediger unter den allzu hoffnungsreichen, als Geißel der Abtrünnigen, als Tröster der Niedergeschlagenen hätte er Stoff genug gehabt; ein großer Dichter konnte schmerz- und genugtuungerfüllt Nabukudurriusurs Zug nach Jerusalem begleiten und Jahus Tag konkret ausmalen. Jecheskel sieht alle Möglichkeiten, ist aber viel zu unbeteiligt und viel zu theoretisch interessiert, viel zu wirklichkeitsfremd und unfähig zu dichterischer Ausgestaltung, um sie lebendig zu machen.

Er war überzeugt, daß die prophetische Idee richtig sein mußte; aus der Fortdauer der Sünde in Jerusalem folgte unmittelbar die Sicherheit von Jerusalems Fall; die Ankündigung der Zerstörung der Stadt ward so sein eines Thema. Der praktische Wert dieser Weissagungen im fernen Babylonien war gering; sie halfen vielleicht einige Hoffnungen zu zerstören, die das Einleben der Verbannten erschwerten; das war aber auch alles. Aber die Praxis ist Jecheskel völlig gleichgültig; die Zerstörung von Jerusalem ist der

Schlußsatz seiner logischen Formel — darum ist sie ihm das Nächstliegende.

Nabukudurriusurs Abmarsch gab ihm ein schönes Gedicht ein.

Vom Dasein der Verbannten interessiert ihn nur die Anfrage einiger Götzendiener; das gehörte zum Schema; er war gewiß sehr zufrieden, einmal Gelegenheit zu einer durch wirkliche Sünder in seiner Nähe herausgeforderten Rede zu finden; aber was eigentlich geschehen war, wird aus der Rede nicht im einzelnen deutlich.

Im übrigen sind die Verbannten Zuhörer; die Vornehmen sitzen vor ihm und harren der Auskunft; man kommt mit Fragen und aus Liebe zur Weisheit; man spottet wohl auch über die schönen Gedichte und zeigt Widersetzlichkeit — das alles ist Prophetenlos.

Ein Prophet dritten oder vierten Ranges wäre Jecheskel, wenn wir nichts besäßen, als seine Ansagen aus wirklichen Anlässen, die die erste Hälfte seines Buches füllen. Aber diese Stücke, die dem Propheten selbst und seinen Zeitgenossen sehr schön vorgekommen sein werden, sind im Grund nichts, als die Einkleidung seiner systematischen Leistung. Eine systematische Darstellung eines Stoffes philosophischer Art setzt eine sehr hohe logische Stufe voraus; erst die hellenischen Philosophen der Spätzeit haben sie erreicht. So muß der Systematiker der Prophetie Prophet bleiben, alle Äußerlichkeiten und Formen des Berufs nachahmen und festhalten, um seine logischen Gedanken irgendwie unterzubringen. Alle Schwächen und Abgeschmacktheiten Jecheskels sind die Folge dieses Zwangs; er muß sich, um seine Aufgabe, zu der er berufen ist, wie irgendeiner vor ihm zu seiner, zu erfüllen, in Formen fügen, die andere Talente fordern, als er besitzt; er tut das natürlich unbewußt; seine logische Begabung, seine Selbstkritik genügen nicht, ihm die Mangelhaftigkeit seiner Leistung auf fremdem Boden zu zeigen; er fühlt sich als gottbegnadeten Künder der einzigen Wahrheit, als Thronfolger Ješajas und Jirmejas, ja als Verbesserer ihrer Anschauungen; er fordert den Vergleich heraus und ahnt nicht, daß seine mühsame verstandesmäßige Arbeit, seine »schöne« und seine »klare« Sprache, seine Ansammlung von Bildern und von gelehrten Kenntnissen, seine schwülstige Konstruktion der Berufungsszene und seine geistreichen symbolischen Handlungen die großen Dichterpropheten einfach parodieren. Neu und groß ist Jecheskel, wo er mit seinem kühlen Verstand aus dem Vorliegenden klare Folgerungen ziehen kann;

neben den logisch ausgleichenden Klügeleien ist ihm hier einiges Bedeutende gelungen; auch wo er ungebunden in seinem abstrakteren Stoff konstruieren kann, schafft er neue Werte. Seine logisch systematische Leistung ist im eigentlichen Judentum nicht übertroffen worden; mit dem Judentum als Weltanschauung mußte allerdings der Logiker fallen, der seine Stufe vertrat; großen Dichtern tieferer Stufen kann auch höheres Denken und Fühlen leicht gerecht werden; höhere Logik hat für ihre niederen Vorstufen nur Verachtung; im Gebiet des Verstandes ist das minder Verständige unverständig, falsch, wenigstens so lange, als die Logik nicht gelernt hat, sich selbst als geworden und relativ zu begreifen.

Der Weltgott Jecheskels entsteht durch harmonistische Verarbeitung der prophetischen Angaben und einzelner babylonischer Elemente.

Die prophetische Überlieferung läßt ihren Gott als Schöpfer und Herrn der Welt irgendwo im Himmel oder im Unbestimmten über der Welt thronen, daneben aber im Tempel zu Jerusalem seinen Wohnsitz haben. Er ist ein ungeheures, eigentlich unter keiner Gestalt und keinem Bild vorstellbares Wesen, aber Ješaja sieht ihn menschlich im raucherfüllten Tempel sitzen, Jirmeja läßt ihm Stimme und Arm, und das Jahubild im Tempel wird auch nach der Einführung des Gesetzes von den Königen verehrt, von den Propheten geduldet. Er ist einzig; nicht nur alle anderen Götter, auch alle Diener verschwinden bei Jirmeja neben ihm; Ješaja läßt ihm die Seraphim. Sein inneres Wesen gestaltet namentlich Jirmeja ins menschliche aus.

Jecheskel ist zunächst konsequent in der Frage der Verehrung Jahus unter einem Bild im Tempel; er kann das ohne Gefahr fern von Jerusalem und seinen fanatisierten Massen; in einem Gesicht führt ihn Jahu in den Tempel und zeigt ihm neben Resten der beseitigten Kulte, Sonnen- und Tammusdienst, sein eigenes Bild als »Eiferbild« und Greuel; die Szene ist ein Gegenstück zu der Vision des Amos, in der Jahu am Altar stehend sein Bild zerschlagen haben will. Kein Bild soll verehrt werden, auch keines Jahus.

Jahu wohnt im Tempel zu Jerusalem; daran ist nicht zu rütteln. Aber stärker als seine Vorgänger betont Jecheskel, daß Jerusalem ursprünglich gar nichts mit dem Gott zu tun hat; Amoriter und Chethiter haben die Stadt gebaut; Jahu hat sie ohne Verdienst erhöht. Nicht von Jerusalem, von Norden her kommt Jahu zur ersten Vision gefahren; wenn er im Tempel weilt, so warten die Kerube vor der Tür und entführen ihn dann nach Osten. Die lokale Bindung des Gottes ist gelockert; im neuen Jerusalem könnte man ihn fester gebunden denken; im alten ist er nur zu Gast. Die unbestimmte Wohnung im Weltall paßt aber Jecheskel auch nicht recht; er lokalisiert sie; im Norden denkt er sich die Heimat des Gottes; ob damit der Himmelspol oder ein Analogon des Götterberges gemeint ist, immer liegen babylonische Vorstellungen zugrunde; sie regen wenigstens an; fortgebildet sind sie dem höheren Denken brauchbar.

Die Gestalt Jahus darf nicht geschildert werden; mit vorsichtigen Umschreibungen kommt etwas Menschenähnliches, mit »etwas wie Hüften« und »etwas wie ein Arm« heraus; der Rest ist Erz- und Feuerglanz, Wolken, Feuer und Regenbogen als Gewand. Der Gott kann greifen und hinreichen, sowie sprechen, wie bei Jirmeja.

Ursprünglich hat Jecheskel offenbar die Absicht gehabt, seinen Gott ohne Diener zu lassen; die Kerube sind nur Thronträger. Ohne Vermittler verhandelt der Gott mit Jecheskel in der Vision; höchst persönlich erscheint er und versetzt ihn nach Jerusalem (denn der Mann aus Glanz und Feuer, Kap. 8, 2 kann nur Jahu sein). In der weiteren Entwicklung muß er sich entschließen, Jahu Diener zu geben; ein unbestimmtes Wesen dieser Art wird der »Geist«; bestimmter erscheinen sechs Männer.

Der »Geist« ist keineswegs eine klare Vorstellung; in der Berufungsvision kann man ihn so verstehen, daß er etwas Seelenartiges im Propheten selbst ist, nicht Jahu zugehörig. Wenn aber 8, 3 »Geist« den Propheten nach Jerusalem trägt, hier von einer Stelle zur anderen versetzt und schließlich zurückbringt, so kann das nur Jahus Geist sein; an anderer Stelle steht auch die Hand Jahus an seiner Statt. Die Unterscheidung eines Geistes in der Gottheit ist nichts Neues; wie die Menschen und die Kerube hat der Gott seine Seele, seinen »Ka«; neu ist nur die Verwendung dieses Teils zur Vergeistigung der Gottheit, als Diener, der den Eingriff einer Hand unnötig macht.

Die sechs Männer werden nötig bei der Vision von Jerusalems Zerstörung; der Gott kann verurteilen und sein Gesicht abwenden, töten darf er nicht selbst, ohne seine Reinheit zu verlieren, wenigstens nicht schlachten. Ob Jecheskel auch hier eine babylonische Anleihe gemacht hat, ob der Schreiber Nabu ist und die fünf anderen

Gestirngötter sind, oder ob er ganz abstrakt eben hinstellt, was er braucht, einen »Mann«, der zeichnet (als Gelehrter ist er in unschuldiges Linnen gekleidet und entwirft später den Plan der Stadt Jerusalem) und fünf »Männer«, die morden und brennen, mag dahingestellt bleiben.

Jahu ist Weltgott, Weltschöpfer und Herr der Natur; die Feste ist die Tragfläche seines Thrones, ein Bestandteil seines Wagens; Blitz und Donner, Erdbeben und Regenbogen sind die Begleiter seiner Erscheinung.

Weltgott ist er auch als Herr aller Völker. Israel hat er erwählt, aber für die anderen ist er nicht weniger vorhanden; freilich müssen die Feinde seines erwählten Volkes bestraft werden: Edom und die Philister haben Israel rachgierig mißhandelt, Moab und Tyrus haben sich über seine Schmach gefreut, Ägypten hat es in der Not verlassen; anderseits aber sind sie doch Menschen; sie sündigen wie Israel durch Götzendienst und Abfall vom einen Herrn; Tyrus dünkt sich Gott, der Pharao meint, er habe den Nil gemacht; ihr Abfall, ihr Übermut und ihr Menschenvertrauen muß bestraft werden, soll bei Ägypten sogar wie bei Israel durch Wegführung und Zerstreuung gerächt werden und nach der Buße in Heimkehr enden; das heimgekehrte Israel wird nur als typischstes Beispiel für Jahus Macht den Kern einer Jahugemeinde bilden, die sich über alle Völker ausdehnt.

Das alte nationale Schema hängt dem neuen Bild nur äußerlich an; die Weltherrschaft Israels, früher ein Trost im nationalen Unglück, wird zu einer priesterlichen Vorzugsstellung Israels in einer Weltgemeinde; der nationale Ehrgeiz wird ins Geistige gewiesen, der Volksname Gemeindename. Es soll nur Gott und Menschen geben. So sind Jecheskels Klagelieder um Tyrus und Ägypten nicht nur dichterische Prunkstücke; der Weltbürger beklagt den Fall herrlicher Menschenwerke; Ješaja und Jirmeja hätten Triumphlieder angestimmt.

Jahus inneres Wesen hat alle Züge, die ihm Jirmeja verliehen; Jecheskel hat nur das Subjektive in Jirmejas Vorstellungen objektiviert und manches aus seiner eigenen Empfindungswelt hinzugefügt.

Jahu ist allmächtig; er handelt nach seinem Plan, unbeeinflußbar und unerbittlich. Was er tut, das tut er »um seines Namens willen«, zum eigenen Ruhm vor aller Welt. Der »große Name« der Gottheit spielt in der Zauberei und im Gottesdienst der Ägypter und Babylonier eine Rolle; es ist nicht unmöglich, daß er vergeistigt in der Bedeutung von Jahus heiligem Namen nachklingt.

Jahu ist die einzige Kausalität in der Welt; das geht so weit, daß geradezu der Anschein erweckt wird, er selbst habe das Volk durch »Satzungen, die nicht ersprießlich waren und durch Rechte, mit denen sie ihr Leben nicht erhalten konnten«, verblendet; freilich wird dieser logische Ansatz zur strengen Prädestination nicht weiter entwickelt; er hebt die Grundlagen der prophetischen Anschauung von Jahus Zorn über die Sünde auf.

Viel wichtiger sind die menschlichen Züge in Jahus Bild. Der große Lenker der Welt ist ein aufgeklärter Monarch, voll Nachsicht und Verständnis für seine Untertanen, bereit jedem Frommen Rede zu stehen, ein Mann, der mit Begründungen und Verantwortungen operiert, gerecht im Zorn und maßvoll.

Die Nachsicht Jahus mit seinem Volk geht nach Jecheskels Darstellung so weit, daß die Gottheit beinahe schwächlich erscheint. Jahu hat den Bund mit den Nachkommen Jakobs in Ägypten geschlossen (bis hierher wirkt die Erinnerung nach, daß es sich bei der ägyptischen Sage ursprünglich um eine Jakobsgeschichte handelt), er hat sich ihnen als Gott zugeschworen und ihnen ein Land versprochen, in dem Milch und Honig fließt, das er für sie ausgekundschaftet — nur vom ägyptischen Götzendienst sollen sie lassen. Sie tun das nicht, ungestraft, denn Jahu will seinen Namen nicht durch ein Strafgericht entweihen. In der Wüste gibt Jahu Gesetze und befiehlt zur Unterscheidung von den Heiden die Sabbatheiligung; das Volk bleibt ungehorsam, und Jahu schwört, es nun nicht ins gelobte Land zu bringen. Aus Mitleid führt er die Söhne doch nach Palästina; nun geht der Abfall erst recht los; Israel, Juda, Jerusalem, das Kind des Amoriters und der Chethiterin, alle fallen ab; man begreift, daß Jahu die Geduld verliert und schwört, das Volk zu zerstreuen.

Ein bezeichnendes Beispiel für Jahus Rücksicht auf die Frommen ist die Versüßung von Jecheskels Buch.

Daß der Gott eines Gelehrten wie Jecheskel Verständnis für Argumentationen aller Art hat ist selbstverständlich; er gibt sehr ausführlich seine Gründe an, rechtfertigt seinen Zorn wie ein Advokat; wortreich und unmißverständlich sind seine Instruktionen. Die leidenschaftlichen Ausbrüche, in denen Jirmeja mit Gott rechtet, sind bei Jecheskel unmöglich.

Der nachsichtige Gott mit seinem starken Rechtsbewußtsein ist peinlich gerecht, wo er straft. Bei seinem Gericht über Jerusalem vergißt er nicht, die Unschuldigen durch seinen Engel zeichnen zu lassen, damit sie dem Schwert der Würger entgehen; die Szene, das Urbild ähnlicher Züge in der Geschichte des Auszugs aus Ägypten, wird ergänzt durch die letzte Rede Jahus bei Jecheskels Berufung, in der der Prophet für das Blut aller Sünder verantwortlich gemacht wird, die infolge seiner Saumseligkeit unverwarnt dem Gericht verfallen. In zwei langen Reden, Kap. 14 und 18, wird endlich ganz ausführlich und ausdrücklich gegen die Möglichkeit einer Verletzung Unschuldiger durch Jahus Gericht protestiert. Bei jedem Gottesgericht würden Noah, Daniel und Hiob gerettet werden; das Sprichwort: »Die Väter haben saure Trauben gegessen, den Kindern sind die Zähne davon stumpf geworden«, ist eine Verhöhnung Jahus. »Fürwahr, mein sind die Seelen; die Seele des Vaters, wie die Seele des Sohnes — mein sind sie; die Seele, welche sich vergeht, die soll sterben; aber wenn einer fromm ist und Recht und Gerechtigkeit übt, der soll sicher am Leben bleiben, ist der Spruch des Herrn Jahu.«

Das wird breit ausgeführt. Der frevelhafte Sohn des Frommen und der Fromme, der von seiner Frömmigkeit läßt und sündigt, beide sind dem Tod verfallen; der fromme Sohn des Frevlers und der reuige und bekehrte Frevler selbst sollen leben; auf dem Frommen ruht seine Frömmigkeit, auf dem Gottlosen seine Gottlosigkeit. Die Seele erntet, was sie sät; keins erntet den Lohn, trägt die Schuld des anderen; jedes wird nach seinem Wandel gerichtet. Die Sünder sollen sich ein neues Herz und einen neuen Geist schaffen, dann leben sie, denn Gott hat kein Wohlgefallen an Strafgerichten. Aber die Unbekehrten, die Seelenmörder vor allem, die Zauberer und Hexen, die Fromme leiden machen und Böse retten, vernichtet seine Gerechtigkeit.

Ansätze zu dieser Lehre sind in dem wunderbar geretteten Rest des Volkes bei Amos und Ješaja und persönlicher gefaßt bei Jirmeja vorhanden; so klar und grundsätzlich ausgesprochen hat aber erst Jecheskel diesen wichtigsten Teil der jüdischen Weltanschauung. Neu ist nicht die Auffassung, daß Sünde und Leiden, Frömmigkeit und Wohlergehen eins sind; praktisch war das schon den Babyloniern geläufig. Neu ist die theoretische Formulierung dieses Grundsatzes und die logische Forderung, daß er überall gelten und in der

Wirklichkeit wiedergefunden werden muß. Neu ist weiter seine Übertragung vom Kollektiv-Ich, dem Volk, auf jeden einzelnen im Volk. Die theoretische Fassung zeigt den logischen, die persönliche den individuellen Fortschritt jüdischen Denkens.

Die Anwendung des Grundsatzes auf das Individuum hat die Umwandlung der judäischen Geschichtsphilosophie in eine Religion für die Bedürfnisse des Einzelnen, in eine Weltreligion zugleich, ermöglicht; anderseits freilich hat sie im Alltagsleben diese Grundidee so vielen Nachprüfungsgelegenheiten ausgesetzt, daß man wohl sagen kann, daß mit diesem Schritt die Aufhebung der Grundidee, die Auflösung des Judentums beginnt.

Eine logische Lücke hat Jecheskel selbst gelassen; es gibt für ihn, wie für die Babylonier, Hexen, die das Grundgesetz göttlicher Gerechtigkeit durchbrechen können, indem sie Fromme peinigen, Sünder retten; Gottes Allmacht kommt dabei schlecht weg, wenn auch diese Sünde besonders gestraft wird.

Von einer Scheidung von Sünde und Strafe ist nicht sicher die Rede; »Sünde« ist für Jecheskel, wie für den Babylonier, die Schuld und das Leiden, das sie verursacht.

Doch kommt Jecheskel auch in seiner Betrachtung der Sünde zu einem logischen Fortschritt, zu einer Oberbegriffsbildung, einer Einheit. Es gibt nur Gott und Mensch und zwischen beiden e i n Verhältnis von Bedeutung; dies kann gut oder schlecht sein; gut ist es als Einklang mit Gott, Frömmigkeit, Gerechtigkeit, schlecht als Abfall von Gott, Sünde, Gottlosigkeit.

Liest man die Reden Jecheskels durch, so kann man den Eindruck bekommen, daß für diesen Propheten, der im Exil gar nichts mehr von dem Götzendienst des Volkes sah, der Götzendienst fast die einzige Sünde, wichtiger als alle moralischen Verfehlungen ist. Aber dieser gröbste Abfall ist Jecheskel nur der abstrakte Oberbegriff, der Typus, der alle andern Sünden in sich beschließt; das Sündenregister Kap. 22 und viele andere Stellen zeigen, daß Jecheskel im einzelnen dieselben moralischen Verfehlungen als Sünde ansah, wie seine Vorgänger; er faßte sie nur unter einer Etikette zusammen. Das Schicksal des Volkes Israel beginnt Gleichnis zu werden für das Geschick aller Menschen; seine klassische Sünde, der Abfall, wird aller Sünden Sünde; wie Israel mit seinem Nachlaufen hinter den Götzen sich von Jahu undankbar abwandte, den Bund brach, so brechen alle Sünder mit jeder Sünde den Bund mit Gott, fallen undankbar ab.

Vollkommen durchdacht ist das freilich bei Jecheskel nicht; er meint seine Reden gegen das Volk nicht etwa bildlich, er trennt auch nicht klar Volk und Einzelne; aber er erweitert die alten Begriffe so stark, daß diese Entwicklung möglich wird. Israel wird aus einem Volk zur Menschheit, statt Israeliten und Fremde gibt es hinfort Gottes Gemeinde und Heiden, Fromme und Gottlose, statt durch Geburt bestimmt sich das Los des Einzelnen durch sein Verhalten zu Gott, durch seine Einsicht und Charakterstärke.

Es ist gewiß kein Zufall, daß gerade bei diesem Propheten, der alles Überlieferte dehnt, auch die Urgeschichte des Volkes zuerst nach oben ausgedehnt erscheint. Höher als bis zum ägyptischen Aufenthalt ging bis dahin die prophetische Legende nicht, wenn man von der Weltschöpfung Jahus absieht. Nun erscheinen die Namen Noahs, Abrahams, Daniels, Hiobs; zwei davon sind Fromme vor dem Bund, Hiob ist ein Frommer außerhalb des Bundes; Israel dehnt sich zur Menschheit und nimmt babylonische Elemente, wieder stark weitergebildet, in seine Geschichte auf.

Die Geschichte der Wüstenzeit ist namentlich durch die früheren Sündenfälle und die Verfluchungen und Vergebungen Jahus gegliedert. Das Streben zur Einheit aller Erklärungen ist deutlich; das Volk war immer sündig; vom ersten Tage an hat es Jahus Willen nicht getan; Abfall in Ägypten, Abfall in der Wüste, Abfall im Land; die Gipfelung durch die Sünde des ersten Menschen ist geradezu gefordert. Die Bearbeiter sind hier nur teilweise Jecheskel gefolgt.

Die Königszeit ist Jecheskel gleichgültig; ihm liegt am abstrakten System; ob ein König durch Frömmigkeit sein besseres, durch mehr Abfall sein weniger gutes Los verdient hat ist ihm wie alles wirklich Geschehene neben seiner Idee gleichgültig. Auch hier sind die Bearbeiter anderer Ansicht gewesen; die Gesamtentwicklung hat namentlich in der apokalyptischen Literatur, die das abstrakt Philosophische immer mehr herausarbeitet, Jecheskel später recht gegeben.

Die abstrakt zeitlose Bearbeitung der Endzeit und der folgenden Zeit des Gottesreiches hat Jecheskel in Vollendung seines Systems mit ungeheurer Wirkung unternommen. Die älteren Propheten setzten das geschichtliche Jerusalem und geschichtliche Feinde voraus;

Jecheskel arbeitete mit Konstruktionen und Typen. Die Älteren gaben natürlich geschehene Schrecken beim Untergang eines kleinen Staates durch einen überstarken Feind; Jecheskel schildert das Ende einer philosophischen Welttragödie. Nur einzelnes bei Ješaja war fähig, den Wettbewerb durch seine Idealität auszuhalten; aber Jecheskel war den Zeitgenossen und allen folgenden Geschlechtern lieber, weil er wissenschaftlicher war, begrifflicher, zahlenmäßiger, von exaktem Geist getragen; Ješajas Phantasien können begeistern; wenn Jahu über alle Höhen fährt oder das Lamm beim Löwen weidet regt sich die mitschaffende Phantasie; Jecheskel besticht den Verstand; er gibt eben so viel Anschauung, daß man versucht ist, sie mit dem konkreten Leben seiner Zeit zu füllen, eben so viel exakte Zahlen, daß man an reine Phantasien nicht mehr glauben kann und eine festere Grundlage annimmt. Die jüdische Entwicklung drängt dem Rationalismus, der exakten Wissenschaft, der Logik zu; sie bleibt auf halbem Wege stecken; aber die rationalen, logischen und mathematischen Elemente sind ihr ein Gegenstand des Stolzes und verstärken den Zauber eines Propheten.

Jerusalem wird wegen seines Götzendienstes und der Eigensucht seiner Vornehmen zerstört; Sünde und Strafe fallen zusammen; eben sieht Jecheskel die Abtrünnigen zu dem Vieh und Gewürm Israels, zur Sonne und zu Tammus beten, die Vornehmen Unheil planen, und schon erscheinen die sechs Männer; der Schreiber zeichnet die Unschuldigen, der Mord beginnt; von Jahus Wagen nimmt der Schreiber die Kohlen zur Einäscherung der Stadt, und Jahu zieht nach dem Berg im Osten der Stadt. Das Gericht ist vollzogen, das Exil hat auch für die letzten aus Juda begonnen.

Nun naht die Segenszeit. Jecheskel fügt auch in ihr alle Vorlagen aus älterer Zeit zur Einheit zusammen, vereinfachend und erweiternd, immer idealisierend. Ješajas Staat des wunderbaren Friedens und der idealen Gerechtigkeit, Jirmejas Volk aus Norden kehren in seinem Entwurf wieder; daneben regen babylonische Ideen von ritueller Reinheit und allerlei Zahlenspekulationen seine konstruktive Phantasie an.

Die Erlösung des Volkes wird dadurch geschehen, daß Jahu die schlechten Hirten beseitigt, die verdorrten Gebeine belebt und die Unreinen reinigt.

Die bisherigen Hirten Israels haben ihre anvertrauten Schafe ausgenutzt und geschlachtet, statt sie zu pflegen; sie sind schuld an der Zerstreuung der Herde. Nun wird Jahu selbst seine Schafe sammeln. Er wird richten zwischen den einzelnen Schafen, Widdern und Böcken; die gewalttätigen, die die Weiden zertreten und das Wasser trüben, sollen ihre Kraft verlieren, nicht mehr drängen und stoßen. Dann wird er seinen Knecht David als fürstlichen Hirten einsetzen; in einem Paradies, sicher vor wilden Tieren, soll er seine Herde hüten. Die beiden Bilder Ješajas sind kunstvoll in eins verschmolzen; die Utopie vom Frieden aller Tiere ist rational abgeschwächt; offenbar erschien sie zu unwahrscheinlich. Das Bild ist ein Stück Hirtendichtung, mit Liebe geschaffen; wir befinden uns im Zeitalter der pastoralen Dichtung, die die Erzväterlegenden mit der Natur- und Natürlichkeitssehnsucht rationaler Zeitalter sentimental ausgestaltet.

Ein ganz gewöhnliches Lob babylonischer Götter, namentlich des Marduk, in Hymnen zu Heilzwecken ist die Versicherung, daß sie Tote erwecken können; das ist nicht wörtlich gemeint; sie können niemand aus der Unterwelt befreien; der Ausdruck bezeichnet nur die Rettung Kranker aus äußerster Erschöpfung. Dies Bild wendet Jecheskel auf sein Volk an; auch er glaubt nicht an eine Auferstehung der Toten; nur die Lebenden, der elende Rest des aufgezehrten Israel, werden neu belebt. Sein feierlicher Ruf läßt die Gebeine, die die Talebene füllen, zusammenrücken, sich mit Sehnen und Fleisch überziehen; ein zweiter Ruf befiehlt dem Wind, sie zu beleben.

In denselben medizinischen Vorstellungskreis gehört die Reinigung des unreinen Volks durch reines Wasser; Jahu gibt Israel ein neues Herz, legt seinen Geist in sein Inneres und schafft, daß es nach seinen Satzungen wandelt. Das Volk wird bereuen und über seinen alten Wandel erröten; ein heiliges Volk im heiligen Land wird es hinfort sein.

Noch einmal werden die Unreinen aufstehen, die Völker vom äußersten Norden und alle Heiden; aber Jahu sendet sie nur, um sie vor aller Welt zuschanden zu machen.

Die Verwendung der babylonischen Vorstellungen aus medizinischen Hymnen zeigt wieder den Fortschritt; in Babylonien werden diese Bilder in den Dienst einer medizinischen Spekulation gestellt, sie bleiben praktische Mittelchen zu praktischen Zwecken; bei Jecheskel wachsen sie zu großen philosophischen Visionen aus und werden auch innerlich vertieft, wie die Reinigung zur Erneuerung des Herzens. Die Bußhymne drängt zur Hiobsdichtung.

Das Volk Jahus ist hier anscheinend nur der nationale Rest von Israel, die zwei Stäbe, die Jahu zusammenbindet, Joseph und Juda. Namentlich die Heranführung aller Heiden und ihre Vernichtung macht einen ganz chauvinistischen Eindruck. Sieht man genauer zu, so sind die Reste aus Israel, als dem Gericht entgangen und erlöst, weniger national als typisch rein; das macht sie zum Kern aller Reinen und Frommen. Die zwölf Stämme bekommen das heilige Land — das verlangt die Überlieferung; aber die Fremdlinge unter ihnen haben teil am Besitz des Stammes, bei dem sie wohnen.

Merkwürdig verschoben hat sich auch der alte Hauptgedanke von der Sünde des Volkes als Ursache seiner Leiden. Die Vornehmen sind schuldig; hier wird die demokratische Tendenz sichtbar. Das Volk ist unrein; aber Jahu hat jeden Augenblick die Möglichkeit, ihm andere Herzen zu geben; wenn er es nicht längst getan hat, kann dies eben nur daran liegen, daß er die Zeit nicht für gekommen hielt. Die Idee von der ausschließlichen göttlichen Kausalität verlangt, daß Gott alle Steine auf dem Brett der Welt nur nach seinem Plan, zu seiner Verherrlichung schiebt; da er mit sich selbst spielt kann es eigentlich keine Schuld geben. Israel, sein erwähltes Beispiel für alle Völker, sein Knecht, wird von ihm zu seinen Zwecken verblendet und hat nur Leiden von seiner Erwählung; ein Recht auf Entschädigung kann daraus abgeleitet werden. Die Entwicklung der Gottesidee und die veränderte Lage nach Jerusalems Fall wirken hier zusammen.

Das neubelebte und gereinigte Volk zieht in das Land seines Gottes zum neuen Bunde ein. Jecheskel entwirft nach Jahus Anweisung den Grundriß des Gottesstaates und seines Tempels.

In der Mitte des Landes soll ein Gebiet von 25000 Ellen im Geviert für Jahus Hauptstadt ausgeschieden werden; natürlich ist es die Gegend des alten Jerusalem. Ein Teil bleibt davon zur Besiedelung aller Stämme freigegeben und soll zur eigentlichen Stadt werden; ein zweiter soll den Leviten gehören; der wichtigste Teil ist der dritte, der den Söhnen Sadoks zufallen soll.

Hier steht der Tempel. Er besteht aus einem äußeren und einem inneren Vorhof, einer Säulenhalle und einem Allerheiligsten, und ist nach Osten orientiert. Die genau angegebenen Maße sind runde Zahlen und relativ klein. Alte Erinnerungen an den salomonischen Tempel, babylonische Vorbilder und freie Konstruktion werden zusammengewirkt haben, um das Ideal zu schaffen.

Wie frei die Phantasie waltete, zeigt die Angabe, daß unter der Tempelschwelle ein heiliger Fluß hervorbrechen werde, der das Land mit Fischen versorgen und das Tote Meer reinigen solle.

Das ganze übrige Land wird in parallele Streifen gleicher Größe geteilt und unter die zwölf Stämme verlost; wahrscheinlich ist vorausgesetzt, daß Jahu alles Land gleich fruchtbar machen und die Unterschiede von Gebirge und Ebene tilgen werde.

König ist im Gottesstaat Jahu, der von Osten her den Tempel bezieht, worauf das Haupttor für alle Zeiten geschlossen werden soll.

Ein König-Hirte aus Davids Haus ist auch da; Bedeutung hat er keine. Seine Aufgabe ist, Steuern einzutreiben und Opfer anzuordnen; ein paar Vorrechte vor den Laien und Leviten stellen ihn den Priestern im Tempel nahe, aber nicht gleich. Land soll er haben — was rechts und links von der mittleren Hufe übrig bleibt; das ist sehr wenig oder nichts; dazu kommt noch die beleidigende Begründung dieser Schenkung: »damit er hinfort das Volk nicht zu vergewaltigen braucht«. So ist er Knopf auf dem Kirchturm.

Der wichtigste Stand im Staat sind die Priester im engeren Sinn, die Söhne Sadoks, die nun nach der Zerstörung des Tempels von den Leviten geschieden sind. Sie sind bevorzugt, weil sie allein Jahu immer treu geblieben sind, während die Leviten Höhenpriester geworden waren.

Die Sadoksöhne allein betreten das eigentliche Heiligtum, namentlich ist der innere Hof ihr Feld. Sie sind allerlei Reinheitsgeboten unterworfen, die mit babylonischen Vorschriften vielfach übereinstimmen. Eigentum dürfen sie nicht besitzen.

Dafür sind sie die einzigen, die vor Jahu treten und opfern dürfen; sie sind Lehrer des Volkes, die den Unterschied von heilig und profan, rein und unrein bestimmen; das Gesetz ist in ihrer Hand.

Alle andern bleiben auf den äußeren Vorhof beschränkt. Hier ist das Gebiet der Leviten; hier zirkulieren die Laien vom Nord- zum Südtor und beten am Tor zum inneren Hof, der an den Festtagen offen steht, an. Sie alle sind dem Gesetz und seinen Vertretern unterworfen.

Fremdlinge haben zum Tempel keinen Zutritt.

Nach manchen Anläufen bei den älteren Propheten und bei Jecheskel selbst sollte man eigentlich etwas anderes erwarten als die engherzige Konstruktion, die uns vorliegt. Das gereinigte und heilige Volk im reinen und heiligen Land sollte nicht so streng von seinem Gott geschieden sein; wem Jahu seinen Geist verleiht, der darf auch vor ihn treten. Auch eine andere Stellung des Hirten erwartet man und ein moralisches Staatsgesetz.

Trotzdem glaube ich nicht, daß viel an Jecheskels Entwurf verändert worden ist. Ansätze sind keine fertigen Grundsätze; Jecheskel bleibt überall im Alten stehen; er systematisiert und verarbeitet, aber er scheidet nicht grundsätzlich Gemeinde und Volk, persönliche und nationale Fassung der Religion. Vom Standpunkt des Systematikers und Ausgestalters der prophetischen Gedankenwelt ist sein Entwurf durchaus logisch. Er füllt eine Reihe sichtbarer Lücken.

Kein Mensch hat bis dahin daran gedacht, daß die Rückkehr des Volks in ein leeres und verwüstetes Land ohne Hauptstadt und Tempel erfolgen würde, daß also hier vorgedacht werden mußte. Wie gewöhnlich entwickelt Jecheskel keinen eigentlichen Wirklichkeitssinn bei diesem Vordenken. Er sieht das Land leer, wie eine gleichmäßig ebene und fruchtbare Fläche zwischen Jordan und Meer; die Städte und Völker dort, die Bodenunterschiede bestehen nicht oder nach Jahus Eingreifen nicht mehr. Mittelpunkt muß Jerusalem sein; ein Quadrat, nach Norden und Süden je sechs rechteckige Streifen — das ist die einfachste Teilung. Die Stämme, ohnehin Konstruktionen, werden als gleich stark angesetzt; die Verteilung erfolgt formal durch das Los.

Mathematisch wird der Tempel entworfen. Das ist ebenfalls eine Sorge, die bis dahin vernachlässigt war; Jahu muß doch wohnen, wenn er kommt; dem Theoretiker ist das wichtiger, als alles andere. Auch hier konstruiert er aus schönen runden Zahlenverhältnissen heraus; die reinen mathematischen Formen sind der Gottheit würdig. Die Küchen vergißt er.

Endlich muß für rechten Gottesdienst gesorgt werden; Jahu muß, rein und heilig wie er ist, reine und heilige Diener haben. Daß der Priester von Geburt, wohl aus Sadoks Haus, hier den Vorurteilen seiner Kaste verfiel, daß er nicht an allgemeine Priesterschaft dachte, kann bei dem Stand der Entwicklung nicht Wunder nehmen. Niemand hatte daran gedacht, den Tempel, den gereinigten Gottesdienst und den Priesterstand abzuschaffen; Jecheskel ist nur logisch, wenn er das bildlose Idealgebäude, die reinsten Priester und den reinsten Dienst der Gottheit vorzeichnet; die Entfernung der »Leviten« und der Laien aus dem inneren Tempel ist ebenso konsequent, wie die Beschränkung der Könige und die vollkommene Vernachlässigung der Propheten; Jahu ist König; Propheten braucht er nicht im Zukunftsstaat.

Alles übrige ordnet das Gesetz, zunächst Jošijas Gesetz, das gerade in dieser Zeit in eine Periode der Umbildung und Erweiterung getreten sein muß.

An die Stelle eines göttlichen Rechts- und Friedensstaats setzt Jecheskel einen Priesterstaat mit Jahu als König und dem rituell erweiterten und den Verhältnissen des Exils angepaßten Gesetz als Bundesurkunde. Er bereitet damit die neue Organisation der jüdischen Gemeinde vor. Der Zukunftsstaat Jecheskels ist ins Leben getreten und hat Jahrhunderte bestanden.

Die Konstruktion des Zukunftsstaats Jecheskels, ergänzt gedacht durch das Gesetz Jošijas, ist ein Vorläufer von Platons Idealstaat. Die Vernunft, die ihre Forderungen aufstellt, ist bei Jecheskel anthropomorph und offenbart sich in übernatürlichen Gesichten; anthropomorph greift sie zur Verwirklichung ihres Planes in die Geschichte ein. Ein Staat der Vernunft, der Gerechtigkeit und der Menschlichkeit soll entstehen; ein Stand von Philosophen, Kennern der Weltanschauung von Beruf, soll ihn aristokratisch und unbeschränkt regieren. Der Unterschied liegt nur in der verschiedenen Höhe der Fähigkeit, abstrakt und logisch zu denken; Platon besitzt die Übersicht und Logik, die Jecheskel und allen Propheten fehlt. So bleibt der Idealstaat der prophetischen Wissenschaft ein Gottesstaat, ein Priesterstaat, ein Staat ritueller Formen und bunter Gesetzesvorschriften mit autoritativer Geltung, ein Staat phantastischer Hoffnungen auf wunderbare Änderungen in der Natur Palästinas und mathematischer Konstruktionen von Landgebieten und Gebäuden.

Wie jede Zeit großer Spannung und Erregung in dieser schöpferischen Epoche Judas ihren Propheten erzeugt, so tut es die letzte Periode des Exils. Jecheskel scheint mit einer 50jährigen Verbannung gerechnet zu haben; rechnet man 50 Einheiten zu den 390 plus 40 Tagen, die er für Israel und Juda büßt, so ergibt sich die Summe 480, 12 mal 40, d. h. er setzt die Gesamtdauer der israelitischen Geschichte auf 12 Menschenalter zu 40 Jahren an; auch die Ankündigungen vom neuen Jerusalem im 25. Jahr, d. h. in der Halbzeit, gehören hierher. Aber die 50 Jahre waren vergangen und die Verbannung dauerte fort. Die Lage der Juden war nicht unerträglich; Jechonja war begnadigt, die Gemeinde muß an Reichtum und Ansehen zugenommen haben — aber was war das gegen die überschwänglichen Hoffnungen auf Jahus Reich? Endlich erschien Kyros; schon sein erstes Auftreten muß bei den Herrschenden in Babel Schrecken, bei den Verbannten Hoffnungen geweckt haben — aber er kam noch für Jahre nicht nach Babylonien; um so heftiger war die Erregung, als er siegreich vom Ende der Welt zurückkehrte und die Stadt einschloß. Die Zeit der Belagerung muß für die jüdische Gemeinde besonders schlimm gewesen sein; nicht nur, daß der Handel stockte und Entbehrungen zu dulden waren; die herrschenden Kreise und das Volk von Babel werden kaum sehr schonend mit einer Schicht umgegangen sein, die durch Abstammung, Absonderung und kaum verborgene Hoffnungen auf Babels Untergang des Verrats verdächtig war.

In dieser Zeit von Kyros' Anmarsch und der Belagerung der Stadt erscheint der Gemeinde ein Tröster in dem Propheten, dessen Weissagungen den zweiten Teil des Ješajabuches ausmachen; Kapitel 40—48 gehören sicher in die letzten Jahre des Exils; die folgenden werden mindestens im Kern demselben Verfasser zuzuschreiben sein, wenigstens bis Kapitel 54, in dem »die Knechte Jahus« an die Stelle des einen »Ebed Jahu« treten, vielleicht noch weiter.

Der Name des Propheten ist verloren; schon Jesus Sirach leitet seine Weissagungen vom alten Ješaja her. Wahrscheinlich war der Prophet nicht aus den oberen Schichten der Verbannten; auch mit dem Anspruch auf eine Stellung in der ersten Reihe der Propheten neben Ješaja, Jirmeja und Jecheskel scheint er nicht aufgetreten zu sein; wenigstens fehlt der übliche Apparat, Berufung, Gesichte, symbolische Handlungen und jede Andeutung eines politischen Wirkens; begeisterte Predigten zu einem alten Text gibt er, Trostpredigten vor allem; als Predigten werden sie aufgezeichnet. Unpersönlich ist sein Auftreten; mehr als die Großen vor ihm ist er nur Jahus Stimme in erregter Zeit, die verstummt ist, wenn die Spannung sich löst, ein Verzückter und Dichter. Unpersönlich ist der Inhalt seiner Weltanschauung; Jahu hat es mit Völkern zu tun, nicht mit Einzelnen. Aber das alles genügt nicht, das Verschwinden des Namens zu erklären; in Hellas wäre von einem Mann dieser

Bedeutung vielleicht alles außer dem Namen verloren gegangen; in Juda bleibt die Lehre ohne Namen. Das zeigt eine Unterschätzung des Individuums in den Oberschichten, die sich nur verstehen läßt, wenn diese Schichten selbst noch relativ wenig individualisiert waren; wo die Größten zufrieden sind, Munde der Gottheit statt Verkünder eigener großer Einsichten zu sein, kann man von den breiten Oberschichten nichts anderes erwarten.

Die Bedeutung des Propheten für die Geschichte im politischen Sinn ist gering. Er ist ein Prediger unter den Verbannten, begeisterter und begabter, als andere, und deshalb wahrscheinlich beliebter bei seinen Hörern. Mehr als trösten kann er nicht; ein Einfluß auf die Entschließungen eines Königs oder Volks, wie ihn die vorexilischen Propheten anstreben konnten, ist unmöglich; König und Volk sind ja gefangen und erwarten ihr Schicksal untätig von andern; das Nichtstun und Stillhalten, das die Propheten rieten, als Jerusalem noch stand, ist ihnen aufgezwungen. Auch die Weissagung des Propheten ist eigentlich nur eine einzige begeisterte Behauptung: Die Zeit ist erfüllt, Babel fällt hin, Kyros ist der Messias und die Heimkehr des Volkes steht unmittelbar bevor. Im einzelnen prophezeit er gar nichts und in der Hauptsache prophezeit er nicht allein, denn offenbar haben die Priester all der babylonischen Götter, die Nabunaid mit sich in die Hauptstadt eingeschlossen hatte, ebenfalls in Kyros den Befreier erwartet.

Die Bedeutung der vier großen Propheten der älteren Zeit, des Amos, Ješaja, Jirmeja und Jecheskel, liegt hauptsächlich in der Erfassung und Durchbildung einer neuen höheren Weltanschauung; sie sind vor allem Philosophen. Der »zweite Ješaja« findet hier nicht mehr viel zu tun; Kosmologie und Geschichtsphilosophie sind in großen Zügen festgelegt; die Ausarbeitung ins kleine in Gesetzen und Geschichtsbüchern muß schon im Werk gewesen sein.

Trotzdem ist es ihm gelungen, einen eigenen neuen Standpunkt gerade in diesem Gebiet der eigentlichen Philosophie einzunehmen. Dabei kam ihm die veränderte Lage, die fortgeschrittene Logik und die Besonderheit seiner Anlage zustatten.

Der Prophet muß in Babel aufgewachsen sein, im Mittelpunkt der damaligen Welt und in der besten Schule der Zeit, der Synagoge, die in dieser Epoche des Werdens ihre Aufgabe vorwiegend im Überliefern der prophetischen Weissagungen und Spekulationen gesehen haben muß. Beide Faktoren sind wohl geeignet, den Blick eines philosophisch begabten Schülers zu weiten. Der einzige Gott, der über dem Weltall thront, der Schöpfer und Herr der Natur, der mit den Bergen und Meeren, mit den Reichen und Völkern nach Belieben spielt, kann ungeschmälert durch kleine lokale und nationale Verhältnisse, gelöst vom Babylonischen, das noch einem Jecheskel gelegentlich Eindruck machte, ausgestaltet werden.

Dieser große Gott ist nun zugleich Israels Gott. Aber Israel, das der Prophet kennen lernt, ist das neue Volk, die Gemeinde des Exils; sie ist in der Tat das Volk ihres Gottes; sie besitzt den reinen bild- und opferlosen Kult, die Beschneidung und die Sabbate, das Gesetz und die Propheten, und scheidet sich äußerlich und innerlich von den Heiden; wie die kleinen nationalen und die rückständigen religiösen Verhältnisse in Jerusalem kennt der Prophet die alten Sünden des Volkes und seiner Vornehmen nicht mehr; er weiß nur, daß die Fluchzeit dem Ende naht und der Anbruch der Segenszeit unmittelbar bevorsteht.

So ist er der erste, der das neugeschaffene Werk der großen Propheten ohne Störung durch seine Widersprüche mit wirklichen Verhältnissen gläubig genießt, indem er unter seinem Einfluß aufwächst.

Nun erlebt er die Zeit der Spannung und Hoffnung bei Kyros' Nahen. Die Gewißheit der Erlösung flammt in ihm auf; er selbst ist ein Prophet, von Jahus Geist erfüllt, zugleich einer der Begnadeten, die den Tag des Heils erleben; er tröstet Jahus Volk, er jauchzt über dem gefallenen Babel; in glühender Begeisterung gestaltet er als Dichter den Tag der Erfüllung aller Hoffnungen aus. Jahu kommt — kein Bild ist groß genug, seine Herrlichkeit zu schildern; die größten Vorstellungen der Vorgänger sind ihm eben recht oder noch zu klein; Amos' Gesicht von dem Gott, vor dem die Welt vergeht, kommt jetzt zu Ehren. Vom glücklichen Ausgang übersieht er die Geschichte des Volks und bringt sie in Einklang mit seinem Gottesbegriff; auch hier findet er Vorbilder, Ansätze, namentlich bei Jecheskel; aber nun nimmt ein begeisterter Seher die konstruktiven Gedanken des Systematikers auf.

Ein neues System kann dabei nicht herauskommen, auch keine strenge Einheit. Dazu entsteht alles zu impulsiv und enthusiastisch; der Dichter redet, weil ihn der Geist treibt; er muß trösten und jubeln; sein Weltbild steckt in Trost- und Begeisterungsreden; es will auch nicht neu sein, nicht das alte erschüttern; das Überkommene bleibt zu Recht bestehen; unausgeglichen, fast ohne Gefühl für den Unterschied steht es neben dem Neuen. Und doch ist dies Neue eigentlich mit dem Alten unvereinbar, wie der Monotheismus mit dem Monismus; denn an den eleatischen Monismus und nichts anderes rührt der Prophet in seinem Begeisterungsrausch.

Jahu wird an seiner Schöpfung gemessen. Die Schöpfung ist ungeheuer; in Bewunderung steht der Mensch vor dem Geschaffenen — wie groß muß da der Schöpfer sein.

Er hat den Himmel ausgespannt ganz allein und die Erde mit ihren Gewächsen hingebreitet ohne Beistand; er hat Licht und Finsternis gemacht, die Gestirne geschaffen, geordnet, gezählt und benannt; sein Werk ist schlechthin unermeßlich; wer wollte die Wasser mit der hohlen Hand, den Himmel mit der Spanne messen (die babylonische Astrologie mißt am Himmel die Entfernungen auf Handbreiten aus), wer kann die Erde ins Hohlmaß oder die Berge auf die Wage bringen?

Noch eindrucksvoller wird aber der Prophet, wenn er nicht den kleinen Menschen der ungeheuren Schöpfung und ihrem Herrn gegenüberstellt, sondern die kleine Schöpfung dem ungeheuren Herrn. Jede Landschaft, jeder Umriß und jede Gliederung verschwindet, wenn Jahu in sie eintritt; eine ungegliederte glatte Fläche breitet sich eben hin; die Täler werden erhöht, die Berge und Hügel fallen ein; Wüste und Steppe, das unendlich gleichmäßig Hingedehnte, das kann des Königs Straße sein. Wenn Jahu vor seinem Volk herschreitet, fallen die Völker nieder und die Fürsten werden von seinem Hauch verweht; aus kahlen Höhen brechen Flüsse, die dürre Wüste wird zum Teich; die Tiefe versiegt und die Flüsse werden trocken, daß die Fische verdursten; im Meer öffnet sich ein Weg; die Inseln beben, die Erde zittert.

Noch höher im Flug wird auch die glatte Erdoberfläche als Bahn Jahus zu klein. Nun sind die Menschen Heuschrecken, die Inseln Sandkörner; Völker sind wie Tropfen am Eimer, gelten wie Stäubchen an der Wagschale.

Schließlich verschwinden die letzten Umrisse. »Der Himmel wird wie Rauch zerstieben, die Erde wie ein Gewand zerfallen, ihre Bewohner werden wie Mücken hinsterben — mein Heil jedoch wird ewig dauern.«

Einzig ist Jahu — »Ich bin der erste und ich bin der letzte und außer mir ist kein Gott«; ewig ist er, uranfänglich und bei den letzten derselbe; niemand und nichts ist ihm vergleichbar; unendlich weit ist er, der Himmel und Erde ausbreitet und von den Enden der Erde seine Werkzeuge beruft und sein Volk versammelt; allmächtig ist er; er verkehrt Meer und Land, er verbietet dem Wasser, seine Diener zu ertränken, dem Feuer, sie zu brennen; sein Wille ist Gesetz und Gesetzauflösung; allweise ist er; niemand hat ihn die Erkenntnis gelehrt; alle verborgenen Dinge sind ihm kund; sein Ratschluß steht fest von Anfang an, sein Wort erfüllt sich.

Wenn eine anthropomorphe Gottesvorstellung dem eleatischen Monismus eines Xenophanes nahe gekommen ist, so ist es diese. Die Bestimmungen der Theologie des Xenophanes sind alle da; Einzigkeit, Ewigkeit, Ausdehnung über alles sichtbar Geschaffene, Weisheit; neben dem Einen nur Nichtigkeit — die Erde und ihre Teile, die Elemente und ihr Wesen, die Völker und Menschen verschwinden; man ist versucht, die letzten Anthropomorphismen zu beseitigen, die konkreten Bestimmungen etwas abstrakter zu fassen, um ein einheitliches und abgeschlossenes logisches Bild zu erhalten.

Aber man würde dem Propheten Gewalt antun und ihn mißverstehen, wenn man auch nur eine Linie über den Wortsinn seiner Bilder hinausginge. Er ist zum Eleatismus logisch nicht reif. Die Weltgottheit, die als ein ungeheures Wesen bei allen Propheten in das Bild von Israels Schicksal hereinragt, ist bei ihm nur enthusiastisch weiter ausgemalt, als bei andern; der Volksgott, der Israel erwählt hat, ihm zürnt oder ihm Verheißungen gibt, ist nicht weniger vorhanden, als bei andern.

Die gewaltigsten Bilder enden in der Versicherung, daß Jahus Bund fester steht, als Hügel und Berge, daß sein Wort ewig gilt und alles Fleisch überdauert, daß sein Heil Himmel und Erde überdauert. Der alles Leben mit einem Hauch vernichten kann ist für die Seinen ein sorgsamer Hirt, der die Lämmer an seinen Busen nimmt und die säugenden Mutterschafe geleitet.

Das ist nicht logisch; aber auch der eigentliche Eleatismus ist zunächst ein Kind mystischen Schauens; und die anthropomorphe Vorstufe eines Xenophanes ist natürlich noch unlogischer; wenn der Logiker unter den Propheten, Jecheskel, in Äußerlichkeiten, Ansätzen und ungelösten Widersprüchen stecken bleibt, was kann man da von einem Mystiker der gleichen Stufe erwarten? Es ist schon viel, wenn er überhaupt den Versuch macht, die überkommene Lehre seinem gesteigerten Gottesideal anzupassen.

Der Prophet genießt eleatische Wonnen, wenn er seinen Gott ins ungeheure steigert, Wonnen der Erkenntnis, der Bewunderung und des Verschwindens neben ihm; wenn der Eleat glücklich ist, an dieser Gottheit teil zu haben, so steigert er dies Glück, indem er sich als Mitglied des auserwählten Volkes Jahu besonders nahe fühlt; wenn der Eleat die Sicherheit seines intuitiven Schauens rühmt leitet er außerdem die Sicherheit der Erlösung seines Volkes ab; er ist gar nicht objektiv — wenn alles Fleisch vergeht oder alles Irdische hinsinkt, Israel ist immer ausgenommen; er genießt die Vorteile der alten anthropomorphen Weltanschauung und die Ahnungen der neuen wissenschaftlichen Philosophie.

Indessen sieht er soviel, daß das geschichtsphilosophische System seinem verschobenen Gottesbegriff angepaßt werden muß. Gott muß einen großen Weisheitsplan von Uranfang an mit der Wahl Israels verfolgt haben. Der Prophet nimmt an, daß Jahu Israel zum Zeugen seiner Macht vor allen Völkern zum schlagenden und werbenden Beispiel geschaffen hat. Das ist kindlich; Gott spielt damit eine Komödie, die er nicht nötig hat, wenn wirklich alle Gewalt sein ist; eine Erscheinung in all seiner Herrlichkeit hätte genügt, alles zu bekehren, wenn er nicht würdiger gefunden hätte, von vorn herein allen Völkern den Glauben ins Herz zu legen. Aber kindlich ist die ganze Logik dieser religiösen Denker.

Jahu hat Israel vor seiner Geburt (das Volk wird wie ein Einzelwesen geboren) zu seiner Aufgabe gebildet, es von Mutterleib dazu berufen; genau so faßt Jirmeja seine Bestimmung zum Propheten unter allen Völkern auf; was bei ihm persönlich war wird nun auf das ganze Volk übertragen; Israel ist Jahus Prophet, der »Knecht Gottes«, der »Ebed Jahu«.

Man hat viel hin und her gestritten, wer mit dieser Gestalt gemeint sein könne, die manchmal zweifellos das ganze Volk bezeichnet, manchmal wie eine Einzelgestalt in und neben dem Volk erscheint. Die Schwierigkeiten verschwinden sofort, wenn man sich klar macht, daß das Volk eine Kollektivperson, ein zeitloser Begriff ist, und daß wir es mit einem Mystiker in einem logisch wenig entwickelten Zeitalter zu tun haben. Der »Knecht Gottes« ist alles in allem, Israel in der Urzeit, in Ägypten, in der Wüste und in Palästina, im Exil und im neuen Jerusalem, das erwählte, das bundbrüchige, das vernichtete und das erhöhte Volk, Ahnen und Enkel, Sklaven und Sieger, Fromme und Gottlose, ein Ganzes oder ein Teil. Dieselbe Kollektivperson ist ein neugeborenes Kind, ein Held, ein Toter und ein Auferstandener; sündig und unschuldig, Sühnopfer und Priester der Welt, in alle Lande zerstreut und der Sammler der Zerstreuten; der Prophet kann sich und seine Generation zu dem »Knecht« in Gegensatz stellen und gleich danach als Jünger über den Trost jauchzen, den er dem verzweifelten Knecht, sich und seinen Leidensgenossen, bringen darf.

Er brauchte nicht ausdrücklich zu sagen, daß Israel als Ganzes der Knecht Jahus sei; die Handlung seiner Dichtungen spielt ja durchaus unter Städten und Völkern mit einem Chor von Meeren, Bergen, Wüsten und Inseln. Der eleatische Taumel reißt den Dichter hoch genug hinauf, daß die einzelnen Menschen seinem Auge entschwunden sind; seinen wenig individualisierten Hörern war das Aufgehen des Einzelnen im Volk noch ganz natürlich.

Jahu hat Israel zu seinem Knecht gebildet und berufen; er hat seinen Mund zum scharfen Schwert, das ganze Volk zum glatten Pfeil gemacht und beide verborgen, nachdem er seine Endabsicht kund getan. Dann kamen die Tage des Abfalls und des Elends, der Blindheit und Taubheit des Volkes, die Tage der Verlassenheit, des Bannes und der Verfolgung, in denen das Volk zu einem Häuflein schmolz und in die Verbannung zog. Der Knecht war so entstellt, nicht mehr menschenähnlich, »verachtet und von den Menschen verlassen, ein Mann der Schmerzen und der Krankheit« (wieder klingt Jirmejas Klage an); gemißhandelt ward er, während er sich willig beugte und seinen Mund nicht auftat, wie ein Lamm, das zur Schlachtbank geführt wird, wie ein Schaf, das vor seinem Scherer verstummt ist; in Drangsal und Gericht ward er hinweggerafft und man gab ihm bei den Gottlosen ein Grab und bei den Übeltätern, als er dahinstarb, »trotzdem er kein Unrecht getan und kein Trug in seinem Munde war« (auch die Verblendung war ja Jahus Verhängnis) »Jahu gefiel es, ihn zu zermalmen«.

Israels Elend ist ein »Heerdienst«; zweifache Entschädigung wird ihm für seine Leiden (der Prophet gebraucht babylonisch den Ausdruck »Sünden« für die Sündenstrafe) zuteil werden.

Noch herrscht Finsternis; aber die »Jüngerzunge«, die Jahu seinem Knecht (in dem Propheten) erweckt, richtet die Erschöpften auf; sie bieten den Schlägen ihren Rücken und das Antlitz den Beschimpfungen; sie leiden zu Jahus Ehre und sind nicht beschämt; sie vertrauen auf seinen heiligen Namen. Sie erkennen, daß die

Ahnen, die Toten, Jahus Knecht in früheren Tagen bis in die Zeit der Väter zu ihrem Heil leiden mußten; freiwillige Schuldopfer waren nötig — nun soll der Knecht in diesen Tagen und weiterhin nach all der Mühsal satt werden; er soll heimkehren, Nachkommen schauen und, wie bisher durch sein elendes Los, hinfort durch sein Glück bezeugen, daß Jahu allein Gott ist, allein vernichtet und errettet. Es ist nicht genug, daß der Held die Seinen sammelt; zum Priester, zum Licht der Heiden macht ihn seine Erwählung. Der Gerechte wird den Vielen Gerechtigkeit schaffen und ihre götzendienerische Schuld tilgen.

Kyros ist da. Nun wird sich zeigen, daß Marduk und seine Genossen, die glänzendsten unter den Heidengöttern, Götzen sind. Die Jungfrau Babel hat im Übermut den Kampf mit Jahu aufgenommen; sie wollte einzig sein; »ich bin's und keine sonst«, rühmte sie sich und machte Jerusalem zur kinderlosen Witwe. Sie sah nicht, daß Jahus Zulassung sie stark machte, nicht ihre Machwerke aus Holz und Metall, ihre Zauberer und Wahrsager. Nun liegt sie da; Jahu wird seine Gattin, von der er nie geschieden war, wieder zu sich nehmen, seine Kinder nicht vergessen und seinen Ruhm nicht den Götzen lassen.

Kyros wird erkennen, daß er nur um Jakobs willen siegen darf; er wird Jahus Hirt sein, der seine Rechte (zur Belehnung ergreift der lebendige Gott die Rechte des Königs, nicht mehr der König die des Götterbildes) ergriffen und ihn gesalbt hat; er wird Jerusalem bauen und den Tempel neu gründen.

So wird Israel heimkehren, Jahus Knecht emporkommen und hoch erhaben sein. Die Heiden werden geworfelt werden und in den Wind zerstreut; eine Dreschwalze mit vielen Schneiden wird über sie hingehen. Oder sie werden niederfallen, wenn Israel vorüberzieht, seine Söhne im Busen und seine Töchter auf der Schulter herbeibringen, wenn Jahu sie zum neuen Jerusalem ruft. Dann sollen alle Völker sehen, welche Wunder er von alters und nun getan, wie er sie vorausgesagt und erfüllt; die Auferstehung und Verherrlichung des Knechtes sollen sie sehen und gestehen, daß das kein Heidengott kann. Gewalt braucht es nicht mehr; der Geist Jahus wird auf dem Volke sein; es wird nicht laut schreien und viel widerlegen müssen; die Wahrheit spricht für sich selbst.

Dann wird Israel, der Knecht, zum Priester werden; seine Grundfesten werden mit Rubinen und Saphiren gelegt, seine Zinnen aus Jaspis, seine Tore aus Karfunkeln und seine Grenzen aus Edelsteinen sein. Durch Gerechtigkeit wird es festgegründet stehen; kein Schrecknis droht ihm ferner; wenn Hügel und Berge wanken wird sein Friedensbund unerschüttert bleiben. Weit wird es seine Zelte dehnen müssen; denn alle Fremdlinge, die Sabbat halten und dem Bund treu sein wollen, sind in Jerusalem, dem Bethaus der Völker, willkommen.

Es ist ein Leichtes, in der großen Konzeption Widersprüche und Lücken nachzuweisen im großen und im kleinen. Wie der ungeheure Gott merkwürdig kindliche Mittel zu seiner Verherrlichung braucht, wie das Volk bald frei zu sündigen und gerecht zu büßen und bald grausam verblendet nur zu leiden scheint, so verspricht Jahu im einzelnen bald Kyros Ägypten, Kuš und Seba als Lohn für die Befreiung des Volkes, bald behandelt er ihn als willenloses Werkzeug, das ohne Lohn Jerusalem aufbauen und den Tempel herstellen muß; der Weltgott, dem Babel nur ein Stein im Spiel ist, fordert die nichtigen Götzen zum Zweikampf heraus und triumphiert über Marduk. In politischer und mystischer Erregung strömen die einzelnen Äußerungen vom Augenblick erzeugt von den Lippen des Propheten.

Trotzdem entsteht im ganzen ein rundes Bild. Es schließt an alle älteren Propheten an, am engsten an Jecheskel und Jirmeja. Jecheskel liefert rationale Elemente, die Keime zu Jahus Vorausbestimmung des Abfalls, zu der Auffassung des Volks als Opfer und Zeugen Jahus vor allen Völkern; Jirmeja gibt dem Knecht Jahus persönliche Züge seiner Erwählung und seines Leidens unter seiner Aufgabe.

Der enthusiastische Monotheismus des Propheten steht dem des Xenophanes nahe. Eine gesteigerte Fähigkeit der Übersicht, verbunden mit einer großen Kraft anschaulicher Gestaltung, schafft ein Weltbild, in dem ein einziges wirkliches Wesen zeitlos unfaßbar alles in allem ist; es bleibt anthropomorph und über einer Erde voll Bergen und Inseln, Städten und Völkern; die Gewalt der Abstraktion ist geringer als bei dem Hellenen. Wie Xenophanes kämpft der Prophet in seines höheren Gottes Namen gegen die Lächerlichkeiten der Götzendiener; wie der Schöpfer des Eleatismus besitzt er den festen Glauben an den logischen Sieg seiner Wahrheit.

Aber er bleibt Jude, so sehr er Kosmolog und Mystiker ist; die Welt des Scheins trennt sich nicht von der des Seins; er kann

26*

sich nicht in der Gotteserkenntnis zufrieden geben. Die Nichtigkeit alles Irdischen neben der Gottheit hat ihre Grenze in seiner nationalen Eitelkeit; der Einzelne verschwindet, nicht das Volk und seine Hoffnungen; die theoretische Erkenntnis dient sehr konkreten nationalen Wünschen.

In politisch-nationaler Erregung, nicht in reiner wissenschaftlicher Begeisterung, kommt er zum Schauen und Reden; ohne die politisch bewegte Zeit wäre dieser Denker wahrscheinlich still geblieben. Als praktischer Politiker, nicht als Theoretiker, fühlt er sich. Er benutzt seine höhere Einsicht in Jahus Wesen, um das Alte zu stützen, nicht um ein Neues aufzustellen; die zeitlose Einheit des göttlichen Plans, die Scheinnatur der Menschen neben Gott, die Aufhebung des Individs im Volk und mittelbar in der Menschheit dienen nur der Verherrlichung seines Volkes. Israel hat einen Prozeß mit den Heiden; es wird siegen und in seiner Priesterstellung und materiellem Wohlergehen Ehre und Vorteile haben.

So bleibt er in der Halbheit stecken; Intuition und Tradition stehen im Kampf; der Weltgott und der Volksgott trennen sich in Jahus Bild durch die Steigerung der Gottheit in der Richtung auf einen eleatischen Monismus mehr, als bei den älteren Propheten — schließlich aber zeigt sich, daß alles in schönstem Einklang mit der Überlieferung steht; das Volk ist nicht mehr Jahus Volk als Volk eines Stamm- oder Stadtgottes und doch als Jahus eigens geschaffenes Werkzeug ihm enger als je verbunden; das eigentlich Geschichtliche ist vermindert, Weltgott und Menschheit stehen sich zeitlos gegenüber, Erkanntes und Erkennendes, Wesen und Bewunderer — aber zwischen beiden macht Israel sein Geschäft. Die Lösung bleibt national; die neuen Einsichten verbinden sich mit alten, statt sie zu überwinden. Im eigentlichen Judentum ist der zweite Ješaja dementsprechend nicht als der Schöpfer einer neuen Einsicht angesehen worden; er brachte gewaltige Bilder zu Jahus und seines Volkes Ehre bei und ließ sich, als die konkrete Bedeutung seiner Weissagung in Vergessenheit geriet, ohne fühlbare Störung an den sprachgewaltigen Ješaja I anschließen. Das Neue, das er enthielt, ward erst in der Zersetzung des Judentums wirksam.

Der Knecht Jahus als Held der Weltgeschichte scheint zunächst einen Rückschritt gegen Jecheskels Streben zu individueller Verantwortung zu bedeuten; der Einzelne verschwindet im Volk.

Er kann aber zur Brücke werden, über die der Weg zu einer individuelleren Religion geht.

Das einzig Wichtige in der Welt und ihrer Geschichte ist das Verhältnis Jahus zu seinem Knecht; spaltet man das Kollektiv-Ich des Volkes in die einzelnen Knechte Jahus so läßt sich die ganze Welttragödie vom Volk auf den Einzelnen übertragen. Wie zum Volk steht Jahu nun zu jedem Glied des Volkes, zu jedem Frommen, zu jedem Menschen; jeden hat er von Mutterleib erwählt, um sich in ihm zu verherrlichen; jedem gibt er nach seinem Plan Freuden und Leiden, um ihn endlich zum herrlichen Ziel zu führen; jeden liebt er, auch wenn er ihn quält; das Bewußtsein dieser Liebe und Erwählung, das Vertrauen in sie muß alles ertragen lassen.

Diese Auffassung steht wesentlich höher als die Jecheskels vom gerechten Verhältnis von Schuld und Strafe, Frömmigkeit und Lohn bei jedem einzelnen in jedem Alltagsfall; nachdem Jecheskels Lehre als kanonisch vom Judentum angenommen worden war, nachdem Hiob und Prediger ihre Grundthese erschüttert hatten, kam in den Sekten und Schwärmern die höhere Weisheit des zweiten Ješaja persönlich gewandt zu ahnender Erfassung und fand ihre logische Fortbildung und Vollendung in der Lehre Jesu. —

In der babylonischen Gefangenschaft entsteht aus dem judäischen Volk die jüdische Gemeinde.

Die Epoche des schnellen Anstiegs über das Niveau der Nachbarkulturen endet für Juda im Exil. Sie erhält ihr Gepräge durch die Leistungen einiger großer Männer, der Propheten von Amos bis zum zweiten Ješaja; in rund 200 Jahren wird eine neue Weltanschauung geschaffen, nach allen Seiten theoretisch ausgebildet und zum Eintritt ins praktische Leben vorbereitet. Dann tritt eine Verlangsamung der Entwicklung in der obersten Schicht ein; erst nach weiteren 500 Jahren erscheint der nächste große Prophet, Jesus.

Die dünne oberste Schicht, die ganz für die höchsten Gedanken der Propheten reif war, konnte für ihre geistige Welt an sich nicht viel durch das Exil gewinnen. Die jüdischen Propheten waren schon vor dem Exil geistig viel weiter als die oberste babylonische Schicht. So bringt die Versetzung in den Mittelpunkt der damaligen Welt und die innige Berührung mit der älteren Mutterkultur nur eine Erweiterung des Gesichtskreises und eine Ergänzung der Kenntnisse und Methoden durch allerlei Motive, die sehr schnell weitergebildet und assimiliert werden. Die Theorie Jecheskels und Einzelheiten beim zweiten Ješaja zeigen die babylonischen Einflüsse, aber auch ihre rein anregende Rolle.

Dagegen war die Wegführung und der Aufenthalt in Babylonien von größter Bedeutung für die Verwirklichung der prophetischen Ideale in einem weiteren Kreis. Die Zeit der Verlangsamung des kulturellen Anstiegs bekommt ihr Gepräge durch den Übergang der Ideen der schöpferischen ersten Schicht in breitere Massen des Volkes. Die führenden Köpfe bei diesem Prozeß der Popularisierung stehen den Gesetzgebern in Jošijas Zeit und dem Propheten Jecheskel nahe; Priester und Adel spielten gewiß eine große Rolle in der ersten Gemeinde.

Für die Entstehung des Judentums durch Ausbreitung und Popularisierung der prophetischen Ideen nach unten ist fast jeder zufällige Zug der geschichtlichen Entwicklung wichtig geworden.

Da war zunächst der Zufall der Wegführung überhaupt. Hätte Jehojakim, und Sidkija nach ihm, Babyloniens Macht richtig in Rechnung gestellt und den Abfall unterlassen, hätte ein einsichtiger Nachfolger erst nach Nabukudurriusurs II. Tod sich selbständig gemacht, so wäre Jerusalem wahrscheinlich auch einmal zerstört worden, aber die Wegführung nach Babylonien wäre vielleicht unterblieben. Nun ging die Weissagung der Zerstörung und Wegführung wörtlich in Erfüllung und stärkte das Ansehen der Propheten.

Die Entfernung aus der Heimat beseitigte alle lokalen Hindernisse zur Durchsetzung prophetischer Forderungen. Die Prophetie hatte eine geschichtliche Legende entwickelt, die durch die Tatsachen im Land selbst immer wieder erschüttert wurde; sie hatte Forderungen aufgestellt, die mit den Interessen weiter Kreise und mit ihrem Fassungsvermögen unvereinbar waren. Israels Wegführung hatte die Annahme eines Teiles der Geschichtskonstruktion in Juda sehr erleichtert; Judas Wegführung beseitigte die Hindernisse in Jerusalem und seiner Nachbarschaft, das Jahubild im Tempel, den babylonischen Jahudienst und die unausrottbaren lokalen Kulte im Landkreis; die Widerstände der Schichten, die am Bestand des Alten interessiert waren, verschwanden mit den Interessen; König, Priester und Adel hatten keine Vorrechte mehr zu verteidigen, die am Bestand des Tempels und seines Kults hingen; sie hatten vielmehr allen Grund, durch Anpassung an das prophetische Ideal zu retten, was für sie an Ansehen zu retten war; die Annahme des Gottesdienstes ohne Bild und Opfer war in der neu entstehenden Religionsgemeinschaft dauernd nur möglich durch die Zerstörung der einzig legitimen Kultstätte Jahus.

Ungeheuer wichtig für die Entstehung der jüdischen Gemeinde ward ferner der Zufall, daß die Wegführung in zwei Teilen erfolgte. 597 zogen unter Jechonjas Vortritt Scharen von Priestern und Adligen in die Verbannung; Jerusalem aber bestand fort; erst 586, also 11 Jahre später, folgte der zweite Schub und die Zerstörung der Stadt.

Die Eroberung Jerusalems und die Wegführung des Volkes war nach dem Wort der Propheten 597 erfolgt; die Weggeführten wie die Zurückgebliebenen erwarteten, daß nun nach erfülltem Gericht der Tag des Jahureiches, der prophetischen Verheißung gemäß, unmittelbar bevorstehe; die Fortexistenz Jerusalems verbürgte Jahus Macht. So richtete sich die Hauptmasse der Verbannten auf eine baldige Rückkehr ein, hielt zusammen und hörte auf die falschen Propheten, die hier einmal für die Entstehung der jüdischen Gemeinde mehr leisten als die echten.

Wäre Jerusalem schon 597 zerstört worden, so würde eine kleine Oberschicht wohl auch in Babylonien einen Zusammenhalt aufrechterhalten haben; die Sekte hätte aber schwerlich große Ausdehnung und langen Bestand gehabt. Das Überleben Jerusalems hielt die Massen bei der Gemeinde, verschaffte Zeit zu einer gewohnten Organisation und ließ den zweiten Schub sofort Anschluß finden. Was sonst aus den Massen geworden wäre zeigt das Verhalten der Judäer in Ägypten; kein Prophet, auch der größte nicht, hätte die zurückgebliebenen Geister bei einem Gott halten können, der besiegt, weggeführt und unfähig war, die Seinen zu schützen, wenn nicht der Zufall geholfen hätte.

Die Organisation der Gemeinde von 597—586 war endlich sehr erleichtert durch den Kern von Priestern und Vornehmen. Die Zusammenhänge der priesterlichen und adligen Geschlechter in sich und untereinander bereiteten den Zusammenhang der Glaubensgenossen vor; sie waren stärker als der nationale Verband und der Zusammenhang, den gleiches Schicksal erzeugt, obgleich auch diese beiden Faktoren bei der Gemeindeorganisation mitgewirkt haben werden. Die Vornehmen brachten wahrscheinlich auch etwas gerettetes Kapital und sicher einige Erfahrung in kaufmännischen Geschäften mit, vielleicht sogar Beziehungen zur babylonischen Geschäftswelt; das war für die Entwicklung der Gemeinde als Verband zur Verfolgung materieller Interessen ebenso wichtig, wie die gewohnte Autorität der Priester und Adligen über die unteren Schichten.

Das Interesse einer herrschgewohnten Oberschicht unter den Verbannten am Fortbestand ihrer Macht über die Volksgenossen, das Interesse aller an der Erfüllung der großen Verheißungen einer Weltherrschaft Jahus — das waren die Faktoren, die die jüdische Gemeindeorganisation in der Zeit von 597—586 ins Leben riefen. Diese Interessen hingen an der gemeinsamen Religion, am Glauben an Jahus Macht und Einzigkeit und damit am Festhalten an Jahus Gesetz, der Bedingung für die Verwirklichung seines Reiches, und an dem Wort seiner Propheten, das diese Verwirklichung in Aussicht stellte und durch seine teilweise Erfüllung verbürgte. Eine eigentliche Religionsgemeinschaft ist diese erste Gemeinde noch nicht.

Diese entsteht erst nach dem Fall Jerusalems und nach der Überwindung der schweren Depression, die er verursachte.

Wahrscheinlich sind in der ganzen Zeit des Exils und namentlich nach Jahus endgültiger Fortführung nach Babylon Fälle von Götzendienst, d. h. Verehrung anderer Götter neben Jahu und von Abfall im eigentlichen Sinn, d. h. Aufsuchung anderer Schützer an seiner Stelle, vorgekommen; Jecheskels Predigt gegen die Götzendiener, Andeutungen des zweiten Ješaja, der das vollkommene Verzagen der Gemeinde erwähnt, lassen auf erhebliche Verluste schließen. Anderseits ist wohl möglich, daß schon sehr früh der Anschluß babylonischer Elemente an die Verbannten begonnen hat; die Jahureligion enthielt vieles, was gerade den besten Köpfen in Babylonien als Erfüllung dunkler Strebungen in ihren eigenen Religionen erscheinen mußte. Solche Verschiebungen mußten den Wunsch wachrufen, die Verbannten und die Jahudiener nicht einfach als eine Einheit gelten zu lassen, sondern Jahugläubige und Heiden zu sondern.

Vor allem aber war durch die Zerstörung Jerusalems und seines Tempels der alte Begriff des Volkes aufgelöst. Von 597—586 waren die Verbannten ein Teil des fortbestehenden Volkes in der Fremde; sie beteten zu dem Volks- und Reichsgott in Jerusalem und hofften auf ihre Wiedervereinigung mit ihrer Nation in deren angestammtem Mittelpunkt. Mit dem Fall von Jerusalem und der Wegführung seines Gottes hörte das Volk auf; denn ein Volk ist charakterisiert durch den Besitz eines Hauptgottes, eines Zentralheiligtums in der Hauptstadt, eines Landes, das der Gott seinen Königen verliehen hat; der Begriff einer gemeinsamen Abstammung ist erst im Werden. So bleibt den Verbannten neben einer Abstammungslegende als gemeinsames Element nur die Besonderheit des Glaubens und Hoffens. Die Nation wird Gemeinde, durch ihre religiöse Eigenart von der Umgebung geschieden und in sich zusammengehalten.

Die Gemeinde Jahus in Babylonien scheidet sich von den Heiden durch den Besitz von Jahus Wort im Gesetz Jošijas und in den Weissagungen der Propheten. Dazu kommt die Beschneidung und der Gottesdienst, der in der Verbannung üblich geworden war.

Die Beschneidung ist eine ägyptische Sitte, die Juda offenbar der Nähe Ägyptens verdankt; wahrscheinlich ist sie unter dem Einfluß der ägyptischen Herrschaft in Palästina üblich geworden, ein Zeichen der Zugehörigkeit zum herrschenden Volk, und so als Landessitte weiter vererbt, wie ägyptische Namen. In Palästina selbst war die Beschneidung schon rituelle Sitte geworden; zum unterscheidenden Zeichen der Judäer von den Heiden konnte sie erst fern von Ägypten, in Babylonien werden, wo sie nicht geübt wurde; in Palästina war die Verehrung des Gottes Jahu in seinem Tempel zu Jerusalem, später die Befolgung seines Gesetzes unterscheidend genug. Dies Zeichen scheidet also die Verbannten als Volk gemeinsamer Herkunft von den Babyloniern und ihren Nachbarn.

Der Gottesdienst der Gemeinde in der Verbannung ist charakterisiert durch Zusammenkünfte, bei denen Gesetz und Propheten verlesen wurden, und durch die Sabbatfeier, die wohl mit diesen Zusammenkünften früh eine Einheit bildete. Der Gottesdienst ohne Bild und Opfer ist die Folge von Jahus Verbot, anderswo, als in Jerusalem, anzubeten und zu opfern; während der Tempel stand, galt das alte Gesetz selbstverständlich; nachdem er gefallen war, blieb es bei der eingebürgerten Form. Das Gesetz lesen, um sicher zu sein, daß man Jahus Willen erfüllte und damit die Anwartschaft auf Erlösung behielt, die Propheten lesen, um sich an ihrem Eifer und noch mehr an ihren Hoffnungen zu erbauen — das war der selbstverständliche Inhalt dieser Gottesdienste zweiter Ordnung. Ein drittes kam hinzu, die Klage um den Verlust der Heimat, die durch das von den Propheten erweckte Bewußtsein der Verschuldung in ein Flehen um Verzeihung und Versöhnung zu der erzürnten Gottheit verwandelt ward.

Der Sabbat, der siebente Tag, ist uns aus assyrischen Texten als Unglückstag bekannt; am 7., 14., 21., 28. des Monats ist dem König und anderen Menschen die Einhaltung bestimmter Regeln, die Zurückhaltung von bestimmten Geschäften geboten; die Tage sind gefährlich, vielleicht ursprünglich weil sie der Unterweltsgottheit heilig sind. Die Furcht vor diesen Sabbaten wird kaum erst in der Spätzeit und in Assyrien aufgekommen sein, sondern von Babylonien aus früh und weit verbreitet worden sein. Den monotheistischen Tendenzen der werdenden jüdischen Religion war die alte Bedeutung der Tage nicht annehmbar; dagegen lag es sehr nahe, den herkömmlichen Tag der Furcht zum Tag der Furcht vor Jahus Zorn, zum Tag des Klagens und der Buße für alte Sünden, zum Tag der Versöhnungsversuche zu machen. Der Sabbat, an dem man ruht, um sich nicht Gefahren auszusetzen, wird zum Tag, an dem man betet, sich an Gesetz und Gesetzesverletzungen des Volks erinnert und nach den Bemühungen, den Gott zu bewegen, daß er sein Antlitz seinem Volke zuwendet, an den Hoffnungen der Schrift erfreut; er fällt dadurch mit den Tagen der Schriftverlesung zusammen. Erst im Lauf der Zeit wird mit dem Zurücktreten des Versündigungsgefühls und dem Zunehmen der Hoffnung, mit der Logisierung des Gesetzes und der bewußten Aufsuchung von Unterschieden von den Heiden der Bußtag ein Ruhetag zu Jahus Ehre; daß damit sein alter Sinn bei den Heiden geradezu in sein Gegenteil überging war gewiß ein Vorzug in den Augen der Gesetzgeber.

Der Kern des Gesetzes ist das Buch aus Jošijas Zeit; es war als Urkunde der Jahureligion geschaffen von Männern, die die Lehren und Forderungen der Prophetie mit den Interessen der Könige und der Priester am Tempel in Jerusalem ausglichen. Die exilische Gemeinde konnte dabei nicht stehen bleiben; es war seit dieser Kodifikation zu viel Wichtiges verändert; neue Propheten, wie Jirmeja und namentlich Jecheskel waren erschienen, neue Verhältnisse in der Verbannung entstanden. Das Alte mußte der erweiterten Erkenntnis und den veränderten Forderungen der Zeit angepaßt werden. So entsteht im Exil die endgültige Kodifikation des Gesetzes durch harmonistische Verarbeitung des alten Gesetzes mit Jecheskels Visionen vom neuen Jerusalem, mit anderen Erzeugnissen der fortgeschrittenen Logik und mit den Ergebnissen der Praxis des Exils. Die Bearbeiter waren in der Zeit vor 539 wohl vorwiegend Priester, dann Schriftgelehrte. Vollendet erscheint das Werk erst um 458.

Das Gesetz Jošijas ist die Urkunde des nationalen vorexilischen Jahufanatismus; das exilische Gesetz ist die Urkunde des Judentums als Kirche mit dem Mittelpunkt Jerusalem. In dem neuen Kompromiß haben sich die Priester, nun nicht mehr die Leviten, sondern die Söhne Aarons, wieder ihren Anteil zu sichern verstanden, namentlich auf Kosten der Könige; vor allem aber enthält er die Elemente der prophetischen Ideen, die einer breiteren Laienschicht verständlich zu machen waren; das Gesamtniveau steht höher, als das der babylonischen Religion, aber nicht so viel, daß babylonische Elemente nicht, kaum verändert, hätten Aufnahme finden können; so wird hier der Aufenthalt in Babylonien auch für einfache Übernahmen da und dort wichtig.

Das Gesetzesjudentum ist eine Verpfuschung der höchsten Gedanken der Propheten, wie jede Verwirklichung und Übertragung einer großen Idee in weitere Kreise eine Beschränkung und Erniedrigung darstellt. Ohne diese Anpassung des Höheren an die Aufnahmefähigkeit der Menge ist eben eine Wirkung desselben unmöglich; es konnte nie erwartet werden, daß eine Gemeinde aus Ješajas und Jirmejas zustande käme; genug, daß mit manchem Verpfuschten und Veräußerlichten auch die höchsten Möglichkeiten der neuen Weltanschauung Erhaltung und Gelegenheit zur Wirkung in der jüdischen Gemeinde fanden, und daß die Gesamthöhe das babylonische Niveau überstieg.

Die großen Denker und Religionsstifter geben einer neugeschaffenen Religion in ihren Hauptbestimmungen Richtung und Gehalt, in ihren höchsten Aufschwüngen eine Grenze der Spannweite nach oben; die Anpassung an das Denken breiter Massen, die »Verpfuschung«, bestimmt die Spannweite der neuen Religion nach unten. Das Judentum ist eine Religion von sehr geringer Spannweite; der monotheistische Pietismus nach oben, der monotheistische Formalismus nach unten sind seine Grenzen. Das Christentum geht nach oben kaum viel weiter; nach unten aber hat es alle vom Judentum überwundenen polytheistischen und sakramentalen Regungen primitiver Logik wieder eingelassen und sich damit eine ungeheuere Gemeinde gesichert.

Das exilische Gesetz entsteht durch wissenschaftliche Arbeit einer führenden Klasse der zweiten Schicht im judäischen Volk nach babylonischen Methoden. Die babylonische Wissenschaft versteht vor allem das vollständige Aufzählen aller vorliegenden Elemente; das sichert dem Werk die Vollständigkeit; was im früheren Gesetz stand, was Jecheskel bis zur Kodifizierung rationalisiert hatte, was dazu an Ergänzungen von Priestern und Gelehrten aus den Propheten herausgelesen oder neu geschaffen war, fand Aufnahme in den Kodex. Eine logische Durcharbeitung des Stoffes ist unverkennbar, namentlich in den Teilen, die durch ihren Inhalt an ältere Vorbilder anschlossen und mit geläufigen Begriffen arbeiteten, wie alle Vorschriften, die Priester und Gottesdienst betrafen, aber auch in denen, die Moral behandelten; überall geht die logische Arbeit über babylonische Leistungen hinaus, ohne aber grundsätzlich das Nebeneinander zugunsten einer inneren Einheitlichkeit zu überwinden; verschiedene Redaktionen desselben Stoffs bleiben nebeneinander stehen; der innere Widerspruch zwischen den höchsten Forderungen der Propheten und den babylonisierenden Neigungen der breiten Schichten wird nur äußerlich, nicht innerlich, harmonistisch, nicht logisch scheidend und entscheidend für eins oder das andere beseitigt.

Die Propheten haben nun in der Tat nirgends die Beseitigung des Tempels, des Opfers und der Priester gefordert; die Reinigung der Kirche verlangten sie; aber die Kirche, Tempel, Gottesdienst und Priester, sollten erhalten bleiben; daß ihr Betonen der Gesinnung den alten kirchlichen Formen überhaupt den Garaus machen sollte war nicht die Absicht; im Gegenteil, das einzige Heiligtum Jahus in Jerusalem spielt bei all ihren Visionen der Endzeit eine Hauptrolle.

So befanden sich die Redaktoren des Gesetzes durchaus im Einklang mit den prophetischen Forderungen, wenn sie die gesetzliche Regelung des Kults am Heiligtum Jahus im neuen Jerusalem als eine Hauptaufgabe ansahen. Wörtlich erfüllten sie die Wünsche der Reformatoren; daß dabei etwas Halbbabylonisches herauskam war nicht ihre Schuld.

Die Gesetzgeber denken sich das Reich Jahus als vollkommen zentralisierten Gottesstaat; Jahus sichtbarer Vertreter auf Erden ist der Hohepriester; sein Stab, die Kardinäle dieses Papstes, sind die Priester, sichtbar durch Tracht und Reinheitsgebote von allen andern Menschen geschieden; dann folgen die Leviten, sichtbare Vertreter des Volkes am Tempel, der Theorie nach die Jahu gehörige Erstgeburt; sichtbar ist der Dienst Jahus, das tägliche Opfer; sichtbar hat die Gemeinde ihre Zugehörigkeit zum Tempel zu erweisen, durch persönliches Erscheinen und richtiges Zehnten, wie durch Beschneidung, Sabbatruhe und Gesetzestreue.

Stellt man dem ein konstruiertes Ideal dessen gegenüber, was als logisches Ergebnis der höchsten prophetischen Gedanken gefordert werden könnte, so wird der Kompromiß zwischen Altem und Neuem ganz klar.

Gott gehört alles — also hat es keinen Sinn, ihm etwas Besonderes zu schenken, Menschen, Opfer, ein Haus und eine Stadt; Gott ist heilig — heilig soll sein Volk sein; also kann es keine Priester geben, jeder soll sein Priester sein; jeder äußerliche Dienst ist wertlos; Gesinnung ist alles.

Das anschauliche Denken des Primitiven gestaltet seinen Fetisch menschlich aus; der Fetisch wird anthropomorphisiert, nimmt menschliches Äußere, menschliche Gewohnheiten, Essen, Schlaf, Bad usw. an; der äußeren folgt die innere Ausgestaltung, der Gott wird rein und gerecht, neben seiner Macht. Schon in den Anfängen dieser Entwicklung sondert sich ein eigener Stand seiner Diener aus dem Volk und den Schreibern ab; aus Handwerkern werden Gelehrte und Philosophen, die eine religiöse Weltanschauung schaffen. Ihre Leistung ist logisch, Abstraktion, Festhalten eines Gemeinsamen in der anschaulichen Erscheinung, dann in den Begriffen, damit Absehen von der anschaulichen Außenseite der Dinge. Das anschauliche Denken geht ins begriffliche Denken über. Indem das grob Anschauliche Nebensache wird, vernachlässigt und verachtet, wird es auch der Gottheit unwürdig; die Auflösung der Anthropomorphismen beginnt, zunächst an der Außenseite, dann auch im Wesen der Gottheit, das zunächst durch die Abwendung von außen noch menschliche Züge gewonnen hat. Indem das Gemeinsame festgehalten wird, entstehen Einheitsideale, Monotheismus und andere logische Absolutismen.

Die letzte Stufe in diesem Entwicklungsprozeß stellt die jüdische Kirche des Gesetzes dar; überall hat die Logik das grob Anschauliche auf ein Mindestmaß beschränkt; überall hält aber der Gesetzgeber ein letztes Sichtbares fest. Dem anschaulichen Denken ist alles, was man nicht sehen kann, nicht vorhanden; es fordert Formen als Bürgschaft des Wesens. Dem voll entwickelten begrifflichen Denken ist das Anschauliche Trübung des unsichtbaren Wesens; es verachtet die Formen als Roheit und Heuchelei.

Die babylonische Kirche ist in der logischen Entwicklung schon so weit gekommen, daß der Monotheismus als Ziel erscheint, daß das Verhältnis des Menschen zur Gottheit das wichtigste im Leben und auf Frömmigkeit und Sünde gestellt ist, daß die Gottheit vergeistigt und ihr Dienst die gröbsten Anthropomorphismen symbolisch sakramental faßt und daß die Gotteslieblinge und Mittler, die Priester, in der Reinheit ihr Ideal, in der Erforschung und Verkündung des göttlichen Willens und in der Entsühnung der Sünder ihre erste Aufgabe sehen.

Die jüdische Kirche proklamiert den Monotheismus; Jahu allein ist Gott, Weltgott, überall gegenwärtig; der Babylonier würde ihm vielleicht überall Tempel bauen, der überjüdische Gläubige würde alle Tempel beseitigen; der Jude findet in den vielen Tempeln einen Verstoß gegen den Monotheismus, in der Aufgabe aller Tempel eine Verflüchtigung des wesentlichen; so kommt er — vom geschichtlichen abgesehen — zu e i n e m Tempel für die ganze Welt. In Jerusalem berühren sich Himmel und Erde; hier hat der Weltgott Haus, Kammer und in der Lade ein besonderes Symbol; so weit wird er versinnlicht.

Am Tempel und nur hier gibt es Priester. Der Babylonier braucht überall geweihte Mittler, der Überjude kann sie ganz entbehren; der Jude beschränkt sie auf den Tempel, gibt sie aber nicht auf; auch sie sind ein Stück des Sichtbaren.

Wichtiger als irgendwo im Heidentum wird hier der Hohepriester; das allgemeine Streben nach Einheit fordert einen e i n z i g e n Priester des e i n z i g e n Gottes; sein Ornat ist ein Meisterstück tiefsinniger Symbolik und versinnlicht alle Seiten seines Wesens. Als Oberhaupt der Kirche ist er Vertreter des Weltherrschers und selbst ein Fürst: er trägt Purpur und Diadem, ist oberster Richter und Gesetzausleger; seine Würde ist erblich; mit seinem Tode erlischt das Recht des Bluträchers. Als Vertreter des Volkes bezeichnet ihn die Inschrift »Jahu heilig« und die Namen der zehn Stämme an seinem Gewand; in dieser Eigenschaft besorgt er den eigentlichen Verkehr mit Gott, vor allem darf er allein das Allerheiligste am Versöhnungsfest betreten. Die Stellung zur Gottheit ist genau die der Stammeshäupter und Stadtkönige im babylonischen Kulturgebiet, nur geistiger und logischer gefaßt. Logisch gesteigert sind auch die Reinheitsgebote; die Phylakterien am Gewand scheuchen die Dämonen.

Das Gefolge des Fürsten und eigentlich einzigen Priesters sind die übrigen Priester; der sichtbare Stellvertreter Gottes muß sichtbar gekennzeichnete Diener haben; Weihe und Reinheitsgebote, das Vorrecht des Dienstes im inneren Hof erheben sie über das Volk. Eine volle logische Existenzberechtigung haben sie nicht; ein Gott, ein Priester wäre richtiger; aber das Sichtbare fordert weitere Ausgestaltung, der Herr kann nicht unbedient sein.

Die logische Absicht, den Priester dem Gott möglichst nahe zu stellen, hat die Folge, daß Priester und Volk geschieden werden. Jahu ist allem Menschlichen entrückt, über alle menschlichen Begriffe heilig und rein; voll logisch wäre, ihn allen Menschen unzugänglich im Unendlichen thronen zu lassen. Das Judentum braucht sichtbare Reste. Die babylonischen Tempel waren offen für das Volk; auch im vorexilischen Tempel muß das Hauptbild in einem allen zugänglichen Raum gestanden haben; der nachexilische Tempel verschließt sein Allerheiligstes allen außer dem Hohepriester, seinen inneren Hof allen außer Priestern und gelegentlich dem König; nur der äußere Hof steht allen offen. Der babylonische Priester ist rein, aber auf den Umgang mit dem Volk eingerichtet; den jüdischen trennt seine auszeichnende Reinheit nicht von allem Umgang, beschränkt ihn aber. Auch hier ist ein logisches Element wirksam.

Die ganze logische Weiterbildung des Priestertums ist ungeheuer bedeutsam geworden dadurch, daß sie den Priesterstand aus dem Gemeindeleben ausschaltete; wie cäsaropapistische Könige durch ihre Vergottung beseitigt und Hausmeiern untertan werden, so werden die Priester des Judentums durch ihre Beschränkung auf Jerusalem und ihre Heiligung wertlos und durch die Schriftgelehrten ersetzt; die eigentliche Aufgabe des Priesters, die Verkündung des göttlichen Willens aus der Schrift und die Versöhnung der Sünder mit Gott nach dem Gebot der Schrift entsinkt ihren Händen.

Die ganze Entwicklung des Priestertums entspricht durchaus den Forderungen der Propheten: ein Tempel mit einem Stand von heiligen Priestern, die nur Jahu dienen und bis zur Eigentumslosigkeit dem Weltlichen entfremdet sind.

Logisch fortgebildet und im Einklang mit der Prophetie ist auch die Lehre vom Opfer. Die Propheten haben das Opfer an anderer Stelle und das alte Mahlopfer angegriffen; dementsprechend ist das Opfer auf den Tempel beschränkt und das Mahlopfer vor

Jahus Angesicht durch den Verschluß des inneren Tempels unmöglich gemacht. Das Opfer als solches ist nicht verboten, sondern notwendig als sichtbares Zeichen der Verehrung Jahus; nur heiliger muß es werden. Jahu nährt sich natürlich nicht von Opfern; er kann auch kein Geschenk bekommen, da ihm alles gehört; das Opfer kann also seinen Wert nur darin haben, daß es eine Ehrenbezeugung, ein Zeichen der Verbindung mit Jahu, eine Anerkennung seines Rechtes auf alle Dinge, oder ein Mittel zur Herstellung der verlorenen Reinheit ist. Das sichtbare Zeichen, daß Jahu alles gehört, sind die Erstlinge und Zehnten; die Logik fordert hier konsequent, daß auch die Erstlinge des Menschen Jahu heilig sein sollen und sieht die Leviten als Opfer in Jahus Dienst an. Die Opfer zur Aufrechterhaltung der Verbindung der Gemeinde mit Jahu und zur Sühnung der allgemeinen Sünden entsprechen ganz den alten Staatskulten; auch das Heils- und Sühnopfer des Einzelnen hat den alten Zweck, besonderes Wohlergehen oder besondere Vergebung zu erlangen; da der Gott nichts Direktes gewinnt wird der Ton auf die Selbstberaubung des Opfernden gelegt; das ist eine Vertiefung. Auch die Formen der Opfer sind die alten; vom Heilsopfer werden bestimmte Teile Jahu verbrannt, vom Sühnopfer darf nichts dem Feuer entgehen (alte Unterweltsopfer).

Die alten Tempelfeste waren durch Jošijas Gesetz in den neuen Kodex übertragen; nach dem Vorgang der ersten Gesetzgeber, die das Paššahfest zur Erinnerung an die Wegführung aus Ägypten eingeführt hatten, wurden auch andere Feste in Beziehung zur Volksgeschichte gesetzt, ihres alten, heidnischen und natürlichen Sinnes beraubt.

Einen besonderen logischen Ausbau erfuhr der Sabbat; dem Sabbattag entspricht ein Sabbatjahr, als Jahr der Nachlässe, in logischer Überspannung als Ruhejahr gefaßt; auch ein »Halljahr« nach sieben Sabbatjahren in jedem 50. Jahr (entsprechend der Unheimlichkeit des 19. Tages eines Monats als des 49. vom ersten des vorhergehenden Monats gerechnet in assyrischen Texten, nur dezimal abgerundet) ward vorgeschrieben. Eine andere Vergrößerung des regelmäßigen Ruhe- und Sühnetages ist der große Versöhnungstag.

Das ganze Werk ist eigentümlich halb; die Logik dient nur dem Aufsuchen neuer Formeln zwischen alten und neuen Forderungen, sie kennt nur ein »sowohl als auch«, kein »entweder — oder«;

sie gleicht aus, äußerlich, formal, statt zu brechen. Wie von Gott zum Menschen eine Reihe von Mittelgliedern, Hohepriester, Priester, Leviten, gebildet wird, wie zwischen dem Weltgott und seiner Welt Jerusalem vermittelt, so wird überall verfahren. Der alte öffentliche Gottesdienst bleibt als Gemeindedienst und eigentlicher Dienst erhalten mit Mittlern und Opfern, der neue Synagogendienst steht daneben und wirkt auf den Hauptkult zurück; die alte Priester- und Sakramentskirche und die Laien- und Buchkirche sind verschmolzen; alles ist Jahu heilig — aber es gibt einen Stand von sichtbar Heiligen; alles gehört Jahu — aber es gibt Opfer; alle dienen Jahu zu jeder Zeit — aber dieser Dienst muß im täglichen Opfer im Tempel sichtbar werden.

Mehr als in der babylonischen Kirche haben die sichtbaren Zeichen, die Weihen und Opfer, die Bundeslade und die Schaubrote, der Sündenbock und die Glöckchen am Ornat des Hohepriesters, symbolische Bedeutung, aber auch mehr Ernst; Sakramente entstehen, wenn anschauliche Naivitäten primitiver Gottesverehrung zu Symbolen verkürzt und logisch umgedeutet werden; was für das fortgeschrittene Denken Unsinn geworden ist, wird als Tiefsinn ausgegeben und weitergeschleppt; die Logik, die es rettet, verteidigt es mit allem Fanatismus, den eben nur Logik in ihren ersten unklaren Regungen den Dingen entgegenbringt, die sie ergreift.

Von Gesinnung und Moral ist im eigentlichen Kultgesetz nicht die Rede, nur von Pflichten der Priester und Laien, bestimmte äußere Formen peinlich zu wahren. Aber das Gesetz geht in diesen Äußerlichkeiten nicht auf. Es enthält auch eine fortgebildete Morallehre. Freilich steht auch sie zwischen den babylonischen Gesetzen und den höchsten Ahnungen und Forderungen des Propheten genau so in der Mitte wie das Kultgesetz; die Moral als Gesinnungssache ist unwesentlich neben der Moral als Sammlung bestimmter Gebote und Verbote in bestimmten Fällen.

Wenn in der Tat ein stark überwiegender Teil des Sondergesetzes 5. Mos. 12 ff. auf die Gesetzgeber zu Jošijas Zeit zurückgeht so ist der Geist der großen Propheten in diesen Männern lebendiger gewesen, als in den späteren Redaktoren; das wäre ja an sich nicht wunderbar; ein Kompromiß für wenige, geschlossen zu einer Zeit, in der Ješaja unmittelbar nachwirkte und Jirmeja lebte, in einem Staat, der Wunder von der Reform erhoffen durfte, kann wohl besser ausfallen, als der Kompromiß für viele, den

Gelehrte und Systematiker unter Jecheskels Einfluß im Exil zustande bringen. Leider sind wir nicht in der Lage, im einzelnen zu sagen, was dem vorexilischen Gesetz angehörte und was später eingefügt und zugesetzt wurde; daß eine Überarbeitung stattgefunden hat, ist zweifellos. So mag denn vieles auch von den menschlichen und sympathischen Zügen der späteren Zeit gehören, wie die unpraktischen und theoretischen Überspannungen des Prinzips in einzelnen Fällen.

Sicher nicht zu Jošijas Gesetz haben die zehn Gebote gehört. In ihrer ganzen Form und Fassung, wie im Inhalt tragen sie die Prägung der wissenschaftlichen Arbeit, die im Kultgesetz herrscht; in ihnen möchte ich die Hauptleistung der exilischen Gesetzgeber sehen.

In vorexilischer Zeit ist das allgemeine Verbot der Bilderverehrung in der schroffen und unbeschränkten Form des Dekalogs als Gesetz undenkbar; die Existenz eines Bildes im Jahutempel, auf das Rücksicht genommen werden mußte, schloß es aus. Anderseits ist die knappe Zusammenfassung der Gebote in wenigen Worten und Sätzen eine logische Leistung ersten Ranges, die ausführlichere ältere Formulierungen voraussetzt; wer die weitschweifigen Gebote der monotheistischen Gottesverehrung 5. Mos. 12 ff. mit dem kurzen ersten Gebot vergleicht, oder die hilflose Auflösung des zweiten Teils von der Sondergesetzgebung 5. Mos. 12 ff. mit den allgemeinen moralischen Geboten des Dekalogs zusammenstellt, sieht den Unterschied ohne weiteres; im einen Fall mühsames Suchen nach einer allgemeinen Formel oder Steckenbleiben in Einzelfällen, im andern müheloses Herausheben und Prägen des Wesentlichen. Die systematische Ordnung des Ganzen in zehn Geboten weist den Dekalog ebenfalls in die Zeit der Systematisierung und der Bearbeitung der Überlieferung, die auch sonst eine Vorliebe für die 10 an Stelle der babylonischen Lieblingszahlen 7 oder 12 hat.

Die Größe der zusammenfassenden Leistung wird dadurch besonders deutlich, daß keines der beiden großen Kulturvölker, die Judas Nachbarn waren, auch nur annähernd Gleiches erreicht hat, obgleich in den Sündenlisten der ägyptischen Totentexte und der babylonischen Bußhymnen etwas Derartiges gefordert war und angelegt erscheint. Es geht hier wie in der Weisheitsliteratur mit dem knappen Sprichwort, das dieselbe Zusammenfassung eines wesentlichen, nur in einem Bild, nicht abstrakt, verlangt und deshalb relativ spät erscheint, dann aber schnell in das allgemeine Bewußtsein übergeht und, zum Typus des Gemeinplatzes geworden, logisch als Leistung unterschätzt wird.

Die Entwicklung des Gesetzes mußte in der Richtung auf Zusammenfassung des verwirrenden Details weiterschreiten; die zehn moralischen Gebote sind sein fortgeschrittenster Teil im Judentum, der Klarheit und leichten Behaltbarkeit wegen weiteren Schichten am besten bekannt, über das Judentum hinaus heute noch populär. An sie knüpft Jesus an, wenn er das Gesetz vertieft; sie hat er im Auge, wenn er zwei ebenso kurze neue Gebote über sie stellt.

Leider wissen wir nicht genau, welchen Umfang das »Gesetz des Himmelsgottes« hatte, das 458 von Esra nach Jerusalem gebracht und 444 von Nechemja zur Grundlage des Staates gemacht wurde. Es muß ein ausgedehntes Schriftstück gewesen sein; während das Gesetz Jošijas in einer Versammlung verlesen und angenommen werden konnte dauerten die Vorlesungen aus diesem »Gesetz Mošes« eine ganze Reihe von Tagen, freilich mit Auslegungen.

Einige Wahrscheinlichkeit spricht dafür, daß mit dem eigentlichen Gesetz die Einkleidung in die Urgeschichte des Volkes Israel ausgearbeitet worden war, daß das »Gesetz Mošes« also schon die Thora in der später kanonisierten Form war.

Jedenfalls ist weder die Bearbeitung babylonischer Sagenstoffe und heimischer Patriarchengeschichten, noch die Ausgestaltung des Wüstenzugs in ihrer heutigen Form älter als das Exil. Die Umwandlung älterer Sagen unter dem Einfluß der prophetischen Forderungen wird wohl schon vorexilisch, namentlich seit Einführung von Jošijas Gesetz, begonnen haben; die Aufnahme und Einschmelzung israelitischer Elemente in die judäische Überlieferung läßt sich bei den Propheten verfolgen; nachdem Amos durch sein Mißverständnis der geschichtlichen Verhältnisse den ganzen Prozeß eingeleitet hat folgen alle Späteren seinen Spuren, um so ausgiebiger, je weiter die Trennung Israels von Juda zurückliegt und damit die echte Tradition sich verwischt. Aber erst im Exil mit seinem großen Abbruch aller alten Beziehungen und dem Verlöschen der wirklichen Verhältnisse zugunsten der prophetischen Legende wird die Ausbildung des Bildes möglich, das dann kanonisch geworden ist.

So lange Jerusalem stand und die Tradition am Tempel ungebrochen war, muß Jahus Schöpfung anders ausgesehen haben als heute. Wahrscheinlich war sie ursprünglich der babylonischen

Hauptrezension Enuma elisch sehr ähnlich, vielleicht mit ihr bis auf den Gottesnamen gleich. Sicher enthielt sie die Hauptmomente dieser Sage. Amos, Ješaja und noch spätere wissen von der Schlange oder dem Drachen und von Jahus Drachenkampf als einem Ruhmestitel des Gottes; wir hören auch nicht, daß bei der Tempelreinigung Jošijas das zweifellos vorhandene Tiamatbild beseitigt wurde; dagegen sieht Jecheskel »greuliches Gewürm« im Tempel. Alle Wahrscheinlichkeit scheint mir dafür zu sprechen, daß die Sage vom Drachenkampf und das Tempelspiel, das dazu gehörte, bis zur Wegführung 586 anerkannte Teile des Kults waren.

Anstoß genommen haben einzelne Denker gewiß daran; namentlich Jirmejas konsequenterer Monotheismus wird die alten Vorstellungen unwürdig gefunden haben; er erwähnt auch den Kampf so wenig als die Schlange. Aber die Macht der Reformer hatte hier ihre Grenze am Herkommen.

Im Exil und namentlich im späteren Exil, als neue Generationen heraufgewachsen waren, kam die reine Auffassung Jirmejas zum Sieg. Die Bearbeiter streichen den Inhalt der ersten vier Tafeln von Enuma elisch, vielleicht geradezu nach dem babylonischen Gedicht, fast vollkommen; der eigentliche Schöpfungsakt bleibt gekürzt stehen, so weit wir sehen können bis in Einzelheiten übereinstimmend; aus Mythologie wird Naturgeschichte, aus epischer Dichtung knappe Prosa; 7 Tafeln entsprechen 7 Schöpfungstage; der Lobgesang am Schluß wird nur erwähnt, nicht gegeben. So verarbeiten hellenische Gelehrte die alten Mythen ihres Volkes zu Geschichte und Naturwissenschaft, indem sie die Richtigkeit der Angaben voraussetzen und die Form ihrem entwickelteren wissenschaftlichen Denken anpassen.

Daß die Bearbeitung spät und exilisch ist, beweist die Einführung des Sabbat als Ruhetag Jahus.

Auch die Geschichte vom Sündenfall kann kaum älter sein als das Exil. Die Schlange, ursprünglich Jahu, der dem ersten Menschen, seinem Diener, wie Ea dem Adapa, die Erkenntnis verleiht, kann nicht böses Prinzip werden, so lange der Nechuštan im Tempel verehrt wird, auch später kaum, so lange eine ungebrochene levitische Tradition besteht. Die ganze logische Leistung, die Zusammenfassung von allerlei Elementen aus der judäischen (Schlange als Geber der Erkenntnis), babylonischen (Hain der Irnina und Garten der Sabitu, Adapa, vielleicht auch Amelu, heiliger Baum und heiliges

Wasser, vier Flüsse) und möglicherweise auch ägyptischen (Baum von dem die Unsterblichen Nahrung pflücken und Baum auf dessen Blätter die Göttin Königsnamen schreibt als Urbilder des Lebens- und Erkenntnisbaumes) Religion zu einer allgemein menschlichen Philosophie ist sehr hoch. Die Weltanschauung des Philosophen deckt sich mit der Jecheskels, überragt sie an manchen Punkten.

Mit »dem Menschen«, nicht mit einem bevorzugten Diener der Gottheit, wie Adapa, oder mit dem ersten Vertreter des auserwählten Volkes, beschäftigt sich der Dichter; Gott und Mensch stehen sich in einfachster Formel gegenüber. Gott hat dem Menschen nur Gutes getan; er hat ihn geschaffen, er hat ihn an die Stelle vollkommenster Wonne gesetzt, in seinen eigenen Garten, er hat ihm eine Gefährtin gegeben und würdigt ihn seines Umgangs. Aber der Mensch ist am Anfang der Welt, wie später Israel, undankbar, sündig. Frömmigkeit ist Gehorsam gegen Gottes Gebote, Sünde Ungehorsam. Sie werden persönlich gefaßt in zwei Wesen, dem guten Prinzip, Gott, und dem bösen, der Schlange; der Mensch steht zwischen ihnen, frei und abhängig, wie überall in der jüdischen Lehre. Die Strafe des Ungehorsams trifft den doppelt Verführten — er muß sich mühen und leiden.

Auch der Standpunkt des Philosophen zur Erkenntnis ist der des späteren Judentums; wesentlich ist nur die Erkenntnis, die Jahu gibt; sie ermöglicht das einzig Wünschenswerte, Unschuld, d. h. Freiheit von Mühe und Leid; die übrige Erkenntnis ist Abfall, ein Herausstreben aus Jahus Kindergarten, ein widernatürliches Aufbäumen, wie das gegen den Tod, der hier Naturgesetz, nicht Sündenstrafe ist, ein Standpunkt, den das Judentum nicht immer hat behaupten können.

Die sentimentale Sehnsucht nach einem unschuldsvollen, geschlechtslosen Dasein in unverfälschter Natur ist hier zum vollsten Idealbild ausgestaltet; merkwürdig kontrastiert damit die wissenschaftliche Neigung, die ganz naturalistisch Pflanzen aus Wasser, Menschen aus Erde und Odem entstehen läßt, ganz nominalistisch den Menschen die Tiere benennen läßt (Name ist nicht mehr Wesen) und eine Weltgeographie beiläufig gibt.

Auch die babylonische Mythologie spekuliert auf den Urzustand des Menschen; Eabani ist nach Leben und Trieben Tier — Mensch wird er durch Bildung; Adam ist Mensch als Gottes Geschöpf — das Böse, das Erkennen macht ihn schlechter als das Tier.

Derselbe Geist beherrscht andere Bearbeitungen babylonischer Stoffe und weist sie in dieselbe Zeit. Auch Noahs Frömmigkeit und Weisheit ist unbedingter Gehorsam; bis in den kleinen Zug der Beschränkung der ausgesandten Vögel auf den bösen, schwarzen und treulosen Raben und die gute, weiße und fromme Taube wirkt die Moral und Sentimentalität des fertigen Judentums auf die Bearbeitung ein; und wieder steht neben der Weisheit Jahus die wissenschaftliche Tendenz als Zahlenspekulation.

Nur im Exil, fern von der Heimat, ist die Umwandlung der alten Götter und Heroen aus Juda und Israel in ideale Hirtengestalten und Patriarchen möglich gewesen; die Moral des fertigen Judentums in ihren beschränktesten und in ihren fortgeschrittensten Zügen wird in diesen Sagen sichtbar; die Natursehnsucht schafft hier Schäferromane.

Derselben Sehnsucht nach Natur, der das Paradies (aus alten Totenmythen) und die Patriarchenzeit ihre Ausgestaltung verdanken, entsprang auch die Vorstellung vom Volk in der Wüste; die Erzvätersagen halten einigermaßen geschichtlich den Geschlechtsverband als Einheit wandernder Horden fest, die Wüstensagen kennen ganz im Sinn einer aufklärerischen Naturphilosophie nur den Haufen von Individuen, die ein Gesetzgeber organisiert; Geschlecht und Familie bleiben ganz im Hintergrund; die freie soziologische Konstruktion herrscht. Die Organisation der Gemeinde, die das Exil geschaffen und im Gesetz festgelegt hat, ist das Urbild für die des Volkes in der Wüste; der Tempeldienst im neuen Jerusalem wird in dem Heiligtum der Wüstenzeit mit seinem Offenbarungszelt und seiner Lade vorgebildet.

Erst im Exil konnte die Bundeslade als Jahus Symbol hingestellt werden; im vorexilischen Tempel gab es ein Bild mit Schlangen am Thron, aber keine Lade; von der Schlange führten die Priester den Namen, von Levi stammten sie ab; jetzt sollten die echten Priester Söhne der Lade, Aharons Söhne sein und die Leviten in zweite Reihe rücken. Die Priester fügten sich; Sadoks Haus blieb ja; ob der erste Ahn wechselte war gleichgültig; ja es war geradezu logisch, wenn die Leviten nach der Schlange genannt waren, sich nun nach der Lade umzunennen, die die Schlange im Tempel ersetzt hatte.

In den Wirren dieser Übergangszeit hat endlich auch Moše seinen Platz in der Überlieferung des Volkes gefunden. Sein Name erscheint zuerst bei Jirmeja als der eines frommen Mannes; nun wird er der erste Prophet, der Verkünder der neuen Religion und der Führer aus Ägypten; ich möchte fast vermuten, daß der Pharao der Austreibung und der wirkliche Stifter der prophetischen Religion, Ahmose und 'Amos, bei Benennung und Ausgestaltung der Rolle dieser Gestalt zusammengeflossen sind. Jedenfalls handelt es sich um eine reine Sagengestalt, an der nichts geschichtlich ist[1].

Das zeitlose Volk wird von einem zeitlosen Propheten nach Jahus zeitlosem Gesetz organisiert, ein Ideal der Urzeit, das in der Endzeit wiederkehren soll. Der eleatische Zug zum zeitlosen Weltbild drängt in dieser Philosophie eleatischen Charakters, die aus der Geschichte ihre ersten Erkenntnisse gewann, zur Ausscheidung der geschichtlichen Elemente. Wichtiger als die wirkliche Geschichte wird die urgeschichtliche Konstruktion, wichtiger als der wirkliche Prophet wird der Prophet der Sage; bei ihnen ist alles ideal; der philosophische Gehalt wird ohne weiteres sichtbar.

Nach einer zeitlosen Welt, nach einer Welt der göttlichen Gesetzlichkeit und des Aufgehens in der Natur drängt die Entwicklung; die freie Konstruktion einer Urzeit und Endzeit, das Gesetz, die Natursehnsucht der Sagen sind Symptome dieses Dranges, der in der erlösenden Ethik Jesu und dem erlösenden Eleatismus eines Spinoza jenseits des Judentums als Religion seine Befriedigung fand. —

Die letzten persönlich greifbaren Propheten, Chaggai, Sacharja und Malachija, treten in Jerusalem zwischen 539 und 444 auf; die Vollendung des Gottesreiches, die Herstellung des Tempels und die Einführung des Gesetzes im neugeschaffenen Staat ist ihr Thema.

Chaggai und Sacharja werden zu Propheten unter dem Eindruck drohender Katastrophen in Jerusalems Umwelt; noch einmal schien eine allgemeine Auflösung bevorzustehen als Kambyses starb und die Nachfolge zweifelhaft war; Darius hatte seine Anerkennung mit Waffengewalt zu erzwingen und brauchte mehrere Jahre, um vollkommen Ruhe zu schaffen.

Im zweiten Jahr des Darius erhebt Chaggai seine Stimme und fordert, daß endlich der vorläufig errichtete Altar Jahus in Jerusalem

[1] Ausführlichere Andeutungen zur Entstehung der Mošesagen enthält mein Aufsatz: »Die Entwicklung der Jahureligion und der Mosesagen« in »Leipziger semitistische Studien V, 1«, Verlag der Hinrichs'schen Buchhandlung, Leipzig 1909.

durch einen wirklichen Tempel ersetzt werden solle. In der Tat wird der Bau in Angriff genommen; Chaggai tröstet das Volk über die kleinen Verhältnisse der Anlage, die, durch die geringen Mittel bedingt, so gar nicht mit den glänzenden Vorstellungen stimmen wollten, die man sich vom Jahutempel des neuen Jerusalem gemacht hatte. Bei der Grundsteinlegung verspricht er gute Zeiten, einen allgemeinen Umsturz und die Erhöhung des Davididen Serubbabel zum Siegelring an Jahus Hand.

Die Lage ist ganz einfach. Die großen Hoffnungen der Zurückgekehrten sind enttäuscht; die Versprechungen des zweiten Ješaja, nach denen Jahu sein Volk wunderbar führen und erhöhen und Kyros selbst den Tempel bauen sollte, haben sich nicht erfüllt; in elender Lage sitzen die Heimgekehrten in der verwüsteten offenen Stadt und selbst die Natur läßt sie im Stich, indem Mißernten die Regel sind. Das muß verschuldet sein; Chaggai findet die Schuld in der Vernachlässigung der ersten Pflicht gegen Gott über allerlei menschlichen Interessen; nach zwanzig Jahren hat Jahu noch kein Haus, in dem er wohnen könnte. Ist der Tempel da, so muß auch das übrige kommen; der Messias lebt schon und die großen Reiche wanken.

Sacharja nimmt den Faden auf und spinnt ihn fort. Er erblickt nach der Grundsteinlegung Nachtgesichte, die ihm ein Engel auslegt. Jahu ist voll Zorn auf die Heiden, die seinen Grimm benutzt haben, Jerusalem unten zu halten; die 70 Jahre des Grolls sind um; die Schmiede kommen, die die Hörner der Zerstreuung niederschlagen. Er sieht den Hohepriester Jehošua, der dem Messias Serubbabel widerstrebt, vom Satan bei Jahu verklagt, aber freigesprochen, weil er verspricht, künftig auf Jahus Wegen zu wandeln; wie zwei Ölbäume sollen die beiden vor dem Herrn stehen. Überhaupt soll Jerusalem gereinigt werden; die Bosheit wird von Engeln nach Babel zum Untergang geführt; die Gläubigen von Babel sollen nach Jerusalem kommen. Die Gottesstadt soll offen bleiben — Jahu wird ihre Mauer sein; der Messias Serubbabel wird durch den Geist Sieger sein.

Die überschwänglichen Hoffnungen trogen. Im vierten Jahre des Darius zieht sich Sacharja mit allgemeinen Redensarten zurück. Von dem Messias ist keine Rede mehr; der Revolution durch Tempelbau und Gesichte hat der persische Statthalter ein Ende gemacht, indem er, wahrscheinlich im Einverständnis mit dem Hohepriester, den Davidssprossen beseitigte. Das Gericht über Babel und die Völker des Nordens ist ausgeblieben. Sacharja hofft, daß die Trauerfasten einmal Freudenfasten werden und der Tag kommen wird, wo immer zehn Heiden einen Juden am Rock fassen und ihn bitten werden, sie Juden werden zu lassen.

In eine spätere Zeit gehört Malachija, »Jahus Bote« (hebr. Maleachi »mein Bote«). Seine Weissagung richtet sich gegen die Priester, die »Jahus Bund mit Levi« brechen, indem sie unreine Opfer, kranke, gestohlene und Muttertiere darbringen und den Tisch Jahus für sich zu schlecht finden, gegen das Volk, das aus Zauberern, Ehebrechern, Meineidigen, leichtfertig mit Heiden Vermählten und leichtfertig Geschiedenen, aus Bedrückern der Armen und aus Schwindlern besteht, die beim Zehnten und Hebeopfer betrügen. Er erwartet Jahus Gericht; vorher aber wird Gott den Elija senden, damit er das Volk versöhne und der Bannfluch nicht vollstreckt werden muß.

Die Schuld am Ausbleiben des Gottesreiches wird hier in den Sünden des Volks gegen das Gesetz gesucht; wenn Elija eine bestimmte lebende Person bezeichnet und nicht den Propheten selbst meint, könnte etwa an Esra gedacht werden, der das Gesetz bringt. Die Forderungen des Propheten sind im Einklang mit denen der Gesetzgeber.

Vergleicht man die Weissagungen der drei Propheten mit denen der großen vorexilischen Propheten, so ist äußerlich der Unterschied gering. Es sind Männer, die in bewegter Zeit in Jahus Namen weissagen und religiöse Forderungen stellen; das Unglück des Volkes ist verschuldet durch Verzögerung des Tempelbaus oder ungesetzliches Verhalten; die unsicheren Zustände um 520, die bevorstehende Entsendung Esras geben den Weissagungen von einem Tag Jahus und der anbrechenden messianischen Zeit konkrete Züge; auch die Wirkung der Weissagungen auf das Volk ist die gleiche, wie vor dem Exil; so lange die Verwirklichung wahrscheinlich ist, werden Konzessionen gemacht, die nicht zu sehr mit den Interessen der herrschenden Kreise in Widerspruch stehen; sobald der Prophet unrecht hat oder zu große Opfer verlangt wird er verachtet; das Mißglücken der messianischen Pläne Serubbabels hat gewiß die Verweltlichung der Oberschichten sehr begünstigt; Malachija und Esra mußten auf den energischen Nechemja warten, um ihre Wünsche durchgesetzt zu sehen.

Die äußere Ähnlichkeit darf aber nicht darüber täuschen, daß ein grundlegender Unterschied zwischen den großen Propheten und diesen Nachzüglern besteht; die wesentliche Leistung der Großen, die Ausgestaltung einer neuen Weltanschauung, ist abgeschlossen; die drei nachexilischen Propheten sind keine Philosophen mehr; sie sind als Denker unproduktiv und nur in den alten Formen heimisch.

Das Gottesreich ist noch nicht gekommen; das berechtigt sie, gleich ihren Vorgängern, nach den Gründen des Unglücks zu fragen, nach den Zeichen seiner Ankunft zu suchen; der Tempelbau, die Einführung des Gesetzes stehen noch aus; aber der Messias ist schon da, Elija muß demnächst kommen. Das System gilt — der Prophet bringt es nur mit den realen Verhältnissen seiner Zeit in Einklang.

Wenn das Wesen der Prophetie in ihren Weissagungen läge, so wäre nicht zu verstehen, warum es in den Jahrhunderten des jüdischen Papsttums, seiner Kämpfe und seines Untergangs keine großen Propheten mehr gibt; das Wesen der Prophetie liegt aber in seiner Neuschöpfung einer höheren Weltanschauung; deshalb hört nach dem Abschluß dieser Weltanschauung die Schriftprophetie und die persönliche Prophetie auf.

Die fertige Weltanschauung läßt ihren Bekennern zwei Aufgaben, die bis zu ihrem Abschluß den Propheten zustanden, die Mahnung an das Gesetz und die konkrete Ausgestaltung der Endzeit.

Nach Einführung des Gesetzes fällt der Hinweis auf die Pflichten der Gläubigen, das Gesetz zu halten, seine Unterstützung durch die Versprechungen und Strafandrohungen, die die Schrift enthält, den Dienern des Worts, den Gesetzeskundigen zu.

Die konkrete Ausgestaltung der Endzeit muß nach Einführung der prophetischen Weissagungen vorexilischer und exilischer Zeit in den Gottesdienst sich darauf beschränken, die Zeichen der Endzeit in der jeweiligen Lage nachzuweisen, das fertige Schema zu detaillieren. Das ist logische Kleinarbeit, die in die Hände namenloser Gelehrter übergeht; eine ausgedehnte apokalyptische Literatur entwickelt sich.

Den Übergang von der prophetischen zur apokalyptischen Literatur bilden Jecheskel (der ja auch zwischen Prophetie und Gesetzbearbeitern vermittelt) und in nachexilischer Zeit Sacharja und Malachija. Die bestimmten Hoffnungen verbergen sich in einer allegorischen Bildersprache; die klar bezeichneten Messiasgestalten werden zu wiederkehrenden Helden der Vergangenheit oder decken sich mit deren Namen (Serubbabel wird noch genannt; Malachija spricht von Elija); die Ankündigungen werden wie die Gesetzgebung in ältere Zeit hinaufgeschoben, an berühmte Weise angeschlossen; Daniel und Henoch, Esra und Baruch werden zu Verfassern solcher Werke gestempelt. Den wissenschaftlichen Charakter dieser Übungen, denen jede enthusiastische Regung fremd ist, kennzeichnen die bildliche Ausdrucksweise und die Zahlenspekulationen.

Zwischen Schriftgelehrten und apokalyptischen Systematikern bleibt den Propheten nichts zu tun; sie sinken wieder zu »Rufern« herab, zu Verzückten und Agitatoren in erregten Zeiten, die den herrschenden Klassen immer als Aufwiegler und Betrüger verdächtig sind; als nationalistische Agitatoren spielen sie namentlich in der römischen Zeit eine große Rolle. Für die Entwicklung des jüdischen Denkens sind einige Sektierer im Prophetengewand wichtig geworden.

Das Ergebnis der gelehrten und praktischen Arbeit der Führer der babylonischen Gemeinde von Jecheskel bis Nechemja ist die jüdische Kirche.

Der Fiktion nach ist die jüdische Religion eine Volksreligion; tatsächlich ist sie eine Weltreligion; der Fiktion nach ist der Jahukult in Jerusalem die Fortsetzung des vorexilischen Lokal- und Reichskults; tatsächlich ist er Mittelpunkt einer Weltkirche.

Seinem logischen Charakter gemäß tritt der jüdische Monotheismus mit dem Anspruch auf Alleinherrschaft auf. Es gibt nur e i n e n Gott, nur e i n e Weltanschauung für alle Menschen; alle andern Götter sind Götzen, alle andern Weltanschauungen sind Aberglauben; alle Menschen müssen den einen Glauben annehmen, bekehrt durch Überzeugung oder durch Gewalt. Die Kirche der fortgeschrittenen Logik ist nicht mehr duldsam, wie die heidnischen Kulte; sie fordert im Namen der Logik allgemeine Anerkennung; sie ist durch ihr innerstes Wesen auf Ausbreitung über alle Welt angewiesen; die Bekehrung der Heiden ist ihr Ziel; Religionskrieg und Märtyrertum erscheinen in ihrem Gefolge.

Wenn diese Züge im Judentum nicht so stark hervortreten, als später im Christentum, so liegt das daran, daß das Judentum an der Stelle seiner Entstehung und ersten Ausdehnung in babylonischem und ägyptischem Kulturgebiet keinen logisch ebenbürtigen Gegner fand. Seine Lehre war allen vorhandenen Religionen unbedingt logisch überlegen; bekehren hieß in der Tat belehren, zum Höheren emporziehen; die Waffen des Geistes waren ausreichend einem schwächeren Gegner gegenüber; gerade die besten Köpfe unter Babyloniern und Ägyptern mußten fühlen, daß in der neuen Religion erfüllt war, was ihre höchsten religiösen Ahnungen in der Ferne zeigten. Die tieferen Schichten lockte die Lotteriehoffnung der Endzeit; kamen sie nicht, so waren sie eben zu dumm.

So hat das Judentum ohne viel Anstrengung Propaganda gemacht und weithin im Orient Gemeinden gebildet, die wieder Keimböden für neue Gemeinden wurden; wenn nicht das schnelle Wachstum der Judengemeinden in Babylon und Alexandria Beweis genug für eine Ausbreitung durch Proselyten wäre, würden Einzelfälle, wie die Bekehrung eines Ägypters in Elefantine und die Zerstörung der jüdischen Synagoge dort durch ägyptische Priester sie beweisen. Viel besondere Arbeit, Missionsschriften oder Missionare, war dazu nicht nötig; jeder Jude war Missionar; die Zugänglichkeit der Versammlungen und Schriften gaben jedem Gelegenheit zur Vergleichung der Lehre mit seinem Glauben; die Bildung und der Wohlstand des durchschnittlichen Juden, eine Folge des Gemeindeunterrichts und -zusammenhalts, zeigten die Früchte.

Das ward anders, als das Judentum in Konkurrenz mit der hellenischen Aufklärung trat. Es sah sich einem Feind gegenüber, der im Namen der Logik seine logische Religion verwarf und sofort wurden die latenten Züge sichtbar. Die Propaganda im hellenisierten Alexandria arbeitet mit Übersetzung der heiligen Schriften, mit regelrechten Streitschriften und andern Missionsdokumenten; als Konkurrenz wird die bis dahin unmerkliche Arbeit so fühlbar, daß den Alten das Judentum der Typus einer propagierenden Religion ward. Im Kampf gegen das Hellenentum fallen makkabäische Märtyrer, brechen die ersten Glaubenskriege im Altertum los; das unterliegende Judentum versteinert in seinen letzten Schriften den blutigen Haß gegen Andersdenkende, feiert Judith und Esther.

Der Perserkönig forderte von den Juden keine Bilderverehrung. Die Juden waren bequeme Untertanen, ohne Aufruhrgelüste und ohne Interesse an politischen Verschiebungen, gute Steuerzahler und selbst brauchbare Soldaten; ihre Religion ließ sich der parsischen angleichen. Auch die hellenistischen Könige standen auf diesem Standpunkt, die Ptolemäer dauernd, die Seleukiden wenigstens zeitweise. Die römischen Eroberer und Kaiser waren nicht anders gesinnt. Der unnationale jüdische Weltbürger paßte in jedes Weltreich, in dem keine logisch ebenso hoch wie er entwickelte Bevölkerung maßgebend war. Unmöglich war er mit seinen Ansprüchen auf die Dauer nur an der Stelle, wo er nicht Weltbürger sondern Herr sein wollte, wo Religion und Nationalität eins waren und zu dem Anspruch auf Anerkennung die materiellen Mittel zu eigener Politik kamen. Von Darius zu Antiochus und Titus haben die fremden Herrscher des jüdischen Kirchenstaats einen Aufruhr nach dem andern niederwerfen müssen. In der Heimat ihrer Religion waren die Juden ein ganz anderes Volk, als in der Diaspora; man hat den Eindruck als sei aller Stoff zu Konflikten mit den Heiden hier zusammengeflossen, als entledige sich der Körper der Weltgemeinde hier aller Krankheitsstoffe, bis mit der Vernichtung dieses Herde Heilung eintritt.

Das eigentümliche Bild entsteht durch die eigenartige Rolle, die das Rom der jüdischen Weltkirche in der jüdischen Welt spielt. Der Kirchenstaat Jerusalem ist eine Gründung der babylonischen Gemeinde, die erste Frucht eines frühen Zionismus. Eine Notwendigkeit praktischer Art für die Herstellung Jerusalems bestand nicht; die Gemeinde in Babylon blühte und gedieh, sie war vorzüglich geordnet und vermißte auch keineswegs etwa die Befriedigung ihrer religiösen Bedürfnisse. Ein materielles Interesse an der Herstellung von Jerusalem hatten allenfalls die Davididen, die Priester und Adligen, soweit sie in den neuen Verhältnissen nicht ihre Rechnung gefunden hatten oder höhere Macht beanspruchten, als ihnen in der Gemeinde und im fremden Land zukommen konnte. Die eigentlichen Interessen der Gemeinde an der Herstellung von Jerusalem waren ideal; zur Vollendung der Weltanschauung gehörte die Erfüllung der Prophetien vom neuen Jerusalem; nationaler und religiöser Ehrgeiz regten sich; in Jerusalem verkörperten sich die Hoffnungen, die das Judentum seinen Gläubigen bieten konnte; sein Besitz war das Pfand für Jahus beginnende Weltherrschaft. Ein Idealstaat sollte Jerusalem sein; für das Ideal gegen die materiellen Regungen der Priester und Adligen setzte die babylonische Judenschaft Geld und Einfluß immer wieder in Bewegung und erreichte mit Nechemja vorübergehend das Menschenmögliche. Als Ideal wirkte das fertige Rom des Judentums in der Folgezeit; die Schilderung Jesus Sirachs vergegenwärtigt den Eindruck des feierlichen Gottesdienstes auf die Wallfahrer aus aller Welt; der gefälschte Bericht von einer Gesandtschaft eines Ptolemäers an den Hohepriester zeigt die Verwertung des Ideals in der Propaganda. Die Angriffe auf Jerusalem empfanden alle Gemeinden, wie heute die Katholiken Angriffe auf Rom in aller Welt empfinden. Aber wie bei der Einnahme Roms durch die Italiener die Kreuzfahrerheere ausblieben, so war auch die Begeisterung der jüdischen Gemeinden für ihr Rom nicht stark genug, die politische Existenz des Gottesstaates zu erhalten. Die Makkabäer und alle späteren Glaubenskämpfer in Jerusalem erhalten von der Diaspora Geld, aber keine Truppen; die nationalistisch erregten Massen im heiligen Land sind den Fanatikern der Zeit Jehojakims und Sidkijas, nicht den exilischen und nachexilischen jüdischen Gemeinden geistesverwandt.

Die Herstellung Jerusalems konnte zunächst den Anschein wachrufen, als sollte die jüdische Entwicklung den Gottesstaat in Priesterhänden, den die Amonspriester und zuzeiten ihre babylonischen Kollegen angestrebt hatten, in erweitertem Maßstab verwirklichen. Einer Theokratie in Priesterhänden schien das Gesetz zu dienen; die Weltherrschaft eines geistlichen Fürsten, eines Sprößlings aus Davids Haus, dann eines Papstes aus Sadoks Stamm sollte in Jerusalem ihren Sitz haben.

In der Tat war das jüdische Pontifikat den Pontifikaten in hellenischen Republiken und im alten Rom sehr ähnlich; der öffentliche Staatskult des republikanischen Gemeinwesens, der Volk und Gottheit von alters verbindet, liegt in den Händen hochadliger Priester, die nominell die ersten Männer im Staate sind; in Wirklichkeit herrschen andere.

Schon durch die Vereinigung aller Priester an einer Stelle war die Gefahr eines Priesterstaates über alle Welt aufgehoben; ein kirchlicher Territorialstaat kleinsten Umfangs war möglich, nicht mehr; selbst eine geistliche Weltherrschaft war dadurch unmöglich gemacht; dem Hohepriester fehlten die Organe zur Verfolgung derartiger Ziele in den Gemeinden; er konnte durch einzelne Entscheidungen einen begrenzten Einfluß ausüben, wenn er angerufen ward; die Gesetzauslegung war aber im allgemeinen Laiensache. Von Rom aus ward die römische Kirche organisiert; die babylonische Gemeinde schuf sich ihr Rom. Der römische Papst ward zum unfehlbaren Verkünder der rechten Lehre; der jüdische Papst hatte in seiner eigenen Stadt seine Stellung gegen Laien zu verteidigen, die ihn zum Sklaven ihrer Lehrmeinungen machten und erlag ihnen immer wieder, von Nechemjas Tagen bis zur Demokratisierung der hohepriesterlichen Würde.

Weil Jerusalem in der jüdischen Welt mehr Ansehen und Ehren als wirkliche Macht besaß sind auch die Gründungen von Konkurrenztempeln in Israel und Ägypten für die Einheit der Kirche ungefährlich geblieben. Die beiden Gründungen gingen von Mitgliedern der hohepriesterlichen Familie aus; der Tempel auf dem Garisim bei Sichem wird auf die Eingriffe der babylonischen Gemeinde in die erste Entwicklung Jerusalems zurückgeführt; der Tempel in Leontopolis geht auf Onia, den früheren Hohepriester und Führer der Altfrommen gegen die hellenistischen Ketzer der Seleukidenzeit zurück. Die Gründung eines Tempels auf dem Garisim ließ sich aus der fertigen prophetischen Legende, wie aus der Geschichte rechtfertigen; nach 5. Mos. 27 ist das Gesetz und der erste Altar Jahus beim Einzug ins gelobte Land auf dem Ebal gegenüber dem Garisim errichtet worden und Simeon, Levi, Juda, Issašar, Joseph und Benjamin haben vom Garisim aus den Segen über Israel gesprochen; in Sichem, der Hauptstadt Jarobams I., war die ganze israelitische Legende zu Hause. Die Gründung des ägyptischen Tempels erfolgte unter Berufung auf Ješaja 19, 17 ff. In beiden Fällen ließ sich also allerlei für die Änderung des Bestehenden anführen; Onia besonders kann es auch nicht an Sympathien in den Gemeinden namentlich Ägyptens gefehlt haben. Der Grund des Mißglückens lag in der falschen Einschätzung dessen, was der Tempel für die Weltkirche bedeutete; er war ein Ideal, und dies Ideal haftete an Jerusalem; der historisch und kultisch bestbegründete Ortswechsel kam dagegen nicht auf; ein reiner Tempel in Ägypten ersetzt nicht den geschändeten in Jerusalem. —

Die katholische Kirche ist nach Wesen und Organisation eine Weltkirche priesterlichen und sakramentalen Charakters mit Rom als Mittelpunkt und Sitz des Stellvertreters Gottes auf Erden.

Die Kirchen der Reformation sind ebenfalls als Weltkirchen gedacht; der Papst und sein Sitz ist weggefallen; die priesterlichen und sakramentalen Elemente sind stark vermindert; im Mittelpunkt der Religion steht ein Gesetzbuch und seine Auslegung in der Predigt.

Die jüdische Kirche in ihrer nachexilischen ersten Gestalt, zur Zeit der Blüte von Jerusalem, hat mit der katholischen die monarchische und zentralistische Organisation, die Betonung des priesterlichen und sakramentalen Wesens gemein. Indem aber die priesterlichen und sakramentalen Elemente auf die Stadt Jerusalem beschränkt bleiben und im eigentlichen Leben der Weltgemeinde wenig bedeuten wird sie zur Laien- und Buchkirche. Nach der Umwandlung des Mittelpunktes in ein reines Ideal der Endzeit durch die Zerstörung von Jerusalem bleibt die Laien- und Buchkirche praktisch allein übrig.

Dies Endergebnis der jüdischen Entwicklung steht dem Ideal einer solchen Kirche näher, als die existierenden protestantischen Kirchen; der letzte Rest einer Beeinflussung der Lehre durch Zwang einer Behörde, den die protestantischen Kirchen in ihren Konsistorien besitzen, fehlt; die Sakramente sind völlig beseitigt; die Schrift und ihre Auslegung bedeutet alles, und die Diener der Schrift sind weder sakramental noch formal geweiht, einfache, schriftkundige Laien. —

Die jüdischen Schriftgelehrten gehen aus den gottesdienstlichen Verhältnissen des Exils hervor. Man kann als ihren Ahn Jecheskel ansehen, der, Priester der Abkunft nach, Prophet von Beruf, seine Hauptaufgabe in der systematischen Vollendung der jüdischen Weltanschauung und in der Verbreitung seiner Erkenntnisse unter die Mitgefangenen sah. Neben dem großen Denker stehen die vielen Kleinen, Priester, Laien, Gelehrte und Propheten, die bei den Zusammenkünften Gesetz und Propheten verlesen und auslegen konnten.

Mit dem Abzug der Priester nach Jerusalem, wo sie allein existenzberechtigt waren, blieb nur das Laienelement übrig.

Dem Namen nach war mit der Herstellung des Gottesdienstes am Tempel in Jerusalem allen eigentlich religiösen Bedürfnissen der Gemeinden genug geschehen. Die Priester sorgten für alle Dinge, die ihnen von alters zukamen. Aufgabe des Priesters ist die genaue Einhaltung aller Vorschriften im Verkehr des Menschen mit der Gottheit; die Wissenschaft vom Ritual in gewöhnlichen und außergewöhnlichen Fällen, die praktische Befähigung zu seiner Durchführung muß er erwerben und besitzen; dazu kommt Erforschung des göttlichen Willens in Einzelfällen und Rat und Hilfe bei seiner Befolgung.

Den ersten Teil dieser Aufgabe, den täglichen und festlichen Tempeldienst, besorgten die Priester nach der endgültigen Ordnung der Verhältnisse in Jerusalem zur allgemeinen Zufriedenheit. Den zweiten Teil, die Erteilung göttlicher Weisungen, konnten sie, an Jerusalem gebunden, nur in Ausnahmefällen für Ortsfremde besorgen; wenn ein schwieriger Fall von auswärts dem Hohepriester vorgelegt wurde, wenn ein Mitglied der Gemeinden die Wallfahrt nach Jerusalem unternahm, um sein Gewissen zu beruhigen, dann kamen die Priester, wie in der babylonischen oder vorexilisch jüdischen Kirche zur Ausübung dieser Dienste. Im ganzen mußte sehr schnell die Erteilung der Thora neben dem eigentlichen Tempel- und Opferdienst in den Hintergrund treten; nachdem die Thora Gesetz, ein wissenschaftlich auszulegendes Buch geworden war, nachdem die Thoraerteilung eine logische Übung, kein Akt der Wahrsagung in rituellen Formen mehr war, wurde sie wohl auch den Priestern uninteressant; Priesterarbeit ist sakramental, nicht logisch; jedenfalls war der eigentliche Dienst mit seinen Opfern einträglicher.

So wäre vielleicht auch bei Beschränkung der jüdischen Gemeinde auf Jerusalem im Lauf der Zeit der Priesterstand durch die starke Betonung des rituellen Elements auf den Tempeldienst als allein würdig festgelegt worden und neben ihm ein Stand der Gesetzausleger entstanden; bei der Ausdehnung der Gemeinden über alle Welt war diese Entwicklung unvermeidlich.

Der Theorie nach genügte der Gottesdienst im Tempel für alle Gemeinden; praktisch war davon keine Rede. Der einzelne Jude verlangte wie jeder Angehörige einer Religionsgemeinschaft Befriedigung seiner täglichen religiösen Bedürfnisse; der Tempeldienst in Jerusalem war für den jüdischen Babylonier ein schöner Gedanke, nicht mehr; er verlangte etwas Greifbares, das ihm seinen Zusammenhang mit der Religion vor Augen hielt, ihn erbaute und zufriedenstellte; das war nur durch einen Kult am Ort selbst möglich. So blieb der Synagogendienst des Exils in Gebrauch nach Herstellung des Tempels; da kein anderer Gottesdienst zulässig war, als der am Tempel, so hieß er eben nicht Gottesdienst, war es aber; da kein Priester anderswo als in Jerusalem amtieren durfte, traten eben Laien ein.

Der Jude hatte aber nicht nur ein Bedürfnis nach Erbauung im Gottesdienst; viel praktischere Fragen fesselten ihn an seine Religion. Er wollte mit der Gottheit gut stehen, um ihren Segen zu genießen, ihrem Fluch zu entgehen, wie jeder Babylonier. Dazu mußte er Auskunft haben, allgemein und in Einzelfällen, wie er handeln sollte, um in Einklang mit der Gottheit zu bleiben oder den verlorenen Einklang herzustellen. Die Befragung der Gottheit war ein praktisches Bedürfnis jedes Einzelnen. Sie geschah nicht mehr durch Orakel — die Gottheit hatte ihr Gesetz ein für allemal gegeben, bezeichnenderweise »Thora« genannt, wie die alten Orakelweisungen. Aber diese Veränderung komplizierte nur die Aufgabe des Einzelnen; nun galt es, das Gesetz als Ganzes kennen zu lernen und die Anwendung im einzelnen Fall zu erfahren. Priester gab es nur in Jerusalem; zu ihnen konnte man nicht immer reisen und schicken — also traten auch hier Laien ein. Eine Schwierigkeit konnte daraus entstehen, daß die Herstellung der Reinheit, die Entsündigung nur in Jerusalem durch Opfer möglich war; aber hier half die Vergeistigung der Theorie; die heidnische Pflicht der Entsühnung durch Blut ließ sich auf krasse Fälle beschränken, in Reuepflicht verwandeln oder auf das allgemeine Versöhnungsfest beziehen.

Die Bedürfnisse der Gemeinden nach praktischer Gesetzeskunde und Auslegung in einzelnen Fällen führten zur Einsetzung gesetzeskundiger Laien als Lehrer des Gesetzes und als Berater der Praxis des Alltags.

Bei der Verlesung des Gesetzes und der Propheten zu Erbauungszwecken und bei Unterricht und Ratserteilung mußten Lücken und Widersprüche des Gesetzes und der Propheten besonders deutlich werden und das Bedürfnis nach wissenschaftlichem Ausbau des Kanons sich erheben. So werden die Vorleser, Lehrer und Thoraerteiler zu Verfassern neuer kanonischer Bücher.

Nach vier Seiten wird so der Schriftgelehrte zum Hüter des Gesetzes, als Prediger, als Lehrer an der Gemeindeschule, als Berater der Gemeindemitglieder und als Schöpfer einer Literatur zum Gesetz. Schriftgelehrte schaffen den Kanon der heiligen Schriften, vom exilischen Gesetz an, mit dem der Name des ersten eigentlichen Schriftgelehrten, Esras, untrennbar verbunden ist; Schriftgelehrte unterrichten die Jugend an den Gemeindeschulen, den ersten Volksschulen der Welt (aus den Tempelschulen der priesterlichen Religionen geht in der individuelleren und demokratischeren Judengemeinde die allgemeine Volksschule hervor); Schriftgelehrte legen die Schrift der Gemeinde und dem Einzelnen aus.

So rücken sie in den Gemeinden außerhalb Jerusalems überall in die Stelle der Priester ein und ersetzen den Gemeinden vollständig alles, was sonst Priester waren. Daß das von Anfang an mit einer Spitze gegen die Alleinherrschaft der Priester geschah, ist sehr wahrscheinlich. Der erste Schriftgelehrte, Esra, sieht die Priester von Jerusalem unter seinen Gegnern; gegen die Mißbräuche der hohepriesterlichen Familie kämpft Nechemja. Das Gesetz bestimmte Rechte und Pflichten der Priester; kein Schriftgelehrter hätte das Gesetz angetastet; aber im Gesetz gab es Widersprüche; die höchsten Aussprüche der Propheten waren nicht priesterfreundlich; Mißbräuche kamen immer wieder vor; dazu kam die logische Möglichkeit, das Gesetz zu deuten. Daß das Gesetz vor allem gehen mußte, war zugestanden; daß es vor dem Tempel da war, ging aus der Schrift hervor; wie vertrug sich damit die Unterordnung der Schriftgelehrten unter die Priester? Die höhere Stufe des Wissens, die die Schriftgelehrten vertraten, war im Begriff, die formalen und ritualen Züge des priesterlichen Wissens aufzulösen; die Gemeinden waren in der Kirche unvergleichlich wichtiger als das Zentrum. So ist es verständlich, daß die Schriftgelehrten in der jüdischen Kirche immer mehr an Boden gewinnen; sie nehmen die Auslegung der Schrift immer ausschließlicher in Anspruch und drängen die Priester ins Ritual; sie führen in Jerusalem selbst den Synagogengottesdienst ein und gewinnen dadurch Einfluß auf die Gemeinde am Sitz des Tempels; sie erreichen die Zulassung zum Kirchenregiment im Mittelpunkt der Kirche; sie unterhöhlen die Stellung der Priester so vollständig, daß deren Verschwinden die Weltkirche kaum berührt.

Verglichen mit den Priestern ist der neue Stand sehr frei und individualisiert; er setzt keine bestimmte Geburt und keine körperlichen Eigenschaften, Fehlerlosigkeit, Reinheit oder Weihen, voraus; jeder kann die Schrift auslegen, der Jude ist und Hörer findet; keine Schulung und keine Prüfung muß nachgewiesen werden. Allerdings bilden sich sofort Schulen, aber gefordert sind sie nicht; sie entstehen durch die Schwierigkeit des Stoffes, der in einer toten Sprache vorliegt und vielfach dunkel im Sinn ist, vor allem aber durch die Grenzen der Individuation bei Lehrern und Gemeinde; die Autorität Gottes deckt die ganze Lehre; durch Autorität der Propheten und Gesetzgeber wird sie zur heiligen Schrift; autoritativ wird die Auslegung der Schrift durch bestimmte Personen vorgenommen.

Die Schriftgelehrten von Beruf sind zunächst durchaus fortschrittlich gesinnt; sie vertreten eine aufklärerische Bildung auf der Grundlage des absoluten Gesetzes; vollkommen liberal lassen sie innerhalb der Gesetzesworte eine schrankenlose Freiheit der vernünftigen Auslegung zu, die ein Gegenstück hellenischer Denkfreiheit ist, freilich auf einer tieferen Stufe der logischen Entwicklung. Diese Freiheit ist in der ersten Zeit besonders groß, weil der Kanon erst allmählich entstand; auch in der Folge geht sie weiter, als die Beschränkung durch das feste Gesetz und andere kanonische Texte zuzulassen scheint. Die Widersprüche und Unklarheiten in Sinn und Wortlaut der Schrift öffneten ein weites Feld; noch weiter ins Grenzenlose verschob die mangelhafte Entwicklung des logischen Denkens die Möglichkeiten der Auslegungen; das jüdische Denken der obersten Schicht ist ein primitiveres Analogon des hellenischen vor Sokrates; am Wort und am Sinn findet es Anknüpfungen genug zu logischen Trug- und Scheinmanövern, zu Verzwicktheiten und Verschmitztheiten aller Art, die dem Klugen überall erlauben, aus dem Buch herauszulesen, was er wünscht.

In den ersten Jahrhunderten des Gesetzes kam diese Seite der Auslegungsfreiheit nicht sehr zur Geltung. Die Schriftgelehrten hatten Arbeit großen Stils, die Vollendung der heiligen Schriften, die systematische Popularisation des literarischen Besitzes in Gemeinden und Gemeindeschulen. Wenn das Gesetz den ungeheuren entstehenden Organismus einer Weltgemeinde bis ins kleinste durchdrang und belebte, so war das nur möglich durch die Begeisterung unzähliger freier Arbeiter in seinem Dienst, die ein großer Gedanke, nicht ein Befehl von oben zusammenhielt, und die freiwillig leisteten, was kein Papst hätte übersehen und durchsetzen können. Durch freien Wettbewerb der Einzelnen im Dienste eines Ideals wird die Gemeinde Jahus in aller Welt geschaffen, wird das System vollendet, mit logischen Kräften, die nie zur wissenschaftlichen Logik werden, aber zum Ausbau eines komplizierten Werkes ausreichen.

Gebildete, Aufklärer, Rationalisten sind die Schriftgelehrten in ihrem Aufstreben gegen die Priester; wissenschaftliche und künstlerische Interessen höherer Art vertreten und fördern sie. Bildende Kunst beschränkte das Gesetz. Die Dichtung dagegen fand Pflege über die Grenze des rein Religiösen hinaus, bis in Gebiete einfacher idealer Menschlichkeit; der Liebesroman und das Liebeslied erscheinen wieder. Die überkommene Gattung der Weisheitslehren ward in Spruchsammlungen und philosophischen Dichtungen weitergebildet. Die Musik belebte den Synagogendienst.

Nach einigen Jahrhunderten frischer Arbeit war die Weltgemeinde organisiert, eine große Literatur geschaffen, deren beste Stücke kaum an schöpferischer Kraft hinter den besten Leistungen der Prophetie zurückstehen, der Sieg der Schriftgelehrten über die Priester in Jerusalem selbst entschieden. Im Wettbewerb mit dem höheren hellenischen Denken kam den führenden Schichten die Gefährdung ihres ganzen Standpunktes durch denselben Rationalismus zum Bewußtsein, dem sie bisher das Wort geredet; die Gemeinden waren schon den höchsten Leistungen der neuen Literatur längst nicht mehr gefolgt. Das Judentum als Religion hatte in der Produktion der Schriftgelehrten den Raum abgesteckt, den ihm die logischen Fähigkeiten seiner obersten Vertreter angewiesen hatten.

Nun wurden die Schriftgelehrten zu Verteidigern des Bestehenden; ihre logische Ausbildung diente dem Abwehrkampf gegen die höhere hellenische Logik; wäre Jerusalem nicht gefallen, so hätten sie Jesuiten der jüdischen Hochkirche und ihres Papstes werden können; wie die Priester sind sie in den letzten Jahrhunderten von Jerusalems Dasein Feinde der Sekten und Neuerer im Judentum, Vertreter des schroffsten Abschlusses nach außen. Die Herrschaft der Logik ist überall gerechtfertigt, wo frisches Leben herrscht, wo ein großer Gehalt geformt und übersehbar gemacht werden muß; mit dem Versiegen der schöpferischen Quellen im Judentum, mit dem Übergang aus siegessicherem Vordringen in die Abwehr, wird die Logik ein starres Gerüst, das Formen früheren Lebens über den Tod hinaus erhält. Nach außen verschärfen die logischen Elemente die Gegensätze gegen Andersdenkende ins Unerhörte; sie vergiften den Kampf mit geistigen Waffen; wo eben genügend Logik da ist, daß eine Weltanschauung Anspruch auf logische Begründung durch zwingende Beweisformen macht, aber nicht genug, daß ein wirkliches Organon geschaffen und objektiv geurteilt werden kann, enstehen Religionskriege, Märtyrer und Ketzer. Nach innen dienen die logischen Elemente der Fesselung aller freien Regungen, dem formalen Ausbau ins Kleine und Kleinste. Neues kann nicht mehr geschaffen werden; das verbietet die Gefahr der Auflösung aller Autorität des Gesetzes. Siegreiche geistige Kämpfe zur Ausbreitung der Lehre gibt es nicht mehr. So bleibt dem Rationalismus der Schriftgelehrten nur die Betätigung in der Gemeinde; ihre Logik feiert Triumphe im Kampf der Schulen und in geistreicher Ausdehnung auf alle Kleinigkeiten des Lebens. Eine Sophistik entsteht, ebenso äußerlich auf Befriedigung der Eitelkeit und Blamierung der Gegner eingestellt, wie die hellenische, und um so viel gefährlicher und unfruchtbarer, als jüdisches Denken primitiver und die Autorität der Ausleger göttlicher Worte beim Volk größer war.

Den Übergang von den großen Tagen der Schriftgelehrten zu den elenden Zeiten der Verknöcherung und des Formelwesens, des Schulgezänks und der spitzfindigen Wortklaubereien, verkörpern uns zwei Bücher des jüdischen Kanons, Hiob und Prediger. Wenn die großen Propheten von Amos bis zum zweiten Ješaja den hellenischen Philosophen der kosmologischen Periode einigermaßen entsprechen, so kann man die Verfasser von Hiob und Kohelet als Gegenstücke der ersten bedeutenden Sophisten in Hellas ansehen. Protagoras ist keineswegs ein leerer Schwätzer und Wortverdreher; er vertritt eine große, neue und folgenreiche Erkenntnis mit logischer Schärfe und großer Kühnheit; auch die vollkommene Skepsis des Gorgias ist zunächst nur ein neuer und logisch konsequenter Schritt vorwärts, der unbedingt einmal gemacht werden mußte. Der unwiderlegliche Beweis der vollkommenen Haltlosigkeit der alten naiven Voraussetzungen mußte erbracht werden, damit die Notwendigkeit, von Grund auf neu zu bauen, einleuchtete. Sophisten im schlechten Sinn, Wortklauber und Wortverdreher, sind erst die Nachfolger der ersten Denker, die aus Unfähigkeit, Bequemlichkeit und Geschäftssinn auf dem Standpunkt der Verneinung und Skepsis verharren, nachdem die neuen Wege gewiesen sind.

Die Abfassung des Buches Hiob wird verschieden angesetzt; der Name Hiobs findet sich zuerst bei Jecheskel, der ihn (Kap. 14, 14) als Namen eines Frommen nennt; Noah, Daniel und Hiob würden in jedem Strafgericht sich, aber auch nur sich, nicht ihre Verwandten oder ihr Land, retten. Die Vorstellungen vom Satan und den Engeln im Buch Hiob haben ihre Parallelen in nachexilischer Literatur bei Sacharja und Daniel. Die Sprache hat vielfach späte Züge. Wahrscheinlich ist das Werk nicht aus einem Guß, sondern nach und nach entstanden durch Erweiterungen und Verschmelzungen älterer Stücke. Schwerlich aber rückt der Abschluß des Ganzen über das dritte Jahrhundert herab. Das Buch gehört somit noch in die schöne Zeit des Judentums, in die Zeit frischer Produktion großer Werke und schneller Propaganda. Es ist ein kühner Schritt über das Geltende hinaus; im sicheren Bewußtsein, daß schließlich die geltende Weltanschauung jedem Zweifel gewachsen ist, rührt der Hiobsdichter an das Grundproblem der jüdischen Religion, die gerechte Vergeltung im Leben des Einzelnen.

Der Kohelet ist wahrscheinlich das jüngste Buch im jüdischen Kanon; er scheint Sekten zu kennen, die uns erst aus sehr später Zeit bekannt sind; die Sprache weist Spuren der Diadochenzeit auf; im zweiten Jahrhundert wird er kaum zu spät angesetzt sein. Diesem Ansatz entspricht auch der Grundton des Werkes; die Zeit des Vordringens ist dahin; das Judentum hat im Hellenentum einen starken Gegner gefunden; nicht Kraftbewußtsein, drückende Pflicht mahnt zu einem letzten Versuch, den Fragen der autoritativ gegebenen Kirchenlehre eine rationale, gleichsinnige Lösung zu finden; trübe Skepsis und Resignation ist das Ende.

Der Sokrates dieser Sophistik des Judentums ist Jesus; er findet die neuen Lösungen alter Fragen und versöhnt Religion und Vernunft. Während aber die athenischen Frommen ihren Sokrates zwar zu Tode bringen, indessen die Wirkung seiner Leistungen nicht verhindern konnten, gelang es den jüdischen Schriftgelehrten nicht nur, den Sokrates des Judentums hinrichten zu lassen, sondern auch die Wirkung seiner Lehre im eigentlichen Judentum aufzuheben. So sind in der jüdischen Kirche nur die Sophisten im schlimmen Sinn des Wortes übrig und maßgebend geblieben; die großen Ansätze im Hiob und Prediger blieben ohne Folge. —

Das Buch Hiob in seiner kanonischen Form ist ohne Frage ein Erzeugnis mehrerer Verfasser zu verschiedenen Zeiten, zuletzt harmonistisch zur Einheit gebracht. Zwei Hauptteile scheiden sich ohne weiteres voneinander, die Einkleidung des Buches, ein Hiobs roman, und die »Reden Hiobs« Kap. 3—31; nachträglich angefügt sind den letzteren nach dem Schlußvermerk die Reden Elihus, vielleicht auch die Reden Jahus.

Der Hiobsroman berichtet von einem »Mann im Lande Us mit Namen Hiob«, der ein Muster von Frömmigkeit im kirchlichen Sinn ist. Diesen Frommen zu peinigen erbittet sich Satan von Jahu die Erlaubnis, sicher, ihn durch Unglück und Leiden zum Abfall zu bringen. Jahu willigt ein. Hiob verliert Kinder und Besitz und bleibt fromm. Er wird mit Aussatz geschlagen und sitzt krank und von allen verlassen in der Asche; sein Weib verhöhnt ihn — er aber verweist ihr die Sünde und bleibt Jahu treu. Darauf muß Satan sich Jahu geschlagen geben — Hiob wird geheilt und vielfach entschädigt.

In drei Zusammenkünften Jahus mit dem Satan muß sich die Geschichte so abgespielt haben; wie sie heute aussieht, hätte Gott seine Wette mit dem Satan verloren, denn in den Reden versündigt sich Hiob und legt Jahu Törichtes zur Last; mehr als das wollte Satan nicht erreichen. Hier hat ein Bearbeiter mit Rücksicht auf ein eingeschobenes Stück sehr kurzsichtig und äußerlich geändert.

Es ist nicht ausgeschlossen, daß der ursprüngliche Roman von Hiob Jecheskel bekannt war. Der Held dieses Romans ist in der Tat ein Muster von Frömmigkeit wie Noah und Daniel; seine Weisheit ist unbedingte Unterwerfung unter den Willen seines Gottes. Man kann geradezu sagen, daß eine zu Jecheskels Zeiten geschaffene typische Geschichte vom Frommen und seinem Verhältnis zur Gottheit etwa wie die Einkleidung des Hiobsbuches in ihrer Urform hätte ausfallen müssen.

Der »sehr Gescheite« ist nicht mehr der Mann seines besonderen Gottes, wie Utnapištim, sein Priester, wie Adapa, er ist ein frommer Patriarch, wie Abraham, ein friedlicher angesehener Herdenbesitzer einer unbestimmten Zeit. Er ist nicht Jude, aber etwa Edomiter oder Bewohner einer Landschaft nicht allzuweit davon; sein Gott ist Jahu. Die alten Grenzen der Religion haben sich erweitert, wie bei Jecheskel, aber sie sind nicht ganz aufgehoben; der Judengenosse, nicht der Mensch schlechthin, ist Held.

Die Frömmigkeit Hiobs ist ebenfalls gegen die Utnapištims weitergebildet. Der Flutheros ist ursprünglich etwa als ein guter und treuer Höriger seines Gottes, später als ein weiser Priester gedacht, der immer unbedingt und ohne Murren wörtlich gehorcht, weil er so am besten fährt. Hiob ist weder Höriger noch Priester; er gehorcht nicht nur den direkten Befehlen, sondern voll Sorgsamkeit allen göttlichen Geboten; er sühnt nicht nur seine Vergehen, sondern vorbeugend mögliche Vergehen anderer; er trägt nicht nur verdientes Leid, sondern auch unverdientes ohne Murren; er leidet zu seines Gottes Ehre. Aber der Grundzug dieser Frömmigkeit ist nach wie vor die Überzeugung, weise zu sein, ein gutes Geschäft zu machen. Gesinnung spielt eine größere Rolle, als früher, aber sie ist nicht absolut wertvoll, sondern durch den Vorteil rational gerechtfertigt.

Auch die Individualisierung der Frömmigkeit, die Jecheskel so stark betont, ist da; Hiob selbst erntet die Frucht seiner Frömmigkeit; die Söhne haben nichts davon, obgleich er für sie geopfert.

Andererseits sterben die Kinder, die doch auch Individuen sind, zur Prüfung ihres Vaters ohne eigenes Verschulden.

Die logische Fassung des Beispiels (von Problem kann man noch nicht reden) zeigt eine große Reife. Ganz unentbunden bleibt, wie in den babylonischen Epen, der tragische Gehalt; der Gott, der einen Menschen des Versuchs wegen leiden läßt und zugrunde richtet, hat recht — dafür ist er Gott, der Stärkere.

Mit diesem Roman von Hiob ist die Sammlung von Reden Hiobs verbunden; ich möchte sie zunächst in zwei Teile trennen: Kap. 3—28 bilden ein Ganzes, abgeschlossen durch Einleitung und Schluß; Kap. 29, 30 und 31 machen ein eigenes Gedicht aus.

Dies Gedicht, Kap. 29—31, ist im Kern älter und in seiner heutigen Form wahrscheinlich ebenso alt, als der Roman; es stellt eine fortgebildete babylonische Bußhymne in Krankheit dar.

Wie Tabi-utul-Ellil rechtet der ungenannte Kranke mit seinem allmächtigen Gott. Er schildert breit sein früheres Wohlergehen und Ansehen und flicht beiläufig ein kleines Verzeichnis seiner frommen Handlungen ein; dann folgt, durch den Gegensatz gehoben, die Schilderung seines jetzigen Elendes und seiner Verlassenheit; die Gottheit hat seine Sehnen gelöst, ihn in den Kot geworfen; sein Inneres siedet, sein Gebein ist von Glut verbrannt; seine Haut ist schwarz und fällt ab; alle Menschen verachten und höhnen ihn; den langen Schluß bildet ein Verzeichnis aller möglichen Sünden, die er nicht getan, und eine Forderung des »Anklägers« vor Gottes Gericht.

Der Fortschritt gegen das babylonische Gedicht Tabi-utul-Ellils ist unverkennbar in allen Teilen. Er zeigt sich in der starken Betonung des seelischen Leidens durch Verachtung und Vereinsamung neben dem körperlichen Schmerz, in dem Sündenverzeichnis mit seinen Gedankensünden, die fast feiner anmuten, als die Gesetzgebung Jošijas (freilich wirkt die Absicht, ganz vorwurfsfrei dazustehen, zur moralischen Überspannung hin); er zeigt sich in der theoretischen Gewißheit, daß der gerechte Gott durch einen Verleumder falsch berichtet sein muß, in der bürgerlichen Ladung des Verleumders vor Gericht; aus dem Rest von Zaubermedizin ist eine Anklageschrift im Rechtsstaat geworden.

Aber im Ganzen, wie in den einzelnen Teilen, entspricht das Gedicht nach Zweck und Form den älteren Bußhymnen.

Babylonische Bußhymnen enden öfters mit einer Erscheinung der Gottheit, die damit ihr Antlitz dem Kranken wieder zuwendet; sie tritt redend auf, in einem Fall mit einer Schilderung ihrer eigenen Macht und Herrlichkeit.

Ist Kap. 29—31 eine fortgebildete Bußhymne, so liegt der Gedanke sehr nahe, daß die beiden Reden des Jahu Kap. 38—41 ursprünglich mit der Hymne zusammenhingen und fortgebildete Erscheinungen der Gottheit zur Krankenheilung darstellen.

Mit dem Hiobsroman haben diese hymnischen Elemente ursprünglich gar nichts zu tun. Wie das Bußlied Tabi-utul-Ellils war das des edeln Kranken in Kap. 29—31 jedem Leidenden gleicher Art zugedacht; es enthält weder Hiobs noch Jahus Namen, auch keine Anspielung auf den besonderen Fall Hiobs, etwa den Verlust von Gut und Kindern.

Daß es als Hiobs Rede erscheinen konnte, lag darin begründet, daß auch hier von einer Heimsuchung Gottes und einem »Ankläger« (der alte Krankheitsdämon ist zum Verleumder geworden; wie die Vielheit der Götter in Jahu verschmilzt die Vielheit der Dämonen im Satan) die Rede ist, daß Hiobs Krankheit ebenfalls Aussatz ist und er eine solche Rede gehalten haben könnte, wenn er nicht eben, laut Roman, geschwiegen hätte.

Jünger als der Hiobsroman und die Bußhymne ist der Hauptteil des Hiobsbuchs, der Dialog, Kap. 3—28. In ihm haben wir ein philosophisches Werk mit klarer Problemstellung und dialektischer Erörterung des Problems. Dies Werk bildet ein selbständiges Ganzes; es könnte ganz unabhängig von Hiobs Schicksal entworfen und ausgeführt sein; die Namen Hiobs und der Freunde finden sich nur in den redaktionellen Zwischenbemerkungen; die einzige direkte Anspielung auf Hiobs Kinder (Kap. 8, 4) könnte ebenfalls eingeschoben sein.

Die babylonische Hymne, die unter dem Namen des alten Königs Tabi-utul-Ellil geht, hat ursprünglich mit diesem König gewiß gar nichts zu tun; irgend ein Gelehrter hat sein Werk oder das eines andern Dichters mit dem alten König von Nippur in Beziehung gebracht, weil ein König in dem Gedicht redete und der Kredit des Gedichts als Heilmittel durch die Verbindung gewann.

Die Bußhymne Hiob 29—31 könnte auf gleiche Weise von irgend jemand Hiob, dem typischen leidenden Frommen zugeschrieben worden sein. An sie könnte dann der Philosoph des Dialogs seine

»Reden Hiobs« angeschlossen haben; denn der Dialog ist viel eher eine Erweiterung der Hymne, als eine des Romans.

Die Form des Dialogs zur Behandlung philosophischer Fragen könnte aus Hellas stammen; die großen platonischen und aristotelischen Dialoge waren berühmt genug, um bis in die jüdische Welt hinein bekannt zu sein und zur Nachahmung herauszufordern; die Entstehungszeit des Hiobsdialogs kann wohl das vierte Jahrhundert sein. Trotzdem möchte ich an ein selbständiges Erfinden der Form durch den jüdischen Philosophen denken; die jüdischen Logiker waren wohl fähig, in Rede und Gegenrede ein Thema zu behandeln. Der Dialog des Hiobsbuches würde wohl auch anders aussehen, wenn er nach hellenischen Vorbildern entstanden wäre; dagegen läßt er sich sehr genau an die heimische Literatur anschließen.

Wenn nicht ursprünglich nur ein oder zwei Gesprächsgänge da waren und der Rest nachträgliche Erweiterung ist, so war das Werk in drei Gesprächsgängen mit je drei Reden und Gegenreden angelegt; immer bleibt eine Anlage in Dreiheiten, ein Stück Zahlenspielerei. Eine Anlage nach hellenischem Muster erfordert große Übersicht des Materials, genaue Ordnung, damit Rede und Antwort sich immer entsprechen und ohne Wiederholung zum Ziel hin steigern; zu alledem fehlt dem jüdischen Dichter die logische Kraft. Er gibt Hymnen, zum Teil in prachtvoll anschaulicher Rede, mit Parallelismen des Ausdrucks und breit ausgeführten Bildern; die logische Disposition ist schlecht; Hauptsachen erscheinen irgendwo als rhetorische Fragen oder beiläufig; Reden und Antworten haben keine Beziehung; Hiob und die Freunde wiederholen immer dieselben Argumente; eine Ordnung zu einem bestimmten logischen Ziel fehlt ganz; mit dem ersten Gang ist das Thema erschöpft, obgleich in der Folge namentlich Hiob vieles großartiger und besser sagt, als zuerst. Nichts ist systematisch in dieser Debatte; der Dichter ist seines Stoffes voll, er sprudelt seine Anklagen gegen Gott heraus, wie sie ihm einfallen, erregt im Innersten, von den Wellen hin und her geworfen; er steht gar nicht über dem Stoff; darum ist er mit den Antworten der Freunde, die kühle Überlegung erfordert hätten, gleich und mit Hiobs Anklagen schneller fertig, als sein Zahlenschema und sein Enthusiasmus eigentlich erlauben.

Logisch wird das Problem: »Wie verträgt sich das Leiden des Frommen mit dem Postulat der göttlichen Gerechtigkeit?« im ersten Gang erledigt.

Hiob ist fromm und gerecht; im Roman ist das gesagt, in der Hymne positiv und negativ ausgeführt; der Dialog setzt es voraus der Name Hiob besagt es, er ist Typus.

Trotzdem leidet er.

Die Berechtigung seiner Leiden will er erwiesen haben, von seinen Freunden, mit vernünftigen Gründen, nicht mit Autorität der Väter, frommen Sprüchen und Behauptungen, die nicht in Einklang mit der Wirklichkeit sind, von Gott selbst, als die Freunde versagen. Der babylonische König bringt das Opfer der Vernunft, um den Peiniger zu versöhnen; der Hiob des Romans fragt gar nicht nach Gründen; der Hiob der Bußhymne fordert den Ankläger vor Gott; der Hiob des Dialogs stellt Gott selbst im Namen der Logik und Gerechtigkeit zur Rede; die Grundlagen des Systems werden in Frage gestellt; sie müssen vernünftig sein oder fallen.

Der Fromme leidet, ohne gesündigt zu haben. Gott soll sagen, welche Sünden er Hiob vorwerfen kann. Es können kleine, unbewußte Sünden sein, Ausflüsse der Unreinheit, die aller Kreatur angeboren ist; die darf Gott nicht strafen, denn er hat den Menschen unrein und einsichtslos gemacht; die Entschuldigung Tabi-utul-Ellils, daß der Mensch nicht weiß, was vor Gott Sünde ist, ist Anklage, nicht Entschuldigung der Gottheit.

Vielleicht sind aber die Leiden gar nicht Strafe, sondern Prüfung; Gott will seine Macht über alle Menschen zeigen, auch über die »sehr Gescheiten«. Aber ist Gott nicht zu groß für solchen Ehrgeiz? Ist es nicht grausam, so hart zu prüfen?

Und wenn nun die Prüfung bis zum Tod geht? Der Mensch hat keine Wiederkehr, wie der Baum, daß er entschädigt werden könnte; der Lohn in Form eines Wohlergehens der Kinder kommt dem Toten nicht zustatten.

Die Erschütterung der geltenden Lehre in der Formel Jecheskels ist vollkommen. Der Grundsatz von der gerechten Vergeltung für jeden Einzelnen ist falsch — Hiobs Leiden widerlegt ihn. Die Entschuldigungen Gottes sind sämtlich unzulänglich, der Hinweis auf Gottes höhere Weisheit, wie der auf Gottes Recht, zu prüfen, der Hinweis auf Entschädigung der Kinder, wie der auf die allgemeine Unreinheit des Menschen.

Gott muß ungerecht und grausam sein; das ist die tragische Schlussfolgerung, die immer deutlicher anklingt; das Drama meldet sich, das überall entbunden wird, wo Logik genug vorhanden ist, ein übermächtiges Schicksal zu konstruieren, und nicht genug, den Maßstab menschlicher Gefühlsmoral beiseite zu lassen und sich ohne Redensarten in das Unabänderliche zu fügen.

Weiter als zur Erschütterung des Geltenden geht der Dichter nicht. Es zeigt sich, daß er keine Lösung für sein Problem weiß; und so mag er selbst den schwachen Schluß der Reden verfaßt haben, in dem Hiob plötzlich spricht, wie seine ausgescholtenen Freunde, Gottes Unerforschlichkeit anerkennt und alle Weisheit in der Furcht des Herrn findet; nicht weniger unbefriedigend ist die Lösung durch Gottes Erscheinen und Hiobs Widerruf angesichts seiner Größe und Weisheit in der Natur.

Ob der Dichter des Gesprächs oder ein späterer Bearbeiter das Hiobsbuch in seiner heutigen Form geschaffen, läßt sich nicht entscheiden. Wahrscheinlich ist mir, daß ein gelehrter Bearbeiter alles, was unter Hiobs Namen ging, Roman, Hiobshymne und -dialog zusammengestellt und äußerlich eine Einheit daraus gemacht hat; so baut in Babylonien der Priester Sinlikiunninni aus allen Stücken, die Gilgameš̌s Namen tragen, das Gilgamešepos künstlich auf. Ein Gefühl für die ganz verschiedenen philosophischen Anschauungen in den einzelnen Stücken kann man von einem gelehrten Redaktor nicht erwarten; für ihn ward Hiob von Gott widerlegt; die Freunde bekamen ihren Rüffel, der Fromme unterwarf sich löblich und bekam seinen Lohn; er stand als Beispiel für die Richtigkeit der Weltanschauung da, wie ursprünglich im Roman; schließlich tat Hiob nichts anderes, als Jirmeja, wenn er mit Gott rechtete. So ließ sich das Buch kanonisieren; es war ein schöner Beweis für Jahus vernünftiges Weltregiment; Zweifel, der in Bekehrung endet, ist Stütze des Angegriffenen; daß er nicht vernünftig widerlegt, sondern von der alten Lehre unterdrückt ist, macht der Kirche nichts aus.

Das Hiobsgespräch behandelt ein philosophisches Problem in Form eines Dialogs; der Kohelet möchte dasselbe in systematischer Darstellung tun; der Vorahnung platonischer Dialoge folgt die aristotelischer Lehrschriften. Aber hier wie dort reicht die Logik des Denkers zur Bewältigung der Aufgabe nicht zu. Noch mehr als bei dialogischer Bearbeitung ist bei systematischer eine vollkommene Übersicht und Ordnung der Teile nach ihrem logischen Verhältnis notwendige Voraussetzung. Der Hauptgedanke kann als Anfang oder als Schluß des ganzen erscheinen; alle Nebengedanken sollen aber nach ihrer Beziehung zu ihm ihren Platz finden. Der

Dichter des Predigers hat entschieden für diese Forderung ein Gefühl; es entsteht aber nur eine merkwürdige Weiterbildung der alten Weisheitslehren in Sprüchen. Aus Bußhymne und Spruchsammlung entwickeln sich die ersten höheren Formen philosophischer Schriftstellerei im Judentum.

Der Kohelet hat eine Einkleidung wie das Hiobsgespräch; der gerechte Leidende redet sachverständig über die Zulässigkeit des Leidens ohne Schuld; der glänzendste König der jüdischen Geschichte, Šelomo, kann sachverständig über die Nichtigkeit alles irdischen Glückes reden, umsomehr, als er den Ruf des Weisen hat. Es ist bezeichnend für die relativ geringe Individuation dieser Denker, die ihre rationalen Erkenntnisse sehr hoch einschätzten, daß sie in beinahe philosophischen Formen nicht im eigenen Namen reden. Der Dichter des Kohelet hält allerdings seine Maske nicht ernstlich fest; er sagt gleich zu Anfang: »Ich, Prediger, bin König gewesen« und redet im zweiten Teil nicht mehr als König, sondern als armer Weiser.

Sein Hauptgedanke ist die trostlose Lehre: »Alles ist eitel«. Mit dieser Formel beginnt sein Buch, mit ihr schließt es. Das war also die logische Leitidee, die alles übrige beherrschen und bestimmen sollte. Da die logische Kraft des Denkers nicht zureicht, das ganze Werk innerlich mit diesem Grundgedanken zu durchdringen, durchsetzt er es äußerlich damit; wie ein Leitmotiv erscheint der Satz am Anfang und Ende und schließt das Ganze ein, klingt er immer wieder in der Mitte an und mahnt an die Hauptbeziehung aller Einzelsätze. Das ist eine sinnvolle Verwendung des Kehrverses, der sich, wie in anderer Dichtung auch in philosophischen Dichtungen früherer Zeit (s. z. B. das »Gespräch eines Lebensmüden« in Ägypten) findet, aber schwerlich je so bewußt als Notbehelf zu logischen Zwecken angewandt wurde.

Ein zweiter Kehrvers gleicher Bedeutung liegt in den immer wiederkehrenden Sprüchen von der Unvermeidlichkeit des Todes und der völligen Vernichtung des Menschen im Tode; hier ist keine bestimmte Formel erreicht; in immer neuen Wendungen klingt das Thema an, das im ägyptischen Enteflied seine älteste klassische Fassung erhalten hat und in unserem Gaudeamus mit wörtlichen Anklängen an die Weisheit des Predigers als feierlicher Gesang bei Studentenfesten fortlebt. Daß die knappe Formel fehlt, zeigt, daß ihre Verwendung beim Hauptgedanken bewußt der Heraushebung des Wichtigsten dienen sollte; daß die Sprüche vom Tode nicht an einem Platz, sondern da und dort zerstreut stehen, beweist die Unfähigkeit zu genauer Disposition. Vom Enteflied scheidet sich die jüdische Fassung nicht nur durch die größere Mannigfaltigkeit der Wendungen, sondern vor allem dadurch, daß die alte Erfahrung des ägyptischen Weisen nicht mehr für sich allein, sondern in Beziehung zu einem allgemeinen Satz höherer Ordnung, als Stück einer ganzen Weltanschauung auftritt.

Der Anfang des Werkes erweckt die Hoffnung, daß der Denker seinen Hauptgedanken auch ins Gebiet der Kosmologie verfolgen würde. Er findet Kreisläufe in der Natur: die Sonne, der Wind, das Wasser gehen im Kreis; hier war ein Naturgesetz aufzudecken. Auch das zeitlose unveränderliche Sein des Eleatismus wird berührt. Aber statt einer großen Naturerkenntnis ergibt sich nur der anthropomorphe Schluß, daß alle Dinge immer waren und alles sich umsonst müht.

Man kann als Ausgangspunkt für eine zusammenhängende Wiedergabe der Gedanken des Dichters die Hiobsfrage nehmen: »Ich wandte mich und mein Sinn war darauf gerichtet, zu erkennen und zu erforschen und Weisheit und kluge Berechnung zu suchen und zu erkennen, daß Frevel Torheit und Narrheit Tollheit ist.« Vom jüdischen Standpunkt aus fragt er nach der Geltung des Grundsatzes von der göttlichen Gerechtigkeit, allgemeiner als Hiob, unpersönlicher und geschäftsmäßiger.

Er findet, daß Frömmigkeit eitel ist — mancher Fromme verdirbt in seiner Frömmigkeit, während der Gottlose in seiner Bosheit lebt; mancher Frevler stirbt glücklich in der Heimat, während der Fromme vertrieben wird. Wo Gerechtigkeit sein sollte, ist Unrecht; überall herrscht Bedrückung und Ungerechtigkeit; die Mächtigen lassen die Schwachen leiden. Der Narr ist hochgestellt und geehrt, der Weise verachtet. Wie Frömmigkeit und Weisheit ist Sachverständigkeit wertlos; der Held verfügt nicht über den Krieg, der Weise nicht über das Brot, der Kluge nicht über den Reichtum.

Man kann sein Schicksal gar nicht beeinflussen; alles hat seine Zeit, alles ist in Gottes Hand. Wie die Fische im Netz, wie die Vögel in der Schlinge werden die Menschen verstrickt; Gott hat sie geschaffen, daß sie sich nutzlos plagen; er hat ihnen Einsicht in die Schönheit und Ewigkeit seiner Schöpfung gegeben — aber nicht genug, sie zu begreifen; er bestimmt ihr Los wie er mag — alle Taten des Menschen sind von ihm bestimmt, alle Einsichten sind

Gnade, wie alle Möglichkeiten, zu genießen. Was Gott krumm gemacht hat, bleibt krumm; wo Gott Unrecht zuläßt, gibt es nur die Furcht vor ihm; sollen Fromme und Gottlose ein Schicksal haben, so muß es eben so sein; ohnehin sterben alle wie das Vieh, damit sie sehen, sie sind vor Gott Vieh. So ist viel Weisheit viel Unmut und viel Erkenntnis viel Trauer.

Man sollte denken, daß die praktische Konsequenz dieser Anschauung ein reiner Nihilismus sein müßte; in der Tat gibt es solche Stellen im Prediger: Wenn der Tote höher gepriesen wird als der Lebende, der Ungeborene höher als der Tote, weil er das Unrecht in der Welt nicht sehen muß; wenn der Tag des Todes besser sein soll, als der der Geburt. Aber siehe, derselbe Weise findet an ebensovielen andern Stellen, daß der lebende Hund besser ist, als der tote Löwe; der Lebende hat Hoffnung, der Tote hat gar nichts; wissen, daß man sterben muß, ist besser, als daliegen und gar nichts mehr wissen können; süß ist es, das Licht zu sehen. Wenn alles eitel ist, das eitelste ist der Tod.

So bleibt vielleicht der Genuß des Tages. In der Tat wird er gepredigt: essen, trinken, sich gütlich tun, sein Leben genießen, feiner sich an seiner Tätigkeit freuen, »das ist des Menschen Teil«. Aber Šelomo, der es wissen muß, lehrt, daß alle Freude und aller Genuß eitel sind; das Lachen ist toll und die Freude schafft nichts; der Gedanke, es mit der Torheit zu versuchen, ist auch hoffnungslos. Šelomos Bauten, seine Gärten, seine Wasserwerke haben ihn so wenig befriedigt wie seine Schätze, seine Herden, seine Sklaven, Sänger und Weiber. Und der Weise fügt bürgerlich hinzu, daß es in kleineren Verhältnissen nicht anders ist. Reichtum und Macht lassen keinen glücklich sein; Sorge, Unmut, Verdruß mehren sich mit ihnen. Die Geldgier wird nie gestillt und die Gefahr des Verlustes droht. Vor allem aber kann es sein, daß Gott allen Reichtum gibt und jeden Genuß versagt; das Leben genießen ist nur durch Gottes Gnade möglich.

So kommt ganz natürlich der Kreis zu Ende; man kann Gott nicht beeinflussen und versucht es doch. Derselbe Weise, der findet, daß es dem Frommen nicht besser geht als dem Frevler, muß Frömmigkeit predigen, eine verfeinerte Frömmigkeit, ohne Opfer (obgleich es den Nichtopfernden geht wie den Opfernden), mit gewählten kurzen Gebeten und wohlüberlegten Gelübden, damit der Mund den Leib nicht in Schuld bringt; er anerkennt, daß das Böse schwer auf dem Frevler liegt und wie für alles auch für Gottes Gericht eine Zeit kommt.

Die ganze Hilflosigkeit des Standpunktes kommt in dem Rat zum Ausdruck, der den goldenen Mittelweg empfiehlt: »Sei nicht allzu fromm und erzeige dich nicht übermäßig weise — warum willst du dich zugrunde richten? Frevle nicht zu sehr und sei kein Tor — warum willst du sterben, ehe es Zeit für dich ist?« Die Logik ist im Kreis gegangen; wenn alles andere falsch ist wird wohl der goldene Mittelweg richtig sein.

Auf die Einhaltung der mittleren Linie kommt der Weise auch sonst hinaus; dem Skeptiker bleibt nichts anderes übrig, als formal zwischen den entgegengesetzten Möglichkeiten die Mitte zu suchen.

Das Leben ist Schmerz, Kummer, Mühe, Unruhe; besser eine Hand voll Ruhe, als zwei Fäuste voll Unruhe und Streben nach Wind. Den Ausgang (den man nicht kennen kann) im Auge haben, gelassen bleiben, sich nicht ärgern, die Tage nehmen, wie sie Gott schickt — das ist der Weisheit letzter Schluß. Vorsicht ist gut Gott gegenüber und dem König gegenüber.

Der König ist im Grund ein Mensch, der über andere zu deren Unglück herrscht; er ehrt alle Narren und verachtet die Weisen; das sollte nicht sein dürfen. Aber man hat ihm bei Gott einen Eid geschworen; er hat alle Macht, man muß ihn fürchten; und es gibt ja auch gute Könige.

Wie zu Gott und zum König steht er zur Weisheit; er schilt und macht sie schlecht — in einer Weisheitslehre.

Die Weisheit ist schlechthin wertlos; man kann sie nicht haben, sie ist fern, unergründlich; im besten Fall bekommt der Mensch ein bißchen Einsicht, mehr hat ihm Gott versagt. Nach Weisheit zu streben ist sinnlos — sie ist Gnade Gottes. Hat man Weisheit, so bringt sie nichts ein; der Tor ist hochgestellt, der Weise verachtet, selbst wenn er die Stadt gerettet hat; Torheit ist gewichtiger als Weisheit; Toren und Weise sterben und werden vergessen; ein Narr erbt, was ein Weiser mühsam gesammelt. Geradezu: viel Weisheit ist viel Unmut, viel Erkenntnis viel Trauer. Was nützt es da dem Weisen, wenn er die Augen offen hat, während der Tor blind hintaumelt?

Aber siehe da, an anderer Stelle ist die Weisheit ein Erbbesitz, der das Leben erhält; ein Weiser ist stärker als zehn Gewaltige; seine Worte sind lieblich, sein Angesicht leuchtet, alle Roheit hat das Streben nach Weisheit von ihm genommen. Muß er da nicht glücklich sein?

So sieht denn unser Weiser mit großer Verachtung auf die Torheit der Menschen herab; er ist sehr unzufrieden mit der Menschheit; sie ist zu dumm. Sie müht sich ab, obgleich er sie lehrt, daß Mühe sinnlos ist; eifersüchtig sieht einer die Nichtigkeiten des andern; im Wetteifer erwerben sie Geschicklichkeiten — wozu? Sie arbeiten für ihren Mund — haben sie Ruhe, wenn sie satt sind? Der müht sich, obgleich er keine Erben hat — wie dumm; jener hat Erben — wie kann man sich für sie anstrengen? Ein anderer müht sich ab, König zu werden — seine Nachkommen werden das nicht genießen. Wie eitel sind all die Eitelkeiten, die andere locken, und wie klug ist der gebildete, vorsichtige, arme Weise in der Toga seiner Weisheit!

Das Bild wäre unvollständig wenn er nicht noch über die Weiber schimpfte: sie sind bitterer als der Tod. Man kann schließlich einen Mann unter Tausenden finden, aber kein Weib; Gott hat den Menschen gerade geschaffen, sie aber suchen viele Künste. Anderseits genießt man sein Leben mit dem Weib, das man lieb hat.

Mit einem ungeheuren Apparat tritt der Philosoph auf und bietet den Beweis an, daß alles nichtig und eitel ist; seine negativen Instanzen sind zwingend. Weisheit und Frömmigkeit, Genuß, Besitz und Tätigkeit, Gerechtigkeit und Torheit — alles ist eitel, Mühe ohne Lohn. Des Menschen Tun beeinflußt sein Schicksal nicht; Gott ist unbeeinflußbar; seine Absichten versteht der Mensch nicht, sein Handeln rechtfertigt kein Ideal von Logik oder Moral; der Mensch ist Gottes Puppe; wenn er Gefühle bei ihm erwecken will, so sind es die blinder Furcht und Demut. Schließlich sterben alle Menschen und alles ist aus.

Weisheit niederer Art könnte lehren zu genießen, nichts nach einem Gott zu fragen, der sich allen Fragen entzieht, nach einer Moral, die nur unbequem ist, ohne zu nützen. Aber alle Berechnung wird an Gottes Zeit zuschanden; hilft er nicht, so kann er doch alles verderben. So bleibt nur Traurigkeit.

Aus all diesen Verneinungen müßten nun neue Bejahungen hervorgehen.

Der Gottesbegriff des Predigers ist für jüdische Verhältnisse wundervoll hoch und abstrakt; er macht Ernst mit der Unerforschlichkeit, Ewigkeit und Allmacht; die Vorherbestimmung wird mehr als eine liebenswürdige Form, Israel auszuzeichnen; auf der einen Seite Gott, Weisheit, Wirklichkeit, Ewigkeit, auf der andern Vieh, Torheit, Mühe ohne Zweck, Vergänglichkeit — das sind eleatische Formeln. Die Anthropomorphismen würden nicht stören, auch Xenophanes hat noch einige. Aber der jüdische Philosoph kann sich nicht an der Herrlichkeit dieser Gottheit objektiv begeistern wie der Hellene; er fühlt nur den Druck des halb konzipierten Naturgesetzes, die Tragik des Menschen, der sich nicht entschließen kann, sich nicht mehr als Mittelpunkt der Welt zu denken.

Weniger groß als theoretische Leistung aber praktisch fruchtbar wäre die Lösung Jesu; der ungeheure, unbeeinflußbare Gott ist die Liebe selbst. Aber diese Lösung gegen die Tatsachen, die ihr widersprechen, zu wagen müßte der Prediger ein heißes Herz voll Mitleid mit der Kreatur haben. Er sieht nur sich, sein Schicksal, seine Leiden durch Verachtung und seinen Tod. Sein Jammer über Ungerechtigkeit und Bedrückung anderer ist immer wieder Jammer über seine Schmerzen oder kühle Beobachtung.

Es bliebe eine kühne Kritik der geltenden Weltanschauung, eine Vernichtung aller Werte und ein Hinausschreiten ins Nichts, in die Welt des sinnlosen Zufalls. Aber auch dafür fehlt die Kraft. Der Mann, der so klar die Schwächen des Bestehenden erkennt, sieht auch an seinen Einwänden immer die andere Seite und hebt seine eigenen Ergebnisse immer wieder auf. Die überragende Intelligenz ist zur Unfruchtbarkeit verdammt. Der voraussetzungslose Drang nach vernünftiger Wahrheit, der so scharf der jüdischen Lehre zu Leibe geht, kann nicht einmal zersetzen; Mühe ohne Gewinn ist diese Weisheit. Der Philosoph muß seine große Gabe als Fluch empfinden; sie macht ihn zum Zweifler und zum vorsichtigen Duckmäuser; er kann nichts glauben noch achten; alle Menschen sind dümmer als er und alle glücklicher. Aus Vorsicht, aus Angst vor Gott, der sich nicht um sein Wohl, aber vielleicht um seine Unvorsichtigkeiten kümmert, aus Angst vor den Mächtigen in Kirche und Staat, die er innerlich verachtet, muß er ducken. Er läuft im Kreis, setzt jetzt voraus, was er eben aufgehoben hat, verwirft, was ein Keim zu neuen Aufstellungen werden könnte, widerlegt immer wieder sich selbst und kommt zu keinem Ziel. Er kann aus seinem Zauberkreis nicht heraus und hat doch das dringende Bedürfnis zu wirken. So fällt er in Alltagslehren gemeinster Art und praktisch in die Kirchenlehre zurück. Gewiß war er schließlich ein energischer Verteidiger des Alten gegen die dummen Neuerer, die wagten, Wege zu gehen, die er gesehen und verschlossen hatte. Wir verstehen, wie das Buch, übrigens nicht ohne Widerspruch, in den Kanon kam; die Skepsis des Philosophen diente zu Gottes Ehre; der Skeptiker, der logische Kraft genug besitzt, überall die schwachen Seiten zu sehen, aber keine, aus den Schwächen positive Folgerungen außer der Überzeugung von seiner übermäßigen Klugheit zu ziehen, hebt die alten Lehren nicht mehr auf als die neuen; ja, er stützt das Alte, das wenigstens Geschichte und Gewohnheit für sich hat und kann verwendet werden, wenn es gilt, die Methode des Neuen, die Vernunft, zu widerlegen. Die Skeptiker und Nihilisten werden nicht hingerichtet; die Entdecker neuer Bejahungen an Stelle der alten, nicht die einfachen Verneiner, fallen unter dem Schwert der Kirche.

Im Kohelet finden sich die Spuren eines Neuen in der jüdischen Kirche der Priester und der Schriftgelehrten; er polemisiert gegen die Opfernden und nicht Opfernden und gegen den Glauben, daß der Geist des Menschen aufwärts fahre, während der des Viehes unterwärts unter die Erde fahre. In dem Nachwort warnt ein Späterer, derselbe vielleicht, der in die letzten Verse des Buches eine Anspielung auf die Rückkehr des Geistes nach dem Tode zu Gott, der ihn gegeben, eingeschoben hat, vor dem Büchermachen ohne Ende und dem vielen Studieren, das den Leib ermüdet; »Fürchte Gott und halte seine Gebote« scheint ihm das Endwort des Ganzen, das allen Menschen zukommt; denn »alles Tun wird Gott ins Gericht bringen, das über alles Verborgene ergeht, es sei gut oder böse«.

Die Feindschaft gegen die »Verzwickten und Verschmitzten«, die Büchermacher und spitzfindigen Logiker, die Betonung des einfachen Gehorsams gegen Gottes Gebote und die Einführung einer Lehre von der Unsterblichkeit der Seele sind Grundzüge des jüdischen Separatismus, den die Asidäer (Chasidim, Fromme) in der Makkabäerzeit begründen und die Pharisäer (Perušim, von parasch, spalten, trennen), Essäer (vielleicht etymologisch mit Asidäer zusammenhängend?) und andere Sekten in verschiedenen Fortbildungen vertreten.

Jede Religion, die sich auf einer Stufe der Begriffsbildung entwickelt, die nicht allzu tief unter dem hellenischen Niveau der vollkommenen Befreiung des Individuums und der wissenschaftlichen Logik liegt, wird der Zersplitterung in Sekten zuneigen. Das selbständigere Individuum fordert Berücksichtigung individueller Bedürfnisse und wagt auch den offenen Bruch zu ihrer Befriedigung; die werdende Logik eröffnet allerlei Meinungsverschiedenheiten freie Bahn.

Das Judentum entsteht im engen Anschluß an eine Sektenbildung in der Priesterkirche von Jerusalem; eine Sekte kann man die Rechabiten nennen, als Sekte kennt sie Jirmeja. Als Sekte in der babylonischen Kirche könnte man die exilische Gemeinde bezeichnen, wenn nicht die babylonische Kirche zu wenig Einheit besessen hätte, um die Anwendung des Ausdrucks zu erlauben. Sekten sind die Samaritaner und die Anhänger der Tempelgründung in Leontopolis. Sekten sind die Pharisäer und Essäer, die Schulen verschiedener großer Rabbiner, schließlich die Christen.

Die Ursachen der Absonderungen innerhalb des Judentums sind verschieden. Äußerliche, politische Gründe führen zu den beiden Tempelgründungen in Nordpalästina und Ägypten; logische Meinungsverschiedenheiten trennen die rabbinischen Schulen; andersartige religiöse Bedürfnisse scheiden Rechabiten und Priester von Jerusalem, Pharisäer, Essäer und Christen von den Sadduzäern und Schriftgelehrten.

In der babylonisch rationalen Reichskirche von Juda bilden die Rechabiten eine Sekte, indem sie bei Anerkennung der Göttlichkeit Jahus von Jerusalem und der Rechtmäßigkeit seines Tempeldienstes ein Ideal besonderer Gottesverehrung und frommer Lebensführung vertreten. Auf der babylonischen Stufe des Rationalismus befreien sie sich vom übergewucherten Formel- und Gelehrtenwesen und betonen den Wert des schlichten Handelns im Sinn eines religiösen Ideals.

Die Keime einer höheren Erkenntnis, die diese Sektenbildung enthielt, nahmen die großen Propheten in Pflege; es entstand eine höhere theoretische Weltanschauung, eine neue Kirche und eine rationalisierte und formale Theologie in den Händen der Sadokspartei (Sadduzäer, Priesterpartei in Jerusalem) und der Schriftgelehrten. Im Hiob und Prediger, in den rationalen Auslegungen der Schrift kam dieser Rationalismus an die Grenze seiner Leistungsfähigkeit; der Formalismus der Priester und die Sophismen der Schriftgelehrten wurden in weiteren Kreisen als unfruchtbar empfunden. Den Anstoß zur Sektenbildung gab in der wenig straff organisierten Kirche ein äußeres Ereignis. Angesichts der Angriffe der Seleukiden und hellenisierten Juden auf den Tempel zeigte sich schlagend das Versagen der Priesterpartei und der Schriftgelehrten; da machte die religiöse Begeisterung des Augenblicks aus den Frommen und Stillen in den jüdischen Gemeinden Palästinas eine Sekte von Märtyrern; tausende ließen sich lieber hinschlachten, als daß sie am Sabbat zu den Waffen gegriffen hätten.

Der schlichte Opfertod für den Glauben enthielt die wirkungsvolle Proklamation neuer religiöser Grundsätze. Die Märtyrer waren Gottes Gebot gehorsam, ohne zu fragen und zu deuteln, dem einfachen Wortlaut nach; sie waren durchdrungen von der Gewißheit, daß sie dabei richtig und nicht zum eigenen Schaden handelten. Vom Denken und Verstehen verschob sich der Schwerpunkt ins Fühlen und Handeln; weder der Gehorsam gegen Gottes Gebote, noch der Lohn des Gehorsams war Gegenstand einer logischen Untersuchung; massives Glauben, massives Gehorchen bis in den Tod ist die Aufgabe des Frommen.

Was die Märtyrer der ersten Makkabäerzeit vorbildlich gelebt hatten, das ward in der Folge von den Pharisäern zur Lehre ausgebildet; ein Gegenstück zu pietistischen Strömungen entwickelte sich, eine Religion des praktischen Primats, der fortgeschrittenen Individuation.

Die älteren Religionen und die jüdische Religion bis zu dieser Zeit kannten zweierlei Arten sich mit Religion zu befassen; die Religion konnte Beruf sein, wie andere Berufe, oder sie konnte neben dem Beruf hergehen; der Religiöse von Beruf, der Diener der Religion, befaßte sich mit nichts, als seiner Religion, der andere übte religiöse Pflichten neben seiner Berufstätigkeit. Die beiden Gruppen hatten sich im Judentum einander genähert; der Diener der Religion von Beruf war nicht mehr nur der Priester, sondern auch der Schriftgelehrte, der Laie, der auch einen andern Beruf ausüben konnte; der ungelehrte Laie andererseits war mehr, als in andern Religionen, religiös verpflichtet und interessiert. Die entstehende Sekte verlangte von jedem Juden, daß seine Religion ihm die einzig wichtige Beschäftigung im Leben, jeden Tag und jede Stunde sein solle. Und diese Beschäftigung sollte nicht in rein rituellen Übungen, wie bei den Priestern, noch in rationalem Auslegen der Schrift, wie bei den Schriftgelehrten, bestehen, sondern im einfachen Leben nach dem Wortlaut der Schrift. Ein Leben im Gesetz, als Erbauung an der Schrift und Gehorsam gegen ihre Gebote, soll jedem Augenblick seinen Inhalt geben. Das Priestertum jedes Einzelnen ist in diesem Ideal versteckt, seine offene Verkündigung verbot das Gesetz, das Priester von Beruf forderte. Eine individuelle Religion war das Judentum in dieser Fassung gewiß.

Die stärkere Entwicklung der individuellen Elemente des Glaubens mußte zu einer Weiterbildung der Dogmen führen. Da war das Dogma vom auserwählten Volk und seiner kommenden Herrlichkeit und das Dogma von der gerechten Vergeltung im Diesseits.

Das Dogma vom auserwählten Volk war schon lange in einer Umbildung begriffen; seit Jecheskel waren die nationalen Schranken gefallen, alle frommen Bekenner der Weltreligion einbegriffen; auch die historischen Züge waren verblaßt — die Wüstenzeit und die Endzeit lebten, das Dazwischenliegende war Beispielsammlung, Vergangenheit, das zeitliche Element schied allmählich aus; Sünde als Ursache der Leiden, Frömmigkeit als Ursache des Wohlergehens des Volkes blieb bestehen.

Das Dogma von der gerechten Vergeltung im Diesseits war schon eine Übertragung vom Volk auf den Einzelnen.

Die Separatisten rührten die Geschichte des Volkes und seine Hoffnungen nicht an; Hoffnung auf das unmittelbare Nahen des Gottesreiches mag die Märtyrer der Makkabäerzeit gestählt haben; Gesetz und Propheten hingen in diesen Angeln.

Aber die Weiterbildung der halbindividualisierten Elemente in der Religion fand in den Pharisäern mächtige Förderer, die Übersetzung der Volkshoffnungen ins Individuelle, die Ergänzung der Lehre durch neue Spekulationen.

Wie das Volk in der Geschichte für seine Sünden leiden mußte, für seine Frömmigkeit Belohnung fand, so geht es dem Einzelnen. Dem Sünder geht es schlecht, dem Frommen gut. Die Separatisten sind so weit entfernt, den alten Grundsatz aufzugeben, daß sie ihn verschärfen: es ist nicht leicht, fromm zu sein; das Gesetz als Inhalt des Menschenlebens ist beschwerlich; dafür hat der Fromme in seinem gesetzlichen Leben ein Mittel in der Hand, Gott zur Einhaltung des Vertrags, zur Auszahlung des Lohns geradezu zu zwingen.

Hier erhob sich das Hiobsproblem, an dem der Rationalismus gescheitert war. Die Pharisäer verwerfen die rationalen Bemühungen; sie fordern die gerechte Vergeltung und finden sie — in der Annahme eines Fortlebens, eines Gerichts und einer Vergeltung im Jenseits. Die Hoffnung des Volks liegt in der Zukunft mit ihrem Gericht und ihrer Rechtfertigung der Frommen — die Hoffnung des Einzelnen rückt eben dahin; er wird eben zum Gericht auferweckt.

Das Judentum hatte bis dahin rational das Aufhören des Lebens im eigentlichen Sinne mit dem Tode gelehrt; alte babylonische Vorstellungen wirkten unbesehen fort; ein Schattendasein an einem Ort des Staubs, ein Dämonendasein unbegrabener Toten ward nicht ausgeschlossen; Jirmeja glaubte an ein Gefühl der Toten bei Grabschändungen; verworfen war aber die Tammusreligion, die Auferstehungshoffnung. Nun führte das Bedürfnis, die Religion zu individualisieren und ihren Grundsatz der Vergeltung zu halten, zu einer Anerkennung der Auferstehung am Gerichtstag Jahus.

Mit dieser Ergänzung ist die jüdische Religion allen individuellen Ansprüchen gewachsen. Die alte Volksreligion, in der die Einzelnen fungibel waren, ist nur noch die Schale einer Individualreligion; die geschichtlichen Teile sind ins Zeitlose gewandt, ihr wichtigstes Stück, die Hoffnung auf Jahus Reich, ist nicht nur den zufällig Lebenden, sondern allen Frommen zugänglich gemacht.

Zeitlos ist Gott; zeitlos stehen ihm Menschen gegenüber. Fromme und Weise sind solche, die erkannt haben, daß ihr Verhältnis zu Gott das einzig wichtige Geschäft im Leben ist; ihnen ist das Gesetz zeitlos als Richtschnur ihres Handelns gegeben, dessen genaue Befolgung den Anteil an Jahus Reich sichert; gewöhnlich geht es ihnen auch im Leben gut; gehts ihnen aber wider Erwarten schlecht, so werden sie — wie das Volk bei Deuteroješaja — die Früchte ihrer Leiden am Gerichtstag ernten. Sünder und Toren sind alle andern; ihr Wohlergehen ärgert die Frommen — der Ausgleich am Gerichtstage wird sie befriedigen.

Eins allein ist wirklich, d. h. wertvoll, das Unsichtbare, Gott und sein Reich, außer aller Zeit, vor ihr und nach ihr; alles übrige ist Schein, wertlos. Das eine zu erkennen und zu erringen ist allen Menschen möglich, nachdem die Offenbarung erfolgt ist. Ein merkwürdiges Analogon eleatischer Erkenntnis auf primitiverer Stufe.

Das praktische Ergebnis der Separatistenbewegung im Pharisäertum war ein Lebensideal, das durch die wörtliche Anlehnung an das Gesetz als Richtschnur alles Handelns äußerlich vom Priesterideal und von dem des Schriftgelehrten Züge entlehnte. Waschungen und Reinigungen, Gebete und Opfer gaben dem Frommen priesterlichen Charakter, ein peinlicher Gehorsam gegen jedes Schriftgebot fesselte ihn an das Buch; zwischen all den rituellen Vorschriften und den wörtlich befolgten Einzelgeboten blieb für persönliche Regungen keine Gelegenheit. Ein Formalismus und Buchstabengehorsam äußerlicher Art wucherte empor und ließ schließlich die Pharisäer, die als Sektierer und Gegner des schriftgelehrten und priesterlichen Formelwesens begonnen hatten, fortgeschrittenen Sektierern gleicher Art als Typen selbstgerechten Buchstabenglaubens erscheinen, schlimmer als die Ritualisten und Rationalisten von Beruf, mit denen sie gegen den Fortschritt zusammenstanden.

Unter den Sekten, die auf gleicher Grundlage wie die Pharisäer zu höherer Entwicklung kamen, ist die älteste uns bekannte die der Essäer. Wie die Pharisäer blieb sie in der allgemeinen jüdischen Kirche; während aber die Pharisäer auf die Kirche Einfluß gewannen und schließlich sie mit beherrschten, hielten sich die Essäer in klosterähnlichen Niederlassungen abgeschlossen vom übrigen Judentum. Zur Zeit Jesu scheinen einige tausend Mitglieder der Sekte in Palästina, namentlich in Klöstern am Toten Meer, gelebt zu haben.

Der Hauptgedanke der Essäer ist die durchgängige Heiligung des Lebens; sie gehen darin durchweg weiter, als die Pharisäer; ein logischer Radikalismus beherrscht die Lehre.

Es gibt nur einen Wert für alle Menschen, ein gutes Verhältnis zur Gottheit; dies zu erreichen, muß die einzige Sehnsucht aller sein; neben der gottesdienstlichen Lebensaufgabe hat keine andere Beschäftigung mehr Raum; alles weltliche Tun ist verwerflich, jeder Luxus und jeder Genuß, jede Arbeit, die nicht dem einfachen Lebensunterhalt dient; das Leben muß erhalten werden, damit der Hauptzweck, der Gottesdienst, möglich ist; das geschieht durch Ackerbau, den jeder einzelne als seinen Teil an Adams Verfluchung zu üben hat.

Der Gottesdienst ist bestimmt durch die Schrift. Die Essäer anerkennen die Heiligkeit des Tempels; sie halten den Sabbat und feiern ihn mit Gesetzverlesungen nach Art des synagogalen Dienstes.

Aber sie fühlen sich durch ihre besonderen Gebote über die Stufe dieser offiziellen gottesdienstlichen Formen hinausgerückt; wo das ganze Leben Gottesdienst ist verlieren die alten Gemeinde- und Tempeldienste ihre auszeichnende Besonderheit.

Der persönliche Gottesdienst des Einzelnen wird geregelt durch das Gesetz, wie bei den Pharisäern. Die unübersehbare Mannigfaltigkeit der gesetzlichen Gebote, die der Lebensweise der Pharisäer ihr ängstliches Buchstabengepräge gibt, wird bei den Essäern durch unerbittliche logische Konsequenz sinngemäß vereinfacht. Die ganze Ordensregel der Essäer läßt sich aus dem Kern der Ritualgebote, dem Gebot der Reinheit des Gottesdieners, und aus dem Kern der Moralgebote, dem Dekalog, ableiten, indem man überall absolute logische Fassungen einführt.

Das erste Gebot wird vom Verbot des Polytheismus zum Verbot jeder andern Tätigkeit, als der des Dienstes und der Verehrung Jahus verschärft. »Andere Götter« sind alle irdischen Dinge, woran man sein Herz hängen kann, jeder Genuß, Wein und Fleisch, Schmuck und Salben, jeder Besitz, Geld und Gut, Haus und Hof, jede Liebe von Mann und Weib, Eltern und Kindern. Das alles lenkt von dem einen ab, das allein not ist, und ist Götzendienst. Aus allen verwandtschaftlichen Beziehungen gelöst, in absoluter Keuschheit, Menschen, nicht Männer und Frauen, Herren und Sklaven, leben die Essäer in Gütergemeinschaft ein streng beschränktes Ordensleben; Wohnung und Kleidung dienen nur dem notwendigsten Schutz, körperliche Arbeit und Nahrung nur der Erhaltung des Körpers.

Das Verbot der Bilderverehrung beseitigt alle Kunst; der Zug zur Wüste ist schon in diesem Mönchstum rege.

Das Verbot des Mißbrauchs von Jahus Namen wird zum Schwurverbot.

Das Sabbatgebot ist eigentlich unnötig wo alle Tage dem Gottesdienst gewidmet sind; es blieb aber in Kraft, verschärft durch die Vorschrift, den heiligen Tag nicht durch Urin oder Stuhlgang zu entweihen.

Die Ehrerbietung gegen die Eltern wird in das Gebot unbedingten Gehorsams gegen die Oberen, dienstwilliger Freundlichkeit gegen die Brüder übergeführt.

»Du sollst nicht töten« ergibt ein Verbot des Kriegsdienstes und Waffentragens, des Fleischgenusses und der blutigen Opfer.

Die übrigen Gebote fallen einfach weg; wo keine Ehe ist gibt es keinen Ehebruch; wo Brüderlichkeit geboten und Eide verboten sind gibt es kein falsches Zeugnis; wo das Eigentum fehlt ist Diebstahl ebenso unmöglich, als Begehren nach anderer Besitz.

Aus den Ritualgeboten des Gesetzes gehen die Reinheitsgebote der Essäer hervor; der Diener Gottes soll körperlich rein sein. Dem Ideal ritueller Reinheit dienen Waschungen und Sühnungen, Gebote, wie das der Keuschheit, der Reinhaltung von Blut, der vegetarischen Nahrung, der weißen Kleidung. Merkwürdige Vorschriften, wie die, nicht nach vorn und rechts auszuspeien oder Urin und Stuhl zu verbergen, gehören ebenfalls hierher.

Der Abschluß der Sekte gegen die Außenwelt wird wohl ebenso sehr durch den Wunsch, sich nicht an Weltkindern zu verunreinigen, wie durch den, Versuchungen zu entgehen, bedingt gewesen sein. Bemerkenswert ist aber, daß auch innerhalb des Ordens Reinheitsunterschiede bestanden und der Obere am Unteren sich verunreinigen konnte.

Bei einer Vereinigung so demokratischen Charakters sollte man das nicht erwarten; wo es keine Sklaven, keine Männer und Frauen, sondern nur Diener der Gottheit gibt, sollte es keine besondere Reinheit der Oberen geben; die Oberen werden ganz demokratisch und logisch gewählt — und doch sind sie nach der Wahl nicht nur Werkzeuge der Gemeinde zu praktischen Zwecken, sondern Menschen höherer Ordnung.

In der Theologie der Sekte spielen Ekstasen einzelner Begnadigter eine große Rolle; als Entrückungen zur Gottheit zeichnen sie den Betroffenen aus; die Mystik gehört zur individuelleren Frömmigkeit. Eine Geheimlehre von der Präexistenz der Seele, die durch den Sündenfall an den Körper gebunden, durch den Tod befreit und durch reines Leben erlöst wird, wahrscheinlich eine Fortbildung pharisäischer Anschauungen, scheint den theoretischen Kern der Lehren gebildet zu haben.

Die Verwandtschaft der essäischen Sekte mit den pythagoräischen Sekten legt den Gedanken einer Beeinflussung von Hellas her nahe; daß manches Einzelne von dort hergekommen ist, wie anderes aus der parsischen Religion zu kommen scheint, ist sehr wahrscheinlich. Im ganzen aber schließt die essäische Lehre so lückenlos an die jüdische Entwicklung an, daß mir kein Grund vorzuliegen scheint, anzunehmen, sie hätte sich nicht mit all ihren Eigenheiten ebenso entwickelt, wenn Pythagoräismus und Parsismus nicht dagewesen wären. Auf verwandten Stufen der Individuation entstehen verwandte und oft identische Anschauungen; die gleiche menschliche Anlage erzeugt mit gleichen Mitteln am gleichen Stoff im Kern Gleiches. Die jüdische Entwicklung ist mit der essäischen Sekte auf dem Punkt angelangt, wo die Stufe der menschlichen Begriffsbildung, die im Judentum versteinert ist, überwunden werden soll und die nächst höhere, die uns das Hellenentum repräsentiert, erreicht werden will; naturgemäß erscheinen da hellenische Elemente als ideale Ziele letzter jüdischer Keime, die eine volle Entfaltung nicht erreicht haben, und als Parallelbildungen im Judentum. Naturgemäß gehören diese »hellenischen Elemente« im Judentum ihrer Entstehung im Hellenentum nach in die Zeit, in der das Hellenentum in seiner Oberschicht die Stufe der Begriffsbildung überschreitet, auf der das Judentum in seinen letzten, unjüdischen Ausläufern, Jesus und Spinoza, endet; das ist aber die Zeit der beiden letzten großen Religionsstifter in Hellas, die Epoche des Pythagoras und Xenophanes.

Wie die pythagoräische Lehre ist die essäische fromm, einfach und naturgemäß; fromm sein, weise, logisch sein und mit der Natur im Einklang sein ist eins. Der Unterschied liegt nur in der Tatsache, daß für die Essäer die religiösen Elemente, die Pythagoras durch seine Logik rettet, neue Errungenschaften waren, daß sie die neuen Entdeckungen, die Pythagoras' Ruhm in der Geschichte der Philosophie ausmachen, die Zahl als Wesen der Welt, nicht ahnen, und daß sie, Angehörige eines alternden Volkes, ganz auf praktische Ziele, auf Erlösung, ihr Augenmerk richten, während Pythagoras in den Wundern der Theorie schwelgt.

Es ist derselbe Unterschied der logischen Entwicklung und des Alters zweier Völker, der die Lehre Jesu von der etwa des Xenophanes trennt, ihre theoretische Schwäche und wohl auch ihre praktische Stärke neben der des Eleaten bedingt.

Die essäische Lehre bedeutet einen Fortschritt gegen das Pharisäertum, eine logische Vereinfachung und eine Lösung von den Formeln des kirchlichen Judentums zugunsten einer individuelleren Frömmigkeit. Aber die grundsätzliche Auseinandersetzung mit den Hauptsätzen der jüdischen Religion ward sorgfältig vermieden; nicht die ganze Metaphysik, nur eine kleine Ecke ward revidiert. Der jüdische Gott, das jüdische Gesetz blieben in Kraft. Die Vereinfachung durch absolute Fassung der Gebote blieb an vielen Stellen formal; neben äußerlichen Vorschriften kam die Gesinnung nicht genug zu Wort; nicht alle Menschen, eine kleine Zahl Reiner, abgesondert von der Welt und der Menge, wurden der Erlösung teilhaftig; in aller Natürlichkeit ihres Lebens blieb einiges Natürliche Sünde; in aller Gleichheit und Gemeinschaft blieben Unterschiede des Ranges vor Gott.

Zwischen Schriftgelehrten und Essäern, wahrscheinlich mit den Lehren beider genau bekannt, hat Jesus von Nazareth, der letzte große Denker des Judentums in der Antike, sich seinen Weg gesucht. Ein größerer Theoretiker und Logiker als alle jüdischen Philosophen vor ihm, ein später Nachkömmling der großen Propheten im alternden Volk und so innig beseelt von der Erlösungssehnsucht und praktischen Tendenz des Denkens alternder Völker, hat er die Formel gefunden, in der theoretische und praktische Bedürfnisse, Religion und Vernunft, Gesamtheit und Individuen zu ihrem Recht kamen.

Dem äußeren Anschein nach sind wir über das Leben Jesu besser unterrichtet als über den Lebenslauf irgendeiner großen Persönlichkeit des Altertums; wir besitzen vier kanonische Biographien und allerlei altes Material daneben; die Jahre der Lehrtätigkeit Jesu sind in diesen Schriften mit solcher Ausführlichkeit behandelt, daß man fast in Versuchung kommen kann, von Woche zu Woche den Aufenthalt und die Tätigkeit Jesu zu bestimmen; die letzten Tage seines Lebens werden mit der Lebendigkeit und Genauigkeit eines Augenzeugen ausgemalt.

Leider sind aber diese Biographien durchweg Evangelien und Teile von solchen, Lehrschriften der christlichen Kirche, die in Jesus ihren Stifter und Messias sieht und anbetet. Die biographischen Elemente sind ein Hauptteil der Lehre, nicht weil die Lehre ohne sie unverständlich wäre, wie etwa manches bei Ješaja oder Jirmeja, auch nicht zum Beweis, daß Jesus selbst, ein vorbildlicher Mensch, seine Ethik gelebt hat, sondern zum Beleg der Behauptung, daß Jesus der verheißene Messias der jüdischen Prophetie sei. Jesu Leben soll ihn als den Christus erweisen, als den Wundermann und Sohn Gottes, dessen Leben, Sterben und Auferstehung alle Menschen lehrt, wie sie leben und sterben müssen, um sich die Auferstehung und das ewige Leben in Gottes Reich zu sichern.

Als Messias und Gottsohn wird Jesus nach der wissenschaftlichen Überzeugung der Verfasser der Evangelien unwiderleglich erwiesen durch die Übereinstimmung seines Lebens mit den Ankündigungen der Propheten, durch wunderbare Geburt und ausdrückliche Berufung, durch seine Fähigkeit, Sünden zu vergeben, Kranke zu heilen, sein und anderer Schicksal anzusagen, durch seinen Einzug in Jerusalem, sein wunderbares Ende und seine Auferstehung; die Propheten vor ihm, zuletzt Johannes, Gott selbst bei der Taufe, der Satan bei der Versuchung und die Dämonen bei der Austreibung, Jesus bei vielen Gelegenheiten, zuletzt vor Gericht im Angesicht des Todes, verbürgen die Richtigkeit der Auffassung, daß Jesus der Gesalbte ist, durch ihr Wort.

Das wissenschaftliche Interesse an der Biographie eines großen Mannes spielt neben dieser Tendenz gar keine Rolle; es besteht so wenig, daß unter unseren Augen in den vier kanonischen Evangelien die Grundtatsache, mit der jede wirkliche Lebensbeschreibung beginnen muß, die Überlieferung von Abstammung und Heimat des Helden, der Übereinstimmung mit den Worten der Propheten geopfert wird.

Wie bei der tendenziösen Bearbeitung der Urzeit und Königszeit von Juda erwächst aus dieser Tatsache der Wissenschaft die Aufgabe der kritischen Herstellung des eigentlichen Hergangs, des geschichtlichen Lebens Jesu. Die Arbeit an dieser Aufgabe hat unwiderleglich sichergestellt, daß keines der Evangelien älter sein kann als höchstens 70 n. Chr., daß große Komplexe von Mythen benachbarter Völker in die Geschichte Jesu eingegangen sind, daß scheinbar geschichtliche Teile in ihrem Detail Dinge enthalten, die mit den geschichtlichen Zuständen der Zeit nicht stimmen; läßt man aus den Evangelien alles weg, was der messianischen Tendenz dient, so bleibt nichts übrig, was darauf schließen ließe, daß die Evangelienverfasser mehr von Jesu gewußt hätten als einige ganz dürftige Tatsachen aus dem Leben und eine Reihe von Bruchstücken aus seiner Lehre. Auch diese Reste lassen sich in Frage stellen, und so ist vielfach behauptet und zu beweisen versucht worden, daß Jesus ebensowenig existiert habe, wie Moses und der Kreuzestod nicht weniger erfunden sei, als die jungfräuliche Geburt.

Wir haben in der hellenischen Literatur ein eigentümliches Gegenstück zu den Lebensbeschreibungen des Stifters der christlichen Religion in der Lebensbeschreibung des Stifters der pythagoräischen Religion. Von allen hellenischen Philosophen haben wir nichts als einzelne biographische Daten größeren oder geringeren Umfangs; von dem einzigen Pythagoras existiert eine ausführliche Lebensbeschreibung, entstanden und überliefert in der religiösen Gemeinschaft, die ihn als ihren Stifter und Heiligen verehrte, mit dem Zweck, den Religionsstifter als Wundermann und Halbgott hinzustellen. Wie die Evangelien um so mehr von Jesus zu berichten wissen, je weiter sie zeitlich von ihm entstanden sind, so nimmt das Leben des Pythagoras mit fortschreitender Zeit zu.

Die Parallele ist schlagend. Da die pythagoräische Religion nicht mehr besteht, also kein unwissenschaftliches Interesse die geschichtliche Bearbeitung des Stoffes beeinflußt, kann uns die Stellung der Wissenschaft zu dem Leben des Pythagoras vielleicht ein Beispiel zur Stellungnahme im Fall Jesu ohne Vorliebe und Abneigung geben. Pythagoras gegenüber haben alle Gelehrten längst angenommen, daß die tendenziösen Schilderungen der pythagoräischen Evangelisten durchaus zu verwerfen sind; dagegen ist es niemand eingefallen, ernsthaft die Existenz eines Pythagoras, die Angaben über Vater und Heimat, die Tatsachen, daß er gereist ist und gelehrt hat, in Frage zu stellen, obgleich wir auch von diesem Religionsstifter nur aus abfälligen Bemerkungen Andersdenkender und gläubigen Verhimmlungen seiner Anhänger in späterer Zeit unterrichtet sind.

So möchte ich aus den Evangelien einige Angaben als geschichtlichen Kern festhalten. Ich sehe nicht ein, weshalb wir den Glauben an die Existenz eines Rabbi Jesus als Stifter nicht des Dogmas, aber der ethischen Hauptlehren aufgeben sollen; ein derartiger Radikalismus stellt uns nur vor die Frage nach einem Weisen anderen, unbekannten Namens als Urheber dieser Weisheit; denn daß ein »Volksgeist« auch diesen auszeichnenden ethischen Kern der christlichen Lehre geschaffen haben sollte, ist bei der Höhe der Individuation im damaligen Judentum und der Bedeutung der Lehre in der jüdischen Entwicklung ausgeschlossen. Daß dieser Jesus ein Zimmermann aus Nazareth war, glaube ich dem Evangelium Markus in erster Linie, weil diese Tatsache der Abstammung aus einem niederen Geschlecht statt aus dem Davids, aus Nazareth statt aus Bethlehem, aus Galiläa statt aus Juda gar nicht mit der Tendenz der Evangelisten in Einklang steht und demgemäß später beseitigt worden ist; dann, weil nichts in den meines Erachtens echten

Lehren der niederen sozialen Herkunft des Weisen widerspricht, anderseits die allgemeine jüdische Synagogenschule die genaue Schriftkenntnis und damit die Beschäftigung mit Weltanschauungsproblemen auch einem Zimmermann ermöglichte. Ob die Namen der Eltern und die Existenz von Brüdern richtig überliefert sind, mag dahingestellt bleiben.

Daß der Weise im vollen Mannesalter hervortrat und zunächst in seiner Heimat in Synagogen und im Freien gelehrt hat, ist sehr wahrscheinlich; ebenso daß sich um ihn ein Kreis von Jüngern aus seiner sozialen Sphäre gesammelt hat. Daß er dabei in Gegensatz zu den gewerbsmäßigen Auslegern der Schrift, den Schriftgelehrten, und zu den gewerbsmäßig Frommen, den Pharisäern, kam ist bei dem Inhalt seiner Lehre sehr wahrscheinlich. Fraglich muß bleiben, ob er wirklich nach Jerusalem zog und hier hingerichtet wurde; daß er mit seiner neuen Lehre im Mittelpunkt des Judentums Jünger gesucht hätte wäre nicht verwunderlich; daß er infolge eines unvorsichtigen Ausspruchs mit den messianischen Eintagserscheinungen der erregten Zeit verwechselt und hingerichtet worden wäre ist nicht undenkbar; ebenso möglich ist aber, daß er Galiläa niemals verlassen hat und hier im Dunkel gestorben ist. Die Darstellung der Evangelien von Einzug und Untergang des Messias in Jerusalem wimmelt von geschichtlichen und naturwissenschaftlichen Unmöglichkeiten und ist bei der zentralen Stellung dieser Elemente im Dogma eher ein Beweis gegen ihren Inhalt, als für ihn.

Der Rabbi Jesus von Nazareth ist nach allem in seiner Zeit nicht angesehener gewesen, als sein Vorgänger, der große Stifter der jüdischen Religion, der Hirte Amos aus Thekoa. Unter den Messiaserscheinungen der augusteischen Epoche hat er gewiß am wenigsten Anklag gefunden; wie Amos unter den rechabitischen Bauern seiner Heimat, so wird Jesus unter den sektiererisch und messianisch erregten kleinen Leuten in Galiläa einigen Anhang gehabt haben, der ihn vielfach mißverstand. So wenig als Amos haben ihn die Leiter der Kirche beachtet; selbst wenn sie ihn hingerichtet hätten wäre das kein Beweis, daß sie ihn gefürchtet hätten; Todesurteile fallen in dieser Zeit und im erregten Lande leicht.

Diese vollkommene Dunkelheit des Daseins Jesu erklärt ausreichend das Schweigen der Zeitgenossen und das Fehlen von sicheren Angaben über seine Lebensumstände im Christentum selbst;

erst als die dogmatische Legende durch Paulus entstand, begann man hier Lücken zu fühlen, die sich nun mit Legenden füllten; die Leere kam der christlichen Mythe zugute; erst als die Kirche begann ein Faktor im Leben des Juden- und Heidentums zu werden, fragten jüdische und heidnische Geschichtschreiber nach dem Stifter der Sekte und empfingen nun Antworten aus der Legende.

Hätten wir von Jesus keine Nachricht und keine Lehren außer den Sprüchen der Bergpredigt bei Matthäus, so müßten wir als Verfasser dieser Sprüche einen Weisen fordern, der an Einsicht und logischer Kraft alle Philosophen des Judentums bis auf seine Zeit überragt; der Vollender des Judentums muß eine Persönlichkeit sein, wenn schon seine Schöpfer Persönlichkeiten waren. Die Lehre ist der beste Beweis für das Dasein Jesu. Leider müssen wir auch sie mühsam aus der evangelischen Überarbeitung herausklauben.

Wir haben kein »Buch der Weisheit Jesu von Nazareth« und müssen zweifeln, ob etwas derart existiert hat. Die sog. Spruchquelle der Evangelien könnte schließlich auf eine Schrift Jesu zurückgeführt werden, ein aramäisches Buch, von ihm selbst oder in seinem Auftrag niedergeschrieben. Das Buch könnte etwa eine Sammlung von Sprüchen und Gleichnissen gewesen sein; Sprüche und Gleichnisse ohne systematischen Zusammenhang werden Jesus in den Evangelien zugeschrieben, manchmal als Aussprüche bei irgendeinem Anlaß, manchmal als Predigten; wie ältere Spruchreihen werden sie zuweilen durch äußere Formen zusammengehalten, durch einen gemeinsamen Anfang, wie die Seligpreisungen, durch einen gemeinsamen Text, etwa die zehn Gebote, oder durch einen praktischen Zweck, wie das Vaterunser.

Ich kann mich indessen nicht entschließen, ein Buch auf Jesus selbst zurückzuführen, nicht nur wegen der wechselnden Fassungen der wichtigsten Sprüche in den verschiedenen Evangelien, sondern aus inneren Gründen. Jesus steht in der jüdischen Entwicklung an derselben Stelle, die in der indischen Buddha, in der hellenischen Sokrates einnimmt; alle drei haben als Weisheitslehrer weithin gewirkt; sie haben die Auflösung der geistigen Kultur ihres Landes in Sophistik und Formalistik verhindert, die Weltanschauung auf neue feste Grundlagen gestellt; sie haben das erreicht, indem sie den Wert des Wissens nicht mehr im Wissen selbst, sondern in der Bedeutung für das Leben, für das Handeln und Glück des Einzelnen gefunden haben; und sie haben dieser Entdeckung gemäß ihre eigene Aufgabe in der praktischen Wirksamkeit, in der Belehrung und Bekehrung ihrer Umgebung gesucht; zum Verfassen gelehrter Schriften ließ sie die Verachtung der Buchgelehrsamkeit nicht kommen. Dabei kam ihnen zustatten, daß ihre Lehren logisch weit zu allgemeinen Sätzen durchgebildet waren; in wenig Grundsätzen fassen sie das Wesentliche zusammen; einige Prinzipien geben sie ihren Schülern, kinderleicht zu behalten; der Rest ist Ausführung, Anwendung, Praxis. Mit wirksam ist endlich die Schwierigkeit, die jeder neue Standpunkt der Überführung in die Form des Systems bietet; Neu-Denker sind nie Systematiker; sie drängen von der Schale zum Kern, vom besonderen zum allgemeinsten, zur Einheit; sie sind stark im Beseitigen des Unwesentlichen, nicht im Einarbeiten einer Idee in jede Einzelheit des Stoffes.

Jesus ist von den dreien logisch der schwächste Denker, so weit er auch an logischer Kraft die jüdischen Denker der Vergangenheit überragte; Sokrates ist logisch der stärkste. Jesus ist weniger Prophet als die Propheten; er ist nicht nur das willenlose Mundstück der göttlichen Willensäußerung; er spricht: »wahrlich, Ich sage euch«; aber er verkündet immer noch göttliche Lehre, nicht eigene, vernünftige Lehre, weil Gott vernünftig ist, nicht weil die Vernunft souverän ist. Demgemäß begründet er auch seine Lehre nicht wie Sokrates zunächst aus der Vernunft, dann aus dem Gewissen und zuletzt aus der Religion, sondern zuerst und hauptsächlich aus der Autorität Gottes, dann aus Gewissen, Vernunft, Nützlichkeit und Glückseligkeit. So entsteht aus Jesu Lehre eine neue Religion, keine Kirche der Absicht nach, aber eine einfachste Anweisung zur Glückseligkeit in Gott; bei Sokrates entsteht eine Methode richtig zu denken und damit ein Mittel, unabhängig von allen Weltanschauungsinhalten das richtige, vernünftige und beglückende Handeln zu finden.

Wenn bisher als Lehre Jesu die Bergpredigt allein betrachtet worden ist so muß nun die Frage aufgeworfen werden, ob nicht auch die dogmatischen Teile, die Lehre vom Opfertod und der Auferstehung, vom Messias, auf Jesus selbst zurückgehen. Damit ergibt sich vielleicht die Notwendigkeit, innerhalb der tendenziösen Elemente der Evangelien eine Unterscheidung zu machen; wenn sich Jesus für den Messias im Sinn der evangelischen Legende gehalten hat, was an sich keineswegs unmöglich wäre, so kann ein großer Teil der Aussprüche, die der christlichen Auferstehungslehre und verwandten Dingen entsprechen, auf ihn selbst zurückgehen; sie müßten unbedingt bei der Darstellung seiner Lehre verwertet werden, gleichgültig ob man sie als wunderbare Eingebungen, als wohlberechnete Werbemittel oder als Ausflüsse einer visionären Anlage betrachtet.

Diese Trennung eines echten und eines späteren Faktors in den tendenziösen Teilen der Evangelien ist unendlich viel versucht und nie befriedigend gelungen; es fehlt für ihre Vornahme bisher ganz an ausreichenden Kriterien; wir haben keine zeitgenössischen Quellen zu der Frage; der Verstand stellt sehr verschiedene Forderungen bei den einzelnen; was dem einen ganz glaublich scheint, ist dem andern etwa übertragen und dem dritten gar nicht annehmbar; Jesus der Hypnotiseur, Jesus der Paranoiker sind medizinische Früchte von diesem Baum; die orthodoxe Verwerfung jeder Kritik und die radikale Mythisierung der ganzen Jesusgestalt sind von hier aus begründet.

Auch ich kann an dieser Stelle nichts entscheiden; die Aufgabe meiner Darstellung kann zunächst nur sein, vom Tendenziösen ganz abzusehen und auf Grund der Sprüche, die ich für original halte, die Lehre Jesu zu schildern und als logischen Abschluß der jüdischen Entwicklung zu erweisen. Ist das getan, so wird sich die Möglichkeit ergeben, auf die Frage des Glaubens Jesu an seine messianische Sendung zurückzukommen. Die Lehre Jesu ist äußerlich nicht geschlossen, steht aber auf einer logischen Stufe, die ihre innere Geschlossenheit verbürgt. So werden wir die Elemente der tendenziösen Teile der Evangelien an dieser Lehre messen können und fragen, ob ein Mann, der reif ist, die Lehre der Bergpredigt zu schaffen, an eine Sendung im Sinn der Kirchenlehre glauben und sie ausdrücklich vertreten kann.

Die brennende Frage, die alle religiös Interessierten in allen Schichten des Judentums und namentlich des Judentums in Palästina beschäftigte, war zur Zeit Jesu die Frage nach der »Erlösung«. Es ist theoretisch die alte Frage nach der gerechten Vergeltung Gottes, praktisch die Frage nach dem Reich Gottes und dem Anteil des Einzelnen an ihm.

Eine orthodoxe Partei im Judentum, deren Führer dem Priesteradel von Jerusalem angehört zu haben scheinen, die Sadduzäer, vertrat die streng kanonische Lehre von einer rein zeitlichen Vergeltung für alle, die nicht das Erscheinen des Messias erlebten; orthodoxe

30*

Schriftgelehrte wurden durch den Wortlaut des Kanons zum selben Ergebnis geführt; die Volksmassen waren ebenfalls dieser Ansicht mit der festen Hoffnung, daß das messianische Reich unmittelbar bevorstehe.

Die liberale Partei der Pharisäer vertrat dem gegenüber die durch Korrektur der alten Ansicht gewonnene Überzeugung von einem Wiederaufleben der Toten zum Gericht Gottes; auch hier standen Schriftgelehrte; die Sekte der Essäer teilte den Standpunkt.

Jesus müssen die Hauptprobleme der Zeit schon als Kind in der Form grob materialistischer Messiashoffnungen und asketischer Kasteiungen bei Angehörigen seiner sozialen Schicht nahe getreten sein; vielleicht erlebte er das Auftreten eines falschen Messias mit, sicher sah er Asketen und Sektierer. In der Synagogenschule lernte er dann die Unterlagen dieser Hoffnungen und Anstrengungen kennen, Schriften und Schriftgelehrsamkeit. Schließlich werden wir eine Periode selbständiger Weiterbildung annehmen müssen, in der er selbst Schriften las und praktisch mit den Vertretern verschiedener Meinungen vertraut zu werden suchte; hierher würde der Anschluß an den Asketen und Täufer Johannes gehören, wenn er nicht reine Erfindung der Evangelisten ist. Eine Berührung mit ausländischen Lehren, mit hellenischen oder gar indischen Gedanken, halte ich für unwahrscheinlich; alles was Jesus brauchte, war in seiner nächsten Nähe zu finden.

Durch seine Geburt und Zugehörigkeit zu einer niedern sozialen Schicht, wie durch seine Intelligenz und Individuation mußte Jesus zu einer Weltanschauung kommen, die sich vielfach mit der asketischer Sekten, wie die Essäer, berührte. Mit ihnen teilt er die Überzeugung von der grundsätzlichen Richtigkeit der jüdischen Lehre; Gott ist ihm der eine, allmächtige Schöpfer und Herr, der dem jüdischen Volke seinen Willen im Gesetz und den Propheten geoffenbart hat und ihm durch das Gesetz und seinen Messias Heil für sich und die Menschheit verheißen hat. Wie die Essäer findet er, daß die öffentlichen Vertreter dieser Lehre durchweg sie mißverstehen; die Priester und Leviten, die Schriftgelehrten und Pharisäer sind Hochmütige und Heuchler; sie wissen wohl, daß ihre erste und einzige Aufgabe ist, Gott zu dienen; was sie aber Gottesdienst nennen, hat mit Gott nichts zu tun; sie bleiben in verzwicktem Wortkram und Äußerlichkeiten stecken und dienen ihrer Eitelkeit und ihrem Vorteil. Wie die Essäer kommt er zur Forderung absoluten Aufgehens in der Religion; man kann nicht zwei Herren dienen, Gott und dem Mammon, darum muß aller Dienst Gottesdienst sein; jeder Erwerb, selbst die Sorge um Nahrung und Kleidung, ist Ablenkung von dem einen; jede Verwandtschaft ist nichtig neben der Bruderschaft derer, die Gottes Willen tun.

Bis hierher könnte Jesus Essäer sein. Hier aber trennen sich die Wege. Auch die Essäer sind Jesus nicht fromm genug. Sie haben ihm noch allzuviel mit den Schriftgelehrten und Pharisäern gemein. Auch sie kleben an Worten und Äußerlichkeiten; auch ihr Lebensideal hat etwas Verzwicktes, Ausgeklügeltes; einfacher, logischer, individueller als die andern, sind sie noch lange nicht einfach, logisch und individuell genug. Und doch sind sie in ihrer Weise so weit gegangen, daß ein Überschreiten kaum mehr denkbar ist.

Hier könnte die Stelle sein, an der Jesus die Notwendigkeit einer Standpunktsänderung klar ward. Die Pharisäer und Essäer haben im Gegensatz zu den reinen Rationalisten, den Schriftgelehrten älterer Zeit, den Ton vom rationalen Erkennen auf das schriftgemäße Handeln gelegt; aber sie sind dabei stehen geblieben, das Handeln vom Wortlaut der Schrift abhängen zu lassen; das muß zu formalem Gehorsam führen, nachdem die logische Ausdeutung der Schrift als gefährlich beschränkt ist; um das richtige Verständnis der Schrift zu finden, muß man vom Ziel des schriftgemäßen Handelns ausgehen; die Probe der Richtigkeit einer Weltanschauung geben ihre praktischen Erfolge; den Baum kennzeichnen die Früchte. Jesus sieht die Dinge vom letzten Ziel, nach dem sie hinstreben, und plötzlich lösen sich alle Schwierigkeiten; so hat er Gottes wahre Meinung erkannt.

Das Ziel, dem alle Gesetzesgläubigen zustreben, die Verheißung, die Gott den Seinigen gegeben hat, ist ein Zustand der Glückseligkeit in Gottes Reich. Die Verheißung ist immer diesseitig, aber sie spricht einmal von Lohn und Strafe des Einzelnen in seinem Leben, das andere Mal von einem Reich des Glücks und der Herrlichkeit, in dem alle Frommen mit Gott vereinigt sind. Die Schwierigkeit, die beiden Verheißungen in Einklang unter sich und mit Gottes Gerechtigkeit zu bringen, hat die verschiedenen Lösungen und Lösungsversuche erzeugt. Vielleicht gibt es eine neue Lösung, die alle älteren übertrifft.

Das Reich Gottes, das der Messias bringen soll, ist nach allen

Ansagen der Propheten ein Reich der göttlichen Vernunft und des Friedens; alle Menschen wird der Geist Gottes beseelen, daß sie in Gottesdienst, Frieden und Eintracht miteinander leben.

Das Volk erwartet einen wunderbar gesandten Krieger als Messias, der die Welt zu Judas Füßen zwingt; das widerspricht der Weissagung und der Vernunft; die Weissagung macht Juda zum Priester, nicht zum Krieger Gottes, sie lehnt ausdrücklich Waffengewalt ab; die Vernunft ist immer kriegsfeindlich; Ideen sind für sie stärker als Waffen; das Schwert weckt Schwerter.

Das Volk erwartet ein Reich materiellen Glückes, Macht, Reichtum und Genuß. Auch das widerspricht der Weissagung und der Vernunft. Gottes Geist soll die Seligen erfüllen; in der Gemeinschaft mit Gott, in Vernunft und Frieden sollen sie leben. Die Güter dieser Welt sind ihnen wertlos und verächtlich.

Wenn der Gottesstaat ein Staat der Vernunft und des Friedens ist so haben die Menschen, die sein Kommen ersehnen, eine Möglichkeit zu seiner Verwirklichung beizutragen; wenn jeder einzelne vernünftig, d. h. fromm, lebt und an seinem Teil zum allgemeinen Frieden beiträgt ist das Reich Gottes geschaffen; wenn aber einmal die Erkenntnis allgemein wird, daß die Verheißung jedem gilt, daß er durch ein bestimmtes Verhalten sich seinen Anteil am Reich Gottes verschaffen kann, so wird keiner zögern, dieser Einsicht nachzuleben; insofern er diese Erkenntnis bringt und jedem Kinde klarzumachen imstande ist fühlt sich Jesus als den Messias.

Ein Reich des Friedens muß entstehen, wenn alle Menschen ernstlich darauf ausgehen, allen Unfrieden zu vermeiden; statt sich um Nichtigkeiten zu hassen sollten sie sich lieben; es ist unvernünftig, sich um Nichts zu streiten, unselig zu bleiben, vernünftig, die Nichtigkeiten aufzugeben, nach dem höchsten Gut zu greifen, selig zu werden, indem man liebt. So wird die Liebesforderung zum Grundstein und Kern der neuen Erlösungslehre.

Von diesem Standpunkt aus muß nun das Gesetz gelesen werden; stimmen seine Forderungen mit der neuen Einsicht überein so ist diese durch Gottes Gebot bestätigt und als richtig erwiesen.

So findet Jesus die vornehmsten Gebote des Gesetzes in der Forderung der Gottesliebe 5. Mos. 6, 4/5 und der Nächstenliebe 3. Mos. 19, 18 und faßt das Gesetz und die Propheten in ein Wort zusammen: »Alles, das ihr wollt, daß euch die Leute tun sollen, das tut ihr ihnen auch.«

Ist aber der Kern des göttlichen Willens ein Gebot der Liebe so muß notwendig auch im Wesen dessen, der dies Gebot den Menschen gegeben hat, die Liebe leben; ist Gott der Inbegriff aller Macht und Weisheit, so muß er auch der Inbegriff der Liebe und Güte sein; aus Liebe hat er sein Gesetz der Menschheit geoffenbart und ihr den Weg zu seinem Reich gezeigt; mit Liebe wacht er über den Menschen und sorgt, daß ihnen nichts Unmögliches zugemutet wird und nichts Notwendiges fehlt; wie er liebt, will er geliebt werden und andere lieben sehen. So spiegelt sich die neue Erkenntnis zuletzt in der Lehre von Gott wieder; die überströmende Liebe des Weisen umfaßt als absolute Liebe Gottes Welt und Menschheit.

Der Gott Jesu ist der Gott des Gesetzes und der Propheten, der Gott Israels. »Höre Israel, der Herr unser Gott ist ein einziger Gott«, beginnt das »vornehmste Gebot« 5. Mose 6, 4. Er ist der gewaltige Schöpfer und Herr der Welt, vor dem die Erde vergeht und der Mensch nichts ist; Jesus denkt nicht daran, ihm einen Zug seiner überragenden Größe zu nehmen; was die Propheten geschaut, selbst Hiobs und des Predigers verzweifelte Anerkennungen der göttlichen Erhabenheit, Unbeeinflußbarkeit und Unbegreiflichkeit kann er bestehen lassen. Gott ist unendlich über alles Irdische erhaben; es gibt keine Hoffnung, ihn zu verstehen; es gibt auch keine Hoffnung mehr, vor ihm gut zu sein, ein Verdienst zu erwerben, wie die Pharisäer und Essäer meinen. Aber statt zur Verzweiflung führt diese ungeheure Erhöhung der Gottheit zur Hoffnung. Gott als absolutes Ideal der Macht und Weisheit, der Gerechtigkeit und des Guten kann den Menschen nicht narren; er ist der Menschen Vater; er hat sie geschaffen und jedem das Leben gegeben; wie ein Vater liebt er sein Geschöpf und will von ihm geliebt sein; wie ein Vater hat er für seine Bedürfnisse gesorgt; er läßt seine Sonne scheinen über Gerechte und Ungerechte; er sorgt für sie wie für die Vögel unter dem Himmel und die Blumen auf dem Feld, besser noch, denn die Menschen sind mehr als Tiere und Pflanzen; er hat ihnen, seinen Kindern, sein Gesetz gegeben und denen, die ihm nachleben, sein Reich verheißen.

Einem solchen Gott gegenüber ist die Hiobsfrage falsch gestellt; der Fromme, der in Leiden und Krankheit fällt und sich nun gegen

Gott auflehnt, weil er ungerecht behandelt wird, verkennt die ganze Lage; er hat einen ebenso falschen Begriff von Gott wie falsche Vorstellungen von den Verheißungen des Gesetzes; sein Anspruch an Gott existiert nicht, seine Voraussetzung, daß körperliches Leiden Strafmittel Gottes sei, ist falsch; seine ganze Frömmigkeit ist nichtig.

Der Mensch ist Gottes Kind; dem Kind ziemt dem Vater gegenüber Liebe und Vertrauen, Gehorsam und Demut. Es kann nicht fordern; es kann nur bitten und hoffen, daß seine Bitte Erhörung findet, wenn sie so ist, daß sie erhört werden kann. Wenn es sich falsche Vorstellungen von seinem Vater macht, um Dinge bittet, die er nicht gewähren kann, wenn es Gehorsam und Demut töricht und trotzig verletzt, so wird es seine Strafe finden, nicht in äußerlichen Schlägen, das wäre Gottes nicht würdig, nein, in seinen Mißverständnissen und Verfehlungen selbst; seine Erwartungen und Wünsche werden nicht in Erfüllung gehen, es wird sich abmühen, ohne glücklich zu werden, unselig sein Leben verlieren.

Der Fetisch schlägt seinen Verächter, der babylonische große Gott wendet sich vom Sünder ab und überläßt ihn den Dämonen, der Gott Jesu straft nicht selbst und läßt nicht strafen, er thront unberührt und streut seine Gnaden aus — im Wesen der Bösen und der Güter liegt es, daß Unwürdige der Gnaden höchste nicht erlangen.

Die Vereinigung des ungeheuren, über alles menschliche Denken und Wünschen erhabenen Weltgottes und des alten Schützers Israels in einem absoluten Ideal der Allmacht und der Liebe ist ein genialer Kompromiß zwischen der Anerkennung eines fühllosen Schicksals und dem Wunsch, diesem unbeeinflußbaren Wesen nicht preisgegeben zu sein; ins Kausale gewandt, ergibt sich daraus die Anerkennung der alleinigen Kausalität Gottes und die Leugnung der hilflosen Eingeflochtenheit des Menschen in ein mechanisches Getriebe.

Gott tut alles: er führt in Versuchung und erlöst vom Bösen; er sendet sein Reich. Aber der Mensch hat doch eine Freiheit; er kann seine Einsicht benutzen, um sich des Reiches wert zu erweisen, er kann gegen bessere Einsicht sündigen; freilich wird Gott auch dem Besten immer zu vergeben haben — er ist allein gut. Der Fatalismus steht immer vor der Tür; er erscheint freundlich verkleidet als unbedingtes Gottvertrauen, als demütige Fügung, in dem Wunsch, daß Gottes Wille geschehe.

Was der Mensch zur Herbeiführung des Reiches Gottes beitragen kann, lehrt ihn Gottes Gesetz in Jesu einfacher Zusammenfassung: er kann Gott und seinen Nächsten, jeden Menschen, lieben.

Die Auslegungen Jesu zu den einzelnen Geboten des Gesetzes weisen zunächst die Beziehung der Schriftworte zu Jesu Hauptformel nach: »Nicht töten« heißt nicht zürnen, nicht schmähen, nicht vor Gericht gehen; »nicht ehebrechen« heißt lüsterne Gedanken meiden; »nicht falsch schwören« bedeutet nicht nur ein Schwurverbot, sondern ein Verbot jeder Rede, die nicht »ja« oder »nein« ist; das Gesetz erlaubt gerechte Rache — Jesus verbietet jeden Widerstand, dem Schlagenden soll man die andere Wange, dem Begehrlichen zum Rock den Mantel bieten; den Nächsten lieben, wenn er ein Freund ist, ist leicht — Feinde soll man lieben. Alles tun, was Liebe und Frieden erzeugt und erhält, alles unterlassen, was sie gefährdet, das ist Menschenpflicht.

Der Weg zur Herstellung einer Übereinstimmung zwischen dem Gesetz und der Formel Jesu ist die logische Erweiterung der alten Gebote, die im Fall der Rache bis zur vollkommenen Umkehr des Sinnes fortgeführt wird; immer ergibt sich dabei eine Verschärfung der Anforderung und eine Verlegung des Schwerpunktes von außen nach innen, von der Tat zum Gedanken; die Tendenz zum logisch Absoluten ist ebenso unverkennbar, wie die zur Verinnerlichung, zur Hinaufschiebung der Sünde ins Gebiet der Gesinnung.

So gewiß das eine Verfeinerung der moralischen Anschauungen bedeutet, so bedenklich ist der eingeschlagene Weg; der Begriff der Gedankensünde erscheint und eröffnet allen moralischen Sophismen überfeiner Gewissen und überkluger Köpfe die Bahn bis zur Aufhebung jedes konkreten Sündenbegriffes; zugleich erhebt sich die Frage der Anlage und damit der moralischen Prädestination. Jesus hat hier, wie überall, die Grenzen der anthropomorphen religiösen Weltanschauung berührt und nachdem er einiges genommen, was ihm brauchbar erschien, die eigentliche Auseinandersetzung unterlassen.

Der Tendenz zu absoluten Verfeinerungen der einzelnen Sünden entspricht die, Gott als Inbegriff absoluter Eigenschaften zu fassen; bei dem Gebot der Feindesliebe wird Gottes absolute Vollkommenheit ausdrücklich als Ziel des Menschen hingestellt.

Die Betonung der Gesinnung wird ungeheuer wichtig für die Auseinandersetzung mit den Geboten des Gesetzes und der Sekten, die von primitiveren Vertretern der jüdischen Religion und ihrer Fortbildungen zur Hauptsache gemacht wurden. Jesus kann ihre Reinheitsforderungen und -riten, ihre Fasten und Opfer verwerfen, ihre Sabbatgebote vernünftig beschränken; er kann in der Begründung äußerlicher und roher Gebote im Gesetz aus der Schlechtigkeit des Volkes den Keim einer Erziehung des Menschengeschlechtes durch Gott geben; er kann als Befreier im Namen der Vernunft auftreten und ein leichtes Joch verheißen.

Die Betonung der Gesinnung gibt ein wichtiges Mittelglied zum Verständnis der Freiheit des Menschen vor Gott; wenn außen Gottes Bestimmung herrscht kann im Kern des Menschen Freiheit walten.

Gesinnungssache ist die Anwartschaft auf das Reich Gottes; die geistig Armen, die Trauernden, die Sanftmütigen, die Hunger und Durst haben nach der Gerechtigkeit, die Barmherzigen, die Reinherzigen und die Friedfertigen sind selig im Besitz von Gottes Reich; freilich wird in der Reihe der Anlagefaktor namentlich bei den geistig Armen berührt und damit der Weg zur Prädestination kenntlich gemacht — begangen wird er von Jesus nicht.

Gesinnung, ein Innerliches, ist schließlich das Reich Gottes selbst: das Reich Gottes ist inwendig in den Menschen.

So findet hier die Hiobsfrage ihre letzte Erledigung; wäre Hiob wirklich ein Kind Gottes und des Himmelreichs teilhaftig gewesen so hätte er gar nicht auf den Gedanken kommen können, daß seine Krankheit eine Sündenstrafe sei; er hätte gewußt, daß alles Äußere, Glück und Unglück, ein Schein, ein gleichgültiges Nichts ist, daß nur Formfromme eine Vergeltung in äußeren Formen zu Unrecht erwarten; in der Asche, von allen gemieden und verachtet, hätte er das höchste Gut genossen, ein Angehöriger und Besitzer des Reiches Gottes, selig in Armut und Krankheit.

So erfüllt Jesus in einer großen schöpferischen Synthese das Gesetz und die Verheißungen der Propheten. Alle Widersprüche, die im Lauf der Entwicklung fühlbar geworden waren, bringt er zur einheitlichen Auflösung, indem er den letzten logisch möglichen Kompromiß findet, einen persönlichen Gott in einer geschlossenen monistischen Weltanschauung bei hoher Individuation der Gläubigen festzuhalten. Der abstrakte, teilnahmslose Gott einer kausalen Welterklärung und der teilnehmende, menschlich fühlende Gott eines kindlichen Gefühlsbedürfnisses verbinden sich noch einmal in dem Weltgott als absolute Vollkommenheit, Weisheit und Güte; theoretisches Naturerkennen und praktisches Erlösungsbedürfnis, Vernunft und religiöse Überlieferung kommen zu ihrem Recht. Gott ist mehr als je alles in allem, Macht, Kraft, Weisheit, Liebe, allein Wert, höchstes Gut, Urbild, Vorbild, Vater; die Welt ist nichts neben ihm, Schein, Unwert. Wie bei Xenophanes bleibt dem Menschen nur eins, den höchsten Wert zu erkennen, zu suchen, in ihm aufzugehen; er kann erkennen, was ihm offenbart ist, bewundern, lieben; das Reich Gottes steht ihm offen, freilich nicht dem theoretisch Erkennenden, sondern dem Erlösungsbedürftigen und Liebenden; ein pietistisches Einheitsgefühl steht an Stelle des eleatischen.

Die Lehre ist theoretisch primitiver als die des Xenophanes, praktisch fruchtbarer; hier rückt sie durch die Entsprechung der absoluten Altersstufen in die Nähe der sokratischen und nachsokratischen Philosophie; das Reich Gottes ist ein Analogon des Vernunftreiches der hellenischen Philosophen auf logisch tieferer Stufe. Wie bei Sokrates und seinen Nachfolgern bilden Kosmologie und Ethik ein einheitliches Ganzes, in dem e i n Gesetz herrscht und die Ethik in der Kosmologie wurzelt und sie aufwiegt oder überwiegt. Wir haben dasselbe unbegrenzte Vertrauen zur richtigen Einsicht, die ein Interesse hat, richtig zu handeln, zur Natur des Menschen, die im Grunde gut und bei allen gleich fähig zur Erkenntnis ist. Die utilitarisch-eudämonistische Begründung steht neben der teleologischen, die dem Menschen das absolut Vollkommene zum Ziel seines Strebens und Vorbild seines Handelns macht.

Jesus löst das klassische Judentum auf, wie Sokrates das klassische Hellenentum und der Buddha das klassische Indertum; bei Jesus und dem Buddha sehen wir die nächsthöheren Stufen im Hellenentum anschließen; die Probleme, die beide stellen, indem sie alles Frühere zu einer neuen, praktisch befriedigenden Einheit zusammenschließen, haben die Hellenen theoretisch bearbeitet; bei Sokrates ist der Nachweis des Weiterschreitens der Entwicklung in einer jüngeren Kultur für uns schwerer zu erbringen, denn die einzige Kultur, die hier in Frage kommen kann, ist unsere, die Westeuropas; wir stehen mitten in dem Prozeß der Lösung vom Hellenentum, der ein Überschreiten in den obersten Schichten schon gebracht hat; die letzten Fragestellungen des Hellenentums sind in unserer Entwicklung bearbeitet und einer Lösung zugeführt worden; zufriedenstellend beantwortet sind sie bis heute noch nicht.

Die eigentümliche Stellung Jesu am Ende der jüdischen Entwicklung hat ihm die Möglichkeit gegeben, ein ethisch werbendes Element zum Mittelpunkt seiner Lehre zu machen, das den Hellenen nie so bedeutungsvoll werden konnte, die Liebe zum Nächsten, den absoluten Altruismus. Die jüdische Entwicklung gelangt theoretisch bis in die Nähe der eleatischen Stufe; als theoretischer Logiker steht Jesus Xenophanes nahe; er hat die Tendenz zum Monismus und zu absoluten Begriffen, die Neigung zu paradoxen Fassungen und Forderungen, die Fähigkeit zu verwerten, was an logischen Folgerungen aus seinen Grundthesen seinen positiven Zwecken dient, und die glückliche Gabe, Widersprüche zu übersehen, die seine Lehre eigentlich zersetzen müßten. In Hellas wäre Jesus ein Vorläufer des Xenophanes geworden, Theoretiker geblieben wie er, wahrscheinlich mit einem praktischen Ausbau seiner Religion aus älteren Beständen in der Art des pythagoräischen Systems. Aber Jesus steht nicht wie Xenophanes in der ansteigenden theoretischen Phase seines Volkes, sondern am Ende; das theoretische Interesse versiegt bei alternden Völkern, das praktische überwiegt; der Mensch will nicht mehr nur erkennen, er will glücklich, in der Sprache der religiösen Weltanschauungen selig, erlöst sein. So tritt bei Jesus die eleatische Fähigkeit logischen Denkens in den Dienst der Praxis der Erlösungsethik.

Jesus hat keineswegs den Altruismus für die Ethik »entdeckt«. Hellenische Ethiken forderten lange vor Jesu Geburt ein altruistisches Verhalten. Wenn die Ethik Jesu als die altruistische schlechthin erscheint, so liegt dies, von theologischen Suggestionen abgesehen, daran, daß die altruistischen Forderungen bei Jesus unbedingter und eindrucksvoller auftreten können, als bei den Hellenen, weil die wissenschaftlichen Fähigkeiten und damit die wissenschaftlichen Forderungen an eine neue Ethik bei den Juden und bei Jesus selbst geringer waren, als bei den Hellenen und ihren größten Denkern.

Eine wissenschaftliche Ethik, wie die hellenische, muß ihre Forderungen rational und theoretisch begründen; eine theoretische Untersuchung des Verhältnisses von Altruismus und Egoismus muß ergeben, daß es einen berechtigten und sittlichen Egoismus und einen unzweckmäßigen und unsittlichen Altruismus gibt; eine rationale Begründung einer altruistischen Forderung in gewissen Grenzen läßt sich wohl geben — altruistisches Verhalten kann naturgemäß, beglückend, nützlich und verständig sein — der absolute Altruismus des Einzelnen ist rational und theoretisch nicht zu rechtfertigen.

Jesus kann als Jude nicht Theoretiker sein, seine Ethik kann nicht wissenschaftlich, sondern nur halbwissenschaftlich religiös sein. Er untersucht nicht die Berechtigung egoistischer und altruistischer Regungen; er fühlt eine Not und sucht eine Hilfe; die Not kommt vom Egoismus, also die Hilfe vom Altruismus. Er proklamiert die Liebe als die Helferin.

Halbwissenschaftlich, wie jüdische Denker immer neben hellenischen, versucht er für seine Forderung auch eine rationale Begründung; diese kann nur utilitarisch, egoistisch ausfallen, wie die hellenische; altruistisches Verhalten »erlöst«, gibt das Reich Gottes, das höchste Gut; konsequent hätte hier die Auseinandersetzung von Egoismus und Altruismus einsetzen müssen; Jesus sieht hier kein Problem; die ganze rationale Begründung seiner Ethik ist ihm ja nicht so wichtig, wie den Hellenen, nicht einzig — er hat noch eine andere Begründung neben ihr, eine »höhere«, »religiöse«.

Er fordert absolutes altruistisches Verhalten im Namen Gottes, als Befehl der höchsten religiösen Autorität, autoritativ, als Gebot der Schrift. Eine solche autoritative religiöse Begründung ethischer Forderungen besitzen die hellenischen Denker nicht; sie ist undiskutierbar primitiv.

Neben der alles beherrschenden, religiös-autoritativen Begründung von Jesu Ethik und neben der utilitarisch-rationalen aus dem »Reich Gottes« wird weiter gelegentlich auf eine Pflicht, dem Vollkommenen, Gott, gleich zu werden oder das Gute um des Guten willen zu tun, hingewiesen; das sind Keime zu einer absoluten Begründung der Ethik.

So haben wir nebeneinander alle möglichen Begründungen, primitive und höchste; diese Vollständigkeit ist aber kein Zeichen der Kraft, sondern der Schwäche; wem die kindliche Begründung aus Gottes Gebot mehr oder ebensoviel gilt, als die rationale oder eine absolute Begründung, dem fehlt die Reife zur Messung seiner Begründungen aneinander, zur Ausscheidung des primitiv Wissenschaftlichen, zur logischen Konsequenz; so viel jüdischer Monotheismus über babylonischer Religion mit ihren vielen Keimen steht, so viel steht höchste hellenische Ethik über der Jesu.

Jesus bleibt eben auch als Ethiker vorhellenisch; wie er Prophet, nicht Philosoph, Werkzeug Gottes, nicht freier Denker ist, wie seine obersten Begriffe anthropomorph bleiben, so ist sein ganzes Denken halbwissenschaftlich, scholastisch, klar im Sammeln aller Instanzen, die seine Behauptungen stützen, aber unfähig, die Gegeninstanzen zu würdigen und konsequent vorzugehen. Wer nur das Einzelne sieht, wird glauben, Jesus habe alle Möglichkeiten der Ethik erschöpft — wer das Ganze im Auge behält, sieht, daß er alle streift, alle glaubt halten zu können, weil er keine durchdenken kann; nur für Kinder ist alles vereinbar. Und so ist Jesus nicht die höchste und freieste Persönlichkeit der Geschichte, sondern nur die höchste im antiken Judentum, gebunden und unfrei im Vergleich mit höchsten hellenischen Denkern.

Wenn er trotzdem mit seiner Ethik deren Erbe geworden ist so verdankt er das seiner Rückständigkeit. Den rational übersättigten Romantikern des Hellenismus imponierte die Irrationalität, das Paradoxon, das autoritative und primitive, das sentimental-soziale der Lehre; Romantiker werden leicht katholisch. Den Massen ward aus dem Propheten von Nazareth eine Tammusgestalt, aus der autoritativen Begründung seiner Ethik ein grober Befehl des starken Gottes an den schwachen Menschen, aus der utilitarischen Begründung durch das Nirwana einer diesseitigen Erlösung eine gemeine (im Sinne höchster hellenischer Ethik unsittliche) und materielle Jenseitshoffnung, von der Jesus selbst nichts wußte und wissen konnte.

Ich halte für sicher, daß Jesus sich für den verheißenen Messias der jüdischen Lehre hielt; er hatte ein volles Recht dazu; was er brachte, war in der Tat die Erlösung aller Mühseligen und Beladenen, die Errichtung des Gottesreiches auf Erden im vollen Einklang mit den Worten der Schrift. Jeder Einzelne und das ganze Israel, von hier aus alle Welt, erhielten Anweisung, Gottes Reich zu erwerben, selig zu sein; ein Reich der Vernunft und des Friedens nach den Ansagen der Propheten mußte ohne Gewalt entstehen, wenn alle Menschen der Anweisung folgten.

Schriftgemäß ist die Glückseligkeit des Einzelnen, wie das allmeine Gottesreich diesseitig. An sich liegt also keine Notwendigkeit vor, daß Jesus im Gegensatz zum Wort der Schrift mit den Sekten eine Auferstehung hätte annehmen sollen. Das Hauptverdienst seiner Lehre lag ja darin, daß jeder einzelne im Leben des Gottesreiches teilhaftig werden konnte, daß die Erscheinung des allgemeinen messianischen Reiches, die Existenz aller Menschen in Frömmigkeit und Eintracht, keinem der dann Lebenden mehr geben konnte, als er im unvollendeten Reiche hätte erlangen können. Man könnte geradezu denken, daß das allgemeine Reich Gottes eben das Reich Gottes in den Herzen aller Gerechten zu verschiedenen Zeiten sei, daß das »Leben«, das den Seligen zuteil werden soll, ihr seliges Leben im zeitlichen Diesseits, der Tod der Ungerechten ihr Ausschluß von diesem seligen Dasein in der Zeitlichkeit und also das Gericht die fortwährend im Leben stattfindende Sonderung der Seligen und Unseligen sei; eine derart zeitliche und zeitlose Fassung der alten Begriffe wäre logisch und vertrüge sich gut mit der Bezeichnung Gottes als eines Gottes der Lebendigen und mit der Aufforderung, die Toten ihre Toten begraben zu lassen.

Anderseits ist wohl denkbar, daß Jesus selbst als vollkommener Idealist die Vollendung des allgemeinen Gottesreiches erhoffte und daß er im vollendeten Reich eine wunderbare Gemeinschaft mit Gott erwartete; auch pietistische Mystiker, denen Jesus nahe steht, nehmen nach der irdischen Glückseligkeit in Gott eine allgemeine himmlische an; hier wirkt indessen die nach Jesus entstandene Kirchenlehre ein.

Ganz bestimmt aber hat Jesus niemals sich eine andere Gotteskindschaft, als andern Menschen zugeschrieben; ebensowenig kann er, der alle Äußerlichkeiten verwarf, sich als das Opfer zur Versöhnung der Welt mit Gott, als den Bürgen der Auferstehung der Gläubigen und den zukünftigen Weltrichter hingestellt oder ein Sakrament, wie das Abendmahl, gestiftet haben. Wenn Aussprüche dieser Art in den Evangelien auf echte Herrenworte zurückgehen sollten, so müßten wir ein Mißverständnis der Hörer oder späterer Ausleger annehmen, das die paradox zugespitzte und oft bildliche Redeweise begünstigt hat. In der Hauptsache haben wir aber als geistigen Urheber dieser Teile der Evangelien Paulus anzusehen.

Saul, auch Paulus[1] genannt, war ein jüdischer Separatist aus Tarsus in Kilikien. Die Apostelgeschichte läßt ihn als eifrigen Verfolger der ersten Christen an der Steinigung des Stephanus teil-

[1] Namenspiel mit »klein, gering« statt des hebr. Šaul »der Erbetene«.

nehmen und auf einer Reise nach Damaskus durch eine Erscheinung des Christus bekehrt werden. Jedenfalls war er ein religiös erregbarer Charakter, dem visionäre Zustände zuzutrauen sind; die Berührung mit Anhängern Jesu erweckte sein Interesse für die neue Lehre, seine gelehrte Schulung und philosophische Begabung ließ ihn die Eigenart dieser Gedankenwelt erfassen und befähigte ihn, sie weiterzubilden, seine Leidenschaft und Tatkraft machte ihn zum Apostel des Christentums in der hellenistischen Welt; in seinen Briefen an verschiedene Gemeinden hat er seine Lehre wiederholt dargestellt. Leider ist auch die Echtheit der paulinischen Briefe ein Gegenstand vieler Kontroversen; über den Kern der Lehre herrscht aber, so viel ich sehe, ausreichende Einigkeit.

Die »Lehre Jesu«, die Paulus aus dem Munde direkter und indirekter Jünger Jesu empfangen konnte, bestand aus zwei ganz verschiedenen Elementen, aus Herrenworten, die bei der Bedeutung, die eine Gemeinde ihrem Stifter beizulegen pflegt, trotz der mündlichen Überlieferung relativ zuverlässig weitergegeben waren, und aus den Deutungen, Zusätzen und Mißverständnissen, die eine Gemeinde wissenschaftlich ungeschulter und religiös erregter Jünger im besten Glauben den Worten und Erinnerungen beigefügt hatte. Die wichtigste Veränderung war jedenfalls eine Annäherung der Gestalt Jesu an die Messiasideale, die im Volk lebten.

Paulus verarbeitete die Überlieferung zu einem System, das wiederum beeinflußt war von den separatistischen Gedanken seiner ersten Periode; pharisäische Spekulationen über Sünde und Auferstehung bilden den Kern der entstehenden christlichen Lehre.

Die Lehre Jesu ist ein äußerstes, ein letzter Kompromiß zwischen einem persönlichen, anthropomorphen Monotheismus und einem unpersönlichen Monismus; eine Fortbildung nach oben muß zu den Religionen des Buddha oder Xenophanes' und weiter zur Philosophie führen; eine innere Umbildung ist unmöglich ohne Auflösung des Gleichgewichtszustands, der ganz persönlichen Einheit des Werks; Paulus verschiebt den Schwerpunkt der Lehre, ohne die Kraft zu einem energischen Überschreiten zu besitzen; so muß er sich nach Stützen für sein Werk umsehen und findet sie im Alten, von Jesus überwundenen; ein kleiner Schritt vorwärts wird mit einem großen rückwärts mehr als ausgeglichen. Dafür entsteht eine Lehre, die weiten Kreisen über das Judentum hinaus mundgerecht zu machen ist; wie das jüdische Gesetz die großen Gedanken der Propheten zur jüdischen Massenreligion verdirbt, so macht die paulinische Lehre die großen Gedanken Jesu zu einem Hauptstück der christlichen Massenreligion.

Den Mittelpunkt der paulinischen Philosophie bildet der alte jüdische Heilsplan der Gottheit. Bei Jesus ist im Hintergrund der Lehre ein Rest derartiger Spekulationen erhalten: jeder Mensch ist, wie einst das Volk Israel, von Gott erwählt und durch das Gesetz und den Messias zum Heil berufen; besonders ausgeführt und metaphysisch begründet braucht das nicht zu werden. Paulus macht die Metaphysik des göttlichen Heilsplans zum Kern des Christentums.

Ein Mensch, Adam, hat seine Freiheit benutzt, um Gottes Gebot zu verletzen; damit ist die Sünde in die Welt gekommen und mit ihr durch sie der Tod. Sünde und Tod haben sich ausgebreitet und beherrschen die unselige Menschheit; sündig sind alle Menschen, die Heiden, weil sie ihrer vernünftigen Einsicht zum Trotz, angesichts der Wunder der Schöpfung von dem wahren Gott abfielen, die Juden, weil sie im Besitz des Gesetzes und unter den Mahnungen der Propheten starrsinnig geblieben sind und schließlich den Messias nicht erkannt und angenommen haben. Das Gesetz ist göttlich — aber es war mehr ein Mittel der Gottheit, die Sünde zu vervielfältigen, als sie zu beseitigen; viele Gebote, viele Übertretungsmöglichkeiten. Mit der Ausbreitung der Sünde wuchs aber die Hoffnung: je mehr Sünde, umso herrlicher kann die göttliche Gnade ihren Reichtum entfalten; denn Gnade allein kann retten; das Gesetz läßt Sünde erkennen, nicht sie bannen.

Endlich war die Zeit erfüllt und nun trat die Gnade herrlich in die Welt. Der Messias erschien, wie verheißen aus Davids Geschlecht dem Leibe nach, Gottes erwählter Sohn im Geist; niedrig wandelte er unter den Menschen, befreite sie vom Joch des Gesetzes und brach damit die Schranke zwischen Juden und Heiden; dann starb er unschuldig für die Schuldigen und sühnte die Sünden aller durch sein blutiges Opfer; und Gott, der ihn gesandt, erweckte ihn von den Toten und setzte ihn zu seiner Rechten.

Damit war der Heilsplan erfüllt; wie durch Adam alle sterben, so leben alle durch den auferstandenen Christus, gerechtfertigt durch Gottes Gnade und den Glauben.

Wenn man einen logischen Fortschritt gegen die Lehre Jesu in dieser Philosophie finden will, so könnte man etwa anführen, daß das Verhältnis Gottes zu den Menschen konsequenter im eleatischen Sinn wäre; es gibt nur Allmacht und Gnade bei Gott, Abhängigkeit und Glauben bei den Menschen, wenigstens in der Metaphysik; in der Praxis sind die Menschen neben dem Glauben zu einem frommen Wandel verpflichtet, wenn sie erlöst werden wollen.

Die Rückschritte und Entstellungen der Lehre Jesu dagegen sind zahlreich und groß. Der jüdische Heilsplan ist die Hauptsache geworden; Opfer spielen wieder eine Rolle, wenn auch metaphysisch; die separatistischen Hoffnungen auf Auferstehung sind wichtiger als alles andere. Unindividuell ist der Gedanke, daß ein Mensch alle sündig macht und einer alle erlöst, wie die ganze Verschiebung des Tons von der Selbsterlösung des Einzelnen zur Welterlösung. Die Logik der Erlösungslehre Jesu ist völlig aufgehoben zugunsten von phantastischen Spekulationen; bei Jesus waren Glauben und Vernunft im Einklang, bei Paulus ist der Glauben höher als alle Vernunft: Adam sündigt, weil er denkt, statt zu glauben; Gesetzerkenntnis kann nicht rechtfertigen; aus dem Heilsplan, jeder Vernunft entrückt, stammt die allgemeine Erlösung, aus dem Glauben die des Einzelnen. Jesus ist rational, Paulus proklamiert das Irrationale, bereitet das »credo quia absurdum« vor. Und doch arbeitet seine Lehre mit logischen Mitteln, ein seltsamer Analogieschluß steht zentral; und doch gibt sie sich als höchste Erkenntnis aus und ist Metaphysik. Auch der Gottesbegriff ist ärmlich geworden; ein Gott, der Adams Fall nicht hindern kann, der durch sein Gesetz das Übel mehrt, statt es zu beseitigen, der seinen Sohn opfern muß, um seinen Zweck der Erlösung zu erreichen und ein Auferstehungswunder braucht, um seine Macht zu zeigen, ist ein Götze neben dem Idealbild Jesu; sein Heilsplan ist länger und logischer geworden, als im Judentum, aber er war schon unnötig geworden. Außerdem bedroht die Göttlichkeit des Christus die monotheistische Grundlage des Juden- und Christentums.

Was nützt es da, daß Paulus die Lehre Jesu von der Liebe mit aufnimmt, der Liebe gelegentlich ein wundervolles Loblied singt? Der Block aus Jesu Bau paßt nicht in diese Kirche; die Reste von Jesu Lehre nehmen sich in dem neuen Zusammenhang aus wie eine hellenische Säule an einem Kraal.

So stellt sich die paulinische Lehre dar als eine äußerliche

Verbindung jüdischer, von Jesus überwundener Elemente, mit den im Mund direkter Jünger Jesu entstellten Lehren Jesu, ein Werk, das etwa der Verbindung jüdischer und hellenischer Elemente bei Philo als geistige Leistung entspricht. Freilich hat diese Entstellung den Kern der Lehre Jesu gerettet und in der Kirchenlehre als höheres Element breiten Schichten zugänglich gemacht.

Jesus hatte den Kern einer individuellen religiösen Weltanschauung in wenigen Sätzen und Gleichnissen zusammengefaßt und fest geglaubt, daß alle Hörer seiner frohen Botschaft im eigensten Interesse ihr Leben darnach einrichten würden, daß sie den guten Willen und die logische Fähigkeit haben würden, seine Grundsätze sinngemäß anzuwenden. Das war eine Naivität; Menschen verschiedener Individuationsstufen haben verschiedene Bedürfnisse, verschiedene Fähigkeiten zu denken und verschiedene ethische Vorstellungen. Jesus setzte seine individuelle Höhe bei allen voraus — sein vornehmster Jünger stand schon viel tiefer und benutzte die Knappheit der Lehre, um »Lücken zu füllen«; noch mehr als er empfanden andere die »Lücken«; statt die Anweisungen Jesu herzustellen, die Grundsätze anzuwenden, benutzten sie die Gelegenheit zu eigenen Einbauten.

So entstanden die Evangelien und die Dogmen der christlichen Kirche durch ein Einströmen primitiver Elemente aus Ägypten, Babylonien und Hellas; die Spannweite der neuen Kirche nach unten war ungeheuer — Osiris und Tammus, Sakramente und Vielgötterei fanden ihre Stelle; es entstand die richtige Religion für die breiten Schichten des römischen Weltreichs, in der jede nationale Kultur ihre Lieblingsgedanken wiederfand und jede Stufe menschlichen Denkens vom Fetischisten zum Stoiker Befriedigung gewinnen konnte; die logischen Formen zum Ausgleich lieferte das Hellenentum. Daß dies Gebilde mit Jesus nichts zu tun hat, ist klar — der große Erlöser war sein Hauptgötze, nichts anderes; auch die Höhe der großen Propheten war nicht die der Kirche; irgendwo darunter bei Ägyptern und Babyloniern war das Niveau des Durchschnitts — zwischen den Formen der babylonischen und der jüdischen Kirche steht schließlich die Organisation der christlichen Kirche. Auf der Höhe der Lehre Jesu ist eine Kirche und ein Priestertum unmöglich — die christliche Kirche des Altertums ist eine Sakramental- und Priesterkirche geworden.

Die Entwicklung des Judentums im Rabbinismus und in seinen hellenisierenden Spielarten kann mit wenigen Worten erledigt werden; sie ist im wesentlichen Scholastik, in den Oberschichten Stillstand und äußerer Ausgleich mit fremdem Gut in den kanonischen Schranken, in den Unterschichten Ausbreitungs- und Erziehungsarbeit zu einer gewissen Durchschnittshöhe, die stellenweise etwas über dem christlichen Niveau gelegen haben mag, im allgemeinen ihm gleich gewesen sein wird. Die logische Höhe der jüdischen Lehre ermöglichte begabten Juden im Altertum wie heute die Assimilation fremden geistigen Gutes; zur Aneignung höherer logischer Formen gehört nicht notwendig die logische Reife, die ihre Schöpfung erfordert, noch weniger zur Übernahme wissenschaftlicher Ergebnisse in gedächtnismäßiger Form zu allerlei praktischen Zwecken; wenn die Scholastiker unseres Mittelalters, die etwas über babylonisches Denken hinauskamen, sich als große Logiker aufspielen konnten, so ist es wohl begreiflich, daß die besten Köpfe der jüdischen Scholastik, an den Propheten geschult, im Verständnis des Aristoteles ziemlich erfolgreich waren.

Zwischen dem zweiten Ješaja und Jesus liegt ein halbes Jahrtausend; zwischen Jesus und dem letzten großen Propheten des Judentums, Baruch de Spinoza, liegen ein und ein halb Jahrtausende — die Verlangsamung der Entwicklung in der Oberschicht ist augenscheinlich. Spinoza ist der Abstammung nach reiner Jude; er ist in seiner Lehre der unmittelbare Fortsetzer der Entwicklung in der Reihe der großen Denker von Amos bis Jesus. Die lange Zwischenzeit, die Kenntnis hellenischer und westeuropäischer Philosophie hat keinen Sprung im Gang der Entwicklung verursachen können; Spinoza ist nicht ein Sokrates oder Platon geworden, sondern ein echter Eleat. Eleatismus war es, was in den jüdischen Philosophen bis auf Jesus nach theoretischer Befreiung rang — in Spinoza kam er zur Freiheit; eine mehr als tausendjährige Ruhe, eine Schulung an fremdem höherem Denken und die glückliche Verschlagung in eine fremde Entwicklung theoretischen Charakters waren notwendig, um einen Sohn der jüdischen Kultur zu befähigen, den kleinen Schritt zum vollen theoretischen Eleatismus schöpferisch zu vollenden. Der Schritt war schwer, theoretisch und praktisch; in der geometrischen Methode sehen wir die Eierschalen der alten Zahlenspekulationen und der Scholastik des Babylonier- und Judentums dem Werk anhängen, in der

Bezeichnung als »Ethik« tritt der praktische Zweck, das Erlösungsbedürfnis, unverkennbar zutage — auch als Theoretiker ist der Sprößling des alten Volkes nicht so theoretisch wie Xenophanes oder Deskartes; praktisch bedeutete der Schritt den Bruch mit dem Judentum — der jüdische Eleat wird Hellene. Mit diesem letzten großen Denker erreicht das Judentum logisch seine höchste Stufe; sein Erscheinen bestätigt, daß die Annahme eines eleatischen Ziels in der jüdischen Prophetie berechtigt ist; in der eleatischen Religion ist das Judentum vollendet und damit aufgehoben; die Etikette dieser und der folgenden Stufen der menschlichen Begriffsentwicklung gibt das Inder- und Hellenentum.

Dritter Teil.

Kunst und Schrift. Wissenschaft. Literatur.

Fünftes Kapitel.

Kunst und Schrift.

Wer das Material zur ägyptischen und babylonisch-assyrischen Kunstgeschichte kennt, wird kaum zögern, die Frage, ob die Leistungen der ägyptischen oder der babylonischen Künstler höher stehen, zugunsten der Ägypter zu beantworten. Ägyptische Kunst erweckt die Vorstellung von Pyramiden und Tempeln, von Rundplastiken voll feierlicher Größe oder sprechender Lebenswahrheit, von Reliefs und Gemälden voll stilvoller Würde in der Darstellung von Göttern und Königen, voll natürlicher Lebendigkeit in der Wiedergabe des Alltagslebens. In der babylonischen Kunst gibt es keine Pyramiden und Tempel, nur ärmliche Fundamente großer Bauten; die spärlichen Rundplastiken sind weder kolossal noch naturalistisch; die Reliefs erzählen nur von Gottesdienst und Kriegs- oder Jagdabenteuern, nichts vom Alltag; die Besonderheit babylonischer Kunst machen Wappen- und Fabeltiere und Siegel mit ihren Anbetungsszenen aus — Unnatur, starre Feierlichkeit und langweilige Wiederholungen.

Der Unterschied ist zunächst rein äußerlich bedingt durch den verschiedenen Stand der ägyptischen und babylonischen Forschung. Die Ägyptologie ist wohl doppelt so alt als die Babyloniologie. Ägypten ist Europa heute so nahe gerückt, daß es besser durchforscht ist, als manches europäische Kulturland, Babylonien liegt fern in der wildesten Türkei, schwer erreichbar, gefährlich zu erschließen. In Ägypten ist wohl das meiste und beste zur alten

Kunst gefunden, in Babylonien liegt mehr, als wir besitzen, noch unter den zahllosen Trümmerhügeln vergraben.

Auch die verschiedene Natur der beiden Länder spielt eine Rolle. Ägypten ist reich an Stein, Babylonien besitzt kein dauerhaftes Material derart; auch Königsbauten bestehen ganz aus Lehmziegeln, die sehr vergänglich sind. Assyrien hat Stein, ist aber als Koloniallland so vollkommen vom Mutterland abhängig, daß seine Könige auch in Lehmziegeln bauen.

Ägypten ist ein geschlossenes, Babylonien ein offenes Land; der Einbruch barbarischer Völker, immer wiederholt, zerstört Kunstwerke, stört die ruhige Entwicklung.

Den Hauptunterschied aber bedingt die verschiedene Kulturhöhe der beiden Völker.

Die größten Denkmäler der ägyptischen Kunst sind Königsdenkmäler; nur Könige, die über die Kraft des ganzen Landes verfügen, können Tempel, wie die in Theben, Paläste, wie den in Chut-Aten, Gräber, wie die Pyramiden von Gise, errichten. In Babylonien verfügt ein König nur vorübergehend über solche Machtfülle; normalerweise geben die Stadtfürsten, später die bürgerlich-priesterlichen Aristokratien der einzelnen Städte dem Staat das Gepräge. Die Mittel des Landes zersplittern sich; pharaonische Hilfsquellen hat selten ein Herrscher.

Die bürgerlich-priesterliche Kultur wirkt aber noch stärker, als durch ihre Staatsformen, durch ihren Geist auf die Kunstübung ein. Der Bürger fordert eine nützliche, der Priester eine fromme Kunst, beide treffen sich dabei: Der ausschließliche Dienst der Gottheit ist fromm und nützlich; alles andere ist sündig und verschwendet.

So tritt die Kunst in den Dienst der Kirche. Die babylonischen Tempelbauten werden an Pracht kaum hinter den ägyptischen oder den Domen unseres Mittelalters zurückgeblieben sein, so weit das Material eine Annäherung zuließ; die Götterbilder, der Schmuck der Halle und der Kapellenwände, die gottesdienstlichen Geräte werden jeden Vergleich ausgehalten haben. Aber eigentlich schöpferisch kann Architektur, Kunst und Kunstgewerbe nur in der ältesten Zeit gewesen sein; dann kam die Tendenz jeder religiösen Weltanschauung, als ewig zu gelten, hemmend zu Wort; das Uralte, dem Zeitalter der Götter Angehörige, ist heilig; die priesterliche Wissenschaft bemächtigt sich der Kunst und schreibt genau vor, wie jedes Ding aussehen muß, um seinem frommen Zweck zu dienen; wie man die alten Grundsteine der Tempel jahrelang sucht, um den Neubau an die gottgewollte Stelle zu bringen, so werden die archaischen Formen in der Kunst sorgsam festgehalten. Auf Richtigkeit, nicht auf Schönheit kommt es dem Priester und den Gläubigen an; von ihr hängt die Erreichung des praktischen Zwecks ab. Die Folge ist eine Erstarrung der kirchlichen Kunst zum Handwerk im schlechten Sinn; archaische Formen der Gestalten und Szenen nach Vorschrift werden in unendlicher Wiederholung verlangt und geschaffen.

Immerhin wird hier noch positiv gearbeitet; verderblicher für die Kunst sind die Verbote von Darstellungen anderer als frommer Art.

Der König, der seine Siege darstellt, beleidigt durch Überhebung die Gottheit, stört ihre Friedenslegende und greift scheinbar in ihre alleinige Kausalität ein. Barbaren, wie Šarganišarri oder Naramsin, Halbbarbaren, wie die Assyrerkönige, können sich Siegesbilder leisten; Eannatum, der große Herrscher von Lagaš, wagt nur noch die Rückseite der Geierstele mit Schlachtberichten in Bildern zu füllen — die Vorderseite füllt riesengroß der eigentliche Sieger, sein Gott Ningirsu. Spätere fromme Herrscher verzichten auf Kriegsbilder.

Aber nicht nur der Krieg, auch andere weltliche Geschäfte werden nicht dargestellt; der fromme König hat besseres zu tun. Als Diener der Gottheit, anbetend und opfernd, als ihr Beauftragter, etwa bei einer Belehnung, erscheint er in Bildern.

Was für den König gilt, bindet natürlich auch alle andern. Religiöse Darstellungen verlangt das Volk, Götterbilder, Amulette, Mittel zur Förderung des Wohlergehens, zum Schutz gegen feindliche Mächte.

Die lebendigsten Darstellungen der ägyptischen Kunst sind Ka-Figuren und Reliefs in Gräbern. Der Babylonier glaubt nicht an den Wert einer Figur für die Fortexistenz des Toten, nicht an die Bedeutung von Bildern für das Wohlergehen im Jenseits. Der Anlaß zu Porträts und damit der Ansporn, in vorindividueller Zeit individuelle Bilder zu erstreben, fällt weg; der Alltag ist nicht darstellenswert.

Der tiefste Grund für das andersartige Gesicht der babylonischen Kunst und ihre scheinbare Rückständigkeit neben der ägyptischen ist also die fortgeschrittene Entwicklung der Babylonier; die größere Bedeutung und Konsequenz der religiösen Weltanschauung, die Lösung von den kindlichen Phantasien des ägyptischen Totenkults bedingen die Hemmung in der Kunst. Nicht eine verschiedene Höhe der ursprünglichen Begabung der beiden Völker, sondern, von Äußerlichkeiten abgesehen, eine verschiedene Höhe der Entwicklung ihres Denkens macht den Unterschied; der Fortschritt in einem Gebiet hat Stillstand und anscheinend Rückschritt im andern zur Folge; begriffliche Weiterbildung geht Hand in Hand mit anschaulicher Rückbildung oder doch mit vorübergehender Vernachlässigung des Gebiets der Anschauung in der Kunst.

Ist diese Auffassung richtig, so muß die babylonische Kunst, wo sie relativ frei erscheint, mindestens die Höhe der ägyptischen haben, weiter muß in der unmittelbaren Fortsetzung der babylonischen Kultur im Judentum die gleiche Wirkung der religiösen Weltanschauung auf die bildende Kunst verstärkt sichtbar werden oder die Umkehr nachweisbar sein, wenn etwa auf noch höherer Stufe der ungünstige Einfluß des zunehmend begrifflichen Denkens auf die Anschauung aufhören sollte.

In der Tat läßt sich nachweisen, daß die höchsten Leistungen der babylonischen Künstler selbst in unserem dürftigen Material in allen wesentlichen Punkten schon zu Beginn der babylonischen Geschichte den höchsten Leistungen der Ägypter im alten und selbst im neuen Reich gleich und sogar gelegentlich überlegen sind, und die nächsthöheren Kulturen nach dem Babyloniertum, Judentum und Muhammedanismus, zeigen denselben Stillstand der bildenden Kunst, gesteigert zum Verbot der Bilder. Auch die Lösung des Banns läßt sich verfolgen, im Gebiet der indischen, chinesischen und japanischen Kultur, die die jüdische Stufe eben überschreiten, und in dem der hellenischen, die in raschem Anstieg den kritischen Punkt so schnell passiert, daß die vorübergehende Stockung in der Kunst, ein notwendiges Korrelat der begrifflichen Entwicklung an einer Stelle, gar nicht zur Beobachtung kommt.

Aus der rein sumerischen Urzeit von Babylonien, aus der Epoche des Reiches von Nippur, besitzen wir keine Kunstwerke; alle Wahrscheinlichkeit spricht dafür, daß nichts Erhebliches vorhanden war. Die babylonische Rasse und damit die Kultur waren erst im Werden begriffen; die Kräfte der Herrscher und des Volks nahmen Eroberung, Kolonisation und Organisation des neuen Staats in Anspruch. Vielleicht beschert uns auch hier, wie in Ägypten, ein glücklicher Zufall Stücke wie die Platte Nar-Mers, die künstlerische Fähigkeiten vor der Epoche großer künstlerischer Aufgaben zeigen; einige sehr archaische Stücke aus Nippur zeichnen sich durch ein Streben nach richtigen Profilen aus.

Wie in Ägypten im fertigen Reich die große Kunst aus dem Boden schießt, so wird es auch in Babylonien gewesen sein. Ein Stück dieses Vorganges beobachten wir vielleicht an den Denkmälern von Urnina zu Eannatum in Lagaš; ebensogut kann es sich aber hierbei um die natürliche Folge des Emporsteigens einer bedeutungslosen Provinzstadt zur Hauptstadt des Landes handeln.

Als Typen der Entwicklung können die bedeutendsten Denkmäler aus Lagaš, die Reliefplatte mit dem Fest der Grundsteinlegung aus Urninas Zeit, die Reste der »Geierstele«, eines Siegesdenkmals Eannatums, Reliefs und Rundplastiken Gudeas, ferner die Siegessäule Naramsins dienen; einige Siegel ergänzen das Bild.

Auf der Platte Urninas ist der König mit seiner Familie und einigen Beamten bei der feierlichen Gründung eines Tempels dargestellt. Die Probleme der Menschendarstellung und der Wiedergabe einer Handlung sind ganz wie in ägyptischen Reliefs gelöst. Die Menschen sind anschauliche Typen, Gesicht und Beine stehen in Seitenansicht, Augen und Brust in Vorderansicht, die Arme sind beide sichtbar und überschneiden sich nicht, von den Beinen schreitet das vom Beschauer abliegende aus; die Gesichter zeigen Rassenprofile; die Fußwölbungen sind nicht angedeutet. Die Personen werden unterschieden durch eine Größenskala mit mehreren Stufen vom König herab zum Beamten, weiter durch Tätigkeit, Tracht, Stellung im Zug und Beischriften. Die Größenunterschiede gehen aber nicht so weit, wie in Ägypten, wo die Könige und Herren alle andern um ein Vielfaches überragen und das Bild zerreißen; die Tracht des Königs ist nicht, wie in Ägypten, Krone, Szepter oder Waffe, Throngewand, sondern die Priestertracht, der Demut des Herrschers vor der Gottheit angemessen, Hüftrock, nackter Oberkörper und nackte Füße. Die Handlung ist in Felder ohne Tiefe verteilt, was in diesem Fall besonders leicht war, weil ein Zug zu schildern war.

Die Geierstele Eannatums stellt den Sieg des Königs über die Nachbarstadt Gišchu, wahrscheinlich den Anfang seiner Größe dar. Die ganze Vorderseite des Denkmals gehört dem Gott Ningirsu, dem eigentlichen Sieger, in dessen Tempel das Siegeszeichen aufgestellt war; riesengroß steht er über seinem Streitwagen, die Köpfe der Feinde im Fangnetz. Die Rückseite ist in mehrere Felder geteilt wir sehen den König an der Spitze des Heeres aus- oder dahinziehen, über tote Feinde hin, wir sehen ihn vom Streitwagen den Speer schleudern; die Toten des eigenen Heeres werden begraben, die des feindlichen schänden die Geier; ein Stier- und Schafopfer, vom König dargebracht, gehört wohl zur Totenbestattung.

Die Menschentypen sind mit kleinen Freiheiten streng die alten; der Gott und der König, das Heer und die Toten, alle haben Profil- und Faceansichten herkömmlich gemischt. Auch die Unterscheidung durch Größe ist beibehalten; ganz groß ist der Gott, größer als alle Menschen ist der König; aber vor der Phalanx überragt der König das Heer kaum mehr, als natürlich möglich war. Die Königstracht ist den Handlungen angepaßt; ein Krieger, mit Helm, Perrücke und schwerem Mantel, bewaffnet mit dem Wurfholz, marschiert er; als Priester bringt er das Opfer dar.

In Ägypten kämpft und siegt der König allein; hier hat er sein Heer bei sich — nur der Gott siegt ohne Heer; freilich scheint beim entscheidenden Speerkampf das Heer zuzusehen, aber es hat Tote gehabt. In Ägypten ist die Auflösung des Feldzugs in einzelne Bilder noch im neuen Reich ein Zerlegen in Anekdoten — die Geierstele gibt nur wesentliche Momente. Auch das Ringen mit perspektivischen Problemen, die Darstellung der Phalanx, der zuschauenden Krieger beim Speerkampf, des Totenhügels, ist in Ägypten nie übertroffen, in mancher Beziehung kaum erreicht worden.

Die Reliefstücke aus Gudeas Zeit sind besonders interessant im Stoff; wir sehen, daß die kirchliche Kunst in ihren Jugendjahren ihr Stoffgebiet zu erweitern strebte; eine Besichtigung eines Zugs göttlicher Symbole, ein Einzug eines Gottes auf einem Wagen mit Fabeltieren, vor allem eine Liebesszene, die Göttin Bau auf den Knien ihres Gatten Ningirsu, die stofflich erst in der Kunst Amenhoteps IV. ihre Gegenstücke erhält, zeigen weite Grenzen künstlerischer Betätigung.

Ein Siegesdenkmal ist die zwei Meter hohe Denksäule Naramsins; barbarischer als die Geierstele stellt sie die Gestalt des Königs überragend in die Mitte und findet die Götter mit einigen Symbolen über ihm ab; auch die Nacktheit der Krieger mutet neben der Phalanx Eannatums barbarisch an. Sonst ist aber nichts Barbarisches zu bemerken; dem Herrscher standen die besten Künstler seiner Zeit zur Verfügung.

Die Menschentypen sind unverändert; auffallend gut sind die nackten Körper modelliert. Der König überragt alle Krieger durch seine Stellung auf dem höchsten Punkt und durch Körpergröße; der Hörnerhelm zeichnet ihn aus — sonst ist er Krieger, bekleidet mit dem Schurz, bewaffnet mit dem Speer, wie alle Krieger. An der Spitze seines Heeres steht er dem feindlichen Heer gegenüber; mit einem Speer in der Kehle ist der Führer der Lulubäer zusammengebrochen, die andern heben flehend die Hände und Naramsin senkt begnadigend den Speer.

Das Unerhörte und Neue an dieser Darstellung ist aber die Komposition dieser Vorgänge in die Landschaft; im Bergwald steigen die Semiten empor, ein Berggipfel des Hochgebirges überragt selbst den König. Selbst das neue ägyptische Reich hat dem nichts an die Seite zu setzen.

Die Siegeldarstellungen sind wichtig, weil auch sie die glänzende Beherrschung nackter menschlicher Gestalten zeigen; das Siegel Sargons z. B. gibt eine Idealgestalt des nackten Riesen Gilgameš, dessen Bild auch durch den kühnen Versuch, den Kopf von vorn zu nehmen, merkwürdig ist; (freilich ist der Kopf von vorn, statt Allgemeingut der Kunst, persönlicher Typ des Heros und seines Freundes geworden) die Absicht, in Gesicht und Muskeln ein Ideal männlicher Schönheit zu geben, scheint mir unverkennbar; hier sind auch die Sohlen vom Boden gelöst. Andere, zum Teil viel ältere Siegel mit Gilgamešdarstellungen sind dadurch ausgezeichnet, daß sie Mythen erzählen, ebenfalls etwas Unbekanntes in Ägypten.

Die Plastik der ältesten Zeit repräsentieren uns die Statuen Gudeas aus Lagaš und einige Köpfe aus Nippur und anderswoher. Sie zeigen, daß altbabylonische Künstler auch den technischen Schwierigkeiten eines neuen und ungewohnten Materials (der erste Diorit scheint erst durch Naramsin eingeführt worden zu sein) gewachsen waren; daß sie ihre ägyptischen Genossen auf diesem Gebiet nicht ganz erreicht haben wäre denkbar und verständlich, wenn auch bis jetzt unser Material die Behauptung der Inferiorität nicht ganz rechtfertigt; Lagaš ist zu Gudeas Zeit doch Provinzstadt und der Fürst arbeitet mit beschränkten Mitteln. Die Statuen Gudeas sind streng frontal; auf plumpen Körpern ohne Hals, die aber schöne Einzelheiten besitzen, sind sorgfältig stilisierte Porträtköpfe angebracht. Wenn man bedenkt, daß die Aufgabe selten an den babylonischen Künstler herantrat, weil es keine Ka-Figuren zu schaffen gab, daß der Trieb zur genauen Wiedergabe der Gesichtszüge nicht durch die Totenreligion unterstützt ward, daß das kostbare Material alle Vorsicht verlangte und daß wir nur Anfänge, keine Fortsetzung sehen, ist die Leistung wohl den ägyptischen vergleichbar. Ein Reliefbild Chammurabis könnte einmal Porträt gewesen sein.

Die babylonische Kunst der alten Zeit arbeitet wie die ägyptische mit Typen, anschaulichen Begriffen; sie beherrscht die Umrisse und Formen von Menschen, Tieren und Dingen so weit, daß sie aus dem, was ihr an ihnen wesentlich scheint, feste, charakteristische Begriffe zusammensetzen kann. Anschauliche Begriffe sind die Menschen mit Gesicht und Beinen in der Seiten-, Brust und Augen in der Vorderansicht; alles Wesentliche ist vollständig und in seiner Besonderheit erfaßt und wiedergegeben. Dasselbe gilt für die Tiere, den Stier, den Geier (Kopf und Krallen profil, Flügel ausgebreitet), den Adler (Kopf profil, Leib und Flügel von unten, ausgebreitet) und den Löwen (Gesicht face, Körper und Beine profil). Anschauliche Begriffe sind die Handlungen, die aus diesen Menschen- und Tiertypen zusammengesetzt sind, wie in Ägypten.

Aber die Menschen- und Tiertypen haben in einzelnen Punkten, die Handlungstypen in vielen mehr naturalistisches Detail. Die Menschen haben von Anfang an richtig unterschiedene Füße, früh richtige Fußwölbungen und Augenstellungen, die sich dem vollen Profil nähern. Ein Stierbild, wie das des Sargonsiegels, kann kaum mehr als Typ gelten. In den Szenen überragen die Könige ihre Umgebung nicht mehr bis zur Zerreißung des Bildes, sie erscheinen nicht mehr im Feld im großen Friedensornat, sie siegen nicht mehr allein und ohne Verluste; die Einfügung eines Siegs in eine Landschaft wird versucht — das Begriffliche wird mit dem Malerischen ausgeglichen.

Und doch ist anderseits eben das begriffliche Element, das rein gedachte, in den babylonischen Kunstwerken deutlich bewußter und gewollter als in Ägypten. Gilgameš wird zum Typus körperlicher Kraft und Mannesschönheit, Ištar durch naturalistische Unterstreichung aller sexuellen Elemente der nackten Frauengestalt zum Typus des Geschlechtswesens. Die Adler, Geier und Löwen werden zu heraldischen Symbolen; das schreckliche Gebiß und die starke Brust zeigt der Löwe von vorn, die breiten Flügel öffnet der Adler — Kraft und Schnelligkeit stellen sie dar, nicht mehr ein Stück Naturgeschichte. Der Ägypter beginnt vom naiven Naturalismus zur Typenbildung vorwärtszugehen, er kommt zu Begriffen, ohne zu wissen wie; der Babylonier schätzt den Typus an sich als Wert und Sinn der Kunst; hier dient das Anschauliche dem Ausdruck abstrakter Dinge; so erfindet er das heraldische Tier, das ihm nicht mehr Tier, sondern Symbol ist.

Auch die ägyptische Kunst kennt Fabeltiere in ältester Zeit und später; die Mischwesen der Schminkplatten, der Sphinx, die Götter mit Tierköpfen gehören hierher; das sind Phantasiespiele, die wohl die symbolische Verwertung der Tiere ahnen lassen, aber nicht systematisch vornehmen, oder die ganz naiv alte und neue Götterideale in der Anschauung ausgleichen. Die Babylonier verbinden mit voller Klarheit und bewußtem Raffinement Tierteile nach ihrer begrifflichen Bedeutung; sie entfernen zielbewußt alles Tierische aus den Bildern großer Götter, sie bauen ebenso zielbewußt kleine Götter und Dämonen aus Menschen- und Tierteilen zusammen. So sind sie die Lehrer aller späteren Völker in der anschaulichen Konstruktion allegorischer Wesen geworden; der Faun (Eabani), die Meduse (Gilgameš), die Chimäre (Marduks Drache), die Harpye, der Kentaur, der Meermann, das Einhorn, alle Teufel und Dämonen, die Keruben, selbst der Januskopf und der Schlangenstab haben in Babylonien ihre Urbilder.

Wappentiere und Fabeltiere — kein Bild steht um seinetwillen einfach da, es dient einem Unanschaulichen zum Ausdruck, es hat seinen Wert als Anschauung nur durch das Abstrakte, das es bedeutet; die Bilder werden wie Begriffe ohne Rücksicht auf ihr Vorkommen in der Natur kombiniert zu Denkzwecken. Das gibt ein merkwürdiges Analogon des Gebrauchs der Bilder in einer Schrift; der Sinn der Zeichen liegt hinter ihnen, ihre Wirklichkeit als Laut, als Symbol, als Kraft macht dem Denken zu schaffen; in der Zauberwelt der Schrift- und Lautzeichen leben die Dämonen und Fabelwesen.

Jenseits der Anschauung liegt das Wesen, das Wirkliche, worauf alles ankommt; jenseits der Schriftzeichen liegt der Sinn, jenseits der Dinge stehen Götter und Dämonen, unsichtbare Wesen und Kräfte, jenseits des Bildes liegt der Wert der Kunst.

Das Streben von der Anschauung zum Wesen äußert sich zunächst in einer Vereinfachung der Darstellungen, die nicht unkünstlerisch ist. Der Ägypter langweilt sich bei leeren Stellen in seinen Bildern; er füllt sie mit kleinen Handlungen oder mit allerlei Dingen aus dem Leben. Der Babylonier langweilt sich bei allem Anschaulichen, das keine Beziehung zum Sinn der Darstellung, keine tiefere Bedeutung hat; die vielen Alltagsszenen der ägyptischen Denkmäler fehlen, nicht nur, weil nur große Kunst erhalten ist, sondern auch, weil das rein Anschauliche, die Wiedergabe der Natur, ganz uninteressant ist. Die vorzügliche Auswahl der wesentlichen Momente eines siegreichen Krieges in der Geierstele, die geschlossene Komposition des Lulubäersieges Naramsins sind dieser Neigung zu verdanken. In der Folge freilich hebt sie die Kunst auf — immer mehr anschauliche Elemente werden »unwesentlich« und ausgeschaltet, bis eine erstarrte Kirchenkunst mit ihren archaischen Bildern nach vorgeschriebenen Formeln bleibt. Der babylonische Priester gibt dem Künstler ein Buch der Bilderschilderungen, einen Extrakt der Kunst in Worten statt in Formen an die Hand, und macht ihn dadurch zum theologischen Heraldiker und Wappenmaler.

Die Entwicklung der Menschheit geht vom Denken in Bildern zum Denken in Zeichen, vom anschaulichen zum abstrakt-begrifflichen Bewältigen der Umwelt. Aus den anschaulichen Eindrücken gehen anschauliche Typen mit zunehmendem Wirklichkeitsgehalt hervor; die babylonischen Typen enthalten ebensoviel oder mehr richtige Beobachtung als die ägyptischen; zugleich aber geht ihre Verarbeitung im Sinn der Ausscheidung des Unwesentlichen weiter; sie haben keinen Wert mehr an sich, sondern dienen höheren Zwecken. Ein Gegensatz der Welt der Sinne und der Welt des Denkens wird empfunden; die anschauliche Welt wird zum Mantel einer unsichtbaren Welt der Begriffe, die begriffliche Welt wird zum Sinn und Inhalt der Anschauung; die verschiedene Wertung äußert sich praktisch in der Vernachlässigung und Fesselung der Kunst. In weiter Ferne erscheint die theoretische Scheidung von Sein und Schein bei den Eleaten.

Leider fehlen uns ausreichende Denkmäler zur babylonischen Kunstgeschichte aus späterer Zeit; hier treten die assyrischen Kunstwerke glücklich ergänzend ein.

Die assyrische Kultur ist in den Augen der Babylonier immer eine Provinz- und Barbarenkultur geblieben; die assyrischen Könige sind den gebildeten Priestern und Bürgern unberechtigte Zwingherren, Vertreter roher Gewalt, wie Elamiter oder Chaldäer; ihre Kulturinteressen sind anerkennenswert, aber nie frei von barbarischen Elementen; ihre Kunst, die Menschen verherrlicht, statt der Gottheit allein zu dienen, die in ihren Kriegs- und Jagdbildern Gewalt und Grausamkeit preist, ist ganz barbarisch.

In der Tat verdanken wir die assyrischen Kunstwerke mit Ausnahme der religiösen Szenen der relativen Rückständigkeit der Herrscher eines kriegerischen Volkes, später eines Soldatenreiches; wie Naramsin können sie die Kunst fördern, weil sie der babylonischen Wissenschaft nicht ganz verfallen sind.

Die Aufgaben, die sie den babylonischen Künstlern stellen, sind dem Umfang nach größer als je zuvor, ägyptischen Werken größten Stils vergleichbar; die Mittel, die sie zur Verfügung haben, sind unbegrenzt, materiell und geistig; die Reichtümer einer Welt fließen in Assyrien zusammen, die ersten Künstler Babyloniens kann der Großkönig zu seinem Werk herbeizwingen.

Die babylonischen Künstler haben sich in die neugestellten uralten Aufgaben der Schlacht- und Jagddarstellung schnell gefunden und in der größeren Freiheit einiges Neue entwickelt; von den archaischen Reliefs aus dem Palast Aššurnasirpals zu den frei bewegten Darstellungen aus Aššurbanipals Palast ist ein Fortschritt unverkennbar. Im ganzen aber ist die assyrische Kunst auf der alten Stufe der Epoche Eannatums und Naramsins stehen geblieben; wie die Bibliothek Aššurbanipals in der Hauptsache aus Abschriften alter babylonischer Texte besteht, so sind die Kunstwerke assyrischer Paläste entstanden durch Übertragung der alten Kunst aus Babylonien nach Assyrien, in größere und etwas ungebundenere Verhältnisse.

Die mythischen und religiösen Szenen werden entsprechenden Bildern in Babylonien bis ins einzelne gleich gewesen sein; die barbarischen Kriegs-, Jagd- und Familienszenen zeigen, wie weit babylonische Künstler frei werden konnten, wenn sie dankbarere Stoffe und niederes Volk darstellen durften.

Die Menschengestalten der assyrischen Reliefs und Stuckgemälde werden vom alten Typus beherrscht; Gesicht und Beine in Seitenansicht, Auge und Brust in Vorderansicht wiederzugeben bleibt bei kultischen und profanen Szenen, bei Königen und Volk üblich; die Neigung, zum vollen Profil zu gelangen, ist aber unverkennbar; Überschneidungen der Arme über den Körper kommen ganz regelmäßig vor und die volle Seitenansicht der Brust findet sich sehr häufig, nicht nur bei Kriegern und Dienern, sondern auch bei Königen und Vornehmen; die Augen werden wenigstens der Profilansicht angenähert.

Auf Siegelbildern der altbabylonischen Kunst, die eine handelnde Person in wappenartiger Symmetrie sich selbst gegenübergestellt wiedergeben, ist die Vertauschung der Seiten im Spiegelbild unkorrigiert; wenn Gilgameš auf der einen Seite den Stier mit der Rechten zu Boden drückt, so tut er es auf der andern mit der Linken. Ob der Fehler nicht bemerkt wurde, oder ob er der vollkommenen Symmetrie zuliebe unverbessert blieb, läßt sich nicht entscheiden, da entsprechende Darstellungen anderswo als auf Siegeln nicht erhalten sind. In der assyrischen Kunst sind Kultszenen mit symmetrischer Anordnung häufig; die Armvertauschung ist hier auf Kosten der Symmetrie gelegentlich korrigiert.

Die Gesichter sind durchweg Typen, keine Porträts; unter den Vornehmen gibt es zwei Typen, den bärtigen Königstyp und den bartlosen Priestertyp, dem auch die Königin Aššurbanipals angehört; beide haben Rassencharakter; Rassentypen sind auch bei Soldaten und Gefangenen wiedergegeben.

Die Stellungen der Könige und Vornehmen sind archaisch beschränkt; die Könige stehen in der Regel auf dem Streitwagen kämpfend oder jagend, vor der Gottheit anbetend; eine lebhafte Bewegung, etwa eine Wendung auf der Jagd, eine weniger offizielle Haltung, wie Aššurbanipals Ruhe im Garten, kommen ausnahmsweise vor. Das Volk ist völlig frei bewegt; in den Schlachtbildern gibt es genug kühne Wendungen; indessen werden hier die besten ägyptischen Profile nicht erreicht; den Grund dafür werden wir in der sehr entwickelten Moral suchen müssen, die jede Entblößung verbot und dadurch das Studium des Nackten verhinderte.

Die Charakterisierung der Herrscher durch überragende Größe findet sich ausnahmsweise fast in ägyptischer Übertreibung; Aššurachiddin überragt auf seiner Siegesstele seine besiegten Gegner um ein Vielfaches; der Grund liegt darin, daß er allein steht. Wo der König in eine Handlung eintritt, kämpfend, jagend oder opfernd, überragt er seine Umgebung deutlich, aber nicht um mehr als Haupteslänge, meist um weniger. Im Feld begleitet ihn das Bild seines Gottes Aššur. Die Kleidung wechselt mit den Gelegenheiten; daß der kämpfende und jagende Herrscher nicht so verschieden vom opfernden ist als in alter Zeit mag an der Sitte liegen; immerhin muß auffallen, daß der König im vollen Ornat vorkämpft, wie der Pharao.

Nach wie vor aber folgt dem König auf den Schlachtgemälden sein Heer; er siegt nicht allein, wie der Ägypter, auch nicht über waffenlose Feinde; tote Freunde, wie bei Eannatum, gibt es nicht mehr, dafür sind die Feinde nicht alle tot oder schutzflehend, fliehend oder gefangen, sondern einige kämpfen tapfer im Getümmel und heben ihre Bogen selbst gegen den König.

Auch die Landschaft wird angedeutet und weitergebildet; in Aššurnasirpals Reliefs gibt es geschuppte Berge, Pflanzen, Burgen im Aufriß und Lager im Grundriß, bei Šarukin sind die Baumarten erkennbar; bei Sinacheriba füllt die Landschaft, sorgfältig ausgeführt, einen .eigenen Streifen über der Handlung, die Perspektive wird geistreich im Reliefstil umgangen; die Gärten Aššurbanipals bilden den Schauplatz friedlicher Ruhe des Königspaares.

Neben den einfachen Siegesbildern der Stele Eannatums oder Naramsins wirken die langen Reliefstreifen der assyrischen Paläste weitschweifig; die energische Konzentration auf die Hauptsachen ist einer ägyptischen Fülle von Gestalten und Anekdoten gewichen; das ist ohne Frage ein Rückfall ins Ägyptische. Man könnte ihn mit der Notwendigkeit, einen sehr gedehnten Wandraum zu schmücken, verteidigen, wenn nicht kleine Denkmäler, wie der Obelisk Šulmanašaridus II., in ihren Maßen dieselbe anekdotische Geschwätzigkeit zeigten.

Künstlerisch bilden in der assyrischen Kunst die Reliefs aus Aššurbanipals Palast in Ninive wohl fraglos den Höhepunkt; die friedlichen Bilder, die Ruhe des Königspaares im Garten, die Tieridyllen aus dem königlichen Löwenpark und der Wüste stehen obenan; aber auch in den Kriegsdarstellungen, selbst in denen des Elamitenkampfs, wird trotz der wirren Überfüllung der Flächen mit bewegten Gestalten, trotz der Überwucherung anekdotischer Einzelheiten und der Schriftzusätze, die größere Freiheit der Künstler in vielen Zügen sichtbar.

Die Ruhe des Königspaares im Garten ist stofflich bedeutsam, als Versuch, die Motive künstlerischer Darstellungen aus dem Leben des Herrschers zu vermehren; seitdem wir wissen, daß in altbabylonischer Zeit selbst Götter in zärtlichem Beisammensein dargestellt wurden, ist die Einzigkeit des Vorwurfs in der babylonischen Kunst dahin; verglichen mit den Familienbildern der Künstler Amenhoteps IV. bleibt die assyrische Szene eine Staatsaktion; trotzdem ist die Leistung kühn und groß. Im Garten, zwischen Palmen und Koniferen, durch Rebenspaliere vor der Sonne geschützt, ruht der König auf einem Lager ausgestreckt; ihm gegenüber thront die Königin; ein großes Gefolge von Dienerinnen und Eunuchen sorgt für Kühlung und musikalische Ergötzung oder harrt der königlichen Befehle. Für eine Kultur, die aus ihrer priesterlichen Weltanschauung heraus die Darstellung der Frau und aller sexuellen Beziehungen verbot (die nackten Ištargestalten gehören nicht der Kunst, sondern der Religion), ist diese Szene aus dem intimen Leben des Königspaares das äußerste öffentlich Darstellbare; etwas unbabylonisch Vorurteilsloses und Gemütliches liegt über ihr.

Weit übertroffen wird aber dies Bild von einzelnen Tierdarstellungen; sie sind eingereiht in die Jagdszenen, die im allgemeinen dem überkommenen Schema folgen; wie in Ägypten kleine Tierszenen den Jagdbildern selbständig angefügt werden so stellen sie zunächst nur Anekdoten dar; aber die künstlerische Kraft des Bildhauers macht aus den Nebensachen kleine Meisterwerke.

Hier ist er frei vom herkömmlichen Schema, von Vorschriften der Etikette und der Moral; er kann sich ganz dem genauen Studium des Gegenstandes widmen und sein künstlerisches Interesse frei walten lassen. Die ägyptischen Szenen gleicher Gattung sind echte Anekdoten, an denen die Handlung interessiert — jagende Tiere, Tiere bei der Begattung u. a. —, mindestens lebhaft bewegt, wie die springenden Kälber oder die fliegenden Enten bei Amenhotep IV.; der babylonische Künstler kann auch stark bewegte Szenen geben, Löwen, Kamele, Pferde in vollem Lauf; wo er ganz frei ist, verzichtet er darauf; ruhende Löwen, wandernde Ziegen sind ihm Stoff genug. Ein rein ästhetisches Interesse an der genauen Wiedergabe des Gesehenen, eine Freude an der Natur an sich, an der schönen Linie, wird fühlbar. Die Überfüllung der Fläche mit Gestalten fällt weg; wenig Tiere, manchmal ein paar Pflanzen als Andeutung der Landschaft, werden über die weiße Alabasterfläche mit feinem Geschmack verteilt; die Beschränkung des Gegebenen auf ein Wesentliches, das aber nun künstlerisch, nicht logisch wesentlich ist, kommt zu Wort; die Leere langweilt nicht, sie erhöht die Wirkung. Wundervoll sind die einzelnen Tiere gesehen; jede Linie ist dem Leben abgelauscht, jede vorübergehende Bewegung in einer Übertragung festgehalten, die ihr das volle Leben läßt und das Gewaltsame und Zufällige nimmt; der sterbend aufbrüllende, Blut speiende und zusammenbrechende Löwe bleibt ein ästhetisch schöner Gegenstand im Sinn der klassischen Anschauungen.

Über den künstlerischen Vorzügen dieser höchsten Leistungen babylonischer Künstler in einzelnen glücklichen Momenten und in einem kleinen Gebiet, wie die Tierdarstellung, darf man aber ja nicht vergessen, daß dieselben Künstler überall sonst in ihren Werken gebunden bleiben und wahrscheinlich ihre andern Leistungen, die uns viel schwächer erscheinen, ebenso hoch oder höher als diese glückliche Kleinarbeit schätzten. Im Grund überschreiten auch diese höchsten Momente nicht das Niveau der älteren Zeit; auch sie sind Früchte des barbarischen Rückfalls ins Anschauliche. Sie zeigen uns aber, daß das babylonische Denken der Fähigkeit nach in der Kunst klassische Elemente ahnend berührte, wie es in der Astronomie den Kosmos der Hellenen streifte; in dem Streben nach Typen männlicher Schönheit (Gilgameš; assyrische Königsbilder) gährt der Gedanke einer Idealschönheit; in der Reduktion der Kunstübung auf geschriebene Anweisungen steckt eine Ahnung geheimer Gesetze in der Anschauungswelt, wie sie die Hellenen im Kanon des menschlichen Körpers und in perspektivischen Regeln entbinden sollten.

Die bildende Kunst in Juda muß babylonischen Grundcharakter gehabt haben, wenn auch, der geographischen Lage entsprechend, ägyptische und andere Elemente den einzelnen Werken Mischgestalten verliehen haben werden. Mit babylonischen Vorstellungen im Einklang ist alles, was wir von Bildern und Kultgegenständen im vorexilischen Tempel hören. Ein babylonisches Götterbild war das Jahubild des Hiram von Tyrus; babylonische Reliefs waren die »Gebilde von greulichem Vieh und Gewürm«, die Jecheskel an den Wänden eingegraben sah; das Meer und die Gestühle, die Pfannen und Sprengschalen, die die Chaldäer wegführten, werden in Babylonien und Syrien ebenso ihre Urbilder gehabt haben, wie der Altar des Achas und die Kesselwagen.

Die prophetische Reform mit ihrer Richtung auf das eine Notwendige im Leben, die richtige geistige Gotteserkenntnis und die moralische Führung, mit ihrer Abwendung von allem Äußerlichen, mit ihrer Predigt des unsichtbaren Weltgottes und ihrer Bilderfeindschaft, war im Kern kunstfeindlich; auf gleicher logischer Stufe sind es ebenso die Reformatoren unseres 16. Jahrhunderts. Was die babylonischen Priester an großer Kunst noch gelten ließen, die Götterbilder und Tempelreliefs, mußten die jüdischen Propheten verwerfen; ein Gott, den Menschenhände gemacht hatten, war ihrer Logik lächerlich. Die notwendige Folge war das absolute Verbot, irgend etwas im Himmel, auf Erden und in der Tiefe abzubilden — es entsprang nicht nur der Neigung der Gesetzgeber, logisch zu verallgemeinern, sondern der praktischen Unmöglichkeit, anders dem Götzendienst in aller Gestalt beizukommen. Der bildenden Kunst im Judentum war damit das Todesurteil gesprochen; selbst das Kunstgewerbe war beschränkt. —

Die Musik spielt schon in Ägypten eine Rolle in der Kultur; im Gottesdienst hat der Vortrag der Hymnen gewiß musikalischen Charakter gehabt, Frauen tanzten und musizierten vor der Gottheit; im Leben der Reichen kennen wir Rhapsoden, Sängerinnen und Tänzerinnen bei Festen und Gastmahlen. Eine ganze Reihe von Instrumenten sind zur Begleitung verwandt worden.

In Babylonien muß die Musik im Gottesdienst und im Leben der Laien keine geringere Bedeutung gehabt haben; Könige rühmen sich, daß sie vor ihrem Gott gespielt haben; Priester werden als »Sänger« bezeichnet; Musikinstrumente erscheinen unter den kultischen Gegenständen, so bei Gudea eine Lyra (?) der Göttin Bau; Musiker gehören zum Hofstaat der Götter und spielen selbst im Mythus mit. Ein Orchester ist in Aššurbanipals Reliefs abgebildet.

Leider wissen wir vom Wesen dieser ägyptischen und babylonischen Musik nichts. Wahrscheinlich scheint mir bei der Übereinstimmung des epischen und hymnischen Verses in Babylonien, daß die Vortragsweise der Hymnen ein singendes Rezitieren war, bei dem vielleicht Anfang, Cäsur und Schluß der Zeilen durch Anstieg oder Sinken der Stimme markiert wurden. Die Instrumente konnten mitwirken, indem sie Takt gaben, die lauten Anrufungen unterstützten und verstärkten, Pausen füllten. Eine Erregung der Hörer zu freudiger Stimmung verschiedenen Grades bis zu voller Ekstase war jedenfalls die Hauptaufgabe der Instrumentalmusik.

Wenn babylonische Musik gegen die ägyptische fortgeschritten war so könnte der Unterschied, dem allgemeinen Unterschied beider Kulturen gemäß, in einer Verschiebung ins Ernste, Religiöse, Wissenschaftliche bei den Babyloniern bestanden haben; die Harfe in der Hand von Göttinnen und Königen fehlt in Ägypten; ob eine Beziehung zu andern Wissenschaften hergestellt wurde, wissen wir nicht — wahrscheinlich ist eine derart theoretische Leistung nicht.

Für die babylonische Musik läßt sich auch heranziehen, was wir von jüdischer Musik in vorexilischer Zeit wissen; leider ist auch das sehr wenig. Wir hören vom harfenspielenden König David, der vor seinem Gott tanzt, von kirchlichen Prozessionen mit Sängern, Saitenspielern und tamburinspielenden Jungfrauen, von ekstatischen Prophetenbanden, von Weiberreigen und -chören und von Berufssängern bei Gelagen. Wir kennen Namen von Instrumenten und hören, daß alle freudigen und erregenden Charakter hatten, außer der Flöte.

Die Prophetie und die Gesetzgebung fördern die Musik. Mit der Abwendung vom Anschaulichen, Äußerlichen, mit der Zuwendung zum Unanschaulichen, zum Innerlichen, zum Sinn und Wesen des Menschen und der Welt, mußte die unanschauliche Lautkunst an Interesse gewinnen, was die Anschauungskunst verlor. Vom Bild zum Laut geht die Entwicklung in der Schrift, von der Bildkunst zur Klangkunst verschiebt sich in der Folge (bei Babyloniern und Juden) das Interesse. Die Musik stand außerdem in enger Beziehung zur Geschichte des Nabiismus; Musik erregte die Prophetenbanden in Benjamin und versetzte Eliša in weissagende Verzückung; die großen Philosophen der jüdischen Entwicklung wollten mit Verzückten nichts zu schaffen haben — die entrückende Kraft der Töne konnten sie nicht leugnen. Endlich war Musik der gegebene Ersatz für die Ausscheidung der bildenden Kunst aus dem Gottesdienst und der Kultur; sie allein gab den Vorlesungen der Schriften in den Synagogen feierlichen gottesdienstlichen Charakter, vielleicht schon in der exilischen Gemeinde; als Gemeindegesang entsprach sie dem demokratischen Ideal der Weltgemeinde.

Die Tempelmusik im nachexilischen Tempel stellt wie dieser ganze Tempel einen Kompromiß zwischen dem alten, babylonischen Dienst und dem neuen, synagogalen dar. Die musikalischen Aufgaben werden geteilt zwischen Priestern, Leviten und Gemeinde, die letztere bekommt den kleinsten Teil; Frauenchöre verschwinden ganz. Die Priester behalten sich die Posaunen vor; die andern Instrumente und den Hauptteil des Gesangs übernehmen die Leviten, die eine Organisation der Kirchenmusik durchgeführt zu haben scheinen; der Gemeinde blieben die Responsionen und Refrains.

Die musikalischen Angaben der Psalmen sind leider völlig unverständlich. Daß sie Anweisungen für den Musikmeister enthalten, die sich auf Begleitung und Melodie, vielleicht auch auf Instrumentaleinsätze beziehen, kann wohl als sicher gelten; wie hellenische Nomen nach bestimmten Stämmen heißen, so könnten die hebräischen nach Korachiten, nach Asaph, Heman, Ethan geheißen haben. Aus den alten Formen hymnischen Vortrags könnten sich wohl feierliche Melodien herausgebildet haben, wie sie auf der entsprechenden Stufe in Hellas entstanden zu sein scheinen; vielleicht klingt ein und die andere im christlichen Kirchengesang nach. Die Aufgabe des Orchesters wird wohl auch feiner ausgestaltet worden sein; eine merkwürdige Angabe 2. Chron. 5, 13 läßt sich so verstehen, daß ein Ziel die Erzeugung vollkommener Einstimmigkeit der Singstimmen und Instrumente war, so daß sie klingen wie e i n Ton; auf ein so gelungenes Loblied hin erfüllt Jahu bei der Tempelweihe den Raum mit seiner Herrlichkeit. Ein Streben zu vollkommener Einheit in Gesang und Begleitung, heraus aus der alten Unordnung, würde gut zur Gesamtrichtung der jüdischen Entwicklung passen, die ja überall auf Einheit gerichtet ist; wie weit das Ideal mit den Instrumenten erreicht wurde und überhaupt erreichbar war ist nicht zu sagen. —

Die S c h r i f t der Babylonier ist sumerischen Ursprungs, nach den Bedürfnissen der sumerischen Sprache erfunden und entwickelt und deshalb dem Lautbestand semitischer Sprachen nicht genau angemessen. In der Mischung, die aus Sumerern und Semiten in Babylonien entsteht, sind die Sumerer das Herrenvolk; ihre Sprache gibt der entstehenden Kultur das Gepräge, obgleich die Schöpfer und Träger der Kultur weder Sumerer noch Semiten, sondern eben aus beiden gemischte Babylonier sind.

Die Zeichen der sumerischen Schrift müssen ursprünglich Bildwert gehabt haben; das läßt sich beweisen durch älteste Zeichenformen, die vereinzelt noch den Bildern nahe stehen, durch den Gebrauch der Zeichen als Ideogramme und Determinative und durch die Überlieferung der Babylonier, die zeigt, daß bestimmte Zeichen noch als Bilder empfunden wurden, und daß man für andere die ursprüngliche Bildform suchte.

So weit wir in der Lage sind, die ursprünglichen Bilder aus den Zeichen mit einiger Wahrscheinlichkeit herzustellen, scheinen sie einfachste Strichverbindungen, keine künstlerisch hochstehenden Umrisse wie die ägyptischen Hieroglyphen gewesen zu sein. Freilich würden wir, wenn uns die Hieroglyphenschrift nicht erhalten wäre und wir aus einer Kursive, wie das Hieratische, die ursprünglichen Zeichenformen erschließen wollten, auch niemals auf so ausgeführte Bilder, wie die Hieroglyphen des alten Reiches, als Urformen kommen.

Die vollendeten Typenbildchen der ägyptischen Hieroglyphenschrift entstehen dadurch, daß der Gedanke, Bilder zu ausgedehnteren Mitteilungen im Sinn einer Schrift, ideographisch und lautlich, zu verwenden, erst auftaucht, als die anschauliche Entwicklung der Ägypter relativ sehr weit fortgeschritten und vollkommene Anschauungstypen zu schaffen imstande ist; da das ägyptische Denken die Stufe der anschaulichen Typenbildung wenig überschreitet werden dann diese ungewöhnlich vollkommenen Bilder bis in die Spätzeit als Prachtschrift neben der Kursive lebendig erhalten.

Völker, deren Denken eine Kleinigkeit primitiver bleibt, als das der Ägypter, werden ähnlich vollkommene Typenbildchen entwickeln, sie aber nur zu Mitteilungen in mehr oder weniger gekürzten Gemälden oder höchstens in getrennten ideographischen Zeichen, nicht in Lautschrift, zu benutzen wissen. Andere, den Ägyptern überlegen, werden von viel primitiveren Bildern aus zu einer Lautschrift gelangen können, ohne ein Analogon der ägyptischen Hieroglyphenschrift mit ihren vollkommenen Typenbildern zu erzeugen.

Die Bilderschriften einiger Völker der amerikanischen und polynesischen Gebiete scheinen mir vorägyptische Stufen darzustellen; die kretische und chetitische Bilderschrift entspricht einigermaßen der ägyptischen Stufe; höher als sie stehen die Schriften der Sumerer und Chinesen.

So halte ich für wahrscheinlich, daß die dürftigen Strichzeichnungen, auf die sich einige sumerische (und chinesische) Schriftzeichen zurückführen lassen, obgleich sie natürlich gekürzt und unkenntlicher geworden sein müssen, im ganzen die Bildhöhe der Zeit bewahrt haben, in der die Schrift sich von der Kunst gelöst hat, daß also nicht, wie bei der Entstehung des Hieratischen aus dem Hieroglyphischen, viel vollkommenere Bilder verwischt wurden. Die Entstehung aus einfachsten Strichzeichnungen mag auch bei der Erhaltung des geraden Strichs als Element der Zeichen mit- und nachwirken; in ältesten Zeichenformen kommen auch gebogene Striche vor.

Die Verwendung bildlicher Zeichen zu einer Lautschrift auf einer primitiveren Stufe der anschaulichen Entwicklung setzt eine größere begriffliche Reife voraus, als die auf einer höheren Stufe um die sumerische Schrift zu schaffen, muß der Babylonier begrifflich schon in der Entstehungszeit seiner Kultur reifer gewesen sein, als es der Ägypter im entsprechenden Augenblick zur Erzeugung seiner Schrift sein mußte.

Die babylonischen Gelehrten haben über die Bedeutung ihrer Schriftzeichen bestimmte Überlieferungen besessen und in den Zeichennamenlisten gelehrt; die Hälfte der Zeichen, ca. 200, galten als einfach, die andern als zusammengesetzt; die Benennung der einfachen Zeichen schloß an den ursprünglichen Sinn, an den Lautwert oder die Gestalt an; die zusammengesetzten Zeichen wurden als Doppelungen oder »Gunierungen« eines einfachen Zeichens oder als Verbindungen zweier und mehrerer einfacher Zeichen aufgefaßt. Auch Spekulationen über den ursprünglichen Bildwert der Zeichen gab es, wie die Hieroglyphentafel aus Aššurbanipals Bibliothek zeigt; freilich beweisen sie nur die Unzulänglichkeit der babylonischen Stufe zu fruchtbarer philologischer Kombination.

Auf Grund der Zeichennamen und ältester Zeichenformen ist es gelungen, einige vierzig einfache Zeichen mit einfachen Bildern zu identifizieren; Stern, Berg, Wasser, Weg, Pflug, Dolch, Pfeil, Thron sind unverkennbar; viel verwischter sind die Bilder für Mensch, Kopf, Ohr, Zunge, Hand, Fuß und andere Körperteile, für Tiere, wie Ochse, Hund, Vogel, Fisch. Während die ersten Zeichen noch ohne weiteres erkennbar sind, muß man hier schon einigen guten Willen anwenden, um in den Strichen ein reduziertes Bild zu erkennen: der Kopf ist ein verdicktes Ende an einem Rechteck, allenfalls eine Nase und ein Augenbrauenstrich (Nase und Augenbrauen betont ja auch die Kunst!), die Hand ist eine fünfzackige Gabel ohne Stiel; bei dem Auge kann man mit einigem guten Willen eine Lidspalte und Pupille sehen, bei dem Ohr etwa die gespitzten Ohren irgendeines Tiers erkennen; der Ochse ist ein Kopfdreieck mit zwei Hörnerstrichen, der Hund vielleicht ein Körper und Hals, der Vogel ein Flügel und ein Kopfstrich. Die Kürzung der einfachen Bilder ist sehr unmalerisch ausgeführt.

Daß die Zeichen als Bilder empfunden wurden, zeigen ihre Verbindungen zu anschaulichen Begriffen komplizierterer Art; manchmal bleibt dabei ein malerischer Rest erkennbar, so, wenn Himmel und Sterne »Nacht«, oder Sonne und Horizont »Tag« bezeichnen, verwischter, wenn die Komponenten nebeneinander stehen bleiben, wie Auge und Wasser in »Träne«, Himmel und Wasser in »Regen«; meist ist auf malerische Erinnerungen ganz verzichtet, die Zeichen verschmelzen zu einem neuen Symbol. Die anschaulichen Lösungen sind dabei oft sehr schön; so ist »Schatten« Baum-Nacht, »Wein« Lebens-Holz, »Öl« Baum-Fett, »Schlucht« Erd-Loch, »Zisterne« Hof-Loch, »Grab« Nacht-Wohnung, »Mutter« Kind-Wohnung, »König« Groß-Mensch, »Hirt« Stab-Träger usf. Ins Zeichen für »Mund« eingeschrieben bedeutet »Brot« »essen«, »Wasser« »trinken«, »Reinigung« »Beschwörung«, »Zunge« »Sprache«. Allerlei übertragene Bedeutungen der ursprünglichen Zeichen entstehen so, Abstrakta, Verba, Adjektiva.

Die Mehrzahl läßt sich einfach ausdrücken durch Doppelung oder mehrfache Wiederholung eines Zeichens; übertragen läßt sich dasselbe Verfahren zur Bezeichnung der Größe und Würde verwenden: zweimal »groß« ist »Herr«, zweimal »Einfriedigung« »Gesamtheit«; ein Stern ist ein Gott, zwei Sterne bezeichnen zwei Götter oder den großen Ellil, drei Sterne »das Sternbild«, vier (ganz ausnahmsweise) den Herrn aller Gestirne und Götter, Anu. Die weitere Entwicklung dieses Verfahrens führt zur Gunierung; die babylonischen Gelehrten bezeichnen als »gunu«-formen, »beschwerte« Formen einfacher Zeichen, diese Zeichen mit einer Einfügung von vier wagerechten oder drei senkrechten Strichen. Das Zeichen für »Wohnung« bedeutet guniert »Residenz«, das für »Fuß« den Fuß eines Gebäudes, sein Fundament; der Dolch wird durch die Gunierung zum Schwert; das Zeichen für »lang« bedeutet nun »fern sein«, das für »Fisch« »sich mehren, strotzen«, das für »Kopf« »wütend«, das für »Auge« »bleich sein«. Wir haben ein genaues Analogon zur Anwendung der Mehrzahl eines Zeichens, nur wird die Mehrzahl gekürzt, statt durch Wiederholung des Zeichens durch Einfügung von Strichen gegeben; ein Pluralsymbol ersetzt die Vervielfältigung. Die Gunierung vermehrt; das gunierte Zeichen bedeutet Vielheit (der Fisch wird zum Symbol der wimmelnden Masse, Laich!), Größe (der Dolch wird zum Schwert, der Fuß zum Fundament), Würde (die Wohnung wird zur Residenz), Kraft und Macht (der Mann wird zum starken wütenden Mann, das Auge zum furchtbaren Auge, vor dem man erbleicht). Daß die »Beschwerung« des einfachen Zeichens bald körperlich und bald geistig ist, daß bald ganz kindlich die Wut als Verstärkung des normalen Zustands gilt, bald das Auge für den Zustand steht, den es bei andern erzeugt, entspricht der Anschaulichkeit und Definitionslosigkeit dieses Denkens, dem gemeinsame Züge Identität bedeuten.

Ein merkwürdiges Beispiel gleicher Art liefert die ägyptische Schrift; im mittleren Reich setzen die Schreiber das Pluraldeterminativ zu Zeichen, deren Bedeutung sie erweitern und übertragen verstanden wissen wollen; der Braten steht für Fleisch, die Maus für Tier; umgekehrt verengert das Singularzeichen das Zeitalter zum Tag. Was hier vereinzelt als Laune erscheint ist in Babylonien in den gunierten Zeichen festgehalten.

Vergleicht man allgemein die ägyptischen Versuche, unanschauliche Dinge durch anschauliche Bilder auszudrücken, mit den babylonischen, so ist auch hier, bei vielen Übereinstimmungen, die babylonische Ausdrucksweise abstrakter; der Hauptunterschied liegt aber darin, daß der Ägypter immer neue anschauliche Lösungen neben der Lautschrift erfindet, während die babylonische Schrift nur in der Urzeit ihre Zeichen nach diesen Gesichtspunkten bildet. —

Die einzige Regel der ägyptischen Schreiber bei Ordnung der Hieroglyphen ist eine Tendenz zum Quadrat; auch dazu findet sich in Babylonien ein Gegenstück; die einzelnen Zeichen nehmen gern eine quadratische oder rechteckige Gestalt an; das Gefühl für Symmetrie und systematische Anordnung, das dem Wappenstil zugrunde liegt, äußert sich auch hier. —

Die sumerische Schrift besitzt etwa 400 Zeichen, die als Lautzeichen, Ideogramme und Determinative benutzt werden.

Die Lautzeichen haben durchweg den Charakter von Silbenzeichen, Kombinationen von Konsonanten und Vokalen oder reinen Vokalen; reine Konsonantenzeichen gibt es nicht.

Man hat in der Verwendung von Silbenzeichen als reine Konsonanten im Ägyptischen einen Vorsprung der ägyptischen Kultur vor der babylonischen in der Richtung auf die Erfindung des Alphabets feststellen wollen; in der Tat stehen die ägyptischen Konsonantenzeichen an sich und in ihrer Nebeneinanderstellung zu vokallosen Worten der phönikischen Konsonantenschrift anscheinend näher, als die babylonischen Silbenzeichen; überblickt man das Ganze, so kann kein Zweifel sein, daß die babylonische Schrift auch in dieser Beziehung höher steht, als die ägyptische.

Der Ägypter kommt zur Verwendung von Silbenzeichen als Konsonanten durch seine geringe Exaktheit; nachdem er in der Schrift, wie im Kalender, blind auf eine so wichtige und praktische

Entdeckung geraten ist, weiß er gar nichts daraus zu machen, was nicht die Bequemlichkeit und die praktische Übung hervorbringen; er streicht weder die Silbenzeichen, noch die Ideogramme, er ergänzt sein Konsonantenalphabet nicht durch ein Vokalalphabet; er bleibt bei einer unsystematischen Mischung von Ideogrammen und Determinativen, Silben und Buchstaben, die keineswegs leicht lesbar war.

Der Babylonier ist zu exakt, um in seinen Silbenzeichen die Vokale zu vernachlässigen. und damit die Lesbarkeit seiner Texte zu gefährden; seine Silbenzusammenstellungen sind auch nicht immer ganz bequem; sie geben Vokalüberschüsse — aber nie Vokalausfälle. Neben der größeren Exaktheit mag dabei ein entwickelterer Klangsinn mitspielen; das anschauliche Denken des Ägypters kann ein klingendes Element im Wort eher vernachlässigen, als das begrifflichere des Babyloniers. Will man dem Ägypter die »Erfindung« des Konsonantenbuchstabens zuschreiben, so muß man dem Babylonier die des Vokalbuchstabens zugestehen; ein Alphabet wird aus den Zeichen für Vokale in Babylonien freilich so wenig, als aus denen für Konsonanten in Ägypten. Auch die babylonische Schrift bleibt ein Gemisch von Ideogrammen, Determinativen, Silben und Buchstaben; die Einsicht in die Möglichkeit einer ungeheuren Vereinfachung der Schrift bleibt aus; indessen ist der Schritt vom Konsonantenzeichen zum Buchstabenalphabet einfacher, als vom Vokalzeichen; die babylonische Schrift wirkt entschieden einheitlicher, als die ägyptische, sie drängt durch ihre Bildlosigkeit der Zeichen und durch die geringe Zahl der Determinative der reinen Silbenschrift zu und erreicht sie im Susischen beinahe, ganz im Altpersischen. Auch ein äußerlicher Faktor kommt bei dem Stocken der babylonischen Schriftentwicklung in Betracht, die Heiligkeit der Kirchensprache.

In der ägyptischen Schrift erscheinen die Determinative als Lesehilfen zur Vermeidung von Mißverständnissen, die durch die lautliche und namentlich durch die überwiegend konsonantische, vokallose Schreibung leicht entstanden; zugleich stellen sie eine Abwehr des Anschauungsbedürfnisses gegen die Verflüchtung des Bildsinns der Zeichen in Lautsinn dar; endlich wirken sie als anschauliche Oberbegriffe, indem der Schreiber lernt, die einzelnen Worte höheren Kategorien einzureihen. Von diesen drei Funktionen ist nur die erste bewußt geworden; der Widerstand gegen die Auflösung des anschaulichen Denkens, wie die Tendenz zur Oberbegriffsbildung blieben unbewußt. Die Zahl der Determinative ist grundsätzlich unbegrenzt; jedes Bild kann als Determinativ verwandt werden; manchmal bekommt ein lautlich geschriebenes Wort mehrere Determinative; die Praxis der Schreibschulen beschränkt und bestimmt den Gebrauch.

In der sumerischen Schrift gibt es keine so ausgeführten Bilder, wie in der ägyptischen Hieroglyphenschrift; auch das Determinativ ist nicht jedem ohne weiteres anschaulich verständlich; eine Bedeutung als Mittel zur Erhaltung anschaulicher Denkweise in der Schrift hat es infolgedessen kaum mehr, wenn auch ursprünglich etwas derart vorlag und das Bewußtsein des Bildcharakters der Determinativzeichen erhalten blieb.

Als Lesehilfe und als Mittel zur Oberbegriffsbildung, ersteres bewußt, letzteres unbewußt, behält dagegen das Determinativ in der sumerischen Schrift seine Bedeutung.

Als Lesehilfe ist es wichtig zum Verständnis der vielen Ideogramme, die es bestimmten Kategorien einreiht; ein anschauliches Element macht hier nicht lautliche, sondern Reste anschaulichen Denkens verständlich.

Die Zahl der Determinative in der sumerischen Schrift ist beschränkt; genau läßt sie sich nicht bestimmen, weil in manchen Fällen zweifelhaft ist, ob das vorausgesetzte Determinativ (die Determinative gehen bis auf fünf den zu bestimmenden Worten voran) nicht ein echter Bestandteil des determinierten Wortes ist; jedenfalls sind aber wenig mehr, als vierzig Determinative im Gebrauch. Gegen das Ägyptische hat also eine starke Verminderung der Zahl stattgefunden; eine Beschränkung enthält auch die vorherrschende Anwendung der Determinative zur Erklärung von Ideogrammen; endlich wird immer nur ein Determinativ zu einem Wort gegeben.

Als Determinative im engeren Sinn könnte man die zehn Zeichen gelten lassen, die allgemein, bei ideographischer und phonetischer Schreibung der determinierten Worte angewandt wurden und Eigennamen als Namen von Göttern, Berufs- und Stammverbänden, Männern, Frauen, Sternen, Städten, Ländern, Bergen und Flüssen bestimmen und unterscheiden. Das Determinativ ist hier reine Lesehilfe; es besagt, daß das determinierte Wort als Eigenname gelesen sein soll und bestimmt die Gruppe von Eigennamen, zu denen es gehört, beugt Irrtümern vor. Die Eigennamen werden in jeder Gruppe unter einem Oberbegriff zusammengefaßt, aber diese Zusammenfassung hat nur den Wert einer Etikettierung zum nächsten Zweck des leichten Verständnisses; sie hebt nicht ein Gemeinsames als allen wesentlich heraus — wesentlich bleibt bei jedem Eigennamen sein Besonderes.

Anders liegt die Sache bei dem größten Teil der übrigen Determinative, die Ideogramme bestimmen; für den Babylonier waren zwar auch sie nur Lesehilfen, von den andern gar nicht unterschieden; die Differenz der beiden Gruppen entsteht dadurch, daß die Eigennamen hier Dinge bezeichnen, deren Gemeinsamkeiten dem Determinierenden wichtiger sind als ihre Besonderheiten, Tiere, Pflanzen, anorganische Materialien und ihre Produkte. So entsteht in den Determinativen eine Reihe abstrakter Oberbegriffe, die eine Einteilung und Übersicht der Natur ermöglichen, Vorstufen der drei Reiche und ihrer Provinzen.

Dem Tierreich gehören die Determinative für Esel, Schaf, Schlange, Vogel, Fisch, Heuschrecken, Bienen und Ungeziefer an; im Pflanzenreich gibt es Determinative für Pflanze, Holz, immergrüne Pflanzen, Küchenkräuter, Rohr, Korn, Fett und Öl; Stein, Lehm, Bronze gehören dem Reich des Unbelebten an; Produkte aus Tuch und Wolle, aus Leder und Flechtwerk, Töpfe und Schiffe, Pasten und Schminken, Körperteile und Krankheitsnamen haben eigene Determinative.

Die Entwicklung der Determinative zu wissenschaftlichen Oberbegriffen geschah natürlich unbewußt; zu Fortschritten in der Begriffsbildung kommt man immer, ontogenetisch und phylogenetisch, absichtslos; eines Tages sind sie da und selbstverständlich. Die babylonischen Determinative sollen dem Schreiber und Leser helfen; in Listen für Schreib- und Leseschulen dienen sie als Ordnungsmittel; nie sind sie systematisch zu Werkzeugen höherer Begriffsbildung ausgearbeitet worden. Der Babylonier ist Praktiker, nirgends Theoretiker, von der Praxis des Alltags, des Großgrundbesitzers, des Händlers, des Arztes und des Gelehrten geht er bei seinen Zusammenfassungen aus. So dürfen wir uns nicht wundern, wenn die begriffsbildende Arbeit nirgends reinen Tisch macht, wenn der Oberbegriff »Tier« unter den Determinativen fehlt, wenn statt »Vierfüßler« oder »Säuger« nur Esel und Schafe genannt werden, wenn statt »Insekten« Heuschrecken, Bienen und Ungeziefer Determinative bilden, wenn die Gruppen bald kleiner, bald größer, bald höher und bald niederer abstrakt sind; wir sehen im ganzen die drei Naturreiche und in ihnen wieder feinere Unterabteilungen geschieden. Wie vollkommen die Praxis die Einteilung bestimmt, zeigt die Zusammenfassung von Bäumen und Holzgeräten, Rohr und Rohrgegenständen, Lehmarten und Tongeräten, Bronze und Bronzegegenständen in je einer und derselben Gruppe; anderseits zeigt die Trennung von Tongeräten und Töpfen, von Wollstoffen und Kleidern das Zufällige der Auswahl. Die Entwicklung des Denkens arbeitet eben, wenn man sie vom Ende ansieht, wie die Natur überall zielstrebig in der Auswirkung ihrer Tendenzen, aber keineswegs auf kürzestem Weg; sie läßt sich Zeit und schafft unendliche Massen von Erzeugnissen, die dann die Zeit auf ihre Haltbarkeit prüft; die feste Pyramide der Oberbegriffe, mit der hellenische Wissenschaft arbeitet, ist bei Ägyptern und Babyloniern im Werden begriffen; eine Stelle, wo sie im Entstehen verfolgt werden kann, bilden die Determinative, die verschwinden, wenn ihre vorbereitende Arbeit getan ist.

Schon sehr früh erscheinen in der babylonischen Entwicklung semitische Inschriften in sumerischen Zeichen; im Lauf der Geschichte wird die sumerische Sprache allmählich im ganzen Babylonien durch die semitischen Idiome ersetzt, tote Sprache, Latein einer babylonischen Scholastik. Man könnte denken, daß die Zweisprachigkeit des Landes schon in der Zeit des lebhaftesten wissenschaftlichen Anstiegs nicht ohne Einfluß auf die freiere Entwicklung des Denkens blieb; beim Übertragen einer Schrift auf eine andere Sprache und beim Übersetzen kann man lernen, daß der Laut eines Wortes so wenig als das Bild eines Dinges das Wesen des Dinges enthält; war ein derartiger Faktor bei der Erreichung der höheren Stufe im babylonischen Denken mit wirksam, so läßt er sich doch bis jetzt nicht sicher bestimmen; die zweisprachige babylonische Wissenschaft späterer Zeit überragt jedenfalls die einsprachige sumerische nicht so deutlich, daß eine große Wirksamkeit der Zweisprachigkeit bei der Entwicklung angenommen werden müßte.

Die Fürsten Syriens und Palästinas, Cyperns und des Chetiterlandes bedienen sich zur Zeit des Ausgangs der 18. ägyptischen Dynastie der babylonischen Schrift. Einige Jahrhunderte später schreibt der König Meša von Moab (ca. 840) seine Taten in einer neuen, der sog. kanaanäischen Schrift nieder. Die kanaanäische Schrift muß somit um die Wende des ersten Jahrtausends entstanden oder in Palästina eingeführt worden sein und schnell das ganze Gebiet erobert haben — Moab war kein Brennpunkt der Kultur.

Im Gegensatz zur ägyptischen und babylonischen Schrift ist die kanaanäische keine gemischte Schrift aus bildlich und lautlich gebrauchten Zeichen, sondern eine reine Lautschrift; Ideogramme und Determinative fehlen ganz. Die Lautzeichen sind nicht mehr Silben und verstümmelte Silben, Quasi-buchstaben konsonantischer und vokalischer Art, sondern reine Buchstaben, Konsonanten; daß sie einmal Silben waren, ist möglich, ja wahrscheinlich. Wir haben ein Alphabet von 22 Buchstaben, Konsonanten und konsonantische Vokale, wie j und w.

Da die jüdische Kultur in allen Gebieten die ägyptische und babylonische überschreitet und ihre Ansätze zur Vollendung führt, hat der Gedanke, die Vollendung der Schrift im Alphabet in Juda geschehen zu lassen, viel Bestechendes. Manches läßt sich dafür anführen: Juda war Ägypten benachbart, das eine Schrift besaß, in der Konsonantenzeichen (mit den gleichen Ausnahmen konsonantischer Vokale, aber ebenfalls ohne echte Vokale) in Gebrauch waren; die jüdische Oberschicht kann schon zu Šelomos Zeit Elemente enthalten haben, die systematischer als die Ägypter den Vorteil einer reinen Konsonantenschrift nach ägyptischem Muster begriffen haben könnten; sie müßten dann nicht die ägyptischen Zeichen, aber den Gebrauch von Silben als Konsonanten übertragen haben, praktisch, nicht mit langen theoretischen Erwägungen, die zur Ergänzung durch Vokalzeichen hätten führen müssen.

Wie die Dinge heute liegen, läßt sich eine derartige Annahme nicht ganz widerlegen; sehr viel Wahrscheinlichkeit hat sie aber nicht. Wir wissen nicht, wo und wie das »kanaanäische« Alphabet zustande kam; die Juden aber haben es wahrscheinlich übernommen.

Als Ausgangsland käme vielleicht Kreta in Betracht; hier haben wir eine Kultur, die etwa die Höhe der ägyptischen und etwas darüber gehabt hat, deren Trägern also die Unexaktheit zuzutrauen ist, die zur Vernachlässigung der Vokale in Silben und in der ganzen Schrift vorausgesetzt werden muß, anderseits die jugendliche Frische und Elastizität zur praktischen Ausnutzung des Vorteils, die den Ägyptern fehlte (wir haben einige vier Schriften aus Kreta!); daß das erste Zeichen des Alphabets ein Stierkopf ist, paßt ebenfalls hierher; endlich wären in den »Inselvölkern«, die an Ägyptens Grenze zwischen 1200 und 1000 anbranden, auch die Elemente faßbar, die das Alphabet von Kreta nach Palästina gebracht haben könnten und seine Umwandlung, Umnennung und Übernahme vermittelten.

Daß die Entwicklung lebhaft und vielartig weiterging, wissen wir; aus der aramäischen Sonderentwicklung übernahmen die Juden nachexilisch das Alphabet, das im 4. bis 2. Jahrhundert v. Chr. zur hebräischen Quadratschrift weitergebildet und festgehalten wurde.

Sechstes Kapitel.

Die Wissenschaft.

Die Babylonier sind das erste Volk in der Entwicklungsgeschichte der Menschheit, das eine geschlossene Weltanschauung schuf und von einem Mittelpunkt aus bestrebt war, alle Gebiete des Denkens und Handelns zu einem Ganzen zusammenzuschließen. Alle Erfahrungen treten in den Dienst eines Hauptgedankens, bestätigend oder widersprechend, als Probleme, die der Lösung harren; vom Hauptgedanken aus wird alles übersehen und gewertet. Die geniale Konzeption eines großen einheitlichen Zusammenhanges in allen Dingen und Vorgängen erfüllt die schöpferischen Denker so sehr, daß sie nicht einen Augenblick zweifeln, die Lösung aller Rätsel sei in ihrer Hand, das innerste Wesen der Welt erschlossen; die Idee hinter den greifbaren Dingen, hinter der Anschauungswelt und der Alltagspraxis ist allein wirklich und richtig; die anschaulichen Dinge und Vorgänge dienen ihr nur als Ausdrucksmittel, das man lernen muß, richtig zu verstehen. Die Idee herrscht, die Erfahrung dient.

Mit dieser Voraussetzung wird nun altes Wissen geprüft, neues gesammelt. Dabei geht der babylonische Gelehrte durchaus praktisch zu Werk; aus der Praxis ist sein Grundgedanke hervorgegangen, in der Praxis bleibt er gebunden und wirkt sich aus; er wird nicht theoretisch erfaßt und zum Ausgang einer Durcharbeit des gegebenen Materials gemacht; er ist da und gestaltet das Wissen langsam um, indem er allem, was mit ihm in Einklang ist, höheren Wert und Dauer gibt, alles andere herabsetzt oder in Einklang mit sich zu bringen sucht.

Die Hauptidee der babylonischen Weltanschauung ist religiös, die durchgängige Abhängigkeit der Welt und des Menschen von der Gottheit, die Notwendigkeit für jeden Einzelnen, in jedem Augenblick zu wissen, was er tun muß, um die Gottheit gnädig zu erhalten oder zu versöhnen. Theologie ist die Mutter aller Weisheit; alles andere ist Provinz der Theologie oder soll es werden.

Sieht man von der eigentlichen Theologie, der Lehre vom Wesen der Götter und ihrem Dienst, ab, so sind von der Hauptidee aus zwei Wissenschaften gefordert, eine Lehre von der richtigen Erforschung des göttlichen Willens und eine Lehre von der erfolgreichen Herstellung eines guten Verhältnisses zur Gottheit, Vorzeichenwissenschaft und Sühnewissenschaft. Was der Babylonier als besondere Leistung in der Geschichte des menschlichen Wissens für sich in Anspruch nehmen kann gehört diesen Wissenschaften an, die auch in der Bibliothek Aššurbanipals den größten Raum eingenommen haben. Nur als Omenwissenschaft kennt der Babylonier eine Astronomie; seine Mathematik ist Hilfswissenschaft dazu; nur als Sühnewissenschaft gibt es eine echt babylonische Medizin.

Die vorbabylonische Wissenschaft ist empirisch; sie sammelt Erfahrungen von Fall zu Fall und bewahrt, was sich praktisch erproben ließ; mathematische und medizinische Anweisungen, Kalender und Riten, Gesetze und Annalen enthalten ihre wissenschaftlichen Bücher. Die babylonische Wissenschaft weicht, stolz auf ihre tiefe Welteinsicht, von der reinen Empirie ab; das ergibt in den Gebieten, die dem Zauber der Hauptidee am stärksten verfallen sind, unter Umständen einen scheinbaren Rückschritt; im ganzen ist unverkennbar, daß dieselbe Steigerung der Übersichtsfähigkeit, die zur Aufstellung einer Hauptidee für alle Gebiete führt, auch eine Erweiterung der empirischen Grundlage in allen Wissensgebieten erzeugt hat.

Von den empirischen Wissenschaften, die die Omen- und die Sühnewissenschaften aufgesaugt haben, ist die empirische Medizin scheinbar rückgebildet; Kalenderwissenschaft und Mathematik dagegen haben nichts verloren. Die übrigen empirischen Wissenschaften, namentlich Jurisprudenz und Geschichte, sind in der babylonischen Entwicklung nur äußerlich und gelegentlich von der Hauptidee berührt; sie zeigen, wie die Kunst, die erhöhten Fähigkeiten schon des Altbabyloniers im Vergleich mit dem Ägypter und bilden ja auch wie sie die Domäne der Könige; in das Weltanschauungssystem eingearbeitet hat sie erst das Judentum.

Die Form der babylonischen Wissenschaft ist die Liste zu

praktischen Zwecken, äußerlich geordnet und übersehbar gemacht, daneben die praktische Beispielsammlung für die Praxis — Lehrbücher theoretischer Art, Regeln, die ein Allgemeines zusammenfassen, gibt es noch nicht. Wir haben ein Zwischending zwischen ägyptischer und hellenischer Wissenschaft, längere Reihen, einheitlichere Übersicht des Ganzen als in Ägypten, aber noch keine Theorie, noch keine Regeln und Gesetze. Große Materialsammlungen, vollständig und übersichtlich angelegt, dienen Zwecken, die wir nicht mehr wissenschaftlich nennen können, weil sie auf falschen Voraussetzungen beruhen. Was dem Babylonier das wichtigste an seiner Arbeit schien ist völlig obsolet geworden; aber seine Arbeit ist so wissenschaftlich durchgeführt, enthält so viel Methode, Exaktheit und Vollständigkeit der Beobachtung und Aufzeichnung, daß sie nicht sterben kann, sondern als Afterwissenschaft immer wieder aufersteht, anderseits so viel Material, daß die Hellenen für ihre höhere Entwicklung vieles übernehmen und bis auf uns weitergeben konnten. Babylonisch sind die sexagesimale Rechnung und ihre Anwendung in der Astronomie, Kreiseinteilung und Zeitrechnung, Planetenkunde und Tierkreis, aber auch alle Formen systematischen Aberglaubens, vom Traumbuch zum Geisterbeschwören.

Wie eine bürgerliche Kultur kann man die babylonische eine wissenschaftliche Kultur nennen; Rationalismus und Utilitarismus herrschen in der ganzen Weltanschauung und lassen nichts gelten, was ihnen dumm und unnütz erscheint. —

Die Vorzeichenwissenschaften entwickeln sich aus der primitiven Befragung der Gottheit durch das Los; ihr unmittelbarer Abkömmling ist die Opferschau in ihren verschiedenen Formen; das Tier als Ganzes in seinem Verhalten beim Geopfertwerden, einzelne Teile, besonders die Eingeweide, andere Umstände beim Opfer, z. B. das Verhalten der Flamme oder des Rauches, werden von Priestern beachtet und gedeutet; aus einem Ölopfer mag ursprünglich die Becherwahrsagung hervorgegangen sein u. ä. Die Gottheit antwortet auf Anfragen durch den Apparat der Anfrage, das Los, das ihr gehört, das Opfer, das ihr dargebracht wird.

Eine ungeheure Erweiterung erfahren die Vorzeichenwissenschaften, als der Gedanke auftaucht, daß die Gottheit unbefragt durch Naturereignisse zu den Menschen spricht; den Ausgangspunkt für diese These könnten eindrucksvolle Naturereignisse, Sonnen- und Mondfinsternisse, gegeben haben. Alles Schrecken-

33*

erregende in der Natur, alles Unnatürliche, vom Gewohnten Abweichende, alles Widernatürliche, schließlich jedes Ereignis, das einem Einzelnen merkwürdig erscheint, jeder Zufall, läßt sich als Vorzeichen auffassen und ausdeuten. Himmelserscheinungen und merkwürdige Zwitter, widernatürliche Verbindungen verschiedener Tiere und das Erscheinen eines wilden Tieres in einer Stadt, zufällige Begegnungen und ungewollt ausgesprochene Worte, Vogelflug und Nestbau, Bewegungen des Korns und des Schattens, jedes Vorkommnis in Städten, Straßen, Feldern, Ländereien, Sümpfen, Flüssen und Kanälen ist gleichmäßig bedeutsam.

Die Entwicklung ist wichtig als Symptom der Erweiterung der Gottesbegriffe; der primitive Gott bleibt in der Hand der Priester, die ihn befragen; die höhere Gottheit spricht unbefragt zu allen Menschen durch alle Dinge, auch die Priester haben nur zu hören und zu dolmetschen; der primitive Gott bleibt an Stadt, Tempel, Opfer und Los in seinen Äußerungen gebunden, die höhere Gottheit spricht durch die ganze Natur. Zugleich entwickelt sich ein Begriff des Natürlichen und Unnatürlichen; das »Gewohnte« und »Ungewohnte« wird genauer angesehen, weil es in seinem ganzen Umfang praktisch wichtig geworden ist; der Begriff des »Wunders« als Durchbrechung der Gewohnheitsordnung entsteht und damit die Möglichkeit, einmal die Ordnung, das Naturgesetz, zu finden. Der Weg führt zu dem einen Naturgott der Juden und der Naturgesetzlichkeit der hellenischen Philosophie.

Die Befragung der Gottheit durch Lose, Opfer, heilige Bäume u. ä. war ursprünglich eine einfache Technik, die wie das zugehörige Ritual handwerksmäßig in Priesterfamilien vererbt und gelehrt wurde; im Lauf der Zeit entstanden mit wachsender Übersichtsfähigkeit Listen, in denen die möglichen Vorzeichen aus einem Gebiet und ihre Bedeutung zum praktischen Gebrauch übersichtlich zusammengestellt wurden; die Listen nahmen fortwährend zu — man fand immer neue Möglichkeiten, die zu berücksichtigen waren, übersehene Punkte im Objekt, neue Deutungen; da die Richtigkeit der Voraussetzungen feststand, so mußten Fehlschläge ihren Grund im falschen Fragen oder Deuten der Antwort haben; die wachsende Logik gab hier unbegrenzten Spielraum. Mit der Erweiterung der Vorzeichen auf die ganze Natur hört jede Möglichkeit der erschöpfenden Übersicht auch nur des Stoffes auf. Die Priester werden Diener ihrer Lehre; sie begnügen sich, alle erreichbaren Möglichkeiten als

Schreiber aufzuzeichnen und einigermaßen zu ordnen; sie werden in die Stellung der Beobachter gedrängt; das Buch wird wichtiger als der Geweihte, das Wissen nötiger als die Weihe. Ein Ende der Entwicklung ist nur absehbar, wenn eine Revision der Grundlagen zur Erkenntnis der falschen Voraussetzungen führt und dem Wachstum der Wissenschaften in die Breite, dem hoffnungslosen Versuch, die unendliche Mannigfaltigkeit der Erscheinungen und der Deutungen auf dem Wege der Protokollierung zu erschöpfen, ein Ende macht; in Babylonien kommt es nur zu einer Beschränkung durch Erlahmen der schöpferischen Kraft der Gelehrten — von einem bestimmten Punkt an bleibt die Wissenschaft beim Erreichten stehen und wird autoritativ kanonisiert.

Wie weit die Listen der Vorzeichen und ihrer Deutungen auf empirischer Beobachtung von Zusammenhängen beruhen läßt sich nicht sagen; die babylonischen Gelehrten nehmen für einzelne Fälle eine Rechtfertigung durch die Erfahrung ausdrücklich in Anspruch; wir besitzen eine Reihe von Vorzeichen, die Šarganišarri und Naramsin erhalten haben sollen, verbunden mit dem Bericht über den Ausgang der entsprechenden Unternehmungen; andere Zeichen heißen nach bestimmten Königen, deren Schicksal allbekannt war; manche medizinische Omina haben prognostisch richtige Verwertung gefunden; im ganzen aber kann man wohl sicher sagen, daß die Spekulation herrscht; die Voraussage geht nicht aus Induktion hervor, sondern wird aus bestimmten festen Assoziationskomplexen analogistisch deduziert. Beobachtet sind die Vorgänge, die die Phantasie erregen, konstruiert ihre Bedeutungen.

Der Babylonier ist weit genug, anschauliche Außenseite und Wesen der Dinge nicht mehr einfach gleich zu setzen; aber wie die Wortrealistik weiterlebt, als die Bildrealistik stirbt, so lebt die alte Voraussetzung, daß anschauliche Gleichheit Wesensgleichheit sei, fort in der Einschränkung, daß die Ähnlichkeit Gleiches bedeutet und für die Zukunft anzeigt; die falsche Grundanschauung wird nicht revidiert, sondern nur beschränkt. Die Unfähigkeit zu jeder grundsätzlichen Erwägung zeigt sich auch in der Art der Analogien; im Grund gibt es nur drei Deutungsmöglichkeiten — ein Omen kann günstig, ungünstig und gleichgültig sein; da das gleichgültige die Aufzeichnung nicht lohnt, bleibt ein Paar, günstig und ungünstig; diesem Paar werden nun andere Paare angereiht, rechts und links, oben und unten, hart und weich, unbeschädigt und schadhaft, einfach und mehrfach, kurz und lang, umschließend und umschlossen usw.; dazu kommen einige Ähnlichkeiten in Formen, Farben und Zahlen. Das sind die immer wieder kombinierten Elemente des Spiels, das in seinen einfachen Grundlagen unbewußt bleibt; käme die Ärmlichkeit und Einförmigkeit der Prinzipien dieser Wissenschaften zum Bewußtsein, so wäre es vorbei mit ihnen.

Die Weltbetrachtung der Babylonier ist kausal; wie die durchgehende göttliche Kausalität eine anthropomorphe Vorstufe der Naturkausalität darstellt, so ist die Aufsuchung der Vorzeichen eine Vorstufe der Aufsuchung rein kausaler Aufeinanderfolgen. Das zeigt sich sehr schön, wenn dem Babylonier prognostisch entscheidende Symptome in Krankheit als Omina des Ausgangs erscheinen. In Form von Omentexten werden auch die Schicksale des frommen und gottlosen Königs angekündigt; die Sünde ist Vorzeichen des Falls, die Frömmigkeit Vorzeichen des Glücks, der kausale Zusammenhang und der ominöse sind identisch. Das Judentum hat von diesem Punkt aus die Omina als unnötig gestrichen und die Kausalität Gottes als allein wertvoll übriggelassen; das Hellenentum hat in den einzelnen Vorzeichen und Deutungen das berechtigte Element der einzelnen kausalen Folge gefunden und in der allgemeinen Kausalität wissenschaftlich zur Geltung gebracht.

Das Alter der Omenwissenschaften ist einigermaßen bestimmbar; aus den uralten Losungen der Priester semitischer Stämme und verwandten Schicksalsbefragungen sumerischer Verbände müssen sie in der Zeit des allgemeinen Anstiegs der babylonischen Kultur entstanden sein. Dieser Zeit gehören die Könige an, denen Omina zugeschrieben werden, Šarganišarri und Naramsin, Dungi und Ibisin (Ur), Išbiurra (Isin); Šamaš und Adad, die beiden Götter der Barupriester, der Söhne Emmedurankis, weisen ebenfalls in diese Zeit. Das erste astrologische Vorzeichen in unseren Inschriften empfängt Gudea; die ersten ausführlichen Vorzeichenlisten stammen aus der Chammurabizeit.

Ein Typus der Vorzeichendeutung aus einem festen, ganz willkürlich in die Hand des Menschen gegebenen Apparat ist die Becherwahrsagung oder die Wahrsagung aus einer Mischung von Öl und Wasser. Gießt man einen Schuck Öl auf Wasser aus einiger Höhe hinab, so sinkt das Öl zunächst durch die Wucht des Falls in das Wasser ein; dann folgt eine Wirbelbildung und Schichtung nach den Verhältnissen im einzelnen Fall; die spezifische

Schwere des Öls und des Wassers, die Fallhöhe und die Stelle der Oberfläche, auf die der Ölklumpen fällt, die Form des Gefäßes und andere Faktoren kommen dabei in Betracht; endlich tritt im Gleichgewicht Ruhe ein.

Der babylonische Wahrsager gießt in der Regel Öl auf Wasser, ausnahmsweise Wasser auf Öl. Die Zeremonie findet nach bestimmten Reinigungen am günstigen Tag zu fester Stunde (Sonnenaufgang?) in Gegenwart des »Ölbesitzers« statt; das Öl wird in wechselnder Menge, meist in einem Guß, beim Eheorakel in zwei Tropfen, aus unbestimmter Höhe wahrscheinlich auf die Mitte einer Schale ausgegossen, so daß es zunächst den Grund erreicht und dann aufsteigt; gerechnet wird mit einem Öl von verschiedener spezifischer Schwere und wohl ebenso mit einem Wasser wechselnder Dichte — beide müssen rituell rein sein, von chemischer Reinheit hat der Babylonier keine Vorstellungen. So können mehrere Fälle eintreten: das Öl kann ganz oder teilweise auf dem Grund bleiben, es kann ganz oder teilweise aufsteigen, mehr oder weniger hoch, bis zur völligen Ausbreitung auf der Oberfläche des Wassers. Dabei entstehen allerlei Figuren, abgerissene Ölkugeln und Ölaugen, Ringe und Arme. Der Priester beachtet Ganzbleiben oder Teilen der Masse, Sinken oder Aufsteigen des Ganzen oder eines Teils, Zahl der Teile (— 7), Richtung der Trennung (nach oben, nach einer oder zwei Seiten, nach dem Rand), absolute und relative Größe, ihr Schicksal (ob sie zurückgezogen werden »in den Mutterschoß«, ob sie platzen und zergehen, ob sie stillstehen oder wandern), ihre Form (Sterne, Ranken, Tierteile); bei dem Wechsel der verwendeten Mengen kommt weiter in Betracht, ob eine Flüssigkeit die andere bedeckt und einschließt; eine große Rolle spielen endlich mitgerissene Luftblasen und Interferenzerscheinungen, der Glanz bestimmter Stellen in der Sonne.

Die Bedeutungen der einzelnen Erscheinungen werden aus einfachsten Analogien äußerlichster Art bestimmt. Wenn das Öl auf dem Grund liegen bleibt, stirbt der Ölbesitzer, ein Heer geht zugrunde; steigt eine Blase davon auf, so entrinnen Ölbesitzer und Heer dem Untergang, wie das Öl dem Wasser. Zwei Tropfen, die zusammenfließen, bedeuten eine Ehe, zergeht der eine, so stirbt ein Gatte. Rötlicher Schimmer im Öl — das Zeichen des Adad, Blut oder Regensturm. Zahlreiche Blasen — Zersplitterung des Besitzes, Auflösung des Kranken oder des Heeres, das Zeichen des Herdengottes Gir, der stirbt; läuft das Öl in eine Hauptmasse zusammen, so erinnert die Rückkehr in den Mutterschoß an Sirtu, Mach, die Mutter- und Totengöttin; sieben Blasen sind die Hand des »Beraters und des Etemmudämons«, fünf die des Kubu, eines Gespenstes. Was nach links oder Westen geht oder glänzt, ist ungünstig, was nach rechts oder Osten geht oder glänzt, ist günstig; doch können sich die Zeichen auch verkehren — ein ungünstiges Zeichen, das nach links weggeht, kann dadurch günstig werden.

Die Disposition der Listen ist ganz äußerlich; die Zeichen folgen sich, wie sie dem Schreiber nacheinander einfallen, ohne tiefere Ordnung; allerdings sind die Listen relativ kurz und alt; sie stammen aus der Chammurabizeit.

Viel wissenschaftliche Einsicht und Exaktheit zeigt das Verfahren nicht; um vergleichen zu können, würden wir zunächst gleiche Öl- und Wasserarten, genaue Angaben über Fallhöhe und Fallstelle u. a. verlangen; eine Beschränkung, die Beobachtung der eigentlichen Mischung von Öl und Wasser, ein Verzicht auf Luftblasen und Interferenzerscheinungen wäre mindestens zu fordern gewesen. Aber der Babylonier sucht das exakte, gesetzmäßige nicht; er ist glücklich, wenn er keine allgemeine Regel findet, die mit ihrer unangenehmen Aufdringlichkeit sein praktisches Ziel, die direkte göttliche Willensäußerung zu bekommen, vernichtet; meist steigt das Öl auf, nicht immer, meist zerfließt es, nicht immer — neben dem festen Halt bleibt genug Wechselndes, um das Spiel frei erscheinen zu lassen. Die mechanischen Gesetze der Mischung von Öl und Wasser sind kompliziert genug, um auch in Jahrtausenden nicht entdeckt zu werden; das Gebiet ist günstiger, als die Astrologie, die unrettbar Astronomie wird und so ihren Wert für den Babylonier verliert.

Etwas mehr dem menschlichen Apparat entzogen ist die Opferschau; sie hat von allen Omenwissenschaften vielleicht die größte Rolle gespielt. Am Opfertier ist alles bedeutungsvoll, von der äußeren Erscheinung im Augenblick des Schlachtens bis zum Befund der inneren Organe; die Augen, die Lippen, die Schläfen und die Zunge geben Zeichen, jeder Lidschlag, jedes Lecken, jede Verfärbung ist wichtig; noch mehr beschäftigen die mannigfaltigen geheimnisvoll verborgenen Eingeweide die Phantasie und unter ihnen scheint wieder die Leber, das größte und schwerste, zentral gelegene und vielverbundene, blutvolle und gallenreiche Organ der

Bauchhöhle, das bei der Öffnung der Leibeshöhle »aus dem Schafbock hervorleuchtet«, das interessanteste geworden zu sein; die Leber steht für den Babylonier allein oder neben dem Herzen als eigentlicher Sitz des Lebens, als Gemüt und Sinn, im Mittelpunkt der physiologischen Spekulation.

Was dem Babylonier für seine Leberschau wichtig war, das zeigen neben den Vorzeichenlisten die Tonmodelle und Zeichnungen der Leber, die den Texten beigefügt sind oder sie selbständig ergänzen. Die Leberpforte mit ihren vier Lappen, von denen der Oberlappen geteilt ist, die Gallenblase und die verschiedenen Gallengänge, die einen Baum bilden, sind herausgehoben; die ganze Oberfläche ist in Felder und Bilder geteilt.

Das Hauptbild scheint die Vorstellung von einem Land mit einer Hauptstadt, einem Palast und einer großen Straße zu beherrschen; die Berichte beginnen immer mit der Feststellung, daß ein »Ort«, die Pfortengegend, ein »Pfad«, der Gallengang, und ein »Palasttor« oder ein »guter Mund«, die Pforte, vorhanden sind. Das entspricht den Bedürfnissen einer Schau, die zunächst jedenfalls im Dienst der großen Politik stand und das Schicksal von Staaten bestimmte.

Außer der Existenz der Hauptteile achtet der Priester in der Pfortengegend auf Länge und Breite, Verlaufsrichtung, Strangzahl, auf Vertiefungen und Zeichnungen der Gallengänge; die Pfortenränder werden untersucht auf ihr Überragen, ihre Form (Keulen, Tierteile), Zerdrückungen, Zerreißungen, Spalten, Vertiefungen, Verfärbungen, Härten und Weichheiten, Größenverhältnisse usw., Steine, Lymphdrüsen und Leberegel werden notiert. Neben diesem Hauptgebiet der Beobachtung spielt die Leberfläche eine untergeordnete Rolle; Zeichnungen, Randkerbungen, vielleicht Verwachsungen werden berücksichtigt.

Die Deutungen geschehen nach denselben Regeln wie bei der Ölweissagung. Links und unten sind meist ungünstig, rechts und oben günstig, doch kann ein ungünstiges Zeichen in ungünstiger Gegend paralysiert werden. Alles Umschließende, Zerdrückte, Herausgerissene bedeutet Umschließung, Zerdrückung, Herausreißung. Zahlen, Farben und Zeichnungen regen allerlei geläufige Assoziationen an. Die Verbindung bestimmter Zeichen mit den Namen von Göttern und Dämonen diente vielleicht nicht nur der Schule, sondern auch der Bestimmung des Gottes, der versöhnt werden mußte.

Von einem exakten Vorgehen in unserem Sinn kann ebensowenig die Rede sein, als bei der Ölwahrsagung, obgleich die Leberschau wichtiger gewesen zu sein scheint, als die Becherwahrsagung und unsere Texte (mit einzelnen Ausnahmen) aus der assyrischen Spätzeit stammen. Die größere Bedeutung und die längere Übung äußert sich in längeren Listen, die zu großen Werken zusammengeschlossen sind, in einer schematischen Methodik der Beobachtung, die die Übung des Praktikers geschaffen hat und erhält und die natürlich auch auf die bessere Ordnung der Listen einwirkt. Ein genaues vollständiges Protokoll des Leberbefundes in jedem Fall wird nur annähernd erreicht; dem Beobachter kam es nicht darauf an, alles zu sehen, was der Fall bot, sondern möglichst schnell zwölf und mehr gleichwertige, richtig gedeutete Zeichen zusammen zu bekommen; Vollständigkeit streben nur die Nachschlagelisten an. Zwischen Tieren mit gesunden und kranken Lebern wird nicht geschieden, im Gegenteil, man sucht das Kranke; Risse, die der Opferer sicher oft selbst erzeugte, Leberegel und gallige Verfärbungen sind ebenso wichtig, wie eigentliche Veränderungen des Organs. Die sehr ausgedehnten Listen stellen größere Ansprüche an das Ordnungsvermögen der Gelehrten; wenn sie übersichtlich bleiben sollen, müssen größere Gruppen gebildet werden; eine weit durchgebildete Disposition geht über die Kraft des Babyloniers; doch kommt es zur Zusammenstellung der Omina, die sich auf bestimmte Leberteile beziehen (der Schreiber liebt es, dieselbe Anfangsphrase öfter untereinander zu setzen), bei rechts fällt links, bei oben unten ein, Zahlen und Farben wecken bestimmte Reihen.

Die Möglichkeit war gegeben von der Leberschau zu einer genauen Kenntnis der tierischen und (durch Rückschluß) der menschlichen Eingeweide zu kommen. Der Babylonier ist diesen Weg nicht gegangen; ihm kam es gar nicht auf die Kenntnis des Körpers, sondern auf die göttliche Botschaft an; was er als immer wiederkehrend erkennt ist durch diese Erkenntnis wertlos geworden. Ob er Öl auf Wasser gießt, die Leber oder den Himmel beobachtet, immer sieht er die gleichen Dinge, rechts und links, Zahlen, Farben, Verbindungen und Trennungen, Figuren aller Art, und immer deutet er Gleiches in gleicher Weise. Ein größerer Systematiker hätte daraus ein System abstrakterer Art schaffen können, einen Schlüssel zu allen Vorzeichen, ein Schema zur Anordnung aller Listen; auch dazu reicht die Fähigkeit des Babyloniers nicht aus. Eine Lehre anatomisch-physiologischer Art, entsprechend derjenigen von den Metu in der ägyptischen Medizin zu schaffen wäre der Babylonier fähig gewesen — die falsche Richtung seiner Kausalhypothese verhinderte sie; auf dem Weg der Abstraktion aus dem entstehenden Wirrwarr seiner Listen heraus zu einer Revision der Grundlagen zu kommen, war er logisch nicht entwickelt genug.

Die Astrologie ist der Typus einer Vorzeichenwissenschaft, bei der jede Beeinflussung durch Eingriffe menschlicher Hände ausgeschlossen ist; der Omenpriester wird zum reinen Beobachter der Natur; die Himmelsbeobachtung muß, mit der Sorgfalt betrieben, die das persönliche Interesse des Babyloniers erzeugt, nachdem einmal der Gedanke wach geworden ist, daß hier Götter wichtige Mitteilungen machen, notwendig Kenntnisse schaffen, die naturwissenschaftlichen Wert haben; sie verlangt eine Möglichkeit der Ortsbestimmung am Himmel, eine Festlegung bestimmter Punkte, sie führt zur Unterscheidung von Planeten und Fixsternen; dadurch ist diese Omenwissenschaft am meisten Wissenschaft im höheren Sinn geworden, ohne Absicht, ja gegen den Wunsch der Babylonier, die nur das astrologische, nicht das astronomische Interesse besaßen.

Die älteste sichere Notiz über astrologische Vorzeichen enthalten die Inschriften Gudeas, der bei seinem Tempelbau den »reinen Stern« berücksichtigt und für den Tag der Grundsteinlegung Wind, Regen, Blitz und Donner als günstiges Zeichen angesagt bekommt. Ein Hauptbuch astrologischer Vorzeichen aus Aššurbanipals Bibliothek, das Werk »Als Anu und Ellil«, das aus mindestens 66 Tafeln bestand, wird dem alten König Šarganišarri von Akkad (?), natürlich ohne Berechtigung, zur Erhöhung seines Kredits in der gelehrten Welt, zugeschrieben.

Die Astrologen beobachten alle Himmelserscheinungen. Bei der Sonne merken sie auf die Zeit des Auf- und Untergangs, die Tageslänge, auf Sonnenfinsternisse, Sonnenhöfe und Verdunkelung durch Wolken, auf Begegnungen mit andern Gestirnen, Tierkreiszeichen, Mond und Planeten. Beim Mond werden Neumond und Vollmond bestimmt, beim Neumond und beim abnehmenden Mond werden Stellung und Lage der Hörner beachtet; Mondfinsternisse, Mondhöfe, deren Tore und ihre Richtung, Verdunkelungen durch Wolken, Konjunktionen mit Sonne und Planeten, Vorüberziehen eines Horns vor einem bedeutenden Stern, Form und Zeichnung der Scheibe erregen die Aufmerksamkeit. Von den Planeten scheint die Venus am frühesten beobachtet worden zu sein; jedenfalls sind aber auch die andern Planeten schon in altbabylonischer Zeit als Scheiben mit abweichender Bewegung erkannt worden. Auch hier werden Erscheinen und Verschwinden, Aufgang und Untergang, Begegnungen und Stellung zu Sternbildern, Glanz, Farbe, Verdunkelungen usw. bemerkt. Einige auffallende Fixsterne spielen in astrologischen Texten ebenfalls eine Rolle. Endlich gehört zur Astrologie die Beobachtung aller atmosphärischen Erscheinungen, der Wolken, Gewitter, Stürme und Meteore.

Die Deutung der Vorzeichen am Himmel erfolgt genau in derselben Weise, wie bei der Öl- und Leberschau. Wie die Leberpforte zum Mittelpunkt eines Landes wird, tritt die Ekliptik, der Tierkreis als Ort der wichtigsten Himmelsereignisse, der Sonne, des Mondes und der Planeten, als Zentralgebiet des Himmelslandes, als Erde in der Himmelswelt, in den Brennpunkt des Interesses; wie auf die Pfortengegend der Leber ist die Aufmerksamkeit des Wahrsagers auf die Ekliptik besonders eingestellt. Wie aber bei der Leberschau weder das ganze Interesse der Pforte gilt, noch die Analogie der Pfortengegend mit der Landeshauptstadt durchgeführt und ausschließlich berücksichtigt wird, so geht es am Himmel mit der Ekliptik; der babylonische Gelehrte besitzt nicht genug logische Kraft, um einen Gedanken wie die Entsprechung von Erde und Ekliptik, irdischer und himmlischer Welt, streng festzuhalten; er sieht allerlei Ähnlichkeiten und folgt jedem Zug seiner Phantasie ohne eine Einheit zu finden. Wie er gelegentlich die Erde am Himmel erkennt, kann er bei anderer Gelegenheit in einem Gestirn die ganze Geographie wiederfinden; es gibt am Himmel Städte und Flüsse, ebenso auf der Mondfläche einen Teil, der Assyrien, einen, der Elam darstellt; und viel zahlreicher als alle himmlischen Welt- und Erdentsprechungen sind die alten Bilder von Ungeheuern und anderen Wesen primitiver Phantasie. Am einzelnen hängt der Blick; wenn die Pfortengegend der Leber untersucht wird, so sieht der Priester nach den einzelnen Organteilen, ihren Verfärbungen und Verformungen — die Stadt ist vergessen; wenn die Ekliptik am Himmel beobachtet wird, so wird der einzelne Planet und seine nächste Umgebung Gegenstand der analogistischen Ausdeutung, nicht die Ekliptik als Himmelserde. Auch die Art der angewandten Analogien ist dieselbe, wie in anderen Omenwissenschaften; sie bleibt am Äußerlichsten haften; wie der Ölschauer Luftblasen und

Glanz, der Leberschauer Leberegel und Lymphdrüsen zum Objekt rechnet, so gehören Wolken und andere atmosphärische Erscheinungen zum Gegenstand der Himmelsschau; ein Leberegel ist dem Priester so wichtig, wie eine Spaltung des Gallenganges, ein Hof oder eine farbige Wolke so wichtig, wie eine Mond- oder Sonnenfinsternis. Wie seine Kollegen interessiert sich der Astrolog für kommende Kriege und Aufstände, für Ernten- und Jagdergebnisse, Krankheiten und Todesfälle, Geburten und Geschlecht der Kinder, nur nicht für die Himmelserscheinungen an sich.

Wenn trotzdem die astrologischen Omina im Lauf der Zeit mehr wissenschaftlichen Gehalt in unserem Sinn aufgenommen haben, als andere Omenwissenschaften, so lag das am Gegenstand; bei der Ölwahrsagung und der Leberschau war die Norm, die notwendige Unterlage der Wahrsagung, einfach und als selbstverständich und gleichgültig unbewußt zu erledigen; das Öl sank und stieg auf, die Leber gab ein Modell mit bestimmt geordneten Teilen; in der Astrologie besaß die Norm eine greifbare Bedeutung für die Praxis des Alltags, die Kalenderrechnung; ihre Feststellung erschien als wichtige Aufgabe; der Jahreslauf, Anfang und Einteilung in Monate, wurde immer genauer bestimmt. Aber das Gesetz des Sonnen- und Mondlaufs, das die Praxis verlangt, wird in Babylonien nicht theoretisch als eigentlicher Inhalt der Sonnen- und Mondkunde erkannt; es beschränkt die Verwendung der Himmelsphänomene zu Vorzeichenzwecken, führt aber nicht zur Revision der Grundanschauung; mag die Kalenderrechnung auch immer exakter werden, die rechnerische Vorausbestimmung des Mondes mit immer besserem Ergebnis einen eigenen Reiz auf die Gelehrten ausüben — Hauptsache bleibt die Erforschung des göttlichen Willens, das ungesetzlich Einmalige. Zu den alten äußerlichen Analogien der Deutung von Vorzeichen kommt in der Astrologie als besondere Form die Deutung aus Übereinstimmung oder Unterschied von Berechnung und Eintritt eines Himmelsereignisses; im Grund ist das gar nichts Besonderes, sondern nur eine exaktere Form derselben Übung, die der Leberschauer anwendet, wenn er die gefundene Leber mit dem Modell, der Norm, vergleicht.

Einfache Analogien, wie bei der Öl- oder Leberschau, haben wir bei der Deutung himmlischer Ereignisse, wenn die Verdunkelung des »Königssterns« einen Todesfall im Palast bedeutet, die Erscheinung von Sonne und Mond zusammen am günstigen Tag Eintracht und

Frieden, am ungünstigen Krieg zweier Könige anzeigt, wenn der blasse Mond Zorn des Königs, der rote Mars Krieg, der mild leuchtende Jupiter Segen bringt. Mit den Gestirnbewegungen kombinieren sich die Kalenderomina, die glücklichen und unglücklichen Tage und Stunden des ewigen Kalenders, den der Ägypter aus der Geschichte des Osiris und Re, der Babylonier aus Göttergeschichte und Zahlenspekulation geschaffen hat.

Die Deutungen aus der Übereinstimmung von Vorausberechnung und Eintritt des Ereignisses illustrieren Fälle, wie die Notierung einer verzögerten Tag- und Nachtgleiche, verfrühter oder verspäteter Erscheinung des Neumonds, oder das unerwartete Eintreten einer Mondfinsternis; all diese Abweichungen sind ungünstig — bei der Mondfinsternis zeigen die Richtung der Verfinsterung oder der verdunkelte Teil an, welche Gegend das Unheil bedroht.

Der Wert der Omenwissenschaften für die Entwicklung des Denkens beruht in der Schulung im genauen Zusehen, Sammeln und Ordnen in allen Gebieten; wer immer persönlich beteiligt eine Botschaft der Götter erwartet, wer überall Beziehungen auf sein nächstes Schicksal vermutet, achtet ganz anders auf die Vorkommnisse in seiner Umgebung, findet sie in ganzem Umfang wichtig; das praktische Interesse macht auch das interessant, was keinen Nutzen im gewöhnlichen Sinn bringt, leitet über zum theoretischen Interesse am Ganzen. Jede Erscheinung in der Natur mußte auffallen und registriert werden; die Aufzeichnung in möglichst vollständigen Listen übte die logischen Fähigkeiten der übersichtlichen Ordnung und Gliederung eines ausgedehnten Stoffes. Der Grundgedanke der göttlichen Kausalität gab dem Ganzen einen einheitlichen Charakter.

Dabei blieb freilich der schöne Stoff, den Jahrhunderte zusammenbrachten, im eigentlich wissenschaftlichen Sinn ungenützt. Vom primitiv voreiligen Schluß aus anschaulicher Gleichheit auf Wesensgleichheit von Dingen war der Babylonier los; anschauliche Gemeinsamkeiten verbürgen ihm nur noch eine Beziehung; während er aber einerseits, ohne Prüfung, jeder Gemeinsamkeit einen festen Sinn zuschreibt und damit doch noch im anschaulichen Denken befangen erscheint, bleibt er anderseits, hypnotisiert von einer voreiligen kausalen Hypothese, beim »bedeutet« stehen, statt eine ursächliche direkte Verbindung zu suchen. Kausales Denken herrscht; aber nicht in der Welt der einzelnen Dinge und Vorgänge, sondern irgendwo dahinter sitzen die anthropomorphen Ursachen alles Seins und Geschehens; alle »Wirkungen« sind real, beobachtet, alle »Ursachen« sind irreal, phantastisch, falsch. Wenn der Gelehrte einmal alle Elemente eines richtigen kausalen Zusammenhanges zufällig empirisch erfaßt verhindert die vorgefaßte Metaphysik ihre wissenschaftliche Verwertung; er kann nicht erkennen, daß ein schwarzer Strom gute Ernte bedeutet, weil er Schlamm führt und die Felder düngt, daß ein stockender Strom Krankheit bedeutet, weil er zur Entstehung oder Verbreitung von Miasmen Gelegenheit gibt; der Gedanke kommt ihm gar nicht, daß Ursache und Wirkung im Diesseits liegen könnten, daß ein »Vorzeichen« erzeugen könnte, was es »anzeigt«.

So geht aus den Listen von Vorzeichen aus der Tier- und Menschenwelt, aus Opferschau, Krankenschau, aus Tierbegegnungen, Mißgeburten und anderen widernatürlichen Dingen, keine Anatomie, Physiologie und Pathologie von Tier und Mensch, keine Naturkunde hervor. Nur in der Astrologie entwickeln sich die Grundzüge einer wissenschaftlichen Astronomie. Auch hier ohne Absicht der babylonischen Gelehrten, ohne Verständnis für die Besonderheit des Geleisteten.

Die praktischen Bedürfnisse der Kalenderwissenschaft gaben hier den Anlaß zu neuen Dingen; aus der Bestimmung des Sonnenjahres und seines Verhältnisses zum Mondlauf ging die erste Norm hervor, die an sich gewertet ward; ein Zufall, geradezu ein Fehler bei dieser Normbestimmung, gab eine Methode der Ortsbestimmung am Himmel drein.

Die Astrologie allein hätte lange ohne wissenschaftliche Unterlage auskommen können; nun diese ihr von außen gegeben ward, wußte sie sie zu ihren Zwecken zu benutzen; sie anerkannte die Norm und verwendete die Methode der Ortsbestimmung, um das eigentlich Interessante, die Abweichungen von der Norm, erst recht fein und gelehrt schmackhaft zu machen.

Man hätte eine grundsätzliche Auseinandersetzung zweier Standpunkte erwarten sollen; den Astrologen ist die Ausnahme, den Astronomen die Regel wichtig. Der Babylonier verbindet anstandslos beide: er freut sich über die Regel am Himmel, sie paßt zu dem gereinigten Begriff einer königlichen Gottheit im wohlgeordneten Gesetzesstaat; er sucht nach der Ausnahme, wie in allen Omenwissenschaften, durch die die gütige Gottheit ihren Willen kundgibt;

auch in dieser Ausnahme nimmt er eine Regel an, sonst brauchte er sie nicht aufzuzeichnen, um sie im Fall der Wiederkehr zu verstehen. Einen Widerspruch empfindet er nicht; erst die fertige Logik fordert, daß ein Naturgesetz keine Ausnahmen hat; das Urbild des Naturgesetzes, das Staatsgesetz, hat Ausnahmen. So bleibt die babylonische Himmelskunde Astrologie ihren Interessen nach bis in hellenische Zeit; das astronomische Element nimmt zu, Sonnenlauf und Mondlauf werden immer genauer berechnet, in persischer Zeit auch die Planetenläufe — aber immer zu astrologischem Zweck; als die Berechnungen so fehlerlos sind, daß die Abweichungen nicht mehr erheblich genug sind, als das Gesetz keine Ausnahmen mehr zuläßt (hellenischer Einfluß!), findet ein genialer Astrolog die Rettung des Grundgedankens, indem er Astrologie und Omenkalender in engste Verbindung bringt und lehrt, die Konstellationen zur Stunde einer Geburt oder eines Vorhabens gesetzmäßig, wie sie sind, berechenbar und im Zimmer vorauszubestimmen, als göttliche Willensäußerungen anzusehen. Dieser Logiker in der Astrologie wird aber wahrscheinlich kein Babylonier, sondern ein Perser, Jude oder ein Hellene gewesen sein.

Die Astronomie der Babylonier ist in den letzten Jahren Gegenstand lebhafter wissenschaftlicher Fehden gewesen; eine begeisterte Entdeckerfreude beseelte die Verkünder eines sumerischen Urwissens vom himmlischen und irdischen Kosmos und machte sie zu streitfertigen Propheten ihres Dogmas; ihr Eifer hat natürlich einen ebenso eifrigen Widerspruch wachgerufen; wollen die Panbabylonisten so gut wie alle Kenntnisse und Fähigkeiten der hellenischen Astronomen für ihre Klienten und deren Urzeit in Anspruch nehmen, so leugnen die Gegner die Existenz jeder erheblichen vorhellenischen Astronomie in Vorderasien. Die Wahrheit liegt in der Mitte. Eine wissenschaftliche Astronomie hat es in Babylonien weder in der Urzeit, noch in der Spätzeit des neuassyrischen und chaldäischen Reiches gegeben, wenn man Astronomie und Astrologie als wissenschaftliche und unwissenschaftliche Himmelskunde in Gegensatz zueinander stellt; alle Himmelskunde der Babylonier ist astrologisch. Aber in der babylonischen Astrologie haben sich schon in sehr früher geschichtlicher Zeit Elemente entwickelt, die eine jede Astronomie braucht, diese Elemente haben sich im Lauf der Zeit vermehrt und sind schließlich von den Hellenen zu Zwecken ihrer wissenschaftlichen Astronomie unverändert aus Babylonien übernommen worden; es handelt sich dabei durchweg um Dinge, die den Babyloniern für ihre Kalenderrechnung oder als Hilfsmittel der Astrologie, nicht an sich, wichtig waren, um die Methode der Ortsbestimmung am Himmel, um feste Himmelsorte, Pol, Tierkreis und dessen Nachbarschaft, um Berechnungen der Sonnen- und Mondbahn und Material zur Berechnung der Planetenbahnen und der Periodizität der Finsternisse.

Die astronomischen Vorstellungen im Zeitalter des ersten Anstiegs der babylonischen Kultur werden sich, wie babylonische Leistungen in anderen Kulturgebieten zu derselben Epoche, nur durch eine geringe Überhöhung von denen der fertigen ägyptischen Kultur unterschieden haben.

In Ägypten gibt es zunächst eine bunte theriomorphe und anthropomorphe Ausgestaltung der Gestirnwelt; Sonne und Mond, große Einzelsterne und Sternbilder werden als Tiere und Menschen vorgestellt. Planeten und besonders eindrucksvolle Fixsterne hat der Ägypter bis in die Spätzeit nicht sicher getrennt. Endlich haben wir in Ägypten eine Kalenderrechnung, nach der das Sonnenjahr in zwölf Monate zu dreißig Tagen geteilt ist, seit der Zeit des mittleren Reiches auch eine exaktere Mondrechnung daneben.

In Babylonien sind anthropomorphe und theriomorphe Reste eines alten Himmelsbildes unzweifelhaft bis in die Spätzeit lebendig geblieben. Die Sonne steigt als Held in Hörnerhelm und Kriegsschurz über die Berge des Horizonts und schreitet lichtbringend und Böses verfolgend über Meer und Erde hin; der Mond erscheint als Stier, als Krieger mit dem Sichelschwert, als königlicher Greis und als Hirt in den Hymnen. Unter den Planeten hat Venus als kriegerische Vorkämpferin, als Sammlerin der himmlischen Heerscharen eine ähnliche Stellung. Eine unübersehbare Fülle von Gestalten, ausgemalt von einer primitiven anschaulichen Phantasie, die sich unexakt an wenigen Punkten zur Konstruktion eines ganzen Bildes genügen läßt, stellen die Sternbilder dar; Götter und mythische Ereignisse (letztere am ägyptischen Himmel mir nicht bekannt), Ungeheuer und Mischwesen, Tiere und geographische Objekte füllen den Himmel; eine Auswahl aus diesen absichtslos geschaffenen Gestalten stellen die Tierkreisbilder dar.

Stärker als in Ägypten treten die Planeten hervor. Die älteste Zeit muß sie nicht sicher von großen Fixsternen getrennt haben; die Trennung von Planeten und bedeutenden Fixsternen wird erst im Lauf der Zeit möglich durch ein zunehmendes Eindringen in das Wesen der Planeten. Zunächst fallen die Planeten anscheinend durch ihr helles oder besondersfarbiges Licht auf; wenigstens scheinen die babylonischen Planetennamen größtenteils dafür zu sprechen; daß andere lichtstarke oder farbige Sterne daneben unabgetrennt blieben ist verständlich. Weiter muß die Abweichung von der normalen Himmelsbewegung aufgefallen sein; wie Sonne und Mond erscheinen und verschwinden diese Sterne, vor allem die Venus und der Merkur, als Morgen- und Abendsterne; die Venus, ganz früh vielleicht für zwei Sterne gehalten (sie erscheint gelegentlich als Abendstern weiblich, als Morgenstern männlich), scheint in dieser Hinsicht zuerst aufgefallen zu sein; sie bildet schon in altbabylonischer Zeit mit Sonne und Mond eine Trias. Die Ausscheidung auch der letzten Pseudoplaneten aus der Reihe der Planeten kann erst erfolgen, als die Besonderheit der Planetenbewegung darin erkannt wird, daß sie auf der Sonnenbahn eigene Wege laufen. Diese Erkenntnis setzt eine genaue Kenntnis der Sonnenbahn, eine Bestimmung der Ekliptik voraus, die erst möglich wird durch die Entwicklung einer Methode der Ortsbestimmung am Himmel, die über die alte Bilderreihe hinausgeht und aus der Tafel, an die noch Ellil im Mythos den Labbu anmalt, die Schreibtafel der Götter in der Ekliptik heraushebt.

Die Entwicklung dieser Methode ist das erste große Werk babylonischer Wissenschaft, das bedeutend das ägyptische Niveau überschreitet, obgleich es von ägyptisch unexakten Grundbestimmungen ausgeht. Die babylonische Himmelsrechnung ist ein Kind des altbabylonischen Kalenders, der an sich kein Haar besser ist als der altägyptische; das Jahr hat 360 Tage, die in 12 Monate zu 30 Tagen zerfallen; die »fünf Überschüssigen« der ägyptischen Rechnung waren natürlich ebenfalls vorhanden und ebenso schwer unterzubringen, keine Zeit, Narrenzeit, Karneval vor dem Wiederanfang des regelrechten Jahreslaufes; unexakt ist das Jahr, selbst mit den 365 Tagen, wirkliche Jahre haben 365¼ Tage; unexakt sind die Monate, der Mondumlauf schwankt und geht in keine 30-Periode ein; so wenig als der Ägypter steht der Babylonier genügend über seiner Kalenderrechnung, daß er bewußt abrundete — er glaubt an die Richtigkeit seiner Jahres- und merkwürdigerweise auch seiner Mondrechnung, das zeigt der Text, in dem er die Mondphasen auf 30 Tage verteilt; so wenig als der Ägypter hat er den alten Kalender später aufgegeben — er bleibt im Alltagsgebrauch bis in die Spätzeit. Trotzdem verhält sich babylonische Wissenschaft ganz anders als ägyptische zu dem Problem, das ihr die Kalenderrechnung stellt; die höheren Fähigkeiten des Babyloniers schon in der Anfangszeit seiner Geschichte lassen sich nirgends so schön aufweisen als hier, wo ein glücklicher Zufall vergleichbare Bedingungen geschaffen hat. Der Unterschied liegt wieder in der Unfähigkeit des Ägypters, von anschaulichen Elementen loszukommen, in der relativen Befähigung des Babyloniers, zu abstrahieren, praktisch, wenn nicht theoretisch.

Der Ägypter wird durch eine ungeschickte Festlegung des Kalenders zum Sklaven seines Rechenfehlers von einem Vierteltag im Jahr; sein Kalender beginnt zu rollen und in einer Periode von 1460 Jahren durch das ganze Sonnenjahr zu wandern, ohne daß er eine Abhilfe findet. Der Babylonier entrinnt dieser Gefahr, indem er sich vor der Festlegung eines Anfangsdatums der Kalenderrechnung überhaupt hütet; die gesamte Zeit, die das Jahr 360 Tage überschießt, ist keine Zeit; sie beträgt nicht fünf Tage, sondern soviel, als verfließen muß, bis der Anfangspunkt des Jahres, den ein Naturereignis gibt, der Siriusaufgang oder die Tag- und Nachtgleiche, tatsächlich erreicht ist.

Daß die 30tägigen Monate nicht natürlich sind erkennen ägyptische und babylonische Gelehrte; in Ägypten bleibt aber die Mondrechnung auf einige Tempel beschränkt, ohne Einfluß auf die offizielle Kalenderrechnung; in Babylonien entwickelt sich die gelehrte Kalenderrechnung nach Mondmonaten zu einem wichtigen Faktor im Staat; der alte Kalender wird Alltagskalender, der Mondkalender daneben das Bessere; die Einfügung der Schaltmonate wird eine Aufgabe des Königtums. (Beiläufig mag sich das merkwürdige Fehlen von drei oder vier Jahreszeiten in babylonischen Texten daraus erklären, daß nur der unexakte Alltagskalender des Bauern mehrere Jahreszeiten brauchte, die der Gelehrte mit der ganzen alten Kalenderrechnung ignorierte, während der gelehrte Mondkalender und seine Schöpfer ohne das auskamen).

Wenn sich der Babylonier nur mit dem Fehler seiner Kalenderrechnung abgefunden hätte, indem er ihn praktisch korrigierte, so hätte er schon mehr Fähigkeiten gezeigt als der Ägypter; er hat aber verstanden, freilich unbewußt und wohl mehr durch eine glückliche Verkettung von Zufällen, als durch Überlegung, aus der Unexaktheit seiner ältesten Kalenderrechnung einen wissenschaftlichen

34*

Vorteil herauszuschlagen; den alten Kalender gab der Gelehrte auf, seine Grundlagen lebten als Himmelsrechnung fort.

Daß das möglich war, verdankten die babylonischen Gelehrten einem Rest von anschaulichem Denken. Das Jahr ist ihnen eine anschauliche, reale Größe, eine Summe von 360 Sonnenstellungen; jeden Tag steht die Sonne an einem anderen Punkt am Himmel, bis sie nach 360 Tagen am Ausgangspunkt ihren Weg neu beginnt. Die Beobachtung ist falsch — statt 360 sind es 365 Stellungen; aber der Fehler schadet nicht, sondern stiftet ungeheuren Nutzen.

360 wird zur »Kreiszahl«, zum ersten, wenn man will »kleinen« Šar (geschrieben mit dem Ideogramm für Kreis); erst im Lauf der Zeit wird daraus der eigentliche »Saros«, die große Kreiszahl 3600. Die Kreiszahl 360 ist historisch die Grundzahl des sexagesimalen Systems der irdischen und himmlischen Rechnung der babylonischen Gelehrten; systematisch ist sie im Lauf der Zeit durch die einfachere 60 als Einheit und deren Quadrat 3600 als runde Zahl verdrängt worden.

Von der Kreiszahl und ihrer Unterteilung am Himmel geht zunächst das babylonische System der Zeit- und Streckenmaße aus. Der Jahreskreis hat 360 Tagteile, die in 12 Monatsgruppen zu 30 Tagteilen zusammengefaßt werden; ihm entspricht genau der Tageskreis von 360 UŠ (zu lesen »Imdu«?), die in 12 Kaspu (zu lesen »Simanu«?) zu je 30 UŠ zusammengefaßt sind; man kann von Stunden und Minuten sprechen, wenn man sich bewußt bleibt, daß die babylonische Stunde (Kaspu) zwei unserer Stunden, die babylonische Minute (UŠ) vier unserer Minuten entspricht. Ursprünglich könnte der Einteilung des Monats in 6 Wochen zu 5 Tagen eine Einteilung des Tages in 6 Wachen zu 5 unbekannten Einheiten (gleich 2 Kaspu) entsprochen haben; die 6 Wachen sind nachweisbar in der Einteilung der Nacht in 3 Wachen und einer Rechnung nach Tagdritteln, die gelegentlich in Zeitangaben der assyrischen Zeit anklingt; die Gelehrten hatten inzwischen erkannt, daß die 30tägigen Monate falsch waren und überließen diesen Teil des Systems den Laien; für ihre gelehrten Zwecke schufen sie einen Unterteil des UŠ ohne Beziehung zum System der Entsprechung von Jahr und Tag im Gar (Mimmu?) dem »Kleinsten«, durch einfache 60teilung. Inzwischen war die Beeinflussung älterer Längen- und Hohlmaße und des alten Dezimalsystems durch das neuentstandene Sexagesimalsystem erfolgt.

Die himmlischen Maße sind für den Babylonier durchweg Zeit- und Raummaße zugleich; ein Jahr ist eine Zeit und der Kreis, den die Sonne in dieser Zeit durchläuft, ein Monat ebenso. Ein ganz entsprechendes Zeit- und Streckenmaß am Himmel gab für die Einteilung des Tages der Tagesbogen der Sonne. Die Sonne durchläuft den Tagesbogen in 6 Kaspu; ein Nachtbogen von derselben Länge könnte in mythischen Resten, wie dem Sonnentunnel im Gilgamešepos, nachwirken. Der Ansatz ist, wie alle Ansätze dieses Systems, ungenau; alle Tage gelten als gleich lang; der Tagbogen wird konstant mit 180 Grad angesetzt, der Stundenbogen mit 30 Grad; aber eben der praktische Schematismus macht das ganze System brauchbar zur Himmelsmessung. Und zur Erdmessung — denn der himmlischen Sonnenstunde entspricht eine irdische, der himmlischen Meile (gleich Kaspu, Doppelstundenstrecke in unserem, Stundenstrecke im babylonischen Sinn) die irdische; ebenso werden Uš und Gar Raumstrecken am Himmel und auf der Erde. Daß die Strecken, die die Sonne am Himmel scheinbar in einer Stunde durchläuft, und die Meile, die ein Läufer auf Erden in einer Stunde durchläuft, ganz verschiedene Ausdehnung haben, stört den Babylonier nicht; er merkt das verschiedene Tertium gar nicht, er kann ja nicht am Himmel laufen; in der Übertragung des babylonischen Systems nach westlichen Ländern hat dieser Fehler die Übernahme dieses Systemteils auf die Dauer unmöglich gemacht.

Die ganze Verbindung von Himmel und Erde in Jahr und Tag, Stunde und Meile, ist eine glänzende systematische Leistung; wenn sie später als Offenbarung des Sonnengottes an Emmeduranki, den »Priester des Bandes von Himmel und Erde«, erscheint, so liegt der Gedanke nahe, daß die Lehre selbst als das Band erschien, das Himmel und Erde zur Einheit zusammenschloß, und Emmeduranki nur eine Abspaltung des Sonnengottes darstellt, der dies Band verkörpert. Die Tendenz zur Einheit, die überall in den höchsten Leistungen babylonischer Kultur sichtbar wird, ist hier unverkennbar, allerdings auch die Unfähigkeit, eine volle Einheit zu erreichen; das System ist keineswegs bis ins kleinste durchgeführt; es verdankt den Schein der Einheitlichkeit in seinen Unterteilen vielfach nur Äußerlichkeiten und stellt sich in der Übertragung auf das Zahlensystem und Ellen- und Hohlmaße als Kompromiß des Neuen mit dem Alten dar.

Für die Himmelskunde wurde die Sonnen- und Kreiszahl zum

Ausgang einer wissenschaftlichen Ortsbestimmung. Aus dem gleichwertigen Mosaik der Sternbilder hoben sich die der Sonnenbahn wichtiger heraus; wenn sie bis dahin einer mythischen Phantasie als Feinde oder Diener der Sonne erscheinen konnten (wie vielleicht manche Ungeheuer an der Sonnenstraße in den ägyptischen Pyramidentexten), so werden sie jetzt Monatspunkte zur Festlegung der Sonnenbahn; der Tierkreis wird als etwas Besonderes erkannt. Das ging nicht plötzlich mit einem Schlag vor sich, sondern langsam in praktischer Arbeit; die gegebenen Bilder der Gegend der Ekliptik schieden sich in solche, die ziemlich genau einem Monatspunkt (natürlich nur einem 30tägigen Sonnenmonat) entsprachen, und in andere, die weniger geeignet zu solcher Ortsbestimmung erschienen; die neue Betrachtungsweise mag wohl auch zur Umgestaltung und Neubegrenzung der Tierkreisbilder im engeren Sinn beigetragen haben. Die anthropomorphen Elemente verschwanden nicht mit dieser wissenschaftlicheren Verwertung der Bilder; noch im spät redigierten Gilgamešepos erscheint der Skorpionmensch als Hüter der Sonnenstraße.

Fertig wird der babylonische Tierkreis wohl schon vor 2000 gewesen sein; wenigstens besitzen wir aus der Mitte des zweiten Jahrtausends Berechnungen von Sterndistanzen nach den Tierkreisbildern Šupa (Ähre), Gir (Schütze), Gir-tab (Skorpion). Die Bezeichnungen der Tierkreisbilder und ihre Reihenfolge und Ausdehnung entsprechen denen der hellenischen Astronomie, die hier einfach übernahm und wenig umgestaltete.

Den Anfangspunkt der Tierkreisreihe legten die babylonischen Gelehrten an die Stelle, die die Sonne zur Zeit der Frühjahrstag- und -nachtgleiche einnahm; wenn früher vielleicht ein Fixstern den Jahresanfang bestimmte, so rückte nun auch hier die Sonne selbst bestimmend ein.

Vor 2000 stand die Sonne beim Jahresbeginn im Zeichen des Stiers. Es muß an die Möglichkeit gedacht werden, daß der Stiergott der Hauptstadt, Ellil von Nippur direkt oder in einem Erben, bei der Benennung gerade des ersten Tierkreiszeichens eine Rolle spielte.

Im Lauf der Zeit verschob sich der Jahresanfang in den Widder; natürlich mußte diese Veränderung einmal auffallen und schließlich von den Gelehrten berücksichtigt werden; es ist wahrscheinlich, daß der König Nabunasir diese wichtige Verschiebung offiziell anerkennen und in den Listen berücksichtigen ließ. Diese Begründung der »Ära des Nabonassar«, die für Hellas und Rom Bedeutung bekommen zu haben scheint (Anfang der Zeitrechnung), setzt nichts voraus, als eine regelmäßige Beobachtung des Himmels, einen gewissen Respekt vor Tatsachen und einen gelehrten, frommen König; alle drei Dinge waren in Babylonien vorhanden. Eine Einsicht in die Präzession der Tag- und Nachtgleiche dagegen ist dazu nicht nötig, und war auch gar nicht da.

Mit der Festlegung der Ekliptik (der Himmelspol war wahrscheinlich schon früher bekannt) war die Möglichkeit einer Messung von Sternentfernungen geschaffen, soweit eine Reihe normaler Punkte dazu nötig war; was noch fehlte, den eigentlichen Maßstab, lieferte die Sonne ebenfalls im Kaspu, der Sonnenstunde und -meile, und in seinen Unterabteilungen. Schon im zweiten Jahrtausend drückt der Babylonier die Entfernungen von Sternen in Kaspu, Uš, Gar und kleineren Maßen, in Ellen und Handbreiten aus; die Ausmessung des Himmels in Handbreiten, den Juden ein Gegenstand des Spottes, ist tatsächlich und täglich in Babylonien geübt worden.

Wenn so der babylonische Gelehrte die Vorbedingung und Methode der Ortsbestimmung und damit der genauen Beobachtung einer Bewegung am Himmel geschaffen hat, so war dies nur der Anfang einer Astronomie höherer Ordnung; die Aufgabe einer genauen Bestimmung der Sonnen-, Mond- und Planetenbewegung war gestellt, konnte aber wiederum nur in Jahrhunderten gelöst werden. Der Babylonier war auf sie hingewiesen durch seine Sonnenrechnung und die glückliche Tatsache, daß alle Wandelsterne auf der Sonnenstraße laufen; er war anderseits gehemmt durch die Unfähigkeit, von seiner astrologischen Grundtendenz loszukommen. Soweit der Antrieb zu einer exakteren Kalenderrechnung ihn leitete kam er gut voran; seine Sonnen- und Mondrechnung verbesserte sich im Lauf der Jahrhunderte bedeutend; im übrigen blieb er in den Anfängen stehen; die Planetenbewegung wird zu astrologischen Zwecken betrieben und in ihren anschaulichen Eigenheiten erfaßt; die Planeten werden als Dolmetscher göttlichen Willens immer wichtiger, je mehr Sonne und Mond sicher berechnet sind; aber ein Gesetz der Planetenbewegung scheint so wenig gefunden worden zu sein, als eins der Finsternisse oder der Präzession, bevor die Hellenen auf Babylonien zurückwirkten.

Die Bibliothek Aššurbanipals erlaubt uns, einen Einblick in den Stand der astronomischen Kenntnisse babylonischer Gelehrter, und gewiß nicht der Schlechtesten, zur Zeit des Ausgangs des neuassyrischen Reiches zu tun. Wir haben hier ein Astrolab, astrologische Antworten auf Anfragen und einfache astronomische Beobachtungsnotizen zu astrologischen Zwecken, astrologische Vorzeichenlisten und Listen von Göttern, Sternen usw. Ein wichtiges Stück ist die fünfte Tafel des Schöpfungsepos, deren astronomische Angaben mit den astronomischen Kenntnissen in den andern Texten so gut in Einklang sind, daß entweder ein Stocken der Fortschritte in den betreffenden Gebieten der Himmelskunde seit ihrer Abfassung bis auf Aššurbanipal, oder eine Modernisierung anzunehmen ist.

Das Himmelsbild der fünften Schöpfungstafel zeigt eine merkwürdige Mischung anthropomorpher und astraler Vorstellungen; sie ist charakteristisch für die ganze babylonische Sternkunde, in der das Mythische mit dem Wissenschaftlichen, das Astrologische mit dem Astronomischen verschwistert ist. Nachdem Marduk den Himmel geschaffen, legt er die Bahnen der Gestirne fest; zu diesem Zweck setzt er die oberste Trias an drei Kardinalpunkte des Himmels; Anu wird wohl der Polstern, Niburu, sein; da Ost und West durch die mythischen Sonnentore bestimmt sind, so werden wohl Ellil und Ea Nord- und Südpunkt bezeichnen.

Das Jahr wird kenntlich gemacht durch die Zuteilung von je drei Sternen zu den zwölf Monaten.

Dem Mond bestimmt Marduk sein Gesetz; er soll die Nacht regieren und die Monatstage durch seine Scheibe kenntlich machen; am Monatsanfang soll er aufleuchten; sechs Tage soll er Hörner zeigen, am 7. halb voll sein; am 14. soll er voll sein, dann „rückwärts blicken“, abnehmen; am 28. soll er mit der Sonne zusammentreffen.

Leider fehlt die Schöpfung der Planeten und ihr Gesetz; alle Wahscheinlichkeit spricht dafür, daß nur das Gröbste ihres Laufes als gesetzmäßig erkannt war.

Das Mondgesetz beweist zunächst, daß die Mondrechnung in 30 tägigen Perioden zu sechs Phasen durch eine mit 28 tägigen Perioden zu vier Phasen ersetzt ist; unter den astrologischen Beobachtungen befinden sich aber einige, die offenbar mit dem alten Monat rechnen und den Neumond am 30. (!) fürchten, am 1. (eines 30 tägigen Monats!) bestimmt erwarten.

Das Nebeneinander der alten ungenauen 30er-Rechnung und der besseren 28er-Rechnung ist kein Zeichen glänzender wissenschaftlicher Fähigkeiten. Aber auch die verbesserte Mondrechnung mit 28 Tagen ist noch recht ungenau. So kann es nicht Wunder nehmen, wenn die Neumonde einmal zu früh und einmal zu spät kommen.

Wie weit Mondfinsternisse berechnet wurden, wissen wir nicht. Hellenische Astronomen besitzen einen Kanon der Mondfinsternisse, der 747, also zu Nabunasirs Zeit beginnt; da Nabunasir als Verbesserer des babylonischen Kalenders nach dem neuen Sonnenstand im Widder in Betracht kommt, wäre ihm auch eine exaktere Ordnung der Aufzeichnung astronomischer Vorgänge zuzutrauen; die Regel werden aber aus dem Material zu astrologischen Zwecken erst die Hellenen gezogen haben. Die Astrologen Aššurbanipals entsetzen sich zu sehr, wenn eine Mondfinsternis kommt, als daß sie ein Gesetz des Vorgangs gekannt haben könnten: »Der Mond verschwand, der Mond verschwand, eine Finsternis trat ein!« meldet der Beobachter mit Emphase; anderseits mag sich der König freuen, wenn im Kislev eine Mondfinsternis eintritt. Die Handerhebungsgebete haben auffallend oft das »Ungemach einer Mondfinsternis« zum Anlaß.

Die Sternlisten bieten ein besonderes Interesse durch die Gesichtspunkte ihrer Ordnung; wir haben Listen der Götter und der Gestirne in ihren Beziehungen zu den Monaten, also nach einer Zwölf, andere, in denen die Sieben das Ordnungsprinzip bildet; die Planetenlisten beweisen unwiderleglich, daß der Babylonier, wie zu erwarten, keine Idee von den wirklichen Größen oder der wirklichen Entfernung der Planeten von Sonne oder Erde hat; auf Mond und Sonne folgen Jupiter, Venus, Saturn, Merkur und Mars; am Anfang stehen die Segenssterne, der weißgoldenstrahlende Herr und die hellstrahlende Herrin und Spenderin des Lebens; dann folgt der große und beständige Saturn, der bleifarbene; den Schluß bilden unsichere Kantonisten, der kleine, helle, aber unregelmäßig laufende und kurz sichtbare Merkur und der verhaßte Unheilstifter, der blutige Mars.

Aus der Zeit des Kambyses (523) besitzen wir eine Beobachtungstafel in späterer (ergänzter?) Abschrift. Hier sind Dauer von Neu- und Altlicht des Mondes, Zwischenzeit von Sonnenuntergang und Mondaufgang, Monduntergang und Sonnenaufgang, heliakische Auf- und Untergänge von Jupiter, Venus, Saturn und Mars, die Stillstände von Jupiter, Venus und Mars, die Konjunktionen des Mondes mit allen Planeten und die Mondfinsternisse, ihre Größe und Richtung vermerkt. Vielleicht stammt das meiste erst aus dem fünften Jahrhundert; unverkennbar ist die Zunahme wissenschaftlichen Geistes, so sehr, daß ich schon hier fremden Einfluß vermuten möchte.

Seit mindestens 600 sind die Hellenen kulturell den Ägyptern und Babyloniern ebenbürtig und überlegen; 585 soll Thales schon eine Finsternis der Sonne vorausgesagt haben auf Grund babylonischer Notierungen älterer Sonnenfinsternisse, d. h. er zog die Regel ab, die babylonischen Gelehrten ungreifbar verborgen geblieben war; die hellenische Astronomie überflügelt die babylonische; in der Perserzeit werden die Beziehungen von Hellas und Babylonien immer enger und die Hellenen immer überlegener; das Ende ist Alexanders Siegeszug, die Hellenisierung des Ostens und die Gründung des Seleukidenreiches. Nun schreiben babylonische Priester, wie Berossos, hellenisch, bringen babylonische Mythen in eine Form, die den Hellenen zusagt und ihnen imponieren soll, und renommieren der jungen Kultur Geschichten von dem Alter und der geheimen Urweisheit ihrer Wissenschaft vor.

Wenn sich da plötzlich in Babylonien gute Ephemeridentafeln, Vorausberechnungen für Mond- und Sonnenfinsternisse, Mond- und Planetenbewegungen von erstaunlicher Exaktheit finden, so werden wir nicht eine wunderbare Entwicklung der chaldäischen Volksseele annehmen, sondern uns einfach daran erinnern, daß schon am Hof der Achämeniden Hellenen verkehrten, daß Seleukiden und Arsaziden hellenische Hofastronomen gehabt haben werden und daß die babylonischen Gelehrten allen Grund hatten, die besten Methoden für ihre Astrologie heranzuziehen, d. h. zu lernen, selbst wenn sie gar nicht bildungsbedürftig und ehrgeizig waren. Die Hellenen selbst haben mit der Bescheidenheit und Klarheit überlegener wissenschaftlicher Bildung die Leistungen der Babylonier anerkannt und dahin präzisiert, daß sie die langen Beobachtungsreihen geliefert haben, aus denen die Gesetze gefolgert werden konnten.

Ich habe durchaus den Eindruck, daß die sämtlichen Rechnungsmethoden der spätbabylonischen Ephemeridentafeln auf hellenische Urbilder zurückgehen, Übertragungen, Anpassungen darstellen. Dafür spricht vor allem die Tatsache, daß der Geist der babylonischen Sternkunde im exakteren wissenschaftlichen Festgewand unverändert geblieben ist; die Chaldäer bleiben die alten Astrologen und Kalendermacher, ohne einen Funken theoretischen Verständnisses; sie schreiben keine Lehrbücher, sondern dürftige praktische Anweisungen zur Anfertigung von brauchbaren und bequemen Tabellen, in denen der Stand der Gestirne zu jeder Stunde zu ihrem astrologischen Hokuspokus festzustellen ist. Sie lernen von den Hellenen eifrig praktische Dinge mit der Anpassungsfähigkeit des alten, rationalisierten, praktischen und stilvoll formgewandten Volks, das einen scharfen Sinn für das Nützliche hat und in jedem Gewand eine gute Figur zu machen weiß. Sie lernen schnell — die Handelswege sind gut, das Neueste kommt bald nach Babylon und wird vom Hof gepflegt; nur ein paar Jahre oder Jahrzehnte hinken sie nach; die Präzession berücksichtigen sie schon gleich nachdem sie Hipparch entdeckt hat. So haben in den letzten Jahrzehnten die Japaner von Europa gelernt.

Daß das nicht in die Tiefe ging, zeigen so merkwürdige Beobachtungen, wie der Gebrauch schlechterer Rechenmethoden neben den besten oder wie die Betrachtung des Kak-si-di, eines Fixsterns, des Beteigeuze, als Planet (?) mit einer Periode von 27 Jahren, oder endlich wie die falsche Zahl 684 für die Wiederkehr der Mond- und Sonnenfinsternisse.

Ein Ergebnis der Verbindung hellenischer Gedanken und Methoden und babylonischer Fähigkeiten ist die Lehre der »Chaldäer«, die Diodor überliefert; die hellenischen Begriffe der Ewigkeit der Welt und des Kosmos adeln die babylonischen Naivitäten um so leichter, als die babylonische Religion und Wissenschaft einen Zug zum Apollinischen besaß.

So wird man gut tun, die babylonischen Ephemeridentafeln der Seleukiden- und Arsakidenzeit rein als Zeugnis für die Assimilationsfähigkeit der Chaldäer (ein möglicher persischer Faktor kann hier nicht berücksichtigt werden; er könnte bei der Exaktheit der Kambysestafel mit in Betracht kommen) für alles mechanisch Erlernbare und praktisch Einleuchtende zu nehmen, ihren Inhalt aber als unoriginal anzusehen. Außer den Fehlern ist alles Neue hellenisch, von Astronomen vor Hipparch und von Hipparch übernommen. Wir können vielleicht manches für den Stand der hellenischen (oder persischen) Astronomie daraus entnehmen, nichts für den babylonischen Geist, außer der Tatsache, daß er in allem Wesentlichen derselbe geblieben ist, der er um 600 selbständig geworden war.

Das babylonische Zahlensystem der ältesten Zeit muß, wie dasjenige aller primitiven Völker, ein Dezimalsystem gewesen sein, aus einer Finger-(und Zehen-)rechnung entwickelt. Es hat zunächst mindestens zwei einfache Zeichen gehabt, den senkrechten Strich und den Winkelhaken; der Strich bedeutet 1 und stellt einen Finger dar, der Haken, ursprünglich ein Kreis, bedeutet 10. Auch das dritte Zeichen könnte ursprünglich irgend ein Bild gewesen sein; es ist ein senkrechter Einerstrich, verbunden mit einem wagrechten Bindestrich und drückt 100 aus. Dagegen ist das letzte, vierte Zeichen des reinen Dezimalsystems, die 1000, sicher eine Kombination von 10 und 100, dem Winkelhaken und dem senkrechten und wagrechten Strich. Die Zeichen werden additiv zusammengestellt, jedes bis neunmal wiederholt, und genügen so zur Darstellung von Summen, die 9999 nicht überschreiten, bei mehr als neunmaliger Wiederholung des Zeichens für 1000 auch weiter.

Das babylonische Dezimalsystem entspricht genau dem ägyptischen, nur hat das ägyptische System mehr Zeichen, durchweg Bilder, so für 10000, 100000. Wie in allen Gebieten ist die ägyptische Stufe der Ausgangspunkt der babylonischen Entwicklung; während der Ägypter gedankenlos seine Bilder vermehrt, stellt der Babylonier sehr früh die Neubildung der Grundzeichen ein und sucht durch Kombination der vorhandenen Zeichen weiterzukommen; während der Ägypter beim Additionssystem bleibt, führt der Babylonier ein Positionssystem ein; während der Ägypter im Dezimalsystem beharrt, schreitet der Babylonier zu einem Sexagesimalsystem fort.

Ich möchte vermuten, daß die große Entdeckung der Anwendbarkeit der Sonnenzahl im irdischen Rechnen, zweifellos die Ursache der allgemeinen Einführung sexagesimaler Elemente in das Maß- und Zahlsystem, so früh erfolgte, daß die Durchbildung des dezimalen Systems für höhere Aufgaben zum Stillstand kam. Die Bildung des Tausend-Zeichens durch Kombination von 10 und 100 beweist, daß schon in dieser Zeit eine relativ hohe Fähigkeit zu abstrahieren und zu vereinfachen vorhanden war und daß als Mittel erfolgreicher Vereinfachung die Einführung eines multiplikativen statt des additiven Verfahrens, zufällig zunächst, angewandt wurde.

Die Grundzahl der Sonnenrechnung 360 trat nicht direkt als Grundzahl in ein neues Zahlsystem ein; an ihre Stelle schob sich ihr sechster Teil, die 60, mit der bequemer zu rechnen war, und ihr Zehnfaches, das Quadrat von 60, 3600, die große Kreiszahl, der Saros; auch diese Verschiebung ist eine Abstraktionsleistung.

Ein rein und einheitlich sexagesimales System entsteht nun in Babylonien nicht; der Babylonier kommt nirgends zur vollkommenen Einheitlichkeit, sondern nur zur Aufstellung neuer Möglichkeiten und zu deren praktischer Verbindung mit dem alten. Die beiden Grundzeichen des Dezimalsystems, 1, der senkrechte Strich, und 10, der Winkelhaken, bleiben mit dem alten Wert in Gebrauch; zugleich nehmen sie aber neue Werte an, Positionswerte; je nach der Stelle, an der sie stehen, bedeuten senkrechte Striche 1, 60, 3600, 216000, 12 960 000, Winkelhaken 600, 36 000, 216 000 usw. Die Einfachheit der Grundelemente ist unübertrefflich; mit weniger als zwei Zeichen wird man kein Zahlensystem schaffen können. Die Abstraktionsleistung ist sehr groß; ein Zeichen kann viele Dinge bezeichnen. Die Entdeckung des Positionswerts der Zeichen ist eine große Leistung. Was bei der Schaffung des Zeichens für 1000 im reinen Dezimalsystem an neuen Ahnungen wirksam war, wird hier verstärkt sichtbar. Praktisch ist das System auch; mit 60, 600 und 3600, mit »Soss«, »Ner« und »Sar«, rechnet sich leicht im Kopf auch bei großen Aufgaben, wie mit »Groß«, »Schock«, »Dutzend« in unserer Alltagspraxis; ganz große Zahlen, wie sie der Astronom braucht, lassen sich bis ins Unendliche bequem und manchmal kürzer als in unserem System ausdrücken.

Trotzdem mutet das babylonische System uns, wie gewiß auch Hellenen und Römer, die es kannten und doch bei ihren Additionssystemen blieben, sonderbar unbefriedigend an. Es ist kein Additions- und kein Positionssystem, sondern eine Mischung aus Beidem; die Zeichen haben Positionswert, werden aber additiv wiederholt; dabei werden sehr unsystematisch die Striche je neunmal, die Haken nur je fünfmal wiederholt; wir haben eben halb dezimale, halb sexagesimale Rechnung. Die Unfähigkeit der Babylonier konsequent zu vereinheitlichen, erzeugt aber nicht nur Schönheitsfehler; sie führt auch zu Unexaktheiten des Ausdrucks. Streng genommen müßte aus dem Positionswert der Zeichen die Forderung folgen, daß in den Zahlen, die durch Kombination der beiden Grundzeichen in verschiedener Bedeutung entstehen, immer alle Positionsstellen wenigstens einmal besetzt sind; in unserem Positionssystem wird etwa tausendunddrei mit 1 an erster und 3 an vierter Positionsstelle geschrieben — hätten wir nicht die 0 zur Andeutung leerer

Positionen, so bliebe nichts übrig, als Lücken zu lassen und undeutlich zu werden. Der Babylonier hat keine 0 als Lückenzeichen; er hat aber in der Mischung aus 10 und 60 eine Möglichkeit, jede beliebige Zahl so zu zerlegen, daß alle Positionen besetzt sind; freilich ginge dabei in mühevoller Arbeit und ungeschickten Schreibungen viel Zeit verloren — aber er wäre konsequent und exakt. Es ist sehr bezeichnend für die Grenzen des babylonischen Könnens, daß er diese Forderung der Zerlegung zur Besetzung aller Stellen weder aufgestellt, noch unbewußt befolgt hat; er schreibt seine Striche und Haken, vielleicht indem er die Zahl in Saren, Neren, Sossen und Stück vorstellt, wie sie am bequemsten auszudrücken ist, an, ohne Rücksicht darauf, ob durch ein Nebeneinander von Sarstrichen und Sossstrichen ein Irrtum entstehen kann; der Leser wird schon aus dem Sinn dahinterkommen, was gemeint ist, wenn er sich nicht an den kleinen Eigenheiten der Schreibschule orientieren kann.

So ist das babylonische Zahlsystem als Mittelding zwischen dem primitiven reinen dezimalen Additionssystem und dem höheren reinen dezimalen oder duodezimalen Positionssystem ein charakteristisches Symptom der babylonischen Stufe der Begriffsbildung. Es besitzt wie die babylonische Entwicklung in allen Gebieten alle Ansätze zum Höheren, ohne es zu erreichen. Die Tendenz zur Abstraktion und Vereinfachung und die Mittel dazu sind vorhanden; in den zwei Grundzeichen und dem Positionswert haben wir ähnliche Leistungen wie im fast monotheistischen und kausal einheitlichen Weltsystem. Aber wie in diesem kommt es zu keinem logischen Bruch mit dem alten; die Fingerrechnung erweitert sich zur Rechnung in Soss, Ner, Sar, bleibt aber Kopfrechnen mit Anschreiben; die dezimalen und sexagesimalen Elemente, Additions- und Positionssystem werden vermischt und die Null bleibt aus. So kann man sich kaum wundern, daß die höheren Hellenen, eben weil sie größere Logiker und Astronomen waren als die Babylonier, ihr primitiveres und schwerfälliges, aber einheitliches und klares Dezimalsystem selbst in der Astronomie gegen die Babylonier festhielten; allerdings ist es eigentlich eine Enttäuschung, daß sie nicht unser Positionssystem erfanden — vielleicht war es nur aus dem babylonischen Mischmasch zu greifen und so den Indern vorbehalten.

Dem reinen Dezimalsystem der Urzeit entsprach in Babylonien wie in Ägypten ein Maßsystem, das wie die Fingerrechnung vom menschlichen Körper und vom Arm ausging. Die Elle, Ammatu, zerfiel in 24 Fingerbreiten; 7 Ellen bildeten ein »Rohr«, Kanu. Wie die Dezimalrechnung in der Alltagspraxis neben der gelehrten Sexagesimalrechnung in Gebrauch blieb, so die Ellenrechnung; die Einführung der Kreiszahl wirkte aber auf ihre Unterteile ein.

Die Elle bildet natürlich ein Untermaß der Meile. Eine Stundenstrecke, Kaspu, hat 30 Uš, Minutenstrecken; setzt man die erste gleich 12 Kilometern, so ist ein Uš gleich 400 Meter; von da zum Rohr und zur Elle bedarf es mindestens noch einer Zwischenstufe; der Babylonier schafft sie im Gar, der Sekundenstrecke. Wir werden annehmen dürfen, daß er den Gedanken des Gar, des »Etwas«, des Augenblicks, an dem Zeitbegriff gefaßt hat, etwas Greif- und Meßbares konnte daraus aber nur an dem Streckenbegriff werden. Ein Uš wird ohne direkte Beziehung zur Entsprechung von Himmel und Erde konstruktiv auf Grund des sexagesimalen Grundwertes gleich 60 Gar gesetzt; ein Gar stellt immer noch eine Strecke von etwa 6 Metern dar. Das folgende ist reine Angleichungsarbeit im duodezimalen System; ein Gar bekommt zwei Kanu (Rohr); ein Kanu zerfällt in 6 (statt 7) Ellen, so daß ein Gar 12 Ellen hat; die Elle bekommt 60 (statt 24) Fingerbreiten; aus dem natürlichen wechselnden Organmaß wird eine abstrakte objektive Größe. Auch die Hohlmaße scheinen zum sexagesimalen System und äußerlich zum Himmelsmaß in Beziehung gesetzt worden zu sein; von einer Einheit des Gesamtsystems kann höchstens von der Grundzahl 60, nicht von dem Prinzip der Entsprechung aus, in diesen Teilen die Rede sein.

Die mathematischen Texte der Babylonier zerfallen in zwei Gruppen, Beispielsammlungen und Rechentabellen; sie entsprechen genau den Teilen ägyptischer mathematischer Werke und dienen wie diese ausschließlich der Praxis; Regel- und Methodenbücher gibt es nicht, sie setzen höhere theoretische Fähigkeiten voraus, als sie die Babylonier besaßen. Wie in Ägypten gibt es eine Praxis der Addition und Subtraktion, der Multiplikation und Division, der Bruchrechnung etc., aber keine Regula de tri.

Addieren und Subtrahieren läßt sich im babylonischen Zahlsystem ohne weiteres; die anderen Spezies bieten größere Schwierigkeiten, die ähnlich überwunden sein werden, wie in Ägypten, durch Reduktion auf die ersten beiden. Wie in Ägypten spart man sich diese zeitraubenden Rechnungen, indem man Tabellen anlegt, die einmal ausgearbeitet werden, dann abschriftlich verbreitet zum Aufschlagen des gesuchten Resultats dienen, auch eine Form der Listenwissenschaft, die durch ihren mathematischen Charakter leicht zu übersehen war. Wir besitzen anscheinend bis jetzt kein vollständiges Exemplar einer ganz durchgeführten solchen Tabelle zur Multiplikation und Division; was wir haben, zeigt, daß die Tabellen zu sehr hohen Zahlen geführt worden sind, vielleicht bis 12960000, d. h. 3600 im Quadrat. In ansteigenden Reihen geordnet enthalten sie Multiplikatoren und Produkte von 1—20, Zehnern und höheren Zahlen bis 180000 und mehr; die Multiplikanden bleiben konstant weg; die Multiplikatoren gehen bei zwei- und mehrstelligen Zahlen bis zum Quadrat der betreffenden Zahl. Merkwürdigerweise scheinen solche Tafeln für 7, 11, 13 u. a. Primzahlen, die nicht ins dezimal-sexagesimale System passen, bis jetzt zu fehlen. Gedient haben die Tafeln wohl in ihren höheren Lagen meist der Himmelsrechnung.

Neben den Multiplikations- und Divisionstabellen gibt es Tabellen ganz gleicher Art für Quadrate und Quadratwurzeln, dritte Potenzen und Kubikwurzeln. Sie sind aus den Multiplikationstabellen gewonnen, wie diese aus Additionen hervorgehen. Verwendet könnten sie bei Flächenberechnungen sein, meist aber wohl nur in der Zahlenspekulation; wenn bei den Ägyptern Multiplikations- und Divisionsaufgaben höhere Mathematik sind, so haben die Babylonier nicht nur dies Gebiet bis ins Zwecklose tabellarisch bearbeitet, sondern es durch Quadrate und Potenzen erweitert.

Rein als Zeugen großer mathematischer Gelehrsamkeit scheinen mir vorläufig Tafeln wichtig, auf denen ganz große Zahlen, 12960000 und eine noch viel höhere Zahl, zerlegt werden in $^2/_3$, $^1/_2$, $^1/_3$, $^1/_4$ etc., ebenso eine Liste von Divisoren und Quotienten von 12960000, auf der jeweils der Quotient von 3600 dividiert durch den Überschuß über Soss, Ner und Saren der Divisorenzahl beigefügt ist. Das Quadrat von 3600 und die regelmäßigen Formen solcher Reihen mußten natürlich die Phantasie der Gelehrten beschäftigen; eine Beziehung zur Präzession ist ausgeschlossen.

Die eigentlichen Rechenbücher der Babylonier, ihre Beispielsammlungen, sind bis jetzt nicht gelesen; soweit sich aus oberflächlicher Einsicht ein Urteil bilden läßt, sind die Aufgaben, wie zu erwarten war, wesentlich höherer Ordnung, als die der ägyptischen Rechenbücher; wo wir dort Rechnungen zur Brotverteilung finden, haben wir hier Vorausberechnungen zu großen Erdarbeiten u. ä., von der Himmelsrechnung ganz zu schweigen. Die Zahlenspekulation, in Ägypten in der Aufgabe von den sieben Katzen oder der Reihe mit falschem Ansatz im Pap. Rhind eine kindliche Übung des Scharfsinns, ist in Babylonien eine große Wissenschaft geworden, die vielleicht einen Pythagoras und Platon anregen konnte.

Es kann kein Zweifel sein, daß die praktische Geometrie mindestens so hoch entwickelt war als in Ägypten, und daneben eine geometrische Spekulation, ein Gegenstück arithmetischer Zahlenspekulationen, in Blüte stand.

Merkwürdigerweise hat die größte geometrische Leistung der Babylonier, ihre Erfindung der Kreiseinteilung in 360 Grad, die Folge gehabt, daß die babylonische Berechnung des Kreisinhalts weniger genau ausfiel als die ägyptische; der Babylonier denkt, wo der Ägypter ausprobiert und den glücklichen Zufall festhält — das kann ein Nachteil werden. Der Ägypter versucht eine Quadratur des Kreises und kommt dabei unversehens zu einer Methode der Kreisinhaltsberechnung, die auf unsere Formel gebracht einem π von 3,16 (statt 3,14) entspricht; der exaktere Babylonier geht von einer sechseckigen Figur aus, seinem System gemäß, und findet ganz richtig eine Inhaltsberechnung, die einem π von 3,0 entspricht. Anderseits scheint der Babylonier bei der Berechnung der Flächen eines gleichschenkligen Dreiecks, eines Trapezoids etc. den Begriff der Höhe zu besitzen, der dem Ägypter fehlt.

Die Existenz einer geometrischen Figurenspekulation geht aus allerlei Zeichnungen hervor, die sich von frühgeschichtlicher Zeit an auf babylonischen Stücken nachweisen lassen; die älteste datierbare Figur dieser Art befindet sich auf dem Siegel des Patesi Lugalanda von Lagaš und stellt ein Quadrat vor, auf dessen vier Ecken je drei kleine Quadrate gesetzt sind, das Ganze in einem Strich gezeichnet; eine Beziehung zum Zeichen »Uru« wäre bei den Eckfiguren möglich; andere Figuren, Pentagramme, Hexagramme, Heptagramme in einem Strich, ineinander geschriebene Dreiecke, Sterne und Kreuze etc. kommen in Omentexten und sonst vor. Der babylonische Gelehrte, der immer auf der Suche nach geheimnisvollen Beziehungen und Parallelen war, mußte auf diese geometrischen Figuren aufmerksam werden und geheime Bedeutungen konstruieren; auch am Himmel wird er sie gesehen haben; eine eigene Omenwissenschaft, die Punktierkunst im Sand, ist daraus hervorgegangen.

Die ganz allgemeine Gewöhnung, bei einer Zahl eine Zeit- und Raumstrecke vorzustellen, die der Babylonier bei seinem System der Himmelsrechnung gewinnen mußte, kam natürlich dem geometrischen Denken zugute. Bei den Ägyptern fehlt davon noch jede Spur; sie denken bei Zahlen an konkrete Gegenstände, nicht an geometrische Figuren und Körper. Erst die höhere Abstraktionsfähigkeit der Babylonier entwickelt abstraktere, wenn auch immer noch anschauliche Vorstellungen; Zeit, Raum, mathematische Körper und Strecken beginnen das körperlich Konkrete abzustreifen. Wenn wir später bei den Hellenen finden, daß sie bei Zahlen Flächen und Raumkörper vorstellen, so ist das, nur entwickelter, ein Symptom der Abstraktionsstufe, die in Babylonien zuerst erreicht wird. —

Das zweite Hauptgebiet spezifisch babylonischer Wissenschaft bilden die Lehren und Mittel zur Beeinflussung des göttlichen, dämonischen und menschlichen Willens, die Zauber- und Sühnwissenschaften. Wie die primitive Befragung der Lose von Fall zu Fall aus einer Technik und Übung zu einer ausgedehnten Listenwissenschaft auswächst, die in mehrere Disziplinen zerfällt und nach wissenschaftlichen Grundsätzen geordnet und betrieben wird, so entwickelt sich die primitive Zauberei des anschaulichen und lautlich-realistischen Denkens zu einer methodisch betriebenen Wissenschaft, deren Texte sorgfältig gesammelt, geordnet und erweitert werden. Und wie die Omenwissenschaften am Ende stellenweise Neigung zeigen, zu echten Wissenschaften zu werden, ihre Grundlagen aufzuheben, so gehen die Beschwörungswissenschaften dem wissenschaftlich höheren Standpunkt des Judentums, der Aufhebung ihrer ursprünglichen Voraussetzungen zu; in der Astrologie nehmen astronomische Elemente zu, aus Beschwörungen werden Gebete. In beiden Fällen vollenden andere das Werk, Hellenen und Juden ernten, wo die Babylonier das Neue keimen ließen; nur die Afterwissenschaften der Hexerei und Schwarzkunst, notwendige Gegenstücke der Zukunftserforschungen, verdanken den Babyloniern ihr Dasein; die Übergangsstufe schafft wissenschaftliche Halb- und Unwerte.

Die ägyptische Zauberwissenschaft kennt noch im neuen Reich eine zauberisch gewaltsame Beeinflussung großer Götter; Re, dem obersten Gott und Weltschöpfer, droht der ägyptische Zauberer mit einer Verkehrung seines Laufs; das oberste aller Zaubermittel, das

»Buch des Thout«, gibt dem Besitzer alle Gewalt im Himmel und auf Erden mit seinen Formeln in die Hand.

In Babylonien gibt es von Anfang an keine Möglichkeit zauberischer Vergewaltigung der Götter; Demut und Ergebung, allenfalls Versuche, durch Opfer, Gebet und Flehen die Götter zu rühren, sind des Menschen Teil.

Oberste Zaubermittel gibt es wohl, aber nur in der Hand der Götter. Auch in Babylonien haben wir ein Buch, das alle Gewalt im Himmel und auf Erden verleiht, die Schicksalstafeln, die wohlversiegelt auf der Brust des Weltbeherrschers Ellil hängen; keine wunderbare Formel enthalten sie, sondern die vorausbestimmten Lose — ein Gesetz, eine Ahnung der Prädestination. Ein Rest anschaulichen Denkens ist es, daß dies Gesetz anschaulich verkörpert ist, daß es Macht verleiht, daß der Gott, der die Lose bestimmt, mit deren Verzeichnis das Vermögen der Schicksalsbestimmung und die Macht verliert. Im Lauf der Zeit entwickelt sich aus dem Buch der Schicksale das ganz unzauberische Verzeichnis der Sünden des Einzelnen im Himmel.

Andere Zaubermittel in Götterhänden sind Lebenswasser und Lebenskraut; auch sie sind naturalisiert, bald mehr Symbole als Realitäten; schon zur Chammurabizeit kann kein Gott mehr mit ihnen einem Menschen ewiges Leben verleihen; wenn Šarganišarri oder Gudea auf Siegeln und Reliefplatten darstellen lassen, wie ihnen das Lebenswasser verliehen wird, wenn assyrische Könige ihren Lebensbaum von Genien pflegen lassen, so sind das ja im Grund anschauliche Beeinflussungsversuche, aber mehr Bitten in Zauberform als Zauberei, und ganz natürliche Dinge, Langlebigkeit und Wohlsein, nicht Unsterblichkeit, werden erfleht.

Auch Zaubernamen der Götter gibt es; 50 Zaubernamen bilden das Loblied der Götter zu Ellils Ehre am Ende der Schöpfung — sie enthalten all seine Macht. Wieder sind die Zaubernamen den Göttern vorbehalten.

Ganz anders als den großen Göttern gegenüber liegt die Sache, wenn göttliche Wesen zweiter Ordnung, Dämonen, oder Menschen beeinflußt werden sollen. Hier gilt von ältester bis jüngster Zeit das alte anschauliche und lautrealistische Denken wie in Ägypten; es gibt legitime Zauberberufe, z. B. Totenbeschwörer, anerkannte Schwarzkünstler, Zauberer und Hexen, und Leute, die derartige Dinge beiläufig üben; es gibt namentlich priesterliche Vertreter einer

35*

wissenschaftlichen Zauberei. Ein Unterschied von ägyptischen Verhältnissen kann vielleicht darin gelegen haben, daß der Zauberer in Babylonien an sich als etwas Unzulässiges, Sündiges gegolten zu haben scheint; schon zu Gudeas Zeit gehört zur Reinigung einer Stadt die Austreibung der unreinen Zauberer, Chammurabis Gesetz bestraft Hexerei mit dem Tod; sie ist Schwarzkunst, verwerflich. Gerade dadurch aber wird ihre Kenntnis bei Priestern notwendig — weil es Schwarzkünstler gibt, braucht man Weißkünstler, Priester, die zaubern können, um zu entzaubern. Die Künste der Hexenmeister von Beruf und Liebhaberei sind uns nicht erhalten; die Gegenkünste der priesterlichen Zauberbanner, namentlich der Ašipupriester, die in Eas Namen und Gewand wirkten, gehören zur legitimen Wissenschaft und bilden einen wesentlichen Teil der Bibliothek Aššurbanipals, die größere Hälfte der medizinischen Abteilung, eine Art Apotheke.

Die babylonische M e d i z i n ist bis in die Spätzeit durchweg Zaubermedizin. Das scheint zunächst ein starker Rückschritt im Vergleich mit der ägyptischen Medizin, die große Rezeptbücher von empirisch erprobten Mitteln anlegt und selbst eine anatomisch-physiologische Gefäßtheorie besitzt. Aber der Schein trügt; die Babylonier sind auch hier, wie überall begrifflich weiter als die Ägypter; denn die ägyptische Medizin wird im Lauf der Entwicklung vom alten zum neuen Reich selbst mehr und mehr Zaubermedizin, d. h. durchdrungen von einer großen einheitlichen ätiologischen und therapeutischen Hypothese, der Gesamtweltanschauung organisch eingefügt; die babylonischen Anfänge schließen also an das Ende der ägyptischen Hauptentwicklung an.

Die Idee hinter den Dingen gibt den Erfahrungen Wert und Sinn; das ist die große Erkenntnis der Babylonier, durch die sie vom anschaulichen Denken los zu einheitlicher Weltanschauung kommen; daß ihr empirisches Material auf die Dauer nicht genügt, den Bau ihrer Metaphysik zu tragen, daß diese Metaphysik selbst primitiv anthropomorph bleibt, hat zur Folge, daß von zwei Seiten, aus besserer Naturbeobachtung und aus höherer Abstraktionsfähigkeit, die babylonische Leistung bedroht und endlich überwunden wird; trotzdem bleibt der Schritt vom anschaulich Einzelnen und Unkausalen zum anschaulich Vorgestellten, aber unsichtbaren Ganzen und Kausalen ein großes Werk; wenn sich andere Metaphysiken besser gehalten haben als die babylonische, so liegt das zum Teil daran, daß sie mehr empirisches Material und höhere Abstraktionsleistungen einschließen, zum Teil aber einfach daran, daß die Entwicklung der Menschheit sie noch nicht so vollkommen übergipfelt hat als die babylonische Vorstufe; die grundsätzlichen Fehler sind bei allen Metaphysiken, anthropomorph und unanthropomorph, gleich.

Wie in den Omenwissenschaften schätzt der Babylonier in seiner Medizin infolge seines Stolzes auf den neuerrungenen Standpunkt gerade das gering, was echte medizinische Wissenschaft höherer Stufe wieder werten lernen mußte, die reine Empirie; anderseits gilt ihm seine kausale Theorie alles, die höhere Wissenschaft bis zur Unkenntlichkeit ummodeln mußte, um sie verwerten zu können. Trotzdem darf man die positiven medizinischen Leistungen der Babylonier nicht gleich Null setzen; in Omenlisten und Zauberanordnungen steckt allerlei gute Beobachtung, die nicht wirkungsloser wird, weil sie kausal falsch gedeutet ist[1]; außerdem wird ein Heilfaktor von ungeheuerster Bedeutung recht ausgiebig, wenn auch unbewußt, verwertet, die Suggestion, die den Priesterarzt zum göttlichen Stellvertreter macht und den Kranken im Innersten zu fassen weiß; sie mag mehr Medizin der Nervenleiden als organischer Krankheiten sein — aber die religiös und geschäftlich individuellere Welt wird auch reicher an Nervenleiden gewesen sein. Der babylonische Arzt wird prozentual nicht weniger Heilungen zu verzeichnen gehabt haben, als sein ägyptischer Kollege.

Ursprünglich muß es auch in Babylonien eine rein empirische Medizin wenigstens in Ansätzen gegeben haben; sehr früh nahm aber die einheitliche anthropomorphe und kausale Betrachtungsweise die empirischen und die zauberischen Einzelrezepte älterer Zeit in sich auf. Texte, die eine Mischung von Beschwörungen und empirischen Anordnungen, untermischt mit symptomatologischen Schilderungen, die in einer Diagnose enden, enthalten und etwa aussehen, wie Papyrus Ebers aussehen würde, wenn wir eine spätere Bearbeitung unter dem Einfluß der zunehmenden, kausal einheitlichen Weltanschauung des ausgehenden neuen Reiches besäßen, haben sich in Babylonien erhalten; die Serie »Wenn ein Mensch

---

[1] Bemerkenswert ist die hygienische Bedeutung der Isolierung des »Unreinen«, der Maskierung des Arztes usw. für die Verhütung von Übertragungen.

an .... erkrankt, es zu Leibschneiden wird« aus Aššurbanipals Bibliothek, daher leider nicht datierbar, gehört hierher und beweist, daß Symptomatologie und Prognostik, Therapie und Arzneibereitungslehre mindestens ägyptische Höhe hatten.

Fortgeschrittener im Sinn der babylonischen Weltanschauung sind andere medizinische Texte. Wenn die Grundthese der babylonischen Medizin richtig ist, wenn alles Leiden göttliche Strafe ist, direkt gesandt oder zugelassen von einem beleidigten Gott, so ist es Unsinn, sich mit langen Untersuchungen der Kranken oder großen Arzneimittelbereitungen aufzuhalten; gelingt es, die Hauptursache zu beseitigen, den beleidigten Gott zu finden und zu versöhnen, den Dämon auszutreiben, so muß die Krankheit verschwinden, gleichgültig wie sie aussieht oder welche Mittel der empirischen Pharmakologie man anwendet. Es ist also nur logisch, wenn der babylonische Gelehrte auf das verwirrende Detail der alten Symptom- und Rezeptbücher verzichtet und sein ganzes Augenmerk auf die Hauptsache richtet, auf die Entdeckung des gekränkten Gottes und auf seine Versöhnung. Die medizinische Literatur vereinfacht sich dadurch bedeutend: ein Teil wird Vorzeichenlehre — die prognostischen Notizen werden in Serien von Omenlisten zusammengeschlossen; wie das Aussehen des Opfertieres, beobachtet man das des Kranken und sammelt allmählich zuverlässiges prognostisches Material; der andere Teil wird reine Therapie — Rituale, Beschwörungen und Gebete werden in Serien von unbegrenzter Ausdehnung und Zahl zusammengestellt. Das mutet uns zunächst sonderbar an — eine Medizin, der die Krankheiten unwesentlich sind. Aber der Babylonier hat alles, was der Arzt braucht, die Möglichkeit der Voraussage des Ausgangs und die des Heilens; die Lücke zwischen Voraussagen und Heilmitteln ist gefüllt mit einer einheitlichen Theorie aller Krankheit, ja aller menschlichen Leiden, auf der Prognose und Therapie fußen; die ganze Wissenschaft ist logisch geschlossen und vollständig, ein Ideal, dem erst unsere Medizin langsam wieder nahe kommt. Die Ordnung der Vorzeichen und Heilmittel in langen Listen reiht nicht nur die medizinischen Texte den allgemeinen Listenwissenschaften formal ein, sondern gestattet auch eine rasche Übersicht alles nötigen Stoffes, der Punkte, die für die Prognose des Einzelfalls in Betracht kommen, wie der Texte, die seiner Eigenheit am besten entsprechen.

Neben diesen medizinischen Texten höherer Ordnung wären

die Reste empirischer Medizin sicher nicht in die wissenschaftlichen Bibliotheken aufgenommen worden, wenn nicht die Praxis, der Erfolg, gerade in der Medizin immer wieder ausschlaggebend würde; der Gelehrte muß die empirischen Rezepte verachtet haben, die sich über ihre logische und theoretische Berechtigung nicht ausweisen konnten — aber auch unsere Ärzte brauchen Volksmittel und lernen gelegentlich von Kurpfuschern.

Theoretische Werke über die Ätiologie und Therapie der menschlichen Leiden gibt es in der babylonischen Wissenschaft so wenig, als mathematische und astronomische Regelbücher oder Darstellungen der Grundsätze babylonischer Weltanschauung; die Theorie steckt unausgelöst, vorausgesetzt, in der Praxis; die Logik reicht zu ihrer abstrakten Entbindung so wenig zu, wie zu der von allgemeinen Gesetzen. Wir sind daher genötigt, aus den Listen und Heiltexten den Stand des ätiologisch-therapeutischen Wissens zu erschließen.

Die allgemeinste Voraussetzung bei allen menschlichen Leiden ist die Annahme, daß ein Gott seine Hand strafend im Spiel hat, direkt, indem er selbst den Sünder peinigt, indirekt, indem er ihn einem Dämon oder einem irdischen Feind preisgibt; ursprünglich werden zornige Götter, böse Götter, Dämonen und Zauberer als ziemlich gleichwertig und selbständig angesehen, versöhnt oder vertrieben worden sein; mit dem Emporwachsen der großen Götter zu allmächtigen, gerechten und allein handelnden Wesen, scheidet sich die Götterwelt als Welt der Macht und Güte von der Welt der Dämonen und Zauberer; die letztere wird schlechthin böse, aber zugleich abhängig von der ersten und durch sie beeinflußbar.

Wenn die babylonische Wissenschaft Anatomie und Physiologie, Symptomatologie und empirische Therapie und, wie noch zu zeigen sein wird, auch die Psychologie als unwichtig einfach beseitigt hat, so hat sie dafür die Dämonologie und die Lehre von Hexen und Zauberern geschaffen, wieder eine Afterwissenschaft von unendlicher Nachwirkung, und wieder gerechtfertigt durch die Tendenz zu kausalen und abstrakteren Erklärungen.

Zwischen Göttern und Menschen stehen die D ä m o n e n und Zauberer, gute und böse Mächte, schwächer als die Götter, stärker als die Menschen. Am bekanntesten sind uns aus den Heiltexten natürlich die bösen Dämonen und Zauberer; die guten Dämonen sind wohl meist durch den Wunsch der Bekämpfung der bösen durch gute gleichstarke Wesen entstanden, wie die guten Zauberpriester ihre Berechtigung in der Existenz böser Dämonen und Zauberer finden.

Unter den bösen Wesen lassen sich nach der Entstehung verschiedene Gruppen unterscheiden. Ein Teil verdankt seine Existenz der mythenbildenden Phantasie von Schichten, die über die primitivste Vorstellung überstarker, launischer und jähzorniger Götter nicht hinausgekommen sind; hier entstehen noch, nachdem die Götterbegriffe der fortgeschrittensten Oberschicht längst gereinigt sind, Ellilgestalten barbarischster Art; alte Wesen dieser Gattung, obsolet gewordene Götter einer ursprünglichen Gemeinschaft älterer Zeit, die nicht mit den lebendig verehrten Göttergestalten erhöht wurden, und Neubildungen späterer Zeit werden als Dämonen von der Oberschicht geduldet und anerkannt. Am meisten erinnern an Ellil in seiner Urgestalt Sturmwesen wie der stiergestaltige Šedu oder der riesenstarke Alu und Gallu. Unterweltsgötter zweiter Ordnung schließen sich dieser Gruppe an — in die Unterwelt gehören zuletzt alle Dämonen.

Als Diener der Totengötter erscheinen Dämonen, die personifizierte Krankheiten sind, Irra und Namtaru, Pestgötter, Labasu, Achchasu, Labartu, Fiebergötter, Ašakku, die Auszehrung u. a.

Eine weitere Gruppe bilden bösartig gewordene Seelen, Utukkus, die der Unterwelt nicht zugeführt oder entwichen sind.

Das Grauen der Nacht gewinnt Gestalt in dem Kauerer und Lauerer Rabisu.

Die Schrecken der Natur lassen Dämonen des Sturms, Lilu und Lilitu, des zehrenden Wüstenwindes und seinesgleichen entstehen.

Diese göttlichen Wesen niederer Ordnung wahren auch die Kennzeichen primitiver Götter; sie haben Tiergestalt oder Mischgestalten aus Mensch und Tier und sie vermischen sich mit Menschen — der Alu stammt von einem Menschen und der Lilitu.

Höherer Ordnung sind Personifikationen wie der Dämon des bösen Blicks oder des bösen Fluchs, der abstrakte »Bedränger«, der »Verfolger«, der »Verleumder«, der Gott, »der des Menschen Haupt böse hält« oder der »böse Gott« schlechthin. Im Gegensatz zu den anschaulichen Erzeugnissen einer regen Phantasie sind sie logische Produkte höherer Heilkunst.

Der ganze Komplex von Vorstellungen ist niemals genau bearbeitet worden, so daß die einzelnen Gestalten und Gruppen streng geschieden und auseinandergehalten worden wären; es gibt schärfer umrissene und ganz verschwimmende Wesen darunter, wie es der Zufall bringt; die Praxis hat eher ein Interesse, alle zu treffen, als ein Wesen herauszuheben; vom bösen Gott zum bösen Menschen geht eine Kette, deren Glieder als Gesamtheit der bösen Geister, böse Sieben, oder unter einem der Sondernamen in eine Einheit sammengefaßt werden können; sie machen ja alle krank, sind alle böse, heimtückisch, stark und menschenfeindlich.

Die ägyptische Psychologie entwickelt aus den Teilen, die nach und nach durch Anschauung und Praxis am Menschen als Ganzes unterschieden werden, durch einfache Benennung und Verselbständigung eine Reihe zeitloser Seelenwesen, den Ka, den Ba, den verklärten Schatten im Jenseits, aber auch den wirklichen Schatten im Diesseits und andere. Reste einer solchen empirischen Psychologie gibt es auch in Babylonien; dem ägyptischen Ka, dem seelenförmigen Bild der äußeren Gestaltung des Körpers, entspricht etwa der Utukku; im Lamassu, der als Tier mit Menschenkopf gedacht wird, und im Etimmu stecken Elemente des Ba, der allerlei Tiergestalten (Seelenvogel) annehmen und fern vom Körper umherschweifen kann; auch der körperliche Schatten spielt gelegentlich in Omentexten eine Rolle. Im ganzen aber ist eine starke Vereinfachung eingetreten; da die Religion kein osirisches Paradies kennt, wenigstens nicht in der offiziellen Wissenschaft, fällt die Gestalt des verklärten Seelenwesens weg; die andern Seelenwesen fallen zusammen in ein Wesen, das nicht Körper ist, einen Geist, der bald Utukku, bald Lamassu heißen kann, bald im Lebenden lebt, bald fern vom Schlafenden umherschweift, bald den unbegrabenen Toten ruhelos und boshaft umlauert, bald den begrabenen verläßt, um ins Reich des Lehmstaubs einzugehen; der Schatten, den der Körper wirft, ist zwar eine Realität und keine rein physikalische Erscheinung (er gibt Vorzeichen), aber kein Geist.

So bleibt eigentlich von der komplizierten Fülle ägyptischer Seelenwesen nur der Geist als wesentlich übrig; Körper und Geist treten sich als Konstituenten des Menschen gegenüber. Körper und Geist haben Götter und Menschen; der Gott hat Lamassus als Begleiter (Gudea), die Stadt hat den Stadtgott als ihre Seele, ihren Lamassu, der Mensch hat Utukku oder Lamassu; auch ägyptische Götter haben ihren Ka, wie die Menschen.

Das Verhältnis von Körper und Seele ist das von Wohnung und Bewohner; weiter wird es nicht ausgemalt; vielleicht kann man sagen, daß das Ich für den Babylonier eher im Körper, als im Geist bestand; in den medizinischen Texten wechseln gute und böse Geister den Platz im Körper, ziehen aus und ein; mit dem Körper stirbt das Ich — allerdings geht dann sein Geist in die Unterwelt. Am besten wird man tun, die Frage offen zu lassen; sie war dem Babylonier keine Frage. Vor dem praktischen Problem des Schicksals im Tod und vor dem ebenso praktischen der Erklärung der Krankheiten kam er zu verschiedenen Lösungen, die nur ein Ausdruck für »Geist« äußerlich zusammenhielt. Eine theoretische Auseinandersetzung gibt es nicht.

Die ursprüngliche Etikettierungspsychologie und Jenseitslehre ägyptischen Charakters bleibt in Resten erhalten; die Verarbeitung zu einer Seelenlehre höherer Art erfolgt nicht, weil die Entwicklung zur einheitlichen kausalen Weltanschauung fortschreitet; die Jenseitsfrage wird nebensächlich, die Frage der Entstehung des menschlichen Leidens Hauptsache; der Geist als Dämon, selbständig, später als Diener der Gottheit, wird wichtiger, als der Geist als Ka, aber nicht logisch geschieden; der Geist als Ka wird einfach vernachlässigt.

Nun erscheint der Körper des Menschen als Spiel einer Geistergesellschaft. Er wird besessen von einem bösen Utukku, der ein Seelenwesen eines andern oder sonst ein Dämon sein kann; sein guter Utukku wird ausgetrieben. Es gilt, den Bösen auszutreiben, den guten wieder an seinen Platz zu bringen. Das kann direkt geschehen, indem man den bösen bedroht und fortzwingt, indirekt, indem man den guten Utukku versöhnt und zur Heimkehr veranlaßt, oder den Herrn der Utukkus, den Gott, der sein Antlitz infolge von Sünde oder Verleumdung abgewandt hat, wieder gnädig stimmt und so dazu bringt, den bösen Dämon abzurufen oder zu verjagen, den guten zu senden. Alle denkbaren Möglichkeiten muß die Logik berücksichtigen, wenn sie wirksam ein Leiden bekämpfen will. Ein großer Gott, der durch Befehl oder durch Abwendung den Menschen den Dämonen preisgibt, ist die höchste Annahme; manchmal ist aber auch von einem persönlichen guten Gott oder einem guten Götterpaar jedes Einzelnen die Rede, denen ein böser Gott oder ein böses Paar gegenüberstehen; ein Gott, der das Haupt gut hält, entspricht dem Gott, der das Haupt böse hält, ein gnädiger Šedu dem bösen Šedu, ein guter Utukku dem bösen; die Gesamtheit der guten Geister nimmt den Kampf gegen die der bösen, die gute Sieben den gegen die böse auf. Die logische Arbeit beschränkt sich auf die Bildung von Gegenstücken und die Aufsuchung von allen Möglichkeiten in dem Hauptverhältnis; die theoretische Klärung wird nicht versucht. Der Mensch ist eine leere Hülse, ein Gefäß, das seinen Inhalt je nach Verdienst und nach der Kraft seiner Helfer von außen erhält; gute und böse Geister besitzen ihn und machen ihn gesund oder krank; es sind bald seine Geister und Götter, bald fremde. Wesentlich ist nur, ob es gute oder böse sind, denn davon hängt sein Befinden ab, weiter, daß man die bösen weg-, die guten herbringt — das und keine andere Psychologie braucht der Praktiker, mehr will er gar nicht wissen.

Wiederum ist der Babylonier ganz logisch, insofern er seine Hauptthese streng in die Praxis übersetzt, ganz praktisch, indem er alles streicht, was nicht notwendig zum System und zum nächsten Ziel gehört; seine Idee herrscht unbedingt, gibt allem Wert und Sinn; aber sie dient dem kurzsichtigsten Alltagsinteresse, den Geschäften und der Gesundheit des Herrn Niemand; sie erklärt einheitlich, konsequent, erschöpfend bis zur Aufhebung alles Interesses an allem, was sie nicht erklärt. Wie der werdende Individualismus den Staat zersetzt, so zersetzt der werdende Monismus die Wissenschaft älterer Zeit in jugendlich voreiligem und kurzsichtigem Radikalismus und Utilitarismus; aber ohne diese zersetzende Energie und ihre Schäden war das Neue, der volle Individualismus, der wieder lernt durch Selbstbeschränkung Staaten zu bilden, und die höhere Wissenschaft, die Einheit und Empirie zu verbinden weiß, nicht zu erreichen.

Die Beschwörungstexte, die wir aus Aššurbanipals Bibliothek besitzen, müssen mindestens zum Teil in recht alte Zeit hinaufreichen; die sumerischen Versionen sind altsumerisch. Neuerdings haben sich auch einige Beschwörungstexte gefunden, die in altbabylonischer Zeit geschrieben sind und in Inhalt und Form, ja sogar dem Serientitel nach (Ti'u, Kopfkrankheiten) weitgehende Übereinstimmung mit Texten aus hellenistischer Zeit zeigen, also beweisen, daß die erprobte Weisheit in genauen Kopien durch all die Jahrhunderte und über die Chaldäerzeit herab weitergegeben wurde. Natürlich wird neben Abschriften eine Neu- und Umbildung von Texten anzunehmen sein. Eine innere Entwicklung läßt sich vielleicht konstruieren.

Die allgemeine Entwicklung geht vom anschaulichen zum unanschaulichen Denken, von der Vielheit zur Einheit. Verhältnismäßig alt werden alle Texte sein, die reines anschauliches Denken zeigen und mit seiner Hilfe einer Fülle kleiner Kausalitäten direkt beizukommen suchen, jünger diejenigen, welche mehr flehen, als Zauber treiben, und mit einer höheren Kausalität großer Götter rechnen.

Reiner Ding- und Bildzauber spielt in den Beschwörungen eine große Rolle. Man fertigt Bilder des Dämons an und zerschlägt sie mit dem Schwert oder vergräbt sie, oder Körperformen von Ton und Teig, die den Zauberer darstellen, und verbrennt sie gesetzgemäß, nachdem man die Krankheit Glied für Glied auf sie übertragen hat. Die Krankheit ist Unreinheit — man reinigt mit Wasser, Speichel, Räucherwerk und Feuer; die Krankheit ist Bindung, Lähmung — man löst Knoten; die Krankheit ist Schale, die einen reinen Kern eingeschlossen hat — man schält Zwiebelschalen ab oder bricht eine Rispe auf. Man bietet dem Dämon ein anderes Opfer, ein Tier, auf das er übertragen wird, Honig und Dickmilch, das Totenmahl, falls er etwa ein verhungerter Utukku sein sollte; oder man macht ihm das Dasein durch eine reine Umgebung ungemütlich.

Befehlen kann man die Ausfahrt, wenn es gelingt, den Zaubernamen des Dämons zu finden. Aber der Teufel ist ein Sophist, es muß genau seine Formel sein, wenn er gehorchen soll; so macht er die Menschen zu Sophisten; lange Listen von Namen und Bannformen werden aufgezählt; vielleicht ist das richtige Wort darunter; dann kommt man auf logische Operationen mit ausschließenden Gegensatzpaaren, die treffen müßen, weil sie erschöpfen, oder mit allgemeinen Ausdrücken.

Sehr alt ist die Ausspielung eines Gottes gegen die Dämonen, Eas, des barmherzigen Reinigers von Eridu. In seiner Gestalt erscheint der Ašipu, der Reinigungspriester; ein Fischgewand und die ausdrückliche Versicherung, daß seine Formel Eas Formel, seine Stimme Eas Stimme, sein Speichel Eas Speichel sei, machen die Identität des Gottes und des Priesters zauberisch glaubhaft und wirksam. Eas helfende Geister stehen seinen Dienern bei, umgeben mit ihnen schützend den Kranken, besetzen die Plätze, die der böse Geist aufgeben muß oder als Zuflucht nehmen könnte.

Von der Anrufung der großen Götter als Helfer gegen die

Dämonen ist nur ein Schritt zur Beeinflussung der Krankheit von ihrer letzten Ursache, der zornigen Regung der Gottheit, die den Dämonen Macht gegeben; vorausgesetzt ist dabei die Entwicklung eines höheren Gottesbegriffs, einer einheitlichen göttlichen Kausalität in einem göttlichen Rechtsstaat. Die letzte logische Konsequenz dieser Erkenntnis wäre die Ausschaltung aller Zaubermittel und aller Dämonen gewesen — nicht sündigen, büßen, beten sind die Mittel, gesund zu bleiben und zu werden. Der Babylonier kommt nicht so weit; er schafft einen merkwürdigen Kompromiß zwischen dem Alten und dem Neuen; alle Möglichkeiten werden gesehen und anschaulich zu Heilzwecken verwertet bis an die letzte, jüdische Einsicht berührende, hin; zur logischen Stellungnahme im Neuen kommt er nicht.

Die Dämonen verschwinden nicht, sie nehmen nur zu den alten Zügen neue an; die alten Voraussetzungen werden beibehalten, neue daneben gestellt; ein Ausgleich wird da und dort äußerlich geschaffen, aber keine grundsätzliche Revision vorgenommen. Im göttlichen Rechtsstaat sind die Dämonen Büttel, Hunde der Götter, Versucher und Verleumder, Ankläger und Verfolger mit göttlicher Vollmacht; oder sie sind Rechtsbrecher. Jedenfalls gilt es, ihre Herrn von der eigenen Unschuld zu überzeugen, um frei zu kommen und die Strafe auf den Dämon oder Zauberer zu lenken.

Der Gott, der neben Ea nun mehr und mehr Bedeutung gewinnt, ist Šamaš, der gerechte Richter und Alleswisser, der »Großmagier« unter den Göttern; sein Emporkommen in den Zaubertexten muß in die Zeit der Pantheonbildung und der Entstehung von Rechtsstaaten in Altbabylonien fallen. Der Sünder tritt durch seine Sünde aus dem Schutz des göttlichen Rechtsstaats aus; er ist vogelfrei, den Dämonen und Hexen preisgegeben, selbst im höchsten Grade infektiös; jede Berührung mit ihm verunreinigt, macht vogelfrei; die Erfahrung, daß Krankheiten anstecken, die medizinischen Theorien der Unreinheit und Besessenheit und juristische Vorstellungen erzeugen die merkwürdigste Mischung. Die Beschwörungstexte werden zu Gerichtsverhandlungen, mit Vorladung der Schuldigen, Nachweis ihrer Schuld nnd der Unschuld des Kranken, Verurteilung zum Feuertod (nach dem Wortlaut des Codex Chammurabi) und Vollstreckung des Urteils in effigie. Die Unterscheidung von Schwarzkünstlern und Weißkünstlern, die Brandmarkung des ganzen Hexenwesens als böse und strafbar muß in dieselbe Zeit fallen;

wie der Dämon hat der Hexer nur Berechtigung, soweit er der Erhaltung der göttlichen Rechtsordnung bewußt und in guter Absicht dient.

Die Appellation an die Gerechtigkeit der Gottheit und ihre Rechtsordnung kann auch in einer einfachen Nachweisung der Schuldlosigkeit bestehen; der Dämon und Hexenmeister kann ganz aus dem Spiel bleiben. Den Frommen und Unschuldigen darf kein Gott zu Unrecht leiden lassen.

Der Babylonier führt den Nachweis seiner Unschuld, indem er lange Reihen von Sünden aufzählt und ihre Begehung in Abrede stellt; dabei kommt er auch hier auf den Gedanken, daß erschöpfender als eine Aufzählung eine Zusammenfassung aller Möglichkeiten zu sündigen sein könnte; der Klagepsalm Tabi-utul-Ellils zeigt uns, wie mit einem Bekenntnis der absoluten Unzulänglichkeit menschlicher Einsicht und der Unfähigkeit, vor der Gottheit sündenlos dazustehen, jede Sünde gebüßt und der Gottheit jeder Grund zum Zorn entzogen wird.

Demut und Reue sind weitere Mittel, den großen Gott zu versöhnen, sich als fromm zu erweisen. Zu den dramatischen Szenen der Vertreibung der Dämonen und der Gerichtsverhandlungen kommt die Szene der demütigen Buße, des Niederwerfens, Weinens, Trauerns und Flehens des Kranken, der Fürbitte des Priesters.

Die Schwierigkeit bei diesem Verfahren liegt wieder darin, die richtige Adresse zu finden, den Gott zu nennen, der beleidigt ist, damit er gezwungen ist, zu hören und sein Antlitz gnädig herzuwenden; denn der Gott, wie der Dämon, wartet auf sein Stichwort. Wieder werden tausend Listen angelegt, allgemeine Zusammenfassungen, wie »Götter und Göttinnen, so viel es gibt«, die »50 Großen«, die »7 (d. h. alle) Schicksalsgötter« etc., versucht; von Anu bis zum persönlichen Gott und der persönlichen Göttin, vom Polarstern bis zu einem unbekannten Totengeist kann jeder gekränkt sein und muß versöhnt werden. Der »Klagepsalm von 65 Zeilen an jeden Gott« bildet hier den Abschluß; »der Gott, den ich nicht kenne«, »die Göttin, die ich nicht kenne«, sollen sich beruhigen; die allgemeine logische Formel erschöpft alle Möglichkeiten.

So kommt der Babylonier schließlich auf logischem Weg zu Patentmedizinen, die jede Möglichkeit berücksichtigen und deshalb sichere Heilung in allen Fällen versprechen; mehr als das darf man in den Bußpsalmen, auch in den höchsten nicht sehen; der Verstand sucht praktische Auswege aus Not und Krankheit nach allen denkbaren Richtungen auf Grund einer Hauptthese; getrieben von der Not findet er logische Weiterbildungen von höherer Abstraktionsleistung — aber sie bleiben ungeschieden neben den primitiven Medizinen stehen, unerkannt in ihrer Bedeutung für die Weltanschauung als Ganzes. —

Die Hauptleistung des Judentums besteht in der theoretischen Erfassung und logischen Durchbiegung der babylonischen Voraussetzungen von einer göttlichen Kausalität und einer notwendigen Verbindung von Sünde und Strafe, Frömmigkeit und Lohn, in einem monotheistischen System. Damit fallen die babylonischen Omenwissenschaften und Zauberwissenschaften einfach weg. Gott hat sein Gesetz geoffenbart, soweit es der Mensch wissen muß, um glücklich zu leben, d. h. soweit es auch den Babylonier interessierte; dies Gesetz heißt: Sünde bringt Leiden, Frömmigkeit Lohn; wer sich daran hält, braucht keine Vorzeichen; sie können ihm nichts sagen, was er nicht aus seinem Gewissen ebenso erfahren kann; sie sind unnötig; an die Stelle der falschen kausalen Verbindung von göttlichem Willen, deutungsreichen Vorzeichen und Erfüllung, tritt eine ebenso falsche Verbindung von Sünde und Strafe, die aber viel einfacher, deutungsärmer, also klarer, und direkter, wenn man will mechanisch kausal in ihrer Art ist. Wer das Gesetz kennt, braucht auch keine Beeinflussung der Gottheit — er hat sein Geschick ja einfach und klar jederzeit in der Hand; es geht ihm gut, wenn er fromm ist; hat er gesündigt, so muß er leiden, bis er durch neue Frömmigkeit die Gottheit versöhnt hat. An sich liegt in diesem Standpunkt nicht die geringste Notwendigkeit begründet, die Vorzeichen und Beschwörungen als sündig zu brandmarken; sie sind einfach unnötig, zwecklos, töricht. Wenn das Judentum sich genötigt sieht, die spezifisch babylonischen Wissenschaften ausdrücklich als Sünden hinzustellen und Beispiele ihrer Bestrafung in der Geschichte zu konstruieren, so ist das eine Folge des hartnäckigen Kampfes seiner höheren Ideen gegen primitivere Regungen und Zweifel in den eigenen Reihen. Denen, die für den bildlosen Monotheismus ganz reif waren, hätte man kein absolutes Verbot der Bilderanfertigung auflegen brauchen; denen, die in der einfachen höheren kausalen Anschauung der Propheten lebten, war kein Verbot der Afterwissenschaften nötig; aber breite Schichten in der werdenden Gemeinde waren dafür nicht reif, sondern eben erst für babylonische

Dinge; sie mußten gezwungen werden, sich zu benehmen, als seien sie reif. Dazu kam dann der Zweifel an der absoluten Geltung des neuen Gesetzes; diese höheren Regungen fanden höhere Begründungen für das Verbot; der Mensch soll nicht mehr wissen wollen, als Gott freiwillig im Gesetz geoffenbart hat; er soll nicht versuchen, den Schöpfer frevelhaft zu belauschen oder gar zu vergewaltigen.

Die Omenlehren und die Beschwörungen blieben im Judentum verboten und halb überwunden; sie ganz als Unsinn auszumerzen, gelang nicht. Ebensowenig gelang die vollkommene Beseitigung der Dämonen; ein Polytheismus der Engel- und Teufelswelt feierte in der jüdischen Spätzeit seine Auferstehung und fand systematischen Ausbau; der dienerlose Gott Jirmejas wie der einfache Hofstaat Jahus bei Jecheskel, Hiob und seinen Zeitgenossen, war viel zu hoch für den Durchschnitt der jüdischen Gemeinde.

Die Astronomie hätte im Judentum eine Weiterbildung finden können. In der Zeit der Propheten scheint sie nicht gefördert worden zu sein — die eleatische Haupteinsicht verdrängte (wenigstens für unsere Überlieferung) alles andere Interesse; auch die enge Verschwisterung mit der zu Recht verworfenen Astrologie muß ihrer Entwicklung geschadet haben. In der Spätzeit fehlte das Interesse für theoretische Wissenschaften den orthodoxen Kreisen; die freieren fanden die hellenische Astronomie vor und eigneten sie sich an mit dem Interesse und Geschick, das ihnen ihre logische Stufe gab, auch Höheres zu verstehen, aber natürlich ohne Möglichkeit, es produktiv zu überholen.

Die jüdische Medizin konnte in älterer Zeit nur Gebetsheilkunde sein; Heilmittel sind gesetzmäßiges Leben, Frömmigkeit, Buße, Gebet und Fürbitte Frommer und der Gemeinde; Geduld und demütiges Festhalten an Gott empfiehlt der Hiobsroman, der zugleich dem einen Gott den einen Ankläger und Versucher gegenüberstellt. In der Spätzeit gab es für orthodoxe Kreise eine medizinische Dämonologie nach babylonischem Muster als primitivste Möglichkeit; die höheren Kreise, die der Gebetsheilkunde entwachsen waren, nahmen die höhere hellenische Empirie und Theorie in der Medizin wie in der Astronomie an und wußten sie mit praktischem Geschick zu üben. —

Die Vorzeichen- und Beschwörungswissenschaften sind die höchsten und wichtigsten Wissenschaften der babylonischen Weltanschauung, ihr eigenster Ausdruck und eng verbunden mit ihrem innersten Kern. Die übrigen Wissenschaften, Rechtswissenschaft, Geschichtswissenschaft, Grammatik und Syllabarwissenschaft, selbst die Weisheitsliteratur, haben niemals diesen engen Anschluß an das Gesamtsystem gefunden; auch hier haben wir Sammlungen von Wissen zu praktischen Zwecken, in langen Aufzeichnungen zusammengestellt und übersichtlich gemacht, logisiert, soweit der Babylonier der Logik mächtig war; aber die Beziehung zum Grundgedanken der Weltanschauung beschränkt sich auf gelegentliche Andeutungen. Erst das Judentum ist systematisch vorgegangen und hat Gesetz und Geschichte, Spruch- und Erzählerweisheit in den ausschließlichen Dienst der Hauptidee gestellt, d. h. die Einheit des Systems erreicht, die der babylonischen Logik versagt war.

Die babylonische Rechtswissenschaft ist keine Jurisprudenz im römischen oder modernen Sinn; sie schafft Gesetze und Gesetzsammlungen nach dem Bedürfnis der Praxis; die Anwendbarkeit eines Paragraphen in einem bestimmten Fall ist kein Gegenstand großer Debatten — dazu fehlt die entwickelte Fähigkeit logischer Unterscheidungen und Abgrenzungen; eine Theorie des Rechts gibt es so wenig als sonst Theorien; eine Rechtsgeschichte fehlt. Das Gesetz ist ewig, gottgegeben; kein Mensch denkt daran, daß Worte anders als naiv wörtlich und in fester unveränderlicher Bedeutung genommen werden könnten. Zweck des Gesetzes ist die Vernichtung des Bösen, die Erhaltung der göttlichen Ordnung durch den König.

Leider wissen wir so gut wie nichts vom ägyptischen Recht. Es hat in Ägypten vom alten Reich an ein schriftliches Verfahren bei Gerichtsverhandlungen und Vertragsabschlüssen gegeben; von Gesetzbüchern ist nichts erhalten. In der Spätzeit hören wir von einem Strafrecht, das ein jus talionis enthalten oder dargestellt zu haben scheint; aber erst in persischer und ptolemäischer Zeit beginnt die Reihe von Urkunden juristischen Inhalts, die massenhaft gefunden den zahllosen Tontafeln entsprechen, welche in Babylonien von altbabylonischer Zeit an die Hauptausbeute jeder Grabung bilden. Ägypten hat in der Spätzeit erreicht, was Babylonien schon vor Chammurabi geworden war — es war ein bürgerlich-priesterlicher Rechtsstaat.

Die bürgerlich-priesterliche Kultur ist zugleich die Kultur des Rechtsstaates. Die logische Entwicklung genügt in allen Gebieten zur übersichtlichen Zusammenstellung großer Materialmengen für praktische Zwecke und zur Entdeckung höchster Gemeinsamkeiten im Material; der Begriff einer ewigen festen Ordnung, eines Gesetzes, erscheint, zunächst ganz anthropomorph, als Idee einer göttlichen Weltherrschaft nach Analogie der irdischen Königsgewalt. Die Götter beherrschen die Welt und die Menschheit wie irdische Könige ihre Untertanen oder wie Herren ihre Sklaven — der Mensch ist Gottes Schatten (der tun muß, was sein Herr will, nichts ist und bedeutet ohne ihn), wie der Sklave des Menschen Schatten, sagt das Sprichwort. Allmählich verwandelt sich die unbeschränkte Herrschgewalt irdischer und himmlischer Könige in eine moralisch beschränkte; den König beschränkt die Gottheit, den Gott ein Ideal der Ethik; den König fesselt das Gesetz, das die Götter ihm gegeben haben, die Götter fesselt ein werdendes Moral- und Naturgesetz, die nächsthöhere Stufe des Gesetzbegriffs. Das selbstverständliche Schutz- und Dienstverhältnis zwischen Starken und Schwachen, Göttern und Menschen, Herrschern und Dienern in primitiven Kulturen hat der Rationalismus aufgelöst, doch nur um es rational begründet, erweitert und bewußt gemacht als allgemein bindendes, einklagbares Gesetz auferstehen zu lassen. Das Verhältnis von Gott und Mensch, Herren und Dienern wird aus einem Brauch zu einem rechtlich geregelten Zustand übergeführt.

Der Gott ist übermächtig, er lohnt und straft, wie er will — innerhalb des Rechts; er braucht einen Rechtsgrund für sein Vorgehen und muß darüber Rede stehen können; Sünde ist ein juristischer Begriff, der zulässige Grund zur Aufhebung des Rechtsschutzes; gegen Dämonen und Hexen, Rechtsstörer und göttliche Büttel, gibt es das Mittel der Appellation an die göttliche Gerechtigkeit, vom Gott zum besser zu unterrichtenden Gott. Und wie hier die Gerechtigkeit der Gottheit über die Gottheit selbst bindende Macht gewinnt, obgleich die Gottheit sie ja geschaffen hat, so wird an einzelnen Stellen das Gesetz der Natur, ungeschieden vom Moralgesetz, für die Gottheit, die es gegeben, zwingend; der Gott kann so wenig den Frommen leiden lassen, als den Sterblichen unsterblich machen. So erscheinen in einer unklaren Mischung als Ordnungen und Gesetze eines göttlichen Weltstaates die Elemente einer höheren Stufe der Begriffsbildung; moralische Gesetze und Naturgesetze rücken über die Gottheit — die logische Kraft, sie theoretisch zu erfassen und in die Mitte des Weltbildes zu stellen gewinnen erst Juden und Hellenen.

Wie den Gott binden den König auf Erden seine Gesetze; er sammelt sie — der Babylonier kennt auch die Tätigkeit des Gesetzgebers nur als ein Zusammenstellen uralter, seit Ewigkeiten geltender, zeitloser, gottentstammter Gebräuche und Gebote, nicht als individuelle schöpferische Leistung — er wacht über ihre richtige Übung als Stellvertreter der Götter und er beugt sich ihnen wie die Götter; wie im Himmel die Unterwerfung unter selbsterlassene Gesetze die Herrschaft von Sittengesetz, Schicksal und Naturgesetz über die Götter und an ihrer Stelle vorbereitet, so ist sie auf Erden die Vorbereitung zur Beschränkung und Beseitigung des Königtums zugunsten der Republik, der Weltkirche oder der Polis.

Die babylonische Entwicklung erreicht hier, wie in allen Gebieten, keinen logischen, sondern nur einen praktischen Abschluß; der himmlische und irdische Rechtsstaat mit seinen sorgfältig abgegrenzten Kompetenzen und gesetzlichen Bindungen entsteht in altbabylonischer Zeit allmählich und wird zur Chammurabizeit so weit vollendet, als dies die babylonischen Fähigkeiten gestatten; das Rechtsbewußtsein des Staatsbürgers gewinnt in den zahllosen Urkunden des täglichen Lebens, in den medizinischen Verhandlungen gegen Hexen und Dämonen, in Staatsgesetzen und Stadtprivilegien, in literarischen Texten, wie der Fabel von Adler und Nachtschlange, vielfältigen Ausdruck; dann stockt der Fortgang in der Oberschicht — der Rest ist Ausbreitung in die Massen.

Das älteste Denkmal babylonischer Jurisprudenz ist ein Bruchstück eines zweisprachigen Gesetzes, das sich in einem Übungsbuch zur Erlernung des Sumerischen in Aššurbanipals Bibliothek als Lesestück erhalten hat, das sog. sumerische Familienrecht. Daß dies Stück in die älteste sumerische Zeit zurückgeht glaube ich nicht; selbst wenn die Zweisprachigkeit erst eine Folge der Verwertung zu Lehrzwecken wäre, würde ein allzuhoher Ansatz der Entstehungszeit nicht viel Wahrscheinlichkeit für sich haben; etwa zu Gudeas Zeit oder etwas früher würde eine derartige Kodifikation des Herkommens denkbar sein.

Von besonderer Bedeutung ist das Bruchstück dadurch, daß es vielleicht auch verwertbar ist für eine Vorstellung von dem was wir in Ägypten an Kodifikation erwarten dürfen. Da wir überall im alten Babylonien voraussetzen dürfen, was in den ägyptischen Oberschichten des neuen Reiches geleistet wurde, so werden wir im entstehenden priesterlich-bürgerlichen Rechtsstaat der 18.—20. ägyptischen

36*

Dynastie auch Gesetze annehmen dürfen, die halb Sitte und halb juristischer Kodex sind, Formen und Formeln als sichtbaren Kern der Vorgänge in anschaulichem Denken über alles schätzen und doch über sie hinausstreben und höchstens für ein Prinzip wörtlichster Vergeltung als Grundsatz objektiven Gerechtseins reif sind.

Das sog. sumerische Familienrecht umfaßt sieben Paragraphen. Die sechs ersten behandeln die Aufkündigung des Verhältnisses der Kindschaft, Elternschaft und Ehe, der letzte macht den Mieter eines Sklaven für dessen Beschädigung und Flucht verantwortlich.

Die ersten sechs Paragraphen sind nicht durch einen Oberbegriff, sondern durch ein anschauliches Surrogat desselben, eine Formel zusammengefaßt. »Du bist nicht mein Vater« (Mutter, Sohn, Tochter, Mann, Weib) lautet der Satz, durch den Verwandtschafts- oder Eheverhältnis gebrochen wird; die Auflehnung eines Sohnes gegen den schuldigen Gehorsam, die Verstoßung von Kindern, die legitime Ehescheidung des Mannes und die Gehorsamsverweigerung der Ehefrau dem Mann gegenüber, offenbar eine Form des Ehebruchs, gehen unter derselben Etikette; ein äußerliches Element täuscht einen inneren Zusammenhang vor. Den Sohn, der sich gegen den Vater auflehnt, darf der Vater ohne Gericht verkaufen; den Sohn, der sich von der Mutter lossagt, zieht die Gemeinde zur Rechenschaft, brandmarkt[1] ihn und erklärt ihn vogelfrei; der Mann, der seine Frau verstößt, muß Buße zahlen, die Frau, die sich vom Mann lossagt, stirbt. Die alten Geschlechtszusammenhänge werden gelöst und in den Rechtsstaat übergeführt; der Vater darf noch ohne Gericht den Sohn verkaufen, aber nur wenn er schuldig ist — töten darf er ihn nicht mehr; die Mutter muß das Gericht anrufen; der Mann darf die Ehebrecherin töten, aber die mißliebige, schuldlose Gattin nur gegen Buße entlassen. Die unbedingte Gewalt des Geschlechtshauptes und des Ehemanns ist beschränkt, das starre Recht über Leben und Tod gemildert. Eine Trennung von Sitte und Recht hat noch nicht stattgefunden, bereitet sich aber vor. Der Sklavenparagraph zeigt uns ein Sachenrecht im Entstehen. Das alte Personen- und Strafrecht dehnt sich auf Sachen und damit auf den entstehenden Handel aus.

Der Kodex Chammurabi kennt kein Verbrechen der Lossagung

[1] In Babylonien ist das Sklavenbrennen ein »Einschneiden«, der Brenner ein »Ritzer«.

der Kinder von den Eltern mehr; selbst das Adoptivkind kann seine Pflegeeltern straflos verlassen. Auch die Verstoßung von Kindern wird nur in dem Fall schwerer Schuld des Sohnes im Rückfall vorgesehen und erfolgt durch Richterspruch. Pietät der Kinder gegen die Eltern, Liebe der Eltern zu den Kindern ist Sache der Sitte und Religion. Nur bei Adoptivkindern, die unsittlichen Kreisen entstammen, also besonders dankbar sein sollten, und bei Sklaven erscheint die alte Formel und harte, aber immer richterliche Strafe. Die Entlassung der Ehefrau nicht nur, sondern auch die der Nebenfrau ist mit Buße belegt. So ist die Entwicklung, wo wir sie direkt beobachten können, in der Richtung fortgeschritten, die schon die sumerische Kodifikation eingeschlagen hatte; Willkür und Selbsthilfe werden weiter beschränkt, die Schwachen gegen die Starken geschützt und der Staat gestärkt; alte allzustarre und harte Rechtsbräuche aus der Zeit der Geschlechtsverbände und des Faustrechts werden gemildert nach einer objektiven Norm höherer Gerechtigkeit, die mehr Übersicht voraussetzt, als die Schöpfer des alten Herkommens besaßen; Herkommen und Recht trennen sich durch rationale Revision des Alten — das immer geübte ist nicht schlechthin richtig; es muß sich vor der Vernunft rechtfertigen, an objektiven Kriterien und Idealen messen lassen. Das Alte wird dabei nicht verworfen; der Assyrer las sein juristisches Übungsstück gewiß mit einem ehrfürchtigen Schauder vor einer Urzeit, die jede Auflehnung des Sohnes gegen die Eltern mit Versklavung, Brandmarkung und Acht bestrafte; sie war ihm nicht primitiv in ihren Rechtsbegriffen, sondern überstreng in sittlichen Dingen, höher, göttlicher als sein Zeitalter.

Die große Gesetzgebung Chammurabis setzt ältere sumerische und zweisprachige Gesetze, wie das »Familienrecht« voraus. Der Herstellung des Rechts rühmen sich mehrere Könige der älteren Zeit; Singašid von Uruk (aus der Zeit der Dynastie von Isin) hat Preise für Korn, Öl, Wolle, Kupfer durch Gesetz bestimmt, wie Chammurabi Taxen für allerlei Arbeiten. Vielleicht knüpft Chammurabis Kodifikation an eine ältere seines Ahnherrn Sumulailu unmittelbar an. Jedenfalls war das Werk eine große Zusammenfassung des geltenden Rechts und ein Ausgleich desselben mit modernen Anschauungen und Verhältnissen, abschließend, wie Chammurabis Staat, und bewußt in den Dienst der Staatsidee gestellt. Seine Durchführung ganz im Anfang von Chammurabis Regierung, in seinem zweiten Jahr, beweist, daß der König von Anbeginn über seine Ziele klar war; seine einsprachige, semitische Abfassung unter Aufnahme aller sumerischen Leistungen entspricht ganz dem Programm des Königs in andern Gebieten; wenn er sich rühmt, Recht und Gerechtigkeit »in der Sprache des Landes« festgelegt zu haben, so heißt das, daß die Sprache des Landes hinfort nur eine, semitisch sein sollte.

Wie der Staat hat das Gesetz seine Form bewahrt; wir haben Abschriften aus der Bibliothek Aššurbanipals vielleicht in zwei Serien, die im ganzen mit dem Urtext übereinstimmen; die Gesetze der Nachbarstaaten Babyloniens bis nach Palästina müssen an diesem Muster gebildet worden sein. In Babylonien selbst könnte um 1000 eine neue Kodifikation als Fortbildung und Anpassung des Kodex Chammurabi an veränderte Verhältnisse versucht worden sein; ihre Reste gestatten keine sichern Schlüsse auf ihre Ausdehnung; ersetzt hat sie das alte Gesetz gewiß nicht.

Die größte Verwunderung hat bei Auffindung des Gesetzes die Tatsache hervorgerufen, daß es so ganz profan nur die diesseitige Welt und ihre Verhältnisse berücksichtigt. Chammurabi steht ganz auf dem Boden der religiösen Weltanschauung der babylonischen Philosophen; das erhellt aus der allgemeinen Einkleidung des Gesetzes und aus seinem Titelbild, auf dem Šamaš dem König das Gesetz übergibt; aber das Gesetz selbst berührt religiöse Dinge so gut wie gar nicht.

Wäre Chammurabi nicht Babylonier, sondern Jude oder Hellene gewesen, so hätte er die logische Fähigkeit besessen, die Grundlage seines Gesetzes oder wenigstens ein und den andern Hauptsatz der Weltanschauung, aus der es hervorgegangen war, an den Anfang zu stellen; als Babylonier kann er das nicht; die allgemeinen zusammenfassenden Züge bleiben im Stoff stecken; da und dort gelingt es, sie als einzelne Sentenzen auszusprechen; daß sie das wesentliche im mannigfaltigen Material bilden, daß sich der ganze Wust von ihnen aus ordnen und vereinheitlichen läßt, wenn es gelingt, sie allgemein zu formulieren und zum Rückgrat zu machen, wird geahnt, aber nicht gewußt; die Praxis herrscht und die Herrichtung des Stoffs zu praktischen Zwecken, Theorie gibt es keine. Chammurabi kodifiziert herrschende Rechtsbräuche oder er glossiert in gesetzlichen Bestimmungen nach seinem Rechtsgefühl eine Weltanschauung, die er nicht abstrakt genug fassen kann, um sie in positiven Sätzen auszusprechen.

Er müßte anfangen: »Zauberei wird mit Tod bestraft« — offenbar war das der Fall; statt dessen gibt er eine Vorschrift, die den Beweis der Beschuldigung der Zauberei regelt und den falschen Ankläger bedroht. Er sagt: »Der Dieb am geweihten Ort, im Tempel und im Palast, stirbt«; das sieht wie eine allgemeine positive Bestimmung aus, ist aber in der Tat wieder nur eine Einschränkung des geltenden Rechts — bis dahin starb jeder Dieb. Wir finden keine Bestimmungen über Gotteslästerung oder Verletzung der Heiligtümer, Priestermord oder Königsmord — hier bleibt es bei der Todesstrafe.

Andere Verbrechen gegen die Religion beschäftigen den Gesetzgeber nicht, weil die Gottheit stark genug und fest genug geglaubt ist, daß man ihr die Rache überläßt: sie hat Krankheit, Unglück, Tod zur Verfügung. Das erklärt z. B. die merkwürdige Laxheit gegen den Falscheid. Auch der feste Glaube an Gottesurteile gehört hierher. Anderseits freilich wird mit schweren Strafen die Benutzung der Religion zum Deckmantel der Unsittlichkeit geahndet: die Bestimmungen über die Ištardirnen zeigen den Gesetzgeber bestrebt, einen gerechten Ausgleich zwischen den religiösen Prostitutionsriten und den Forderungen einer höheren Moral zu finden.

Vielleicht spielt bei der Ausschaltung religiöser Dinge auch der Umstand herein, daß wir ein Königsgesetz vor uns haben; Chammurabi hatte kein Interesse daran, die Stellung der Priester auf seine Kosten zu verbessern. Es mag eine Jurisdiktion der Priester und Kirchenstrafen gegeben haben — der König kennt nur Laienrichter und weltliches Gericht.

Der Kodex Chammurabi ist ein Muster babylonischer Listenwissenschaft, eine ausgedehnte Sammlung von rechtlichen Bestimmungen zu Zwecken der Praxis aus der Praxis. Seltene Entscheidungen haben noch alle Konkretheit des Einzelfalls, häufigere Entscheidungen haben abstraktere Form bekommen. In die alte unberührt übernommene Materialsammlung werden neue Ideen und Empfindungen von Fall zu Fall eingeführt (so sammelt und modernisiert Sinlikiunnini die Lieder von Gilgameš); ohne grundsätzliche Auseinandersetzung wird aneinandergereiht, was gilt und gelten soll, mit dem Ziel der möglichsten Vollständigkeit, der leichten Übersicht und der praktischen Brauchbarkeit; das Alte wird durch Ergänzungen komplizierteren Verhältnissen, milderen und fortgeschritteneren Rechts- und Humanitätsbegriffen, längerer logischer

Übersichtsfähigkeit angepaßt; es wird vielfach bis zur Unkenntlichkeit verwandelt, aber es bleibt ehrwürdig und unaufgehoben.

Das Gesetz berücksichtigt Standesunterschiede; Freie, Freigelassene und Sklaven, Männer und Frauen werden verschieden behandelt, gelegentlich kommt auch einmal der Reiche besser weg, als der Arme (so beim Diebstahl); aber es ist so weit entfernt, ein verschiedenes Recht für verschiedene Menschen zu proklamieren, daß man gerade die Fälle der Differenzierung als Belege für das Bestreben des Gesetzgebers deuten kann, zu einer Rechtsgleichheit aller zu kommen; früher hatte nur der Freie und der Mann Rechte — jetzt bekommen sie ausdrücklich auch die andern. Eine volle Rechtsgleichheit und gar ihre ausdrückliche Proklamation bleibt aber aus.

Das Gesetz enthält Bestimmungen, die für uns als Personen- oder Sachenrecht, als öffentliches oder privates Recht, als Straf-, Handelsrecht usw. in verschiedene logische Schemata eingehen; der Babylonier besitzt diese Abstraktionen nicht; was im Kodex steht ist nicht einmal alles Gesetz in unserem Sinn — wir finden Tarife für Gärtner und Baumeister, Ärzte und Wirte, Bestimmungen über Tier-, Sklaven- und Speichermiete.

Die einfachsten juristischen Oberbegriffe, Eigentum und Eigentumsvergehen, Vertrag und Vertragsbruch, Betrug und Unterschlagung, Absicht, Fahrlässigkeit, höhere Gewalt u. a. fehlen. Der Babylonier sucht sie, ohne sie zu erreichen oder er findet sie, ohne ihren Wert zu erkennen.

Er möchte den Begriff »bewegliche Sache« bilden und umschreibt ihn mit »Silber, Gold, Sklave, Sklavin, Rind, Schaf, Esel (Schwein, Schiff) oder sonst etwas«; »anvertraute Wertgegenstände« umschreibt er durch »Silber, Gold, Edelsteine und Handschmuck«; der höchste Begriff beweglichen Eigentums ist »Getreide und Silber«, wobei Getreide für »Getreide, Wolle, Öl« und Silber für Geldeswert in Metall und Steinen steht.

Statt der gesuchten Abstraktion stellen sich die anschaulichen Reihen von Dingen ein, die in die Abstraktion eingehen sollten; sie werden erweitert durch den verallgemeinernden Zusatz »und sonstiges«, gekürzt zu Rudimenten, die repräsentativ sein sollen. Der Oberbegriff »Getreide und Wolle« verhält sich zu dem höheren der »beweglichen Sache« etwa wie der babylonische Monotheismus zum Monismus. Die Vielheit und Anschaulichkeit der Dinge wird durch das Bedürfnis des Praktikers nach Kürze des Ausdrucks eingeschränkt; grundsätzlich überwunden wird der alte Standpunkt nicht; alles Betroffene soll ausdrücklich genannt, sichtbar bleiben — sonst gibt es Unsicherheiten, denen erst die definierende Jurisprudenz gewachsen ist.

Wie Ansätze zu höheren Rechtsbegriffen gibt es solche zu Definitionen. Wenn der Richter in § 5 als der geschildert wird, der »einen Prozeß leitet, eine Entscheidung fällt und das Urteil schriftlich ausfertigt«, wenn §§ 9—13 ein ganzes Prozeßverfahren in allen Einzelheiten angegeben wird, so sind das Elemente, die in andern Händen fruchtbar werden konnten. Dem Babylonier sind sie totes Gut, nicht wertvoller, als sein sonstiger Besitz. Er kommt weder auf den Gedanken, andere Dinge wie den Richter zu definieren und eine juristische Sprache in Sigeln und Kürzungen zu schaffen, noch auf den, das Prozeßverfahren statt für den einen für alle Fälle auszuarbeiten und zu fixieren, der Praxis und ihren Zufällen zu entrücken.

Selbstverständlich macht sich dies alles bei der Disposition des Gesetzes fühlbar; sie läuft an allerlei äußerlichen Assoziationen ab, wie eben ein Gedanke eintritt, ablenkt und auswellt; nur ganz grob lassen sich große Gruppen bilden, Lehnsrecht und Pachtrecht, Handels- und Schuldrecht, Ehe- und Familienrecht; auch diese sind nicht geschlossen und an einer Stelle behandelt — einzelne Bestimmungen werden voraus- oder nachgenommen. Trotzdem entsteht genügend Ordnung, daß der Kenner des Gesetzes sich schnell im einzelnen Fall orientieren kann; kleine logische Hilfen werden hier, wie in den Omentexten geschickt benutzt; die Assoziationen haben ebenfalls eine Logik an sich, namentlich für den Menschen der Stufe, die sie vorgedacht.

Es ist nicht ohne Interesse, den Assoziationsfaden ein Stück weit zu verfolgen. Das Gesetz beginnt mit der Bestimmung einer Strafe für den, der einen andern falsch der Zauberei beschuldigt hat; dabei fällt allgemein die unrechte Beschuldigung ein und wird erledigt — die ersten beiden Paragraphen werden damit als Spezialfall unnötig, bleiben aber stehen. Vom falschen Zeugen gehts zum falschen Richter. Nun kehrt der Gesetzgeber zur ersten Materie zurück, Verbrechen gegen die Gottheit; dem Zauberer reiht sich der Dieb in Tempel und Palast an. Dabei fällt allerlei zu Diebstahl ein, nur die allgemeine Bestimmung »Diebstahl ist strafbar« bleibt aus. § 7 behandelt wissentliche Hehlerei, § 8 bestimmt Geldstrafen bei Diebstahl, §§ 9/10 regeln das Verfahren der Rückforderung gefundenen Eigentums aus einem Diebstahl (einiges hätte zu § 7, anderes zu § 3/4 gehört); ein ganz detailliertes Prozeßverfahren wird als Einzelbestimmung genau vorgeschrieben. Diebstähle von Kindern (14), von Sklaven (15) folgen; der Sklavenhehler und der Sklavenfänger und -wiederbringer bekommen Strafe und Lohn. §§ 21/22 werden Einbruch und Raub erledigt; daran schließt eine Bestimmung über die Haftpflicht der Ortschaften für Raub auf ihrer Flur. Logisch hätte dem Dieb, Einbrecher und Räuber der Brandstifter und Mörder folgen müssen; die Assoziation geht auch diesen Weg, streift aber die Brandstiftung nur, indem bestimmt wird, was dem Dieb bei Löscharbeiten geschehen soll, und springt dann zum Krieg über. §§ 26—41 bestimmen die Rechte, Pflichten und Vergehen im Lehnsverhältnis; Entziehung der Dienstpflicht, Gefangenschaft und Lösung des Lehnsträgers, Verkaufsrecht am Lehnsgut usw. werden behandelt. Vom Lehnsland gehts zum Pachtland und zur Urbarmachung gepachteten Bodens; dabei fallen boshafte Schädigungen von Bewässerungsanlagen, Feldschäden durch Herden und Holzdiebstähle ein. So geht es fort; nirgends wird eine Materie erledigt vom Begriff aus; Hehlerei und Diebstahl kehren an anderen Stellen wieder; an einen Einzelfall des Betrugs im Handel schließen Betrügereien im Schankgewerbe, Verschwörungen in Schenken und Bordellgründungen durch Geweihte an; zum Eherecht gehören Blutschande und Gattenmord; der Chirurg und der Brandmarker werden bei mißglückten Operationen wegen Körperverletzung körperlich gestraft, beiläufig wird ein Tarif für glückliche Leistungen angehängt.

Ansätze, an die eine höhere logische Bearbeitung anknüpfen könnte, gibt es überall; aber kein Mensch beachtet sie. Neben den alten anschaulichen Formeln zur Zusammenfassung der Materien, neben dem »du bist nicht mein Vater« oder »mein Herr«, und entsprechenden Bildungen für Verlobung und Entlobung, Adoption, Beweisangebot u. ä., die uns ein ganzes Formelsystem im mündlichen Verfahren ahnen lassen, stehen die Übergangsglieder zu abstrakteren Oberbegriffen, steht das ganze schriftliche und schriftlich geregelte Verfahren.

In Übergangszustände läßt auch die Stellung des Richters blicken. In altbabylonischer Zeit wird gelegentlich ein Oberrichter als einer der höchsten Staatsbeamten erwähnt; wie in Ägypten verschwindet das Amt im Lauf der Entwicklung. Die Richter der späteren Zeit scheinen teilweise königliche Beamte gewesen zu sein; es ist von »des Königs Richtern« die Rede und von der Erblichkeit ihrer Ämter. In der Hauptsache wird aber die richterliche Funktion von beliebigen Leuten ausgeübt worden sein, die das Vertrauen der Parteien genossen und genügend Gesetzkenntnis besaßen; daß Gemeindehäupter, Älteste und Priester dabei gern gewählt wurden, ist natürlich; einmal wird auch eine Richterin (Ištarummu; Priesterin?) erwähnt. Der König und seine Berufsrichter waren höhere und höchste Instanzen. Ein Rest von Gemeindegerichtsbarkeit ist in den Ältesten erhalten.

Diesen Verhältnissen entspricht die Stellung des Richters zu den Parteien. Die Familienjustiz und Selbsthilfe soll überall ausgeschaltet werden und durch objektive Justiz unbeteiligter Dritter und Eintreten der Allgemeinheit für den Verletzten ersetzt werden. Wo früher jedermann sich Recht nahm, wo die Geschlechtsgenossen in Blutrache gegeneinander wüteten, der Vater den widerspenstigen Sohn verkaufte, der Gatte die Ehebrecherin tötete, wird überall der Richter eingeschoben. Das Ideal objektiver göttlicher Gerechtigkeit, das Bewußtsein, daß beteiligte und kurzsichtige Menschen irren und ungerecht urteilen können, fordert einen Richter über den Parteien, ideal den Gott der Gerechtigkeit, der alles sieht, Šamaš, praktisch einen gerechten und weisen Menschen an seiner Statt. Aber dieser Richter ist nur Schiedsmann zwischen den Parteien; der Prozeß bleibt Sache der Beteiligten, Zweikampf mit Worten, Gründen, Beweisen, statt mit Waffen, dem Fortschritt vom Faustrecht zum rationalen Ordnungsstaat gemäß. Der Kläger klagt auf eigene Gefahr; wenn er auf Leben klagt, riskiert er sein Leben, immer die Strafe, auf die er klagt; auch der Strafvollzug liegt in der Hand der siegenden Partei immer noch zum Teil — der Schuldner wird Sklave beim Gläubiger. Der Staat hat nur das Interesse richtiger Justiz; er sammelt Gesetze und schreibt sie auf; er wacht über die formell und materiell richtige Anwendung als oberste Instanz; er straft den ungerechten Richter, vollzieht Todesurteile, garantiert den Vollzug der übrigen Sprüche und mildert Härten. Die Strafen fallen ihm aber nicht zu; selbst der ungerechte Richter büßt der geschädigten Partei. Ein öffentliches Interesse an der Bestrafung der Schuldigen wird dem Staat nicht zugestanden; das ist erst auf höherer Stufe der Fall, wenn der Staat das schlechthin objektive, gerechte an Gottes Statt gegebene Wesen geworden ist. Absolute abstrakte Einheitsbegriffe und absolute Idealität des Staats gehören zusammen; in Babylonien bleibt der Staat Partei, das Recht Parteisache, obgleich der objektive göttliche Staat und das objektive gottgegebene Recht in der Entwicklung begriffen sind.

Die Grundsätze der Strafbemessung zeigen ebenfalls den Übergang von einem Alten zu neuen Anschauungen.

Der einzige allgemeinere Grundsatz, den der Kodex Chammurabi aufstellt, ist eine Vorstufe des allgemeinen, in dieser Abstraktheit nicht erreichten Satzes, Gleiches mit Gleichem zu vergelten. Wer einen andern auf Leben und Tod zu Unrecht anklagt, verliert sein Leben, wer ihn ebenso unrecht auf Geld oder Getreide verklagt, zahlt die Strafe, die den falsch Beklagten getroffen hätte. Das ist eine sinngemäße Erweiterung und Übertragung des unbewußten Prinzips jeder Blutrache auf höhere Verhältnisse eines geordneten Staates.

Ganz starr bleibt die alte Anschauung in Bestimmungen erhalten, die einfach Leben für Leben, Glied für Glied fordern; schlägt ein neugebautes Haus den Besitzer tot, so stirbt zur Sühne der Baumeister, schlägt es den Sohn des Besitzers tot, so muß des Baumeisters Sohn sterben; für den Totschlag an einer schwangeren Frau büßt die Tochter des Mörders mit dem Leben; für den Mord an einem freigeborenen Schuldsklaven fällt der Sohn des Mörders; bei Körperverletzungen muß der Verletzer Auge für Auge, Knochen für Knochen, Zahn für Zahn leisten. Nach Schuld und Unschuld wird in diesen krassen Bestimmungen gar nicht gefragt; ein anschauliches Ding muß ersetzt werden durch ein anschaulich gleiches, Mensch durch Mensch, Zahn durch Zahn.

Oder das Glied, das sündigt, muß Strafe leiden; es gibt keine handelnden Individuen, sondern nur schuldige Glieder. Der Sohn, der den Vater schlägt, verliert die Hand; die Amme, die ein Kind an Stelle des toten Ziehkindes unterschiebt, verliert die Brust; der Arzt verliert die Hände, wenn sein operierter Patient stirbt oder das behandelte Auge einbüßt; der Brandmarker ebenso, wenn er jemand zu Unrecht brandmarkt. Hier schließen die ungemein eindrucksvollen anschaulichen Strafen des Einbrechers an, der vor dem Loch, das er gebrochen, getötet und verscharrt wird, des Branddiebes, der in das Feuer geworfen wird, das ihm Gelegenheit zum Stehlen gab.

Die entwickeltere Logik baut den alten Rechtsgrundsatz des anschaulichen Denkens aus, faßt ihn allgemeiner und wendet ihn in verschiedenen Einzelfällen sinngemäß an. Er gilt und befriedigt; seine Überwindung bereitet sich unbewußt vor, in mildernder Anwendung auf Verhältnisse, die seine starre Geltung nicht vertragen — so in der Ausdehnung auf Freigelassene und Sklaven, Foeten und andere Sachen — und in der Berücksichtigung von böser Absicht und höherer Gewalt. Die Befriedigung des verfeinerten Rechtsgefühls in solchen mildernden Ergänzungen alter Rechtsübungen wird keineswegs als Neuerung empfunden; man ist individueller geworden, empfindlicher, menschlicher — die Theorie hinkt nach.

Die selbstverständliche Voraussetzung der älteren Rechtsübung ist, die Folgen einer Tat, den angerichteten Schaden, anzusehen und auszugleichen; man denkt unkausal, anschaulich, typenbildend; die Dinge sind, sie werden nicht; ein anschauliches Ding ist einem gleichen anschaulichen Ding gleich. Nun lernt man unanschaulicher, kausal denken; das anschaulich Unfaßbare, Absicht und Zufall, werden berücksichtigt; Werden und Wollen spielen herein. Die Konsequenz müßte eine Revision des ganzen Rechts sein — sie bleibt aus. Nicht nur, daß eine ganze Reihe von Bestimmungen stehen bleiben, die nur mit dem Schaden und dem ganz unindividuellen, fungibeln Dingmenschen rechnen; auch wo die neuen Elemente berücksichtigt werden, fehlt dem Gesetzgeber das sichere Unterscheidungsvermögen und die Kraft, logisch konsequent zum Allgemeinen fortzuschreiten.

Der Richter, der einen Prozeß »fehlerhaft führt«, zahlt zwölffache Buße und wird vom Stuhl gestoßen, ob er Formfehler im anschaulichen Verfahren, Fehler aus Irrtum, oder bestochen und übelwollend bewußte Rechtsbeugung begeht. Der Ankläger oder Belastungszeuge, der seine Aussage nicht glaubhaft machen kann, leidet die Strafe des Beklagten, gleichgültig, ob er im guten Glauben oder böswillig gezeugt hat, ob ein Zufall oder ein überlegener Gegner ihm sein Material unwirksam gemacht. Der Inhaber einer gestohlenen Sache gilt als ihr Dieb und wird getötet, wenn er sich über ihren rechtmäßigen Erwerb nicht ausweisen kann. Den Chirurgen kostet ein Kunstfehler, wie eine unverschuldete Eiterung oder sonstige Infektion der Wunde die Hände, den Baumeister ein Rechenfehler oder ein unerwartet starker Windstoß vielleicht das Leben. Wenigstens dem Wortlaut des Gesetzes nach. Eine bewußte allgemeine Berücksichtigung von Schuld und Unschuld, eine Trennung von Schuld, Fahrlässigkeit, höherer Gewalt gibt es in klarer Fassung nicht. Wohl aber gibt es viele Einzelbestimmungen, die zeigen, daß diese Begriffe im Entstehen sind.

Der Pächter wird von seiner Zahlungsverpflichtung entbunden, wenn Dürre oder Unwetter seine Arbeit ergebnislos gemacht haben; der Zwischenhändler haftet nicht für Geld, das ihm der Feind genommen hat, der Hirte nicht für Vieh, das ein »Schlag der Gottheit« oder ein Löwe getötet haben; der Kriegsgefangene behält den Anspruch auf sein Lehn; seine Frau darf nicht bestraft werden, wenn sie aus Not sein Haus verläßt und selbst wenn sie der Unsittlichkeit verfällt, also Ehebruch begeht.

Für den stößigen Ochsen haftet der Besitzer, wenn er ihm nicht die Hörner umwickelt; für das gutartige, einmal unglücklich stoßende Tier dagegen haftet weder der Besitzer noch der Treiber. Den Sklavenhehler trifft die Todesstrafe, der Sklavenmieter, dem ein Sklave entflieht, bleibt straflos. Der Sklavenbrenner verliert die Hände, wenn er ohne Autorisation einen Menschen zu Unrecht brandmarkt; glaubt er sich autorisiert, so bleibt er straflos, wenn er schwören kann: »Ich habe ihn nicht mit Wissen gezeichnet«. Ebenso soll, wer im Streit jemand unabsichtlich verwundet, schwören: »Mit Wissen habe ich ihn nicht geschlagen« und dadurch von der Strafe bis auf die Arztkosten frei werden. Hier erscheint die Formel, die zu einer allgemeinen Bestimmung hätte werden können und die Möglichkeit, strafrechtliche und zivilrechtliche Haftung zu trennen.

Auch die strafverschärfende Wirkung gemeiner Gesinnung ist in einzelnen Paragraphen unverkennbar. Wer beim Löschen eines Feuers stiehlt stirbt im Feuer (der Feuertod raubt der Seele die Möglichkeit, zur Ruhe zu kommen, indem er den Leichnam vernichtet, ist also die schlimmste Todesart) — der Vertrauensmißbrauch wird besonders geahndet. Das Adoptivkind aus unsittlicher Sphäre, das in die unsittliche Umgebung zurückverlangt oder sich gegen die Pfleger auflehnt, verliert Auge oder Zunge — hier wirkt Undankbarkeit und Unmoral strafverschärfend. Die Geweihte, die eine Schenke betritt oder eröffnet, stirbt den Feuertod — religiöse Prostitution darf keine gemeine Prostitution werden. Blutschande des Vaters mit der Schwiegertochter, des Sohnes mit der Mutter, Gattenmord sind unnatürlich und Todesverbrechen. Aber auch hier fehlt die Logik und die allgemeine Fassung. Wer anvertrautes Gut ableugnet begeht auch einen Vertrauensmißbrauch; er muß das Abgeleugnete herausgeben, wird aber nicht bestraft. Blutschande des Vaters mit der Tochter ist auch Unnatur, wird aber nicht mit dem Tod bestraft.

So bleibt der Kodex Chammurabi, wie das Wissen der Babylonier in allen Gebieten, in der Mitte zwischen Altem und Neuem stehen; er hält am Alten fest und ergänzt es durch das Neue in einzelnen Fällen; die allgemeine Fassung, die Auseinandersetzung von Altem und Neuem bleibt aus.

In Babylonien ist diese Stufe nicht erreicht worden. Die lange Praxis muß manche Oberbegriffe abstrakter gestaltet und gekürzt, manche Milderungen weitergeführt haben. Grundsätzlich blieb alles beim alten. Wenn die Bruchstücke jüngerer Gesetze, die wir besitzen, mehr waren als Ergänzungen des Kodex Chammurabi, wenn sie einer ganzen Kodifikation etwa Nabukinaplis (970) angehörten, so scheint diese keine prinzipiellen Fortschritte gebracht zu haben. Allerdings besitzen wir sehr wenig davon. Der nächste Schritt über Chammurabi hinaus wird erst im Judentum getan: das jüdische Gesetz ist in jeder Hinsicht die organische Fortbildung der babylonischen Gesetze. —

Die Gesetze der Reiche Juda und Israel im 9. und 8. vorchristlichen Jahrhundert müssen dem Chammurabikodex sehr ähnlich gewesen sein. Es wäre geradezu wunderbar, wenn ein kanaanäischer, judäischer oder israelitischer Gesetzgeber das große Werk des babylonischen Herrschers nicht gekannt hätte; alle Kultur kam aus Babylonien, wie sollte das Recht nicht daher kommen; die Übertragung war durch die Gleichheit der sozialen und politischen Verhältnisse ohne weiteres möglich; wie Aššurbanipal für seine Bibliothek Abschriften des Kodex anfertigen ließ, so konnten andere Fürsten es tun. Ich halte für sehr wahrscheinlich, daß in den Städten Palästinas schon vor der Einwanderung Israels und Judas der Kodex Chammurabi das übliche Gesetzbuch war, kaum verändert, höchstens durch Mängel der Abschriften verkürzt. Wenn David oder Šelomo, Jarobam I. oder einer der Omriden und Jehudiden ein Gesetz in ihren Reichen eingeführt haben sollten, so kann es nur das Chammurabigesetz gewesen sein; da es allen Anforderungen ihrer Kulturstufe vollkommen entsprach hatten sie gar keinen Grund, sich mit eigenen Versuchen abzuquälen.

Daß das Gesetz Chammurabis bis zur Ablösung durch das Gesetz Jošijas in Juda galt, wird sehr wahrscheinlich gemacht durch die Aufnahme des sogenannten Bundesbuches, 2. Mos. 21—23, in die Thora; ein besonders exakter Bearbeiter hat in ihm, dem Ideal der Vollständigkeit zuliebe und aus dem Bedürfnis nach historischer Treue, das diese Geschichtsphilosophen innerhalb ihrer Leitidee entschieden besitzen, ein echtes Stück vorprophetischer Gesetze gerettet, freilich wie immer verstümmelt und bis zur Unkenntlichkeit im Sinn der prophetischen Legende und der Gesetzgebung Jošijas überarbeitet. Die Überarbeitung könnte schließlich auch vorexilisch nach Einführung des Urdeuteronomiums vorgenommen gewesen sein; die Verstümmelung kann nur exilisch sein.

Ich möchte annehmen, daß die ursprüngliche Vorlage des Bundesbuches ein Gesetz war, das in Juda oder Israel galt, seit kanaanäischer Zeit vielleicht, und das dem Chammurabikodex fast völlig, wenn nicht ganz gleich war. Aus diesem Gesetzbuch wurde nach Einführung des Gesetzes Jošijas ein Teil wörtlich in Geltung erhalten, der Dinge ordnete, wie das Handelsrecht, das im neuen Gesetz nicht berücksichtigt war, der andere zur Übereinstimmung mit dem jüngeren Gesetz bearbeitet, soweit Parallelen bestanden. Endlich hat ein exilischer Gelehrter von diesem deuteronomisch überarbeiteten Chammurabigesetz alles gestrichen, was nicht in der Wüstenzeit des Volkes Israel dem göttlichen Gesetzgeber in den Mund gelegt werden konnte, und eine letzte Überarbeitung im Sinn der rigoroseren, logischeren und von praktischen Rücksichten durch das Exil entbundenen Gesetzbearbeiter vorgenommen.

So entsteht ein merkwürdiger Zwitter von Chammurabikodex und Deuteronomium. Der Geist des Chammurabigesetzes ist praktisch; es gibt klare, praktische Entscheidungen für konkrete Fälle aus der juristischen Praxis; man kann damit regieren und richten. Der Geist des Deuteronomiums ist theoretisch, logisch, unpraktisch; es gibt Leitgedanken, die sich in die Form konkreter richterlicher Entscheidungen kleiden, weil die Kraft zu ganz abstrakten Fassungen nicht zureicht, Philosophie statt Praxis; systematischer und moralischer, menschlicher und gefühlsweicher ist alles; regieren und richten läßt sich aber damit weniger gut, nur philosophieren, disputieren und konstruieren.

Die Propheten hassen die Händler — das Handelsrecht ist gestrichen, obgleich es für die jüdischen Kaufleute in der babylonischen Welt bindend geblieben sein muß. Aus dem übrigen Kodex Chammurabi ist eine Auswahl getroffen und einzeln jeder Paragraph deuteronomisch modifiziert — vielleicht diente sie geradezu dem Nachweis der größeren Gerechtigkeit der jüdischen Gesetze gegenüber den babylonischen; ein Staatsgesetz kann dies unorganische Bruchstück nie gewesen sein. Endlich sind die Hauptbestimmungen des Deuteronomiums in der letzten exilischen Form angehängt.

Natürlich läßt sich ein derartiges Konglomerat nicht im einzelnen für die Entwicklung des Rechts in Juda und dem Judentum verwerten. Wir können seine fortschrittlichsten Bestimmungen zusammennehmen mit denen des Gesetzes Jošijas und, da wir auch dies nicht in der Urform besitzen, mit denen der exilischen Schlußbearbeitung der Gesetze, und am Ganzen den Fortschritt gegen das Chammurabigesetz aufzuweisen suchen.

Am unverfälschtesten wird der Geist prophetischer Gesetzgebung uns im sog. Urdeuteronomium erhalten sein; wenn das Gesetz 5. Mos. 12 ff. auch gewiß nicht Jošijas Gesetzbuch selbst ist, so ist es doch wahrscheinlich eine direkte Bearbeitung desselben, und zwar eine, die im Exil, nach dem Wegfall der Kompromißbedingungen der Könige und Priester im existierenden judäischen Staat und Tempel ausgeführt, in vieler Beziehung eine Herstellung des ursprünglichen Ideals der Prophetie bedeutet haben wird.

Wenn im folgenden von prophetischem, deuteronomischem und jüdischem Gesetz die Rede ist, so ist das Urdeuteronomium in erster Linie gemeint, in zweiter das geistig verwandte Element der anderen Gesetze ohne Rücksicht auf die Trübungen, die ältere Reste primitiverer Art hervorgerufen haben; die babylonischen Elemente, die aus einem Chammurabikodex älterer Zeit stehen geblieben sind, wie diejenigen, welche durch Ausdehnung der prophetischen Gedankenwelt auf tiefere Schichten wieder lebendig wurden, sollen unberücksichtigt bleiben; als Ganzes soll das neue höhere Denken im Gesetz dem älteren babylonischen gegenübertreten und verglichen werden.

Das prophetische Gesetz stammt wie das babylonische von der Gottheit; wie Šamaš dem König Chammurabi das Gesetz selbst übergibt, so gibt Jahu sein Gesetz selbst dem Führer des Volkes Israel in der Wüste; die Gesetzgebung ist in der jüdischen Überlieferung Offenbarung in der Urzeit an einen erwählten frommen Menschen niederer Geburt — die babylonische Mythe in Priesterhänden hat eine ähnliche Auffassung davon, die aber Chammurabi ignoriert; mit den babylonischen Priestern schalten die jüdischen Schlußbearbeiter des Gesetzes (ob auch die Verfasser von Jošijas Gesetz wissen wir nicht) den König der historischen Zeit aus; demokratischer als sie lassen sie Moše auch nicht mehr Priester, nur Mensch sein.

Das Chammurabigesetz setzt überall die religiöse Weltanschauung voraus, ohne diese Voraussetzung irgendwo zu formulieren oder im einzelnen eine engere Beziehung zu ihr herzustellen; in dem System praktischer Listenwissenschaften, das diese Weltanschauung darstellt, bilden die Gesetze ein Glied, dessen Verbindung mit dem Mittelpunkt äußerlicher ist, als die mancher anderer Glieder.

Das jüdische Gesetz ist die Verkörperung der religiösen Weltanschauung selbst; in ihm ist sie positiv ausgesprochen; es ist der Mittelpunkt aller Wissenschaften, die Wissenschaft der Wissenschaften.

Der babylonische Gelehrte kennt verschiedene Arten göttlichen Willens; er erforscht den göttlichen Willen von Fall zu Fall durch seine Vorzeichenwissenschaften, er erfüllt ihn, indem er Fest- und Opfergebote einhält, die moralischen Satzungen der Weisheits- und Sittenlehren, die juristischen Vorschriften der Gesetze befolgt. Der jüdische Prophet kennt nur eine Äußerung des göttlichen Willens, das zeitlose Gesetz, Moral- und Staatsgesetz, die Einheit, die alle Omina unnötig macht und alle Weisheitslehren einschließt.

Der Prophet ist reif für die Heraushebung des Gemeinsamen, der großen Einheit, des Zusammenhangs aus der Mannigfaltigkeit, für die Formulierung eines theoretischen Grundsatzes aus der Praxis. Was in der babylonischen Weltanschauung geahnt und geübt wird spricht er als ihren wesentlichen Gehalt bewußt aus; der Babylonier hat Götter und die Gottheit — der Judäer hat den Gott; der Babylonier hat Wissenschaften vom göttlichen Willen, auch ein Gesetz — der Judäer hat den Willen, das Gesetz, die einzige Wissenschaft; der Babylonier hat eine Praxis, die kausal orientiert ist — der Judäer hat den Grundsatz der alleinigen göttlichen Kausalität.

So ist das jüdische Gesetz Philosophie, eine Weltanschauung, ausgesprochen in Geboten, weil die rein theoretische Formulierung nicht gelingt; wie der jüdische Philosoph Prophezeiungen statt Lehrschriften schreibt, so gibt er Gesetze statt ethischer Normen.

Wer vom Standpunkt des Richters aus das Chammurabigesetz und das jüdische Gesetz vergleicht und auf Brauchbarkeit in der juristischen Praxis prüft, der kann nur vom jüdischen Gesetz enttäuscht sein. Im Chammurabigesetz herrscht ein flotter Wirklichkeitssinn, der den Anforderungen der Praxis geschickt gerecht wird, klare Vorschriften zur richtigen Erledigung praktischer Aufgaben kurz und sachgemäß an die Hand gibt; im jüdischen Gesetz herrscht die philosophische Idee, die Praxis ist Nebensache geworden; es gibt lange, weitschweifige Auseinandersetzungen, logische Spitzfindigkeiten, unpraktische Sentimentalitäten und Formalitäten; ein menschenfreundlicher enthusiastischer Idealismus und ein trocken fanatischer Rigorismus wechseln in der Regelung vielfach ganz abliegender Fälle miteinander; das moralisch und logisch Wünschenswerte, nicht das praktisch zur Erhaltung des Staates und der Ordnung Notwendige wird befohlen. Es ist genau das Verhältnis der ägyptischen zur babylonischen Medizin; wie der Arzt die empirische Medizin der Ägypter weit brauchbarer und bewundernswerter finden wird, als die konstruktive Zaubermedizin der Babylonier, so wird der Jurist dem Chammurabikodex den Vorzug vor dem jüdischen Gesetz geben; in beiden Fällen scheint der logische Fortschritt, die Idee, indem sie zu größerer Macht kommt, den gesunden Sinn für Realitäten zu verderben. Die stolze ägyptische Medizin wird Zauberkram, die stolze babylonische Jurisprudenz wird »Rechtsphilosophie«, mit dem verächtlichen Akzent, den der juristische Praktiker für dies Wort zu haben pflegt.

Macht die gesteigerte logische Fähigkeit den jüdischen Gesetzgeber zu einem schlechten Praktiker, so gibt sie ihm dafür die Kraft, Dinge zu leisten, die dem babylonischen Gesetzgeber versagt sind, seine Voraussetzungen wenigstens teilweise klar auszusprechen, allgemein zu fassen und einheitlich durchzubilden, von der Form freier zu werden, vom Grundsatz aus seine Entscheidungen zu regeln, statt am Einzelfall und der Analogie zu kleben. Ein logischer Meister ist der jüdische Gesetzgeber auch noch nicht; die unbewußt gefühlsmäßig gefundenen Ansätze der babylonischen Gesetzgebung zu menschlicherer, höher begründeter und objektiverer Beurteilung der Dinge nimmt er samt und sonders auf und führt sie erfolgreich fort.

Äußerlich zeigt sich das zunächst in einer gesteigerten Fähigkeit zu disponieren. Wer Hauptsachen und Nebensachen unterscheiden, allgemeine Sätze und ihre Spezialfälle in ihrem Abhängigkeitsverhältnis erkennen kann, hat die Fähigkeit zu einer Ordnung des Stoffes aus dem Ganzen, die zu einer inneren Gliederung nötig ist. Die Disposition des Urdeuteronomiums gibt einen genauen Maßstab für diese Unterscheidungs- und Gliederungsfähigkeit der Gesetzgeber. Am Anfang steht das Hauptgebot, der allgemeinste Satz dieser Philosophie, positiv, aber in Befehlsform, nicht theoretisch ausgesprochen; nur ein Gott, Jahu, soll in einem Heiligtum, dem Tempel in Jerusalem, verehrt werden; seiner Einschärfung dienen die Strafandrohungen für Abfall; die Verordnungen, Zehnten und Feste betreffend, schließen sinngemäß an. Dem Gott folgen die göttlichen Werkzeuge, Richter, Könige, Priester und Propheten, ihre Zulassung, ihre Pflichten und Rechte, ihre Legitimation. Den letzten Teil, 9 von 15 Kapiteln, bilden allerlei gesetzliche Bestimmungen in bunter Folge. Die Absicht, das ganze Werk von oben zu gliedern, ist unverkennbar; sie gelingt, insofern das Wichtigste herausgehoben und an den Anfang gestellt wird, und insofern sich von hier aus eine Unterdisposition nach der Dignität (Gott, Werkzeuge, Volk) ergibt; weiter reicht die logische Kraft zur Disposition nicht; der letzte Teil ist nicht besser geordnet als der Kodex Chammurabi. Die jüdische Logik ist kurzatmig in ihrer Übersichts- und Gliederungsfähigkeit, wie sie in ihrer Abstraktionsfähigkeit beschränkt ist. Die Ordnung nach Materien (Handel, Ehe usw.), die der babylonische Praktiker am Assoziationsfaden ganz selbstverständlich versucht, wird dem jüdischen Theoretiker nebensächlich erschienen sein; die Ordnung nach höheren theoretischen Prinzipien, die ihm wesentlich waren, gelingt nicht; als Refrains durchdringen Begründungen aus der Geschichte, aus der Humanität u. ä. den bunten Stoff, ohne ihn bewältigen zu können. So kehrt die letzte Ordnung der Gesetze wieder zur babylonischen Praxis der Zusammenstellung nach Materien zurück, ohne aber vollständige Zusammenordnung einer Materie an einer Stelle zu erreichen.

Innerlich zeigt sich der Fortschritt der Logik vor allem in der Tendenz zur Einheit. Weltanschauung und Gesetz sind beinahe eins. Diese monistische Tendenz führt an einigen Stellen zu klaren Formulierungen. Es gibt nur einen Gott, einen Tempel, ein Gesetz, eine Sünde, Gesetzverletzung, und ein Verdienst, Gesetzestreue, ein wichtiges Verhältnis von Gott und Mensch, das juristischen Charakter hat. Eigentlich kann es auch nur einen menschlichen Kontrahenten in diesem Verhältnis geben, d. h. alle Menschen sind grundsätzlich gleich. Diese Folgerung hat das Gesetz aber nicht grundsätzlich gezogen; sie wirkt nur unverkennbar in vielen Einzelbestimmungen. Gleich sind die Menschen sozial — das Gesetz hat eine ausgesprochene Tendenz zur Aufhebung sozialer Unterschiede. Der König ist ein Ding, das eigentlich nicht ist — Jahu ist König, niemand sonst; trotzdem muß ein Königsgesetz gegeben werden, denn es hat historisch Könige gegeben, also hat sie Jahu zugelassen; aber als Gesetzgeber und oberste Instanz wird der König mindestens exilisch nicht mehr anerkannt; auch der Priester wird zugunsten einer allgemeineren Demokratie eher beschränkt als gefördert; nach unten müßte die Sklaverei verschwinden; praktisch kommt dabei eine weitere rechtliche Begünstigung der Sklaven heraus; der Sklave ist noch Sache, »um Geld erkauftes Eigentum« sagt das Bundesbuch, aber wer seinen Sklaven totschlägt, soll »bestraft werden« (konkret ist der Wunsch nicht geworden), wer ihn schwer verletzt, verliert ihn — er wird frei; jüdische Sklaven sind ganz Menschen; sie haben ein Recht auf Befreiung innerhalb bestimmter Frist und auf erste Unterstützung bei der Entlassung, auf das sie nur selbst verzichten können. Verschwinden müßte weiter die Inferiorität des Weibes und der Kinder; gefordert wäre die volle Monogamie, überall ein Kind monistischer Tendenz; erreicht wird sie nicht ganz; die Jungfräulichkeit wird ein ideales Gut, ihr Raub wird nicht einfach bezahlt, sondern durch Ehe legitimiert; die Ehefrau wird neben den Gatten gestellt; aber die Kebsweiber bleiben — sie bekommen nur erweiterte rechtliche Ansprüche, selbst wenn sie Sklavinnen waren; auch die Kinder sind mehr Menschen geworden. Eine letzte Forderung wäre die Gleichstellung aller Völker vor Gott; auch hierzu ist eine Neigung vorhanden: alle Juden sind gleich und jedermann kann Jude werden; aber praktisch und logisch werden Heiden und Juden, Wirtsvölker, wie Ägypter und Edomiter, und Feindesvölker, wie Moabiter und Ammoniter, geschieden.

Die Tendenz zu absoluten Bestimmungen ist ebenso deutlich, wie die logische und praktische Unzulänglichkeit, sie zu erreichen. Logisch gelingt die Durchdringung des Stoffes nur teilweise; statt völlig abstrakt zu werden bleibt alles anschaulich, anthropomorph, halb; das Verhältnis zu Gott selbst schafft soziale Unterschiede.

Praktisch hemmt die Rücksicht auf Sitte und Eigentumsrechte; ein theoretisches Werk hätte diese Rücksichten nicht gebraucht, ein theoretisch-praktisches »Gesetz« kommt ohne sie nicht aus.

Einheitlich und doch logisch halb bleiben die Begründungen der gesetzlichen Bestimmungen. Chammurabi begründet nicht, er befiehlt; das jüdische Gesetz ist darin, wie in allem prinzipiellen weiter; es begründet im ganzen und einzelnen. Im ganzen begründet es seine Vorschriften rein autoritativ — Jahu will es so, er hat befohlen; das ist bewußt gefaßt der Standpunkt des Chammurabigesetzes; die Gottheit hat das Gesetz gegeben. Der Mensch nimmt nicht mehr einfach alles Herkommen an, er denkt kausal, aber er begnügt sich mit einer sehr allgemeinen und patriarchalischen Begründung, die nicht viel besser ist, als die, daß die Dinge sind, wie sie sind, weil sie immer so gewesen sind. Daß es daneben noch andere Begründungen höherer Art geben kann, fühlt schon Chammurabi und das jüdische Gesetz erhebt einiges davon ins Bewußtsein. Vernunft und Mitleid spielen eine Rolle in beiden Gesetzen; wo sie das jüdische Gesetz begründend nennen müßte, ergeben sich keine abstrakten Formulierungen, sondern merkwürdige Maskierungen in urgeschichtliche Erinnerungen; der Sklave soll gut behandelt werden, weil Israel auch einmal Sklave war; Dankbarkeit und Entrüstung über urzeitliche Ereignisse bereiten zeitlose Begründungen vor. In der Autorität Gottes verstecken sich vernünftige und menschliche Forderungen, wie in dem anthropomorphen Monotheismus der vernünftige abstrakte philosophische Monismus.

Vernünftig ließe sich die Verwerfung des polytheistischen Bilderdienstes und seiner grobsinnlichen und unmenschlichen Bräuche rechtfertigen; die Propheten haben das manchmal versucht; das Gesetz kennt nur Gottes Befehl. Die vernünftige, aufklärerische unhistorische Herleitung der Obrigkeit verbirgt sich in Jahus Einsetzung von Richtern, Königen, Priestern und Propheten. Vernunft hält Heere und Kriege für unnötig; Jahu beschränkt Königsgewalt und Heerdienst, aber er befiehlt die Ausrottung der Gottesfeinde.

Das Gefühl fordert die Berücksichtigung der Verantwortlichkeit des Einzelnen bei seinen Taten, den Schutz der Schwachen, Mitleid mit allerlei sentimentalen Regungen und moralische Entrüstung als strafverschärfendes Moment. Aber es tritt nicht im eigenen Namen auf — Jahu befiehlt.

Die Verantwortlichkeit des einzelnen geht bis zur Anbringung von Geländern und Zudeckung von Brunnen, damit kein Unheil geschehen kann; der Schutz der Schwachen erstreckt sich nicht nur auf den Volksgenossen, auf Frau und Kind, Arme und Witwen, sondern auch auf geflüchtete Sklaven (ein Rechtsbruch!) und selbst auf Tiere, dreschende Ochsen und brütende Vögel (der volle Monismus achtet überall im Tier die Seele; hier ist die Vorstufe dazu); die sentimentalen Rücksichten auf Brautleute und junge Eheleute, auf Käufer eines ungenutzten Gutes und Feige machen den Heerdienst illusorisch; moralische Entrüstung läßt im Gegensatz zu dieser Milde alte barbarische Bestimmungen wieder aufleben; nicht nur der hinterlistige Mörder, der Zauberer und Ehebrecher, sondern auch der unwürdige Sohn und der Ungläubige, der sich nicht bekehrt, sollen sterben; der entrüstete Moralist trifft sich mit primitivsten Stämmen, die Kinder für Auflehnung gegen den Vater töten und feindliche Völker ausrotten, im Ergebnis seiner Satzung.

Überhaupt herrscht sehr theoretisch neben einer sentimentalen Milde, die gar nicht strafen möchte, eine blutrünstige Vorliebe für die Todesstrafe, die ja immer Lieblingsstrafe radikaler Logiker ist; »du sollst das Böse aus deiner Mitte wegtilgen« gebietet Jahu als allgemeinen Grundsatz der Strafbemessung.

Die gesteigerte Fähigkeit, logisch zu denken und aus einem Grundsatz unbedingt zu entscheiden, äußert sich nicht nur in rigorosen Bestimmungen, wo ein derartiger Grundsatz erfaßt ist, wie im Fall des strikten Monotheismus (die logische Sicherheit räumt hier mit allem menschlichen Gefühl auf; Basis der Religionskriege und Ketzerverfolgungen), sondern wird auch in allerlei Anläufen zu feineren und höheren Begriffen sichtbar. In sonderbaren Vorschriften verbergen sie sich oft.

Wenn das Bundesbuch 21, 23 ff. »Leben um Leben, Auge um Auge, Zahn um Zahn, Hand um Hand, Fuß um Fuß, Brandwunde um Brandwunde, Stichwunde um Stichwunde, Hiebwunde um Hiebwunde«, fordert, wenn ein Schaden geschieht, so ist die längere Reihe und die allgemeinere Fassung des Ganzen ein Fortschritt zur abstrakteren Formel »Leben um Leben, Körperteil um Körperteil, Wunde um Wunde« oder »Gleiches für Gleiches«.

Wenn der Schaden, den ein stößiges Rind anrichtet, weiter als bei Chammurabi differenziert wird, je nachdem ein Mann oder eine Frau, ein Knabe oder ein Mädchen, ein Sklave oder eine Sklavin oder das Rind eines andern getroffen und getötet werden, so ist auch hier das Wachstum der logischen Übersicht bemerkbar.

Die verschiedene Behandlung der Einbrecher bei Nacht und Tag, der vergewaltigten Frau in Stadt und Feld, der Feld- und Weinbergsdiebe mit und ohne Messer und Gefäß zeigt ein Gefühl für feinere juristische Unterscheidungen, das freilich zu keiner klaren allgemeinen Fassung kommt; der Einbrecher bei Nacht, die Frau, die sich in der Stadt vergewaltigen läßt, erscheinen schuldiger; Mundraub und Diebstahl sind zweierlei.

Wenn das Gesetz verbietet, mit Tieren von zweierlei Art zu pflügen, Kleider aus zweierlei Faden zu tragen, zweierlei in einem Weinberg zu pflanzen, so scheint das nur Schrulle zu sein; in der Tat haben wir hier denselben Sinn für Einheit, der im Monotheismus wirkt, ein Streben, Art von Art getrennt zu halten, keine Bastarde und Unordnungen zu erzeugen. Das Verbot der Sodomie (rein praktisch genommen nicht gerechtfertigt, da ja das Tier Sache ist und die Verbindung unfruchtbar) entsteht auf gleiche Weise, ebenso das, Kleider des anderen Geschlechts zu tragen; Tier und Mensch hat Gott getrennt, ihre Verbindung ist widernatürlich und wider die Religion; das Kleid ist ebenso Geschlechtsmerkmal, wesentlich für die Art, wie körperliche Zeichen. Die logische Unterscheidung wirkt hier merkwürdig in die Praxis; die Artbestimmung und Trennung erscheint als gottgewollte Natur, nicht mit der Folgerung der Existenz einer Artenreihe zu wissenschaftlichen Zwecken, wie in Hellas, sondern mit der einer Aufstellung höchst unpraktischer verzwickter Todsünden.

Obgleich das jüdische Gesetz in allen Gebieten einen Fortschritt gegen das Chammurabigesetz bedeutet ist rein juristisch der Gewinn gering; die abstrakteren juristischen Oberbegriffe und die abstrakten juristischen Sätze allgemeiner Art bleiben unentbunden. Die Entwicklung hat als Kern der jüdischen Gesetzgebung allgemeine moralische Gesetze in den zehn Geboten enthüllt; Jesus hat die zehn auf zwei zurückgeführt, die er, in ihrer zusammenfassenden Bedeutung unerkannt, im Gesetz fand; so wichtig die philosophische Erkenntnis war, daß ein objektives Moralgesetz oder ein ethischer Grundsatz in allen Gesetzen verborgen war, daß alle sich von da ableiten lassen, so wenig konnte der praktische Jurist damit anfangen. Trotzdem ist im Judentum die erste Jurisprudenz als definierende Wissenschaft entstanden; sie verhält sich zur hellenischen wie die jüdische Skepsis und ihre Überwindung zur hellenischen; die jüdischen Schriftgelehrten standen zuerst vor der praktischen Aufgabe der definierenden Jurisprudenz, die unendliche Mannigfaltigkeit wirklicher Vorkommnisse mit einer Reihe allgemeiner rechtlicher Entscheidungen logisch in Einklang zu bringen; ihr Gesetz war nicht sehr abstrakt, ihre logische Fähigkeit nicht sehr groß, aber beide genügten zu scharfsinnigen Unterscheidungen und Entscheidungen, zu einer Sophistik, aus der sich keine Logik entbinden ließ, wie in Hellas, aus der sich aber auch keine Aufhebung aller Werte, kein moralisches Chaos, wie in der höheren Kultur ergeben konnte. Der jüdische Philosoph bleibt Gottes Prophet, der hellenische wird der autonome Verfechter der Vernunft; der jüdische Sophist bleibt Gottes Jurist, der hellenische wird zum vernünftigen Vernichter aller Autorität, selbst derer der Vernunft selbst; der jüdische Sokrates, Jesus, »erfüllt« Gottes Gesetz, der hellenische »enthüllt« die Methode und den Zweck der Vernunft und rechtfertigt ihre Geltung. —

Wie alle andern Gebiete des geistigen Lebens zeigt das Gebiet der Geschichtsschreibung schon im Beginn der babylonischen Geschichte eine Entwicklungshöhe, die der des neuen ägyptischen Reiches gleich ist. Aus dem Brauch, die Jahre nach ihrem wichtigsten Ereignis zu datieren, entstehen Jahreslisten, die vielleicht durch Kürzung zu Königslisten, durch Erweiterung zu Annalen und Chroniken auswachsen; die Listen und Annalen bleiben erhalten, wenn die alte Datierungsweise, ein Abkömmling der Jahresbezeichnungen im Volk, durch die einfachere Rechnung nach Regierungsjahren der Könige ersetzt wird.

Die babylonischen Königslisten sind uns von der Dynastie von Ur an erhalten; alle Wahrscheinlichkeit spricht dafür, daß sie bis in die Zeit der Dynastie von Nippur zurückgingen; auf einer altbabylonischen Liste scheinen (nach Hilprechts Berechnung) mehr als 100 Königsnamen vor der Dynastie von Ur verzeichnet gewesen zu sein. Die große Umwälzung, durch die das Reich endgültig semitisch und Babylon seine Hauptstadt wurde, hat zur Folge gehabt, daß für spätere Listenschreiber die erste babylonische Dynastie an den Anfang der Listen trat.

Die Königslisten zählen die Könige chronologisch auf, fügen die Zahl ihrer Regierungsjahre, ausnahmsweise auch andere Daten (Todesart, Begräbnisstätte) bei und ziehen am Schluß jeder Dynastie die Summe der Könige und Jahre; illegitime Könige und Dynastien können fehlen; unberücksichtigt bleibt, ob die Dynastien sich folgen oder zeitweise nebeneinander regieren. All das entspricht genau den ägyptischen Königslisten des neuen Reiches.

Der Zweck der Listen war zunächst praktisch; sie dienten der chronologischen Bestimmung alter Ereignisse; soweit die letzten Menschenalter in Frage kamen, lag diese Bestimmung im Interesse der Allgemeinheit, etwa bei rechtlichen Fragen; weiter hinauf diente sie wissenschaftlich-religiösen Entzückungen — wenn neuassyrische und neubabylonische Könige alte Grundsteine von Tempeln aufsuchen, um ihre Neubauten an die gottgewollte Stelle zu bringen, so versäumen sie nicht, die Zeit berechnen zu lassen, die von den Gründern bis in ihre Tage verflossen ist, und mit frommem Schauer die Unendlichkeit dieser Zeiträume zu genießen.

Die Angaben der Listen sind im großen ganzen genau; sie stimmen nicht immer ganz miteinander (die Jahreslisten der 1. babylonischen Dynastie und die Angaben der Königslisten weichen sogar bedenklich voneinander ab), manche Zahlen (so die der sog. 2. babylonischen Dynastie) sind etwas unwahrscheinlich hoch — im allgemeinen haben sich die Angaben bewährt, wo wir sie kontrollieren können. Die Vernachlässigung gemeinsamer Regierung zweier Dynastien hat schon in spätassyrischer Zeit zu falschen Berechnungen geführt; die einfache Summierung der Dynastien ergab natürlich zu hohe Zahlen. Die Listen sind eben babylonische Arbeit, ziemlich exakt im einzelnen, richtig in den Dynastiesummierungen, auch völlig ausreichend für die praktischen Zwecke des Alltags, aber unzulänglich, wo eine höhere Übersichts- und Ausgleichsleistung verlangt wäre. Ein chronologisches Schema der Gesamtgeschichte ist in den Königslisten nicht bemerkbar.

Annalen haben wir in Ägypten auf dem Stein von Palermo aus der 5. Dynastie und auf Denkmälern Thoutmoses III. aus der 18. Der Stein von Palermo enthält eine Jahresliste, die in ihrer Weiterführung von Jahr zu Jahr ausführlichere Angaben gibt, zur Annale der Geschenke der Könige der 5. Dynastie an die Götter wird; kriegerische Ereignisse werden zuletzt nicht mehr erwähnt. Die Annalen Thoutmoses III. berichten seine Kriegszüge von Jahr zu Jahr in knappen Notizen; nur der Anfang, der die erste Eroberung Syriens schildert, ist breit erzählt, ein kunstvoller aktenmäßiger Augenzeugenbericht, ein literarischer Heldensang zur Verherrlichung des Sieges von Megiddo, weder Annale noch Chronik. Am nächsten steht diesem Siegesbericht die erzählende Einleitung zu dem großen Hymnus Ramses' II. von seiner Chetiterschlacht.

Annalen, die namentlich Kriegszüge der Herrscher von Jahr zu Jahr berichten, erscheinen in Babylonien jedesmal, wenn ein barbarischer König zu Macht kommt; Šarganišarri muß etwas derart hinterlassen haben — wir haben Reste davon in einer neubabylonischen Kompilation; die assyrischen Herrscher erweisen sich durch ihre ruhmredigen und blutrünstigen Annalenwerke in den Augen der Babylonier als ebensolche oder schlimmere Barbaren.

Die Annalen kultivierter Könige alter Zeit müssen den jüngsten Teilen der Aufzeichnungen des Palermosteins näher gestanden haben als den Berichten Thoutmoses III. Das beweisen die Jahresbenennungen altbabylonischer Könige, die Tempel- und Kanalbauten, Weihgeschenke und Feste vorwiegend oder ausschließlich anführen. In ganz später Zeit berichtet die Annale Nabunaids vom Aufenthalt des Königs an jedem Neujahrsfest, von Trauerfällen in der königlichen Familie, von Niederlage und Demütigung, objektiv, gottergeben, sachlich.

Daß Annalen in großem Umfang und wohl für jede Regierung und in jeder Stadt geführt wurden, ist sehr wahrscheinlich; eine listenförmige Aufzeichnung der wichtigsten Ereignisse jedes Jahres, die praktischen Zwecken dient und gleichzeitig ein wissenschaftliches Bedürfnis nach vollständiger Übersicht der wichtigsten Ereignisse an der Hand eines chronologischen Ordnungsprinzips befriedigt, liegt ganz im Bereich dessen, was babylonische Wissenschaft leisten konnte und wollte; die Existenz offizieller Auszüge aus diesen Annalen, wie die Unterlage eines Vertrags zwischen Babylonien und Assyrien 812 (gewöhnlich »synchronistische Geschichte« genannt), die »Nabonassarchronik«, die vielleicht der Orientierung Šamaš-šumukins in babylonischer Geschichte diente, neubabylonische »Chroniken« (wie die Kings) und ausführlichere Königslisten, macht ihr Dasein zweifellos.

Wenn man unter »Chronik« eine ausführlichere Annale versteht, so kann man die Annalen assyrischer Könige oder die Nabunaids auch als »Chroniken« bezeichnen; versteht man aber unter »Chronik« eine qualitativ höhere Form der Geschichtschreibung, die nicht nur gehäufte Merkwürdigkeiten am Faden chronologischen Ablaufs gibt, sondern künstlerische Zwecke der Darstellung und philosophische der Herstellung kausaler Zusammenhänge und enger Beziehungen zu einer Weltanschauung verfolgt, so gibt es in Babylonien Anläufe zu chronistischer Darstellung, aber in unserem Material keine echte Chronik.

Ein künstlerischer Chronikenstil konnte vom Epos ausgehen; die Gründungsgeschichte des Ningirsutempels in Lagaš verwandelt sich in Gudeas Inschriften in eine epische Handlung, die im Himmel beginnt und die wirklichen Vorgänge mit einem merkwürdigen Mantel typischer Geschehnisse mythischen Charakters umkleidet, dargestellt in der gehobenen Sprache und den scharfgeprägten Bildern des Epos; eine epische Darstellung vollgeschichtlicher Ereignisse könnte das Gedicht von der dreijährigen Belagerung Uruks sein; von Chammurabi und seinen Gegnern scheint ein Heldenlied gesungen worden zu sein.

Den philosophischen Gehalt einer babylonischen Chronik hätte nur die Grundanschauung von der göttlichen Kausalität und von deren Beeinflussung durch Sünde und Frömmigkeit der Menschen abgeben können. Der Babylonier stellt den Zusammenhang geschichtlicher und philosophischer Elemente in der Praxis des Einzelfalls vielfach heraus; er kommt auch zu einer allgemeineren Typenbildung in Sage und Geschichte einzelner Gestalten; zur vollkommenen Durcharbeitung des Stoffes im Sinn seiner Idee fehlt ihm die theoretische und logische Übersicht und Kraft.

Ein Beispiel für die Einführung göttlicher Kausalität und ihrer Beeinflussung durch fromme Taten ist die Gründungsgeschichte des Ningirsutempels; sündige Könige, die natürlich bestraft wurden, scheinen mindestens in den Augen der babylonischen Lokalgelehrten Dungi von Ur und Libitištar von Isin gewesen zu sein. Ein Typus göttlicher Führung ist Šarganišarri in der Sage geworden; die Gottheit erhöht ihn aus niedriger Geburt und ärmlichen Verhältnissen; sie schenkt ihm Sieg, so lange er fromm ist und bringt ihn an den Rand des Verderbens, als er sündigt; die einzelnen Ereignisse seiner Annalen werden in direkte Beziehung zu göttlichen Willensakten und zu Vorzeichen gesetzt; andere Typen gleicher Art sind die mythischen Gestalten des »Königs von Kutha« und des Flutheroen.

Die Flutsage bot zugleich die Möglichkeit einer Erweiterung des Gedankens zum Rückgrat einer Weltgeschichte. Sie gab einen Einschnitt am Anfang der Geschichte und das Urbild vormessianischen

Sündenelends und messianischer Erlösung am Ende. Die babylonischen Gelehrten haben den chronologischen Vorteil zu benutzen gewußt; sie unterschieden ein Zeitalter vor der Flut und eins nach der Flut. Auch die messianische Analogie haben sie entwickelt; mindestens seit der Kassitenzeit wird in jeder erregten Zeit der Erlöserkönig erwartet; Šarukin und Sinacheriba scheinen sich dafür gehalten zu haben; Šarukin wählt offenbar seinen Namen mit dem Wunsch, der neue Šarganišarri zu sein, Sinacheriba läßt sich als neuer Adapa feiern; auch ein neuer Chammurabi scheint erwartet worden zu sein. Ein chronologisches Schema scheint in der Spätzeit auch hereingespielt zu haben — Šarukin bemerkt, daß 350 Könige vor ihm regiert haben; bei Berossos ist (wohl unter hellenischem Einfluß) eine Spekulation mit sexagesimalen Rundzahlen eingeführt.

Das sind alle Elemente, die zu einer großen weltgeschichtlichen philosophischen Konstruktion gehören, viel mehr, als in Ägypten vorhanden waren; aber die Konstruktion selbst bleibt aus. Sie ist erst den Juden gelungen, den Theoretikern der einheitlichen göttlichen Kausalität; natürlich nehmen sie dafür die Entfernung ihrer Geschichtsschreibung von der geschichtlichen Wahrheit in den Kauf; wie das jüdische Gesetz Rechtsphilosophie, unpraktisch und wirklichkeitsfremd wird, so wird die vollendete jüdische Chronik Geschichtsphilosophie, wirklichkeitsfremde Konstruktion; dem exakten Historiker kann die nüchterne babylonische Annale mit all ihren kleinen parteilichen Färbungen und Weglassungen ein Ideal wahrheitsgetreuer Geschichtsschreibung sein, verglichen mit den logisch höheren einheitlicheren, aber tendenziös »gefälschten« jüdischen Geschichtswerken.

Wie in allen Gebieten, repetiert die jüdische Entwicklung in vorexilischer Zeit die babylonische auch in ihrer Geschichtschreibung. Dürftige Reste dieser Wiederholung haben sich in die Bearbeitungen des geschichtlichen Materials in prophetischer und exilischer Zeit hinübergerettet. Wie in Babylonien gab es Königslisten in Juda und Israel; der judäische Stammbaum scheint über die Königszeit hinauf die Reihe der Stammfürsten aufgezählt zu haben — wenn mehr, als die Namen von Davids Vater und dem Urahnen Nachšon echt sind. Wie in Babylonien gab es offizielle Königsannalen; sie werden mehrfach in der Bearbeitung der Königsgeschichte formelhaft zitiert als »B u c h d e r G e s c h i c h t e d e r K ö n i g e v o n J u d a« und »B u c h d e r G e s c h i c h t e d e r K ö n i g e v o n I s r a e l«, immer für Weglassungen; was als Übernahmen angesprochen werden könnte macht einen sehr dürftigen Eindruck; verwundern kann das angesichts der Knappheit babylonischer Annalen nicht — die Hauptsache, Tatsachen politischer und religiöser Geschichte, sind eben in unserem Material nicht einfach übernommen, sondern im Sinn der prophetischen Legende verarbeitet.

4. Mose 21, 14 wird ein »Buch der Kriege Jahus« zitiert; die Stelle handelt in poetischer Form von der Grenze zwischen Amoritern und Moabitern. Der Titel weist auf eine judäische Geschichtsdarstellung hin, die Jahu allein handeln läßt, ihn aber noch ganz als national und als Krieger faßt; es könnte etwa an eine rechabitische »Reimchronik« gedacht werden.

Mit diesem verlorenen Werk wäre die Grenze erreicht, an der die judäische Entwicklung die babylonische überschreitet.

Als uralt werden gewöhnlich Genealogien, Sprüche, die wie die Segen Jakobs und Mosis oder Bileams mit den »Stämmen« rechnen, und Lieder, wie das Debora- oder das Mirjamslied angesehen. In der Tat wird in einigen dieser Stücke ein alter geschichtlicher Kern stecken; ein Lied vom Vorstoß der Stämme unter Barak in die Ebene Jesreel hat es gegeben — leider ist es von den israelitischen und jüdischen Bearbeitern so zugerichtet, daß nichts mehr, als die Tatsache eines Vorstoßes daraus zu schließen ist; die Prophezeiungen vom Geschick der einzelnen Stämme sind gewiß aus Erinnerungen an das Schicksal dieser Stämme hergeleitet — aber die Hofgenealogen Jarobams I. und die jüdischen Gelehrten haben sie ihren Tendenzen dienstbar gemacht; auch Genealogien einwandernder Wüstenstämme hat es wohl gegeben — aber sie waren sehr kurzatmig, Urahn, zwei bis drei Glieder bis zur Gegenwart und nichts darüber; der Rest ist ebenfalls israelitische und judäische Konstruktion.

An alte genealogische Kerne, wie das Lamechslied, schlossen wissenschaftliche Spekulationen babylonischer Art, Urväternamen, an; wissenschaftliche Arbeit der Gelehrten Jarobams I. schuf die Genealogie der Teile seines Reichs.

Daß das Mirjamslied ein ganz junger Psalm ist ohne jeden geschichtlichen Kern folgt aus Form und Inhalt ohne weiteres; daß ein »Volk Israel« nie existierte und nie durchs rote Meer zog braucht hier gar nicht angeführt zu werden. —

Die wichtige Erkenntnis, daß im Pentateuch verschiedene

religiöse Standpunkte in der Bearbeitung des alten Sagenstoffes nebeneinander gelten, hat zu der Annahme geführt, daß zwei Hauptquellen, der »Jahwist« und der »Elohist«, von einem Bearbeiter, dem »Deuteronomisten«, zusammengeschweißt und ergänzt worden sind. Aus einem judäischen Geschichtswerk des 9. Jahrhunderts (Jahwist) und einem israelitischen des 8. Jahrhunderts (Elohist) soll zunächst etwa zu Menašŝes Zeit ein einheitliches jahwistisch-elohistisches Werk hervorgegangen sein; unter dem Einfluß der Gesetzgebung Jošijas soll dann im Exil die Bearbeitung letzter Hand erfolgt sein.

Diese Hypothese setzt voraus, daß die jüdische Urgeschichte vom »Volk Israel« und seinem Gott Jahu, von Moše und dem Zug aus Ägypten, von der monotheistischen Gesetzgebung in der Wüste und vom Abfall im wesentlichen Geschichte, nicht prophetische Geschichtsphilosophie ist; weiter nimmt sie an, daß ganze Geschichtswerke ziemlich unverändert in das Werk letzter Hand eingegangen sind, derart, daß man sie wieder herauslösen kann.

Von meinem Standpunkt aus muß ich beide Voraussetzungen ablehnen. Im 9. Jahrhundert ist in Juda eine babylonische Annalistik und epische Dichtung, aber kein Geschichtswerk von der Höhe des Jahwisten denkbar; im 8. Jahrhundert ist in Juda ein »Buch der Kriege Jahus«, in Israel eine ähnliche poetische Chronik, die etwa Jarobams I. Genealogie und Urgeschichte Israels enthalten haben könnte, möglich, Geschichtswerke, die das babylonische Niveau beträchtlich überschreiten, aber weder an Erzählungskunst, noch an Übersicht, noch an Höhe der Gottesvorstellung an den Elohisten herangereicht haben können. Nachdem Amos den Kern der prophetischen Weltanschauung geschaffen hatte, mußten Jahrhunderte vergehen, bis diese Weltanschauung von großen Männern durchgebildet war, bis sie weitere Kreise ergriff und Gesetz wurde; das judäische Reich mußte verschwinden, das Exil seine Erinnerungen in Vergessenheit geraten lassen, bevor die Geschichtslegende, die beide, Jahwist und Elohist, glauben, abgeschlossen und Geschichte werden konnte. Der Gebrauch der beiden Namen Gottes geht in nachexilischer Zeit weiter im Judentum. Die Entwicklung vom direkt sichtbaren und eingreifenden Gott des Jahwisten zum höheren des Elohisten, der Boten und Stimmen bevorzugt, wird in den obersten Schichten von Ješaja zu Jecheskel durchlaufen und kann also nicht vor diesen ihren Schöpfern Geschichtsschreiber beeinflussen.

Die Psychologie und Ethik der Vätersagen setzt mindestens die exilische Entwicklungshöhe voraus — in zweiter Schicht, der die Geschichtschreiber angehört haben müssen. Die Übernahme ganzer Werke ist von vornherein unwahrscheinlich; die Nachprüfung der Hypothese hat denn auch zur Zersplitterung der Quellen und neuerdings zur Annahme geführt, daß gar keine ganze Quelle, sondern nur Stoff aus allerlei Quellen in das Schlußwerk eingegangen sei.

So müssen wir auf den schönen Wahn verzichten, daß wir im Pentateuch vorprophetische und vorexilische Geschichtswerke finden können. So wahrscheinlich es ist, daß die Bearbeitungen des Mythen- und Sagenstoffes der älteren Zeit, die wir im Pentateuch besitzen, aus Sammlungen und Romanen stammen, die in der Zeit lebhaften Anstiegs, also eben vor und in dem Exil entstanden, so wahrscheinlich ist es, daß außer versprengten Notizen und Tatsachen nichts viel älter ist als diese Zeit. Ein Bild von dem Aussehen der Mythen- und Sagensammlungen vor der Bearbeitung der Deuteronomisten kann man sich etwa an Hesiod machen, nur wird auch hier das jüdische primitiver gewesen sein als das hellenische unindividuell, namenlos überliefert.

Aus Genealogien, Romankeimen und Romanen, Mythen und Sagen, Annalen und Reimchroniken, aus prophetischer Geschichtslegende und Gesetzen prophetischen und priesterlichen Ursprungs, endlich auch aus babylonischen Elementen schaffen die Deuteronomiker im späten Exil und der folgenden Zeit zunächst den Pentateuch und das Jošuabuch, dann die Richter- und Königsbücher, ein einheitliches wissenschaftliches Werk geschichtsphilosophischen Charakters. Die Leistung ist ungeheuer und wunderbarer, daß sie so einheitlich gelang, als daß sie überall Nähte und Widersprüche zeigt, die ihre Auflösung ermöglicht haben. Die erste Einarbeit eines großen Gedankens in ein unbegrenztes Material ist in der Tat gelungen; daß sie nicht radikaler geschah, entspricht genau der Tatsache, daß die Allgemeinheit und Einheitlichkeit der gesetzlichen Bestimmungen zu wünschen übrig läßt. Die Historiker sind ebensowenig große Logiker als die Gesetzgeber.

Wie eine Vereinfachung des Gesetzes in den zehn Geboten oder in der Formel Jesu erfolgt, so tritt eine Vereinfachung und Logisierung der Geschichtsphilosophie in der Chronik und historischen Spekulationen der apokalyptischen Literatur ein.

So wenig, als die zehn Gebote das Gesetz unnötig machen wollen, so wenig tastet die Chronik die Geschichtschreibung älterer Zeit an; sie tritt neben das große Königsbuch, ergänzend, wichtiges heraushebend, nicht ersetzend. Die fortgeschrittene Logik befriedigt ihre Bedürfnisse unbeschadet herrschender Autorität; sie ist nicht radikal, wie die hellenische.

Die Chronik behandelt die jüdische Geschichte von David bis zum Exil als Einleitung zu einer Darstellung der Aufrichtung des Tempels und der Gemeinde in Jerusalem durch Esra und Nechemja. Das Gesetz, das Jošua- und Richterbuch sind kanonisch festgelegt; aber die folgende Epoche kann noch bearbeitet werden. In der Geschichte der Königszeit, in der Vernichtung und Wiederaufrichtung des Tempels läßt sich die Idee der ganzen jüdischen Philosophie noch schärfer, eindringlicher herausarbeiten. Der Philosoph schaltet Israel ganz aus; all diese Sünder können wegbleiben, ohne daß etwas Wesentliches fehlte. Judas Geschick ist beweisend genug für seine These. Juda ist Davids Stamm; das Schicksal der Davidskönige ist das des Volkes; aus Davids Haus soll der Messias kommen.

Der Chronist geht mit großer Wissenschaftlichkeit zu Werke. In 9 Kapiteln gibt er Stammbäume von Adam bis David; 20 behandeln David, 9 Šelomo, 27 die übrigen Könige bis zum Exil. Jeder Herrscher beweist durch sein Los, daß alles Unglück Sündenstrafe, alles Glück Lohn für frommes Handeln in Jahus Geboten darstellt. Fromme Herrscher müssen Glück und langes Leben haben; der frömmste König hat das größte Heer und braucht es gar nicht, weil ja doch Jahu allein siegt; sündige Herrscher müssen Unglück haben. Wo das nicht stimmt, wird skrupellos retuschiert; der fromme David wird ganz zum Ideal — alles gelingt ihm, selbst der Tempelbau ist eigentlich sein Werk; der sündige Menašše muß bereuen — er hat 55 Jahre regiert. Die demokratische Tendenz des Verfassers zeigt sich in einer Abneigung gegen den stolzen Šelomo und in einer priesterfeindlichen Tendenz; der demütige David und die Leviten sind ihm sympathischer.

Die Chronik ist logisch die höchste Leistung der kanonisierten jüdischen Geschichtschreibung, freilich als Quelle wertloser, als das große Königsbuch, infolge ihrer logischen Vorzüge. Sie beweist sehr schön, wie die Fähigkeit, den Stoff nach der Idee zu formen, zugenommen hat; die größere logische Kraft tritt nicht nur in der

Vereinheitlichung des Werkes, in Umgestaltungen und Weglassungen nach dem philosophischen Zweck, sondern auch in der dispositiven Herausarbeitung der Hauptmomente der Konstruktion zutage; der Glanzzeit Davids und des Tempelbaues tritt gleich ausgedehnt die Elendszeit der Nachfolger bis zum Exil einheitlich gegenüber.

Eine ähnliche Entwicklung macht das Hauptereignis der nachexilischen Zeit, der Makkabäerkrieg, in der Geschichtschreibung durch. Das erste Makkabäerbuch gibt, offenbar nach hellenischen Mustern, vielleicht nicht ohne Konkurrenzabsicht, tendenziöse, aber brauchbare Geschichte. Das zweite beschränkt den Stoff auf 15 Jahre und hebt die Person des Judas und die Schicksale des Tempels, den Sieg der Frommen und die Vernichtung der Bösewichter stark hervor; die Legende dient der Erbauung der Frommen und der Empfehlung der Tempelfeste. Im dritten Makkabäerbuch ist nur die Legende geblieben; die Macht Gottes über die heidnischen Könige und die Größe und Herrlichkeit seiner Zeugen werden gepriesen und im vierten Makkabäerbuch zur Propaganda verwertet.

Die zunehmende Erkenntnis der Idee, die wachsende Fähigkeit, sie herauszuarbeiten, immer schlagender auszusprechen und auszubilden, beeinflußt die Geschichtschreibung ungünstig; das geschichtliche Geschehen selbst wird immer gleichgültiger, immer mehr nur Gewand der Idee, immer rücksichtsloser weggelassen und umgeformt. Der zeitlose Charakter der jüdischen Philosophie als Vorstufe des zeitlosen Eleatismus wird immer deutlicher sichtbar; die Juden, in deren Religion geschichtliche Elemente eine Rolle gespielt haben, wie nirgends sonst, die Schöpfer der ersten Weltgeschichte, beseitigen in ihrer Geschichtsphilosophie die eigentlich geschichtlichen Elemente im Lauf der weiteren Entwicklung immer mehr und werden unhistorisch wie die Inder. Es zeigt sich, daß der historische Charakter der jüdischen Religion zufällig, nicht wesentlich war; an historischem Stoff haben die großen Propheten ihre zeitlosen Erkenntnisse der Einheit Gottes und seiner durchgehenden Kausalität abgelesen; als vorgearbeiteter Stoff blieb die Geschichte weiter wichtig, ward idealisiert und kanonisiert; die Idealisierung ließ den abstrakten zeitlosen Gehalt immer mehr sichtbar werden, immer reiner ward das Schema, immer absoluter die Idee; die Entwicklung zur Weltgemeinde und die zunehmende Individualisierung ließ das altjudäische und völkische Element ebenfalls zurücktreten.

Die Zehn-Wochen-Apokalypse im Buch Henoch nennt schon keine judäischen Könige mehr, nur Momente des göttlichen Weltplans von Adam bis zur Endzeit; Henoch, Noah, Abraham, Gesetzgebung, Tempelbau, Elia, Exil — das sind die ersten sieben Wochenindizes; das Nationale ist verschwunden; menschliche Handlungen gibt es kaum mehr — Gott handelt. Noch weiter dehnt sich der Horizont in der Theorie von Engelsfall und Engelsgericht, endlich in der Lehre von der Erbsünde und vom Äon der Gerechten im vierten Esrabuch. Immer einfacher, allgemeiner, zeitloser werden die historischen Formeln, immer höher hinauf in die Urzeit, immer tiefer herab in die Endzeit rücken sie, bis eine Formel, ein Urgesetz alles Irdische einschließt, unbeeinflußbar, unentrinnbar; die Einschließung bleibt anthropomorph, historisch, logisch unvollendet, indem eine Ursünde geschieht, eine Erlösung des Frommen gelehrt wird; die eleatische Idee verschlingt aber alles konkret Wirkliche, vernichtet alles Greifbare und sinnlich Faßbare in der Geschichte als nichtige Erscheinung.

Die jüdische Entwicklung reicht wie zur nächsten Vorstufe hellenischer Philosophie und Logik zur nächsten Vorstufe hellenischer Individuation heran. Unter den geschichtlichen Werken erscheinen selbstgeschriebene Denkwürdigkeiten großer Männer. Esra und Nechemja, die Reiniger des hergestellten Jerusalem, haben Aufzeichnungen ihrer Erlebnisse gemacht, die bruchstückweise in den Büchern Esra und Nechemja erhalten sind. Eigentliche Memoiren sind das freilich nicht; Nechemjas Schrift könnte ein Bericht an seine babylonischen Auftraggeber gewesen sein; daneben ist sie eine Rechnung, die Gott mehrmals ausdrücklich präsentiert wird, damit er der Uneigennützigkeit und der Ausgaben, des Mutes und der Taten seines Dieners für Volk, Stadt und Tempel gedenkt. Esras Werk ist gewiß ähnlich gemeint gewesen. Das Interesse für den großen erlebten Moment und der Stolz auf die große persönliche Leistung rufen autobiographische Aufzeichnungen hervor; die Memoirenschreiber fühlen sich aber nicht als freie Persönlichkeiten, sondern als Werkzeuge göttlicher Absichten; sie renommieren mit Gottes Gnade und erwarten sehr naiv für Gottes Taten Gottes Lohn. Immerhin sehen wir auch hier den Übergang zu höheren hellenischen Bildungen; in der Entwicklungsrichtung von Esras und Nechemjas Aufzeichnungen liegen weiterhin Xenophons Memorabilien und seine Anabasis. —

Zur Geographie besitzen wir aus Babylonien Listen von Ländern, Bergen, Strömen, Kanälen, Städten und Tempeln, die offenbar dem Unterricht dienten; der babylonische Gelehrte ist, wie der ägyptische Schreiber in der Satire auf die Mühen des Pfadfinders, zufrieden, wenn er alle Dinge im Land mit Namen aufzählen kann; daß er damit praktisch nichts machen kann, ist ihm gleichgültig — hier kommt er einmal zur Theorie und ist glücklich im Bewußtsein des Wissens.

Der Praxis dienen Routenlisten und Karten; von dem Plan des Ningirsutempels auf Gudeas Knien bis zu einem Stadtplan von Babel gibt es allerlei kartographische Darstellungen.

Eine Weltkarte scheint eine merkwürdige Zeichnung zu sein, die einen kreisförmigen Bandstreifen mit mehreren außen aufgesetzten Dreiecken zeigt. Das Band soll nach der Inschrift der Ozean sein, die Dreiecke sind »Nagus«-Länder, Inseln, Weltenden. Im Innern des Bandes läuft ein breiter Streif von oben (»wo die Sonne nicht gesehen wird« und ein Berg angedeutet ist) nach unten, der Euphrat; Babel und Borsippa liegen daran, etwas über dem Mittelpunkt, andere Städte darum. Die Zeichnung könnte nach einem altbabylonischen Original gemacht sein; die Einführung des Sonnenmaßes weist in alte Zeit; das Streben zum Ganzen ist unverkennbar, ebenso das Versagen der voreiligen Konstruktion infolge allzugeringer Empirie, ihr Steckenbleiben in geometrischen Formen einfachster Art, die eine anschauliche Abstraktionsleistung darstellen. Ähnlich müssen babylonische Himmelskarten ausgesehen haben.

Die geographischen Vorstellungen des jüdischen Kanons überschreiten den babylonischen Horizont nur um so viel, als durch die exzentrische Lage Judas bedingt war. Die Schilderung des Paradieses mit seinen vier Strömen bildet ein literarisches Analogon zu der babylonischen Weltkarte. Die philosophische Epoche der jüdischen Entwicklung scheint geographisch unfruchtbar gewesen zu sein. Später ward in dieser wie in andern Disziplinen das höhere hellenische Wissen einfach angenommen. —

Die Übernahme der sumerischen Sprache durch die Semiten, ihre Anerkennung als Sprache der Götter, der Kirche, der Wissenschaft hat zur Entwicklung einer Literatur zur Erlernung des Sumerischen geführt. Ein praktisches Gebot lehrte hier, wie in allen andern Gebieten, sammeln und übersichtlich ordnen, ein Gebot der Selbsterhaltung, der Furcht, Schaden zu leiden. Hätte der Babylonier sumerisch lernen sollen aus Interesse für ein aussterbendes Volk, das seine Kultur mit geschaffen hatte, er hätte keine Hand gerührt; eben daß er vollständig vergaß, daß jemals ein Volk diese Sprache lebendig gesprochen hatte, daß sie ihm, je länger er sie kannte, umsomehr als unmittelbares Geschenk der Gottheit, als Sprache der Götter erschien, machte sie ihm wichtig, wie dem Mittelalter das Latein; er hat nicht nur die Geschichte des sumerischen Reichs von Nippur, sondern selbst den Namen der Sumerer vergessen — aber die Sprache, in der die Götter ihren heiligen Willen niedergelegt hatten, hat er in ängstlicher Sorge, sie und damit sich zu verletzen, mit Fleiß und Eifer konserviert.

An der Sprache hing für ihn viel mehr als für uns im gleichen Fall. All diese Zeichen und Laute, Namen und Formeln hatten einen Zauberwert, den ihr Ursprung garantierte, der die vollkommene Erhaltung wünschenswert machte; ihre geheimnisvolle Herkunft, ihr geheimer Sinn, ihre Unverständlichkeit für Laien, ihre Schwierigkeit selbst für Gelehrte, das Mysterium machten sie wertvoll, ganz abgesehen vom Inhalt.

So ging man hier mit demselben Fleiß an die Arbeit, wie bei der Herstellung der Omenlisten und Beschwörungstexte, überzeugt, daß man göttliche Geheimnisse aus der Zeit vor der Flut in der Hand hielt; wie der Glaube an Vorzeichen die Astronomie förderte, so förderte der Glaube an den Zauberwert der Sprache die lexikalischen und grammatischen Studien.

Man könnte unter diesen Umständen zweifeln, ob es überhaupt eine babylonische Philologie gegeben hätte ohne den Zufall der Rezeption der sumerischen Sprache; ich glaube, daß dieser Zweifel unberechtigt ist. Die Zeit für eine Listenwissenschaft sprachlichen Inhalts war erfüllt, indem in allen Gebieten die Fähigkeit und Neigung zu langen Sammellisten herangebildet war, indem die Einsicht in den Wechsel der Wortbedeutungen im Lauf der Zeit und zeitlos, die Lösung vom Wortrealismus, sich entwickelte und dennoch das Haften am Wort fortdauerte. Im sprachlich rein sumerischen Staat hat es wahrscheinlich eine philologische Listenwissenschaft gegeben, wie später im zweisprachigen, semitisch-sumerischen; die Listen von Zeichen und Ideogrammen dienten dem Schreiben- und Lesenlernen, die Listen von Synonymen und Homonymen, von Erläuterungen zu veralteten und seltenen Worten dienten dem Verständnis alter Texte und die Lexika der sachlichen Übersicht aller

Dinge der Welt. Einen Rest dieser rein sumerischen Sprachtexte besitzen wir vielleicht in einem einsprachigen Text aus der Chammurabizeit, der sachlich geordnet Steine, Pflanzen, Knoblaucharten, Fische, Vögel usw. aufzählt.

Die Listen zu philologischen Zwecken lassen sich nach dem Inhalt einteilen in Zeichenlisten, Wörterbücher und grammatische Texte.

Die Zeichenlisten werden in mehrere Klassen geteilt. Die sog. 1. Klasse gibt Zeichen, Zeichennamen und alle möglichen sumerischen und semitischen Lautwerte — man lernt damit allgemein die Zeichen lautieren und nennen. Die drei andern Klassen dienen dem Verständnis der ideographisch gebrauchten Zeichen; Klasse 2 gibt zu jedem Zeichen alle sumerischen Lautwerte und zu jedem Lautwert eine semitische Übersetzung, Klasse 3 und 4 wollen nicht alle sumerischen Möglichkeiten, sondern alle semitischen Bedeutungen jedes Zeichens erschöpfen.

Die Wörterbücher sind teils sumerisch-semitisch (einzelne altsumerisch-neusumerisch-semitisch, also dreisprachig), teils rein semitisch.

Die sumerisch-semitischen Vokabularien dienen nur der Erlernung der sumerischen Sprache und der Lektüre; ihnen schließt sich ein kassitisch-semitisches Wörterbuch an, das in 48 Zeilen Gottesnamen und andere Elemente kassitischer Königsnamen enthält und in dieser Beschränkung den Mangel an theoretischem Interesse für fremde und aussterbende Sprachen beweist.

Die rein semitischen Wortlisten geben teils Synonyme, teils Reihen von allerlei Dingen, Maßen, Gewichten, Verwandtschaftsgraden, Städten, Stadttoren, Sternen usw.

Die grammatischen Texte führen in die Formenlehre des Sumerischen ein, indem sie Musterbeispiele zum Auswendiglernen geben, Formen und Verbindungen von Substantiven, Verben, Präpositionen usw. Auch die Lesestücke juristischen, religiösen und sprichwörtlichen Inhalts gehören hierher.

Die Syllabare und Wörterbücher sind in ihrer Art glänzende wissenschaftliche Leistungen; anschauliche Ordnung zu praktischen Zwecken, Vollständigkeit des Materials wird erreicht; indessen gilt auch von diesen Listen, was von der ganzen babylonischen Listenwissenschaft gilt: die Disposition aus dem Vollen fehlt, die Ordnung bleibt bei aller Gewandtheit und Vielseitigkeit äußerlich; und die innere Verarbeitung des Stoffes setzt zwar ein, kommt aber zu keinem Abschluß.

Die Ordnung der Syllabare und der sumerischen Wörterbücher hätte einheitlich und systematisch nur erfolgen können, wenn ein allgemeinstes Prinzip der Zeichenfolge, etwa nach Zahl und Lage der Keile, zugrunde gelegt worden wäre. Davon ist gar keine Rede.

Das höchste Prinzip der Zeichenfolge ist in Syllabaren 2. Klasse die Zusammenstellung eines einfachen Zeichens mit seinen komplizierteren Abkömmlingen, die durch Einschreiben anderer Zeichen in das einfache Zeichen entstanden sind. Verwandt damit sind Listen von Wörtern aus derselben Wurzel. Eine merkwürdige Tafel zeigt kindliche Konstruktionen von Urformen der Schriftzeichen; die Spekulation war in dieser Richtung tätig, aber wie alle babylonische Spekulation zu schnell und unempirisch in ihren Ergebnissen.

Die Wörterbücher wären auch nach Sachen zu ordnen gewesen; die Determinative, die eine anschauliche Gruppenbildung nach Zeichen und zugleich nach Sachen gestatteten, konnten einer Ordnung in dieser Richtung den Weg ebnen, wie die Sachenlisten. Der Babylonier ist in der Mitte zwischen der Ordnung nach Zeichen und Sachen stecken geblieben.

Die grammatischen Beispiele wachsen nicht zu grammatischen Regeln aus.

Wir haben alle Ansätze zu einer Sprachwissenschaft, die in der Entwicklung zur Logik eine so große Rolle spielt — aber es bleibt bei den Ansätzen; Listen zu praktischen Zwecken, Keime zu spekulativen Weiterbildungen sind vorhanden, aber das Allgemeine, die Einheit, die Regel, selbst die Verwirrung durch die Ahnung neuer Möglichkeiten, bleibt aus.

Leider besitzen wir zur jüdischen Sprachwissenschaft kein Material; alle Wahrscheinlichkeit spricht dafür, daß auch diese Disziplin im gewaltigen Anstieg zur monotheistischen Philosophie vernachlässigt wurde; wichtig muß sie geworden sein, als die Schriftgelehrten sich zu Logikern und Juristen Gottes entwickelten; auch hier waren aber inzwischen die Hellenen so weit vorausgeeilt, daß Übernahme und Anpassung hellenischen Wissens in der Spätzeit das Bild der Wissenschaft beherrscht haben werden.

Weisheit und W e i s h e i t s l e h r e n gibt es von dem Augenblick an, in dem eine Möglichkeit entsteht, durch ein rationales, allgemeines und erlernbares Wissen aus der Masse zu Ansehen und

Besitz emporzusteigen, d. h. wenn eine Schrift und ein Schreiberstand gebildet sind. Bis dahin gibt es Techniken, die als geheimes Wissen vom Vater auf den Sohn vererbt werden und dem glücklich Geborenen eine Ausnahmestellung sichern, wie der Adel; nun entwickeln sich freie Berufe, die allen offen sind, die die allgemeine Technik des Schreibens lernen und damit den Schatz der schriftlichen Überlieferung aufschließen; schreiben können ist die erste allgemeine Weisheit, die Schriftzeichen sind die Schlüssel zu den Schlössern des Thout, hinter denen alles Wissen und alle Macht verborgen liegt.

Weise ist der Praktiker der Schreibkunst allgemein, im besonderen der Schreiber, der eine bestimmte Technik erworben hat, der Schreiberbeamte und -priester, der Schreiberbaumeister und -künstler; seine Weisheit schafft ihm Brot und Ansehen und bewährt sich so.

Weisheitslehren im engeren Sinn enthalten aber nicht mehr diese Techniken, sondern — in Ägypten wenigstens — schon etwas allgemeineres; der Weise lehrt seine Söhne technische Geheimnisse höherer Art zu demselben rein praktischen Zweck des Karrieremachens, die Behandlung der Menschen seiner Umgebung, der Vorgesetzten und Untergebenen — wir haben Standeslehren für Könige und für Beamte — und allgemein gefaßte Wahrheiten praktischer Art in anschaulicher Form, Sprichwörter. Derartige Weisheiten gehen mit Autornamen um — die Karriere des Verfassers bürgt für ihre Güte.

Noch allgemeiner werden dann Weisheitslehren in Beziehung zur allgemeinen Weltanschauung gebracht; sie lehren menschenwürdiges Benehmen und Frömmigkeit, immer mit utilitarischer Begründung und praktischem Ziel. Eine solche Lehre vom Standpunkt bürgerlicher Moral mit priesterlichem Einschlag gibt das Lehrgedicht des Enei aus dem neuen ägyptischen Reich.

Mit der zunehmenden Bedeutung der allgemeinen Weltanschauung in Priesterhänden werden die praktischen Weisheitslehren in den Hintergrund gedrängt. Neben dem großen Hauptsatz der göttlichen Kausalität verschwinden die kleinen Lehren der utilitarischen Empirie, verachtet von der werdenden Theorie, wie alle alten empirischen Wissenschaften. Eins ist vor allem not, gut zur Gottheit zu stehen; ein anderes kommt dazu, eigentlich schon untergeordnet und im ersten inbegriffen, klug und vorsichtig handeln in allen Dingen. Techniken und Anstandsregeln sind keine Weisheit mehr — allgemeine Sätze sparen lange Weisheitsbücher.

Die babylonischen Gelehrten greifen überall nach allgemeinen Sätzen und verachten in praktischer Vertretung halbgeahnter, halbausgesprochener Ideen die Empirie. So erklärt es sich, daß Weisheitslehren, die in Ägypten einen Hauptteil unserer Denkmäler ausmachen, also allgemein in Ansehen gestanden haben müssen, in Babylonien keine ebenso große Rolle spielten. Aus der Bibliothek Aššurbanipals stammen spärliche Reste dieser Literatur, ein sumerischer Sprichwörtertext als Sprachübung und Stücke einer Weisheit etwa von Eneis Höhe; auch sonst ist wenig derart gefunden.

Der Weise ist immer freundlich und wohlwollend, unbedingt Herr seiner selbst; er hütet sich vor allem Anstößigen und Gefährlichen, vor Konflikten mit der Obrigkeit und vor fremden Weibern; seine Untergebenen behandelt er gut und gerecht. Vor allem aber steht er gut mit der Gottheit und dem König. Wie an anderen Stellen erscheint der allgemeine Satz, der in der Praxis der ganzen Kultur steckt, ohne theoretisch zu ihrem Rückgrat gemacht werden zu können, gelegentlich als Rat im einzelnen Fall neben anderen Einzelfällen. »Fürchte die Gottheit, ehre den König«, d. h., tue, was klug ist und sich ziemt. Der Gottheit mit lauterem Herzen, Gebet und Furcht zu begegnen, ist aller Weisheit Anfang und Kern; »Furcht gebiert Gnade, Opfer fördert das Leben, Gebet löst die Sünde«. Den König zu ehren ist nicht minder klug; er ist Gottes Obrigkeit und der Starke, solange Gott will; er garantiert die Möglichkeit, unter dem Schutz der Gesetze gefahrlos seinen Vorteil zu verfolgen.

Ob dieser Text unter einem bestimmten Autornamen ging, wie die ägyptischen Weisheitslehren, wissen wir nicht. Wahrscheinlich ist mir, daß er als Teil der allgemeinen Weltanschauung seiner Entstehung nach in die Urzeit göttlicher Belehrung hinaufgerückt war, vielleicht nicht zu Unrecht als Abkömmling eines sumerischen Textes.

In sumerische Zeit reichen die Sprichwörter und Rätsel aus Aššurbanipals Bibliothek hinauf; sie sind mindestens ebenso allgemein und scharf geprägt wie die ägyptischen des neuen Reiches; ihre Verwendung als Lehrtext beweist, daß sie nicht mehr höchste Weisheit, sondern schon Gemeinplätze und Spielereien darstellten, nützlich und übend für den Scharfsinn, aber entschieden zweiten Ranges.

Das entspricht der Überwindung anschaulichen Denkens und der Entdeckung eines tiefen Sinnes nicht mehr hinter einem bildlichen Wort, sondern hinter aller Erscheinung, in der babylonischen Wissenschaft.

In der jüdischen Entwicklung könnte man ein Verschwinden der Weisheitslehren erwarten. Die eine große Weisheit, die in der babylonischen Weltanschauung unentbunden bleibt, wird ja von den Propheten theoretisch erfaßt und zum Kern alles Wissens und Handelns bewußt gemacht; Weisheitslehren anderen Inhalts als das Gesetz kann es nicht geben, gleichen Inhalts sollten sie überflüssig sein. Trotzdem spielt die Weisheitsliteratur im jüdischen Kanon eine große Rolle und wächst außerkanonisch immer weiter an.

Die Tatsache erklärt sich aus verschiedenen Umständen. Zunächst war im alten Juda eine große Weisheitsliteratur zweifellos vorhanden, die bei der Tendenz der Schöpfer des Judentums, überall alte Tradition zu bewahren, der Berücksichtigung durch die Bearbeiter der Schrift sicher war; sie wurde mühelos gereinigt und mit der Haupttendenz in Einklang gebracht, enthielt sie doch in Spruchform Keime der Hauptlehre und praktische Ergänzungen; im sicheren Besitz der Hauptlehre konnte das Judentum gegen die Ergebnisse alter Empirie duldsamer sein als babylonische Gelehrte. Wichtiger noch war die Erkenntnis, daß die alte Weisheit, traditionell in Laienhänden, eine Ergänzung der religiösen Offenbarung darstellen konnte; im Lauf seiner Entwicklung kam der jüdische Rationalismus aus sich und vor allem unter dem Eindruck hellenischer Vernunftweisheit, also im Konkurrenzkampf, zu der Anerkennung einer verstandesmäßig gewonnenen irdischen Weisheit neben der offenbarten himmlischen; diese irdische Weisheit verkörperte sich in der Chokma, die, in alte Zeit hinaufgerückt und dem weltlich weisen Šelomo in den Mund gelegt, durch ihre Übereinstimmung mit der offenbarten Weisheit des Gesetzes und der Propheten die Richtigkeit und durch ihre Beschränktheit die Überlegenheit der Offenbarung bestätigte. Die alte praktische empirische Lebensweisheit war im Begriff gewesen, in der höheren religiösen Philosophie monistisch zu verschwinden; nun ließ sie reifere Logik wieder aufleben, indem sie keck behauptete, daß die Übereinstimmungen nicht aus einem Entwicklungsverhältnis, sondern aus einem gleichen metaphysischen Objekt der Erkenntnis zu erklären seien; die niederere, aber vielfach gleiche Weisheit der Spruchbücher ist niederer und gleich der höheren des Gesetzes, weil zwei verschiedene Erkenntnismittel, ein niederes, menschliches, verständiges lumen naturale und ein höheres, göttliches, überverständiges lumen divinum wirksam sind, nicht etwa, weil dieselbe menschliche Vernunft einmal auf niederer, dann auf höherer Stufe der Begriffsbildung zu Worte kommt. Unfähigkeit, historisch zu denken und Voreiligkeit in der Annahme kausaler Hilfsbegriffe anthropomorpher und metaphysischer Art wirken zu diesem Ergebnis zusammen.

Vielleicht besitzen wir in Chalkol und Darda, den Söhnen Mahols, die 1. Kön. 5 als Verfasser von Weisheitslehren genannt werden, authentische Namen aus alter Zeit, die wie die der Verfasser ägyptischer Weisheitslehren für die Güte der Weisheit bürgten. Dagegen gehören Heman und Ethan, die an gleicher Stelle genannt werden, als Verfasser von Sprüchen wie von Liedern wahrscheinlich der Legende an. Unter den Autoren, die erhaltenen Spruchsammlungen oder Teilen von solchen den Namen geben, könnte etwa Agur, der Sohn Jakes wirklich der Verfasser einer Weisheitslehre gewesen sein; die Mutter des Königs Lemuel wird kaum mehr als Šelomo, der große Spruch- und Rätselweise der jüdischen Legende, eine Lehre hinterlassen haben; möglicherweise geschichtlich ist die Sammlung von Sprüchen durch die Männer des Königs Chiskija ein sicherer Autorname ist in der Spätzeit der des Jesus Sirach.

Von Autorennamen, die wie in Ägypten als Bürgen für die Güte ihrer Lehre genannt sind, geht es zu solchen, die nicht geradezu Götter, wie in Babylon und im spätesten Ägypten (Gottes Weisheit ist offenbart, nicht erkannt), aber Heroen aus alten Tagen sind, schließlich zu solchen, die aus individuellem Stolz ihren Namen erhalten wissen wollen. Die Entwicklung durchläuft den ganzen Weg vom ägyptischen durchs babylonische zum hellenisierend jüdischen der Spätzeit.

Die hellenische Parallele zu dieser ganzen Spruchweisheit bilden die Gnomen; auch die Verbindung hellenischer Sprüche mit bestimmten Autornamen ist nicht sicher; die sieben Weisen sind Staatsmänner und Tyrannen, wie Šelomo, vornehme Privatleute, wie Jesus Sirach. Nur ist die Gnomendichtung als vollwertige Philosophie in Hellas schnell überholt, während sie im Judentum durch Jahrhunderte breit ausgebaut und hochgeschätzt wird.

In Hellas folgen den Gnomikern die systematischen Philosophen; Thales bildet den Übergang. Auch im Judentum fehlen die Ansätze nicht, von der reinen Spruchweisheit zu systematischen Darstellungen überzugehen; wir haben sie im großen Weisheitsbuch Šelomos und im Lehrgedicht des Jesus Sirach, im Hiobsgespräch und im Kohelet, in der Weisheit Šelomos und im Aristeasbrief; aber die Stufe der Spruchweisheit wird in keinem dieser Werke und Stücke vollkommen überwunden; erst Philon hat unter hellenischer Schulung ein System der Chokma geschaffen. —

Die ältesten Stücke jüdischer Spruchweisheit enthält die große Spruchsammlung, die als »Sprüche Šelomos« zusammengefaßt und kanonisiert ist. Manche Sprüche in ihr mögen in Šelomos Zeit zurückgehen — wahrscheinlich noch viel weiter; sie werden aus Weisheitslehren stammen, die im kanaanäischen Kulturland lange vor der Einwanderung von Juda umgingen, und mit der übrigen Kultur übernommen sein. Sprüche, die in Form und Inhalt mit ägyptischen und babylonischen Parallelen übereinstimmen, können dahin gerechnet werden.

Produktiv wird die neue, judäisch-kanaanäische Mischung wohl erst in der Zeit geworden sein, in der das Überschreiten der babylonischen Stufe begann, also von der Mitte des achten Jahrhunderts an, namentlich im siebenten Jahrhundert. Von dieser Produktion könnten wir einiges besitzen; die »Spruchsammlung der Männer Chiskijas« und die »Worte von Weisen« könnten im Kern vorexilisch sein, in der Tat der Zeit Chiskijas und seiner Nachfolger angehören.

Im ganzen gilt von der Weisheitsliteratur, wie von der jüdischen Literatur überhaupt, der Satz, daß die Bearbeiter vorexilische Produkte nur aufnahmen, soweit sie klassisch, d. h. mit prophetischem Geist verwandt oder in Einklang zu bringen waren; alles ältere ist bestenfalls Stoff für junge Bearbeitungen.

Die Hauptmasse der Spruchliteratur entsteht im Exil und den folgenden Jahrhunderten. In diese Zeit gehört die Sammlung der Sprüche Šelomos außer den erwähnten Teilen ganz. Daß hier und da ein älterer Spruch mit eingearbeitet ist, unverändert oder modern zurechtgestutzt, ist dabei natürlich sehr wahrscheinlich. Die Ermahnungen der Mutter König Lemuels z. B. enthalten kaum etwas, was nicht vorexilisch sein könnte — ihre Sprache erweist sie als nachexilisch.

Die Sammlung der Männer Chiskijas umfaßt 136 Sprüche; die Zahl ergibt den Namen Chiskija; natürlich spricht dieses Zahlenspiel fast gegen die Urheberschaft des Königs; doch kann man annehmen, daß diese überliefert war und nachträglich ein eifriger Systematiker die alte Sammlung auffüllte, bis sie 136, d. h. auch äußerlich »Chiskija« war. Daß eine Auffüllung stattgefunden hat ist fraglos; von den 5 Kapiteln zu 27 oder 28 Versen enthalten namentlich die letzten beiden mehrmals Anspielungen auf das Gesetz, das zu Chiskijas Zeit nicht existierte, und auf »Gottlose« und Fromme«, die ebenfalls erst später einen geläufigen Gegensatz im allgemeinen Bewußtsein bilden.

Die Form der Sprüche ist sehr knapp und konzis; jeder Spruch macht einen Vers aus; eine große Erfahrungssumme ist in einen kurzen Satz zusammengedrängt, der sich durch seine Schlag- und Bildkraft leicht einprägt.

Der Inhalt der Sprüche gibt Lebensweisheit; der »Weise« wird dem »Toren« gegenübergestellt. Weise ist der Vorsichtige, der die Menschen kennt und sich vor ihnen in acht nimmt, der Geduldige, der guten Rat hört und annimmt, der Zuverlässige, der Bescheidene, Fleißige und Achtsame; Toren sind die Unvorsichtigen, Leichtsinnigen, Untreuen, Hochfahrenden, Faulen und Verschwender, aber auch die Heuchler und Schmeichler, die Ohrenbläser und Boshaften. Dem Weisen wird es gut gehen, der Tor wird die Rute bekommen, in die Grube fallen, die er andern gräbt. Beider Schicksal ist in ihrer Hand — jeder kann weise sein, wenn er lernen will. Auffallend gering ist die Beziehung zur Religion; Gott als Bürge der Gerechtigkeit spielt kaum eine Rolle; die ethische Wertung fehlt — der falsche Zeuge ist gefährlich, nicht in erster Linie schlecht. Dagegen tritt das psychologische Moment stark hervor, Menschenkenntnis als Mittel der Weisheit, gute und schlechte Eigenschaften, Gefühle der Befriedigung und der Demütigung als Ziel des Handelns oder als abschreckende Momente, statt direkten Nutzens und Schadens. Wir sind in der Zeit, die den Davidsroman schafft.

Jünger scheinen mir die »Worte von Weisen«. Schon die Einleitung zeigt einen andern Geist: der Schüler soll lernen, daß Weisheit lieblich ist und daß sie ihm nützt; er wird unterwiesen, damit auf Jahu sein Vertrauen steht. Zwiespältig wie diese Begründung ist der Inhalt; ein Teil lehrt einfache Lebensklugheit; er handelt vom Umgang mit Jähzornigen, Mißgünstigen, Törichten, Dirnen, von den bösen Folgen des Saufens, Prassens, leichtsinnigen Bürgens und der Faulheit u. ä.; der andere Teil ist deuteronomisch:

Gerechtigkeit und Unparteilichkeit bringt Segen, aber den Bedrücker des Geringen wird Jahu töten; Jahu ist der starke Löser derer, die die Grenzen der Witwen und Waisen verrücken; die zum Tode geschleppt werden, soll man mitleidig erretten, über fallende Feinde nicht jubeln; die Leckerbissen des Königs sind gefährlich, der Reichtum mühevoll. Offenbar ist die Tendenz, die rationale Weisheit und die allgemeine Weltanschauung in Einklang zu bringen; wäre nicht manches einzelne ganz prophetisch, so könnte die ganze Lehre vor Amos in die Wiederholungszeit babylonischer Entwicklung gesetzt werden; wie in Babylon wird Furcht Gottes und des Königs empfohlen. Wie die Dinge liegen, möchte ich annehmen, daß in der Zeit des Jošijagesetzes, als prophetische Gedanken in weitere Kreise drangen, eine Reihe älterer Sprüche mit den neuen Lehren des Gesetzes zusammengearbeitet wurden, eine Vorarbeit der exilischen Spruchdichtung, in der die Einheit von geoffenbarter und rational erkannter Weisheit erreicht ist.

Der Hauptgegensatz in der exilischen und nachexilischen Spruchdichtung ist der des »Frommen« und des »Gottlosen«; der Fromme ist zugleich weise, gerecht, redlich, demütig und glücklich, der Gottlose töricht, ungerecht, boshaft, hochfahrend und unglücklich. Die rationale Überzeugung, daß richtig erkennen, richtig handeln und glücklich sein, falsch erkennen, falsch handeln und unglücklich sein, notwendig zusammenhängen, liegt hier in religiöser und logisch primitiverer Form vor, wie sie entwickelter die hellenische Philosophie beherrscht. Die Weltanschauung der jüdischen Gemeinde und Kirche ist nirgends so scharf in Formeln gebracht, wie in diesen Gnomen, bes. Spr. 10—15.

Der Fromme ist Jahu wohlgefällig und wird gesegnet; er wandelt sicher auf ebenen Wegen und steht fest auf unverrückbarem Grund, wo den Gottlosen sein Weg ins Verderben führt und die Windsbraut fortreißt; sein Harren endet in Freude, er erhält, was er begehrt, während des Gottlosen Hoffnungen zunichte werden und über ihn kommt, wovor ihm graut. Denn auf Erden wird allen vergolten; Gott sieht die Herzen — er läßt das Böse über den kommen, der nach Bösem trachtet, und das Gute über den, der Gutes erstrebt.

Der Lohn des Frommen ist Speise in Fülle, Reichtum, Ehre und Macht, Sicherheit vor plötzlichen Gerichten, langes Leben, Nachkommenschaft, ein seliges Ende und ein gesegnetes Andenken. Er empfängt die Fähigkeit, wohlgefällig zu sein, die Herzen zu gewinnen, zum Segen zu raten, seine Stadt emporzubringen, Zucht und Frieden zu verbreiten. Kommt er doch einmal in Not, so ist ihm die Erlösung sicher und darnach der Lohn seiner Leiden; denn er ist zum Glück erschaffen, wie der Gottlose zum Gericht. So rettet ihn seine Erkenntnis, die Weisheit läßt sein Licht leuchten, die Frömmigkeit gibt ihm die Ehrenkrone des grauen Haars; die Stadt frohlockt über sein Wohlergehen.

Des Gottlosen Schicksal ist in allen Stücken das Gegenteil.

Indem die allgemeine Hauptlehre der jüdischen Weltanschauung als weltliche Weisheit unabhängig von der Offenbarung in Sprüchen wissenschaftlich und bildarm erscheint, muß die Frage aufgeworfen werden, warum dies geschieht; eigentlich sollte doch die Offenbarung genügen; wozu dient die rationale Begründung, wozu die Spruchweisheit neben der Gesetzweisheit?

Die Philosophie der Propheten ist ein Kind des Rationalismus, obgleich sie als Offenbarung auftritt; im Namen eines fortgeschrittenen Rationalismus bekämpft sie den primitiveren Rationalismus der babylonischen Stufe. Im Lauf ihrer Entwicklung zum Gesetz ist das vergessen worden; sie erscheint den Gesetzgebern rein als Gottes Eingebung; aber das rationale Element in ihr reizt zu rationaler Begründung, und die Berührung mit dem vollkommenen Rationalismus der Hellenen läßt diese wünschenswert erscheinen. Die jüdische Weltanschauung in Sprüchen ist das Kind dieser Regungen — sie ist abstrakter formuliert, utilitarisch begründet.

Mit dieser Herausrückung aus dem Rahmen der geoffenbarten Religion beginnen nun aber die rationalen Zweifel.

Ein erstes rationales Problem, das die Sprüche selbst aufwerfen, ist die Frage nach dem Verhältnis der Offenbarung zur Vernunft, auf der logischen Stufe des Judentums nach dem Verhältnis zweier Personen, anthropomorpher Begriffe, Jahus zur verkörperten Weisheit.

Die verkörperte Weisheit tritt in den Sprüchen Šelomos mehrmals auf; sie läßt ihre Rufe auf Gassen, Plätzen und Straßenecken erschallen, oder sie hat ein Haus gebaut, ein Mahl bereitet und ihre Mägde ausgesandt, alle Einfältigen zu laden; ebenso sitzt Frau Torheit vor ihrem Haus oder auf einem erhöhten Platz und ruft die Leute an. Die allegorischen Gestalten, Erzeugnisse einer überbabylonischen logischen Phantasie, direkte höhere Abkömmlinge der babylonischen Fabelwesen, hätten in den Rahmen eines umfassenden

Lehrgedichts gepaßt, in dem sie etwa ihre Ratschläge in Spruchform hätten vortragen können — es bleibt bei den Keimen.

Jahu hat die persönliche Weisheit geschaffen; sie ist das erste seiner Werke, geschaffen am Anfang seiner Wege, eingesetzt von Ewigkeit, seit Anbeginn; vor den Urfluten, vor den Bergen, vor dem scholligen Land war sie; sie war dabei, als Jahu den Himmel wölbte und die Wolken befestigte, als er dem Meer seine Schranken wies und die Feste der Erde feststellte; sie war Jahus Werkmeisterin; durch Weisheit hat Jahu die Erde gegründet, durch Einsicht den Himmel festgestellt, durch Erkenntnis die Wasser gespalten; damals war Weisheit »Entzücken Tag für Tag, spielend vor ihm zu jeder Zeit, spielend auf seinem Erdenrund, und hatte ihr Entzücken mit den Menschenkindern«.

Die Weisheit ist also Jahus Geschöpf, sein Kind, seine Eigenschaft zugleich, die er bei der Schöpfung braucht, selbständig neben ihm und doch abhängig, sein intelligenter Teil und die Richtschnur seines weisen Handelns; ein Mythus vereinigt in anschaulicher Darstellung das Unvereinbare. Geklärt wird das Verhältnis nicht — es gibt Stellen, an denen man den Eindruck bekommen kann, daß die Weisheit Jahu selbst gebieten könnte; aber Jahu ist eben Weisheit; die beiden Prinzipien der Tradition und der voraussetzungslosen Forschung wollen sich trennen; aber die Tradition geht vor, Jahu ist der Vater der Weisheit, das lumen naturale ein matter Abglanz des lumen divinum.

Aus dem Kosmologischen ins Menschliche übertragen, ergibt sich genau dieselbe Unklarheit. Weisheit ist Frömmigkeit, Frömmigkeit ist Unterwerfung unter das Gesetz, Furcht des Herrn, Erkenntnis des Heiligen, Gottvertrauen; der Weise warnt geradezu: »verlaß dich nicht auf deine Einsicht.« Anderseits soll die Weisheit das Gesetz bestätigen; wer die Weisheit verfehlt, frevelt gegen sich selbst. Ebenso gibt Gott allein alle Weisheit, wer aber nicht weise ist wird von Gott bestraft. Wie in der Metaphysik einmal vorausgesetzt ist, daß Gott die Weisheit ist, das andere Mal, daß sie von ihm getrennt existiert, so ist hier einmal angenommen, daß fromm und weise eins sind, das andere Mal, daß sie getrennt werden können; die Weisheit ist willkommen, frei und selbständig, soweit sie Gottes Kind ist, Gottes Gesetz mit ihren Mitteln bestätigt; sie ist verwerflich und wird geschmäht und gebunden, wenn sie Gott und sein Gesetz bedroht; Jahu, der Rationale, wird dann Jahu, der keine anderen Götter neben sich duldet, der jüdische Priester der Vernunft wird zum Pfaffen seines Götzen.

Es ist kein Zufall, daß das Verhältnis Jahus zur Weisheit wie in den Sprüchen Šelomos gerade im Buch Hiob, und zwar an wichtiger Stelle, am Ende des Hiobsgesprächs, erörtert wird. Das Hiobsbuch behandelt vom Standpunkt der irdisch-verständigen Einsicht das wichtigste Problem, das die geoffenbarte Religion enthielt, das Leiden des Gerechten; die irdische Weisheit darf in dieser Zeit noch solche Fragen aufwerfen und vernünftig diskutieren; aber gerade dabei zeigt sich noch schlagender als beim Problem von Gottes Verhältnis zur jüdischen Sophia, daß die Chokma nicht mehr als eine Problemstellung mit dem Schein der Voraussetzunglosigkeit geben darf; was schließlich herauskommen darf ist der Nachweis der Unzulänglichkeit der Weisheit zur Lösung von Problemen, die im Gesetz durch Offenbarung gelöst sind — das lumen naturale müht sich umsonst ab, es reicht nicht zur Lösung der Fragen zu, die es aufwirft, es müht sich unnötig, denn die Fragen sind vom lumen divinum längst gelöst. So ist das Schlußwort Hiobs in der Tat ein Abschluß der Debatte: menschliche Weisheit ist nicht göttliche Weisheit und muß resignieren; göttliche Weisheit ist aber nicht verborgen, sondern eben geoffenbart im Gesetz so weit sie nötig ist; nur der Verstand kann sie nicht nachdenken.

Ebenso wird im Prediger Šelomo nur der Bankrott der irdischen Weisheit proklamiert; die Offenbarung bleibt unberührt und steigt im Wert.

Offenbarung und verständige Einsicht müssen im Ergebnis übereinstimmen; wenn sie es nicht tun, um so schlimmer für den Verstand. Der Jude gibt gern zu, daß der Verstand vieles nicht bestätigen kann, was geoffenbarte Lehre ist, er ist eben menschlich, unzulänglich, ganz wertlos. Wenn Jahu und die Weisheit in Konflikte kommen, so gibt es kein Recht der Weisheit gegen Jahu, keine Revision der Autorität vom Verstand aus, sondern nur eine Unterwerfung des Verstandes. Weil die Tradition, ein Erzeugnis eines primitiveren Rationalismus, vor den kritischen Augen des inzwischen fortgeschrittenen Rationalismus nicht mehr bestehen kann, muß der Rationalismus ganz verworfen werden; so kann der Trugschluß gemacht werden, daß das Ergebnis niedereren Denkens als »Offenbarung« geglaubt werden muß, weil das Ergebnis höheren Denkens es aufzuheben droht; der Kirche, die mit diesen elenden Sophismen kämpft, ist jede Skepsis willkommen, die den Verstand diskreditiert, weil sie notgedrungen auf die Unterstützung des Verstandes verzichten mußte.

Mit dem Hiob und dem Prediger ist formal und inhaltlich das Äußerste erreicht, was der Weisheit neben der Offenbarung an Freiheit zugestanden werden konnte, ohne die Kirchenlehre zu gefährden. Die Magd der Kirche unterwirft sich in beiden Fällen löblich und dient der Herrin im Kanon. Die nächsten Versuche, Offenbarung und Verstand in Einklang zu bringen, bedeuten ein sektiererisches Überschreiten der Tradition auf dem Wege zur Hellenisierung der Weltanschauung; die Träger dieser Lehren sind in ihren eigenen Augen Verteidiger des Gesetzes, in denen der Kirche Ketzer; die pharisäischen Separatisten, die Essäer, Philon und Jesus wären hier zu nennen. In der Darstellung der Weisheitslehren kommen die Separatisten mit der »Weisheit Šelomos«, Philon mit seiner Philosophie in Betracht; beide Lehren wollen im Sinn der alten Weisheit nichts sein als verständige Bestätigungen der Offenbarungslehre; Jesus scheidet hier aus — er will das Gesetz »erfüllen«, durch eine sinngemäße Fortbildung ersetzen; er ist Offenbarer und Weiser, Prophet, Messias, nicht nur Weltweiser im Dienst der Kirchenlehre.

Vor diesen Sektierern und Ketzern müssen aber noch zwei Weise erwähnt werden, die in vollem Einklang mit der Kirchenlehre stehen; der eine ist in den Sprüchen Šelomos kanonisiert, Agur, der Sohn Jakes, der andere hätte ebensogut kanonisiert werden können, wie der Verfasser der Chronik, und ist wohl nur zufällig außerhalb des Kanons geblieben, es ist Jesus Sirach.

Die Worte Agurs, des Sohnes Jakes, machen das 30. Kapitel der Sprüche Šelomos aus. Von ihrem Verfasser wissen wir nichts; Inhalt und Sprache weisen auf nachexilische Entstehungszeit.

Der erste Spruch scheint ganz im Sinn der Kirche auf die Unfähigkeit des Weisen und des Menschen überhaupt hinzuweisen, mit aller Mühe Gott zu erkennen. Der zweite weist nicht weniger orthodox jeden Zusatz zu seinem Wort als Frevel ab. Im dritten bittet der Weise Gott, ihn vor Armut und Reichtum, die den Menschen zur Verletzung Jahus durch Diebstahl oder Hochmut verleiten können, zu bewahren. Im folgenden ist von einem Geschlecht von Übermütigen, Gewalttätigen und Unreinen die Rede, vielleicht von den Gottlosen. Den Rest der Lehre bilden meist

Zahlenrätsel; drei oder vier Wesen haben eine bestimmte Eigenschaft, nach der sie erkannt werden können — wer ist gemeint? Zu raten sind die Lösungen nicht, dazu sind die Vergleichspunkte zu allgemein; größer ist der Wert der Hinweise auf bestimmte Gefahren, vor denen sonst ohne die Rätselform gewarnt wird.

Wenn Agurs Weisheit orthodox und archaisch auftritt, so ist die des Jesus Sirach orthodox und modern im Sinn der Schriftgelehrten des zweiten vorchristlichen Jahrhunderts.

Jesus, der Sohn Siras, aus Jerusalem, genauer »Jehošua, der Sohn Šimons, des Sohnes des Elieser ben Sira«, hat im ersten Viertel des zweiten Jahrhunderts als Schriftgelehrter in der Hauptstadt der jüdischen Kirche gelebt und in der Kirchensprache seine Weisheitslehre verfaßt, die dann sein Enkel ins Hellenische übertragen hat.

Als Schriftgelehrten von Beruf bezeichnet ihn die Notiz seines Enkels, daß er sich dem Lesen der heiligen Schriften gewidmet habe, wie sein eigenes Loblied auf den höchsten Beruf, »über das Gesetz des Höchsten nachzudenken und nach der Weisheit der Altvorderen zu forschen«; alle andern Menschen verstehen nur ihr Geschäft, beten nur für ihr Gewerbe — der Schriftgelehrte allein versteht die allgemeinste umfassende Wissenschaft, betet für seine Sündigkeit und Gott zum Preis; alle andern können nur Techniken lehren und Geld und irdische Ehren erwerben — er belehrt alle Menschen über Sinn und Gesetz ihres Lebens und erwirbt ewigen Ruhm.

Das Ergebnis seiner Forschungen in der Schrift ist sein Lehrgedicht. Was er an verborgenem Sinn der Gleichnisse herausbekommen, an Rätseln der Sprüche gelöst zu haben glaubt, was ihm wesentlich scheint an Daten aus der Geschichte des Volks, das hat er in einem »Werk über Bildung und Weisheit« vereinigt, damit es, neben den heiligen Büchern gelesen, »die Schriftbeflissenen in gesetzlichem Leben fördert«.

Die ganze Auffassung von seinem Beruf und Werk erinnert durchaus an die hellenischer Philosophen von ihrer Bedeutung, besonders an die der Tugend- und Weisheitslehrer, der Sophisten. Die höchsten Ergebnisse der Wissenschaft und Erfahrung — auch das Reisen gehört zur Bildung des Weisen bei Jesus Sirach — sollen in verständlicher Form zu praktischem Zweck weiteren Kreisen zugänglich gemacht werden, in mündlicher Belehrung und in Lehrschriften zu Gottes Ehre und zum Ruhm des gottbegnadeten und gelehrten Verfassers. Der Schriftgelehrte als unabhängiger Gebildeter, der in den höchsten Dingen allein seine Befriedigung sucht, in Versammlungen, als Lehrer und Richter, als Schriftsteller Weisheit verbreitet, voll überlegener Anerkennung der Nützlichkeit aller andern Stände vom Bauern bis zum Priester, ist ein hellenischer Philosoph auf primitiverer Stufe — wo der Hellene voraussetzungslos in Natur und Leben blickt, sucht er in beiden nur die Bestätigung seines Buchs; in der Tendenz, Bildung zu verbreiten, im Ideal der rein philosophischen Betätigung und der Übertragung höchster Weisheit in die Wirklichkeit sind Schriftgelehrte und Philosophen einander sehr ähnlich.

Jesus Sirach ist ein Schriftgelehrter ersten Ranges aus der Glanzzeit der Schriftgelehrsamkeit; er steht am Ende der Epoche, in der »des Büchermachens kein Ende war«, überzeugt, wie die Besten des Judentums in dieser Epoche, daß die Weisheit der Schrift durch alle Weisen nur bestätigt werden kann, daß es nur aufs Büchermachen, aufs Popularisieren und Auslegen ankommt, damit jedermann sehen und sich überzeugen kann, daß Jahus Gesetz alle Religionen und Weisheiten übertrifft. Wir sehen in die Stimmung der obersten Kreise in Jerusalem, die den Hellenismus nicht fürchteten und ihn sorglos eindringen ließen; Jesus Sirach benimmt sich, als sei er ein hellenischer Weltmann; er ist Persönlichkeit bis auf den Autornamen und die Wertung des Nachruhms; er ist rational und gebildet, so viel man will, entgegenkommend in allen Äußerlichkeiten; man kann in der Tat den modernen Menschen nicht mehr zumuten, daß sie Rätsel lösen und dunkle Dinge glauben — klar, leicht eingänglich soll alles werden; das Judentum kann alle Formen und Forderungen des Hellenentums annehmen — es wird sich zeigen, daß es überall alles Wesentliche vorausbesessen hat; dann wird von all dem Hellenenschwindel keine Rede mehr sein. Der Jude salbt sich und steigt in die Palästra hinab — zwei Jahrzehnte später toben die Makkabäerkämpfe.

Das Lehrgedicht des Jesus Sirach ist eine »Summa der Schriftweisheit«, ein Midraš zu den Sprüchen, ergänzt durch andere Auszüge wesentlicher Daten. Wie die Chronik die Königsbücher auslegt und einheitlicher, klarer und systematischer fortbildet, so legt die Weisheit des Jesus Sirach die Sprüche aus, klärt, führt aus und sucht zu ordnen; das »Lob der Väter der Vorzeit« fügt alles Wissenswerte aus der Geschichte bei, eine Chronik in Beispielen für die

Enkel. Wären die alten Bücher nicht heilig, so könnte man sie fast entbehren — alles Wichtige steht ausgezogen, klar und vor dem Verstand gerechtfertigt in dem billigeren modernen Kompendium; freilich gibt die Urquelle ihm seine autoritative Berechtigung.

Die Form des Werkes ist poetisch, wenn man darunter nichts versteht als Verse. Jesus Sirach kann dichten; die alte Spruchform, der Zweizeiler mit parallelen Gliedern, gelingt ihm vorzüglich; die strengsten Forderungen an formale Richtigkeit finden ihn gewappnet. Poetischen Ausdruck, Bildlichkeit oder überströmende Kraft darf man nicht erwarten; das sind ja gerade die Fehler seiner Vorlage, die er vermeiden will; Bilder sind dunkel, starke Ausdrücke schwülstig; der klare, etwas abstrakte, immer breite und geschwätzige Ausdruck ist das Ideal.

Daß dieser Kunstdichter eine poetische Einkleidung für sein Werk wählt, kann man nicht erwarten; selbst die Allegorie der Frau Weisheit und Frau Torheit ist ihm noch zu dunkel. Dagegen könnte man annehmen, daß er eine logische Gliederung seines Stoffes versuchen würde. In der Tat hat er dies Bestreben: er beginnt mit einer langen Erklärung über das Wesen der Weisheit und endet mit einem »Heil« für den Schüler, der Rat annimmt. Aber im Innern dieses Rahmens versagt seine Kraft der Disposition vollkommen. Wir haben im Grund den alten Ablauf an einem Assoziationsfaden, durch den ja ein Zusammentreten verwandter Stücke vermittelt wird; aber nirgends ist alles zusammengestellt, was zu einem Gegenstand gehört — es gibt zahllose Wiederholungen; ebensowenig ist es gelungen, etwa allgemeine Grundsätze und besondere Ratschläge, Weltanschauung und praktische Regeln für einzelne Fälle zu trennen; die innere Gliederung nach logischen Grundsätzen bleibt ganz aus. In den einzelnen Sprüchen dagegen ist ein logisches Element vielfach zur Ordnung und Herausarbeitung des Gedankens benutzt; es gibt zweierlei Herrscher, zweierlei Freunde und Ratgeber, zweierlei Menschen und zweierlei Weiber, zweierlei Weisheit und zweierlei Scham, gute und böse, echte und falsche; diese Parallelen können zu Reihen auswachsen und Rätselform annehmen, wie in Agurs Weisheit; es gibt drei liebliche und drei häßliche Dinge, zehn, die der Weise preist, vier, die er flieht; die Heraushebung eines Gemeinsamen oder eines Unterscheidenden, Vorarbeit zur Logik, erfolgt als Reihen- und Paarbildung, als Rätsel und Spruch.

Die Weisheit ist, wie in den Sprüchen Šelomos, Gottes erstes Geschöpf, vor allen Dingen seit Ewigkeit von ihm erschaffen und nur ihm offenbar; sie rühmt sich selbst, daß sie aus dem Mund des Höchsten kam und wie Nebel die Erde bedeckte; sie thronte auf den Wolken, zog durch Himmel und Tiefe und suchte schließlich einen Ruheort auf Erden; Jahu wies ihr Jakob zur Wohnung an; nun wohnt sie in Jerusalem und dient Gott im Offenbarungszelt; hier ist sie den Menschen zugänglich, mühevoll, aber lohnend zu erwerben; sie ist »das Buch des Bundes des höchsten Gottes, das Gesetz Mošes«.

Die älteren Anläufe zu einer Untersuchung von Jahus Verhältnis zur Weisheit sind hier »geklärt«; die mythologische Entstehung der Weisheit ist festgehalten, aber jeder Zweifel beseitigt, daß die Weisheit ganz Gottes Dienerin ist; die Bedeutung der Weisheit bleibt anerkannt, aber »Weisheit« ist nicht irdische Weisheit, sondern das Gesetz aus Gottes Mund; die Weisheit bestätigt nicht das Gesetz, sie ist das Gesetzbuch und nichts daneben. Gott liest die Thora — das ist der abgeschmackte Rest des dunkeln Gedankens der Schöpfung eines Urbildes der Welt als Weisheit im Rabbinismus.

Auch Gottes Weltschöpfung ist ein Werk der Weisheit; der Weise kann und muß sie preisen und bewundern. Wie wundervoll ist der Gegensatz des einen Gottes und der vielen Dinge, der Ewigkeit Gottes und der Vergänglichkeit alles Irdischen; wie schön ist der Anblick des Firmaments; wie groß ist Gott, der die feurige Sonne aufstrahlen ließ und ihr die Bahn vorschrieb, der den Mond wechseln hieß, einen zeitlichen Herrscher und doch ein ewiges Zeichen, der die Sterne aufstrahlen und den Regenbogen glänzen machte und Blitz und Donner für seine Gerichte schuf. Die Winde läßt Gott nach ihrer Art wehen und Hitze und Regen sich ablösen; das Meer hat er ausgedehnt und mit Inseln und Wunderdingen besät — die Engel tun sein Werk. Weizen, Milch, Honig, Wein, Öl und Wolle gibt seine Natur dem Guten zum Lohn; Feuer Hagel, Sturm, Hunger, Pest, Krieg und wilde Tiere müssen die Frevler vernichten.

Wenn aber nun jemand die Kosmologie weiter ausführen wollte, wenn er aus der Kinderstube des schönen Anblicks und der kleinlichsten Teleologie zu Naturgesetzen fortschreitet, findet Jesus Sirach das Beginnen unnötig und bedenklich; der Mensch soll sich keine so großen und schweren Dinge vorsetzen; alles bisher Gesagte steht im Kanon — was darüber ist, ist wertlos und vom Übel.

Noch schlimmer ist der Zweifel an der Gerechtigkeit der Weltordnung. Die Kosmologie gehört zu den Dingen, die dem Menschen zu schwer sind, so weit sie nicht kanonisch offenbart ist; wenn man sich mit ihr abmüht, so ist das Zeitverschwendung; die göttliche Gerechtigkeit dagegen ist ein Dogma, das der Mensch aus der Offenbarung annehmen muß, wenn er nicht gottlos sein und bestraft werden will. Hier sind keine Probleme; das Gesetz und die Propheten sprechen klar und bestimmt das Geltende aus.

Der Gerechte leidet nicht; leidet er doch, so ist er ein heimlicher Sünder, oder Gott prüft ihn und wird ihn später entschädigen. Der Sünder leidet immer; leidet er nicht, so liegt das an Gottes Langmut; die Strafe kommt am Ende, in einer unseligen Todesstunde büßt er für das Wohlsein eines Lebens. Der Fromme stirbt — nach dem Gesetz der Natur; der Gottlose stirbt — zur Strafe. Was mit dem Dogma stimmt, wird mit großem Halloh dafür geltend gemacht, was ihm widerspricht, wird übersehen; die Zweiseitigkeit aller Argumentationen dient nur der Apologetik.

Gott tut alles — aber der Mensch soll sich mühen, gut zu sein. Alle Weisheit ist von Gott, mit dem Frommen geboren, dem Sünder unerreichbar — aber wer daraus auf eine Bestimmung zu Gottlosigkeit und Sünde schließen wollte, den freien Willen leugnete, der sündigte. Es gibt Unterschiede in der Welt; die Tage sind alle von der Sonne, aber einige hat Gott zu Festtagen erhöht; die Menschen sind alle von Staub gemacht, aber einige hat Gott gesegnet; trotzdem sind alle verantwortlich.

So geht es fort ins Unendliche; der Weise sieht grundsätzlich nur, was in seinen Kram paßt; die Vernunft darf das Dogma bestätigen; alles andere ist nicht da, gottlos, sündig, niedergeschrien und -geschlagen. Natürlich bleibt Jesus Sirach so im vollen Einklang mit dem Gesetz und braucht keine sektiererischen Hypothesen; natürlich bringt er auch kaum einen neuen Gedanken; selbst in den praktischen Lebensregeln, wo er mit Erfahrung und salbungsvollem Rat ungefährlich glänzen konnte, überschreitet er kaum seine Vorlagen.

Als der Enkel Jesus Sirachs unter Ptolemäus Euergetes nach Alexandria kam, fand er dort im Vergleich mit Jerusalem »einen nicht geringen Unterschied der Bildung« vor und übersetzte deshalb das Werk seines Großvaters für die hellenistische Diaspora. Wir werden annehmen müssen, daß der begeisterte Übersetzer der Schriftgelehrtenweisheit des Jesus Sirach selbst ein Schriftgelehrter und ein orthodoxer Jude war, daß der Unterschied der Bildung, den er feststellte, also zunächst einen Tadel für das alexandrinische Judentum bedeutete. Die alexandrinischen Juden waren hellenischer Ketzereien verdächtig und das mit Recht; sie waren Modernisten in der jüdischen Kirche. Während die herrschenden Kreise des Judentums in Palästina seit den Überraschungen der seleukidischen Angriffe einem Abschluß des Judentums gegen heidnische Einflüsse zustrebten, hielten die Alexandriner an der Möglichkeit einer siegreichen Konkurrenz des Judentums mit dem Hellenentum durch Aufnahme hellenischer Formen fest; sie werden ihre Gründe dazu gehabt haben — hellenisierte Ägypter müssen der jüdischen Propaganda ein gutes Feld geboten haben.

Die Übersetzung der heiligen Schriften ins Hellenische war der erste Schritt auf diesem Wege; die Zulassung und Regelung einer allegorischen Schriftauslegung muß der zweite gewesen sein.

Die allegorische Schriftauslegung setzt keine Fähigkeiten voraus, die das Judentum nicht besessen hätte. Schon die babylonische Wissenschaft ist darauf eingestellt, den geheimen Sinn in allen Dingen zu suchen; nachdem dieser allgemein von den Propheten erfaßt und als Weltanschauung offenbar gemacht, von den Bearbeitern der Tradition als Thora in Buchform gebracht war, mußte der alte Trieb das Buch selbst zum Gegenstand seiner Betätigung machen, sobald sich ein Vorwand dafür fand. Diesen gab die Dunkelheit der Schrift und die Notwendigkeit der Auslegung zur Entscheidung praktischer Fälle nach dem Gesetz. Bei der logischen Unzulänglichkeit des jüdischen Denkens mußte allegorische Auslegung neben andern äußerlichen Formen der Deutung immer eine Rolle spielen.

Die alexandrinischen Juden lernten nun das Mittel der Allegorie zu Propagandazwecken benutzen; hellenische Philosophen rechtfertigten die alte Religion ihres Landes vor ihrem Verstand und ihre Philosophie vor der Religion durch symbolische Umdeutung der primitiven Anschauungen; mit der Begabung für apologetische Ausnutzung logischer Elemente, die jeder scholastischen Wissenschaft zukommt, eigneten sich jüdische Gelehrte an, was von diesen Übungen ihren Zwecken dienen konnte und fügten es ihrem Rüstzeug zur Verbreitung der Jahureligion ein. Nach den Regeln der Allegorie ließ sich zeigen, daß die voraussetzungslose Wissenschaft der Hellenen in ihren angesehensten Systemen den jüdischen Glauben bestätigte; die Weisheit des Menschen war im fremden Volk zu dem Ergebnis gelangt, das die Weisheit Jahus vor Jahrtausenden dem auserwählten Volk als Offenbarung geschenkt hatte. Daß die kanonische Weisheit älter, reiner und höher war, stand natürlich unantastbar fest.

Dabei kam den jüdischen Gelehrten zweierlei zustatten. Die höchsten Begriffe und Regeln der hellenischen Philosophie waren geschaffen und rational entbunden, d. h. erlernbar geworden; wie der halbreife Schüler mit Begriffen operiert und debattiert, die er zu schaffen noch nicht imstande wäre und nur autoritativ besitzt und anwendet, so kann der Scholastiker mit Begriffen und logischen Formen höherer Stufen arbeiten, sich selbst und andern, ebenso blöden Augen logisch entwickelter scheinen, als er ist; das ist das logische Geheimnis aller theologischen Apologetik. Ferner war um die Zeit, die hier in Frage kommt, die Blüte der hellenischen Philosophie vorbei; der rasche Anstieg in einer dünnen Oberschicht war zum Stillstand gekommen, die Ausbreitung in weitere Kreise war in vollem Gang; diese Kreise geben nun auch der herrschenden hellenischen Philosophie ihr Gepräge — wie die Bearbeiter der Thora die Propheten erniedrigen, um sie zahlreichen, aber minder starken Intelligenzen mundgerecht zu machen, so »popularisieren« die Philosophenschulen ihre Meister; das Niveau der herrschenden Schichten ist gesunken und steht wieder in der Zeit der Pythagoras und Xenophanes, d. h. nicht wesentlich höher, als das ideale Ziel der Prophetie, der religiöse anthropomorphe Eleatismus; Platon ist der Idealphilosoph dieser Kreise, aber nicht der nachsokratische Denker, sondern die pythagoräischen und eleatischen Elemente in ihm, die er systematisiert hatte.

Wie nahe das Judentum in seiner eigenen Entwicklung dem Eleatismus und Pythagoräismus kam, ist in der Religionsgeschichte gezeigt worden; die höchsten Gedanken der Prophetie bis Jesus von Nazareth rühren an Xenophanes; die Sekten der Essener sind pythagoräischen Bünden wesensverwandt; Pythagoras ist der hellenische Philosoph, der zuerst versucht hat, Religion und Philosophie, Offenbarung und Verstand theoretisch und praktisch in vollen Einklang zu setzen.

Die alexandrinischen Modernisten behaupteten, wie ihre heutigen Genossen, daß sie treue Söhne der Kirche seien und ihre Ausbreitung fördern, nicht ihre Auflösung herbeiführen wollten; die jüdische Orthodoxie sah, wie die katholische, schärfer, daß die Modernisierung und Hellenisierung das Wesen der jüdischen Religion aufhob. Philosophen wie Philon, Sektierer wie die ägyptische Modifikation der Essäer, die Therapeuten, wären erträglich gewesen, wenn es keine höhere Weltanschauung gegeben hätte, als die jüdische; wie die Dinge für die jüdische Kirche lagen, war jedes Zugeständnis an den Geist des Hellenentums Hochverrat und bereitete den Weg für überjüdische, hellenisierende Religionen. Hätte es Ketzergerichte gegeben, so wäre gewiß gegen die Alexandriner eingeschritten worden; so blieben ihre Werke vom Kanon ausgeschlossen.

Unter den philosophischen Verteidigungs- oder Bekehrungsschriften der alexandrinischen Juden lassen sich mehrere Klassen unterscheiden. Zu einer Literatur, die der rationalen Propaganda in primitiveren Schichten polytheistischer Bilderverehrer und materieller Utilitarier diente, gehören der Jeremiasbrief, Weisheit Šelomos 9 ff., und manches aus der apokalyptischen Produktion; an philosophisch gebildete Kreise wenden sich die Fälschungen des Peripatetikers Aristobul und des Verfassers des Aristeasbriefs, sowie philosophischere apokalyptische Stücke; den höchsten Anspruch auf Wissenschaftlichkeit machen Werke, wie die »Weisheit Šelomos« (Kap. 1—9) und die philosophischen Abhandlungen Philons von Alexandria. Für unsere Zwecke genügt es, die letzte Gruppe ausführlicher zu besprechen.

Die »Weisheit Šelomos« ist ohne Verfassernamen überliefert mit der offenbaren Absicht, der alten Weisheitsliteratur des Kanons, die Šelomos Namen trug, beigezählt zu werden. Der Verfasser des ersten Teils (Kap. 1—9) ahmt auch die poetische Form der alten Weisheit im Parallelismus des Ausdrucks nach; Kap. 7—9 bilden eine Rede Šelomos. Im zweiten Teil fehlt die Fiktion von Šelomos Urheberschaft und die poetische Form — hier mag ein Nachtrag oder ein anderer Verfasser anzunehmen sein.

Der philosophische Standpunkt des Verfassers ist jüdisch, aber sektiererisch; da uns von der Sekte der Therapeuten überliefert ist, daß sie sich viel mit philosophischer Spekulation beschäftigte, und da die philosophischen Lehren der Essäer und Therapeuten gerade die Punkte betonen, die in der Weisheit Šelomos hervorgehoben sind, so wäre an einen Therapeuten als Verfasser zu denken; geschrieben scheint das Buch zwischen 100 und 50 v. Chr.

Šelomo selbst belehrt ein Parterre von Königen, die einzig würdigen Zuhörer, über das Wesen, die Gewinnung und den Wert der Weisheit.

Weisheit ist ein Hauch von Gottes Macht, ein Ausfluß seiner Herrlichkeit, ein Abglanz des ewigen Lichts, ein fleckenloser Spiegel göttlichen Wirkens, ein Abbild göttlicher Güte; mit Gott lebt sie zusammen, Gott liebt sie, sie ist in sein Wissen eingeweiht und führt seine Werke aus. So wird sie zur »Künstlerin von allem«, verselbständigt, ein Geist, denkend, heilig, eins und viel, bleibend und in immer neuen Propheten immer neu; sie erstreckt sich gewaltig von einem Ende zum andern und durchwaltet das All, alles durchdringend, fein und rein, alles bewegend, beweglicher als alle Bewegung, alles vermögend und übersehend, voll Liebe zum Guten und voll Menschenfreundlichkeit.

Sie wird erlangt durch Gebet zum Gott der Väter und dem Herrn des Erbarmens, der sie vom Thron seiner Herrlichkeit herabsendet, durch Liebe zu ihr, die Beobachtung der Gebote ist.

Sie gibt Reichtum, Klugheit und die vier hellenischen Kardinaltugenden, Lebenserfahrung und Scharfsinn zum Rätsellösen, Zukunftdeuten und Richten, Ruhm bei den Zeitgenossen und bei der Nachwelt und vor allem Unsterblichkeit. »Anhänglichkeit an die Gebote ist Sicherstellung der Unsterblichkeit, Unsterblichkeit aber wirkt Gott nahe sein.«

Die Gottlosen suchen den Tod herbeizulocken; sie halten ihn für unvermeidlich und für das Ende; sie glauben, einem Zufall ihr Leben zu verdanken, sehen im Logos nur einen Funken, den das Herz erzeugt, der zu Asche verlischt, im Atem nur Dunst, der sich als feine Luft verflüchtigt; so predigen sie Lebensgenuß und machen die Kraft zum Maß des Erlaubten; sie peinigen den Gerechten und verhöhnen seine Frömmigkeit.

Sie kennen Gottes Geheimnisse nicht. Gott hat den Menschen zur Unvergänglichkeit erschaffen — der Teufel schuf den Tod; auf Erden mag er herrschen, im Jenseits aber kommt das Gericht. Gott prüft die Seinen mit kurzer Qual; dann s c h e i n e n sie tot, l e b e n aber entrückt bei ihm; die Gottlosen aber werden nach kurzem Glück vernichtet bleiben. »Denn die Gedanken der Sterblichen sind nichtig und ihre Anschläge unsicher; der vergängliche Leib beschwert die Seele und das irdische Zelt belastet den vielsinnenden Geist.«

Der jüdische Philosoph, der die Weisheit Šelomos verfaßt hat, kennt offenbar hellenische Philosophie und zeigt gern, daß er sie kennt; er gebraucht ihre Ausdrücke und Formeln und ist mit manchen ihrer Ergebnisse einverstanden, wenn er das auch nicht ausdrücklich sagt. Weisheit Šelomos, urjüdische Weisheit will er geben; stimmt sie mit hellenischen Lehren überein, was der Leser ja merkt, umso besser für die hellenische Weisheit, umso nötiger ist es, den Unterschied zu betonen.

In dem hellenischen Mantel steckt der Jude unverändert. Das Wesen der Weisheit ist bei aller Anwendung hellenischer Termini genau das der älteren Weisheitslehren; das Verhältnis zu Gott ist ebenso zwiespältig wie früher, Abhängigkeit bei aller Selbständigkeit; Weisheit ist Gesetz und wird durch Gebet und Gesetzlichkeit gewonnen und geübt. Die alte Identität von Weisen und Frommen, Toren und Gottlosen besteht fort, das alte Gesetz, daß es dem Frommen gut, dem Gottlosen schlecht gehen muß, gilt weiter. Neu ist nur die sektiererische Fortbildung zu einer Unsterblichkeitslehre.

Aber gerade hier zeigt sich so recht die scholastische Unzulänglichkeit der hellenisch frisierten Philosophie. Die Polemik gegen die »Gottlosen« ist eine Ablehnung der stoischen Lehre von der materiellen Seele und dem Untergang des Menschen im Tod; sie trifft aber natürlich ebensogut die jüdische Lehre von der reinen Diesseitigkeit des Menschen. Trotzdem kann das Buch in Alexandria zu den anerkannten Schriften des Judentums gerechnet werden. Der Verfasser sieht als echter Scholastiker nur das an seiner Lehre, was in seinen Kram paßt, der Verherrlichung des Judentums, der Herabsetzung der Gegner dient; soweit ihm Bedenken gekommen sein mögen, hat er sie gewiß durch allegorische Auslegung von Thorastellen beseitigt; in internen Streitigkeiten mit sadduzäischen Gelehrten hat er wohl auch giftig gegen Glaubensgenossen werden können; aber grundsätzlich findet er alles in Ordnung und keine Ursache, eine Revision der ganzen Weltanschauung vorzunehmen.

Philon von Alexandria, der erste Jude, der eine Stelle in der Geschichte der Philosophie gefunden hat, stammt aus einer durch Abkunft und Reichtum gleichmäßig hervorragenden jüdischen Familie. Ein Bruderssohn des Philosophen stand als Alabarch an der Spitze der alexandrinischen Gemeinde; Philon selbst ging im Auftrag der

Gemeinde als Führer einer Gesandtschaft nach Rom zu Kaligula, um Milderung harter Verordnungen gegen die alexandrinische Gemeinde zu erlangen. Die Bedeutung und der Reichtum seiner Familie erlaubten dem Philosophen ein Leben, das in seiner Mischung aus praktischer Betätigung und wissenschaftlicher Arbeit dem der ersten aristokratischen Philosophen des hellenischen Volkes gleicht. Gelebt hat Philon etwa von 30/20 v. Chr. bis in die Zeit des Kaisers Klaudius, also nach 40 n. Chr.

In der Geschichte der hellenischen Philosophie spielt Philon eine Rolle als erster systematischer Vertreter eines Ideenkomplexes, der in Plotins Lehre als Neuplatonismus zum Abschluß kam. Wäre die Entwicklung der hellenischen Philosophie von Thales bis Augustin ein einziger Anstieg, so hätten wir das eigentümliche Bild, daß ein Jude, Angehöriger eines Volkes, das selbst keine eigentliche Philosophie geschaffen und keine Logik entbunden hat, produktiv in eine Stufe eintreten kann, die höher läge als Sokrates und die Nachsokratiker. Wie ausgeführt ist, liegt die Sache aber so, daß die hellenische Philosophie der letzten beiden vorchristlichen Jahrhunderte Philosophie eines breiten Mittelstandes ist, Rückschritt ins anthropomorph-vorlogisch-religiöse, wie die Staatsform Rückschritt von der Republik zur Militärmonarchie bedeutet. In dieser Philosophie konnte ein Jude wohl eine Stelle finden. Aber selbst in ihr waren hellenische Elemente wissenschaftlich überlegen; die philosophische Vollendung des Neuplatonismus erfordert einen Plotin.

Philon ist ein Jude, der Philosophie kann; er hat sich mit der logischen Fähigkeit zur Aneignung eines rational vorbereiteten Bildungsstoffs, die seiner Stufe eigen ist, in die philosophischen Systeme seiner Zeit eingelesen; er kennt sie, beherrscht gedächtnismäßig ihre Ausdrücke und Formen, teilt ihren Inhalt in Dinge, die mit seiner vorgefaßten Meinung übereinstimmen, apologetisch und propagandistisch verwertbar, »gut« sind, und in solche, die seinem Dogma widersprechen, also »falsch« und »schlecht« sind, und entwickelt so eine »Philosophie«, eine »Weisheitslehre« im Jargon der hellenischen Philosophieprofessoren.

»Weisheit« ist rational bestätigte Offenbarung; Philon erkennt, daß man mit einiger Gewandtheit die ganze hellenische Philosophie als »Chokma« approbieren kann.

Wie irgendeiner seiner kanonisierten Vorgänger ist er überzeugt, daß die Thora alle mögliche Weisheit in vollkommener Gestalt von

Gott selbst offenbart enthält. Hier ist jedes Wort, selbst in der hellenischen Übersetzung, inspiriert, eine kleine Welt, die durch Auslegung zu durchforschen ist, wenn Gott Kraft dazu gibt.

Alle Philosophie ist nur Ableitung von diesem Inbegriff des Wissens; die hellenischen Philosophen haben aus dieser Quelle geschöpft, die jüdischen können sie mit ihren Auslegungen nicht ergründen.

Alle wahre Philosophie kann nur den Inhalt der Offenbarung bestätigen; die Naturforschung und Logik endet mit der Erkenntnis der wesentlichen Identität von Forschung und Offenbarung, zugleich mit der Einsicht in die Unvollkommenheit der reinen Forschungsergebnisse und die Notwendigkeit des Glaubens.

Der einzige Gegenstand aller Erkenntnis ist Gott. Gott ist das schlechthin Einzige, Wirkliche, Vollkommene und Gute, über alles menschliche Erkennen hinausgerückt und doch allein erforschenswert. Was von ihm erkannt wird, ist offenbart oder im ekstatischen Zusammensein mit ihm geschaut.

Das alles ist jüdisch und könnte bei einem großen Propheten stehen, wenn die abstrakte Formulierung nicht hellenische Fähigkeiten voraussetzte; Philon kleidet prophetische Gedanken in eleatische Abstraktionen; der eifersüchtige Jahu wird zum einen »Sein«, der nicht abzubildende und unmenschliche zum Inbegriff aller Negationen menschlicher Schwächen und der gütige Schöpfer und Herr zum Inbegriff aller Vollkommenheit; die Offenbarung in der Natur, die enthusiastische Hingabe an das Eine wird mit der Offenbarung im Gesetz und den Ekstasen der Prophetie identifiziert. Überall erlaubt die primitivere Vorstufe und die abstrakte Vollendung eine Gleichsetzung.

Wenn ein Beweis nötig wäre, daß jüdische Propheten anthropomorphere Eleaten sind, so wäre er durch die Möglichkeit dieser Gleichungen bei Philon erbracht. Man darf aber nun nicht etwa annehmen, daß Philon die logische Reife des vollen Eleatismus besessen hätte, weil er sich dessen Ausdrucksweise aneignet; er bleibt voreleatischer Jude.

Das zeigt sich in seiner Stellung zum Begriff der Materie. Die Materie ist für den Eleaten ein Unmögliches; entweder sie ist Gott, oder sie ist Erscheinung, d. h. das Nichtseiende. Philon kann den Begriff des »Nichtseienden« gelegentlich brauchen, um die Wertlosigkeit des Materiellen neben Gott zu betonen; in gleicher

Absicht findet der zweite Ješaja ja ebenfalls fast eleatische Formeln. Anderseits aber kann er weder den Monismus noch die Negation des Seins gelten lassen, ohne die jüdische Weltanschauung zu stürzen; Gott soll unendlich über alles Irdische hinaufgerückt werden, aber das Irdische darf nie verschwinden; sonst ist der praktische Wert der jüdischen Religion für ihre Bekenner verloren. So nimmt Philon ruhig zu dem eleatisch-platonischen Nichtseienden den stoischen Begriff der raumerfüllenden Usia als Materie an; das ist logisch eine Ungeheuerlichkeit, aber Philon ist ja nicht Logiker, sondern Scholastiker.

Zur Materie als Stoff gehören die Kräfte; auch sie findet Philon bei den Stoikern, den Logos und die Logoi.

Der Logos wird mit der Weisheit identifiziert, auch hier die Vollendung mit der Vorstufe, der abstrakte Begriff der Ordnung und Gesetzlichkeit mit der allegorisierten Bewunderung für die Zweckmäßigkeit und Ordnung von Jahus Schöpfung. Wie die »Weisheit« in den Sprüchen, im Hiob und an anderen philosophischen Stellen der Chokma, ist der Logos in Gott (er vermittelt Güte und Macht) und außer Gott, von Gott zuerst gebildet als Urbild der Welt, sein Ausfluß, sein Bild, sein Schatten, dann selbständig die wirkende Kraft Gottes in der Welt. Das ist in hellenischer Ausdrucksweise die alte jüdische Unklarheit.

Zum Statthalter Gottes und Hohepriester der Welt kommt dann ein ganzes ebenso zwiespältiges Heer von Kräften, Engeln, Dämonen, Seelen; der Polytheismus der jüdischen Engellehre bleibt dem System nicht erspart.

So gelingt es schließlich, den sektiererischen jüdischen Glauben an eine Präexistenz der menschlichen Seele und eine Auferstehung als Ergänzung der orthodoxen Vergeltungslehre, diesmal mit pythagoräischen Formeln umkleidet, ins System einzuführen.

Die Ethik ist ein ähnliches Wundertier mit jüdischem Herzen und hellenischem Fell. Daß es nur eine Tugend und ein Gut gibt, bestätigt dem Juden die Stoa, ebenso, daß die sündhaften Begierden ausgerottet werden müssen und eine fromme Apathie, ein einfaches und beschauliches Leben in Gotteserkenntnis das Ziel allen Strebens sein muß. Daß die letzte Erkenntnis jüdische Erkenntnis ist, daß sie nur durch Gnade im Glauben erreicht werden kann, ist vorausgesetzt.

Die Weisheit Jesus Sirachs enthält ein Lob der Männer der

Vorzeit, die Weisheit Šelomos gibt in einem Anhang die Schicksale Israels von Adam bis Moše als Paradigmen aus der Geschichte; der Weisheit Philons werden alle Urgestalten der Überlieferung zu Typen, an die philosophische Lehren angeknüpft werden können; wie Abraham erst mit Hagar, dann mit Sara Kinder zeugte, soll der Weise von der Wissenschaft zum Glauben fortschreiten; Jakob, Abraham und Isaak werden zu typischen Vertretern dreier ethischer Stufen — Jakob übt die Tugend rein empirisch und kann deshalb fehlen, Abraham übt sie rational auf Grund seiner Erkenntnis und beharrt deshalb bei ihr, Isaak aber ist tugendhaft durch Gnade und Anlage und kann deshalb weder fehlen, noch braucht er sie zu lernen.

Die Philosophie Philons kann nicht als System angesehen werden, wenigstens nicht, wenn man von einem System eine innere Einheit, eine logische Durcharbeit des Stoffes bis zur widerspruchslosen Übereinstimmung in sich selbst verlangt; dazu war die jüdische Logik nicht fähig. Philon will gar kein System geben, er will nur die Thora kommentieren und in seinem Kommentar die Übereinstimmung der Ergebnisse hellenischer Philosophie mit jüdischer Offenbarung erweisen. Zum Zweck dieses Beweises setzt er jüdische und hellenische Begriffe gleich, indem er aus einer wesentlichen Gemeinsamkeit oder Verwandtschaft eine Identität macht; die hellenischen Elemente entnimmt er verschiedenen philosophischen Systemen, nur geleitet von dem Bestreben, überall hellenische Formeln für jüdische zu finden; ob die hellenischen Bestimmungen, wie die ungeklärten jüdischen, sich widersprechen, spielt gar keine Rolle für ihn; die Hellenen streiten sich um solche Dinge, für ihn sind sie unbedingt verträglich, denn sie entsprechen der Lehre der Schrift. Ein logisches Entweder-Oder gibt es vor dem vollen Eleatismus nicht, nur ein Nebeneinander. Das Bedürfnis der Vermittlung schroffer Gegensätze durch Reihenbildung, ein Ausdruck seiner gesteigerten Übersichtsfähigkeit und seines Unvermögens zu energischer Abstraktion, feiert in der Schaffung zeitloser und halbgenealogischer Listen Triumphe; der Weg vom Gott zum Logos und zu den Kräften und Seelen ist ein Analogon alter genealogischer Kosmologien, bezeichnenderweise nicht einheitlich ausgestaltet, sondern nur soweit geführt, als die Schrift und sektiererischer Glaube gegangen waren; die Stufen von niederem zu höherem Erkennen und Handeln bilden ebensolche Listen. So bleibt Philon ganz auf der logischen Stufe der Schrift stehen, hellenisch belesen und deshalb ein Weiser im hellenistischen Mantel, aber kein schöpferischer Weiterbildner des Überkommenen. Für die hellenistische Philosophie mag seine Kommentierung Anregungen gegeben haben, wie manchmal primitive Stufen höhere anregen können; Verdienst war keines dabei. Für das Judentum bedeutete die philonische Philosophie eine Brücke zur äußerlichen Anpassung an die hellenische Bildung, keinen inneren Fortschritt; der konnte nicht von einem Enzyklopädisten kommen, sondern nur von einem echten Philosophen, der eine höhere Stufe der Begriffsbildung erstieg und mit den Problemen, die die Schrift und seine Zeit aufgaben, ernstlich rang, statt sich einer billigen Bildungsbeflissenheit und geistreichen Darstellungs- und Auslegungstätigkeit im Dienst anerkannter Autoritäten gefahrlos und ruhmessicher zu befleißigen. —

Die logischen Fähigkeiten des Babyloniers genügen zur Entwicklung einer Vorstellung der Gottheit und ihrer Kausalität, zur Schaffung von Wissenschaften aus dieser Konzeption und zur Herstellung einer Beziehung zu andern Wissenschaften im ganzen und einzelnen. Die volle Entbindung der obersten Begriffe, die volle Durcharbeit alles Stoffs bleiben aus. Eine Reihe von Listenwerken zu praktischen Zwecken, die eine entwickelte Fähigkeit vollständiger Aufzählung und Sammlung übersichtlicher, wenn auch äußerlicher Ordnung voraussetzen, stehen in lockerem Verhältnis zu der unentbundenen Zentralidee. Praxis ist alles in allem.

Die logischen Fähigkeiten des Juden sind höher. Er entbindet den obersten Begriff und kann im bewußten Besitz dieser allgemeinsten Einsicht alle Wissenschaften in organische Beziehung zu ihr setzen, im ganzen und einzelnen danach werten, durcharbeiten und gliedern. Er kann bewußt zu den Weltanschauungen anderer Völker Stellung nehmen, nicht nur ein eigenes System schaffen, sondern es auch logisch ausbreiten und verteidigen.

Aber das Judentum bleibt dabei stehen. Seine obersten Begriffe bleiben anthropomorph, sein System ist ihm das einzig Mögliche, der Wert desselben liegt immer noch in den praktischen Vorteilen, die es dem Bekenner verschafft, nicht in der Wahrheit an sich. Seine logische Kraft genügt zur Herstellung einer Einheit und zu ihrer Behauptung, aber nicht zur Überschreitung des Standpunktes, zur Revision der eigenen Voraussetzungen, zur Nachprüfung der Berechtigung eigener Autoritäten. Die Logik ist willkommen als

Werkzeug zum Rechtbehalten, zur Aufsuchung positiver Gründe für die eigene Ansicht, negativer gegen die anderer, aber sie dient nicht der Selbstkritik und der Aufsuchung einer höheren Wahrheit; sie faßt das Einzelne, aber sie versagt vor dem Ganzen. Sie löst nicht auf — aber sie lehrt auch nicht weiterschreiten; sie gibt dem Kampf der Meinungen eine unerhörte Schärfe, statt Duldung zu lehren, stärkt das Herkommen, statt seine Berechtigung zu prüfen; die Praxis herrscht, nicht die Theorie, die Autorität, nicht die Vernunft.

Eine Wissenschaft, die logisch reif zur Entwicklung oberster einheitlicher Begriffe ist, aber diese Fähigkeit nur zur Ordnung ihres Materials und zu Angriff und Verteidigung gegen Andersdenkende, nicht zur Prüfung ihrer eigenen Autoritäten und unbewußt gewonnenen Voraussetzungen benutzen kann, ist eine »scholastische« Wissenschaft; babylonische und jüdische Wissenschaft ist ihr Urbild.

Jede Weltanschauung, die anthropomorphe Oberbegriffe festhält, deren Vertreter also unfähig zur höchsten Abstraktion sind, die Autorität und Glauben lehrt, deren Vertreter also unfähig zur rationalen Revision ihrer eigenen Voraussetzungen sind, die ein praktisches Ziel der Erlösung oder materielle Vorteile verspricht, deren Vertreter also unfähig zur reinen Theorie sind, also jede höhere Religion, kann nur scholastisch sein. Das gilt für die Weltanschauung unseres Mittelalters wie für die der Reformatoren, für die moderne katholische wie für die moderne, »kritische« protestantische Theologie. Solche Weltanschauungen können sich die Formen höherer Logik und die Schlagwörter höherer Weltanschauungen aneignen, aber immer nur äußerlich, scholastisch, und zu scholastischen, apologetischen Zwecken; der überzeugte Vertreter einer religiösen Weltanschauung kann ebenso wenig objektiv, voraussetzungslos, theoretisch sein, als er über seinen Schatten springen kann; seine logische Stufe macht ihn zum Theologen und hindert ihn, anders als scholastisch zu denken, anderem Denken gerecht zu werden, es zu verstehen oder zu widerlegen; er kann sich benehmen, als sei er ein anderer, wie man sich verkleiden und andere täuschen kann; er kann aber die logische Grundlage seines Denkens und damit das Wesen dieses Denkens so wenig wechseln als sein Gehirn.

Siebentes Kapitel.

Die schöne Literatur.

Eine »schöne« Literatur, eine Gattung literarischer Erzeugnisse, die der Unterhaltung und Befriedigung ästhetischer Bedürfnisse dient, kann es für Babylonier und Juden, die auf der Höhe ihrer Kultur stehen, nicht geben. Ein kriegerischer Adel kann seine Ideale in einer ritterlichen Epik und Lyrik Gestalt gewinnen lassen und sich in friedlichen Mußestunden an dieser »schönen« Literatur erfreuen — der babylonische und jüdische Rationalist haßt den ungebildeten Krieger, der durch dumme Gewalt mächtig ist, verachtet den Müßiggänger, der seine Zeit mit Liebschaften vertrödelt; Unterhaltungsliteratur im höfisch-ritterlichen Sinn ist Barbarei und Zeitverschwendung. Ein Kreis von hochgebildeten Vertretern eines Ideals reinen Menschentums in Wissenschaft und Kunst kann wie eine theoretische Wissenschaft eine ästhetische Kunst schaffen und werten — Babylonier und Juden haben kein Verständnis dafür; Wissenschaft und Kunst haben keine Existenzberechtigung in sich selbst; sie müssen belehren und direkt nützen; daß sie Selbstzweck scheinen müssen, um in höherem Sinn nützlich zu werden, erkennt erst der Hellene. Babylonier und Jude haben gelernt, überall nach Gründen rationaler Art zu fragen; aufgeklärte Nüchternheit und Nützlichkeitssucht beherrschen ihre Wertungen.

Eins ist not, alles andere gleichgültig, unnütz, schädlich; eins muß der Mensch wissen, wie er mit dem Willen der Gottheit im Einklang bleiben kann, dann geht es ihm gut; das höchste Prinzip dient dem gemeinsten materiellen Nutzen des Einzelnen, die höchste Erkenntnis bekommt ihren Wert durch ihre offenbare Bedeutung für das Wohlbefinden des Menschen — wie in allen Religionen.

Der Babylonier ist in dieser Erkenntnis am materiellsten; er braucht gar keine Kunst, die nicht nützt, zur »Ehrung«, d. h. Bestechung und Gewinnung der Gottheit, oder zur Erforschung ihres Willens, d. h. zur Vermeidung von Schaden dient. Der Jude kann auf höherer Stufe etwas weniger materiell werden; die Ehrung der Gottheit ist geistiger geworden — Gott läßt sich nicht bestechen, kein Lobgesang entbindet vom Gesetz; die Kunst hat eine eigene Berechtigung, wie die Weisheit, so weit sie das Gesetz bestätigt.

Was in der babylonischen Literatur unter unsere Kategorie der

40*

schönen Literatur gerechnet werden kann, gehört für den Babylonier zu der Wissenschaft von den göttlichen Dingen, die sein ganzes Schrifttum ausmacht; in der jüdischen Literatur steckt ein Teil der »schönen Literatur« ebenfalls in der Hauptschrift der Weltanschauung, in der Thora, ein anderer bildet eine Gruppe für sich, die wie die Weisheit eine gewisse Selbständigkeit besitzt, aber doch mit der Thora eine Einheit bildet, insofern sie nur als deren Bestätigung und Erläuterung Wert hat.

Die babylonische und die jüdische Literatur war nun allerdings gewiß zur Zeit des vollen Lebens der Kulturen nicht so einheitlich und geschlossen, als es nach unsern Denkmälern scheinen kann. Wir besitzen die babylonische Literatur im wesentlichen in der Bibliothek Aššurbanipals, die jüdische im Kanon, d. h. beide in Auswahlen, die Vertreter der geistig führenden Schichten einer relativ späten Zeit als klassisch ansahen. Alles, was diesen Kreisen wertlos erschien, fehlt; daß darunter manches war, was ästhetisch bedeutend und historisch interessant erschiene, kann keine Frage sein; die älteren, von der obersten Schicht überwundenen Entwicklungsstufen müssen in Babylonien, wie in Juda manches Wertvolle produziert haben; in Babylonien fehlen Liebeslieder und gewiß vieles aus dem Heldensang, in Juda gibt es keine Epen in unserer Sammlung; auch jüngste Stücke, die über den Horizont der herrschenden Kreise hinauslagen, könnten fehlen — freilich scheint nach dem erhaltenen neubabylonischen und alexandrinischen Schrifttum der Verlust hier geringer. Im ganzen aber kann man wohl sagen, daß babylonische und jüdische Sammler uns mit richtigem Gefühl das Klassische ihres Schrifttums, d. h. das neue, das ihre Völker in der Geschichte der Menschheit geschaffen und das ihren Kulturen entwicklungsgeschichtlich unvergänglichen Wert verlieh, in Typen erhalten haben; das Weggelassene könnte das Bild bunter gestalten, aber nicht in seinen Grundlinien verändern.

Die Literatur der Babylonier enthält an Gattungen, die wir der schönen Literatur zurechnen würden, Epen, Hymnen, Fabeln, die der Juden Romane, Kirchen- und Liebeslieder, Fabeln und Parabeln; Ansätze zum Drama sind in beiden Literaturen vorhanden, in der jüdischen deutlicher, als in der babylonischen.

Die Form der schönen Literatur ist in Babylonien durchweg, im Judentum vielfach metrisch; neben Dichtungen in Versen stehen in der jüdischen Literatur große Werke in Prosa.

Der klassische Vers der babylonischen Epik und Lyrik, der jüdischen Spruch- und Liederdichtung besteht aus zwei Halbversen zu zwei, drei, im jüdischen auch mehr, gezählten Hebungen; außer der Zahl der betonten Silben scheint kein Faktor (etwa Länge und Kürze der Silben) berücksichtigt worden zu sein. Die Verse treten zu Verspaaren und längeren Strophen zusammen.

In der Poesie beider Völker spielen Parallelismen und allerlei Künstlichkeiten, Assonanzen und Akrosticha, eine große Rolle.

Dichten ist dem babylonischen Gelehrten eine Fertigkeit, die man lernt; im jüdischen Denken wird der Dichter wohl als inspiriert gegolten haben.

Eine Theorie der Dichtkunst und der Dichtungsgattungen hat keins von beiden Völkern entwickelt; Anfänge dazu enthält die jüdische Unterscheidung von »Lied« und »Spruch«. —

Brauchbare Datierungen und Autornamen gibt es in Aššurbanipals Bibliothek und im jüdischen Kanon nicht; wo eine babylonische Dichtung datiert und einem bestimmten Dichter zugeschrieben ist, handelt es sich um gelehrte Phantasien, die durch Hinaufsetzung eines Werkes in recht alte Zeit dessen Kredit erhöhen wollen, wie bei der Hymne Tabi-utul-Ellils, oder um Namen von gelehrten Bearbeitern, wie bei den Autoren der Epen; die jüdische Literatur legt Dichtungen einzeln oder in ganzen Sammlungen den großen Königen der Urzeit, David und Šelomo, oder deren Umgebung in den Mund. Da wir in Babylonien fast nichts, in Juda nichts außerhalb der späten Abschriftssammlungen in originalen Niederschriften aus älterer Zeit besitzen, sind wir zur Herstellung einer Literaturgeschichte ganz auf innere stoffliche und formale Kriterien angewiesen.

Die ältesten Stücke schöner Literatur in Babylonien werden wohl in den Epen und Hymnen stecken.

Die babylonischen E p e n müssen in einer schwerlich irgendwo uns erhaltenen Urform in einer Zeit entstanden sein, die ganz andere Ideale hatte, als die vollentwickelte babylonische Kultur. Die Helden der Gedichte sind Götter und Halbgötter voll unbändiger Kraft und leidenschaftlicher Sinnlichkeit; durch Körperkraft und Einschüchterung beherrscht Ellil die Götter, kindlich schlau kreuzt der »kluge« Ea seinen Zorn zum Besten der Menschheit; selbst das Weib, Ištar, erscheint gewalttätig in Zorn und in schamloser Buhlsucht; Abenteurer sind die Heroen Gilgameš und Etana, die nach

Kämpfen und Zauberkräutern die Welt und selbst den Himmel durchfahren. Die späten Formen lassen noch erkennen, daß auf mündliche Weitergabe der Gedichte durch Berufsänger gerechnet war.

Die Menschen, die diese Götter und Helden nach ihrem Bilde schufen, müssen ganz anders gewesen sein, als die späteren Babylonier. Das sind keine Priester und Bürger im Rechts- und Schriftstaat, sondern Eroberer im neugeschaffenen Kulturland, später höfische Ritter, wie Gilgameš und Etana, fromm, aber abenteuerlustig, gebildet, aber zu Kampf und Frauenraub (Irnina) bereit.

Den bürgerlichen Kreisen Babyloniens sind diese Einzellieder (nur um solche handelt es sich zunächst) nur dadurch annehmbar, daß sie ein Urwissen aus der Götterzeit enthalten, Geheimnisse der Religion, wie die Flutsage und Ištars Unterweltsfahrt, Urkunden politischer Zustände, wie das Lied von der Schöpfung; ohne diese Bedeutung wären sie verschwunden, wie die sozialen Verhältnisse, die sie repräsentieren, wie die Minnelieder, die ihr Korrelat gebildet haben müssen.

Eine Bestimmung der Zeit der Entstehung dieser epischen Einzellieder ist annähernd möglich; sie müssen in die Epoche der Dynastie von Nippur hinaufreichen, in allen wesentlichen Punkten festgestanden haben, bevor die Astralisierung des Pantheons vollendet war. Wieder sehen wir das älteste Babylonien ebenso hoch oder höher entwickelt, als das jüngere Ägypten; im Nilland gibt es im neuen Reich alle Teile und Voraussetzungen zum Epos, aber keine Epen.

Aus dem Staat der Urzeit entwickelt sich im Laufe des dritten Jahrtausends der priesterlich-bürgerliche Rechtsstaat; das Epos folgt dieser Entwicklung; der Geist epischer Dichtung bleibt bis in die Chammurabizeit lebendig. Aus der Chammurabizeit besitzen wir zwei Fragmente, die den Fortgang der Entwicklung zeigen, ein Stück von Gišs Fahrt nach dem Leben und eins vom Atrachasismythos. Das Stück von Giš gehört wahrscheinlich zu dem philosophischen Gedicht, in dem das Problem des Todes an den Gestalten der beiden Freunde Gilgameš und Eabani behandelt war und das später den wertvollen vereinheitlichenden Kern bildete, um den sich die Einzellieder von Gilgameš gruppieren ließen; der Fortschritt liegt hier in der philosophischen Vertiefung des Stoffs. Das Stück von Atrachasis zeigt die Umarbeitung des alten Flutmyths im Sinn der priesterlich-bürgerlichen Weltanschauung. Beiden schließt sich der Adapamyth an, der nicht jünger als 1500 sein kann; in ihm herrscht ganz bürgerlich-priesterlicher Geist; der Held ist ein Priester der Urzeit, das Problem philosophisch, die Frage nach der Ursache des Naturgesetzes der Sterblichkeit. Ein letztes interessantes Stück dieser Epoche stellt das Gedicht von Chammurabis Kämpfen dar, leider ganz zerstört und kaum verständlich; Geschichte nimmt epische Formen an.

Im bürgerlich-priesterlichen Staat der folgenden Zeit ist die epische Kraft erloschen; hier herrscht wissenschaftlicher Geist. Nun werden die Kunden aus der Urzeit gesammelt; aus den Einzelliedern und dem philosophischen Gedicht von Gilgameš entsteht das Gilgamešepos, aus dem Lied von Etana, das schon in der Chammurabizeit in Beziehung zur priesterlichen Mythe von der Einsetzung des Königtums durch die Götter gebracht worden sein muß, aus der bürgerlichen Fabel vom Adler und der Nachtschlange u. a. entsteht das Etanaepos. Die Bearbeitungen bilden ein Stück Listenwissenschaft, gelehrte Systematik stellt Beziehungen zur Zwölf, zu astralen und andern wissenschaftlichen Kenntnissen her, lange Wiederholungen und schöne Reden füllen die Tafeln; die priesterlichen Homere dieser langen Gedichte, die man liest, nicht mehr hört, werden uns genannt: Sinlikiunnini hat das Gilgamešepos, Amelsin (kaum der Urkönig) das Etanaepos verfaßt. Die Epik befindet sich auf dem Weg zum Ritterroman. —

In unseren Überlieferungen fehlt der jüdischen Literatur das Epos; im alten Israel und Juda der vorprophetischen Zeit kann es nicht gefehlt haben; wenn die neueinwandernden Stämme kein eigenes Epos geschaffen haben, so haben sie kanaanäische Epen angenommen und fortgepflanzt, die den babylonischen sehr ähnlich gewesen sein müssen. Im Einwachsen in die volle babylonische Kultur müssen diese Epen ihre Systematiker gefunden haben, wie in Babylonien. Aber die Entwicklung blieb hierbei nicht stehen, wie in Babylonien, mindestens nicht in Juda; der wissenschaftliche und bürgerliche Geist zersetzte die großen Epen — sie wurden als Kunde von der Vorzeit zu geschichtlichen Kernen skelettiert, als merkwürdige Vorkommnisse zu Romanen modernisiert, immer in Prosaform übergeführt. Hätten in Hellas die Eleaten gekonnt, wie sie wollten, so gäbe es keine Epen Homers, nur die Geschichtsklitterungen der Logographen und Romanabkömmlinge der alten Gedichte; das Erwachen ästhetischen und historischen Sinns in den übereleatischen

Oberschichten und das energische Einrücken der Schicht der großen tragischen Dichter haben uns Homer gerettet; die jüdischen Epen sind gefallen.

Von den zahlreichen Romankeimen und Romanen, die aus alten kanaanäischen, israelitischen, judäischen und anderen Epen hervorgegangen sind und in der jüdischen Geschichte eine Stelle gefunden haben, können hier nur einige Typen kurz behandelt werden.

Dem babylonischen Gilgamešepos muß die epische Urgestalt des Šimšonromans verwandt gewesen sein; der Sonnengott Šamaš-Šimšon besiegt als überstarker Kriegsheld auf seiner Fahrt alle Feinde und gewinnt das Weib, nach dem er ausgezogen ist; durch das Weib geschwächt, seiner goldenen Haare beraubt und verraten, gerät er kraftlos in die Hand seiner Feinde und muß gefangen sitzen, bis seine Zeit erfüllt ist und Auferstehung und Sieg sein sind. Die alte Naturmythe ist Geschichte geworden, mit bürgerlichem und wissenschaftlichem Geist durchtränkt; die Fahrt nach Westen ins Totenland führt nun nach Gaza, die Ištar-Irnini ist eine Philisterjungfrau, der Held ist nicht Gott, er dient einem Gott; das Rätselspiel gibt dem Roman einen eigenen Reiz. Die Umbildung wird schwerlich älter sein, als die Zeit, in der Juda die babylonische Stufe überschreitet; der Kämpfer für Jahus Ehre kann nicht vorrechabitisch sein.

Aus Mythen alter Stammgötter und Stadtgötter in epischer Form (?) sind die Patriarchenromane hervorgegangen; ihr Inhalt setzt nicht nur den bedingungslosen Jahudienst der großen Propheten, sondern die ganze Spekulation der exilischen Zeit auf ein urzeitliches Friedens- und Hirtendasein in allgemein-menschlichen Verbänden und stellenweise schon ein überjüdisches Frömmigkeitsideal (Melchisedek) voraus. Wenn die Verarbeitung der Stoffe vorexilisch begann, kann sie nicht früher als in der letzten Königszeit in Juda eingesetzt haben; vollendet ist sie spätexilisch; der Sinn für Bukolik, der den Hirtenroman schafft, ist noch im Buch Ruth fühlbar.

Den babylonischen Liedern auf Chammurabis Siege, von denen sich vielleicht eine Spur in der Notiz von Abraham und Kedorlaomer in der jüdischen Überlieferung erhalten hat, müssen in Benjamin Lieder auf Šaul und Jonathan, in Juda Lieder auf David entsprochen haben. Aus ihnen entwickelt sich in Juda der Ritterroman von David und Jonathan. Auch er kann nach der Höhe seiner psychologischen Anschauungen und nach seinen historischen Voraussetzungen (das geschichtliche Verhältnis Šauls und Davids ist vergessen) nicht älter als die späte judäische Königszeit (Chiskija) sein. Der allgemein-menschliche Inhalt, der wenig von prophetischen Ideen berührt ist (das entspricht etwa Chiskijas Zeit, wäre aber auch unter Menašše möglich), ist Davids Aufenthalt am Hof des kranken Šaul, die Freundschaft mit Jonathan, die Trennung der Freunde durch den tyrannischen Vater Jonathans und der Untergang Šauls und Davids. Das Klagelied um Jonathan, nun David in den Mund gelegt, könnte aus einem benjaminitischen Heldenlied stammen — auch Gilgameš stimmt Siegeslieder und Klagen an.

Ein priesterlicher Roman von David muß von dem hübschen gottbegnadeten Jungen und seinem Goliathsieg, von Bathseba und Nathan erzählt haben.

Die ägyptische Literatur kommt in der Spätzeit zu der Konstruktion eines Heldenkönigs Sesostris, dem ein Name aus der 12., große Taten aus der 12., 18. und 19. und Frömmigkeitsideale aus der 20. Dynastie beigelegt werden. Die Babylonier machen exakter aus Šarganišarri und seinen wirklichen Taten durch Erfindung einer Jugendgeschichte und Einführung ihres Kausalitätsideals ihren Typus des frommen Königs. Die jüdische Idealgestalt des Königs David ist wie die babylonische Sargons historisch exakt begründet, mehr als die babylonische Königsgestalt menschlich und religiös konstruktiv ausgestaltet; zur Einheit kommt die Konstruktion aus Annalen und Romanen freilich erst in der Chronik.

Daß ein epischer Kern der letzten Gattung des vorexilischen jüdischen Romans, des Prophetenromans, anzunehmen ist, scheint mir nicht wahrscheinlich. Der Typus des Elija kann nicht älter sein, als seine geschichtlichen Urbilder, die Nabiim, in Juda und als sein Programm »Jahu ist El« — damit kommen wir wieder in die Rechabitenzeit. Die künstlerische Form dieses Prophetenlebens ist dürftiger als die der Hirten- und Ritterromane, nicht nur, weil es wohl älter ist, sondern auch weil hier die Vorbilder gefehlt haben werden; das babylonische Gegenstück zu diesem Götterliebling und Propagandisten ist Atrachasis oder Adapa; von diesen Priestern war für das neue Ideal nicht viel zu brauchen; die Hauptleistung ist die Ausgestaltung der Wunder — Jahu tut durch seinen Diener und für ihn das natürlich und logisch Unmögliche, gerade was kein babylonischer Gott tut, er weckt Tote und entrückt Menschen zu sich in den Himmel; die Konstruktion hat an logischer Gewalt zugenommen.

So sehen wir in Juda, wie in Hellas und in unserer Entwicklung das Epos vom Roman abgelöst; wir haben den Roman des Gottesstreiters mit der Faust und des Gottesstreiters im Geist, den Ritterroman, den Roman des frommen Königs und den Hirtenroman, alle vorexilisch geworden oder im Werden begriffen; die große Bewegung, die mit den Nabiim und Rechabiten einsetzt, wird in der Literatur fühlbar in Idealgestalten von Rechabiten und Nabiim direkt, in Erzeugnissen der höheren logischen Stufe, die diese religiösen Neuerer vertreten, im alten Kreis der Könige und Priester, indirekt in höfischen und priesterlichen Romanen mit besserer Übersicht und Psychologie. Schließlich verschlingt die prophetische Gedankenwelt diese ganze Literatur und verarbeitet sie in ihre Geschichtsphilosophie.

Die jüdischen Romane der exilischen und nachexilischen Zeit, die selbständig geblieben sind, verdanken ihre Selbständigkeit zum Teil Schwierigkeiten der geschichtlichen Einordnung (Hiob), zum Teil der Tatsache, daß zur Zeit ihrer Entstehung der geschichtliche Teil des Kanons abgeschlossen vorlag; daß der Inhalt von Ruth in die Königsbücher eingereiht worden wäre, geht klar aus der Rechnung des Buchs unter die Geschichtsbücher hervor; Jona hat unter den Propheten eine Stelle gefunden.

Die sieben Romane zerfallen in zwei Gruppen; drei davon, Hiob, Jona, Ruth, gehören der Zeit hoffnungsvoller Propaganda des Judentums an, drei, Daniel, Esther, Judith, der Zeit der Niederlage und erbitterten Abwehr gegen das Hellenentum; an die letzte Gruppe schließt sich das Buch Tobit an.

Jecheskel 14, 14 und 20 nennt als Typen außerordentlicher Frömmigkeit Noah, Hiob und Daniel; wenn die letzten beiden Namen nicht interpoliert sind, was ich kaum glaube, so muß es im Exil bereits früh Geschichten von Hiob und Daniel gegeben haben. Noah ist der Mann der Urzeit, der trotz aller Frömmigkeit in die ungeheuerste Gefahr kam, aber aus ihr durch seine Frömmigkeit gerettet hervorging; Hiob gerät wie er ohne Schuld ins furchtbarste Elend, verliert Hab und Gut, Familie und Gesundheit, Glück und Ehre und gewinnt alles durch seine Frömmigkeit wieder; die Gleichnisse, die den Kern des Danielbuchs bilden, vom zerschlagenen Baum, von den Frommen im Feuerofen, haben den gleichen Sinn. Jecheskel hat seine Typen nicht absichtslos gewählt — das sind die Bilder von Judas Schicksal, an denen die Verbannten sich aufrichteten; Daniels Name »Gott ist Richter« spricht deutlich genug.

Der Hiobsroman, die Einkleidung des heutigen Hiobsbuchs, kann wohl in die Zeit Jecheskels gehören. Die Frömmigkeit Hiobs ist die Jecheskels, seine Hoffnung im Ausharren die der babylonischen Gemeinde; die Gestalt des Patriarchen, der Jahu dient, wenn er gleich nicht in Juda, sondern in Edom, unter den Südstämmen wohnt, entspricht den Idealgestalten der Erzväter, deren Hirtendasein ja in derselben Epoche sentimental ausgestaltet wird. Daß eine Gestalt dieser geheimen Bedeutung für die Verbannten nicht in die Überlieferung Aufnahme fand, erklärt sich daraus, daß nirgends eine Beziehung zu den Erzvätersagen vorlag und daß eine Beeinträchtigung der »historischen« Vätergestalten denkbar war. Möglich ist allerdings auch, daß unser Hiobsroman eine späte Weiterbildung eines Keims ist, den Jecheskel gekannt hätte, wie der Danielroman es zweifellos ist.

Nicht ganz so hoch in eine Patriarchenzeit rückt das Buch Ruth seine Helden hinauf; im Bethlehem der Richterzeit spielt dieses ländliche Idyll, bukolische Dichtung, aber in den konkreteren Verhältnissen eines jüdischen Landstädtchens, in dem unter einfachen, frommen und naturnahen Menschenkindern Einfachheit, Gesetzlichkeit und Natürlichkeit eine selbstverständliche Einheit bilden.

Die Geschichte ist eine freie Erfindung, der Wirkung zulieb äußerlich an den Namen des Boas, Davids Ahnherrn, gebunden; als Erfindung charakterisieren sie die redenden Namen der anderen Gestalten, Naomi, »die Holde«, die durch den Tod ihrer Söhne Machlon, »Siechtum«, und Kiljon, »Hinschwinden« zu Mara, »der Bitteren« wird, und vor allem Ruth, »die Freundin«.

Ruths Name ist ihr Charakter; sie ist die Freundin, die aus Liebe und Treue alle Rücksichten auf ihr eigenes Wohlergehen hintansetzt; sie folgt ihrer Schwiegermutter ins fremde Land und ins Elend, statt sich zu freuen, daß sie von ihrer Pflicht des Gehorsams loskommt; sie pflegt die arme Frau, statt sich einen neuen Mann zu suchen, und sie findet bei Gott Verständnis für ihre Treue und ihre werktätige Frömmigkeit und vollen Lohn.

Das Verhältnis der beiden Frauen ist ganz individuell; Naomi gibt Ruth, wie die andere Schwiegertochter gesetzgemäß frei — Ruth will nicht frei werden; wo Mensch den Menschen liebt, gibt es keine Unterschiede von Völkern und Göttern. — »Wo du hingehst, da will ich auch hingehen, wo du bleibst, da bleibe ich auch. Dein Volk ist mein Volk, dein Gott ist mein Gott. Wo du stirbst, da sterbe ich auch und da will ich begraben sein. Jahu tue mir an, was er will — nur der Tod soll mich und dich scheiden.«

Man hat das Buch Ruth als einen Tendenzroman aus Esras Zeit, gerichtet gegen das scharfe Vorgehen des Schriftgelehrten bei der Reinigung der Gemeinde von fremden Frauen, ansehen wollen; das heißt den Dichter allzuniedrig einschätzen. Er will nicht formalen Gehorsam gegen den Buchstaben des Gesetzes aus Sentimentalität beschränken — er verwirft den Formalismus des Gesetzesjudentums überhaupt; es gibt ein Gesinnungsjudentum, das über allen nationalen und gesetzlichen Formen steht; wenn der Mensch, auch das Weib, richtig handelt, aus innerer Überzeugung das Rechte tut, so ist er Jude, auch wenn er in Moab geboren ist, wenn er nichts vom Gesetz weiß und wenn er selbst Jahu, wie einem rechten Lokaldämon, lästerlich alles Böse gegen Fremde zutraut; er ist Jude, weil er gesetzlich handelt — denn das Gesetz ist nichts als eine Kodifikation des naturgemäß Richtigen und Guten. Ruth nimmt ausdrücklich Naomis Gott an — sie wird Jüdin, ist also zum Protest gegen das Mischehenverbot gar nicht mehr zu brauchen.

In Bethlehem herrscht das Gesetz; Boas gehorcht nur dem Gesetz, wenn er Ruth die Nachlese läßt; das Gesetz gibt Ruth den Lohn ihrer Treue, den Löser, den zweiten Mann. Aber auch hier ist das Gesetz eigentlich unnötig — Boas steht über ihm; er tut mehr, als das Gesetz gebietet, schon wenn er die Schnitter anweist, die Lese nicht zu sorgfältig vorzunehmen; der rohe Brauch, der Ruth zwingt, ihn auf der Tenne aufzusuchen, als er gegessen und getrunken hat und »guter Dinge geworden« ist, wird zu einem Beweis seiner edleren Gesinnung; er heiratet Ruth, weil er gelernt hat, sie hochzuachten, aus Neigung, von der das Gesetz nichts weiß.

Ruth ist ganz Demut und Gehorsam gegen Naomi, gegen Boas, gegen das Gesetz; aber sie tut damit keine Pflicht und verfolgt keine Vorteile; sie kann gar nicht anders handeln, weil sie von Natur gut ist. Es gibt kein Verdienst und keinen Lohn; das Naturgesetz sagt, wie die Thora, »dem Guten muß es gut gehen«; Jahu hat Menschen geschaffen, die im Gesetz leben, ohne es zu kennen, die seine Zucht und seine Verheißungen gar nicht brauchen.

So bleibt der Dichter Jude und gewinnt doch ein fast hellenisches Ideal höchsten Menschentums. Gottes Gesetz und die natürliche

Vernunft und Moral sind eins und dasselbe; was der unreife Mensch, Mann und Weib, der Autorität des Gesetzes, seinen Drohungen und Hoffnungen gehorchend tut, das tut der reife aus innerem Antrieb, seiner Natur gemäß. Die Hiobsfrage ist gelöst — im Roman; philosophisch gelingt ihre Lösung auf den Spuren des Dichters der Ruthgeschichte erst Jesus von Nazareth.

Freie Erfindung, an einen historischen Namen angeknüpft, gibt auch das Buch Jona; Jona, der Sohn Amithais, weissagt 2. Kön. 14, 25 Jarobam II. die Rückeroberung verlorenen israelitischen Gebiets; in dem Roman wird er zur Bekehrung von Ninive ausgesandt. Neben den alten »Rufer« Elija tritt nun als Romanheld der Prophet im Stil der Ješaja und Jirmeja; mit der Formel »Es erging aber das Wort Jahus an ..... folgendermaßen« beginnt das Buch wie Weissagungen echter Propheten. Wie Jirmeja hat der Prophet des Romans ein eigenes Schicksal, das sich aus seiner Angst vor den Gefahren seiner Botschaft und aus seiner Selbständigkeit Gott gegenüber ergibt.

Jona flieht vor Gottes Auftrag zu Schiff, wird im Sturm von den Schiffern aus Angst vor Jahu über Bord geworfen, von einem Fisch verschlungen und nach drei Tagen ans Land gespien. Gott ist groß genug, zu verzeihen und zu belehren, klein genug, sehr grobe und wunderbare Mittel dazu zu brauchen.

Nun führt der Prophet seinen Auftrag aus; Ninive bekehrt sich und wird begnadigt; Jona aber grollt mit Gott, der ihm aus Mitleid schwach zu sein scheint. Gott läßt mit sich rechten wie bei Hiob; er »beordert« einen Rizinus, der Jona Schatten gibt, »und Jona freute sich sehr an dem Rizinus«; dann »beordert« er einen Wurm, der den Rizinus verdorren macht, und einen sengenden Wind, der Jona den Mangel an Schatten recht fühlbar werden läßt; »Dich jammert des Rizinus, obschon du dich nicht um ihn gemüht, noch ihn groß gezogen hast«, sagt er auf Jonas Klage, »und mich sollte nicht Ninives jammern«?

Im Grund ist hier wieder das Hiobsproblem im Spiel; wie die Leiden des Gerechten sind die Begnadigungen von Frevlern den Frommen anstößig; aber das Problem ist schlecht herausgearbeitet; nur der Bußfertige wird begnadigt und Gottes Beweisführung mit ihrem Sonnenstichargument hinkt bedenklich.

Wenn Hiob, Jona und Ruth den barmherzigen, vernünftigen und natürlichen Gott, den Weltgott, der mit sich rechten läßt und jeder verständigen Frage Rede steht, über frommen Herdenbesitzern, Propheten und Naturmenschen, über Edomitern, Ninivitern und Moabitern, über guten und hitzigen Dienern schildern, so wissen die Romane der folgenden Epoche nur von einem eifrigen und gesetzlich formalen und engen Volksgott, der über braven, bürgerlich beschränkten Gesetzesknechten wacht, sie von bösen Dämonen befreit und zu Glaubenshelden begeistert. Das Judentum, bis dahin stolz im Bewußtsein seiner Überlegenheit, wird zurückgedrängt, eingebildet auf seine Auserwähltheit, rachgierig und eifersüchtig, platt und phantastisch zugleich; es zieht sich von den Höhen frohen Wetteifers in die Niederungen geschäftlicher Reklame und in die Opiumhöhle seiner blutrünstigen Racheträume zurück.

Das Buch Tobit oder Tobia ist eine Propagandaschrift in Romanform, und zwar keine originale jüdische Arbeit, sondern eine Umarbeitung einer ägyptischen Propagandaschrift für den Gott Chons von Theben. Ein Zufall hat uns auf der Bentreßstele das ägyptische Urbild oder eine Abschrift davon erhalten; die Stele ist jung, um 500 v. Chr. oder später gemacht.

In einer Stadt Bchtn, die ich nach dem Buch Tobit Achbatana vokalisieren möchte, lebt eine besessene Prinzessin; der Gott Chons, »der schön Ruhende«, sendet Chons, »den Ausführer der Pläne«, zu ihr; der Dämon wird ausgetrieben und die Prinzessin geheilt.

Im alexandrinischen Judentum ist daraus eine bürgerliche Familiengeschichte zu Jahus Ehre geworden.

Der fromme Tobit, ein Israelit unter den nach Ninive weggeführten zehn Stämmen, der an Jahu festgehalten hat, übt unter Lebensgefahr die Pflichten des Glaubens gegen arme und verstorbene Glaubensgenossen — trotzdem verliert er sein Augenlicht. Sara, die Tochter des frommen Reguel in Ekbatana, ist trotz der Frömmigkeit von Vater und Tochter von einem Dämon Asmodäos besessen, der alle Freier in der Brautnacht tötet. Tobit und Sara vertrauen und beten.

Gott hört das Gebet und sendet Rafael aus, um zu helfen. Der Engel besorgt Tobia, Tobits Sohn, den der Vater in Geldgeschäften nach Medien ausgesandt, einen Tigrisfisch, dessen Eingeweide Dämonen vertreiben und Blinde heilen; Tobia kann Sara heiraten — der Dämon wird nach Ägypten gebracht und gefesselt; er kann den Vater sehend machen; alles ist in Ordnung.

Wir haben in engsten Verhältnissen das Problem des Leidens

der Gerechten; aber wo Hiob eine Menschheitsfrage sieht, ist hier gar kein Problem mehr; alles ist in Ordnung; Gott schickt den gewaltigen Rafael zu jedem kranken Greis und zu jedem bresthaften Mädchen, er bringt den Vetter vom einen Ende der Welt zu der Base am anderen ins Ehebett, er tut das wunderbar und doch platt natürlich durch Belehrung über die Kräfte der Tigrisfische. Es fehlt jedes Gefühl für die Unverhältnismäßigkeit des Apparats zu dem Zweck; Gott ist ein Gott der Kleinbürger, die glauben und beten und alles verachten, was über ihrem Horizont liegt; ägyptische Legenden liegen diesem Gesindel besser als Hiob und Ruth.

Selbst die nationale Not wird nicht berührt — ich habe den Eindruck, als sei Jerusalem zerstört, die Resignation eingetreten gewesen; für Tobits und Saras war sie nicht schwer.

In die Zeit der Makkabäerkämpfe führt uns der Danielroman, die Einleitung der apokalyptischen Spekulationen eines spätprophetischen Rationalisten, vielleicht sein Werk. Als Träume Nebukadnezars und als Wunder werden sehr mißverständlich die exilischen Gleichnisse, die wohl mit Daniels Namen verbunden waren, vom Baum, der zerschlagen und doch gerettet wird, vom Koloß mit den tönernen Füßen, vom Feuerofen, eingeführt und verarbeitet; die Verächter Gottes, der halbgläubige Nebukadnezar und der Tempelschänder Belsazar bekommen ihr Schicksal angekündigt wie die Seleukiden und sehen die Ankündigung wörtlich in Erfüllung gehen.

Wenn der fromme Tobit ein bürgerliches Gegenstück zum frommen Hiob des Romans ist, so ist Daniel das bürgerliche Gegenstück der Elija und Jona; der apokalyptische Zukunftsdeuter darf unter den prophetischen Typen der Romanliteratur nicht fehlen; niemand empfindet mehr den Rückfall ins Babylonische, der in der Zulassung von Traumdeutern in Jahus Namen liegt.

Das Buch Esther ist die Festrolle des Purimfestes im Adar; es verdankt sein Dasein wahrscheinlich der Tendenz der jüdischen Kirche, das Volk von seiner heidnischen Vergangenheit und Umgebung zu lösen; eine Beseitigung der alten Festtage war nicht möglich — das Volk hängt an seinen Jubeltagen; dagegen konnte man das Gift unschädlich machen, indem man aus den alten Jahresfesten Gedenktage aus der israelitischen Geschichte machte. Das populärste Fest der Babylonier und wohl des ganzen babylonischen Kulturkreises war das Neujahrsfest mit der vorangehenden Narrenzeit; den jüdischen Frommen muß es in jeder Beziehung anstößig gewesen sein, als höchstes Fest der Heiden und als Gelegenheit zu allerlei Ausgelassenheit und Sünde; sie versuchten, es zu unterdrücken; aber sie mußten sich entschließen, nachzugeben und selbst das babylonische Neujahrsspiel in die Festrolle aufnehmen.

Das babylonische Spiel muß von der Hochzeit des Marduk und der Ištar, vom Sieg über ihre Feinde, die elamitischen Götter Human und Wašti, gehandelt haben; nachdem die Welt verkehrt war, Elam über Babylonien geherrscht hat, wird am Neujahrstag die göttliche Ordnung hergestellt. Vielleicht haben wir als direktes Urbild des Estherromans eine spätbabylonische populäre Variante des alten Tiamatspiels anzunehmen, die ihre Spitze gegen die Perser-Elamiten richtete.

Im Estherbuch ist daraus eine Hofgeschichte geworden. Die Namen sind geblieben, offenbar waren sie untrennbar mit dem Fest verbunden; Marduk ist Mardochai geworden, kein König mehr, sondern frommer Jude mit einem ausführlichen Stammbaum; Esther ist nicht seine Gemahlin, sondern seine Base und heißt eigentlich »Hadassa«, »Myrthe«. Damit ist das Alte erhalten und doch unschädlich.

Der König Achašveroš in Susa hat seine Gemahlin Vasthi verstoßen und den stolzen Haman zu seinem Vezier ernannt. Bei Hamans Aufzug in der neuen Würde beleidigt der fromme Jude Mardochai den Vezier, indem er nicht vor ihm niederfällt — darüber ergrimmt, plant Haman eine große Judenmetzelei und weiß des Königs Einwilligung dazu zu erlangen. Aber Mardochais Base Esther ist inzwischen in den königlichen Harem aufgenommen und hat die Gunst des Königs erlangt; sie weiß Haman zu stürzen, Mardochai die Vezierstelle zu verschaffen; die Juden werden begnadigt und dürfen 75000 Feinde umbringen; Esther erbittet noch einen zweiten Mordtag vom König — natürlich wächst die jüdische Gemeinde schnell.

Die Juden sind im Kampf mit legitimen Mitteln Hellenen und Persern nicht gewachsen — nun gilt jeder Vorteil; ein neues Frauenideal erscheint, die Jüdin, die mit weiblichen Mitteln, Schönheit und Klugheit, in den Kampf für Gott und die Gemeinde eintritt, Könige in ihre Netze verstrickt und die Völker durch ihre Könige bekehrt.

Immerhin bleibt Esther weiblich in Plan und Mitteln; Judith sprengt alle Bande der weiblichen Natur zu Gottes Ehre. Die Frau, die zu Gottes Ruhm und ihrem Volk zuliebe mordet, hat ihr Urbild in der barbarischen Richterzeit in Jael, die dem König Sisera im Schlaf einen Pflock in die Schläfe hämmert; der Fanatiker der bürgerlichen Spätzeit sieht in ihr ein Ideal — seine Heldin heißt geradezu »Jüdin«; so soll die Jüdin sein, nicht Ruth, bei der Natur und Gesetz eins sind, Judith, bei der das Gesetz die Natur verkehrt, aus dem Weib ein Unweib macht.

Die Geschichts- und Geographiekenntnisse des Dichters sind schlecht; um so besser kennt er das Gesetz. Seine Juden vertrauen auf Gott — sie haben ja keine Götzen im Land; nur kleinmütig werden sie, als die Not in der belagerten Stadt wächst. Da schickt Gott Judith. Sie ist frömmer als alle; streng gesetzlich hält sie ihre Witwenschaft — lebte ihr Mann oder wäre sie Jungfrau, so könnte sie ein Tadel treffen; ihre Keuschheit muß über jeden Tadel erhaben sein und bleiben — nach Holofernes Tod muß sie unverheiratet bleiben und wird so 105 Jahre alt. Judith tadelt die Verzagten wie ein Pfarrer; dann geht sie aus, Holofernes zu überlisten. Auch dabei bleibt sie im Gesetz; sie ißt nichts Unreines, sie lügt nur das Nötigste, sie macht den Tyrannen ohne Preisgabe ihrer Keuschheit betrunken — dann schlägt sie ihm unter Gebet den Kopf ab.

Der Intrigenroman von Esther ist schließlich nicht ganz unmöglich; der Judithroman ist die unmögliche Phantasie eines schriftgelehrten Theoretikers, der ebenso weltfremd und verbissen fromm ist, als seine widerliche Heldin. Immerhin haben wir auch hier eine Gleichstellung von Mann und Weib, eine Emanzipation — zur Unnatur. —

Die babylonischen Hymnen reichen wie die Epen in eine sehr alte Zeit hinauf; in die Zeit des Reiches von Nippur werden freilich nur die Kerne einiger Hymnen an Ellil, Ea, Ištar und namentlich an den sterbenden Vegetationsgott gehören; dagegen muß die Folgezeit der Pantheonbildung sehr produktiv in dieser Dichtungsgattung gewesen sein. Einige erhaltene Stücke lassen sich bis in die Tage der Dynastie von Isin hinauf verfolgen; auch die Chammurabizeit hat offenbar noch in der Hymnik wie in der Epik Neues geschaffen. Dem entspricht, daß der Dialekt der ältesten, rein sumerischen Götterhymnen schon im Übergang zum neusumerischen Idiom begriffen ist und die jüngsten Gedichte rein semitisch abgefaßt sind.

Die gottesdienstlichen Hymnen zum Preis der großen Götter stehen von Anfang an auf der Höhe ägyptischer Hymnen des neuen Reiches; wenn Stücke von der Buntheit und Innigkeit der Atenhymne Amenhoteps IV. fehlen, so liegt das nicht daran, daß die babylonische Entwicklung die Stufe Amenhoteps IV. nicht erreicht hätte, sondern daran, daß sie sie allgemein überschritten hat; die Hymne Amenhoteps IV. ist in ihrer besonderen Verbindung von ägyptischer Anschaulichkeit und philosophischer Einheit ein einmaliges Werk eines glücklichen Zusammentreffens, wie die ganze Gestalt dieses Königs; in Babylonien hat die Entwicklung alle logischen Elemente, die das ägyptische Gedicht auszeichnen, anders gruppiert — das reizvoll Persönliche ist verloren gegangen.

Die Kraft der Naturschilderung ist in den babylonischen Hymnen an Šamaš, Sin, Adad oder Tammus nicht geringer als in der Atenhymne; aber die breite Ausmalung ins Einzelne fehlt und der ganze Ton der Schilderung ist vom Gebiet der Natur in das der menschlichen Eigenschaften der Götter verschoben. In der großen Hymne an Šamaš wird die Bedeutung des Sonnengottes für die Natur voll gewürdigt; zweimal, am Anfang und am Schluß, preist der Dichter den Naturgott — aber all die Einzelheiten des Atenhymnus sind zusammengefaßt in einige große Bilder, die den Erleuchter und Ordner aller Dinge schildern, nicht mehr den Erzeuger, denn der Babylonier hat Sonne und zeugende Kraft geschieden; den Hauptteil der Hymne aber füllt der Preis des großen Richters und Weisheitspenders, der mehr ist als Natur. So ist auch Sin in einer großen Hymne stellenweise der Spender aller Fruchtbarkeit und aller Naturwunder — vor allem aber ist er der Hirt und der barmherzige Vater der Menschen. Wichtiger als die Naturgötter sind die gütigen moralischen Helfer des Menschen, wichtiger als die Naturwunder die Wunder der großen moralischen Weltordnung.

In Ägypten gibt es bis in das neue Reich Hymnen zum Preis der Könige, die wie Götter erhoben werden — auch ursumerische Könige konnten einmal als Götter gefeiert worden sein; Götterdeterminative begleiten Königsnamen; Chammurabi geht noch wie eine Sonne über seinem Land auf, Gnade und Leben spendend, strafend, wie ein Gott; wie vor einem Gott fällt man vor dem König und seinem Bild nieder; man opfert den Bildern und schwört beim Königsnamen; aber die Hymnen zum Preis der Könige beginnen mit Hymnen an den Gott des Königs und enden in Gebeten für das Leben der Herrscher zur Gottheit; Gott und Menschen sind getrennt — der König ist nur der Schatten der Gottheit. Die Königshymne geht in Gebet für den König über.

Höher als alles Ägyptische steht die jüngste Gattung der babylonischen Hymnik, die Bußhymne in allgemeiner und persönlicher Not; zu ihr fehlen in Ägypten die Gegenstücke vollständig. Die Existenz der Bußhymne setzt eben die Entwicklung der Könige zu Menschen voraus, die die Königshymnen zeigen; die Bußhymnen in Landesnot sind selbstverständlich Sache der Könige — ein geschichtlicher Herrscher von Bedeutung, Nabukudurriusur I., soll bestimmte Buß- und Dankgebete, die erhalten sind, »verfaßt« haben; aber auch die Bußgebete hymnischer Form in persönlicher Not und Krankheit werden Königen zugeschrieben, wie die persönlichste Hymne dieser Art in der Serie: »Ich will preisen den Herrn der Weisheit« dem sagenhaften Tabi-utul-Ellil.

Die ältesten Bußhymnen in Landesnot sind noch teilweise sumerisch abgefaßt; die jüngsten Bußhymnen in Krankheit sind rein semitisch, aber immerhin alt genug, daß z. B. die Tabi-utul-Ellilhymne in Aššurbanipals Bibliothek kommentierende Zusätze nötig hatte.

Die babylonischen Bußhymnen sind im Grunde nichts anderes, als Beschwörungshymnen, Mittel zur Beeinflussung der Gottheit durch kräftige Sprüche. Die Gottheit ist zu groß geworden, um sich einschüchtern und zwingen zu lassen; man muß sich ihren Eigentümlichkeiten anpassen, annehmen, daß ihre Strafgerichte durch Sünden verschuldet sind, also demütig kommen und büßen; die Zauberkraft der Worte an sich ist fast aufgegeben; nun kommt man mit der Kraft logischer Mittel, indem man alle Götter, alle Sünden, alle Gründe göttlichen Zorns zu fassen sucht. Ein starkes Gefühl der Sündhaftigkeit haben auch die individuellsten Psalmensänger in Babylonien nicht; im Gegenteil — gerade Tabi-utul-Ellil fühlt sich ganz schuldlos. Patentmedizinen, aus der allgemeinen Weltanschauung gebraut, sind die Bußhymnen, für jeden Gott, für jede Sünde, für jede Not; die stärkste und modernste Beeinflussung der Gottheit ist die durch Buße und Reue, durch Demut und Überzeugung mit Gründen, gefahrlos, weil sie nicht beleidigen kann.

Erst der höchstentwickelte Jude beschwört nicht mehr in Demuts- und Bußformeln, sondern betet und büßt von innen heraus; der Babylonier ist logisch entwickelt genug, die raffiniertesten

41*

Demutsformeln zu finden, aber nicht reif, ihren Inhalt voll zu empfinden; er kann seine Bußhymnen ruhig durch andere, Zauberpriester und Könige, sprechen lassen und nur den Refrain murmeln — die Hauptsache ist, daß die Formeln gesprochen, die Bußriten geübt werden.

Trotzdem bedeuten die babylonischen Bußhymnen in Krankheit einen großen Fortschritt; sie enthalten hohe logische Leistungen und neue poetische Möglichkeiten; sie sind individueller als alles andere; der Mensch als Sünder und Büßer tritt in die Mitte der Welt als Held eines kleinen Dramas in Schuld und Sühne. —

Im vorexilischen Judentum muß es alle Formen der babylonischen Hymnendichtung gegeben haben, Hymnen zu Jahus Preis und Ehre, die im Tempel von Priestern vorgetragen wurden, Hymnen zum Lob der Könige, Bußhymnen in allgemeiner Not und in Krankheit; da Juda seit dem 8. Jahrhundert überall die babylonische Stufe überschritt, so werden die letzten vorexilischen Jahrzehnte wahrscheinlich eine überbabylonische Hymnendichtung geschaffen haben, um so mehr, als die großen Ehren, die Jahu der Einführung des Gesetzes verdankte, einen Ausdruck auch in den Preisliedern seiner Priester gefunden haben müssen. So mag wohl vieles in der großen nachexilischen Hymnensammlung ganz oder wenigstens in einem Kern dieser vorexilischen Epoche angehören — leider können wir es aber nicht aussondern; vorexilische Buß- und Danklieder in Krankheit besitzen wir, von der Psalmensammlung abgesehen, vielleicht in der Hymne Chiskijas, Ješaja 38, und in der Hiobshymne, Hiob 29—31.

Die weit überwiegende Masse jüdischer Hymnen stammt aber aus den Tagen des Exils und namentlich aus der Zeit der nachexilischen Literaturblüte; die Makkabäerzeit muß mit ihren Aufregungen, Schrecken und Siegen für die Psalmendichtung besonders fruchtbar gewesen sein; die ungelehrte, aufopfernde Frömmigkeit der Asidäer und anderer Sekten hat zunächst ihre natürliche Ausdrucksform im Psalm, der jedem überquellenden Gefühl Stimme verleiht.

Im Exil gedichtet scheinen die Klagelieder, die später die Festrolle zum 9. Ab, dem Tag der Erinnerung an die Verbrennung des salomonischen und herodianischen Tempels bilden; die künstliche Form — Kap. 1—4 sind alphabetische Gedichte — widerspricht der Annahme, daß Augenzeugen sie gedichtet hätten, bei der Auffassung der Zeit vom Wert einer Dichtung keineswegs; allerdings beweist auch die Energie der Bilder, die sämtlich konventionell sind, nichts für die Augenzeugenschaft der Dichter. Eine spätere Umarbeitung und Ergänzung zu gottesdienstlichen Zwecken ist sehr wahrscheinlich. Die Gedichte entsprechen als Gattung den babylonischen Bußpsalmen in Landesnot und haben gewiß denselben Zweck, wie diese; statt des Königs spricht eine Kollektivperson, das Volk; der Fortschritt vom immer wiederholten halbzauberischen Anruf an den Gott, sein Haupt herzuwenden, zur rührenden Schilderung des Elends und zu demütig reuevoll schuldbewußtem Flehen ist unverkennbar.

Die Psalmensammlung des Kanons ist das nachexilische Gesangbuch zunächst des Tempelchors in Jerusalem, dann der Weltgemeinde in den Synagogen. Die Hymnen zu Preis und Ruhm der Gottheit, die Buß- und Klagelieder gehen aus dem Besitz der Priesterschaft in die Hände der Gemeinde über. Dieser Übergang erfolgt nicht mit einem Schlag; die Kirche bleibt ja, so lange Jerusalem steht, ein Zwitter von Priester- und Laien-, Sakramental- und Buchkirche; der Sängerchor am Tempel vertritt die Gemeinde; aber im Lauf der Zeit wird die Gemeinde wichtiger und wichtiger; die Vorschriften für die Tempelmusik verschwinden in den jüngeren Psalmen und werden bei den älteren vergessen; schließlich ist der Choral fertig, der Priester ausgeschaltet. Die ganze Gemeinde besteht ja aus Auserwählten Gottes, die keine geweihten Mittler mehr brauchen; die ganze Gemeinde besteht aus Sündern, die der Gnade bedürfen, schon weil sie schwache Menschen sind. Wie alle Gott kennen und preisen dürfen, so haben alle zu büßen; im allgemeinen Priestertum verschwindet der bevorrechtete Priester, im allgemeinen Büßertum der einzelne Büßer, der seine Krankheit durch Buße heilen will; Priester und Laien bilden die neue Einheit der betenden und büßenden Menschheit; Gesunde und Kranke demütigen sich vor Gott; die alte Bußhymne als Zauber im Mund der Zauberer, als Patentmedizin auf philosophischer Grundlage wird objektiviert und vergeistigt, ihr egoistischer und materieller Inhalt idealisiert zur moralischen und metaphysischen Not der Menschheit.

Die Psalmendichtung verhält sich zum Gesetz und den Propheten ganz ähnlich, wie die Weisheitsliteratur; sie gibt den Inhalt der heiligen Bücher wieder und nicht mehr; aber sie gibt ihn gefühlsmäßig, leidenschaftlich erregt und bildet so die wertvollste Fortsetzung und Verallgemeinerung der prophetischen Lehre. Die Weisheit zersplittert das heilige Gut in Sprüchen, logisiert und prosaisiert es; sie verschlechtert und löst auf. Die lyrische Dichtung, die sich nicht an den Verstand, sondern an das Gefühl wendet, ist den Bedürfnissen dieser logisch schwachen Gesellschaft besser angepaßt; in leidenschaftlichen Ergüssen und kurzen Formen bewahrt sie alle höchsten Gedanken der Propheten und alle wertvollen Elemente des Systems; nichts braucht aufgegeben werden, denn nichts wird begründet, alles nur geschaut und gefühlt. Den Propheten nachfühlen können breite Schichten namentlich in erregter Zeit; die großen Erlebnisse bedeutender Denker, die gefühlsbeschwerten Gesichte voreleatischer Philosophen werden in tausend kleinen Weisen und doch einheitlich leidenschaftlich nachgelebt und vielen nahe gebracht. Wo große Männer als Gottes Werkzeug fühlten und dachten, da fühlt, denkt und spricht ein Dichter ihnen nach als Sprachrohr der Gemeinde; die volle Individuation des inneren Ergusses gewaltiger Gedanken und Gefühle wird wie bei den Propheten erreicht, aber sofort ihrer Individualität entkleidet; nicht der Prophet, Gott sprach — nicht der Psalmendichter, die Gemeinde jauchzt, lobsingt, klagt und büßt. So fehlen mit Recht die Dichternamen.

Der Inhalt des Psalters ist unendlich mannigfaltig; neben Lob- und Dankliedern an die Gottheit, die den Naturgott gewaltig schildern und ihm für die Ernte danken, ebenso aber den gütigen Führer des Volks in der Geschichte und den Lenker der Menschenherzen preisen, neben Festgesängen und Sabbatliedern, Wallfahrtsgedichten und Litaneien stehen innige Buß- und Klagepsalmen, neben Ausbrüchen sicherster Selbstgerechtigkeit und engsten Hasses gegen alle Andersdenkenden stehen innerlichste Gebete und höchste menschlich reine Gottes- und Frömmigkeitsideale; von den Rechabiten bis zu Jirmeja und dem zweiten Ješaja, von babylonischen zu hellenischen Idealen kommen alle Regungen im Psalter zu Worte und zwar im Ganzen die höheren und allgemein menschlichen Elemente relativ stark — Begeisterung erhebt. —

Unter den Resten der babylonischen Literatur haben sich bis jetzt keine Liebeslieder gefunden; daß es in Babylonien keine Liebeslieder gab, darf man daraus nicht schließen; die Zeit ritterlicher Abenteuer und Fahrten hat gewiß auch ritterliche Minne gekannt, das höfische Liebeslied des ägyptischen neuen Reiches muß in ältester Zeit in Babylonien sein Gegenstück gehabt haben; wenn es aber einmal da war, so kann es nicht ganz verschwunden sein;

in die Weltanschauung der Priester und Bürger paßte es nicht und blieb deshalb aus ihren Bibliotheken ausgeschlossen; aber die tieferen Schichten des Volks, die eindringenden Barbaren und die Babylonier, die nicht ganz für das höchste Ideal der Kultur reif wurden, werden Geschmack daran gefunden haben; unser Minnesang wird vom Volkslied abgelöst; als Volkslied im Mund berufsmäßiger Sänger wird in Babylonien ein Liebeslied gelebt haben; wenn Jecheskel den Zudrang des Volkes zu den Sängern von Liebesliedern erwähnt kann er ebensogut babylonische, als jüdische Sänger im Auge haben.

Die priesterlich-bürgerliche Weltanschauung war dem Liebeslied nicht günstig; sie betrachtet die Liebe als eine ernste und heilige Angelegenheit, eine Pflicht und ein Geschäft, oder als ein Laster und müßiggängerischen Unfug — Liebeslieder gibt es nur bei der zweiten Form.

Der Babylonier kennt die Frau als keusche Jungfrau, Ehefrau und Mutter oder als schlechte Dirne; er stellt aber zwischen beide Gruppen eine dritte, die Frau als zeitweise oder dauernde Prostituierte im Dienst der Religion, als Hierodule, die der Ištar ihre Jungfräulichkeit oder ihr ganzes Dasein opfert.

Die merkwürdige Mittelgruppe entsteht nicht aus einer primitiven Promiskuität oder aus einer sexuellen Leichtfertigkeit und Zügellosigkeit des Volks, sondern im Gegenteil aus einer ernsten logischen Erwägung und einer Einbeziehung der Frauenfrage in die Philosophie. Der Ägypter ist in seiner Stellung zu den Frauen naiv, der Babylonier denkt.

Wie der Mensch überhaupt nur zum Gottesdienst geschaffen, selbst als König nur der Schatten der Gottheit und ihr demütiger Diener ist, so soll auch die Frau mit dem, was sie bedeutet, zunächst der Gottheit dienen, ihrer Gottheit, der Göttin der Fruchtbarkeit, der Ištar; ihr bringt sie das Opfer ihrer Jungfräulichkeit, ihr kann sie sich als Hierodule weihen. Die Frau ist nicht mehr ein Besitz des Mannes, sondern in ihrer Art Mensch geworden, als berechtigtes Glied eigener Art in die Weltanschauung eingestellt. Eine gewisse naive Natürlichkeit ist dieser Philosophie eigen, die auf die Dauer verloren ging.

Der Gegensatz von Anschauungswelt und geheimem Sinn, von naivem Sehen und gelehrtem Denken fand eine eigentümliche Ausprägung in der Gegenüberstellung von Sinnlichkeit und Denken, rein praktisch zunächst in einer Verachtung des Sinnlichen, einer Überschätzung des Gedankens; als Inbegriff des Sinnlichen wird die Frau, das reine Geschlechtswesen, verächtlich. Die Ištarprostitution wird dadurch eigentlich unmöglich; wenn sie sich hält und erst in Juda durch Jošija abgeschafft wird, so liegt das daran, daß sie ein Stück der Religion war; ihren Mißbrauch beschränkt schon Chammurabi mit drakonischen Bestimmungen.

Die Anerkennung der Frau als Mensch ward aber damit nicht aufgehoben; der Priester läßt die Frau gelten, wenn sie nicht Sinnenwesen ist; die Hochschätzung der Jungfräulichkeit, die sich mit dem Virginitätsopfer vorbereitet, wird Dogma — die keusche Jungfrau ist achtungswert, die Hierodule kann von der Nonne abgelöst werden. Die keusche Ehefrau, auch als Mutter achtenswert, tritt neben sie.

In der Richtung der babylonischen Kultur auf Einheit ist eine Tendenz zur Einehe gegeben; die Frau wird als Mensch neben dem Mann möglich, sie bekommt einen Anspruch auf bevorzugte, dann einzige Stellung neben ihm, Mensch neben Mensch; sie erkauft diese Stellung durch jungfräulichen Eintritt in die Ehe und durch Keuschheit als Gattin — der Mann hatte bis dahin ein Recht auf jungfräulichen Eintritt der Frau in sein Haus und auf Treue, das nichts war, als ein Recht auf gute Ware und ungeteilten Besitz des gekauften, ein Recht des Herkommens und des Stärkeren — jetzt wird daraus ein rational begründetes Recht auf Abschluß der Frau, erkauft durch Pflichten des Mannes. Im Judentum wird die Monogamie ideell gefordert; der Babylonier kommt nur zur Abschließung und Anerkennung der Hauptfrau.

In der weiterschreitenden Anerkennung der Menschenrechte der Frau muß natürlich in einer eleatischen Periode volle Gleichheit von Mann und Frau zunächst als Seelen gefordert werden, praktisch Jungfräulichkeit des Mannes vor der Ehe; endlich muß die volle Freiheit beider vor und in der Ehe, die Überwindung von Formalismen, wie die Forderung körperlicher Jungfräulichkeit, von entwicklungswidrigen Konstruktionen, wie die unlösbare monogame Ehe, folgen.

In den höchsten Erzeugnissen des Judentums, namentlich im Buch Ruth, ist die Frau gleichberechtigter Mensch neben dem Mann, die natürliche Beziehung beider zueinander innerhalb des Gesetzes, das alle Menschen bindet, als gottgewollt anerkannt. Es gibt fromme und sündige Frauen, wie es fromme und sündige Männer gibt; die sexuelle Beziehung an sich ist aber weder fromm, noch sündig, sondern fast indifferent; wie jede menschliche Beziehung hat sie ein Interesse, ein Recht auf Äußerung und künstlerische Behandlung innerhalb der geltenden Weltanschauung. So werden Liebesroman und Liebesgedicht wieder möglich und füllen sich mit dem individuelleren Leben der obersten Schicht.

Die tieferen Schichten, die die obersten in der Herrschaft ablösen, sind für diesen Standpunkt nicht ganz reif; in spätalexandrinischer Zeit wäre das Hohelied nicht mehr entstanden — da es vorhanden war, kam es sogar zur Kanonisierung; es war vielen lieb und brauchbar in der Konkurrenz des Judentums gegen das Hellenentum; es hielt sich in der Grenze des orthodoxen Glaubens; es galt als alt und als Werk Šelomos; und es ließ sich allegorisch auslegen.

Liedersammlungen aus vorexilischer Zeit werden uns zwei genannt, das »Buch der Lieder« (verschrieben in »Buch der Rechtschaffenen«) und ein Buch Klagelieder (2. Chron. 35, 25); aus dem »Buch der Lieder« soll das Klagelied Davids um Jonathan und ein Stück eines Siegesliedes (Jos. 10, 13) stammen; unter den Klageliedern soll sich eins auf Jošija, gedichtet von Jirmeja, befunden haben; die Nachrichten können sich nur auf Sammlungen der späten Königszeit beziehen, wenn sie richtig sind.

Erhalten ist uns nur die Sammlung von Liebesliedern, die als »Lied der Lieder« bezeichnet wird; sie enthält durchweg Kunstdichtungen; praktisch scheint sie bei Hochzeiten als Liederbuch gedient zu haben.

Form und Inhalt der Lieder erinnern sehr an die ägyptischen Liebesgedichte des neuen Reichs. Es gibt kurze Sprüche und ausgeführte bilderreiche und künstliche Stücke. Wie der höfische Ritter in Ägypten verkleidet sich der friedliche Bürger in Juda in ein bukolisches Idealgewand, wenn er von Liebe singt; wie die ägyptischen Minnesinger legen die jüdischen ihre sehnsüchtigsten und wärmsten Töne der Geliebten, der »Schwester« in den Mund; dem Mann ziemt kunstvoller Preis weiblicher Schönheit, dringendes Fordern weiblicher Gunst, allenfalls Verzweiflung, aber kein gefühlvolles Sehnen; Frauen leben in sehnender Leidenschaft, der Mann hat Kunst und Kraft.

So könnte man auf den Gedanken kommen, daß wir im Hohenlied Gedichte aus vorexilischer Zeit, womöglich aus den Tagen

Šelomos, in denen ja die judäische Hofkultur nicht allzuweit von der ägyptischen abgestanden sein wird, besäßen. Genauere Vergleiche mit den ägyptischen Gedichten zeigen aber doch eine größere Reife der jüdischen Liebeslieder; am besten ist sie aufzuweisen an den ganz kurzen Einzeilern, die man mit Unrecht als Bruchstücke von Gedichten angesehen hat, und an den ausgeführten Erzählungen; die kurzen Sprüche, wie etwa: »Fangt uns Füchse, kleine Füchse, die Weinbergsverderber, denn unsere Weinberge stehen in Blüte«, verraten eine ästhetische und logische Freude am knappen Gleichnis, die dem Ägypter fehlt — so dichtet heute noch der gebildete Japaner; die ausgeführten Geschichten z. B. von der Geliebten, die den Freund vergeblich erwartet, sich endlich aufmacht, ihn in der Stadt nächtlich zu suchen und mit der Wache in Konflikt kommt, sind in dieser Ausführlichkeit und Lebendigkeit überägyptisch; vor allem aber ist die Energie individuellen Fühlens gewachsen — das sind nicht mehr zage Versuche, ein konventionelles Gefühl in Bilder zu bannen, wir fühlen in den besten Stücken eine individuelle Leidenschaft, die voll ausströmt, wenn sie auch noch namenlos dichtet.

So käme für die Abfassung der Gedichte höchstens die letzte Königszeit, die Zeit des Romans von David und Jonathan und den ersten bukolischen Dichtungen in Frage; in der Tat könnten hier einige Lieder entstanden sein. Die besten und meisten Gedichte werden aber viel jünger sein, nachexilisch, Zeitgenossen des Ruthromans. In die Diadochenzeit weisen sprachliche Eigentümlichkeiten; in die Zeit des Ruthromans weisen die Formen des bukolischen Ideals, das den Liebesdichtern bei ihren Verkleidungen vorschwebt.

Der Dichter und seine Geliebte wohnen in einer kleinen Landstadt, wie das Bethlehem der Ruthgeschichte; in der Stadt sucht die Schwester den Freund, in den Gärten, Weinbergen und Fluren der Umgebung treffen sie sich, pflücken Blumen und kosen; hier sind die Chöre der Freundinnen, die die Liebenden necken, unterstützen und stören; in der kleinen Landstadt sind die Hochzeitsbräuche zu Haus, an die die buntesten Lieder anknüpfen, der Einzug des Bräutigams als König Šelomo, der Tanz der geschmückten Braut vor der geladenen Gemeinde u. a. Dabei muß dahingestellt bleiben, ob diese Hochzeitsbräuche, die heute noch in Syrien leben, schon existierten oder erst in dieser Zeit unter dem Einfluß eines dichterischen Ideals im Stil der Ruth entstanden.

In die späte Zeit höchster menschlicher Freiheit, die den Ruthroman schuf, gehört endlich ohne Frage das gewaltigste Liebeslied der jüdischen Dichtung, der Hymnus auf die Liebe, die stark wie der Tod ist, auf die Gluten, die Feuergluten, eine Flamme Jahus sind. Die große einfache Melodik der größten Psalmen tönt in diesen Zeilen, die große einfache Menschlichkeit der höchsten Augenblicke prophetischer und dichterischer Begeisterung beseelt sie; die ungeheure Wucht dieser Leidenschaft reißt für einen Moment alle babylonischen Hemmungen weg — die Glut des Liebenden ist ein göttliches Feuer, den himmlischen Gluten, die die Propheten füllen, verwandt; die letzten Reste unvollkommener Individuation, die Verkleidung auch dieser leidenschaftlichen Gefühlsäußerung in ein Frauenlied, das starr Unpersönliche des allgemeinen Ausspruchs, das Fehlen des Dichternamens, steigern die Monumentalität dieses »Liebeslieds«. —

In der ägyptischen Literatur der großen ägyptischen Zeit scheint die Fabel gefehlt zu haben; erst aus der bürgerlichen Spätzeit sind Fabeln bekannt; merkwürdige Tierzeichnungen aus dem neuen Reich, in denen menschliche Handlungen durch Tiere verzerrt wiedergegeben werden und mit dem Wesen der Tiere im Sinn einer verkehrten Welt gespielt wird, könnten anschauliche Vorstufen einer Tierfabel sein.

In Babylonien haben wir Fabeln als angesehene Dichtungsgattung, die formal ans Epos anknüpft und in Epen und eigenen Sammlungen der Aufnahme in Bibliotheken gewürdigt werden. Form und Inhalt weisen in eine relativ späte Zeit; die Form der Fabeln ist die des späten, priesterlich-bürgerlich überarbeiteten Epos, besonders sind Reden sehr beliebt und Hauptsache; der Inhalt wird immer in die älteste Zeit des Götterregiments, »als Ellil im Lande ein Regiment eingesetzt«, also vor die Flut oder kurz nach ihr hinaufgeschoben; in dieser Zeit verkehren Götter und Menschen, reden die Tiere; besonders beliebt sind Gerichtsverhandlungen vor Šamaš; der Geist ist ganz bürgerlich, friedlich und nutzbedacht. So kämen wir etwa in die Chammurabizeit und später bei der Bestimmung der Entstehung der babylonischen Fabeln; dem entspricht, daß in einer Fabel das spät eingeführte Pferd auftritt.

Der epischen Tierfabel verwandt in Form und Inhalt ist das Epos vom Raub der Schicksalstafeln durch den Vogel Su; Ellil ist uralt geworden und kann sich nicht mehr wehren, als Su ihm den Talisman der Weltherrschaft entführt; ein anderer Gott überlistet den Räuber, indem er ihn betrunken macht, und stellt so Ellils Herrschaft oder seine eigene her. In dieser Göttergeschichte steckt entschieden ein skurriles Element; der Kampf um die Weltherrschaft wird nicht wie früher mit Waffen ausgefochten, sondern mit Überraschung und List; Ellil, der Repräsentant des Königtums, ist dem Dichter nicht mehr ehrwürdig, noch weniger das dumme Tier aus den Bergen — man könnte an einen Kassitengott denken.

Vollständig erhalten ist uns nur die Fabel vom Adler und der Nachtschlange, die unorganisch in das Etanaepos eingefügt ist. Der Adler hat trotz Abratens eines sehr schlauen Jungen der Schlange ihr Junges geraubt; die Schlange verklagt ihn vor Šamaš und bekommt den Rat, den Adler durch listiges Verstecken in einem Aas zu fangen; die List gelingt und die Schlange macht den Feind zunichte; auf sein Flehen um Gnade hat sie die scheinheilige Ausrede, daß sie den Zorn Šamašs durch ihr Erbarmen auf sich ziehen könnte. Die Moral ist durchsichtig; Gewalt ist Göttern und Menschen verhaßt und muß Strafe finden; der Gewalttätige ist ein Dummkopf; der Kluge übt keine Gewalt; er geht den Rechtsweg und findet hier jede Genugtuung und als Ausführer göttlicher Sprüche selbst die Möglichkeit, moralisch zu bleiben, wo er einen Feind vernichtet.

Die fragmentarische Fabel vom Fuchs könnte ein Gegenstück dazu geboten haben; der Fuchs ist vor Šamaš verklagt und soll für seine Sünden den Tod leiden; er erhebt aber Einspruch gegen das Urteil und wird sich wohl herausgeredet haben. Der Kluge kann ruhig sündigen, wenn er klug genug ist; nur plumpe Gewalt ist dumm. Das Thema des Reineke Fuchs zu einem Tierepos auszugestalten fehlte die Naivität.

Im Dialog vom Ochsen und vom Pferd streiten sich die beiden, wer stolzer und geehrter in der Welt dasteht, der nützliche Diener des Bauern oder das Roß, erhaben im Kampf; gewiß hat in den zwölf Wechselreden der brave Ochse gesiegt; der zweifelhafte Prunk des Kriegers ist nichts neben dem sicheren und nutzbringenden Dasein des pflichtgetreuen Hornviehs.

Von einigen andern Tierfabeln ist nicht genug erhalten, um ein Urteil zu fällen.

Von den längeren Epen scheinen später kürzere Auszüge gemacht und in Sammlungen vereinigt worden zu sein; eine Serie »Als die erhabene Ištar« aus Aššurbanipals Bibliothek scheint ein

Fabelbuch gewesen zu sein. Das liegt im Zug der didaktischen Poesie — die Einkleidung soll kurz, die Lehre abstrakt werden. Die kurze Prosafabel mit ihrer logisch antithetischen Zuspitzung bleibt aber in Babylonien aus.

Leider besitzen wir keine jüdische Fabelsammlung; vielleicht hat die Richtung auf den größten Zusammenhang und auf möglichst abstrakte unmißverständliche Form der Weisheit die Berücksichtigung dieser Literatur im Kanon gehindert; daß sie nicht gefehlt hat, zeigt ein versprengtes Stück, die Fabel Jothams, Richt. 9, 7 ff.

In Prosa und sehr sachlich und streng gegliedert wird hier kurz erzählt, daß die Bäume einen König suchen und den Ölbaum, den Feigenbaum und den Weinstock vergebens bitten, sich salben zu lassen — keiner unter diesen nützlichen Bürgern des Pflanzenreichs mag sein nützliches Dasein fahren lassen, um unnütz Herrscher zu werden; aber der ganz unnütze Stechdorn nimmt die Würde gern an und verspricht höhnisch den neuen Untertanen seinen Schatten und die Vernichtung durch das Feuer, das von ihm ausgehen wird.

Das Stück überragt alle babylonischen Fabeln formal und logisch und kann deshalb nicht älter sein als die späte Königszeit; die demokratische Tendenz des Inhalts ist so ausgesprochen, daß ich selbst diesen Ansatz für zu hoch halte; wahrscheinlich ist die Fabel nachexilisch; der Dichter kann sich so wenig in die Königszeit versetzen, daß er Könige für rational vom Volk »eingesetzt« hält und nicht begreift, wie man so dumm sein kann; das ist die Argumentation Šemuels in dem spät- oder nachexilischen Šemuelroman.

Jedenfalls beweist die Fabel Jothams, daß eine jüdische Fabeldichtung existierte, die die babylonische weit übertraf und die hellenische nicht allzuhoch über sich sah. —

Wenn man unter »Drama« eine mimisch oder szenisch dargestellte Handlung versteht, so gibt es in Ägypten und in Babylonien ein Drama.

In Ägypten haben wir das Mysterienspiel von Osiris mindestens im neuen Reich; die heilige Geschichte von Osiris' Mord, Isis' Klage und Horus' Rache wird aufgeführt, in Hymnen, wohl auch in kurzen Gesprächen »dialogisiert«, in Aufzügen und lebhaften Handlungen »gespielt«; Könige übernehmen hervorragende Rollen. Die Mitwirkenden und Zuschauer erwarten den Dank der Götter für die Mühe, wohl auch manchen Vorteil im Diesseits und Jenseits; daneben haben sie aber wohl zweifellos ein Interesse für die spannende

Handlung und für begeisternde oder rührende Teile, wie den Horuskampf oder die Isisklage. Ein populärer Abklatsch davon sind die heiligen Prügeleien, die Herodot schildert; offenbar sollen sie den Volksmassen die Möglichkeit verleihen, sich durch direkte Beteiligung an einem Mysterienaufzug um den Gott verdient zu machen, wie es die Protagonisten in den eigentlichen Spielen tun; das realistische Moment wird in diesem Akt gerechter und demokratischer Ausgleichung sozialer Unterschiede besonders klar.

Entsprechende Mysterienspiele und Volksfeste gibt es in Babylonien und zwar der höheren Stufe und der größeren Mannigfaltigkeit der Mythen gemäß entwickelter und vielfältiger. Wir können ruhig annehmen, daß jedem erhaltenen Epos ein Mysterienspiel entsprossen war. Die Textbücher dieser Spiele sind, wie die unserer Mysterien, nicht Literatur, sondern praktische Anweisungen zur Aufführung; wir können uns also nicht wundern, daß sie in den Bibliotheken fehlen; einiges scheint sich aber doch erhalten zu haben.

An eigentlichen Spielen werden wir überall ein Neujahrsspiel, in Nippur und Babylon den Tiamatkampf, später vielleicht in Babylon ein Urbild des Estherspiels, ein Passionsspiel, in dessen Mittelpunkt eine Tammus- und eine Ištargestalt standen, vielleicht auch ein Spiel von der Geburt des Gottes, ein »Weihnachtsspiel«, vermuten müssen; den Kern bildet die Lebensgeschichte des lokalen Gottes. Neben den eigentlichen Spielen, als Teile und Zwischenspiele, gibt es öffentliche Aufzüge, wie den Auszug Marduks an Neujahr in Babylon, und Volksbeteiligung, wie namentlich das Tammusweinen.

Der Charakter der Spiele muß literarischer gewesen sein als in Ägypten; das Element der Erringung realer Vorteile im Diesseits und Jenseits durch Teilnahme an den Spielen muß etwas zurückgetreten sein; die Könige alter Zeit mögen aus ihrer Rolle als Gatten der Ištar noch Folgerungen für ihr Schicksal im Leben und Tod gezogen haben — der Glaube an ein gutes Geschick im Jenseits hielt in den obersten Schichten nicht stand; durch symbolische Fassung rettete später vielleicht mancher Gelehrte den realistischen Wert der Spiele — der Glaube an Wesensgleichheit bei anschaulicher Identität im Spiel war dahin; die Folge muß in den Oberschichten mindestens ein zunehmendes Vergnügen an der schönen und rührenden Handlung gewesen sein. Das Volk blieb bei der alten realistischen Auffassung.

Die literarischen Formen des Mysteriums sind in Hymnen und Epen vor- und nachgebildet worden. Eine logische Vorbedingung des Dramas ist die dialektische Fähigkeit, Dinge im Gespräch zu behandeln, von zwei Seiten darzustellen. Sie regt sich in der babylonischen Literatur an vielen Stellen. Bußhymnen sind ganz regelmäßig dialogisiert, wenn auch nur so, daß der Priester spricht, der Büßer den Kehrreim wiederholt; dabei steigert sich die Wärme und Energie des Flehens und Überredens zum Ende hin, und schließlich erscheint nicht selten der Gott selbst, eine dritte Person, und verspricht Gnade, nachdem er sich mit einer Schilderung seiner Größe eingeführt. Das ganze Verhältnis des bittenden und dankenden Menschen zur Gottheit enthält ein dramatisches Element. Die Vorliebe für Reden in den Epen der späteren Zeit, die für Gerichtsverhandlungen in den Fabeln gehören ebenfalls hierher. Bei einigen großen Literaturstücken kann man geradezu in Zweifel sein, ob es Epen, Hymnenzyklen oder Textbücher für lokale Festspiele sind; der »Iramythus« und der »Nin-IB-Mythus« sind hier zu nennen.

Der Hymnenzyklus an Nin-IB: »Wie Anu bist du gebildet«, beginnt mit einer epischen Schilderung (im Mund eines Sprechers?) — der Gott fährt grimmig gegen Nippur heran; da tritt ihm Nusku entgegen, preist seinen schrecklichen Glanz, seinen Tritt, vor dem die Erde bebt, seinen Arm, dessen Schatten das Land bedeckt, und bittet ihn, er möge Ellil, seinen Vater, und seine Genossen, die Götter im Schicksalsgemach, nicht zittern lassen; Nin-IB antwortet mit einem langen Hymnus auf seine Macht und seine schrecklichen Waffen; ein anderes Bruchstück enthält eine Rede von Nin-IBs Gattin (?) Nin-kar-nun-na, die für Nippur bittet; Nin-IB willfahrt nach einer Besprengungszeremonie, sieht seine Gemahlin, die Magd Nin-Nippur, freundlich an, besänftigt sein Herz und verspricht der Stadt ein freundliches Schicksal; ein letzter Hymnus (Chor?) schließt das Werk. Ähnliche Reden und Gegenreden enthält der »Iramythus« zur Besänftigung des Pestgottes. Wenn wir in diesen Werken ursprünglich vielleicht modifizierte Bußhymnen in Landesnot haben, so könnten sie doch lokalen Festspielzwecken gedient haben; wir sehen aus Hymnus und Epos das Drama hervorwachsen.

Eine Liturgie bei Marduks Ausfahrt im Schiffwagen und bei der Inthronisation in der Schicksalskammer scheint erhalten zu sein.

Wenn das Interesse des Babyloniers bei seinen Mysterien noch etwas egoistisch utilitarisch, daneben literarisch ein Interesse am

Geschehen, an der rührenden und erregenden Handlung war, so hat er doch Keime zu höheren dramatischen Werken besessen; wir finden sie in den Epen. Wenn eine alte Göttergeneration der jüngeren ohne Schuld erliegt, dazu noch als aufrührerisch gebrandmarkt wird, wenn Ištar den verlorenen Gatten sucht und dabei selbst in Todesbande geschlagen wird, wenn der Mensch in Todesangst durch die Welt gejagt wird oder vom Himmel niederstürzt, während die Götter selig und unsterblich leben und oben thronen, so kann sich in das Interesse für die spannende Handlung und in das Mitleid mit den Leiden anderer ein Gefühl verletzten Gerechtigkeitssinns mischen; der Mensch mißt seine Götter an einem Ideal der Gerechtigkeit, ergreift die Partei der Unterliegenden, seine Partei, und bäumt sich auf gegen die Vergewaltigung durch ein brutales Geschlecht starker Wesen oder ein unmenschliches Gesetz. Der tragischste Stoff der babylonischen Mythe ist im Adapa gegeben; der Mensch muß sterben, weil sein Ahn in unbedingtem Gehorsam gegen seinen Gott die Lebensspeise und das Lebenswasser aus Anus Hand zurückgewiesen hat; nicht durch Sünde, durch Frömmigkeit ist sein Glück verscherzt. Ein anderer Keim zum Drama steckt in der Hymne Tabi-utul-Ellils — der Gerechte leidet und muß sich zur Ungerechtigkeit seines Schicksals demütigen, weil der Gott stärker ist als er.

Aber der Babylonier kommt nicht zur Empfindung der Tragik seiner Stoffe, nicht zum Aufbäumen gegen das ungerechte Los der Schwächeren, der Menschheit. Er bleibt auf dem kindlich-primitiven Standpunkt des Hinnehmens solcher Dinge ohne Nachdenken; der Wilde duckt sich wie ein Hund vor seinem Fetisch, hängt wie ein Hund an seinen Augen, um ihn nur nicht zu erzürnen; höhere Völker entwickeln höhere Götter; die Mittel des Gefallens und des Vermeidens göttlicher Strafen werden feiner, moralischer; aber immer noch gibt es kein Gericht, vor das man den Gott, das Schicksal laden kann; der Babylonier mahnt seinen Gott an sein ideales Wesen, aber er mahnt sehr leise wenn er selbst leidet, gar nicht wenn dritte leiden; im Grund steht er immer noch zu ihm, wie der Fetischdiener zu seinem Schlagtot, hundemäßig. Erst wenn die Theorie geboren wird, erst wenn das Individuum sich zu fühlen beginnt, wenn alle Mächte und Gesetze am Moralgesetz gemessen werden, wenn alle Unterliegenden als Repräsentanten der schwachen Menschheit gefühlt werden, dann entsteht die Tragödie, nicht nur aus dem Geist der Musik, sondern aus dem Geist der Freiheit, Menschlichkeit und Vernunft, der sich rational gegen jede unmoralische und unvernünftige Beschränkung auflehnt. Wenn die Anthropomorphismen und die Absolutismen überwunden sind, wenn der Mensch begriffen hat, daß es Naturgesetze gibt, gegen die jede Auflehnung Torheit ist, daß es ein Moralgesetz in seiner Brust, aber nirgends sonst gibt, wenn er lernt, sich ins Unabänderliche zu fügen und sich für die unverständige und unmoralische Gebundenheit durch verständige und moralische Arbeit zum Wohl seiner Mitmenschen zu entschädigen, wenn er einsieht, daß Beten und Fluchen Zeitverlust bedeuten und daß kein Gott ein gerechtes Schicksal für die Menschen schafft, sondern er selbst die Verwirklichung seiner Ideale der Vernunft und Gerechtigkeit in die Hand nehmen muß — dann ist die Tragödie tot.

Der Babylonier ist individueller als der Ägypter, aber nicht individuell genug zur Tragödie; er schafft tragische Stoffe und findet beinah tragische Fragestellungen; aber er bleibt kurzsichtig praktisch, indolent; wenn Eas Rat und Adapas Gehorsam den Menschen die Unsterblichkeit gekostet haben, so ist das schade, ein böser Zufall, aber nicht zu ändern; wenn der Gerechte leidet, so gilt's, die Götter zu entschuldigen, sonst dauert das Leiden an; wenn nur im konkreten Einzelfall alles gut geht, das Leben glücklich abläuft, die Krankheit aufhört — alte Leiden soll man ruhen lassen und sich um Unabänderliches keine grauen Haare wachsen lassen oder gar mit Stärkeren rechten.

Der Jude kommt auch hier weiter als der Babylonier. Er stellt das Moralgesetz in den Mittelpunkt der Welt und bringt seinen Gott in vollkommenen Einklang mit ihm; Gott ist das Sittengesetz, jede seiner Taten muß in Einklang mit ihm sein. Die kühne Konzeption konnte zunächst ihre großen Schöpfer bis zum Rausch begeistern und ihnen alle Hände voll zu tun geben — bei Jirmeja zuerst regt sich ein dunkles, persönliches Gefühl, daß am Ende nicht alles in Ordnung sein könnte; in »verzagten« Augenblicken, wenn er nicht in Schauen, noch in zornigem Reformeifer befangen ist, empfindet er die Diskrepanz seines Gottesideals und der wirklichen Verhältnisse; er wird zum tragischen Propheten, der mit Gott hadert; Monolog und Dialog stellen sich ein. Im fertigen Judentum kehrt dann das tragische Problem wieder im Hiobsgespräch. In dialektischer Form ringt hier eine Persönlichkeit mit

Gott, lehnt sich auf, fordert den Starken vor das Gericht seines Gesetzes, wagt ihr Leben an das Ideal; die babylonische Bußhymne gibt die Form. Aber Hiob endet unbefriedigend — er ist ja nur »Weisheit«; die Offenbarung sagt, daß Gott und das Moralgesetz in Einklang sind; anderes darf nicht herauskommen. Noch einmal schlägt die Autorität die Vernunft und die Moral tot; Hiob duckt sich vor dem Starken und Unbegreiflichen, wie ein Fetischdiener. Das Gefühl für das Tragische ist geboren — es darf nicht zu Wort kommen; das Individuum ist frei genug, zu fragen, nicht frei genug, frei zu antworten, seine Voraussetzungen kühn zu revidieren, Gott zu verurteilen und zu verwerfen. So bleibt das Drama im Judentum aus, weil die Individuation beschränkt bleibt; die Keime sind da — eine Tragödie wird nicht daraus; sie bleibt den Hellenen vorbehalten.

Nachwort.

Aus der historischen Analyse des Judentums ergeben sich einige Gesichtspunkte zur Beurteilung seines heutigen Wesens und seiner Bedeutung für die Kultur unserer Zeit; sie können hier freilich nur kurz angedeutet, nicht ausführlich behandelt werden.

Die heutigen Juden bilden eine echte und reine Rasse, das Enderzeugnis einer Mischung nicht zu entfernter Verwandter und einer langen Reinzüchtung; die Mischung ist in vollgeschichtlicher Zeit bei der Entwicklung der Bevölkerung des zerstörten Jerusalems zur Weltgemeinde erfolgt; der Fiktion nach ist die Weltgemeinde das alte »Volk Israel«, tatsächlich besteht sie ethnologisch aus Elementen aller Völkergemische, die in Vorderasien entstanden waren, vorwiegend wohl aus denen Palästinas, in die Semiten aller Schichten, Chetiter und Philister eingegangen waren, und nimmt unbegrenzt fremde Elemente auf; dann folgt der Abschluß gegen Hellenismus und Christentum, der im Lauf der Zeit die Gemeinde zum Blutsverband, zur Rasse werden läßt.

Die körperlichen Eigenschaften der heutigen Juden beweisen den starken Einschlag von Semiten und Chetitern; die geistigen sind bis jetzt nicht von diesen Urrassen ableitbar, sondern bilden ein Neues, das in der Entwicklung Judas zum Judentum in dessen Oberschichten im Altertum zuerst erschienen ist; geistig ist der heutige Jude weder »Semit« noch »Chetiter«, noch ein Gemisch aus beiden, sondern eben »Jude«, wie der Italiener der Gegenwart weder »Römer« noch »Germane«, sondern »Italiener« ist.

Der »rassereine« Semit, der Beduine, ist im Altertum ganz unjüdisch gewesen; dem Ägypter und Babylonier, dem Kanaanäer und Judäer ist er gleichmäßig ein tückischer oder ritterlicher Räuber, das volle Gegenteil des klugen, gesetzlichen und frommen Kaufmanns und Priesters, rasch, gewalttätig, gesetzlos. Im Lauf der Zeit ist

42*

allerlei Kultur in die Wüste gewandert; der heutige Beduine ist Muhammedaner, besitzt also eine höhere Religion, aber noch immer trennt ihn ein Abgrund vom seßhaften Bürger.

Auch der rassereine Chetiter war ganz unjüdisch, ein Krieger und Gewaltmensch.

Nach allem, was wir von ihnen wissen, stehen die rassereinen Semiten und Chetiter des Altertums den Germanen unserer Urzeit im Wesen viel näher als den Juden des Altertums und der Gegenwart.

Der geistige Charakter des Juden ist das Erzeugnis der Völkermischung in den Hauptgebieten der jüdischen Gemeindebildung bis zur Abkapselung der Weltgemeinde und der folgenden Reinzüchtung durch zwei Jahrtausende; er wird den Produkten verwandter Mischung in seiner Heimat, also der heutigen Bevölkerung der betreffenden Gegenden, die allerdings inzwischen viele neue Elemente aufgenommen hat, nahe stehen; als versteinerte Stufe der Menschheitsentwicklung wird er überall in der Welt seine Entsprechungen haben, wo die »jüdische« Stufe der Begriffsbildung erreicht oder überschritten ist; jedermann kennt unter Nichtjuden jüdische Charaktere.

Die Breite dessen, was man geistig als »jüdisch« bezeichnen kann, ist bestimmt durch die Fähigkeiten der Begriffsbildung, die sich in den Leistungen babylonischer Oberschichten als untere, in denen Jesu und Spinozas als obere Grenze offenbart haben; die breiten Schichten einer Rasse bleiben in ihren Erzeugnissen innerhalb der Möglichkeiten, die die Entwicklung ihrer Oberschicht eröffnet hat. Logisch ist die »jüdische Stufe« durch eine Tendenz zur Einheit, zum konsequenten System, in den höchsten Leistungen fast unanthropomorph und theoretisch, durch eine Fähigkeit, alle positiven und negativen Instanzen zur Verteidigung eines Standpunkts bis zur vollkommenen Skepsis aufzufinden, charakterisiert.

Da die Mischung in langer Reinzüchtung eine relativ intensive geworden ist, muß das geistige Niveau der heutigen Juden ein relativ hohes sein; der Durchschnitt wird besser sein als bei weniger lang und intensiv gemischten Völkern, wenn er auch natürlich wesentlich unter den höchsten Leistungen der geistigen Oberschicht im alten Juda, der Propheten von Amos bis Jesus, bleibt; anderseits wird zwischen Durchschnitt und besten Leistungen der Gegenwart eine geringere Differenz bestehen als bei diesen Völkern.

Als altes Volk muß das jüdische wie alle alten Völker in all seinen Schichten rationalisiert, aufs Praktische, augenscheinlich Nutzbringende gerichtet, dazu formal, technisch gewandt, anpassungsfähig sein. Die Tendenz zum Praktischen muß umso stärker sein, als die Erreichung voller Objektivität — als Altruismus und theoretisches Verhalten — nur den höchsten Denkern der Oberschicht annähernd gelang. Der Ausdruck dieses rationalen und praktischen Sinns ist die »Ideallosigkeit« des Juden, seine »Gesinnungslosigkeit«; als rationaler Individualatomist ist er der geborene Vertreter einer Politik gegenseitiger Schiebung in Kliquen; dabei wirkt die Tradition des Gemeindezusammenhalts und die Isolation nach.

Die Fähigkeit, fremdes und höheres geistiges Gut technisch zu assimilieren, ist besonders wichtig geworden, weil die Juden seit der Römerzeit vielfach Gäste von Völkern sind, deren oberste Schichten in ihrer Begriffsbildung weiter gekommen sind, als ihre eigenen. Ihre logische Stufe läßt sie die höhere Bildung als geistiges Kapital, als Waffe im Kampf ums Dasein schätzen, das einzelne Brauchbare und Wirksame erkennen und sich nutzbar machen, ihre Altersstufe verleiht ihnen ein Form- und Anpassungstalent, ihre Isolation eine rationale Vorurteilslosigkeit gegen Schwächen anderer Weltanschauungen; so sind sie befähigt, viel höhere Leistungen, als sie selbst zu schaffen vermöchten, wenn sie nur rationalisiert und damit technisch erlernbar gemacht sind, sich anzueignen, zu vertreten und zu nutzen. Die Herkunft aus südlichen Gegenden verleiht ihnen dazu eine Frühreife, die im Wettbewerb mit nördlicheren Völkern begünstigt und blendet — aber freilich zuletzt sehr oft enttäuscht.

Der logischen Stufe des Judentums entspricht eine bürgerlich-demokratische Staatsform individuell atomistischen Gepräges. Es sind darum nicht nur historische Faktoren und herrschende Vorurteile, die den Juden vom Bauern-, Soldaten- und Beamtenstand fernhalten; daß ein Jude ein guter Landwirt, Offizier und Beamter sein kann, so weit geistige und moralische Fähigkeiten in Betracht kommen, kann keine Frage sein; der jüdische Einjährige, der jüdische Richter erfüllt seine Pflicht mit demselben Geschick und des Vorurteils wegen vielleicht manchmal mit größerem Eifer und Ernst, als seine nichtjüdischen Genossen; eine Begeisterung für Landwirtschaft und Herrendienst, für nationale und soziale Beschränktheit kann man von den Angehörigen seiner logischen Stufe nicht erwarten; der Jude ist Kosmopolit und Demokrat, zu sehr Individualist und Intellektualist für die gebundenen Formen der Wirtschaft und des Staats, des Monarchismus, Militarismus und

Nationalismus, zu wenig für die freiesten und höchsten Formen, denen vielleicht die Zukunft gehört.

Händler und Kaufleute sind die Juden von alters her; ihre kaufmännische Begabung ist unbestritten. Zum Kaufmann macht den Juden sein praktischer und rationaler Sinn, seine logische Begabung, die ihm überall die Instanzen an die Hand gibt, die er zur Verteidigung seines Standpunkts und Vorteils braucht, seine Vorurteilslosigkeit als individualistischer Egoist und als Fremder in einer Kultur, die ihn nicht allzufreundlich beherbergt. Bezeichnend für die Grenzen der jüdischen Begabung auf diesem Gebiet ist das Fehlen des höchsten, modernen, »amerikanischen« Kaufmannstyps, dessen Gewinn zuletzt wieder der Allgemeinheit zugute kommt; auch unter den schöpferischen Fabrikanten und großen technischen Erfindern fehlt der Jude.

Von den gelehrten Berufen liegt der theologische ganz innerhalb der logischen Fähigkeiten des Judentums; jüdische Konvertiten haben denn auch in beiden christlichen Kirchen große Erfolge gehabt. Daß der Zudrang zur christlichen Theologie gering ist, erklärt sich einfach daraus, daß der Teil der Juden, der logisch Theologe werden könnte, durch diese Anlage gehindert wird, zu konvertieren, zumal er in manchen Dingen primitivere Ansichten, als das jüdische Dogma, annehmen müßte, während der Teil, der konvertieren könnte über die christlichen Kirchen, wie über die jüdische, hinausgewachsen ist.

In allen andern Wissenschaften sind die höchsten gegebenen Leistungen der Wirtsvölker, soweit Europa in Betracht kommt, überjüdisch; die Juden sind darauf angewiesen, Dinge und Techniken, die sie zu schaffen nicht imstande wären, so gut es geht, zu erlernen; von einer eigentlichen Produktivität sind sie dadurch ausgeschlossen; da das aber nicht nur ihr Fall, sondern auch der aller Nichtjuden ist, die nicht gerade der ganz dünnen geistigen Oberschicht angehören, so verlieren sie in der Praxis des täglichen Lebens nicht viel dadurch; ihre große Fähigkeit der Aneignung und praktischen Nutzung stellt sie vielfach sogar günstiger als gleichbegabte Nichtjuden, von den zahllosen geringer begabten Nichtjuden ganz zu schweigen; den Begabteren erlaubt ihr Formtalent, die Neigung zur Einheit und Konsequenz und die Gewandtheit im Verfolgen eines einmal gewiesenen Weges fast schöpferische Leistungen.

Als Advokat übernimmt der Jude einen überjüdischen Gesetzes

stoff und ebensolche logische Methoden seiner Bearbeitung; seine scholastische Fähigkeit, überall zu finden, was für die von ihm vertretene Sache verwertbar ist oder deren Gegner diskreditiert, seine sophistische Gewandtheit und seine praktischen Interessen machen ihn äußerst leistungsfähig.

Als Arzt übernimmt er naturgesetzliche und stoffliche Erfahrungen, die er ebenfalls nie hätte schaffen können; im Besitz weiß er sie anzuwenden und im Kleinen empirisch und logisch zu mehren.

Die höchsten wissenschaftlichen Leistungen hat das Judentum in den Gebieten aufzuweisen, die ihrem ganzen Wesen nach rational, Wissenschaft gewordene Folgerichtigkeit sind; hier lassen sich mit den logischen Fähigkeiten einseitiger, rücksichtsloser Konsequenz aus gegebenem höherem Material fast produktive Leistungen stärkster Wirkung erreichen. Solche Gebiete sind Mathematik und Philosophie. Durch strenge Konstruktion einer vollen Einheit ist Spinoza zu seinem Monismus, Marx — von Hegel her — zu seiner Wirtschaftslehre gekommen; neben diesen Großen stehen die Formalisten, Kantianer, die im Mittelalter Aristoteliker gewesen wären, Skeptiker und Dialektiker, die alles effektvoll frisieren und alles beweisen können, späte Enkel des Koheletverfassers mit besserer Technik.

Die geringste Rolle spielen Juden in historischen Disziplinen; das jüdische Denken ist eben in seinen höchsten Leistungen dem eleatischen am nächsten verwandt, zeitlos und ungeschichtlich.

In der Kunst gilt dasselbe wie in der Mathematik und Philosophie; auch hier kann auf einmal gebrochener Bahn ein begabter Formalist mit dem Sinn für das Anschließende, logisch Folgerichtige und Wirkungsvolle im Gefolge Größerer neue Werte finden; es gibt mehrere große jüdische Klassizisten, keine Klassiker.

Ein Klassizist in diesem Sinn ist Heine, wenn er mit feinem Form- und Klangsinn die Sprache der Klassiker, die Anregungen der Romantik und die politischen Ideale des Liberalismus seiner Zeit dichterisch verwertet; Klassizist ist Mendelssohn, wenn er in den Spuren der Haydn, Mozart und Schubert frisch und liebenswürdig seine Jugendwerke, ernst und ehrlich seine Manneswerke schafft, wie Heine etwas kurzatmig in seinen Themen, stärker im Anlauf und in kleinen Formen, als in Durchführung und großen Gestaltungen; Klassizist ist Liebermann, wenn er, nachdem der malerische Naturalismus und Impressionismus in Frankreich geschaffen war, nun impressionistisch sieht, mit den neuen Problemen bewußt und fast logisch fortschreitend ringt und durch die neue Welle getragen, fast als Bahnbrecher in der deutschen Kunst dasteht.

Und wieder stehen neben den Großen die reinen Formalisten, die Fulda und Meyerbeer und die begabten Karikaturisten, die Blumenthal, Offenbach und Th. Th. Heine.

Ganz fehlt, so viel ich sehe, der Plastiker.

Logik und Rationalismus, Form- und Geschäftstalent machen den Juden zum Journalisten und ausübenden Künstler, zum Schauspieler und Sänger, zum Virtuosen eines Instruments oder eines Spiels, wie das Schach. Er folgt dabei gewandt den herrschenden und werdenden Strömungen; im ganzen liegt ihm das Technische und Virtuose, das Klassizistische und Sentimentale, das rational Erreichbare besser, als das Innerliche und Ursprüngliche; er lernt und denkt, fühlt sich zu Fremdem hinauf, braucht Meister und Lehrer, die ihm vorformen.

Die Bedeutung der Juden für die Entwicklung der europäischen Kulturen kann nicht hoch genug angeschlagen werden. Allerdings sind die produktiven Leistungen, die sich dem Entwicklungsgang der dünnen geistigen Oberschicht gleichwertig einfügen ließen, gering; selbst Männer, wie Spinoza und Marx, Heine, Mendelssohn, Liebermann u. a., sind für den Werdegang der europäischen Kulturen nicht unentbehrlich; das Beste in diesen Kulturen ist und bleibt überjüdisch, wie in der hellenischen. Aber gerade heute lernen wir, daß mit den Ausnahmsleistungen einer dünnen Oberschicht für die Kultur nicht mehr getan ist, als Wegweisung und Vorarbeit, daß es darauf ankommt, hinter den Wegweisern breite Bahn zu machen, zu arbeiten ohne Rast, damit ihr Werk den Massen zugänglich wird und nicht wieder, wie in der Antike hellenischer Geist, nur der Bearbeitung einer Masse barbarischer und vorhellenischer Ideen in einer christlichen Kirche dienen, absterben muß. Und hier ist das heutige Judentum in seiner Immunität gegen die christlichen Kirchen ein unschätzbarer Bundesgenosse des Fortschritts. Die höchsten jüdischen Schichten haben in einzelnen großen Gestalten selbst auf unsere obersten Schichten gewirkt, in vielen kleineren popularisierend, rationalisierend, ausmünzend große Aufklärungsarbeit geleistet; der breite Durchschnitt bringt, wo er länger ansässig ist, ein Element ins Volk, das dem Durchschnitt europäischer Völker ebenbürtig, wenn nicht überlegen ist; im Judentum liegt ein unbegrenztes Kapital aufklärerischer und freiheitlicher Agitation, das flüssig gemacht werden muß, wenn der Kampf rückständiger und fortschrittlicher Geister um die Herrschaft, d. h. um die Massen weitergegriffen hat.

So wären die Juden für die Entwicklung der Kultur Europas wichtig und wertvoll, selbst wenn sie unveränderlich wären, eine geschaffene, ewige Rasse, die man mit Vorzügen und Schwächen hinnehmen muß; aber das sind sie nicht; die jüdische Rasse ist geschichtlich geworden, stabil und in ihren Entwicklungsmöglichkeiten begrenzt durch eine lange Reinzüchtung; eine neue Mischung kann sie also wieder beleben, beweglich und produktiv machen; wir brauchen nicht hinzunehmen, zu dulden, wir können eingreifen und fördern; das Judentum kann in den europäischen Völkern aufgelöst, ein Stück der zukünftigen europäischen Rasse werden; die Auflösung und Neumischung wird Zeit brauchen; die ersten Generationen des Prozesses werden unter dem Übergang als Halbblut zu leiden haben; Rückschläge werden nicht ausbleiben; dafür wird die europäische Rasse ein hoch kultiviertes Element mehr enthalten, die jüdische aus der Isolation und Stabilität erlöst werden, fähig, zur obersten produktiven Schicht der kommenden Rasse ihren vollen Teil beizusteuern.

Altenburg
Pierersche Hofbuchdruckerei
Stephan Geibel & Co.

Zeitfracht Medien GmbH
Ferdinand-Jühlke-Straße 7
99095 Erfurt, Deutschland
produktsicherheit@kolibri360.de